红外光谱在微量物证分析中的应用

第二版

冯计民 著

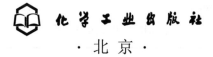

·北京·

微量物证检验是法庭科学的重要组成部分。塑料、纤维、橡胶、涂料、印泥、毒品、火炸药等是微量物证检验的重要内容。本书是作者在 30 多年物证检验经验的基础上，对分析过的几万张红外光谱图经分析、整理、归纳编写而成。书中内容由两部分构成：一、红外光谱基础知识；二、列举了上述物品的大量红外光谱实例，并对这些红外光谱进行了详细解释。

本书可供从事法庭科学的工作人员参考，也适合在科研和教学工作进行红外分析的人员参考。

图书在版编目（CIP）数据

红外光谱在微量物证分析中的应用/冯计民著. —2 版. —北京：化学工业出版社，2018.12
ISBN 978-7-122-33082-6

Ⅰ.①红⋯　Ⅱ.①冯⋯　Ⅲ.①红外分光光度法-应用-物证-分析　Ⅳ.①D919.2

中国版本图书馆 CIP 数据核字（2018）第 219476 号

责任编辑：李晓红　　　　　　　　　　文字编辑：陈　雨
责任校对：宋　玮　　　　　　　　　　装帧设计：王晓宇

出版发行：化学工业出版社(北京市东城区青年湖南街 13 号　邮政编码 100011)
印　　装：三河市航远印刷有限公司
787mm×1092mm　1/16　印张 48　字数 1192 千字　2019 年 5 月北京第 2 版第 1 次印刷

购书咨询：010-64518888　　　　售后服务：010-64519661
网　　址：http://www.cip.com.cn
凡购买本书，如有缺损质量问题，本社销售中心负责调换。

定　　价：268.00 元　　　　　　　　　　　　　　　　　　　版权所有　违者必究

前言
FOREWORD

本书第一版出版后，受到读者广泛欢迎，尤其是公、检、法、司同行给予较高评价。同时也指出第一版中存在的问题，归纳起来主要是：

① 内容涉及的微量物证类别还不够全面，如毒品、火炸药、书写材料等常见微量物证都没有涉及；

② 理论阐述需要加强，以帮助读者全面、深刻、准确地理解物质结构、电效应（诱导效应、共轭效应、偶合效应等）与红外光谱的关系；

③ 微量物证检材主要是工农业产品或日常用品，大部分是共聚物或共混物，而分析共聚物或共混物的红外光谱，是微量物证鉴定的技术难点。书中直接指出检材的红外光谱中哪些谱带属哪种成分，而没有提供找出检材中包含何种成分的方法。

根据读者的意见，第二版对上述三方面的问题进行了以下改进：

对于第一类问题，增加了第5章、第12章、第14章、第15章和第16章。原第2章内容扩展为第二版第3章；原第6章内容扩展为第二版第9章。

对于第二类问题，增加了第2章和第4章。把原第2章内容扩展为第二版第3章。

对于第三类问题，引入了"标志谱带"的概念。以标志谱带为判断依据，按照一定的程序步骤，可以方便、快速、准确地在共聚物或共混物的红外光谱中，识别出各组分。解决了用红外光谱法鉴定多组分复杂物质的难题。运用这一方法，把原第5章改写为第二版第8章；原第8章改写为第二版第11章。用大量实例说明这一方法的使用。每一实例相对独立，便于读者查阅。

原第1章、第7章和第9章内容变化较小，分别调整为第二版第1章、第10章和第13章。

在第二版的编写过程中，吕俊岗、刘烁、柴智勇、李海燕、陶克明、石慧霞等同事提供了大力帮助，在此谨致最诚挚的谢意。

由于作者水平所限，书中不妥之处，敬请读者批评指正。

冯计民
2019年3月

第一版前言
FOREWORD

  微量物证检验是法庭科学的重要组成部分。塑料、纤维、橡胶、涂料、印泥是微量物证检验的重要内容。法庭科学检验的塑料、纤维、橡胶、涂料、印泥都是工业、农业、交通运输业和日常生活中使用的物品。为了赋予它们较好的综合性能，这些物品通常是多种物质的混合物或共聚物，其红外光谱有的是多种物质红外光谱的叠加，有的是几种物质基团互相偶合的结果。因此，其红外光谱比均聚物和纯净物的红外光谱复杂得多，谱图解释也复杂、困难得多。现有的几种红外谱库主要是均聚物和纯净物的红外光谱，借助它们进行微量物证分析，检索结果的匹配度都比较低。

  20 多年来，作者分析过多种样品，获得约 3 万张红外光谱。经分析、归纳为塑料、纤维、橡胶、涂料、书写材料、颜料、填料、毒品、火炸药、黏合剂等 16 个大类。每类选取有代表性的谱图建立了"法庭科学常见微量物证红外光谱库"。库容目前有 5000 余张红外光谱图，基本上涵盖了红外光谱检验微量物证遇到的各种检材。经检索验证实用性比较好。

  通过与标准谱库比较，进行红外光谱鉴定是红外光谱分析的重要方法。但这种方法必须建立在对物质结构和主要谱带归属有一个基本了解的基础上，否则会有很大的盲目性。正所谓感觉到的东西不一定能理解它，只有理解了的东西才能更深刻地感觉它。

  为了配合"法庭科学常见微量物证红外光谱库"的使用，编写了本书。书中内容由三部分组成：一、介绍了常见塑料、纤维、橡胶、涂料、印油等均聚物的组成、结构、性能和红外光谱，并对红外光谱进行解释；二、介绍了塑料、纤维、橡胶、涂料、印泥等常用染料、颜料、填料、增塑剂的组成、结构、性能和红外光谱，并对红外光谱进行解释；三、介绍了上述两类物质的共聚物、共混物的组成、性能和红外光谱，并对红外光谱进行了解释。书中对均聚物或纯净物主要谱带的振动方式进行了解释，对共聚物或共混物的主要谱带指明其归属于何种均聚物或纯净物。

  本书可供从事法庭科学红外光谱检验的同行参考，也可供相关专业从业人员参考，尤其适合熟悉红外光谱仪使用，但不熟悉法庭科学中微量物证红外光谱检验的从业人员参阅。本书可以单独使用，也可以与"法庭科学常见微量物证红外光谱库"共同使用。共同使用可以发挥谱库检索的方便，并借助书中内容加深对谱图的理解。

  在编写本书的过程中，得到清华大学孙素琴教授、PerkinElmer 公司王国强博士的多方帮助，谨此表示衷心感谢。在编写中也得到吕俊岗、郁露、刘书珍、冯晓峰、李海燕、陶克明等同志的帮助，在此一并感谢。

  由于本人水平有限，错误和失误在所难免，敬希指正。

冯计民
2010 年 4 月

目 录
CONTENTS

第 1 章　微量物证的基本概念 / 001

1.1　微量物证的定义 / 001
1.2　微量物证的特点 / 001
1.3　微量物证的检验及其特点 / 002
　　1.3.1　微量物证需要多种仪器综合性检验 / 002
　　1.3.2　微量物证检验要求尽可能是无损的 / 003
　　1.3.3　微量物证检验的结果要做必要的数理分析 / 003
　　1.3.4　红外光谱分析微量物证的步骤 / 003
1.4　微量物证的勘查提取 / 004

第 2 章　原子结构、共价键和分子的空间结构 / 006

2.1　原子的运动特征 / 006
　　2.1.1　量子性 / 006
　　2.1.2　波粒二象性 / 006
　　2.1.3　微观粒子运动的统计性 / 006
2.2　概率密度和电子云 / 007
2.3　表征原子核外电子运动状态的 4 个量子数 / 007
　　2.3.1　主量子数 n / 007
　　2.3.2　角量子数 l / 007
　　2.3.3　磁量子数 m / 008
　　2.3.4　自旋量子数 s / 009
2.4　原子核外电子的排布 / 009
　　2.4.1　原子轨道能级 / 009
　　2.4.2　核外电子分布的三个原则 / 009
　　2.4.3　原子的电子结构分布式 / 009
　　2.4.4　元素的电负性 / 009
2.5　共价键理论 / 010
　　2.5.1　键长 / 011
　　2.5.2　键能 / 011
　　2.5.3　键角 / 012
　　2.5.4　键的极性 / 012

2.5.5　键力常数 / 013
2.6　分子的极性 / 014
   2.6.1　双原子分子的极性 / 014
   2.6.2　多个不同原子组成的分子的极性 / 014
2.7　共价键的键型 / 014
   2.7.1　σ键 / 014
   2.7.2　π键 / 015
   2.7.3　配位键 / 015
2.8　原子轨道杂化 / 015
   2.8.1　sp^3杂化 / 016
   2.8.2　sp^2杂化 / 016
   2.8.3　sp杂化 / 017
   2.8.4　碳原子发生三种杂化后性能比较 / 018
   2.8.5　不等性杂化 / 019

第 3 章　红外光谱法 / 020

3.1　概述 / 020
3.2　红外光谱法的基本原理 / 021
   3.2.1　红外光谱的表征 / 021
   3.2.2　红外光谱与物质结构的关系 / 021
   3.2.3　红外光谱产生的条件 / 022
   3.2.4　基团振动谱带的频率 / 022
   3.2.5　分子的基本振动模式 / 024
3.3　红外光谱仪和红外光谱图 / 026
3.4　红外光谱提供的主要信息 / 027
   3.4.1　谱带位置（峰位）/ 027
   3.4.2　谱带强度（峰强）/ 029
   3.4.3　谱带形状（峰形）/ 031
3.5　红外光谱吸收谱带的类型 / 033
   3.5.1　基团频率 / 033
   3.5.2　指纹频率 / 034
3.6　影响基团振动频率位移的主要内部因素 / 034
   3.6.1　偶合效应 / 034
   3.6.2　诱导效应 / 037
   3.6.3　共轭效应 / 039
   3.6.4　诱导效应和共轭效应同时存在时伸缩振动频率的位移 / 042
   3.6.5　费米共振 / 043
   3.6.6　共轭的空间位阻效应 / 044
   3.6.7　氢键效应 / 045

第 4 章　基团的振动频率和分子结构的关系 / 047

4.1 碳氢基团的振动频率 / 047
4.1.1 CH_3 的振动频率 / 047
4.1.2 CH_2 的振动频率 / 055
4.1.3 CH 的振动频率 / 061

4.2 碳碳基团的振动频率 / 062
4.2.1 烯烃 C=C 伸缩振动频率 / 062
4.2.2 C–C 伸缩振动频率 / 065

4.3 芳香化合物的振动频率 / 067
4.3.1 苯环上=CH 伸缩振动频率 / 067
4.3.2 苯环骨架振动频率 / 068
4.3.3 苯环上=CH 面内变角振动频率 / 071
4.3.4 苯环上=CH 面外变角振动频率 / 071
4.3.5 苯环上=CH 面外变角振动的倍频与合频 / 072

4.4 碳氧基团的振动频率 / 073
4.4.1 CO_3^{2-} 的振动频率 / 073
4.4.2 杂化 / 073
4.4.3 羰基（C=O）的伸缩振动频率 / 075
4.4.4 C–OH 的伸缩振动频率和面内变角振动频率 / 084
4.4.5 C–O–C 的伸缩振动频率 / 088

4.5 碳氮基团的振动频率 / 094
4.5.1 氰化物–C≡N 基团的伸缩振动频率 / 094
4.5.2 C=N 基团的伸缩振动频率 / 096
4.5.3 C–N 的伸缩振动频率 / 097

4.6 氮氮基团的振动频率 / 102
4.6.1 叠氮化合物的–N=N=N 伸缩振动频率 / 102
4.6.2 重氮化合物的–N=N–伸缩振动频率 / 102
4.6.3 偶氮化合物的–N=N–伸缩振动频率 / 103

4.7 氮氧基团的振动频率 / 104
4.7.1 NO_3^- 的振动频率 / 104
4.7.2 硝基化合物中 NO_2 的伸缩振动频率 / 106
4.7.3 硝胺类化合物中 NO_2 的伸缩振动频率 / 108

4.8 氮氢基团的振动频率 / 108
4.8.1 胺 NH_x 的振动频率 / 108
4.8.2 铵盐中 NH_x^+ 的振动频率 / 110

第 5 章　红外光谱仪的主要性能指标和检定方法 / 115

5.1 红外光谱仪的分辨率 / 115
5.1.1 红外光谱仪分辨率的定义 / 115

  5.1.2　影响红外光谱仪分辨率的因素 / 115
  5.1.3　红外光谱仪分辨率的测定方法 / 116
5.2　红外光谱仪的信噪比 / 117
  5.2.1　红外光谱仪信噪比的透射率表示法 / 118
  5.2.2　红外光谱仪信噪比的吸光度表示法 / 118
  5.2.3　红外光谱仪信噪比实测示例 / 120
5.3　红外光谱的信噪比及其影响因素 / 120
  5.3.1　红外光谱的信噪比 / 120
  5.3.2　影响红外光谱信噪比的因素 / 120
5.4　红外光谱仪的稳定性 / 121
  5.4.1　红外光谱仪基线的重复性 / 121
  5.4.2　红外光谱仪基线的倾斜度 / 121
5.5　红外光谱仪波数的准确性和重复性的检定 / 122
  5.5.1　红外光谱仪波数准确性的检定 / 122
  5.5.2　红外光谱仪波数重复性的检定 / 123
5.6　红外光谱仪能量检定 / 124

第6章　高聚物及其红外光谱的特征 / 125

6.1　高聚物的分类 / 125
  6.1.1　按工艺性质分类 / 125
  6.1.2　按高聚物的主链结构分类 / 126
  6.1.3　按高聚物的分子结构分类 / 127
  6.1.4　按合成高分子化合物的反应类型分类 / 127
6.2　高聚物的结构 / 128
  6.2.1　高聚物的化学结构 / 128
  6.2.2　高聚物的远程结构 / 128
  6.2.3　聚集态结构 / 128
6.3　高聚物红外光谱的特点和类型 / 129
  6.3.1　高聚物的组成谱带 / 130
  6.3.2　高聚物的构象谱带 / 130
  6.3.3　高聚物的立构规整性谱带 / 131
  6.3.4　高聚物的构象规整性谱带 / 132
  6.3.5　高聚物的结晶谱带 / 132
6.4　高聚物的特征谱带 / 134
6.5　高聚物红外光谱的解释方法 / 139
  6.5.1　直接与标准谱图相比较 / 139
  6.5.2　排除法 / 140
  6.5.3　认可法 / 149
  6.5.4　认可法与排除法相结合 / 150
  6.5.5　红外光谱解释时的注意事项 / 151

第 7 章　常用填料、颜（染）料、增塑剂和试剂的红外光谱 / 154

7.1　体质颜料的红外光谱 / 154
- 7.1.1　滑石粉的红外光谱 / 154
- 7.1.2　硫酸盐的红外光谱 / 156
- 7.1.3　玻璃的红外光谱 / 159
- 7.1.4　碳酸钙和碳酸盐的红外光谱 / 159
- 7.1.5　碳酸钙和滑石粉混合物的红外光谱 / 164
- 7.1.6　二氧化硅的红外光谱 / 165
- 7.1.7　二氧化硅检验案例 / 165
- 7.1.8　膨润土的红外光谱 / 167
- 7.1.9　磷酸锌的红外光谱 / 168
- 7.1.10　聚磷酸铵的红外光谱 / 170

7.2　白色颜料的红外光谱 / 171
- 7.2.1　二氧化钛的红外光谱 / 171
- 7.2.2　锑白的红外光谱 / 173
- 7.2.3　高岭土的红外光谱 / 173
- 7.2.4　煅烧土的红外光谱 / 175
- 7.2.5　白云石的红外光谱 / 177
- 7.2.6　硫酸盐的红外光谱 / 178

7.3　黄色和红色颜(染)料的红外光谱 / 179
- 7.3.1　铬黄的红外光谱 / 179
- 7.3.2　钼铬红的红外光谱 / 181
- 7.3.3　大红粉的红外光谱 / 182
- 7.3.4　耐晒黄的红外光谱 / 184
- 7.3.5　甲苯胺红的红外光谱 / 184

7.4　铁系颜料的红外光谱 / 186

7.5　蓝色和绿色染料 / 187
- 7.5.1　铁蓝的红外光谱 / 187
- 7.5.2　酞菁蓝的红外光谱 / 188
- 7.5.3　酞菁绿的红外光谱 / 189
- 7.5.4　铬绿的红外光谱 / 189
- 7.5.5　群青的红外光谱 / 190

7.6　增塑剂的红外光谱 / 191
- 7.6.1　邻苯二甲酸二辛酯的红外光谱 / 191
- 7.6.2　间苯二甲酸酯的红外光谱 / 194
- 7.6.3　氯化石蜡的红外光谱 / 195
- 7.6.4　硬脂酸锌的红外光谱 / 196

7.7　化学试剂的红外光谱 / 196
- 7.7.1　水的红外光谱 / 196

7.7.2 二氧化碳的红外光谱 / 197
7.7.3 甲苯的红外光谱 / 198
7.7.4 乙醇的红外光谱 / 199
7.7.5 正辛醇的红外光谱 / 200
7.7.6 叔丁醇的红外光谱 / 201
7.7.7 异丙醇的红外光谱 / 202
7.7.8 苯氧基乙醇的红外光谱 / 202
7.7.9 苯酚的红外光谱 / 203
7.7.10 乙醚的红外光谱 / 204
7.7.11 甲基叔丁基醚的红外光谱 / 205
7.7.12 1,4-二丁氧基苯的红外光谱 / 206
7.7.13 丙酮的红外光谱 / 206
7.7.14 甲乙酮的红外光谱 / 207
7.7.15 苯乙酮的红外光谱 / 208
7.7.16 乙醛的红外光谱 / 209
7.7.17 甲酸的红外光谱 / 210
7.7.18 乙酸的红外光谱 / 211
7.7.19 三氟乙酸的红外光谱 / 212
7.7.20 油酸的红外光谱 / 212
7.7.21 苯甲酸的红外光谱 / 214
7.7.22 邻氯苯甲酸的红外光谱 / 215
7.7.23 水杨酸的红外光谱 / 216
7.7.24 甲基丙烯酸的红外光谱 / 217
7.7.25 柠檬酸的红外光谱 / 218
7.7.26 硬脂酸的红外光谱 / 219
7.7.27 乙酸酐的红外光谱 / 220
7.7.28 顺丁烯二酸酐的红外光谱 / 221
7.7.29 邻苯二甲酸酐的红外光谱 / 222
7.7.30 甲酸乙酯的红外光谱 / 223
7.7.31 乙酸乙酯的红外光谱 / 224
7.7.32 丙烯酸乙酯的红外光谱 / 224
7.7.33 偏苯三酸三辛酯的红外光谱 / 226
7.7.34 二乙胺的红外光谱 / 227
7.7.35 三乙醇胺的红外光谱 / 227
7.7.36 对甲苯胺的红外光谱 / 228
7.7.37 对苯二胺的红外光谱 / 229
7.7.38 乙酸铵的红外光谱 / 229
7.7.39 乙腈的红外光谱 / 230
7.7.40 偶氮苯的红外光谱 / 231
7.7.41 二苯基甲烷二异氰酸酯的红外光谱 / 231

7.7.42 盐酸二甲双胍的红外光谱 / 232

第 8 章　塑料的红外光谱分析 / 234

8.1 聚烯烃类高聚物的红外光谱 / 234
 8.1.1 聚乙烯及其制品的红外光谱 / 234
 8.1.2 聚丙烯及其制品的红外光谱 / 240
 8.1.3 聚丁二烯的红外光谱 / 246
 8.1.4 聚异丁烯的红外光谱 / 250

8.2 苯乙烯类高聚物的红外光谱 / 251
 8.2.1 聚苯乙烯的红外光谱 / 251
 8.2.2 含碳酸钙的聚苯乙烯的红外光谱 / 252
 8.2.3 含铁蓝和碳酸钙的聚苯乙烯的红外光谱 / 253
 8.2.4 苯乙烯-丙烯腈共聚物的红外光谱 / 254
 8.2.5 苯乙烯-丁二烯共聚物的红外光谱 / 255
 8.2.6 丙烯腈-丁二烯-苯乙烯共聚物的红外光谱 / 256
 8.2.7 丙烯酸酯、蜜胺树脂和 ABS 共混物的红外光谱 / 257
 8.2.8 丙烯酸酯-丙烯腈-丁二烯-苯乙烯共聚物的红外光谱 / 258

8.3 含卤素高聚物的红外光谱 / 259
 8.3.1 聚氯乙烯及制品的红外光谱 / 259
 8.3.2 聚氯乙烯物证检验举例 / 276
 8.3.3 氯化聚乙烯的红外光谱 / 278
 8.3.4 聚偏二氯乙烯的红外光谱 / 280
 8.3.5 聚偏二氯乙烯与丙烯腈共聚物的红外光谱 / 281
 8.3.6 聚偏二氟乙烯的红外光谱 / 282
 8.3.7 聚四氟乙烯及其制品的红外光谱 / 282
 8.3.8 聚全氟乙丙烯的红外光谱 / 285
 8.3.9 全氟磺酸树脂的红外光谱 / 287

8.4 其他碳链高聚物的红外光谱 / 287
 8.4.1 聚乙烯醇的红外光谱 / 287
 8.4.2 聚乙烯醇缩丁醛的红外光谱 / 288
 8.4.3 聚乙酸乙烯酯及制品的红外光谱 / 289
 8.4.4 乙烯-乙酸乙烯酯共聚物的红外光谱 / 291
 8.4.5 氯乙烯-乙酸乙烯酯共聚物的红外光谱 / 293
 8.4.6 淀粉、碳酸钙、乙烯-乙酸乙烯酯共聚物降解塑料的红外光谱 / 295
 8.4.7 丙烯酸树脂的红外光谱 / 296
 8.4.8 α-氰基丙烯酸乙酯的红外光谱 / 298
 8.4.9 丙烯酸甲酯-苯乙烯共聚物的红外光谱 / 300
 8.4.10 甲基丙烯酸甲酯-丁二烯-苯乙烯共聚物的红外光谱 / 301
 8.4.11 丙烯腈-丁二烯-苯乙烯-甲基丙烯酸甲酯共聚物的红外光谱 / 302
 8.4.12 甲基丙烯酸甲酯-氯丁橡胶共聚物的红外光谱 / 303

8.4.13 甲基丙烯酸酯-苯乙烯-丙烯腈共聚物的红外光谱 / 304

8.5 杂链类高聚物的红外光谱 / 305
    8.5.1 聚甲醛的红外光谱 / 305
    8.5.2 双酚 A 的红外光谱 / 306
    8.5.3 环氧树脂的红外光谱 / 307
    8.5.4 聚碳酸酯及其制品的红外光谱 / 309
    8.5.5 聚酰胺的红外光谱 / 313
    8.5.6 氨基树脂的红外光谱 / 327
    8.5.7 不饱和聚酯树脂的红外光谱 / 331
    8.5.8 聚氨酯树脂 / 335
    8.5.9 有机硅树脂的红外光谱 / 340
    8.5.10 酚醛树脂的红外光谱 / 343
    8.5.11 聚苯醚的红外光谱 / 345
    8.5.12 聚苯酯的红外光谱 / 347
    8.5.13 聚酰亚胺的红外光谱 / 348
    8.5.14 纤维素及其衍生物的红外光谱 / 349

8.6 降解塑料的红外光谱 / 356
    8.6.1 降解塑料的分类 / 356
    8.6.2 聚乳酸的红外光谱 / 357
    8.6.3 聚羟基脂肪酸酯的红外光谱 / 369
    8.6.4 聚碳酸亚丙酯的红外光谱 / 372
    8.6.5 聚己内酯的红外光谱 / 374
    8.6.6 聚氨基酸的红外光谱 / 375
    8.6.7 脂肪族-芳香族共聚酯的红外光谱 / 376
    8.6.8 聚丁二酸丁二醇酯的红外光谱 / 387
    8.6.9 淀粉填充降解塑料的红外光谱 / 394

8.7 塑料检验案例 / 397

第 9 章 纺织纤维的红外光谱 / 401

9.1 纺织纤维的种类 / 401
    9.1.1 天然纤维 / 401
    9.1.2 化学纤维 / 401

9.2 纺织纤维的结构 / 403
    9.2.1 大分子结构 / 403
    9.2.2 聚集态结构 / 403
    9.2.3 形态结构 / 403

9.3 涤纶的红外光谱 / 403
9.4 尼龙的红外光谱 / 405
9.5 腈纶的红外光谱 / 407
9.6 维纶的红外光谱 / 408

9.7　芳纶-1313 的红外光谱 / 409
9.8　芳纶-1414 的红外光谱 / 409
9.9　氨纶的红外光谱 / 409
9.10　丙纶的红外光谱 / 411
9.11　氯纶的红外光谱 / 411
9.12　蚕丝的红外光谱 / 411
9.13　羊毛的红外光谱 / 412
9.14　兔毛的红外光谱 / 413
9.15　羊毛、蚕丝、兔毛的偏振光干涉图鉴定 / 413
9.16　棉纤维的红外光谱 / 414
9.17　黏胶纤维的红外光谱 / 415
9.18　麻纤维的红外光谱 / 417
9.19　棉、黏胶、富强纤维和麻的偏振光干涉图鉴定 / 417
9.20　醋酯纤维的红外光谱 / 419
9.21　含邻苯二甲酸酯增塑剂的醋酯纤维的红外光谱 / 420
9.22　棉毛混纺纤维检验案例 / 421
9.23　纺织纤维的标志谱带 / 424

第 10 章　橡胶的红外光谱 / 425

10.1　天然橡胶和合成异戊二烯橡胶的红外光谱 / 425
　　10.1.1　含碳酸钙和硫酸钡的天然橡胶的红外光谱 / 426
　　10.1.2　聚异戊二烯-聚酰亚胺混合胶的红外光谱 / 427
10.2　顺丁橡胶的红外光谱 / 428
10.3　丁苯橡胶的红外光谱 / 429
10.4　丁腈橡胶的红外光谱 / 431
10.5　丁基橡胶的红外光谱 / 431
10.6　乙烯-丙烯橡胶的红外光谱 / 433
10.7　含滑石粉和硬脂酸锌的三元乙丙橡胶的红外光谱 / 434
10.8　苯乙烯改性三元乙丙橡胶的红外光谱 / 435
10.9　氯磺化聚乙烯橡胶的红外光谱 / 436
10.10　硅橡胶的红外光谱 / 437
10.11　氟橡胶的红外光谱 / 437
10.12　聚氨酯弹性体的红外光谱 / 438
10.13　氯化聚乙烯橡胶的红外光谱 / 438
10.14　氯丁橡胶的红外光谱 / 439

第 11 章　涂料的红外光谱 / 441

11.1　涂料的基础知识 / 441
　　11.1.1　涂料的作用 / 441
　　11.1.2　涂料的组成 / 441

11.1.3 涂料的分类 / 442
11.1.4 涂料的命名 / 443
11.2 部分涂料常用原料的红外光谱 / 444
11.2.1 醇酸树脂的红外光谱 / 444
11.2.2 松香的红外光谱 / 446
11.2.3 甘油的红外光谱 / 447
11.2.4 油脂类的红外光谱 / 447
11.3 涂料的标志谱带和鉴定步骤 / 452
11.3.1 涂料的标志谱带 / 452
11.3.2 根据标志谱带分析涂料红外光谱的步骤 / 453
11.4 醇酸树脂涂料的红外光谱 / 453
11.4.1 醇酸树脂涂料简介 / 453
11.4.2 醇酸树脂的分类 / 453
11.4.3 醇酸树脂涂料的红外光谱及其解释 / 454
11.5 氨基树脂涂料的红外光谱 / 484
11.5.1 氨基树脂涂料的标志谱带和红外光谱解释步骤 / 486
11.5.2 半光氨基树脂涂料和无光氨基树脂涂料的红外光谱 / 487
11.5.3 含铁蓝的醇酸氨基树脂涂料的红外光谱 / 488
11.5.4 含二氧化钛的醇酸氨基树脂涂料的红外光谱 / 490
11.5.5 含硫酸钡的醇酸氨基树脂涂料的红外光谱 / 491
11.5.6 含铬绿的醇酸氨基树脂涂料的红外光谱 / 492
11.5.7 含黏土的醇酸氨基树脂涂料的红外光谱 / 493
11.5.8 含铬酸铅的醇酸氨基树脂涂料的红外光谱 / 494
11.5.9 含铁蓝的硝酸纤维素改性醇酸氨基树脂涂料的红外光谱 / 495
11.5.10 含甲苯胺红的醇酸氨基树脂涂料的红外光谱 / 497
11.5.11 含铁蓝、硫酸钡的醇酸氨基树脂涂料的红外光谱 / 498
11.5.12 含二氧化钛、铁蓝的醇酸氨基树脂涂料的红外光谱 / 499
11.5.13 含二氧化钛、碳酸钙的醇酸氨基树脂涂料的红外光谱 / 500
11.5.14 含二氧化钛、硫酸钡的醇酸氨基树脂涂料的红外光谱 / 501
11.5.15 含甲苯胺红、铬酸铅的醇酸氨基树脂涂料的红外光谱 / 501
11.5.16 醇酸氨基树脂涂料检验案例 / 503
11.6 硝基漆的红外光谱 / 505
11.6.1 硝基漆的性能和用途 / 505
11.6.2 硝基漆的标志谱带和红外光谱分析步骤 / 505
11.6.3 硝基漆的红外光谱 / 506
11.7 丙烯酸树脂涂料的红外光谱 / 524
11.7.1 丙烯酸树脂涂料的分类和性能 / 524
11.7.2 热塑性丙烯酸树脂涂料的应用 / 525
11.7.3 热塑性丙烯酸树脂涂料的红外光谱 / 525
11.7.4 热固性丙烯酸树脂涂料 / 533

11.7.5　热固性丙烯酸树脂涂料的红外光谱及其解释 / 534
11.8　酚醛树脂涂料的红外光谱 / 542
　　　11.8.1　酚醛树脂涂料的原料和种类 / 542
　　　11.8.2　各种酚醛树脂涂料简介 / 543
　　　11.8.3　酚醛树脂涂料的红外光谱 / 543
11.9　过氯乙烯树脂涂料的红外光谱 / 544
　　　11.9.1　过氯乙烯树脂 / 544
　　　11.9.2　过氯乙烯树脂涂料的特点 / 545
　　　11.9.3　过氯乙烯树脂涂料的红外光谱 / 545
　　　11.9.4　过氯乙烯树脂涂料红外光谱的分析步骤 / 552
11.10　环氧树脂涂料的红外光谱 / 553
　　　11.10.1　环氧树脂涂料的性能和用途 / 553
　　　11.10.2　环氧树脂的固化剂和固化反应 / 553
　　　11.10.3　环氧树脂涂料的红外光谱 / 555
11.11　聚氨酯树脂涂料的红外光谱 / 567
　　　11.11.1　聚氨酯树脂涂料的特点和用途 / 567
　　　11.11.2　生产聚氨酯树脂涂料的主要原料 / 567
　　　11.11.3　聚氨酯树脂涂料的种类 / 568
　　　11.11.4　聚氨酯树脂涂料的红外光谱 / 569
11.12　油脂漆的红外光谱 / 582
　　　11.12.1　油脂的分类和成膜机理 / 582
　　　11.12.2　油脂漆的品种 / 583
11.13　天然树脂漆的红外光谱 / 583
　　　11.13.1　松香及其衍生物 / 583
　　　11.13.2　沥青 / 584
11.14　聚酯树脂涂料的红外光谱 / 585
　　　11.14.1　聚酯树脂涂料的种类和组成 / 585
　　　11.14.2　聚酯树脂涂料的红外光谱 / 586
11.15　涂料红外光谱检验小结 / 598
　　　11.15.1　八种涂料的红外光谱和标志谱带 / 598
　　　11.15.2　涂料中常用填料、颜料和染料的标志谱带 / 606

第12章　车辆涂装 / 607

12.1　车辆涂装用涂料 / 607
　　　12.1.1　车辆涂装用涂料的种类 / 607
　　　12.1.2　车辆涂装的不同档次 / 607
12.2　磷化膜的红外光谱 / 608
12.3　汽车底漆的红外光谱 / 609
　　　12.3.1　底漆的作用 / 609
　　　12.3.2　底漆的种类和红外光谱 / 609

12.4 腻子的红外光谱 / 617
　　12.4.1 腻子的作用 / 617
　　12.4.2 腻子的种类 / 617
　　12.4.3 硝基纤维素腻子的红外光谱 / 617
　　12.4.4 环氧腻子的红外光谱 / 618
　　12.4.5 醇酸腻子的红外光谱 / 619
　　12.4.6 原子灰的红外光谱 / 619
12.5 中间涂层的红外光谱 / 619
　　12.5.1 中间涂层的作用 / 619
　　12.5.2 中间涂层涂料的种类 / 620
　　12.5.3 汽车原厂漆通用型中间涂层涂料的红外光谱 / 620
　　12.5.4 汽车原厂漆耐石击中间涂层涂料的红外光谱 / 620
　　12.5.5 线上修补用中间涂层涂料的红外光谱 / 622
12.6 面漆的红外光谱 / 623
　　12.6.1 本色底色漆的红外光谱 / 623
　　12.6.2 金属闪光底色漆的红外光谱 / 624
　　12.6.3 罩光清漆的红外光谱 / 625
12.7 车辆涂装检验案例 / 625
　　12.7.1 检验 / 625
　　12.7.2 检验意见 / 627

第 13 章 红色印泥、印油的红外光谱 / 628

13.1 样品 / 628
13.2 红色印油、印泥部分原料的红外光谱 / 629
　　13.2.1 朱砂的红外光谱 / 630
　　13.2.2 艾绒的红外光谱 / 630
　　13.2.3 一缩二乙二醇的红外光谱 / 631
　　13.2.4 蓖麻油的红外光谱 / 632
13.3 56 种印泥的红外光谱 / 633
　　13.3.1 以蓖麻油为连接料、大红粉为染料的印泥的红外光谱 / 633
　　13.3.2 以蓖麻油为连接料、铅铬黄为染料的印泥的红外光谱 / 634
　　13.3.3 以蓖麻油为连接料、铁红为颜料的印泥的红外光谱 / 634
　　13.3.4 用蓖麻油、重晶石粉和大红粉制的印泥的红外光谱 / 635
　　13.3.5 用蓖麻油和碳酸钙制的印泥的红外光谱 / 636
　　13.3.6 用蓖麻油、碳酸钙和大红粉制的印泥的红外光谱 / 637
　　13.3.7 用蓖麻油、铬酸铅和大红粉制的印泥的红外光谱 / 638
　　13.3.8 用邻苯二甲酸二辛酯、环氧树脂和大红粉制的印泥的红外光谱 / 639
　　13.3.9 用一缩二乙二醇和少量蓖麻油制的印油的红外光谱 / 640
　　13.3.10 用蓖麻油和甘油制的印油的红外光谱 / 640
　　13.3.11 用石蜡油、白云石和滑石粉制的印泥的红外光谱 / 641

13.4 纸张上印痕的原位 Micro-ATR 检验 / 642
  13.4.1 傅里叶变换红外光谱 Micro-ATR 技术 / 642
  13.4.2 纸张上印泥的傅里叶变换红外 Micro-ATR 光谱 / 643

第 14 章 热敏纸的红外光谱检验 / 645

14.1 热敏涂料的原料 / 645
  14.1.1 无色染料 / 645
  14.1.2 显色剂 / 647
  14.1.3 增感剂 / 648
  14.1.4 稳定剂 / 651
  14.1.5 辅助材料 / 652

14.2 热敏纸涂层的结构 / 652
  14.2.1 顶涂层 / 652
  14.2.2 热敏层 / 652
  14.2.3 打底层 / 652
  14.2.4 纸基 / 653
  14.2.5 背涂 / 653

14.3 热敏纸主要原料的红外光谱 / 653
  14.3.1 无色染料的红外光谱 / 653
  14.3.2 显色剂的红外光谱 / 657
  14.3.3 增感剂 A 的红外光谱 / 658
  14.3.4 黏合剂的红外光谱 / 659
  14.3.5 润滑剂的红外光谱 / 659
  14.3.6 填料的红外光谱 / 659

14.4 热敏纸的红外光谱 / 659
  14.4.1 "水木清华"牌热敏纸的红外光谱 / 659
  14.4.2 "飞毛腿"牌热敏纸的红外光谱 / 662
  14.4.3 祥裕纸业热敏纸的红外光谱 / 664
  14.4.4 "金好"牌热敏纸的红外光谱 / 666
  14.4.5 "飞利浦"牌热敏纸的红外光谱 / 667
  14.4.6 "@hixian"牌热敏纸的红外光谱 / 669
  14.4.7 "王子"牌热敏纸的红外光谱 / 671
  14.4.8 "安妮"牌高清晰热敏纸的红外光谱 / 672
  14.4.9 "绿天章"牌热敏纸的红外光谱 / 673
  14.4.10 "富士山"牌热敏纸的红外光谱 / 674
  14.4.11 "凡星"牌热敏纸的红外光谱 / 675
  14.4.12 "Fuji"牌热敏纸的红外光谱 / 676
  14.4.13 "Grown"牌热敏纸的红外光谱 / 677
  14.4.14 超高感热敏纸的红外光谱 / 678
  14.4.15 国家图书馆收银用热敏纸的红外光谱 / 679

14.4.16　工商银行排序用热敏纸的红外光谱 / 680
14.5　红外光谱检验热敏纸的结果和讨论 / 681

第 15 章　火炸药的红外光谱分析 / 685

15.1　火炸药的分类 / 685
15.2　火炸药的特性 / 686
15.3　火炸药的用途 / 686
15.4　火炸药的红外光谱 / 686
　　15.4.1　黑索金的红外光谱 / 686
　　15.4.2　奥克托今的红外光谱 / 687
　　15.4.3　特屈尔的红外光谱 / 688
　　15.4.4　TNT 的红外光谱 / 689
　　15.4.5　苦味酸的红外光谱 / 690
　　15.4.6　二硝基甲苯的红外光谱 / 691
　　15.4.7　二硝基重氮酚的红外光谱 / 692
　　15.4.8　太安的红外光谱 / 693
　　15.4.9　硝酸铵的红外光谱 / 693
　　15.4.10　氯酸钾的红外光谱 / 694
　　15.4.11　高氯酸钾的红外光谱 / 695
　　15.4.12　叠氮化铅的红外光谱 / 695

第 16 章　毒品的红外光谱分析 / 697

16.1　毒品的界定和分类 / 697
　　16.1.1　毒品的界定 / 697
　　16.1.2　毒品的分类 / 697
16.2　毒品的红外光谱 / 697
　　16.2.1　鸦片中主要生物碱的种类和相对含量 / 697
　　16.2.2　吗啡的红外光谱 / 698
　　16.2.3　海洛因盐酸盐的红外光谱 / 699
　　16.2.4　O^6-单乙酰吗啡盐酸盐的红外光谱 / 700
　　16.2.5　O^3-单乙酰吗啡氨基磺酸盐的红外光谱 / 701
　　16.2.6　乙酰可待因的红外光谱 / 702
　　16.2.7　盐酸二氢埃托啡的红外光谱 / 704
　　16.2.8　磷酸可待因的红外光谱 / 705
　　16.2.9　盐酸丁丙诺啡的红外光谱 / 706
　　16.2.10　盐酸罂粟碱的红外光谱 / 707
　　16.2.11　氯胺酮盐酸盐的红外光谱 / 708
　　16.2.12　非那西丁的红外光谱 / 709
　　16.2.13　扑热息痛的红外光谱 / 710
　　16.2.14　咖啡因的红外光谱 / 710

16.2.15 麻黄碱盐酸盐的红外光谱 / 711
16.2.16 甲基麻黄碱盐酸盐的红外光谱 / 712
16.2.17 甲基苯丙胺盐酸盐的红外光谱 / 713
16.2.18 3,4-亚甲基二氧基苯丙胺盐酸盐的红外光谱 / 715
16.2.19 3,4-亚甲基二氧基甲基苯丙胺盐酸盐的红外光谱 / 716
16.2.20 巴比妥的红外光谱 / 717
16.2.21 苯巴比妥的红外光谱 / 719
16.2.22 戊巴比妥钠的红外光谱 / 719
16.2.23 异戊巴比妥的红外光谱 / 720
16.2.24 硫喷妥钠的红外光谱 / 721
16.2.25 司可巴比妥钠的红外光谱 / 722
16.2.26 安眠酮的红外光谱 / 723
16.2.27 眠尔通的红外光谱 / 724
16.2.28 美沙酮盐酸盐的红外光谱 / 724
16.2.29 杜冷丁的红外光谱 / 725
16.2.30 盐酸可卡因的红外光谱 / 727
16.2.31 氯氮平的红外光谱 / 727

16.3 毒品的红外光谱分析小结 / 728
16.3.1 毒品中伯胺、仲胺、叔胺红外光谱的特点 / 728
16.3.2 毒品中伯胺盐、仲胺盐、叔胺盐红外光谱的特点 / 730
16.3.3 毒品中伯胺盐、仲胺盐、叔胺盐红外光谱的区别 / 730
16.3.4 四种仲胺盐毒品的标志谱带 / 731
16.3.5 十二种叔胺盐毒品的标志谱带 / 731

16.4 混合毒品的红外光谱分析 / 732
16.4.1 海洛因与咖啡因混合物的红外光谱 / 732
16.4.2 海洛因盐酸盐与扑热息痛混合物的红外光谱 / 733
16.4.3 咖啡因和非那西丁混合物的红外光谱 / 734
16.4.4 海洛因盐酸盐、咖啡因和非那西丁混合物的红外光谱 / 735
16.4.5 海洛因盐酸盐和淀粉混合物的红外光谱 / 736

参考文献 / 738

红外光谱索引 / 739

第1章 微量物证的基本概念

1.1 微量物证的定义

"微量物证"还没有一个确切的定义。许多人根据自己在实际工作中的理解,各自给出了不同的定义。在长期的工作实践中,人们对"微量物证"也有了一些约定俗成的定义。

"微量物证"最初来源于英文的"trace evidence","trace"具有多重含义,"微量"只是其含义之一,另外还有"遗迹""示踪""绘出的经始线""可以追溯的""探索""追究""查出"等含义。综合这几方面的意思,才是微量物证比较确切的含义。

受当初翻译取义的影响,在给"微量物证"下定义时,人们望文生义,过分强调了"微量",而忽略了其更本质的含义:"示踪物""可以绘出经始线的物品""探索的凭证"等意义。其实在办案实际中,一些所谓"微量物证"一点都不"微量",如包碎尸的塑料薄膜、撞坏的汽车保险杠、勒死人的绳索等,甚至交通肇事案中常见的漆片,其数量往往也难用"微量"来描述。

所以,微量物证应该是指依法收集到的、可能与案件有关的、能够揭示和证实案件真实情况或能为侦破案件提供线索和划定范围的相对稳定的物品。它与一般意义上所讲的"物证"相比,有三个特殊点:

第一,它主要来源于自然界或工农业产品,而不是来自人体本身或取自人体内脏;

第二,它是"物品",是有体积和质量的实物,不是如脚印、指纹、工痕、轮胎印、血液飞溅的形态类的物证,也不是录音、脉搏、呼吸频率和爆炸闪光、录像等运动(振动)形式的物证;

第三,它"相对稳定",一般不包括暂时性物证,比如尸体温度、咖啡凉热、人体气味、灯光强弱等。

刑事技术中常见的微量物证有:纤维、塑料(树脂)、橡胶、涂料、黏合剂等高分子材料;金属、玻璃、矿物、水泥等无机物;纸张、油墨、墨水、印油、热敏涂料等书写材料;火药、炸药、爆炸残留物、射击残留物;纵火剂、油脂、食品、化妆品、毒品、食品等。

1.2 微量物证的特点

微量物证与其他物证相比,有许多其他物证不具备的特点,这主要指以下几个方面。

第一，自然物要经司法鉴定才能成为微量物证。

微量物证通常是以其物质属性来为案件的侦察提供线索、划定范围，以证实案件的真实性。现场提取的物品在案件中并非理所当然的就是物证，它只是有可能成为物证的自然物。要使客观存在的自然物成为法律上认可的物证，多数要进行微量物证司法鉴定。微量物证司法鉴定是指有资质的司法鉴定机构受司法机关或当事人的委托，运用物理学、化学和仪器分析等方法，通过对有关物质材料的成分及其结构进行定性、定量分析，对检材的种类、检材与嫌疑样本的同类性和同一性进行鉴定，并提供鉴定意见的活动。

第二，微量物证具有广泛性和多发性。

工农业产品和日常生活用品都可能成为微量物证。这一特点决定了微量物证有下面三个派生的特点：

首先，只要认真收集，大部分案件都可以提取到微量物证。有人说许多案件的微量物证，主要的不是有没有的问题，而是勘查时有没有注意提取的问题，这是有一定道理的。随着科学技术的发展，检验水平的提高，微量物证在侦察和定案中的价值越来越大，人们的重视程度与日俱增。

其次，客观存在的非唯一性决定了它只能做种类区分。微量物证检验一般只能做种类区分，很难做到同一认定，但至多能给出一个相似度或显著性水平的数值。我们知道，出现概率越小的物品，其物证价值越大。而大部分微量物证是工农业产品或日用品，同一种类的物品，不仅数量巨大，而且物理、化学性质相近，社会存量大，案件中出现概率高，因而降低了一些物品的物证价值。

最后，微量物证具有难以避免性和无法预防性。案发时微量物证的产生是难以避免的，也是犯罪嫌疑人难以预防的。100件交通肇事逃逸案中，90件会有油漆物证；爆炸案的残留物是犯罪分子无法控制的；犯罪分子遗留在现场的毛发、衣服纤维也是他们难以防范的。

1.3 微量物证的检验及其特点

微量物证检验就是运用物理学、化学和仪器分析等方法，通过对有关物质材料的成分及其结构进行定性、定量分析，对检材的种类、检材和嫌疑样本的同类性和同一性进行鉴定。

微量物证检验所涉及的内容包括：微量物证在案发现场的分布规律；科学的提取方法；检材的预处理；分析检验；综合分析检验结果，给出准确、符合案件实际情况的鉴定意见。微量物证检验具有以下特点。

1.3.1 微量物证需要多种仪器综合性检验

微量物证检验不能做到同一认定。这是由微量物证存量大，分布广的特性决定的。但办案实际要求它尽可能逼近同一认定或彻底排除。

出现概率越大的物证，能做到同一认定或彻底排除的可能性越小；出现概率越小的物证，逼近同一认定或彻底排除的可能性越大。

有时同种类物质社会存量很大，它们的理化性质相似，要把它们区分开有很多困难。但是，我们也应该看到，同种类物品间的相似也只是相似而已。两个非同源个体之间总会存在差异，有差异就能把两个非同源个体区分开。关键是我们能否找到可以表征这种差异的方法，以及表征这种差异的物理量。对于有机物样品，能谱可以确定样品所含元素种类；红外光谱可以确定样品包含的官能团种类和化学键类型；质谱可以确定分子的分子量和分子式；紫外光谱可以确定分子中的共轭体系类型和大小、包含的生色团；核磁共振碳谱可以确定分子碳原子数目、类型和碳原子的排列顺序。用多种仪器和分析方法，从多个角度表征物质的特性，就能较多地发现不同个体间的差别，逐一排除非同源个体，逐渐逼近同一认定，或彻底排除，或计算出现场检材与嫌疑样本间的匹配度大小。从多种分析方法获取的信息不仅可以相互补充和印证，正确鉴定样品的成分和结构，还能降低一种仪器鉴定的难度。

比如两件衣服，可比的特征反映体有颜色、大小、样式、纤维品种、纺线粗细、织法、针脚大小、纽扣种类和大小、染料品种、缝线种类、衬里纤维种类和颜色、疵点特征、磨损程度等。检验得越仔细，比较的特征反映体越多，区分率越高，各特征反映体互相印证、互相补充，得出的结论越准确可靠。

1.3.2 微量物证检验要求尽可能是无损的

案件中的每一个物证都十分珍贵，其数量和形貌在案件侦查中往往具有决定性意义，所以要求检验时尽量不破坏检材。如果受检验方法的限制，不得不损耗一部分物证，也要遵循尽量不破坏物证原貌的原则。在检验时要先用无损检验的方法，后用有损检验的方法。以字迹检验为例，可采用的方法有显微分光光度法、红外微区衰减全反射法和化学法，前两种方法是无损检验，应该优先选用。

1.3.3 微量物证检验的结果要做必要的数理分析

微量物证检验难以做到同一认定，有时也难以彻底排除。为了使微量物证检验逼近同一认定或彻底排除，最大限度地发掘微量物证的证据作用，人们采取了多种分析手段，其中包括各种仪器分析。仪器检验的结果得出了一堆图谱、数据，不进行必要的数据处理，这些谱图、数据对案件是没有用的。这是因为以下三方面的原因：

首先，测试过程中由于受仪器精度、测试环境、样品变化、技术人员业务水平等因素的影响，分析测试不可避免地或多或少带有误差。误差常常会掩盖甚至歪曲客观事物的本来面貌，有时会引导我们做出错误的结论。数理统计可帮助我们分析误差的属性、产生的原因、可接受的范围，去伪存真，从中引出符合客观实际的正确结论。

其次，定性鉴定可以对检材出现的概率大小有一个基本的估计。从检验结果引出符合客观实际的正确结论，要有一个前提条件，就是对检材在案发的时空内出现的概率大小有一个基本的估计。比如在被撞自行车的附着油漆和肇事嫌疑车的油漆中如果都检出了钛元素，证据作用就比较小；如果都检出锰元素，证据作用就比较大。这是因为二氧化钛是油漆的常用填料，而油漆中很少检出锰元素。

最后，定量鉴定可以给出鉴定结论的可信程度。要给出在一定置信水平下，同类物被定为别类物或别类物定为同类物的概率有多大。鉴定人要依此拿出自己的鉴定意见，当事人要据此判断鉴定意见的可靠性，法官会据此决定鉴定意见能否采用。

1.3.4 红外光谱分析微量物证的步骤

微量物证涉及的物品有成分单一的，如聚乙烯塑料膜、纯的海洛因等，但是更多的是多种成分的共聚物或混合物，如 ABS 塑料、涂料等。前者的红外光谱分析比较容易，通常可以借助红外光谱库利用计算机检索，后者的红外光谱分析要困难得多，也没有现成的红外光谱库。利用"标志谱带"对混合物红外光谱进行分析，是一种可以尝试的方法。

1.3.4.1 标志谱带的定义

与一定基团的振动方式相联系,在对比范围内(如比对物和被比对物均为涂料或均为纺织纤维或均为染料等)与对比物基团的振动谱带有明显差别的谱带,称为标志谱带。

1.3.4.2 选择标志谱带的依据

(1)能反映基团的结构特点。
(2)谱带代表的结构与对比样品的结构差别大。
(3)不受其他成分谱带的干扰。
(4)强度不能太弱。
(5)标志谱带的个数以 2~4 个为宜,1 个谱带,特征性权重小,多于 4 个谱带记忆不方便。

1.3.4.3 标志谱带的特点

(1)标志谱带随比对范围的不同而变化。
(2)标志谱带权重不同。
(3)权重相近的标志谱带同时存在个数越多,鉴定意见的可靠性越大。
(4)标志谱带与特征谱带的相同点是它们都反映样品的结构特点。主要区别是特征谱带对比的范围大,可能在所有物质范围内;而标志谱带对比的范围小,只限定在某类物质,如涂料范围内、纺织纤维范围内、含卤素塑料范围内、红色染料范围内等。

1.3.4.4 根据标志谱带鉴定混合物的步骤

(1)根据样品来源、外观确定被检样品的种类。
(2)把样品的标志谱带按权重大小排序,权重大的列为一等,权重小的列为二等。
(3)假设被检样品为 A,在红外光谱中寻找 A 的一等标志谱带。如果没有,则排除原假设,另假设被检样品为 B。
(4)如果红外光谱中有 A 的一等标志谱带,则在红外光谱中寻找 A 的二等标志谱带。如果没有,也要排除原来的假设。
(5)如果红外光谱中也有 A 的二等标志谱带,则原假设基本成立。
(6)再寻找 A 的其他谱带,如果也有,则原假设成立。匹配谱带越多,鉴定意见越可靠。
(7)在红外光谱中寻找是否有 A 之外的谱带。如果没有,则被检样品为"纯"A;如果有 A 之外的谱带,则根据这些谱带的特点,初步判断其归属,即猜想 A 的共用树脂、染料、颜料、填料、助剂种类。然后根据新的假设,重复上述步骤。

1.4 微量物证的勘查提取

勘查现场前,侦察、技术人员要尽可能详细地了解案情,做到心中有数。勘查现场时,要根据案情认真识别、判断与案件有关的物品,一时无法确定的,先作为物证对待。要尽量保护好疑似物证的原状,及时拍照,不轻易改动现场物品的存放位置、方向、上下次序。提取的每一物证都要详细记录提取的时间、位置、数量、颜色、形状、尺寸、顺序等。如果有可能要连同载体一并提取。

受理送检案件时,检验人员要认真检查送检物品。按照送检清单逐一核对送检物品,特别注意查验包装是否完整,送检物品有无损坏、失散、变质;仔细审查送检要求,判断送检物品是否具有实现送检要求的条件。不具备条件的向送检人讲明原委,并根据实际情况提出适当检验建议，供送检人员参考。

有些微量物证，如燃烧、爆炸残留物，交通肇事案中的油漆、土壤等在提取时，要在附近提取若干份空白对照样。这对下一步的检验和正确分析检验结果都非常重要。

微量物证的收集范围不能仅局限于发案现场，比如房屋的出入口可能黏附有犯罪分子衣服上的纤维；纵火、爆炸案现场外可能留有犯罪分子遗弃的烟头、饮料瓶、塑料桶等；盗窃案中在犯罪分子逃跑的路上可能散落有与案件有关的物品。

案情不同，微量物证的性质不同，提取的方法也不同，要注意其中的差别，不能想当然地类推。比如微细的玻璃屑、金属粉末可以用胶带纸黏附提取、保存。塑料、纤维和涂料等高分子材料就不能用这种方法，这是因为胶带纸所用原料与塑料、纤维和涂料所用原料都是高聚物。用胶带纸黏附这些高分子材料无异于是在人为地污染，严重时会使微量物证失去检验条件。

数量或尺寸较大的物证材料要注意收集全，注意拼接。数量大的物证也要尽量收集完全，千万不要因其多，以"够用了"为由而只收集其中的一部分。分别从现场和嫌疑人处提取的一些物证，比如破碎的车灯玻璃、断裂的金属制品、硬塑料碎片等往往能拼接在一起，做到分离体同源认定，这是逼近同一认定的绝好方法，而多种仪器综合分析都难以达到，只能逐渐逼近的水平。

第 2 章 原子结构、共价键和分子的空间结构

红外光谱是物质结构本质的反映,结构是决定红外光谱的关键。学习红外光谱分析,必须以物质结构和红外光谱特点为中心,掌握好样品的结构与对应的红外光谱的关系。

2.1 原子的运动特征

原子由原子核和电子组成,电子的质量为 9.1094×10^{-31} kg,所带电荷为 1.6022×10^{-19} C。原子核由质子和中子组成。原子序数等于原子的正电荷数,也等于核外电子数。

在化学反应中,原子核的组成不发生变化,只是核外电子的运动状态和排列方式发生变化。核外电子的运动和分布具有下列特征。

2.1.1 量子性

原子的能量变化是量子化的,即它的能量变化不是连续的,而是以某一最小单位做跳跃式的增减。原子中的电子,每次只能吸收或放出一个光子,每个光子的能量 E 与光的频率 ν 成正比:

$$E = h\nu = hc/\lambda \tag{2.1}$$

式中,h 为普朗克常数,其值为 $6.6260755 \times 10^{-34}$ J·s;c 为光速,其值为 2.9979×10^{8} m·s^{-1};λ 为光子的波长。

2.1.2 波粒二象性

原子、电子、光子等微观粒子都同时具有波动性和粒子性,波粒二象性(dual wave-particle nature)是微观粒子运动的基本特征。

2.1.3 微观粒子运动的统计性

电子、光子等微观粒子的运动波不同于由于介质的质点振动产生的机械波。微观粒子运动波的强度和粒子出现的概率密度(probability density)成正比。个别粒子到达的地方不能预测,但粒子出现概率大的地方,运动波的强度大;粒子出现概率小的地方,运动波的强度小。电子运动虽然没有确定的轨道,但它在空间出现的概率可以由波的强度展示。

2.2 概率密度和电子云

原子核外电子在核外某一区域出现机会的多少称作概率（probability）。单位体积内的概率称为概率密度，即概率密度=概率/体积。

如果用小黑点的疏密表示电子在核外空间的概率密度，概率密度大的地方，小黑点较密；概率密度小的地方，小黑点较疏。在原子核外分布的小黑点，像一团带负电的云围绕在原子核周围，故称之为"电子云"（electron cloud）。

2.3 表征原子核外电子运动状态的4个量子数

原子核外电子的能量与4个量子数有关，它们是主量子数 n、角量子数 l、磁量子数 m 和自旋量子数 s。4个量子数综合起来就能说明电子在原子中的状态和能量高低。主量子数表征该电子在第几电子层（第一层、第二层、第三层……），角量子数表征电子云是什么形状（球形、哑铃形、花瓣形……），磁量子数表征该电子的电子云如何取向（x轴、y轴、z轴），自旋量子数表征自旋方向（顺时针、逆时针）。

2.3.1 主量子数 n

核外电子出现概率较大区域有的离核近些，有的离核远些，按其远近分为不同的电子层（electronic shell）。主量子数 n（principal quantum number）表征电子在核外出现概率最大区域离核的平均距离和能量高低，它可以取值为：n=1、2、3、4、5、6、7。n值越大，电子离核平均距离越大，能量越高。n=1，表示电子处于第一电子层，离核平均距离最小，能量最低。

在光谱学上用拉丁字母表示电子层，其与主量子数的对应关系为：

主量子数（n）　　1　2　3　4　5　6　7
电子层　　　　　　K　L　M　N　O　P　Q

2.3.2 角量子数 l

角量子数 l（azimuthal quantum number）表征电子云的不同形状。电子位于相同电子层，但电子云的形状不同，电子的能量也不同。

l 可以取 0 到 n-1 的正整数，l=0、1、2、…、n-1，共 n 个数。l=0、1、2、3 的轨道分别用光谱符号表示为：s、p、d、f 轨道。

通常将 n、l 均相同的电子归在同一电子亚层。不同的电子层，包含的亚层数不同。

（1）第一电子层（K层），n=1，只有一个亚层：l=n-1=1-1=0（s态），1s亚层原子轨道（或电子云）球形对称[○]，核外电子的运动与角度无关，称为s轨道（或s电子云）。

（2）第二电子层（L层），n=2，有两个亚层：l=n-1=1-1=0（s态）；l=n-1=2-1=1（p态）。有 2s、2p 两个亚层，其中 2s 亚层轨道（电子云）球形对称[○]，没有方向性；2p 亚层轨道（电子云）呈哑铃形分布[ ]。p 轨道有方向性，沿某一直角坐标轴的方向有最大值。

（3）第三电子层（M 层），$n=3$，有三个亚层：$l=n-1=1-1=0$（s 态）；$l=n-1=2-1=1$（p 态）；$l=n-1=3-1=2$（d 态）。即第三电子层有 3s、3p、3d 三个亚层，其中 d 亚层原子轨道（电子云）呈花瓣形分布，称为 d 轨道（d 电子云）。

（4）第四电子层（N 层），$n=4$，有四个亚层：$l=n-1=1-1=0$（s 态）；$l=n-1=2-1=1$（p 态）；$l=n-1=3-1=2$（d 态）；$l=n-1=4-1=3$（f 态）。即第四电子层有 4s、4p、4d、4f 四个亚层，其中 f 亚层原子轨道（电子云）形状复杂，称为 f 轨道（f 电子云）。

2.3.3 磁量子数 *m*

磁量子数 *m*（magnetic quantum number）表征原子轨道（电子云）在空间的伸展方向。*m* 取什么值决定于角量子数 *l*，它可取包括 0 在内的从 "$-l$" 到 "$+l$" 的所有整数。因此，*m* 可有 $2l+1$ 个数值，即电子轨道可取的方向数=电子轨道的形状数×2+1。

当 $l=0$ 时，电子轨道只有一个，$m=0$，为球形对称的 s 轨道，即 s 电子只有一种空间取向，没有方向性。

当 $l=1$ 时（p 态），*m* 可取包括 0 在内的从 "-1" 到 "$+1$" 的所有整数，即 $m=-1$、$m=0$、$m=1$，p 电子可有三种取向。原子轨道（电子云）沿直角坐标的 *x*、*y*、*z* 三个轴的方向伸展，分别称为 p_x、p_y、p_z，见图 2.1。p_x、p_y、p_z 三个轨道具有相同的能量，称作等价轨道（equivalent orbital）。

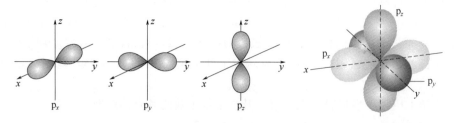

图 2.1　p 能级原子轨道在空间的三种取向和三个轨道合在一起时的形状

当 $l=2$ 时（d 态），*m* 可取包括 0 在内的从 "-2" 到 "$+2$" 的所有整数，即 $m=-2$、$m=-1$、$m=0$、$m=1$、$m=2$，d 电子可以有五种取向，即 d_{xy}、d_{xz}、d_{yz}、$d_{x^2-y^2}$、d_{z^2}。其中 d_{xy}、d_{xz}、d_{yz} 分别在 *x* 轴和 *y* 轴、*x* 轴和 *z* 轴、*y* 轴和 *z* 轴夹角为 45°的方向出现极值；$d_{x^2-y^2}$ 在 *x* 轴和 *y* 轴出现极值；d_{z^2} 在 *z* 轴出现极值，见图 2.2。

图 2.2　d 能级原子轨道在空间的五种取向

2.3.4 自旋量子数 s

原子中的电子不仅绕核旋转,而且还自旋。电子自旋可有两个方向:顺时针方向和逆时针方向。自旋量子数 s(spin quantum number)就是表征核外电子自旋方向的。用向上的箭头"↑"表示顺时针方向,向下的箭头"↓"表示逆时针方向。

2.4 原子核外电子的排布

2.4.1 原子轨道能级

电子的能级主要决定于主量子数 n,也受角量子数 l 影响,即电子的能级主要决定于电子离核的平均距离,同时轨道形状也对其有影响。

鲍林(L. Pauling)根据光谱实验总结出核外电子填充的一般顺序,能级由低到高的填充顺序是:

1s;2s,2p;3s,3p;4s,3d,4p;5s,4d,5p;6s,4f,5d,6p;7s,5f,6d,7p,…

2.4.2 核外电子分布的三个原则

(1)能量最低原理(lowest energy principle):核外电子尽可能分布到能量最低的轨道。

(2)不相容原理(exclusion principle):同一个原子内没有四个量子数(运动状态)完全相同的电子,任何一个原子轨道最多能容纳两个自旋方向相反的电子。

(3)洪特规则(Hund's rule):在同一亚层的各个轨道(等价轨道)上,电子将优先占据不同的轨道,并且自旋平行。

如遇下列情况,洪特规则按特例处理:当等价轨道全充满(p^6、d^{10}、f^{14})、半充满(p^3、d^5、f^7)或全空时,电子云分布呈球状,能量较低,原子结构较稳定,电子分布按能量最低原理排布。

2.4.3 原子的电子结构分布式

根据上述原则和原子序数(核外电子数、质子数)可以写出大多数原子的电子结构分布式。

化学反应通常仅涉及外层电子的改变,为了避免书写过长,常把内层电子的分布式用该元素前一周期的稀有气体的元素外加方括号(称为原子实)代替,再加上外层电子的分布,即为该原子基态(ground state)时的电子分布式,如氮原子的电子分布式写作 $[He]2s^22p^3$。表 2.1 给出了部分基态原子的电子分布。

2.4.4 元素的电负性

原子在分子中吸引电子的能力定义为元素的电负性(electronegativity)。元素的电负性越大,意味着其非金属性越强,在分子中吸引电子的能力越大。氟的电负性最大,人为规定为 4.00,并参照热化学数据和分子的键能,确定了其他元素的电负性。这一工作为美国化学家 Pauling 首创,所以也称作 Pauling 电负性。表 2.2 列出了部分元素的电负性。

表 2.1 部分基态原子的电子分布

周期	原子序数	元素符号	电子分布式	周期	原子序数	元素符号	电子分布式
1	1	H	$1s^1$		19	K	$[Ar]4s^1$
	2	He	$1s^2$		20	Ca	$[Ar]4s^2$
2	6	C	$[He]2s^22p^2$		22	Ti	$[Ar]3d^24s^2$
	7	N	$[He]2s^22p^3$		25	Mn	$[Ar]3d^54s^2$
	8	O	$[He]2s^22p^4$	4	26	Fe	$[Ar]3d^64s^2$
	9	F	$[He]2s^22p^5$		29	Cu	$[Ar]3d^{10}4s^1$
	10	Ne	$[He]2s^22p^6$		30	Zn	$[Ar]3d^{10}4s^2$
3	11	Na	$[Ne]3s^1$		35	Br	$[Ar]3d^{10}4s^24p^5$
	12	Mg	$[Ne]3s^2$		36	Kr	$[Ar]3d^{10}4s^24p^6$
	13	Al	$[Ne]3s^23p^1$	5	53	I	$[Kr]4d^{10}5s^25p^5$
	14	Si	$[Ne]3s^23p^2$		53	Xe	$[Kr]4d^{10}5s^25p^6$
	15	P	$[Ne]3s^23p^3$		56	Ba	$[Xe]6s^2$
	16	S	$[Ne]3s^23p^4$	6	80	Hg	$[Xe]4f^{14}5d^{10}6s^2$
	17	Cl	$[Ne]3s^23p^5$		82	Pb	$[Xe]4f^{14}5d^{10}6s^26p^2$
	18	Ar	$[Ne]3s^23p^6$		86	Rn	$[Xe]4f^{14}5d^{10}6s^26p^6$

表 2.2 部分元素的电负性

元素	K	Na	Ba	Ca	Li	Mg	Al	Fe	Ge	B	Si
电负性	0.8	0.9	0.9	1.0	1.0	1.2	1.5	1.8	1.9	2.0	2.01
元素	H	P	C	Se	S	I	Br	N	Cl	O	F
电负性	2.1	2.19	2.25	2.55	2.58	2.66	2.96	3.04	3.16	3.44	4.0

2.5 共价键理论

一个原子，当电子层内所有轨道都被电子充满以后，原子就处于最稳定的状态。例如氢原子的两个电子充满了第一层（1s）轨道，其性质非常稳定。其他非稀有气体元素都有未被电子充满的轨道，它们的能量较高，有与其他原子相化合以形成稀有气体元素电子构型的倾向。如图 2.3 所示，两个氢原子结合成氢分子时，它们首先互相接近，同时它们的原子轨道也互相接近。而后，第一个氢原子的 1s 电子进入第二个氢原子的 1s 轨道，同时第二个氢原子的自旋相反的 1s 电子也进入第一个氢原子的 1s 轨道。这样，两个 1s 轨道进行交盖，形成了分子轨道。

图 2.3 氢分子形成过程电子云的变化

两个原子逐渐接近时，原子核的正电荷不仅对本原子的电子有吸引力，而且对另一原子的电子也有吸引力。与此同时，一方面由于电子都带负电荷，产生排斥，力图从两原子核间离去。另一方面，两个电子自旋相反而产生引力。两个氢原子间存在的斥力和引力相互作用，在核间距离达到平衡距离 R_0=74 pm 时，系统能量达到最低点。

如果两个氢原子从 R_0 进一步靠近，核间斥力逐渐增大，系统能量升高。排斥力和吸引力互相竞争使两个氢原子在平衡距离 R_0 处形成稳定的化学键,这种状态称为 H_2 分子的基态。在此情况下,两原子核间具有较大的电子云密度,两个氢原子都保持氢原子的电子构型,1s 轨道全充满,只是两个电子为两个原子核所共有。这种由两个原子核共有电子对所形成的化学键称作共价键(valence bond)。共价键是共用电子对形成的电子云对两个原子核的吸引力。共用电子对越多,核间电子云密度越大,结合力越强。

经常用键能、键长、键角和键的极性等键参数表征共价键的性质。

2.5.1 键长

成键两原子核之间的距离叫作键长(bond length)或核间距。理论上用量子力学的近似方法可以算出键长,实际上通常是用光谱或衍射等实验方法来测定键长。如表 2.3 所示,不同的共价键键长不同。因为共价键所连接的两个原子在分子中会受整个分子的影响,相同的共价键在不同的化合物中键长也稍有变化。

键长对确定分子的几何构型以及键的强弱有重要影响,知道分子的键长和键角,就可以推知分子的构型和它的一些理化性质。键长越短,核与核间电子云的吸力越强。键长越长,键力常数越小,键能越小,形成的基团越活泼,红外伸缩振动频率越低;键长越短,键力常数越大,共价键越牢固,形成的分子越稳定,红外伸缩振动频率越高。常见共价键的键长见表 2.3。

表 2.3　常见共价键的键长

共价键	键长/pm	共价键	键长/pm	共价键	键长/pm	共价键	键长/pm
C—C	154	N—N	145	C—H	109	C—F	141
C=C	134	N=N	125	N—H	104.5	C—Cl	177
C≡C	120	N≡N	110	C—O	143	C—Br	191
C=C(苯)	140	H—H	74	C—N	147	C=O	122
C=N	130	C≡N	116	O—H	96		

2.5.2 键能

在标准状态(101 kPa 和 25 ℃)下,把 1 mol 理想的气态分子 AB 分解为理想的中性气态 A 原子和 B 原子所需要的能量叫作 A—B 键的键能(bond energy),也称为 A—B 键的离解能(dissociation energy),单位为 kJ/mol,用符号 $D_{(A-B)}$ 表示。键能反映了化学键的牢固程度,通常键能越大,表明该化学键越牢固,由该键组成的分子也就越稳定。例如,HCl 的键能 E_{H-Cl}=431.8 kJ/mol,HI 的键能 E_{H-I}=298.7 kJ/mol,HCl 比 HI 稳定,HI 受热时就较易分解。通常键能的数据是用热化学方法由实验测定的。

对于双原子分子,键能 $E_{(A-B)}$=离解能 $D_{(A-B)}$。例如,H_2 的离解能 $D_{(H-H)}$ 为 436 kJ/mol,即 $E_{(H-H)}$=$D_{(H-H)}$=436 kJ/mol,它是指破裂 6.02×10^{23} 个 H—H 键(单键)所需要的能量。

对于多原子分子,键能 E 不等于离解能 D。例如,1 mol 的甲烷分解为 1 mol 的碳原子和 4 mol 的氢原子需要 1656.8 kJ 的能量,每个 C—H 键的键能平均是 414.2 kJ。实际上 4 个 C—H 键的离解能是不同的:

$$CH_4 \longrightarrow CH_3· + H· \quad D_1 = 422.5 \text{ kJ/mol}$$
$$CH_3· \longrightarrow CH_2· + H· \quad D_2 = 439.3 \text{ kJ/mol}$$
$$CH_2· \longrightarrow CH· + H· \quad D_3 = 447.7 \text{ kJ/mol}$$

$$\text{CH·} \longrightarrow \text{C·} + \text{H·} \qquad D_4 = 347.3 \text{ kJ/mol}$$
$$D_{总} = D_1 + D_2 + D_3 + D_4 = 1656.8 \text{ kJ/mol}$$

因此，甲烷总的离解能是 1656.8 kJ/mol，而甲烷分子中 4 个 C–H 键的平均键能是 414.2 kJ。一般所说的键能都是指平均键能，并不是使分子中某个键破裂所需要的能量。离解能是分子中某一特定键破裂时所需要的能量，键能是分子中某种键破裂时离解能的平均值。常见共价键的键能见表 2.4。

表 2.4 常见共价键的键能　　　　　　　　　　　　　单位：kJ/mol

共价键	键能	共价键	键能	共价键	键能	共价键	键能
C–C	345.6	N–N	167	C–H	411	C–F	485
C=C	602	N=N	418	O–H	458.8	C–Cl	327.2
C≡C	835.1	N≡N	941.69	F–H	565	C–O	357.7
H–H	432.0	N–H	386	Cl–H	428.02	C=O	798.9
O–O	142	O=O	493.59	C=N	615	N–Cl	313
O–F	189.5	O–Cl	218	N=O	607	N–O	201

2.5.3 键角

分子中相邻两共价键之间的夹角称为键角（bond angle）。键角反映分子中原子在空间排列的构型。知道了分子的键长和键角，就可以推断分子的构型和它的一些理化性质。例如，CO_2 的键长是 116.2 pm，O–C–O 的键角是 180°，可以推知 CO_2 是直线形非极性分子，它的反对称伸缩振动有偶极矩的变化，是红外活性的；对称伸缩振动没有偶极矩的变化，是非红外活性的。又如，已知 NH_3 分子里的 H–N–H 的键角是 107°18′，N–H 键长是 0.102 nm，就可推断 NH_3 分子是三角锥形的极性分子。

理论上可用量子力学近似方法算出键角，但对于复杂分子来说，实际上是通过光谱、衍射等结构分析实验测定而算出。表 2.5 列出了 5 种分子的键长、键角和分子构型。

表 2.5 5 种分子的键长、键角和分子构型

分子式	键长/pm	键角	分子构型	分子式	键长/pm	键角	分子构型
CO_2	116.2	180°	直线形	H_2O	98	104°45′	V 形
NH_3	101.9	107°18′	三角锥形	CH_4	109.3	109°28′	正四面体形
SO_2	143	119°30′	V 形				

2.5.4 键的极性

同种元素的原子间形成的共价键，共用电子对在成键两原子的中间，不偏向任何一方，共价键的正负电荷中心重合，这种共价键叫非极性键（nonpolar covalent bond）。

不同元素的原子间形成的共价键，因电负性不同，共用电子对偏向电负性（非金属性）强的原子使其带部分负电荷，偏离电负性弱的原子使其带部分正电荷，共价键的正负电荷中心不重合，形成的键就具有不同程度的极性。两种元素的电负性相差越大，它们之间键的极性就越强，其中，电负性较大的原子为负极，电负性较小的原子为正极。这种带部分正负电荷的共价键叫极性键（polar covalent bond）。

共价键极性的强弱可以用偶极矩（dipole moment）表征。正负电荷中心间的距离 d 与电

荷 e 的乘积 μ 称为偶极矩，即：

$$\mu = ed$$

式中，e 的单位是 10^{-10} esu；d 的单位是 10^{-8} cm；μ 的单位是 10^{-18} esu·cm。

偶极矩是矢量，方向由正电荷指向负电荷，偶极矩的 SI 单位是库(仑)·米（C·m）。偶极矩越大，键的极性越强。分子的偶极矩是各键偶极矩的向量和。

偶极矩的 SI 单位 [库(仑)·米 (C·m)] 相对于分子偶极矩是一个很大的单位，使用起来很不方便。传统上偶极矩也常用德拜（Debye，D）表示，1 D=3.336×10^{-30} C·m。

分子在外电场作用下，导致电子云发生形变，使偶极矩增加，这个过程称为分子的极化。外电场诱导产生的偶极，称为诱导偶极（$\mu_{诱导}$）；分子原来本身的偶极，称为固有偶极（$\mu_{固有}$）。一些共价键的偶极矩见表 2.6。

表 2.6 一些共价键的偶极矩　　　　　　　　　　　　　　　　单位：D

共价键	偶极矩	共价键	偶极矩	共价键	偶极矩	共价键	偶极矩
C—H	0.4	S—H	0.68	I—H	0.38	C—Cl	2.3
N—H	1.31	Cl—H	1.03	C—N	1.15	C—Br	2.2
O—H	1.50	Br—H	0.78	C—O	1.5	C—I	2.0
H_2	0	O_2	0	CH_4	0	CCl_4	0
HF	1.92	HCl	1.03	HBr	0.79	HI	0.38
CO	0.12	CO_2	0	H_2O	1.85	NH_3	1.66

2.5.5 键力常数

键力常数是键的属性，与键的电子云分布有关，代表键发生振动的难易程度。键力常数可用式（2.2）计算：

$$k = 1.67 N(P_1 P_2/d^2)^{3/4} + 0.3 \qquad (2.2)$$

式中，N 为键级（bond order），如单键、双键、三键；P_1、P_2 分别为两原子的 Pauling 电负性；d 为两原子核间距。

由式（2.2）可知，键力常数 k 与键级、两原子电负性正相关，而与两原子核间距负相关。以碳原子为例，说明键力常数 k 与键级的关系。—CH、=CH 和 ≡CH 分别是 sp^3、sp^2、sp 杂化键，s 轨道各占 1/4、1/3、1/2，s 轨道所占比例越大，键长越短，键力常数 k 越大。

一些化学键的伸缩振动力常数 k 值见表 2.7。

表 2.7 一些化学键的伸缩振动力常数 k　　　　　　　　　　　单位：N/cm

键型	k	键型	k	键型	k	键型	k
H—F	9.67	S—H	4.3	C=C	9.5~9.9	C=O	11.8~13.4
H—Cl	5.15	≡C—H	5.9	C—C	4.5~5.6	C—O	5.0~5.8
H—Br	4.11	=C—H	5.1	C—N	4.9~5.6	C—F	5.9
H—I	3.16	—C—H	4.7~5.1	N—N	3.5~5.5	C—Cl	3.4~3.6
O—H	7.8	—C≡N	16.2~18.2	N=N	13~13.5	C—Br	3.1
N—H	6.5	—C≡C	15.6~17.0	N≡N	22.9	C—I	2.7

2.6 分子的极性

如果把整个分子的正电荷和负电荷分别抽象成一个点,称为正、负电荷的中心。如果正、负电荷的中心重合,分子偶极矩为零,这样的分子为非极性分子(nonpolar molecule)。如果正、负电荷的中心不重合,则在分子内形成"两极",一端为正电荷中心,另一端为负电荷中心,偶极矩不为零,这样的分子为极性分子(polar molecule)。分子的偶极矩是各键偶极矩的向量和。

2.6.1 双原子分子的极性

双原子分子的极性取决于化学键的极性。2 个同核原子形成的共价键(如 H—H、O—O、N—N)是非极性键,完全由非极性键构成的分子一定是非极性分子,其偶极矩为 0。

2 个非同核原子形成的共价键(如 C—O、N—H、H—Cl)是极性键,它们构成的分子是极性分子。两原子电负性差越大,分子极性越强,其偶极矩越大,其伸缩振动谱带越强。

2.6.2 多个不同原子组成的分子的极性

由多个不同原子组成的分子(如 CO_2、H_2O、CH_4、SO_2)的极性取决于下列两个因素:(1)组成元素的电负性或键的极性;(2)分子的空间构型,如直线形、三角形、V 形、四面体形等。

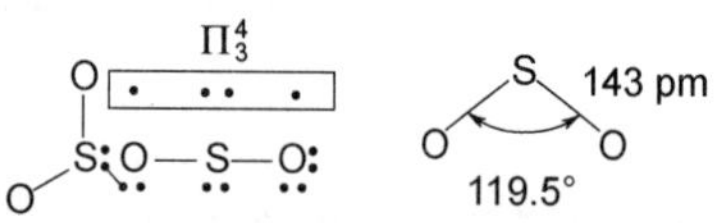

由极性共价键组成的分子,可能由于空间高度对称而成为非极性分子。如二氧化硫和三氧化硫,硫原子均采用 sp^2 杂化与氧原子形成 σ 键,没有参与杂化的 p 轨道与氧原子的 p 轨道侧面交盖成 π 键,如图 2.4 所示。

图 2.4 三氧化硫和二氧化硫的结构

三氧化硫和二氧化硫的 S=O 是极性键,SO_2 为 V 形结构,正、负电荷中心不重合,是极性分子;SO_3 为平面三角形结构,键的极性互相抵消,正、负电荷中心重合,为非极性分子。因此,三氧化硫发生对称伸缩振动时,没有偶极矩变化,是非红外活性的;二氧化硫发生对称伸缩振动时,有偶极矩变化,是红外活性的。

分子极性的强弱可以用偶极矩表示。偶极矩越大,分子极性越强,其伸缩振动谱带越强。一些分子的偶极矩见表 2.8。

表 2.8 一些分子的偶极矩　　　　　　　　　　　　　　　　　　　　　　　　单位:D

分子式	偶极矩	分子式	偶极矩	分子式	偶极矩	分子式	偶极矩
H_2	0	Cl_2	0	CO_2	0	NH_3	1.66
O_2	0	HF	1.92	CO	0.12	CH_4	0
N_2	0	HCl	1.03	H_2O	1.85	CCl_4	0

2.7 共价键的键型

根据原子轨道重叠方式不同,可以将共价键分为 3 种类型:σ 键、π 键和配位键。

2.7.1 σ 键

两个都含有成单的 s 和 p_x、p_y、p_z 电子的原子,以"头碰头"的方式发生轨道重叠,轨道重叠部分沿键轴呈圆柱形分布，这种键称为 σ 键，如 s-s [H●●H]、s-p$_x$ [H●━━C◁]、p$_x$-p$_x$ [▷C●━━C◁]等。

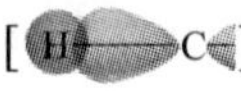

一般的单键都是 σ 键。σ 键是沿轨道对称轴方向形成的，轨道间重叠程度大，能量最低，最稳定，所以，通常 σ 键的键能比较大，不易断裂。由于有效重叠只有一次，所以，两个原子间最多只能形成一个 σ 键；σ 键旋转时不会破坏电子云的重叠，所以 σ 键可以围绕成键的两原子核的连线自由旋转。

2.7.2　π 键

原子轨道垂直于核间连线，从侧面以平行或"肩并肩"方式发生轨道重叠（如 p$_z$-p$_z$、p$_y$-p$_y$）的共价键称为 π 键。π 键的电子云由两块组成，分别位于由两原子核构成的平面的两侧，互为镜像，不可以围绕成键的两原子核的连线旋转。

π 键的重叠程度小于 σ 键，其键能和稳定性也小于 σ 键，π 键电子的能量较高，易发生化学反应。两个原子间形成共价单键时，通常是 σ 键；π 键不能单独存在，形成共价键双键或三键时，其中必有一个 σ 键，其余的是 π 键。

π 键成键轨道必须是未成对的或经杂化的 p 轨道。两个原子间最多可以形成两个 π 键，例如，碳碳双键中，一个是 σ 键，一个是 π 键；碳碳三键中，一个是 σ 键，另外两个是 π 键。

分布在 σ 分子轨道上的电子叫作 σ 电子，分布在 π 分子轨道上的电子叫作 π 电子。

2.7.3　配位键

配位键是一类特殊的共价键，其共用电子对不是由成键的两个原子分别提供，而是由其中一个原子单方面提供。这种由一个原子提供电子对为两个原子共用而形成的共价键称为配位共价键，或简称配位键。形成配位键要具备两个条件：

① 其中的一个原子的价电子层有孤电子对（即成对，但没有用于形成共价键的电子对）；
② 另一个原子的价电子层有可接受孤电子对的空轨道。

配位共价键与一般共价键的区别只体现在成键过程上，它们的键参数是相同的。例如，铵根离子的氮氢键中，有三个一般共价键，一个配位共价键，但这四个键完全等价，铵根离子也是完全对称的正四面体形。

书写时，一般共价键使用符号"—"；配位共价键使用"→"，箭头从配体指向受体。

2.8　原子轨道杂化

甲烷的分子式是 CH_4，碳原子在基态时的电子构型是 $1s^2$、$2s^2$、$2p_x^1$、$2p_y^1$，其中 1s、2s 两个轨道均被电子充满，$2p_x$、$2p_y$ 两个轨道各被 1 个电子占据，有 2 个成单电子，见图 2.5。按电子配对理论，碳原子在甲烷分子中似乎应该是 2 价，只能结合 2 个氢原子，但实际结合了 4 个氢原子，是 4 价，并且这 4 个价是等同的。

为了解释多原子分子的空间结构，化学家提出杂化轨道理论，其要点如下：

2s	2p$_x$	2p$_y$	2p$_z$
↓↑	↑	↑	

图 2.5　碳原子价层电子构型

① 受其他原子影响，原子轨道在成键过程中，同一原子中能量相近，不同类型的 n 个原子轨道（如 s、p、d⋯）相互混合并重新组成一组成键能力更强的新轨道。所形成的新轨

道叫"杂化轨道"(hydrid orbital),形成新轨道的过程叫原子轨道的杂化。

② 同一原子中,n 个原子轨道参与杂化,能生成并且只能生成 n 个杂化轨道。

③ 在由原子形成分子时,存在激发、杂化、轨道重叠、成键等过程,并且这些过程没有先后时差,而是同时发生。

④ 杂化轨道与组成分子的其他原子的原子轨道相互重叠生成共价键。共价键之间遵循最小排斥原理。

⑤ 不同类型和数目的原子轨道参加杂化,可以形成不同类型的杂化轨道。随中心原子的杂化轨道类型的不同,生成的分子可以有不同的空间结构。

⑥ 孤立的原子不可能发生杂化,只有在形成分子的过程中受到其他原子的影响才会发生杂化。

2.8.1 sp³ 杂化

由同 1 个原子的 1 个 ns 轨道和 3 个 np 轨道杂化可生成 4 个等同的 sp³ 杂化轨道。每个 sp³ 杂化轨道均包含 1/4s 轨道成分和 3/4p 轨道成分。4 个 sp³ 杂化轨道力求在空间排布得相距远些,以减少电子间的相互排斥。它们对称地分布于原子的周围,4 个轨道互成 109°28′夹角,相当于从正四面体中心引向 4 个顶点的 4 条直线,见图 2.6。

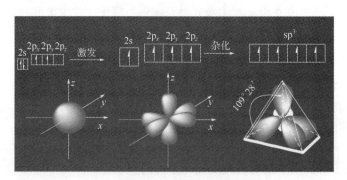

图 2.6 碳原子 sp³ 杂化轨道的形成

当 sp³ 杂化碳原子的 4 个 sp³ 杂化轨道和 4 个氢原子的 1s 轨道交盖,就形成 4 个等同的 sp³-sσ 键,这就是甲烷的分子结构,见图 2.7。

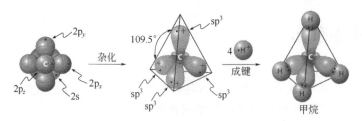

图 2.7 由 sp³ 杂化碳原子形成的甲烷

2.8.2 sp² 杂化

由同 1 个原子内的 1 个 ns 轨道和 2 个 np 轨道杂化可生成 3 个等同的 sp² 杂化轨道。每个 sp² 杂化轨道均包含 1/3s 轨道成分和 2/3p 轨道成分。3 个 sp² 杂化轨道力求在空间排布得相距远些,以减少电子间的相互排斥。它们对称地分布于原子的周围,3 个 sp² 轨道互成 120°

夹角。它们分别与有自旋方向相反电子的其他原子结合，形成 3 个 σ 键，键角也是 120°。因此，经 sp² 杂化而形成的分子具有平面三角形的空间结构，见图 2.8。剩下的 1 个没有参加 sp² 杂化的 p 轨道垂直于杂化轨道形成的平面。杂化轨道总是用于构建分子的 σ 轨道，未参与杂化的 p 轨道才能用于构建 π 键。

图 2.8 碳原子 sp² 杂化轨道的形成

在 sp² 杂化的碳原子中有 4 个价电子，其中 3 个分别位于 3 个 sp² 杂化轨道，1 个位于没有参加杂化的 p 轨道。当 2 个 sp² 杂化碳原子以适当方式接近时，2 个 sp² 杂化轨道相互交盖形成 1 个 $C_{sp^2}-C_{sp^2}$ 型 σ 键；2 个碳原子上没有参加杂化的 p 电子则从侧面交盖而形成 1 个 π 键。这样 1 个 σ 键和 1 个 π 键就组成了 1 个双键。由于 π 键比 σ 键交盖程度小，这样的双键不等于 2 个 $C_{sp^2}-C_{sp^2}$ 型 σ 键。

如果每个 sp² 杂化碳原子余下的 2 个 sp² 杂化轨道再分别与 2 个氢原子的 1s 轨道交盖，就形成 4 个 s-sp² 型 σ 键，这就是乙烯分子的结构，见图 2.9。

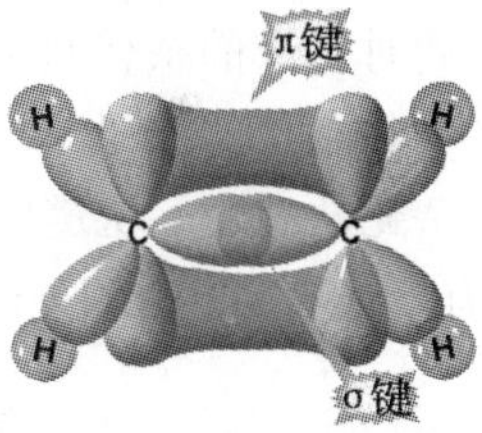

2.8.3 sp 杂化

由同 1 个原子内的 1 个 ns 轨道和 1 个 np 轨道进行杂化，形成 2 个 sp 轨道，其中每个杂化轨道均含 ½s 轨道成分和 ½p 轨道成分。为达到成键以后化学键之间的斥力最小，杂化轨道对称轴形成 180° 夹角，空间构型为直线形。

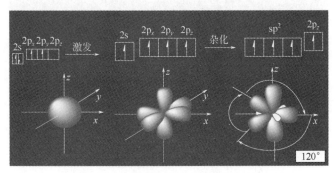

图 2.9 由 sp² 杂化碳原子形成的乙烯

碳原子的 sp 杂化过程如图 2.10 所示。碳原子 sp 杂化轨道对称轴与碳原子中没有参加 sp 杂化的 2 个 p 轨道互相垂直（即呈正交关系）。sp 杂化轨道总是用于构建分子的 σ 轨道，未参与杂化的 2 个 p 轨道才能用于构建 π 键。

在学习杂化轨道理论时既要掌握杂化轨道的空间分布，也要掌握未杂化的 p 轨道与杂化轨道的空间关系，否则难以全面掌握分子的化学键结构。

当 2 个 sp 杂化碳原子以适当方式接近时，1 个碳原子的 sp 杂化轨道与另一个碳原子的 sp 杂化轨道相互交盖，形成 1 个 $C_{sp}-C_{sp}$ 型 σ 键；这 2 个碳原子还分别有 2 个没有参加杂化的 p 电子，在形成 σ 键的同时，它们也从侧面相互交盖而形成 2 个 π 键。这 2 个 π 键如果附于 1 个 σ 键，则形成 X≡C—Y 结构；如果附于 2 个 σ 键，则形成 X=C=Y 结构。如果 2 个碳原子以各自剩下的另一个 sp 杂化轨道和氢原子的 1s 轨道交盖，就生成 1 个 H_s-C_{sp} 型 σ 键，这就成为乙炔分子的结构，见图 2.11。

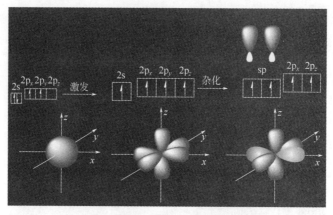

图 2.10 碳原子的 sp 杂化过程示意图

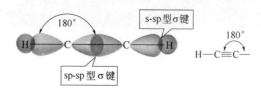

图 2.11 乙炔分子成键示意图

2.8.4 碳原子发生三种杂化后性能比较

sp^3、sp^2、sp 三种杂化方式有以下共同特点：
① 参与杂化的原子轨道数等于形成的杂化轨道数；
② 同一类型的杂化轨道，s 轨道和 p 轨道所占比例相同；
③ 同时形成的杂化轨道能量相同；
④ 参与杂化的原子轨道中电子总数等于或小于原子轨道总数；
⑤ 杂化轨道中 s 轨道比例越大，成键后键长越短，键能越大。

具有上述特点的杂化叫等性杂化。碳原子发生三种杂化后的性能比较见表 2.9。

表 2.9 碳原子发生三种杂化后的性能比较

杂化方式	sp^3	sp^2	sp
参与杂化的原子轨道	1个 s，3个 p	1个 s，2个 p	1个 s，1个 p
形成的杂化轨道数	4个	3个	2个
杂化轨道中 s、p 轨道的比例	s：p=1：3	s：p=1：2	s：p=1：1
杂化轨道夹角	109°28′	120°	180°
空间构型	正四面体	平面三角	直线
碳碳键长/pm	$C_{sp^3}-C_{sp^3}$，153.4	$C_{sp^2}-C_{sp^2}$，133.7	$C_{sp}-C_{sp}$，120.7
碳氢键长/pm	$C_{sp^3}-H_s$，110.2	$C_{sp^2}-H_s$，108.6	$C_{sp}-H_s$，105.9
碳碳键能/(kJ/mol)	$C_{sp^3}-C_{sp^3}$，345.6	$C_{sp^2}-C_{sp^2}$，602	$C_{sp}-C_{sp}$，835.1
实例	甲烷 CH_4	乙烯 C_2H_4	乙炔 C_2H_2

续表

碳的电负性	依次增大⟶		
轨道形状	依次增大⟶		
成键能力	依次减弱⟶		
未杂化的 p 轨道与杂化轨道的空间关系		未参与 sp^2 杂化的 1 个 p 轨道垂直于杂化轨道形成的平面	未参与 sp 杂化的 2 个 p 轨道垂直于 sp 杂化轨道形成的直线

2.8.5 不等性杂化

原子轨道经杂化如果形成的杂化轨道能量或成分不完全相同，形成的轨道叫作不等性杂化轨道。如果中心原子有孤对电子占有的轨道参与杂化，就可形成不等性杂化轨道。H_2O 分子就是以不等性杂化轨道参与成键而生成的。水分子中，中心 O 原子的外层电子构型为 $2s^22p^4$，见图 2.12。

成键前，2s 轨道和 2p 轨道进行 sp^3 杂化，形成 4 个 sp^3 杂化轨道。其中 2 个 sp^3 杂化轨道被已成对的 2 个电子占据，2 个未成对电子占据剩余的 2 个 sp^3 杂化轨道，见图 2.13。

2s	$2p_x$	$2p_y$	$2p_z$
↓↑	↑	↑	↓↑

图 2.12　氧原子外层电子构型

sp^3	sp^3	sp^3	sp^3
↑	↑	↓↑	↓↑

图 2.13　氧原子 sp^3 杂化形成 4 个 sp^3 杂化轨道

被孤电子对占据的轨道只参与杂化而不参与成键，这种轨道称为非键轨道。sp^3 杂化形成的分子具有四面体构型，因有孤电子对占据的轨道参与杂化，并有 2 个孤电子对占据四面体的 2 个顶角，因此形成的水分子呈“V”构型，见图 2.14。

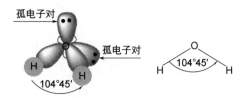

图 2.14　H_2O 分子的空间构型

由于氧原子的孤电子对不参与成键而使电子密集于氧原子周围，使非键轨道比其他杂化轨道含较多 s 成分（>¼s），含较少 p 成分（<¾p），因而发生不等性杂化。

由于孤电子对之间以及它们与其他成键电子之间的排斥力，致使 2 个 O−H 键之间的夹角不是 sp^3 杂化形成的四面体构型的 109°28′，而是 104°45′。

第 3 章
红外光谱法

3.1 概述

红外光和可见光（波长 400~750 nm）一样，有反射、衍射、偏振等性质。它的传播速度和可见光相同，但波长大于可见光波长。

可见光包括红、橙、黄、绿、青、蓝、紫七种颜色的光，波长范围为 400~750 nm。其中波长 620~750 nm 的光线引起视网膜光感为红色，称为红光。红光之外，波长在 750~1000 nm（13333~10 cm^{-1}）的光，人的眼睛已经看不见，所以叫红外光。

红外光谱区又进一步分成 3 个区，即近红外区、中红外区和远红外区。

由可见光的红光的末端（750 nm）至开始出现 X—H（N—H、O—H、C—H 等）基团的基频振动的区域称为近红外区，该区的波数范围是 13333~4000 cm^{-1}。该区主要研究 O—H、N—H、C—H 基团的倍频和合频吸收。近红外的振动能级间距较大，跃迁概率比中红外基频跃迁概率低 1~2 个数量级，谱带一般弱、宽。仅根据近红外谱带进行定性分析比较困难，但常据此进行定量分析。

中红外区和远红外区的界限是 400 cm^{-1}，这是溴化钾晶体的红外线透明末端。即中红外区的波数（频率）范围是 4000~400 cm^{-1}（2.5~25 μm），大多数有机化合物和许多无机化合物的基频振动出现在该区，所以中红外区又叫基频红外区。中红外区是红外吸收谱中结构和成分信息最丰富的区域，研究和应用最广泛、深入，仪器技术最成熟。对于物质在此区的结构-光谱关系的研究已相当深入。

远红外区的波数（频率）范围是 400~10 cm^{-1}（25~1000 μm），有机化合物的骨架振动、晶格振动、部分重金属的化合物的振动以及气体分子的纯转动光谱在此区有吸收。因此远红外主要研究分子的转动光谱、分子缔合和晶格振动。

电磁波总谱中的各个区都对应相应的光谱法，见表 3.1。

表 3.1 电磁波总谱分区和相应的光谱法

波长及分区	运动形式	光谱法
无线电波区（2×10⁵ μm 以上）	核自旋	核磁共振谱
微波区（1000~2×10⁵ μm）	电子自旋	微波光谱
	分子转动	顺磁共振光谱
远红外区（25~1000 μm，400~10 cm^{-1}）	分子转动及晶体的晶格振动	远红外光谱

续表

波长及分区	运动形式	光谱法
中红外区（2.5~25 μm，4000~400 cm^{-1}）	分子基频振动	中红外光谱
近红外区（750~2500 nm，13333~4000 cm^{-1}）	主要涉及 O—H、N—H、C—H 键的振动及其倍频、合频吸收	近红外光谱
可见区（400~750 nm）	外层电子跃迁	可见光和紫外光光谱
紫外区（10~400 nm）		
X 射线区（0.01~10 nm）	内层电子跃迁	X 射线光谱
γ 射线区	核反应	γ 射线光谱

红外光谱法与其他光谱法相比，主要优点如下：①特征性好，构成化合物的原子量、化学键性质、连接次序和空间位置的不同都能引起红外光谱的差别。所有化合物在 1600~650 cm^{-1} 均有不同的红外光谱，一般有机物的红外光谱都有 10 个以上的吸收谱带。官能团区的吸收可以鉴定化合物中存在的官能团；指纹区的吸收可鉴定各种化合物甚至可以用来分析同分异构体等，因而为化合物的鉴定提供了可靠依据。②适用样品范围广，可以分析固体、液体和气体；无机物和有机物；高聚物和小分子化合物；天然产物和人工合成品。③红外光谱仪价格比核磁共振仪、质谱仪低。

红外光谱法的局限性是：①灵敏度欠佳，痕量分析有困难。但随着红外显微镜技术的快速发展，这一欠缺对样品分析的制约越来越小。②定量不如紫外光谱法好。③谱图解释对经验的依赖性比较强。但随着计算机技术的发展和样品库的完善，谱图自动检索的可靠性不断提高。④红外分析不宜分析含水样品，但此时可用激光拉曼光谱法，因为这两种方法可以很好地相互补充。⑤与色谱法相比，红外光谱分析混合物区分率低。

3.2 红外光谱法的基本原理

3.2.1 红外光谱的表征

红外光具有波动性，常用波长（λ）、频率及波数（ν）描述红外光的波动性。波长是指相邻 2 个波峰或波谷间的距离，单位常用 μm 表示；频率是指一秒钟内经过某一点的电磁波数目，即每秒钟振动的次数，单位是 s^{-1} 或 Hz（赫兹）。1 μm=10^{-4} cm，光的频率数值很大，为方便常用波数表示频率。波数定义为光在真空中行进 1 cm 长度的电磁波的数目，即波长的倒数（1/λ$_{cm}$），单位为 cm^{-1}。波数（ν）和波长（λ）可以互换，互换关系可用下式表示：

$$\nu = \frac{1}{\lambda_{cm}} = \frac{10000}{\lambda} \tag{3.1}$$

3.2.2 红外光谱与物质结构的关系

构成物质的分子及原子都保持一定的运动状态，每个状态都属于一定的能级。

分子内部的运动可以分为价电子运动、分子内原子在其平衡位置附近的振动和分子绕其重心的转动。因此分子运动具有电子能级、振动能级和转动能级。当分子被光照射吸收了光能，运动状态将从基态跃迁到能量较高的激发态（excited state）。分子运动的能量是量子化的，即运动能量的变化不是连续的，而是以某一最小单位做跳跃式的增减。它从基态跃迁到激发态吸收的能量是有选择性的，被吸收的光子的能量必须等于分子动能的两个能量级之差，否则不能被吸收。分子所吸收光的能量可由式（3.2）表示：

$$\Delta E = E_2 - E_1 = h\nu = hc/\lambda \tag{3.2}$$

式中　ΔE——被吸收光子的能量；
　　　E_1、E_2——分子在基态和激发态的能量；
　　　h——普朗克（Plank）常数，其值为 $6.6260755 \times 10^{-34}$ J·s；
　　　ν——被吸收光子的频率，也是红外光谱中谱带的频率；
　　　c——光速，其值为 2.9979×10^8 m·s^{-1}。

由式（3.2）可见，被吸收光子的能量与其频率成正比，而与其波长成反比。当某一波长的光子的能量恰好等于分子某一跃迁能 ΔE 时，分子才能吸收此光能，而每个分子的这一特定跃迁能量与分子内部结构有关。

分子吸收光子后，依光子能量的大小引起转动、振动和电子能级的跃迁而产生吸收谱线。物质结构不同，跃迁所需要的能量也不同，分子会吸收不同频率的光子，形成不同的谱线。分子吸收谱线是分子内部结构的反映。因此，通过分子的吸收光谱可以研究分子结构并进行定性、定量分析。

3.2.3　红外光谱产生的条件

物质吸收的红外光的能量，不能引起分子中电子能级的跃迁，但可以引起振动和转动跃迁。红外光谱反映的是分子振动和转动两种运动的加和表现。所以红外光谱也叫振-转光谱。

物质分子吸收红外光发生振动和转动能级跃迁，必须满足以下两个条件：①红外辐射光光子具有的能量等于分子振动跃迁能量差 ΔE。处于基态的物质，各原子在平衡位置做微小振动。当用红外光照射样品时，如果红外光的频率正好等于原子的振动频率，就可能发生共振，使原子的振幅加大，振动能量增加，分子从基态跃迁到较高的振动能级。这正如收音机的电磁场振动频率必须等于广播电台的发射频率，才能发生共振，收音机才能收到广播电台发射的信号。②分子振动时必须伴随瞬间偶极矩的变化，具有偶极矩变化的分子能产生红外吸收，是红外活性的，否则为非红外活性振动。比如 CO_2 反对称伸缩振动时有偶极矩的变化，是红外活性的；而 O_2、N_2 为非极性分子，振动时没有偶极矩的变化，是非红外活性的。这正如收音机必须能产生交变电磁场，才能收到广播电台发射的信号。红外光谱分析时，光路中 CO_2 浓度稍有变化，在红外光谱中就会有很明显的反映，在 2363 cm^{-1}、2344 cm^{-1} 出现吸收峰；而比 CO_2 浓度大许多倍的 O_2、N_2 没有吸收。

其机理可作如下解释：基团的红外光谱是吸收光谱。由电磁理论和量子力学知道，若使基团能够吸收红外光，从基态跃迁到激发态，基团的偶极矩必须有变化，能在键周围产生稳定的静交变电场。红外光的本质是做周期性变化的电磁辐射，处在红外光辐射中的基团经受交替变化的作用力，偶极矩随之周期性增大或缩小。当基团的交变电场频率与红外光辐射频率相匹配时，就可能发生共振，使基团的振幅加大，振动能量增加，分子吸收红外光，基团从基态跃迁到较高的振动能级，得到振动光谱和转动光谱，基团是红外活性的（infrared active）。如果偶极矩不发生变化，就不能在键周围产生静交变电场，也就不能与红外光运动交变电场发生共振，产生红外吸收，基团是红外非活性的（infrared inactive）。

3.2.4　基团振动谱带的频率

由量子力学可导出双原子分子伸缩振动频率 ν 的计算公式为：

$$\nu = \frac{\Delta E}{hc} = \frac{\sqrt{k/\mu}}{2\pi c} = \frac{\sqrt{k}}{2\pi c \sqrt{\mu}} = \frac{1}{2\pi c}\sqrt{\frac{k(m_1+m_2)}{m_1 m_2}} \quad (3.3)$$

$$\mu = \frac{m_1 m_2}{m_1 + m_2}$$

式中　ΔE——分子跃迁所需能量，即吸收光子的能量；

　　　h——普朗克常数，其值为 6.6260755×10^{-34} J·s；

　　　c——光在真空中的速度，其值为 2.9979×10^{8} m·s^{-1}；

　　　k——键力常数，10^5 dyn/cm（1 dyn/cm=10^{-3} N/m），是各种化学键的属性，代表键伸缩的难易程度，与原子质量无关；

　　　μ——折合质量，g；

　　　m_1、m_2——两原子质量。

式（3.3）表明，分子中键的振动频率是由分子结构决定的，键力常数 k 越大，化学键发生伸缩振动需要的能量越大，伸缩振动振动波数越高。对于具有相同（似）折合质量 μ 的基团，振动频率 ν 与键力常数 k 的平方根成正比；振动频率 ν 与成键原子的折合质量的平方根成反比，折合质量增大，振动波数降低。

由表 3.2 知道，化学键 s 轨道占比越大，键长越短，键力常数 k 越大，键的伸缩振动频率越高，变角振动频率越低。

s 轨道占比对键的伸缩振动，变角振动频率升、降影响相反的原因可解释如下：伸缩振动键角不发生变化，变角振动键角发生变化。s 轨道呈球形[ ]，方向性弱；p 轨道呈哑铃形[ ]，方向性强。C-H 键中如果 s 轨道所占比例小，p 轨道所占比例大，发生不改变方向的伸缩振动较易、所需能量低、频率低；发生改变方向的变角振动较难、所需能量高、频率高。

表 3.2　饱和烃、烯烃和炔烃的振动频率

烃	CH$_3$	=C-H	≡C-H
键的杂化类型	sp^3	sp^2	sp
s 轨道占比	1/4	1/3	1/2
键长/pm	110.2	108.6	105.9
键力常数 $k\times10^5$/(dyn/cm)	4.7~5.1	5.1	5.9
伸缩振动频率/cm^{-1}	约 2962，约 2872	3040~3010	3320~3310
变角振动频率	约 1450	约 970	700~600

化学键相似的基团，键力常数也相近。若折合质量相差比较大，则其振动频率差别也会比较大。如 C-H、C-C、C-Cl、C-I 的键力常数，最大者（C-H）是最小者（C-I）的一倍多；折合质量最大者（C-I）是最小者（C-H）的近 10 倍，它们的振动频率相差约 6 倍，见表 3.3。

表 3.3　基团振动频率与成键原子折合质量成反比

基团	键力常数 $k \times 10^5$/(dyn/cm)	折合质量 m	伸缩振动频率 v/cm^{-1}
C–H	4.7~5.1	0.9	3100~2800
C–C	4.5	6	约 1000
C–Cl	3.4~3.6	7.3	约 625
C–I	2.7	8.9	约 500

3.2.5　分子的基本振动模式

分子吸收红外光后引起的基本振动模式，根据键长、键角是否变化分为 6 种。

以亚甲基为例说明于表 3.4，其中所列频率为烷烃中亚甲基的频率。

表 3.4　分子的基本振动模式

振动模式		代号	示意图
伸缩振动：原子沿价键方向节奏性伸长、缩短。键长变化，键角不变化	反对称伸缩振动：一个键伸长的同时另一个键缩短	v_s	(2925±5) cm^{-1}
	对称伸缩振动：各键在同一平面内同时伸长或缩短。	v_{as}	(2855±5) cm^{-1}
变角（弯曲）振动：键角发生变化	面内变角（剪式）振动：键角发生周期性变化，与面内摇摆振动合称面内变角（弯曲）振动	δ	(1465±5) cm^{-1}
	面外变角（扭曲、卷曲）振动：基团在垂直于其所在平面的前后振动，并且两键异向	τ	(1305±10) cm^{-1}
摇摆振动：键长、键角均不发生变化	面内摇摆：基团作为一个整体在其所处平面内左右摇摆	β	(720±2) cm^{-1}
	面外摇摆：基团在垂直于它所处平面的前后摇摆，与扭曲振动合称面外变角（弯曲）振动	γ 或 ω	1350~1180 cm^{-1}

注：示意图中"+"表示由纸面向里，"●"表示由纸面向外。

也有人把红外光谱中的振动类型分为两大类：一是伸缩振动，用符号"v"表示，是指原子沿键轴方向伸缩；二是变角（变形或弯曲）振动，用符号"δ"表示，是指基团键角发生周期性变化（原子垂直于化学键方向）的振动。这里的变形（变角或弯曲）振动包括了表 3.4 中的变角振动和摇摆振动。

当两个化学键在同一平面内同时伸长或缩短，称之为"对称伸缩振动"，用符号"v_s"表示；如果同一平面内的两个化学键，一个伸长的同时，另一个缩短，称之为"反对称伸缩振动"，用符号"v_{as}"表示。

如果同一平面内的两个化学键，键角如剪刀张合式周期性变化，称之为"剪式振动"，用符号"δ"表示；两个化学键同时向左或向右的变形振动，称之为"摇摆振动"，用符号"β"

表示。这两种振动都发生在同一平面内,称之为"面内变角振动",用符号"$\delta_{面内}$"或"β"表示。

如果两个化学键,键角垂直于化学键所在平面周期性变化,称之为"面外变角振动",用符号"γ"表示;两个化学键振动方向相同,称之为"仰动",用符号"π"或"ω"表示;两个化学键振动方向相反,称之为"扭动",用符号τ表示。

各种振动形式的中文、英文名称和符号见表3.5。

表3.5 分子不同振动形式的中文、英文名称和符号

振动类型	英文名称	符号
伸缩振动	stretching vibration	ν
AX_2 对称伸缩振动	symmetric stretching vibration	ν_s
AX_2 反对称伸缩振动	asymmetric stretching vibration	ν_{as}
变角振动	deformation vibration	δ
AX_3 对称变角振动	symmetric deformation vibration	δ_s
AX_3 反对称变角振动	asymmetric deformation vibration	δ_{as}
弯曲(变角)振动	bending vibration	δ
面内弯曲振动(包括面内变角振动δ和面内摇摆振动β)	in-plane bending vibration	δ、β
AX_2 面内变形(变角、剪式)振动	in-plane deformation vibration	δ
面外弯曲振动(包括卷曲振动和非平面摇摆振动)	out-of-plane bending vibration	γ
AX_2 卷曲振动(或面外变形振动、面外变角振动)	twisting vibration	τ
AX_2 平面摇摆振动	rocking vibration	ρ
AX_2 非平面摇摆振动(或面外变形振动、面外摇摆振动)	wagging vibration (or out-of-plane deformation vibration, or wagging vibration)	Ω

同一化学键发生伸缩振动所需能量远高于弯曲、摇摆振动所需能量,故伸缩振动谱带的频率高于弯曲、摇摆振动谱带的频率。

伸缩、弯曲、摇摆振动均属基频振动(fundamental bands),是分子吸收光子后从一个能级跃升至相邻高一能级产生的吸收。

除了以上基频振动外,还可能产生其他频率的吸收,如合频、差频和倍频振动等。

(1)合频(combination tone) 同时激发了两个基频到激发态。合频也称为组合频。如果光子的能量等于两种基频跃迁能量之和,则有可能同时产生两种从基频到激发态的跃迁,光谱中产生的合频峰的频率约等于但一定小于两个基频频率之和$\nu_m+\nu_n$。合频峰位于中红外区

和近红外区。同一基团的不同振动方式间也能产生合频,如伸缩振动频率与变角振动频率之和。只有极少数原子接收的光子能量等于两种基频跃迁能量之和,所以合频峰的强度比基频峰的强度低 2~3 个数量级。实际例子请参考"7.1.4 碳酸钙和碳酸盐的红外光谱"。

(2) 差频 v_m-v_n 一个振动模从基态到激发态,同时另一个振动模式从激发态回到基态。差频峰位于远红外区。

(3) 倍频(overtone) $2v$、$3v$、…,分子吸收红外光后,由基态跃迁到第二激发态、第三激发态所产生的吸收峰。由于跃迁是量子化的,所以吸收的倍频基本上是基频的整数倍。又由于第 $N+1$ 激发态的能量总是略小于第 N 激发态的能量,所以一级倍频总是略小于基频的 2 倍。能跃迁 2 个或 2 个以上能级的分子只有跃迁 1 个能级分子的百分之一到百分之几,所以倍频峰强度比基频峰强度小 1~2 个数量级。实例请参考"7.6.1 邻苯二甲酸二辛酯的红外光谱"。

合频和倍频属同一数量级,统称为泛频,出现在高频区;而差频很弱,不易观察到。

3.3 红外光谱仪和红外光谱图

1944 年美国 Perkin-Elmer 公司生产了世界上第一台商品性红外光谱仪。传统的红外光谱仪,其单色器中的色散组件由光栅或棱镜组成,称为色散型红外光谱仪。在色散型红外光谱仪中,光源发出的光先照射试样,而后再经分光器分成单色光,由检测器检测后获得光谱。它的缺点是扫描速度慢,红外光能量损失大,对吸收红外光强或信号弱的样品以及痕量组分的分析都有一定限制。

20 世纪 60 年代末出现了基于干涉调频分光的傅里叶变换红外光谱仪(Fourier transform infrared spectrometer,FTIR),它主要由迈克耳逊(Michelson)干涉仪和计算机组成。在傅里叶变换红外光谱仪中,光源发出的光首先经迈克耳逊干涉仪调制成干涉光,再让干涉光照射样品,经检测器获得干涉图,而不是红外吸收光谱图。要获得红外吸收光谱图需要对干涉图进行数学变换。干涉图的数学表示和光谱图的数学表示互为傅里叶变换关系对,故可由计算机采集在某一瞬间测量到的干涉图上相距一定间隔的点的强度,进行傅里叶变换而获得红外光谱图。傅里叶变换红外光谱仪具有输出能量大、信噪比高、光谱范围宽、波数精度高、光谱数字化及扫描速度快等特点,现已得到广泛应用。

红外光谱仪的检测器通常是涂黑的热电堆。吸收的红外辐射使热电堆的一头加热而产生热电动势,借助于放大器与灵敏的检流计可以测定吸收强度或辐射强度,并自动记录为红外光谱图。

测量得到的红外光谱,以吸收的波长 λ(μm)或波数(wave number)(cm^{-1})为横坐标表示不同的振动频率,表示吸收峰的位置。在红外光谱图中用波数表征振动频率更直观。波数是频率的一种表示方法,其物理意义是每厘米长的光波中振动波的数目,它与波长的关系是:

$$波数 = \frac{10000}{波长}$$

红外光谱图的纵坐标表示的是谱带的强度,常用以下 2 种方式表示:

① 透射率 T(percent transmission)= $L/L_0 \times 100\%$;

② 吸光度 A(percent absorption)= $\lg(L_0/L) = -\lg T$。

式中　L_0——入射光的强度；
　　　L——透射光的强度。

用透射率 T（transmittance）（%）表示纵坐标的红外光谱叫透射率红外光谱，用吸光度 A 表示纵坐标的红外光谱叫吸光度红外光谱。

透射率光谱直观，但透射率与样品含量不成正比关系，所以不能用于定量计算。吸光度光谱不直观，但吸光度与样品厚度或溶液浓度在一定范围内成正比关系，符合 Lambert-Beer 定律，可用于定量计算。

红外光谱图通过谱带的位置、相对强度、形状反映样品的结构信息，是红外光谱分析最直观、最常用的表示方法。

3.4　红外光谱提供的主要信息

红外光谱中的吸收峰（又称谱带），分别对应于分子中某个或某些基团的吸收，所以红外光谱提供的主要是物质中所含基团的信息。面对一张红外光谱，第一要审核的是谱带的位置；第二要审核的是谱带的相对强度（峰的面积或高度）；第三要审核的是谱带的形状（半峰宽、拐点类型及数量）；第四要综合分析同一基团的伸缩、变角、摇摆几种振动的相关谱带。这四个方面从不同角度提供了分子结构的信息，称为读谱四要素，即峰位、峰强、峰形和峰组。

3.4.1　谱带位置（峰位）

影响基团红外光谱谱带位置的因素分内、外两部分。内部因素是指分子结构的因素，如基团种类与结构、电子效应、共轭效应、空间效应、环张力和振动偶合等；外部因素是指分子外部环境，如物态、氢键、溶剂等。所以基团（或化学键）的特征吸收频率，反映了分子的内部结构和存在状态，是定性鉴别和结构分析的重要依据。

根据式（3.3），$\nu = \dfrac{\Delta E}{hc} = \sqrt{\dfrac{k/\mu}{2\pi c}} = \dfrac{1}{2\pi c}\sqrt{\dfrac{k(m_1+m_2)}{m_1 m_2}}$，双原子构成的化学键伸缩振动频率正相关于成键原子对键力常数而负相关于两原子的折合质量，即振动频率随键力常数的增大而升高，随成键原子折合质量增大而降低。O—H、N—H、C—H 等化学键的伸缩振动频率位于 3700~2800 cm^{-1}，而 O—C、N—C、C—C 等化学键的伸缩振动频率位于 1300~1000 cm^{-1}，除键力常数的差别外，主要是成键 C 原子质量比 H 原子质量大所致。

O—H 伸缩振动频率大于 N—H，N—H 伸缩振动频率大于 C—H，主要是键力常数 k 的不同所致，而质量效应退居其次。键力常数 k 与键长、键能有关。键长越短，键力常数 k 越大；键能越大，键力常数 k 越大。表 3.6 列出了 C—C、C=C 和 C≡C 的键长、键能、键力常数和波数范围。

表 3.6　C—C、C=C 和 C≡C 的键长、键能、键力常数和波数范围

化学键	键长/nm	键能/(kJ/mol)	键力常数 k/(N/cm)	波数范围/cm^{-1}
C—C	0.154	347.3	4.5	1200~700
C=C	0.134	610.9	9.6	1680~1620
C≡C	0.116	836.8	15.6	2600~2100

由表 3.2 和表 3.6 可知，相同成键原子对的双键的键力常数大于单键，三键又大于双键，这与碳原子的 sp 杂化类型相关。C—C 键为 sp^3 杂化键，s 轨道占 1/4，p 轨道占 3/4；C=C 键为 sp^2 杂化键，s 轨道占 1/3，p 轨道占 2/3；C≡C 键为 sp 杂化键，s 轨道占 1/2，p 轨道占 1/2。s 轨道成分越多，键长越短、键能越大、键力常数越大、产生伸缩振动需要的能量越高，折合质量相同时伸缩振动频率越高。p 轨道为哑铃形，s 轨道为球形，p 轨道比 s 轨道方向性强。若化学键的 p 轨道成分多，s 轨道成分少，则该化学键伸缩振动较易、需要的能量较低、频率较低；而变角振动较难、需要的能量较高、频率较高。

—CH_3、=CH_2、≡CH 的伸缩振动、变角振动频率见表 3.7。

表 3.7　饱和碳氢、烯氢、炔氢键的伸缩振动、变角振动频率

基团	—CH_3	=CH_2	≡CH
碳原子杂化类型	sp^3	sp^2	sp
s 轨道、p 轨道比例	⅓s、¾p	⅓s、⅔p	½s、½p
v_{as}/cm^{-1}	2960±5	3080	3300
v_s/cm^{-1}	2875±5	2990	
δ/cm^{-1}	1460±5	1420~1400	700~600
实例	图 8.15	图 8.25	

X=Y、C≡N 等多重键的键力常数比较大，其振动受分子中其他部分的影响较小，具有较高的特征性。而对于 C—C、C—N、N—N、C—O 等单键，它们的键力常数相差不大，而且还经常串接在一起，各个单键相互作用，其特征性不及多重键的特征性强。变角振动频率特征性不及伸缩振动强。

同一基团，当连接不同的原子或基团时，其键力常数也不同。所以不同分子中相同基团的振动频率也会有差别。

水杨酸的结构式如图 3.1 所示。

水杨酸的红外光谱如图 3.2 所示。1669 cm^{-1} 为 C=O 的伸缩振动，1241 cm^{-1} 为 O—C 的伸缩振动。因为 C=O 的键力常数（k=11.8~13.4）比 C—O 的键力常数（k=5.0~5.8）大，所以 C=O 的伸缩振动频率比 C—O 的伸缩振动频率高。

图 3.1　水杨酸的结构式

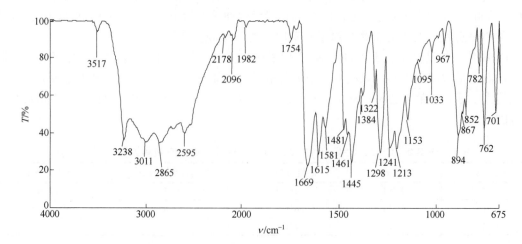

图 3.2　水杨酸的红外光谱

O—H 的键力常数（k=7.8）与 C—O 的键力常数（k=5.0~5.8）相近。O—H 的伸缩振动频率为 3238 cm^{-1}，O—C 的伸缩振动频率为 1241 cm^{-1}，二者相差近 2000 cm^{-1}，主要是因为 C 的质量比 H 的质量大 11 倍。

基团的振动频率在一个相对固定的、比较窄的区域内变动。影响基团振动频率变化的因素有多种，在下节有详细讨论。

3.4.2 谱带强度（峰强）

在各种可能发生的振动能级跃迁中，吸收谱带的强度取决于发生跃迁的概率。发生基频振动的概率比倍频、合频高得多，所以基频振动谱带强度比倍频、合频强得多。

基频振动红外光谱谱带强度的表达式：

$$L=L_0 e^{-ks} \quad \text{或} \quad L=L_0 \times 10^{-0.4343\varepsilon s}$$

式中，L_0 为入射光强度（luminous intensity）；L 为透射光强度；ε 为透射系数；s 为样品量。由上式得 $L/L_0=1/e^{\varepsilon s}$，$L/L_0$ 就是红外光谱的透射率，即红外光谱中各谱带的透射率强度。

如果用吸光度表示：

$$A=\lg(L_0/L)=\lg(1/10^{-0.4343ks})=0.4343\varepsilon s$$

同一张红外光谱，对所有谱带而言，样品量是一定的。因此，影响各谱带强度的因素是透射系数"ε"。

理论和实验都证明，透射系数 ε 主要由以下 4 个因素决定，即基频谱带强度主要由以下 4 个因素决定。

（1）分子偶极矩变化的大小。只有极性键才能在振动过程中出现偶极矩的变化。偶极矩变化的同时，在键周围产生稳定的交变电场，与频率相同的辐射电磁波（红外光）作用，吸收相应能量，使振动从基态跃迁至激发态。偶极矩 μ 的变化幅度与化学键平衡时的偶极矩 μ_0 的大小有关，分子极性越强，μ_0 越大，振动时偶极矩 μ 变化越大，ε 值越大，谱带越强。

羟基、羰基等强极性基团都有很强的红外吸收；而 N_2、O_2 为非极性键，在振动过程中不发生偶极矩的变化，在键周围不能产生稳定的交变电场，不能与红外光发生作用而产生共振，不发生红外吸收，即红外非活性。

基团的偶极矩还与结构的对称性相关，对称性差，振动时偶极矩变化大，吸收谱带强。从"8.1.3 聚丁二烯的红外光谱"知道，聚丁二烯中，反式烯烃的对称性最好，顺式烯烃次之，端烯烃的对称性最差，因而其 C=C 吸收强度依次递增。

（2）振动频率 ν 越高，ε 值越大，谱带越强。

（3）温度 T 越低，ε 值越大，谱带越强。因为扫描样品时，各谱带是在同一温度下获得的，所以温度并不影响各峰的相对强度。

（4）谱带强度与基团的振动模式有关。通常反对称伸缩振动比对称伸缩振动的偶极矩变化大，伸缩振动比弯曲振动的偶极矩变化大。因此，通常反对称伸缩振动峰比对称伸缩振动峰的强度大，伸缩振动峰比弯曲振动峰的强度大。

知道化学键，可以粗略推知相关谱带的相对强度，对识别基团谱带有参考意义。表 3.8 列出部分共价键的平衡偶极矩 μ_0 和电负性差。

图 3.3 为乙二醇（HO—CH_2CH_2—OH）的红外光谱。O—H 的偶极矩（1.51 D）大于 C—H 的偶极矩（0.4 D），所以 O—H 的伸缩振动谱带（3358 cm^{-1}）的强度大于 C—H 的反对称伸缩振动谱带（2942 cm^{-1}）的强度。

表 3.8 部分共价键的平衡偶极矩 μ_0 和电负性差　　　　单位：D

化学键	偶极矩 μ_0	电负性差	化学键	偶极矩 μ_0	电负性差	化学键	偶极矩 μ_0	电负性差
H–C	0.4	0.4	C=C	0	0	C–F	1.41	1.5
H–N	1.33	0.9	C≡C	0	0	C–Cl	1.46	0.5
H–O	1.51	1.4	C–O	0.74	1.0	C–Br	1.38	0.3
H–P	0.36	0	C=O	2.3		N–F	0.17	1.0
H–S	0.68	0.4	C–N	0.22	0.5	Cl–O	0.7	0.5
H–Cl	1.08	0.9	C=N	0.9		C–S	0.9	0
H–Br	0.78	0.7	C≡N	3.5		C=S	2.6	
H–As	−0.10	−0.1	N–O	0.3		P–Cl	0.81	0.9
C–C	0	0	N=O	2.0		P–Br	0.36	0.7

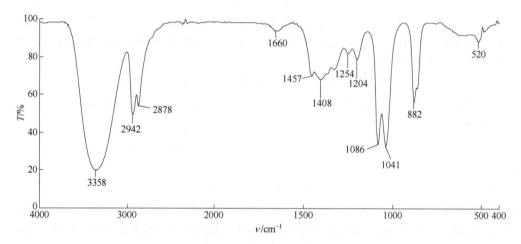

图 3.3　乙二醇的红外光谱

红外光谱的纵坐标用吸光度表示时，吸光度与样品含量在一定范围内成正比，谱带强度常用来做定量计算。图 3.4 为 2 种含碳酸钙的聚丙烯的透射率光谱。图 3.5 为其吸光度光谱。2517 cm^{-1}、1792 cm^{-1}、879 cm^{-1} 均为碳酸钙的谱带。在图 3.4 和图 3.5 中，都是谱线 B 的这些峰的强度大，说明样品 B 的碳酸钙相对含量比样品 A 大。

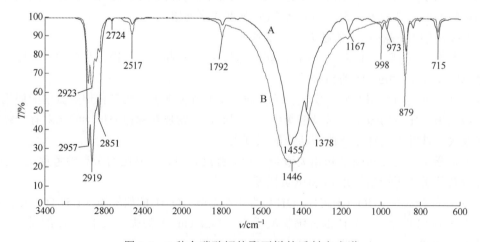

图 3.4　2 种含碳酸钙的聚丙烯的透射率光谱

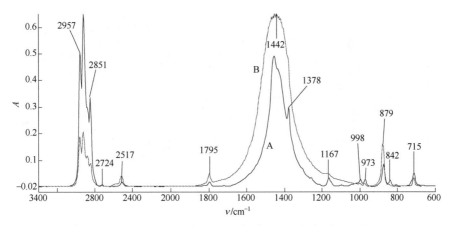

图 3.5 2 种含碳酸钙的聚丙烯的吸光度光谱

谱带强度有时也可以用来指示某个官能团的存在。如图 3.6 所示,聚氯乙烯在 1252 cm^{-1} 和聚丙烯在 1256 cm^{-1} 都有 C—H（CHCl 中的 C—H 和 CHCH$_3$ 中的 C—H）的变角振动吸收,由于一个连接氯原子、一个连接甲基,前者的强度明显大于后者。因而 C—H 变角振动强度的变大指示可能存在强吸电子基团（氯原子）。

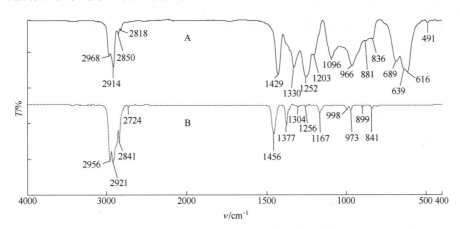

图 3.6 聚氯乙烯（A）和聚丙烯（B）的红外光谱

谱带强度与分子振动的对称性有关,对称性越高,振动中分子偶极矩变化越小,谱带强度也就越弱。比如聚苯乙烯是苯环单取代,对苯二甲酸乙二酯是对位双取代,前者对苯环对称性的破坏比后者大。前者的骨架振动（1601 cm^{-1}、1583 cm^{-1}、1493 cm^{-1}、1452 cm^{-1}）也比后者的骨架振动（1615 cm^{-1}、1579 cm^{-1}、1504 cm^{-1}）强得多（图 3.7）。

一般来说,极性较强的基团在振动时偶极矩的变化大,因此都有很强的吸收。聚氯乙烯和聚醋酸乙烯的红外光谱都是说明结构与峰强关系的典型例子,在下文有关章节有详细讲述。读者可参考"8.3.1.1 聚氯乙烯的红外光谱"和"8.4.3.1 聚乙酸乙烯酯的红外光谱"。

C=C 伸缩振动的强度除受对称性影响外,还受其所在位置的影响,双键越位于分子内部,偶极矩变化越小,谱带强度越小。因此,端烯烃 C=C 的伸缩振动强度比中间烯烃 C=C 大。

3.4.3 谱带形状（峰形）

红外光谱吸收峰的形状主要指红外光谱曲线的半峰宽、高宽比、拐点的类型和拐点的数

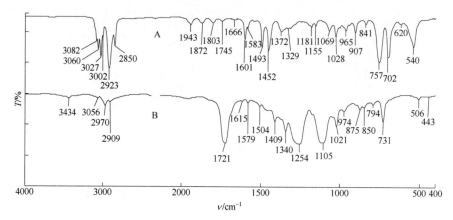

图 3.7　聚苯乙烯（A）和对苯二甲酸乙二酯（B）的红外光谱

目。聚酰胺-6 的 C=O 的伸缩振动和烯烃的 C=C 的伸缩振动均在 1640 cm^{-1} 附近，但由于酰胺的 C=O 会形成氢键，其伸缩振动谱带（1643 cm^{-1}）较宽，烯烃的 C=C 不形成氢键，其谱带（1640 cm^{-1}）要尖锐得多（图 3.8）。识图时注意这些差别会提高鉴别的准确性。

　　在混合物的红外光谱中，峰形的改变经常是判断某种物质是否存在的依据之一。如图 3.9 所示，谱线 A 是聚乙烯的红外光谱，谱线 B 是含碳酸钙的聚乙烯的红外光谱。碳酸钙的存在使位于 1469 cm^{-1} 的谱带变强、变宽。结合 1797 cm^{-1}、874 cm^{-1}、855 cm^{-1} 等谱带，就可以确证碳酸钙的存在。

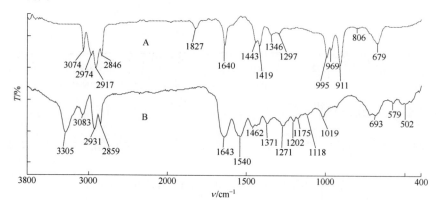

图 3.8　聚丁二烯（A）和聚酰胺-6（B）的红外光谱

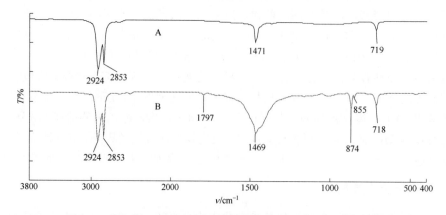

图 3.9　聚乙烯（A）和含碳酸钙的聚乙烯（B）的红外光谱

3.5 红外光谱吸收谱带的类型

组成分子的各种基团，如 –OH、C=O、NH 等，都有自己特定的吸收频率范围，分子的其他部分对其频率有影响但比较小，而且影响的大小和方向，也有一定的规律可循。各种基团的红外谱带均出现在一个比较窄的范围，有一定的特征性。通常把这种与一定基团相联系的，能够用来鉴定特定基团的振动频率称为基团频率。相应的谱带有时也称为特征谱带或特征峰。

典型的基团特征谱带具有以下特点：振动频率基本稳定、变动范围窄、强度大、形状特征强、位移原因清楚、较少受其他谱带影响。

在 4000~400 cm^{-1} 的中红外区，按谱带的来源，常以 1333 cm^{-1} 为分界，把高频区叫作基团频率区或官能团吸收频率区，把低频区叫作指纹区。

3.5.1 基团频率

红外光谱的 4000~1333 cm^{-1} 区域称为基团频率区或官能团吸收频率区。分子中原子之间的结合力主要是键合力，其大小用键力常数 k 表示。虽然影响谱带频率的因素很多，但它们的影响通常都比键力常数 k 小得多，而且它们的作用常会方向不同，互相抵减。因此，一定原子间的键力常数在不同分子中的变化很小。由式（3-3）知道，基团的伸缩振动频率与键力常数的平方根成正比。键力常数的相对稳定，使得一个基团在不同分子中某种振动模式（如伸缩振动）的频率，总是在较窄的区域变动。分子的其余部分对谱带频率影响很小，基团的红外光谱表现为一相对独立的单元，基团与频率显示相对固定的对应关系。这种振动频率基本稳定、总是出现在某一较小的频率范围内、有较强的吸收强度、能与其他谱带分开，可用于鉴定基团存在的振动频率称为基团特征频率，简称基团频率。基团频率主要用于鉴定官能团，可用于成分分析和结构鉴定。一些双原子基团，如 –OH、CH、NH、C=O、C=C 等的振动，都在此区域产生吸收。根据此区域是否有吸收，能够初步确定样品中有何种基团或没有何种基团，这对推定分子结构非常重要。

图 3.10 为乙烯-乙酸乙烯酯共聚物（EVA）、大豆油和甲基丙烯酸甲酯（PMMA）的红外光谱。1740 cm^{-1}、1746 cm^{-1}、1726 m^{-1} 分别是其分子中羰基的伸缩振动。1740 cm^{-1}、1746 cm^{-1}、1726 cm^{-1} 分别叫作乙烯-乙酸乙烯酯共聚物、大豆油和甲基丙烯酸甲酯中羰基的特征频率。

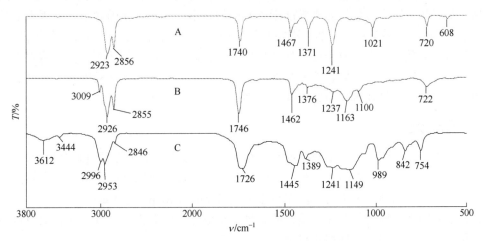

图 3.10 EVA（A）、大豆油（B）和 PMMA（C）的红外光谱

同一基团的振动频率总是出现在某一较窄的区域内，因连接的基团不同而上下移动，移动的方向和大小常能反映分子结构的特点。因此，只要掌握了各基团的特征振动频率及其移动规律，就可鉴定化合物中存在的基团及其在分子中的相对位置。

3.5.2 指纹频率

红外光谱的 1330~400 cm^{-1} 区域称为指纹区。在这一区域，有基团频率，也有指纹频率。指纹谱带虽多，但特征性不强。谱带主要是单键（C–C、C–O、C–N）伸缩振动、变角振动的吸收。有些振动频率不是某个基团的吸收，而是整个分子或大分子中某一部分的振动的加合。这些振动以及它们之间的偶合，使指纹区谱带变得非常复杂，并且对结构上的微小变化非常敏感。当分子结构稍有不同时，该区域的吸收就有变化，对于特定分子是特征的，可用于整个分子的表征。这种情况如同每个人的指纹一样，因而称为指纹区。我们可以利用红外光谱的这一特点，通过样品红外光谱与标准谱图相比较来鉴定物质。

在指纹区，单个谱带的特征性不强，要说清每一个指纹谱带的来源非常困难。这是因为：①指纹谱带强度弱；②指纹谱带可能不是某个基团的振动频率，而是分子的一部分甚至整个分子的振动频率；③C–C 单键是有机化合物的骨架，大量存在，直链 C–C 单键伸缩振动频率（1100~1030 cm^{-1}）、C–O 单键伸缩振动频率（1100~1000 cm^{-1}）、C–N 单键伸缩振动频率（1160~1000 cm^{-1}）出现在相近区域，互相重叠；④C–C、C–O、C–N、C–H 单键弯曲振动频率一般出现在 900~650 cm^{-1}，也相互重叠；⑤有些元素，如 C 和 N 是多价元素。

3.6 影响基团振动频率位移的主要内部因素

由式（3.3）$\nu = \dfrac{\sqrt{k/\mu}}{2\pi c}$，可知化学键的振动频率与键力常数的平方根成正比，与成键原子的折合质量的平方根成反比。基团确定后，化学键的折合质量不变，但键力常数会受相邻原子或基团的电子效应、空间效应等的影响，从而使基团振动频率在一个比较窄的范围变化，而不是一个固定值。因此，在不同化合物中的同一基团的同一振动模式的吸收频率不完全相同，但也不会变化很大，而是在一个相对固定的、比较窄的区域变动。

基团频率主要取决于键合原子的折合质量和键力常数，还受许多其他因素（如制样方法）的影响，凡能影响键力常数的因素都能影响基团的频率。这些主要因素和次要因素的综合作用，决定基团吸收谱带的准确位置。影响基团振动频率位移的因素，有的属于分子内部结构，如取代基的电子效应；有的属于分子外部环境，如物态变化、溶剂效应。主要内部因素有偶合效应、诱导效应、共轭效应、费米共振、空间位阻等。深入了解这些因素，有助于了解特定基团的邻近结构，以及谱带与结构间的关系。下面分别举例说明。

3.6.1 偶合效应

当分子中 2 个基团共用 1 个原子或相距很近，并且这 2 个基团的振动频率相同或接近时，就会发生相互干扰，使原来的 2 个基频发生偏离，分裂成 2 个独立的谱带，一个移向高频，另一个移向低频，这种现象称为振动偶合效应（vibration coupling effects）。

偶合形成的 2 个峰均包含 2 个基团的 2 种振动成分，但有主次之分。偶合效应越强，主次越明显，偶合产生的 2 个峰相距越远。

因为红外光谱和拉曼光谱都是振-转光谱,相互补充,所以红外振动和拉曼振动间也有偶合效应。2 个基团共用 1 个原子的偶合效应强于相隔 1 个以上原子或化学键的体系。

3.6.1.1 伸缩振动和伸缩振动之间的偶合

像 CH_2、NH_2、OH_2、CO_2、C-O-C 等基团的两个键共用一个原子,其单键或双键的伸缩振动频率相同或相近,会发生振动偶合分裂,导致吸收频率偏离基频,分裂为两个独立的振动频率。其中一个低于原来的频率,另一个高于原来的频率。两频率的距离取决于两个键偶合的程度,偶合效应越强,两个谱带相距越远。其机理是:一个化学键的振动,改变了共用原子的位置,从而改变了另一个化学键的键长,相应的伸缩振动频率分裂为两个新峰。

图 3.11 为尿素(NH_2-CO-NH_2)的红外光谱。在尿素分子中,两个 N-H 键共用一个 N 原子,伸缩振动频率相同,两种振动频率发生偶合作用,分裂为两个独立的振动频率,3437 cm^{-1} 为 NH_2 的反对称伸缩振动频率,3349 cm^{-1} 为 NH_2 的对称伸缩振动频率,两峰相距 88 cm^{-1}。

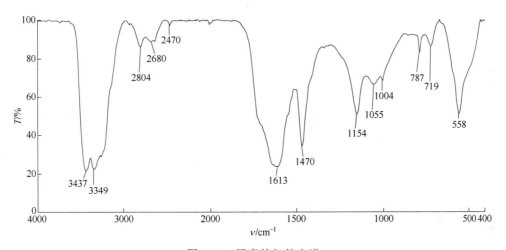

图 3.11 尿素的红外光谱

3.6.1.2 伸缩振动和变角振动之间的偶合

当两个基团共用一个原子时,若一个基团的伸缩振动频率和另一个基团的变角振动频率相近,伸缩振动和变角振动也会发生偶合。如聚酰胺-66 的结构式是 $-C(O)-[CH_2]_4-C(O)-NH-[CH_2]_6-N(H)-$,其分子中有 $-N(CH_2)(H)-$ 基团,C-N 基团和 N-H 基团共用一个 N 原子,C-N 伸缩振动和 N-H 变角振动频率相近,发生偶合,分裂为 1548 cm^{-1} 和 1239 cm^{-1} 两个谱带(图 3.12)。两个谱带均包含 C-N 的伸缩振动和 N-H 的变角振动,前者以 N-H 的变角振动为主,后者以 C-N 的伸缩振动为主。

3.6.1.3 变角振动和变角振动之间的偶合

如图 3.13 所示:C^1-C^2 和 C^2-C^3 两个键构成键角 α,C^2-C^3 和 C^3-C^4 两个键构成键角 β,键角 α 和键角 β 共用一个化学键 C^2-C^3。此时,如果 $C^1-C^2-C^3$ 的变角振动频率和 $C^2-C^3-C^4$ 的变角振动频率相近,则一个键角的变化必然影响另一个键角的原子,$C^1-C^2-C^3$ 的变角振动和 $C^2-C^3-C^4$ 的变角振动发生偶合,分裂为两个谱带。

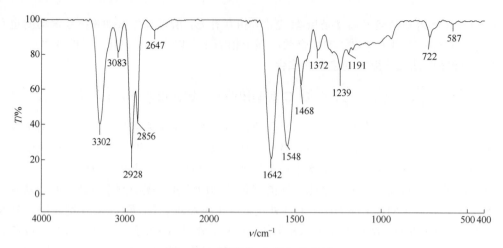

图 3.12　聚酰胺-66 的红外光谱

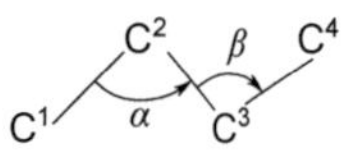

图 3.13　α角与β角 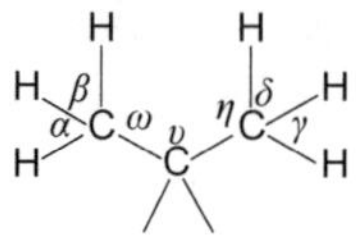　　　　图 3.14　两个或三个甲基连在同一个碳原子上

例如，如果两个或三个甲基 CH_3 连在同一个碳原子上（图 3.14），当甲基发生对称变角振动时，∠α 和 ∠β 要发生改变，同时引起 ∠ω 改变；同理 ∠δ 和 ∠γ 的改变会引起 ∠η 的改变；∠ω 和 ∠η 的改变必然引起 ∠υ 发生改变，∠ω 和 ∠υ 共用一个 C—C 键。两个甲基在 1378 cm^{-1} 的对称变角振动发生偶合，分裂为两个峰，异丙基和偕二甲基位于 1385 cm^{-1} 和 1370 cm^{-1}；叔丁基位于 1395 cm^{-1} 和 1365 cm^{-1}。

图 3.15 是聚异丁烯、聚丙烯和二甲基硅氧烷的红外光谱。在聚丙烯的红外光谱中甲基的对称变角振动位于 1378 cm^{-1}；在二甲基硅氧烷的红外光谱中甲基的对称变角振动位于 1261 cm^{-1}；在聚异丁烯的红外光谱中甲基的对称变角振动分裂为 1389 cm^{-1} 和 1366 cm^{-1} 2 个峰。原因是甲基在 3 种高聚物中所处位置不同。在聚丙烯分子中，碳原子与 1 个甲基相连。在二甲基硅氧烷中，硅原子与 2 个甲基相连，但是不能发生偶合，所以对称变角振动频率不

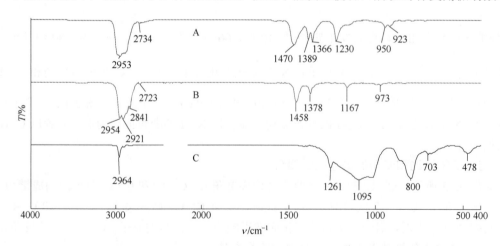

图 3.15　聚异丁烯（A）、聚丙烯（B）和二甲基硅氧烷（C）的红外光谱

发生分裂。又由于硅原子的电负性比碳原子的电负性弱，硅原子比碳原子的质量大，甲基的对称变角振动频率比在聚丙烯中低。聚异丁烯中 2 个甲基与同 1 个碳原子相连，甲基的对称变角振动频率相同，共用 1 个 C-C 键或 C-H 键，发生偶合，谱带分裂为 2 个。

3.6.2 诱导效应

由式（3.3），$\nu = \dfrac{\sqrt{k/\mu}}{2\pi c}$ 可知，两个基团间的伸缩振动频率与这两个基团间的键力常数正相关，与这两个基团的折合质量负相关。

由于基团取代基的电性和所处环境不同，原子静电影响成键电子云密度沿着原子链向某一方向移动，两个基团间的键力常数发生变化，导致振动频率升高或降低。这种效应称为红外光谱的诱导效应（induction effect，I）。

比较乙烯和丙烯的结构（图 3.16 和图 3.17）可以说明诱导效应。

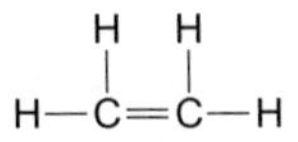

图 3.16　乙烯的结构式 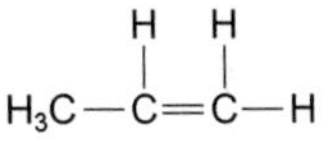　　　　　图 3.17　丙烯的结构式

乙烯和丙烯在结构上的不同是乙烯双键碳原子连接的是"-H"，丙烯连接的是"-CH₃"，于是二者双键碳原子的 π 电荷则分别是：

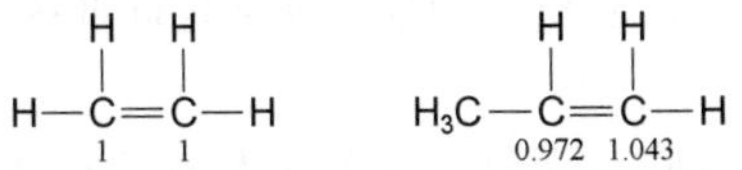

可以看出，乙烯的 1 个氢原子被甲基取代生成丙烯后，双键的 2 个碳原子的电荷进行了重新分配，与甲基直接相连的碳原子电荷密度减小，另一个碳原子电荷密度增大，双键上 2 个碳原子的电荷大于 2（0.972+1.043=2.015＞1+1=2）。这一事实说明甲基具有供电性（推电子，使 C=C 键的电荷密度偏离与甲基直接相连的碳原子，并使双键碳原子的电荷密度增大）。乙烯中 2 个碳原子所带电荷总数是 2，而丙烯分子中 2 个双键碳原子所带电荷总数是 2.015。其他烷基与甲基相似，也表现出供电性。

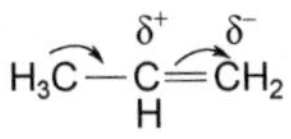

诱导效应在分子内部通过静电的诱导作用只沿化学键传递，与分子几何形状无关。诱导效应迅速减弱，传过 2、3 个原子后其影响就可以忽略不计。例如：

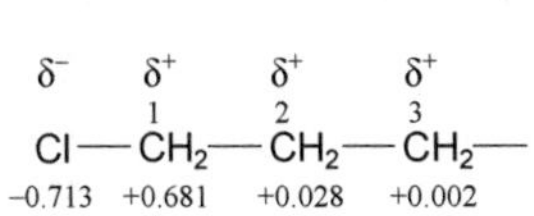

电子云密度移动的方向决定振动频率的升高或降低。电子云密度移向键的几何中心，两原子间电子云交盖程度增加，键力常数增大，振动频率升高；电子云密度移向某个基团，偏离化学键的几何中心，两原子间电子云交盖程度减小，键力常数减小，振动频率降低。

吸电子基团使电子云密度向靠近它的方向移动，推电子基团使电子云密度向远离它的方向移动。相连原子（基团）的吸电子或推电子能力越强，诱导效应越显著。

下面是一些原子或基团吸(推)电子能力强弱的次序。原子或基团吸(推)电子能力常以氢为标准，排在氢前面的为吸电子基，排在氢后面的为推电子基。

$NH_3^+ > NO_2 > CN > COOH > F > Cl > S > Br > I > OAr > COR > OCH_3 > OH（NHCOCH_3）> C_6H_5 > CH_2=CH > H > CH_3 > C_2H_5 > CH(CH_3)_2 > C(CH_3)_3 > O^-$

排在 H 前面的基团，排在左侧的比右侧的吸电子能力强；排在 H 后面的基团，排在右侧的比左侧的推电子能力强。

聚乙烯的链节结构式是 —[CH₂—CH₂]ₘ—，聚氯乙烯的链节结构式是 —[CH₂$^{δ+}$—CHCl$^{δ-}$]ₙ—，聚偏氟乙烯的链节结构式是 —[CH₂$^{δ+}$—CF₂$^{δ-}$]ₚ—。图 3.18 是聚乙烯、聚氯乙烯和聚偏氟乙烯的红外光谱。在聚乙烯的红外光谱中，亚甲基（CH_2）的反对称伸缩振动频率为 2924 cm^{-1}、对称伸缩振动频率为 2853 cm^{-1}。在聚氯乙烯分子中，由于氯原子是吸电子基，它使 C—C 键电子云密度向靠近它的方向移动，与氯原子直接相连的碳原子（即 CH 的碳原子）电子云密度升高（显示 $δ^-$），与氯原子间接相连的碳原子（即 CH_2 碳原子）电子云密度降低（显示 $δ^+$）。$C^{δ+}$电负性升高，CH_2 中 C—H 键的键力常数增大，亚甲基（CH_2）的反对称伸缩振动频率由 2924 cm^{-1} 升为 2968 cm^{-1}，对称伸缩振动频率由 2853 cm^{-1} 升为 2914 cm^{-1}。在聚偏氟乙烯的红外光谱中，由于邻位氟原子的吸电子性更强，亚甲基（CH_2）的反对称伸缩振动频率升至 3025 cm^{-1}、对称伸缩振动频率升至 2984 cm^{-1}。

通常，CH_2 基团与电负大的原子（氯、氧等）相连，C—H 键中 s 轨道的比例增大，CH_2 对称和反对称伸缩振动频率升高，而变角振动频率降低。其机理可参考"3.4.1 谱带位置（峰位）"。

在聚乙烯的红外光谱中，亚甲基（CH_2）的面内变角振动频率为 1471 cm^{-1}。在聚氯乙烯的红外光谱中，由于受邻位氯原子吸电子的影响，亚甲基（CH_2）的面内变角振动频率降为 1429 cm^{-1}。在聚偏氟乙烯的红外光谱中，邻位氟原子的吸电子性更强，亚甲基（CH_2）的面内变角振动频率降为 1403 cm^{-1}，见图 3.18。

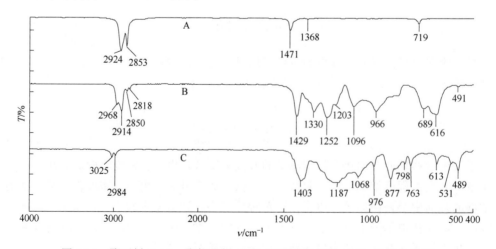

图 3.18　聚乙烯（A）、聚氯乙烯（B）和聚偏氟乙烯（C）的红外光谱

3.6.3 共轭效应

有共轭体系（conjugative system）结构的有机化合物分子中，两个或多个 π 键发生共轭，电子云在整个共轭体系中共享，导致基团键力常数发生变化，红外谱带发生位移。这种现象称为红外光谱的共轭效应（conjugation effect，C）。

共轭体系中，电子在整个体系中运动，电子云密度平均化，使双键的电子云密度降低，双键性降低，键力常数减小，因而使双键的伸缩振动频率降低。而共轭体系中的单键，电子云密度升高，具有了部分双键特性，键力常数增大，单键的伸缩振动频率升高、强度增大。

共轭效应有 π-π 共轭效应、p-π 共轭效应、σ-π 超共轭效应和 p-σ 超共轭效应。

3.6.3.1 π-π 共轭效应

如果分子结构是单键、双键（或三键）交替排列，参与共轭的都是 π 轨道，这样的共轭称为 π-π 共轭。π-π 共轭体系越大，共轭效应越强。

以 1,3-丁二烯为例说明 π-π 共轭效应。通常用下式表示 1,3-丁二烯的结构：

$$H_2\overset{1}{C}=\overset{2}{C}H-\overset{3}{C}H=\overset{4}{C}H_2$$

1,3-丁二烯分子中的碳原子是 sp^2 杂化，3 个杂化轨道分别形成 3 个 σ 键，所以 1,3-丁二烯分子有键角为 120°的平面结构的 σ 键骨架；1,3-丁二烯分子的每个碳原子还有 1 个未参与杂化的 p 轨道，垂直于分子平面而相互平行。

如图 3.19 所示，1,3-丁二烯分子的 4 个碳原子以 1 个（1、4 号碳原子）或 2 个（2、3 号碳原子）sp^2 杂化轨道与相邻碳原子交盖成 $C_{sp^2}-C_{sp^2}$ 型 σ 键，同时以 1 个（2、3 号碳原子）或 2 个（1、4 号碳原子）sp^2 杂化轨道与氢原子的 1s 轨道交盖成 $C_{sp^2}-H_s$ 型 σ 键，共形成 9 个 σ 键。每个碳原子都还剩下一个没有参加杂化的 p 轨道，垂直于分子平面，每个 p 轨道里有 1 个电子。它们在 C1 和 C2 之间、C3 和 C4 之间从两侧交盖，形成 π 键。不仅如此，C2 和 C3 之间的 p 电子也有一定程度的交盖，使 C2 和 C3 之间的电子云密度增大，键长缩短，而具有部分双键的性质。1,3-丁二烯分子里存在一个"4 轨道 4 电子"的 p-p 大 π 键。通常采用 Π_a^b 为大 π 键的符号，其中 a 表示平行 p 轨道的数目，b 表示在平行 p 轨道里的电子数。1,3-丁二烯分子的大 π 键的符号为 Π_4^4。

在 1,3-丁二烯 π-π 共轭体系中，π 电子云在整个体系运动，π 电子围绕参与共轭的 4 个碳原子运动，而不是 2 个 π 电子围绕在 C1 和 C2 周围，另外 2 个 π 电子围绕在 C3 和 C4 周围。4 个碳原子形成一个整体。这种现象称为键的离域，它是共轭体系中原子间相互作用的结果。

如图 3.20 所示，4 棵并排的树，不仅第一棵和第二棵、第三棵和第四棵树的枝叶相互交盖，第二棵树和第三棵树的枝叶也相互交盖。

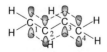
图 3.19　1,3-丁二烯的结构示意图

图 3.20　4 棵树的树枝互相交盖

π-π 共轭效应导致原来的双键略有伸长，双键特性减弱，键力常数减小，伸缩振动频率降低；也导致单键上的电子云密度增大，单键略有缩短，键力常数增大，具有部分双键性质，

伸缩振动频率升高，见图 3.21。

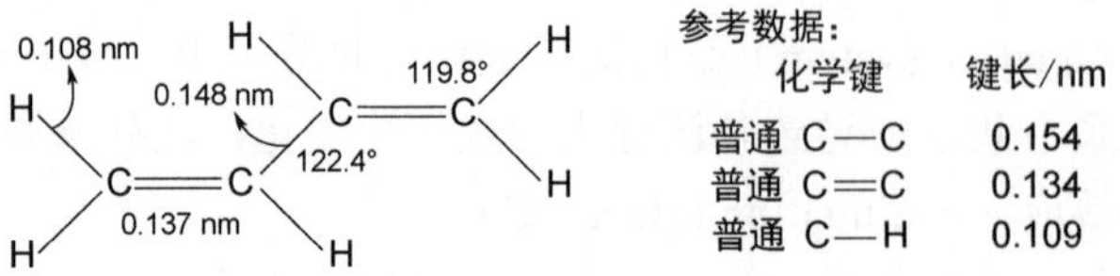

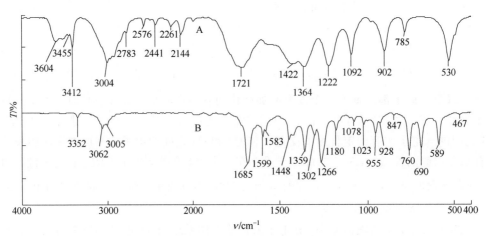

图 3.21 与 1,3-丁二烯有关的结构数据

只有 4 个碳原子都位于 1 个平面时，p 轨道的对称轴才能平行，2 个原子的 p 轨道才能充分交盖，键的离域方才显著。如果 4 个碳原子没有完全共平面，p 轨道不能充分交盖，共轭效应就不强或很弱，甚至没有。

丙酮的结构式是 $H_3C-\overset{O}{\underset{\|}{C}}-CH_3$，苯乙酮的结构式是 $\text{Ph}-\overset{O}{\underset{\|}{C}}-CH_3$。图 3.22 是丙酮和苯乙酮的红外光谱。在丙酮的红外光谱中，羰基（C=O）的伸缩振动频率是 1721 cm^{-1}，在苯乙酮的红外光谱中，羰基（C=O）的伸缩振动频率是 1685 cm^{-1}。后者低于前者的原因是：苯乙酮羰基（C=O）和苯环共平面，羰基的 π 电子与苯环的 π 电子形成 π-π 共轭，共轭体系中电子云密度平均化，电子云向苯环移动，羰基（C=O）间的电子云密度降低，双键特性减弱，键力常数减小，伸缩振动频率降低。

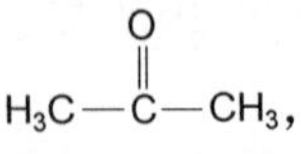

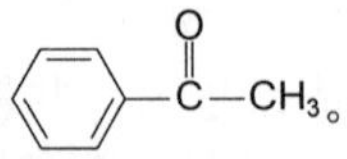

图 3.22 丙酮（A）和苯乙酮（B）的红外光谱

在丙酮的红外光谱中，1222 cm^{-1} 是与羰基相连的 C—C=O 的反对称伸缩振动；而在苯乙酮的红外光谱中，与苯环相连的 =C$_{Ar}$—C 的反对称伸缩振动位于 1266 cm^{-1}，π-π 共轭导致单键上的电子云密度增大，单键略有缩短，键力常数增大，具有部分双键的性质，伸缩振动频率升高。

还可以通过比较花生油、聚对苯二甲酸乙二醇酯（PET）和聚碳酸酯（PC）的红外光谱，来说明共轭效应对红外光谱的影响。

花生油主要成分是硬脂酸（$C_{17}H_{38}COOH$）、油酸 [$CH_3(CH_2)_7CH=CH(CH_2)_7COOH$] 和亚油酸 [$CH_3(CH_2)_4CH=CHCH_2CH=CH(CH_2)_7COOH$] 的混合物，聚对苯二甲酸乙二醇酯的结构式是 $+O-\overset{O}{\underset{\|}{C}}-\text{Ph}-\overset{O}{\underset{\|}{C}}-O-CH_2-CH_2+_n$，聚碳酸酯的结构式是 $+O-\text{Ph}-\overset{CH_3}{\underset{CH_3}{C}}-\text{Ph}-O-\overset{O}{\underset{\|}{C}}+_n$。图 3.23 是花

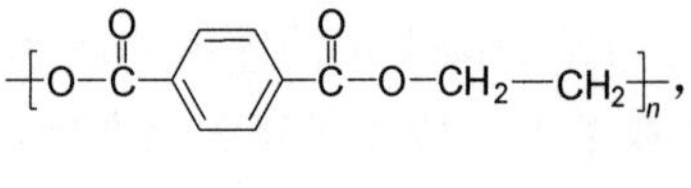

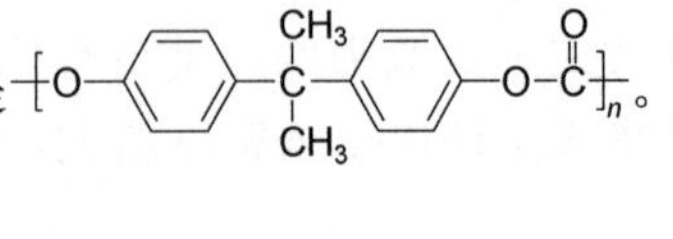

生油、聚对苯二甲酸乙二醇酯和聚碳酸酯的红外光谱。花生油的分子中的羰基与长链烃基相连,伸缩振动频率为 1745 cm^{-1}。在聚对苯二甲酸乙二醇酯的大分子中,羰基与苯环直接相连,并且在同一个平面内,羰基与苯环形成 π-π 共轭体系,C=O 键电子云密度降低,双键特性减弱,伸缩振动频率降至 1721 cm^{-1}。在聚碳酸酯的大分子中,羰基与苯氧基相连,苯氧基是一个强吸电子基,它使 C=O 间的电子云密度移向碳原子(氧原子的电负性为 3.44,碳原子的电负性为 2.25,C=O 中电子云偏向氧原子偏离碳原子),两原子间电子云密度增大,伸缩振动频率升至 1777 cm^{-1}。

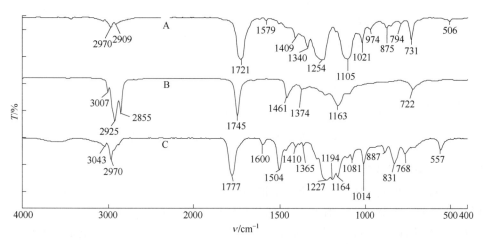

图 3.23 聚对苯二甲酸乙二醇酯(A)、花生油(B)和聚碳酸酯(C)的红外光谱

3.6.3.2 p-π 共轭效应

如果与双键或三键相连的原子(氧、氮、硫)的 p 轨道上有未成键的孤对电子,并且与双键或三键的 π 轨道平行,就会形成 p-π 共轭体系。p-π 共轭体系使双键或三键的电子云密度降低,双键或三键特性减弱,双键或三键伸缩振动频率降低;同时单键电子云密度升高,具有了部分双键特性,伸缩振动频率升高。这种现象称为红外光谱的 p-π 共轭效应。参考"4.4.2 杂化"。

p-π 共轭效应的强弱取决于具有未共用电子对(又叫孤电子对,即成对但没有用于形成共价键的价电子对)的原子极化的难易程度,原子容易极化则 p-π 共轭效应强。电负性小的原子,容易极化,容易提供未共用电子对,p-π 共轭效应强。只有参与作用的各键共平面,才有可能发生 p-π 共轭。如果不能完全共平面,则 p-π 共轭效应会减弱或没有。

在 p-π 共轭体系中,诱导效应和共轭效应往往同时存在,谱带的位移方向取决于占主导地位的效应。电负性小的原子,容易极化,容易提供未共用电子对,p-π 共轭效应强,与此同时诱导效应弱,羰基伸缩振动频率降低;而电负性大的原子,不容易极化,p-π 共轭效应弱,与此同时诱导效应强,羰基伸缩振动频率升高。

苯酚的结构式是 ⟨⟩—OH,乙二醇的结构式是 HO-CH$_2$-CH$_2$-OH。图 3.24 为苯酚和乙二醇的红外光谱。乙二醇在 1086 cm^{-1}、1041 cm^{-1} 的谱带是 C_{sp^3}-OH 的伸缩振动与 O-H 的面内变角振动的偶合,以 C_{sp^3}-O 伸缩振动为主。苯酚 C_{sp^2}-OH 的伸缩振动在 1239 cm^{-1}。酚类 C-OH 的伸缩振动频率高于醇类的伸缩振动频率,是因为 =C_{sp^2}-OH 中氧原子的未共用电子

对和苯环的 π 电子发生 p-π 共轭，使 C_{sp^2}—O 键具有部分双键性质，键力常数增大，伸缩振动频率升高。

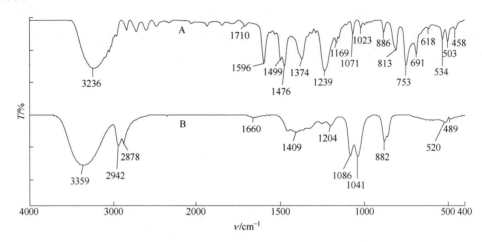

图 3.24　苯酚（A）和乙二醇（B）的红外光谱

3.6.3.3　σ-π 超共轭效应

烷基 C—H（如甲基 CH$_3$）由于碳原子的电负性（2.25）大于氢原子的电负性（2.10），而使 C 原子带部分负电荷（δ$^-$），H 原子带部分正电荷（δ$^+$）。甲基的 3 个 C—H 键互相排斥并且可以绕 C—C 单键自由旋转，当靠近 π 键并与 π 键平行时，C—H 键的 σ 电子会偏离原来的 σ 轨道而靠近 π 轨道，使 σ 轨道和 π 轨道部分重叠，产生 σ 电子离域现象。这种离域现象比 π-π 共轭和 p-π 共轭程度小，称这种 σ 电子离域现象为超共轭效应，又叫 σ-π 超共轭效应（hyperconjugation effect）。σ-π 超共轭使 C—H 键电子云密度增大，具有部分双键特性，C—H 伸缩振动频率升高。σ-π 超共轭还使 C—CH$_3$ 具有部分双键特性，C—C 键伸缩振动频率升高。与 π 轨道相连的碳原子上 C—H 键越多，σ-π 超共轭效应越强，见乙醇、异丙醇和叔丁醇的电荷分布与移动。丙酮、丙烯、甲苯等分子中都存在超共轭效应。

3.6.3.4　σ-p 超共轭效应

C—H σ 键与有孤电子对的氧原子、氯原子、氮原子直接相连，C—H 键如果与 p 轨道共平面，C—H 键上的电子容易与 p 电子发生电子的离域作用。这种作用叫 σ-p 共轭效应。其机理请参考"8.3.1.1 聚氯乙烯的红外光谱"和图 4.5。

3.6.4　诱导效应和共轭效应同时存在时伸缩振动频率的位移

在 p-π 共轭体系中，诱导效应和共轭效应经常同时存在，并且两种效应对伸缩振动频率的作用相反。伸缩振动频率升高或降低取决于哪种效应占主导地位。下面通过聚酰胺-6 和聚碳酸酯羰基伸缩振动频率的不同予以说明。

聚碳酸酯　　　　　　聚酰胺-6

聚酰胺-6 和聚碳酸酯的羰基伸缩振动均同时受到诱导效应和共轭效应的影响。诱导效应的强弱取决于氧原子和氮原子的电负性大小，电负性大则诱导效应强；共轭效应的强弱取决于氧原子和氮原子极化的难易程度，容易极化，则共轭效应强。

聚酰胺中氮原子的电负性（3.0）比氧原子的电负性（3.5）小，诱导效应小于氧原子。氧原子的半径为 66 pm，氮原子的半径为 70 pm，氮原子比氧原子易极化，共轭效应比氧原子强。聚酰胺分子中氨基氮原子上未共用电子对与羰基双键的 π 电子形成 p-π 共轭，降低了羰基的双键性，p-π 共轭效应远大于诱导效应，所以聚酰胺-6 的羰基伸缩振动频率较低，位于 1642 cm^{-1}。

氧原子的电负性大于氮原子，对羰基的诱导效应大于氮原子。在聚碳酸酯分子中，氧原子直接与苯环相连，氧原子上的未共用电子对与苯环上的 π 电子构成 p-π 共轭体系，因而发生电子的离域作用，氧原子上的未共用电子对向苯环方向转移，使苯环上的电子云密度增加，氧原子上的电子云密度降低，增强了氧原子的吸电性。苯氧基比氧原子吸电性更强。聚碳酸酯分子中，氧原子的未共用电子对与羰基发生 p-π 共轭，但诱导效应远大于共轭效应。导致聚碳酸酯羰基的伸缩振动频率高达 1772 cm^{-1}，见图 3.25。

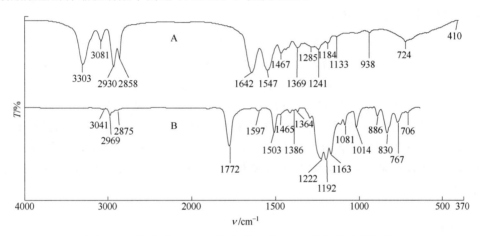

图 3.25　聚酰胺-6（A）和聚碳酸酯（B）的红外光谱比较

3.6.5　费米共振

如果分子中的一个基团有两种或两种以上振动方式，一种振动方式的基频与另一种振动方式的倍频或合频相近，就会发生共振偶合；或者分子中一个基团的倍频或合频与另一个基团的基频相近，并且具有相同的对称性，也会发生共振偶合。造成三种结果：①一个谱带频率升高，另一个谱带频率降低，两个谱带的距离增大；②基频振动强度降低；③倍频或合频振动强度增大。这种现象称为费米共振（Fermi resonance）。例如在乙醛（$H_3C-\overset{\overset{O}{\|}}{C}-H$）的红外光谱中，醛基的 CH 伸缩振动频率（2765 cm^{-1}）和 CH 的面内变角振动频率（1380 cm^{-1}）的倍频相近而发生费米共振，费米共振的结果使 CH 的伸缩振动频率分裂成两个谱带，其中一个高于 2760 cm^{-1}（1380×2），一个低于 2760 cm^{-1}，分别位于 2807 cm^{-1}、2719 cm^{-1}；酮基中没有次甲基（CH），所以酮不在此区域发生费米共振。2807 cm^{-1}、2719 cm^{-1} 是区分醛及酮的特征频率，见图 3.26。几乎所有二聚羧酸-OH 在 2600 cm^{-1} 左右都有几个较弱的谱带，这些谱带的产生经过两个过程：①二聚羧酸 C—O 伸缩振动和-OH 变角振动发生偶合，在 1350~1240 cm^{-1} 产生吸收谱带；②这个谱带的倍频，与-OH 伸缩振动基频（3200~2400 cm^{-1}）相近，二者发生费米共振，在 2600 cm^{-1} 左右生成几个较弱的谱带。

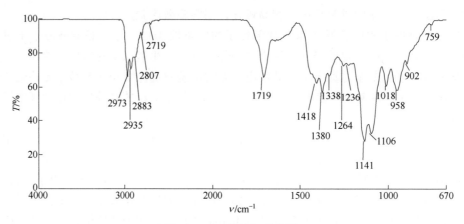

图 3.26 乙醛的红外光谱

3.6.6 共轭的空间位阻效应

共轭效应会改变基团的振动频率。共轭体系具有共平面的性质，要形成共轭体系，参与共轭的基团都必须在同一个平面内，电子云能相互覆盖。如果分子内基团因邻近基团体积大或位置太近，使键角变小或共轭体系之间单键键角偏转，使相关基团不能共处一个平面，共轭受到限制，使基团的振动频率或峰形发生变化，这种现象叫共轭的空间位阻效应。

下面以邻苯二甲酸二辛酯（DOP）和对苯二甲酸乙二醇酯（PET）为例说明共轭的空间位阻效应。图 3.27 为 DOP 的结构式，图 3.28 为 PET 的结构式，图 3.29 为 DOP 和 PET 的红外光谱。DOP 的 C=O 伸缩振动谱带为 1730 cm^{-1}，PET 的 C=O 伸缩振动谱带为 1721 cm^{-1}。

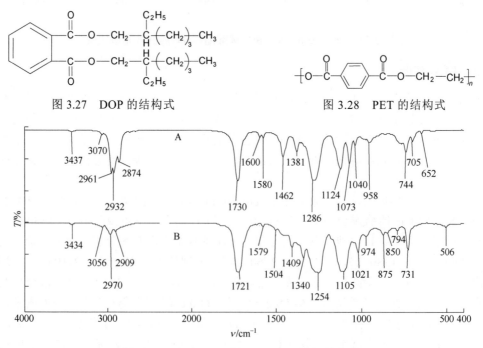

图 3.27 DOP 的结构式　　　　图 3.28 PET 的结构式

图 3.29 DOP（A）和 PET（B）的红外光谱

DOP 和 PET 的羰基（C=O）都与苯环直接相连，都因与苯环发生共轭使伸缩振动频率降低，而 PET 降低得更多。这是因为 DOP 的两个羰基直接相邻，虽然都能与苯环形成共轭，但因位阻效应，使羰基与苯环不能完全共平面，彼此都会妨碍与苯环更好地共轭。PET 的两个羰基不存在位阻效应，与苯环完全共平面，能与苯环更好地共轭，双键特性减弱得更多，伸缩振动频率降低得更多。

3.6.7 氢键效应

因分子内或分子间存在氢键，使-OH、-NH、-COOH、-COO$^-$、-NH$_3^+$ 等基团的伸缩振动和变角振动频率发生明显位移的现象称为氢键效应。氢键的形成程度不同，对键力常数的影响有大有小，使吸收频率在一个较宽的范围分布，谱带展宽而不是一个锐峰。

形成氢键后，相应基团振动时偶极矩变化增大。使伸缩振动谱带变宽，强度增大，同时向低频位移，氢键越强，位移越大，还可能出现多个谱带。但氢键使变角振动谱带变窄，同时向高频位移，氢键越强，位移越大。如 C=O 和-OH 形成的氢键，使 C=O 间的电子云密度进一步向氧原子移动，偏离键的几何中心，C=O 间电子云交盖程度降低，键力常数减小，伸缩振动频率降低。

氢键可以在分子内生成，也可以在分子间生成。分子内氢键不受溶剂影响。分子间氢键对溶剂的性质（质子性、极性、温度、浓度）敏感。

没有形成氢键的-OH 的伸缩振动频率通常位于 3660~3300 cm^{-1}。比如 Ca(OH)$_2$ 的 -OH 的伸缩振动位于 3644 cm^{-1}，见图 3.30。

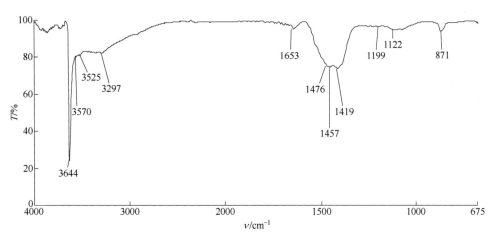

图 3.30 Ca(OH)$_2$ 的红外光谱

当化合物分子的-OH 形成分子内或分子间氢键，-OH 伸缩振动频率降至 3440~3230 cm^{-1}。水杨酸（结构式）的分子中 -OH 能形成分子内氢键，而且是特别牢固的六元螯合氢键，其伸缩振动频率位于 3232 cm^{-1}。

如图 3.31 所示，水杨酸分子可以形成两种不同的分子内氢键。图 3.31（a）中，C=O 既与苯环发生共轭，同时与羟基形成分子内氢键，这两种效应都使 C=O 伸缩振动频率降低，位于 1669 cm^{-1}。图 3.31（b）中，羧基中羟基（-OH）的氢原子与另一个羟基（-OH）的氧原子形成氢键，氢键效应能增强羧基中羟基氧原子的吸电子能力，增强诱导效应，使 C=O 伸缩振动频率升高至 1754 cm^{-1}，见图 3.32。水杨酸晶体形成图 3.31（a）中氢键的分子远比图 3.31（b）中氢键的分子多，所以 1669 cm^{-1} 的强度大于 1754 cm^{-1} 的强度。凡能生成分子内氢键的羧酸，如邻位有氨基或羟基的芳香羧酸，其羰基伸缩振动频率一般不高于 1680 cm^{-1}。

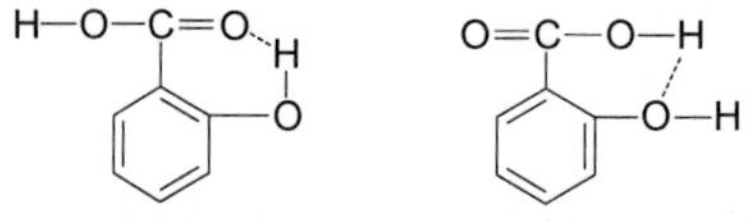

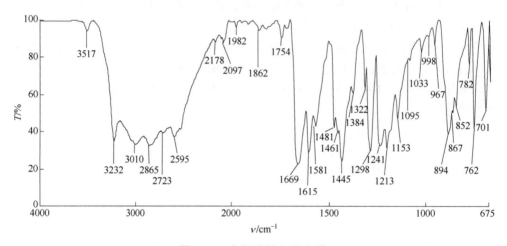

图 3.31　水杨酸两种不同的分子内氢键

图 3.32　水杨酸的红外光谱

水杨酸分子中没有形成氢键的 –OH 的伸缩振动位于 3517 cm^{-1}，峰形尖锐；形成氢键的 –OH 的伸缩振动位于 3232 cm^{-1}，峰形宽化。

第 4 章 基团的振动频率和分子结构的关系

不同化合物中的同一基团以相同的模式振动，其频率会在一定的范围内变化，增大或减小及其幅度取决于化合物的分子结构。下面讨论各基团振动频率变化的一般规律。

4.1 碳氢基团的振动频率

烃的 C—H 伸缩振动频率高、强度大，特征明显。以 3000 cm^{-1} 为界，饱和烃的 C—H 伸缩振动频率低于 3000 cm^{-1}，不饱和烃的 C—H 伸缩振动频率高于 3000 cm^{-1}。这是由于：饱和烃的 C—H 键是由碳原子的 sp^3 杂化轨道与氢原子的 1s 轨道交盖而成的 C_{sp^3}—H_s 型 σ 键；不饱和烃的 C—H 键是由碳原子的 sp^2 杂化轨道或 sp 杂化轨道与氢原子的 1s 轨道交盖而成的 C_{sp^2}—H_s 型 σ 键或 C_{sp}—H_s 型 σ 键。在 sp 杂化轨道中 s 轨道占 1/2，p 轨道占 1/2；在 sp^2 杂化轨道中 s 轨道占 1/3，p 轨道占 2/3；在 sp^3 杂化轨道中 s 轨道占 1/4，p 轨道占 3/4。s 轨道所占比例越大，电子云交盖程度越大，键力常数越大，伸缩振动频率越高。所以 C_{sp}—H_s 型 σ 键或 C_{sp^2}—H_s 型 σ 键的键力常数一定比 C_{sp^3}—H_s 型 σ 键的键力常数大。因此，不饱和烃的 C—H 伸缩振动频率高于饱和烃的 C—H 伸缩振动频率。

张力大的小环烃、多卤化烃的 C—H 伸缩振动峰也位于 3000 cm^{-1} 以上。见图 3.18。

图 4.1 为聚苯乙烯（）的红外光谱。低于 3000 cm^{-1} 的 2923 cm^{-1}、2850 cm^{-1} 为饱和结构的 CH$_2$ 的反对称和对称伸缩振动频率；高于 3000 cm^{-1} 的 3082 cm^{-1}、3060 cm^{-1}、3027 cm^{-1}、3002 cm^{-1} 为苯环上 =C—H 的伸缩振动频率。

4.1.1 CH$_3$ 的振动频率

4.1.1.1 CH$_3$ 的伸缩振动频率

（1）饱和直链烷烃 CH$_3$ 的反对称伸缩振动位于 (2962±10) cm^{-1}，对称伸缩振动位于 (2872±10) cm^{-1}。如聚丙烯中 CH$_3$ 的反对称伸缩振动位于 2952 cm^{-1}，对称伸缩振动位于 2878 cm^{-1}，见图 4.2。

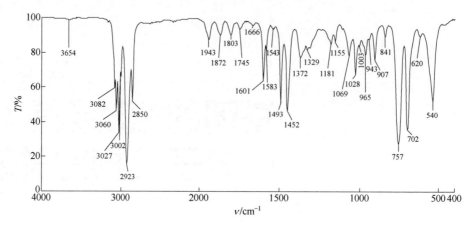

图 4.1 聚苯乙烯的红外光谱

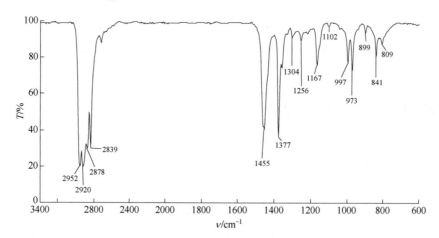

图 4.2 聚丙烯的红外光谱

在本书以后的章节，把"饱和直链烷烃 CH_3 的反对称伸缩振动位于 2962 cm^{-1}，对称伸缩振动位于 2872 cm^{-1}"称作其"常值"。

（2）甲氧基、氮甲基的伸缩振动　与氧、氮原子相连的甲基，3 个 C—H 键中有 1 个与 O 或 N 原子的孤电子对处于反式位置，这个 C—H σ 键会与孤电子对的 p 电子形成 σ-p 超共轭，使之与另外 2 个没有处在反式位置的 C—H 键不同。反对称伸缩振动频率略低于正常位置，对称伸缩振动频率则明显降低，可达 100 cm^{-1}。O—CH_3 对称伸缩振动频率降至 2850~2810 cm^{-1}，脂肪族 N—CH_3 对称伸缩降至 2820~2760 cm^{-1}，芳香族 N—CH_3 对称伸缩降至 2820~2810 cm^{-1}，脂肪族或非芳香杂环上的 N—CH_3 振动频率降至 2805~2780 cm^{-1}。N—CH_3 的对称变角振动频率升至 1460~1430 cm^{-1}。O—CH_3 或 N—CH_3 的另外 2 个 C—H 的伸缩振动频率仍处"常值"，3 个 C—H 键的伸缩振动吸收往往重叠在一起，看起来好像没有降低那么多。与对称伸缩振动频率降低相对应，对称变角振动频率升高。可参看甲醇的红外光谱。

一个含氮化合物，如果在 3400~3200 cm^{-1} 没有吸收，而在 2850~2710 cm^{-1} 有中等强度的吸收，可猜想其有叔胺结构。

醛基 C—H 的伸缩振动与其变角振动（1380 cm^{-1}）倍频的 Fermi 共振双峰出现在 2820~2700 cm^{-1}，脂肪族叔胺在 2850~2700 cm^{-1} 有叔胺结构的特征谱带。要注意三者的区别。

图 4.3 为甲氧基的结构式。图 4.4 为甲醇（CH$_3$OH）的红外光谱，CH$_3$ 反对称伸缩振动频率位于 2950 cm^{-1} [降低 2962-2950=12(cm^{-1})]，对称伸缩振动频率位于 2837 cm^{-1} [降低 2872-2837=35(cm^{-1})]。与 O-CH$_3$ 对称伸缩振动频率降低相对应，O-CH$_3$ 对称变角振动频率升高至 1422 cm^{-1}。

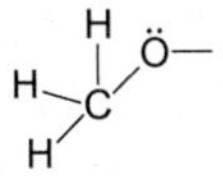

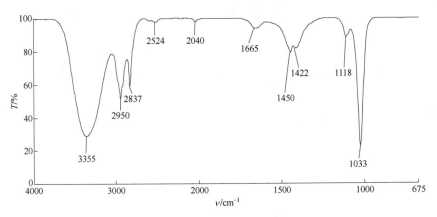

图 4.3 甲氧基的结构式

图 4.4 甲醇的红外光谱

其机理可做以下解释：氧原子进行 sp^3 杂化，形成 4 个 sp^3 杂化轨道，其中 2 个 sp^3 杂化轨道各被 1 个孤电子对占据，是非成键轨道；剩余的 2 个 sp^3 杂化轨道各被 1 个电子占据，是成键轨道。

当碳原子和氧原子以适当方式接近时，各用 1 个 sp^3 杂化轨道相互交盖，生成 1 个 C$_{sp^3}$-O$_{sp^3}$ 型 σ 键；碳原子剩余的 3 个 sp^3 杂化轨道各与 1 个氢原子的 1s 轨道交盖，生成 3 个 C$_{sp^3}$-H$_s$ 型 σ 键，这就是甲基 -CH$_3$；氧原子剩余的 1 个 sp^3 杂化成键轨道与氢原子的 1s 轨道交盖，生成 1 个 O$_{sp^3}$-H$_s$ 型 σ 键，这就是羟基 -OH，见图 4.5 和图 4.6。

CH$_3$ 中的 O$_{sp^3}$-H$_s$ 键，由于碳原子的电负性大于氢原子，而使 C 原子带部分负电荷（δ$^-$），H 原子带部分正电荷（δ$^+$）。3 个 O$_{sp^3}$-H$_s$ 键互相排斥，其中与氧原子孤电子对处于反式的 O$_{sp^3}$-H$_s$ 键，σ 电子偏离原来的轨道靠向孤电子对，使 C$_{sp^3}$-H$_s$ 型 σ 轨道与孤电子对所在的 p 轨道产生部分交盖，生成 σ-p 超共轭。

σ-p 超共轭使 4 个电子（C 原子 1 个、H 原子 1 个、O 原子 1 个）分布在 3 个原子（C、H、O）周围，产生键的离域。离域的结果，相当于 O 原子的孤电子对向 C 原子供电，增加了 C 的电子云密度（图 4.5、图 4.6），C 的电负性降低，C-H 的键力常数降低，C-H 伸缩振动频率降低。

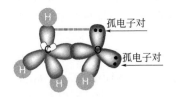

图 4.5 甲醇的空间结构示意图 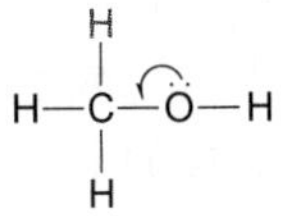   图 4.6 甲醇的结构式

（3）若 CH₃ 与羰基直接相连：①CH₃ 反对称伸缩振动频率和对称伸缩振动频率均升高；②伸缩振动峰强度降低 4 倍；③反对称变角振动频率降至 1460~1400 cm^{-1}；④对称变角振动频率降至 1370~1350 cm^{-1}，强度增大 13 倍，超过反对称变角振动峰强度。

图 4.7 为丙酮的红外光谱，CH₃ 的反对称伸缩振动频率升至 3004 cm^{-1}，对称伸缩振动频率升至 2925 cm^{-1}，强度明显缩小；反对称变角振动频率降至 1419 cm^{-1}，对称变角振动频率降至 1357 cm^{-1}，强度远超反对称变角振动峰强度。

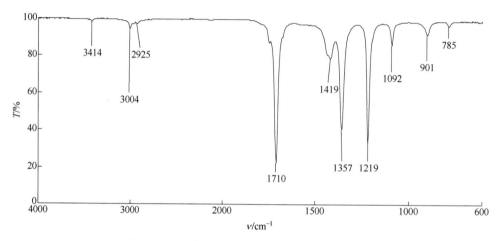

图 4.7　丙酮的红外光谱

其机理可解释如下：丙酮分子的甲基和羰基既存在诱导效应也存在 σ-π 超共轭效应。σ-π 超共轭效应使 C_α-H 键的键力常数增大，伸缩振动频率升高。

羰基是吸电子基，其诱导效应使 C_α-H 键的电子云趋向碳原子，更偏离 C_α-H 键的几何中心，键力常数减小，伸缩振动频率降低。

丙酮分子的 σ-π 超共轭效应大于羰基的诱导效应，所以其伸缩振动频率升高，见图 4.8。

（4）若 CH₃ 与氧原子或氯原子间接（相隔一个原子）相连，反对称伸缩振动频率和对称伸缩振动频率均升高。图 4.9 为乙醇的结构式。图 4.10 为乙醇的红外光谱，CH₃ 的反对称伸缩振动和对称伸缩振动频率分别升高至 2974 cm^{-1} 和 2886 cm^{-1}。

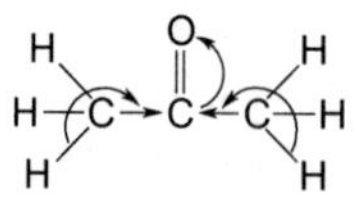

图 4.8　丙酮的诱导效应 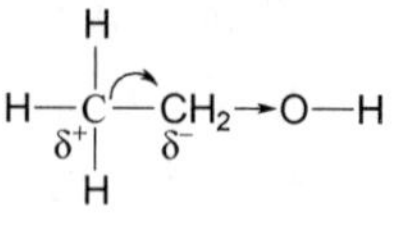　　　　图 4.9　乙醇的结构式

其机理可做如下解释：氧原子是强吸电子基，氧原子的诱导效应使 C_β-C_α 间的电子云向氧原子移动，C_α 原子带部分负电荷，C_β 原子带部分正电荷。C_β 原子电负性增大，使 C_β-H 键的键力常数增大，C_β-H 伸缩振动频率升高。

（5）若 CH₃ 与苯环（或不饱和双键）相连，反对称伸缩振动和对称伸缩振动频率均降低。C_{Ar}-CH₃ 的反对称伸缩振动位于 2930~2920 cm^{-1}，对称伸缩振动位于 2870~2860 cm^{-1}。$\text{C=C}\diagdown_{\text{CH}_3}$ 的反对称伸缩振动位于 2960 cm^{-1}，对称伸缩振动位于 2870 cm^{-1}。

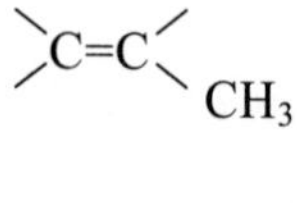

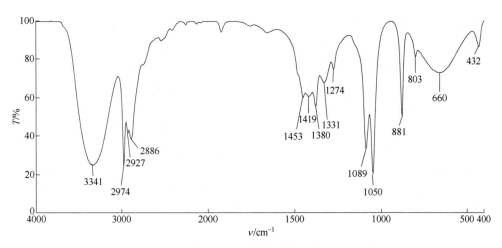

图 4.10 乙醇的红外光谱

图 4.11 为安眠酮的结构式，一个 CH_3 与苯环相连，一个与双键相连。图 4.12 为安眠酮的红外光谱，CH_3 的反对称伸缩振动和对称伸缩振动频率分别位于 2923 cm^{-1} 和 2855 cm^{-1}，低于其"常值"。"7.7.3 甲苯的红外光谱"中 C_{Ar}-CH_3 的反对称伸缩振动位于 2922 cm^{-1}，对称伸缩振动位于 2875 cm^{-1}。这是诱导效应和 σ-π 超共轭效应共同作用的结果。

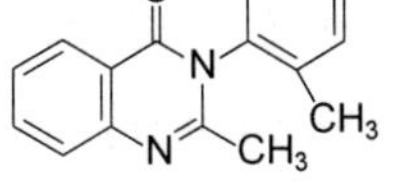

图 4.11 安眠酮的结构式

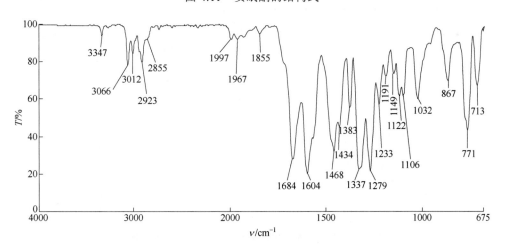

图 4.12 安眠酮的红外光谱

诱导效应的影响：安眠酮 CH_3 与苯环相连，甲基是由碳原子 sp^3 杂化轨道与氢原子的 1s 轨道交盖而成，甲基碳原子 sp^3 杂化轨道与苯环碳原子 sp^2 杂化轨道交盖成 C_{sp^3}－C_{sp^2} σ 键。sp^2 杂化轨道中 s 成分占 1/3，p 成分占 2/3；sp^3 杂化轨道中 s 成分占 1/4，p 成分占 3/4。sp^2 杂化轨道中 s 成分比 sp^3 杂化轨道中大 1/12，sp^2 的电负性大于 sp^3 的电负性（电负性：sp＞sp^2＞sp^3）。使得甲基 C-H 间的电子云更靠近碳原子，更偏离键的几何中心。C-H 间的电子云交盖程度降低，键力常数降低，CH_3 伸缩振动频率降低。

σ-π 超共轭效应的影响：σ-π 超共轭效应使 C–H 电子云密度增大，键长略有缩短，键力常数增大，具有部分双键性质，伸缩振动频率升高。

与双键相连的甲基的伸缩振动可做同样的解释，只是双键的诱导效应比苯环小，与双键相连的甲基的反对称伸缩振动频率位于 2960 cm^{-1}。

安眠酮的诱导效应大于 σ-π 超共轭效应，所以其反对称和对称伸缩振动频率均降低。

4.1.1.2　CH_3 的变角振动频率

（1）烷烃中 C–CH_3 的不对称变角振动频率位于 (1460±5) cm^{-1}，对称变角振动频率位于 (1375±5) cm^{-1}（如聚丙烯的红外光谱）。本书以后的章节把上述频率称作 CH_3 变角振动频率的"常值"。一般情况下，1460 cm^{-1} 的强度大于 1375 cm^{-1} 的强度（如聚丙烯的红外光谱），分叉多的烷基情况相反。

CH_3 的对称变角振动频率很少受其他基团的干扰，是确定分子中存在 CH_3 基团的最重要依据。

（2）直链烃中 C_n–CH_3 的对称变角振动频率与碳链中碳数 n 有关，n 为偶数，$\delta_{s,C_n–CH_3}$=1368~1365 cm^{-1}；n 为奇数，$\delta_{s,C_n–CH_3}$=1376~1373 cm^{-1}，偶低奇高。

（3）当 CH_3 与羰基相连（如 $H_3C-\overset{\overset{O}{\|}}{C}-$、$H_3C-\overset{\overset{O}{\|}}{C}-O-$、$-\overset{\overset{O}{\|}}{C}-O-CH_3$），$CH_3$ 的反对称变角振动频率和对称变角振动频率均降低，强度增大。如图 4.13 所示，丙酮（$H_3C-\overset{\overset{O}{\|}}{C}-CH_3$）的红外光谱中，$CH_3$ 的反对称变角振动频率位于 1419 cm^{-1}、对称变角振动频率位于 1357 cm^{-1}，强度增大。这是羰基与甲基诱导效应和 σ-p 超共轭效应共同作用的结果。

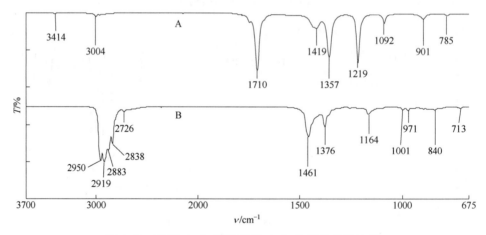

图 4.13　丙酮（A）和聚丙烯（B）的红外光谱比较

通常，若分子中 CH_3 的反对称伸缩振动频率和对称伸缩振动频率升高，则其反对称变角振动频率和对称变角振动频率降低；若分子中 CH_3 的反对称伸缩振动频率和对称伸缩振动频率降低，则其反对称变角振动频率和对称变角振动频率升高。

其机理可这样解释：根据式（3.3），$\nu = \dfrac{\Delta E}{hc} = \dfrac{\sqrt{k/\mu}}{2\pi c} = \dfrac{1}{2\pi c}\sqrt{\dfrac{k(m_1+m_2)}{m_1 m_2}}$，伸缩振动频率高低正相关于成键原子对的键力常数 k，而负相关于折合质量，即振动频率随键力常数的增大

而升高，随成键原子质量的增大而降低。C—H 的键力常数取决于碳原子 s 轨道和 p 轨道杂化程度。C—H 键中 s 轨道所占比例越大，键长越短、键力常数越大、CH_3 的伸缩振动频率越高。

伸缩振动和变角振动的方向性不同，伸缩振动频率升降与变角振动频率升降所需能量大小相反。s 轨道呈球形 [ ]，方向性弱；p 轨道呈哑铃形 [ ]，方向性强。C—H 键中 p 轨道所占比例大，发生不改变方向的伸缩振动较易，所需能量低，频率低；相反，C—H 键中 p 轨道所占比例大，发生改变方向的变角振动较难，所需能量高，频率高。

CH_3 的伸缩振动频率升高，说明 C—H 键中 s 轨道比例增多，产生改变方向的变角振动变得容易，所需能量降低，CH_3 的变角振动频率降低。

以上规律也有例外，若甲基与氮正离子（N^+）相连，CH_3 的反对称和对称伸缩振动、反对称和对称变角振动频率都升高。如甲基麻黄碱盐酸盐的 N^+—CH_3 的反对称和对称伸缩振动、反对称和对称变角振动频率分别升至 2969 cm^{-1}、2881 cm^{-1}、1483 cm^{-1}、1392 cm^{-1}（见盐酸甲基麻黄素的红外光谱）。

（4）若 2 个或 3 个 CH_3 连接在同一个碳原子上，CH_3 之间的偶合作用使其对称变角振动峰分裂为 2 个。C—CH_3 变角振动峰是否分裂取决于其 C—H 键的夹角大小。夹角不变小，不分裂。夹角变小，则分裂。夹角越小，分裂成的 2 个峰相距越远。直键烷烃和双键上的甲基不分裂。偕二甲基（H_3C—HC—CH_3）和异丙基（—C—）的 2 个甲基有位阻效应，甲基的 3 个 C—H 键夹角比直键烷烃和双键上的甲基的 3 个 C—H 键夹角小，CH_3 对称变角振动峰分裂为 2 个，分别位于 1390~1380 cm^{-1} 和 1372~1365 cm^{-1}，强度相近。叔丁基（H_3C—C(CH_3)_2—）的 CH_3 受位阻影响更大，夹角更小，CH_3 的对称变角振动峰分裂成的 2 个峰间距更大，分别位于 1395 cm^{-1} 和 1365 cm^{-1}，2 个峰中前者强度较小，后者强度约是前者的 2 倍。

不仅甲基对称变角振动频率受影响，骨架振动频率也受影响。支链烷烃 C—C 骨架振动频率位于 1270~1150 cm^{-1}。偕二甲基（—CH(CH_3)_2）骨架振动频率为 1170 cm^{-1}、1150 cm^{-1}；异丙基（—C(CH_3)_2—）骨架振动频率为 1215 cm^{-1}、1195（1170）cm^{-1}；叔丁基（—C(CH_3)_2—CH_3）骨架振动频率为 1270 cm^{-1}、1250~1200 cm^{-1} 及 930~925 cm^{-1}。

图 4.14 为双酚 A 的结构式，图 4.15 为双酚 A 的红外光谱，其 CH_3 的对称变角振动频率为 1387 cm^{-1} 和 1364 cm^{-1}。骨架振动频率为 1221 cm^{-1}、1176 cm^{-1}，因为连接的是对羟基苯，—OH 的面内弯曲振动（1800~1250 cm^{-1}）、=CH 的面内弯曲振动（1225~950 cm^{-1}）出现在相近区域，所以骨架振动频率偏差稍大。

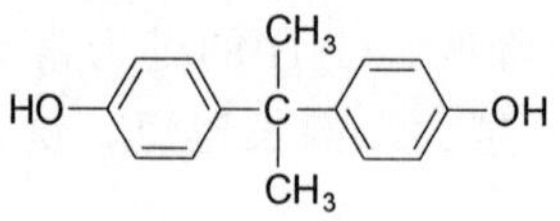

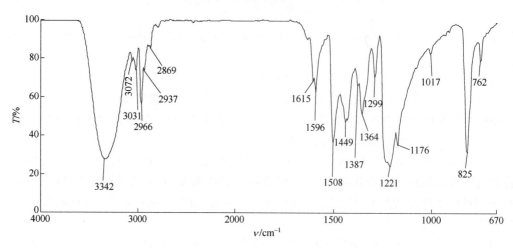

图 4.14 双酚 A 的结构式

图 4.15 双酚 A 的红外光谱

（5）CH_3 连接的同族或同周期原子的电负性越强，CH_3 的对称变角振动频率越高。

图 4.16 为聚丙烯（有 C-CH_3 结构）、聚二甲基硅氧烷（有 Si-CH_3 结构）的结构式，图 4.17 为聚丙烯、聚二甲基硅氧烷的红外光谱。C 的电负性（2.25）大于 Si 的电负性（2.1）。聚丙烯分子中 C-CH_3 的对称变角振动频率为 1377 cm^{-1}，聚二甲基硅氧烷分子中 Si-CH_3 的对称变角振动频率为 1261 cm^{-1}。

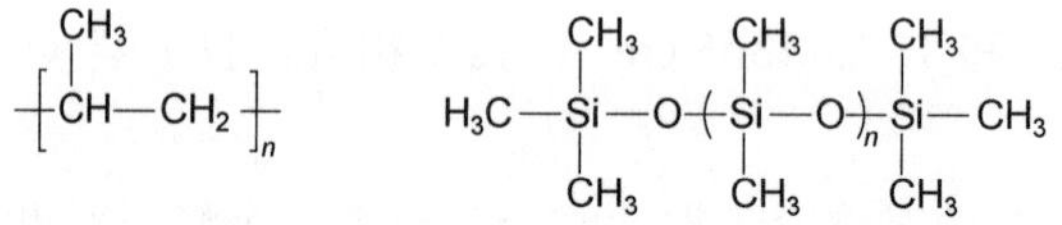

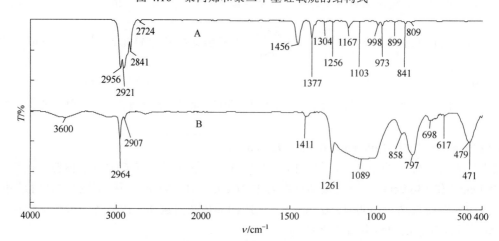

图 4.16 聚丙烯和聚二甲基硅氧烷的结构式

图 4.17 聚丙烯（A）和聚二甲基硅氧烷（B）的红外光谱

表 4.1 列出杂原子对 CH₃ 对称变角振动频率的影响。

表 4.1　X-CH₃ 对称变角振动频率

元素 X	F	Cl	Br	O	S	Se	N	P	As	C	Si	Ge
电负性	3.96	3.16	2.96	3.44	2.58	2.55	3.04	2.19	2.18	2.25	2.01	1.90
δ^s/cm^{-1}	1475	1355	1305	1445	1325	1280	1425	1300	1250	1378	1260	1235

4.1.1.3　CH₃ 的摇摆振动频率

CH₃ 的摇摆振动频率在 1120~900 cm^{-1}，位于指纹区而且很弱，指认困难，实用价值不大。但有些化合物中此区域没有其他基团的吸收，CH₃ 的摇摆振动较明显。图 4.18 为 α-氰基丙烯酸乙酯（502 黏合剂）的结构式，图 4.19 为其红外光谱。CH₃ 与羧基连接于同一个碳原子，位于 1112 cm^{-1} 的摇摆振动频率升高，强度增大。

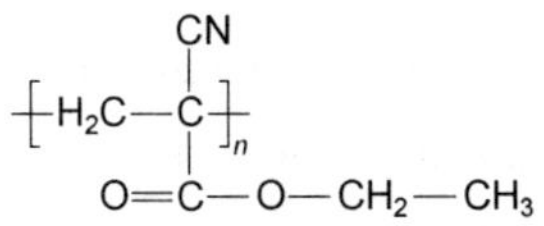

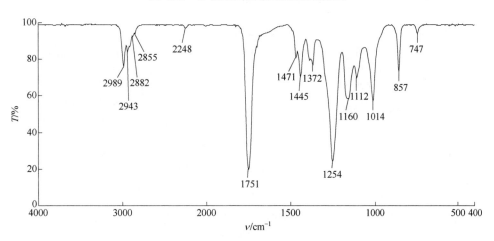

图 4.18　α-氰基丙烯酸乙酯的结构式

图 4.19　α-氰基丙烯酸乙酯的红外光谱

当 CH₃ 与羧基直接相连或 2 个甲基连接于同 1 个碳原子时，摇摆振动有时出现 2 个吸收峰，如丙酮的红外光谱中 CH₃ 的摇摆振动出现 2 个谱带，分别位于 1092 cm^{-1}、901 cm^{-1}。也可以参阅"聚异丁烯的红外光谱"，CH₃ 的摇摆振动出现 2 个谱带，分别位于 950 cm^{-1}、923 cm^{-1}。

4.1.2　CH₂ 的振动频率

4.1.2.1　饱和烃 CH₂ 的伸缩振动频率

（1）饱和烃 CH₂ 的反对称伸缩振动频率位于 (2923±5) cm^{-1}，对称伸缩振动频率位于 (2853±5) cm^{-1}。如聚乙烯 $+$CH₂—CH₂$+_n$ 的反对称伸缩振动频率为 2919 cm^{-1}，对称伸缩振动频率为 2852 cm^{-1}，见图 4.20。

本书在后续章节把上述频率称为 CH₂ 伸缩振动频率的"常值"。

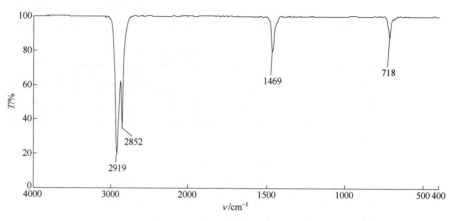

图 4.20　聚乙烯的红外光谱

（2）若 CH_2 与强吸电子原子（O、Cl 等）相连，CH_2 的反对称和对称伸缩振动频率升高。图 4.21 为苯氧基乙醇（ ）的红外光谱，CH_2 的反对称伸缩振动和对称伸缩振动频率分别为 2938 cm^{-1} 和 2879 cm^{-1}。

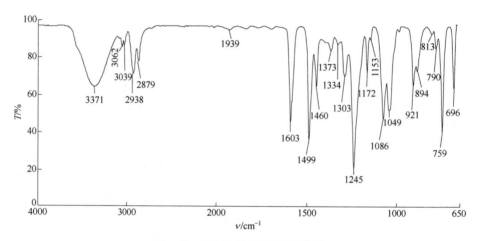

图 4.21　苯氧基乙醇的红外光谱

图 4.22 为甘油（ ）的红外光谱，CH_2 的反对称伸缩振动和对称伸缩振动频率分别为 2937 cm^{-1} 和 2883 cm^{-1}。

其机理可这样理解：CH_2 与强吸电子原子相连，决定其伸缩振动频率升降的主要因素是吸电子诱导效应。原子的强吸电子性使与之相连的 C 原子电子云密度降低，电负性增强，C–H 键的键力常数减小，C–H 伸缩振动频率降低。

4.1.2.2　烯烃 CH_2 的伸缩振动频率

烯烃双键上 CH_2 的反对称伸缩振动频率位于 3095~3070 cm^{-1}，对称伸缩振动频率稍低于 3000 cm^{-1}。图 4.23 为 1,2-聚丁二烯的结构式，图 4.24 为其红外光谱。双键上 CH_2 的反对称伸缩振动频率位于 3074 cm^{-1}，对称伸缩振动频率频率位于 2974 cm^{-1}。

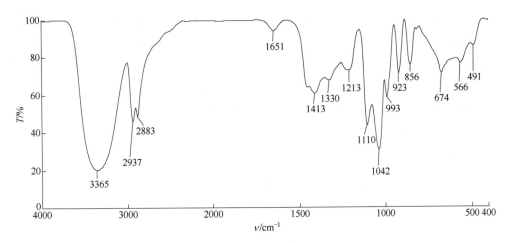

图 4.22　甘油的红外光谱

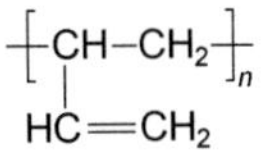

图 4.23　1,2-聚丁二烯的结构式

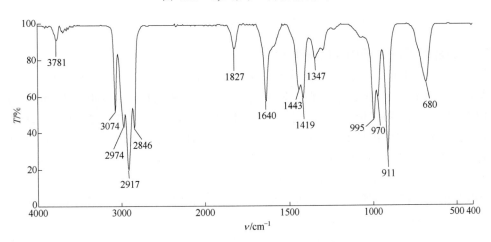

图 4.24　1,2-聚丁二烯的红外光谱

烯烃双键上 CH_2 的反对称伸缩振动频率和对称伸缩振动频率比烷烃高的原因有 2 个：

（1）C=C 的碳原子是 sp^2 杂化， C-C 的碳原子是 sp^3 杂化。sp^2 杂化轨道中 s 轨道占 1/3，sp^3 杂化轨道中 s 轨道占 1/4，sp^2 杂化轨道比 sp^3 杂化轨道交盖程度大，所以 C_{sp^2}-H 键的键力常数（5.1）比 C_{sp^3}-H 键的键力常数（4.7~5.1）大。

（2）C-H 键和 C=C 相连，C_α-H 键与双键的 π 电子云相互交盖，形成 σ-π 超共轭体系，σ-π 超共轭效应使 C-H 电子云密度增大，键长略有缩短，键力常数增大，具有部分双键性质。

4.1.2.3　饱和烃 CH_2 的变角振动频率

（1）饱和烃 CH_2 的面内变角振动（又叫剪式振动、平面变角振动、对称变角振动）频率位于 $(1465±5)$ cm^{-1}，见图 4.20。本书后续章节把这一频率称为 CH_2 的面内变角振动的"常值"。支链上 CH_2 的面内变角振动稍高，位于 $(1468±2)$ cm^{-1}。

（2）CH_2 与不饱和基团或电负性原子（Cl、O）相连时，面内变角振动频率降低。

$\text{>}C=CH_2$ 面内变角振动位于 1420~1410 cm^{-1}，CH_2 与 Cl、O 原子相连时，变角振动位于 1445~1400 cm^{-1}。如二丁烯橡胶的 $\delta_{CH_2}^s$ 位于 1419 cm^{-1}，乙醇（CH_3-CH_2-OH）的 $\delta_{CH_2}^s$ 位于 1414 cm^{-1}，见图 4.25。

（3）长链羧酸中与羧基相连的 CH_2 的面内变角振动位于 (1412±2) cm^{-1}。如油酸的红外光谱中，与羧基相连的 CH_2 的面内变角振动位于 1414 cm^{-1}。

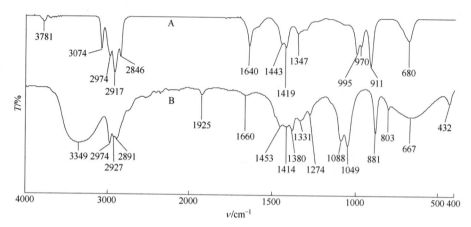

图 4.25　二丁烯橡胶（A）和乙醇（B）的红外光谱

4.1.2.4　饱和烃 CH_2 的面内摇摆振动频率

饱和烃 CH_2 的面内摇摆振动频率在 790~720 cm^{-1}。用 $\text{-(CH}_2\text{)}_n\text{-}$ 表示分子中连续 CH_2 的个数。n 较小时，频率较高，强度较小，如乙基（-CH_2CH_3）为 790~770 cm^{-1}，正丙基（-$CH_2CH_2CH_3$）为 750~740 cm^{-1}，正丁基（-$CH_2CH_2CH_2CH_3$）为 736~723 cm^{-1}。如果 $n \geqslant 4$，CH_2 面内摇摆振动频率在 (720±2) cm^{-1}，强度随相连 CH_2 个数的增加而增强。固态时有时会分裂为双峰。在"图 4.20 聚乙烯的红外光谱"中，CH_2 面内摇摆振动频率在 718 cm^{-1}。

聚乙烯结晶度高，如果有 2 个或几个大分子同时穿过一个晶胞，会发生振动偶合，引起 CH_2 面内变角振动和面内摇摆振动谱带分裂，在 1473 cm^{-1} 和 1463 cm^{-1}、729 cm^{-1} 和 719 cm^{-1} 处分别产生一对双峰，见图 4.26。

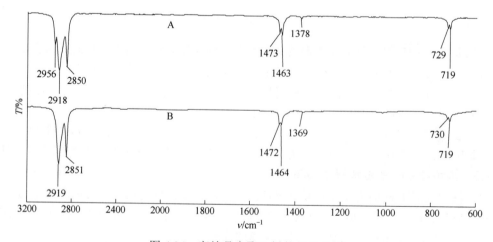

图 4.26　高结晶度聚乙烯的红外光谱

如果是−CH₂CH₃结构，CH₂面内摇摆振动频率在 790~770 cm⁻¹。邻苯二甲酸二辛酯又称邻苯二甲酸二(2-乙基)己酯，简称 DOP，其结构式如图 4.27 所示。图 4.28 为邻苯二甲酸二辛酯的红外光谱。770 cm⁻¹ 为乙基（−CH₂CH₃）中 CH₂ 的面内摇摆振动。

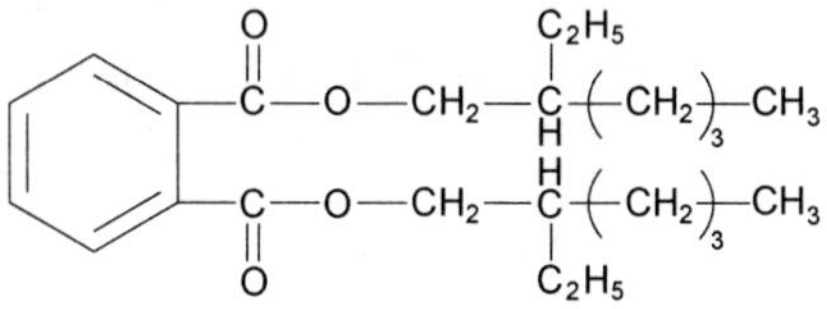

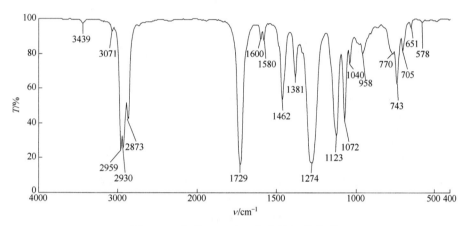

图 4.27　邻苯二甲酸二辛酯的结构式

图 4.28　邻苯二甲酸二辛酯的红外光谱

如果是 −CH₂CH₂CH₃ 结构，CH₂ 的面内摇摆振动频率在 750~740 cm⁻¹。图 4.29 为眠尔通的结构式，图 4.30 为眠尔通的红外光谱。−CH₂CH₂CH₃ 中 CH₂ 面内摇摆振动频率在 747 cm⁻¹。

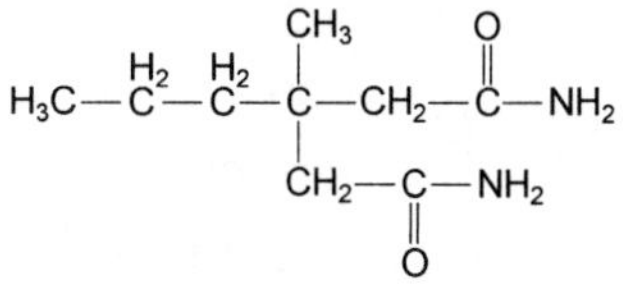

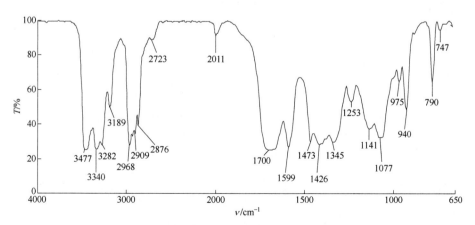

图 4.29　眠尔通的结构式

图 4.30　眠尔通的红外光谱

4.1.2.5 饱和烃 CH_2 的面外摇摆振动频率

极性基团在末端的结晶直链脂肪族化合物（如脂肪酸、脂肪酯、酰胺等），其 CH_2 的面外摇摆振动频率位于 $1350 \sim 1180 \text{ cm}^{-1}$。

非结晶固体直链烷烃化合物 CH_2 的面外摇摆振动吸收很弱，不易指认。但当 CH_2 与极性基团相连时，强度增加。如乙二醇（$HO-CH_2-CH_2-OH$）的红外光谱中 1332 cm^{-1}、1255 cm^{-1} 和 1204 cm^{-1} 被指认为 CH_2 的面外摇摆振动频率，见图 4.31。乙二醇在常温下是液体，分子有多种构型，所以 CH_2 的面外摇摆振动频率不止 1 个。

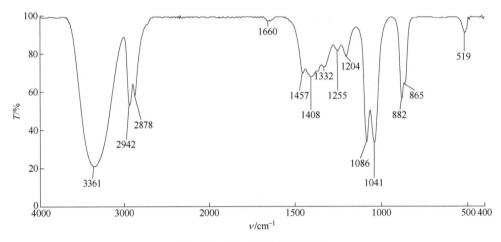

图 4.31　乙二醇的红外光谱

4.1.2.6 烯烃 CH_2 的面外摇摆振动频率

单取代烯烃 CH_2 的面外摇摆振动（ ）频率位于 910 cm^{-1} 左右，强度很大，其倍频位于 $1850 \sim 1800 \text{ cm}^{-1}$，面内变角振动位于 $1420 \sim 1405 \text{ cm}^{-1}$，伸缩振动位于 $3095 \sim 3070 \text{ cm}^{-1}$。图 4.32 为 1,2-聚丁二烯（ ）的红外光谱，其 CH_2 的面外摇摆振动位于 911 cm^{-1}，面内变角振动位于 1419 cm^{-1}，伸缩振动位于 3074 cm^{-1}。

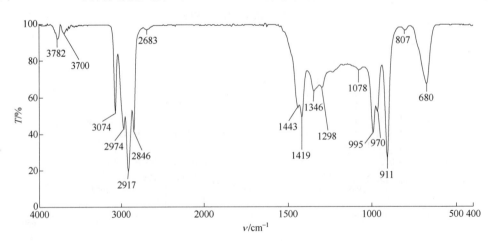

图 4.32　1,2-聚丁二烯的红外光谱

双取代烯烃 CH$_2$ 的面外摇摆振动（$\begin{smallmatrix}R^1\\R^2\end{smallmatrix}$C=C$\begin{smallmatrix}H^+\\H^+\end{smallmatrix}$）频率位于 890 cm^{-1}，倍频位于 1780 cm^{-1}，面外变角振动位于 965 cm^{-1}，面内变角振动位于 1420~1410 cm^{-1}，伸缩振动位于 3090~3070 cm^{-1}。

4.1.2.7 CH$_2$ 的扭曲振动频率

烷烃 CH$_2$ 的扭曲振动（也称面外变角振动、卷曲振动）频率位于 1305 cm^{-1} 左右，通常强度很小，指认困难。若 CH$_2$ 与极性基团相连，强度增大。

烯烃 CH$_2$ 的扭曲振动频率位于 (990±10) cm^{-1} 左右。如 1,2-聚丁二烯的 CH$_2$ 的扭曲振动位于 995 cm^{-1}，见图 4.32。

4.1.3 CH 的振动频率

4.1.3.1 CH 的伸缩振动频率

（1）烷烃 CH 的伸缩振动频率　烷烃 CH 的伸缩振动频率位于 2900~2870 cm^{-1}。烷烃中 CH 所占比例小，CH 的伸缩振动吸收常被 CH$_3$ 和 CH$_2$ 的伸缩振动吸收覆盖，实用价值较小。

若 CH 与氧、氯等强极性原子相连，诱导效应使 CH 的伸缩振动频率升高，强度增大。

如异丙醇（H$_3$C—$\overset{\overset{\displaystyle CH_3}{|}}{\underset{\underset{\displaystyle H}{|}}{C}}$—OH）的 CH 的伸缩振动频率位于 2931 cm^{-1}，见图 4.33。

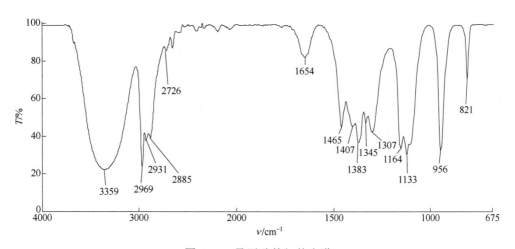

图 4.33　异丙醇的红外光谱

（2）烯烃 CH 的伸缩振动频率　单取代亚甲烯 RCH=CH$_2$ 中 =CH 的伸缩振动位于 3040~3010 cm^{-1}，面内变角振动位于 1300~1290 cm^{-1}，面外变角振动位于 990 cm^{-1}，见图 4.32。

双取代顺式烯烃 $\begin{smallmatrix}R^1\\H\end{smallmatrix}$C=C$\begin{smallmatrix}R^2\\H\end{smallmatrix}$ 和反式烯烃 $\begin{smallmatrix}R^1\\H\end{smallmatrix}$C=C$\begin{smallmatrix}H\\R^2\end{smallmatrix}$ 的 =CH 伸缩振动均位于 3040~3010 cm^{-1}。反式 =CH 面外变角振动位于 965 cm^{-1}，顺式位于 720~690 cm^{-1}。

三取代烯烃 $\begin{smallmatrix}R^1\\R^3\end{smallmatrix}$C=C$\begin{smallmatrix}R^2\\H\end{smallmatrix}$ 的 =CH 伸缩振动均位于 3040~3010 cm^{-1}，面外变角振动位于

850~790 cm^{-1}。

（3）苯环上 CH 的伸缩振动频率　苯环上 CH 的伸缩振动频率见"4.3　芳香化合物的振动频率"。

（4）炔类 CH 的伸缩振动频率　炔类 CH 的伸缩振动频率位于 3310 cm^{-1} 左右，强度大，特征明显。

（5）醛类 CH 的伸缩振动频率　参考"7.7.16 乙醛的红外光谱"。

4.1.3.2　CH 的面内变角振动

烷烃 C—CH 的 C—H 面内变角振动位于 1350~1320 cm^{-1}；烯烃=CH 的 C—H 面内变角振动位于 1420~1290 cm^{-1}，参考"8.1.3 聚丁二烯的红外光谱"；醛基（—COH）的 C—H 面内变角振动位于 1410~1390 cm^{-1}；苯环的 C—H 面内变角振动位于 1250~950 cm^{-1}。通常强度均比较小，指认困难，实际应用价值不大。

4.2　碳碳基团的振动频率

4.2.1　烯烃 C=C 伸缩振动频率

非共轭直链烯烃的 C=C 伸缩振动频率出现在 1690~1600 cm^{-1}，多数在 1650 cm^{-1} 左右，强度从小到中等。双键的对称性、共轭、张力及取代基质量、取代基电性都能影响烯烃 C=C 伸缩振动频率升高或降低。

4.2.1.1　取代基个数对 C=C 伸缩振动的影响

氢原子的质量最小，如果双键上 H 原子多，取代基少，C=C 伸缩振动受到的阻力小，键力常数 k 小，振动频率低；另外，氢原子的质量最小，折合质量 μ 也小。氢原子质量对键力常数 k 的影响比对折合质量 μ 的影响大。所以，取代基多，氢原子少，C=C 伸缩振动受到的阻力大，键力常数 k 大，振动频率高。

4.2.1.2　对称性对 C=C 伸缩振动的影响

C=C 对称性好，C=C 伸缩振动频率高。对称性好，偶极矩变化小，C=C 伸缩振动谱带强度小；对称性差，偶极矩变化大，则强度大。顺式异构体的不对称性大于反式异构体，因此顺式异构体 C=C 伸缩振动频率低于反式，而强度大于反式。

图 4.34 为顺-1,4-聚异戊二烯和 1,2-聚丁二烯的结构式，图 4.35 为顺-1,4-聚异戊二烯的红外光谱。图 4.36 为 1,2-聚丁二烯的红外光谱。顺-1,4-聚异戊二烯 C=C 是两侧 3 取代，只有 1 个氢原子；1,2-聚丁二烯是单侧 1 取代，有 3 个氢原子。前者对称性好，C=C 的伸缩振动频率高，位于 1663 cm^{-1}，强度小；后者对称性差，C=C 的伸缩振动频率低，位于 1640 cm^{-1}，强度大。

表 4.2 列出不同取代类型烯烃 C=C 伸缩振动频率。

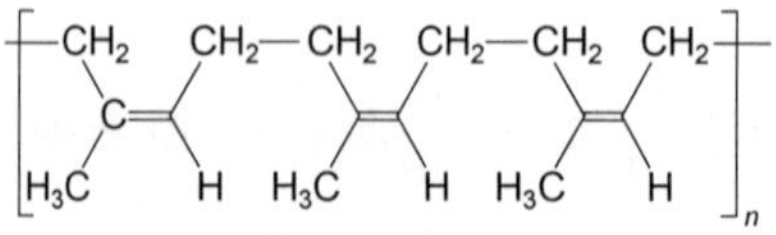

(a) 顺-1,4-聚异戊二烯的结构式 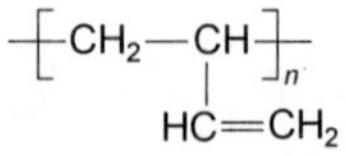　　(b) 1,2-聚丁二烯的结构式

图 4.34　顺-1,4-聚异戊二烯和 1,2-聚丁二烯的结构式

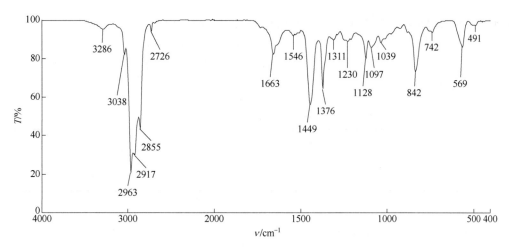

图 4.35　顺-1,4-聚异戊二烯的红外光谱

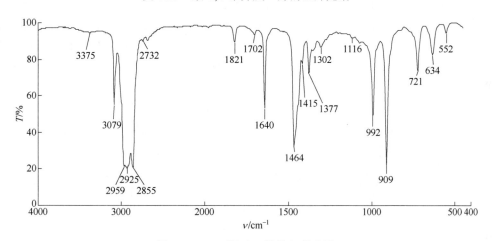

图 4.36　1,2-聚丁二烯的红外光谱

表 4.2　不同取代类型烯烃 C=C 伸缩振动频率

取代类型	H₂C=CH₂	＞C=CH₂	H,H ＞C=C＜	H,H ＞C=C＜	＞C=C＜H	＞C=C＜
$\nu_{C=C}$/cm⁻¹	1640	1655	1660	1665	1670	1690~1670
相对强度	强	强	中	弱	中弱	弱或没有
实例	图 4.36		图 8.28	图 8.27	图 10.1	取代差别大，故变化范围大

4.2.1.3　取代基电性对 C=C 伸缩振动的影响

C=C 与氧、硫、氮及卤素（氟除外）等杂原子相连，伸缩振动频率降低、强度增大。这是因为，C=C 与这些原子相连，既有诱导效应，也有共轭效应。杂原子吸引 C=C 键电子云靠近自己，偏离键的几何中心，键力常数减小，偶极距增大，伸缩振动频率降低、强度增大。同周期的杂原子，电负性越强，诱导效应越明显，C=C 键伸缩振动频率降低得越多，如氧（1615 cm⁻¹）比氮（1625 cm⁻¹）降得多。表 4.3 列出 X—CH=H₂ 中 C=C 伸缩振动频率。

氧、硫、氮等杂原子的孤电子对与 C=C 键的 π 电子发生 p-π 共轭，C=C 键的双键特性降低，伸缩振动频率降低、强度增大。同族元素，外层电子多（周期数目大）的共轭效应更强，

C=C 的伸缩振动频率降低得更多，如硫（1585 cm^{-1}）比氧（1615 cm^{-1}）降得多。

F 原子比较特殊，F-CH=H$_2$ 中 C=C 伸缩振动频率为 1650 cm^{-1}，不降反升。原因是 F 的电负性强、质量小、原子半径小，它与 C=C 直接相连后，C=C 键长缩短，键角变化小，C=C 伸缩振动频率升高。

表 4.3　X－CH=H$_2$ 中 C=C 伸缩振动频率　　　　　　　　　　　　　单位：cm^{-1}

X	$v_{C=C}$	X	$v_{C=C}$	X	$v_{C=C}$	X	$v_{C=C}$	X	$v_{C=C}$
C	1645	N	1625	O	1615	F	1650	Br	1605
Si	1596	P	1595	S	1585	Cl	1610	I	1593

天然橡胶的结构式是 $\left[\begin{array}{c}H_3C\ \ \ \ H\\ \diagdown C=C\diagup\\ H_2C\ \ \ \ CH_2\end{array}\right]_n$，氯丁橡胶均聚物的结构式是 $\left[CH_2-\underset{Cl}{C}=CH-CH_2\right]_n$，均属 3 取代类型。从表 4.2 可知，如果 3 个取代基都是烷基，C=C 伸缩振动位于 1670 cm^{-1} 左右。图 4.37 为天然橡胶和氯丁橡胶的红外光谱。天然橡胶 C=C 伸缩振动为 1663 cm^{-1}。氯丁橡胶分子中，1 个取代基是电负性强的 Cl 原子，C=C 伸缩振动降为 1659 cm^{-1}，同时强度增大。

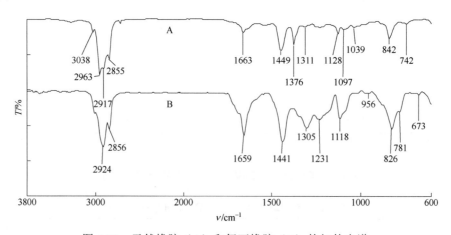

图 4.37　天然橡胶（A）和氯丁橡胶（B）的红外光谱

甲基丙烯酸结构式为 $H_2C=\underset{CH_3}{\overset{}{C}}-\overset{O}{\overset{\|}{C}}-OH$，属亚甲基型单侧二取代。从表 4.2 可知，如果 2 个取代基都是烷基，C=C 伸缩振动位于 1655 cm^{-1}。在甲基丙烯酸中，1 个取代是电负性强的羧基，C=C 伸缩振动降为 1635 cm^{-1}，同时强度增大，见图 4.39。

4.2.1.4　取代基空间位阻对 C=C 伸缩振动的影响

乙烯类化合物，如果取代基的体积比较大，会因为空间障碍，使得 σ 键角变大，双键 σ 键的 s 电子成分减少，p 电子成分增加，双键键力常数降低，伸缩振动频度降低。如苯环的体积比 -CH$_2$CH$_3$ 的体积大，$\underset{H_2CH_3}{\overset{H_2CH_3}{C}}=CH_2$ 中 C=C 的伸缩振动频率为 1655 cm^{-1}，而 C=CH$_2$ 中 C=C 的伸缩振动频率为 1620 cm^{-1}。

4.2.1.5 共轭效应对 C=C 伸缩振动的影响

当烯烃 C=C 与另一脂肪族 C=C 共轭时，π 电子云的非定域扩大，烯烃 C=C 双键性降低，伸缩振动频率降至 1660~1580 cm^{-1}，并由于伸缩振动有对称和反对称之分，伸缩振动谱带常分裂为两条，强度增大。双键与苯环共轭，常与苯环骨架伸缩振动在 1630~1580 cm^{-1} 的谱带简并。

桐油酸为 9,11,13-十八碳三烯酸 [CH$_3$(CH$_2$)$_3$CH=CH-CH=CH-CH=CH-(CH$_2$)$_7$COOH]，具有 3 个 C=C 顺-反-反共轭烯结构（—CH$_2$ [结构图] ），3 个 C=C 共轭使电子云在整个共轭体系中离域，键力常数减小，双键特性变弱，伸缩振动频率比孤立 C=C 的伸缩振动频率约低 30 cm^{-1}。又因为 3 个共轭 C=C 有对称伸缩振动（[图示]）和反对称伸缩振动（[图示]）的区别，桐油酸共轭 C=C 伸缩振动分裂为 1643 cm^{-1}、1586 cm^{-1} 2 个峰，前者为对称伸缩振动，后者为反对称伸缩振动，见图 4.38。需要特别注意的是：共轭 C=C 双键和酸酐 C=O 伸缩振动一样，如乙酸酐的红外光谱，对称伸缩振动频率高于反对称伸缩振动频率。

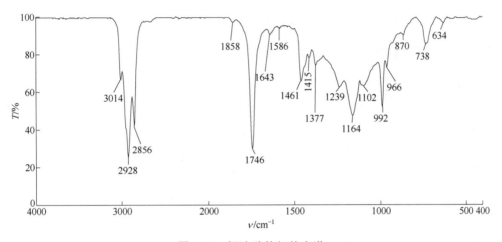

图 4.38 桐油酸的红外光谱

双键和羰基、有孤电子对的基团共轭后，C=C 极化，偶极矩增大，双键特性减弱，伸缩振动频率降低、强度增大，有时出现双峰。甲基丙烯酸结构式为 H$_2$C=C(CH$_3$)—C(O)—OH，属不对称双取代亚甲烯型。羧基对 C=C 既有吸电子诱导效应，也有共轭效应。从表 4.2 可知，如果 2 个取代基都是烷基，C=C 伸缩振动位于 1653 cm^{-1}。在甲基丙烯酸中，1 个取代是羧基，C=C 伸缩振动降为 1635 cm^{-1}，同时强度增大，见图 4.39。

4.2.2 C-C 伸缩振动频率

直链烷烃的 C-C 骨架振动频率在 1100~1020 cm^{-1}，强度小，没有特征性，鉴定意义不大。支链烷烃 C-C 骨架振动强度中等，频率在 1255~1140 cm^{-1}。异丙基（—C(CH$_3$)$_2$—）骨架反对称伸缩振动在 (1170±10) cm^{-1}，对称伸缩振动在 (1150±10) cm^{-1}，前者强度较大。

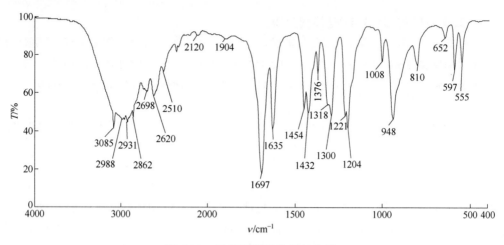

图 4.39 甲基丙烯酸的红外光谱

偕二甲基（H₃C—C(CH₃)—）反对称伸缩振动在 $(1170±10)$ cm^{-1}，对称伸缩振动在 $(1120±10)$ cm^{-1}。叔丁基骨架反对称伸缩振动在 $(1240±10)$ cm^{-1}，对称伸缩振动在 $(1180±20)$ cm^{-1}，如聚异丁烯的—C—骨架反对称伸缩振动在 1230 cm^{-1}，对称伸缩振动在 1164 cm^{-1}，见图 4.40。

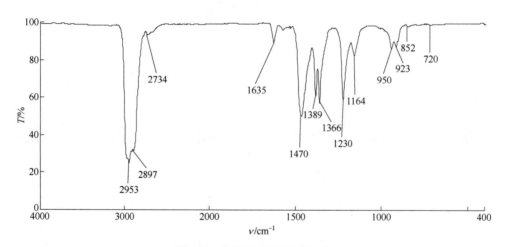

图 4.40 聚异丁烯的红外光谱

酮的红外光谱中 C—C 伸缩振动谱带强度较大。脂肪酮在 1230~1100 cm^{-1}，芳香酮在稍高的 1280~1150 cm^{-1} 可观察到 1 个或几个较强谱带，归属于酮结构的 C—C—C 键伸缩振动和弯曲振动，也称作酮的骨架振动，其中一个（如环己酮的 1221 cm^{-1}、苯乙酮的 1266 cm^{-1}）强度较大，可以用于鉴定未知结构中是否有酮存在。图 4.41 为环己酮和苯乙酮的红外光谱，环己酮的骨架振动位于 1221 cm^{-1}、1118 cm^{-1}，苯乙酮的骨架振动位于 1266 cm^{-1}、1180 cm^{-1}。

其机理可作如下解释：氧原子电负性（3.44）和碳原子电负性（2.25）不同，$C^3-\overset{\delta^+}{C^1}(=\overset{\delta^-}{O})-C^2$ 中 C=O 键之间成键的电子云偏向氧，C1 原子电子密度降低，呈部分正电性（δ^+），这样 C^1–C^2 键或 C^1–C^3 键成为极性键，偶极矩增大，伸缩振动强度增大。

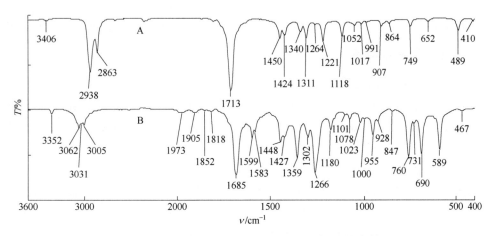

图 4.41 环己酮（A）和苯乙酮（B）的红外光谱

4.3 芳香化合物的振动频率

4.3.1 苯环上=CH 伸缩振动频率

苯环上 =C—H 的伸缩振动（H—⟨⟩—H）频率位于 3125~3010 cm^{-1}，大多数在 3080~3030 cm^{-1}，强度小。谱带的数量、峰位、强度取决于苯环上取代基的性质、数目和位置。取代基为推电子基，=CH 伸缩振动位于低频侧，如甲苯 =CH 伸缩振动位于 3028 cm^{-1}；取代基为吸电子基，=CH 伸缩振动位于高频侧，如苦味酸 =CH 伸缩振动位于 3108 cm^{-1}。取代基对苯环对称性破坏越大，偶极矩变化越大，谱带强度越大。图 4.42 为甲苯和苦味酸（结构式）的红外光谱。

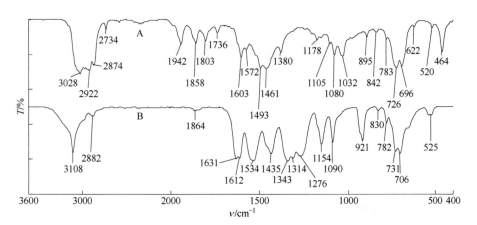

图 4.42 甲苯（A）和苦味酸（B）的红外光谱

饱和碳氢键伸缩振动峰在 3000 cm^{-1} 以下，苯环 =C–H 伸缩振动频率位于 3030 cm^{-1} 以上。3070~3030 cm^{-1} 的峰往往有 2 个以上，其中最强的一个是苯环 =C-H 伸缩振动，其余的包括

苯环 =C-H 面内、面外变角振动的合频，苯环骨架振动的合频，因为强度较小，常被掩盖。

4.3.2 苯环骨架振动频率

4.3.2.1 苯环骨架伸缩振动频率

苯环中存在 Π_6^6 键共轭体系，苯环 C=C 伸缩振动以苯环骨架（skeletal vibration）整体振动呈现。苯环骨架常在 1600~1450 cm^{-1} 出现 2~4 个伸缩振动峰（1600 cm^{-1}、1580 cm^{-1}、1500 cm^{-1}、1450 cm^{-1} 左右），其中 1450 cm^{-1} 由于与 CH$_2$ 面内变角振动、CH$_3$ 反对称变角振动相互重叠，实用价值不大。

图 4.43 为聚苯乙烯和苯甲酸的红外光谱。聚苯乙烯苯环骨架伸缩振动频率位于 1601 cm^{-1}、1583 cm^{-1}、1493 cm^{-1}、1452 cm^{-1}；苯甲酸苯环骨架伸缩振动频率位于 1604 cm^{-1}、1583 cm^{-1}、1497 cm^{-1}、1454 cm^{-1}。

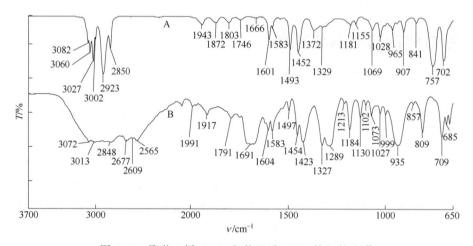

图 4.43 聚苯乙烯（A）和苯甲酸（B）的红外光谱

① 1580 cm^{-1} 强度容易变化。取代基不与苯环共轭，1580 cm^{-1} 强度通常比较小，例如在图 4.43 聚苯乙烯的红外光谱中，1583 cm^{-1} 的强度远小于 1601 cm^{-1} 的强度。如果取代基与苯环共轭（包括不饱和取代基、苯环与含有未共用电子对的 O、N 原子产生超共轭），1600 cm^{-1}、1580 cm^{-1} 强度都会增大，1580 cm^{-1} 变化更明显。例如在"7.7.40 偶氮苯的红外光谱"中，2 个苯环与 N=N 共轭，1582 cm^{-1} 强度明显增大；又如在"图 4.43 苯甲酸的红外光谱"中，羰基与苯环共轭，1583 cm^{-1} 的强度稍大于 1604 cm^{-1} 的强度。

② 1500 cm^{-1} 谱带对取代基电性变化比较敏感。吸电子基使其频率降至 1480 cm^{-1}，推电子基使其频率升至 1510 cm^{-1}。如果取代基是强吸电子基（如 C=O、-NO$_2$、-SO$_2$-），并且与苯环共轭，则 1500 cm^{-1} 谱带强度变小，甚至观察不到；取代基极性增大，1500 cm^{-1}、1600 cm^{-1} 强度一起增大。

③ 在 X—〇—Y 型对位取代芳香化合物中，如果 X 和 Y 结构相同或相近，1600 cm^{-1} 和 1500 cm^{-1} 强度较弱；如果 X 和 Y 结构不同，特别是当二者一个是供电子基团，另一个是吸电子基团时，1600 cm^{-1} 和 1500 cm^{-1} 强度变大。图 4.44 为聚苯酯和聚对苯

二甲酸乙二酯 $\left[\text{CH}_2\text{—CH}_2\text{—O—C}\overset{\text{O}}{\parallel}\text{—}\underset{}{\bigcirc}\text{—}\overset{\text{O}}{\underset{\parallel}{\text{C}}}\text{—O—CH}_2\text{—CH}_2\right]_n$ 的红外光谱。聚对苯二甲酸乙二酯的两个对位取代基相同，其苯环伸缩振动频率 1616 cm^{-1}、1504 cm^{-1} 都很弱；聚苯酯的两个对位取代基中氧原子是推电子基，羰基是吸电子基，其苯环伸缩振动频率 1601 cm^{-1}、1503 cm^{-1} 都很强。

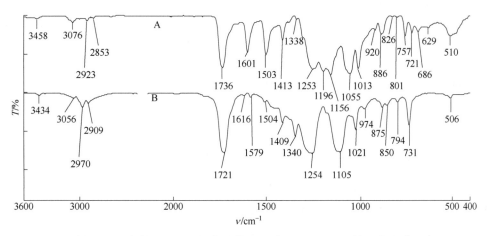

图 4.44　聚苯酯（A）和聚对苯二甲酸乙二酯（B）的红外光谱

上述现象可做如下解释：图 4.45 为聚苯酯分子中苯环上的电荷分布，氧原子的电负性比碳原子大，当氧原子与苯环直接相连时，表现出吸电子诱导效应，使苯环电子云密度降低，而且在氧原子的邻位（C2、C6）、对位（C4）降低得更多。

另外，氧原子与苯环直接相连，氧原子的未共用电子对与苯环 π 电子构成 p-π 共轭体系，电子发生离域，即氧原子上的未共用电子对向苯环方向转移，产生推电子的共轭效应，使苯环上电子云密度增加，而且在氧原子的邻位（C2、C6）和对位（C4）增加得更多。

氧原子与苯环直接相连时，共轭效应大于诱导效应。总的结果是，直接与苯环相连的氧原子对苯环呈现供电性，使苯环上的电子云密度增加，特别是氧原子的邻位（C2、C6）和对位（C4）增加得更多，用"δ$^-$"表示。

聚苯酯分子中，羰基与苯环相连，羰基与苯环既存在诱导也存在共轭效应，两种效应使苯环上电子云密度降低，尤其是羰基邻位（C3、C5）和对位（C1）降低得更多，用"Δ$^+$"表示。

图 4.45 为聚苯酯分子中苯环上的电荷分布，可以看到，C=C 两端电荷密度不同，一端是"δ$^-$"、一端是"Δ$^+$"。相当于 C=C 有了极性，振动时偶极矩变化增大，因而使苯环 C=C 伸缩振动谱带强度增大。

图 4.46 为聚对苯二甲酸乙二酯分子中苯环上的电荷分布。酯基（COO）是吸电子基，同时酯羰基与苯环发生 π-π 共轭。在聚对苯二甲酸乙二酯分子中诱导效应大于共轭效应。

与 C1 直接相连的酯基（COO）的诱导效应使 C1、C3、C5 的电子云密度增加，用"δ$^-$"表示；同时它还使 C2、C4、C6 的电子云密度降低，用"δ$^+$"表示。与 C4 直接相连的酯基（COO）的诱导效应使 C2、C4、C6 的电子云密度增加，用"Δ$^-$"表示；同时它还使 C1、C3、C5 的电子云密度降低，用"Δ$^+$"表示。

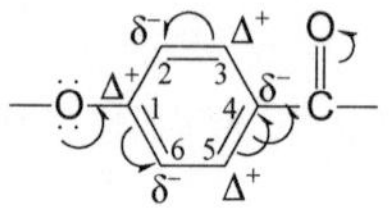

图 4.45 聚苯酯分子中苯环上的电荷分布 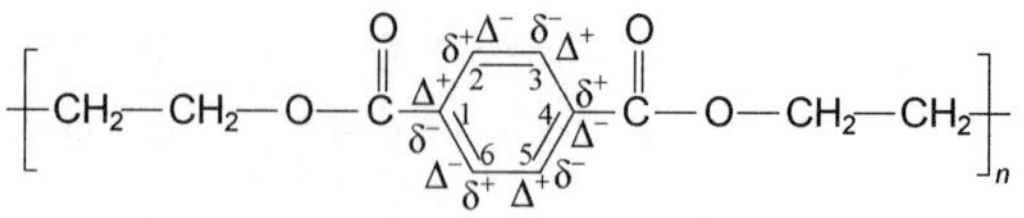　　图 4.46 聚对苯二甲酸乙二酯分子中苯环上的电荷分布

C1 和 C4 的取代基相同，使电子云密度增加或降低的量相同，但符号相反，作用抵消。苯环 C=C 间的键力常数保持不变，1616 cm^{-1} 和 1504 cm^{-1} 强度仍然很小。

④ 苯环骨架伸缩振动频率与取代基在苯环上的相对位置密切相关，对位取代和 1,2,4-三取代骨架伸缩振动频率略高（1630~1590 cm^{-1}，1515~1505 cm^{-1}），邻位取代频率略低（1610~1580 cm^{-1}，1500~1485 cm^{-1}）。如双酚 A（HO-C₆H₄-C(CH₃)₂-C₆H₄-OH）骨架伸缩振动频率为 1615 cm^{-1}、1596 cm^{-1}、1508 cm^{-1}；邻苯二甲酸二异壬酯骨架伸缩振动频率为 1600 cm^{-1}、1580 cm^{-1}，见图 4.47。

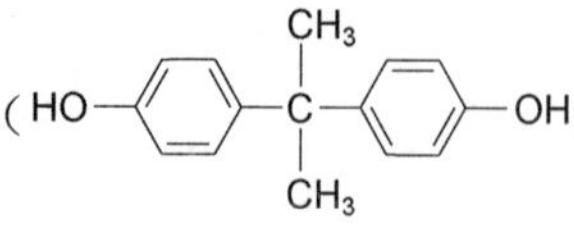

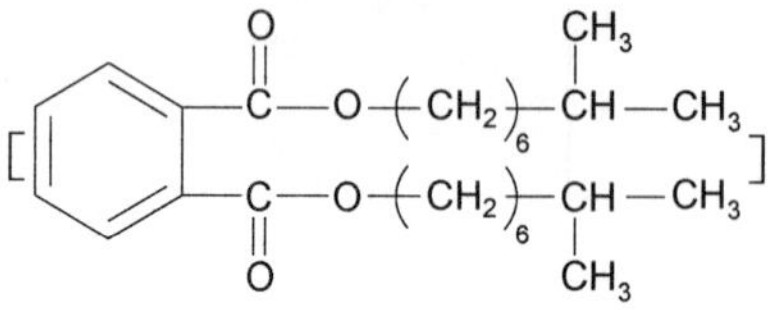

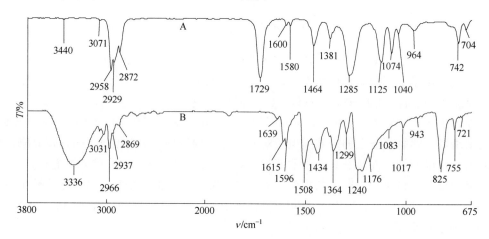

图 4.47　邻苯二甲酸二异壬酯（A）和双酚 A（B）的红外光谱

4.3.2.2　苯环折叠振动频率

苯环折叠振动（puckering vibration，面外弯曲振动）频率多位于 (700±10) cm^{-1}。单取代、1,3-二取代强度比较大；1,2,3-三取代位于 710~675 cm^{-1}；1,2,4-三取代和 1,3,5-三取代强度较弱，但频率较高，一般位于 690~730 cm^{-1}；1,4-二取代并且取代基不同才会出现这一谱带。1,2,3,4-四取代苯与 1,2,4,5-四取代苯及六取代苯，若取代基相同，则不出现苯环折叠振动。

在聚苯乙烯和苯甲酸的红外光谱中，聚苯乙烯和苯甲酸的苯环折叠振动频率分别位于 702 cm^{-1}、709 cm^{-1}。

二硝基甲苯为 1,2,4-三取代结构，图 15.14 为其红外光谱，苯环折叠振动频率位于 707 cm^{-1}。

4.3.3 苯环上 =CH 面内变角振动频率

苯环上=CH 面内变角振动（⌬—H）谱带位于 1225~950 cm^{-1}，571~450 cm^{-1}。因取代基的数量和位置不同，苯环上=CH 面内变角振动谱带可能不止 1 个。这些谱带易受 C–O、C–C 等键伸缩振动的干扰，实用价值不大。但苯环上若有极性取代，这些谱带会明显增强。单取代在 571~455 cm^{-1}，如聚苯乙烯的红外光谱，其苯环上=CH 面内变角振动频率位于 1069 cm^{-1}、1028 cm^{-1}、540 cm^{-1}。1,3-二取代在 479~450 cm^{-1}，如间苯二甲酸二乙酯的红外光谱，其苯环上=CH 面内变角振动频率位于 1077 cm^{-1}、468 cm^{-1}。1,4-二取代在 571~481 cm^{-1}，如 1,4-对苯二胺的红外光谱，其苯环上=CH 面内变角振动频率位于 1129 cm^{-1}、1067 cm^{-1}、517 cm^{-1}，因为是极性取代，强度增大。

苯环上=CH 面内变角振动因为位于指纹区，通常强度又小，容易与其他来源的谱带重叠，在实际分析时只能结合芳烃在其他区域的吸收起辅助作用。

4.3.4 苯环上=CH 面外变角振动频率

苯环上=CH 面外变角振动（⌬—H）频率（又叫扭曲振动）通常有 1~2 个强谱带，位于 900~650 cm^{-1}。由于苯环上相邻 =CH 的强烈偶合，苯环上 =CH 面外变角振动频率对相邻 =CH 的数目极为敏感，相邻 =CH 的数目越多，吸收峰振动频率越低，强度越大。如果取代基是非极性基团，谱带个数和频率取决于苯环连接的 =CH 数，而与取代基的种类（卤素除外）、质量关系不大。因此，可以根据苯环上 =CH 面外变角振动频率高低和谱带个数鉴别取代苯环的类型，尤其是单取代或二取代时，鉴别的准确性更大。

表 4.4 列出苯环不同取代类型 =CH 面外变角振动频率。

表 4.4 苯环不同取代类型=CH 面外变角振动频率

取代类型	图例	相邻=C–H 数	=CH 面外变角振动频率	实例
单取代		5 个	(740±20) cm^{-1}（很强），5 个相邻 =CH 面外变角振动，有时分裂 710~690 cm^{-1}（强），芳环骨架折叠振动，此区无峰不是单取代	图 5.14，图 7.81
二取代		4 个	760~735 cm^{-1}（很强），4 个相邻 =CH 面外变角振动	图 7.68
二取代		1 个，3 个	900~860 cm^{-1}（中）孤立 =CH 面外变角振动 810~760 cm^{-1}（很强），3 个相邻 =CH 面外变角振动 710~685 cm^{-1}（中），芳环骨架面外弯曲振动	图 8.151
二取代		2 个	840~800 cm^{-1}（很强），或 750~725 cm^{-1}，2 个相邻 =CH 面外变角振动。1,4-二取代并且取代基不同时才有苯环折叠振动峰	图 8.133，图 9.2
三取代		3 个	800~750 cm^{-1}（强），3 个相邻 =CH 面外变角振动，多数位于 780 720~690 cm^{-1}（中），芳环骨架面外弯曲振动	
三取代		1 个，2 个	880~860 cm^{-1}（中），孤立 =CH 面外变角振动 840~800 cm^{-1}（强），2 个相邻 =CH 面外变角振动 720~680 cm^{-1}（中），芳环骨架面外变角振动	

续表

取代类型	图例	相邻=C-H 数	=CH 面外变角振动频率	实例
三取代		1 个	865~810 cm^{-1}（强），孤立=CH 面外变角振动，有时分裂 730~675 cm^{-1}（中），芳环骨架面外弯曲振动	
四取代		2 个	810~800 cm^{-1}（强），2 个相邻=CH 面外变角振动	
四取代		1 个	875~855 cm^{-1}（中），孤立=CH 面外变角振动	
		1 个	865~840 cm^{-1}（中），孤立=CH 面外变角振动	
五取代		1 个	875~860 cm^{-1}（中），孤立=CH 面外变角振动	

有一些极性取代基也基本遵循上述规律，如卤素、邻苯二甲酸酐、萘、酰胺、C≡N、醚基取代苯等。

不遵循上述规律的主要有如下基团：

① 羰基。羰基与苯环共轭不仅改变定位特征峰的频率，而且多出若干峰。

② 硝基。硝基与苯环共轭，使定位特征峰频率升高 30 cm^{-1}。硝基取代越多，峰频率升高越多。但是当苯环上引入烃基后，影响变小。如硝基苯在 790 cm^{-1} [非极性单取代在 (750±20) cm^{-1}]、1,3,5-三硝基苯在 920 cm^{-1}（孤立 =CH 在 865~810 cm^{-1}），硝基甲苯和硝基二甲苯分别在二取代和三取代的正常范围。

③ 氨基。氨基的面外摇摆振动在 835~625 cm^{-1}，与苯环=CH 面外变角振动频率范围部分重叠。

④ 羟基。羟基对定位特征峰频率影响不大，但在 910~665 cm^{-1} 会生出若干归属不明的中强峰。

⑤ 其他。如 SO_2、P=O、-P、-OCH$_3$、氨基苯甲酸等。

4.3.5 苯环上=CH 面外变角振动的倍频与合频

苯环 =CH 面外弯曲振动的倍频与合频位于 2000~1660 cm^{-1}。这个区域谱带的数目、形状和相对强度，能反映苯环取代基的数目（单取代、双取代、……）、位置（邻位、间位、对位）等信息，其中以单取代、双取代、四取代化合物规律性最强。取代基增多，苯环上 =CH 减少，此区域峰形变得简单，特征性降低。倍频峰很弱，为清楚显示它们，制样时要加大样品厚度。

许多参考书都列出不同取代方式时，苯环在这个区域的典型峰形。可以把待分析红外光谱与这些典型峰形进行对比，以确定苯环的取代类型。但是一些极性取代基（比如羰基、硝基、羟基、……）会使苯环 =CH 面外弯曲振动的频率不在规律范围内，其在 2000~1660 cm^{-1} 的倍频与合频当然也就不符合典型峰形，也就不能根据 2000~1660 cm^{-1} 典型峰形确定苯环的取代类型。

4.4 碳氧基团的振动频率

4.4.1 CO_3^{2-} 的振动频率

CO_3^{2-} 的振动频率请参看"7.1.4 碳酸钙和碳酸盐的红外光谱"。

4.4.2 杂化

羧酸与碱反应，生成羧酸盐之后，红外光谱发生很大变化。图 4.48 为硬脂酸和硬脂酸锌的红外光谱。

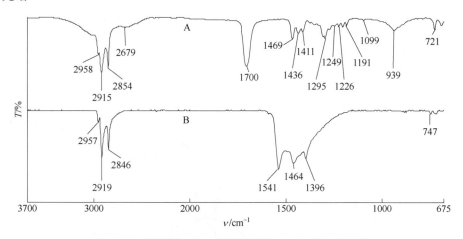

图 4.48 硬脂酸（A）和硬脂酸锌（B）的红外光谱

羧酸盐的羧基为多电子 Π_3^4 体系，碳原子和 2 个氧原子均为 sp^2 杂化，3 个原子共平面。碳原子的价电子层结构是 $2s^2 2p^2$。杂化后，碳原子生成 3 个 sp^2 杂化轨道和 1 个未杂化的 $2p_z$ 轨道，4 个轨道均含 1 个电子。3 个 sp^2 杂化轨道在 1 个平面内，互成 120°角。未杂化的 $2p_z$ 轨道与 3 个 sp^2 杂化轨道所在平面垂直。

羧基上的 2 个氧原子经 sp^2 杂化，均生成 3 个 sp^2 杂化轨道和 1 个未杂化的 $2p_z$ 轨道，3 个 sp^2 杂化轨道在 1 个平面内，未杂化的 $2p_z$ 轨道与这个平面垂直。

羧基 2 个氧原子虽然都是 sp^2 杂化，但杂化后 2 个氧原子的电子分布不同。

① 羰基氧原子的 2 个 sp^2 杂化轨道各含 1 对电子，另一个 sp^2 杂化轨道只含 1 个电子；未杂化的 $2p_z$ 轨道含 1 个成单电子。

② 羟基氧原子的 2 个 sp^2 杂化轨道各含 1 个电子，另一个 sp^2 杂化轨道含 1 对电子；未杂化的 $2p_z$ 轨道含 1 对电子。

碳原子的 2 个 sp^2 杂化轨道分别与 2 个氧原子的 sp^2 杂化轨道生成 σ 键。羰基氧上未杂化的 p 轨道与碳原子未杂化的 p 轨道平行，侧面重叠形成 π 键。π 键与羟基氧原子未杂化的 p 轨道形成 p-π 共轭，即这 3 个 p 轨道形成了三中心四电子离域 π_3^4 键，见图 4.49 和图 4.50。

电子的离域引起键的平均化，羧酸根（COO^-）的两个碳氧键几乎完全相等。

羧酸根（COO^-）的两个 C═O 共用一个碳原子，伸缩振动因偶合而分裂为两个谱带，一个是 COO^- 的反对称伸缩振动频率，位于 1620~1535 cm^{-1}；另一个是 COO^- 的对称伸缩振动频率，位于 1440~1360 cm^{-1}。图 4.51 为硬脂酸锌的红外光谱。COO^- 的反对称伸缩振动频率位于 1541 cm^{-1}，对称伸缩振动频率位于 1396 cm^{-1}。

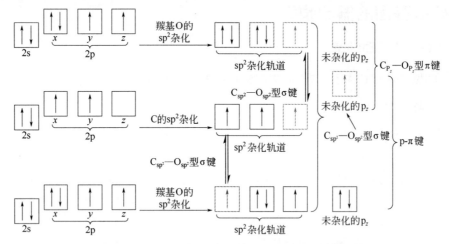

图 4.49 羧基碳原子和氧原子的杂化和成键示意图

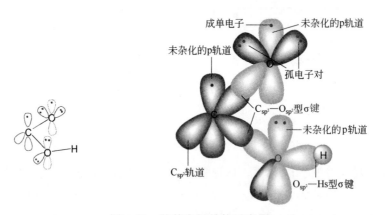

图 4.50 羧基空间结构示意图

羧酸根（COO⁻）的变角振动频率位于 780~660 cm⁻¹。图 4.51 中硬脂酸锌的 COO⁻ 的变角振动频率位于 747 cm⁻¹。

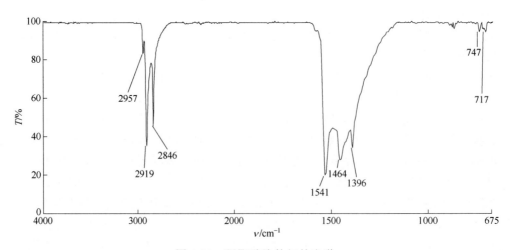

图 4.51 硬脂酸锌的红外光谱

4.4.3 羰基（C=O）的伸缩振动频率

羰基的碳原子是 sp² 杂化，它用 3 个 sp² 杂化轨道形成 3 个 σ 键，这 3 个 σ 键位于同一平面，键角 120°。碳原子和氧原子以 1 个 σ 键相连。碳原子和氧原子还各有 1 个 p 轨道，与 3 个 σ 键所在平面垂直，碳原子的 p 轨道和氧原子的 p 轨道相互平行并交盖成 π 键。因此，C=O 双键是由 1 个 σ 键和 1 个 π 键组成的。氧原子电负性（3.44）和碳原子电负性（2.25）不同，碳氧之间成键的电子云偏向于氧。羰基的偶极矩为 2.3~2.8 D，说明羰基是强极性。

各种羰基化合物的伸缩振动频率位于 1860~1535 cm⁻¹，其倍频常位于 3500~3400 cm⁻¹，强度很小。酸酐、酰卤、酰亚胺 C=O 的伸缩振动频率位于高频一端（1860~1750 cm⁻¹）；酮、醛、酯、酸的 C=O 的伸缩振动频率处于中间（1750~1700 cm⁻¹）；酰胺和羧酸盐的 C=O 的伸缩振动频率位于低频一端（1680~1535 cm⁻¹）。

极性取代基，尤其是羰基 α-碳上的取代基会使 C=O 的伸缩振动频率发生位移。羰基氧原子的电负性大于碳原子，氧原子周围电子云密度高于碳原子。当羰基 α-碳原子连接电负性大的基团（吸电子基）时，C=O 键电子云密度从氧原子移向键中心，降低了羰基的极性，使两原子间电子云交盖程度增大，增加了双键性，C=O 键振动键力常数增大，C=O 伸缩振动频率升高。基团电负性越强，C=O 伸缩振动频率升高越明显。当羰基 α-碳原子连接推电子基时，使得羰基成键电子云密度更加偏离键的几何中心而移向氧原子，降低羰基的双键性，使羰基伸缩振动谱带向低频位移。

通常吸电子诱导效应、环张力效应、共轭空间位阻效应使 C=O 的伸缩振动频率向高频移动；推电子诱导效应、共轭效应、氢键效应使 C=O 的伸缩振动频率向低频移动。但若羰基 α-碳上有不饱和取代基时，酰胺类化合物的 C=O 的伸缩振动频率向高频移动。

上述各种作用具有加和性，羰基伸缩振动频率的确切位置是它们共同作用的结果。

4.4.3.1 醛羰基（C=O）的伸缩振动频率

饱和脂肪醛的羰基（C=O）的伸缩振动频率位于 1725 cm⁻¹ 左右。α-碳结构、诱导效应、共轭效应、氢键都会影响醛羰基（C=O）的伸缩振动频率的升高或降低。

共轭效应使羰基伸缩振动频率下降至 1700~1640 cm⁻¹，双键共轭的影响大于苯环；氢键使醛羰基伸缩振动频率降低。图 4.52 为乙醛（H₃C—C(=O)—H）的红外光谱，羰基的伸缩振动频率位于 1719 cm⁻¹。如果脂肪醛以三聚体（结构式）或多聚体存在，羰基伸缩振动谱带减弱，而在 1141 cm⁻¹、1106 cm⁻¹ 左右出现醚键伸缩振动谱带，则图 4.52 实际上是游离乙醛和乙醛多聚体混合物的红外光谱。

4.4.3.2 酮羰基（C=O）的伸缩振动频率

酮羰基（C=O）的伸缩振动频率位于 1750~1650 cm⁻¹，出现频率比较高的区域是 (1715±10) cm⁻¹，其倍频出现在 3450~3250 cm⁻¹，多数出现在 (3415±10) cm⁻¹。酮羰基的骨架（C—C(=O)—C）振动位于 1300~1100 cm⁻¹，当出现几个弱峰时，其中一个峰的强度较大，可以作为未知结构中有无酮结构存在的辅证。芳香酮或不饱和酮骨架振动频率升至 1260 cm⁻¹ 附近。

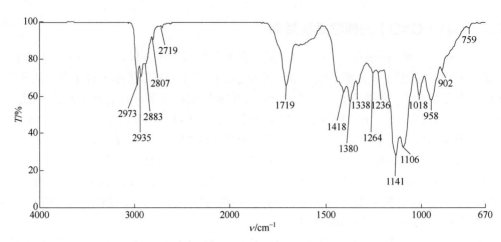

图 4.52 乙醛的红外光谱

图 4.53 为丙酮（H₃C—C(=O)—CH₃）和甲乙酮（H₃C—C(=O)—CH₂—CH₃）的红外光谱，丙酮和甲乙酮 C=O 伸缩振动频率分别位于 1710 cm^{-1} 和 1716 cm^{-1}，它们的倍频分别位于 3414 cm^{-1} 和 3413 cm^{-1}。C—C(=O)—C 骨架振动分别位于 1219 cm^{-1}、1172 cm^{-1}。

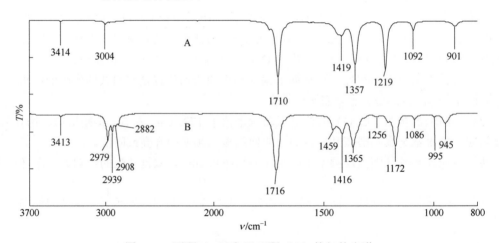

图 4.53 丙酮（A）和甲乙酮（B）的红外光谱

α-碳结构、诱导效应、共轭效应、空间效应、氢键、环张力都会影响酮羰基（C=O）的伸缩振动频率升高或降低。

共轭效应使酮羰基（C=O）伸缩振动频率降低，烯类共轭效应对酮羰基的影响比苯环的大。芳香酮的苯环与羰基直接相连，二者形成 π-π 共轭，芳香酮的羰基（C=O）双键性降低，伸缩振动频率向低频移动至 (1675±10) cm^{-1}。图 4.54 为苯乙酮（C₆H₅—C(=O)—CH₃）和甲乙酮（H₃C—C(=O)—CH₂—CH₃）的红外光谱。苯乙酮因羰基与苯环发生 π-π 共轭，C=O 伸缩振动频率降至 1685 cm^{-1}。而甲乙酮没有发生 π-π 共轭，羰基伸缩振动位于 1716 cm^{-1}。1180 cm^{-1} 为苯乙酮骨架（C—C(=O)—C）的伸缩振动，甲乙酮的骨架振动位于 1256 cm^{-1}。

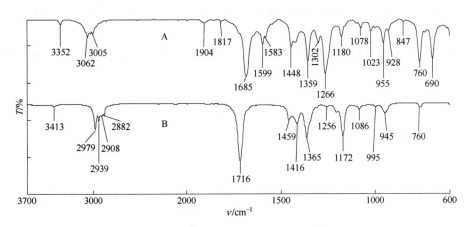

图 4.54 苯乙酮(A)和甲乙酮（B）的红外光谱

酮羰基 α-碳原子上连接吸电子基时，诱导效应使 C=O 间电子云向其几何中心移动，交盖程度增大，酮羰基（C=O）伸缩振动频率向高频移动。α-碳原子上连接推电子基时，羰基（C=O）伸缩振动频率向低频移动。

4.4.3.3 羧酸羰基（C=O）的伸缩振动频率

（1）游离羧酸羰基伸缩振动位于 1760 cm^{-1}，而固体或液态羧酸是以八元环二聚体（ ）形式存在，一分子的羟基与另一分子的羰基形成氢键，C=O 的伸缩振动频率降至 1720~1700 cm^{-1}。也因为形成氢键，羧酸中羟基的伸缩振动频率下降至 3200~2500 cm^{-1}，形成一个宽、强峰，与 CH 伸缩振动频率有重叠。对于短链羧酸，CH 伸缩振动峰可能全部被掩盖。随碳链增长，CH 伸缩振动峰逐渐从 OH 伸缩振动的宽、强峰中显露出来。高频一侧为 OH 的伸缩振动，低频一侧可能包含两种振动形式：①CH 伸缩振动；②C-O 伸缩振动与 C-O 弯曲振动的倍频、合频。图 4.55 为油酸 [9-十八烯酸，

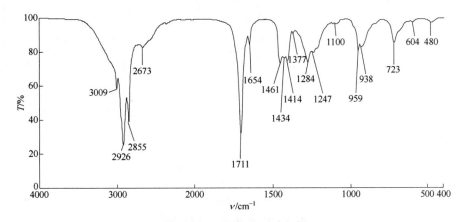

图 4.55 油酸的红外光谱

CH₃(CH₂)₇CH=CH(CH₂)₇COOH〕的红外光谱,其羰基(C=O)伸缩振动频率位于 1711 cm⁻¹。3009 cm⁻¹ 为 =CH 的伸缩振动;2926 cm⁻¹、2855 cm⁻¹ 为 CH₂ 的伸缩振动。

(2)羧酸中羰基若和双键或苯环共轭,羰基(C=O)的双键特性降低,伸缩振动频率降低至 1690~1650 cm⁻¹。例如,甲基丙烯酸(H₂C=C(CH₃)—C(=O)—OH)的羰基(C=O)和双键发生 π-π 共轭,苯甲酸(C₆H₅—C(=O)—OH)的羰基(C=O)和苯环发生 π-π 共轭,C=O 的双键特性减弱,它们的羰基(C=O)的伸缩振动频率都比油酸低。甲基丙烯酸位于 1697 cm⁻¹,苯甲酸位于 1691 cm⁻¹,见图 4.56。

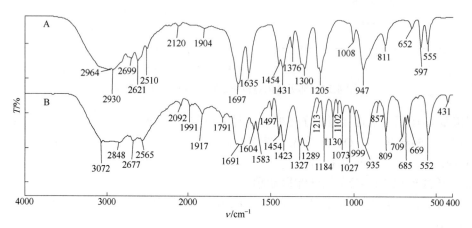

图 4.56　甲基丙烯酸(A)和苯甲酸(B)的红外光谱

(3)羧酸羰基(C=O)的伸缩振动频率也受氢键影响。氢键使偏向氧原子的 C=O 键电子云进一步向氧原子移动,致使 C=O 键电子云密度降低,键力常数变小,伸缩振动频率降低。

图 4.57 为水杨酸(2-羟基苯甲酸)的红外光谱。其 C=O 伸缩振动频率有 2 个,分别位于 1754 cm⁻¹ 和 1669 cm⁻¹,其形成是由氢键所致。

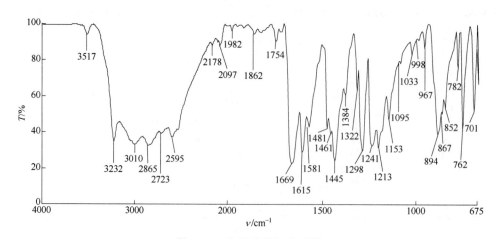

图 4.57　水杨酸的红外光谱

如图 4.58 所示，水杨酸分子可以形成 2 种不同的分子内氢键。在图 4.58（a）中，C=O 既与苯环发生共轭，又与羟基形成氢键，共轭效应和氢键效应都使 C=O 伸缩振动频率降低，位于 1669 cm^{-1}。在图 4.58（b）中，2 个羟基形成氢键，C=O 没有生成氢键，C=O 伸缩振动频率位于 1754 cm^{-1}。这是因为 2 个羟基形成氢键，增强了羧基中羟基氧原子的吸电子诱导效应，C=O 伸缩振动频率升高。图 4.57 实际上是这两种分子内氢键水杨酸混合物的红外光谱。

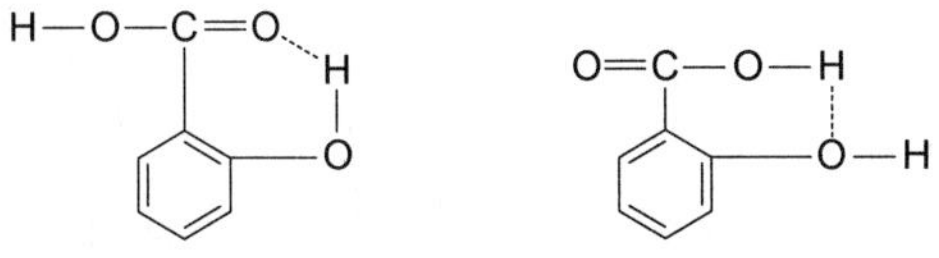

图 4.58　水杨酸两种不同的分子内氢键

（4）当羧酸 α-碳原子上连接卤素 α-X、α-OR、α-OAr、α-$\overset{\text{O}}{\underset{}{\text{C}}}$— 或其他吸电子基时，诱导效应使 C=O 伸缩振动频率升高。基团的电负性越强或个数越多，即吸电子诱导效应越强，C=O 伸缩振动频率升高越多。图 4.59 为三氟乙酸的红外光谱，其 C=O 伸缩振动频率位于 1781 cm^{-1} 和 1754 cm^{-1}，费米共振使三氟乙酸 C=O 伸缩振动频率分裂为双峰。

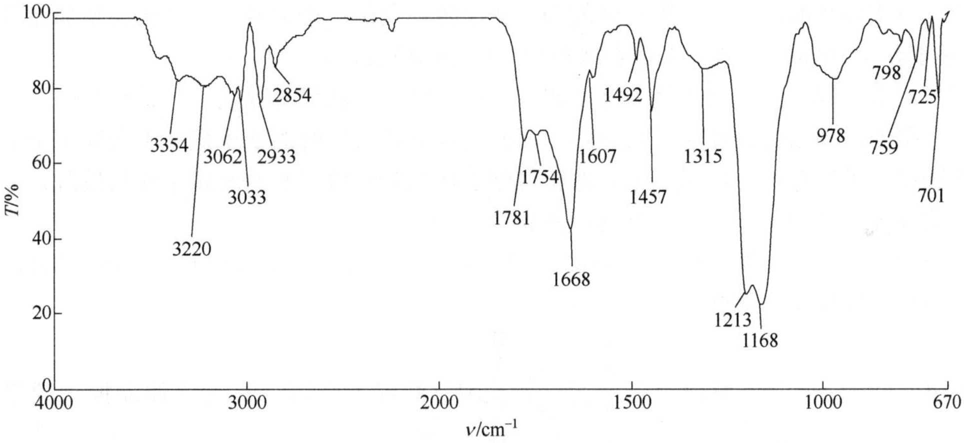

图 4.59　三氟乙酸的红外光谱

图 4.60 为三氟乙酸的结构式，α-碳原子连接的氟原子是强吸电子基，诱导效应使 α-碳原子电子云密度降低，用"δ^+"表示；α-碳原子具有了吸电性，使 C=O 键电子云向碳原子移动。氧的电负性大于碳，C=O 键的电子云密度本来偏向氧原子。氟原子的诱导效应使 C=O 键的电子云密度移向 C=O 键的几何中

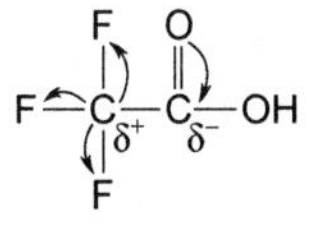

图 4.60　三氟乙酸的结构式

心，C、O 原子间电子云交盖程度加大，键力常数增大，C=O 伸缩振动频率升高。

4.4.3.4　酸酐羰基（C=O）的伸缩振动频率

开链酸酐的两个羰基 C=O 连接于同一个氧原子，伸缩振动发生偶合，伸缩振动频率分裂为两个：一个是对称伸缩振动，位于 1860~1800 cm^{-1}；另一个是反对称伸缩振动，位于 1780~1740 cm^{-1}，二者相距约 60~80 cm^{-1}。值得注意的是：酸酐羰基与其他基团不同，而与

共轭双键一样，如桐油酸的红外光谱，对称伸缩振动频率比反对称伸缩振动频率高。图4.61 为乙酸酐（CH₃COOCOCH₃）的红外光谱。1830 cm^{-1}为C=O的对称伸缩振动，1761 cm^{-1}为C=O的反对称伸缩振动，二者相距69 cm^{-1}。

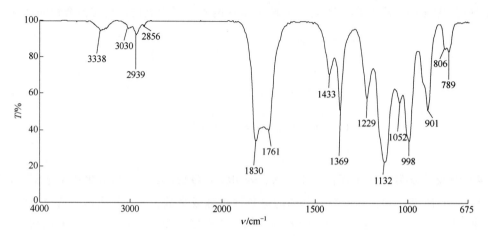

图4.61 乙酸酐的红外光谱

六元以下环状酸酐的2个羰基伸缩振动频率随环上碳原子数减少，环张力增加而升高。α,β-不饱和酸酐伸缩振动频率比相应饱和酸酐低20~40 cm^{-1}。

酸酐的2个羰基伸缩振动峰的强度相近，但开链与环状仍有差别。开链酸酐的2个羰基在同1个平面，高频峰强度大于低频峰；而六元以下环状酸酐的2个羰基不在同1个平面，高频峰强度小于低频峰。可用2个峰的相对强度区别开链酸酐和六元以下环状酸酐。可参考乙酸酐的红外光谱和均苯四甲酸酐的红外光谱。

芳香族酸酐对称伸缩振动位于1885~1810 cm^{-1}，反对称伸缩振动位于1775~1760 cm^{-1}，而且反对称伸缩振动峰强度大。

图4.62为均苯四甲酸酐的红外光谱，其对称伸缩振动频率位于

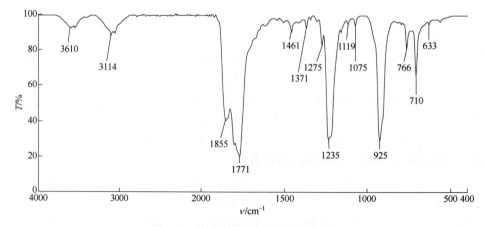

图4.62 均苯四甲酸酐的红外光谱

1855 cm^{-1}，反对称伸缩振动频率位于 1771 cm^{-1}，二者相距 84 cm^{-1}，后者强度大于前者。925 cm^{-1} 为五元环酸酐的特征吸收，六元以上环状酸酐的特征吸收位于 1110~1000 cm^{-1}。

4.4.3.5 酯羰基（C=O）的伸缩振动频率

（1）饱和脂肪酸酯的羰基伸缩振动频率位于 1755~1730 cm^{-1}，比酮（$\nu_{C=O}$，1720 cm^{-1}）高，因为氧原子的吸电子诱导效应大于推电子共轭效应，R^1—C(=O)—OR^2 > R^1—C(=O)—O—R^2。

图 4.63 为乙酸乙酯（H$_3$C—C(=O)—O—CH$_2$—CH$_3$）的红外光谱，其羰基伸缩振动频率位于 1753 cm^{-1}。

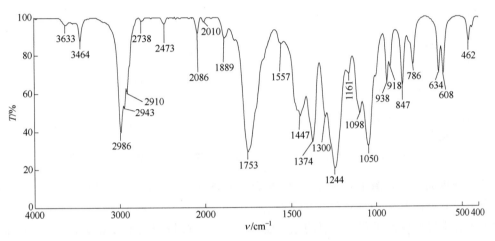

图 4.63　乙酸乙酯的红外光谱

图 4.64 为癸二酸二辛酯（H$_3$C—(CH$_2$)$_3$—CH(CH$_2$CH$_3$)—CH$_2$—O—C(=O)—(CH$_2$)$_8$—C(=O)—O—CH$_2$—CH(CH$_2$CH$_3$)—(CH$_2$)$_3$—CH$_3$）的红外光谱，羰基伸缩振动频率位于 1737 cm^{-1}。

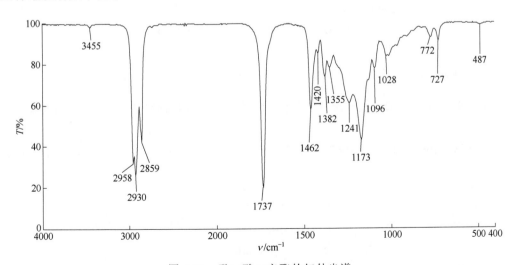

图 4.64　癸二酸二辛酯的红外光谱

（2）α-碳上有 F、Cl、O、-OH 和 -C≡N 等强吸电子基时，酯羰基的伸缩振动频率随取代基电负性的增强而升高。α-碳上有推电子基时，酯羰基伸缩振动频率降低。图 4.65 为 α-氰基丙烯酸乙酯和甲基丙烯酸甲酯的红外光谱。二者结构的差别主要是 α-氰基丙烯酸乙酯的 α-碳原子连接的 -C≡N，甲基丙烯酸甲酯的 α-碳原子连接的 -CH$_3$，羰基的伸缩振动频率相差 15 cm^{-1}（1746-1731）。

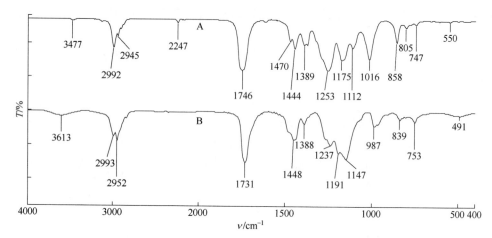

图 4.65　α-氰基丙烯酸乙酯（A）和甲基丙烯酸甲酯（B）的红外光谱

机理分析如下：如图 4.66 所示，-C≡N 是电负性强的基团，具有吸电性，使分子中各原子的电子云密度向氰基 -C≡N 方向偏移。氰基的吸电子诱导效应通过碳链传递到羰基，使 C=O 键的电子云密度向碳原子移动。氧的电负性大于碳，C=O 键的电子云密度原本偏向氧原子，偏离碳原子，氰基的吸电性使 C=O 键的电子云密度向 C=O 键的几何中心移动，C=O 电子云交盖程度加大，键力常数增大，羰基伸缩振动频率升高。

-CH$_3$ 是推电子基，它使 C=O 键的电子云密度向氧原子移动，电子云密度更偏离 C=O 键的几何中心，C=O 电子云交盖程度降低，键力常数减小，羰基伸缩振动频率降低。

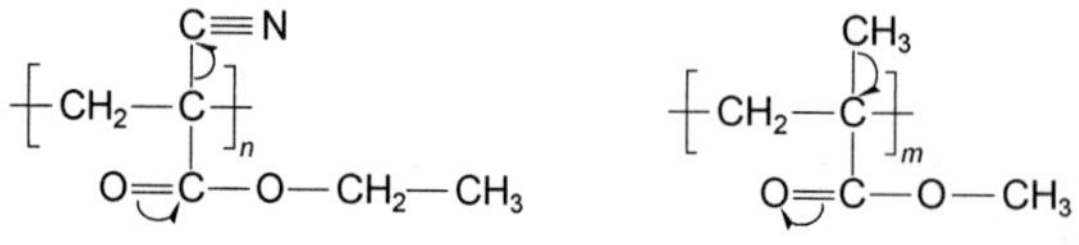

图 4.66　聚 α-氰基丙烯酸乙酯（a）和聚甲基丙烯酸甲酯（b）电子云移动示意图

（3）如果酯羰基与苯环或双键发生共轭，酯羰基的双键特性降低，伸缩振动向低频移动，通常位于 1730~1695 cm^{-1}。图 4.67 为对苯二甲酸乙二酯和邻苯二甲酸二异癸酯的红外光谱。在对苯二甲酸乙二酯的分子中羰基与苯环发生共轭，C=O 的双键特性减弱，伸缩振动频率位于较低的 1721 cm^{-1}。

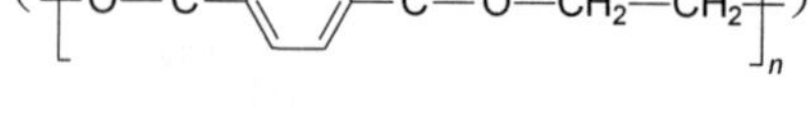

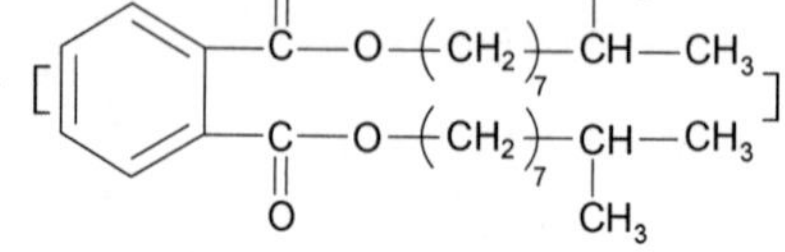

邻苯二甲酸二异癸酯的分子中，由于是邻位取代并且取代基比较大，空间位阻效应使羰基与苯环不能完全在同一平面，羰基与苯环只能部分发生共轭，伸缩振动频率稍高，位于 1729 cm^{-1}。

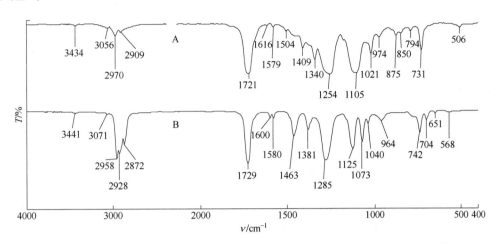

图 4.67　对苯二甲酸乙二酯（A）和邻苯二甲酸二异癸酯（B）的红外光谱

（4）如果苯环或双键与酯基的 C—O 发生共轭，酯羰基的伸缩振动向高频移动 20 cm^{-1}。

4.4.3.6　酰胺羰基（C=O）的伸缩振动频率

在酰氨基的 —C(=O)—N 中，羰基受氮原子的双重作用：一是未共用电子对与羰基发生 p-π 共轭，使 C=O 的双键特性减弱，键力常数减小，伸缩振动频率降低；二是氮原子对羰基的吸电子诱导效应，使 C=O 键的电子云密度向键的几何中心移动，伸缩振动频率升高。氮原子的共轭效应大于诱导效应，所以酰胺羰基的伸缩振动频率比醛、酮、羧酸、酯的羰基伸缩振动频率都低，通常位于 1690~1620 cm^{-1}。酰胺羰基（C=O）伸缩振动谱带又称作酰胺 Ⅰ 带。

脂肪族伯酰胺的酰胺 Ⅰ 带位于 1680~1660 cm^{-1}，如乙酰胺的红外光谱中，酰胺 Ⅰ 带位于 1666 cm^{-1}。

脂肪族仲酰胺的酰胺 Ⅰ 带位于 1670~1640 cm^{-1}。脂肪族叔酰胺的酰胺 Ⅰ 带位于 1670~1645 cm^{-1}。固相聚酰胺若有 NH，会生成氢键，羰基的伸缩振动频率位于 1640 cm^{-1} 左右。聚酰胺-6 —[C(=O)—(CH$_2$)$_5$—NH]$_m$— 的红外光谱如图 4.68 所示，其羰基伸缩振动频率位于 1641 cm^{-1}。

芳香族酰胺 —[C(=O)—C$_6$H$_4$—NH]$_n$— 的苯环与羰基共轭，羰基双键特性减弱，伸缩振动频率低于脂肪族酰胺。伯芳酰胺羰基伸缩振动频率位于 1700~1610 cm^{-1}，仲芳酰胺位于 1680~1660 cm^{-1}，叔芳酰胺位于 1650~1640 cm^{-1}。

如果酰胺 N 原子上连接吸电子基，吸电子基会与羰基争夺 N 原子上的孤电子对，羰基与氮原子共轭程度减弱，羰基伸缩振动频率升高。

当羰基的 α-碳原子上有不饱和基团时，羰基的伸缩振动略向高频位移。而大多数羰基化合物的 α-碳原子连接不饱和基团时，羰基的伸缩振动频率降低。这是聚酰胺红外光谱与大多数羰基化合物不同之处。

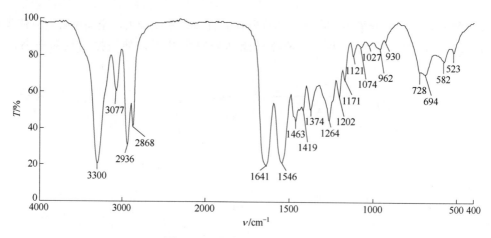

图 4.68 聚酰胺-6 的红外光谱

N-酰苯胺分子中苯环与羰基争夺 N 原子上的孤电子对，羰基与氮原子共轭程度减弱，羰基伸缩振动频率比脂肪族酰胺（聚酰胺-6，1641 cm^{-1}）和芳香族酰胺（聚酰胺-1414，1649 cm^{-1}）都高。如扑热息痛（H$_3$C—C(=O)—NH—⟨苯环⟩—OH）的羰基（C=O）伸缩振动位于 1659 cm^{-1}，见图 4.69。

如果 α-碳上有电负性取代基，场效应可能使羰基（C=O）伸缩振动频率升高，电负性取代基越多，体积越大，场效应越大，频率升高得也越多。

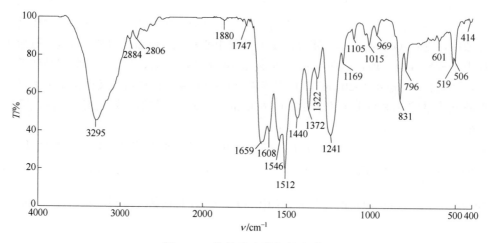

图 4.69 扑热息痛的红外光谱

4.4.4 C—OH 的伸缩振动频率和面内变角振动频率

醇和羧酸的分子中都有 C—OH 结构。C—OH 中 C—O 和 O—H 共用一个氧原子，C—O 的伸缩振动频率与 O—H 的面内变角振动频率相近，能发生偶合，产生两个吸收带，一个在 1300~1030 cm^{-1}，强度大；另一个在 1500~1250 cm^{-1}，强度小。这两个吸收带每一个都是两种振动吸收的叠加。前者以 C—O 伸缩振动为主；后者以 O—H 的面内变角振动为主。因为一些醇类有多种旋转异构体，在 1300~1030 cm^{-1} 可能会出现两个以上的峰。C—O 伸缩振动和 O—H 面内变角振动频率高低与其在分子中的位置相关，通常是酚＞叔醇＞仲醇＞伯醇。

4.4.4.1 醇 C—OH 的伸缩振动频率和面内变角振动频率

醇 C—OH 的伸缩振动（1250~1000 cm^{-1}）与 O—H 的面内变角振动（1500~1300 cm^{-1}）发生偶合，分裂为两个谱带，分别位于 1240~1030 cm^{-1} 和 1500~1250 cm^{-1}。前者以 C—O 的伸缩振动为主，强度小，出现在多种基团都有吸收的区域，不易指认；后者以 O—H 面内变角振动为主，强度大，容易指认。

由于有些醇存在旋转异构体，不同异构体的 C—O 的伸缩振动频率不同，所以在 1240~1030 cm^{-1} 区域经常出现双峰。如正丁醇（CH$_3$CH$_2$CH$_2$CH$_2$—OH）的双峰位于 1072 cm^{-1}、1045 cm^{-1}；乙二醇（HO—CH$_2$CH$_2$—OH）的双峰位于 1086 cm^{-1}、1041 cm^{-1}，见图 4.70。

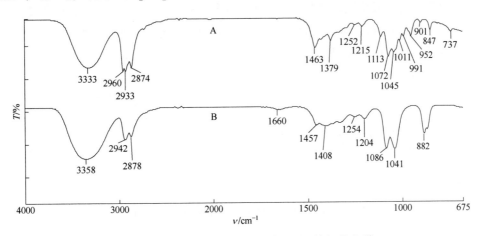

图 4.70 正丁醇（A）和乙二醇（B）的红外光谱

醇 C—OH 在 1240~1030 cm^{-1} 的 C—O 伸缩振动双峰，仲醇（1170~1050 cm^{-1}）高于伯醇（1095~1000 cm^{-1}），叔醇（1240~1130 cm^{-1}）又高于仲醇。图 4.71 为乙醇（CH$_3$—CH$_2$—OH）、异丙醇（H$_3$C—$\overset{\overset{\text{OH}}{|}}{\underset{\underset{\text{H}}{|}}{\text{C}}}$—CH$_3$）和叔丁醇（H$_3$C—$\overset{\overset{\text{OH}}{|}}{\underset{\underset{\text{CH}_3}{|}}{\text{C}}}$—CH$_3$）的红外光谱。它们分别为伯醇、仲醇和叔醇，双峰频率依次升高，乙醇位于 1050 cm^{-1}、1089 cm^{-1}，异丙醇位于 1129 cm^{-1}、1161 cm^{-1}，叔丁醇位于 1195 cm^{-1}、1238 cm^{-1}。

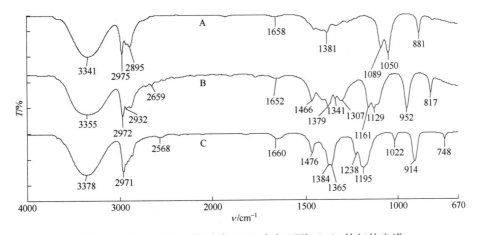

图 4.71 乙醇（A）、异丙醇（B）和叔丁醇（C）的红外光谱

醇 C—OH 在 1240~1030 cm^{-1} 的吸收，仲醇高于伯醇，叔醇又高于仲醇。

其机理如下：在醇 C—OH 中，氧原子的电负性大于碳原子，氧原子带有较多的电荷而显"δ^-"，碳原子电荷少而显"δ^+"，即 $\overset{\delta^+}{C} \to \overset{\delta^-}{O}$—H。甲基及烷基是推电子基，碳正离子能与甲基或烷基的 C—H 键发生 σ-p 超共轭，而使碳正离子的正电荷有所分散，"C^{δ^+}"的电子云密度增大，$\overset{\delta^+}{C} \to \overset{\delta^-}{O}$ 间电子云密度向"C^{δ^+}"移动，使 $\overset{\delta^+}{C} \to \overset{\delta^-}{O}$ 间的电子云交盖程度加大，C—O 的键力常数增大，伸缩振动频率升高。和碳正离子直接相连的 C—H 键越多，越有利于碳正离子的正电荷分散，$\overset{\delta^+}{C} \to \overset{\delta^-}{O}$ 间电子云密度向"C^{δ^+}"移动得越多，$\overset{\delta^+}{C} \to \overset{\delta^-}{O}$ 间的电子云交盖程度越大，C—O 键伸缩振动频率越高。和正碳离子直接相连的 C—H 键，乙醇有 3 个，异丙醇有 6 个，叔丁醇有 9 个。所以醇 C—OH 在 1240~1030 cm^{-1} 的吸收频率，仲醇高于伯醇，叔醇又高于仲醇，见图 4.72。

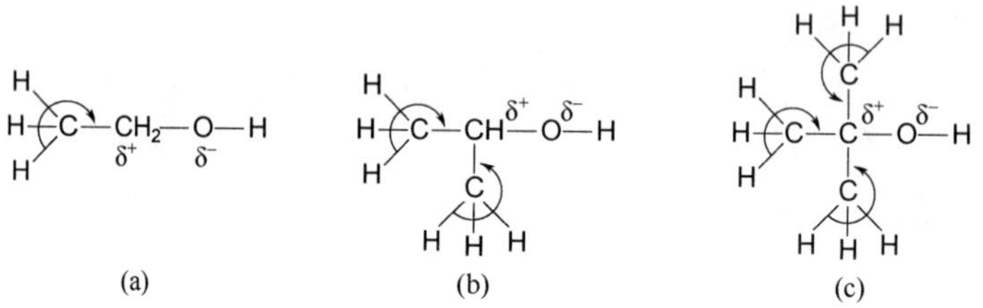

图 4.72 乙醇（a）、异丙醇（b）和叔丁醇（c）的电荷分布与移动

由上述分析还可以看到，醇中 $\overset{\delta^+}{C} \to \overset{\delta^-}{O}$ 的极性，伯醇大于仲醇，仲醇大于叔醇。也就是伯醇 C—O 的偶极矩大于仲醇，仲醇大于叔醇。所以 C—O 伸缩振动谱带的强度，伯醇大于仲醇，仲醇大于叔醇。

4.4.4.2 酚 C—OH 的伸缩振动频率

酚类 C—OH 的伸缩振动频率位于 1300~1150 cm^{-1}，如苯酚（C_6H_5—Ö—H）的 C—OH 伸缩振动频率位于 1239 cm^{-1}，见图 4.73。酚类 C—OH 的振动频率高于醇的振动频率，原因有两

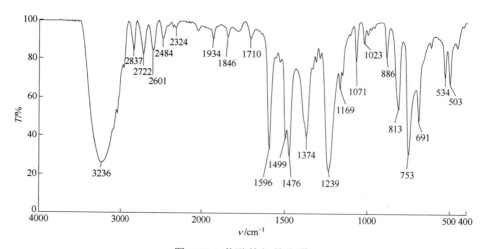

图 4.73 苯酚的红外光谱

个：①因为 C–OH 与苯环直接相连，=C–OH 中氧原子的未共用电子对和苯环的 π 电子发生 p-π 共轭，使 C–O 键具有部分双键性质，键力常数增大，伸缩振动频率升高；②苯酚的碳原子是 sp^2 杂化，醇的碳原子是 sp^3 杂化，C_{sp^2}–O 比 C_{sp^3}–O 电子云交盖程度大，键力常数大，伸缩振动频率高。

4.4.4.3 羧酸 C–OH 的伸缩振动频率和 O–H 的面内变角振动频率

羧酸 C–OH 的伸缩振动和 C–O–H 的面内变角振动偶合谱带有两个，分别位于 1440~1400 cm^{-1} 和 1300~1240 cm^{-1}，前者 O–H 的面内变角振动的比例大些，后者 C–OH 的伸缩振动的比例大些。

液体羧酸以二聚体存在（结构图）。二聚体羧酸中一分子的羟基与另一分子的羰基形成氢键，羧酸中羟基的伸缩振动下降至 3250~2500 cm^{-1}，形成一个宽、强峰，与 C–H 伸缩振动重叠。氢键缔合 OH 在 3250~2500 cm^{-1} 形成的宽、强伸缩振动谱带是羧酸的特征谱带，它既能用于与其他羰基化合物的鉴别，也能用于与其他羟基化合物的鉴别。

二聚缔合氢键的 C–O–H···O 面外变角振动频率位于 950~900 cm^{-1}，可用于验证 COOH 的存在。

二聚羧酸 C–O 伸缩振动和 O–H 变角振动发生偶合，在 1340 cm^{-1} 左右出现弱吸收。这个偶合谱带的倍频与二聚羧酸的 O–H 伸缩振动基频（3200~2400 cm^{-1}）相近，发生费米共振，在 2670 cm^{-1} 附近出现一至几个弱的谱带。这个费米共振谱带与铵盐的铵正离子 N^+H 伸缩振动谱带（3200~2200 cm^{-1}）出现在相近区域，识谱时要注意区分。

图 4.74 为油酸[$CH_3(CH_2)_7CH=CH(CH_2)_7COOH$]的红外光谱。C–OH 的伸缩振动和 O–H 的面内变角振动偶合频率分别位于 1434 cm^{-1} 和 1284 cm^{-1}、1247 cm^{-1}。

羧酸（R–C(=O)–O–H）的 C–OH 的氧原子是 sp^2 杂化，p 轨道有未共用电子对，能与羰基 C=O 的 π 电子发生 p-π 共轭，使 C–OH 的 C–O 具有部分双键特性；另外，C=O 的碳原子是 sp^2 杂化，醇 C–OH 的碳原子是 sp^3 杂化，sp^2 杂化比 sp^3 杂化 s 轨道比例高，电子云交盖程度大。所以羧酸 C–OH 的伸缩振动和 O–H 的面内变角振动的偶合频率比醇的相应频率高。

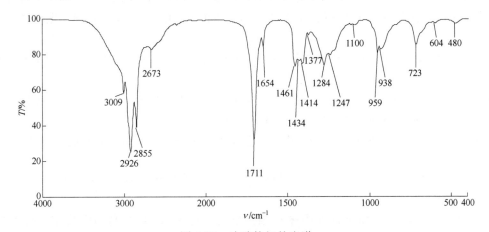

图 4.74 油酸的红外光谱

4.4.5 C-O-C 的伸缩振动频率

C-O-C 基团的两个 C-O 共用一个氧原子，伸缩振动频率相同，发生偶合，分裂为两个谱带，其中一个是 C-O-C 反对称伸缩振动，另一个是 C-O-C 对称伸缩振动。

4.4.5.1 醚的 C-O-C 伸缩振动频率

根据氧原子连接的烃基的不同，醚可以分为四类：开链饱和脂肪醚（如乙醚）、环脂醚（如环氧乙烷）、不饱和脂肪醚（如乙烯基正丁基醚）和芳香醚（如苯甲醚）。它们的 C-O-C 的伸缩振动频率各不相同。

4.4.5.1.1 开链饱和脂肪醚的 C-O-C 伸缩振动频率

开链饱和脂肪醚的 C-O-C 的三个原子在一条直线，如果碳原子连接的基团相同，反对称伸缩振动有偶极矩的变化，是红外活性的；对称伸缩振动没有偶极矩的变化，理论上不具有红外活性。开链饱和脂肪醚的 C-O-C 反对称伸缩振动频率在 1150~1050 cm^{-1}，其中伯醚（R-CH$_2$-O-CH$_2$-R'）多位于 1130 cm^{-1}。图 4.75 为乙醚（CH$_3$CH$_2$OCH$_2$CH$_3$）的红外光谱，其反对称伸缩振动频率在 1144 cm^{-1}。

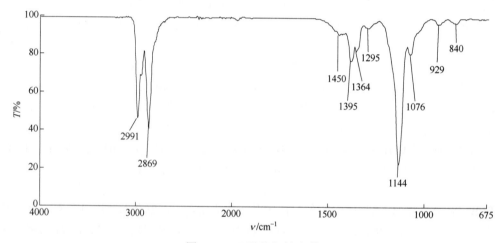

图 4.75 乙醚的红外光谱

如果与 C-O-C 中碳原子连接的基团不同，C-O-C 反对称伸缩振动、对称伸缩振动均有偶极矩变化，二者都是红外活性的。α-碳原子有支链的醚，C-O-C 反对称伸缩振动峰分裂为 2~3 个，频率降低。如甲基叔丁基醚(H$_3$C—O—C(CH$_3$)$_3$)的 C-O-C 伸缩振动频率位于 1099 cm^{-1}、1025 cm^{-1}，见图 4.76。若支链连接的碳原子与醚氧原子间有 2 个以上碳原子时，吸收峰不受影响。由于液体醚有不同旋转异构体，会出现多重峰。

当开链醚中有多个连续 C-O-C 基团，会因振动偶合，伸缩振动分裂成 4 个吸收带：1240 cm^{-1}、1100 cm^{-1}、938 cm^{-1} 和 900 cm^{-1}。如共聚甲醛[H$_3$C—C(=O)—O—(CH$_2$—O)$_n$—CH$_2$—CH$_2$—O—CH$_2$—O—C(=O)—CH$_3$]$_p$的相邻醚键伸缩振动强烈偶合，分裂成 4 个高强吸收带，分别位于 1236 cm^{-1}、1091 cm^{-1}、934 cm^{-1} 和 900 cm^{-1}，见图 4.77。

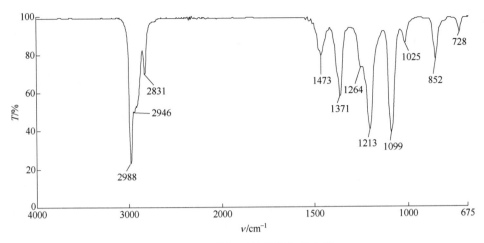

图 4.76 甲基叔丁基醚的红外光谱

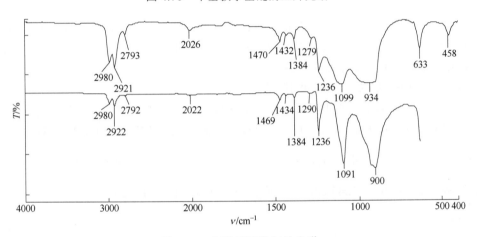

图 4.77 共聚甲醛的红外光谱

4.4.5.1.2 环脂醚的 C-O-C 的伸缩振动频率

有张力的环醚 C-O-C 伸缩振动频率位于 1260~780 cm^{-1}，2 个峰，高频为反对称伸缩振动，低频为对称伸缩振动。环上的碳原子数增加，环张力减小，C-O-C 反对称伸缩振动频率降低，直至接近开链脂肪醚；对称伸缩振动频率反而升高。需要注意的是环氧乙烷（三元环醚）反常，对称伸缩振动频率高，位于 1270 cm^{-1}；反对称伸缩振动频率低，位于 850 cm^{-1}。环氧乙烷的骨架振动位于 930 cm^{-1} 附近。环氧丙烷的骨架振动有 2 个，分别位于 1026 cm^{-1}、866 cm^{-1} 附近。

当环醚中有 2 个或 2 个以上 C-O-C 基团时，由于振动偶合，反对称伸缩振动在 1270~1000 cm^{-1} 出现 2 个吸收峰，图 4.78 为 1,4-二氧六环（$\begin{smallmatrix}O-CH_2-CH_2\\|\qquad\qquad\quad|\\H_2C-CH_2-O\end{smallmatrix}$）的红外光谱，其 C-O-C 反对称伸缩振动频率分别位于 1265 cm^{-1}、1133 cm^{-1}。对称伸缩振动在 950~850 cm^{-1} 也出现 2 个峰，位于 882 cm^{-1} 和 852 cm^{-1}。

4.4.5.1.3 烯醚的 C-O-C 的伸缩振动频率

在烯醚中，=C-O-C 基团中 3 个原子在一条直线上，但因其两端连接基团不同，所以烯醚的=C-O-C 反对称和对称伸缩振动都是红外活性的。氧原子上的未共用电子对和双键的

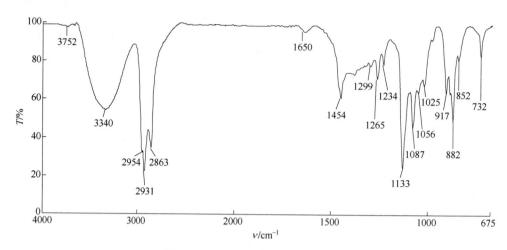

图 4.78　1,4-二氧六环的红外光谱

π 电子发生 p-π 共轭，使 =C-O-C 醚键具有部分双键特性，=C-O-C 反对称伸缩振动频率升至 1280~1160 cm^{-1}，强度大；对称伸缩振动频率升至 1140~1000 cm^{-1}，强度稍小。如乙基乙烯醚（C_2H_5—CH=CH_2）反对称伸缩振动位于 1185 cm^{-1}，对称伸缩振动位于 1100 cm^{-1}。

4.4.5.1.4　芳香醚的 C-O-C 的伸缩振动频率

芳香醚中氧原子的未共用电子对与苯环 π 键发生 p-π 共轭，使=C-O-C 醚键具有部分双键特性，伸缩振动频率升高。=C-O-C 反对称伸缩振动位于 1275~1200 cm^{-1}，对称伸缩振动位于 1080~1000 cm^{-1}。图 4.79 为乙醇苯醚（⌬—O—CH_2—CH_2—OH）的红外光谱，=C-O-C 反对称伸缩振动频率位于 1245 cm^{-1}，对称伸缩振动频率位于 1052 cm^{-1}。

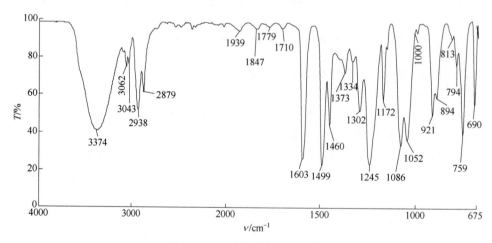

图 4.79　乙醇苯醚的红外光谱

芳香环上有亚甲基二氧基结构的醚的红外光谱，见 "16.2.18 3,4-亚甲基二氧基苯丙胺盐酸盐的红外光谱"。

4.4.5.2　酯的 C-O-C 的伸缩振动频率
4.4.5.2.1　饱和脂肪酸酯的 C-O-C 的伸缩振动频率

饱和脂肪酸酯 C-O-C 的反对称伸缩振动频率位于 1250~1150 cm^{-1}，对称伸缩振动频率位于 1060~1000 cm^{-1}，前者比后者强度大。酯 C—O—C 的伸缩振动谱带强度与 C=O 的伸缩振动谱带强度相当或略强，但前者谱带比后者宽。C—O—C 的伸缩振动谱带有的是 2 个，有的是多重峰，这是由于碳氧单键有多种旋转异构体，其伸缩振动频率不同。

长链脂肪酸甲酯在 1250 cm^{-1}、1205 cm^{-1} 和 1175 cm^{-1} 左右出现 3 条谱带，并且以 1175 cm^{-1} 附近的谱带强度最大。

图 4.80 为癸二酸二辛酯 [H$_3$C—(CH$_2$)$_3$—CH(CH$_2$CH$_3$)—CH$_2$—O—C(=O)—(CH$_2$)$_8$—C(=O)—O—CH$_2$—CH(CH$_2$CH$_3$)—(CH$_2$)$_3$—CH$_3$] 和乙酸丁酯 [H$_3$C—C(=O)—O—(CH$_2$)$_3$—CH$_3$] 的红外光谱，乙酸丁酯 C—O—C 的反对称伸缩振动频率位于 1241 cm^{-1}，对称伸缩振动频率位于 1035 cm^{-1}，前者比后者强度大。癸二酸二辛酯 C—O—C 的反对称伸缩振动频率位于 1241 cm^{-1}、1173 cm^{-1}，对称伸缩振动频率位于 1028 cm^{-1}。

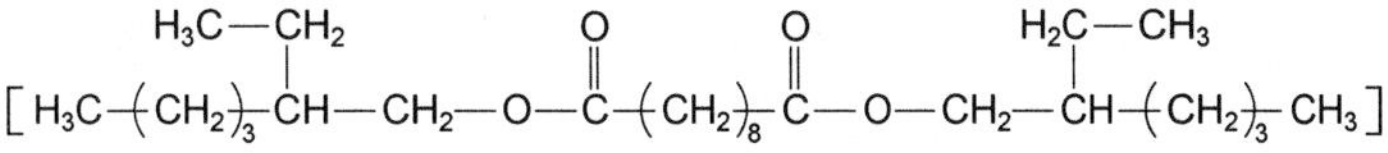

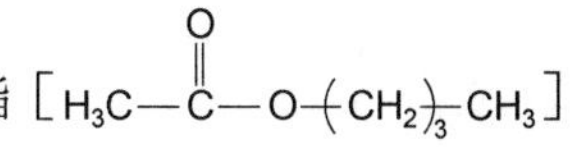

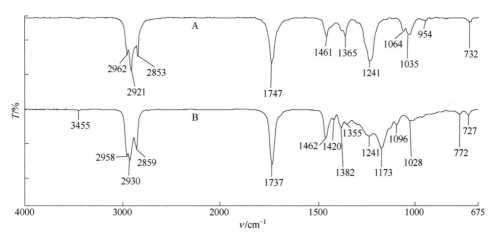

图 4.80　乙酸丁酯（A）和癸二酸二辛酯（B）的红外光谱

如果是内酯，常因环张力的原因 C—O—C 伸缩振动频率升高，并且对称伸缩振动强度大于反对称伸缩振动强度。图 4.81 为结晶紫内酯（CVL）的结构式。图 4.82 为结晶紫内酯的红外光谱，其反对称伸缩振动频率位于 1268 cm^{-1}，对称伸缩振动频率位于 1191 cm^{-1}，后者强度大于前者。

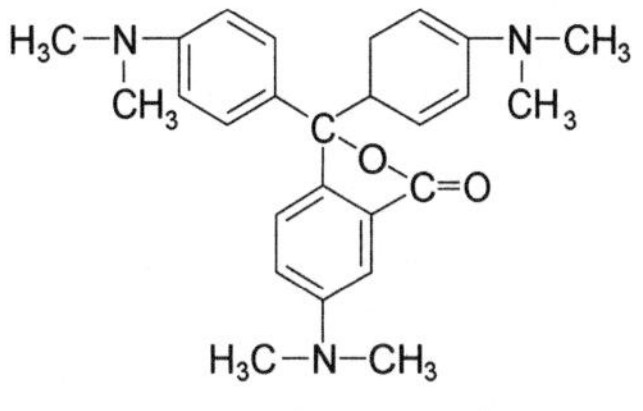

脂肪酸酯 C—O—C 的对称伸缩振动频率比较稳定，羧酸甲酯在 1015 cm^{-1} 左右，羧酸乙酯在 1045 cm^{-1} 左右，高级醇酯在 1030 cm^{-1} 左右。羧酸乙酯还在 850 cm^{-1} 左右出现乙基（—CH$_2$CH$_3$）中 CH$_2$ 的面内摇摆振动。如乙酸乙酯的红外光谱中，C—O—C 的对称伸缩振动频率位于 1050 cm^{-1}，847 cm^{-1} 处有 CH$_2$ 的面内摇摆振动，见图 4.63。乙酸丁酯和癸二酸二辛酯的红外光谱中，乙酸丁酯 C—O—C 的对称伸缩振动频率位于 1038 cm^{-1}，癸二酸二辛酯的 C—O—C 的对称伸缩振动频率位于 1028 cm^{-1}。

图 4.81　结晶紫内酯的结构式

翁诗甫老师在《傅里叶变换红外光谱分析》（第三版）认为酯 C—O—C 基团的两个 C—O 基团是不等价的，酯 C—O—C 基团不存在反对称和对称伸缩振动模式。上文所谓"反对称伸缩振动"实际是与羰基（C=O）相连的 C—O 基团的伸缩振动。上文所谓"对称伸缩振动"实际是与烷基（R）相连的 C—O 基团的伸缩振动。

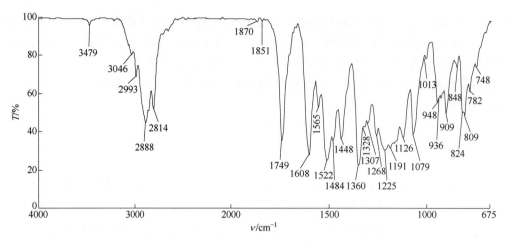

图 4.82　结晶紫内酯的红外光谱

4.4.5.2.2　不饱和酸酯的 C—O—C 的伸缩振动频率

芳香酸酯或 α,β-不饱和酸酯，由于①与羰基相连的 C—O 键的氧原子的未共用电子对的 p 电子与羰基 π 电子发生 p-π 共轭，羰基 π 电子又与苯环或不饱和酸酯双键 π 电子发生 π-π 共轭，与羰基相连的 C—O 键具有部分双键特性；②羰基碳原子是 sp^2 杂化；=C—O—C 的反对称伸缩振动和对称伸缩振动频率均升高，反对称伸缩振频率通常位于 1300~1260 cm^{-1}，对称伸缩振动频率位于 1250~1110 cm^{-1}，而且前者比后者强度大。

图 4.83 为邻苯二甲酸二异壬酯的结构式，图 4.84 为邻苯二甲酸二异壬酯的红外光谱。=C—O—C 的反对称伸缩振动频率位于 1285 cm^{-1}，对称伸缩振动频率位于 1125 cm^{-1}。

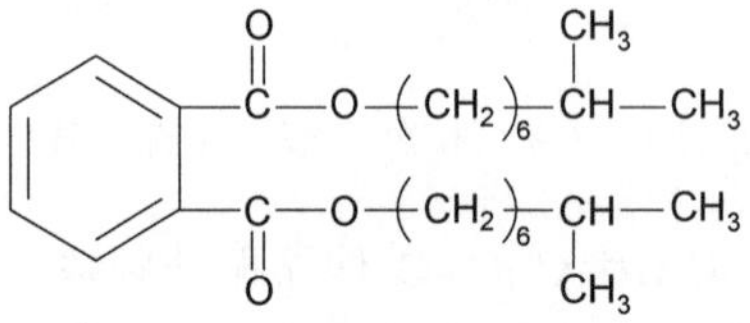

图 4.83　邻苯二甲酸二异壬酯的结构式

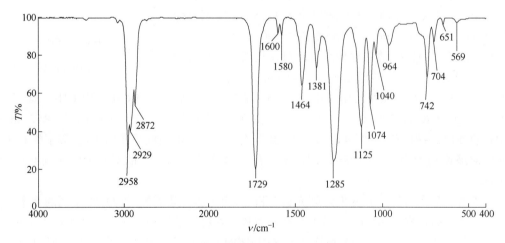

图 4.84　邻苯二甲酸二异壬酯的红外光谱

4.4.5.2.3 根据 C—O—C 反对称伸缩振动频率高低和强度大小区分酯的类型

羧酸酯可以分为 3 类：饱和脂肪酸酯（如乙酸异丙酯）、芳香酯（如邻苯二甲酸二异壬酯）和 α,β-不饱和酸酯（如丙烯酸乙酯）。根据 C—O—C 反对称伸缩振动频率高低和相对强度可以区分酯的类型。

① 芳香酯或 α,β-不饱和酸酯由于 p-π 共轭效应和羰基碳原子是 sp^2 杂化，=C—O—C 反对称伸缩振动频率高于 1250 cm^{-1}；饱和脂肪酸酯的 C—O—C 反对称伸缩振动频率低于 1250 cm^{-1}。

图 4.85 为丙烯酸乙酯和乙酸异丙酯的结构式，图 4.86 为丙烯酸乙酯和乙酸异丙酯的红外光谱。丙烯酸乙酯为 α-不饱和酸酯，C—O—C 反对称伸缩振动频率位于 1275 cm^{-1}；乙酸异丙酯为饱和酸酯，C—O—C 反对称伸缩振动频率位于 1245 cm^{-1}。

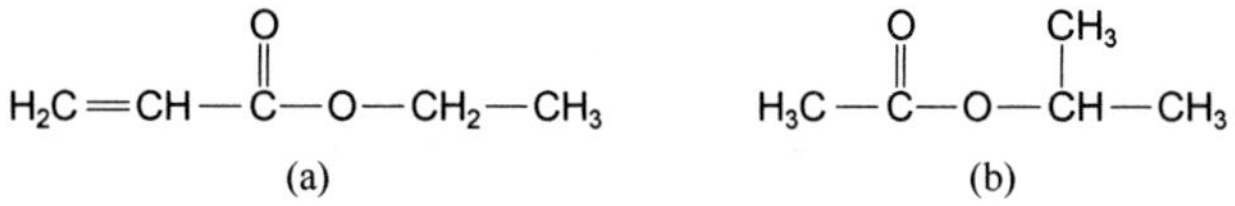

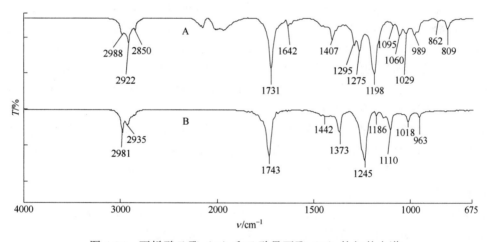

图 4.85　丙烯酸乙酯（a）和乙酸异丙酯（b）的结构式

图 4.86　丙烯酸乙酯（A）和乙酸异丙酯（B）的红外光谱

② C—O—C 反对称伸缩振动频率、强度和峰形与生成酯的酸有关。甲酸酯 C—O—C 反对称伸缩振动位于 1214~1180 cm^{-1}，是全谱最强峰，例如甲酸乙酯的红外光谱中，C—O—C 反对称伸缩振动位于 1191 cm^{-1}，为全谱最强峰，见图 7.113。

乙酸酯 C—O—C 反对称伸缩振动频率位于 1250~1230 cm^{-1} 左右。例如乙酸丁酯的红外光谱中，C—O—C 反对称伸缩振动位于 1241 cm^{-1}，见图 4.80。

丙酸酯 C—O—C 反对称伸缩振动频率在 1200~1150 cm^{-1} 左右，例如聚乳酸的红外光谱中，C—O—C 反对称伸缩振动位于 1184 cm^{-1}，见图 8.209。

更长的脂肪酸酯 C—O—C 反对称伸缩振动频率在 1245 cm^{-1}、1205 cm^{-1}、1165 cm^{-1} 左右，其中 1165 cm^{-1} 最强。如蓖麻油的成分 80% 以上是蓖麻醇酸的甘油酯，蓖麻醇酸是碳链上带有羟基的十八碳单烯脂肪酸，其结构式是：$C_6H_{13}CH(OH)CH_2CH=CH(CH_2)_7COOH$（顺-12-羟基-9-十八烯酸）。图 4.87 为蓖麻油的红外光谱，C—O—C 反对称伸缩振动频率位于 1240 cm^{-1}、1166 cm^{-1}。

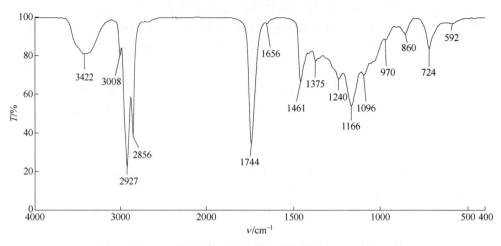

图 4.87　蓖麻油的红外光谱

4.4.5.3　酸酐的 C—O—C 伸缩振动频率

开链酸酐 C—O—C 反对称伸缩振动位于 1160~1045 cm^{-1}，对称伸缩振动位于 1050~990 cm^{-1}。有张力的环酸酐 C—O—C 反对称伸缩振动和对称伸缩振动分别位于 1280~1200 cm^{-1}、955~890 cm^{-1}。如乙酸酐的红外光谱中，C—O—C 反对称伸缩振动频率位于 1132 cm^{-1}，对称伸缩振动频率位于 998 cm^{-1}。顺丁烯二酸酐是五元环状酸酐，有环张力，C—O—C 反对称伸缩振动有 3 个，位于 1295~1241 cm^{-1}，对称伸缩振动位于 898 cm^{-1}，如顺丁烯二酸酐的红外光谱，见图 7.111。

脂肪族五元酸酐和芳香族五元酸酐均在 910 cm^{-1} 左右有 C—O—O 对称伸缩振动谱带。邻苯二甲酸酐 C—O—C 反对称伸缩振动频率位于 (1245±15) cm^{-1}，对称伸缩振动频率位于 955~895 cm^{-1}。如均苯四甲酸酐的红外光谱中，C—O—C 反对称伸缩振动频率位于 1238 cm^{-1}，对称伸缩振动频率位于 925 cm^{-1}，见图 4.62。

大多数酸酐因为 C—O—C 基团两侧碳原子连接的基团太重，C—O—C 基团不出现反对称和对称伸缩振动模式，而只出现 C—O 伸缩振动。开链酸酐 C—O 伸缩振动谱带位于 1150~1000 cm^{-1}，环状酸酐 C—O 伸缩振动谱带位于 1280~1200 cm^{-1}。

4.5　碳氮基团的振动频率

4.5.1　氰化物-C≡N 基团的伸缩振动频率

4.5.1.1　饱和脂肪腈-C≡N 基团的伸缩振动频率

饱和脂肪腈-C≡N 基团的伸缩振动频率位于 2260~2240 cm^{-1}。图 4.88 为乙腈（CH$_3$—C≡N）的红外光谱，-C≡N 的伸缩振动频率位于 2252 cm^{-1}。

当 α-碳上有吸电子基（如 O、Cl 原子）时，-C≡N 偶极矩变小，CN 伸缩振动谱带强度变小；当 α-碳上有推电子基时，CN 伸缩振动谱带强度变大。图 4.89 为聚 α-氰基丙烯酸乙酯（黏合剂 502）的结构式，图 4.90 为聚 α-氰基丙烯酸乙酯的红外光谱。CN 和强吸电子酯基（COO）同时连接在 α-碳上，使位于 2248 cm^{-1} 的-C≡N 的伸缩振动谱带强度变得非常小（形成机理见"8.4.8　α-氰基丙烯酸乙酯的红外光谱"）。

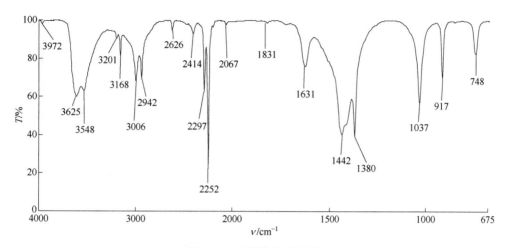

图 4.88　乙腈的红外光谱

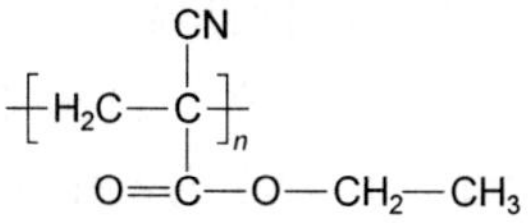

图 4.89　聚 α-氰基丙烯酸乙酯的结构式

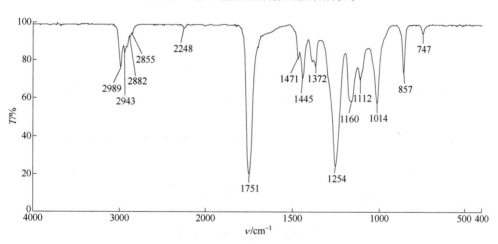

图 4.90　聚 α-氰基丙烯酸乙酯的红外光谱

4.5.1.2　不饱和腈 –C≡N 基团的伸缩振动频率

不饱和腈 –C≡N 基团与双键或苯环发生共轭，伸缩振动频率降低至 2240~2225 cm^{-1}。图 4.91 为辛硫磷的结构式，图 4.92 为辛硫磷的红外光谱。C≡N、C=N 和苯环形成一个大的共轭体系。共轭效应使 –C≡N 的电子云密度降低，三键特性减弱，偶极矩减小，伸缩振动频率降低至 2240 cm^{-1}，同时强度减小。

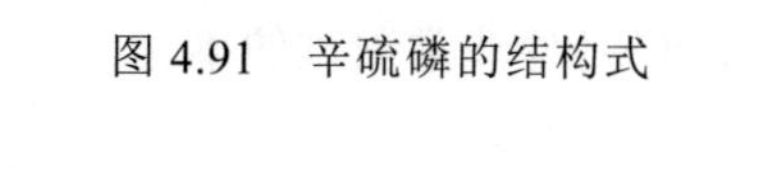

图 4.91　辛硫磷的结构式

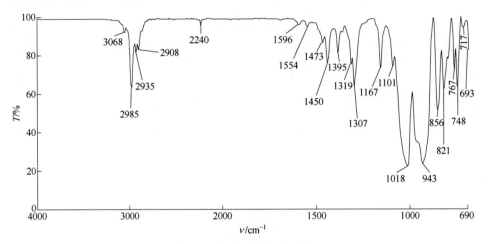

图 4.92　辛硫磷的红外光谱

4.5.1.3　碱金属氰化物中 −C≡N 基团的伸缩振动频率

无机氰化物中 −C≡N 基团的伸缩振动频率位于 2120~2020 cm^{-1}。碱金属氰化物中 −C≡N 基团的伸缩振动频率位于 2080 cm^{-1} 附近。图 4.93 为氰化钠（NaCN）的红外光谱，−C≡N 基团的伸缩振动频率位于 2082 cm^{-1}。

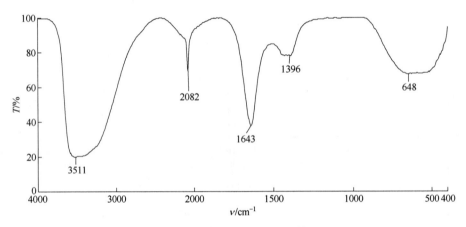

图 4.93　氰化钠的红外光谱

4.5.2　C=N 基团的伸缩振动频率

脂肪族 C=N 基团的伸缩振动频率位于 1690~1590 cm^{-1}。

当 C=N 与 C=C，C=N，C=O 等基团的双键共轭时，C=N 基团的伸缩振动频率降低，RCH=NH 的伸缩振动频率降至 1680~1660 cm^{-1}，−C=C−C=NH 的伸缩振动频率降至 1660~1590 cm^{-1}、C=N 和苯环共轭，伸缩振动频率能降低约 40 cm^{-1}。如在图 4.100 氯氮平的红外光谱中 C=N 与苯环共轭，C=N 伸缩振动频率位于 1557 cm^{-1}；在羟甲基三聚氰胺甲醛树脂的红外光谱中，三嗪环的 3 个 C=N 共轭，伸缩振动位于 1549 cm^{-1}。图 4.94 为吡啶的红外光谱。因为 C=N，C=C 的伸缩振动频率相近并且共轭，所以要指认 1610~1370 cm^{-1} 间的谱带哪个属 C=N，哪个属 C=C 是件非常困难的事。

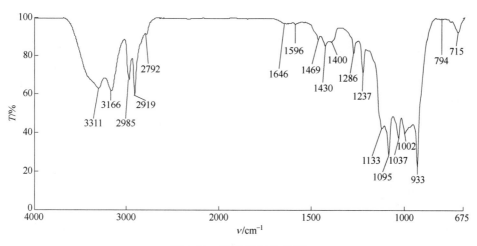

图 4.94 吡啶的红外光谱

4.5.3 C—N 的伸缩振动频率

C—N 的伸缩振动频率与 C—C 伸缩振动频率相近,但谱带强度远大于 C—C,这是因为 C—N 极性大于 C—C,C—N 的偶极矩大于 C—C 的偶极矩。同理,C—N 的伸缩振动谱带强度小于 C—O。

氮原子的电子结构为 $1s^22s^22p_x^12p_y^12p_z^1$,其中 3 个 2p 轨道未完全填满,可以成键。氮原子成键时,首先杂化成 4 个 sp^3 不等性杂化轨道,然后用其中 3 个轨道与其他原子(如氢原子或碳原子)形成 3 个 σ 键,未共用电子对则占有另一轨道。胺类红外光谱许多特点与氮原子的未共用电子对有关。

4.5.3.1 脂肪胺 C—N 基团的伸缩振动频率

脂肪胺 C—N 基团的伸缩振动频率通常位于 1240~1020 cm^{-1},强度较小,不易鉴别。随伯胺、仲胺、叔胺的差别及 α-碳的结构不同,C—N 的伸缩振动频率也不同。通常脂肪胺中,氮原子上每增加 1 个烷基,C—N 伸缩振动频率升高 50 cm^{-1}。所以叔胺 C—N 伸缩振动频率高于仲胺,仲胺又高于伯胺。

脂肪族伯胺 C—N 伸缩振动频率位于 1240~1030 cm^{-1},确切位置与 α-碳的结构有关。通常具有 RCH$_2$NH$_2$ 结构的伯胺,C—N 伸缩振动频率位于 1120~1030 cm^{-1};具有 $\begin{smallmatrix}R^1\\R^2\end{smallmatrix}$CHNH$_2$ 结构的伯胺,C—N 的伸缩振动频率位于 (1040±10) cm^{-1};具有 $\begin{smallmatrix}R^1\\R^2\\R^3\end{smallmatrix}$C—NH$_2$ 结构的伯胺,C—N 的伸缩振动频率有 2 个,分别位于 (1030±10) cm^{-1}(弱)、1240~1170 cm^{-1}(较强)。

脂肪族仲胺 C—N 伸缩振动频率位于 1220~1080 cm^{-1},确切位置与 α-碳的结构有关。具有 R^{1}CH$_2$—NH—CH$_2$R^2 结构的仲胺,C—N 的伸缩振动频率位于 1165~1120 cm^{-1}。图 4.95 为二乙胺(H$_3$C—CH$_2$—NH—CH$_2$—CH$_3$)的红外光谱,C—N 的伸缩振动频率位于 1160 cm^{-1}。

具有 R^{1}R^{2}CH—NH—CHR^{3}R^4 结构的仲胺,C—N 的伸缩振动频率位于 1200~1150 cm^{-1}。具有 R^1—CH$_2$—N(—CH$_2$—R^3)—CH$_2$—R^2 结构的叔胺,C—N 的伸缩振动频率位于 1230~1070 cm^{-1}。叔胺结构在 2850~2700 cm^{-1} 有 3~4 个比较弱的锐峰,这是脂肪族叔胺的特征峰。一个含氮的碱性化合物,

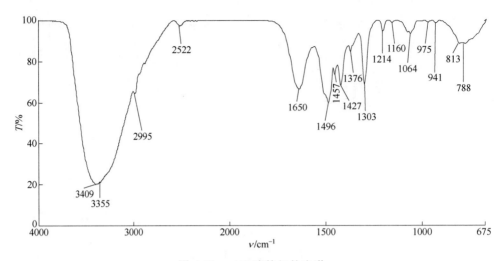

图 4.95　二乙胺的红外光谱

如果在 3450~3170 cm^{-1} 无吸收，而在 2850~2700 cm^{-1} 有 3~4 个比较弱的锐峰，可推断具有脂肪族叔胺结构。图 4.96 为三乙胺的红外光谱，其 C—N 的反对称伸缩振动和对称伸缩振动分别位于 1175 cm^{-1}、1072 cm^{-1}，在 2807 cm^{-1}、2767 cm^{-1}、2738 cm^{-1} 有脂肪族叔胺结构的特征谱带。

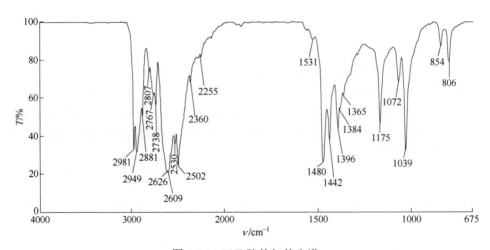

图 4.96　三乙胺的红外光谱

烷基（—R）是推电子基，它使电子云密度向远离它的方向移动，见图 4.97。电子云密度移动的结果，使碳原子电子云密度降低（用"Δ$^+$""δ$^+$"表示），氮原子电子云密度增大（用"Δ$^-$""δ$^-$"表示）。氮原子连接的烷基越多，C—N 键的极性越大，键力常数越大，偶极矩越大，伸缩振动频率越高，强度越大。因此，叔胺的伸缩振动频率高于仲胺，仲胺又高于伯胺。

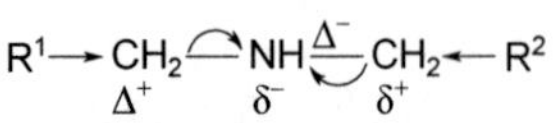

$$R^1 \rightarrow CH_2 \curvearrowright NH \xleftarrow{\Delta^-} CH_2 \leftarrow R^2$$
$$\quad\quad \Delta^+ \quad\quad \delta^- \quad \delta^+$$

图 4.97　烷基对胺分子电子云密度的影响

4.5.3.2 芳香胺 C—N 基团的伸缩振动频率

芳香胺 N 原子的未共用电子对与苯环 π 电子发生 p-π 共轭，使 C—N 键具有部分双键特性，键长缩短，键力常数增大，伸缩振动频率升高。芳香胺 C—N 的伸缩振动频率位于 1360~1250 cm^{-1}，吸收带强度远大于脂肪族胺。当芳环上有推电子取代基时，C—N 的伸缩振动频率升高。当芳环上有强吸电子的硝基衍生物时，C—N 伸缩振动频率降低得非常多，如在图 15.8 TNT 的红外光谱中，C—N 伸缩振动频率位于 911 cm^{-1}，图 15.12 二硝基甲苯的红外光谱中，C—N 伸缩振动频率位于 839 cm^{-1}。

芳香胺 C—N 伸缩振动频率的确切位置与 α-碳的结构有关，通常芳香胺中，氮原子上每增加 1 个烷基，C—N 伸缩振动频率升高 20 cm^{-1}。伯芳胺(Ar—NH$_2$)C—N 伸缩振动频率位于 1340~1250 cm^{-1}。图 4.98 为 1,4-对苯二胺（H$_2$N—⟨⟩—NH$_2$）的红外光谱，其 C—N 的伸缩振动频率位于 1264 cm^{-1}。

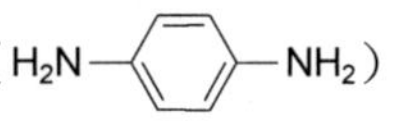

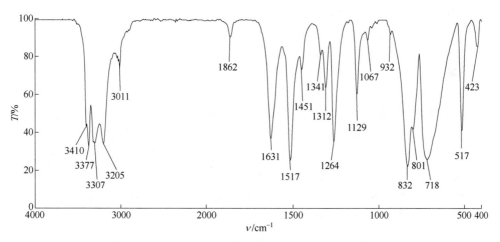

图 4.98　1,4-对苯二胺的红外光谱

具有 Ar—NH—Ar 结构的仲芳胺，C$_{Ar}$—N 伸缩振动频率位于 1350~1280 cm^{-1}。图 4.99 为氯氮平的结构式，图 4.100 为氯氮平的红外光谱。1288 cm^{-1} 为 C$_{Ar}$—NH—C$_{Ar}$ 中 C$_{Ar}$—N 的伸缩振动，1249 cm^{-1} 为 C$_{Ar}$—N=C 中 C$_{Ar}$—N 的伸缩振动。

具有 Ar—NH—R 结构的仲芳胺，C$_{Ar}$—N 伸缩振动频率位于 1360~1280 cm^{-1}，C$_R$—N 伸缩振动频率位于 1280~1230 cm^{-1}。

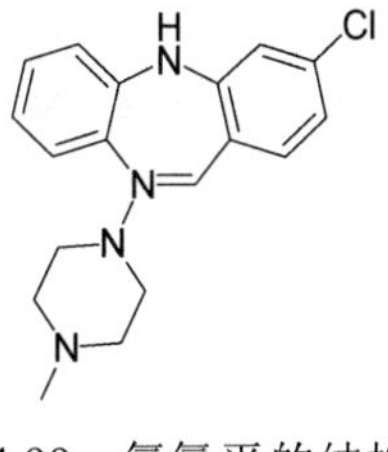

图 4.99　氯氮平的结构式

具有 $_{Ar}^{Ar}$⟩N—Ar 结构的叔芳胺，C$_{Ar}$—N 伸缩振动频率位于 1360~1310 cm^{-1}。具有 $_{R^1}^{Ar}$⟩N—R^2 结构的叔芳胺，C$_{Ar}$—N 伸缩振动频率位于 1360~1310 cm^{-1}，C$_R$—N 伸缩振动频率位于 1250~1180 cm^{-1}。

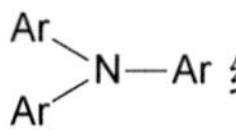

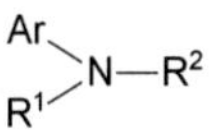

具有强吸电子的硝基衍生物 C$_{Ar}$—N 伸缩振动频率降得很低，如二硝基甲苯中 C$_R$—N 伸缩振动频率为 839 cm^{-1}（见"15.12 二硝基甲苯的红外光谱"），硝基苯的 C$_{Ar}$—N 伸缩振动频率为 870 cm^{-1}。

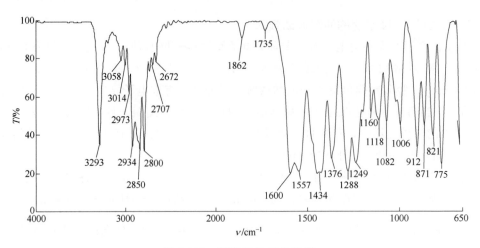

图 4.100 氯氮平的红外光谱

4.5.3.3 酰胺分子中 C—N 基团的伸缩振动频率

酰胺分子中氨基氮原子上未共用电子对与羰基 π 电子形成 p-π 共轭体系。共轭效应使酰胺 C—N 键具有部分双键特性，C—N 伸缩振动频率比相应胺高 250 cm^{-1} 以上。

在伯酰胺（R—$\overset{\overset{O}{\|}}{C}$—NH$_2$）分子中，C—N 和 NH$_2$ 共用一个 N 原子，C—N 伸缩振动和 NH$_2$ 变角振动发生偶合，分裂为 2 个谱带，分别位于 1640~1610 cm^{-1} 和 1430~1380 cm^{-1}。前者以 NH$_2$ 变角振动为主，称为酰胺 Ⅱ 带，强度属谱图中第二，约是酰胺 Ⅰ 带的 50%~70%；后者以 C—N 伸缩振动为主，称为酰胺 Ⅲ 带。图 4.101 为乙酰胺（H$_3$C—$\overset{\overset{O}{\|}}{C}$—NH$_2$）的红外光谱，酰胺 Ⅰ 带位于 1666 cm^{-1}，酰胺 Ⅱ 带位于 1626 cm^{-1}，酰胺 Ⅲ 带位于 1396 cm^{-1}。1626 cm^{-1} 强度约为 1666 cm^{-1} 的 65%。3366 cm^{-1} 为 NH$_2$ 的反对称伸缩振动，3208 cm^{-1} 为 NH$_2$ 的对称伸缩振动，脂肪族伯胺 C—N 伸缩振动位于 1240~1030 cm^{-1}，伯酰胺 C—N 伸缩振动频率升高至 1400 cm^{-1} 左右。升高的原因是下面 2 个效应：①酰胺分子中氨基氮原子与羰基 π 电子形成 p-π 共轭体系，共轭效应使 C—N 键具有部分双键特性；②NH$_2$ 与氮原子上未共用电子对形成 σ-p 超共轭，超共轭效应也使 C—N 键具有部分双键特性。

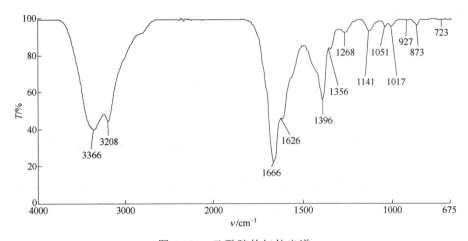

图 4.101 乙酰胺的红外光谱

在仲酰胺（R¹—C(O)—NH—R²）分子中，C–N 伸缩振动和 NH 变角振动也发生偶合，并分裂为 2 个谱带，分别位于 1570~1530 cm⁻¹ 和 1280~1230 cm⁻¹。前者以 NH 变角振动为主，称为酰胺Ⅱ带；后者以 C–N 伸缩振动为主，称为酰胺Ⅲ带。酰胺Ⅱ带吸收强度比酰胺Ⅲ带大。因为有顺、反异构，酰胺Ⅱ带有时呈双峰，分别位于 1430 cm⁻¹、1540 cm⁻¹ 左右。

图 4.102 为聚酰胺-610（[—C(O)—(CH₂)₈—C(O)—NH—(CH₂)₆—NH—]ₙ）的红外光谱，其酰胺Ⅱ带位于 1548 cm⁻¹，酰胺Ⅲ带位于 1241 cm⁻¹。

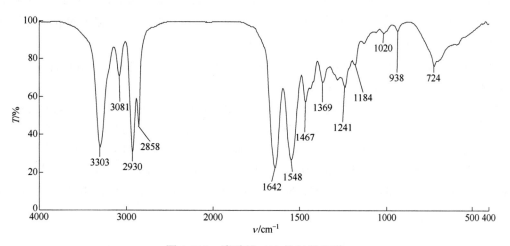

图 4.102　聚酰胺-610 的红外光谱

叔酰胺（R¹—C(O)—N(R³)—R²）分子中 N 原子上没有 H 原子相连，C–N 伸缩振动频率位于 1280~1250 cm⁻¹。图 4.103 为 *N,N*-二甲基甲酰胺（H—C(O)—N(CH₃)—CH₃）的红外光谱，其 C–N 伸缩振动频率位于 1256 cm⁻¹。O=C–N 面内变角振动（酰胺Ⅳ带）位于 659 cm⁻¹。

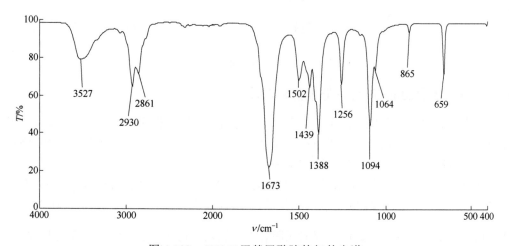

图 4.103　*N,N*-二甲基甲酰胺的红外光谱

4.6 氮氮基团的振动频率

4.6.1 叠氮化合物的-N=N=N 伸缩振动频率

叠氮化合物（azides）是一类通式为 RN_3 的化合物，R 为脂烃基、芳烃基、酰基、磺酰基或氢等，当 R 为 H 时即为叠氮酸（azoimide）。

叠氮酸 HN_3（$H-N^1=N^2=N^3$）的 3 个 N 原子在一条直线上，N^1 原子进行 sp^2 杂化，N^2、N^3 原子进行 sp 杂化。

N_3^- 的中心氮原子 N^2 以 sp 杂化轨道分别与 N^1 原子的 sp^2 杂化轨道、N^3 原子的 sp 杂化轨道形成 2 个 σ 键，中心氮原子 N^2 上剩下的 2 个 p 轨道和两端的 2 个 N 原子的 p 轨道分别在 XZ 平面和 XY 平面内形成 2 个三中心四电子的 Π_3^4 键。

金属叠氮化物中，NaN_3 比较稳定，广泛用于汽车防护气囊。重金属叠氮化合物不稳定，容易爆炸，如叠氮化铅广泛用作起爆剂。

烃-N=N=N 的反对称伸缩振动频率位于 2160~2020 cm^{-1}，共轭效应和诱导效应对此峰频率影响不大。对称伸缩振动频率位于 1370~1170 cm^{-1}，强度小，应用价值不大。金属叠氮化物反对称伸缩振动频率位于 (2030 ± 5) cm^{-1}，对称伸缩振动频率位于 (1360 ± 15) cm^{-1}，强度大。

图 4.104 为叠氮化铅（lead azide，N=N=N-Pb-N=N=N）的红外光谱。2029 cm^{-1} 为-N=N=N 的反对称伸缩振动，1360 cm^{-1} 为 -N=N=N 的对称伸缩振动，633 cm^{-1} 为 -N=N=N 的弯曲振动。

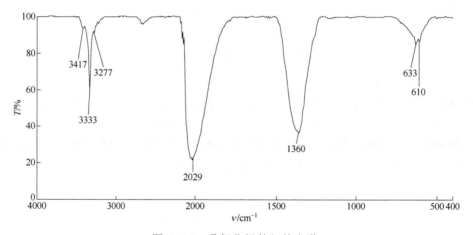

图 4.104　叠氮化铅的红外光谱

4.6.2 重氮化合物的-N=N-伸缩振动频率

分子中含有-N=N-基团，而且这个基团只有一端与碳原子相连，另一端不与碳原子相连，这样的化合物称为重氮化合物。脂肪族重氮化合物不多，远没有芳香族重氮化合物重要。芳香族重氮化合物是合成芳香族化合物的重要试剂。

C=N 和 N=N 共用一个 N 原子，伸缩振动发生偶合，分裂为两个谱带，一个是 C=N=N 的反对称伸缩振动，位于 2230~2000 cm^{-1}，其中单取代脂肪族重氮化合物的 -CH=N=N 反对称伸缩振动位于 2050~2030 cm^{-1}，双取代脂肪族重氮化合物（$\overset{R^1}{\underset{R^2}{>}}C=N=N$）反对称伸缩振动位于 2030~2000 cm^{-1}；芳香重氮化合物反对称伸缩振动位于 2200~2000 cm^{-1}。另一个谱带是

C=N=N 的对称伸缩振动，位于 1300~1150 cm^{-1}。

重氮盐类似于强碱生成的盐，易溶于水，水溶液能导电，在稀溶液中完全离解为离子。因此，重氮盐具有离子化合物的性质。根据这些特征，重氮盐可以写成：Ar–N$^+$≡NX$^-$。重氮基中间的氮原子具有 4 个共价键，带有正电荷，当连接的阴离子改变时，频率变化不大于 40 cm^{-1}。芳香族重氮盐的反对称伸缩振动位于 2305~2200 cm^{-1}，苯环的邻位、对位有吸电子取代基时，频率升高；苯环的邻位、对位有强推电子取代基时，频率降至 2170~2010 cm^{-1}。

二硝基重氮酚（DDNP）的结构式如图 4.105 所示，其反对称伸缩振动频率位于 2204 cm^{-1}，见图 4.106。

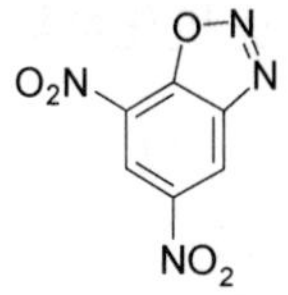

图 4.105　二硝基重氮酚的结构式

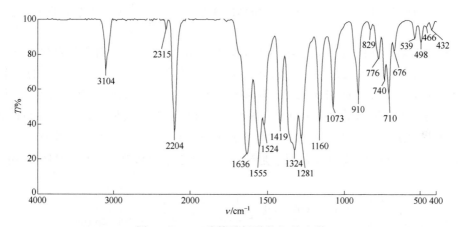

图 4.106　二硝基重氮酚的红外光谱

4.6.3　偶氮化合物的-N=N-伸缩振动频率

偶氮化合物大多是芳香族化合物，-N=N-振动频率位于 1640~1400 cm^{-1}。因为-N=N-与苯环形成共轭，所以其红外吸收很弱。又因为它的伸缩振动频率与苯环骨架伸缩振动频率在同一区域重叠，所以指认比较困难。图 4.107 为反式偶氮苯的红外光谱，-N=N- 振动频率位于 1452 cm^{-1}、1397 cm^{-1}、926 cm^{-1}。

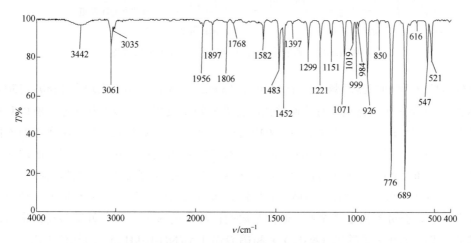

图 4.107　反式偶氮苯的红外光谱

4.7 氮氧基团的振动频率

4.7.1 NO_3^-的振动频率

4.7.1.1 无机化合物中NO_3^-的振动频率

无机化合物在红外光谱中通常主要显示分子中阴离子的信息，金属离子对特征频率有影响，但比较小。

硝酸根（NO_3^-）为-1价，其中N为最高价+5价。中心N原子以sp^2杂化轨道成键，所以NO_3^-为共平面三角形，3个氧原子在三角形的3个顶角。3个氧原子有2个是sp^2杂化，硝酸中与氢连接的氧原子是sp^3杂化。氮原子用3个sp^2杂化轨道分别与3个氧原子以σ键结合。氮原子没有参与杂化的p_z轨道垂直于分子平面，有2个电子；端位的3个氧原子也各有1个垂直于分子平面的p_z轨道。氮原子的p_z轨道与3个氧原子的p_z轨道（2个氧原子各含1个电子，1个氧原子含2个电子）因相互平行而重叠形成四原子六电子的Π_4^6键。

硝酸根（NO_3^-）的π电子分布在氮原子和3个氧原子周围，形成1个整体。3个氧原子上的电荷是平均分布的，即3个氧原子是等价的，介于单价和双价之间，见图4.108。

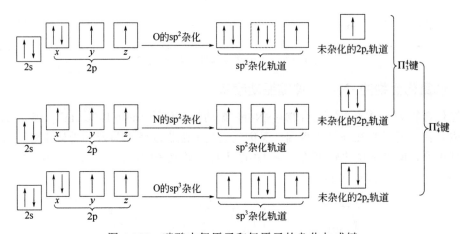

图 4.108 硝酸中氮原子和氧原子的杂化与成键

NO_3^-的反对称伸缩振动频率位于1450~1315 cm^{-1}，无机物中常出现在1380~1350 cm^{-1}；因为NO_3^-为平面三角形结构，对称伸缩振动时偶极矩不发生变化或变化很小，所以对称伸缩振动谱带是非红外活性的，或在1060~1020 cm^{-1}有1个弱的吸收峰，常随阳离子的不同而变化；面外变角振动频率位于860~800 cm^{-1}，无机物中常出现在850~815 cm^{-1}；面内变角振动频率位于760~695 cm^{-1}。不同的化合物，有1~4个数目不等的反对称伸缩振动频率，这些谱带通常不好分辨，形成一个宽、强谱带。高价金属的硝酸盐的NO_3^-的对称伸缩振动有中等强度的谱带，有时会分裂为2~3个峰；低价金属的硝酸盐的NO_3^-的对称伸缩振动谱带很弱或不出现谱带。图4.109为硝酸钠（$NaNO_3$）和硝酸铝[$Al(NO_3)_3 \cdot 9H_2O$]的红外光谱。

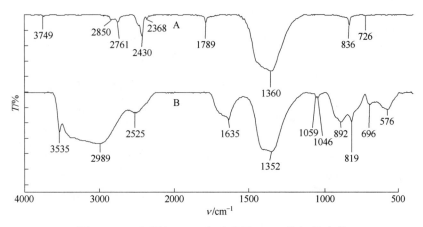

图 4.109　硝酸钠（A）和硝酸铝（B）的红外光谱

硝酸钠的红外光谱中，1360 cm^{-1} 左右的宽、强吸收为 NO_3^- 的反对称伸缩振动。对称伸缩振动谱带是非红外活性的。836 cm^{-1} 为 NO_3^- 的面外变角振动。726 cm^{-1} 为 NO_3^- 的面内变角振动。

硝酸铝的红外光谱中，1352 cm^{-1} 左右的宽、强吸收为 NO_3^- 的反对称伸缩振动，1059 cm^{-1}、1046 cm^{-1} 的弱吸收为 NO_3^- 的对称伸缩振动，819 cm^{-1} 为 NO_3^- 的面外变角振动，696 cm^{-1} 为 NO_3^- 的面内变角振动。

4.7.1.2　硝酸酯中 $-O-NO_2^-$ 的振动频率

硝酸酯（R—O—NO$_2$ 或 R—NO$_3$）中，C—O—NO_2^- 的反对称伸缩振动频率位于 1660~1600 cm^{-1}，常出现于 1650~1620 cm^{-1}，对称伸缩振动频率位于 1290~1260 cm^{-1}，常出现于 1280 cm^{-1} 左右；NO$_2$ 变角振动频率位于 760~745 cm^{-1} 和 710~690 cm^{-1}。O—N 伸缩振动频率位于 870~845 cm^{-1}；O—N 面外弯曲振动频率位于 760~750 cm^{-1}，弱或中等强度。

C=C—NO_2^- 的反对称伸缩振动频率位于 1670~1630 cm^{-1}，对称伸缩振动频率位于 1410~1340 cm^{-1}；O—N 伸缩振动频率位于 860~800 cm^{-1}。

图 4.110 为三硝酸纤维素和太安的结构式，图 4.111 为三硝酸纤维素和太安的红外光谱。

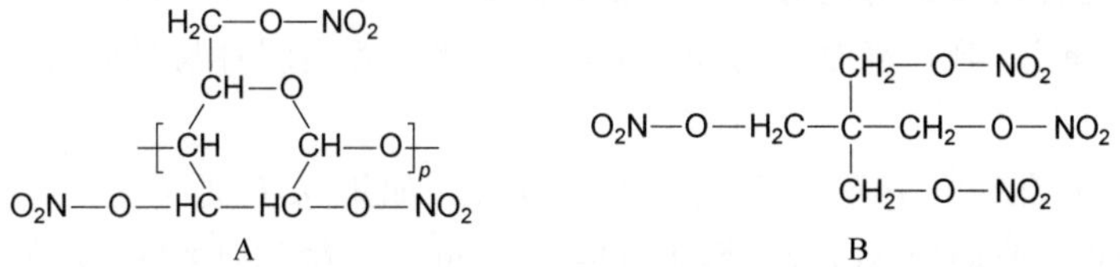

图 4.110　三硝酸纤维素（A）和太安（B）的结构式

三硝酸纤维素中 NO_2^- 的反对称伸缩振动频率位于 1651 cm^{-1}，对称伸缩振动频率位于 1286 cm^{-1}，变角振动频率位于 690 cm^{-1}。O—N 伸缩振动频率位于 844 cm^{-1}，面外弯曲振动频率位于 750 cm^{-1}。

太安 NO_2^- 的反对称伸缩振动频率位于 1651 cm^{-1}，对称伸缩振动频率位于 1282 cm^{-1}，变角振动频率位于 703 cm^{-1}；O—N 伸缩振动频率位于 854 cm^{-1}，面外弯曲振动频率位于 754 cm^{-1}。

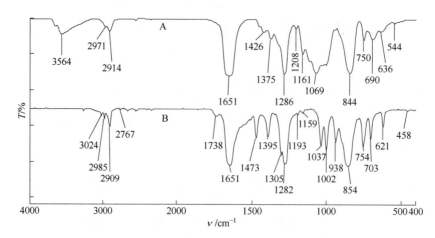

图 4.111　三硝酸纤维素（A）和太安（B）的红外光谱

1 个三硝酸纤维素分子中有 1 个伯硝酸酯和 2 个仲硝酸酯。伯硝酸酯 NO_2^- 的对称伸缩振动是单峰，位于 1280 cm^{-1}；而仲硝酸酯的 NO_2^- 的对称伸缩振动分裂为双峰，分别位于 1286 cm^{-1}、1208 cm^{-1}。可借此区分伯硝酸酯和仲硝酸酯。

4.7.2　硝基化合物中 NO_2 的伸缩振动频率

硝基（NO_2）中氮原子为不等性 sp^2 杂化，中心 N 原子以 2 个 sp^2 杂化轨道与氧原子的 sp^2 杂化轨道重叠形成 N-O 型 σ 键。N 原子没有参与杂化的 p_z 轨道（含 2 个电子）与 2 个氧原子的没有参与杂化的 p_z 轨道（各含 1 个电子）平行并重叠形成 Π_3^4 键（如硝酸中氮原子和氧原子的杂化与成键）。因为硝基是平面结构，所以它容易与双键或苯环发生共轭，导致烯类或芳香族硝基化合物 NO_2 的伸缩振动频率低于饱和硝基化合物。

硝基（NO_2）的 π 电子分布在氮原子和 2 个氧原子周围，形成一个整体。它的电荷平均分布在 2 个 N⋯O 键上，2 个 N⋯O 键是等价的，介于单价和双价之间。硝基是一个强极性基，偶极矩大。所以在红外光谱中 NO_2 的伸缩振动谱带通常是全谱最强谱带。

4.7.2.1　脂肪族硝基化合物中 NO_2 的伸缩振动频率

脂肪族硝基化合物的硝基反对称伸缩振动频率位于 1580~1540 cm^{-1}，对称伸缩振动频率位于 1390~1350 cm^{-1}。前者宽而且比较稳定，后者比前者稍弱且易受偶合效应影响，频率变化范围变大。

NO_2 伸缩振动频率与 α-碳上取代基性质有关。如果 α-碳原子连接吸电子基团，硝基（NO_2）反对称伸缩振动频率升高至 1600~1570 cm^{-1}，对称伸缩振动频率降低至 1350~1310 cm^{-1}。吸电子基团越多，极性越大，影响越大。推电子基团的作用相反，硝基（NO_2）反对称伸缩振动频率降低至 1550~1540 cm^{-1}，对称伸缩振动频率降低至 1370~1350 cm^{-1}，见表 4.5。

当硝基与双键共轭时，NO_2 反对称伸缩振动频率降至 (1520±10) cm^{-1}，对称伸缩振动频率降至 (1350±15) cm^{-1}。

硝基化合物 C-N 伸缩振动位于 920~830 cm^{-1}，其中旁式位于 920~895 cm^{-1}，反式位于 885~870 cm^{-1}。CNO 弯曲振动位于 660~610 cm^{-1}。

表 4.5　硝基、硝酸酯和硝胺化合物的特征谱带频率　　　　　　单位：cm^{-1}

化合物	$\nu_{NO_2}^{as}$	$\nu_{NO_2}^{s}$	化合物	$\nu_{NO_2}^{as}$	$\nu_{NO_2}^{s}$
$R-CH_2NO_2$	1555±6	1382±10	$ArNO_2$	1555~1485	1365~1320
$R^1R^2CHNO_2$	1550±3	1370±5	对位吸电子基-$ArNO_2$	1560~1528	1355~1338
$R^1R^2R^3CNO_2$	1540±5	1350±5	对位推电子基-$ArNO_2$	1528~1480	1355~1338
$X-CH_2NO_2$	1575±5	1350±10	硝酸酯-$O-NO_2$	1650~1600	1300~1250
X_2CHNO_2	1585±15	1332±5	$-N-NO_2$	1630~1530	1315~1250
X_3CNO_2	1610±15	1310±5	α,β-不饱和硝基物	1530~1510	1365~1335

注：表中 X 为卤素，R 为烷基，Ar 为苯环。

4.7.2.2　芳香族硝基化合物中 NO_2 的伸缩振动频率

芳香族硝基化合物中 NO_2 的 3 个原子与苯环共平面，苯环的 π 电子和 NO_2 的 π 电子形成 π-π 共轭，降低了 N═O 的双键特性，使其 NO_2 的反对称伸缩振动频率和对称伸缩振动频率均降低。$C_{Ar}-NO_2$ 的反对称伸缩振动频率位于 1555~1485 cm^{-1}，对称伸缩振动频率位于 1365~1320 cm^{-1}，强度非常大，如果苯环有推电子取代基，强度减小。$C_{Ar}-NO_2$ 对称伸缩振动频率位于 1528~1480 cm^{-1}，对称伸缩振动位于 1355~1338 cm^{-1}。如果苯环上有吸电子取代基，$C_{Ar}-NO_2$ 反对称伸缩振动频率位于 1560~1528 cm^{-1}，对称伸缩振动位于 1355~1338 cm^{-1}。芳香族硝基化合物中，$C_{Ar}-NO_2$ 的反对称伸缩振动峰强度小于对称伸缩振动峰强度，而脂肪族硝基化合物则相反。C—N 伸缩振动位于 925~840 cm^{-1}，强度中等，常位于 920~910 cm^{-1}。

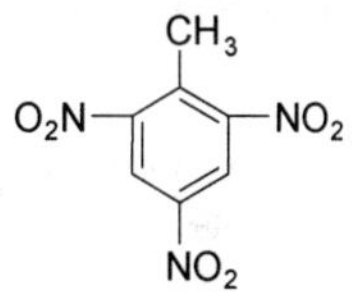

图 4.112 为 TNT 的结构式，图 4.113 为 TNT 的红外光谱。NO_2 的反对称伸缩振动频率位于 1537 cm^{-1}，对称伸缩振动频率位于 1355 cm^{-1}，C—N 伸缩振动位于 911 cm^{-1}，$C-NO_2$ 弯曲振动位于 763 cm^{-1}。

图 4.112　TNT 的结构式

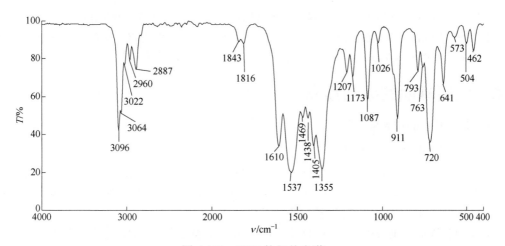

图 4.113　TNT 的红外光谱

芳香族硝基化合物 NO_2 伸缩振动频率受苯环上取代基的性质（如吸电子或推电子）、大小（如是否有共轭或位阻效应）、位置（邻位、对位、间位）和个数的影响。有助于 NO_2 与苯环共轭的因素，使 NO_2 伸缩振动频率降低；妨碍 NO_2 与苯环共轭的因素，使 NO_2 伸缩振动频率升高。

对位取代主要是诱导效应起作用，推电子基使 NO_2 反对称伸缩振动频率降低至 $1528\sim1480\ cm^{-1}$，吸子基使 NO_2 反对称伸缩振动频率升高至 $1560\sim1528\ cm^{-1}$。无论推电子基还是吸电子基对 NO_2 对称伸缩振动频率升降基本没有影响，稳定在 $1355\sim1338\ cm^{-1}$。

邻位主要是空间位阻效应起作用，体积大的邻位取代基使 NO_2 不能或只能部分与苯环共平面，NO_2 与苯环的共轭效应降低，NO_2 伸缩振动频率升高，直至接近脂肪族硝基化合物。体积大的邻位取代基使对称伸缩振动比反称伸缩振动升高得多，达 $30\ cm^{-1}$ 或以上。若邻位有羟基（OH），形成分子内氢键，使 NO_2 的伸缩振动频率降低。

间位取代诱导效应和位阻效应的影响都比较小，NO_2 反对称伸缩振动频率位于 $1540\sim1525\ cm^{-1}$，对称伸缩振动频率位于 $1355\sim1345\ cm^{-1}$。吸电子取代基使 NO_2 反对称伸缩振动频率位于高频端，而使对称伸缩振动频率位于低频端；推电子取代基对 NO_2 伸缩振动频率的影响恰好相反，使 NO_2 反对称伸缩振动频率位于低频端，而使对称伸缩振动频率位于高频端。$C-NO_2$ 弯曲振动位于 $770\sim750\ cm^{-1}$，强度中等。

硝酸酯类化合物中，NO_2 反对称伸缩振动和对称伸缩振动频率相差约 $350\ cm^{-1}$，脂肪族硝基化合物中二者相差约 $200\ cm^{-1}$，芳香族硝基化合物中二者相差约 $180\ cm^{-1}$，这是区分硝酸酯类化合物和硝基化合物的重要依据。

4.7.3 硝胺类化合物中 NO_2 的伸缩振动频率

硝胺类化合物（$R-N-NO_2$）中 NO_2 连接的基团不同，其伸缩振动频率差别较大。在饱和硝胺类化合物中 NO_2 反对称伸缩振动频率位于 $1585\sim1530\ cm^{-1}$。在硝基脲（　　　）中 NO_2 反对称伸缩振动频率位于 $1640\sim1600\ cm^{-1}$。在硝基胍（　　　）中 NO_2 反对称伸缩振动频率位于 $1590\sim1570\ cm^{-1}$。而 NO_2 对称伸缩振动均位于 $1315\sim1260\ cm^{-1}$，骨架和弯曲振动位于 $790\sim755\ cm^{-1}$。例如"15.4.2 奥克托今的红外光谱"中，NO_2 反对称伸缩振动频率位于 $1544\ cm^{-1}$，对称伸缩振动位于 $1279\ cm^{-1}$，弯曲振动位于 $759\ cm^{-1}$。

4.8 氮氢基团的振动频率

4.8.1 胺 NH_x 的振动频率

4.8.1.1 伯胺 NH_2 的振动频率

缔合脂肪族伯胺 $R-NH_2$ 反对称伸缩振动位于 $3360\sim3310\ cm^{-1}$，对称伸缩振动位于 $3330\sim3210\ cm^{-1}$，前者比后者高约 $50\sim70\ cm^{-1}$。OH、NH 的伸缩振动频率相互重叠，不易区分，可以借助 OH、NH 面内变角振动予以区分。

缔合脂肪族伯胺 $R-NH_2$ 面内变角振动位于 $1650\sim1590\ cm^{-1}$。NH_2 面内变角振动的一级倍频与 NH_2 的伸缩振动发生费米共振，在约 $3200\ cm^{-1}$ 出现中等强度的尖锐吸收峰。但也有人把约 3200 cm^{-1} 峰解释为氢键缔合的 NH$_2$ 的伸缩振动。缔合 N–H 面外摇摆（扭曲）振动位于 930~810 cm^{-1}、795~768 cm^{-1}。

芳香族伯胺 C$_{Ar}$–NH$_2$ 伸缩振动频率比脂肪族伯胺高约 50~100 cm^{-1}。反对称伸缩振动频率位于 3510~3390 cm^{-1}，对称伸缩振动位于 3400~3210 cm^{-1}。苯环上有吸电子取代基时，伸缩振动位于高频区；有推电子取代基时，伸缩振动位于低频区。

芳香族伯胺 C$_{Ar}$–NH$_2$ 面内变角振动频率位于 1630~1600 cm^{-1}，C$_{Ar}$–NH$_2$ 面内变角振动的一级倍频与 NH$_2$ 的伸缩振动发生费米共振，在约 3200 cm^{-1} 出现中等强度的尖锐谱带。面外变角振动位于 900~650 cm^{-1}。

图 4.114 为对甲苯胺（NH$_2$—⟨苯环⟩—CH$_3$）的红外光谱，NH$_2$ 反对称伸缩振动频率位于 3419 cm^{-1}，对称伸缩振动频率位于 3338 cm^{-1}，因为不能生成氢键，不仅频率高，而且峰形尖锐。NH$_2$ 面内变角振动频率位于 1623 cm^{-1}。NH$_2$ 面外摇摆振动频率位于 814 cm^{-1}。NH$_2$ 面内变角振动的一级倍频与 NH$_2$ 的伸缩振动发生费米共振，在 3226 cm^{-1} 出现中等强度的尖锐吸收峰。

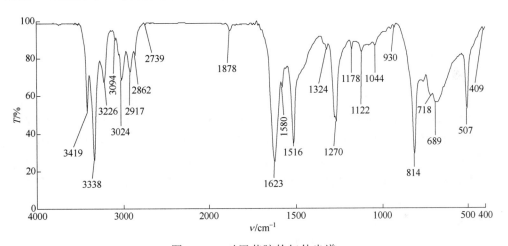

图 4.114 对甲苯胺的红外光谱

4.8.1.2 伯酰胺 NH$_2$ 的振动频率

固体伯酰胺 NH$_2$ 的反对称伸缩振动位于 3450~3350 cm^{-1}，对称伸缩振动位于 3225~3180 cm^{-1}。固体伯酰胺的酰胺峰 Ⅱ（δ_{NH}+ν_{CN}，以 δ_{NH} 为主）位于 1650~1610 cm^{-1}。固体伯酰胺的酰胺峰 Ⅲ（δ_{NH}+ν_{CN}，以 ν_{CN} 为主）位于 1430~1400 cm^{-1}，强度较小，限制了它的鉴定作用。固体伯酰胺的酰胺峰 Ⅳ 位于 620 cm^{-1} 左右。NH$_2$ 的面外变角振动又称作酰胺峰 Ⅴ，为位于 700 cm^{-1} 左右的宽峰，右坡一直延伸到 625 cm^{-1}。

4.8.1.3 仲胺 NH 的振动频率

脂肪族仲胺 R^1–NH–R^2 中 NH 伸缩振动频率位于 3290~3270 cm^{-1}，强度中等。随 R^1、R^2 电负性增大，NH 伸缩振动频率升高、强度增大。NH 面内变角振动的一级倍频与 NH 的伸缩振动发生费米共振，在 3290~3170 cm^{-1} 出现中等强度的尖锐吸收峰，也有人把这个峰归为氢键所致。NH 面内变角振动位于 1680~1550 cm^{-1}，很弱，常难以测出。如果脂肪族仲胺 NH 伸缩振动频率与 NH 面内变角振动的一级倍频相差比较大，则不能发生费米共振，往往在 3100~3050 cm^{-1} 出现 NH 面内变角振动的倍频谱带，形状尖锐，要注意 NH 面内变角振动的倍频谱带与=CH 伸缩振动谱带的区分。N–H 面外变角（扭曲）振动频率位于 770~700 cm^{-1}，为中等强度的宽谱带，如果缔合则向高频移至 920~770 cm^{-1}，当形成铵盐时这个谱带消失。

N—H 面外摇摆振动位于 750~730 cm^{-1}（伯 α-碳），735~700 cm^{-1}（仲 α-碳）。

图 4.115 为二乙胺（H$_3$C—CH$_2$—NH—CH$_2$—CH$_3$）的红外光谱，NH 伸缩振动频率位于 3282 cm^{-1}。N—H 面外变角（扭曲）振动频率位于 925 cm^{-1}、894 cm^{-1}。N—H 面外摇摆振动位于 732 cm^{-1}。

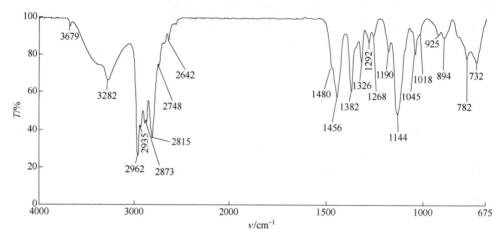

图 4.115　二乙胺的红外光谱

芳香族仲胺（C$_{Ar}$—NH—C$_R$、C$_{Ar}$—NH—C$_{Ar}$）NH 伸缩振动频率比脂肪族仲胺约高 100 cm^{-1}，位于 3410~3290 cm^{-1}。NH 面内变角振动的一级倍频与 NH 的伸缩振动发生费米共振，在 3250~3170 cm^{-1} 出现中等强度的尖锐谱带。NH 面内变角振动位于 1680~1650 cm^{-1}，强度中等。N—H 面外摇摆（扭曲）振动位于 910~770 cm^{-1}，经常与苯环=CH 面外变角振动重叠，难以区分。

在图 4.100 氯氮平的红外光谱中，NH 伸缩振动频率位于 3293 cm^{-1}，面内变角振动位于 1557 cm^{-1}，NH 面外摇摆振动位于 775 cm^{-1}。

4.8.1.4　仲酰胺 NH 的振动频率

固体仲酰胺 NH 的伸缩振动位于 3340~3270 cm^{-1}。当 N 原子上有吸电子取代基时，NH 伸缩振动频率向高频移 50 cm^{-1}。当 N 原子上有体积大的取代基时，位阻效应使 NH 不能生成氢键，NH 伸缩振动频率可上升至 3330 cm^{-1}。仲酰胺的酰胺谱带Ⅱ（$\delta_{NH}+\nu_{CN}$，以 δ_{NH} 为主）位于 1540 cm^{-1}，3080 cm^{-1} 附近有其倍频。

4.8.2　铵盐中 NH$_x^+$ 的振动频率

4.8.2.1　NH$_4^+$ 的振动频率

NH$_4^+$ 中的 N 原子是不等性 sp^3 杂化。如图 4.116 所示，成键前 2s 轨道和 2p 轨道进行 sp^3 杂化，生成 4 个 sp^3 杂化轨道。其中 3 个杂化轨道各含 1 个电子，并分别与 3 个含自旋方向相反电子的氢原子的 1s 轨道重叠形成 3 个 σ 键；剩余 1 个杂化轨道含 1 对孤电子，氢离子接受 N 原子上的孤电子对以配位键形成 NH$_4^+$。

图 4.116　氮原子的 sp^3 杂化

一种观点认为：尽管配位键形成过程与其他 3 个键不同，但 NH_4^+ 的 4 个 N-H 键处于同等地位，为正四面体构型[ ]，N 原子处于正四面体的中心，H 原子处于正四面体的 4 个顶点，键角均为 109°28″。NH_4^+ 伸缩振动频率降低和峰形弥散是由氢键所致。

另一种观点认为：NH_4^+ 的 4 个 N-H 键不完全相同，其中 3 个 N-H 键的键力常数相等。另一个 N-H$^+$ 键，由氢离子接受 N 原子上的孤电子对以配位键形成。N 原子向 H 原子提供孤电子对，使 N 原子周围电子云密度降低，连带 N-H$^+$ 键的电子云密度也降低，N-H$^+$ 键的键力常数变小，而且在一定范围变化。因而 N-H$^+$ 键的伸缩振动频率比 N-H 键低，而且分布在一定范围。N-H$^+$ 键伸缩振动谱带在 2900~1900 cm^{-1}。

强酸与弱碱 NH_2 反应生成 NH_3^+，反应比较彻底，N-H$^+$ 键的键力常数与 N-H 键的键力常数差别比较小，峰形弥散程度小；弱酸与弱碱 NH_2 反应生成 NH_3^+，反应不彻底，N-H$^+$ 键的键力常数与 N-H 键的键力常数差别大，峰形弥散程度大。

NH_4^+ 的反对称伸缩振动位于 3800~3000 cm^{-1}，对称伸缩振动位于 3075~3030 cm^{-1}，对称变角振动位于 1740~1650 cm^{-1}，反对称变角振动位于 1480~1385 cm^{-1}，反对称变角振动的一级倍频位于 2800 cm^{-1} 左右。

图 4.117 为硝酸铵（NH_4NO_3）的红外光谱，NH_4^+ 的反对称伸缩振动频率位于 3236 cm^{-1}，对称伸缩振动频率位于 3072 cm^{-1}，对称变角振动频率位于 1754 cm^{-1}，反对称变角振动频率位于 1431 cm^{-1}。2845 cm^{-1} 是反对称变角振动的一级倍频。2476 cm^{-1}、2416 cm^{-1}、2335 cm^{-1}、2080 cm^{-1}、1967 cm^{-1} 为 N-H$^+$ 键伸缩振动。

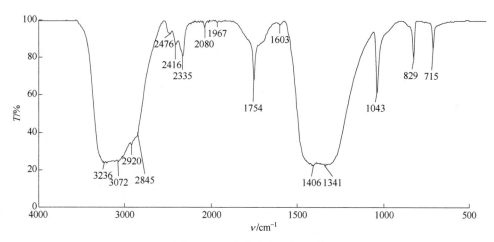

图 4.117　硝酸铵的红外光谱

4.8.2.2　伯胺盐 NH_3^+ 的振动频率

固体伯铵盐 NH_3^+ 伸缩振动在 3200~2250 cm^{-1}，是宽强谱带，与 C-H 伸缩振动谱带全范围重叠。一种观点认为，因为 NH_3^+ 能形成分子间氢键，所以 NH_3^+ 伸缩振动频率降低、峰形弥散，并分裂为多重峰，在峰的低频一侧（2800~2250 cm^{-1}）有 4~6 个强度递减的小峰，或在 2600 cm^{-1} 附近出现 2~4 个强度相近的谱带。在 2500~1800 cm^{-1} 也常有 2~4 个强度较小的小峰，其中 2040 cm^{-1} 左右的峰强度稍大，这是 NH_3^+ 扭曲振动与变形振动的倍频、合频。能反映复杂、精细结构的倍频与合频是铵盐红外光谱的特点。

NH_3^+ 反对称变角振动位于 1620~1590 cm^{-1}，强度中上；NH_3^+ 对称变角振动位于 1550~1480 cm^{-1}，强度大于反对称变角振动。NH_3^+ 面内摇摆振动位于 1250~800 cm^{-1}，强度小。

另一种观点认为，NH_3^+ 伸缩振动频率降低、峰形弥散，并分裂为多重峰是因为 NH_3^+ 可以分为 NH_2 和 NH^+，N–H$^+$ 键的键力常数小于 N–H，而且在一定范围内变化。

图 4.118 为 3,4-亚甲二氧基苯丙胺（MDA）盐酸盐的结构式，图 4.119 为 MDA 盐酸盐的红外光谱。NH_3^+ 伸缩振动在 3200~2800 cm^{-1} 呈宽强谱带，因为能形成分子间氢键，NH_3^+ 伸缩振动频率降低，并分裂为 2741 cm^{-1}、2714 cm^{-1}、2634 cm^{-1}、2607 cm^{-1} 和 2522 cm^{-1} 多个小峰。NH_3^+ 反对称变角振动位于 1612 cm^{-1}，对称变角振动位于 1502 cm^{-1}。NH_3^+ 面内摇摆振动位于 805 cm^{-1}。

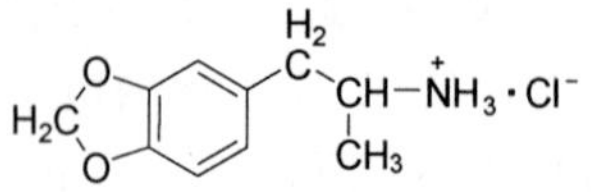

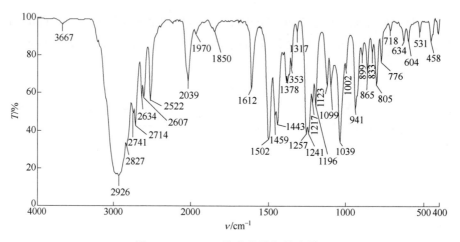

图 4.118　MDA 盐酸盐的结构式

图 4.119　MDA 盐酸盐的红外光谱

4.8.2.3　仲胺盐 NH_2^+ 的振动频率

脂肪族仲胺盐 NH_2^+ 的伸缩振动频率位于 2720~2200 cm^{-1}，有 3~4 个小峰，其中 2500 cm^{-1} 吸收比较强，一种观点认为分布如此之宽，是因为 NH_2^+ 形成了不同类型的氢键。

另一种观点认为：NH_2^+ 可以分为 NH 和 NH$^+$，N–H$^+$ 键的键力常数小于 N–H，而且在一定范围内变化。因而 N–H$^+$ 键的伸缩振动频率比 N–H 键低，而且分布在一定范围内，致峰形弥散。N–H$^+$ 键伸缩振动谱带在 3100~2200 cm^{-1}。

NH_2^+ 的伸缩振动频率与 C–H 伸缩振动基本能分开。仲胺盐 NH_2^+ 在 2000~1700 cm^{-1} 有 4~6 个小峰，这是弯曲振动的倍频、组合频谱带。

芳香族仲胺盐 NH_2^+ 的伸缩振动频率位于 2780~2600 cm^{-1}，有 3~4 个小峰。NH_2^+ 变角振动频率位于 1620~1590 cm^{-1}。NH_2^+ 面内摇摆振动频率位于 830~800 cm^{-1}，强度小。

图 4.120 为 3,4-亚甲基二氧基甲基苯丙胺（MDMA）盐酸盐的结构式，图 4.121 为其红外光谱。2715 cm^{-1}、2560 cm^{-1}、2463 cm^{-1} 和 2387 cm^{-1} 为 NH_2^+ 的伸缩振动。1909 cm^{-1}、1851 cm^{-1}、1785 cm^{-1} 和 1724 cm^{-1} 为 NH_2^+ 弯曲振动的倍频、组合频谱带。NH_2^+ 变角振动位于 1592 cm^{-1}。NH_2^+ 面内摇摆振动位于 825 cm^{-1}。

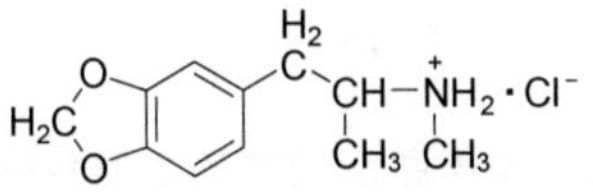

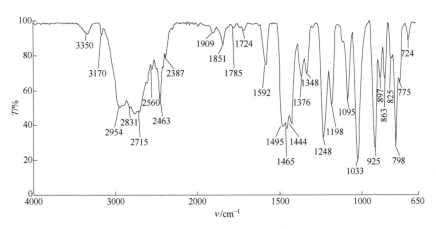

图 4.120　MDMA 盐酸盐的结构式

图 4.121　MDMA 盐酸盐的红外光谱

4.8.2.4　叔胺盐 NH^+ 的振动频率

叔胺盐 NH^+ 伸缩振动以及弯曲振动的倍频、合频位于 2750~2250 cm^{-1}，有 4~5 个小峰，分布比 NH_3^+、NH_2^+ 窄，能与 C—H 伸缩振动完全分开。小峰多是因为 NH^+ 形成了不同类型的氢键。NH^+ 变角振动谱带位于 1600~1575 cm^{-1}，很弱或没有，这是 NH^+ 与 NH_3^+、NH_2^+ 红外光谱的主要区别之一。

图 4.122 为甲基麻黄碱盐酸盐的结构式。

图 4.123 为甲基麻黄碱盐酸盐的红外光谱。3276 cm^{-1} 为 OH 的伸缩振动。2637 cm^{-1}、2503 cm^{-1} 和 2474 cm^{-1} 为 NH^+ 的伸缩振动。NH^+ 变角振动谱带没有呈现。N^+ 若与—CH_3 相连，甲基的反对称伸缩振动、对称伸缩振动、反对称变角振动和对称变角振动频率均上升，所以甲基麻黄碱盐酸盐的 N^+—CH_3 的反对称伸缩振动、对称伸缩振动、反对称变角振动和对称变角振动频率分别上升至 2969 cm^{-1}、2881 cm^{-1}、1483 cm^{-1} 和 1392 cm^{-1}。

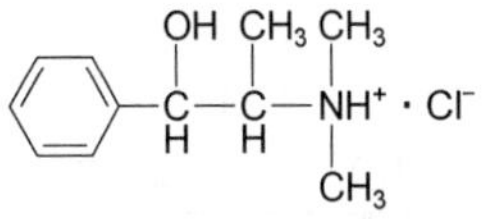

图 4.122　甲基麻黄碱盐酸盐的结构式

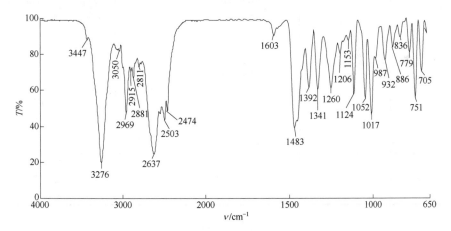

图 4.123　甲基麻黄碱盐酸盐的红外光谱

固体胺及铵盐的主要特征谱带列于表 4.6。

表 4.6　固体胺及铵盐的主要特征谱带

基团	振动形式	峰位/cm^{-1}	强度	说明
—NH$_2$（伯胺）	ν_{N-H}^{as}	3360~3310	w	ν_{N-H} 有 2~3 个峰，可能在 3200 cm^{-1} 有氢键缔合 NH$_2$ 伸缩振动
	ν_{N-H}^{s}	3330~3250	w	
	$\delta_{剪}$ N-H	1650~1590	m~s	
	$\delta_{外}$ N-H	850~810，795~768	m	
	γ_{C-N} 脂肪胺	1240~1020	m	
	γ_{C-N} 芳香胺	1360~1250	s	
R—NH—R Ar—NH—R （仲胺）	ν_{N-H}	3300~3270	w	烷基胺弱，难检出；芳胺强度中等，有时与苯环伸缩振动重叠，常位于 750~650
	$\delta_{面内}$ N-H	1680~1550	w	
	$\delta_{扭曲}$ N-H	920~650	w	
	γ_{C-N} 脂肪胺	1220~1020	m~w	
	γ_{C-N} 芳香仲胺	1350~1280	s	C$_{Ar}$—N
		1280~1180	m	C—N
	ν_{HN-CH_3}	约 2800	m~w	
R$_3$N	ν_{C-N} 脂肪仲胺	1230~1150	m	
	ν_{C-N} 芳香仲胺	1360~1310	s	
R—N(CH$_3$)$_2$		1130~1030	m	
	ν_{C-N}	1280~1180	m	C$_{Ar}$—N
	ν_{N-CH_3}	2825~2810	s	C—N
		2775~2765	s	
		2730	w	
Ar—N(CH$_3$)$_2$	ν_{N-CH_3}	2800	m	
—NH$_4^+$	$\nu_{NH_4^+}^{as}$	3300~3000	s	
	$\nu_{NH_4^+}^{s}$	3075~3030	s	
	$\delta_{NH_4^+}^{a}$	1760~1630	s	
	$\delta_{NH_4^+}^{as}$	1430~1385	s	
—NH$_3^+$（伯胺盐）	$\nu_{NH_3^+}^{s}$	3200~2800	s	因有氢键，出现多重峰，并有 CH 伸缩振动峰。 有弯曲振动的倍频与合频
		2800~1800	m	
	$\delta_{NH_3^+}^{as}$	1620~1570	s	
	$\delta_{NH_3^+}^{a}$	1550~1500	s	
	β 面内摇摆	1250~800	w	
＞NH$_2^+$（仲胺盐）	$\nu_{脂NH_2^+}$	2800~2200	s	2000~1700 cm^{-1} 有 4~6 个小峰，为 δ_{N-H} 的倍频、组合频
	$\nu_{芳NH_2^+}$	2780~2600	m	
	$\delta_{NH_2^+}$	1620~1570	s	
	$\beta_{NH_2^+}$ 面内摇摆	820~800	w	
	ν_{C-N}	1400~1300	s	
≥NH$^+$（叔胺盐）	ν_{NH^+}	2700~2250	s	同时伴有弯曲振动的倍频与合频，没有 δ_{NH} 谱带，这是 NH$^+$ 与 NH$_2^+$ 的重要区别

第 5 章
红外光谱仪的主要性能指标和检定方法

5.1 红外光谱仪的分辨率

5.1.1 红外光谱仪分辨率的定义

红外光谱仪的分辨率（resolution）是其分辨两个相邻峰的能力，单位是 cm^{-1}。如果强度和半高宽均相等的两个相邻峰，在其合成的谱线上有一个 20% 的下凹，见图 5.1，就可以说这两个相邻峰分开了。

5.1.2 影响红外光谱仪分辨率的因素

红外光谱仪的分辨率 $\Delta\nu$ 由光程差 D 决定。分辨率 $\Delta\nu$ 等于光程差 D 的倒数，即：$\Delta\nu=1/D$；最大分辨率 $\Delta\nu_{max}$ 等于最大光程差 D_{max} 的倒数，即：$\Delta\nu_{max}=1/D_{max}$。

假定分束器是一个不吸收光的薄膜，透射率和反射率各为 50%。红外光照射到分束器后，有 50% 的光反射到动镜，又从动镜反射到分束器。另外 50% 的光透过分束器到达定镜，又从定镜反射到分束器。

动镜移动的有效距离 $E=|S-L|$（单位：cm）。两束光的光程差 $D=2E$（单位：cm），见图 5.2。

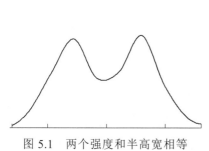

图 5.1 两个强度和半高宽相等并下凹 20% 的红外谱带

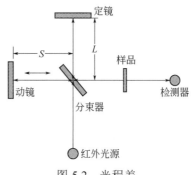

图 5.2 光程差

5.1.3 红外光谱仪分辨率的测定方法

根据分辨率的定义,应寻找两条相邻的、强度和半高宽均相等的峰测定红外光谱仪的分辨率。但是实际操作起来非常困难。为操作方便,根据分辨率的不同级别,建立了检测分辨率的相应替代方法。表 5.1 为不同级别红外光谱仪的最高分辨率和可采用的检测方法。

表 5.1 不同级别红外光谱仪的最高分辨率和可采用的检测方法

红外光谱仪级别	高级研究型	研究型	分析型	通用型
最高分辨率/cm^{-1}	0.002~0.1	0.1~0.5	0.5~1	>1
可采用的检测方法	CO 气体	CO 气体	水蒸气	标准聚苯乙烯薄膜

5.1.3.1 CO 气体法检测红外光谱仪的最高分辨率

往 10 cm 长的红外光谱气体池中引入 CO 气体,要根据红外光谱仪最高分辨率级别按表 5.2 控制 CO 气体压力。若 CO 气体压力偏大,谱带强度增大、谱带变宽、分辨率偏低;若 CO 气体压力偏小,谱带强度减小、谱带变窄、分辨率偏高。

把气体池放入仪器样品室,测量 CO 气体的吸收光谱。选择实验条件时,分辨率设定为仪器的最高分辨率,切趾函数(apodization)选择矩形函数(boxcar),红外光阑尽量小,光谱范围选择 2300~2000 cm^{-1}。

表 5.2 CO 气体检定分辨率时的气体压力

分辨率/cm^{-1}	1	0.5	0.1	0.05	0.01
压力×10^2/Pa	100	40	12	7	2

5.1.3.2 水蒸气法检测红外光谱仪的最高分辨率

水蒸气法检测红外光谱仪的最高分辨率的操作步骤:①不在光路中放置样品,采集背景光谱;②把一条 3 cm×10 cm 的洁净布条在温水中浸泡 2 min,然后拧干至不滴水;③把布条平铺放入样品室,以增加样品室中水蒸气的浓度;④关闭样品室 5 min 后,采集样品光谱,得水蒸气的红外吸收光谱。

在水蒸气红外吸收光谱的 2000~1300 cm^{-1} 区间挑选水蒸气的一个谱带,测量这个谱带的半高宽即得到仪器的实测分辨率。图 5.3 为 2 cm^{-1} 分辨率时水蒸气在 2000~1300 cm^{-1} 区间的红外吸收光谱。图 5.4 为水蒸气红外谱带半高宽的检测,半高宽即仪器的实测分辨率为 1.24 cm^{-1}。

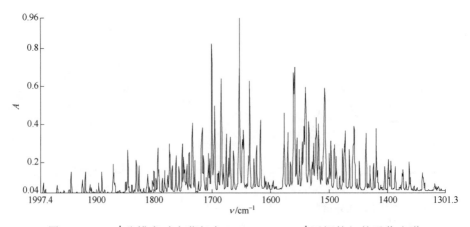

图 5.3 2 cm^{-1} 分辨率时水蒸气在 2000~1300 cm^{-1} 区间的红外吸收光谱

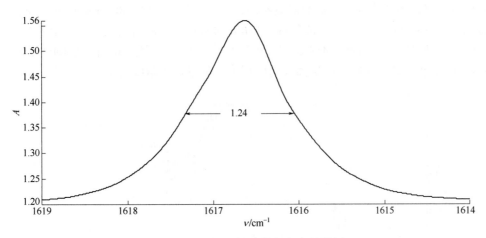

图 5.4 水蒸气红外谱带半高宽的检测

5.1.3.3 标准聚苯乙烯薄膜法检测红外光谱仪的分辨率

如果要检测红外光谱仪 4 cm^{-1} 的分辨率，则在设定 4 cm^{-1} 分辨率条件下，扫描 5 次，测量 0.03 mm 厚的标准聚苯乙烯薄膜。在 3120~2800 cm^{-1} 区内应有 7 个峰。这 7 个峰的频率分别如表 5.3 所示。图 5.5 为标准聚苯乙烯薄膜实测局部红外光谱。

表 5.3 聚苯乙烯在 3120~2800 cm^{-1} 区的 7 个峰频率

序号	1	2	3	4	5	6	7
频率/ cm^{-1}	3102.40	3082.25	3060.03	3025.93	3001.25	2923.90	2849.44

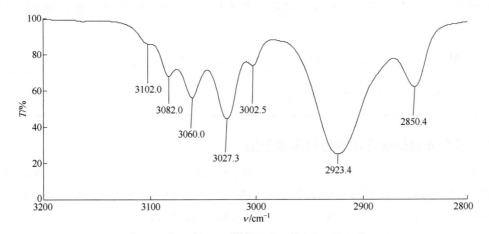

图 5.5 标准聚苯乙烯薄膜实测局部红外光谱

5.2 红外光谱仪的信噪比

红外光谱仪的信噪比是衡量仪器质量高低的重要技术指标之一，仪器的信噪比越高，仪器的性能越好。测量仪器的信噪比就是测量红外光谱仪基线噪声，噪声小表明仪器的信噪比高、性能好。基线噪声可以用两种方法表示：①透射率光谱 100% 基线的峰-峰值；②吸光度光谱 0 基线的峰-峰值。

在中红外区，不同波数处仪器的能量不同，中间部分（比如 3000~1500 cm^{-1}）能量最高。高波数端（4000~3000 cm^{-1}）比低波数端（1500~400 cm^{-1}）能量降低得慢。如图 5.6 所示，2000 cm^{-1} 左右能量最高；1800~450 cm^{-1}，能量从约 1.00 单位降为 0；而从 4000~2400 cm^{-1}，能量从约 1.00 单位降为 0.30。能量高处信噪比大，能量低处信噪比小。

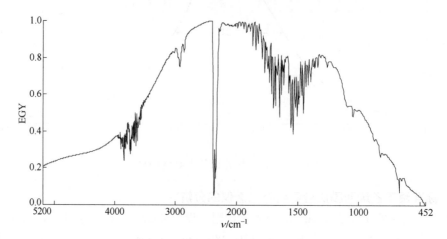

图 5.6　不同波数处能量的差别

这种现象源于光源的特点。中红外频率中间部分是光源器件红外辐射能量最高的区间，高频端和低频端都比较低，低频端能量降低得更快。

中红外区的不同波段仪器的噪声大小不同。为避开空气中 CO_2 和 H_2O 的影响，测量仪器的噪声通常选用 2600~2500 cm^{-1} 或 2200~2100 cm^{-1} 区间。红外光谱仪信噪比（signal-to-noise ratio）的表示方法有透射率法和吸光度法。表 5.4 列出了对不同级别仪器透射率信噪比的要求。

表 5.4　不同级别仪器对透射率信噪比的要求

红外光谱仪级别	高级研究型	研究型	分析型	通用型
基线噪声	6000∶1 以上	6000∶1	4000∶1	2000∶1 以上

5.2.1　红外光谱仪信噪比的透射率表示法

样品室不放样品，选 4 cm^{-1} 分辨率，分别用相同的扫描次数（通常是 6 次）进行背景模式和样品模式扫描，得到透射率光谱。在 100%线上截取 2600~2500 cm^{-1} 区间或 2200~2100 cm^{-1} 区间，将基线纵坐标满刻度放大，测量峰-峰值 $N_{透射率}$，用 100 除以 $N_{透射率}$，即得仪器的透射率信噪比 SNR$_{透射率}$，即：SNR$_{透射率}$ = 100/$N_{透射率}$，见图 5.7~图 5.9。

5.2.2　红外光谱仪信噪比的吸光度表示法

不在样品室放样品，在 4 cm^{-1} 分辨率条件下（光阑可最大），分别用相同的扫描次数（通常是 6 次）进行背景模式和样品模式扫描，得到吸光度光谱。把 0 基线中 2600~2500 cm^{-1} 区间或 2200~2100 cm^{-1} 区间纵坐标满刻度放大，测量峰-峰值 $N_{吸光度}$，用 1 除以 $N_{吸光度}$ 即得仪器的吸光度信噪比 SNR$_{吸光度}$，即：SNR$_{吸光度}$=1/$N_{吸光度}$，见图 5.10。

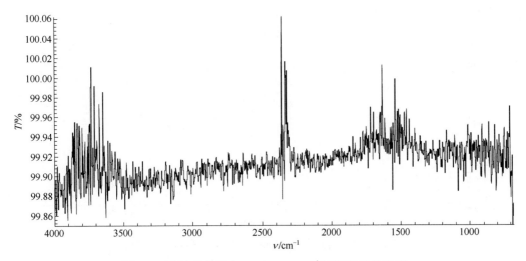

图 5.7　透射率光谱在 4000~675 cm^{-1} 区间基线的噪声

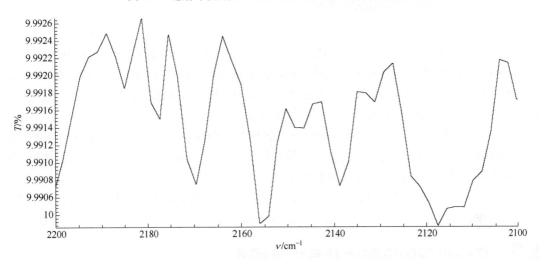

图 5.8　透射率光谱在 2200~2100 cm^{-1} 区间基线的噪声

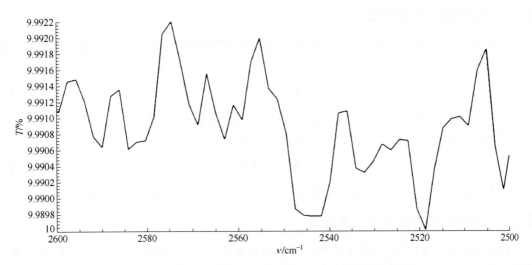

图 5.9　透射率光谱在 2600~2500 cm^{-1} 区间基线的噪声

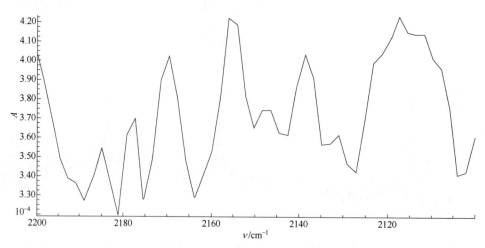

图 5.10 吸光度光谱在 2200~2100 cm^{-1} 区间基线的噪声

5.2.3　红外光谱仪信噪比实测示例

不在样品室放样品，选择"扫描背底"和"扫描样品"各 6 次，得到图 5.7。选择透射率光谱在 2200~2100 cm^{-1} 区间基线的噪声得到图 5.8。其信噪比 SNR=100/(99.926-99.903)=4348。图 5.9 为透射率光谱在 2600~2500 cm^{-1} 区间基线的噪声，其信噪比 SNR=100/(99.922-99.897)=4000，说明选择的透射率光谱区间不同，信噪比会稍有差异。这是因为在中红外区，光源器件在不同频率区间能量有差别。

图 5.10 为吸光度光谱在 2200~2100 cm^{-1} 区间基线的噪声，其信噪比 SNR=1/[(4.2-3.2)×10^{-4}]=10000。在同一区间透射率光谱计算得到的信噪比为 4348，说明在同一区间用透射率光谱和吸光度光谱计算得到的信噪比的数值不同。

综上所述，红外光谱仪只有在同一实验条件下检测（比如光通量、扫描次数、分辨率），然后采用相同的测量方法（比如吸光度法、100%透射率法）得到的信噪比才有可比性。

5.3　红外光谱的信噪比及其影响因素

5.3.1　红外光谱的信噪比

红外光谱的信噪比是指实测红外光谱谱带强度与基线噪声的比值。对于吸光度光谱，红外光谱信噪比 SNR$_{吸光度}$ 为：

$$\text{SNR}_{吸光度} = A/N_{吸光度} \tag{5.1}$$

式中，A 是光谱中最强谱带的吸光度值；$N_{吸光度}$ 是吸光度模式时的基线噪声。

对于透射率光谱，红外光谱信噪比 SNR$_{透射率}$ 为：

$$\text{SNR}_{透射率} = T/N_{透射率} \tag{5.2}$$

式中，T 是光谱中最强谱带的透射率值；$N_{透射率}$ 是透射率模式时的基线噪声。

5.3.2　影响红外光谱信噪比的因素

检测器的种类和组成元器件是各种因素中对噪声影响最大的因素。某型号红外光谱仪 MCT（汞镉碲）检测器的能量约是 DTGS（氘代硫酸三苷肽）能量的 8 倍，MCT 检测器的灵敏度是 DTGS 检测器灵敏度的几十倍。在 4 cm^{-1} 分辨率时，扫描 16 次，MCT 检测器用时 5 s，DTGS 检测器用时 30 s，前者扫描速率是后者的 6 倍。用 MCT 检测器得到的红外光谱的信噪比，比用 DTGS 检测器得到的信噪比约高 2 个数量级。用 MCT 检测器时，要在低温下检测，需要用液氮，而 DTGS 检测器可以在室温下使用。

红外光谱信噪比 SNR 与红外光光通量 E、测量次数 n 的平方根、分辨率 $\Delta\nu$ 均成正比。即：SNR$\propto En^{1/2}\Delta\nu$。

5.4 红外光谱仪的稳定性

红外光谱仪稳定是数据重现性好的前提。检验红外光谱仪稳定的标准是测量基线的重复性和基线的倾斜程度。

5.4.1 红外光谱仪基线的重复性

红外光谱仪基线重复性的检定方法：仪器稳定后，在透射率模式 4 cm^{-1} 分辨率条件下，扫描次数设定为 5，测量 100%线；每间隔 10 min 测量 1 次，共测量 6 次。纵坐标满量程扩展，中红外取 2100~2000 cm^{-1} 区间的峰-峰值。B_{max} 为 6 条谱线中最高值中的最大值，B_{min} 为 6 个最低值中的最小值。

基线重复性=100%−(B_{max}−B_{min})，基线重复性应优于 99.50%。

在图 5.11 中基线重复性=100%−(B_{max}−B_{min})=100%−(100.037%−99.967%)=100%−0.070%=99.930%＞99.50%。

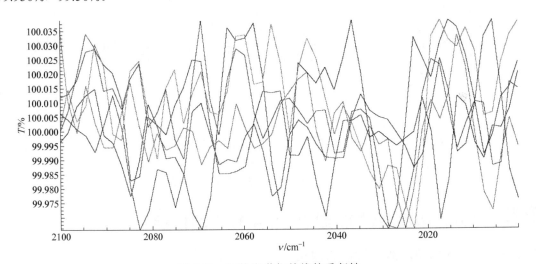

图 5.11 红外光谱仪基线的重复性

5.4.2 红外光谱仪基线的倾斜度

红外光谱仪基线倾斜度的检定方法：仪器稳定后，在透射率模式 4 cm^{-1} 分辨率条件下，扫描次数设定为 5，测量 100%线；每间隔 10 min 测量 1 次，共测量 6 次。纵坐标满量程扩展，记录检定波数范围（比如 4000~675 cm^{-1}）两端（比如一端是 4000 cm^{-1}、另一端是 675 cm^{-1}）截止区内 100 cm^{-1} 范围（比如 4000~3900 cm^{-1} 或 775~675 cm^{-1}）的基线值。取 6 次测量的一端最大值与另一端最小值之差作为基线倾斜率，基线倾斜率（偏离或倾斜）应小于 0.3%。

图 5.12 为某红外光谱仪在 4000~3900 cm^{-1} 的基线值，其最大值为 100.089%。图 5.13 为红外光谱仪在 775~675 cm^{-1} 的基线值，其最小值为 99.802%。

该仪器基线倾斜度：100.089%-99.809%=0.22%＜0.3%。

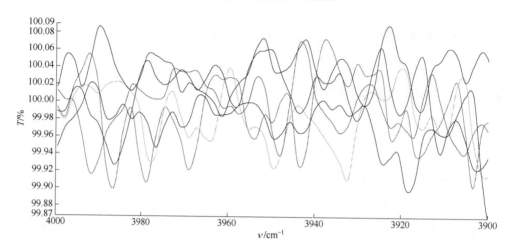

图 5.12 某红外光谱仪在 4000~3900 cm^{-1} 的基线值

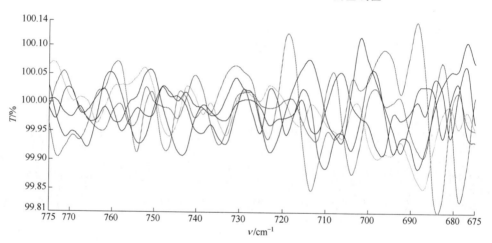

图 5.13 红外光谱仪在 775~675 cm^{-1} 的基线值

5.5 红外光谱仪波数的准确性和重复性的检定

5.5.1 红外光谱仪波数准确性的检定

设定 4 cm^{-1} 分辨率条件下，测量 0.03 mm 厚聚苯乙烯的光谱，扫描 5 次。记录各谱带的波数值，各谱带峰值应符合表 5.5 所列值。图 5.14 为聚苯乙烯的红外光谱。

表 5.5 聚苯乙烯谱带峰值（校准不确定度：0.6 cm^{-1}，k=2） 单位：cm^{-1}

编号	01	02	03	04	05	06
峰值	3082.25	3060.03	3025.93	3001.25	2849.44	1601.31
编号	07	08	09	10	11	12
峰值	1583.03	1154.51	1069.03	1028.21	906.69	841.77

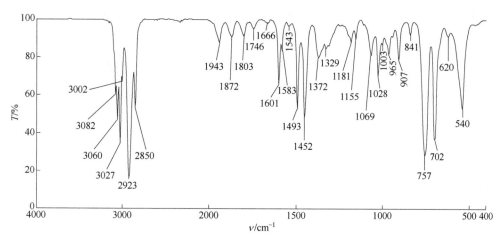

图 5.14 聚苯乙烯的红外光谱

5.5.2 红外光谱仪波数重复性的检定

检定红外光谱仪波数的重复性时，设定 4 cm^{-1} 分辨率，测定 0.03 mm 厚标准聚苯乙烯薄膜的吸收光谱，每隔 10min 测定 1 次，共测定 6 次。波数重复性应不小于测量时设定分辨率的 50%。

表 5.6 列出了 6 次测定标准聚苯乙烯薄膜 13 个谱带的频率。图 5.15 为 6 次检测 0.03 mm 厚标准聚苯乙烯薄膜得到的红外光谱。它们都显示仪器波数的重复性良好。

表 5.6　6 次检测 0.03 mm 厚标准聚苯乙烯薄膜谱带表　　　　单位：cm^{-1}

编号	第1次	第2次	第3次	第4次	第5次	第6次	平均值	标准偏差
01	700.2	700.3	701.1	701.1	701.1	700.3	700.68	0.42
02	906.6	906.6	906.6	906.6	906.6	906.6	906.60	0
03	1028.5	1028.6	1028.6	1028.6	1028.6	1028.6	1028.58	0.04
04	1069.2	1069.2	1069.2	1069.2	1069.2	1069.2	1069.20	0
05	1154.7	1154.7	1154.7	1154.7	1154.7	1154.7	1154.70	0
06	1181.6	1181.6	1181.6	1181.6	1181.6	1181.6	1181.60	0
07	1583.2	1583.2	1583.2	1583.2	1583.2	1583.2	1583.20	0
08	1601.2	1601.2	1601.2	1601.2	1601.2	1601.2	1601.20	0
09	1942.8	1942.8	1942.8	1942.8	1942.8	1942.8	1942.80	0
10	2849.9	2849.9	2849.9	2849.9	2849.9	2849.9	2849.90	0
11	2923.9	2923.9	2923.9	2923.9	2923.9	2923.8	2923.90	0
12	3026	3026	3026	3026	3026	3026	3026.00	0
13	3102.4	3102.4	3102.4	3102.4	3102.4	3102.4	3102.40	0

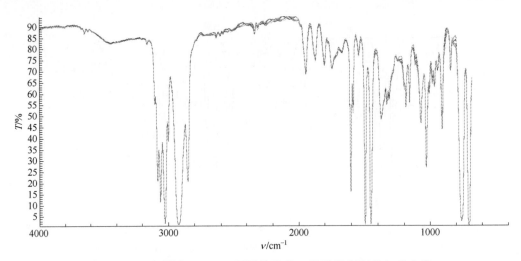

图 5.15　6 次检测 0.03 mm 厚标准聚苯乙烯薄膜得到的红外光谱

5.6　红外光谱仪能量检定

红外光谱仪能量的检定方法是将仪器测量的干涉图值调整到最大,但检测器不要饱和过载,测量单光谱图。谱图应平滑,把谱峰的能量最大值与高频截止部位谱峰能量值的比值作为衡量仪器能量质量高低的标准。能量降低的速率越小越好。研究型红外光谱仪的比值应小于 4∶1,通用型红外光谱仪的比值应小于 5∶1。图 5.16 为红外光谱仪能量随波数变化的情况。图 5.16 中,光谱能量最大处位于 2000 cm^{-1},其能量值大约是 40 单位,如果高频截止到 4000 cm^{-1},其能量值大约是 20 单位,二者比值是 2∶1。

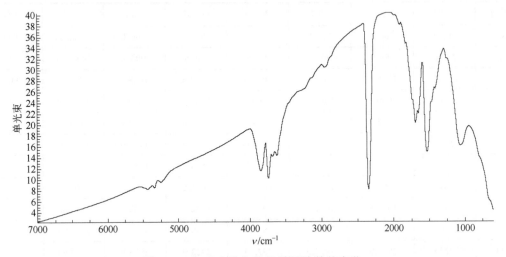

图 5.16　红外光谱仪的能量随波数的变化

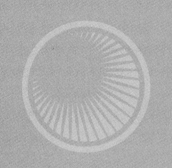

第 6 章
高聚物及其红外光谱的特征

微量物证中的塑料、纤维、橡胶、涂料、黏合剂等都是高聚物（polymer），它们种类多、分布广、存量大，是各种案件中的常见物证。要想较好地发挥红外光谱分析在微量物证鉴定中的作用，就必须很好地掌握高聚物的知识。

高聚物又叫高分子化合物，它与小分子化合物的区别之一是分子特别大，是由成千上万个原子，彼此以共价键连接成的大分子化合物。它们的分子量至少在一千以上，一般为几万到几十万，甚至达数百万，例如，聚苯乙烯一般是 10000~30000，聚氯乙烯是 20000~160000，聚丙烯腈是 60000~500000。究竟分子量多大才算是高分子呢？实际上高分子与小分子并不是指在分子量方面有明显界限，因而单凭分子量的大小区别高分子和小分子是不科学的。

高分子化合物的主要特征是，其分子都是由简单的结构单元以重复的方式连接，这种结构单元叫作链节。高分子化合物所包含的链节的数目叫聚合度。天然的或合成的高分子化合物实际上是由一种或数种类型的链节按有规律或无规律的顺序排列，而聚合度不同的化合物组成混合物。例如，聚氯乙烯的分子为：…—CH_2—$\underset{Cl}{CH}$—CH_2—$\underset{Cl}{CH}$—CH_2—$\underset{Cl}{CH}$—CH_2—$\underset{Cl}{CH}$—…。此长链分子的结构式常可简写为：$\left[CH_2 - \underset{Cl}{CH} \right]_n$。式中，—$CH_2$—$\underset{Cl}{CH}$— 为聚氯乙烯分子的结构单元，通常称为链节；$n$ 为高分子链包含链节的数目，通常称为聚合度。聚合度是衡量高分子化合物分子大小的指标，高聚物的聚合度通常都大于 1000。

6.1 高聚物的分类

高聚物有天然高聚物和合成高聚物。如蚕丝、羊毛、纤维素及天然橡胶等都是天然的高聚物。人工合成的高聚物的种类很多，为了学习和研究的方便，将它们按不同的方法分类。常用的分类方法有下列四种。

6.1.1 按工艺性质分类

按高聚物的加工工艺，高聚物主要可以分为橡胶、塑料和纤维三大类。

6.1.1.1 塑料

塑料（plastics）是以合成或天然聚合物为主要成分，辅以填料、增塑剂和其他助剂在一定温度和压力下加工成型的材料或制品。其中的聚合物常称作树脂（resin），有晶态和非晶态之分。塑料的行为介于纤维和橡胶之间，软塑料接近橡胶，硬塑料接近纤维。随软塑料的结晶度由中到高，熔融温度（T_m）、玻璃化转变温度（T_g）、弹性模量（15~350 kN/cm^2）、抗张强度（1.5~7 kN/cm^2）、伸长率（20%~800%）也由中到高。聚乙烯、聚丙烯和结晶度中等的聚酰胺-66均属于软塑料。硬塑料的特点是刚性大、难变形，弹性模量（70~3500 kN/cm^2）和抗张强度（3~8.5 kN/cm^2）都很高，而断裂伸长率很低（0.5%~3%）。

根据受热后的状态可进一步把塑料分为两类：热塑性塑料和热固性塑料。凡受热后可塑化或软化，冷却后又凝固成型并可反复进行此过程的称为热塑性塑料。热塑性塑料的代表性品种有聚乙烯、聚丙烯、聚氯乙烯、聚苯乙烯等。凡受热后可塑化或软化，并发生化学变化而固化成型，冷却后再受热时不再发生塑化变形的称为热固性塑料。热固性塑料主要有酚醛树脂、脲醛树脂、聚氨酯和不饱和聚酯等。

6.1.1.2 纤维

纤维（fiber）指长度为直径的100倍以上，柔韧、纤细的丝状物，具有相当的长度、强度和弹性，在室温下轴向强度很大，受力后形变较小（一般仅为百分之几至百分之二十）的高分子材料。纤维通常是线型结晶聚合物，平均分子量较橡胶和塑料低。纤维不易形变，弹性模量（大于35 kN/cm^2）和抗张强度（大于35 kN/cm^2）都很高。用作纤维的聚合物常带有某些极性基团，如羟基、羧基、氨基等，这些极性基团可以增加大分子间的次价力；用作纤维的聚合物还要有高的结晶能力，通过拉伸可提高结晶度。

纤维包括天然纤维、人造纤维和合成纤维，后两者统称为化学纤维。由纤维素组成的棉、麻和由蛋白质组成的丝、毛是天然纤维；由纤维素经化学处理获得的醋酯纤维、黏胶纤维等属人造纤维。真正由小分子化合物合成的涤纶、锦纶、腈纶等称为合成纤维。

6.1.1.3 橡胶

橡胶（rubber）是一类线型柔顺的高分子聚合物，分子间次价力小，具有典型的高弹性，在很小的作用力下，能产生很大的形变（500%~1000%），外力除去后，能基本恢复原状。因此，要求用作橡胶类的聚合物完全无定形，玻璃化转变温度低，便于大分子的运动，经少量交联，可消除永久的残余形变。以天然橡胶为例，玻璃化转变温度（T_g）为-73℃，弹性模量约为2.5~5.2 MPa。

橡胶通常都经硫化而轻度交联，轻度交联后，受热不能塑化，形成的网络结构可防止大分子链相互滑移，增大弹性形变。橡胶交联度增大，弹性下降，弹性模量上升；高度交联可得到硬橡胶。

应用最广的橡胶品种有天然橡胶、丁苯橡胶、顺丁橡胶、氯丁橡胶、丁腈橡胶和乙丙橡胶。

有一类非化学交联的高分子材料既有高弹性又能热塑成型，称为热塑性弹性体。如苯乙烯-丁二烯-苯乙烯三元嵌段共聚物（SBS）、乙烯-丙烯二元嵌段共聚物（EP）等。橡胶和其他具有高弹性的聚合物统称弹性体。

除上面三大类外，涂料、黏合剂和离子交换树脂等也属高聚物。树脂是指未经加工成型的高聚物，以区别成型后的塑料、纤维、橡胶等制品。

6.1.2 按高聚物的主链结构分类

根据主链的结构，高聚物可以分为三大类：碳链高聚物、杂链高聚物和元素高聚物。

6.1.2.1 碳链高聚物

碳链高聚物的主链全由碳原子构成,绝大部分烯类和二烯类聚合物属于碳链高聚物,如聚乙烯 $\mathrm{+CH_2-CH_2+}_n$、聚丙烯 $\mathrm{+CH_2-CH(CH_3)+}_m$、聚氯乙烯 $\mathrm{+CH_2-CH(Cl)+}_p$、聚苯乙烯 $\mathrm{+CH_2-CH(C_6H_5)+}_q$ 等。

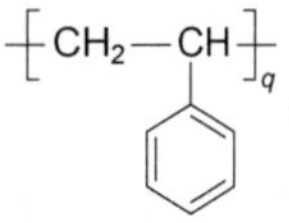

6.1.2.2 杂链高聚物

杂链高聚物的主链除碳原子外,还夹杂有氧、硫、氮等杂原子。工程塑料、合成纤维、耐热聚合物大多是杂链聚合物。如聚己内酰胺 $\mathrm{+C(O)-(CH_2)_5-HN+}_m$、聚碳酸酯 $\mathrm{+O-C_6H_4-C(CH_3)_2-C_6H_4-O-C(O)+}_n$ 等。

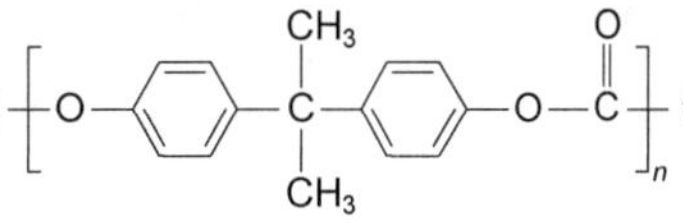

6.1.2.3 元素高聚物

元素高聚物的主链中不一定有碳原子,主要由硅、硼、铝、钛和氧、氮、硫、磷等原子组成,但侧基却由有机基团组成,如甲基、乙基、乙烯基等。二甲基聚硅氧烷就是典型的例子:

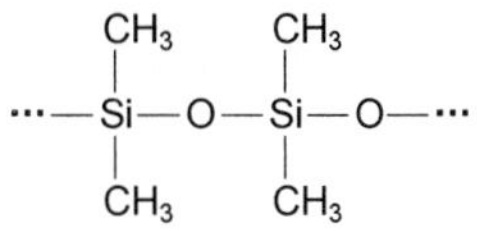

$$\cdots-\mathrm{Si(CH_3)_2-O-Si(CH_3)_2-O-}\cdots$$

6.1.3 按高聚物的分子结构分类

根据分子结构,高聚物可以分为两类,即线型高聚物和体型高聚物。线型高聚物的各链节连成一长链,如聚四氟乙烯、聚乙烯等;线型高聚物的主链上也可能带支链,如聚甲基丙烯酸甲酯、聚丙烯、聚氯乙烯等。线型高分子互相交联形成网状的三维空间结构,就成为体型高聚物,如酚醛树脂,见图 6.1。

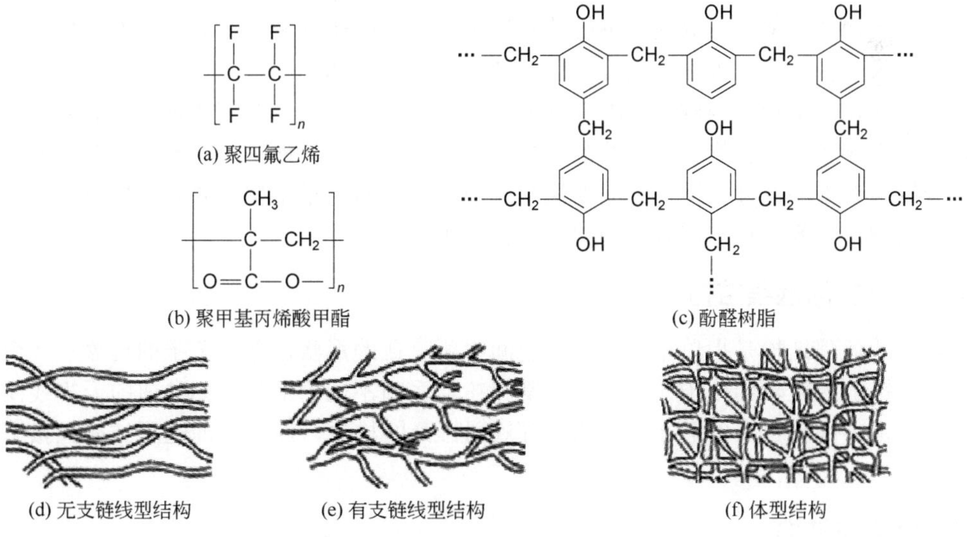

(a) 聚四氟乙烯
(b) 聚甲基丙烯酸甲酯
(c) 酚醛树脂
(d) 无支链线型结构
(e) 有支链线型结构
(f) 体型结构

图 6.1 线型高聚物和体型高聚物

6.1.4 按合成高分子化合物的反应类型分类

按合成高分子化合物的反应类型可以把高聚物分为加聚物与缩聚物。凡是通过加聚反应制成的高分子产品叫加聚物，如丙烯腈、丁二烯和苯乙烯通过加聚反应制成的 ABS 树脂是加聚物，见图 6.2；通过缩聚反应制成的高分子产品叫作缩聚物，如邻苯二甲酸酐与丙三醇通过缩聚反应制成的无油醇酸树脂是缩聚物，见图 6.3。

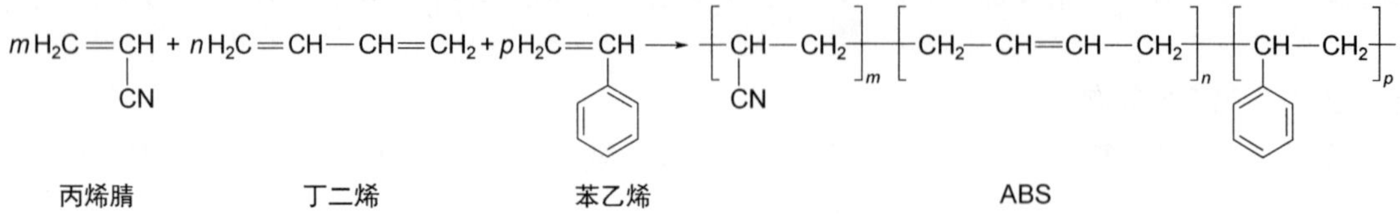

图 6.2 加聚物 ABS 树脂

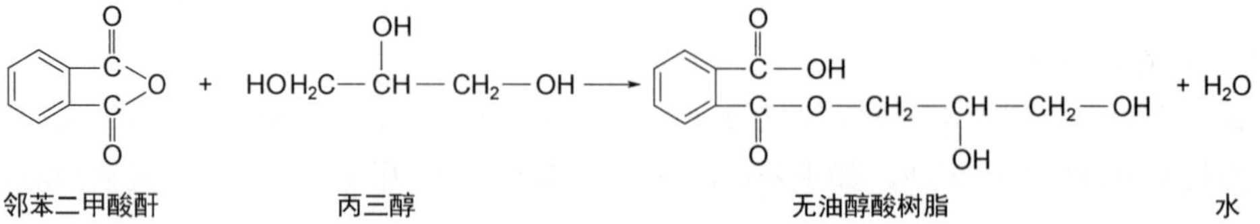

图 6.3 缩聚物无油醇酸树脂

6.2 高聚物的结构

高聚物的结构有多个层次，概括来说主要有以下三个层次。

6.2.1 高聚物的化学结构

高聚物的化学结构包括组成和构型两个方面。高聚物的组成是指分子链中原子的类型和排列，高分子链的化学结构类型，结构单元的连接顺序，链结构的成分，高分子的支化、交联与端基，分子量和分子量分布等。

高聚物的构型主要是指取代基围绕特定原子在空间的排列规律。大分子的构型是不能随意改变的，只有使分子链破坏并重排才可能使构型发生改变。

高分子的化学结构是构成宏观聚合物的原始基础，是反映聚合物各种特性的最主要的结构层次。它直接影响聚合物的某些性能，如熔点、密度、溶解性等，也影响聚合物的红外光谱。要分析聚合物的红外光谱，首先要深刻认识聚合物的化学结构。要明白聚合物结构与红外光谱的关系，也要从认识聚合物的化学结构入手。

6.2.2 高聚物的远程结构

高聚物的远程结构是指单个大分子在空间中所存在的形状，即高分子的构象。一个大分子链因为单键的内旋转和分子的热运动，常存在一系列不同的形状，如卷曲的无规线团、伸展链、折叠链、螺旋链、β-螺旋或周期性有规则排列的构象。高聚物的远程结构直接影响其聚集态结构。

6.2.3 聚集态结构

高聚物的聚集态结构是指大分子与大分子间的几何排列，包括大分子的取向度、结晶度、结晶大小和形态等。聚集态结构是在加工成型过程中形成的，是由微观结构向宏观结构过渡的状态。

高聚物的结构层次是一层紧套一层，各个层次紧密相连构成有机的整体。高聚物制品，首先由不同的原子构成具有反应活性的有固定化学结构的小分子，这种小分子在一定条件下，通过聚合反应，按一定的机理生成若干相同的结构单元，这些结构单元依照一定的顺序和空间构型连接成高分子链（化学结构）。这些高分子链因单键的旋转和热运动而构成具有一定势能分布的高分子构象（远程结构）。具有一定构象的高分子链再通过分子间作用力，聚集成按一定规则排列的高分子聚集体（聚集态结构）。聚合物的这三个层次，都有对应的红外吸收。

微观状态的高分子聚集体在一定的物理条件下，通过一定的成型工艺，达到更高一级的宏观聚集体层次而成为聚合物产品（高次结构）。高分子聚集体也可以和其他添加物（如填料、增塑剂、颜料、稳定剂等）配合，再经一定的成型工艺制成具有特定性能的聚合物。

如果将两种或多种高聚物混合，经过一定工艺则得到具有特定性能的高分子混合物。这种方法有时可以赋予混合物特殊性能。如 ABS 塑料是由丙烯腈、丁二烯和苯乙烯三种组分组成的。ABS 塑料能体现出三种组分的协同性能：丙烯腈赋予聚合物耐化学腐蚀性，具有一定的表面硬度和耐热性能；丁二烯赋予聚合物呈橡胶状的韧性；苯乙烯赋予聚合物刚性和流动性。所以 ABS 塑料具有非常优良的综合性能：耐热、表面硬度高、尺寸稳定性好、耐化学性和电性能优良，易于成型和机械加工。

6.3 高聚物红外光谱的特点和类型

高聚物分子所包含的原子数目相当大，高聚物的红外光谱似乎应是非常复杂，但是实际上有些高聚物的红外光谱比其单体更为简单。这是因为聚合物的链是由许多重复单元构成的，各个重复单元的原子振动几乎相同，又具有大致相同的键力常数，故其振动频率接近于相同而合并，或受选择定则限制，只有一部分具有红外活性。图 6.4 为聚己内酰胺（A）和己内酰胺单体（B）的红外光谱，通过比较可以看出，己内酰胺单体的红外光谱比聚己内酰胺的红外光谱复杂。

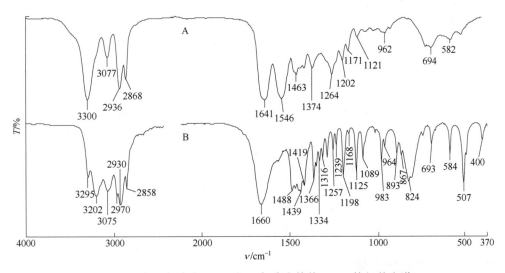

图 6.4 聚己内酰胺（A）和己内酰胺单体（B）的红外光谱

在高聚物的红外光谱中，聚合物的链结构和聚集态结构，都有与之对应的谱带。对高聚物红外光谱的解释，既要考虑高聚物的化学结构，也要考虑其聚集态结构。

有些谱带只与分子链的组成有关（如链节的化学基团），而对高聚物聚集态结构变化不敏感，谱带的位置和相对强度不随高聚物的聚集态结构的改变而变化。这些谱带称为非结构谱带。

有些谱带的强度随高聚物结晶度的增加而增大，而另外一些谱带则与非晶态结构有关，强度随高聚物结晶度的增加而减小，这些谱带称为结晶谱带。

高聚物红外光谱谱带有以下五种类型：组成谱带、构象谱带、立构规整性谱带、构象规整性谱带和结晶谱带。

6.3.1 高聚物的组成谱带

高聚物的组成谱带源于以下几种情况：高聚物链节化学基团的吸收；加聚高聚物的头头、头尾、无规连接产生的吸收带；支化或交联产生的吸收带；高聚物端基吸收带等。

例如，在聚乙烯的红外光谱（图6.5）中，1471 cm^{-1} 为 CH_2 的面内变角振动，属链节化学基团的吸收。1368 cm^{-1} 为 CH_3 的对称变角振动，属聚乙烯支化吸收带。从理论上讲，聚乙烯的链节是 $-CH_2-CH_2-$，在其红外光谱中不应有 CH_3 的吸收，而只有 CH_2 的吸收（2924 cm^{-1}、2853 cm^{-1}、1471 cm^{-1}、719 cm^{-1}）。但是，聚乙烯制品中的聚乙烯（尤其是低密度聚乙烯）不是完全无支链，这些支链通常是乙基侧链、丁基侧链，见图6.6，其中 m 远大于 n 和 p，因而在 1368 cm^{-1} 左右有 CH_3 对称变角振动吸收。

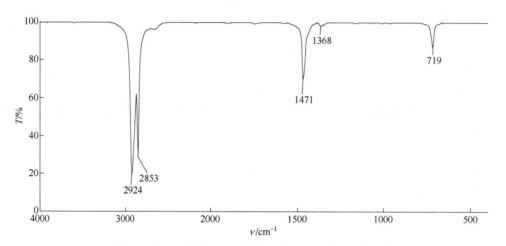

图6.5 带乙基侧链和丁基侧链的聚乙烯的红外光谱

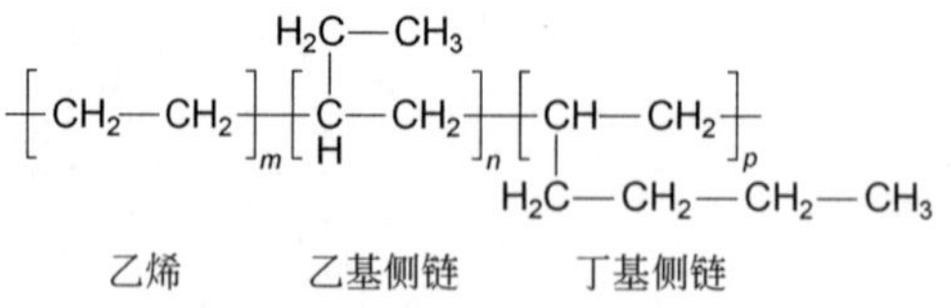

图6.6 带乙基侧链和丁基侧链的聚乙烯的结构式

6.3.2 高聚物的构象谱带

高聚物的构象谱带和高聚物分子链重复单元中某些基团的一定构象类型有关。所谓构象是指碳-碳单键的内旋转异构，是分子间非键合原子相互作用的结果。聚对苯二甲酸乙二醇酯

（PET） $\left[-O-\overset{O}{\overset{\|}{C}}-\underset{}{\bigcirc}-\overset{O}{\overset{\|}{C}}-O-CH_2-CH_2-\right]_n$ 中 $-O-CH_2-CH_2-O-$ 有反式（$-O\overset{H_2}{\underset{CH_2}{C}}O-$）和左右式

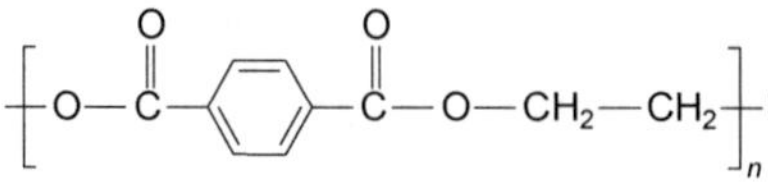

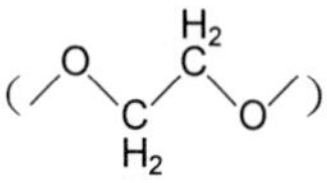

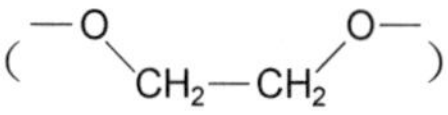

（$-O-CH_2-CH_2-O-$）两种构象。反式中 CH_2 的面内变角振动位于 1466 cm^{-1}，而左右式中 CH_2 的面内变角振动位于 1449 cm^{-1}，二者重叠后在 1454 cm^{-1} 生成比较宽的吸收，见图 6.7。同样，反式中 CH_2 的扭曲振动位于 849 cm^{-1}，而左右式中 CH_2 的扭曲振动位于 895 cm^{-1}。

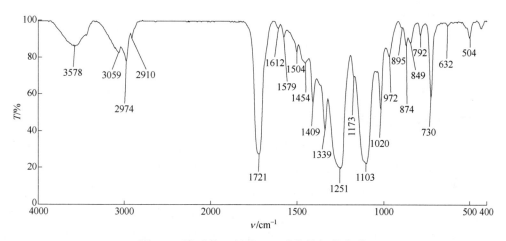

图 6.7 聚对苯二甲酸乙二醇酯的红外光谱

6.3.3 高聚物的立构规整性谱带

高聚物的立构规整性谱带和高分子链的一定构型有关。所谓构型是指分子中由化学键所固定的几何排列。分子链的构型可分为旋光异构和几何异构（顺反异构）。由烯类单体合成的聚合物，如果链节单元中有不对称碳原子，就能形成旋光异构体。几何异构是指分子中的原子排列次序虽然相同，但因结构（如双键）限制键的旋转而使原子在空间排列的方式不同，从而产生的异构现象。只有在 C=C 双键的两个不饱和碳原子上分别连有两个不同的原子或基团时才有这种异构现象。当两个相同的原子或基团处于 π 键平面的同侧时称"顺式异构"；当处于 π 键平面的不同侧时称"反式异构"。

以聚丁二烯为例，丁二烯单体经 1,4-加成，生成在主链上具有顺式和反式两种构型的结构，见图 6.8。

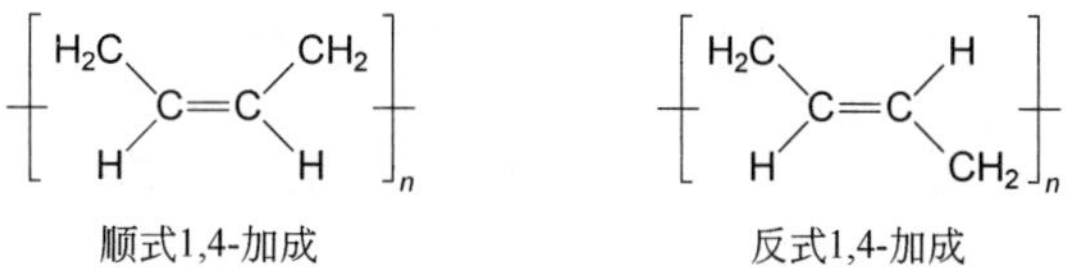

图 6.8 丁二烯 1,4-加成时 2 种不同的异构体

图 6.9 为顺式 1,4-聚丁二烯和反式 1,4-聚丁二烯的红外光谱。顺式 1,4-聚丁二烯 C=C 的伸缩振动频率（1655 cm^{-1}）低于反式 1,4-聚丁二烯 C=C 的伸缩振动频率（1666 cm^{-1}）；顺式 1,4-聚丁二烯双键上 =CH 面外变角振动频率在 775 cm^{-1}、737 cm^{-1}、695 cm^{-1}，而反式 1,4-聚丁二烯双键上 =CH 面外变角振动频率位于 970 cm^{-1}，不仅频率不同，强度差别也很大。

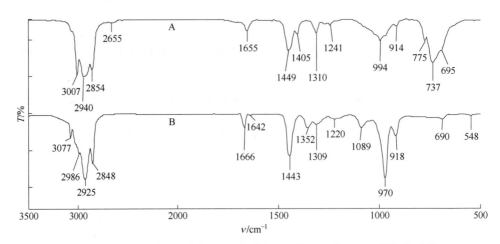

图 6.9　顺式 1,4-聚丁二烯（A）和反式 1,4-聚丁二烯（B）的红外光谱

6.3.4　高聚物的构象规整性谱带

高聚物的构象规整性谱带源于高分子内相邻基团间的振动偶合，它和长构象规整链段有关，而与个别基团无关。如等规聚丙烯是 H_1^3 螺旋构象（"H"指螺旋；"3"指 3 个链节；"1"指 1 圈。聚丙烯的 C–C 主链并不居于同一平面内，而是在三维空间形成螺旋构象，即：每 3 个链节构成 1 个基本螺旋圈，第 4 个链节又在空间重复），间规聚丙烯是 H_1^4 构象。H_1^3 螺旋构象的谱带是 1167 cm^{-1}、1102 cm^{-1}、998 cm^{-1}、899 cm^{-1} 和 841 cm^{-1}；H_1^4 构象的谱带是 1234 cm^{-1}、1199 cm^{-1}、1130 cm^{-1}。图 6.10 为等规聚丙烯和间规聚丙烯的红外光谱，由于构象规整性不同，它们的红外光谱在 1250~830 cm^{-1} 有明显区别。

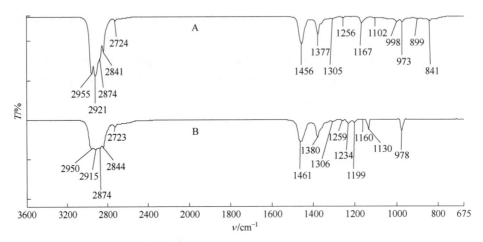

图 6.10　等规聚丙烯（A）和间规聚丙烯（B）的红外光谱

6.3.5　高聚物的结晶谱带

高聚物的结晶谱带源于晶胞中相邻分子链之间的相互作用，与分子链排列的三维长程有序程度有关。如果晶胞中有两条或多条分子链通过，则这些分子链振动的偶合会引起谱带分裂，分裂的程度取决于分子间偶合的程度。若偶合很弱则可能观察不到谱带的分裂，若分子链较为密集地堆砌，则使分子间范德华力迅速增加，谱带分裂明显。例如结晶聚乙烯具有较

高的密度,分子链的堆砌比较紧密,因此可以观察到它的结晶谱带分裂,即 CH_2 的面内摇摆振动不是只在 719 cm^{-1} 有一条谱带,而是在 729 cm^{-1}、719 cm^{-1} 出现一对双峰。同样,CH_2 的面内变角振动不是只在 1471 cm^{-1} 有一条谱带,而是在 1473 cm^{-1}、1463 cm^{-1} 有一对双峰,见图 6.11。

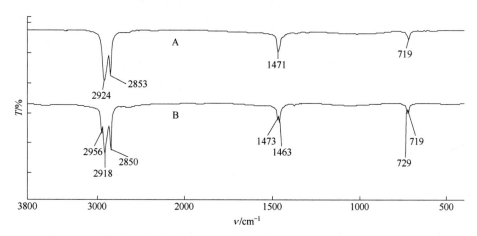

图 6.11　低结晶度聚乙烯(A)和高结晶度聚乙烯(B)的红外光谱比较

表 6.1 列出了一些常见高分子材料的结晶谱带和非结晶谱带。实际上,真正的结晶谱带难以遇到,通常所谓"结晶谱带",是规整性结构在结晶中的反映,因为分子的规整性高,结晶较容易。

表 6.1　常见高分子材料的结晶谱带和非结晶谱带

高分子材料	结晶谱带/cm^{-1}	非结晶谱带/cm^{-1}
全同聚苯乙烯	898、920、985、1055、1080、1185、1194、1261、1297、1312、1365	
聚氯乙烯	603、633	615、690
聚偏二氯乙烯	752、885、1045、1070	
聚偏二氟乙烯	614、763、794、975	
聚三氟氯乙烯	440、490、1290	657
聚四氟乙烯		640、770
聚对苯二甲酸乙二醇酯	848、972、1350	
聚酰胺-6(α 型)	930、959	790、898、1020
聚酰胺-66	935	1130
反式聚 1,4-丁二烯	1053、1120、1235、1340	1140
反式聚 1,4-异戊二烯(α 型和 β 型)	α 型:807、865、886; β 型:754、802、880	1310、1345
氯丁橡胶	953	

以上这些谱带之间的区别是:构象谱带和立构规整性谱带仅和具有一定构象或构型的单独基团的振动有关;而构象规整性谱带和结晶谱带,则取决于分子内或分子间相互作用和高分子链排列的一维或三维长程有序程度。

6.4 高聚物的特征谱带

当高聚物的分子中含有一些极性较强的基团时，则对应于这些基团的一些谱带（主要是伸缩振动的基频）在该化合物的红外光谱中往往是最强的谱带，它将突出地显示出这些基团的结构特征。对于大多数高聚物分子来说，主要的极性基团是指酯、羧酸、酰胺、酰亚胺、苯醚、脂肪醚和醇等。此外，含有硅、硫、氯和氟等原子的化合物也常具有较强的极性。因此这些基团的谱带在其聚合物的光谱中常常处于最显著的地位，能够很特征地反映这种聚合物的结构和表明这类聚合物的存在。熟悉这些谱带与高聚物的种类、结构的关系对读谱非常有帮助。

按高分子红外光谱中的第一强吸收，可将谱图从 1800~600 cm^{-1} 分为六个区，含有相同极性基团的同一类高分子的谱带大都在同一区内。

有两点需要说明：①有些高分子的第一强吸收谱带出现在此范围之外，如聚乙烯 CH_2 伸缩振动在 3000~2800 cm^{-1}，酚类、醇类 OH 伸缩振动可能在 3500~3200 cm^{-1} 等，这些区域易受水分、溴化钾压片的散射等外界因素的干扰，因此对于这种情况按第二强吸收谱带来分组；②这里所说的最强谱带不适用于混合物和共聚物，具体分区如下。

1 区：1800~1700 cm^{-1}，聚酯、聚羧酸、聚酰亚胺等的第一强吸收峰出现在此区，这通常是 C=O 的伸缩振动。图 6.12 为邻苯二甲酸二辛酯（DOP）的红外光谱，它的第一强吸收峰是 C=O 在 1730 cm^{-1} 的伸缩振动。

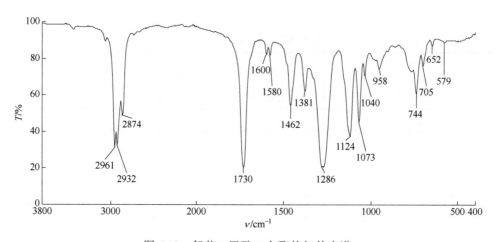

图 6.12 邻苯二甲酸二辛酯的红外光谱

2 区：1700~1500 cm^{-1}，聚酰胺、脲醛树脂、蜜胺树脂等的第一强吸收峰出现在这一区域。如图 6.13 所示，聚酰胺-1010 的第一强吸收峰位于 1642 cm^{-1}，是羰基 C=O 的伸缩振动；蜜胺树脂的第一强吸收峰位于 1553 cm^{-1}，是 N—H 变角振动和 C—N 伸缩振动的偶合。

3 区：1500~1300 cm^{-1}，聚烯烃，有氯、氰基等取代基的聚烯烃，某些聚二烯烃的第一或第二强吸收谱带出现在这一区域。图 6.14 为天然橡胶的红外光谱，它的第一强吸收峰出现在 3000~2800 cm^{-1}，第二强吸收峰 1449 cm^{-1} 出现在此范围，属亚甲基的面内变角振动。

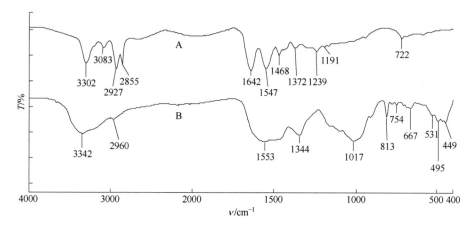

图 6.13　聚酰胺-1010（A)和蜜胺树脂（B）的红外光谱

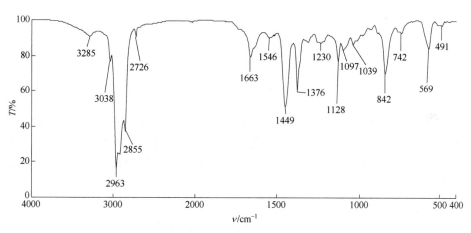

图 6.14　天然橡胶的红外光谱

4 区：1300~1200 cm^{-1}，聚芳醚，含羟基聚合物，含硅、氟、氯的高聚物的第一强峰出现在这一区域。图 6.15 为聚碳酸酯和聚氯乙烯的红外光谱。聚碳酸酯的第一强吸收峰位于 1227 cm^{-1}，是 C—O—C 反对称伸缩振动；聚氯乙烯的第一强吸收峰位于 1253 cm^{-1}，是 C—H（CHCl 中的 C—H）的变角振动。

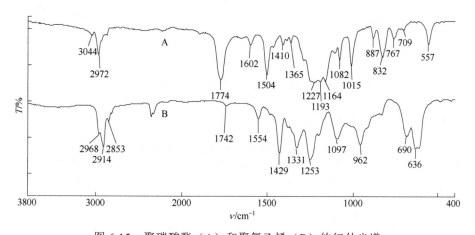

图 6.15　聚碳酸酯（A）和聚氯乙烯（B）的红外光谱

5 区：1200~1000 cm^{-1}，脂肪族聚醚、含羟基聚合物、含硅和氟的高聚物的第一强吸收峰出现在这一区域。图 6.16 为聚乙烯醇和聚四氟乙烯的红外光谱。聚四氟乙烯的第一强吸收峰位于 1212 cm^{-1}，是 CF$_2$ 的反对称伸缩振动，1156 cm^{-1} 是 CF$_2$ 的对称伸缩振动；聚乙烯醇的第一强吸收峰位于 1093 cm^{-1}，是脂肪族醚键 C—O—C 的伸缩振动。

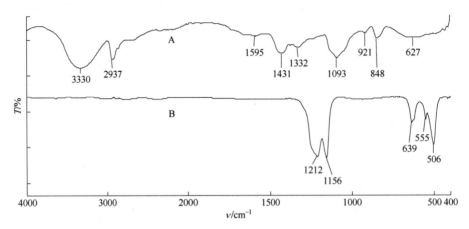

图 6.16　聚乙烯醇（A）和聚四氟乙烯（B）的红外光谱

6 区：1000~600 cm^{-1}，聚苯乙烯类高聚物、聚丁二烯等含不饱和双键的高聚物、含氯量较高的聚合物的第一强吸收峰出现在这一区域。图 6.17 为丁二烯橡胶和聚苯乙烯的红外光谱。丁二烯橡胶的第一强吸收峰位于 738 cm^{-1}，是双键上 C—H 的面外变角振动；聚苯乙烯的第一强吸收峰位于 757 cm^{-1}，是苯环上 5 个相邻氢的面外变角振动。

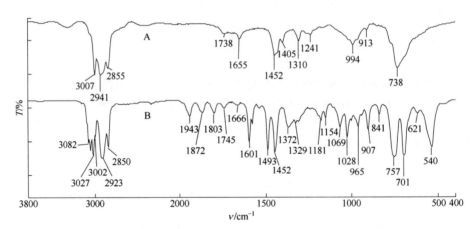

图 6.17　丁二烯橡胶（A）和聚苯乙烯（B）的红外光谱

表 6.2~表 6.7 列出了各区高聚物、最强谱带和特征谱带。

表 6.2　1 区（1800~1700 cm^{-1}）的高聚物

高聚物	代码	谱带位置（对应的基团振动模式）/cm^{-1}		举例图号
		最强谱带	特征谱带	
聚乙酸乙烯酯	PVAC	1743（$v_{C=O}$）	1025/1246（v_{C-O-C}）、1438（$\delta^s_{CH_3} + \delta_{面内CH_3}$）	图 8.104
聚甲基丙烯酸甲酯	PMMA	1730（$v_{C=O}$）	1148/1190（v^s_{C-O-C}）、1236/1268（v^{as}_{C-O-C}）	图 8.114

续表

高聚物	代码	谱带位置（对应的基团振动模式）/cm^{-1}		举例图号
		最强谱带	特征谱带	
α-氰基丙烯酸乙酯	502 胶	1746（$v_{C=O}$）	2247（v_{CN}）、1253（v_{C-O-C}^{as}）、1016（v_{C-O-C}^{s}）	图 8.117
邻苯二甲酸二辛酯	PAEs	1730（$v_{C=O}$）	1286（v_{C-O-C}^{as}）、1124（v_{C-O-C}^{s}）、1073（$\delta_{面外CH}$）	图 7.69
聚对苯二甲酸乙二醇酯	PET	1721（$v_{C=O}$）	1254（v_{C-O-C}^{as}）、1105（v_{C-O-C}^{s}）、731（$\delta_{面外CH}$）	图 9.2
间苯二甲酸二乙酯	PIPA	1724（$v_{C=O}$）	1299（v_{C-O-C}^{as}）、1240（v_{C-O-C}^{s}）、731（$\delta_{面外CH}$）	图 7.73
聚酯型聚氨酯	PUR	1724 脂肪酸酯（$v_{C=O}$）、1692 氨基甲酸酯（$v_{C=O}$）	1526（$v_{CN}+\delta_{NH}$）、1244（v_{C-O-C}^{as}）、764（$\delta_{面外=CH}$）、702（v_{Ar}）	图 8.176
聚酰亚胺	PI	1724（$v_{C=O}$）	1776/1724（$v_{C=O}$）、1603/1500（v_{Ar}）	图 8.192
蓖麻油		1744（$v_{C=O}$）	3422（v_{OH}）、1240（v_{C-O-C}^{as}）、724（β_{CH_2}）	图 13.4
聚乳酸	PLA	1754（$v_{C=O}$）	2997（$v_{CH_3}^{as}$）、2947（$v_{CH_3}^{s}$）、1184（v_{C-O-C}）	图 8.209
聚碳酸亚丙酯	PP	1747（$v_{C=O}$）	982（γ_{CH_3}）、786（p_{CH_2}）	图 8.230
聚己内酯	PCL	1731（$v_{C=O}$）	962（w_{CH_2}）、733（p_{CH_2}）	图 8.231
聚丁二酸丁二酯	PBS	1722（$v_{C=O}$）	1425（β_{CH_2}）、1159（v_{C-O-C}）	图 8.248

表 6.3　2 区（1700~1500 cm^{-1}）的高聚物

高聚物	代码	谱带位置（对应的基团振动模式）/cm^{-1}		举例图号
		最强谱带	特征谱带	
聚酰胺-6	PA-6	1642（$v_{C=O}$）	1546（$\delta_{NH}+v_{CN}$）、1273（$v_{CN}+\delta_{NH}$）	图 8.144
芳香族聚酰胺-1313	PAA-1313	1673（$v_{C=O}$）	1612（v_{Ar}）、1554（$\delta_{NH}+v_{CN}$）、1265（$v_{CN}+\delta_{NH}$）	图 8.151
芳香族聚酰胺-1414	PAA-1414	1649（$v_{C=O}$）	1516（v_{Ar}）、1540（$\delta_{NH}+v_{CN}$）、1265（$v_{CN}+\delta_{NH}$）	图 8.152
三聚氰胺-甲醛树脂	MF	1549（$v_{C=N}$）	1497（$\delta_{OH}+v_{C-O}$）、1059（$v_{C-O}+\delta_{OH}$）、814（三嗪环）	图 8.168
脲醛树脂	UF	1633（$v_{C=O}$）	1538（$\delta_{NH}+v_{CN}$）、1249（$v_{CN}+\delta_{NH}$）、1378（$\delta_{OH}+v_{C-O}$）	图 8.166
丁醚化三聚氰胺甲醛树脂		1553	816（三嗪环）、1486（$\delta_{OH}+v_{C-O}$）、1095（$v_{C-O}+\delta_{OH}$）	图 8.170

表 6.4　3 区（1500~1300 cm^{-1}）的高聚物

高聚物	代码	谱带位置（对应的基团振动模式）/cm^{-1}		举例图号
		最强谱带	特征谱带	
聚乙烯	PE	1469（δ_{CH_2}）	2920（$v_{CH_2}^{as}$）、2852（$v_{CH_2}^{s}$）、719（p_{CH_2}）	图 8.1
全同聚丙烯	PP	1457（$\delta_{CH_3}^{as}+\delta_{CH_2}$）	1376（$\delta_{CH_3}^{s}$）、1164（CH$_2$、H$_3^1$ 螺旋）、971（β_{CH_2}）	图 8.15
聚异丁烯	PIB	14707（$\delta_{CH_3}^{as}+\delta_{CH_2}$）	1390/1366（$\delta_{CH_3}^{s}$）	图 8.31
天然橡胶	NR	1449（$\delta_{CH_3}^{as}+\delta_{CH_2}$）	1663（$v_{C=C}$）、842（β_{CH}）	图 10.1
聚乙烯醇缩丁醛	PVB	1465（$\delta_{CH_3}^{as}+\delta_{CH_2}$）	（1145、1006）同时存在为 1,3-二氧杂环己烷的伸缩振动	图 8.103

表 6.5　4 区（1300~1200 cm^{-1}）的高聚物

高聚物	代码	谱带位置（对应的基团振动模式）/cm^{-1}		举例图号
		最强谱带	特征谱带	
双酚 A 型环氧树脂	EP	1246（v^{as}_{Ar-O-C}）	1607（v_{Ar}）、1510（v_{Ar}）、1184（v^s_{A-O-Cr}）、830（$\gamma_{=CH}$）	图 8.133
双酚 A	BPA	1221（v^{as}_{Ar-O-C}）	1615（v_{Ar}）、1508（v_{Ar}）、825（$\gamma_{=CH}$）	图 8.132
聚碳酸酯	PC	1226（v^{as}_{C-O-C}）	1776（$v_{C=O}$）、1504（v_{Ar}）、830（γ_{CH}）	图 8.136
聚氯乙烯	PVC	1252（τ_{CH}）	1429（δ_{CH_2}）、966（γ_{CH_2}）、689（v_{C-Cl}）、616（v_{C-Cl}）	图 8.45
聚乙酸乙烯酯	PVAC	1246（v^{as}_{C-O-C}）	1743（$v_{C=O}$）、1121（v_{C-O-C}）、1025（v_{C-O-C}）	图 8.104
乙烯-乙酸乙烯酯共聚物	E/VAC	1241（v^{as}_{C-O-C}）	1740（$v_{C=O}$）、720（β_{CH_2}）、1025（v_{C-O-C}）	图 8.107
硝酸纤维素	NC	1286（$v^s_{NO_2}$）	1651（$v^{as}_{NO_2}$）、1069（v_{C-O-C}）、844（v^s_{N-O}）	图 8.199
三醋酸纤维素	CTA	1238（v^{as}_{C-O-C}）	1746（$v_{C=O}$）、1433（δ_{CH_2}）、559（吡喃糖环）	图 9.20
聚苯酯	POB	1251（v^{as}_{C-O-C}）	1737（$v_{C=O}$）、(1600、1510)（v_{Ar}）	图 8.191
聚对苯二甲酸乙二醇酯	PET	1254（v^{as}_{C-O-C}）	1721（$v_{C=O}$）、1105（v^s_{C-O-C}）、731（$\gamma_{=CH}$）	图 9.2

表 6.6　5 区（1200~1000 cm^{-1}）的高聚物

高聚物	代码	谱带位置（对应的基团振动模式）/cm^{-1}		举例图号
		最强谱带	特征谱带	
聚苯醚	PPO	1186（v^s_{Ar-O-C}）	1603（v_{Ar}）、1305（v^{as}_{Ar-O-C}）、1020（$\gamma_{=CH}$）	图 8.190
聚甲醛	POM	1091（v_{C-O-C}）	1236、1091、934、900（$v_{偶合 C-O-C}$）	图 8.130
聚乙烯醇	PVA	1093（v_{C-O-C}）		图 8.102
聚乙烯醇缩甲醛	PVF	1011（v^s_{C-O-C}）	1237、1169、1140、1098、1011（同时存在为 1,3-二氧杂环己烷的伸缩振动）	图 9.5
纤维素		1056（v_{C-O-C}）	1159（v_{C-O-C}）、557（吡喃糖环骨架振动）	图 8.193
聚四氟乙烯	PTFE	1210（$v^{as}_{CF_2}$）	1155（$v^s_{CF_2}$）、639	图 8.96
甲基硅油		1089（$v^{as}_{Si-O-Si}$）	1260（$v^s_{Si-CH_3}$）、796（$v_{C-Si} + \beta_{CH_3}$）	图 8.179

表 6.7　6 区（1000~600 cm^{-1}）的高聚物

高聚物	代码	谱带位置（对应的基团振动模式）/cm^{-1}		举例图号
		最强谱带	特征谱带	
聚苯乙烯	PS	757（$\tau_{=CH}$）、702（γ_{Ar}）	1601、1853、1493、1452（v_{Ar}）	图 8.32
丙烯腈-丁二烯-苯乙烯共聚物	ABS	761（$\tau_{=CH}$）、702（γ_{Ar}）	2238（$v_{C≡N}$）、967（$\tau_{=CH}$）	图 8.41
1,2-聚丁二烯	PB	909（$w_{=CH}$）	3079（$v_{=CH_2}$）、1640（$v_{C=C}$）、992（$\tau_{=CH}$）	图 8.25
反式 1,4-聚丁二烯	PB	970（$\tau_{=CH}$）	1664（$v_{C=H}$）	图 8.27
顺式 1,4-聚丁二烯	PB	737（$\tau_{=CH}$）	1655（$v_{C=H}$）	图 8.28

6.5 高聚物红外光谱的解释方法

组成和结构决定高聚物的性质，性质反映高聚物的组成和结构。根据高聚物的性质可以推断高聚物的组成和结构。要对高聚物的红外光谱进行分析，首先要明白高聚物的组成和结构。许多人觉得分析高聚物红外光谱困难，一个重要原因是缺少必要的知识背景。比如是否学习过有机化学、高分子化学、高分子物理、高聚物的生产工艺、仪器分析等。熟悉高聚物的分子结构和聚集态结构；熟悉构成高聚物的各种单体（基团）的光谱和所研究高聚物光谱的特点；对于不同的高聚物，要熟悉其生产工艺和使用方法；要熟悉高聚物的基本反应类型，如加聚反应、共聚反应、缩聚反应、酯交换反应等。这样才能较好地把红外光谱与对应的高聚物结构联系起来。对于混合物或共聚物的红外光谱，则要熟悉各单一成分的组成、结构和红外光谱。

分析红外光谱时，首先要了解样品的来源和背景。同一种树脂，可以制成不同的产品，如对苯二甲酸乙二醇酯可以生产涤纶、聚酯薄膜、饮料瓶和饱和聚酯树脂涂料。它们的红外光谱几乎相同，见图 6.18。所以在读谱时一定要尽可能多地了解检材的外观、理化性质、来源、用途和通过检验要解决的问题。否则可能会闹出笑话，把聚酯饮料瓶说成是涤纶。

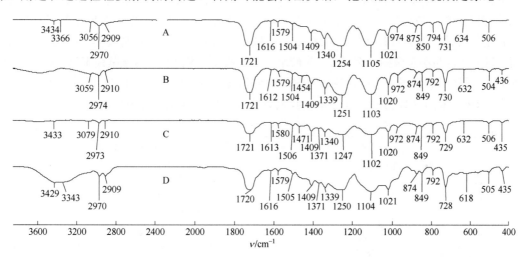

图 6.18 涤纶纤维（A）、聚酯薄膜（B）、饮料瓶（C）和饱和聚酯树脂涂料（D）的红外光谱

分析高聚物的红外光谱主要有以下 4 种方法。

6.5.1 直接与标准谱图相比较

通过考察特征基团频率或最强谱带，确定物质的类别，然后与标准谱图对照是分析红外光谱最直接、便捷的方法。当前已有多种高聚物的红外光谱书籍、谱图集和电子谱库。这些谱图一般按高聚物的种类划分。分析人员首先根据样品的来源、理化性能及使用情况，并结合谱图的特征，初步判断样品的类别，然后再通过计算机对这一类高聚物的红外谱图检索、核定。如果实验方法相同，只有样品基团频率和指纹频率都与标准光谱一致，才能确定样品的结构与标准光谱所代表的化合物结构相同。

微量物证红外光谱检索的实践表明，计算机检索现有标准红外谱库，存在匹配度不高的问题。这源于以下两个原因。

首先，微量物证中的高聚物通常不是标准物质或均聚物。微量物证中的高聚物多数不是实验室里研究的标准品，而是各行业的实际用品，大多数物品是高分子的共聚物或共混物，与标准品有差别。与色谱仪相比，分析共聚物或共混物非红外光谱仪所长。

其次，现有的红外光谱库库容偏小。以涂料的红外光谱库为例，Sadtler 标准图谱中有 720 张是与涂料有关的树脂、化合物的红外光谱。这远不能适应涂料发展的快速、复杂、多变。

为解决计算机检索匹配度不高的问题，从事红外光谱分析的实际工作者，需要结合本职工作建立自己的红外光谱库。谱图种类要有代表性，谱图数量应达到一定规模要求。对于微量物证分析，谱图数量应不低于 4000 张，谱图种类应涵盖塑料、纤维、橡胶、涂料、书写材料、颜料、填料、毒品、火炸药、黏合剂等。建库时要保证样品来源可靠、组成明确；谱图经过规范的处理，符合质量标准；工作人员有一定的读谱能力，能及时发现不合格的谱图。

6.5.2 排除法

面对一张未知的或不熟悉的红外光谱，首先要做的往往不是确定它是什么，而是先确定它不是什么。把漫无边际的寻找变为在一定区域的寻找，把大海捞针变为瓮中捉鳖。这就是图谱解释的"排除法"。

如果已知 A 区域的谱带对于 B 基团是特征的，那么当 A 区域没有出现 B 基团谱带时，我们就可以判断：被分析样品不存在 B 基团或含量在检测限以下。如果在特定区域有吸收，则用肯定解释法。例如若在 1870~1550 cm^{-1} 区域没有谱带，就可以排除羰基（C=O）的存在，从而可以判定样品不是聚酯、聚羧酸、聚酸酐、聚酰亚胺、聚酰胺等含羰基高聚物。如果 2500~2000 cm^{-1} 区域没有谱带，就可以排除 C≡N、C≡C 及累积双键 C=C=C 和 O=C=N 结构的存在。

图 6.19 为未知高聚物的红外光谱。我们试用排除法对其进行分析。

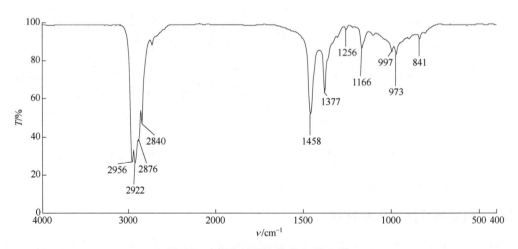

图 6.19 待分析聚合物的红外光谱

OH 和 NH 的伸缩振动出现在 3700~3100 cm^{-1}，图 6.20 为棉纤维（A）、待分析样品（B）、聚酰胺（C）和高岭土（D）的红外光谱。棉纤维的结构式为

其 OH 伸缩振动频率为 3351 cm^{-1}（图 6.20 中谱线 A）；聚酰胺-66 的结构式为

$\left[\begin{array}{c}\text{O}\\\text{C}\end{array}-(\text{CH}_2)_4-\begin{array}{c}\text{O}\\\text{C}\end{array}-\begin{array}{c}\text{H}\\\text{N}\end{array}-(\text{CH}_2)_6-\begin{array}{c}\text{H}\\\text{N}\end{array}\right]$，其 NH 伸缩振动频率在 3305 cm^{-1}（图 6.20 中谱线 C）；高岭土的理论化学式为 Al$_2$O$_3$·2SiO$_2$·2H$_2$O 或 Al$_4$(Si$_4$O$_{10}$)(OH)$_6$，其结晶水的伸缩振动频率在 3696 cm^{-1}、3670 cm^{-1}、3655 cm^{-1} 和 3622 cm^{-1}（图 6.20 中谱线 D）。待分析样品的红外光谱中在这一区域没有吸收。故排除待分析样品是含 NH 的伯胺、仲胺、酰胺，或含 OH 的羧酸、酚、醇，以及含结晶水的无机物。

比较图 6.20 中谱线 A、B 和 D 可知，高聚物中的 OH、NH 常形成氢键，所以其伸缩振动峰形较宽、强。而无机化合物结晶水不形成氢键，其伸缩振动谱带则一般较尖锐。

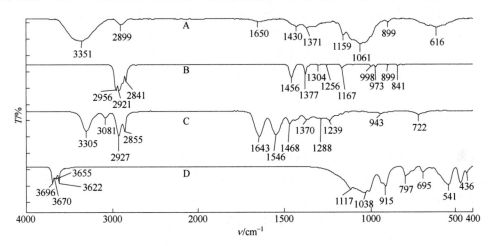

图 6.20　棉纤维（A）、待分析样品（B）、聚酰胺（C）和高岭土（D）的红外光谱

烯类、苯环上与不饱和碳原子相连的 =CH 伸缩振动频率在 3110~3000 cm^{-1} 区域。图 6.21 为顺丁橡胶（A）、待分析样品（B）和聚苯乙烯（C）的红外光谱。顺丁橡胶的结构式是

$\left[\begin{array}{c}\text{H}_2\text{C}\\\text{C}=\text{C}\\\text{H}\quad\text{H}\end{array}\begin{array}{c}\text{CH}_2-\text{CH}_2\\\text{C}=\text{C}\\\text{H}\quad\text{H}\end{array}\begin{array}{c}\text{CH}_2-\text{CH}_2\\\text{C}=\text{C}\\\text{H}\quad\text{H}\end{array}\begin{array}{c}\text{CH}_2\\\\\\\end{array}\right]_n$，与不饱和碳原子相连的 =CH 伸缩振动频率为 3074 cm^{-1}

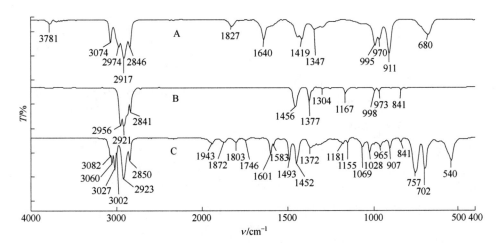

图 6.21　顺丁橡胶（A）、待分析样品（B）、聚苯乙烯（C）的红外光谱

（见图 6.21 谱线 A）；聚苯乙烯链节的结构式是 —CH₂—CH—（苯环），其苯环上 =CH 伸缩振动位于 3082 cm⁻¹、3060 cm⁻¹、3027 cm⁻¹、3002 cm⁻¹（图 6.22 谱线 C）。待分析样品的红外光谱中此区域没有吸收，可以排除待分析样品是含不饱和键的化合物。

甲基、亚甲基若与另一碳氢基团相连，甲基的反对称伸缩振动出现在 (2962 ± 10) cm⁻¹，对称伸缩振动出现在 (2872 ± 10) cm⁻¹；亚甲基的反对称伸缩振动在 (2926 ± 10) cm⁻¹，对称伸缩振动在 (2853 ± 10) cm⁻¹。待分析样品的红外光谱在 3000~2800 cm⁻¹ 区域有 2956 cm⁻¹、2922 cm⁻¹、2876 cm⁻¹、2841 cm⁻¹ 四条谱带，说明待分析样品中可能含有甲基和亚甲基两种基团。排除法不适用，认可法的解释是 2956 cm⁻¹ 为甲基的反对称伸缩振动，2876 cm⁻¹ 为甲基的对称伸缩振动；2922 cm⁻¹ 为亚甲基的反对称伸缩振动，2841 cm⁻¹ 为亚甲基的对称伸缩振动。这说明待分析样品可能有与碳氢基团相连的甲基、亚甲基。

如果甲基与羰基相连，其对称和反对称伸缩振动频率升高，如聚乙酸乙烯酯链节的结构式是（—CH₂—CH—O—C(=O)—CH₃），甲基与羰基直接相连，反对称伸缩振动频率由通常的 2956 cm⁻¹ 升至 2972 cm⁻¹，对称伸缩频率由通常的 2878 cm⁻¹ 升至 2932 cm⁻¹（图 6.22 谱线 A）。待分析样品的红外光谱中甲基的伸缩振动频率没有明显升高或降低的情况发生，排除待分析样品中存在与甲基直接相连的羰基。

如果甲基与氯、氧等电负性大的原子或基团间接（相隔一个原子）相连，其对称和反对称伸缩振动频率升高。如聚乳酸（PLA）的结构式是 [—O—CH(CH₃)—C(=O)—]ₙ。甲基隔一个碳原子与氧原子、羰基相连，反对称伸缩振动频率由通常的 2956 cm⁻¹ 升至 2998 cm⁻¹，对称伸缩振动频率由通常的 2878 cm⁻¹ 升至 2901 cm⁻¹（图 6.22 谱线 C）。待分析样品的红外光谱中甲基的伸缩振动频率没有明显升高或降低，排除待分析样品中有与甲基间接相连的氧原子、氯原子、羰基等强吸电子基团。

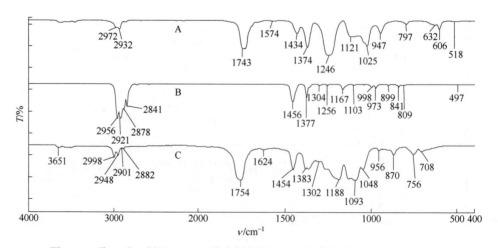

图 6.22　聚乙酸乙烯酯（A）、待分析样品（B）和聚乳酸（C）的红外光谱

如果甲基与氧、氮等有孤电子对的原子相连，其对称和反对称伸缩振动频率均降低。如吗啡的分子结构式是 ，分子中的氮原子存在孤电子对。甲基（CH_3）与氮原子直接相连，其对称和反对称伸缩振动频率均降低，反对称伸缩振动频率由通常的 2960 cm^{-1} 降至 2940 cm^{-1}，对称伸缩振动频率由通常 2873 cm^{-1} 降至 2862 cm^{-1}，见图 6.23。待分析样品的红外光谱中甲基的伸缩振动频率没有明显升高或降低，排除待分析样品中有与甲基相连的含孤电子对的氧、氮等原子。

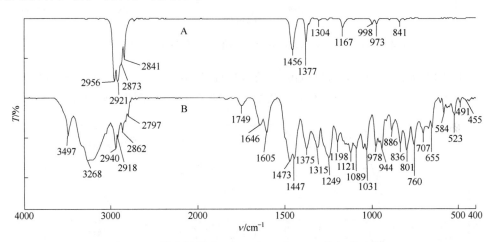

图 6.23 待分析样品（A）和吗啡（B）的红外光谱

亚甲基的伸缩振动分两种不同的情况：饱和烃和不饱和烃。通常饱和烃的亚甲基的伸缩振动频率低于 3000 cm^{-1}，不饱和烃的亚甲基伸缩振动频率高于 3000 cm^{-1}。

亚甲基的伸缩振动还有对称伸缩振动和反对称伸缩振动之分，对称伸缩振动频率总是低于反对称伸缩振动频率。

如果亚甲基（CH_2）与氯、氧等电负性大的原子或基团相连，其对称和反对称伸缩振动频率均升高。如聚丁二酸丁二醇酯的分子结构式为 ，分子中有与氧原子或羰基相连的 CH_2，其反对称伸缩振动频率由通常的 2921 cm^{-1} 上升至 2964 cm^{-1}，对称伸缩振动频率由 2841 cm^{-1} 上升至 2948 cm^{-1}，见图 6.24。待分析样品的红外光谱中，亚甲基的伸缩振动处于通常的位置，所以排除待分析样品的分子中有与亚甲基相连的强吸电子基。

氰基（—C≡N）、铵盐（NH_x^+）和异氰酸酯（R—N=C=O）等基团的伸缩振动频率位于 2500~2000 cm^{-1}。如腈纶纤维的链节结构式是 ，其氰

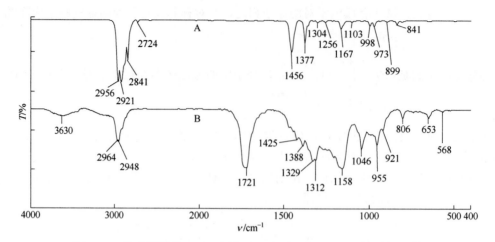

图 6.24　待分析样品（A）和聚丁二酸丁二醇酯（B）的红外光谱

基（—C≡N）的伸缩振动频率在 2243 cm^{-1}。待分析样品的红外光谱在该区域没有吸收。因此，样品中不含氰基（—C≡N）、NH_x^+ 和异氰酸酯（R—N=C=O）等基团，见图 6.25。

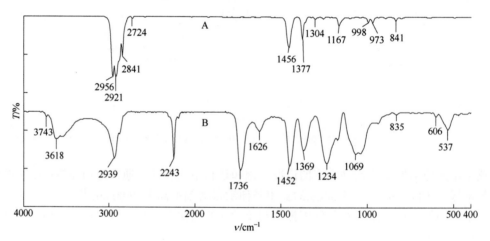

图 6.25　待分析样品（A）和腈纶（B）的红外光谱

羰基的伸缩振动位于 1870~1550 cm^{-1} 区域。如聚甲基丙烯酸甲酯链节是

其羰基的伸缩振动在 1726 cm^{-1}。待分析样品的红外光谱中此区域没有吸收。因此，待分析样品中不含羰基，见图 6.26，从而可以排除待分析样品是酸酐、酯、酮、羧酸、酰胺和羧酸盐。

芳香族化合物在 2000~1660 cm^{-1} 区域出现 2~5 个弱谱带，它们是苯环上=CH 弯曲振动频率的倍频和合频。峰的数量和形状对应一定取代类型的芳香族化合物。如聚苯乙烯的红外光谱中出现 1943 cm^{-1}、1872 cm^{-1}、1803 cm^{-1}、1745 cm^{-1} 等谱带。待分析样品的红外光谱在此区域没有吸收，可以进一步排除样品是芳香族化合物，见图 6.27。

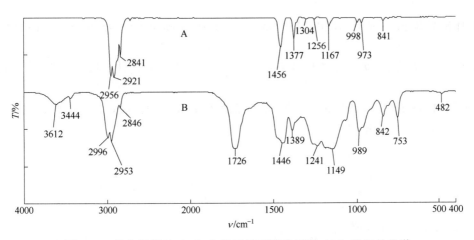

图 6.26 待分析样品（A）和聚甲基丙烯酸甲酯（B）的红外光谱

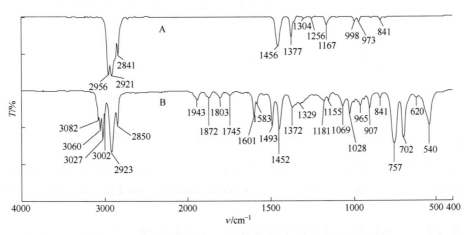

图 6.27 待分析样品（A）和聚苯乙烯（B）的红外光谱

烯烃的 C=C 伸缩振动位于 1670~1600 cm^{-1}。如聚 1,2-丁二烯的链节是 $\left[\begin{array}{c}CH_2-CH\\ |\\ HC=CH_2\end{array}\right]_n$，其 C=C 伸缩振动频率位于 1640 cm^{-1}。待分析样品的红外光谱中此区域没有吸收，可以排除样品中有 C=C 结构，见图 6.28。

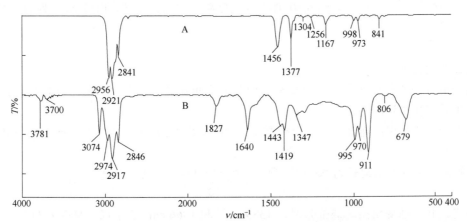

图 6.28 待分析样品（A）和聚丁二烯（B）的红外光谱

苯环的伸缩振动位于 1610~1450 cm^{-1}，一般在 1600 cm^{-1}、1580 cm^{-1}、1500 cm^{-1} 和 1450 cm^{-1} 有 4 条谱带。如聚苯乙烯链节是 —CH$_2$—CH— (C$_6$H$_5$)，其苯环的伸缩振动频率为 1601 cm^{-1}、1583 cm^{-1}、1493 cm^{-1}、1452 cm^{-1}。待分析样品的红外光谱中此区域没有吸收，进一步排除样品是芳香族聚合物，见图 6.29。

图 6.29 待分析样品（A）和聚苯乙烯（B）的红外光谱

甲基和亚甲基的变角振动位于 1490~1350 cm^{-1}，图 6.29 待分析样品的红外光谱中此区域有 1456 cm^{-1}、1377 cm^{-1} 2 条谱带，联系 3000~2800 cm^{-1} 的吸收，可以确证 CH$_2$ 和 CH$_3$ 的存在。

甲基与碳原子相连时，反对称变角振动频率在 (1460±10) cm^{-1}、对称变角振动频率在 (1378±10) cm^{-1}，与杂原子相连时，X—CH$_3$ 的对称变角振动频率随连接原子的电负性增加而升高：F＞O＞N＞C＞Cl＞S＞P＞Br＞Se＞As＞Ge＞I。如 O—CH$_3$ 中甲基的对称变角振动频率为 1445 cm^{-1}，N—CH$_3$ 中甲基的对称变角振动频率为 1425 cm^{-1}。罂粟碱的结构式是

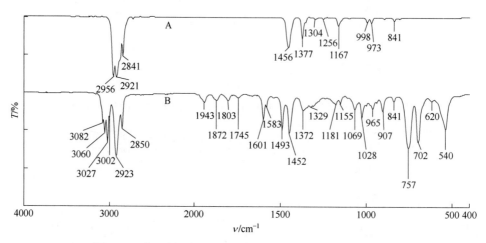

，图 6.30 谱线 B 为罂粟碱的红外光谱，1441 cm^{-1} 为 O—CH$_3$ 中甲基的对称变角振动。

待分析样品的红外光谱中，甲基和亚甲基的变角振动出现在"常值"，排除待分析样品中有与甲基直接相连的 O、N 原子。

若 2 个或 3 个甲基连接在同一个碳原子上，甲基变角振动分裂为 1385 cm^{-1} 和 1365 cm^{-1} 2 个峰。如聚异丁烯的结构式为 H$_3$C—[C(CH$_3$)$_2$—CH$_2$]$_m$—CH$_2$—C(CH$_3$)=CH$_2$，在其一个链节中 2 个甲基与 1 个碳原子相连，其甲基变角振动谱带分裂为 1389 cm^{-1} 和 1366 cm^{-1} 2 个峰，见图 6.31。

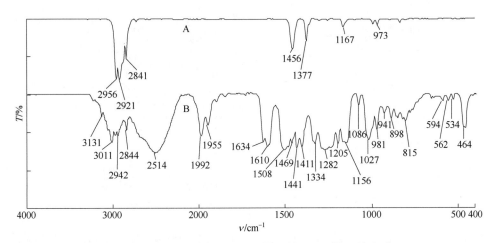

图 6.30 待分析样品（A）和罂粟碱（B）的红外光谱

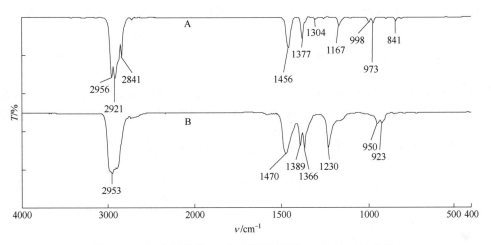

图 6.31 待分析样品（A）和聚异丁烯（B）的红外光谱

待分析样品的红外光谱中只在 1377 cm^{-1} 出现 CH$_3$ 的对称变角振动频率，排除 2 个或 3 个甲基连在同一个碳原子上的可能。

亚甲基与不饱和基团或吸电子基团相连变角振动频率降低，与推电子基团相连变角振动频率升高。如聚 1,2-丁二烯链节的结构式是 $\left[\begin{array}{c}CH_2-CH \\ | \\ HC=CH_2\end{array}\right]_n$，其链端基 $-HC=CH_2$ 的变角振动频率由通常的 1456 cm^{-1} 降至 1419 cm^{-1}（图 6.32 中谱线 A）；淀粉的链节结构式是

（结构式），与 OH 相连的 CH$_2$ 的变角振动频率由通常的 1456 cm^{-1} 降至 1415 cm^{-1}（图 6.32 中谱线 C）；聚偏二氯乙烯分子链节为 $-CH_2-CCl_2-$，CH$_2$ 的变角振动频率由通常的 1456 cm^{-1} 降至 1426 cm^{-1}（图 6.32 中谱线 D）。待分析样品的红外光谱中甲基和亚甲基的变角振动频率都在"常值"，没有明显升高或降低，说明聚合物中没有与甲基、亚甲基相连的强吸电子基团、强推电子基团和不饱和双键。

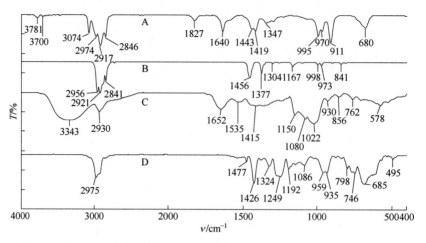

图 6.32 聚丁二烯（A）、待分析样品（B）、淀粉（C）和聚偏二氯乙烯（D）的红外光谱

醚键在 1310~1020 cm^{-1} 区域有特征吸收，一般有两个强谱带，高波数一侧为其不对称伸缩振动，低波数一侧是对称伸缩振动。如涤纶的结构式为 $\left[\mathrm{O-C(=O)-C_6H_4-C(=O)-O-CH_2-CH_2}\right]_n$，其反对称伸缩振动频率为 1254 cm^{-1}，对称伸缩振动频率为 1105 cm^{-1}。待分析样品的红外光谱不符合这种情况，可以排除待分析样品含醚键。使用认可法（见 6.5.3 节），待分析样品中 1167 cm^{-1} 和 973 cm^{-1} 可能是异丙基（—CH$_2$—CH(CH$_3$)—）的吸收，见图 6.33。

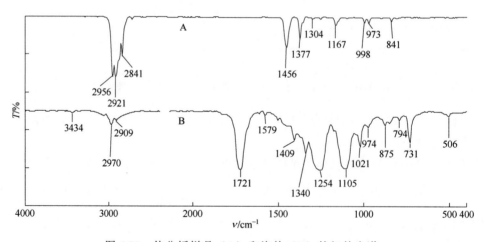

图 6.33 待分析样品（A）和涤纶（B）的红外光谱

1000~780 cm^{-1} 区域有脂肪族的不饱和键的特征吸收，可以用来区分乙烯基、亚乙烯基和反式双键，此区域有谱带，不适合用排除法。

乙基 CH$_3$CH$_2$— 在 790~770 cm^{-1}、正丙基 CH$_3$(CH$_2$)$_2$— 在 740~750 cm^{-1}、正丁基 CH$_3$(CH$_2$)$_3$— 在 736~723 cm^{-1} 有 CH$_2$ 面内摇摆振动。如果 $n \geqslant 4$，在 (720 ± 2) cm^{-1} 有 CH$_2$ 面内摇摆振动。如聚乙烯的红外光谱中，CH$_2$ 的面内摇摆振动频率为 719 cm^{-1}。待测样品在 790~718 cm^{-1} 没有吸收，说明在其大分子中没有上述结构，见图 6.34。

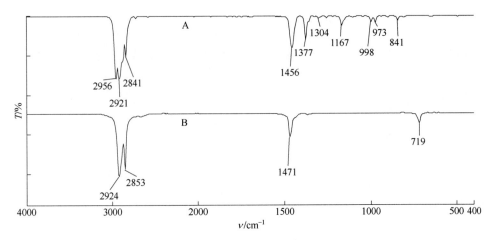

图 6.34 待分析样品（A）和聚乙烯（B）的红外光谱

综合上述讨论可知，光谱中仅有 CH_2、CH_3 碳氢基团的吸收，聚合物是饱和碳氢化合物；没有 $(CH_2)_n$ 长链；没有 2 个或 3 个甲基连在同一个碳原子上；没有与甲基、亚甲基相连的强吸电子基团、强推电子基团和不饱和双键；可能有异丙基结构。从这类聚合物的标准红外谱图中可检索出待分析样品是聚丙烯。

6.5.3 认可法

在红外光谱中，主要的谱带通常对应化合物中主要的官能团。因此，分析一张未知的红外光谱，首先从主要的谱带开始，然后再分析其他较特征的谱带，一些较弱又不特征的谱带往往不容易解释。

有些谱带特征性强，比较容易判断其源于哪种基团的何种振动方式。而有些区域的谱带可能来自多种基团，谱带的归属不易做出明确的判断，不能依一个谱带得出结论，需要根据一个基团的伸缩振动、变角振动、摇摆振动谱带，综合几个区域情况判断某基团是否存在。有时还要借助其他技术，才能确证某种基团或某种结构是否存在。

下面以图 6.35 为例，介绍用认可法解释红外光谱的例子。

第一强谱带是 2923 cm^{-1}，在 1800~600 cm^{-1} 区域之外，还应在 1800~600 cm^{-1} 区域寻找第二强谱带。第二强谱带是 757 cm^{-1}，属 1000~600 cm^{-1} 的第 6 区。待分析样品可能是以下 3 类高聚物：芳香族高聚物、聚丁二烯等含不饱和双键的高聚物或含氯量较高的聚合物。

3110~3000 cm^{-1} 区域的谱带源自芳环或烯烃的不饱和碳原子上=CH 的伸缩振动。图 6.35 中，在 3082 cm^{-1}、3060 cm^{-1}、3027 cm^{-1} 有吸收，说明被分析样品有苯环或 C=C 结构。

3000~2800 cm^{-1} 区域的谱带源自脂肪烃的 CH 伸缩振动，光谱在此区域有 2923 cm^{-1} 和 2850 cm^{-1} 两条谱带，说明待分析样品有脂肪烃 CH。甲基若与另一碳氢基团相连，反对称伸缩振动出现在 (2962±10) cm^{-1}，对称伸缩振动出现在 (2872±10) cm^{-1}。亚甲基反对称伸缩振动在 (2926±10) cm^{-1}，对称伸缩振动在 (2853±10) cm^{-1}。图 6.35 光谱与上述数据相比较，说明聚合物中没有甲基，只有亚甲基。

图 6.35 中亚甲基的伸缩振动频率位于"常值"，没有明显升高或降低，说明聚合物中没有与亚甲基相连的强吸电子基团、强推电子基团和不饱和双键。

2000~1660 cm^{-1} 的一组弱谱带对应芳环=CH 变角振动的倍频和组频，图 6.35 在此区域有 1943 cm^{-1}、1872 cm^{-1}、1803 cm^{-1}、1745 cm^{-1} 一组弱吸收，这组谱带的位置、强度、峰形和

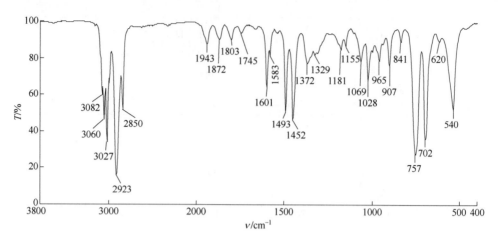

图 6.35 未知聚合物的红外光谱

数目是未知物样品中有单取代苯环存在的特征。苯环单取代后 5 个相邻的氢原子的面内变角振动在 1069 cm^{-1} 和 1028 cm^{-1}，面外变角振动在 757 cm^{-1}，图 6.35 光谱中这 3 个峰的存在进一步证实有单取代苯环存在。苯环结构还可以由 1601 cm^{-1}、1583 cm^{-1}、1493 cm^{-1}、1452 cm^{-1}（苯环单取代后骨架伸缩振动）和 702 cm^{-1}（苯环骨架面外变角振动）的谱带所证实。在 730~720 cm^{-1} 区域，当聚合度 $n \geqslant 4$ 时，分子中 $(CH_2)_n$ 在 720 cm^{-1} 有面内摇摆振动谱带，图 6.35 在该区域没有吸收，所以大分子中没有 CH_2 长链。

按照上述讨论可知，化合物中包含单取代苯环、饱和碳氢结构亚甲基（CH_2），没有与亚甲基相连的强吸电子基团、强推电子基团和不饱和双键，大分子中没有 CH_2 长链。用标准谱图进行核对，证明未知物为聚苯乙烯。

6.5.4　认可法与排除法相结合

分析未知高聚物的红外光谱时，通常是把认可法与排除法相结合，即按谱带位置、相对强度、形状来确定某些基团的存在，又排除某些结构的存在。图 6.36 为某未知聚合物的红外光谱，以此为例说明如何用认可法与排除法相结合解释高聚物的红外光谱。

图 6.36 中，第一强谱带是 1754 cm^{-1}，属 1800~1700 cm^{-1} 的第一区，可能是聚酯、聚羧酸、聚酰亚胺等含羰基化合物。1754 cm^{-1} 位于羰基可能出现范围的高频一侧，其 α-碳原子上可能连接有 O、Cl 等吸电子基团。

OH 和 NH 基团的伸缩振动在 3700~3100 cm^{-1} 区域，通常峰形宽而强。图 6.36 中 3509 cm^{-1} 不宽也不强，排除未知树脂中有 OH 或 NH 存在。认可法判断 3509 cm^{-1} 是羰基伸缩振动频率 1754 cm^{-1} 的倍频。

sp^3 杂化的饱和烃 C—H 伸缩振动低于 3000 cm^{-1}，而 sp^2 杂化的烯烃和芳香烃 C—H 伸缩振动高于 3000 cm^{-1}。2997 cm^{-1}、2947 cm^{-1}、2883 cm^{-1} 的存在，说明未知树脂中有饱和烃 C—H。3100~3000 cm^{-1} 没有谱带，排除未知树脂中有不饱和键。

通常，CH_3 反对称伸缩振动位于 (2960 ± 10) cm^{-1}，对称伸缩振动位于 (2870 ± 10) cm^{-1}；CH_2 反对称伸缩振动位于 (2926 ± 10) cm^{-1}，对称伸缩振动位于 (2853 ± 10) cm^{-1}；CH 伸缩振动位于 (2880 ± 10) cm^{-1}。2997 cm^{-1}、2947 cm^{-1}、2883 cm^{-1} 均高于上述常值。升高的原因有 3 种可能：

① 如果未知树脂中有 CH_3，当 CH_3 与羰基相连或与电负性大的 O、Cl 原子间接相连时，CH_3 的反对称伸缩振动和对称伸缩振动均升高；

② 如果未知树脂中有 CH₂，当 CH₂ 与电负性大的 O、Cl 原子相连时，CH₂ 的反对称伸缩振动和对称伸缩振动均升高；

③ 如果未知树脂中有 CH，当 CH 与电负性大的 O、Cl 原子相连时，CH 的伸缩振动频率升高，强度增大。

2500~2000 cm^{-1} 没有吸收，排除未知树脂有氰基（–C≡N）、铵盐（NH_x^+）和异氰酸酯（R–N=C=O）等基团。

如果有芳香基结构，红外光谱在 2000~1600 cm^{-1} 区域会出现 2~5 个弱谱带，它们是苯环上 =C–H 变角振动的倍频和合频。光谱中此区域只有 1 个强谱带 1754 cm^{-1}，不符合 2~5 个弱谱带的情况（倍频和合频都是弱峰），可以进一步排除芳香族化合物的存在。

990 cm^{-1} 没有 =CH 的面外弯曲振动、910 cm^{-1} 没有 =CH₂ 的面外弯曲振动、967 cm^{-1} 没有反式 RCH=CHR 的面外弯曲振动，进一步排除未知树脂是烯烃的可能。

CH₃ 反对称变角振动位于 (1460±10) cm^{-1}，对称变角振动位于 (1375±10) cm^{-1}。1454 cm^{-1}、1383 cm^{-1} 同时存在，证实未知树脂中有 CH₃。

1310~1020 cm^{-1} 是醚键 C–O–C 的吸收区域，光谱在此区域有 1266 cm^{-1}、1184 cm^{-1}、1129 cm^{-1}、1091 cm^{-1}、1047 cm^{-1} 强吸收，它们和 1754 cm^{-1} 强吸收结合在一起，显示酯的存在。

在 730~720 cm^{-1} 区域，当聚合度 $n \geq 4$ 时，分子中 (CH₂)$_n$ 在 720 cm^{-1} 产生吸收，图 6.36 在该区域没有吸收，排除未知树脂分子中有 CH₂ 长链。

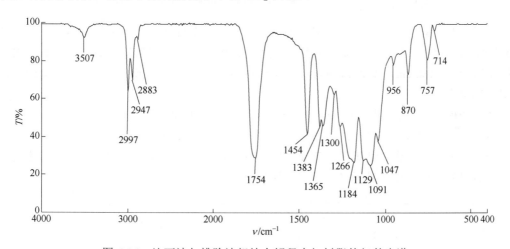

图 6.36 认可法与排除法相结合解释未知树脂的红外光谱

综合认可法及排除法得到的信息，可以推论未知树脂是一种聚羧酸或聚酯，不含芳烃、烯烃等不饱和键，也不含氰基（–C≡N）、NH_x^+ 和异氰酸酯（R–N=C=O）等基团，分子中没有 CH₂ 长链，有 C=O、CH₃、C–O–C、O 或 Cl 原子。O、Cl 原子与羰基 α-碳原子相连，并与 CH₃ 间接相连，与 CH 直接相连。

经查有关红外光谱，证实未知树脂是聚乳酸（见"8.6.2 聚乳酸的红外光谱"）。

6.5.5 红外光谱解释时的注意事项

第一，如果已知 A 区域的谱带对于 B 基团是特征的，那么当 A 区域谱带不存在时，可以确定 B 基团不存在。但是，A 区有谱带却不能确定 B 基团存在。

第二，在高聚物的红外光谱中，有些谱带是某个谱带的倍频或 2 个谱带的组合频；有些谱带则是整个分子或链段的吸收，所以不需要，往往也不可能对光谱中所有的谱带均指出其归属。

第三，首先要注意强峰，但也不能忽略某些特征的弱峰或肩峰，比如三聚氰胺甲醛树脂及其制成的氨基树脂涂料的红外光谱中，815 cm^{-1} 左右三嗪环面外振动的吸收就是弱而特征的，见图 6.37。

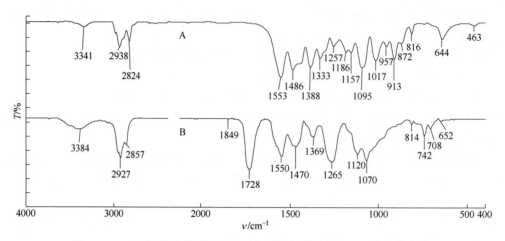

图 6.37　三聚氰胺甲醛树脂（A）和氨基树脂涂料（B）的红外光谱

第四，要注意峰的强度变化所提供的结构信息，两个特征谱带相对强度的变化有时能反映某官能团的存在。比如，在聚氯乙烯的红外光谱中，由于受到邻位氯原子的影响，CH_2 变角振动谱带从 1460 cm^{-1} 降至 1429 cm^{-1}，同时强度增大。这往往指示聚氯乙烯结构的存在，见图 6.38 谱线 A。

又比如，高聚物中羰基（C=O）在 1738 cm^{-1} 左右的吸收通常比 CH_3 在 1370 cm^{-1} 左右的吸收强（如图 6.38 谱线 B 中 1738 cm^{-1} 比 1377 cm^{-1} 的吸收强），而在图 6.38 谱线 C 中，由于甲基直接和羰基相连，甲基在 1371 cm^{-1} 的强度与羰基在 1728 cm^{-1} 的强度相当。这是乙酸酯结构的明显特征，往往显示可能存在乙酸酯。

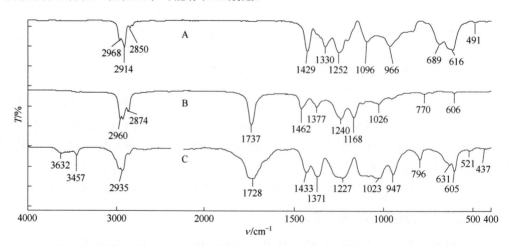

图 6.38　聚氯乙烯（A）、聚丙烯酸酯（B）和聚乙酸乙烯酯（C）的红外光谱

第五，要注意红外光谱中可能出现杂质等因素引起的多余谱带和假的谱带，如水、二氧化碳、增塑剂、填料等。杂质的存在可能较大地改变高聚物红外光谱的形状，图 6.39 中的谱线 A 为聚氯乙烯（PVC）的红外光谱，谱线 B 为含增塑剂 DOP 的聚氯乙烯的红外光谱，二者的差别是显而易见的。图 6.39 中谱线 C 也是含增塑剂 DOP 的聚氯乙烯的红外光谱，其中 2360 cm^{-1}、2339 cm^{-1} 为二氧化碳的吸收。要熟悉一些常见"杂质"的吸收特征，读谱时才能不受干扰。

第六，聚合物的红外光谱解释，即要考虑聚合物的分子链结构，还要考虑其聚集态结构。

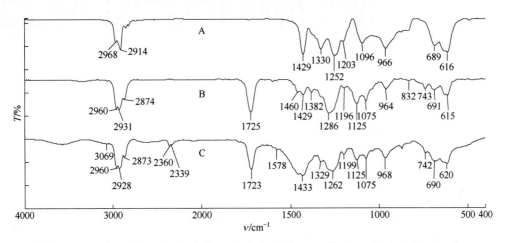

图 6.39 PVC（A）、含 DOP 的 PVC（B）和含 DOP 的 PVC（C）的红外光谱

第 7 章
常用填料、颜(染)料、增塑剂和试剂的红外光谱

为了改善高聚物的性能、降低成本或赋予高聚物制品一定的颜色,塑料、橡胶、纤维、涂料等经常添加颜(染)料、填料和增塑剂。添加前、后高聚物的红外光谱会有较大变化。要正确识别高聚物制品的红外光谱,就要熟悉常用填料、颜(染)料和增塑剂的红外光谱,并能从红外光谱中把它们指认出来。

颜料是一种微细粉末状的有色物质,是多种高分子材料制造过程中必不可少的原料。它不溶于水或油等介质中,而能均匀地分散在介质中,使制品具有一定的遮盖能力,可以增加色彩和保护作用。颜料还能增强制品本身的强度、耐久性、耐候性、耐磨性和防老化性。

颜料和染料的区别在于:染料可溶于介质中,从而使被染物品全部染色;而颜料不溶于介质中,仅能使物品表面着色。

7.1 体质颜料的红外光谱

滑石粉、碳酸钙、硫酸钡等颜料属于体质颜料或填料。体质颜料不具有遮盖力和着色力,在制品中不能阻止光线的通过,也不能给制品添加色彩,只起增量的作用,主要用来降低成本。填料不改变制品的性质,但可以改进制品的性能。以涂料中的体质颜料为例,它能增加漆膜厚度、改善漆膜质量,使漆膜耐久。有些体质颜料密度小、悬浮力好,可以防止密度大的颜料沉淀,改进涂料的理化性能。另外,在使用着色力和遮盖力很高的颜料时,加入部分体质颜料可节省质量高、价格贵的颜料。塑料中的填料对制品也有许多改性效果,如提高硬度、改进耐热性和尺寸稳定性、降低成型收缩率和热膨胀性等。

体质颜料中的含氧酸盐(如 $BaSO_4$、$CaCO_3$)的红外光谱吸收比较明显,较易从高聚物的红外光谱中分辨出来,而一些金属氧化物(如 ZnO、Al_2O_3)或无氧酸盐(如 ZnS)红外吸收弱,特征性不强,难以鉴别。

7.1.1 滑石粉的红外光谱

滑石粉(talcum powder)俗称水合硅酸镁,结构式为 $Mg_3(Si_4O_{10})(OH)_2$(或写作 $3MgO·4SiO_2·H_2O$)。滑石粉属单斜晶系,晶体呈假六方或菱形的片状,通常呈致密的块状、叶片状、放射状或纤维状集合体。滑石粉呈无色透明或白色,或因含少量的杂质而呈浅绿、浅黄、浅棕甚至浅红色。自然界中的滑石粉中 SiO_2 约占 56%，MgO 约占 28.6%，CaO 约占 5%。图 7.1 为滑石粉的能谱图。

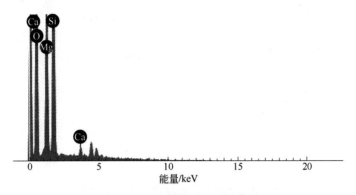

图 7.1 滑石粉的 EDX 能谱图

滑石粉极软且有滑腻感，化学性质不活泼，作为强化改质填充剂广泛用于橡胶、塑料、油漆等，可以提高产品形状的稳定性，增加张力、剪切、绕曲和压力强度，降低伸张率、热胀系数。滑石粉在涂料中，可防止颜料沉淀，也可防止涂料流挂；在漆膜中能吸收伸缩张力，使漆膜免于发生裂缝和空隙。因此，滑石粉适用于室外漆，也适合在耐洗、耐磨漆中作颜料。滑石粉还用作医药、食品和化妆品行业的填充剂，同时在造纸、建筑、陶瓷行业也有广泛应用。

图 7.2 为滑石粉的红外光谱，最强吸收在 1017 cm^{-1}，是 Si-O-Si 的反对称伸缩振动。3677 cm^{-1} 是结晶水的 OH 伸缩振动。782 cm^{-1} 为 Si-O-Si 的对称伸缩振动。670 cm^{-1} 为 OH 的摇摆振动。467 cm^{-1} 为 OH 的变角振动。453 cm^{-1}、425 cm^{-1} 为 Mg-O-Si 的振动。

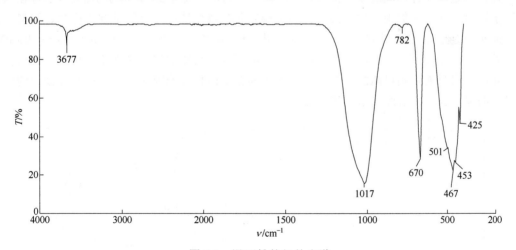

图 7.2 滑石粉的红外光谱

在混合物的红外光谱中，如图 7.3 所示：

第一，如果发现 670 cm^{-1}、466 cm^{-1} 两个谱带同时存在，可假设是滑石粉的吸收。

第二，寻找 1018 cm^{-1} 左右是否有宽、强吸收。如果 1018 cm^{-1} 不存在，可判定没有滑石粉；如果 1018 cm^{-1} 有宽、强吸收，基本可以确定有滑石粉。

第三，452 cm^{-1}、424 cm^{-1} 同时存在也可确定滑石粉的存在。

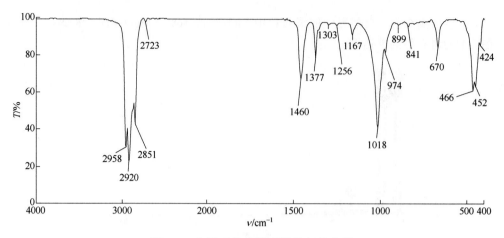

图 7.3　含滑石粉的聚丙烯的红外光谱

3677 cm^{-1} 的特征性非常强，如果红外光谱中有 3677 cm^{-1} 谱带，基本可以确定滑石粉的存在，但在混合物的光谱中，它变得非常弱。许多基团在 1017 cm^{-1} 左右也有吸收，要注意相对强度和峰形的变化。

7.1.2　硫酸盐的红外光谱

高分子材料中硫酸盐（sulfate）颜料主要是硫酸钡（BaSO$_4$，barium sulfate）、锌钡白（BaSO$_4$·ZnS）和硫酸铅（PbSO$_4$，lead sulfate）。硫酸钡又称重晶石粉，为斜方晶系白色粉末，耐化学性好，在涂料中能与任何漆料、颜料共享，与少量硫化锌合用则能提高漆膜的耐磨性。

锌钡白是硫化锌和硫酸钡的混合物，俗称立德粉，一般含 28%~30%的硫化锌。锌钡白大量用于涂料工业，不但用于白色漆，也用于调制各种浅色漆，还可用于制造橡胶、塑料、油墨、油布、造纸、搪瓷、制革、印泥等制品。图 7.4 为硫酸钡和立德粉（28%~30%ZnS+BaSO$_4$）的红外光谱。比较图 7.4 的两条谱线可知，硫酸钡和立德粉的红外光谱非常相似。锌钡白的红外光谱一般只能识别出硫酸钡的吸收，而不易指认硫化锌的吸收。硫酸钡和锌钡白的区分可以借助能谱仪、X 射线光谱仪等仪器。

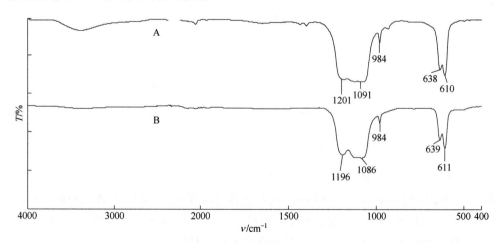

图 7.4　硫酸钡（A）和立德粉（B）的红外光谱

图 7.5 为立德粉和硫酸钡的能谱图，前者有锌元素，后者没有锌元素，用能谱图可以很容易地把二者区分开。

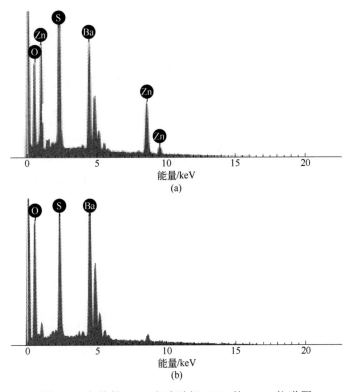

图 7.5　立德粉（a）和硫酸钡（b）的 EDX 能谱图

硫酸盐中的 SO_4^{2-} 是一个五原子四面体结构（XY_4^{2-} 型离子），属于高度对称的 T_d 点群，硫原子在四面体的几何中心，四个氧原子在四面体的四个顶点。硫酸根的空间结构模型见图 7.6。

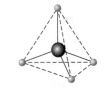

图 7.6　硫酸根（SO_4^{2-}）的空间结构模型

SO_4^{2-} 有三个红外活性基频振动：SO_4^{2-} 反对称伸缩振动在 1210~1025 cm^{-1} 附近，呈宽强吸收。SO_4^{2-} 面外变角振动（反对称变角振动）位于 640~580 cm^{-1}，呈中等强度吸收。在 1030~960 cm^{-1} 有弱而尖锐的吸收，是 SO_4^{2-} 的对称伸缩振动（硫酸钡的对称伸缩振动频率为 984 cm^{-1}）。因为 SO_4^{2-} 是五原子四面体结构，高度对称，理论上 SO_4^{2-} 的对称伸缩振动是非红外活性的，而是拉曼活性的。如果 SO_4^{2-} 与阳离子结合后，SO_4^{2-} 发生畸变，在 1030~960 cm^{-1} 有对称伸缩振动弱吸收。在图 7.7 中，硫酸铅中 SO_4^{2-} 的对称伸缩振动位于 968 cm^{-1}；在图 7.9 中，在 984 cm^{-1} 有 SO_4^{2-} 的对称伸缩振动。

硫酸盐在 665~590 cm^{-1} 区域会发生峰的分裂，当阳离子为 NH_4^+、Mg^{2+}、K^+、Na^+、Rb^+、Cs^+ 或 Mn^{2+} 时为单峰；当阳离子为 Ca^{2+}、Cu^{2+}、Be^{2+}、Sr^{2+}、Pb^{2+}、Ni^{2+}、Zn^{2+}、Cd^{2+}、Hg^{2+} 或 Ba^{2+} 时为双峰。如硫酸钡在 638 cm^{-1}、610 cm^{-1} 有吸收；硫酸铅在 631 cm^{-1}、597 cm^{-1} 有吸收；石膏（$CaSO_4 \cdot 2H_2O$）在 614 cm^{-1}、595 cm^{-1} 有吸收（677 cm^{-1} 为 OH 的摇摆振动）；无水硫酸钠只在 617 cm^{-1} 有吸收，见图 7.8。SO_4^{2-} 的面内弯曲振动（对称变角振动）位于 460~450 cm^{-1}，弱而不特征，鉴定意义不大。

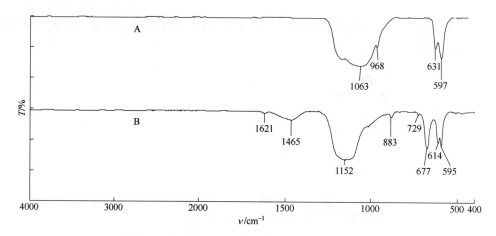

图 7.7 硫酸铅（A）和石膏（B）的红外光谱

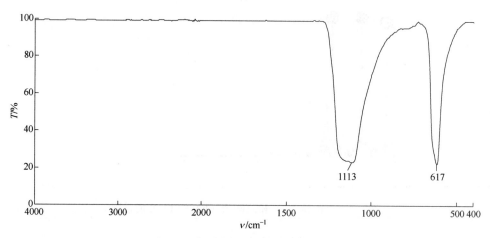

图 7.8 无水硫酸钠的红外光谱

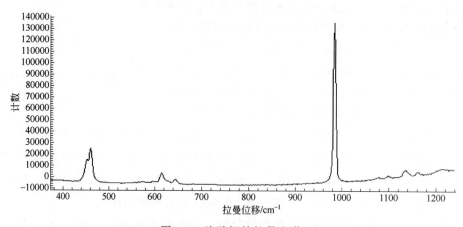

图 7.9 硫酸钡的拉曼光谱

硫酸钡在 984 cm^{-1} 的吸收虽然比较弱，但非常特征。在混合物的红外光谱中（图 7.10）：

第一，如果发现有 984 cm^{-1} 峰，要据此猜想混合物中可能有硫酸钡。

第二，寻找是否有 637 cm^{-1}、610 cm^{-1} 峰。如果没有，可判断没有硫酸钡；如果 637 cm^{-1}、610 cm^{-1} 峰也同时存在，基本上可以确定混合物中有硫酸钡。

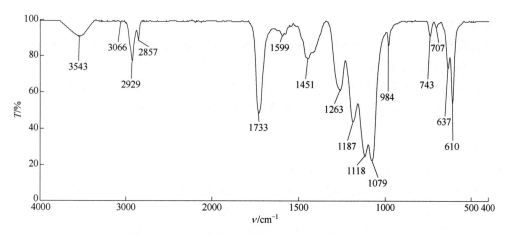

图 7.10　含硫酸钡的醇酸树脂涂料的红外光谱

第三，寻找硫酸钡的其他吸收峰，比如 1210~1025 cm^{-1} 间是否有宽、强吸收，如果有，则可以确定硫酸钡的存在；如果没有，则存疑。

7.1.3　玻璃的红外光谱

塑料制品常用玻璃纤维增强。玻璃纤维增强塑料（glassfiber reinforced plastics，GFRP）的一些力学性能可以达到钢材的水平，所以俗称玻璃钢。涂料中常用玻璃微珠作反光材料。图 7.11 为钠钙硅玻璃的红外光谱。这种玻璃的主要原料是钾长石，各氧化物的含量如下：SiO_2 71.25%、Na_2O 13.77%、Al_2O_3 2.56%、CaO 6.37%。1008 cm^{-1} 左右的宽强吸收是 Si—O、Na—O、Al—O_3 伸缩振动的重叠，主要是 Si—O 的反对称伸缩振动；779 cm^{-1} 为 Si—O 的对称伸缩振动。

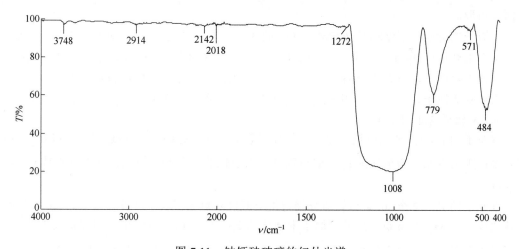

图 7.11　钠钙硅玻璃的红外光谱

7.1.4　碳酸钙和碳酸盐的红外光谱

碳酸钙（calcium carbonate）是大理石的主要成分，分子式为 $CaCO_3$，分解温度为 898 ℃。

碳酸钙在塑料中可以提高制品尺寸的稳定性、硬度和刚度，改善塑料加工性能及其制品的耐热性和散光性；在橡胶中作填充剂，可增加体积、降低成本、改进加工性能及硫化性能；在涂料中赋予涂层耐磨性、抗腐蚀性，降低烘烤温度，缩短烘烤时间，提高产品质量，降低生产成本，具有明显的经济效益。

根据碳酸钙生产方法的不同，将碳酸钙分为重质碳酸钙、轻质碳酸钙和胶体碳酸钙。

重质碳酸钙是用机械方法粉碎天然石灰石、贝壳等制得的。重质碳酸钙的沉降体积（1.1~1.4 mL/g）比轻质碳酸钙的沉降体积（2.4~2.8 mL/g）小。按粉碎细度的不同，重质碳酸钙常用于玻璃、水泥、建筑、橡胶、油漆、塑料、涂料、胶合板、电线绝缘层、沥青制油毡等。

轻质碳酸钙又称沉淀碳酸钙。生产时先将石灰石等原料煅烧，生成氧化钙和二氧化碳（$CaCO_3 \longrightarrow CaO+CO_2$）；再用水与氧化钙反应生成氢氧化钙［$CaO+H_2O \longrightarrow Ca(OH)_2$］；然后往氢氧化钙中通入二氧化碳，二者反应生成碳酸钙和水［$Ca(OH)_2+CO_2 \longrightarrow CaCO_3+H_2O$］；最后脱水、干燥、粉碎制得粉状轻质碳酸钙。

胶体碳酸钙又称活性碳酸钙、白艳华，简称活钙，是用铝酸酯偶联剂、钛酸酯偶联剂等表面改性剂对碳酸钙进行表面改性活化处理而成。活性碳酸钙用作橡胶的填料，使橡胶色泽光艳、伸长率增大、抗张强度提高、耐磨性加强。胶体碳酸钙还用于人造革、电线、涂料、油墨和纸张等制品。

根据碳酸钙的分子排列是否有规律，碳酸钙分为晶体碳酸钙和非晶体碳酸钙。晶体碳酸钙为纯白色，用于牙膏、医药、保温材料和其他化工原料等。

碳酸（HO—$\overset{\overset{O}{\|}}{C}$—OH），失去2个氢离子成为碳酸根（$CO_3^{2-}$）。碳原子和3个氧原子均以$sp^2$杂化，4个原子共平面。碳原子的价电子层结构是$2s^22p^2$，$sp^2$杂化后，碳原子生成3个$sp^2$杂化轨道和1个未杂化的$2p_z$轨道，4个轨道均含1个电子。3个$sp^2$杂化轨道共平面，未杂化的$2p_z$轨道与3个$sp^2$杂化轨道所在平面垂直。碳酸根（$CO_3^{2-}$）分子中的3个C–O σ键呈平面三角形。

氧原子的价电子层结构是$2s^22p^4$，CO_3^{2-}的3个氧原子经sp^2杂化，均生成3个sp^2杂化轨道和1个未杂化的$2p_z$轨道。但是3个氧原子的电子分布不同：原羰基氧原子，2个sp^2杂化轨道各含1对电子，剩余1个sp^2杂化轨道含1个电子；未杂化的$2p_z$轨道含1个电子。

原羟基氧原子，2个sp^2杂化轨道各含1个电子，剩余1个sp^2杂化轨道含1对电子；未杂化的$2p_z$轨道含1对电子。

碳原子的1个sp^2杂化轨道与原羰基氧原子含1个电子的sp^2杂化轨道交盖生成C_{sp^2}–O_{sp^2}型σ键；羰基氧原子未杂化的p_z轨道与碳原子未杂化的p_z轨道平行，侧面重叠形成C_{p_z}–O_{p_z}型π键。

碳原子的另外2个sp^2杂化轨道分别与1个原羟基氧原子含1个成单电子的sp^2杂化轨道交盖生成C_{sp^2}–O_{sp^2}型σ键。羟基氧原子未杂化的$2p_z$轨道与C_{p_z}–O_{p_z}型π键都垂直于碳、氧4个原子所在平面，所以它们相互平行并交盖生成p-π共轭键。即4个未杂化的$2p_z$轨道相互交盖生成四原子六电子离域Π_4^6键，见图7.12和图7.13。

Π_4^6键中6个电子属1个碳原子和3个氧原子共有，电子的离域发生了键的平均化，3个C–O键几乎完全相同。因为中心碳原子是sp^2杂化，CO_3^{2-}是平面三角形结构，4个原子在1个平面内，3个氧原子在正三角形的3个顶角，互成120°角，见图7.14。高度对称使CO_3^{2-}对称伸缩振动为非红外活性，红外光谱带没有吸收或很弱。

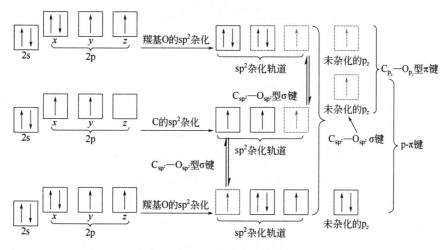

图 7.12　CO_3^{2-} 中碳原子和氧原子的杂化与成键示意图

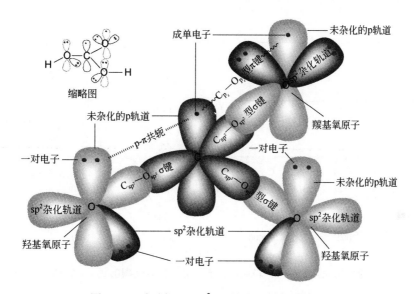

图 7.13　碳酸根（CO_3^{2-}）的空间结构示意图

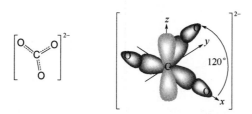

图 7.14　碳酸根（CO_3^{2-}）的空间结构简图

由于生成条件不同，碳酸钙有 3 种不同的晶型：方解石、文石和球方解石。方解石属三方晶系，文石属斜方晶系，球方解石属六方晶系。3 种晶型的碳酸钙的红外光谱带如表 7.1 所示。

表 7.1 晶体碳酸钙的红外谱带

振动模式	球方解石	方解石	文石
CO_3^{2-} 反对称伸缩振动	1490 cm^{-1}、1420 cm^{-1}	1420 cm^{-1}	1465 cm^{-1}
CO_3^{2-} 对称伸缩振动	1085 cm^{-1} 弱、1070 cm^{-1} 弱		1083 cm^{-1} 弱
CO_3^{2-} 面外变角振动	870 cm^{-1}、850 cm^{-1}	876 cm^{-1}	851 cm^{-1}、842 cm^{-1}
CO_3^{2-} 面内变角振动	750 cm^{-1}	712 cm^{-1}	707 cm^{-1}、692 cm^{-1}

方解石 CO_3^{2-} 面外变角振动（876 cm^{-1}）和面内变角振动（712 cm^{-1}）都是单峰，对称伸缩振动为非红外活性；文石 CO_3^{2-} 面外变角振动（851 cm^{-1}、842 cm^{-1}）和面内变角振动（707 cm^{-1}、692 cm^{-1}）都是双峰，对称伸缩振动有弱吸收（1083 cm^{-1}）。据此可区分碳酸钙的这两种晶型。如天然珍珠属文石结构，用红外光谱可鉴别珍珠质量。

由于 CO_3^{2-} 是平面三角形结构，高度对称，发生对称伸缩振动时没有偶极矩的变化或变化很小，所以其对称伸缩振动红外吸收非常弱，甚至不出现，而拉曼吸收很强，见图 7.15、图 7.16。

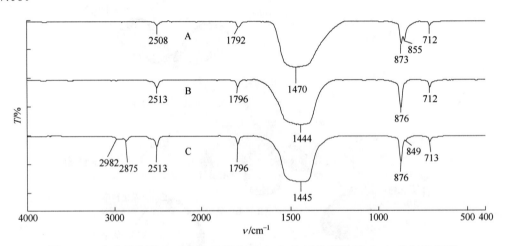

图 7.15 重质碳酸钙（A）、轻质碳酸钙（B）和活性碳酸钙（C）的红外光谱

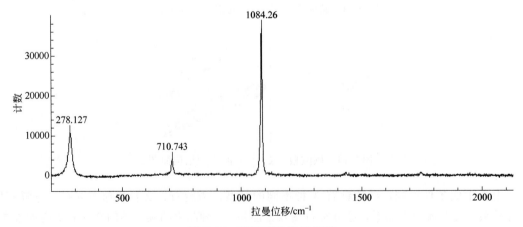

图 7.16 碳酸钙的拉曼光谱

工业上使用的碳酸钙是晶体碳酸钙和非晶体碳酸钙的混合物。在碳酸钙的红外光谱中通常出现的谱带有：2513 cm^{-1}、1796 cm^{-1}、1440 cm^{-1}（CO_3^{2-}反对称伸缩振动）、1084 cm^{-1}（CO_3^{2-}对称伸缩振动）、876 cm^{-1}、853 cm^{-1}（CO_3^{2-}面外变角振动）和 712 cm^{-1}（CO_3^{2-}面内变角振动）。有时还会有 2982 cm^{-1}、2875 cm^{-1}谱带，它们是CO_3^{2-}反对称伸缩振动频率的一级倍频[1440×2=2880(cm^{-1})]。2513 cm^{-1}是CO_3^{2-}反对称伸缩振动和对称伸缩振动的合频[1440+1082=2522≈2513(cm^{-1})]；1796 cm^{-1}是对称伸缩振动和面内变角振动的合频[1082+712=1794≈1796(cm^{-1})]。

碳酸钙的红外光谱会因方解石和文石含量的不同而在 878~853 cm^{-1}间有不同的峰形，如果文石含量比较大，则会如图 7.15 中谱线 A 在 873 cm^{-1}、855 cm^{-1}出现 2 个强度不等的峰。如果文石含量小，则会如图 7.15 中谱线 B 在 876 cm^{-1}出现 1 个单峰，或如谱线 C 在 876 cm^{-1}之外还在 849 cm^{-1}出现 1 个弱的肩峰。

含碳酸钙的高分子材料的红外光谱中，碳酸钙的吸收以 2513 cm^{-1}、1796 cm^{-1}、876 cm^{-1}比较明显，而 1440 cm^{-1}和 712 cm^{-1}容易受其他成分（比如 CH_3、CH_2）的影响而不易辨别。

如果在混合物的红外光谱中（如图 7.17）发现 877 cm^{-1}谱带，应该考虑混合物中可能含碳酸钙。第一，假定有碳酸钙，看红外光谱在 2514 cm^{-1}、1797 cm^{-1}是否有吸收。如果这 2 个峰同时存在，基本可以确定混合物中含碳酸钙；如果没有这 2 个峰，则样品中不含碳酸钙或含量低于检测限。第二，看在 1440 cm^{-1}左右是否有宽、强吸收，在 713 cm^{-1}是否有中等强度的吸收。如果有，可以确定混合物中含有碳酸钙；如果没有，存疑。

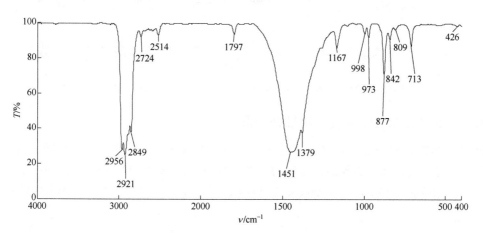

图 7.17　塑料水管的红外光谱

碳酸盐的红外光谱中，碳酸根的吸收明显，据此容易把碳酸盐与其他无机盐区分开。碳酸盐中阳离子对红外光谱的影响也不可忽视。CO_3^{2-}反对称伸缩振动和面外变角振动频率与阳离子的质量和电荷有关，也与金属离子的配位方式有关。图 7.18 为碳酸锂（Li_2CO_3）、碳酸钠（Na_2CO_3）和碳酸钾（K_2CO_3）的红外光谱比较，图 7.19 为碳酸锶（$SrCO_3$）、碳酸铅（$PbCO_3$）和碱式碳酸镁[$4MgCO_3·Mg(OH)_2·5H_2O$]的红外光谱比较。在碳酸盐中除碳酸锂、碳酸钠外，红外光谱中 CO_3^{2-}面外变角振动频率随阳离子原子量增加而降低。如钾、钙、锶、铅的原子量分别为 37、40、87.5、267，其 CO_3^{2-}面内变角振动频率分别为 882 cm^{-1}、876 cm^{-1}、858 cm^{-1}、839 cm^{-1}。

图 7.18 和图 7.19 说明，根据红外光谱可以鉴别不同的碳酸盐。"从红外光谱图上只能判断油漆中有无碳酸根，但不能认定有无碳酸钙"是一种有违事实和红外理论的错误说法。

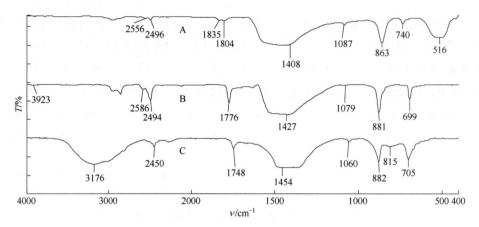

图 7.18　碳酸锂（A）、碳酸钠（B）和碳酸钾（C）的红外光谱

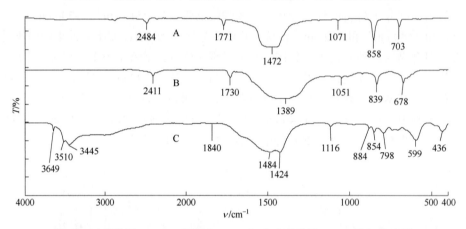

图 7.19　碳酸锶（A）、碳酸铅（B）和碱式碳酸镁（C）的红外光谱

7.1.5　碳酸钙和滑石粉混合物的红外光谱

碳酸钙和滑石粉的混合物是腻子的主要成分，常用于房屋内壁粉刷和漆类施工前预处理。图 7.20 是碳酸钙和滑石粉的混合物的红外光谱。3677 cm^{-1}、1020 cm^{-1}、671 cm^{-1}、468 cm^{-1} 为滑石粉的吸收；2513 cm^{-1}、1796 cm^{-1}、1444 cm^{-1}、1089 cm^{-1}、712 cm^{-1} 为碳酸钙的吸收。

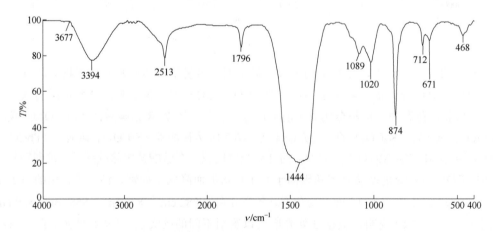

图 7.20　碳酸钙和滑石粉的混合物的红外光谱

7.1.6 二氧化硅的红外光谱

二氧化硅（silicon dioxide，SiO）有晶形和无定形两种形态，是土壤的主要成分。交通事故中的涂料经常被其混合物污染。图 7.21 是 SiO_2 的红外光谱。无定形二氧化硅的 O—Si—O 的反对称伸缩振动在 1110 cm^{-1} 附近，而晶形二氧化硅（俗称石英）的 O—Si—O 反对称伸缩振动在 1082 cm^{-1} 左右。无定形二氧化硅对称伸缩振动是单峰，在 810 cm^{-1} 附近，结晶形二氧化硅 O—Si—O 对称伸缩振动是双峰，在 798 cm^{-1} 和 781 cm^{-1} 左右，借此可以区分晶形 SiO_2 和无定形 SiO_2。晶形二氧化硅 O—Si—O 反对称变角振动位于 696 cm^{-1}，对称变角振动位于 464 cm^{-1}。

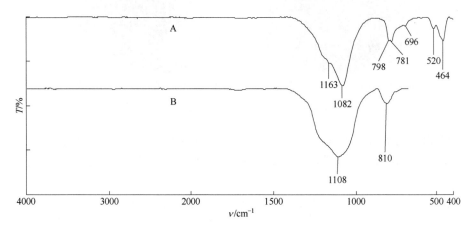

图 7.21　晶形二氧化硅（A）和无定形二氧化硅（B）的红外光谱

硅酸盐中 O—Si—O 反对称伸缩振动频率最大到 1030 cm^{-1}，如滑石粉的红外光谱中 O—Si—O 反对称伸缩振动位于 1018 cm^{-1}，这是二氧化硅和硅酸盐红外光谱的明显区别。

7.1.7 二氧化硅检验案例

汽油中含有的极少量的硅，主要来自以下两个方面：①石油炼制过程中，有时会加入少量含硅化合物；②由原油生产的直馏汽油，不能直接作为发动机燃油，而要经精制、调配、加入添加剂才能成为商品燃油，其中有的添加剂含硅元素。燃油中硅元素含量极低，正常使用的火花塞电极只有少量黑色附着物，见图 7.22，硅元素含量低于 Ca、S、P、O 等元素。

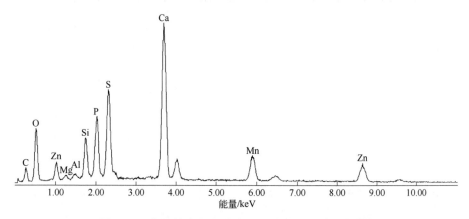

图 7.22　某品牌汽车火花塞及附着物的 EDX 能谱图

简要案情：2014 年 B 市发生一起群体上访事件，起因是数百辆汽车在一周内均发生汽车失速甚至不能发动现象。这些汽车有一个共同点是在 D 加油站加油后就发生了上述现象。

B 市工商局提取 D 加油站和事故车油箱中的油送到三家国家权威燃油质量鉴定机构检验，结论都是油品合格，于是引起群体上访事件。

工商局又委托另一司法鉴定机构帮助查找汽车发动机不能正常工作的原因。经查这批车发动机的火花塞和三元催化器上有大量白色附着物，见图 7.23。

(a) 事故车火花塞及其上的白色附着物

(b) 事故车三元催化器及其上的白色附着物

图 7.23　事故车火花塞、三元催化器及其上的白色附着物

图 7.24 为火花塞和三元催化器上白色附着物的红外光谱，图 7.25 为火花塞上白色附着物和无定形二氧化硅的红外光谱，图 7.26 为火花塞和三元催化器上白色附着物的扫描电镜/能谱图。

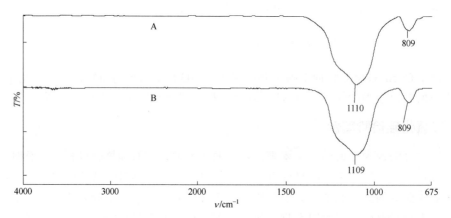

图 7.24　火花塞（A）和三元催化器（B）上白色附着物的红外光谱

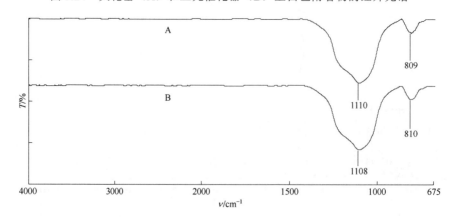

图 7.25　火花塞上白色附着物（A）和无定形二氧化硅（B）的红外光谱

综合分析图 7.24~图 7.26 可以确定：火花塞和三元催化器上白色附着物的主要成分为无定形二氧化硅。

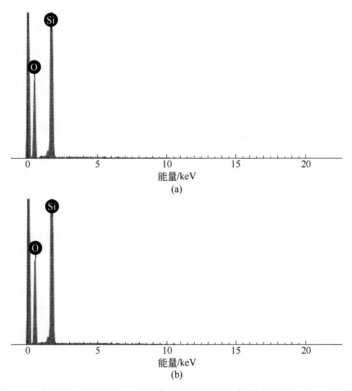

图 7.26　火花塞（a）和三元催化器（b）上白色附着物的 EDX 能谱图

汽车发动机不能正常工作的原因：正常情况下，火花塞通过高压脉冲放电击穿火花塞两电极间空气，产生火花，同时引燃气缸内空气和燃油的混合气体。如果火花塞电极沉积了大量 SiO_2，使火花塞不能正常放电，则汽车点火系统和供油系统不能协调配合，发动机就不能正常工作。

三元催化器不能正常工作的原因有两个：①SiO_2 沉积于三元催化器内壁，影响催化剂与废气接触，催化剂活性降低；②火花塞电极沉积大量 SiO_2，点火延迟或断火，高温未燃混合气体进入三元催化器，使三元催化器效能降低，甚至损坏。

B 市工商局又提取 D 加油站和事故车油箱中的油送往国家燃油质量鉴定机构检验，均检出大量硅元素，原因是 D 加油站掺了小炼油厂的油。之前三家国家权威燃油质量鉴定机构检验出油品合格，主要原因是正常燃油中硅元素含量极低，不是油品检验项目。正如正常情况下检测牛奶质量不检验三聚氰胺一样。

7.1.8　膨润土的红外光谱

膨润土（bentonite）又名斑脱岩，是一种可塑性很高的黏土，呈白色至橄榄绿色，在搪瓷、耐火材料、砖瓦、农药、医药、油漆、石油、纺织、橡胶、食品等工业中有广泛应用。膨润土的主要矿物成分是蒙脱石，含量在 85%~90%，膨润土的一些性质也都是由蒙脱石所决定的。膨润土的层间阳离子种类决定膨润土的类型，层间阳离子为 Na^+ 时称钠基膨润土；层间阳离子为 Ca^{2+} 时称钙基膨润土；层间阳离子为 H^+ 时称氢基膨润土（活性白土）；层间阳离子为有机阳离子时称有机膨润土。

蒙脱石（montmoduonite）又称微晶高岭石或胶岭石，是一种成分复杂的水化硅酸盐矿物，由两个硅氧四面体夹一层铝氧八面体组成的 2∶1 型晶体结构，具有强的吸湿性和膨胀性，可吸附自身体积 8~15 倍的水，体积膨胀可达数倍至 30 倍。其分子式一般写作 $(Na,Ca)_{0.33}(Al,Mg)_2(Si_4O_{10})(OH)_2 \cdot nH_2O$，分析值：$SiO_2$：50.95%；$H_2O$：23.29%；$Al_2O_3$：16.54%；MgO：4.65%；CaO：2.26%；Fe_2O_3：1.36%；K_2O：0.47%；FeO：0.26%。蒙脱石通常呈土块状，为白色或微带红色或绿色，具有很强的吸附能力和阳离子交换性能，是膨润土和漂白土的主要成分，也是火山凝灰岩风化后的产物。

图 7.27 是膨润土的红外光谱。3624 cm^{-1}、3405 cm^{-1} 左右的吸收是 OH 的伸缩振动，它是 Al-Al-OH 和 Al-Mg-OH 吸收的叠加。1634 cm^{-1} 是结晶水的面内变角振动。1034 cm^{-1} 附近的宽、强吸收是 Si-O-Si、Si-O-Al 和 SiO_2 中 Si-O-Si 的反对称伸缩振动的叠加，所以宽而强。918 cm^{-1} 是 Al-Al-OH 中 OH 的变角振动。798 cm^{-1}、780 cm^{-1} 为 Si-O-Si 的对称伸缩振动。523 cm^{-1}、467 cm^{-1} 是 Si-O-Al 和 Si-O 键振动吸收。含膨润土的涂料的红外光谱中 1034 cm^{-1}、523 cm^{-1}、467 cm^{-1} 谱带特征性比较强，3624 cm^{-1}、3405 cm^{-1} 虽弱但非常特征。

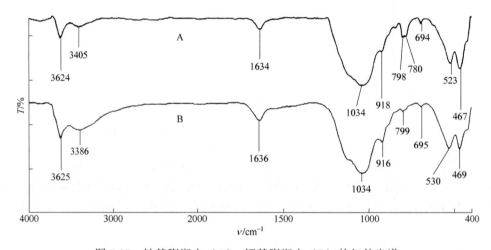

图 7.27　钠基膨润土（A）、钙基膨润土（B）的红外光谱

7.1.9　磷酸锌的红外光谱

磷酸锌（zinc phosphate）有无水物、四水物和二水物之分，分子式分别是 $Zn(PO_4)_2$、$Zn(PO_4)_2 \cdot 4H_2O$、$Zn(PO_4)_2 \cdot 2H_2O$。四水物在 105 ℃以上失去结晶水而成无水物。二水物主要用于配制防锈底漆，四水物主要用于医药和供钢材的磷酸盐处理等。图 7.28 为磷酸锌的 EDX 能谱图。

磷酸锌的磷酸根离子与铁反应，可形成以磷酸铁为主体的坚固的保护膜，这种致密的纯化膜不溶于水、硬度高、附着力优异，呈现出卓越的防锈性能。磷酸锌能与很多金属离子作用生成络合物，具有良好的防锈效果。

用磷酸锌调制得的涂料具有优异的防锈性能及耐水性。磷酸锌可用于制备各种耐水、耐酸、防腐蚀涂料，广泛用于船舶、汽车、机械、轻金属、家用电器及食品金属容器等的防锈漆。

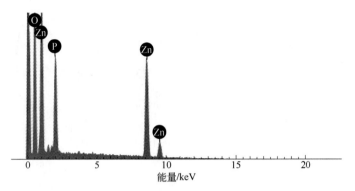

图 7.28　磷酸锌的 EDX 能谱图

PO_4^{3-} 中心原子磷是 sp^3 杂化，PO_4^{3-} 是五原子四面体结构[]。图 7.29 为二结晶水磷酸锌的红外光谱，3308 cm^{-1} 的宽、强吸收为结晶水 OH 的伸缩振动，因为形成了分子间氢键，不仅频率降低，谱带也变宽。1104 cm^{-1}、1015 cm^{-1} 为 PO_4^{3-} 反对称伸缩振动。949 cm^{-1} 为 PO_4^{3-} 对称伸缩振动。633 cm^{-1} 为 P–O–Zn 吸收，579 cm^{-1} 为 PO_4^{3-} 反对称变角振动，1637 cm^{-1} 为结晶水的变角振动。

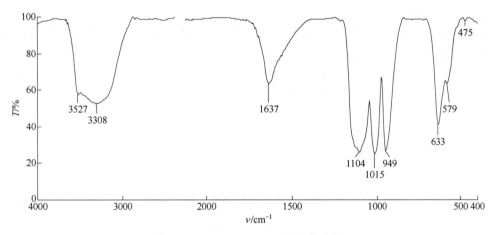

图 7.29　$Zn(PO_4)_2·2H_2O$ 的红外光谱

含磷酸锌的混合物的红外光谱，949 cm^{-1} 峰特征性比较强。如果在 949 cm^{-1} 有比较强的谱带，第一，可猜想混合物中有磷酸锌。第二，查看在 1200~1000 cm^{-1} 间是否有宽、强吸收，如果有宽、强吸收，则含磷酸锌的可能性增大。第三，如果其间没有宽、强吸收，则可以排除含磷酸锌的可能。第四，查看 635 cm^{-1}、578 cm^{-1} 是否有谱带，如果有，则可以确定混合物中含磷酸锌；如果 635 cm^{-1}、578 cm^{-1} 没有谱带，则存疑。图 7.30 为含磷酸锌的环氧漆的红外光谱。

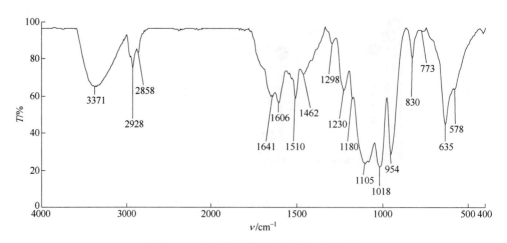

图 7.30　含磷酸锌的环氧漆的红外光谱

7.1.10　聚磷酸铵的红外光谱

聚磷酸铵（ammonium polyphosphate，APP）是磷酸盐的一种，也是无机高分子聚合物的一种。聚磷酸铵无毒无味，高温烘烤不产生腐蚀气体，吸湿性差，热稳定性好，是一种性能优良的非卤阻燃剂。

聚磷酸铵化学通式为$(NH_4^+)_n2P_nO_{3n+1}$，按聚合度 n 的不同可分为水溶性（n=10~20，分子量 m=1000~2000）和水不溶性（n>20，m>2000）两种。n 可至 1000~2000。

把 n<100 的聚磷酸铵称为结晶相Ⅰ聚磷酸铵（APPⅠ），把 n>1000 的聚磷酸铵称为结晶相Ⅱ聚磷酸铵（APPⅡ）。其结构式见图 7.31。Ⅰ型晶粒是外观呈多孔性颗粒状物质，表面具有不规则结构，是线型结构的缩聚物，水解性大于 APPⅡ。APPⅡ具有规则的外表面，属正交（斜方）晶系，结构紧密，颗粒表面圆滑，为带较长支链的缩聚物，并产生若干交联结构，热稳定性和耐水解性较好。APPⅡ在 300 ℃以上才开始分解成磷酸和氨，APPⅠ在 150 ℃以上就开始分解。

(a) APP Ⅰ的结构式

(b) APP Ⅱ的结构式

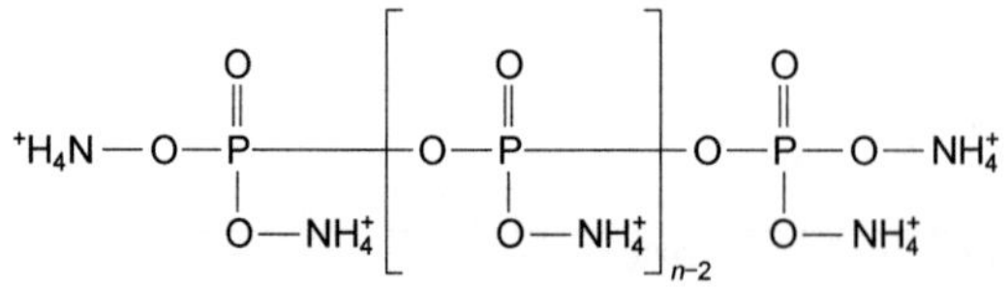

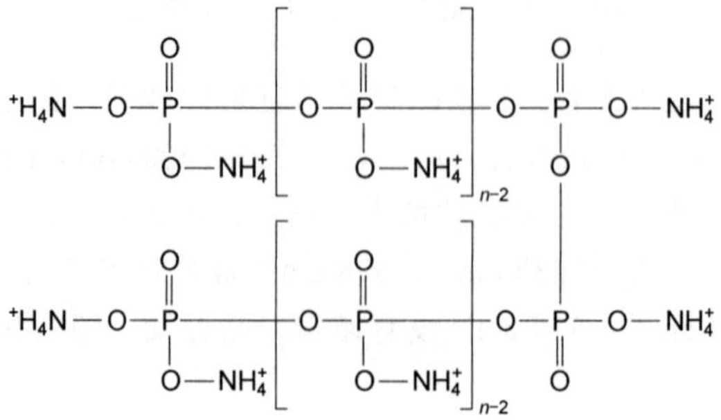

图 7.31　聚磷酸铵的结构式

APP 广泛应用于膨胀型防火涂料、聚乙烯、聚丙烯、聚氨酯、环氧树脂、橡胶制品、纤维板及干粉灭火剂等。例如,APP 在聚氨酯硬泡中有很好的阻燃性、尺寸稳定性、耐水解性和耐热性。APP 对硬质聚氨酯泡沫塑料的有毒气体和腐蚀性气体的生成量,甚至可与未阻燃的同类材料相媲美,一氧化碳及氯化氢的生成量也比含卤聚氨酯泡沫塑料低得多。APP 除适用于硬质聚氨酯泡沫塑料与聚酯软质聚氨酯泡沫塑料外,还适用于其他树脂、胶黏剂及涂料。

图 7.32 为聚磷酸铵的红外光谱。NH_4^+ 的反对称伸缩振动频率位于 3138 cm^{-1},对称伸缩振动频率位于 3035 cm^{-1},对称变角振动频率位于 1684 cm^{-1},反对称变角振动频率位于 1419 cm^{-1}。2888 cm^{-1} 是反对称变角振动的一级倍频。2201 cm^{-1}、2144 cm^{-1}、1893 cm^{-1} 为 N–H$^+$ 键伸缩振动。1245 cm^{-1} 为 P=O 伸缩振动。883 cm^{-1} 为 P–O–P 伸缩振动。

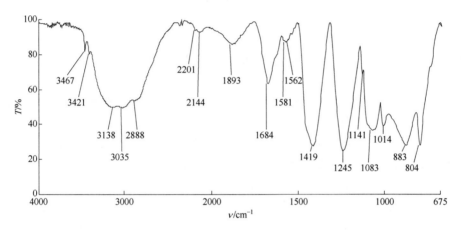

图 7.32 聚磷酸铵的红外光谱

7.2 白色颜料的红外光谱

7.2.1 二氧化钛的红外光谱

二氧化钛(titanium dioxide)的分子式是 TiO_2,俗名钛白或钛白粉,呈白色粉末状。TiO_2 不但具有很好的着色力及遮盖力,而且能耐光、耐热、耐稀酸、耐碱,所以它是涂料工业制造白漆、浅色漆的主要原料,是白色颜料中最好、用量最多的一种,约占涂料用颜料总量的 90%,涂料用白色颜料的 95%以上。二氧化钛广泛应用于涂料、油墨、造纸、橡胶、塑料、化学纤维、电焊条、化妆品中。

自然界中的二氧化钛有金红石、锐钛矿和板钛矿 3 种变体。前 2 种用于工业生产。金红石型二氧化钛耐光性非常好,适于制造外用漆;锐钛矿型二氧化钛,耐光性较差,适于制造室内用漆。

粒径在 10~50 nm 的钛白粉称作纳米级钛白粉,这种钛白粉不散射可见光,只反射可见光中的短波光线,如青色、蓝色,与铝粉或珠光粉一起拼用能呈现柔和、淡蓝或乳白色的干涉光。

金红石和锐钛矿的红外光谱相似,其主要吸收出现在 1100~500 cm^{-1},它是由几个分辨不太好的强、宽吸收带组成的,且在大多数无机填料有吸收的区域它无吸收,因此纯的二氧化钛易于进行鉴定。在拉曼光谱中,459 cm^{-1}、345 cm^{-1} 有 2 个谱带,是 Ti–O 伸缩振动吸收。二氧化钛(锐钛矿)的红外光谱见图 7.33。

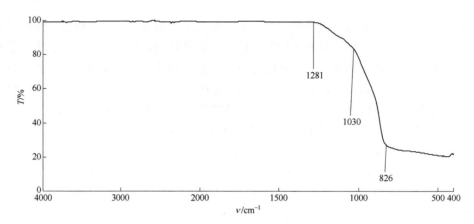

图 7.33　二氧化钛（锐钛矿）的红外光谱

混合物中的二氧化钛因没有明显、尖锐的特征谱带，所以在混合物的红外光谱中难以指认。

图 7.34 是含二氧化钛的聚氨酯树脂涂料的红外光谱。如果一张涂料的红外光谱，850～700 cm^{-1} 红外吸收陡然下降而显示强吸收，涂料中可能有二氧化钛。如果二氧化钛含量低，吸收不典型，需要借助其他仪器（比如能谱仪）才能确证二氧化钛是否存在。图 7.35 为含二氧化钛的聚氨酯树脂涂料的 EDX 能谱图。

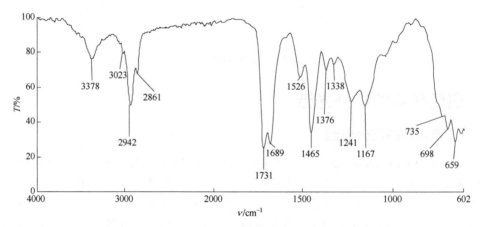

图 7.34　含二氧化钛的聚氨酯树脂涂料的红外光谱

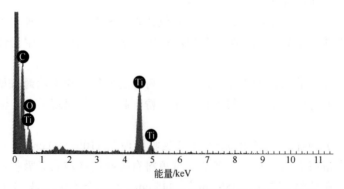

图 7.35　含二氧化钛的聚氨酯树脂涂料的 EDX 能谱图

7.2.2 锑白的红外光谱

锑白以三氧化二锑（Sb_2O_3，antimony trioxide 或 diantimony trioxide）为主要成分，外观洁白，在涂料中遮盖力略次于钛白而和锌钡白相近，耐候性优于锌钡白，粉化性小，对人无毒，主要用于防火漆。锑白的防火机理是高温下和含氯树脂反应生成氯化锑能阻止火焰蔓延而起到防火作用。锑白单独使用时用量要大，否则阻燃效果差；当与卤化物并用时则有良好的协同效应，阻燃效果明显提高。

图 7.36 氧化锑的红外光谱中，745 cm^{-1} 为 Sb-O 伸缩振动，951 cm^{-1}、532 cm^{-1} 也是锑白的特征谱带。涂料中的醇酸树脂在 745 cm^{-1}、705 cm^{-1} 有吸收，这给涂料红外光谱中锑白的鉴别带来困难。这时可查看 532 cm^{-1} 处的吸收，或借助其他仪器（如能谱仪）验证。

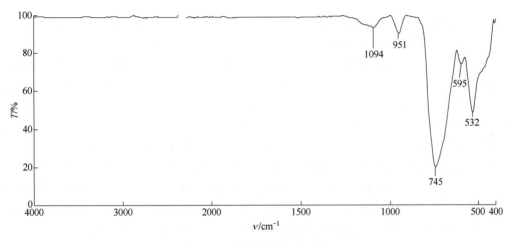

图 7.36 氧化锑的红外光谱

7.2.3 高岭土的红外光谱

高岭土（kaolin）又称高岭藏土、白陶土、瓷土，是一种主要由高岭石组成的黏土，颜色为纯白或淡灰，呈六角形片状结晶，相对密度为 2.54~2.60，吸油量为 30%~50%。高岭土的 pH 值一般为 4~5，呈弱酸性。高岭土在瓷坯中所占的分量最大，是生产瓷器的良好原料。

高岭土主要由小于 2 μm 的微小片状、管状、叠片状等高岭石簇矿物（高岭石、地开石、珍珠石、埃洛石等）组成，主要成分是硅酸铝水合物，理论化学式为 $Al_2O_3 \cdot 2SiO_2 \cdot 2H_2O$ 或 $Al_4(Si_4O_{10})(OH)_6$，其主要矿物成分是高岭石和多水高岭石，除高岭石簇矿物外，还有蒙脱石、伊利石、叶蜡石、石英和长石等其他矿物伴生。

高岭土的化学成分中含有大量的 Al_2O_3、SiO_2 和少量的 Fe_2O_3、TiO_2 以及微量的 K_2O、Na_2O、CaO 和 MgO 等。标准高岭土样品标示的结果具有一定的代表性，其各成分的含量如下：二氧化硅（SiO_2）46.12%；三氧化二铝（Al_2O_3）36.85%；三氧化二铁（Fe_2O_3）0.42%；氧化钾（K_2O）0.27%；氧化钠（Na_2O）0.09%；氧化钙（CaO）0.07%；二氧化钛（TiO_2）0.02%；氧化镁（MgO）0.01%；烧失量（L.O.I）14.02%。图 7.37 为其 EDX 能谱图。

质纯的高岭土白度高、质软，具有良好的可塑性、黏结性和电绝缘性，易分散悬浮于水中，具有良好的抗酸溶性、很低的阳离子交换量、较好的耐火性等理化性质。因此高岭土是造纸、陶瓷、橡胶、化工、涂料、医药和国防等几十个行业所必需的矿物原料。随着科学技

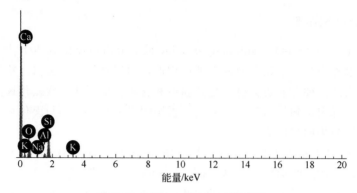

图 7.37 高岭土的 EDX 能谱图

术飞速发展，高岭土的应用领域更加广泛，一些高新技术领域开始大量使用高岭土，如原子反应堆、航天飞机和宇宙飞船的耐高温瓷器部件也用高岭土制成。

图 7.38 为高岭土的红外光谱。高岭土表面的结构官能团有-Si(Al)-OH、-Si-O-Al- 和 -Si(Al)-O。结晶较好的高岭石在 3700~3600 cm^{-1} 有 4 个谱带，分别为 3696 cm^{-1}、3670 cm^{-1}、3655 cm^{-1}、3622 cm^{-1}。红外光谱中这 4 个峰出现的数目和强弱，反映高岭土结晶程度的高低。珍珠石、无序高岭石在此范围内有 3 个谱带，埃洛石则只有 2 个谱带。通常认为 3622 cm^{-1} 附近的谱带属于内部 OH（位于 1:1 层内的八面体之间的 OH 称为内部 OH）的伸缩振动，3696 cm^{-1} 附近的谱带属于内表层 OH（面向层间域的 OH 称为外部 OH 或内表层 OH）的伸缩振动；1636 cm^{-1} 为 OH 的变角振动；938 cm^{-1} 和 915 cm^{-1} 分别属于内部 OH 和内表层 OH 变角振动；1117 cm^{-1} 和 1038 cm^{-1} 属于 O-Si-O 反对称伸缩振动；797 cm^{-1} 为 O-Si-O 的对称伸缩振动，542 cm^{-1} 为 Si-O-Al 的弯曲振动，472 cm^{-1} 为 Si-O-Mg 的吸收。

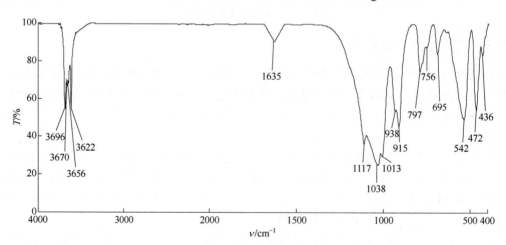

图 7.38 高岭土的红外光谱

图 7.39 是高岭土和膨润土的红外光谱，二者的区别主要体现在 3 处：①高岭土在 3700~3600 cm^{-1} 有 4 个谱带，分别为 3696 cm^{-1}、3670 cm^{-1}、3655 cm^{-1}、3622 cm^{-1}，而膨润土通常只有 3625 cm^{-1}；②高岭土在 938 cm^{-1} 和 915 cm^{-1} 分别有内部 OH 和内表层 OH 变角振动谱带，而膨润土通常只有 916 cm^{-1}；③高岭土 Si-O-Al 和 Si-O 振动吸收在 542 cm^{-1} 与 472 cm^{-1}，而膨润土在 530 cm^{-1} 和 469 cm^{-1}。

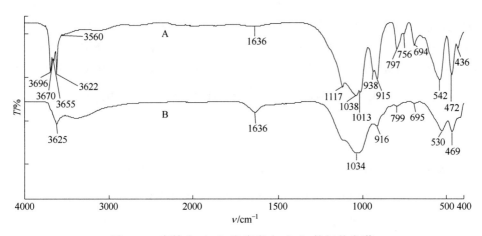

图 7.39 高岭土（A）和膨润土（B）的红外光谱

很少有基团在 3700~3600 cm^{-1} 同时有 2~4 个尖锐的吸收，所以 3700~3600 cm^{-1} 的谱带对高岭土是非常特征的。第一，如果混合物的红外光谱中（图 7.40）同时有 3697 cm^{-1}、3624 cm^{-1} 两个峰，应据此猜想可能有高岭土或其他黏土类物质。第二，寻找是否有 536 cm^{-1}、469 cm^{-1} 两个峰，如果有，基本可以确定混合物中含有高岭土，随后进行下一步；如果没有，则排除混合物中含有高岭土。第三，寻找是否有 1115 cm^{-1}、914 cm^{-1} 两个峰，如果也有，可以确定混合物中含有高岭土。

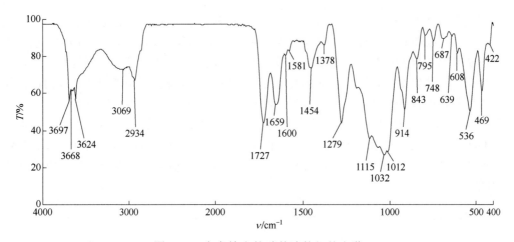

图 7.40 含高岭土的硝基漆的红外光谱

7.2.4 煅烧土的红外光谱

煅烧土通常是指煅烧高岭土（calcined kaolin）。煅烧高岭土主要用于油漆、造纸、橡胶、塑料、电缆、陶瓷等行业。其中造纸行业占国内超细、高白度优级煅烧高岭土消费量的 40%。煅烧高岭土与普通高岭土相比，油墨吸附力增强 1.3 倍，散射系数提高 1.8 倍，还可以替代 60%以上价格昂贵的超细钛白粉。

高岭土在生成过程中常有一些杂质存在于高岭土结晶间隙，影响高岭土的白度。不经处理的高岭土其白度通常在 80% 左右，而热敏纸用的填料其白度通常在 90% 以上。煅烧高岭土除能脱除杂质提高白度外，还能脱除羟基以提高最终产品的孔隙体积和活性。

高岭土的煅烧过程包括 2 个阶段：脱水和脱水后产物的转化。

脱水阶段：100~110 ℃，脱除湿存水与自由水；110~140 ℃，脱除杂质带入的水；400~500 ℃，脱除晶格水；800~1000 ℃，残余水脱除完毕。此过程可用如下的方程式表示：

$$Al_2O_3 \cdot 2SiO_2 \cdot 2H_2O \xrightarrow{550\sim750\text{℃}} Al_2O_3 \cdot 2SiO_2 + 2H_2O$$

高岭土　　　　　　　　偏高岭土　　水

脱水后产物的转化阶段：

（1）脱水后产物在 925 ℃开始转化为铝尖晶石结构，反应式如下：

$$2(Al_2O_3 \cdot 2SiO_2) \xrightarrow{925\text{℃}} 2Al_2O_3 \cdot 3SiO_2 + SiO_2$$

偏高岭土　　　　　　铝尖晶石　　二氧化硅

（2）脱水后产物在 1050~1100 ℃转化为似莫来石结构，反应式如下：

$$2Al_2O_3 \cdot 3SiO_2 \xrightarrow{1100\text{℃}} 2(Al_2O_3 \cdot SiO_2) + SiO_2$$

铝尖晶石　　　　　　似莫来石　　二氧化硅

（3）脱水后产物在 1200~1400 ℃转化为莫来石结构，反应式如下：

$$3(Al_2O_3 \cdot SiO_2) \xrightarrow{1400\text{℃}} 3Al_2O_3 \cdot 2SiO_2 + SiO_2$$

铝尖晶石　　　　　　莫来石　　二氧化硅

在不同温度下煅烧的高岭土产品具有不同的物理性能，要根据用途选择不同的煅烧工艺。如在 750 ℃煅烧的产品有卓越的电性能，能成倍提高 PVC 塑料的体积电阻率，适用于电缆。而在 950 ℃煅烧的产品具有白度高、吸油率好、比表面积大、遮盖性强等优点，适用于造纸和涂料。在热敏纸中，它比普通高岭土更白、更亮，能部分或全部取代价高的钛白粉，用于纸张填料，既降低了成本，还可以提高涂布层的松厚度、透气性和吸油性。

图 7.41 为煅烧土的红外光谱。煅烧土是烧失了结晶水的高岭土，所以失去了 3600 cm^{-1} 以上的 OH 的伸缩振动谱带。1099 cm^{-1} 左右的宽、强吸收是 O-Si-O 反对称伸缩振动和 Al-O 伸缩振动的叠加。829 cm^{-1} 的弱吸收为 Si-O、Al-O 面内弯曲振动的叠加。图 7.42 为煅烧土的能谱图。

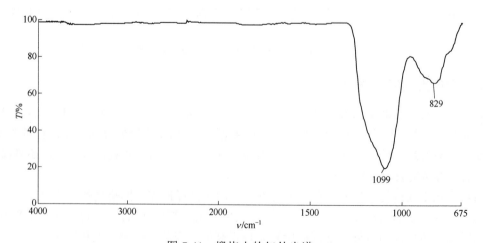

图 7.41　煅烧土的红外光谱

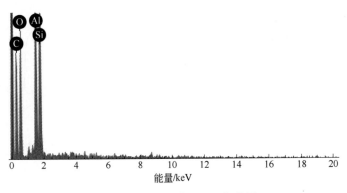

图 7.42　煅烧土的 EDX 能谱图

7.2.5　白云石的红外光谱

白云石（dolomite）为碳酸盐，是组成白云岩的主要矿物，为六方晶系，化学成分为 $CaMg(CO_3)_2$（$CaCO_3$ 与 $MgCO_3$ 的比例大致为 1∶1）。常有铁、锰等类质同象代替镁，当铁或锰原子数超过镁时，称为铁白云石或锰白云石，纯者为白色，含铁时呈灰色，风化后呈褐色，玻璃光泽，菱面体解理完全。

白云石可以作为炼钢时用的转化炉的耐火内层、造渣剂、水泥原料、玻璃熔剂、窑业、建筑与装饰用石材，也广泛用于油漆、杀虫剂、医药、建材、陶瓷、玻璃和耐火材料、化工、农业、环保、节能等领域。

大多数白云石的沉积物含有一定比例的石灰石。区别白云石的重要依据是岩石中白云石矿物质的含量不少于 50%。因构成白云石的化学成分对酸性物质不敏感，白云石比碳酸钙具有更佳的耐候性。图 7.43 为白云石的能谱图。

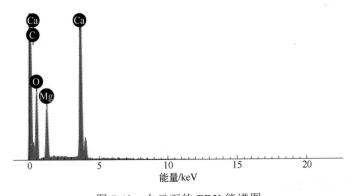

图 7.43　白云石的 EDX 能谱图

图 7.44 为白云石的红外光谱，1453 cm^{-1} 为 CO_3^{2-} 反对称伸缩振动，883 cm^{-1} 为 CO_3^{2-} 面内变角振动，729 cm^{-1} 为 CO_3^{2-} 面外变角振动。2534 cm^{-1} 是 CO_3^{2-} 反对称伸缩振动和对称伸缩振动的合频 [CO_3^{2-} 对称伸缩振动为非红外活性，是拉曼活性，对称伸缩振动位于 1085 cm^{-1}。[1453+1085=2538(cm^{-1})≈2534(cm^{-1})]；1817 cm^{-1} 是对称伸缩振动和面外变角振动的合频 [1085+729=1814(cm^{-1})≈1817(cm^{-1})]。

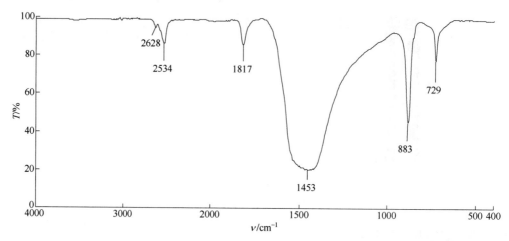

图 7.44 白云石的红外光谱

如果在混合物的红外光谱（图 7.45）中发现有 881 cm^{-1} 谱带：第一，据此猜想混合物中可能含白云石。第二，看红外光谱在 2516 cm^{-1}、1810 cm^{-1} 左右是否有吸收。如果这 2 个峰也同时存在，基本可以确定混合物中含有白云石；如果没有这 2 个峰，则样品中不含白云石或含量低于检测限。第三，看红外光谱在 1434 cm^{-1} 左右是否有宽、强吸收，在 730 cm^{-1} 是否有中等强度的吸收，如果有，则可以确定混合物中含有白云石；如果没有，则存疑。

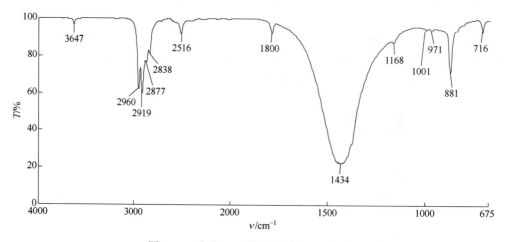

图 7.45 含白云石的聚丙烯的红外光谱

7.2.6 硫酸盐的红外光谱

无机盐的硫酸根（SO_4^{2-}）基团为四面体结构，中心硫原子为 sp^3 杂化，形成 4 个 σ 键，4 个 O—S 键的键长均为 144 pm，小于 O=S 键的键长（149 pm）。这是因为在 O—S 键中包含 dπ-pπ 成分。

SO_4^{2-} 的红外光谱中有 4 种振动频率，反对称伸缩振动频率位于 1210~1040 cm^{-1}，对称伸缩振动频率位于 1030~950 cm^{-1}（因 SO_4^{2-} 为四面体结构，拉曼活性，红外光谱中无吸收或吸收较弱），反对称变角振动频率位于 680~570 cm^{-1}，对称变角振动频率位于 480~440 cm^{-1}。硫酸盐在 665~600 cm^{-1} 发生峰的分裂，当阳离子为 NH_4^+、Mg^{2+}、K^+、Na^+、Rb^+、Cs^+ 或 Mn^{2+}

时为单峰，当阳离子为 Ca^{2+}、Cu^{2+}、Be^{2+}、Sr^{2+}、Pb^{2+}、Ni^{2+}、Zn^{2+}、Cd^{2+}、Hg^{2+} 或 Ba^{2+} 时为双峰。如硫酸钡在 638 cm^{-1}、610 cm^{-1} 有吸收，无水硫酸钠只在 617 cm^{-1} 有吸收，见图 7.46。

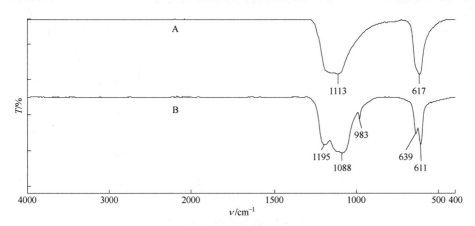

图 7.46　无水硫酸钠（A）和硫酸钡（B）的红外光谱

7.3　黄色和红色颜（染）料的红外光谱

7.3.1　铬黄的红外光谱

铬黄又名铬铅黄（chrome yellow），主要成分是铬酸铅（$PbCrO_4$）或铬酸铅与不同比例硫酸铅（$PbSO_4$）的混合结晶体 $(PbCrO_4)_m(PbSO_4)_n$。铬黄因制造条件和成分比例不同，其颜色介于柠檬色与深黄色之间，混合晶体中铬酸铅含量越多，则颜色越深，遮盖力越好。含铬黄的产品一般有柠檬铬黄、浅铬黄、中铬黄、深铬黄和橘铬黄 5 种。中铬黄的主要成分是铬酸铅，浅铬黄的主要成分是铬酸铅和硫酸铅的类质同晶体，橘铬黄（即铬橙）的主要成分是碱式铬酸铅。

铬黄有两个明显缺点：一是耐光性差，用于户外迅速变暗；二是对人体毒害大。国际上已禁止在大多数工业品中尤其儿童用品中使用含铅化合物的涂料。

铬黄主要用于制油漆、油墨、水彩、颜料，还用于色纸、橡胶、塑料制品的着色。铬黄与铁蓝混合可制备各种深浅不同的铅铬绿颜料。

图 7.47 为浅铬黄的红外光谱，图 7.48 为铬酸铅和硫酸铅的红外光谱。比较图 7.47 和图 7.48 可知，图 7.47 中 1102 cm^{-1}、1058 cm^{-1}、970 cm^{-1}、628 cm^{-1}、597 cm^{-1} 是硫酸铅中 SO_4^{2-} 的吸收，其中 1102 cm^{-1}、1058 cm^{-1} 为 SO_4^{2-} 的反对称伸缩振动，970 cm^{-1} 是 SO_4^{2-} 的对称伸缩振动，628 cm^{-1}、597 cm^{-1} 为 SO_4^{2-} 的面外变角振动。CrO_4^{2-} 的对称伸缩振动位于 859 cm^{-1}，反对称伸缩振动位于 884 cm^{-1}（图中未指出），图 7.48 中位于 855 cm^{-1} 左右的宽、强谱带可看作二者的叠加，笼统称作 CrO_4^{2-} 伸缩振动谱带。

图 7.49 是深铬黄、中铬黄、浅铬黄和柠檬黄的红外光谱。由上到下，硫酸铅的比例越来越大，SO_4^{2-} 的反对称伸缩振动谱带（1095 cm^{-1}）与 CrO_4^{2-} 伸缩振动谱带（859 cm^{-1}）的强度比越来越大，铬酸铅比例越来越小，颜色越来越浅。

图 7.50 为深铬黄和浅铬黄的能谱图比较。深铬黄 Cr 的比例大于浅铬黄，在深铬黄的能谱图中，5.5 keV 处 Cr 峰的强度大于 10.5 keV 处 Pb 峰的强度；而在浅铬黄的能谱图中，5.5 keV 处 Cr 峰的强度小于 10.5 keV 处 Pb 峰的强度。

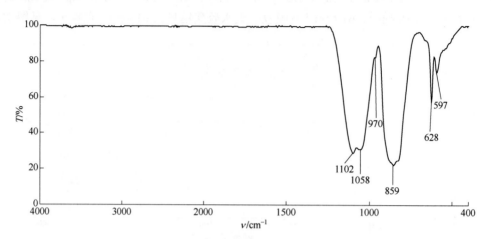

图 7.47 浅铬黄的红外光谱

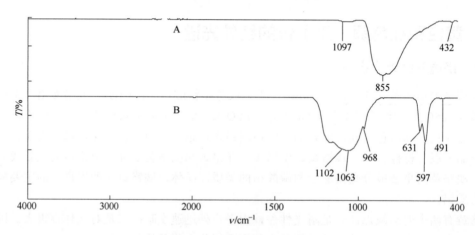

图 7.48 铬酸铅（A）和硫酸铅（B）的红外光谱

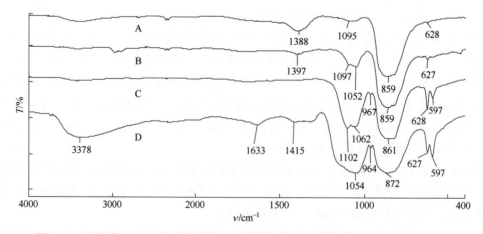

图 7.49 深铬黄（A）、中铬黄（B）、浅铬黄（C）和柠檬黄（D）的红外光谱

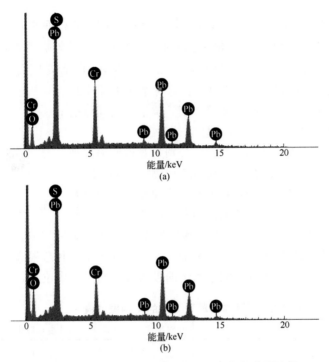

图 7.50 深铬黄（a）和浅铬黄（b）的能谱图比较

7.3.2 钼铬红的红外光谱

钼铬红（molybdate red）是红色无机颜料中较为鲜艳，具有较高着色力及很好耐光性和耐热性的颜料，它可以与有机颜料混合使用而得到不同的红色。

钼铬红是由铬酸铅（$PbCrO_4$）、钼酸铅（$PbMoO_4$）和硫酸铅（$PbSO_4$）按不同比例组成，决定条件是物理结晶，因铬酸铅是黄色化合物，而硫酸铅与钼酸铅皆为白色化合物，只有在形成稳定的四方晶型时，才能形成鲜红的颜料。钼铬红中钼酸铅含量大约在 10%~15%，多于和少于这个比例都不理想，它常用于制造农业机械用漆。

图 7.51 为钼铬红的红外光谱，其中 854 cm^{-1} 为 CrO_4^{2-} 的伸缩振动；1102 cm^{-1}、1057 cm^{-1} 为 SO_4^{2-} 的反对称伸缩振动，628 cm^{-1}、598 cm^{-1} 为 SO_4^{2-} 的面外变角振动。

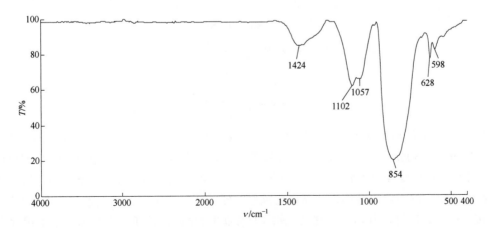

图 7.51 钼铬红的红外光谱

MoO_4^- 为四面体结构，反对称伸缩振动位于 897 cm^{-1}，对称伸缩振动位于 837 cm^{-1}（非红外活性，拉曼活性）。854 cm^{-1} 是 MoO_4^-、SO_4^{2-}、CrO_4^{2-} 的伸缩振动重叠的结果。

硫酸盐中的 SO_4^{2-}、磷酸锌中的 PO_4^{3-}、钼铬红中的 MoO_4^{2-} 都是四面体阴离子（XY_4 型离子），离子结构属于高度对称的 T_d 点群，在这种结构中 4 个氧原子在正四面体的 4 个顶角，硫（或磷、钼）位于正四面体的几何中心，图 7.52 为磷酸根的结构模型。

四面体阴离子 XY_4 有 4 种振动模式，分别为对称伸缩振动 v_1(X–Y)、对称变角振动 v_2(Y–X–Y)、反对称伸缩振动 v_3(X–Y) 和反对称变角振动 v_4(Y–X–Y)。其中反对称伸缩振动和反对称变角振动是红外活性的；对称伸缩振动和对称变角（面内变角）振动是非红外活性，没有红外吸收（或受阳离子影响，规整性稍有破坏，吸收很弱）；对称伸缩振动 v_1、对称变角振动 v_2 是拉曼活性。表 7.2 列出了 4 种酸根离子的 4 种振动模式的频率。与酸根结合的阳离子不同，酸根离子的吸收频率会有一定位移。

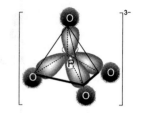

图 7.52 磷酸根的结构模型

表 7.2 四面体阴离子 XY_4 的 4 种振动模式　　　　单位：cm^{-1}

阴离子	对称伸缩振动 v_1	对称变角振动 v_2	反对称伸缩振动 v_3	反对称变角振动 v_4	阳离子	图号
SO_4^{2-}	984		1150	638、610	Ba^{2+}	图 7.4
PO_4^{3-}	949	475	1104、1015	579	Zn^{2+}	图 7.29
MoO_4^{2-}	897	317	837	317	Pb^{2+}	图 7.48
CrO_4^{2-}	855		890	432	Pb^{2+}	图 7.51

7.3.3 大红粉的红外光谱

大红粉（scarlet power）的别名有 5203 大红粉、808 大红粉、222K 红粉、3132 大红粉，是我国使用的主要红色染料。

大红粉为艳红色粉末，颜色鲜艳，耐光、耐酸碱、耐热，有较好的遮盖力，主要用于红色磁漆、印泥的着色，也适用于皮革、乳胶制品、水彩、油画、油墨等文教用品和化妆用品的着色。其缺点是有轻微渗色现象。

大红粉的结构式

图 7.53 是大红粉的红外光谱。3239 cm^{-1} 为 OH 的伸缩振动，3183 cm^{-1} 是 NH 的伸缩振动，3133 cm^{-1}、3068 cm^{-1}、3032 cm^{-1} 为苯环上=CH 的伸缩振动。1673 cm^{-1} 是 C=O 的伸缩振动，其频率高低受 4 个因素影响：①氮原子未共用电子对与羰基发生 p-π 共轭，使 C=O 的双键特性减弱，键力常数减小，伸缩振动频率降低；②氮原子对羰基的吸电子诱导效应，使 C=O 键的电子云向键的几何中心移动，伸缩振动频率升高，氮原子的共轭效应大于诱导效应；③羰基与苯环直接相连，与苯环发生 π-π 共轭，使 C=O 伸缩频率降低；④苯环与氮原子直接

相连，与羰基争夺氮原子的孤电子对，使氮原子与羰基共轭的程度减弱，C=O 伸缩振动频率升高。这 4 个因素共同作用的结果，使 C=O 的伸缩振动位于 1673 cm^{-1}。1636 cm^{-1} 为 N=N 伸缩振动，N=N 的伸缩谱带强度变化较大。如果两端连接的基团相近，分子近于对称，分子振动时偶极矩变化小，谱带强度小。如果两端连接的基团差别大，分子振动时偶极矩变化大，谱带强度大。在大红粉的分子中，N=N 两端连接的都是苯环，分子振动时偶极矩变化小，所以强度比较小。

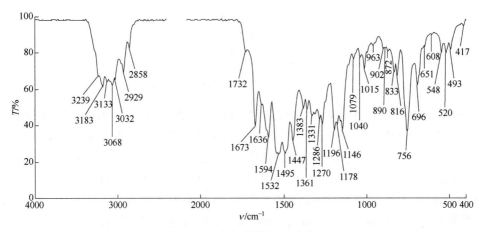

图 7.53　大红粉的红外光谱

1594 cm^{-1}、1495 cm^{-1} 和 1447 cm^{-1} 谱带是苯环的伸缩振动。1532 cm^{-1} 为 N–H 变角振动与 C–N 伸缩振动的偶合，以 N–H 变角振动为主。1286 cm^{-1} 为 C–N 伸缩振动与 N–H 变角振动的偶合，以 C–N 伸缩振动为主。1015 cm^{-1} 为苯环上 =CH 的面内变角振动。756 cm^{-1} 和 696 cm^{-1} 是苯环上 =CH 的面外变角振动。651 cm^{-1} 为 NH 面外变角振动。

在混合物的红外光谱（图 7.54）中，1674 cm^{-1}、1595 cm^{-1} 等谱带较少受其他成分影响，比较特征。如果在红色混合物的红外光谱中：第一，同时存在 1674 cm^{-1}、1595 cm^{-1} 谱带，应该据此猜想混合物中可能含大红粉。第二，寻找是否有 549 cm^{-1}、521 cm^{-1}、493 cm^{-1}，如果也同时存在，基本可以确定红色混合物含大红粉；如果没有，则排除混合物中含大红粉。第三，用大红粉的其他谱带确证大红粉是否存在。

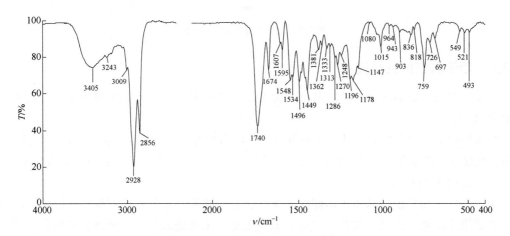

图 7.54　含大红粉的印泥的红外光谱

7.3.4 耐晒黄的红外光谱

耐晒黄（pigment yellow）又称耐光黄、汉沙黄、耐光黄 G，是略带红光的柠檬黄色。耐晒黄色泽鲜艳，耐热、耐晒，着色力比铬黄高 4~5 倍，遮盖力也较好，无毒，可代替铬黄使用。主要用于常温干燥的涂料、油墨中。

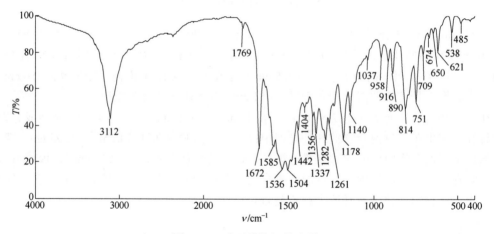

耐晒黄的结构式

图 7.55 为耐晒黄的红外光谱。3112 cm^{-1} 为苯环中不饱和 =CH 和 NH 的伸缩振动的叠加。1672 cm^{-1} 是酰胺 C=O 的伸缩振动，由于 N 原子的未共用电子对与羰基 π 电子发生 p-π 共轭，而且共轭效应大于 N 原子的吸电子诱导效应，C=O 的双键特性降低，C=O 的伸缩振动频率降低。1536 cm^{-1} 为 N–H 变角振动与 C–N 伸缩振动的偶合，以 N–H 变角振动为主。1282 cm^{-1} 为 C–N 伸缩振动与 N–H 变角振动的偶合，以 C–N 伸缩振动为主。1585 cm^{-1}、1504 cm^{-1} 是苯环的骨架振动。814 cm^{-1}、751 cm^{-1}、709 cm^{-1} 是苯 =CH 面外变角振动。

图 7.55　耐晒黄的红外光谱

7.3.5 甲苯胺红的红外光谱

甲苯胺红（toluidine red），别名甲苯胺大红、1207 甲苯胺红、571 甲苯胺红、入漆朱、3138 甲苯胺红。

甲苯胺红为鲜艳的红色粉末，粉质细腻，着色力和遮盖力很高，微溶于乙醇、丙酮和苯，耐酸、碱性强。甲苯胺红在浓硫酸中为深红带紫色，稀释后呈橙色；在浓硝酸中为暗朱红色；在稀氢氧化钠中不变色。

甲苯胺红用途广泛，适用于印泥、印油、铅笔、蜡笔、水彩和油彩颜料及橡胶制品的着色；也适用于漆布、涂料、塑料、皮革、天然生漆、工艺美术品和化妆品的着色。

甲苯胺红的结构式

图 7.56 为甲苯胺红的红外光谱。3084 cm^{-1} 为苯环上 OH 的伸缩振动，因能形成氢键，比 OH 通常出现的波数低，而且峰形较宽。3043 cm^{-1} 为苯环上 =CH 的伸缩振动。1619 cm^{-1}、1603 cm^{-1}、1500 cm^{-1} 为苯环的伸缩振动。1562 cm^{-1} 为硝基反对称伸缩振动，1400 cm^{-1} 为硝基对称伸缩振动，因邻位大的取代基迫使硝基偏离苯环平面，共轭效应降低，波数均较常值高。848 cm^{-1} 为 C—N 伸缩振动。753 cm^{-1}、722 cm^{-1}、692 cm^{-1} 为苯环 =CH 面外变角振动。

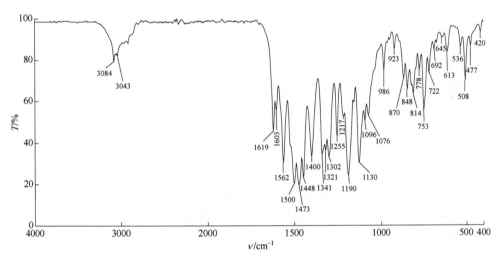

图 7.56 甲苯胺红的红外光谱

在红色混合物的红外光谱（图 7.57）中：第一，如果同时存在 1619 cm^{-1}、1562 cm^{-1} 谱带，应该据此猜想混合物中可能含甲苯胺红。第二，寻找是否同时有 1500 cm^{-1}、1400 cm^{-1}、

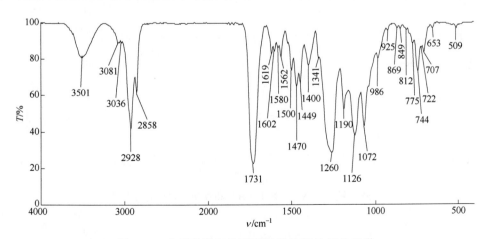

图 7.57 含甲苯胺红的醇酸树脂涂料的红外光谱

1302 cm^{-1}（图中未显示出）一组峰，如果有，基本可以确定混合物含甲苯胺红；如果没有，则排除混合物中含甲苯胺红。第三，用甲苯胺红的其他谱带来确证甲苯胺红是否存在。

7.4 铁系颜料的红外光谱

铁系颜料主要是铁红、铁黄和铁黑。

铁红（iron oxide red）的着色成分为三氧化二铁（Fe_2O_3），有天然和人造两种。由于生产方法和操作条件不同，它们的晶体结构和物理性质都有很大差别，色泽变动于橘光、蓝光以至紫光之间。铁红有较好的遮盖力、着色力，不褪色、不渗色，但色泽暗、不鲜艳，不能用作纯红颜料，只用作调色颜料或用于底漆。铁红性质稳定、颗粒细微，在漆膜中有很好的封闭作用，常和铝粉等片状颜料、磷酸锌等缓蚀型颜料一起使用，以增强防锈作用。铁红是非常重要的防锈颜料，绝大多数的涂料都涂有铁红防锈漆，如醇酸铁红防锈漆、氯化橡胶铁红防锈漆和环氧铁红防锈漆。在某些环氧富锌底漆中，都以铁红作为重要辅助防锈颜料。图7.58 谱线 B 为铁红的红外光谱。

铁黄（iron oxide yellow）是氧化铁黄 $Fe_2O_3 \cdot nH_2O$ 的简称，通常是含有一个结晶水的化合物，为黄色粉末。在不同的生产方法和操作条件下，铁黄水合程度不同。因此，它们的晶体结构和物理状态有很大差别，色泽从柠檬黄到橙黄都有。铁黄常用作配色的无机颜料，遮盖力、着色力、耐光性都优于铅铬黄，广泛用于建筑、油漆、橡胶、塑料、文教用品等工业。铁黄色泽较灰暗，适于制配色漆，但不能配出鲜艳的色彩。图7.58 谱线 A 为铁黄的红外光谱。

铁黑（ferroferric oxide）是氧化铁黑的简称，为黑色粉末，是氧化铁和氧化亚铁的加成物（Fe_3O_4 或 $Fe_2O_3 \cdot FeO$），一般氧化亚铁的含量在 18%~74% 之间。铁黑具有饱和的蓝光黑色，遮盖力非常高，着色力很大，但不及炭黑，主要用于制底漆和面漆，也用于建筑工业用防锈剂。图7.58 谱线 C 为铁黑的红外光谱。

图7.58 谱线 A 铁黄的红外光谱中 3132 cm^{-1} 为 OH 的伸缩振动，1654 cm^{-1} 为结合水的变角振动，622 cm^{-1} 为 OH 摇摆振动和 Fe_2O_3 吸收的叠加。

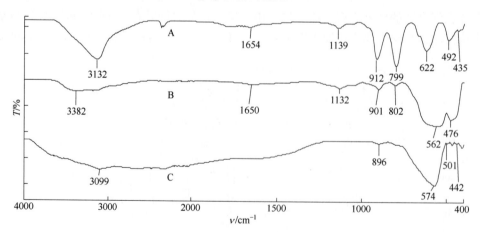

图 7.58　铁黄（A）、铁红（B）和铁黑（C）的红外光谱

7.5 蓝色和绿色染料

7.5.1 铁蓝的红外光谱

铁蓝（iron blue）为蓝色无机颜料，主要成分为亚铁氰化铁与亚铁氰化钾或亚铁氰化铵的复盐。

铁蓝的化学成分并不是一种简单的化合物。它因制造方法不同，组成稍有差异，而冠以不同的名称，例如，普鲁士蓝（prussian blue）、米洛里蓝（milori blue）、华蓝（chinese blue）、亚铁氰化铁等。其成分通常以下式表示：

$$K_x Fe_y Fe_4[Fe(CN)_6]_z \cdot nH_2O \quad (A)$$

$$(NH_4)_x Fe_y Fe_4[Fe(CN)_6]_z \cdot nH_2O \quad (B)$$

一般把产品 A 称为钾盐铁蓝，产品 B 称为铵盐铁蓝，也可以用钠代替上式中的钾或铵。其组成含量变化范围如下：①K 为 4%~10%；②$Fe(CN)_6$ 原子团为 56%~68%；③位于 $Fe(CN)_6$ 基以外的 Fe 为 19%~22%；④H_2O 为 3%~17%。

随成分和结构的不同，铁蓝颜色变动于青光和铜光之间。铁蓝中钾和 $Fe(CN)_6$ 原子团含量越多，水含量越少，则它的颜色越亮，着色力越高。当然，成分不同的铁蓝的红外光谱也稍有差异，见图 7.59。

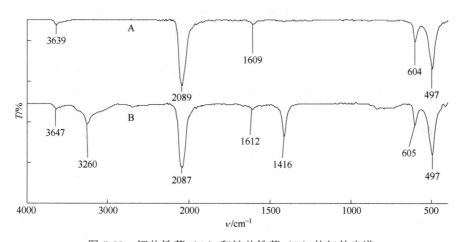

图 7.59　钾盐铁蓝（A）和铵盐铁蓝（B）的红外光谱

铁蓝的红外光谱中，2090 cm^{-1} 属 $-C\equiv N$ 的伸缩振动。铁蓝的这一吸收强度很大，出现在其他物质很少有吸收的区域，因而很特征，是鉴别油墨和涂料等混合物中是否有铁蓝存在的重要依据。依成分不同，铁蓝－$C\equiv N$ 的伸缩振动频率稍有变化，通常在 2100~2080 cm^{-1} 出现。图 7.59 谱线 A 为钾盐铁蓝的红外光谱，3639 cm^{-1} 为结晶水的伸缩振动，1609 cm^{-1} 为结晶水的变角振动；谱线 B 是铵盐铁蓝的红外光谱，3647 cm^{-1} 为结晶水的伸缩振动，3260 cm^{-1} 为 NH_4^+ 的反对称伸缩振动，1612 cm^{-1} 为结晶水的变角振动，1416 cm^{-1} 为 NH_4^+ 的反对称变角振动。605 cm^{-1} 为 Fe-CN 的伸缩振动，497 cm^{-1} 为 Fe-CN 的变角振动。是否有 3260 cm^{-1}、1415 cm^{-1} 两个谱带是区分铵盐铁蓝和钾盐铁蓝的依据。

铁蓝中经常混合一些硫酸钡，图 7.60 是铁蓝和硫酸钡混合物的红外光谱。1192 cm^{-1}、

1121 cm^{-1}、1080 cm^{-1} 为 SO$_4^{2-}$ 的反对称伸缩振动，983 cm^{-1} 为 SO$_4^{2-}$ 的对称伸缩振动，639 cm^{-1} 为 SO$_4^{2-}$ 的面外变角振动。

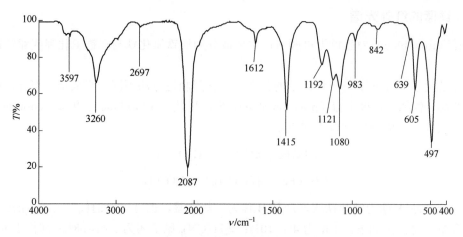

图 7.60　铁蓝和硫酸钡混合物的红外光谱

7.5.2　酞菁蓝的红外光谱

酞菁蓝（phthalocyanine blue）又名铜酞菁、海利勤蓝 B、颜料蓝、蒙纳斯蓝 B 等，属于酞菁颜料系列。其分子式为 C$_{32}$H$_{16}$CuN$_8$，图 7.61 为酞菁蓝的结构式。

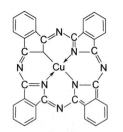

图 7.61　酞菁蓝的结构式

酞菁蓝是带艳绿光的蓝色棒状晶体。其密度为 1.31~1.46 g/cm^3。酞菁蓝不溶于水、醇及烃类，溶于浓硫酸呈橄榄色，稀释后析出蓝色悬浮体。酞菁蓝颜料有色泽鲜艳、着色力强（为普鲁士蓝的数倍，群青的十余倍）、性能稳定、耐光耐热、耐溶剂等特点，广泛用于涂料、油墨和橡胶、塑料等行业。酞菁蓝也用于汽车漆、美术颜料的着色。

图 7.62 为酞菁蓝的红外光谱。3049 cm^{-1} 为苯环上 =CH 的伸缩振动。1610 cm^{-1}、1507 cm^{-1}、1456 cm^{-1} 为苯环的伸缩振

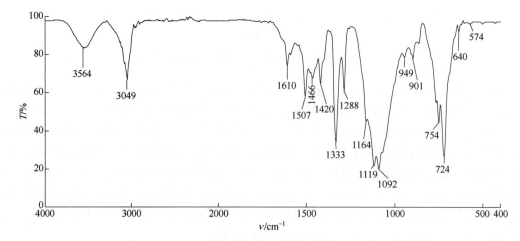

图 7.62　酞菁蓝的红外光谱

动。1420 cm^{-1} 为 C=C、C=N 伸缩振动的叠加，因共轭效应频率较低。1333 cm^{-1} 为 C-C 伸缩振动和 C-N 伸缩振动的叠加。1119 cm^{-1} 为 C-C-C 弯曲振动和 C-N 伸缩振动的叠加。1092 cm^{-1} 为 =CH 面内摇摆振动。754 cm^{-1}、724 cm^{-1} 为苯环 =CH 面外变角振动。酞菁蓝颜料的分子形成一个大的共轭体系，振动时偶极矩变化小，所以红外吸收强度小，而拉曼光谱吸收强度大。

7.5.3 酞菁绿的红外光谱

酞菁铜分子中，苯环的氢被氯或溴取代后就是酞菁绿。酞菁绿（phthalocyanine green）为深绿色粉末，具有优越的耐光、耐热、耐酸、耐碱、耐溶剂性能，广泛用于油墨、油漆、塑料、橡胶以及合成纤维的原浆着色。

图 7.63 为酞菁绿的结构式。图 7.64 为酞菁绿的红外光谱。氯原子的诱导效应使苯环振动频率变化较大。1497 cm^{-1} 为苯环的伸缩振动。1433 cm^{-1} 为 C=C、C=N 伸缩振动的叠加，因为共轭效应频率较低。1390 cm^{-1}、1321 cm^{-1}、1305 cm^{-1}、1276 cm^{-1} 为 C-C 伸缩振动和 C-N 伸缩振动的叠加。1096 cm^{-1} 为苯环和氯原子（C_{Ar}-Cl）的伸缩振动。949 cm^{-1} 为苯环上 =CH 面内变角振动。773 cm^{-1}、748 cm^{-1} 为苯环上 =CH 面外变角振动。647 cm^{-1} 为 C-Cl 伸缩振动。

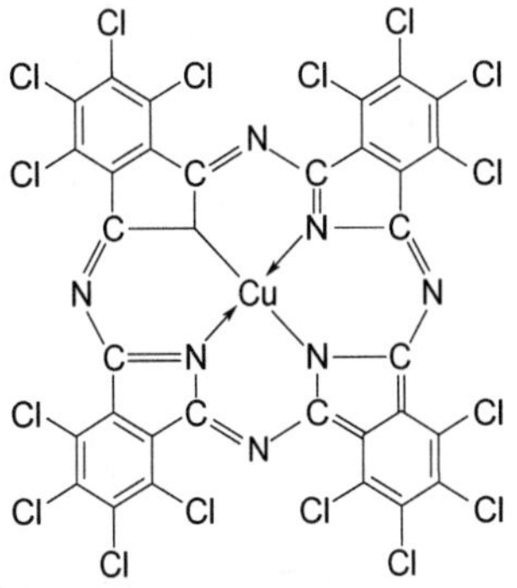

图 7.63 酞菁绿的结构式

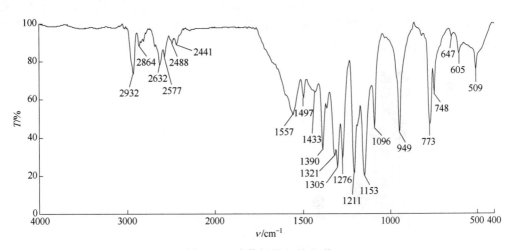

图 7.64 酞菁绿的红外光谱

7.5.4 铬绿的红外光谱

涂料中的绿色颜料往往由蓝色颜料和黄色颜料配制而成，酞菁蓝和铁蓝都可以与铅铬黄配制成不同色调的绿漆，铬绿（lead chrome green）就是其中的一种。铬绿又称铅铬绿、翠铬绿和油漆绿，主要用于涂料、油墨及塑料等工业。铬绿有优良的着色力，色泽鲜明。

铬绿是在铁蓝颜料浆中沉淀铬黄而制得，也可用铬黄和铁蓝湿拼或干拼而得。以铬黄和酞菁蓝拼成的铅铬绿色泽鲜艳、性能优良。由铬黄（正交型的 $PbCrO_4 \cdot PbSO_4$）与普鲁士蓝

K[Fe(CN)$_6$Fe]·yH$_2$O 混合制成铬绿，铬酸铅含量越多，则颜色越深，遮盖力越好。铁蓝颜料可在 5%~45% 变动，颜色由黄光、变为翠绿至深绿色。

图 7.65 为深铬绿、中铬绿和浅铬绿的红外光谱。2093 cm^{-1}、1612 cm^{-1}、1418 cm^{-1}、498 cm^{-1} 为铁蓝的吸收；1051 cm^{-1}、627 cm^{-1}、601 cm^{-1} 为硫酸铅的吸收；858 cm^{-1} 为铬酸铅的吸收。

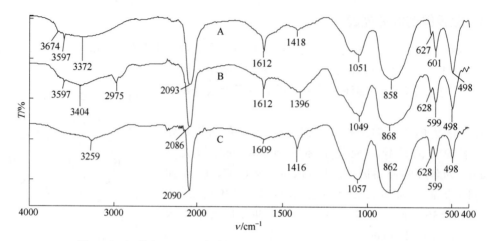

图 7.65　深铬绿（A）、中铬绿（B）和浅铬绿（C）的红外光谱

7.5.5　群青的红外光谱

群青（ultramarine blue）又称云青或洋蓝，由硫黄、黏土、石英、碳等混合烧制而成，无毒害、环保，是含多硫化钠和特殊结构的硼酸铝的半透明蓝色无机颜料。其分子式为 Na$_6$Al$_4$Si$_6$S$_4$O$_{20}$，色泽鲜艳。图 7.66 为其能谱图。

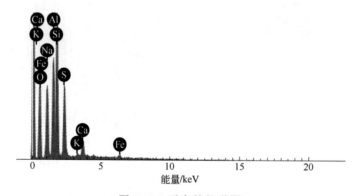

图 7.66　群青的能谱图

调整群青粉末、调和油、胶水和丙烯的比例，可以分别制成油画、水彩画、水粉画和丙烯画颜料。群青广泛用于油漆、针织、造纸、洗涤剂等工业，也用于橡胶、印染、油墨、彩画、建筑等的着色。用它可消除白色涂料、纸张、肥皂、洗衣粉及民用刷墙等白色颜料中的黄色光。图 7.67 为群青的红外光谱，1011 cm^{-1} 的宽、强吸收为 Si—O 反对称伸缩振动吸收。

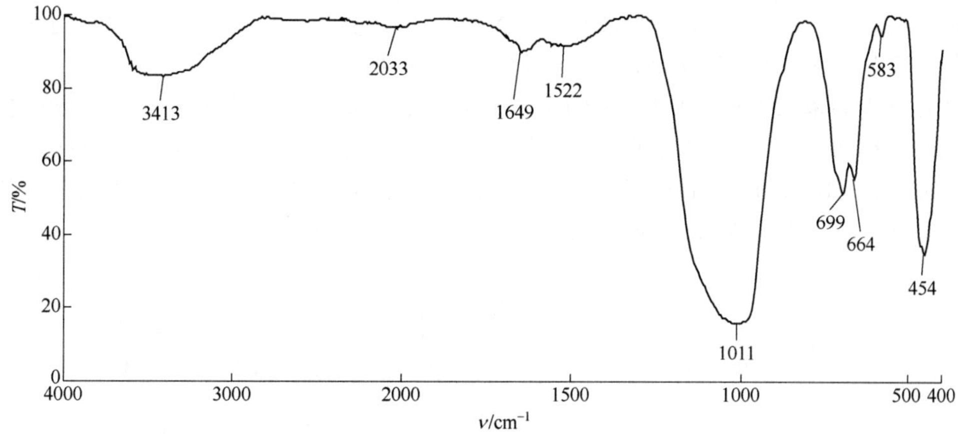

图 7.67 群青的红外光谱

7.6 增塑剂的红外光谱

增塑剂（plasticizer）也叫增韧剂、塑化剂或软化剂，主要用来提高高聚物的塑性或流动性，使高聚物易于加工，并提高制品的曲挠性和柔韧性。增塑剂分子可以插入到聚合物分子链之间，削弱聚合物分子链间的引力，提高聚合物分子链的移动性，降低分子链的结晶度，从而达到为聚合物增塑的作用。按照增塑作用方式，增塑剂可分为内、外两种增塑剂；根据化学结构，增塑剂分为邻苯二甲酸酯（酞酸酯）、磷酸酯、脂肪族二元酸酯、多元醇酯、环氧化合物等。我国常用的增塑剂有邻苯二甲酸二辛酯、邻苯二甲酸二丁酯、氯化石蜡、烷基磺酸苯酯、对苯二甲酸酯等。

7.6.1 邻苯二甲酸二辛酯的红外光谱

邻苯二甲酸二辛酯又称邻苯二甲酸二(2-乙基)己酯［bis(2-ethylhexyl)phthalate 或 di(2-ethylhexyl)phthalate，缩写分别为 BEHP 与 DEHP]，又称酞酸二辛酯（dioctyl phthalate，缩写 DOP），分子式为 $C_{24}H_{38}O_4$，分子量为 390.55，结构式如图 7.68 所示。

邻苯二甲酸二辛酯是邻苯二甲酸酯（又称酞酸酯，phthalate esters，代号 PAEs）的一种，是被广泛应用的塑料增塑剂。全球 PAEs 的使用量已超过 4000 万吨。

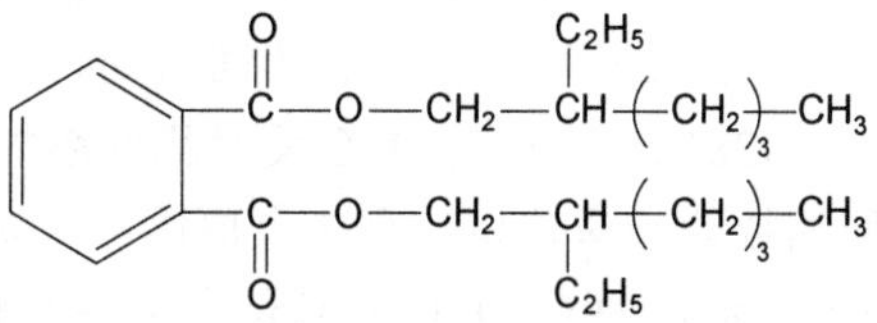

PAEs 是一类环境内分泌干扰物，可通过干扰生物体的激素合成过程影响生物体的生殖发育，甚至生殖结构。作为一类高污染的环境激素污染物，PAEs 在许多国家受到监测、监控。我国提出的"中国环境优先污染物黑名单"中就有 3 种 PAEs 类化合物，其中使用最多的是邻苯二甲酸二丁酯（dibutyl phthalate，DBP）和邻苯二甲酸二辛酯（dioctyl phthalate，DOP）。

图 7.68 DOP 的结构式

DOP 为无色或淡黄色油状透明液体，由邻苯二甲酸酐与 2-乙基己醇经酯化制得。DOP 溶于大多数有机溶剂和烃类，与绝大多数工业上使用的合成树脂和橡胶均有良好的相容性。DOP 具有混合性能好、增塑效率高、挥发性低、低温柔软性好、电气性能高、耐热性和耐候性良好等优点。

DOP 常用于聚氯乙烯树脂的加工，还用于化纤树脂、醋酸树脂、ABS 树脂及橡胶等高聚物的加工；也用于造漆、染料、分散剂等。DOP 用于硝酸纤维素漆，可提高漆膜的弹性和拉伸强度；用作合成橡胶的软化剂，可改善制品的回弹性。

图 7.69 为邻苯二甲酸二辛酯（DOP）的红外光谱。3070 cm^{-1} 为苯环上 =CH 伸缩振动。1600 cm^{-1}、1580 cm^{-1} 为苯环伸缩振动，两峰强度相当，是二酯基与苯环邻位直接相连并发生共轭的特征。1073 cm^{-1} 为苯环邻位取代 4 个相邻 =CH 面内变角振动。744 cm^{-1} 为苯环邻位取代 4 个相邻 =CH 面外变角振动。705 cm^{-1} 为苯环的弯曲振动。

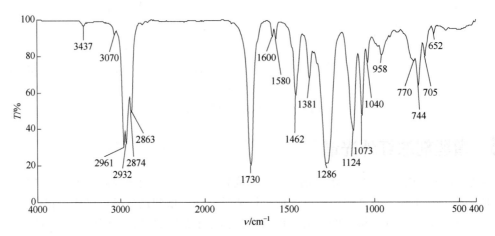

图 7.69 邻苯二甲酸二辛酯的红外光谱

2961 cm^{-1} 是 CH$_3$ 反对称伸缩振动，2874 cm^{-1} 是 CH$_3$ 对称伸缩振动。2932 cm^{-1} 是 CH$_2$ 反对称伸缩振动，2863 cm^{-1} 是 CH$_2$ 对称伸缩振动。在 DOP 分子中，有 C-CH$_2$ 也有 O-CH$_2$。C-CH$_2$ 反对称伸缩振动位于 2925 cm^{-1}，对称伸缩振动位于 2855 cm^{-1}；O-CH$_2$ 反对称伸缩振动位于 2942 cm^{-1}，对称伸缩振动位于 2878 cm^{-1}。分辨率低的红外光谱，2925 cm^{-1} 和 2942 cm^{-1} 重叠在 2932 cm^{-1} 出现吸收，2855 cm^{-1} 和 2878 cm^{-1} 重叠在 2963 cm^{-1} 出现吸收。1462 cm^{-1} 是 CH$_3$ 反对称变角振动与 CH$_2$ 面内变角振动的叠加。1381 cm^{-1} 为 CH$_3$ 的对称变角振动。1040 cm^{-1} 为 O-CH$_2$ 面内变角振动，因为与氧原子直接相连，CH$_2$ 面内变角振动频率降低。770 cm^{-1} 为 -CH$_2$CH$_3$ 中 CH$_2$ 的面内摇摆振动。

1730 cm^{-1} 是 C=O 的伸缩振动，3437 cm^{-1} 为其倍频。652 cm^{-1} 是 COO 的变角振动。

1286 cm^{-1} 为 C-O-C 反对称伸缩振动，1124 cm^{-1} 为 C-O-C 对称伸缩振动。DOP 的 C-O-C 伸缩振动频率较高，有 2 个原因：①羰基氧原子的未共用电子对的 p 电子和苯环 π 电子发生 p-π 共轭，使 C-O-C 具有部分双键特性；②羰基碳原子是 sp^2 杂化，C$_{sp^2}$-O-C 比 C$_{sp^3}$-O-C 电子云交盖程度大，C$_{sp^2}$-O-C 的反对称伸缩振动和对称伸缩振动频率均升高。C-O-C 反对称伸 C-O-C 反对称伸缩振频率高于 1250 cm^{-1}，通常位于 1300~1260 cm^{-1}，对称伸缩振动频率通常位于 1250~1110 cm^{-1}，而且前者比后者强度大。

1600 cm^{-1}、1580 cm^{-1}、744 cm^{-1}、705 cm^{-1} 是苯环邻位取代酯的一等标志谱带；1286 cm^{-1}、1124 cm^{-1}、1073 cm^{-1} 是苯环邻位取代酯的二等标志谱带。

DOP（以及所有 PAEs）的红外光谱具有以下 6 个特点。

（1）C=O 伸缩振动频率低至 1730 cm^{-1}　在 DOP 分子中，羰基与苯环直接相连，并且在同一个平面内，羰基与苯环形成 π-π 共轭体系，见图 7.70，C=O 间的电子云密度降低，双键特性减弱，伸缩振动频率降至 1730 cm^{-1} 或以下。通常，饱和脂肪酯的 C=O 伸缩振动频率位于 1740 cm^{-1} 左右；芳香酯或 α,β-不饱和酸酯的 C=O 伸缩振动频率低于 1735 cm^{-1}，原因就是后者与不饱和键形成了 π-π 共轭。

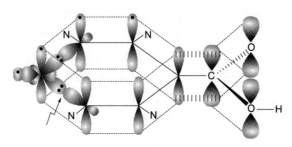

图 7.70 苯甲酸的结构模型

（2）C—O—C 反对称伸缩振动频率高于 1250 cm^{-1} 在邻苯二甲酸二辛酯的红外光谱中，C_{sp^2}—O—C 的反对称伸缩振动频率为 1286 cm^{-1}。通常，芳香酯或 α,β-不饱和脂肪酯的 C_{sp^2}—O—C 的反对称伸缩振动频率高于 1250 cm^{-1}，饱和脂肪酯 C_{sp^3}—O—C 的反对称伸缩振动频率低于 1250 cm^{-1}。图 7.71 中，POS 的 C_{sp^3}—C—O 的反对称伸缩振动频率位于 1240 cm^{-1}。这是因为不饱和酯的羧基与苯环或双键形成 π-π 共轭体系，共轭体系中的双键降低了双键特性，伸缩振动频率降低；共轭体系中的单键因共轭而具有了部分双键特性，伸缩振动频率升高。

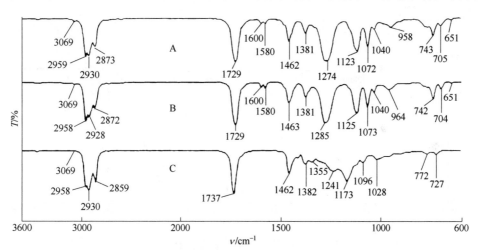

图 7.71 DIDP（A）、DINP（B）、POS（C）红外光谱的比较

（3）O—CH$_2$ 的 CH$_2$ 面内变角振动受氧原子诱导效应影响，降低至 1040 cm^{-1}（常值为 1465 cm^{-1}）。

（4）1600 cm^{-1}、1580 cm^{-1} 分裂为等强度的双峰，是邻苯二甲酸酯的特征之一。1580 cm^{-1} 强度容易变化，苯环与羧基共轭时强度与 1600 cm^{-1} 相当；没有共轭时强度较小或只是肩峰。

（5）由于酯基与苯环相连，1286 cm^{-1}（=C—O—C 反对称伸缩振动频率）的强度增大，与 1730 cm^{-1}（C=O 伸缩振动频率）强度相当。

（6）苯环上=CH 伸缩振动频率升高至 3070 cm^{-1}。脂肪烷烃 —CH 位于 2890 cm^{-1} 左右。苯环上碳原子为 sp^2 杂化，烷烃碳原子为 sp^3 杂化。碳原子和氢原子形成 σ 轨道时，sp^2 杂化比 sp³ 杂化 s 轨道比例大、σ 轨道交盖程度大、键长短（C_{sp^3}–H_s 键长为 110.2 pm，C_{sp^2}–H_s 键长为 108.6 pm）、键力常数大。所以苯环上 =CH 伸缩振动频率高于烷烃-CH 伸缩振动频率。通常苯环上 =CH 伸缩振动频率高于 3000 cm^{-1}，烷烃 -CH 伸缩振动频率低于 3000 cm^{-1}。

邻苯二甲酸酯的红外光谱中，主要是邻苯二甲酸的吸收，而酯的谱带少而弱，所以用红外光谱检测酞酸酯中的"酯"难度比较大。但由于酞酸酯的红外光谱具有上述 6 个特征，容易与其他类物质区分开，图 7.71 的 3 条谱线分别为邻苯二甲酸二异癸酯（diisodecyl phthalate，DIDP）、邻苯二甲酸二异壬酯（diisononyl phthalate，DINP）和癸二酸二辛酯（dioctyl sebacate，DOS）的红外光谱。前两者为酞酸酯，后者为脂肪酸酯。比较图 7.71 的 3 条谱线可知，用红外光谱法容易把酞酸酯与脂肪酸酯区分开。

7.6.2 间苯二甲酸酯的红外光谱

间苯二甲酸二乙酯（1,3-benzenedicarboxylic acid diethyl ester）的结构式如图 7.72 所示。图 7.73 为间苯二甲酸二乙酯的红外光谱。3081 cm^{-1} 是苯环上 =CH 伸缩振动。1609 cm^{-1} 为苯环的伸缩振动。1077 cm^{-1}、468 cm^{-1} 为苯环间位取代后苯环 =CH 面内变角振动。843 cm^{-1} 为孤立 =CH 面外变角振动。731 cm^{-1} 为苯环间位取代后 3 个相邻 =CH 面外变角振动。

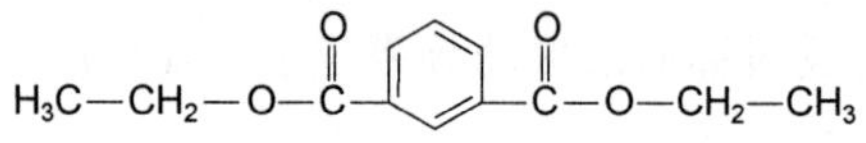

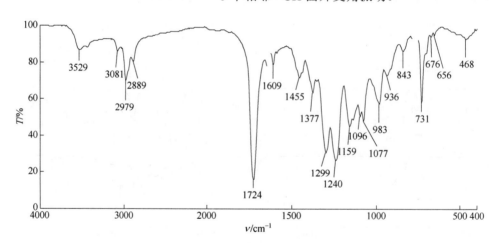

图 7.72 间苯二甲酸二乙酯的结构式

图 7.73 间苯二甲酸二乙酯的红外光谱

2979 cm^{-1} 为 CH_3、CH_2 反对称伸缩振动的叠加，2889 cm^{-1} 是 CH_3、CH_2 对称伸缩振动的叠加；1455 cm^{-1} 是 CH_3 不对称变角振动和 CH_2 面内变角振动的叠加。1377 cm^{-1} 是 CH_3 对称变角振动。1159 cm^{-1} 为 O-CH_2 的面外摇摆振动。983 cm^{-1} 为 CH_3 摇摆振动。

1724 cm^{-1} 是 C=O 伸缩振动。1299 cm^{-1}、1240 cm^{-1} 分别是 C-O-C 反对称伸缩振动和对称伸缩振动。656 cm^{-1} 是 COO 的弯曲振动。

间苯二甲酸二乙酯的红外光谱有以下 5 个特点。

（1）C=O 伸缩振动频率低于 1730 cm^{-1}。在间苯二甲酸二乙酯分子中，苯环与酯基（COO）形成 π-π 共轭体系，共轭效应使 C=O 间的电子云密度降低，双键特性减弱，伸缩振动频率降至 1724 cm^{-1}。

（2）C-O-C 反对称伸缩振动频率高于 1250 cm^{-1}。C-O-C 的氧原子的未共用电子对，与

苯环的 π 电子形成 p-π 超共轭体系，使单键电子云密度升高、具有了部分双键特性，反对称伸缩振动频率升至 1299 cm^{-1}，对称伸缩振动频率升至 1240 cm^{-1}。

（3）在间苯二甲酸二乙酯的分子中，CH_3 与氧原子间接相连，反对称伸缩振动频率（常值为 2960 cm^{-1}）和对称伸缩振动频率（常值为 2872 cm^{-1}）均升高；CH_2 与氧原子直接相连，反对称伸缩振动频率（常值为 2925 cm^{-1}）和对称伸缩振动频率（常值为 2855 cm^{-1}）均升高，叠加后在 2979 cm^{-1}、2889 cm^{-1} 出现吸收。

（4）由于苯环与酯基（COO）形成一个大的共轭体系，苯环=CH 面外变角振动频率出现在较低的 731 cm^{-1}。

（5）1299 cm^{-1}、731 cm^{-1} 同时存在是间苯二甲酸酯区别于邻苯二甲酸酯、对苯二甲酸酯的特征峰。

7.6.3 氯化石蜡的红外光谱

氯化石蜡（chlorinated paraffin）是石蜡烃的氯化衍生物，按含氯量不同主要有 3 个品种：氯化石蜡-42、氯化石蜡-52 和氯化石蜡-70，结构通式为 $C_xH_{2x-y+2}Cl_y$。

氯化石蜡-42，又名氯烃-42、CP-42，分子式为 $C_{25}H_{45}Cl_7$，平均分子量为 594，含氯量为 42%±2%；氯化石蜡-52，又名氯烃-52、CP-52，分子式为 $C_{15}H_{25}C_7$，平均分子量为 420，含氯量为 50%±2%；氯化石蜡-70，又名氯烃-70、CP-70，分子式为 $C_{24}H_{29}Cl_{24}$，平均分子量为 401，含氯量为 70%±2%。

氯化石蜡具有挥发性低、阻燃、电绝缘性良好、价格低廉等优点，可用作阻燃剂和聚氯乙烯助增塑剂，广泛用于塑料、橡胶、纤维等的增塑剂，用于织物和包装材料作表面处理剂，用于黏结材料和涂料作改良剂，用于高压润滑和金属切削加工作抗磨剂，还可用作防霉剂、防水剂、油墨添加剂等。

图 7.74 是氯化石蜡的红外光谱。随氯化度和结构的不同，氯化石蜡的红外光谱有差别。2935 cm^{-1}、2860 cm^{-1} 是 CH_3、CH_2 的伸缩振动。1458 cm^{-1} 是 CH_2 的面内变角振动和 CH_3 反对称变角振动的叠加，此处谱带比直链烷烃红外光谱中 CH_2 吸收宽而强，这是由于一部分 CH_2 变角振动谱带仍在 1460 cm^{-1}；另一部分 CH_2 变角振动谱带，受邻位氯原子的影响，从 1460 cm^{-1} 移至 1430 cm^{-1}，同时强度增大。1379 cm^{-1} 是 CH_3 的对称变角振动。735~610 cm^{-1} 区域较宽较强的谱带是 C–Cl 伸缩振动，也包含大分子的结晶谱带。

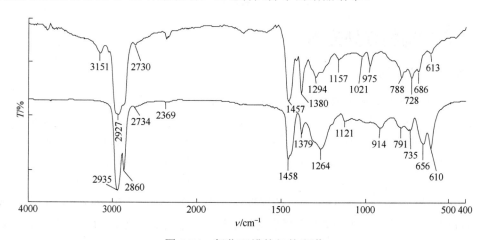

图 7.74　氯化石蜡的红外光谱

7.6.4 硬脂酸锌的红外光谱

硬脂酸锌（zinc stearate）又称十八酸锌盐，分子式为 $[CH_3(CH_2)_{16}COO]_2Zn$，为白色粉末，不溶于水，溶于热的乙醇、苯、甲苯、松节油等有机溶剂。硬脂酸锌遇酸分解成硬脂酸和相应的盐，有吸湿性，密度为 1.095 g/cm^3，熔点为 118~125 ℃。

有固性硬脂酸锌和水性硬脂酸锌之分。硬脂酸锌的水性乳液称为水性硬脂酸锌。其应用范围广泛，在橡胶、塑料、涂料、油墨、油漆、热敏纸、化妆品等行业，可作为脱模剂、保色剂、润滑剂、隔离剂等。图 7.75 为硬脂酸锌的结构式。

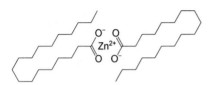

图 7.75 硬脂酸锌的结构式

图 7.76 为硬脂酸锌的红外光谱。2957 cm^{-1} 为 CH_3 的反对称伸缩振动。2919 cm^{-1} 为 CH_2 的反对称伸缩振动，2846 cm^{-1} 为 CH_2 的对称伸缩振动。1464 cm^{-1} 为 CH_3 的反对称变角振动和 CH_2 的面内变角振动的叠加。CH_3 的对称变角振动位于 1378 cm^{-1}，与 C═O 对称伸缩振动叠加于 1396 cm^{-1}。硬脂酸锌羧基具有三原子四电子离域 Π_3^4 键体系，两个 C═O 伸缩振动强烈耦合，伸缩振动分裂为反对称伸缩振动和对称伸缩振动，分别位于 1541 cm^{-1} 和 1396 cm^{-1}。前者强度大于后者，而且前者频率变化范围小于后者，故前者特征性大于后者。747 cm^{-1} 为 COO 的面外变角振动。717 cm^{-1} 为 CH_2 的面内摇摆振动。

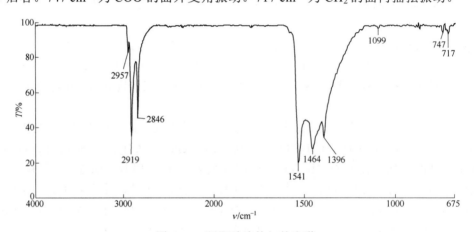

图 7.76 硬脂酸锌的红外光谱

7.7 化学试剂的红外光谱

7.7.1 水的红外光谱

水和二氧化碳的红外吸收都非常强。用红外光谱仪分析样品时，谱图中常会出现水和二氧化碳的吸收，有时是因为样品中有吸附水，有时是因为光路中水和二氧化碳的浓度发生了变化而没有及时重新扫描背底（scan background）。不能识别水和二氧化碳的吸收，可能会给读谱带来困扰。图 7.77 为水的红外光谱。3445 cm^{-1} 左右的宽、强吸收是 OH 的伸缩振动，这个宽的谱带包含三种振动的吸收：水的反对称伸缩振动、对称伸缩振动和变角振动的一级倍频。1639 cm^{-1} 是 OH 的变角振动。水的摇摆振动是一个宽峰，位于 700~500 cm^{-1} 间，主峰位于 670 cm^{-1} 附近。水的变角振动与摇摆振动的合频是一个很宽的谱带，位于 2500~1900 cm^{-1}，主峰常位于 2100 cm^{-1}（图 7.77 中位于 2066 cm^{-1}）。

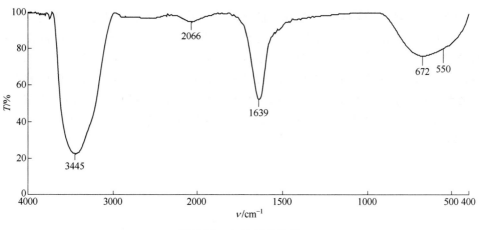

图 7.77 水的红外光谱

7.7.2 二氧化碳的红外光谱

二氧化碳（carbon dioxide）的中心碳原子是 sp 杂化，所以其空间结构是直线形。

碳原子用 1 个 2s 轨道和 1 个 $2p_x$ 轨道进行 sp 杂化，形成 2 个 sp 杂化轨道，2 个 sp 杂化轨道呈直线形。碳原子分别用 1 个 sp 杂化轨道与 1 个氧原子的 $2p_x$ 轨道重叠形成 1 个 C_{sp}-O_{2p_x} 型 σ 键。碳原子的 2 个未参加杂化的 p 轨道在空间的取向是跟 sp 杂化轨道的轴呈正交关系的，即 sp 杂化轨道、$2p_y$ 轨道、$2p_z$ 轨道相互垂直。

C 原子的 $2p_y$ 轨道和 2 个氧原子的 $2p_y$ 轨道相互平行，彼此重叠生成 1 个三原子（1 个碳原子、2 个氧原子）四电子（1 个氧原子的 $2p_y$ 轨道有 2 个电子，碳原子 $2p_y$ 轨道有 1 个电子，另一个氧原子的 $2p_y$ 轨道有 1 个电子）的 Π_3^4 键，见图 7.78。同样，在 $2p_z$ 方向也生成 1 个三原子四电子的 π_3^4 键。因而 CO_2 分子有 2 套相互平行的 p 轨道，每套 3 个 p 轨道，每套是 3 个轨道 4 个电子，换言之，CO_2 分子里有 2 套三原子四电子符号为 π_3^4 的 p-p 大 π 键。

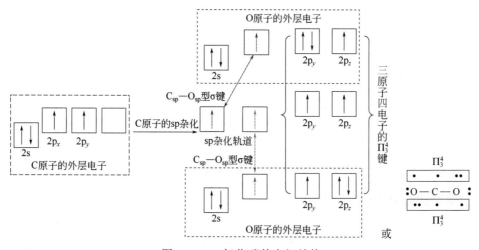

图 7.78 二氧化碳的空间结构

图 7.79 为二氧化碳的透过率红外光谱，图 7.80 为二氧化碳的吸光度红外光谱。二氧化碳的反对称伸缩振动位于 2349 cm^{-1}，但在图 7.79 中 2363 cm^{-1}、2344 cm^{-1} 有吸收，2349 cm^{-1}

却是一个峰谷。这是因为 CO_2 分子的振动能级间能量差比转动能级间能量差大得多，当分子吸收红外辐射，发生振动能级跃迁时，伴随着转动能级的跃迁。因此，无法测得纯的 CO_2 分子振动光谱，实际测得的是 CO_2 分子的振动-转动光谱的叠加。CO_2 分子在 2362 cm^{-1}、2344 cm^{-1} 转动吸收比较强，在 2349 cm^{-1} 转动吸收比较弱。振动吸收、转动吸收叠加的结果是二氧化碳红外光谱在 2363 cm^{-1}、2344 cm^{-1} 有强吸收，而在 2349 cm^{-1} 形成一个峰谷。二氧化碳三个原子是直线形结构，对称伸缩振动非红外活性而是拉曼活性，位于 1340 cm^{-1}。669 cm^{-1} 为二氧化碳的变角振动。

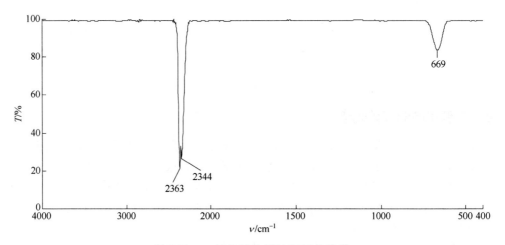

图 7.79　二氧化碳的透过率红外光谱

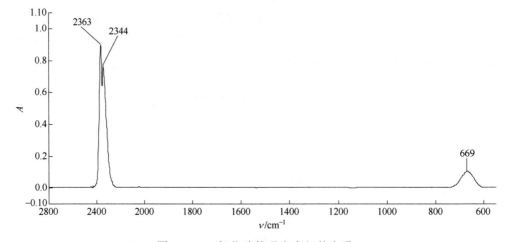

图 7.80　二氧化碳的吸光度红外光谱

7.7.3　甲苯的红外光谱

甲苯（methylbenzene）的结构式是 ⟨◯⟩—CH$_3$。其结构特点是：①苯环发生单取代，原有的高度对称性结构被破坏，苯环伸缩振动时偶极矩增大；②甲基与苯环直接相连，并发生 σ-π 超共轭。红外光谱反映了这些结构特点。

图 7.81 为甲苯的红外光谱，3027 cm^{-1} 为苯环上 =CH 的伸缩振动。苯环上 =CH 的伸缩振

动位于 3100~3000 cm^{-1}，通常出现在 3070~3030 cm^{-1}。苯环上有吸电子取代基时，=CH 的伸缩振动位于高频一侧，如邻苯二甲酸二辛酯的红外光谱中，=CH 的伸缩振动位于 3070 cm^{-1}；苯环上有推电子取代基时，=CH 的伸缩振动位于低频一侧。CH$_3$ 是推电子基，所以在图 7.81 中 =CH 的伸缩振动位于低频一侧的 3027 cm^{-1}。1603 cm^{-1}、1572 cm^{-1}、1493 cm^{-1} 为苯环的伸缩振动。苯环的伸缩振动在 1450 cm^{-1} 也有吸收，与 CH$_3$ 的反对称变角振动 1465 cm^{-1} 重叠后在 1461 cm^{-1} 出现吸收。1603 cm^{-1}、1572 cm^{-1}、1493 cm^{-1}、1450 cm^{-1} 同时出现是苯环单取代的特征。苯环上 5 个 =CH 的面内变角振动位于 1225~950 cm^{-1}；726 cm^{-1} 为苯环上 5 个 =CH 的面外变角振动；696 cm^{-1} 为苯环骨架面外弯曲振动。苯环骨架面外弯曲振动、苯环上 5 个相邻 =CH 的面外变角振动的倍频与合频出现在 2000~1600 cm^{-1}，如 1736 cm^{-1}、1803 cm^{-1}、1858 cm^{-1}、1942 cm^{-1}。

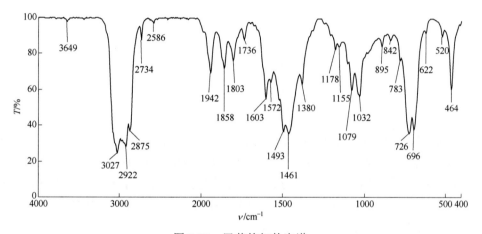

图 7.81 甲苯的红外光谱

2922 cm^{-1}、2875 cm^{-1} 是 CH$_3$ 的反对称伸缩振动和对称伸缩振动，比常值降低，这是因为 CH$_3$ 与苯环相连，同时受诱导效应和 σ-π 超共轭效应的影响。

诱导效应的影响：甲基是碳原子的 sp^3 杂化轨道与氢原子的 1s 轨道交盖生成 C_{sp^3}–H_s 型 σ 键；甲基碳原子 sp^3 杂化轨道与苯环碳原子 sp^2 杂化轨道交盖成 C_{sp^3}–C_{sp^2} 型 σ 键。sp^2 杂化轨道中 s 成分占 1/3，p 成分占 2/3；sp^3 杂化轨道中 s 成分占 1/4，p 成分占 3/4。sp^2 杂化轨道中 s 成分比 sp^3 杂化轨道中大，sp^2 的电负性大于 sp^3 的电负性（电负性：sp＞sp^2＞sp^3）。诱导效应使得 C-H 间的电子云更靠近碳原子，更偏离键的几何中心，C-H 间的电子云交盖程度降低，键力常数减小，CH$_3$ 伸缩振动频率降低。

σ-π 超共轭效应的影响：甲基 C_{sp^3}–H_s 型 σ 键与苯环生成 σ-π 超共轭系统，σ-π 超共轭效应使 C-H 电子云密度增大，键长略有缩短，键力常数增大，具有部分双键性质，伸缩振动频率升高。

甲苯的诱导效应大于 σ-π 超共轭效应，所以其反对称伸缩振动和对称伸缩振动频率均降低。1380 cm^{-1} 为 CH$_3$ 的对称变角振动，2734 cm^{-1} 为其倍频。

7.7.4 乙醇的红外光谱

图 7.82 为乙醇（CH$_3$–CH$_2$–OH）的红外光谱。3341 cm^{-1} 为 OH 的伸缩振动。2974 cm^{-1}、2886 cm^{-1} 分别为 CH$_3$ 的反对称伸缩振动和对称伸缩振动，比常值（2962 cm^{-1}、2872 cm^{-1}）

高。这是因为氧原子是强吸电子基，氧原子的诱导效应使 C_β-C_α 间的电子云向氧原子移动，C_α 原子电子云密度升高，C_β 原子电子云密度降低。C_β 原子电子云密度的降低使其电负性增大，C-H 键键力常数增大，C_β-H 伸缩振动频率升高。

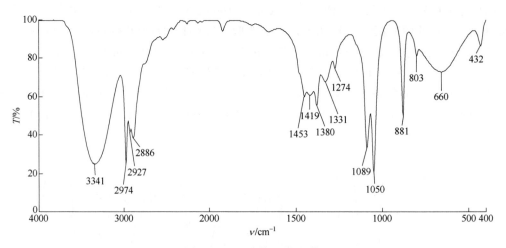

图 7.82　乙醇的红外光谱

2927 cm^{-1} 为 CH_2 的反对称伸缩振动。氧原子的吸电子诱导效应和超共轭效应的相对大小，决定 CH_2 伸缩振动频率升高或降低。吸电子诱导效应使 C-H 键电子云更偏离其几何中心，CH_2 伸缩振动频率降低；C-H 键与氧原子的孤电子对形成 σ-p 超共轭，C-H 键具有了部分双键特性，CH_2 伸缩振动频率升高。在乙醇分子中吸电子诱导效应与超共轭效应相当，CH_2 伸缩振动频率位于常值附近。

1453 cm^{-1} 为 CH_3 反对称变角振动。1419 cm^{-1} 为 O-CH_2 面内变角振动和 C-O-H 面内变角振动的叠加，是使 O-CH_2 伸缩振动频率升高的原因，也正是使其变角振动频率降低的原因。1380 cm^{-1} 为 CH_3 对称变角振动。1331 cm^{-1}、1274 cm^{-1} 为 O-CH_2 面外摇摆振动。1089 cm^{-1}、1050 cm^{-1} 为 C-OH 振动伸缩，因为存在旋转异构体，所以是 2 个峰。881 cm^{-1} 为 CH_3 摇摆振动。660 cm^{-1} 的宽峰为 C-O-H 的面外变角振动。

7.7.5　正辛醇的红外光谱

正辛醇（octanol）的分子式为 $C_8H_{18}O$，结构式为 $H_3C\text{-}(CH_2)_7\text{-}OH$。正辛醇的结构特点是：①有甲基；②$CH_2$ 长链；③伯醇。

图 7.83 为正辛醇的红外光谱。3340 cm^{-1} 为氢键缔合 OH 的伸缩振动。1383 cm^{-1} 为 CH_3 的对称变角振动与缔合态 OH 面外变角振动的叠加。1056 cm^{-1} 为伯醇 C-OH 伸缩振动与 COH 面内弯曲振动的耦合，以前者为主。2958 cm^{-1} 为 CH_3 的反对称伸缩振动。烷烃 C-CH_2 的反对称伸缩振动频率位于 2925 cm^{-1}，与氧原子相连的 O-CH_2 的反对称伸缩频率升至 2940 cm^{-1} 左右，正辛醇分子中以上两种结构都有，二者重叠后在 2930 cm^{-1} 出现吸收。2861 cm^{-1} 为 CH_3 对称伸缩振动（2872 cm^{-1}）和 CH_2 对称伸缩振动（烷烃 C-CH_2 为 2855 cm^{-1}、与氧原子相连的 O-CH_2 为 2878 cm^{-1}）的叠加。1468 cm^{-1} 为 CH_3 的反对称变角振动和 CH_2 面内变角振动的叠加。726 cm^{-1} 为长链 CH_2 的面外摇摆振动。

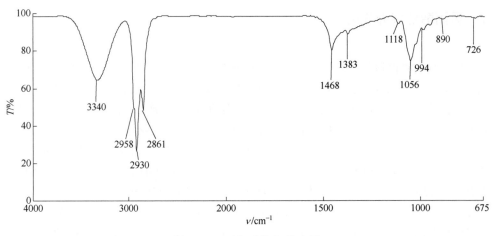

图 7.83 正辛醇的红外光谱

7.7.6 叔丁醇的红外光谱

叔丁醇（tert-butanol）的分子式是 $C_4H_{10}O$，结构式是 $H_3C-\underset{\underset{CH_3}{|}}{\overset{\overset{OH}{|}}{C}}-CH_3$。图 7.84 为叔丁醇的红外光谱。3378 cm^{-1} 为氢键缔合 OH 的伸缩振动。C—OH 面内弯曲振动与 C—OH 伸缩振动发生偶合，分裂为 2 个谱带，分别位于 1485 cm^{-1} 和 1022 cm^{-1}；CH_3 的反对称变角振动位于 1460 cm^{-1}；1460 cm^{-1} 和 1485 cm^{-1} 重叠，在 1476 cm^{-1} 出现吸收。

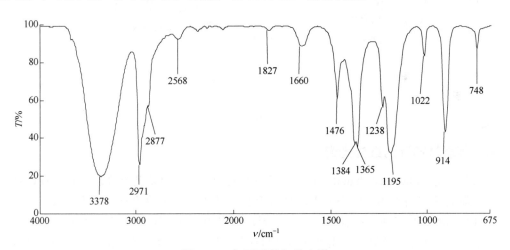

图 7.84 叔丁醇的红外光谱

2971 cm^{-1} 为 CH_3 的反对称伸缩振动，2877 cm^{-1} 为 CH_3 的对称伸缩振动；因为 CH_3 与电负性大的氧原子间接相连，频率均较常值（2960 cm^{-1}、2872 cm^{-1}）高。1384 cm^{-1} 为 CH_3 的对称变角振动（1395 cm^{-1}）和 OH 变角振动（1379 cm^{-1}）的叠加，1365 cm^{-1} 也是 CH_3 的对称变角振动，因为三个甲基连接于同一个碳原子上，CH_3 的对称变角振动分裂为 1395 cm^{-1} 和 1365 cm^{-1}。1238 cm^{-1}、1200 cm^{-1} 为 C—C_3（此处 C_3 表示叔碳）骨架反对称伸缩振动和对称伸缩振动。C_3—C—O 骨架的反对称伸缩振动位于 1150 cm^{-1}，1200 cm^{-1} 和 1150 cm^{-1} 重叠，在 1195 cm^{-1} 出现吸收。914 cm^{-1} 为 CH_3 的面内摇摆振动。748 cm^{-1} 为 C_3—C—O 骨架对称伸缩振动。

7.7.7 异丙醇的红外光谱

异丙醇（*iso*-propyl alcohol）的分子式为 C_3H_8O，结构式是 $H_3C-\underset{\underset{\text{OH}}{|}}{CH}-CH_3$。图 7.85 为异丙醇的红外光谱。3355 cm^{-1} 为 OH 的伸缩振动。2971 cm^{-1}、2886 cm^{-1} 分别为 CH_3 的反对称伸缩振动和对称伸缩振动，因为与电负性大的氧原子间接相连，频率较常值（2960 cm^{-1}、2872 cm^{-1}）高。2933 cm^{-1} 为 CH 的伸缩振动，由于与氧原子连接于同一个碳原子上，频率较常值（2890 cm^{-1}）高，强度增大。1466 cm^{-1} 为 CH_3 的反对称变角振动，1379 cm^{-1} 为 CH_3 的对称变角振动。异丙醇 COH 面内变角振动（1409 cm^{-1}）与 C–OH 伸缩振动（1100~1020 cm^{-1}）发生偶合，分裂为两个谱带，分别位于 1341 cm^{-1} 和 1170~1120 cm^{-1}，前者主要是 C–OH 面内变角振动，强度小；后者主要是 C–OH 伸缩振动，强度大。由于异丙醇存在旋转异构体，1170~1120 cm^{-1} 间的谱带呈现双峰，分别位于 1160 cm^{-1} 和 1129 cm^{-1}。1307 cm^{-1} 为次甲基（CH）的面内变角振动。952 cm^{-1} 为 CH_3 的摇摆振动。817 cm^{-1} 为 OH 的面外变角振动。663 cm^{-1} 为 COH 的扭曲振动。

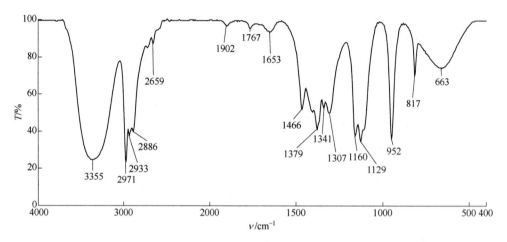

图 7.85 异丙醇的红外光谱

7.7.8 苯氧基乙醇的红外光谱

苯氧基乙醇（phenoxyethanol）又叫 2-苯氧基乙醇、乙二醇苯基醚等；分子式为 $C_8H_{10}O_2$，为无色或淡黄色透明液体，醇香微毒，易溶于醇、醚和氢氧化钠溶液，微溶于水。

苯氧基乙醇能与多种有机溶剂混溶，渗透性强，对丙烯酸树脂、硝基纤维素、乙基纤维素、环氧树脂、醇酸树脂、苯氧基树脂等各种树脂具有极好的溶解性，能与醇、醚混溶，俗称"万能溶剂"，是一种高效成膜助剂。苯氧基乙醇用作印模、刻印用油墨的溶剂，黏结剂和香皂化妆品的香料保持剂等；也用作醋酸纤维素、树脂、染料的溶剂以及合成增塑剂、杀菌剂、药物等。苯氧基乙醇在圆珠笔油中作溶剂和改良助剂，能改善书写的流畅性和油墨的储存稳定性，提高清晰度，防止漏油，用于喷墨油墨中，可使其具有较小的表面张力，提高纸张渗透性。

苯氧基乙醇的结构式

图 7.86 为苯氧基乙醇的红外光谱。3062 cm^{-1}、3039 cm^{-1} 为苯环上 =CH 伸缩振动。1603 cm^{-1}、1499 cm^{-1} 为苯环的伸缩振动，因为是强吸电子基单取代，偶极矩变大，所以强度也大。759 cm^{-1} 为苯环上 5 个相邻 =CH 的面外变角振动。696 cm^{-1} 为苯环骨架面外弯曲振动。1939 cm^{-1}、1843 cm^{-1}、1704 cm^{-1} 为 1000~700 cm^{-1} 苯环 =C-H 面外变角振动的倍频与合频。1172 cm^{-1}、1153 cm^{-1} 为苯环 =CH 面内变角振动。2938 cm^{-1} 为 CH_2 反对称伸缩振动，2879 cm^{-1} 为 CH_2 对称伸缩振动，苯氧基和氧原子都是强吸电子基，CH_2 与其直接相连，伸缩振动频率升高。1460 cm^{-1} 为 CH_2 面内变角振动。1334 cm^{-1} 为 CH_2 面外摇摆振动。1303 cm^{-1} 为 CH_2 扭曲振动，因为与极性 O 原子相连，强度增大。790 cm^{-1} 为 CH_2 面内摇摆振动。3371 cm^{-1} 为 OH 伸缩振动。C-OH 的 OH 与 C-O 共用一个碳原子，OH 面内变角振动与 C-O 伸缩振动发生耦合，分裂为两个谱带，一个位于 1373 cm^{-1}，以 OH 面内变角振动为主，强度较小；另一个位于 1100~1030 cm^{-1}，以 C-O 伸缩振动为主，强度较大。由于苯氧基乙醇 C-O 存在旋转异构体，不同的异构体的 OH 的面内变角振动频率不同，所以在 1100~1030 cm^{-1} 区域出现双峰，分别位于 1086 cm^{-1}、1049 cm^{-1}。

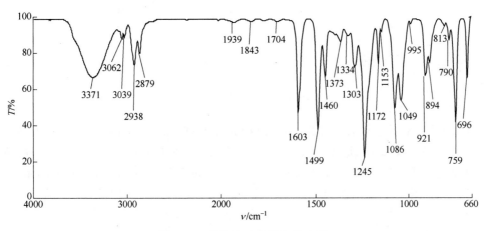

图 7.86　苯氧基乙醇的红外光谱

7.7.9　苯酚的红外光谱

苯酚（phenol）又称石炭酸（carbolic acid），化学式为 C_6H_5OH，结构式为 ⌬—OH。图 7.87 为苯酚的结构模型。苯酚的结构有 3 个显著特点：①苯环单取代；②羟基与苯环直接相连；③酚羟基氧原子的未共用电子对所在的 p 轨道与苯环 π 轨道相互交盖而形成 p-π 共轭体系。苯酚红外光谱的主要特点都与这 3 个特点相关。

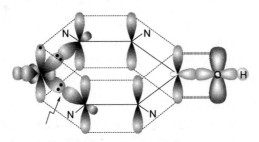

图 7.87　苯酚的结构模型

图 7.88 为苯酚的红外光谱。3236 cm^{-1} 为 OH 的伸缩振动,醇 C–OH 的碳原子为 sp^3 杂化,而酚 =C–OH 的碳原子为 sp^2 杂化,后者 =C–O 键电子云密度大于前者;又由于苯酚的苯环 π 电子与 C$_{sp^2}$–O 的氧原子的未共用电子对发生 p-π 共轭,C$_{sp^2}$–O 键具有部分双键特性,导致 OH 之间的电子云更偏向氧原子,所以酚 OH 的伸缩振动频率比醇 OH 的伸缩振动频率(大于 3300 cm^{-1},见图 7.83~图 7.87)低。1476 cm^{-1}(与苯环伸缩振动重叠)、1374 cm^{-1} 为 OH 的面内变角振动,813 cm^{-1} 为 OH 的面外变角振动。

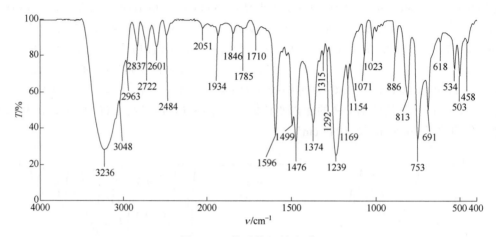

图 7.88 苯酚的红外光谱

3048 cm^{-1} 为苯环上 =CH 伸缩振动。1599 cm^{-1}、1499 cm^{-1}、1476 cm^{-1} 为苯环的伸缩振动,因为是 OH 极性基取代并且形成共轭,所以强度变大。苯酚中 6 个氢原子,处于 4 种不同的位置,分别是酚羟基中 1 个,苯环中酚羟基邻位 2 个、间位 2 个、对位 1 个。所以苯酚苯环上=CH 面外、面内变角振动不止 1 个。1169 cm^{-1}、1154 cm^{-1}、1071 cm^{-1}、1023 cm^{-1} 为苯环上=CH 面内变角振动;753 cm^{-1} 为苯环上=CH 的面外变角振动;691 cm^{-1} 为苯环的面外弯曲(折叠)振动。1934~1710 cm^{-1} 的 4 个谱带是苯环上=CH 面外变角振动的倍频与合频,是单取代的特征。

1239 cm^{-1} 为 C–OH 的伸缩振动,苯酚分子中苯环 π 电子与 C–O 的氧原子的未共用电子对共轭,使 C–O 键具有部分双键特性,因此酚的 C–OH 的伸缩振动频率比醇的 C–OH 的伸缩振动频率高。

7.7.10 乙醚的红外光谱

乙醚(ether)的化学式为 CH$_3$CH$_2$–O–CH$_2$CH$_3$。图 7.89 为乙醚的红外光谱。其中,2991 cm^{-1} 为 CH$_3$、CH$_2$ 的反对称伸缩振动的叠加;2869 cm^{-1} 为 CH$_3$、CH$_2$ 的对称伸缩振动的叠加。CH$_3$ 反对称伸缩振动频率常值为 (2962±5) cm^{-1},对称伸缩振动频率常值为 (2872±5) cm^{-1},当 CH$_3$ 与氧原子间接相连,反对称伸缩振动和对称伸缩振动频率升高;CH$_2$ 反对称伸缩振动频率常值为 (2925±5) cm^{-1},对称伸缩振动频率常值为 (2855±5) cm^{-1},当 CH$_2$ 与氧原子直接相连,反对称伸缩振动和对称伸缩振动频率升高。在乙醚的红外光谱中,CH$_2$ 比 CH$_3$ 升高得更多,所以它们重叠在一起。1450 cm^{-1} 为 CH$_3$ 的反对称变角振动与 CH$_2$ 面内变角振动的叠加,因为 CH$_2$ 与氧原子相连,面内变角振动频率降低。1395 cm^{-1} 为 CH$_3$ 的对称变角振动。1364 cm^{-1} 为 CH$_2$ 的面外摇摆振动。1295 cm^{-1} 为 CH$_2$ 扭曲振动。1144 cm^{-1} 为 C–O–C 反对称伸缩振动,乙醚的 C–O–C 的 3 个原子处在一条直线上,而且氧原子双边连接的都是乙基,所以其反对称伸缩振动有偶极矩的变化,是红外活性的,并且强度比较大;对称伸缩振动没有偶极矩的变化或变化很小,非红外活性而是拉曼活性,乙醚的 C—O—C 对称伸缩振动位于 1076 cm^{-1},很弱。929 cm^{-1} 为 CH$_3$ 的面内摇摆振动。

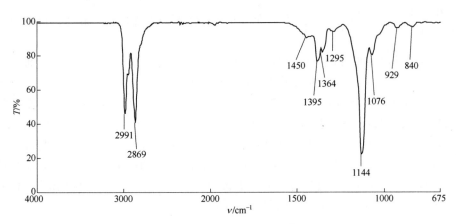

图 7.89　乙醚的红外光谱

7.7.11　甲基叔丁基醚的红外光谱

甲基叔丁基醚（H$_3$C—O—C(CH$_3$)$_3$—CH$_3$）为甲氧基醚,反对称伸缩振动频率高;且又是叔丁基醚。α-碳原子有 3 个取代基(分叉),C—O—C 反对称伸缩振动吸收峰分裂为 3 个,位于 1264 cm^{-1}、1099 cm^{-1}、1025 cm^{-1}。1213 cm^{-1} 为骨架 C—C—C 的伸缩振动。2988 cm^{-1}、2946 cm^{-1} 为 C—CH$_3$ 的反对称伸缩振动和对称伸缩振动,因为甲基与氧原子间接相连,频率比常值(2962 cm^{-1}、2872 cm^{-1})高。2831 cm^{-1} 为 O—CH$_3$ 的伸缩振动,为甲氧基醚的特征谱带。1473 cm^{-1} 为 CH$_3$ 的反对称变角振动,1371 cm^{-1} 为 CH$_3$ 的对称变角振动,852 cm^{-1} 为 O—C(CH$_3$)$_2$—CH$_3$ 的弯曲振动。甲基叔丁基醚的红外光谱见图 7.90。

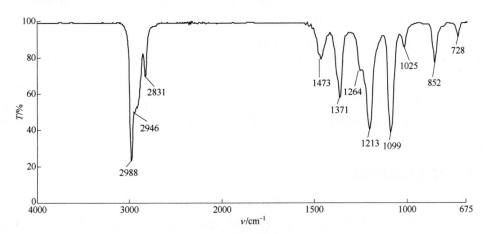

图 7.90　甲基叔丁基醚的红外光谱

7.7.12 1,4-二丁氧基苯的红外光谱

1,4-二丁氧基苯（1,4-dibutoxybenzene），别名对苯二丁醚，分子式为 $C_{14}H_{22}O_2$，结构式为 H₃C-CH₂-CH₂-CH₂-O-C₆H₄-O-CH₂-CH₂-CH₂-CH₃，是一种具有浓厚茴香味的白色固体，可用于配制香料或作增香剂，同时也是重要的有机合成中间体，例如用于合成新型重氮感光试剂。

图 7.91 为 1,4-二丁氧基苯的红外光谱。3104 cm^{-1}、3072 cm^{-1}、3049 cm^{-1} 为苯环上=CH 伸缩振动。1638 cm^{-1}、1511 cm^{-1}、1477 cm^{-1} 为苯环骨架伸缩振动，因为是对位极性取代，骨架伸缩振动频率略高，又因为苯环与含有未共用电子对的 O 原子生成 p-π 超共轭，1638 cm^{-1}、1511 cm^{-1} 强度都增大，1511 cm^{-1} 变化更明显。苯环上=CH 面内变角振动谱带位于 1225~950 cm^{-1}，1,4-二取代在 535~497 cm^{-1} 也出现苯环=CH 面内变角振动，极性取代使强度增大。830 cm^{-1}、743 cm^{-1} 为苯环上 2 个相邻 =CH 面外变角振动。1940 cm^{-1}、1868 cm^{-1}、1748 cm^{-1} 为苯环=CH 面外变角振动的倍频与合频。

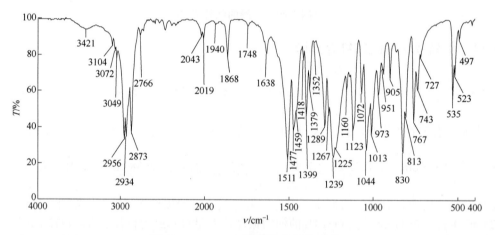

图 7.91　1,4-二丁氧基苯的红外光谱

2956 cm^{-1} 为 CH_3 的反对称伸缩振动，2873 cm^{-1} 为 CH_3 的对称伸缩振动。2934 cm^{-1} 为 CH_2 的反对称伸缩振动，因与强吸电子 O 原子相连，CH_2 的反对称伸缩振动频率比常值（2923 cm^{-1}）高。1459 cm^{-1} 为 CH_3 反对称变角振动和 CH_2 面内变角振动的叠加。1418 cm^{-1} 为 O-CH_2 的面内变角振动。1379 cm^{-1} 为 CH_3 的对称变角振动，2766 cm^{-1} 为其倍频。1399 cm^{-1} 为 O-CH_2 的面外摇摆振动，因与极性 O 原子相连，强度增大。767 cm^{-1} 为正丁基的面内摇摆振动。

1,4-二丁氧基苯中氧原子的未共用电子对与苯环 π 键发生 p-π 共轭，使 =C-O-C 醚键具有部分双键特性，伸缩振动频率升高，=C-O-C 反对称伸缩振动位于 1239 cm^{-1}，对称伸缩振动位于 1044 cm^{-1}。

7.7.13 丙酮的红外光谱

丙酮（acetone）又名二甲基酮，分子式为 CH_3COCH_3，为最简单的饱和酮，为无色透明液体，易燃、易挥发，化学性质较活泼。图 7.92 为丙酮的红外光谱。3004 cm^{-1}、2925 cm^{-1} 为 CH_3 的反对称伸缩振动和对称伸缩振动，因为 CH_3 与羰基直接相连，发生 σ-p 超共轭，C-H

键电子云密度增大，具有部分双键特性，伸缩振动频率比常值（2962 cm^{-1}、2872 cm^{-1}）高，同时强度减小。1710 cm^{-1} 为 C=O 伸缩振动，其倍频位于 3414 cm^{-1}。1419 cm^{-1}、1357 cm^{-1} 为 CH$_3$ 的反对称变角振动和对称变角振动，因为 CH$_3$ 与羰基直接相连，发生 σ-p 超共轭，伸缩振动频率升高的同时变角振动频率降低，而且强度增大。1219 cm^{-1} 为 $\mathrm{C{-}\overset{\overset{O}{\|}}{C}{-}C}$ 骨架振动。因为 CH$_3$ 与羰基直接相连，CH$_3$ 的摇摆振动分裂为 2 个峰，分别位于 1092 cm^{-1}、901 cm^{-1}。

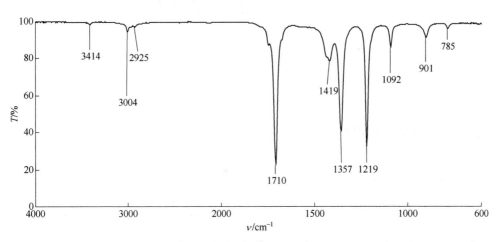

图 7.92　丙酮的红外光谱

7.7.14　甲乙酮的红外光谱

甲乙酮（methyl ethyl ketone，MEK）的化学式为 CH$_3$CH$_2$COCH$_3$。图 7.93 为甲乙酮的红外光谱。2980 cm^{-1}、2940 cm^{-1} 为 CH$_3$ 的反对称伸缩振动和 CH$_2$ 的反对称伸缩振动；2911 cm^{-1}、2875 cm^{-1}（图中未画出）分别为 CH$_3$ 的对称伸缩振动和 CH$_2$ 的对称伸缩振动。CH$_3$、CH$_2$ 与羰基相连，当 C-H 键和 C=O 共平面时，发生 σ-π 超共轭效应，致 C-H 键的电子云密度增加，键力常数增大，伸缩振动频率升高，CH$_3$ 的反对称伸缩振动和对称伸缩振动频率由常值（2962 cm^{-1}、2872 cm^{-1}）升至 2980 cm^{-1}、2911 cm^{-1}；CH$_2$ 的反对称伸缩振动和对称伸缩振动频率由常值（2925 cm^{-1}、2855 cm^{-1}）升至 2940 cm^{-1}、2875 cm^{-1}。1459 cm^{-1} 为 CH$_3$ 反对称变角振动。1415 cm^{-1} 为 CH$_2$ 的面内变角振动，因为 CH$_2$ 与羰基相连，面内变角振动频率较常值（1465 cm^{-1}）低。1366 cm^{-1} 为 CH$_3$ 对称变角振动，因为与羰基相连，CH$_3$ 对称变角振动频率较常值（1375 cm^{-1}）低。1257 cm^{-1} 为 CH$_2$ 面外摇摆振动。1721 cm^{-1} 为 C=O 伸缩振动，3415 cm^{-1} 为其倍频。通常 C-C 伸缩振动谱带强度较小，应用价值不大，但酮中 C-C 伸缩振动谱带是个例外。脂肪酮的红外光谱在 1230~1100 cm^{-1} 可观察到一个或几个谱带，归属于酮结构 $\mathrm{C{-}\overset{\overset{O}{\|}}{C}{-}C}$ 的伸缩振动和弯曲振动，也称作酮 $\mathrm{C{-}\overset{\overset{O}{\|}}{C}{-}C}$ 的骨架振动，其中一个（图 7.93 中的 1173 cm^{-1}）强度较大，可以用作未知结构中是否有酮存在的辅证。945 cm^{-1} 为 CH$_3$ 面内摇摆振动。758 cm^{-1} 为乙基中 CH$_2$ 面内摇摆振动。589 cm^{-1} 为 $\mathrm{C{-}\overset{\overset{O}{\|}}{C}{-}C}$ 面内变角振动。517 cm^{-1} 为 C-C=O 面内变角振动。408 cm^{-1} 为 $\mathrm{C{-}\overset{\overset{O}{\|}}{C}{-}C}$ 面外变角振动。

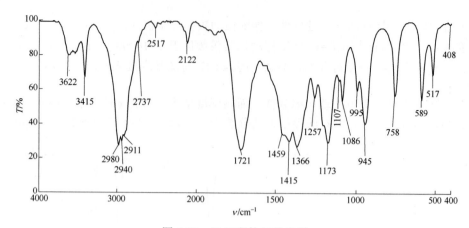

图 7.93　甲乙酮的红外光谱

7.7.15　苯乙酮的红外光谱

苯乙酮（phenyl methyl ketone，acetophenol）的结构式为 ⌬—C(=O)—CH$_3$。苯乙酮的结构特点是苯环、甲基均直接与羰基相连，并共平面。苯环与羰基形成 π-π 共轭，甲基与羰基形成 p-π 超共轭。

图 7.94 为苯乙酮的红外光谱。3062 cm^{-1} 为苯环上=CH 的伸缩振动。3005 cm^{-1} 为 CH$_3$ 的反对称伸缩振动，因为 CH$_3$ 与羰基相连，并且共平面，甲基与羰基形成 p-π 共轭，伸缩振动频率比常值（2960 cm^{-1}）高。1427 cm^{-1} 为 CH$_3$ 的反对称变角振动，1359 cm^{-1} 为 CH$_3$ 的对称变角振动，因为 CH$_3$ 与羰基相连，反对称和对称变角振动频率较常值（1460 cm^{-1}、1375 cm^{-1}）降低。羰基对与之相连的 CH$_3$ 的伸缩振动频率升降和变角振动频率升降作用相反，如在苯乙酮中，羰基使 CH$_3$ 的反对称伸缩振动和对称伸缩振动频率均升高，同时使 CH$_3$ 的反对称变角振动和对称变角振动频率均降低。1685 cm^{-1} 为 C=O 伸缩振动，3352 cm^{-1} 为其倍频；由于苯环与羰基形成 π-π 共轭，使羰基上电子云密度降低；又由于 CH$_3$ 的推电子效应，使 C=O 键的电子云密度进一步靠近氧原子，偏离碳原子，导致 C=O 键力常数减小，所以苯乙酮 C=O 伸缩振动频率比较低。C—C 伸缩振动谱带较弱，应用价值不大，但酮的红外光谱中 C—C 伸缩振动谱带是个例外。芳香酮的红外光谱在 1280~1150 cm^{-1} 可观察到 1 个或几个谱带，归属于

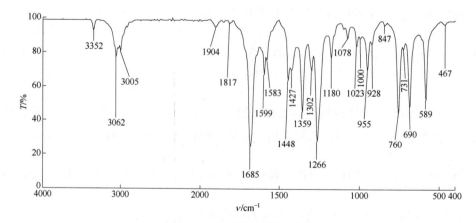

图 7.94　苯乙酮的红外光谱

酮结构的 C—C(=O)—C 伸缩振动和弯曲振动，也称作酮的骨架振动，其中 1 个（图 7.94 中的 1266 cm^{-1}）强度较大，可以用作未知结构中是否有酮存在的辅证。1599 cm^{-1}、1583 cm^{-1}、1448 cm^{-1} 为苯环的伸缩振动。1078 cm^{-1}、1023 cm^{-1}、1000 cm^{-1} 为苯环上 5 个相邻=CH 的面内变角振动。955 cm^{-1} 为 CH$_3$ 面内摇摆振动。760 cm^{-1} 为苯环上 5 个相邻=CH 的面外变角振动，1904 cm^{-1}、1817 cm^{-1} 是它们的倍频或合频。690 cm^{-1} 为苯环面外弯曲（折叠）振动。589 cm^{-1} 为 C—C(=O)—C 面内变角振动。467 cm^{-1} 为苯环上 5 个相邻=CH 的面外变角振动。

7.7.16 乙醛的红外光谱

乙醛（acetaldehyde）的结构式是 H$_3$C—C(=O)—H。图 7.95 为乙醛和正己醛的红外光谱。2973 cm^{-1}、2935 cm^{-1} 为 CH$_3$ 的反对称和对称伸缩振动。因为 CH$_3$ 与羰基相连，并共平面，CH 键上的电子相互排斥，σ 电子偏离原轨道而趋向 C=O 键的 π 轨道，使 σ 轨道与 π 轨道部分重叠，产生电子离域现象，即发生 σ-π 超共轭。超共轭效应使 C—H 键有了部分双键特性，伸缩振动频率较 C—CH$_3$ 常值（2960 cm^{-1}、2875 cm^{-1}）高。1449 cm^{-1} 为 CH$_3$ 的反对称变角振动，1341 cm^{-1} 为 CH$_3$ 的对称变角振动，因为 CH$_3$ 与羰基发生 σ-π 超共轭，反对称和对称变角振动频率均较常值（1460 cm^{-1}、1375 cm^{-1}）低。羰基使 CH$_3$ 的伸缩振动频率升高，同时使 CH$_3$ 的变角振动频率降低，这种现象具有普遍性。即如果分子中 CH$_3$ 的伸缩振动频率升高（降低），则其变角振动频率降低（升高）。这是因为：根据式 (3.3)，$\nu = \dfrac{\Delta E}{hc} = \dfrac{\sqrt{k/\mu}}{2\pi c} = \dfrac{1}{2\pi c}\sqrt{\dfrac{k(m_1+m_2)}{m_1 m_2}}$，

伸缩振动频率高低正相关于成键原子对键力常数，而负相关于折合质量，即伸缩振动频率随键力常数的增大而升高，随成键原子对折合质量的增大而降低。当成键原子对折合质量相同时，键的伸缩振动频率取决于键力常数的大小。键力常数的大小取决于碳原子键 s 轨道和 p 轨道的杂化方式。C—H 键中 s 轨道所占比例越大，键长越短、键力常数越大，CH$_3$ 伸缩振动频率越高。

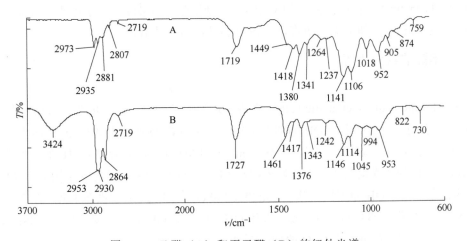

图 7.95　乙醛（A）和正己醛（B）的红外光谱

伸缩振动和变角振动的方向性不同，伸缩振动频率升降与变角振动频率升降所需能量高低相反。s 轨道呈球形，方向性弱；p 轨道呈哑铃形，方向性强。C-H 键中 s 轨道所占比例大，发生改变方向的振动比较容易，需要能量比较低，频率低（能量 E 与频率 ν 成正比：$E=h\nu=hc/\lambda$）。C-H 伸缩振动频率高，说明 C-H 键 s 轨道比例大，p 轨道比例小，发生变角振动比较容易，所需能量低，频率低。958 cm^{-1} 为 CH_3 的面内摇摆振动。

醛基（—CHO）氢与羰基氧原子均连接于同一个碳原子，前者伸缩振动受到后者的强烈影响。CH 的面内变角振动频率位于 1390 cm^{-1} 左右，其倍频与醛基的 CH 伸缩振动频率（2900~2700 cm^{-1}）相近而发生费米（Fermi）共振。Fermi 共振使 CH 伸缩振动谱带分裂成两个，分别位于 2807 cm^{-1}、2719 cm^{-1}，前者强度常比后者大，但后者位置比较恒定。如果醛分子中 CH_3、CH_2 比重大，CH_3、CH_2 伸缩振动谱带强，2807 cm^{-1} 往往被掩盖，但 2719 cm^{-1} 很少受干扰，2719 cm^{-1} 是鉴定醛的最特征的谱带。有些醛（比如三氯乙醛 Cl_3C-CHO）CH 的面内变角振动明显偏离 1380 cm^{-1}，醛基的 CH 伸缩振动频率和 CH 的面内变角振动频率的倍频差别较大，不具备发生费米共振的条件，则只能在 2855 cm^{-1} 附近观察到 CHO 伸缩振动的单峰。905 cm^{-1} 为醛基氢 O=C-H 的面外变角振动。1719 cm^{-1} 为 C=O 的伸缩振动，由于 CH_3 的推电子诱导效应，使 C=O 键的电子云密度进一步偏离碳原子，靠近氧原子，导致 C=O 电子云交盖程度减小，伸缩振动力常数减小；CH_3 和 C=O 间还存在超共轭效应，超共轭效应使 C=O 双键特性减弱；诱导效应和超共轭效应均使乙醛 C=O 伸缩振动频率降低。羰基的吸电子诱导效应使与之相连的 C-C 键成为极性键，强度增大，在 1341 cm^{-1} 有 C-C 伸缩振动峰。

乙醛常以三聚体（　　　　）或多聚体存在。如果全部以三聚体或多聚体存在，就见不到羰基伸缩振动谱带，而在 1141 cm^{-1}、1106 cm^{-1} 左右见到宽、强醚键伸缩振动谱带。如果只有部分以三聚体或多聚体存在，可以见到羰基伸缩振动谱带，但强度较小；同时在 1141 cm^{-1}、1106 cm^{-1} 左右见到宽、强醚键伸缩振动谱带。如果没有三聚体或多聚体存在，可以见到比较强的有羰基伸缩振动谱带，而没有醚键伸缩振动谱带。

7.7.17 甲酸的红外光谱

甲酸（formic acid，methanoic acid）的结构式为 H—C(=O)—OH。图 7.96 为甲酸的红外光谱，3446 cm^{-1} 左右的宽、强谱带为 OH 的伸缩振动。甲酸的 C-O 伸缩振动和 O-H 面内变角振动发生偶合，分裂为 2 个峰，分别位于 1396 cm^{-1} 和 1203 cm^{-1}，前者以 O-H 面外变角振动为主，后者以 C-O 伸缩振动为主。C-O 伸缩振动（1300 cm^{-1}）和 OH 面内变角振动（1420 cm^{-1}）偶合谱带的倍频，与 OH 伸缩振动基频（3200~2400 cm^{-1}）相近，发生费米共振，在 2721 cm^{-1}、2583 cm^{-1} 产生吸收。933 cm^{-1} 为甲酸二聚体 OH---O 中的 OH 的面外变角振动。2939 cm^{-1} 为 CH 的伸缩振动。1726 cm^{-1} 为 C=O 的伸缩振动。

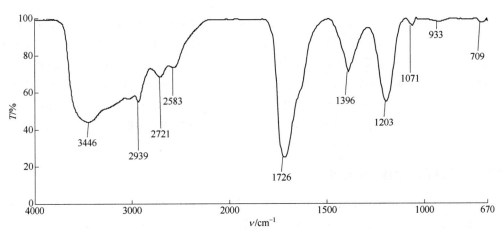

图 7.96 甲酸的红外光谱

7.7.18 乙酸的红外光谱

乙酸（acetic acid）的化学式为 CH₃COOH，简写式为 HOAc 或 HAc。图 7.97 为乙酸的红外光谱。3062 cm⁻¹ 左右的宽、强吸收为 OH 的伸缩振动，乙酸以二聚体或链状多聚体存在，羟基相互缔合，伸缩振动降至 3150~2500 cm⁻¹，主峰在 3062 cm⁻¹。2637 cm⁻¹ 是低频区峰的合频或综合峰，与缔合 OH 伸缩振动发生费米共振，强度增大。乙酸 C-OH 伸缩振动与 O-H 面内变角振动发生偶合，产生两个谱带，一个位于 1415 cm⁻¹（与甲基的反对称变角振动重叠），另一个位于 1292 cm⁻¹，前者以 O-H 面内变角振动为主，后者以 C-OH 伸缩振动为主。

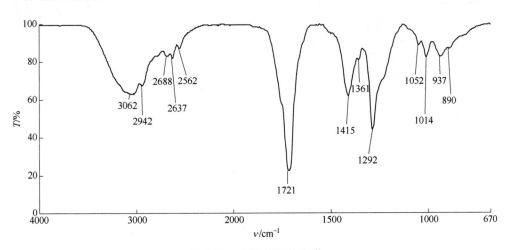

图 7.97 乙酸的红外光谱

C-O 伸缩振动和 OH 变角振动发生的偶合谱带的倍频，与 OH 伸缩振动基频（3200~2400 cm⁻¹）相近，发生费米共振，在 2688 cm⁻¹、2637 cm⁻¹、2562 cm⁻¹ 产生吸收。

3062 cm⁻¹、2942 cm⁻¹ 分别为 CH₃ 的反对称伸缩振动和对称伸缩振动，乙酸中甲基和羰基直接相连，发生 σ-π 超共轭，σ-π 超共轭效应使 α-C-H 具有部分双键特性，电子云密度增大，键长略有缩短，键力常数增大，甲基的反对称伸缩振动和对称伸缩振动频率较常值

（2960 cm^{-1}、2872 cm^{-1}）高。乙酸羰基的伸缩振动频率较甲酸（1726 cm^{-1}）低，位于 1721 cm^{-1}。降低的原因有 2 个：①σ-π 超共轭效应，σ-π 超共轭效应使 C=O 键双键特性降低；②推电子诱导效应，甲基是推电子基，使 C=O 之间的电子云密度进一步靠近氧原子，偏离碳原子，导致 C=O 间电子云交盖程度降低，伸缩振动力常数减小。1415 cm^{-1} 为乙酸二聚体 OH 面内变角振动。甲基的反对称变角振动和对称变角振动频率较常值（1460 cm^{-1}、1375 cm^{-1}）低，分别位于 1415 cm^{-1}、1361 cm^{-1}。1052 cm^{-1}、1041 cm^{-1} 为 CH$_3$ 的摇摆振动。937 cm^{-1} 为乙酸二聚体氢键 O…OH 的面外变角振动。

7.7.19　三氟乙酸的红外光谱

三氟乙酸（trifluoroacetic acid，TFA）的化学式为 CF$_3$COOH。图 7.98 为三氟乙酸的红外光谱。3065 cm^{-1}、3027 cm^{-1}、2931 cm^{-1}、2857 cm^{-1} 为氢键 OH…O 中 OH 的伸缩振动。1781 cm^{-1}、1754 cm^{-1} 为 C=O 伸缩振动，氟原子连接在羰基的 α-碳原子上，吸电子的诱导效应使 C=O 伸缩振动频率升高，与羰基连接的氟原子越多，频率升高得越多。费米共振使 C=O 伸缩振动分裂为双峰。1213 cm^{-1} 为 CF$_3$ 的反对称伸缩振动，1168 cm^{-1}、1110 cm^{-1} 为 CF$_3$ 的对称伸缩振动，2244 cm^{-1} 为其倍频。出现多重峰的原因是 CF$_3$ 有旋转异构体，并且氟原子与分子的其他键会发生强烈偶合，这些谱带往往是偶合振动产生的。CF$_3$ 与羰基相连，使羰基伸缩振动频率升高，羰基也使 CF$_3$ 的反对称伸缩振动和对称伸缩振动频率较常值（1278 cm^{-1}、1150 cm^{-1}）低。1662 cm^{-1} 为 OH 面内变角振动；同时 C-OH 伸缩振动与 O-H 面内变角振动发生偶合，产生两个谱带，一个位于 1456 cm^{-1}，另一个位于 1322 cm^{-1}，前者以 O-H 面内变角振动为主，后者以 C-OH 伸缩振动为主。971 cm^{-1} 为三氟乙酸二聚体氢键 O…OH 的面外变角振动。

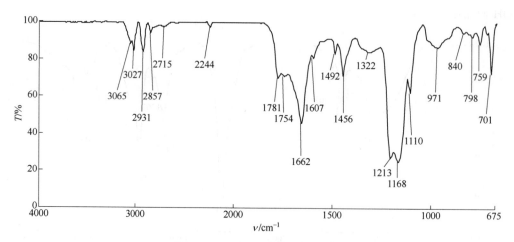

图 7.98　三氟乙酸的红外光谱

7.7.20　油酸的红外光谱

油酸（oleic acid）的学名为顺-9-十八碳烯酸，是含 18 个碳原子和 1 个双键的不饱和脂肪酸[CH$_3$(CH$_2$)$_7$CH=CH(CH$_2$)$_7$COOH]，分子式为 C$_{18}$H$_{34}$O$_2$，是构成动、植物油脂的一种重要成分。

图 7.99 为油酸的红外光谱。3200~2500 cm^{-1} 的宽、强吸收为缔合氢键 O…OH 的伸缩振动。3009 cm^{-1} 为=CH 的伸缩振动。959 cm^{-1} 为=CH 的面外变角振动，峰形尖锐。2926 cm^{-1}

为 CH_2 的反对称伸缩振动，2855 cm^{-1} 为 CH_2 的对称伸缩振动。二聚油酸 C—O 伸缩振动和 OH 面内变角振动发生偶合谱带的倍频，与 OH 伸缩振动基频（3200~2400 cm^{-1}）相近，发生费米共振，在 2673 cm^{-1} 产生吸收。1461 cm^{-1} 为 CH_3 反对称变角振动和 CH_2 面内变角振动的叠加。碳原子的电负性为 2.25，氢碳原子的电负性为 2.1，C—H 键中电子云密度偏向碳原子。α-CH_2 与羧基相连，面内变角振动由 1465 cm^{-1} 降至 1414 cm^{-1}，此峰比烷烃化合物的 CH_2 在 1465 cm^{-1} 的面内变角振动强度大，尤其是少于 14 个碳的脂肪酸。α,β-不饱和酸及芳香酸无此峰，据此并结合 C=O 伸缩振动频率高低，可推断羧酸的种类。723 cm^{-1} 为 CH_2 的面内摇摆振动。1711 cm^{-1} 为 C=O 伸缩振动，油酸分子中同时存在 C=O 和 OH，而且油酸都以二聚体

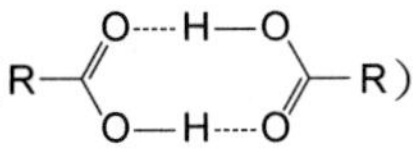

$\left(R\underset{O—H\cdots O}{\overset{O\cdots H—O}{\diagdown\diagup}}R\right)$ 存在，一个分子中的 C=O 和另一个分子中的 OH 生成强氢键 O—H···O，

氢键效应使 C=O 伸缩振动频率降低。1654 cm^{-1} 为 C=C 伸缩振动。油酸的 C—OH 和 OH 共用一个氧原子，C—OH 的伸缩振动和 O—H 的面内变角振动发生偶合，谱带分裂为两个，分别位于 1434 cm^{-1} 和 1290~1240 cm^{-1}。前者以 O—H 的面内变角振动为主，后者以 C—OH 的伸缩振动为主，因为有旋转异构体，1290~1240 cm^{-1} 呈双峰。在 1330~1180 cm^{-1} 有一个中等强度的宽吸收，是结晶长链脂肪酸的特征吸收。—CH_2—CH=CH—CH_2— 中的 CH_2 因为与双键相连，面内变角振动降至 1434 cm^{-1}。1414 cm^{-1} 为与羧基相连的 CH_2（O=C—CH_2）的面内变角振动，由于 CH_2 与羧基生成 σ-π 超共轭，面内变角振动频率降低，1414 cm^{-1} 也是油酸二聚体 OH 的面内变角振动。1377 cm^{-1} 为 CH_3 的对称变角振动。959 cm^{-1} 为 =CH 的面外变角振动。938 cm^{-1} 为氢键 O—H···O 的面外变角振动，峰形弥散。723 cm^{-1} 为 CH_2 的面内摇摆振动。

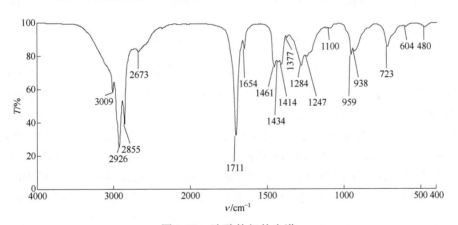

图 7.99 油酸的红外光谱

图 7.100 为羧基的结构模型，油酸的 C—OH 的氧原子的未共用电子对，与羰基 C=O 的 π 电子发生 p-π 共轭，使 C—O 具有部分双键特性（醇中 C—O 键的碳原子为 sp^3 杂化，键长为 143 pm；羧基中 C—O 键的碳原子为 sp^2 杂化，键长为 136 pm），所以油酸 C—OH 的伸缩振动频率比醇高，C—OH 伸缩振动和 O—H 的面内变角振动的偶合频率也比醇高。

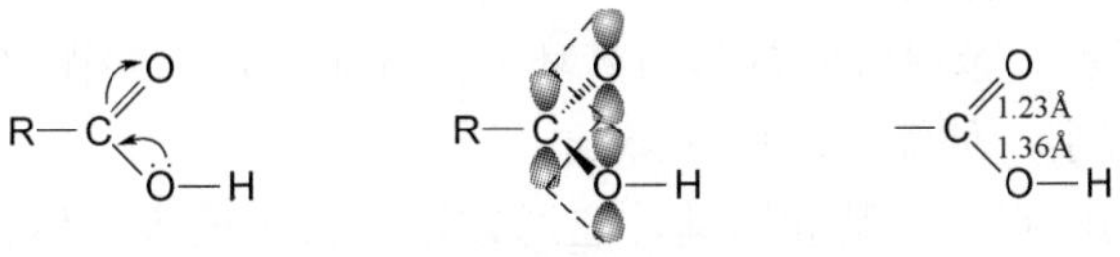

图 7.100 羧基的结构模型

7.7.21 苯甲酸的红外光谱

苯甲酸（benzoic acid）又称安息香酸，分子式为 C_6H_5COOH，结构式为

图 7.101 为苯甲酸的红外光谱，3100~2100 cm^{-1} 的宽、强吸收为 OH 的伸缩振动。3072 cm^{-1}、3013 cm^{-1} 为苯环上 =CH 的伸缩振动。1604 cm^{-1}、1583 cm^{-1}、1497 cm^{-1}、1454 cm^{-1} 为苯环伸缩振动。1184 cm^{-1}、1130 cm^{-1}、1073 cm^{-1}、1027 cm^{-1} 为苯环上 5 个相邻 =CH 的面内变角振动。由于是极性取代，所以这些谱带的强度比较大。709 cm^{-1} 为苯环上 5 个相邻 =CH 的面外变角振动。685 cm^{-1} 为苯环面外弯曲（折叠）振动。

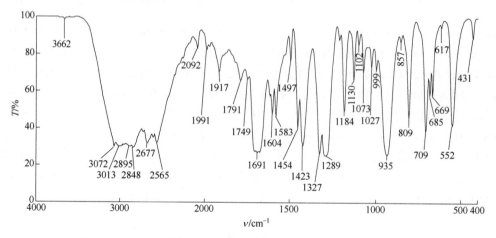

图 7.101 苯甲酸的红外光谱

2895 cm^{-1}、2848 cm^{-1}、2677 cm^{-1}、2564 cm^{-1} 为氢键 OH⋯O 的伸缩振动、C—O 伸缩振动、C-O 弯曲振动的倍频、合频。苯甲酸的 C—OH 和 OH 共用 1 个氧原子，C—OH 的伸缩振动和 O—H 的面内变角振动发生偶合，谱带分裂为 2 个，分别位于 1423 cm^{-1} 和 1340~ 1250 cm^{-1}，前者主要是 O—H 的面内变角振动，后者主要是 C—OH 的伸缩振动。由于苯甲酸的 C—OH 的氧原子有未共用电子对，能与羰基 C=O 的 π 电子发生 p-π 共轭；羰基又与苯环生成 π-π 共轭；共轭效应使 C—O 具有部分双键特性，所以苯甲酸 C—OH 的伸缩振动频率升高，C—OH 伸缩振动和 O—H 面内变角振动的偶合频率也比较高。由于苯甲酸存在旋转异构体，1340~1250 cm^{-1} 出现双峰，分别位于 1327 cm^{-1}、1289 cm^{-1}。二聚苯甲酸（　　　　　）的 C—O 伸缩振动和 OH 面内变角振动发生偶合的谱带的倍频，与 OH 伸缩振动基频（3200~ 2400 cm^{-1}）相近，发生费米共振，在 2677 cm^{-1}、2565 cm^{-1} 产生吸收。938 cm^{-1} 为 OH⋯O 面外变角振动。709~600 cm^{-1} 的 3 条谱带为 O—C=O 面内弯曲振动。552 cm^{-1} 为 C—C=O 面内摇摆振动。431 cm^{-1} 为苯环 C=C 面内变角振动。

1691 cm^{-1} 为 C=O 伸缩振动，其频率比甲酸、油酸都低，这源于两个因素。

（1）如图 7.102 所示，苯甲酸的羰基与苯环发生 π-π 共轭，共轭效应使 C=O 间的电子云密度降低，键力常数减小，伸缩振动频率降低。

（2）因为苯甲酸同时存在羟基和羰基，它通常以二聚体或多聚体存在，一个分子中的羟基与另一个分子的羰基的氧原子生成很强的分子间氢键 OH⋯O，分子间氢键使 C=O 之间的

电子云密度向氧原子方向移动,导致 C=O 键的电子云更偏离键的几何中心,电子云密度降低,键力常数减小,伸缩振动频率降低。

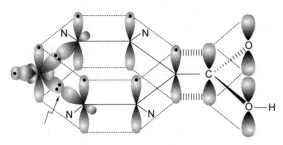

图 7.102　苯甲酸的结构模型

7.7.22　邻氯苯甲酸的红外光谱

邻氯苯甲酸(o-chlorobenzoic acid)的分子式为 $C_7H_5ClO_2$,结构式为 。图 7.103 为邻氯苯甲酸的红外光谱,3093 cm^{-1}、3055 cm^{-1} 为苯环上 =CH 伸缩振动以及苯环骨架振动的合频。1593 cm^{-1}、1573 cm^{-1}、1478 cm^{-1}、1440 cm^{-1} 为苯环骨架振动,由于是不对称极性取代并且 COO 与苯环发生共轭,这 4 个谱带的强度增大。1174 cm^{-1}、1142 cm^{-1}、1094 cm^{-1} 为苯环邻位取代 4 个相邻=CH 的面内变角振动,邻氯苯甲酸苯环上的 4 个氢原子所处位置各不相同,所以面内弯曲振动频率也不止 1 个。1047 cm^{-1} 为 C_{Ar}-Cl 伸缩振动,比脂肪族 C-Cl 伸缩振动频率(800~570 cm^{-1})高,一方面,这是因为氯原子的 p 电子与苯环 π 电子形成 p-π 共轭,C_{Ar}-Cl 键具有部分双键特性;另一方面,受邻位 COOH 的位阻效应,p-π 共轭不完全,致其位于芳香族 C_{Ar}-Cl 伸缩振动振动频率(1100~1030 cm^{-1})的低频侧。745 cm^{-1}、712 cm^{-1} 为苯环上 4 个相邻=CH 的面外变角振动。685 cm^{-1} 为苯环面外弯曲(折叠)振动。

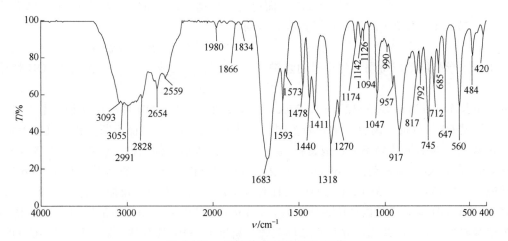

图 7.103　邻氯苯甲酸的红外光谱

邻氯苯甲酸的 C-OH 和 OH 共用 1 个氧原子,C-OH 的伸缩振动和 O-H 的面内变角振动发生偶合,谱带分裂为 2 个,分别位于 1411 cm^{-1} 和 1340~1250 cm^{-1},前者主要是 O-H 的面内变角振动，后者主要是 C-OH 的伸缩振动。2991 cm^{-1}、2828 cm^{-1} 为氢键 OH⋯O 的伸缩振动。邻氯苯甲酸 C-OH 氧原子的未共用电子对，与羰基 C=O 的 π 电子发生 p-π 共轭；羰基又与苯环生成 π-π 共轭；共轭效应使 C-O 具有部分双键特性，所以邻氯苯甲酸 C-OH 的伸缩振动频率升高，C-OH 伸缩振动和 O-H 面内变角振动的偶合频率也比较高；由于苯甲酸存在旋转异构体，1340~1250 cm^{-1} 出现双峰，分别位于 1318 cm^{-1}、1270 cm^{-1}。917 cm^{-1} 为 OH⋯O 面外变角振动。二聚邻氯苯甲酸 C-O 伸缩振动和 OH 面内变角振动发生偶合谱带的倍频，与 OH 伸缩振动基频（3200~2400 cm^{-1}）相近，发生费米共振，在 2654 cm^{-1}、2559 cm^{-1} 产生吸收。

1683 cm^{-1} 为 C=O 的伸缩振动，其频率比苯甲酸还低，这源于三个因素。

（1）邻氯苯甲酸的羰基与苯环发生 π-π 共轭，共轭效应使 C=O 间的电子云密度降低，键力常数减小，伸缩振动频率降低。

（2）邻氯苯甲酸通常以二聚体或多聚体存在，一个分子中的羟基与另一个分子中的羰基的氧原子形成很强的分子间氢键 OH⋯O，分子间氢键使 C=O 之间的电子云密度向氧原子方向移动，导致 C=O 间的电子云密度降低，键力常数减小，伸缩振动频率降低。

（3）氯原子是一个强吸电子基，故使苯环与羰基形成的整个共轭体系的电子云密度降低较多，也使 C=O 间的电子云密度降低，键力常数减小，伸缩振动频率降低。647 cm^{-1} 为 O=C-O 弯曲振动。484 cm^{-1} 为苯环 C=C 面内变角振动。

7.7.23　水杨酸的红外光谱

水杨酸（salicylic acid，SA），又叫邻羟基苯甲酸，为植物的次生代谢产物，可以从柳树皮提取到，是一种天然的消炎药。图 7.104 为水杨酸的结构式。

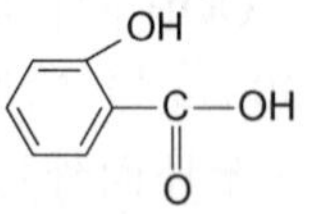

图 7.105 为水杨酸的红外光谱。3010 cm^{-1} 为苯环上 =CH 的伸缩振动。1615 cm^{-1}、1581 cm^{-1}、1481 cm^{-1}、1445 cm^{-1} 为苯环的伸缩振动，因为是极性不对称二取代并且 COO 与苯环发生共轭，所以这 4 个谱带的强度较大。1095 cm^{-1}、1033 cm^{-1} 为苯环上 =CH 的面内变角振动。762 cm^{-1} 为苯环上 =CH 的面外变角振动。701 cm^{-1} 为苯环面外弯曲（折叠）振动。

图 7.104　水杨酸的结构式

由于水杨酸能形成特别强的分子内氢键（ 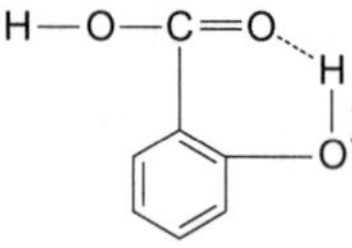　　　或 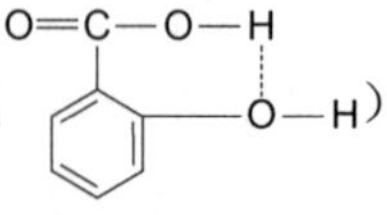　　　），OH 伸缩振动频率下移至 3517 cm^{-1}、3232 cm^{-1}、2865 cm^{-1}、2723 cm^{-1}。OH 伸缩振动频率不止一个是因为：氢键 OH⋯O 的距离有一个分布范围，并且随分子不断运动而不断变化，氢键距离小，键力常数大，伸缩振动频率高；氢键距离大，键力常数小，伸缩振动频率低。1754 cm^{-1}、1669 cm^{-1} 为 C=O 伸缩振动，1669 cm^{-1} 主要是共轭效应和氢键效应的结果（参看"3.6.7　氢键效应"）。1445 cm^{-1}、1384 cm^{-1} 为 =C-OH 伸缩振动和 OH 面内变角振动的偶合频率，其中 1445 cm^{-1} 中 OH 面内变角振动所占比例较大，1384 cm^{-1} 中 =C-OH 伸缩振动所占比例较大。因为羧基碳原子是 sp^2 杂化，并且与苯环共轭，所以 =C-OH 具有部分双键特性，=C-OH 伸缩振动和 OH 面内变角振动的偶合频率比常值（1400 cm^{-1}、1300 cm^{-1}）高。1298 cm^{-1}、1241 cm^{-1}、1213 cm^{-1}、1153 cm^{-1} 也是 =C-O 伸缩振动和 OH 面内变角振动偶合谱带。水杨酸 COO、OH 都与苯环直接相连，由于 p-π 共轭效应，使 C-O 键具有部分双键特性，其 C-O 的

反对称和对称伸缩振动频率都移向高频。894 cm^{-1} 为水杨酸二聚体（结构式）的 C—OH 面外弯曲振动。水杨酸 C—O 伸缩振动和 OH 面内变角振动发生偶合的谱带的倍频，与 OH 伸缩振动基频（3200~2400 cm^{-1}）相近，发生费米共振，在 2595 cm^{-1}、2539 cm^{-1} 产生吸收。

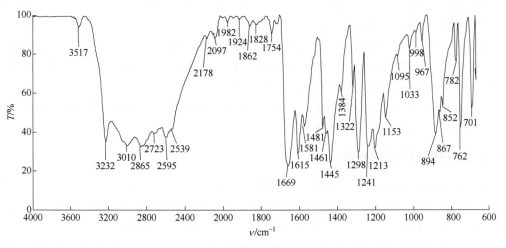

图 7.105　水杨酸的红外光谱

7.7.24　甲基丙烯酸的红外光谱

甲基丙烯酸（methacrylic acid，MAA）的结构式为 $H_2C=C(CH_3)-C(O)-OH$。图 7.106 为甲基丙烯酸的红外光谱。3085 cm^{-1}、2988 cm^{-1} 分别为 =CH$_2$ 的反对称伸缩振动和对称伸缩振动，因为 CH$_2$ 与双键相连，反对称伸缩振动和对称伸缩振动频率较常值（2925 cm^{-1}、2855 cm^{-1}）高。1432 cm^{-1} 为烯端基（=CH$_2$）的面内变角振动。烯端基 CH$_2$ 面外摇摆振动频率在 890 cm^{-1} 附近，在图 7.106 中因为与 948 cm^{-1} 邻近，没有出峰，只是使 948 cm^{-1} 峰变宽。

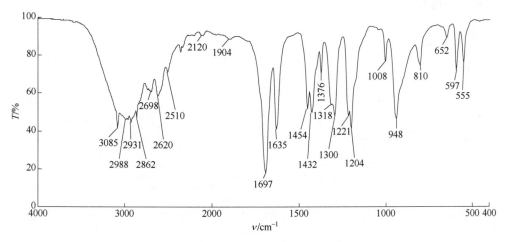

图 7.106　甲基丙烯酸的红外光谱

2931 cm^{-1}、2862 cm^{-1} 分别为 CH$_3$ 的反对称伸缩振动和对称伸缩振动，因为 CH$_3$ 与双键相连，反对称伸缩振动和对称伸缩振动频率较常值（2960 cm^{-1}、2875 cm^{-1}）低。1454 cm^{-1}、1376 cm^{-1} 分别为 CH$_3$ 的反对称变角振动和对称变角振动。

1318 cm^{-1}、1300 cm^{-1}、1221 cm^{-1}、1204 cm^{-1} 为 OH 变角振动和 C–O 伸缩振动的偶合谱带。甲基丙烯酸二聚体的 C–O 伸缩振动和 OH 面内变角振动偶合谱带的倍频、合频，与 OH 伸缩振动基频相近，发生费米共振，在 2698 cm^{-1}、2620 cm^{-1} 产生吸收。

1697 cm^{-1} 为 C=O 伸缩振动，因羰基与双键间接相连，羰基与双键发生 π-π 共轭，羰基双键特性减弱，伸缩振动频率降低。

1635 cm^{-1} 为 C=C 伸缩振动，由于是亚乙烯 C=CH$_2$ 结构，分子不对称性大，双键振动时偶极矩变化大，故谱带强度大。同时，C=C 键与羰基共轭，使 C=C 极化，双键性减弱，因而在 C=C 伸缩振动谱带强度增大的同时，频率降低。

948 cm^{-1} 为 CH$_3$ 摇摆振动和 OH⋯O 面外变角振动的叠加。652 cm^{-1} 为 O=C–O 面内变角振动。555 cm^{-1} 为 O=C–O 面内摇摆振动。

7.7.25 柠檬酸的红外光谱

柠檬酸（citric acid）又称枸橼酸，化学名称为 2-羟基丙烷-1,2,3-三羧酸，为无色晶体，常含一分子结晶水，无臭、有酸味、易溶于水。其钙盐在冷水中比热水中易溶解，此性质常用来鉴定和分离柠檬酸。在工业、食品业、化妆业等具有广泛的用途。

有无水柠檬酸 C$_6$H$_8$O$_7$，也有含结晶水的柠檬酸 2C$_6$H$_8$O$_7$·H$_2$O、C$_6$H$_8$O$_7$·H$_2$O 或 C$_6$H$_8$O$_7$·2H$_2$O。

无水柠檬酸的结构式为 [结构式]。一水柠檬酸分子式为 C$_6$H$_8$O$_7$·H$_2$O，结构式为 [结构式]。

图 7.107 为一水柠檬酸的红外光谱。固体柠檬酸羧基羟基是缔合氢键式 OH⋯O，伸缩振动位于 3400~2500 cm^{-1}，其中 2661 cm^{-1}、2552 cm^{-1} 为低频区峰（如羧酸 ν_{C-O} 为 1311 cm^{-1}，δ_{OH} 为 1421 cm^{-1}，它们的合频位于 2720 cm^{-1}）的合频或综合峰，与缔合羟基的伸缩振动发生费米共振，强度增大。

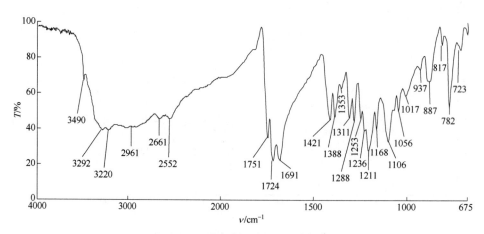

图 7.107 一水柠檬酸的红外光谱

羧基（—C(=O)—OH）的 C—OH 与 OH 共用一个氧原子，C—OH 伸缩振动与 OH 变角振动发生偶合，分裂为 2 个谱带，分别位于 1430 cm^{-1} 和 1288 cm^{-1}，1430 cm^{-1} 主要是 OH 变角振动，1288 cm^{-1} 主要是 C—OH 伸缩振动。α-CH$_2$ 面内变角振动位于 1415 cm^{-1}，1421 cm^{-1} 为 1430 cm^{-1} 和 1415 cm^{-1} 的叠加。887 cm^{-1} 为 OH⋯O 面外变角振动。

柠檬酸的分子中还有醇 C—OH 结构。醇 C—OH 伸缩振动与 COH 面内变角振动发生偶合，分裂为 2 个谱带，分别位于 1500~1250 cm^{-1} 和 1100~1030 cm^{-1}，1500~1350 cm^{-1} 主要是 COH 变角振动，1300~1030 cm^{-1} 主要是 C—OH 伸缩振动，由于存在不同的旋转异构体，1500~1350 cm^{-1} 间和 1300~1030 cm^{-1} 间呈双峰，分别位于 1388 cm^{-1}、1288 cm^{-1}、1211 cm^{-1}、1168 cm^{-1}。醇 C—OH 面外变角振动位于 723 cm^{-1}。结晶水 OH 伸缩振动位于 3490 cm^{-1}，1691 cm^{-1} 为结晶水变角振动。柠檬酸既是伯酸也是仲酸，1724 cm^{-1} 为伯酸 C=O 伸缩振动。1751 cm^{-1} 为仲酸 C=O 伸缩振动，因为 α-碳上有 OH，吸电子诱导效应使其频率升高。

柠檬酸 C=O 伸缩振动有两个峰，还与氢键相关。因为羧基（—C(=O)—OH）既有接受质子的羰基（C=O），又有供出质子的羟基。参与氢键的对象不同，对 C=O 伸缩振动频率升降起的作用不同。图 7.108（a）中，羟基与羰基缔合，C=O 键变长，伸缩振动频率降低至 1724 cm^{-1}。图 7.108（b）中，羧基的羟基与羟基缔合成氢键，使羧基的羟基对羰基的诱导效应增强，伸缩振动频率升高至 1751 cm^{-1}。羰基伸缩振动频率一降一升，生成两个峰。782 cm^{-1} 为 CH$_2$ 面内摇摆振动。

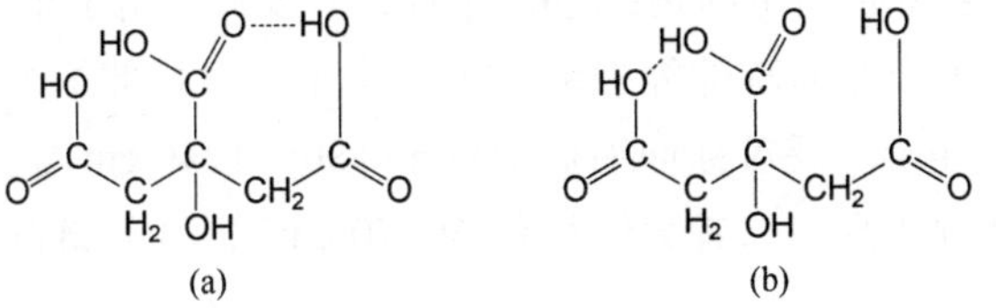

图 7.108　氢键对羰基伸缩振动的影响

7.7.26　硬脂酸的红外光谱

图 7.109 为硬脂酸 [CH$_3$(CH$_2$)$_{16}$COOH] 的红外光谱。3500~2550 cm^{-1} 间的宽、强吸收为 OH 的伸缩振动。2958 cm^{-1} 为 CH$_3$ 的反对称伸缩振动，2921 cm^{-1} 为 CH$_2$ 的反对称伸缩振动，

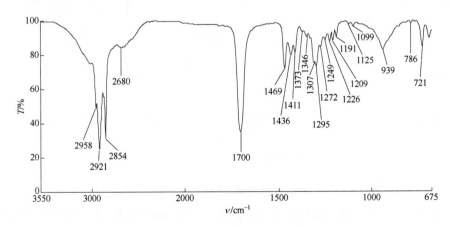

图 7.109　硬脂酸的红外光谱

2854 cm^{-1} 为 CH$_2$ 的对称伸缩振动。1700 cm^{-1} 为 C=O 伸缩振动。1469 cm^{-1} 为 CH$_3$ 的反对称变角振动和 CH$_2$ 的面内变角振动的叠加。1373 cm^{-1} 为 CH$_3$ 的对称变角振动。

羧酸 C-OH 的伸缩振动和 C-O-H 的面内变角振动发生偶合，谱带分裂为 2 个，分别位于 1436 cm^{-1} 和 1295 cm^{-1}，前者 O-H 面内变角振动的比例较大，后者 C-OH 伸缩振动的比例较大。与羧基相连的 CH$_2$ 的面内变角振动位于 1411 cm^{-1}。$n=16>4$，CH$_2$ 面内摇摆振动频率位于 721 cm^{-1}。

硬脂酸属极性基团在末端的结晶长直链脂肪族化合物，其 CH$_2$ 的面外摇摆振动频率在 1350~1100 cm^{-1} 有多个强度相近的吸收峰，峰的数目 m 与分子中亚甲基的个数 n 相关。当 n 为偶数时，$m=n/2$；当 n 为奇数时，$m=(n+1)/2$。硬脂酸分子中亚甲基的个数 $n=16$，CH$_2$ 的面外摇摆振动峰有 8 个，它们是 1346 cm^{-1}、1272 cm^{-1}、1249 cm^{-1}、1226 cm^{-1}、1209 cm^{-1}、1191 cm^{-1}、1125 cm^{-1}、1099 cm^{-1}。939 cm^{-1} 为部分硬脂酸二聚体（R-COOH...HOOC-R）氢键 O...OH 的面外变角振动。

7.7.27 乙酸酐的红外光谱

乙酸酐（acetic anhydride）的分子式为 (CH$_3$CO)$_2$O，结构式为 H$_3$C-CO-O-CO-CH$_3$，属开链脂肪酸酐。图 7.110 为乙酸酐的红外光谱。1830 cm^{-1} 为 C=O 的对称伸缩振动，1761 cm^{-1} 为 C=O 的反对称伸缩振动。需要特别指出的是：①酸酐的 2 个羰基共用 1 个氧原子，二者发生偶合，伸缩振动分裂为 2 个，1 个是对称伸缩振动，另一个是反对称伸缩振动；②开链酸酐对称伸缩振动位于 1850~1800 cm^{-1}，反对称伸缩振动位于 1800~1740 cm^{-1}，反常的是对称伸缩振动频率比反对称伸缩振动频率高，二者大约相距 60~70 cm^{-1}；③开链酸酐对称伸缩振动强度比反对称伸缩振动强度大。

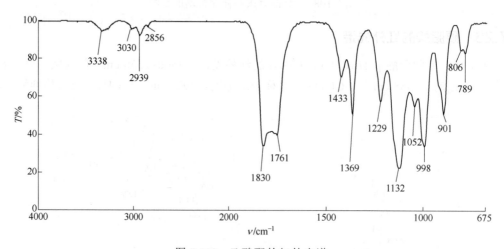

图 7.110 乙酸酐的红外光谱

开链脂肪酸酐 C-O-C 反对称伸缩振动谱带通常有 1~2 个强峰，如乙酸酐 C-O-C 反对称伸缩振动有 2 个，分别位于 1229 cm^{-1}、1132 cm^{-1}。998 cm^{-1} 为 C-O-C 对称伸缩振动。

3030 cm^{-1} 为 CH$_3$ 反对称伸缩振动，2939 cm^{-1} 为 CH$_3$ 对称伸缩振动，因为与羰基相连，

发生 σ-π 超共轭，C-H 键具有部分双键特性，频率升高。1433 cm^{-1} 为 CH_3 反对称变角振动，1369 cm^{-1} 为 CH_3 对称变角振动。通常，CH_3 伸缩振动频率升高的同时变角振动频率降低。1052 cm^{-1}、901 cm^{-1} 为 CH_3 摇摆振动。

乙酸酐中有乙酰氧基结构（$H_3C-\overset{\overset{O}{\|}}{C}-O-$），乙酰氧基中的 α-$CH_3$ 有以下 3 个特点。

（1）σ-π 超共轭效应使 α-CH_3 反对称和对称伸缩振动频率升高。机理：乙酰氧基中的 α-CH_3 与羰基形成 σ-π 超共轭，氧原子的未共用电子对与羰基形成 p-π 共轭。在这个大共轭体系中单键具有部分双键特性，而双键的双键特性减弱。

（2）乙酰氧基的诱导效应使 α-CH_3 伸缩振动谱带强度减小，变角振动谱带强度增大。α-CH_3 伸缩振动谱带强度仅有 C-CH_3 伸缩振动谱带强度的 1/4，变角振动谱带强度是 C-CH_3 变角振动谱带强度的 13 倍。机理：羰基 COO 的吸电子诱导效应使 α-C 的电子密度降低，C-H 键极性减弱，偶极矩减小。

（3）对称变角振动强度大于反对称变角振动强度，并且前者成为全谱中的强峰，稍弱于 C=O 反对称伸缩振动。

如果红外光谱同时具备以上 3 个特点，应考虑分子中可能存在乙酰氧基。

7.7.28 顺丁烯二酸酐的红外光谱

顺丁烯二酸酐（maleic anhydride, MA），别称马来酸酐，化学式为 $C_4H_2O_3$，结构式为 ，属有张力的五元酸酐，羰基伸缩振动频率高于开链酸酐，遇水易潮解生成马来酸，主要用于制造聚酯树脂、醇酸树脂、农药、富马酸、纸张处理剂等。

图 7.111 为顺丁烯二酸酐的红外光谱。顺丁烯二酸酐的 2 个羰基（C=O）连接着同一个氧原子，伸缩振动偶合分裂为 3 个，1 个是对称伸缩振动，位于 1851 cm^{-1}；另外 2 个是反对

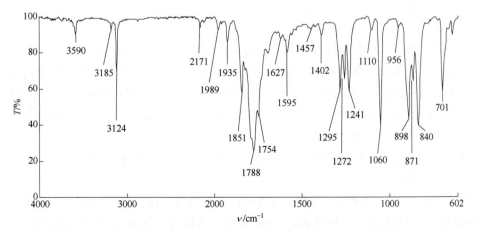

图 7.111 顺丁烯二酸酐的红外光谱

称伸缩振动，位于 1788 cm^{-1}、1754 cm^{-1}，二者相距 63~97 cm^{-1}。五元不饱和酸酐，由于羰基与双键生成 π-π 共轭，反对称伸缩振动是 2 个峰，这是其红外光谱的特点，顺丁烯二酸酐是这样，邻苯二甲酸酐也是这样。值得注意的是：酸酐羰基与其他基团不同，而与共轭双键一样（如桐油的红外光谱），对称伸缩振动频率比反对称伸缩振动频率高。顺丁烯二酸酐是五元环状酸酐，有环张力，羰基键角增大，对称伸缩振动的偶极矩变小，强度小于反对称伸缩振动，大概只有后者的一半，强度差别远大于开链酸酐。可借这 2 个峰的相对强度与开链酸酐区别。

顺丁烯二酸酐的 C=C 与 2 个 C=O 相连，并与 2 个 C=O 形成大的 π-π 共轭体系。与孤立 C=C 相比，大的共轭体系有 3 个方面的变化：①3 个双键有同相和异相振动的区别，如

（结构示意图）。这造成 C=O 的反对称伸缩振动，=CH 的伸缩振动、面外变角振动，C-O 的伸缩振动，C—C(=O)—C 伸缩振动都不止一个。②π 电子在整个大共轭体系运动，电子云在大共轭体系平均化，C=C 键力常数比孤立 C=C 小，伸缩振动频率降低得比较多，并且出现多重峰，各峰强度悬殊。③ =CH 面外变角振动向高频移动，面内变角振动向低频移动，二者距离缩小。

3590 cm^{-1} 为 1788 cm^{-1} 的倍频。3185 cm^{-1}、3124 cm^{-1} 为=CH 的伸缩振动，由于双键与羰基相连，频率由通常的 3040~3010 cm^{-1} 升高。1627 cm^{-1}、1595 cm^{-1} 为 C=C 伸缩振动。C-O-C 的反对称伸缩振动有 2 个，位于 1295 cm^{-1}、1272 cm^{-1}，对称伸缩振动位于 898 cm^{-1}。1241 cm^{-1} 为 C—C(=O)—C 的伸缩振动。1060 cm^{-1}、871 cm^{-1}、840 cm^{-1}、701 cm^{-1} 为 =CH 面外变角振动。1402 cm^{-1} 为 =CH 的面内变角振动。

7.7.29　邻苯二甲酸酐的红外光谱

邻苯二甲酸酐（o-phthalic anhydride）为白色鳞片状或结晶性粉末，化学式为 C$_8$H$_4$O$_3$，结构式为（结构图），用于生产增塑剂、醇酸树脂、不饱和聚酯树脂、染料及颜料、医药及农药等。

图 7.112 为邻苯二甲酸酐的红外光谱。邻苯二甲酸酐是五元环，环张力使两个 C=O 伸缩振动频率升高，与苯环共轭使两个 C=O 伸缩振动频率降低，它们共同作用的结果是对称伸缩振动频率位于 1843 cm^{-1}，反对称伸缩振动频率位于 1793 cm^{-1}、1762 cm^{-1}。五元不饱和酸酐，由于羰基与双键生成 π-π 共轭，反对称伸缩振动是两个峰，这是其红外光谱的特点，邻苯二甲酸酐是这样，顺丁烯二酸酐也是这样。

邻苯二甲酸酐 C-O-C 反对称伸缩振动频率有三个，位于 1260~1290 cm^{-1}，对称伸缩振动频率位于 910 cm^{-1}。

羰基与苯环共轭使得多出若干峰，如 1904 cm^{-1}。3093 cm^{-1}、3073 cm^{-1} 为 =CH 的伸缩振动。1603 cm^{-1}、1522 cm^{-1}、1473 cm^{-1} 为苯环的伸缩振动。=CH 面内变角振动位于 1250~1000 cm^{-1}。=CH 面外变角振动位于 900~660 cm^{-1}。

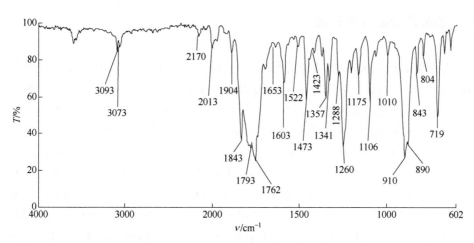

图 7.112　邻苯二甲酸酐的红外光谱

7.7.30　甲酸乙酯的红外光谱

甲酸乙酯（ethyl formate）的结构式为 H—C(=O)—O—CH$_2$—CH$_3$。图 7.113 为甲酸乙酯的红外光谱。2985 cm^{-1}、2942 cm^{-1} 为 CH$_3$、CH$_2$、CH 的伸缩振动，比常值高，这是因为在甲酸乙酯分子中，CH$_3$ 与电负性大的氧原子间接相连，诱导效应使 CH$_3$ 伸缩振动频率升高；CH$_2$ 与氧原子直接相连，诱导效应使 CH$_2$ 伸缩振动频率升高。1469 cm^{-1} 为 CH$_3$ 的反对称变角振动。1450 cm^{-1} 为 CH$_2$ 的面内变角振动，因为与电负性大的氧原子相连，CH$_2$ 面内变角振动频率较常值（1465 cm^{-1}）低。1391 cm^{-1} 为 CH$_3$ 的对称变角振动。1299 cm^{-1} 为 CH$_2$ 的扭曲振动，因为与氧原子直接相连，与聚丙烯相比强度增大。1045 cm^{-1}、1006 cm^{-1} 为 CH$_3$ 的摇摆振动。840 cm^{-1} 为 CH$_2$ 的面内摇摆振动，是羧酸乙酯的特征吸收。1724 cm^{-1} 为 C=O 伸缩振动，3432 cm^{-1} 为其倍频。1191 cm^{-1}、1160 cm^{-1} 分别为 C—O—C 反对称伸缩振动和对称伸缩振动，所有甲酸酯的 C—O—C 反对称伸缩振动均在 1215~1180 cm^{-1}，为全谱最强或次强峰。醇基增大，C—O—C 反对称伸缩振动向低频移动。

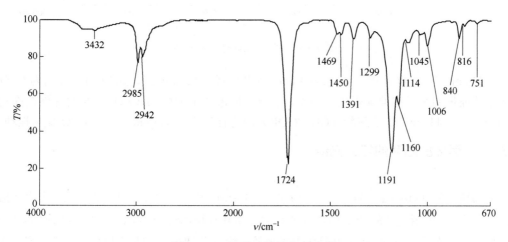

图 7.113　甲酸乙酯的红外光谱

7.7.31 乙酸乙酯的红外光谱

乙酸乙酯（acetic ether）的结构式为 $H_3C-\underset{\underset{O}{\|}}{C}-O-CH_2-CH_3$。图 7.114 为乙酸乙酯的红外光谱，2986 cm^{-1}、2910 cm^{-1} 分别为 CH$_3$ 的反对称伸缩振动和对称伸缩振动，在乙酸乙酯的分子中，一个 CH$_3$ 与羰基直接相连，一个 CH$_3$ 与氧原子间接相连，这两个因素都使 CH$_3$ 反对称伸缩振动和对称伸缩振动频率较常值（2960 cm^{-1}、2875 cm^{-1}）高。2943 cm^{-1}、2878 cm^{-1} 分别为 CH$_2$ 的反对称伸缩振动和对称伸缩振动，在乙酸乙酯的分子中，CH$_2$ 与氧原子直接相连，CH$_2$ 与氧原子的孤电子对形成 σ-p 超共轭，C-H 键具有部分双键特性，CH$_2$ 的反对称伸缩振动和对称伸缩振动的频率较常值（2925 cm^{-1}、2855 cm^{-1}）高。1447 cm^{-1} 为 CH$_3$ 反对称变角振动和 CH$_2$ 面内变角振动的叠加，较常值（1460 cm^{-1}）低，使 CH$_3$、CH$_2$ 伸缩振动频率升高的原因也就是使 CH$_3$、CH$_2$ 变角振动频率降低的原因。1374 cm^{-1} 为 CH$_3$ 对称变角振动，2743 cm^{-1} 为其倍频。CH$_3$ 的反对称变角振动和对称变角振动频率同时降低；CH$_3$ 对称变角振动的强度大于反对称变角振动，是存在乙酰氧基的特征。1300 cm^{-1} 为 CH$_2$ 扭曲振动，因与氧原子相连，与聚丙烯相比强度增大，而与聚氯乙烯强度相近。1161 cm^{-1}、1098 cm^{-1} 为 CH$_2$ 面外摇摆振动，因 CH$_2$ 与氧原子相连，强度增大。938 cm^{-1}、918 cm^{-1} 为 CH$_3$ 摇摆振动。847 cm^{-1} 为 CH$_2$ 面内摇摆，是羧酸乙酯的特征吸收。

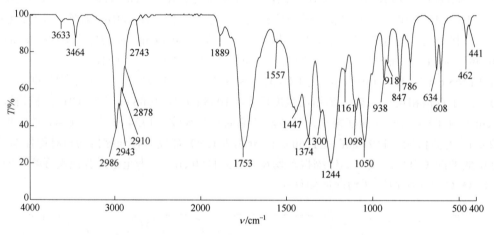

图 7.114 乙酸乙酯的红外光谱

1753 cm^{-1} 为 C=O 伸缩振动，3464 cm^{-1} 为其倍频。1244 cm^{-1}、1050 cm^{-1} 分别为 C-O-C 反对称伸缩振动和对称伸缩振动。通常，长链脂肪酸生成的酯的 C-O-C 反对称伸缩振动在 1170 cm^{-1}。1244 cm^{-1} 是乙酸酯（CH$_3$COOR）的特征谱带。634 cm^{-1} 为 O=C-O 变角振动。

7.7.32 丙烯酸乙酯的红外光谱

丙烯酸乙酯（ethyl acrylate）的结构式为 $H_2C=CH-\underset{\underset{O}{\|}}{C}-O-CH_2-CH_3$。图 7.115 为丙烯酸乙酯的红外光谱。丙烯酸乙酯的结构特点是双键与酯基直接相连，使得 C=C 伸缩振动频率降低，强度增大；=CH 和 CH$_2$ 面外变角振动频率降低；酯羰基伸缩振动频率降低。表 7.3 列出丙烯酸乙酯与烷基亚甲烯特征基团的频率比较。

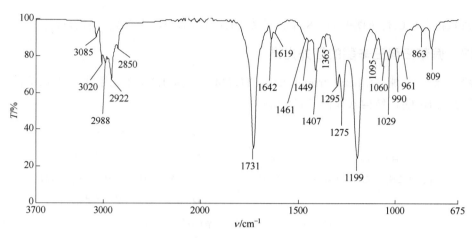

图 7.115 丙烯酸乙酯的红外光谱

表 7.3 丙烯酸乙酯与烷基亚甲烯特征基团的频率比较　　　　　　单位：cm^{-1}

振动模式	烷基亚甲烯 （$CH_3CH=CH_2$ 为例）	丙烯酸乙酯
$\nu_{C=C}$	1648	1642、1619
$\delta^{面外}_{=CH}$	990	990
$\delta^{面外}_{=CH_2}$	910	863
$\nu_{=CH_2}$	3085	3085
$\nu_{=CH}$	3030	3020
$\delta^{面内}_{=CH}$	1410	1407

丙烯酸乙酯 C=C 伸缩振动峰有 2 个，是因为旋转异构现象。C=C 伸缩振动频率降低的原因有 2 个：①诱导效应和共轭效应的共同作用；②取代基的质量增大。1407 cm^{-1} 为=CH_2 和 O—CH_2 中 CH_2 面内变角振动的叠加，因为 CH_2 与氧原子直接相连，CH_2 面内变角振动频率降低，烯端基上的 CH_2 面内变角振动频率在 1420~1400 cm^{-1}。2988 cm^{-1}、2922 cm^{-1} 为 —O—CH_2—CH_3 中 CH_3、CH_2 反对称伸缩振动和对称伸缩振动的叠加；在丙烯酸乙酯分子中，CH_3 与氧原子间接相连，反对称伸缩振动和对称伸缩振动频率较常值（2960 cm^{-1}、2875 cm^{-1}）高；CH_2 与氧原子直接相连，反对称伸缩振动和对称伸缩振动频率较常值（2925 cm^{-1}、2855 cm^{-1}）高，CH_2 比 CH_3 升高得更多，所以它们叠加在一起。1449 cm^{-1} 为 CH_3 反对称变角振动，因为 CH_3 与氧原子间接相连，CH_3 反对称变角振动频率降低。1365 cm^{-1} 为 CH_3 对称变角振动。1731 cm^{-1} 为 C=O 的伸缩振动。饱和脂肪酸酯的羰基伸缩振动频率位于 (1740±10) cm^{-1}，丙烯酸乙酯的羰基与双键发生 π-π 共轭，双键特性降低，伸缩振动频率处于这个范围的低端一侧。1275 cm^{-1}、1199 cm^{-1} 分别为 C—O—C 反对称伸缩振动的对称伸缩振动，丙烯酸乙酯的羰基与双键发生 π-π 共轭，C—O—C 的氧原子的未共用电子对与羰基发生 p-π 共轭，共轭体系中的 C—O—C 具有部分双键特性，所以丙烯酸乙酯的 C—O—C 反对称伸缩振动和对称伸缩振动频率较高。根据 C—O—C 的反对称伸缩振动频率可以确定酯的类型，芳香酸酯或 α,β-不饱和酸酯的 C—O—C 反对称伸缩振动频率高于 1250 cm^{-1}；饱和脂肪酸酯的 C—O—C 反对称伸缩振动频率低于 1250 cm^{-1}。通常，甲酸酯的 C—O—C 反对称伸缩振动在 1215~1180 cm^{-1}，乙酸酯在 1240 cm^{-1}，丙酸酯在 1190 cm^{-1}，更长的脂肪酸酯在 1170 cm^{-1} 左

右。1060 cm^{-1} 为 CH$_3$ 摇摆振动。863 cm^{-1} 为 CH$_2$ 面内摇摆，为羧酸乙酯的特征吸收。

7.7.33 偏苯三酸三辛酯的红外光谱

偏苯三酸三辛酯（trioctyl trimellitate，TOTM）又称 1,2,4-苯三甲酸三(2-乙基己基)酯，分子式为 C$_{33}$H$_{54}$O$_6$，结构式如图 7.116 所示。

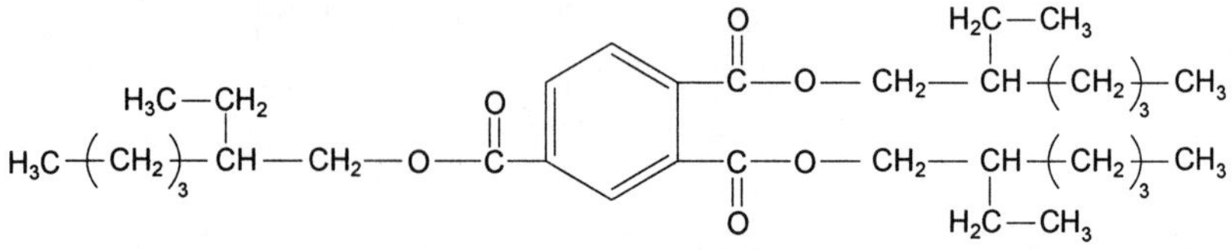

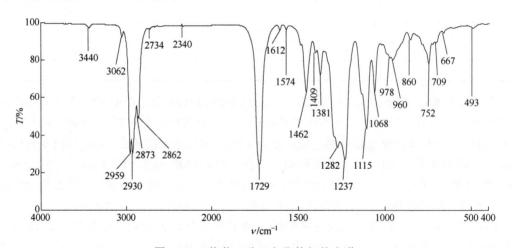

图 7.116 偏苯三酸三辛酯的结构式

图 7.117 为偏苯三酸三辛酯的红外光谱。3062 cm^{-1} 为苯环上=CH 伸缩振动，苯环上=CH 伸缩振动频率通常位于 3075~3030 cm^{-1}，苯环上有吸电子取代基，位于高频侧；有推电子取代基，位于低频侧，羧基为吸电子基，所以频率较高。1612 cm^{-1}、1574 cm^{-1} 为苯环的伸缩振动。1115 cm^{-1}、1068 cm^{-1}、493 cm^{-1} 为苯环上=CH 面内变角振动。860 cm^{-1} 为苯环上孤立=CH 面外变角振动，752 cm^{-1} 为苯环上 2 个相邻=CH 面外变角振动。709 cm^{-1} 为苯环面外弯曲（折叠）振动。

图 7.117 偏苯三酸三辛酯的红外光谱

2959 cm^{-1}、2873 cm^{-1} 分别为 CH$_3$ 的反对称伸缩振动和对称伸缩振动。2930 cm^{-1}、2862 cm^{-1} 分别为 CH$_2$ 的反对称伸缩振动和对称伸缩振动。1462 cm^{-1} 为 CH$_3$ 的反对称变角振动和 CH$_2$ 的面内变角振动的叠加。1409 cm^{-1} 为 O-CH$_2$ 面内变角振动，CH$_2$ 与氧原子相连，面内变角振动频率降低。1381 cm^{-1} 为 CH$_3$ 的对称变角振动，2734 cm^{-1} 为其倍频。960 cm^{-1} 为 CH$_3$ 的摇摆振动。

1729 cm^{-1} 为 C=O 的伸缩振动，3440 cm^{-1} 为其倍频；由于苯环与羧基发生 π-π 共轭，C=O 的双键性降低，伸缩振动频率较低。1282 cm^{-1}、1237 cm^{-1} 分别为 C-O-C 的反对称伸缩振动和对称伸缩振动。羧基与苯环发生 π-π 共轭，C-O-C 氧原子的未共用电子对与羧基发生 p-π 共轭，C-O 键具有部分双键特性，所以偏苯三酸三辛酯的 C-O-C 反对称伸缩振动和对称伸缩振动频率较高,并且 C-O-C 反对称伸缩振动频率高于 1250 cm^{-1}。667 cm^{-1} 为 COO 的变角振动。

7.7.34 二乙胺的红外光谱

二乙胺(diethylamine,DEA)的化学简式为$(C_2H_5)_2NH$,结构式为 $H_3C-CH_2-NH-CH_2-CH_3$。图 7.118 为二乙胺的红外光谱。3282 cm^{-1} 为 NH 伸缩振动,$-\ddot{N}H-$ 为 sp^3 不等性杂化键,s 轨道成分多于 sp^3 等性杂化的 C-H 键,C-H 键的键长是 109 pm,N-H 键的键长是 104.5 pm,N-H 键的键长比 C-H 键的键长短,因此 N-H 伸缩振动频率高于 C-H 伸缩振动频率。1480 cm^{-1} 为 NH 面内变角振动。782 cm^{-1} 为 NH 面外摇摆振动。

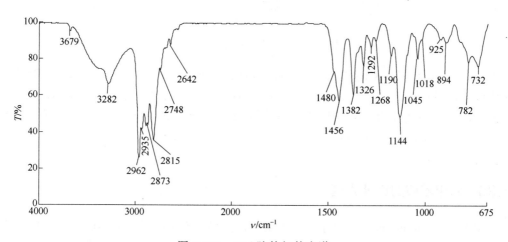

图 7.118 二乙胺的红外光谱

2962 cm^{-1}、2873 cm^{-1} 分别为 CH$_3$ 反对称伸缩振动和对称伸缩振动。2935 cm^{-1}、2815 cm^{-1} 分别为 CH$_2$ 反对称伸缩振动和对称伸缩振动。1456 cm^{-1} 为 CH$_3$ 反对称变角振动和 CH$_2$ 面内变角振动的叠加;CH$_2$ 与 N 原子相连,面内变角振动频率降低。1382 cm^{-1} 为 CH$_3$ 对称伸缩振动。1326 cm^{-1} 为 CH$_2$ 扭曲振动。1045 cm^{-1} 为 CH$_3$ 面内摇摆振动。1144 cm^{-1} 为 C-N 伸缩振动。

7.7.35 三乙醇胺的红外光谱

三乙醇胺(triethylolamine,TEOA)又称氨基三乙醇,化学简式为 $(HOCH_2CH_2)_3N$,结构式为 $HO-CH_2-CH_2-N(CH_2-CH_2-OH)-CH_2-CH_2-OH$。

图 7.119 为三乙醇胺的红外光谱,3366 cm^{-1} 为 OH 伸缩振动。三乙醇胺的 C-OH 伸缩振动和 O-H 面内变角振动发生偶合,产生 2 个谱带,1 个位于 1300~1200 cm^{-1},另一个位于 1100~1030 cm^{-1},前者以 O-H 面内变角振动为主,后者以 C-OH 伸缩振动为主。三乙醇胺有不同的旋转异构体,所以 C-OH 伸缩振动频率不止 1 个,1300~1200 cm^{-1} 谱带有 2 个,分别位于 1284 cm^{-1}、1249 cm^{-1};1100~1030 cm^{-1} 谱带也有 2 个,分别位于 1075 cm^{-1}、1040 cm^{-1}。C-CH$_2$ 反对称伸缩振动频率位于 (2925±5) cm^{-1},对称伸缩振动位于 (2855±5) cm^{-1};O-CH$_2$ 反对称伸缩振动和对称伸缩振动频率分别升高至 2950 cm^{-1}、2880 cm^{-1} 左右;N-CH$_2$ 反对称伸缩振动和对称伸缩振动频率分别降至 2920 cm^{-1}、2810 cm^{-1} 左右。三乙醇胺既有

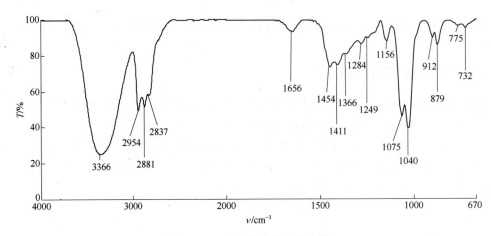

图 7.119　三乙醇胺的红外光谱

C—CH$_2$，也有 O—CH$_2$ 和 N—CH$_2$，它们的伸缩振动频率叠加后在 2954 cm^{-1}、2881 cm^{-1}、2837 cm^{-1} 出现吸收。1454 cm^{-1} 为 CH$_2$ 的面内变角振动，CH$_2$ 与 N、O 原子相连，面内变角振动频率降低。1411 cm^{-1} 为 O—CH$_2$ 和 >N—CH$_2$— 的 CH$_2$ 面内变角振动的叠加，CH$_2$ 与 O 原子或季铵 N 原子相连，面内变角振动频率降低。1156 cm^{-1} 为 C—N 伸缩振动。

7.7.36　对甲苯胺的红外光谱

对甲苯胺（p-toluidine）的分子式为 C$_7$H$_9$N，结构式为 NH$_2$—〈 〉—CH$_3$。图 7.120 为对甲苯胺的红外光谱。3419 cm^{-1}、3338 cm^{-1} 分别为 NH$_2$ 反对称伸缩振动和对称伸缩振动。由于苯环的位阻效应，NH$_2$ 间不能形成氢键，所以 NH$_2$ 反对称伸缩振动和对称伸缩振动峰形比较尖锐，频率较高。由于 C—N 旋转时，N—H 能与苯环生成 σ-π 超共轭，N—H 具有部分双键特性，伸缩振动频率升高，强度增大。3226 cm^{-1} 为 NH$_2$ 面内变角振动频率（1623 cm^{-1}）的倍频与 NH$_2$ 伸缩振动发生费米共振的结果。3094 cm^{-1}、3024 cm^{-1} 为苯环=CH 伸缩振动。2917 cm^{-1}、2862 cm^{-1} 分别为 CH$_3$ 的反对称伸缩振动和对称伸缩振动。1623 cm^{-1}、1580 cm^{-1}、1516 cm^{-1} 为苯环伸缩振动，其中 1623 cm^{-1} 有 NH$_2$ 面内变角振动的叠加。因为 CH$_3$ 是推电子

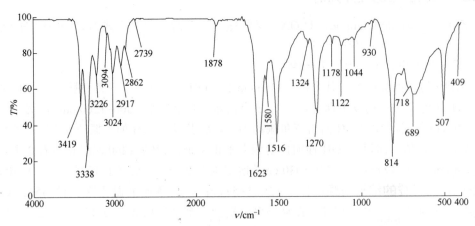

图 7.120　对甲苯胺的红外光谱

基，NH_2 是吸电子基，并且 N 原子上的未共用电子对与苯环发生 p-π 共轭，苯环的对称性遭到破坏，偶极矩增大，所以 1623 cm^{-1}、1516 cm^{-1} 强度较大。1270 cm^{-1} 为 C_{Ar}-N 伸缩振动；因为 N 原子上的未共用电子对与苯环形成 p-π 共轭，使 C-N 键具有部分双键特性，键力常数增大，故 C_{Ar}-N 伸缩振动频率高于脂肪族伯胺的 C-N 伸缩振动频率（1090~1068 cm^{-1}），强度也比脂肪族伯胺的 C-N 伸缩振动谱带大。1178 cm^{-1}、1122 cm^{-1}、1044 cm^{-1}、507 cm^{-1} 为苯环上 =CH 面内变角振动，因为取代基有极性基团（NH_2），强度增大。850~550 cm^{-1} 的宽谱带是 NH_2 面外摇摆（扭曲）振动。814 cm^{-1} 为苯环上 2 个相邻 =CH 面外变角振动。

7.7.37 对苯二胺的红外光谱

对苯二胺（p-phenylenediamine）的分子式为 $C_6H_8N_2$，结构式为 H_2N—〈 〉—NH_2。图 7.121 为 1,4-对苯二胺的红外光谱。3410 cm^{-1}、3377 cm^{-1} 分别为 NH_2 反对称伸缩振动和对称伸缩振动。由于苯环的位阻效应，NH_2 间不能形成氢键，所以 NH_2 反对称伸缩振动和对称伸缩振动峰形比较尖锐，频率较高。由于 C-N 单键旋转时，N-H 能与苯环生成 σ-π 超共轭，N-H 具有部分双键特性，伸缩振动频率升高，强度增大。3307 cm^{-1}、3205 cm^{-1} 为 NH_2 面内变角振动频率（1623 cm^{-1}）的倍频与 NH_2 伸缩振动发生费米共振的结果。3011 cm^{-1} 为苯环 =CH 伸缩振动。1631 cm^{-1}、1517 cm^{-1}、1451 cm^{-1} 为苯环伸缩振动，其中 1631 cm^{-1} 有 NH_2 面内变角振动的成分。因为对位取代基都是 NH_2，对称性好，偶极矩变化小，所以 1580 cm^{-1} 没有出现。又因为 NH_2 是极性基团，所以 1631 cm^{-1}、1517 cm^{-1} 强度很大。1312 cm^{-1}、1264 cm^{-1} 为 C_{Ar}-N 伸缩振动，因为 N 原子上的未共用电子对与苯环形成 p-π 共轭，使 C_{Ar}-N 键具有部分双键特性，键力常数增大，故 C_{Ar}-N 伸缩振动频率高于脂肪族伯胺的 C-N 伸缩振动频率（1090~1068 cm^{-1}），强度也大于脂肪族伯胺的 C-N 伸缩振动谱带。1129 cm^{-1}、1067 cm^{-1}、517 cm^{-1} 为苯环上 =CH 面内变角振动，因为取代基是极性基团（NH_2），强度增大。850~550 cm^{-1} 的宽谱带是 NH_2 面外摇摆（扭曲）振动。832 cm^{-1} 为苯环上 =CH 面外变角振动。

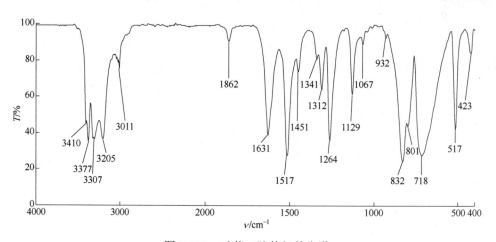

图 7.121 对苯二胺的红外光谱

7.7.38 乙酸铵的红外光谱

乙酸铵（ammonium acetate）的分子式为 CH_3COONH_4。图 7.122 为乙酸铵的红外光谱。3212 cm^{-1}、3053 cm^{-1} 分别为 NH_4^+ 的反对称伸缩振动和对称伸缩振动。1688 cm^{-1}、1465 cm^{-1}

分别为 NH_4^+ 的反对称变角振动和对称变角振动。3014 cm^{-1}、2931 cm^{-1} 分别为 CH_3 的反对称伸缩振动和对称伸缩振动，因为 CH_3 与羧基相连，频率较常值（2960 cm^{-1}、2875 cm^{-1}）高。1407 cm^{-1}、1346 cm^{-1} 分别为 CH_3 的反对称变角振动和对称变角振动，因为 CH_3 与羧基相连，频率较常值（1460 cm^{-1}、1375 cm^{-1}）低。1052 cm^{-1}、1010 cm^{-1} 为 CH_3 的摇摆振动。1581 cm^{-1}、1407 cm^{-1} 分别为 C≡O 的反对称伸缩振动和对称伸缩振动。乙酸铵中的 COO^- 的两个氧原子是等价的，原来的 C=O 双键特性降低，而原来的 C–O 键具有部分双键特性。两个 C≡O 共用一个碳原子，发生强烈的偶合效应，分裂为上述反对称伸缩振动和对称伸缩振动。917 cm^{-1} 为 O–N 伸缩振动。

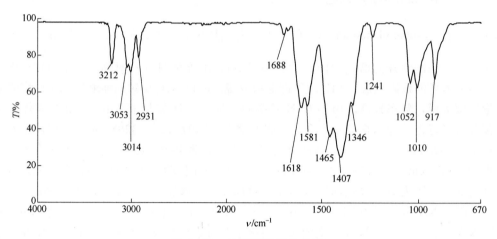

图 7.122　乙酸铵的红外光谱

7.7.39　乙腈的红外光谱

乙腈（methyl cyanide）的分子式为 CH_3CN，结构式为 $H_3C-C≡N$。图 7.123 为乙腈的红外光谱，3006 cm^{-1}、2942 cm^{-1} 分别为 CH_3 的反对称伸缩振动和对称伸缩振动。–C≡N 对 CH_3 有 σ-π 共轭效应和诱导效应，诱导效应使 C–H 键的电子云密度进一步偏离其几何中心，CH_3 的反对称伸缩振动和对称伸缩振动频率降低；σ-π 共轭效应使 C–H 键具有部分双键特性，CH_3 的反对称伸缩振动和对称伸缩振动频率升高。乙腈分子的 σ-π 共轭效应大于诱导效应，所以

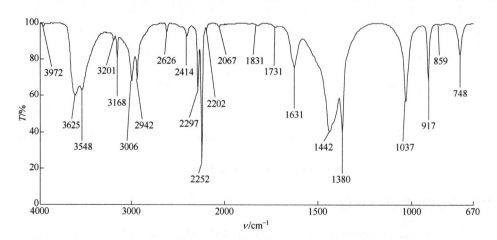

图 7.123　乙腈的红外光谱

伸缩振动频率较常值（2960 cm^{-1}、2875 cm^{-1}）高。2252 cm^{-1} 为 $-C\equiv N$ 的伸缩振动。1442 cm^{-1} 为 CH$_3$ 反对称变角振动，因与 $-C\equiv N$ 相连，频率较常值（1460 cm^{-1}）低。1380 cm^{-1} 为 CH$_3$ 对称变角振动。1037 cm^{-1}、917 cm^{-1} 为 CH$_3$ 摇摆振动。

7.7.40 偶氮苯的红外光谱

偶氮苯有顺反异构体，反式为橙红色棱形晶体，蒸气为深红色，溶于乙醇、乙醚和乙酸，不溶于水；顺式为橙红色片状晶体，不稳定，在常温下慢慢变成反式。偶氮苯主要用于制造染料和橡胶促进剂。图 7.124 为反式偶氮苯和顺式偶氮苯的结构式，图 7.125 为反式偶氮苯的红外光谱。1452 cm^{-1}、1397 cm^{-1}、926 cm^{-1} 为-N=N-的伸缩振动谱带。3061 cm^{-1}、3035 cm^{-1} 为苯环上=CH 的伸缩振动。1582 cm^{-1}、1483 cm^{-1}、1452 cm^{-1} 为苯环的骨架振动。苯环上 =CH 面内变角振动位于 1300~950 cm^{-1} 及 550~500 cm^{-1}。776 cm^{-1} 为苯环上 =CH 面外变角振动。689 cm^{-1} 为苯环面外弯曲振动。苯环 =CH 面外弯曲振动的倍频与合频位于 2000~1760 cm^{-1}。NH 面内变角振动位于 1550~1500 cm^{-1}。NH 面外摇摆（扭曲）振动位于 850 cm^{-1}。

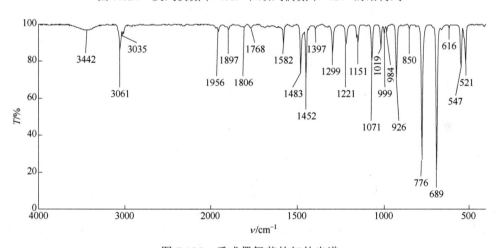

图 7.124 反式偶氮苯（A）和顺式偶氮苯（B）的结构式

图 7.125 反式偶氮苯的红外光谱

7.7.41 二苯基甲烷二异氰酸酯的红外光谱

二苯基甲烷二异氰酸酯（methylenediphenyl diisocyanate，MDI），又叫 4,4′-二苯基甲烷二异氰酸酯（4,4′-diphenylmethane diisocyanate），为白色或浅黄色固体，是生产聚氨酯最重要的原料之一。其产品分类有：纯 MDI、聚合 MDI（一定比例的纯 MDI 与多苯基多亚甲基多异氰酸酯的混合物）、液化 MDI、改性 MDI（纯 MDI 与聚合 MDI 的改性物）等。

MDI 和 TDI（甲苯二异氰酸酯，toluene diisocyanate）互为替代品，都是生产聚氨酯的原料。MDI 的价格略低，毒性比 TDI 低，在生产泡沫塑料时密度比 TDI 大，由 MDI 制成的聚氨酯产品的模塑性相对较好。

MDI 的结构式

MDI 在合成树脂或涂料过程中,异氰酸酯基(−N=C=O)容易与有活泼氢的化合物如胺、水、醇、酸、碱发生亲核反应。含活性氢化合物的亲核中心电子云密度越大,负电性越强,与异氰酸酯反应活性越高,反应速率越快。在所有这些反应中,活泼氢原子转移到氮原子上,合成聚氨基甲酸酯。

图 7.126 为 MDI 的红外光谱。MDI 的 −N=C=O 的 2 个双键共用 1 个 C 原子,N=C 和 C=O 伸缩振动发生强烈偶合,分裂为 2 个谱带,分别位于 2293 cm^{-1} 和 1335 cm^{-1}。前者称作−N=C=O 的反对称伸缩振动,后者称−N=C=O 的对称伸缩振动,二者强度差别特别大。2293 cm^{-1} 和 1335 cm^{-1} 均既有 C=O 伸缩振动,也有 N=C 伸缩振动。C=O 的伸缩振动频率高、强度大,N=C 的伸缩振动频率低、强度小。2293 cm^{-1} 中 C=O 的伸缩振动比例大,所以它频率高、强度大;而 1335 cm^{-1} 中 N=C 的伸缩振动比例小,所以它频率低、强度极小。在 2358 cm^{-1} 有 2293 cm^{-1} 的 1 个肩峰是异氰酸酯红外光谱区别于硫氰酸酯(N=C=O)的特点,后者在此处呈现双峰或多重峰。1637 cm^{-1} 为芳香族 C_{Ar}−N 伸缩振动。1434 cm^{-1}、1417 cm^{-1} 为 CH_2 的面内变角振动,因为两侧均与苯环相连,不仅频率较常值(1465 cm^{-1})低,而且分裂为双峰。

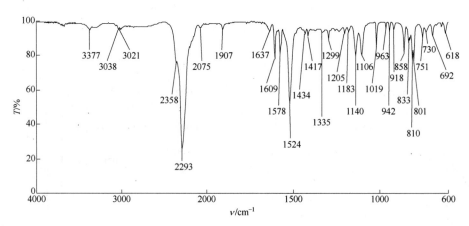

图 7.126 MDI 的红外光谱

3038 cm^{-1}、3021 cm^{-1} 为苯环=CH 伸缩振动和 1610~1450 cm^{-1} 苯环骨架振动的合频。1609 cm^{-1}、1578 cm^{-1}、1524 cm^{-1} 为苯环骨架振动,因为取代基电性相反,而且苯环与 N 原子的孤电子对发生 p-π 共轭,π 电子离域,所以强度比较大。要特别注意 1524 cm^{-1},它比通常苯环骨架振动的频率(1500 cm^{-1})高,强度大,是 MDI 的特征谱带,也是氨基甲酸酯的特征谱带。苯环上=CH 面内变角振动位于 1225~950 cm^{-1}。苯环上=CH 面外变角振动位于 810 cm^{-1}。692 cm^{-1} 为苯环骨架面外变角振动。618 cm^{-1} 为 NCO 面外变角振动。

7.7.42 盐酸二甲双胍的红外光谱

盐酸二甲双胍(metformin hydrochloride),化学名称为 1,1-二甲基双胍盐酸盐[hydrochloride (1:1)],分子式为 $C_4H_{11}N_5 \cdot HCl$,分子量为 165.63,结构式为

图 7.127 为盐酸二甲双胍的红外光谱。盐酸二甲双胍属伯铵盐,能形成分子间氢键,NH_3^+ 伸缩振动在 3200~2800 cm^{-1},峰形弥散并分裂为多重峰,与 CH_3 伸缩振动范围重叠。要准确指认哪个是 NH_3^+ 伸缩振动,哪个是 CH_3 伸缩振动是困难的。1627 cm^{-1} 为 NH_3^+ 反对称变角振动,1577 cm^{-1} 为 NH_3^+ 对称变角振动。943 cm^{-1} 为 NH_3^+ 面内摇摆振动。

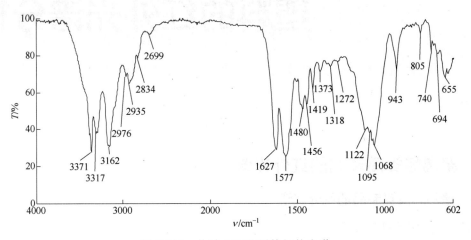

图 7.127　盐酸二甲双胍的红外光谱

CH_3-N 的 3 个 C-H 键中有 1 个与 N 原子的孤电子对处于反式位置,这个 C-H 键会与 N 原子孤电子对的 p 电子生成 σ-p 共轭,使之与另外 2 个 C-H 键不同,反对称伸缩振动频率降至 2935 cm^{-1} 左右,对称伸缩振动频率降至 2820~2760 cm^{-1}。CH_3-N 的 3 个 C-H 键的吸收重叠在一起,在 2834 cm^{-1} 左右出现 CH_3-N 对称伸缩振动。

CH_3 连接的原子的电负性越大,CH_3 对称变角振动频率越高,N 的电负性(3.04)大于 C 的电负性(2.25)。聚丙烯分子中 C-CH_3 对称变角振动频率位于 1377 cm^{-1}。盐酸二甲双胍分子中 N-CH_3 对称变角振动频率为 1419 cm^{-1},N-CH_3 反对称变角振动频率为 1456 cm^{-1}。

盐酸二甲双胍既是仲胺也是叔胺,其 C-N 伸缩振动在 1150~1050 cm^{-1} 形成多重吸收峰。C=N 与 C-N 的 N 原子未共用电子对形成 p-π 共轭,伸缩振动频率降低至 1610~1480 cm^{-1},与 NH_3^+ 变角振动出现在相同区域,准确指认困难。

第 8 章 塑料的红外光谱分析

8.1 聚烯烃类高聚物的红外光谱

8.1.1 聚乙烯及其制品的红外光谱

8.1.1.1 聚乙烯的红外光谱

聚乙烯（polyethylene，PE）是饱和碳氢化合物，白色、无毒、无味、无臭。聚乙烯按其生产方法可分为高压聚乙烯、低压聚乙烯和中压聚乙烯；按密度则可分为低密度聚乙烯（LDPE，即高压聚乙烯）、高密度聚乙烯（HDPE，即低压聚乙烯）、中密度聚乙烯（MDPE，即中压聚乙烯）。

高密度聚乙烯熔融温度约为 130 ℃，相对密度为 0.941~0.960。高密度聚乙烯具有良好的耐热性、耐寒性、化学稳定性，还具有较高的刚性和韧性，机械强度好。

不同类型聚乙烯的链节均为 $-CH_2-CH_2-$，因此它们的红外光谱很相似，均在 2920 cm^{-1} 有 CH_2 的反对称伸缩振动，在 2852 cm^{-1} 有 CH_2 的对称伸缩振动，在 1469 cm^{-1} 有 CH_2 的面内变角振动，在 719 cm^{-1} 有 CH_2 的面内摇摆振动（图 8.1 谱线 A）。

聚乙烯制品中的聚乙烯不会是完全线型的，多多少少总有一些支链，特别是低密度聚乙烯支链更多。这些支链通常带有乙基侧链、丁基侧链和烯端基侧链，见图 8.2，因而在 1366 cm^{-1} 左右有甲基（$-CH_3$）对称变角振动谱带。992 cm^{-1} 为 $RCH=CH_2$ 中反式 $=CH$ 面外变角（扭曲）

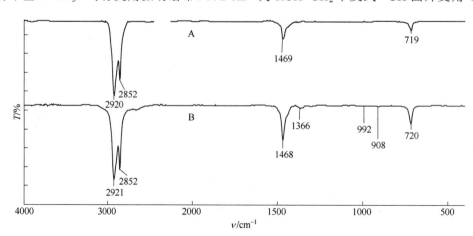

图 8.1 高密度聚乙烯（A）和低密度聚乙烯（B）的红外光谱

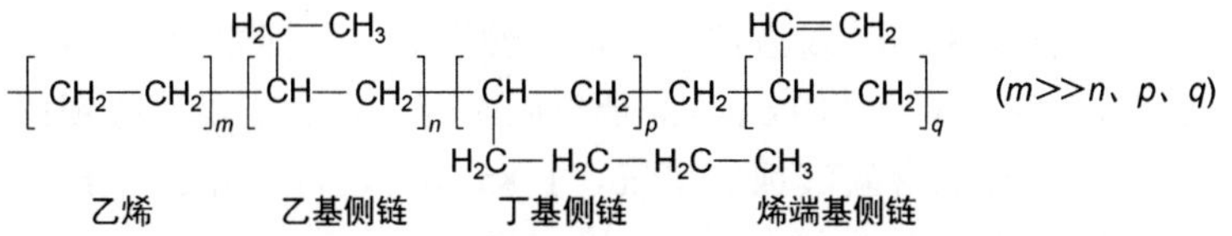

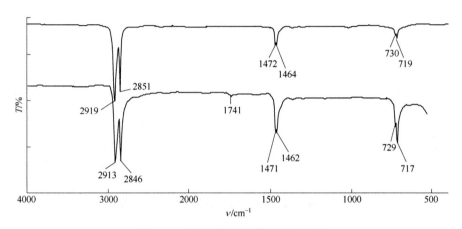

图 8.2 带乙基侧链、丁基侧链和烯端基侧链的聚乙烯的结构式

振动；908 cm^{-1} 为 RCH=CH$_2$ 中 CH$_2$ 面外摇摆振动（图 8.1 谱线 B）。

聚乙烯结晶度高，如果是斜方晶体或单斜晶体，1 个晶胞含 2 条或以上 –CH$_2$– 链，2 个或几个大分子会产生偶合振动，引起 CH$_2$ 面内变角振动和面内摇摆振动谱带分裂，在 1472 cm^{-1} 和 1464 cm^{-1}、730 cm^{-1} 和 719 cm^{-1} 处分别产生一对双峰，见图 8.3；如果是三斜晶体只出现单峰（图 8.1 谱线 A）。

图 8.3 高结晶度聚乙烯的红外光谱

8.1.1.2 含硫酸钡的聚乙烯的红外光谱

图 8.4 为白色塑料板的红外光谱。第一，红外光谱中有 2920 cm^{-1}、2853 cm^{-1} 谱带，C–CH$_2$ 的反对称伸缩振动和对称伸缩振动频率位于此处，据此猜想样品中有 –CH$_2$– 基团；第二，红外光谱中有 719 cm^{-1} 谱带，据此猜想有 $-(CH_2)_n-$ 结构，并且 $n \geq 4$；第三，结合 1467 cm^{-1} 谱带，据此猜想样品可能有聚乙烯成分。

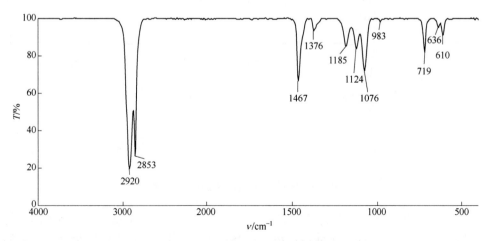

图 8.4 白色塑料板的红外光谱

第一，红外光谱中有 983 cm^{-1} 弱谱带，它是硫酸钡的一等标志谱带，据此猜想样品中可能含有硫酸钡；第二，636 cm^{-1}、610 cm^{-1} 谱带也同时存在，它们是硫酸钡的二等标志谱带，据以上两点基本可以确定样品含硫酸钡；第三，1185 cm^{-1}、1124 cm^{-1}、1076 cm^{-1} 也同时存在，它们均为硫酸钡的谱带。据以上三点可以确定样品中含硫酸钡。

图 8.5 为聚乙烯（A）和硫酸钡（B）的红外光谱。把图 8.4 和图 8.5 相比较可知，图 8.4 为含硫酸钡的聚乙烯的红外光谱。图 8.4 中 2920 cm^{-1}、2853 cm^{-1}、1467 cm^{-1}、1376 cm^{-1}、719 cm^{-1} 为聚乙烯的谱带；1185 cm^{-1}、1124 cm^{-1}、1076 cm^{-1}、983 cm^{-1}、636 cm^{-1} 和 610 cm^{-1} 为硫酸钡的谱带。

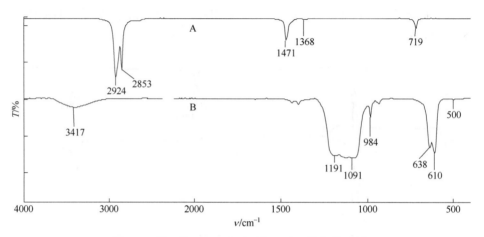

图 8.5　聚乙烯（A）和硫酸钡（B）的红外光谱

8.1.1.3　含碳酸钙的聚乙烯的红外光谱

图 8.6 为两种汽车装饰条的红外光谱。第一，2924 cm^{-1}、2853 cm^{-1} 同时存在，猜想装饰条材料可能有 $\pm CH_2 \pm$ 结构；第二，718 cm^{-1} 也同时存在，基本可以确定装饰条材料有 $\pm CH_2 \pm$ 结构，并且 $n \geqslant 4$；第三，结合 1467 cm^{-1} 谱带，可以确定汽车装饰条材料是聚乙烯。

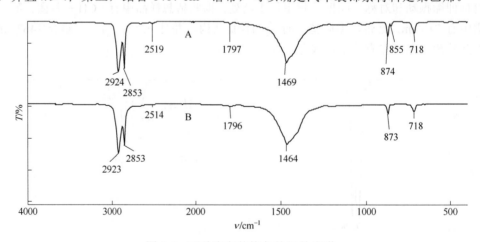

图 8.6　两种汽车装饰条的红外光谱

图 8.6 中，除聚乙烯的谱带外还有其他谱带。第一，其中 874 cm^{-1} 为碳酸钙的一等标志谱带，因此猜想装饰条可能含碳酸钙；第二，2519 cm^{-1}、1797 cm^{-1} 也同时存在，它们是碳

酸钙的二等标志谱带，据以上两点基本可以确定装饰条含碳酸钙；第三，1469 cm^{-1} 左右有宽、强吸收，据以上三点可以确定装饰条含碳酸钙。

图 8.7 为聚乙烯、轻质碳酸钙和重质碳酸钙的红外光谱。比较图 8.6 和图 8.7 可知，图 8.6 中 2924 cm^{-1}、2853 cm^{-1}、1469 cm^{-1}、718 cm^{-1} 为聚乙烯的吸收；2519 cm^{-1}、1797 cm^{-1}、874 cm^{-1}、855 cm^{-1} 以及 1500~1300 cm^{-1} 间的宽、强吸收为碳酸钙的吸收。

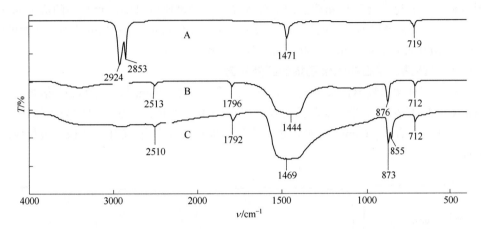

图 8.7　聚乙烯（A）、轻质碳酸钙（B）和重质碳酸钙（C）的红外光谱

聚乙烯在 719 cm^{-1} 有吸收，碳酸钙在 712 cm^{-1} 有吸收，二者重叠后在 718 cm^{-1} 出现吸收。

图 8.7 的谱线 B 和谱线 C 在 855 cm^{-1} 有差别，前者只在 876 cm^{-1} 有方解石的吸收，后者既在 873 cm^{-1} 有方解石的吸收，还在 855 cm^{-1} 有文石的吸收。这种差别也带入图 8.6 含碳酸钙的聚乙烯的红外光谱中，说明图 8.6 中谱线 A 的汽车装饰条中的碳酸钙既含方解石，也含文石；而谱线 B 的汽车装饰条中的碳酸钙只含方解石。两种汽车装饰条成分不同。

8.1.1.4　含滑石粉的聚乙烯的红外光谱

图 8.8 谱线 B 为超市食品袋的红外光谱。第一，红外光谱中有 2921 cm^{-1}、2851 cm^{-1} 谱带，它们同时存在是 C-CH$_2$ 的标志谱带，据此猜想食品袋材料中有 -CH$_2$- 基团；第二，红外光谱中还有 723 cm^{-1} 谱带，它也是 CH$_2$ 的标志谱带，据以上两点猜想食品袋材料中有 $\text{-}(CH_2)_n\text{-}$ 结构，并且 $n \geqslant 4$；第三，结合 1465 cm^{-1} 谱带，基本可以确定食品袋含聚乙烯。

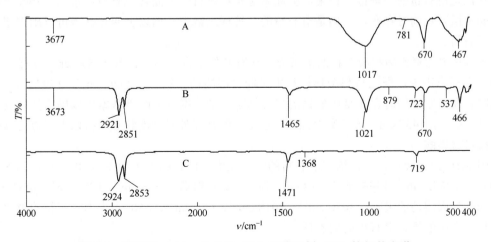

图 8.8　滑石粉（A）、食品袋（B）和聚乙烯（C）的红外光谱

图 8.8 谱线 B 中除聚乙烯的谱带外还有其他谱带。第一，其中 670 cm^{-1} 谱带是滑石粉的标志谱带，据此猜想食品袋塑料中可能含滑石粉；第二，3673 cm^{-1}、466 cm^{-1} 谱带也同时存在，它们也是滑石粉的标志谱带，据以上两点基本可以确定食品袋塑料含滑石粉；第三，1021 cm^{-1} 谱带也同时存在，它也是滑石粉的标志谱带，据以上三点可以确定食品袋中含滑石粉。

图 8.8 为滑石粉、食品袋和聚乙烯的红外光谱。通过比较可知：食品袋的成分为含滑石粉的聚乙烯。图 8.8 谱线 B 中 2921 cm^{-1}、2851 cm^{-1}、1465 cm^{-1}、723 cm^{-1} 为聚乙烯的吸收；3673 cm^{-1}、1021 cm^{-1}、670 cm^{-1}、466 cm^{-1} 为滑石粉的吸收。

8.1.1.5 含碳酸钙、滑石粉的聚乙烯的红外光谱

图 8.9 为一种塑料板材的红外光谱。第一，其中有 2920 cm^{-1}、2852 cm^{-1} 谱带，它们同时存在是 C–CH$_2$ 的标志谱带，据此猜想板材中有 –CH$_2$– 基团。猜想板材成分可能是聚乙烯；第二，图 8.9 中还有 1466 cm^{-1} 谱带，进一步说明板材成分中有 –CH$_2$– 结构，板材成分可能是聚乙烯。

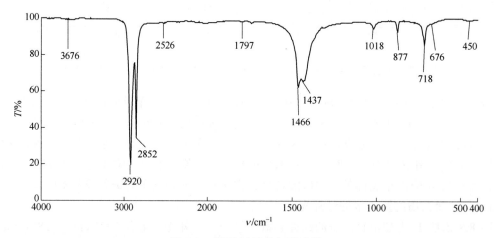

图 8.9 塑料板材的红外光谱

图 8.9 中除聚乙烯的谱带外还有其他谱带。第一，其中 1018 cm^{-1}、676 cm^{-1} 谱带，它们同时存在是滑石粉的一等标志谱带，据此猜想塑料板材中可能含滑石粉；第二，3676 cm^{-1}、450 cm^{-1} 谱带也同时存在，它们是滑石粉的二等标志谱带。据以上两点基本可以确定塑料板材含滑石粉。

图 8.9 中除聚乙烯和滑石粉的谱带外，还有其他谱带。第一，其中 877 cm^{-1} 谱带是碳酸钙的一等标志谱带，据此猜想塑料板材中可能含碳酸钙；第二，2526 cm^{-1}、1797 cm^{-1} 也同时存在，它们同时存在是碳酸钙的二等标志谱带，据以上两点基本可以确定塑料板材含碳酸钙；第三，1437 cm^{-1} 谱带宽而强，这也是碳酸钙红外光谱的特点。据以上三点可以确定塑料板材含碳酸钙。

图 8.10 为碳酸钙、聚乙烯和滑石粉的红外光谱。比较图 8.9 和图 8.10 可知，图 8.9 中 2920 cm^{-1}、2852 cm^{-1}、1466 cm^{-1}、718 cm^{-1} 为聚乙烯的吸收；2526 cm^{-1}、1797 cm^{-1}、1437 cm^{-1}、877 cm^{-1} 为碳酸钙的吸收；3676 cm^{-1}、1018 cm^{-1}、676 cm^{-1}、450 cm^{-1} 为滑石粉的吸收。塑料板材为含碳酸钙、滑石粉的聚乙烯。

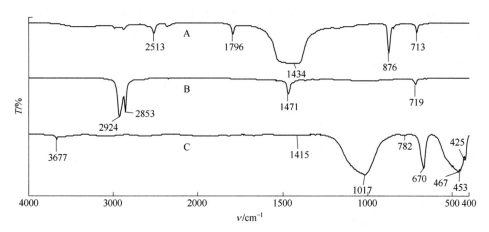

图 8.10　碳酸钙（A）、聚乙烯（B）、滑石粉（C）的红外光谱

8.1.1.6　含碳酸钙和黏土的聚乙烯的红外光谱

图 8.11 为黑色塑料管的红外光谱。第一，2922 cm^{-1}、2854 cm^{-1} 同时存在，是 C—CH$_2$ 的标志谱带，据此猜想塑料管材料中有 —CH$_2$— 基团。

第二，1466 cm^{-1} 谱带存在，进一步说明塑料管材料中可能有 —CH$_2$— 结构，塑料管塑料可能是聚乙烯。

第三，除聚乙烯的谱带外，还有 875 cm^{-1} 谱带是碳酸钙的一等标志谱带，据此猜想塑料管材料中可能含碳酸钙。

第四，对比碳酸钙的红外光谱，图 8.11 中 2510 cm^{-1}、1799 cm^{-1} 也同时存在，它们是碳酸钙的二等标志谱带，据以上两点基本可以确定塑料管材料含碳酸钙。

第五，1438 cm^{-1} 谱带宽而强，这也是碳酸钙红外光谱的特点，据以上三点可以确定塑料管材料含碳酸钙。

第六，除聚乙烯和碳酸钙的谱带外，还有其他谱带，其中 3691 cm^{-1}、3617 cm^{-1} 同时存在是黏土的一等标志谱带，据此猜想塑料管材料可能含黏土。

第七，对比黏土的红外光谱，图 8.11 中 1116 cm^{-1}、1029 cm^{-1}、914 cm^{-1}、802 cm^{-1}、1466 cm^{-1}、713 cm^{-1} 也是黏土的谱带。据以上两点基本可以确定塑料管材料含黏土。

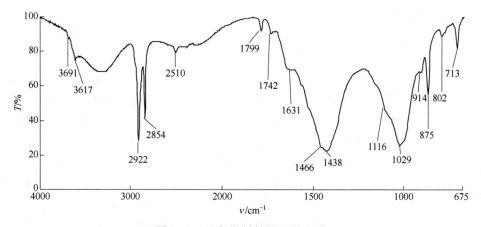

图 8.11　黑色塑料管的红外光谱

图 8.12 为聚乙烯的红外光谱、图 8.13 为碳酸钙和黏土的红外光谱。把图 8.11 与图 8.12、图 8.13 相比较可以确定，塑料管材料为含碳酸钙和黏土的聚乙烯。

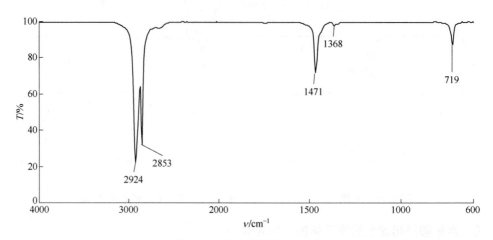

图 8.12　聚乙烯的红外光谱

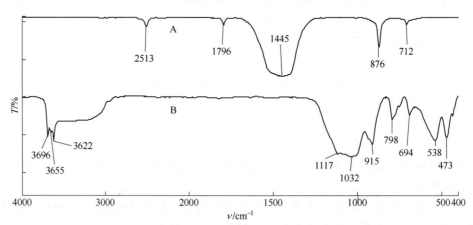

图 8.13　碳酸钙（A）和黏土（B）的红外光谱

8.1.2　聚丙烯及其制品的红外光谱

8.1.2.1　聚丙烯的红外光谱

聚丙烯（polypropylene，PP）是一种热塑性树脂，其结构单元是：$\left[\begin{array}{c}CH_3\\|\\CH-CH_2\end{array}\right]_n$。按甲基排列位置不同，聚丙烯分为等规聚丙烯（isotactic polyprolene）、间规聚丙烯（syndiotatic polypropylene）和无规聚丙烯（atactic polypropylene）。如果甲基在主链平面的同侧，则称为等规聚丙烯；如果甲基依次交替有规则地分布在主链平面的两侧称为间规聚丙烯；如果甲基无规则地分布在主链平面的两侧则称为无规聚丙烯（见图 8.14）。工业产品中等规聚丙烯含量约为 95%，其余为间规聚丙烯或无规聚丙烯。

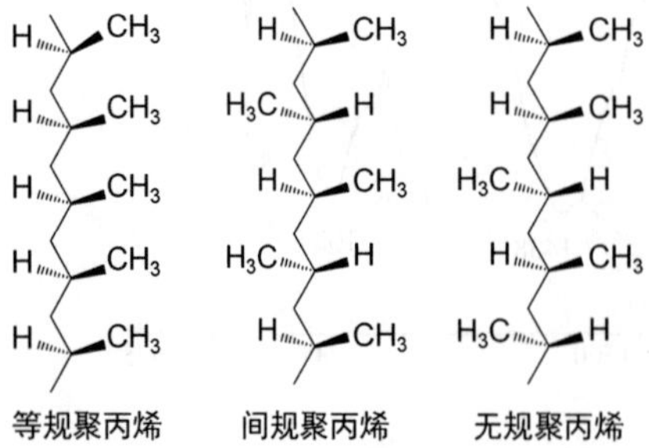

图 8.14　3 种聚丙烯结构示意图

聚丙烯通常为半透明的无色固体，无臭无毒。由于结构规整而高度结晶化,熔融温度高达 167 ℃,制品可用蒸汽消毒是其突出优点。聚丙烯的相对密度为 0.90,是最轻的通用塑料,耐腐蚀,抗张强度达 30 MPa,强度、刚性和透明性都比聚乙烯好。聚丙烯的缺点是耐低温冲击性差,较易老化,通常分别通过改性和添加抗氧剂予以改进。许多聚丙烯制品,实际是聚丙烯加入 1%~10%的乙烯,形成嵌段共聚物或与乙烯无规则共聚物。共聚物型的聚丙烯材料有低热扭曲温度(100 ℃)、低透明度、低光泽度、低刚性的特点,有更强的抗冲击强度。共聚物的强度随乙烯含量的增加而增大。

等规聚丙烯采取 H_1^3 螺旋构象,属单斜晶系;间规聚丙烯是 H_1^4 构象,属正交晶系;无规聚丙烯不能结晶。不同构象及晶胞的聚丙烯,其红外光谱在指纹区有较大差别。图 8.15 为等规聚丙烯和无规聚丙烯的红外光谱。等规聚丙烯和无规聚丙烯的组成谱带相同,2952 cm^{-1} 为 CH_3 的反对称伸缩振动,2915 cm^{-1} 为 CH_2 的反对称伸缩振动,2873 cm^{-1} 为 CH_3 的对称伸缩振动。2844 cm^{-1} 为 CH_2 的对称伸缩振动。1457 cm^{-1} 为 CH_2 的面内变角振动和 CH_3 的反对称变角振动的叠加。1376 cm^{-1} 为 CH_3 的对称变角振动,2723 cm^{-1} 为其倍频。1307 cm^{-1} 为 CH 的面内变角振动。1260 cm^{-1} 为 CH_2 的面外摇摆振动。

等规聚丙烯和无规聚丙烯的构象不同,在 1250~830 cm^{-1} 间的构象规整性谱带差别很大。H_1^3 构象在螺旋链段中重复单元的数目 $n \geq 11~13$,则会出现 1164 cm^{-1}、1001 cm^{-1}、898 cm^{-1} 和 840 cm^{-1} 等谱带,所以它们是构象规整性谱带。规整螺旋链段较长,完全能满足高聚物产生结晶的条件,所以有人把它们称作结晶谱带,其实不够准确。真正的结晶谱带很少出现(如 α-型聚酰胺和 γ-型聚酰胺),通常所谓的结晶谱带,是规整性结构在结晶中的反映。分子的规整性高,就能满足结晶条件。规整性高和结晶二者经常同时出现,人们就把它们混为一谈了。971 cm^{-1} 也是构象规整性谱带,只不过它反映的是螺旋链段中较短的 H_1^3 构象重复单元,只要螺旋链段中 H_1^3 构象重复单元的数目 $n \geq 5$,971 cm^{-1} 就会出现。

图 8.15 中谱线 B 是无规聚丙烯的红外光谱。无规聚丙烯不是 H_1^3 螺旋构象,与 H_1^3 螺旋构象相关的吸收带 1164 cm^{-1}、1001 cm^{-1}、898 cm^{-1} 和 840 cm^{-1} 不存在。

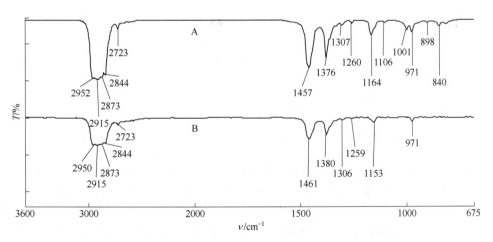

图 8.15 等规聚丙烯(A)和无规聚丙烯(B)的红外光谱

图 8.16 为间规聚丙烯的红外光谱。间规聚丙烯在 1234 cm^{-1}、1199 cm^{-1}、1130 cm^{-1} 有短程 H_1^4 构象谱带。

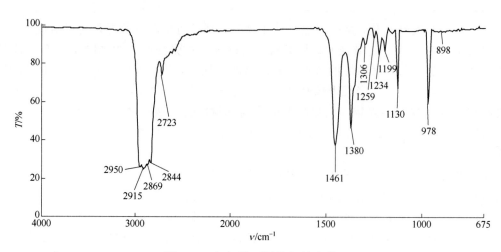

图 8.16　间规聚丙烯的红外光谱

8.1.2.2　含碳酸钙的聚丙烯的红外光谱

图 8.17 中谱线 B 为汽车保险杠的红外光谱。第一，其中 998 cm^{-1}、974 cm^{-1}、842 cm^{-1} 谱带同时存在，它们是聚丙烯的标志谱带，据此猜想保险杠材料可能有聚丙烯；第二，1167 cm^{-1}、1455 cm^{-1}、1378 cm^{-1} 也同时存在，它们也是聚丙烯的标志谱带，据以上两点基本可以确定保险杠材料含聚丙烯；第三，对比聚丙烯的红外光谱，图 8.17 中聚丙烯的 2957 cm^{-1}、2919 cm^{-1}、2851 cm^{-1}、1258 cm^{-1}、1101 cm^{-1} 也同时存在，据以上三点可以确定保险杠材料含聚丙烯。

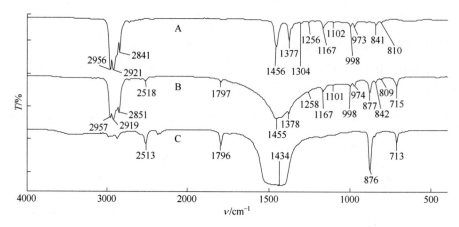

图 8.17　聚丙烯（A）、汽车保险杠（B）和碳酸钙（C）的红外光谱

汽车保险杠的红外光谱中，除聚丙烯的吸收外，还有其他谱带。第一，其中 877 cm^{-1} 谱带是碳酸钙的标志谱带，据此猜想保险杠材料中可能含碳酸钙；第二，2518 cm^{-1}、1797 cm^{-1}、715 cm^{-1} 谱带也同时存在，它们也是碳酸钙的标志谱带，据以上两点基本可以确定保险杠材料含碳酸钙；第三，1430 cm^{-1} 左右谱带宽而强，这也是碳酸钙红外光谱的特征。据以上三点可以确定保险杠材料中含碳酸钙。

图 8.17 中谱线 A 为聚丙烯的红外光谱，谱线 B 为汽车保险杠材料的红外光谱，谱线 C 为碳酸钙的红外光谱。把三条谱线相比较可知，谱线 B 中 2957 cm^{-1}、2919 cm^{-1}、2851 cm^{-1}、1455 cm^{-1}、1378 cm^{-1}、1258 cm^{-1}、1167 cm^{-1}、1101 cm^{-1}、998 cm^{-1}、974 cm^{-1}、842 cm^{-1}、

809 cm^{-1} 为聚丙烯的吸收；2518 cm^{-1}、1797 cm^{-1}、877 cm^{-1}、715 cm^{-1} 以及 1600~1300 cm^{-1} 间的宽、强吸收为碳酸钙的吸收。因此，可以确定汽车保险杠材料为含碳酸钙的聚丙烯。

8.1.2.3 含滑石粉的聚丙烯的红外光谱

图 8.18 中谱线 B 为汽车保险杠材料的红外光谱。第一，其中 974 cm^{-1}、841 cm^{-1} 谱带同时存在，它们是聚丙烯的标志谱带，据此猜想保险杠材料可能有聚丙烯；第二，1166 cm^{-1}、1459 cm^{-1}、1377 cm^{-1} 同时存在也是聚丙烯的标志谱带，据以上两点基本可以确定保险杠材料含聚丙烯；第三，对比聚丙烯的红外光谱，2957 cm^{-1}、2921 cm^{-1}、2841 cm^{-1}、1256 cm^{-1}、809 cm^{-1} 也都是聚丙烯的谱带。据以上三点可以确定保险杠材料含聚丙烯。

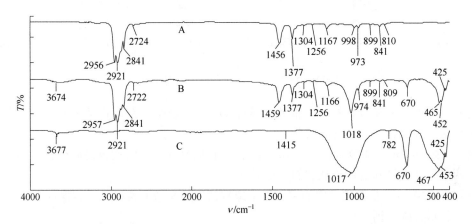

图 8.18　聚丙烯（A）、汽车保险杠（B）、滑石粉（C）的红外光谱

图 8.18 中谱线 B 中除聚丙烯的谱带外，还有其他谱带。第一，其中 1018 cm^{-1}、670 cm^{-1} 谱带同时存在，它们是滑石粉的标志谱带，据此猜想保险杠中可能含滑石粉；第二，3674 cm^{-1}、465 cm^{-1}、452 cm^{-1} 谱带也同时存在，它们也是滑石粉的标志谱带。据以上两点基本可以确定保险杠含滑石粉。

图 8.18 谱线 A 为聚丙烯的红外光谱，谱线 B 为汽车保险杠材料的红外光谱，谱线 C 为滑石粉的红外光谱。把三条谱线相比较可知，谱线 B 中 2957 cm^{-1}、2921 cm^{-1}、2841 cm^{-1}、1459 cm^{-1}、1377 cm^{-1}、1304 cm^{-1}、1256 cm^{-1}、1166 cm^{-1}、974 cm^{-1}、899 cm^{-1}、841 cm^{-1}、809 cm^{-1} 为聚丙烯的吸收；3674 cm^{-1}、1018 cm^{-1}、670 cm^{-1}、465 cm^{-1}、452 cm^{-1}、425m^{-1} 为滑石粉的吸收。因此，可以确定汽车保险杠材料为含滑石粉的聚丙烯。

8.1.2.4 含滑石粉、碳酸钙的聚丙烯的红外光谱

图 8.19 是汽车保险杠材料的红外光谱。第一，974 cm^{-1}、842 cm^{-1} 谱带同时存在，它们是聚丙烯的标志谱带，据此猜想保险杠材料可能有聚丙烯成分。

第二，1167 cm^{-1}、1454 cm^{-1}、1378 cm^{-1} 也同时存在，它们也是聚丙烯的标志谱带，据以上两点基本可以确定保险杠材料含聚丙烯成分。

第三，2957 cm^{-1}、2921 cm^{-1}、2851 cm^{-1} 也同时存在，它们也是聚丙烯的谱带，据以上三点可以确定保险杠材料含聚丙烯。

第四，除聚丙烯的谱带外，还有 671 cm^{-1}、465 cm^{-1} 谱带同时存在是滑石粉的标志谱带，据此猜想保险杠材料中可能含滑石粉。

第五，1019 cm^{-1} 谱带存在，它也是滑石粉的标志谱带，据以上两点基本可以确定保险杠材料含滑石粉。

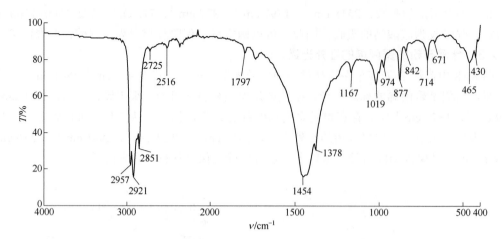

图 8.19　汽车保险杠塑料的红外光谱

第六，除聚丙烯和滑石粉的谱带外，还有 877 cm^{-1} 谱带存在，它是碳酸钙的标志谱带，据此猜想保险杠材料中可能含碳酸钙。

第七，2516 cm^{-1}、1797 cm^{-1}、714 cm^{-1} 谱带也同时存在，它们也是碳酸钙的标志谱带，据以上两点基本可以确定保险杠材料含碳酸钙。

第八，1430 cm^{-1} 左右谱带宽而强，这是碳酸钙红外光谱的特征之一，据以上三点可以确定保险杠材料含碳酸钙。

图 8.20 为碳酸钙、聚丙烯和滑石粉的红外光谱。把图 8.19 和图 8.20 相互比较可知，图 8.19 中 2957 cm^{-1}、2921 cm^{-1}、2851 cm^{-1}、2725 cm^{-1}、1454 cm^{-1}、1378 cm^{-1}、1167 cm^{-1}、974 cm^{-1}、842 cm^{-1} 为聚丙烯的吸收；1019 cm^{-1}、671 cm^{-1}、465 cm^{-1}、430 cm^{-1}（图中未指出）为滑石粉的吸收；2516 cm^{-1}、1797 cm^{-1}、877 cm^{-1}、714 cm^{-1} 及 1440 cm^{-1} 左右的宽、强吸收为碳酸钙的吸收。因此，可以确定汽车保险杠材料为含滑石粉、碳酸钙的聚丙烯。

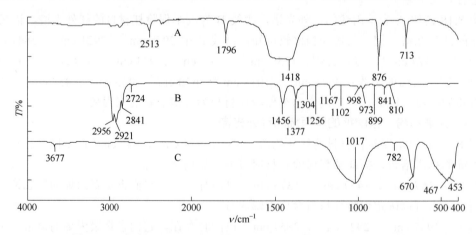

图 8.20　碳酸钙（A）、聚丙烯（B）和滑石粉（C）的红外光谱

8.1.2.5　含碳酸钙、膨润土的聚丙烯的红外光谱

图 8.21 为一交通案中汽车零件的红外光谱。第一，975 cm^{-1}、841 cm^{-1} 谱带同时存在，它们是聚丙烯的标志谱带，据此猜想汽车零件可能含聚丙烯。

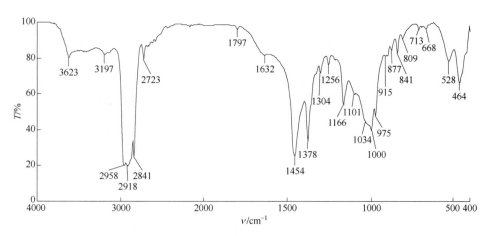

图 8.21 汽车零件的红外光谱

第二，1166 cm^{-1}、1454 cm^{-1}、1378 cm^{-1} 也同时存在，它们也是聚丙烯的标志谱带。据以上两点基本可以确定汽车零件含聚丙烯。

第三，2958 cm^{-1}、2918 cm^{-1}、2841 cm^{-1} 也同时存在，它们也是聚丙烯的谱带。据以上三点，可以确定汽车零件含聚丙烯。

第四，除聚丙烯的谱带外，还有 877 cm^{-1} 谱带存在，它是碳酸钙的标志谱带，据此猜想汽车零件可能含碳酸钙。

第五，1797 cm^{-1}、713 cm^{-1} 谱带也同时存在，它们也是碳酸钙的标志谱带。据以上两点基本可以确定汽车零件中含碳酸钙。

第六，1430 cm^{-1} 左右谱带宽而强，这是碳酸钙红外光谱的特征之一。据以上三点可以确定汽车零件含碳酸钙。

第七，图 8.21 中除聚丙烯和碳酸钙的谱带外，915 cm^{-1}、528 cm^{-1} 谱带同时存在，它们是膨润土的标志谱带，据此猜想汽车零件中可能含有膨润土。

第八，3623 cm^{-1}、1034 cm^{-1} 谱带也同时存在，而且 1034 cm^{-1} 谱带宽而强，这是膨润土红外光谱的特征之一。据以上两点基本可以确定汽车零件含有膨润土。

第九，464 cm^{-1}、1632 cm^{-1} 也同时存在，它们是膨润土的谱带。据以上三点可以确定汽车零件含膨润土。

图 8.22 为碳酸钙、聚丙烯和膨润土的红外光谱。把图 8.21 和图 8.22 相比较可知，图 8.21 中 2958 cm^{-1}、2918 cm^{-1}、2841 cm^{-1}、1454 cm^{-1}、1378 cm^{-1}、1304 cm^{-1}、1256 cm^{-1}、1166 cm^{-1}、1101 cm^{-1}、975 cm^{-1}、841 cm^{-1}、809 cm^{-1} 为聚丙烯的吸收；1797 cm^{-1}、877 cm^{-1}、713 cm^{-1} 为碳酸钙的吸收；3623 cm^{-1}、1632 cm^{-1}、1034 cm^{-1}、1000 cm^{-1}、915 cm^{-1}、528 cm^{-1}、464 cm^{-1} 为膨润土的吸收。

8.1.2.6 含白云石的聚丙烯的红外光谱

图 8.23 为一种塑料板材的红外光谱。第一，971 cm^{-1}、1001 cm^{-1} 谱带同时存在，它们是聚丙烯的标志谱带，据此猜想塑料板材可能有聚丙烯。

第二，1168 cm^{-1} 谱带存在，它也是聚丙烯的标志谱带。据以上两点基本可以确定塑料板材含聚丙烯。

第三，2960 cm^{-1}、2919 cm^{-1}、2877 cm^{-1}、2838 cm^{-1} 也同时存在，它们也是聚丙烯的谱带。据以上三点可以确定塑料板材含聚丙烯。

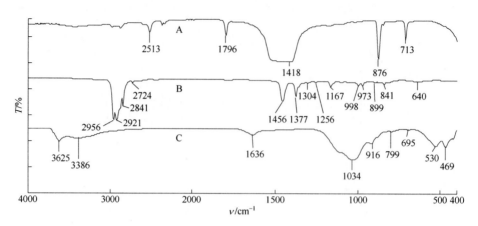

图 8.22　碳酸钙（A）、聚丙烯（B）和膨润土（C）的红外光谱

第四，图 8.23 中除聚丙烯的谱带外，还有 2516 cm^{-1}、881 cm^{-1} 谱带同时存在，它们是白云石的标志谱带，据此猜想塑料板材可能含白云石。

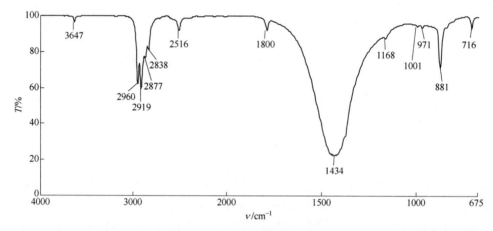

图 8.23　塑料板材的红外光谱

第五，1800 cm^{-1}、716 cm^{-1} 谱带也同时存在，它们也是白云石的标志谱带。据以上两点基本可以确定塑料板材含白云石。

第六，1434 cm^{-1} 左右谱带宽而强，这也是白云石红外光谱的特点。据以上三点可以确定塑料板材含白云石。

图 8.24 为聚丙烯和白云石的红外光谱。比较图 8.23 和图 8.24 可知，图 8.23 中 2960 cm^{-1}、2919 cm^{-1}、2877 cm^{-1}、2838 cm^{-1}、1168 cm^{-1}、1001 cm^{-1}、971 cm^{-1} 为聚丙烯的吸收；2516 cm^{-1}、1800 cm^{-1}、1434 cm^{-1}、881 cm^{-1}、716 cm^{-1} 为白云石的吸收。

白云石的化学成分是 $CaCO_3$ 和 $MgCO_3$。不同产地的白云石，其 $CaCO_3$ 和 $MgCO_3$ 的比例有差别，所以不同产地的白云石的红外光谱不完全相同，如图 8.23 和图 8.24 所示。

8.1.3　聚丁二烯的红外光谱

丁二烯（butadiene）是 1,3-丁二烯（$CH_2=CH-CH=CH_2$）的简称。1,3-丁二烯是重要的化工原料，工业上主要用于制造合成橡胶，如丁苯橡胶、顺式 1,4-聚丁二烯橡胶、氯丁橡胶；也用来生产 ABS 树脂、丁苯乳胶和聚酰胺。

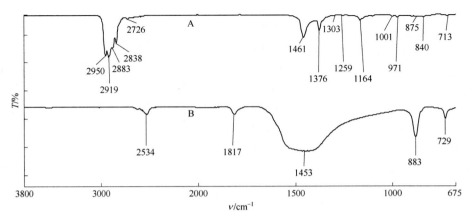

图 8.24 聚丙烯（A）和白云石（B）的红外光谱

1,3-丁二烯分子有两个双键，既可发生 1,2-聚合生成 1,2-聚丁二烯；也可发生 1,4-聚合，生成顺式或反式 1,4-聚丁二烯。这两种聚合物统称为聚丁二烯（polybutadiene，PB）。

图 8.25 为 1,2-聚丁二烯的红外光谱，3079 cm^{-1} 为烯端基 $-HC=CH_2$ 中 CH_2 的伸缩振动（$v_{=CH}$ 为 3030 cm^{-1}）。1415 cm^{-1} 为烯端基 $-CH=CH_2$ 中 CH_2 的面内变角振动，因与双键相连，频率较常值（1465 cm^{-1}）低。992 cm^{-1} 为烯端基 $-CH=CH_2$ 中 CH 面外变角（扭曲）振动，在 1980 cm^{-1} 有其倍频。909 cm^{-1} 为烯端基 $-CH=CH_2$ 中 $=CH_2$ 面外变角（摇摆）振动，1821 cm^{-1} 是其一级倍频。909 cm^{-1} 的强度大于 992 cm^{-1} 的强度。1302 cm^{-1} 为烯端基 $-CH=CH_2$ 中 CH 面内变角振动。721 cm^{-1} 为顺式二取代 CH 的面外变角振动。2925 cm^{-1} 为 $-CH_2-C$ 的反对称伸缩振动，2855 cm^{-1} 为其对称伸缩振动。1464 cm^{-1} 为 $-CH_2-C$ 的面内变角（剪式）振动。1640 cm^{-1} 为侧链乙烯基 $-CH=CH_2$ 上 C=C 的伸缩振动，因为是烯烃单取代，分子的不对称性大，伸缩振动时偶极矩变化大，谱带强度大；同样，也由于是烯烃单取代，双键上有 3 个氢，氢原子的质量小，C=C 伸缩振动受到的阻力小，键力常数小，C=C 伸缩振动频率出现在它可能出现区域（1680~1630 cm^{-1}）的低端一侧。

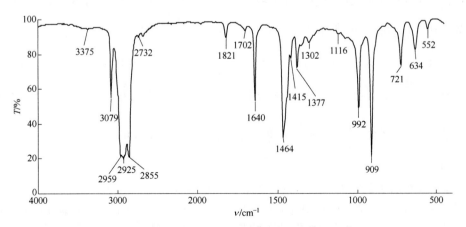

图 8.25 1,2-聚丁二烯的红外光谱

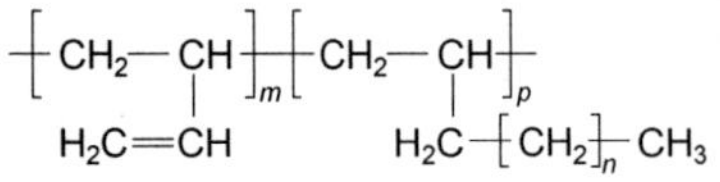

图 8.26 有侧链的 1,2-聚丁二烯的示意结构式（$m \gg p$）

1,3-丁二烯进行 1,2-加成反应，会有少量链段生成侧链，见图 8.26。图 8.25 中 2959 cm^{-1} 为侧链上 CH$_3$ 反对称伸缩振动，2855 cm^{-1} 为侧链上 CH$_2$ 对称伸缩振动和主链 –CH$_2$–C 的对称伸缩振动的叠加，1377 cm^{-1} 为侧链上 CH$_3$ 的对称变角振动，2732 cm^{-1} 为 1377 cm^{-1} 的倍频。721 cm^{-1} 为侧链 CH$_2$ 面内摇摆振动（$n \geqslant 4$）。

图 8.27 为反式 1,4-聚丁二烯的红外光谱。3077 cm^{-1} 为 =CH 的伸缩振动。1443 cm^{-1} 为 =C–CH$_2$ 中 CH$_2$ 面内变角振动，由于与双键相连，频率较常值（1465 cm^{-1}）低。1352 cm^{-1} 为=CH 面外摇摆振动。1309 cm^{-1} 为双键上二取代反式 =CH（$\overset{R^1}{\underset{}{C}}=\overset{H}{\underset{R^2}{C}}$）面内变角振动，其面外变角振动频率位于 970 cm^{-1}，顺式二取代烯 =CH 面外变角振动位于 740~690 cm^{-1}。这是反式 1,4-聚丁二烯和顺式 1,4-聚丁二烯红外光谱主要差别之一。2925 cm^{-1} 为 CH$_2$ 反对称伸缩振动，2848 cm^{-1} 为其对称伸缩振动。1666 cm^{-1} 为 C=C 的伸缩振动，因为是反式 CH=CH，C=C 伸缩振动频率较顺式 CH=CH 伸缩振动频率（1660~1630 cm^{-1}）高，但偶极矩变化不及顺式大，峰的相对强度不如顺式大。

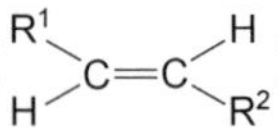

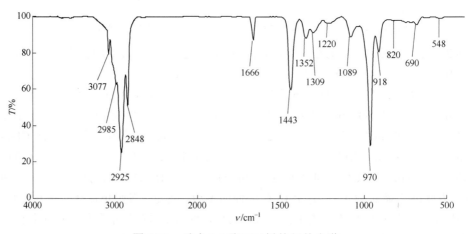

图 8.27 反式 1,4-聚丁二烯的红外光谱

1,3-丁二烯进行 1,4-加成反应，除生成双键上二取代反式 =CH 结构外，还会生成其他一些类型的结构，它们的 =CH 变角振动有不同的振动频率。如双键上单取代 =CH（$\overset{R}{\underset{H}{C}}=\overset{H}{\underset{H}{C}}$）面内变角振动频率为 1309 cm^{-1}，面外变角振动位于 990 cm^{-1}；双键上三取代 =CH（$\overset{R^1}{\underset{R^2}{C}}=\overset{R^3}{\underset{H}{C}}$）的面内变角振动频率为 1352 cm^{-1}，其面外变角振动频率在 850~790 cm^{-1}；双键上顺式二取代 =CH（$\overset{R^1}{\underset{H}{C}}=\overset{R^2}{\underset{H}{C}}$）的面内变角振动频率为 1300 cm^{-1}，面外变角振动频率在 740~680 cm^{-1}。

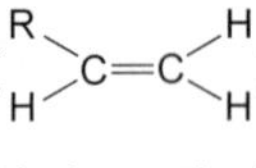

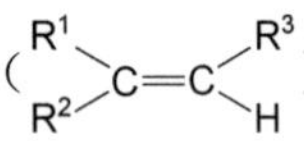

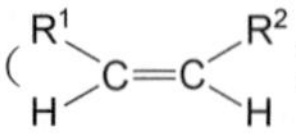

图 8.28 为顺式 1,4-聚丁二烯的红外光谱。3007 cm^{-1} 为 =CH–CH$_2$ 中 CH$_2$ 和 =CH 伸缩振动的叠加。1449 cm^{-1} 为 =CH–CH$_2$ 中 CH$_2$ 的面内变角振动，由于与双键相连，频率较常值（1465 cm^{-1}）低。=CH 的面外变角振动频率在 775 cm^{-1}、737 cm^{-1} 和 695 cm^{-1}。1310 cm^{-1} 为

=CH 的面外变角振动。1655 cm^{-1} 为 C=C 的伸缩振动，因为是顺式 CH=CH，C=C 伸缩振动频率较反式 CH=CH 的 C=C 伸缩振动频率（1680~1665 cm^{-1}）低。

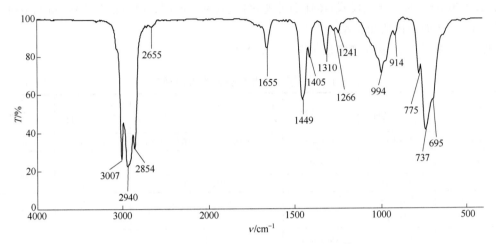

图 8.28　顺式 1,4-聚丁二烯的红外光谱

1,3-丁二烯进行顺式 1,4-加成反应，会有少量链段生成侧链（图 8.29，$m \gg n$、p）。图 8.28 中 2940 cm^{-1} 为侧链上 CH_2 反对称伸缩振动，2854 cm^{-1} 为 CH_2 对称伸缩振动。1405 cm^{-1} 为烯端基 –CH=CH_2 中 CH_2 的面内变角振动，因与双键相连，频率较常值（1465 cm^{-1}）低。顺式-1,4-聚丁二烯常有烯端基支链，994 cm^{-1} 为烯端基 –CH=CH_2 中 =CH 面外变角（扭曲）振动；914 cm^{-1} 为烯端基 –CH=CH_2 中 =CH_2 面外变角（摇摆）振动。

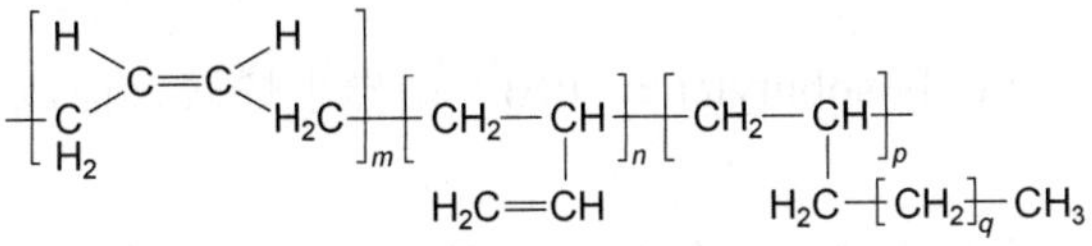

图 8.29　有侧链的顺式 1,4-聚丁二烯的结构式（$m \gg n$、p）

使用非立体有择催化剂，可以同时发生 1,2-加成、顺式 1,4-加成、反式 1,4-加成反应，生成在聚合物链上杂乱分布的无规聚合物。图 8.30 为这类聚丁二烯的红外光谱。3007 cm^{-1}

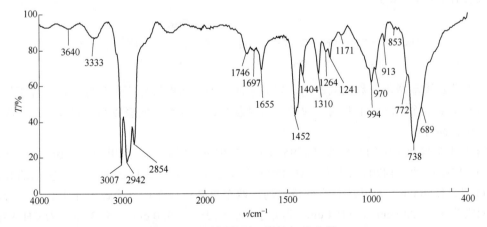

图 8.30　无规聚丁二烯的红外光谱

为双键上 =CH 的伸缩振动。1655 cm^{-1} 为 C=C 的伸缩振动。1452 cm^{-1} 为 CH$_2$ 面内变角振动。1404 cm^{-1}、1310 cm^{-1} 为双键上 =CH 的面内变角振动。994 cm^{-1} 为双键上顺式 =CH 的面外变角振动。970 cm^{-1} 为双键上反式 =CH 面外变角振动。913 cm^{-1}、772 cm^{-1}、738 cm^{-1}、689 cm^{-1} 为双键上 =CH 的面内变角振动。

1,3-丁二烯的几种聚合物谱带频率列于表 8.1。

表 8.1　1,3-丁二烯几种聚合物谱带频率　　　　单位：cm^{-1}

类型		H₂C=CH-	R₂C=CH₂	HC=CH (顺)	HC=CH (反)	R-C=CH-R	R₂C=CR₂
$\nu_{C=C}$		1643(s)	1650±10	1657(m)	1670±5(w)	1670(w)	1680(vw)
$\nu_{=CH_2}$		3080±10	3080				
$\nu_{=CH}$		3025±10		3040~3010	3040~3010	3020	
面外弯曲	$\gamma_{=CH}$	990±5(vs)		700±30	965(vs)	850~790	
	倍频	1980					
面外弯曲	$\gamma_{=CH_2}$	910±5(vs)	890±5(s)				
	倍频	1820	1780				
面内弯曲	$\delta_{=CH}$	1295±5	1415±5	1300±10	1300±10	1350	
	$\delta_{=CH_2}$	1410±5	1415±5				

8.1.4　聚异丁烯的红外光谱

异丁烯（isobutene）的化学名称为 2-甲基丙烯或 2-甲基-1-丙烯，分子式为 C$_4$H$_8$，结构式为 H$_2$C=C(CH$_3$)$_2$。聚异丁烯（polyisobutylene，PIB）由异丁烯聚合而成，无色、无味、无毒。

按分子量高低不同，聚异丁烯分为低分子量聚异丁烯（分子量在 350~3500）、中分子量聚异丁烯（分子量在 10^4~10^5）、高分子量聚异丁烯（分子量在 10^5~10^7）。分子量在 30000 以下的产品通常呈液态，分子量较高的材料则呈固态。

聚异丁烯的结构式有两种，头基都是 CH$_3$；尾基分别是 -CH$_2$-C(CH$_3$)=CH$_2$ 或 -CH=C(CH$_3$)-CH$_3$，即：

$$H_3C-[C(CH_3)_2-CH_2]_m-CH_2-C(CH_3)=CH_2 \quad \text{或} \quad H_3C-[C(CH_3)_2-CH_2]_n-HC=C(CH_3)-CH_3$$

按末端乙烯基摩尔分数高低不同，聚异丁烯分为高活性聚异丁烯和低活性聚异丁烯。

聚异丁烯用途广泛，主要用于橡胶、密封瓶塞、黏合剂、嵌缝胶和密封胶、缠绕膜、润滑油、化妆品等。

图 8.31 是聚异丁烯的红外光谱。2953 cm^{-1}、2897 cm^{-1} 为甲基、亚甲基伸缩振动。1635 cm^{-1} 为 C=C 伸缩振动。1470 cm^{-1} 为 CH$_3$ 的反对称变角振动和 CH$_2$ 的面内变角振动的叠加。1389 cm^{-1}、1366 cm^{-1} 为甲基对称变角振动，两个甲基连接在同一个碳原子上相互偶合，分裂为双吸收带。1230 cm^{-1}、1164 cm^{-1} 为异丁基骨架振动。950 cm^{-1}、923 cm^{-1} 为 CH$_3$ 的摇摆振动。

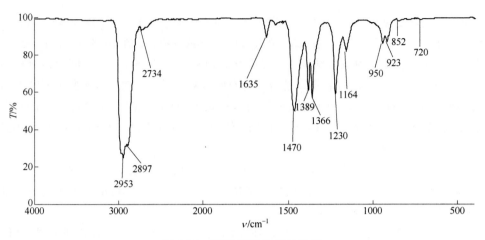

图 8.31 聚异丁烯的红外光谱

8.2 苯乙烯类高聚物的红外光谱

8.2.1 聚苯乙烯的红外光谱

聚苯乙烯（polystyrene，PS）为无色透明、无延展性、似玻璃状的高分子材料，透明度达 88%~92%，折射率为 1.59~1.60，这样高的折射率使它有良好的光泽。

由于具有高透明度、廉价、刚性、绝缘、印刷性好等优点，聚苯乙烯广泛用于仪表外壳、灯罩、电视机。近几年在合成木材、纸张、新型建材、泡沫塑料等方面得到快速发展。

聚苯乙烯链节的结构式是 —CH$_2$—CH(C$_6$H$_5$)—。

图 8.32 为聚苯乙烯的红外光谱。在 3000 cm^{-1} 以上可分辨出 5 条谱带：3002 cm^{-1}、3027 cm^{-1}、3060 cm^{-1}、3082 cm^{-1} 和 3103 cm^{-1}。这 5 条谱带属于两种类型的振动：苯环上 =CH 的伸缩振动及苯环骨架在 1600~1450 cm^{-1} 伸缩振动的合频、倍频。1601 cm^{-1}、1583 cm^{-1}、1493 cm^{-1}、1452 cm^{-1} 为苯环的伸缩振动，它们的合频位于 3125~3000 cm^{-1}。1069 cm^{-1}、1028 cm^{-1}、540 cm^{-1} 为苯环上 5 个相邻 =CH 的面内变角振动。757 cm^{-1} 为苯环上 5 个相邻 =CH

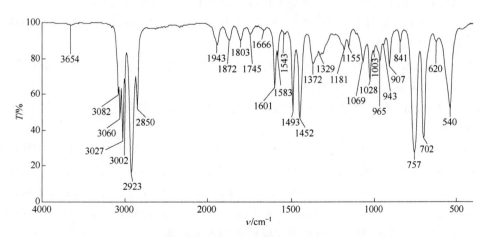

图 8.32 聚苯乙烯的红外光谱

的面外变角振动，是 900~665 cm^{-1} 最强的谱带，为苯环单取代最主要的特征峰。702 cm^{-1} 为苯环骨架面外弯曲（折叠）振动，是苯环单取代的又一特征峰，如在 (695±15) cm^{-1} 没有谱带，则表明检测样品没有苯环单取代结构；但仅凭 (695±15) cm^{-1} 有谱带，不能断定检测样品有苯环单取代结构，必须看(750±20) cm^{-1} 是否同时有吸收峰。苯环 =CH 面外变角振动的倍频与合频出现在 2000~1600 cm^{-1}，如 1666 cm^{-1}、1745 cm^{-1}、1803 cm^{-1}、1872 cm^{-1}、1943 cm^{-1}。2850 cm^{-1}、2923 cm^{-1} 为乙烯基 CH_2=CH-中 CH_2 的反对称伸缩振动和对称伸缩振动。965 cm^{-1} 为 CH_2 的面内摇摆振动。

聚苯乙烯的红外光谱谱带多而尖锐，信息丰富，是研究得比较充分的物质。其 0.3 mm 厚标准薄膜常用来核对红外光谱仪的波数准确性和重复性。聚苯乙烯的红外光谱是单取代芳香烃的典型代表，主要具有以下 6 个特点。

（1）红外谱带主要是 2 种类型：①苯环伸缩振动；②苯环上 =CH 的伸缩振动和变角振动。

（2）苯环的伸缩振动有 4 个峰，分别位于 1600 cm^{-1}、1580 cm^{-1}、1490 cm^{-1}、1450 cm^{-1} 左右。

（3）单取代苯环上 =CH 伸缩振动频率位于 3100~3000 cm^{-1}，大多在 3070~3030 cm^{-1}。当取代基为推电子基时，它位于低频一侧；当取代基为吸电子基时，它位于高频一侧。

（4）单取代苯环上 =CH 面内变角振动在 1100~1000 cm^{-1} 间有 2 个中等强度的吸收，如图 8.32 中的 1069 cm^{-1}、1028 cm^{-1}；在 571~455 cm^{-1} 间有 1 个中等强度的吸收峰，如图 8.32 中 540 cm^{-1}。

（5）单取代苯环上 =CH 面外变角振动位于 (750±20) cm^{-1}，为中等强度的吸收。苯环骨架面外弯曲振动位于 (695±15) cm^{-1}。

（6）1493 cm^{-1}、1452 cm^{-1}、757 cm^{-1}、702 cm^{-1} 同时存在为苯环单取代标志谱带。

8.2.2 含碳酸钙的聚苯乙烯的红外光谱

图 8.33 为白色塑料快餐盒的红外光谱。第一，1495 cm^{-1}、1450 cm^{-1}、759 cm^{-1}、698 cm^{-1} 同时存在，它们是聚苯乙烯的标志谱带，由此猜想快餐盒材质可能是聚苯乙烯。

第二，3058 cm^{-1}、3023 cm^{-1}、1947 cm^{-1}、1870 cm^{-1}、1745 cm^{-1} 也同时存在，它们也是苯环单取代的标志谱带。由以上两点基本可以确定快餐盒材质含聚苯乙烯。

第三，图 8.33 中除聚苯乙烯的谱带外还有其他谱带，如 875 cm^{-1}，它是碳酸钙的标志谱带，据此猜想快餐盒材料可能含碳酸钙。

第四，2510 cm^{-1}、1797 cm^{-1} 谱带也同时存在，它们也是碳酸钙的标志谱带。据以上两点基本可以确定快餐盒材料含碳酸钙。

第五，1430 cm^{-1} 左右谱带宽而强，这是碳酸钙红外光谱的特征之一，进一步证实快餐盒材料含碳酸钙。

图 8.34 为聚苯乙烯和碳酸钙的红外光谱。比较图 8.33 和图 8.34 可知，图 8.33 中 3058 cm^{-1}、3023 cm^{-1}、2923 cm^{-1}、2850 cm^{-1}、1947 cm^{-1}、1870 cm^{-1}、1745 cm^{-1}、1604 cm^{-1}、1495 cm^{-1}、1450 cm^{-1}、1068 cm^{-1}、1025 cm^{-1}、964 cm^{-1}、906 cm^{-1}、759 cm^{-1}、698 cm^{-1} 为聚苯乙烯的谱带；2510 cm^{-1}、1797 cm^{-1}、875 cm^{-1} 以及 1550~1350 cm^{-1} 间的宽、强吸收为碳酸钙的谱带。白色塑料快餐盒的材料为含碳酸钙的聚苯乙烯。

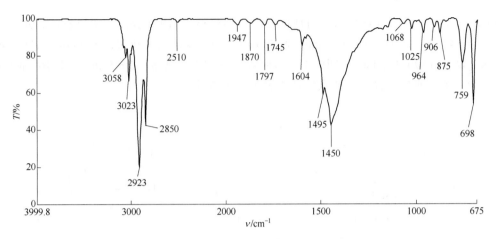

图 8.33　白色塑料快餐盒的红外光谱

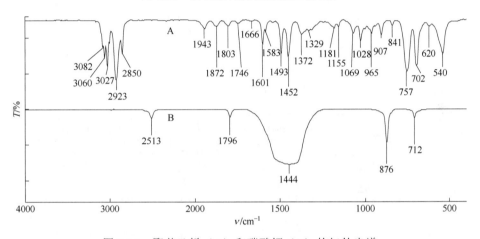

图 8.34　聚苯乙烯（A）和碳酸钙（B）的红外光谱

8.2.3　含铁蓝和碳酸钙的聚苯乙烯的红外光谱

图 8.35 为某种塑料薄板的红外光谱。第一，1493 cm^{-1}、1452 cm^{-1}、755 cm^{-1}、698 cm^{-1} 同时存在，它们是聚苯乙烯的标志谱带，据此猜想塑料薄板材料可能是聚苯乙烯。

第二，3082 cm^{-1}、3027 cm^{-1}、1942 cm^{-1}、1873 cm^{-1} 等谱带也同时存在，它们也是聚苯乙烯的标志谱带。由以上两点基本可以确定塑料薄板材料是聚苯乙烯。

第三，图 8.35 中除聚苯乙烯的谱带外，还有 876 cm^{-1} 谱带，它是碳酸钙的标志谱带，据此猜想塑料薄板可能含碳酸钙。

第四，2512 cm^{-1}、1799 cm^{-1} 谱带也同时存在，它们也是碳酸钙的标志谱带。据以上两点基本可以确定塑料薄板材料含碳酸钙。

第五，1430 cm^{-1} 左右谱带宽而强，这是碳酸钙红外光谱的特征之一。据以上三点可以确定塑料薄板材料含碳酸钙。

塑料薄板的红外光谱中同时有 2095 cm^{-1}、1416 cm^{-1} 谱带存在，它们是铁蓝的标志谱带，据此猜想塑料薄板材料可能含铁蓝。

图 8.36 为聚苯乙烯、铁蓝和碳酸钙的红外光谱。把图 8.35 与图 8.36 相比较可知，图 8.35 中 3082 cm^{-1}、3027 cm^{-1}、2921 cm^{-1}、2851 cm^{-1}、1942 cm^{-1}、1873 cm^{-1}、1799 cm^{-1}、1601 cm^{-1}、

1583 cm^{-1}、1493 cm^{-1}、1452 cm^{-1}、1181 cm^{-1}、1155 cm^{-1}、1071 cm^{-1}、1027 cm^{-1}、967 cm^{-1}、907 cm^{-1}、842 cm^{-1}、755 cm^{-1}、698 cm^{-1}和539 cm^{-1}为聚苯乙烯的谱带；2512 cm^{-1}、1799 cm^{-1}、876 cm^{-1}以及 1500~1300 cm^{-1}间的宽、强吸收为碳酸钙的谱带；2095 cm^{-1}、1416 cm^{-1}为铁蓝的谱带。塑料薄板为含铁蓝和碳酸钙的聚苯乙烯塑料。

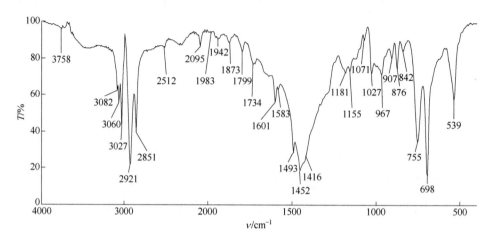

图 8.35 塑料薄板的红外光谱

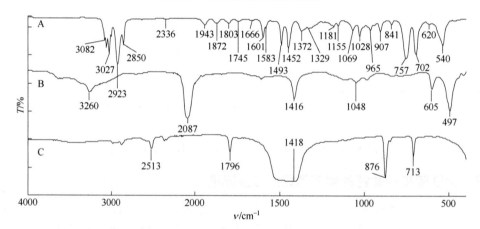

图 8.36 聚苯乙烯（A）、铁蓝（B）和碳酸钙（C）的红外光谱

8.2.4 苯乙烯-丙烯腈共聚物的红外光谱

为了改善聚苯乙烯强度小、易破碎和耐热温度低的缺点，常需对其改性。通过苯乙烯与不同的单体共聚或与其他均聚物、共聚物共混是常用的方法。苯乙烯-丙烯腈共聚物是其中之一。苯乙烯-丙烯腈共聚物有通用型、耐热型和 711 塑料等品种，其生产方法大同小异。苯乙烯-丙烯腈共聚物是以丙烯腈和苯乙烯为原料，用悬浮聚合法制得；711 塑料则再加少量丙烯酸酯；耐热型苯乙烯-丙烯腈共聚物则再加一些 α-甲基苯乙烯。

苯乙烯-丙烯腈共聚物（AS 或 SAN）的结构式是：

图 8.37 为聚苯乙烯和丙烯腈-苯乙烯共聚物的红外光谱,从图中可知,共聚物红外光谱主要是侧链基苯环和氰基光谱的叠加。丙烯腈-苯乙烯共聚物的红外光谱中,2238 cm^{-1} 是腈基−C≡N 的伸缩振动;3062 cm^{-1}、3029 cm^{-1}、2930 cm^{-1}、2860 cm^{-1}、1603 cm^{-1}、1494 cm^{-1}、1453 cm^{-1}、1367 cm^{-1}、1183 cm^{-1}、1156 cm^{-1}、1070 cm^{-1}、1029 cm^{-1}、845 cm^{-1}、760 cm^{-1}、701 cm^{-1} 和 547 cm^{-1} 是苯乙烯的谱带。利用 2238 cm^{-1} 和 701 cm^{-1} 的强度比可以测定共聚物组成比例。

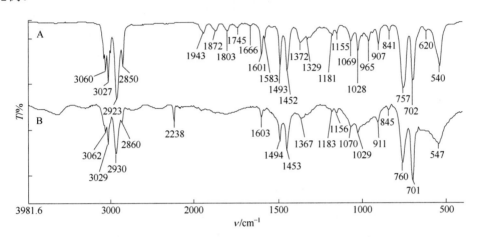

图 8.37 聚苯乙烯(A)和丙烯腈-苯乙烯共聚物(B)的红外光谱

8.2.5 苯乙烯−丁二烯共聚物的红外光谱

苯乙烯-丁二烯共聚物(BS 或 BDS)的结构式是:

$$\mathrm{\left[CH-CH_2\right]_{\mathit{m}}\left[CH_2-HC=CH-CH_2\right]_{\mathit{n}}}$$

苯乙烯-丁二烯共聚物中依共聚物中苯乙烯所占比例不同,共聚物表现出不同的特性,也就有不同的用途。比如有丁苯橡胶和 BS 塑料。丁苯-20 橡胶中苯乙烯含量为 20%,丁苯-40 橡胶中苯乙烯含量为 40%;BS 塑料为透明的热塑性塑料。苯乙烯-丁二烯共聚物改进了聚苯乙烯均聚物的脆性,提高了抗冲击强度和韧性。我国有 BS 乳胶,用于水基涂料、纸张和布的涂层,用电镀法涂敷 BS 乳胶于金属表面可防腐蚀。

图 8.38 为一种塑料板的红外光谱。第一,1493 cm^{-1}、1451 cm^{-1}、756 cm^{-1}、699 cm^{-1} 同时存在,它们是聚苯乙烯的标志谱带,塑料板材料可能有聚苯乙烯结构。

第二,3060 cm^{-1}、1943 cm^{-1}、1876 cm^{-1}、1028 cm^{-1}、541 cm^{-1} 也同时存在,它们也是聚苯乙烯的标志谱带,由以上两点基本可以确定塑料板材料是聚苯乙烯。

第三,图 8.38 中 1641 cm^{-1}、967 cm^{-1} 同时存在,它们是反-1,4-聚丁二烯的标志谱带,塑料板材料可能有反式-1,4-聚丁二烯结构。

第四,图 8.38 中有 912 cm^{-1} 谱带,这是 1,2-聚丁二烯的标志谱带,塑料板材料可能有 1,2-聚丁二烯结构。综上所述,塑料板材料可能有苯乙烯和丁二烯结构。

图 8.39 为聚丁二烯(PB)、塑料板和聚苯乙烯(PS)的红外光谱。图 8.38 是丁二烯、苯乙烯均聚物红外光谱特征的叠加,其中 3060 cm^{-1}、2922 cm^{-1}、2846 cm^{-1}、1943 cm^{-1}、

1876 cm^{-1}、1805 cm^{-1}、1601 cm^{-1}、1493 cm^{-1}、1451 cm^{-1}、1182 cm^{-1}、1155 cm^{-1}、1070 cm^{-1}、1028 cm^{-1}、967 cm^{-1}、912 cm^{-1}、756 cm^{-1}、699 cm^{-1} 和 541 cm^{-1} 为聚苯乙烯的谱带；2922 cm^{-1}、2846 cm^{-1}、1641 cm^{-1}、967 cm^{-1}、912 cm^{-1} 为聚丁二烯的谱带。

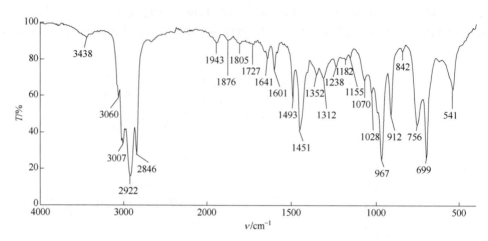

图 8.38 塑料板的红外光谱

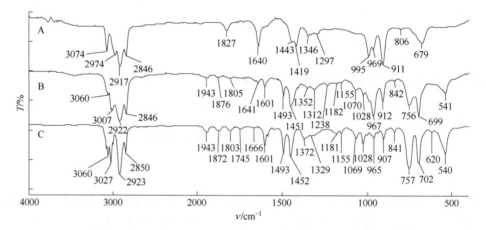

图 8.39 PB（A）、塑料板（B）和 PS（C）红外光谱

共聚物中如果 1,4-结构较多，则 967 cm^{-1} 谱带较强；如果 1,2-结构较多，则 990 cm^{-1} 和 910 cm^{-1} 谱带较强。

8.2.6 丙烯腈-丁二烯-苯乙烯共聚物的红外光谱

丙烯腈-丁二烯-苯乙烯共聚物简称 ABS，ABS 是由丙烯腈（acrylonitrile，以 A 表示，20%~25%）、丁二烯（butadiene，以 B 表示，10%~15%）和苯乙烯（styrene，以 S 表示，60%~70%）3 种不同单体加聚而成，图 8.40 为其结构式。

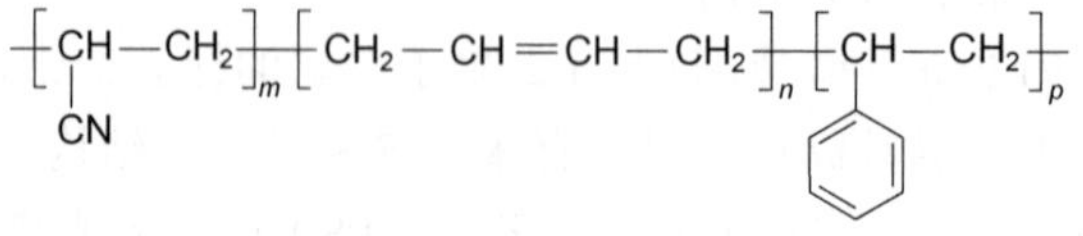

图 8.40 ABS 树脂的结构式

ABS 塑料具有 3 种组分的综合性能，丙烯腈赋予共聚物耐化学腐蚀性、一定的表面硬度和耐热性；丁二烯赋予共聚物呈橡胶状韧性；苯乙烯赋予共聚物刚性和流动性。所以 ABS 塑料具有非常优良的综合性能：耐热、表面硬度高、稳定性好、耐化学腐蚀性和电性能优良，易于成型和机械加工。

ABS 塑料不透明，除薄膜外均呈象牙色、瓷白色，易配成有光泽的其他制品。ABS 的热变形温度随成分变化从 65~124 ℃不等，通常的热变形温度在 93 ℃。ABS 塑料耐候性好，水、无机盐、碱及酸类对其几乎没有影响。

图 8.41 是 ABS 塑料的红外光谱，主要是 3 种均聚物光谱的叠加。丁二烯组分主要以反式 1,4-形式存在，在 967 cm^{-1} 有吸收。1,2-结构的丁二烯吸收较弱，在 993 cm^{-1} 和 912 cm^{-1}；腈基谱带在 2238 cm^{-1}；3061 cm^{-1}、3028 cm^{-1}、1602 cm^{-1}、1583 cm^{-1}、1494 cm^{-1}、1452 cm^{-1}、761 cm^{-1}、702 cm^{-1} 和 546 cm^{-1} 为苯乙烯的谱带。

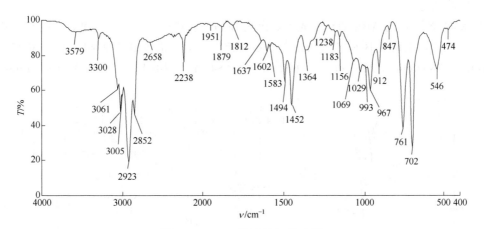

图 8.41　ABS 塑料的红外光谱

8.2.7　丙烯酸酯、蜜胺树脂和 ABS 共混物的红外光谱

图 8.42 谱线 A 为浅黄色塑料片的红外光谱、谱线 B 为 ABS 塑料的红外光谱、谱线 C 为

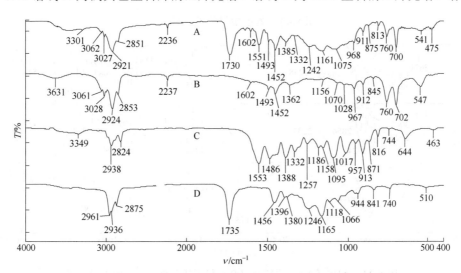

图 8.42　塑料片（A）、ABS（B）、蜜胺树脂（C）和丙烯酸酯（D）的红外光谱

蜜胺树脂的红外光谱、谱线 D 为丙烯酸酯的红外光谱。比较四条谱线可知，谱线 A 中 3062 cm^{-1}、3027 cm^{-1}、2921 cm^{-1}、2851 cm^{-1}、2236 cm^{-1}、1602 cm^{-1}、1493 cm^{-1}、1452 cm^{-1}、968 cm^{-1}、911 cm^{-1}、760 cm^{-1}、700 cm^{-1}、541 cm^{-1} 为 ABS 的谱带；1551 cm^{-1}、1385 cm^{-1}、1332 cm^{-1}、911 cm^{-1}、875 cm^{-1}、813 cm^{-1} 为蜜胺树脂的谱带；1730 cm^{-1}、1452 cm^{-1}、1242 cm^{-1}、1161 cm^{-1} 为丙烯酸酯的谱带。所以，浅黄色塑料片为丙烯酸酯、蜜胺树脂、丙烯腈、丁二烯和苯乙烯的共混物。

8.2.8 丙烯酸酯-丙烯腈-丁二烯-苯乙烯共聚物的红外光谱

图 8.43 为黄色塑料片的红外光谱，第一，2237 cm^{-1}、1494 cm^{-1}、1453 cm^{-1}、966 cm^{-1} 同时存在，它们是 ABS 的标志谱带，黄色塑料片可能有 ABS 成分。

第二，1729 cm^{-1}、1239 cm^{-1} 同时存在，它们是丙烯酸酯的标志谱带，黄色塑料片可能有丙烯酸酯成分。

图 8.44 谱线 A 为 ABS 的红外光谱、谱线 B 为黄色塑料片的红外光谱、谱线 C 为丙烯酸酯的红外光谱。把谱线 B 和谱线 A、谱线 C 相比较可知，谱线 B 中 3061 cm^{-1}、3027 cm^{-1}、2924 cm^{-1}、2854 cm^{-1}、2237 cm^{-1}、1602 cm^{-1}、1584 cm^{-1}、1494 cm^{-1}、1453 cm^{-1}、1364 cm^{-1}、

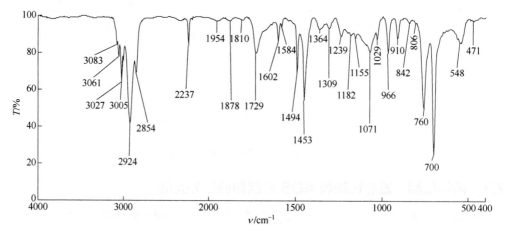

图 8.43 黄色塑料片的红外光谱

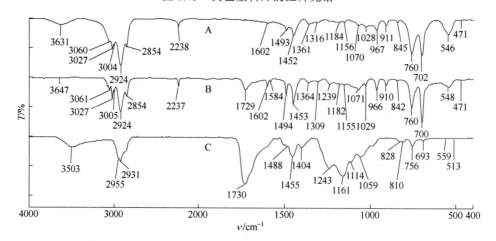

图 8.44 ABS（A）、塑料片（B）和丙烯酸酯（C）的红外光谱

1155 cm^{-1}、1071 cm^{-1}、1029 cm^{-1}、966 cm^{-1}、910 cm^{-1}、842 cm^{-1}、760 cm^{-1}、700 cm^{-1}、548 cm^{-1} 为 ABS 的吸收；1729 cm^{-1}、1453 cm^{-1}、1239 cm^{-1} 为丙烯酸酯的吸收。据以上分析可以确定黄色塑料片为丙烯酸酯-丙烯腈-丁二烯-苯乙烯的共聚物（MABS）。

8.3 含卤素高聚物的红外光谱

卤素原子质量较大，C—X 键伸缩振动频率低于 1400 cm^{-1}。同一个碳原子上连接的卤素原子越多，C—X 键伸缩振动频率越高。如聚氯乙烯中 C—Cl 键伸缩振动位于 750~600 cm^{-1}，而四氯化碳中 C—Cl 键伸缩振动位于 797 cm^{-1}。

当亚甲基与卤素直接相连时，CH_2 的面内变角振动较 C—CH_2（1465 cm^{-1}）低，CH_2—Cl 位于 1300~1250 cm^{-1}，CH_2—Br 位于 1230 cm^{-1} 左右，CH_2—I 位于 1170 cm^{-1} 左右。

当苯环与卤素原子直接相连时，卤素原子的孤电子对与苯环形成 p-π 共轭，=C_{Ar}—X 键的伸缩振动与苯环振动相互作用，即不能看到单纯的 =C_{Ar}—X 伸缩振动，也不能看到单纯的苯环的振动，看到的是整个 ⌬—X 基团的振动。⌬—F 位于 1250~1100 cm^{-1}，⌬—Cl 位于 1100~1040 cm^{-1}，⌬—Br 位于 1070~1020 cm^{-1}。

8.3.1 聚氯乙烯及制品的红外光谱

8.3.1.1 聚氯乙烯的红外光谱

聚氯乙烯（polyvinylchloride，PVC）是线型热塑性高聚物，有较好的力学性能和优异的介电性能，溶解性差，对光和热的稳定性差，化学稳定性随使用温度的升高而降低，在 100 ℃ 以上或经长时间阳光曝晒，就会分解产生氯化氢，并进一步自动催化分解，引起变色，物理机械性能也迅速下降。

为了改善聚氯乙烯的性能，适应多方面的使用要求，对聚氯乙烯进行了多方面的改性，在聚氯乙烯塑料制品中分别添加各种增塑剂、稳定剂、润滑剂、填料、颜料等组分。添加剂品种和用量不同，聚氯乙烯制品的性质会发生很大变化。例如，若添加 30%左右的增塑剂，可制成柔软而有弹性的软质聚氯乙烯；不加或少加增塑剂、填加体质填料以聚氯乙烯的共聚物为主体，可以制成硬质聚氯乙烯。因而它从软质到硬质，可制成各种板材、管材、型材、薄膜、纤维、涂料、人造革、文具、电线电缆等，在工农业和日常生活中获得非常广泛的应用，也是微量物证检验中的常见塑料。

一般软质聚氯乙烯塑料所加增塑剂的量为聚氯乙烯的 30%~70%。大多数聚氯乙烯的塑料制品使用温度不宜超过 55 ℃，特殊配方的温度可达 90 ℃。

图 8.45 为聚氯乙烯的红外光谱，2968 cm^{-1}、2914 cm^{-1} 为 CH_2 的反对称伸缩振动和对称伸缩振动。2850 cm^{-1} 为 CH 的伸缩振动。1429 cm^{-1} 为 CH_2 面内变角振动，与聚丙烯相比，从 1456 cm^{-1} 降至 1429 cm^{-1}，同时强度增大，这是邻位氯原子吸电子的诱导效应所致。1330 cm^{-1} 为次甲基 CH 的面内变角振动，因为与氯原子相连，频率降低，强度增大。1252 cm^{-1} 为亚甲基 CH_2 的面外摇摆振动。1203 cm^{-1} 为次甲基 CH 摇摆振动。1096 cm^{-1} 为 C—C 伸缩振动，由于氯原子的影响，强度增大；750~600 cm^{-1} 区域内有一些宽、强谱带，彼此重叠在一起，它们是 C—Cl 伸缩振动的吸收。氯原子的体积较大，C—Cl 键的旋转受阻，聚氯乙烯大分子中存在多个比较稳定的不同构象。谱带的位置与聚氯乙烯分子链的不同构型和构象有关，所以聚氯乙烯中 C—Cl 伸缩振动谱带不止一个。

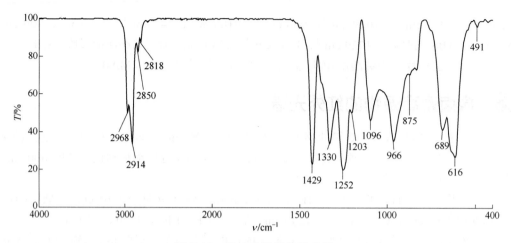

图 8.45　聚氯乙烯的红外光谱

氯原子电负性大，其诱导效应对聚氯乙烯的红外光谱影响很大。图 8.46 为聚乙烯、聚丙烯和聚氯乙烯的红外光谱。从图中可以发现以下四点不同。

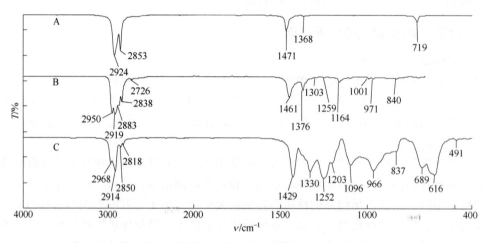

图 8.46　聚乙烯（A）、聚丙烯（B）和聚氯乙烯（C）的红外光谱

（1）亚甲基伸缩振动频率升高，面内变角振动频率降低。

亚甲基（CH_2）的反对称伸缩振动频率由 $C-CH_2$ 的 2925 cm^{-1} 升高至 2968 cm^{-1}，对称伸缩振动频率由 $C-CH_2$ 的 2855 cm^{-1} 升高至 2914 cm^{-1}，面内变角振动频率由 $C-CH_2$ 的 1465 cm^{-1} 降至 1429 cm^{-1}。

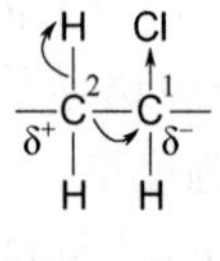

图 8.47　电子云向 H 原子移动

上述现象主要是氯原子的诱导效应所致。如图 8.47 所示，由于氯原子吸电子的诱导效应，C1 和 C2 间的电子云向 C1 移动，使 C1 电子云密度增大，带较多负电荷（用 δ^- 表示），C2 电子云密度降低，带较少负电荷（用 δ^+ 表示）。因此，C2 电子的电负性增大，C^2-H 键的键力常数增大，伸缩振动频率升高。

通常，如果 CH_2 的伸缩振动频率升高，其变角振动频率就会降低。聚氯乙烯的 CH_2 的面内变角振动由通常的 1465 cm^{-1} 降至 1429 cm^{-1}。

其机理是：根据式（3.3），$\nu = \dfrac{\Delta E}{hc} = \dfrac{\sqrt{k/\mu}}{2\pi c} = \dfrac{1}{2\pi c}\sqrt{\dfrac{k(m_1+m_2)}{m_1 m_2}}$，伸缩振动频率正相关于成键原子对的键力常数 k，而负相关于折合质量 μ，即伸缩振动频率随键力常数的增大而升高，随成键原子折合质量的增大而降低。键力常数取决于成键碳原子 s 轨道和 p 轨道的杂化程度。C—H 键中 s 轨道所占比例越大，成键原子对电子云交盖程度越大，键长越短、键力常数越大，CH_2 伸缩振动频率越高。

伸缩振动和变角振动的方向性不同，成键原子对发生伸缩振动时，化学键不改变方向；发生变角振动时，化学键改变方向。使伸缩振动频率升高的原因，也就是使变角振动频率降低的原因；使伸缩振动频率降低的原因，恰是变角振动频率升高的原因。s 轨道呈球形 [图]，方向性弱；p 轨道呈哑铃形 [图]，方向性强。C—H 键中 s 轨道所占比例大、电子交盖程度大、键力常数大、伸缩振动频率高。

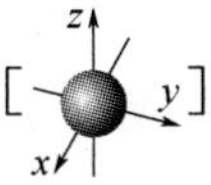

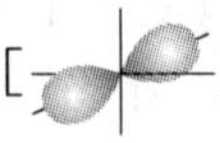

CH_2 伸缩振动频率升高，说明 C—H 键中 s 轨道比例增多，产生变角振动变得容易，所需能量降低，CH_2 变角振动频率降低。

（2）氯原子的诱导效应使与之间接相连的 CH_2 的面外摇摆振动强度增大。如聚丙烯 CH_2 的面外摇摆振动位于 1259 cm^{-1}，聚氯乙烯 CH_2 的面外摇摆振动位于 1252 cm^{-1}，二者强度差别明显。

（3）次甲基伸缩振动频率降低，面内变角振动频率升高、强度增大。

烷烃中次甲基（CH）的伸缩振动通常在 2890~2870 cm^{-1}，强度小，经常被 CH_3、CH_2 的伸缩振动掩盖。从图 8.46 可以看到：聚氯乙烯中次甲基（CH）的伸缩振动降至 2850 cm^{-1}。聚丙烯的 CH 面内变角振动位于 1303 cm^{-1}，强度小；聚氯乙烯的 CH 面内变角振动位于 1330 cm^{-1}，强度增大。

上述现象是氯原子的诱导效应和 σ-p 超共轭效应共同作用的结果。

如图 8.48 所示，由于氯原子的吸电子诱导效应，C1 和 C2 间的电子云向 C2 原子移动，使 C2 电子云密度升高，带较多负电荷（用 δ^- 表示）。因此，C2 电负性减小，键力常数减小，C^2—H 伸缩振动频率降低。

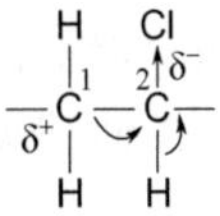

图 8.48　电子云向 C1 原子移动

σ-p 超共轭效应的影响：聚氯乙烯中的碳原子和氯原子都是 sp^3 杂化。如图 8.49 和图 8.50 所示，碳原子 sp^3 杂化后生成 4 个 sp^3 杂化轨道，它们均含 1 个电子。4 个 sp^3 杂化轨道相当于从正四面体中心引向 4 个顶点的 4 条直线。

氯原子经 sp^3 杂化，生成 4 个 sp^3 杂化轨道，其中 3 个 sp^3 杂化轨道各含 1 对电子，剩余 1 个 sp^3 杂化轨道含 1 个电子。

CHCl 中碳原子的 1 个 sp^3 杂化轨道与氯原子含 1 个成单电子的 sp^3 杂化轨道交盖成 1 个 C_{sp^3}—Cl_{sp^3} σ 键；碳原子的另 2 个 sp^3 杂化轨道分别与 2 个邻接碳原子的 1 个 sp^3 杂化轨道交盖成 1 个 C_{sp^3}—C_{sp^3} σ 键；碳原子的最后 1 个 sp^3 杂化轨道与氢原子的 s 轨道交盖成 C_{sp^3}—H_s σ 键。

C_{sp^3}—H_s σ 键和氯原子含 1 对电子的 sp^3 杂化轨道因平行而有一定程度的交盖，形成 σ-p 超共轭。

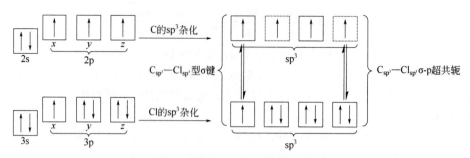

图 8.49 碳原子和氯原子的 sp^3 杂化和化学键的生成

σ-p 超共轭使 4 个电子（碳原子 1 个、氢原子 1 个、氯原子 2 个）分布在 3 个原子（碳、氢、氯）周围，产生键的离域。离域的结果，相当于氯原子的孤电子对向 C1 供电，增加了 C1 的电子云密度，用"Δ^-"表示。产生了与诱导效应同向的作用，见图 8.51。

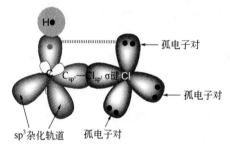

图 8.50 CH—Cl 的空间结构示意图　　图 8.51 氯原子的孤电子对向 C1 移动

诱导效应和超共轭效应都使 C1 电子云密度升高，带较多负电荷，电负性降低，C^1-H 键的键力常数减小，伸缩振动频率降低。同时面内变角振动频率升高。C^1-H 键的极性增大，C^1-H 键的偶极矩增大，其伸缩振动、变角振动、摇摆振动谱带的强度均增大。

（4）C-C 伸缩振动谱带强度增大。

烷烃 C-C 伸缩振动谱带强度小，特征性不强，难以指认。而聚氯乙烯 C-C 伸缩振动频率为 1096 cm^{-1}，强度大，特征明显。如图 8.52 所示，诱导效应和超共轭效应都使 C1 电子云密度升高，以"δ^-、Δ^-"表示；诱导效应和超共轭效应使 C2 电子云密度降低，以"δ^+、Δ^+"表示。这样就使 C^1-C^2 键成为极性键，偶极矩增大，伸缩振动谱带强度增大，键力常数减小，频率由通常的 1100~1020 cm^{-1} 降至 1096 cm^{-1}。

图 8.52 C1 电子云密度升高和 C2 电子云密度降低

8.3.1.2　含邻苯二甲酸酯增塑剂的聚氯乙烯的红外光谱

图 8.53 是自行车把套的红外光谱。第一，963 cm^{-1}、693 cm^{-1}、637 cm^{-1} 同时存在，它们是聚氯乙烯的标志谱带，据此猜想自行车把套材料中可能含聚氯乙烯。

第二，1432 cm^{-1}、1200 cm^{-1}、615 cm^{-1} 也同时存在，它们也是聚氯乙烯的标志谱带。根据以上两点基本可以确定自行车把套材料中含聚氯乙烯。

第三，图 8.53 中除聚氯乙烯的谱带外，还有其他谱带。其中 1600 cm^{-1}、1580 cm^{-1} 同时存在，而且强度相当，这是邻苯二甲酸酯（酞酸酯）的标志谱带，据此猜想自行车把套可能含酞酸酯。

第四，1278 cm^{-1}、1125 cm^{-1}、1074 cm^{-1} 也同时存在，它们也是邻苯二甲酸酯的标志谱带。根据以上两点基本可以确定自行车把套材料含邻苯二甲酸酯。

第五，1723 cm^{-1}、744 cm^{-1} 也同时存在，它们也是邻苯二甲酸酯的谱带。据以上三点可以确定自行车把套中含邻苯二甲酸酯。

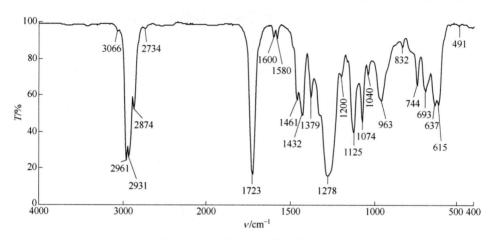

图 8.53　自行车把套的红外光谱

图 8.54 为聚氯乙烯、自行车把套和 DOP 的红外光谱。把图 8.53 与图 8.54 相比较可知，图 8.53 中 1432 cm^{-1}、1200 cm^{-1}、963 cm^{-1}、693 cm^{-1}、637 cm^{-1}、615 cm^{-1} 为聚氯乙烯的谱带；2961 cm^{-1}、2874 cm^{-1}、1723 cm^{-1}、1600 cm^{-1}、1580 cm^{-1}、1461 cm^{-1}、1379 cm^{-1}、1278 cm^{-1}、1125 cm^{-1}、1074 cm^{-1}、1040 cm^{-1}、744 cm^{-1} 为增塑剂邻苯二甲酸酯的谱带。因此，可以确定自行车把套为含邻苯二甲酸酯增塑剂的聚氯乙烯。

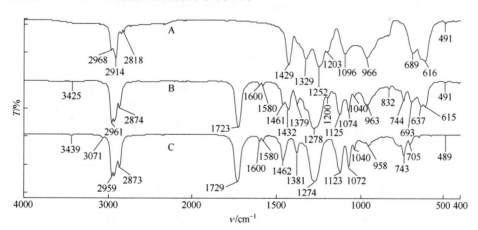

图 8.54　聚氯乙烯（A）、自行车把套（B）和 DOP（C）的红外光谱

8.3.1.3　含碳酸钙的聚氯乙烯的红外光谱

图 8.55 为排污水管材料的红外光谱。第一，971 cm^{-1}、615 cm^{-1} 同时存在，它们是聚氯乙烯的标志谱带。据此猜想排污水管材料中含聚氯乙烯。

第二，1436 cm^{-1}、1256 cm^{-1}、1097 cm^{-1} 也同时存在，它们也是聚氯乙烯的标志谱带。

据以上两点基本可以确定排污水管塑料为聚氯乙烯。

第三，图 8.55 中除聚氯乙烯的谱带外，还有其他谱带。其中 2514 cm^{-1}、1795 cm^{-1}、875 cm^{-1} 同时存在，是碳酸钙的标志谱带。据此猜想排污水管材料中含碳酸钙。

第四，858 cm^{-1}、711 cm^{-1} 谱带也同时存在，它们也是碳酸钙的标志谱带。据以上两点基本可以确定排污水管材料含碳酸钙。

第五，1430 cm^{-1} 左右谱带宽而强，这也是碳酸钙红外光谱的特征。由以上三点可以确定排污水管材料含碳酸钙。

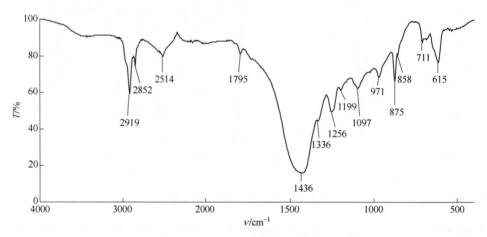

图 8.55　排污水管材料的红外光谱

图 8.56 为碳酸钙、排污水管材料、聚氯乙烯的红外光谱。通过比较可知，图 8.55 中 1436 cm^{-1}、1336 cm^{-1}、1256 cm^{-1}、1199 cm^{-1}、1097 cm^{-1}、971 cm^{-1}、615 cm^{-1} 为聚氯乙烯的谱带；2514 cm^{-1}、1795 cm^{-1}、1436 cm^{-1}、875 cm^{-1}、858 cm^{-1}、711 cm^{-1} 为碳酸钙的谱带。

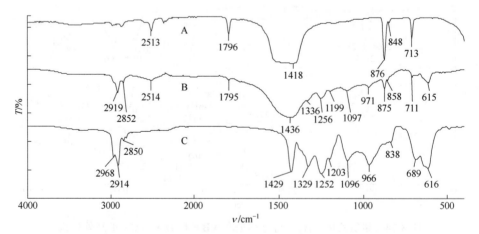

图 8.56　碳酸钙（A）、排污水管材料（B）、聚氯乙烯（C）的红外光谱

图 8.57 为排污水管材料的热失重（TG）曲线。第一阶段的失重率为 21.27%，属聚氯乙烯的分解；第二阶段的失重率为 20.07%，属碳酸钙的分解。据此可以计算排污水管材料中聚氯乙烯和碳酸钙的比例。

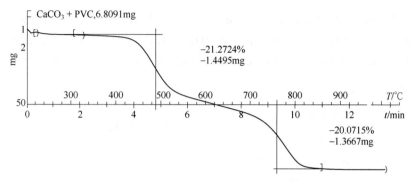

图 8.57　排污水管材料的热失重（TG）曲线

8.3.1.4　含碳酸钙和邻苯二甲酸酯增塑剂的聚氯乙烯的红外光谱

图 8.58 为密封垫材料的红外光谱。第一，967 cm^{-1}、638 cm^{-1}、615 cm^{-1} 同时存在，它们是聚氯乙烯的标志谱带，据此猜想密封垫材料可能是聚氯乙烯。

第二，1429 cm^{-1} 左右存在强谱带，它也是聚氯乙烯红外光谱的特点。据以上两点基本可以确定密封垫材料是聚氯乙烯。

第三，图 8.58 中，除聚氯乙烯的谱带外，还有 873 cm^{-1}、856 cm^{-1} 谱带同时存在，它们是碳酸钙的标志谱带，据此猜想密封垫材料可能含碳酸钙。

第四，2517 cm^{-1}、1794 cm^{-1}、711 cm^{-1} 谱带也同时存在，它们也是碳酸钙的标志谱带。据以上两点基本可以确定密封垫材料含碳酸钙。

第五，1430 cm^{-1} 左右的谱带宽而强，这也是碳酸钙红外光谱的特征。由以上三点可以确定密封垫材料含碳酸钙。

第六，图 8.58 中，除聚氯乙烯和碳酸钙的谱带外，还有 1600 cm^{-1}、1075 cm^{-1}、743 cm^{-1} 同时存在，这是邻苯二甲酸酯的标志谱带，据此猜想密封垫材料含邻苯二甲酸酯。

第七，1727 cm^{-1}、1287 cm^{-1}、1126 cm^{-1} 也同时存在，它们也是邻苯二甲酸酯的标志谱带。根据以上两点基本可以确定密封垫材料含邻苯二甲酸酯。

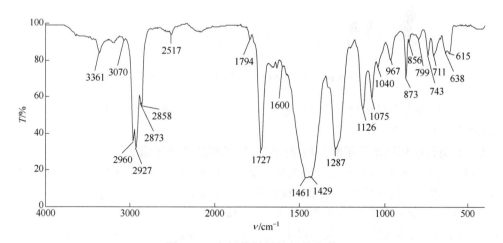

图 8.58　密封垫材料的红外光谱

图 8.59 为聚氯乙烯、DOP 和碳酸钙的红外光谱。把图 8.58 与图 8.59 相比较可知，图 8.58 中 2960 cm^{-1}、2858 cm^{-1}、1429 cm^{-1}、967 cm^{-1}、615 cm^{-1} 为聚氯乙烯的谱带；3070 cm^{-1}、

2960 cm^{-1}、2927 cm^{-1}、2873 cm^{-1}、2858 cm^{-1}、1727 cm^{-1}、1600 cm^{-1}、1461 cm^{-1}、1287 cm^{-1}、1126 cm^{-1}、1075 cm^{-1}、1040 cm^{-1}、743 cm^{-1} 是 DOP 类邻苯二甲酸酯增塑剂的谱带；2517 cm^{-1}、1794 cm^{-1}、873 cm^{-1}、856 cm^{-1}、711 cm^{-1} 以及 1430 cm^{-1} 左右的宽、强吸收为钙酸钙的谱带。

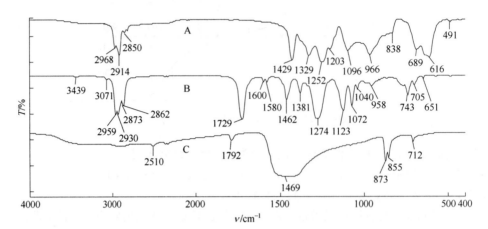

图 8.59　聚氯乙烯（A）、DOP（B）和碳酸钙（C）的红外光谱

聚氯乙烯和碳酸钙在 1430 cm^{-1} 左右均有吸收，二者的区别是聚氯乙烯的谱带强而尖锐，碳酸钙的谱带宽而强。

图 8.60 为密封垫材料的扫描电镜/能谱图，其中氯元素比钙元素为 68∶32，经计算，密封垫中聚氯乙烯与碳酸钙的质量比约为 3∶2。

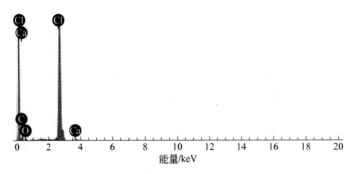

图 8.60　密封垫材料的扫描电镜/能谱图

因此，可以确定密封垫材料为含碳酸钙和邻苯二甲酸酯增塑剂的聚氯乙烯，聚氯乙烯与碳酸钙的质量比约为 3∶2。

8.3.1.5　含滑石粉和邻苯二甲酸酯增塑剂的聚氯乙烯的红外光谱

图 8.61 是黑色塑料板材料的红外光谱。第一，964 cm^{-1}、620 cm^{-1} 同时存在，它们是聚氯乙烯的标志谱带。因此猜想黑色塑料板材料可能含聚氯乙烯。

第二，对比聚氯乙烯的红外光谱，图 8.61 中 1430 cm^{-1}、1318 cm^{-1}、1199 cm^{-1}、964 cm^{-1}、675 cm^{-1} 也是聚氯乙烯的谱带。根据以上两点基本可以确定黑色塑料板材料含聚氯乙烯。

第三，图 8.61 中，除聚氯乙烯的谱带外，还有其他谱带，如 1601 cm^{-1}、1580 cm^{-1}、1069 cm^{-1}、745 cm^{-1} 同时存在，它们是邻苯二甲酸酯的标志谱带。因此猜想黑色塑料板材料可能含邻苯二甲酸酯增塑剂。

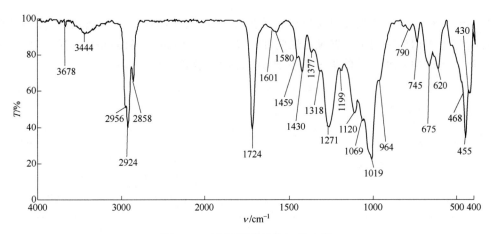

图 8.61　黑色塑料板的红外光谱

第四，对比 DOP 的红外光谱，图 8.61 中 2956 cm^{-1}、2858 cm^{-1}、1724 cm^{-1}、1459 cm^{-1}、1377 cm^{-1}、1271 cm^{-1}、1120 cm^{-1} 也是 DOP 的谱带。根据以上两点基本可以确定黑色塑料板材料含邻苯二甲酸酯增塑剂。

第五，图 8.61 中，除聚氯乙烯和邻苯二甲酸酯的谱带外，还有其他谱带，其中 3678 cm^{-1}、1019 cm^{-1}、468 cm^{-1} 同时存在，是滑石粉的标志谱带。由此，猜想黑色塑料板材料中可能含滑石粉。

第六，对比滑石粉的红外光谱，675 cm^{-1}、455 cm^{-1}、430 cm^{-1} 也是滑石粉的谱带。根据以上两点基本可以确定黑色塑料板材料中含滑石粉。

聚氯乙烯在 689 cm^{-1}、滑石粉在 670 cm^{-1} 有吸收，二者重叠后在 675 cm^{-1} 出现吸收。

图 8.62 为聚氯乙烯、DOP 和滑石粉的红外光谱。把图 8.61 与图 8.62 相比较可知，黑色塑料板的成分为含邻苯二甲酸酯增塑剂和滑石粉填料的聚氯乙烯。

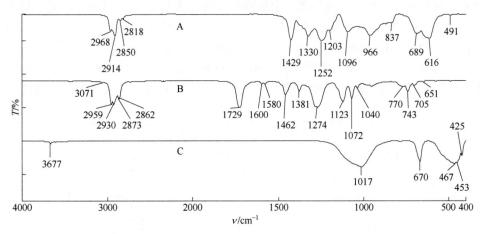

图 8.62　聚氯乙烯（A）、DOP（B）和滑石粉（C）的红外光谱

聚氯乙烯在 2919 cm^{-1} 有吸收，DOP 在 2930 cm^{-1} 有吸收，二者重叠后在 2924 cm^{-1} 出现吸收。

8.3.1.6　硫酸钡、碳酸钙与聚氯乙烯的红外光谱比较

图 8.63 为硫酸钡、聚氯乙烯和碳酸钙的红外光谱。在分析塑料的红外光谱时，聚氯乙烯

在 636 cm^{-1}、616 cm^{-1} 的吸收容易与硫酸钡在 638 cm^{-1}、610 cm^{-1} 的吸收相混淆。硫酸钡和聚氯乙烯红外光谱的区别是，聚氯乙烯的红外光谱中 636 cm^{-1}、616 cm^{-1} 的强度相当，而硫酸钡的红外光谱中 638 cm^{-1} 的强度稍小于 610 cm^{-1} 的强度。

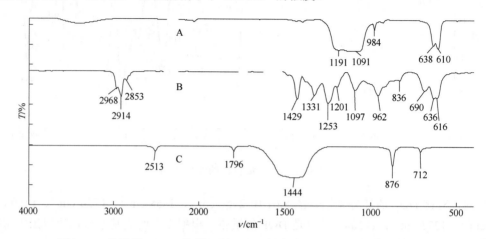

图 8.63 硫酸钡（A）、聚氯乙烯（B）和碳酸钙（C）的红外光谱比较

聚氯乙烯制品中是否含硫酸钡，还要看 1200~1000 cm^{-1} 是否有 SO_4^{2-} 反对称伸缩振动的宽、强吸收，984 cm^{-1} 是否有 SO_4^{2-} 对称伸缩振动中等强度的吸收，以上两处有吸收则含硫酸钡；反之，就不含硫酸钡。

若聚氯乙烯制品同时含硫酸钡和碳酸钙更增加了识谱的难度，因为聚氯乙烯和碳酸钙在 1430 cm^{-1} 左右都有强吸收。

8.3.1.7 医用手套的红外光谱

邻苯二甲酸酯的谱带多而强，聚氯乙烯薄膜中常加 50%左右的邻苯二甲酸酯增塑剂。这种聚氯乙烯薄膜的红外光谱与纯邻苯二甲酸酯的红外光谱非常相似。甚至用计算机检索谱库，会把添加了 DOP 增塑剂的聚氯乙烯误报为 DOP。识谱时要注意看是否以下聚氯乙烯的谱带同时存在：1434 cm^{-1}、962 cm^{-1}、691 cm^{-1}、638 cm^{-1}、617 cm^{-1}。

图 8.64 中谱线 A 是邻苯二甲酸二异壬酯（DINP）的红外光谱，谱线 B 是医用手套的红外光谱，谱线 C 是聚氯乙烯（PVC）的红外光谱。把谱线 B 与谱线 A、谱线 C 相比较可知，

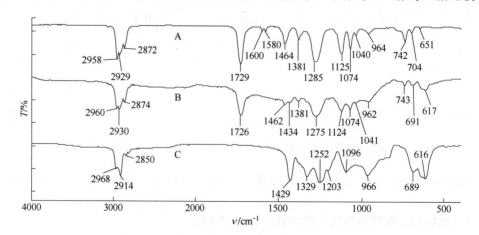

图 8.64 DINP（A）、医用手套（B）、聚氯乙烯（C）的红外光谱比较

谱线 B 中 2960 cm^{-1}、2930 cm^{-1}、2874 cm^{-1}、1726 cm^{-1}、1462 cm^{-1}、1381 cm^{-1}、1275 cm^{-1}、1124 cm^{-1}、1074 cm^{-1}、1041 cm^{-1}、962 cm^{-1}、743 cm^{-1} 为邻苯二甲酸酯的谱带；2960 cm^{-1}、1434 cm^{-1}、962 cm^{-1}、691 cm^{-1}、617 cm^{-1} 为聚氯乙烯的谱带。因此，医用手套的材料是含邻苯二甲酸酯增塑剂的聚氯乙烯。

8.3.1.8 通过填料比例不同区分聚氯乙烯人造革

图 8.65 的 2 条谱线是以邻苯二甲酸酯为增塑剂、以碳酸钙为填料的聚氯乙烯人造革的红外光谱。把它们与图 8.66 中聚氯乙烯、邻苯二甲酸酯和碳酸钙的红外光谱相比较可知，1435 cm^{-1}、963 cm^{-1}、613 cm^{-1} 为聚氯乙烯的谱带；2931 cm^{-1}、2874 cm^{-1}、1725 cm^{-1}、1289 cm^{-1}、1124 cm^{-1}、1074 cm^{-1}、1040 cm^{-1}、743 cm^{-1} 为邻苯二甲酸酯的谱带；2515 cm^{-1}、1795 cm^{-1}、873 cm^{-1}、711 cm^{-1} 以及 1438 cm^{-1} 左右的宽强吸收为碳酸钙的谱带。

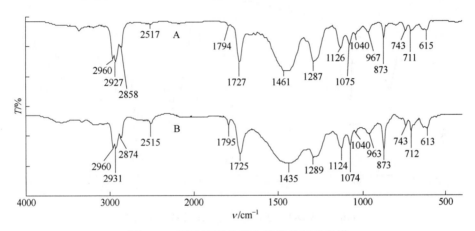

图 8.65　两种聚氯乙烯人造革的红外光谱

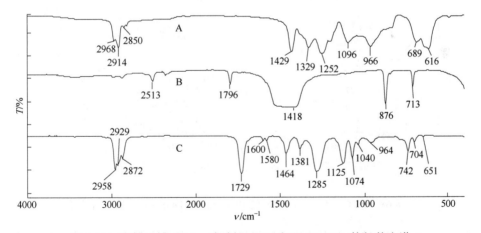

图 8.66　聚氯乙烯（A）、碳酸钙（B）和 DOP（C）的红外光谱

比较图 8.65 的 2 条谱线的 963 cm^{-1}（967 cm^{-1}，聚氯乙烯的谱带）与 873 cm^{-1}（碳酸钙的谱带）的相对强度，谱线 A 中 873 cm^{-1} 的强度稍大于 967 cm^{-1} 的强度，而谱线 B 中 873 cm^{-1} 的强度远大于 963 cm^{-1} 的强度，这是因为第 2 种人造革中碳酸钙含量比例大。通过 2 种人造革中填料比例的不同可以达到鉴别 2 种人造革的目的，前提条件是确实明白各谱带所代表的物质。

聚氯乙烯制品中，普通人造革多用 DOP 为增塑剂，耐寒人造革常以 DOP-DNOP 混合物为增塑剂，耐硫化人造革以 DOP-DBP 混合物为增塑剂，低挥发人造革以 DIDP 为增塑剂。

8.3.1.9 以脂肪族二元酸酯为增塑剂的聚氯乙烯的红外光谱

聚氯乙烯塑料常用邻苯二甲酸酯（PAEs）如 DOP 作增塑剂，但也有以脂肪族二元酸酯，如己二酸酯、壬二酸酯和癸二酸酯作增塑剂的。图 8.67 是以癸二酸二辛酯（dioctyl sebacate，DOS）为增塑剂的聚氯乙烯的红外光谱。图 8.68 是聚氯乙烯、含 DOS 的聚氯乙烯和 DOS 的红外光谱。图 8.67 中 3457 cm^{-1}、2959 cm^{-1}、2927 cm^{-1}、2856 cm^{-1}、1734 cm^{-1}、1459 cm^{-1}、1374 cm^{-1}、1171 cm^{-1}、779 cm^{-1} 为 DOS 的吸收；1427 cm^{-1}、1335 cm^{-1}、1254 cm^{-1}、969 cm^{-1}、687 cm^{-1}、617 cm^{-1} 为聚氯乙烯的吸收。

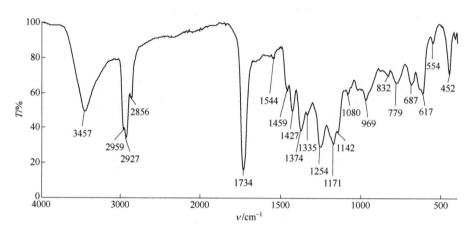

图 8.67　以 DOS 为增塑剂的聚氯乙烯的红外光谱

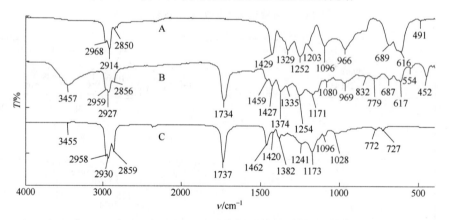

图 8.68　PVC（A）、含 DOS 的 PVC（B）、DOS（C）的红外光谱

脂肪族二元酸酯增塑剂的红外光谱中酯羰基的谱带一般都大于 1730 cm^{-1}，邻苯二甲酸酯增塑剂的红外光谱中酯羰基的谱带都小于 1730 cm^{-1}。这是含这两种增塑剂的聚氯乙烯的显著区别。

8.3.1.10　含高岭土的聚氯乙烯的红外光谱

图 8.69 为某种塑料板的红外光谱。第一，694 cm^{-1}、611 cm^{-1} 同时存在，它们是聚氯乙烯的标志谱带，据此猜想塑料板材料可能是聚氯乙烯。

第二，1430 cm^{-1}、1331 cm^{-1}、1192 cm^{-1} 也同时存在，它们也是聚氯乙烯的标志谱带。由以上两点基本可以确定塑料板材料是聚氯乙烯。

第三，图 8.69 中，除聚氯乙烯的谱带外，还有其他谱带，其中 3696 cm^{-1}、3655 cm^{-1}、3622 cm^{-1} 同时存在。它们是高岭土的标志谱带，据此猜想塑料板可能含高岭土。

第四，图 8.69 中 1034 cm^{-1}、915 cm^{-1}、539 cm^{-1}、471 cm^{-1} 也同时存在，而且 1034 cm^{-1} 谱带宽而强，它们也是高岭土的标志谱带。由以上两点基本可以确定塑料板含高岭土。

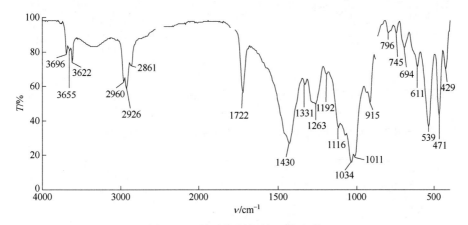

图 8.69　某种塑料板的红外光谱

图 8.70 为聚氯乙烯、高岭土的红外光谱。比较图 8.69 与图 8.70 可以确定，图 8.69 中 2960 cm^{-1}、2926 cm^{-1}、2861 cm^{-1}、1430 cm^{-1}、1331 cm^{-1}、1263 cm^{-1}、1192 cm^{-1}、694 cm^{-1}、611 cm^{-1} 为聚氯乙烯的谱带；3696 cm^{-1}、3655 cm^{-1}、3622 cm^{-1}、1116 cm^{-1}、1034 cm^{-1}、1011 cm^{-1}、915 cm^{-1}、796 cm^{-1}、539 cm^{-1}、471 cm^{-1} 为高岭土的谱带。1722 cm^{-1}、1263 cm^{-1}、745 cm^{-1} 是邻苯二甲酸酯类增塑剂的谱带。因信息量少，不能确定增塑剂品种。

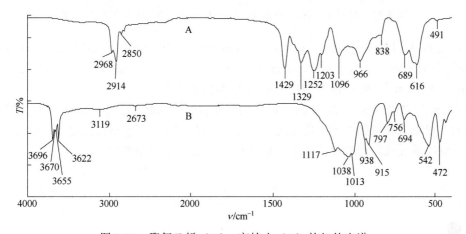

图 8.70　聚氯乙烯（A）、高岭土（B）的红外光谱

8.3.1.11　含碳酸钙、高岭土的聚氯乙烯的红外光谱

2006 年 4 月，某市公路边的排水沟内发现一具女尸。女尸上缠绕着 3 段电线，长度分别为 70 cm、95 cm 和 78 cm。另外在嫌疑人李某家也发现类似的 6 段电线，每段长约 10 cm。图 8.71 中谱线 A 为女尸上电线绝缘层塑料的红外光谱，谱线 B 为嫌疑人家中电线绝缘层塑料的红外光谱。经计算机检索，谱线 A 与谱线 B 的相似度为 0.9889（完全相同为 1）。图 8.72 为高岭土、碳酸钙和聚氯乙烯的红外光谱。

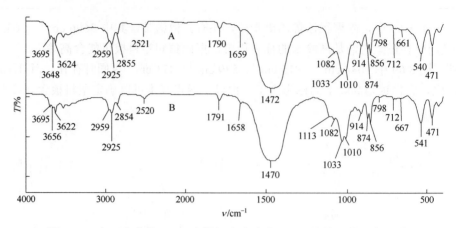

图 8.71　女尸上电线（A）和嫌疑人家电线（B）绝缘层的红外光谱

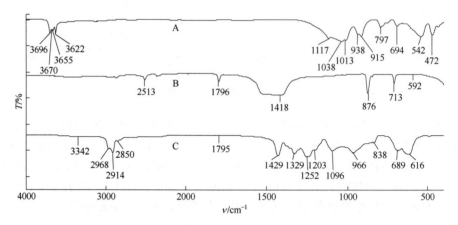

图 8.72　高岭土（A）、碳酸钙（B）和聚氯乙烯（C）的红外光谱

比较图 8.71 和图 8.72 可知，图 8.71 中 3695 cm^{-1}、3656 cm^{-1}、3622 cm^{-1}、1113 cm^{-1}、1033 cm^{-1}、1010 cm^{-1}、914 cm^{-1}、798 cm^{-1}、541 cm^{-1}、471 cm^{-1} 为高岭土的谱带；2520 cm^{-1}、1791 cm^{-1}、874 cm^{-1}、856 cm^{-1}、712 cm^{-1} 为碳酸钙的谱带。

2968 cm^{-1}、2925 cm^{-1}、2854 cm^{-1} 谱带的存在说明电线绝缘层塑料中有 $-CH_2-$ 基团。女尸缠绕的 3 段电线和嫌疑人家 6 段电线绝缘层塑料经扫描电镜/能谱仪检验，均检出氯、铝、硅、钙、碳、氧元素，而且氯的质量分数很高，见图 8.73 和图 8.74。

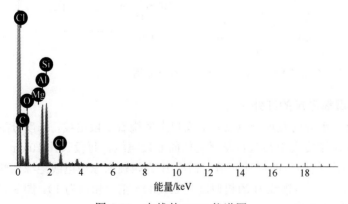

图 8.73　电线的 EDX 能谱图

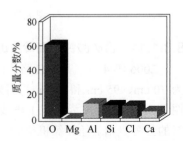

图 8.74　各元素的定量分析结果

综合分析以上结果，可以确定女尸上电线绝缘层塑料和嫌疑人家电线绝缘层塑料均为含碳酸钙、高岭土的聚氯乙烯。

8.3.1.12 含碳酸钙、高岭土、DOP 的聚氯乙烯的红外光谱

2006 年 1 月，某市一路口发生交通事故。王某骑自行车被一辆客车撞成重伤。同月该市交警支队民警送来该案检材两份：检材 1 是嫌疑车左前部黑色附着物；检材 2 是被撞自行车右侧把套。

要求对上述两份检材进行成分比对检验。

图 8.75 为检材 A 和检材 B 的红外光谱。

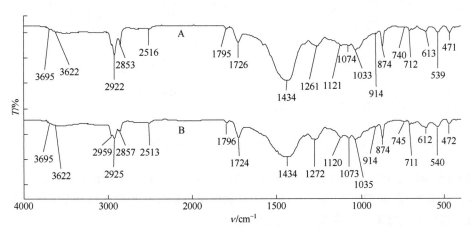

图 8.75　嫌疑车上黑色附着物（A）和被撞自行车把套（B）的红外光谱

第一，1434 cm^{-1}、612 cm^{-1} 同时存在，它们是聚氯乙烯的标志谱带，据此猜想自行车把套材料可能是聚氯乙烯。

第二，除聚氯乙烯的谱带外，还有 1272 cm^{-1}、1120 cm^{-1}、1073 cm^{-1} 谱带同时存在，它们是邻苯二甲酸酯的标志谱带，据此猜想自行车把套含邻苯二甲酸酯。

第三，1724 cm^{-1}、745 cm^{-1} 也同时存在，它们也是邻苯二甲酸酯的标志谱带。据以上两点基本可以确定自行车把套含邻苯二甲酸酯。

第四，除聚氯乙烯和邻苯二甲酸酯的谱带外，还有 874 cm^{-1} 谱带，它是碳酸钙的标志谱带，据此猜想自行车把套可能含碳酸钙。

第五，2513 cm^{-1}、1796 cm^{-1}、711 cm^{-1} 也同时存在，它们也是碳酸钙的标志谱带。据以上两点基本可以确定自行车把套含碳酸钙。

第六，1434 cm^{-1} 左右谱带宽而强，这也是碳酸钙红外光谱的特征。根据以上三点可以确定自行车把套含碳酸钙。

第七，图 8.75 的 2 条谱线中 3695 cm^{-1}、3622 cm^{-1} 谱带同时存在，它们是高岭土的标志谱带，据此猜想自行车把套可能含高岭土。

第八，1035 cm^{-1}、914 cm^{-1}、540 cm^{-1}、472 cm^{-1} 谱带也同时存在，而且 1035 cm^{-1} 谱带宽而强，它们也是高岭土的标志谱带。根据以上 2 点基本可以确定自行车把套含高岭土。

图 8.76 为高岭土、碳酸钙、DOP 和聚氯乙烯的红外光谱。把图 8.75 与图 8.76 相比较可以确定，图 8.75 中 3696 cm^{-1}、3622 cm^{-1}、1035 cm^{-1}、914 cm^{-1}、540 cm^{-1}、472 cm^{-1} 为高岭

土的谱带；2513 cm^{-1}、1796 cm^{-1}、874 cm^{-1}、711 cm^{-1} 为碳酸钙的谱带；1434 cm^{-1}、612 cm^{-1} 为聚氯乙烯的谱带；2959 cm^{-1}、2925 cm^{-1}、2857 cm^{-1}、1724 cm^{-1}、1272 cm^{-1}、1120 cm^{-1}、1073 cm^{-1}、745 cm^{-1} 为 DOP 类邻苯二甲酸酯增塑剂的谱带。

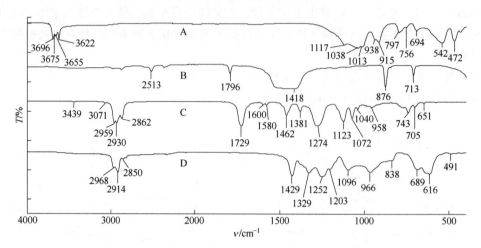

图 8.76　高岭土（A）、碳酸钙（B）、DOP（C）和聚氯乙烯（D）的红外光谱

图 8.77（a）为嫌疑车上黑色附着物的能谱图，图 8.77（b）为被撞自行车把套的能谱图。综合分析图 8.75~图 8.77 可以确定，嫌疑车左前部黑色附着物和被撞自行车右侧把套均为含碳酸钙、高岭土、邻苯二甲酸酯的聚氯乙烯塑料。

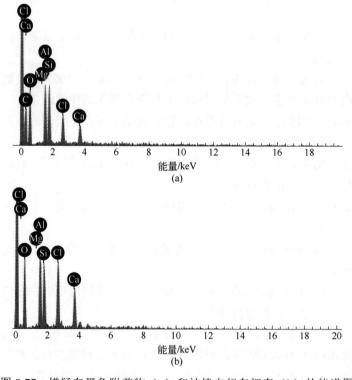

图 8.77　嫌疑车黑色附着物（a）和被撞自行车把套（b）的能谱图

8.3.1.13 抗冲击型聚氯乙烯的红外光谱

随着聚氯乙烯塑料生产经验的丰富和使用范围的扩大，要求对聚氯乙烯改性，以适应其加工性能和使用条件。聚氯乙烯的改性主要有三种途径：①改进配方，选择更合适的增塑剂、稳定剂；②共聚反应改性；③共混改性，通常是加入有大侧链的高聚物，以降低聚氯乙烯大分子间的引力，如加入丙烯腈-丁二烯-苯乙烯（ABS）、甲基丙烯酸酯、氯化聚乙烯（CPE）、乙烯-乙酸乙烯（EVA）等，可以改进硬质聚氯乙烯的抗冲击性能。

8.3.1.13.1 含碳酸钙、甲基丙烯酸酯的抗冲击型聚氯乙烯的红外光谱

图 8.78 为含碳酸钙、甲基丙烯酸酯的抗冲击型聚氯乙烯的红外光谱，图 8.79 为甲基丙烯酸甲酯、碳酸钙和聚氯乙烯的红外光谱。比较图 8.78 和图 8.79 可知，图 8.78 中 2919 cm^{-1}、1430 cm^{-1}、1330 cm^{-1}、1256 cm^{-1}、1095 cm^{-1}、964 cm^{-1} 为聚氯乙烯的谱带；2850 cm^{-1}、1737 cm^{-1}、1195 cm^{-1}、1158 cm^{-1}、701 cm^{-1} 为甲基丙烯酸酯的谱带；2510 cm^{-1}、1793 cm^{-1}、1430 cm^{-1}、871 cm^{-1} 为碳酸钙的谱带。

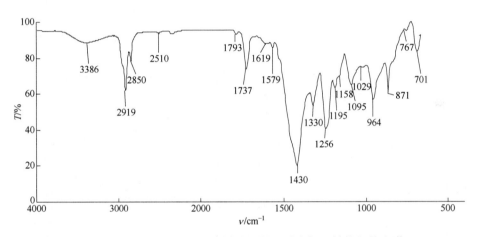

图 8.78　含碳酸钙的甲基丙烯酸酯增强型聚氯乙烯的红外光谱

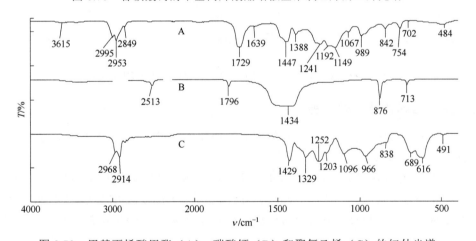

图 8.79　甲基丙烯酸甲酯（A）、碳酸钙（B）和聚氯乙烯（C）的红外光谱

8.3.1.13.2 含乙烯-乙酸乙烯酯共聚物的抗冲击型聚氯乙烯的红外光谱

图 8.80 为含乙烯-乙酸乙烯酯共聚物（EVA）的抗冲击型聚氯乙烯的红外光谱，图 8.81 为乙烯-乙酸乙烯酯共聚物、含乙烯-乙酸乙烯酯共聚物的聚氯乙烯（EVA-PVC）和聚氯乙烯

（PVC）的红外光谱。通过比较图 8.81 中 3 条谱线可知，图 8.80 中 2969 cm^{-1}、2918 cm^{-1}、2854 cm^{-1}、1431 cm^{-1}、1334 cm^{-1}、1253 cm^{-1}、1101 cm^{-1}、950 cm^{-1}、834 cm^{-1}、685 cm^{-1}、635 cm^{-1} 为聚氯乙烯的谱带；2918 cm^{-1}、2854 cm^{-1}、1738 cm^{-1}、1374 cm^{-1}、1023 cm^{-1}、608 cm^{-1} 为乙烯-乙酸乙烯的谱带。

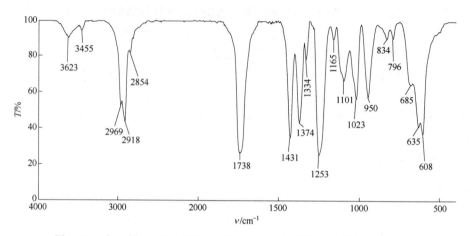

图 8.80　含乙烯-乙酸乙烯酯共聚物的抗冲击型聚氯乙烯的红外光谱

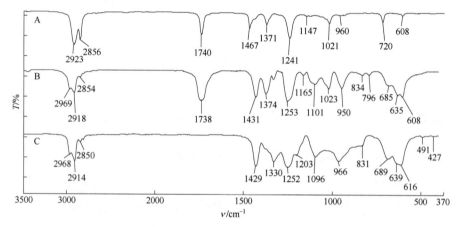

图 8.81　EVA（A）、EVA-PVC（B）和 PVC（C）的红外光谱

8.3.2　聚氯乙烯物证检验举例

聚氯乙烯中碳酸钙填料有 2 种，重体碳酸钙和轻体碳酸钙。物证检验中注意区分碳酸钙的类型有非常重要的意义。

2008 年 7 月奥运会前夕，昆明市发生公交车爆炸案。爆炸案发生后，昆明市公安局从被炸公交车爆炸装置上提取到一段约 2 cm 长的红色胶带，见图 8.82 中 1 号、2 号塑料袋。从市场和一部分嫌疑人家中也提取到近百份外观类似的红色胶带，见图 8.82 中 1 号、2 号塑料袋之外的胶带。

经红外光谱检验，爆炸装置上红色胶带带基和近百份对比胶带带基均为含碳酸钙和邻苯二甲酸酯增塑剂的聚氯乙烯。但前者碳酸钙中文石含量较高，后者文石含量比较低，表现在红外光谱上如图 8.83 所示：谱线 A 在 873 cm^{-1}、856 cm^{-1} 有 2 个谱带，它们分别是方解石和文石的吸收；谱线 B 只在 877 cm^{-1} 显示方解石的吸收。

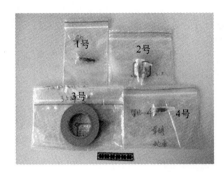

图 8.82 提取的胶带

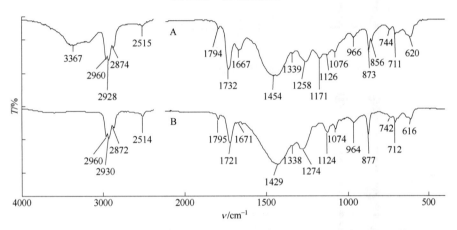

图 8.83 被炸公交车上胶带（A）和市场胶带（B）带基的红外光谱

正是依据碳酸钙类型的不同，近百份外观类似的对比胶带全部被排除与案件有关联，当地公安机关应扩大侦察范围。

稍后，昆明市公安局分别提取到 2 份与 2008 年 7 月 21 日汽车爆炸案现场类似的红色胶带：①从嫌疑人客厅提取的红色胶带；②从嫌疑人阳台上提取的红色胶带。上述 2 份红色胶带带基的红外光谱如图 8.84 所示。爆炸现场胶带、客厅胶带、阳台上胶带带基均含文石比较多（反映在红外谱图上就是在 874 cm^{-1}、857 cm^{-1} 有 2 个峰），而市场上收集的胶带只检出方解石（反映在红外光谱就是只有 877 cm^{-1} 1 个峰）。

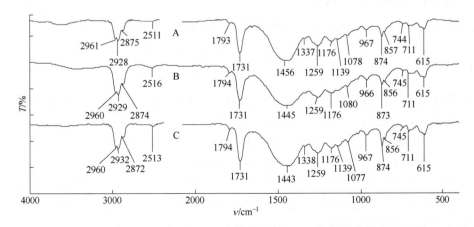

图 8.84 阳台（A）、客厅（B）和爆炸现场（C）胶带带基的红外光谱

图 8.85 为爆炸现场红色胶带带基的扫描电镜/能谱图；图 8.86 为市场上红色胶带带基的 EDX 能谱图。

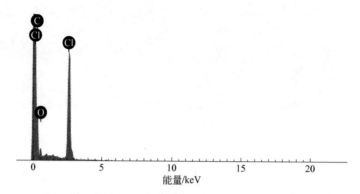

图 8.85　爆炸现场红色胶带带基的扫描电镜/能谱图

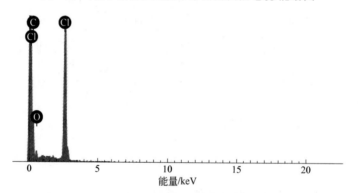

图 8.86　市场红色胶带带基的 EDX 能谱图

破案后证实昆明市公共汽车爆炸案的犯罪分子就是李某。

聚氯乙烯塑料中碳酸钙填料类型的区别为该案的侦查、定案起了非常重要的作用。如果不能区别碳酸钙填料类型，则爆炸现场的胶带与近百份嫌疑胶带就都只能定为含碳酸钙的聚氯乙烯，显然这对案件的侦察、定案的作用就小多了。

8.3.3　氯化聚乙烯的红外光谱

氯化聚乙烯（CPE）是在高温下由低密度聚乙烯氯化制得，反应式如下：

$$-(CH_2)_n- + Cl_2 \longrightarrow -[(CH_2)_p-\underset{\underset{Cl}{|}}{CH}]_m- + HCl$$

氯化聚乙烯是分子结构中含有乙烯-聚乙烯-1,2-二氯乙烯的聚合体，含氯量一般是 25%~50%。随乙烯种类（HDPE、LDPE）、氯化程度、制取方法的不同，可以得到塑性树脂（含氯 15%）、塑弹性树脂（含氯 16%~24%）、弹性树脂（含氯 25%~48%）以及半弹性体，仿皮革、刚性聚合物（含氯 49%~58%）、脆性、耐燃和抗腐树脂（含氯 59%~73%）。

把氯元素引入聚乙烯，降低了聚乙烯的结晶性，使它变软，在 $-30\ ℃$ 仍保持柔软性，脆化温度在 $-70\ ℃$ 以下。其饱和的分子链结构和较高的氯含量赋予它优良的耐热、耐候、耐臭氧、耐化学药品和难燃烧等性质。

随氯化程度不同，氯化聚乙烯的红外光谱差别很大，含氯量低于 40%时，亚甲基链还比较长，聚乙烯的红外光谱特征明显。图 8.87 中谱线 B 是含氯量为 35%~37%的氯化聚乙烯的红外光谱。2926 cm^{-1}、2854 cm^{-1} 分别为 CH_2 的反对称伸缩振动和对称伸缩振动；1461 cm^{-1} 为 CH_2 的面内变角振动；1372 cm^{-1} 为支链上 CH_3 的对称变角振动；725 cm^{-1} 为 CH_2 的面内摇摆振动。1437 cm^{-1} 为 Cl–C–CH_2 面内变角振动。1319 cm^{-1} 为次甲基（CH）的面内变角振动，1264 cm^{-1} 为次甲基（CH）的面外变角振动。661 cm^{-1}、611 cm^{-1} 为 C–Cl 伸缩振动。

随着氯含量增加，聚乙烯的红外光谱特征变弱，聚氯乙烯红外光谱的特征变得明显。图 8.87 谱线 A 是含氯量为 60%~62%的氯化聚乙烯的红外光谱。2968 cm^{-1} 为 CH_2 的反对称伸缩振动，受氯原子的影响，频率升高。1428 cm^{-1} 为 Cl–C–CH_2 面内变角振动，受氯原子的影响频率较常值（1465 cm^{-1}）低。次甲基（CH）在 1330 cm^{-1} 的面内变角振动和 1254 cm^{-1} 的面外变角振动强度增大；1096 cm^{-1} 为 C–C 伸缩振动和 965 cm^{-1} 为 CH_2 面外摇摆振动，其强度均增大；661 cm^{-1} 为 C–Cl 伸缩振动，其强度也增大。

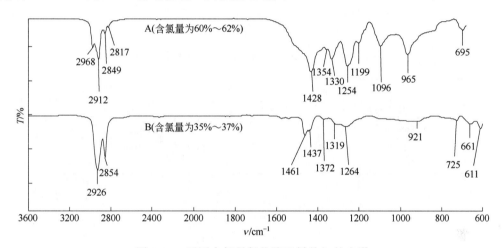

图 8.87　不同含氯量氯化聚乙烯的红外光谱

图 8.88 为聚乙烯和聚氯乙烯的红外光谱。

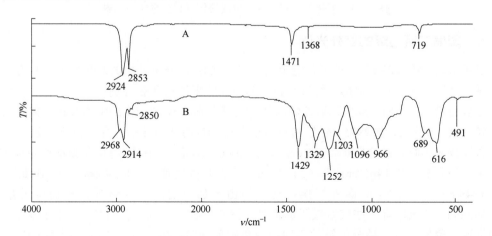

图 8.88　聚乙烯（A）和聚氯乙烯（B）的红外光谱

图 8.89 为含碳酸钙的氯化聚乙烯的红外光谱，图 8.90 为氯化聚乙烯和碳酸钙的红外光谱。比较图 8.89 和图 8.90 可以确定，图 8.89 中 2972 cm^{-1}、2912 cm^{-1}、2853 cm^{-1}、1427 cm^{-1}、1353 cm^{-1}、1330 cm^{-1}、1253 cm^{-1}、1199 cm^{-1}、1095 cm^{-1}、964 cm^{-1}、694 cm^{-1} 为氯化聚乙烯的谱带；2518 cm^{-1}、1800 cm^{-1}、878 cm^{-1} 以及 1427 cm^{-1} 左右的宽、强吸收为碳酸钙的谱带。

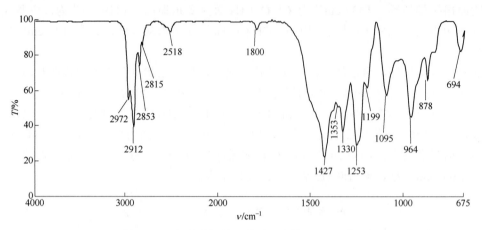

图 8.89　含碳酸钙的氯化聚乙烯的红外光谱

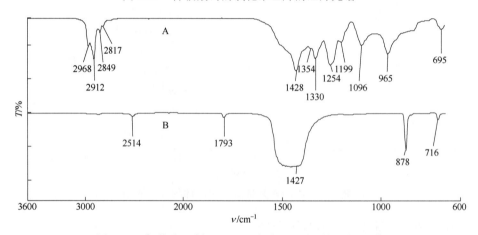

图 8.90　氯化聚乙烯（A）和碳酸钙（B）的红外光谱

8.3.4　聚偏二氯乙烯的红外光谱

聚偏二氯乙烯（PVDC）的分子链节为 $-CH_2-CCl_2-$，分子结构的对称性使它具有较高的结晶性。聚偏二氯乙烯主要用于纤维、包装薄膜、防湿涂料和黏合剂。

随结晶和构象不同，聚偏二氯乙烯的红外光谱差别比较大。图 8.91 为 2 种聚偏二氯乙烯的红外光谱，谱线 A 中 2975 cm^{-1}、2925 cm^{-1} 为 CH_2 的伸缩振动，受邻位 2 个氯原子的吸电子诱导效应影响，从通常的 2925 cm^{-1}、2855 cm^{-1} 升高。CH_2 面内变角振动谱带受邻位 2 个氯原子的影响，从 1465 cm^{-1} 降至 1426 cm^{-1}，而且强度增大；1324 cm^{-1} 为 CH_2 的扭曲振动，1249 cm^{-1} 为 CH_2 的面外摇摆振动，均由于邻位氯原子的诱导效应而强度增大。800~600 cm^{-1} 区域内有一些较宽较强的谱带，彼此重叠在一起，它们是 C—Cl 伸缩振动，谱带的位置与聚偏二氯乙烯分子链的不同构型和构象有关。766 cm^{-1}、746 cm^{-1} 为 CH_2 的面内摇摆振动。

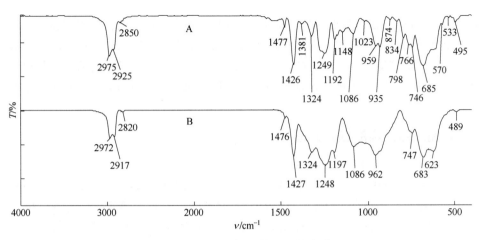

图 8.91 聚偏二氯乙烯的红外光谱

8.3.5 聚偏二氯乙烯与丙烯腈共聚物的红外光谱

偏二氯乙烯均聚物，分子极性强，分子间引力大，软化点与分解温度相近，与大多数增塑剂相溶性差而加工困难，没有多大实用价值。聚偏二氯乙烯的工业品都是 85% 以上的偏二氯乙烯与其他单体的共聚物。常用作共聚的单体有乙酸乙烯、丙烯腈、甲基丙烯酸酯、苯乙烯、不饱和酯等。这些带有大的侧链的共聚单体可以有效增大共聚物分子间的间隙，降低分子间的引力，改善聚偏二氯乙烯的性能。聚偏二氯乙烯与丙烯腈共聚物（VDC-A 或 A-PVDC）的结构式为：

$$\left[\mathrm{H_2C-\underset{\underset{Cl}{|}}{\overset{\overset{Cl}{|}}{C}}} \right]_m \left[\mathrm{CH_2-\underset{\underset{CN}{|}}{CH}} \right]_n$$

图 8.92 为偏二氯乙烯-丙烯腈共聚物和聚偏二氯乙烯的红外光谱。图中谱线 A 的 2246 cm^{-1} 为丙烯腈中 −C≡N 的伸缩振动。2980 cm^{-1} 为 CH_2 的反对称伸缩振动，2937 cm^{-1} 为 CH_2 的对称伸缩振动，受邻位 2 个氯原子或 CN 的吸电子诱导效应影响，由通常的 2960 cm^{-1}、2870 cm^{-1} 升高。CH_2 面内变角振动谱带受邻位氯原子或氰基的影响，从常值 1465 cm^{-1} 降至 1435 cm^{-1}，

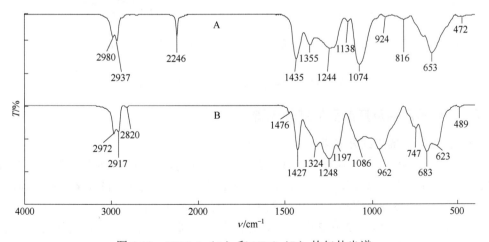

图 8.92 VDC-A（A）和 VDC（B）的红外光谱

而且强度增大。1355 cm^{-1} 为 CH$_2$ 的扭曲振动，1220 cm^{-1} 为 CH$_2$ 的面外摇摆振动，均由于邻位氯原子或氰基的吸电诱导效应而偶极矩增大，强度增大。1074 cm^{-1} 为 C–C 伸缩振动，偏二氯乙烯与丙烯腈共聚物分子中，CH$_2$ 邻位碳原子或与 2 个氯原子相连或与氰基相连，吸电子诱导效应使 C–C 键有了极性，偶极矩增大，伸缩振动谱带强度增大。C–Cl 伸缩振动在 810~600 cm^{-1}。

8.3.6 聚偏二氟乙烯的红外光谱

聚偏（二）氟乙烯（PVDF）是偏氟乙烯的均聚物，分子式是 —(CF$_2$–CH$_2$)$_n$—，分子量为 40 万~60 万，结晶度为 60%~80%，含氟量为 59%左右，在 170 ℃熔融，主要用于室外曝晒材料涂层、电子绝缘及化工设备的防腐。图 8.93 是聚偏（二）氟乙烯的红外光谱。3025 cm^{-1}、2984 cm^{-1} 分别为 CH$_2$ 的反对称伸缩振动和对称伸缩振动，由于邻位氟原子的强吸电子诱导效应，与聚乙烯中 CH$_2$ 的反对称伸缩振动和对称伸缩振动频率（2920 cm^{-1} 和 2852 cm^{-1}）相比向高频有较大位移。1403 cm^{-1} 为 CH$_2$ 的面内变角振动，由于 CF$_2$ 基团处于邻位，使 CH$_2$ 面内变角振动向低频位移。1213 cm^{-1} 为 CF$_2$ 的反对称伸缩振动，1187~1152 cm^{-1} 为 CF$_2$ 的对称伸缩振动，因为 C–F 键极性大，振动时偶极矩变化大，所以谱带强度大。1068 cm^{-1} 为 C–C 伸缩振动，由于两端连接的基团的极性差别较大，C–C 键成为极性键，伸缩振动时偶极矩变化增大，谱带强度增大。1068 cm^{-1}、976 cm^{-1}、852 cm^{-1}、798 cm^{-1}、763 cm^{-1}、613 cm^{-1} 为结晶相的振动谱带。结晶度低的样品在 885 cm^{-1}、840 cm^{-1}、741 cm^{-1} 和 602 cm^{-1} 会出现无定形相谱带，可以利用这一点判断样品结晶度的高低。

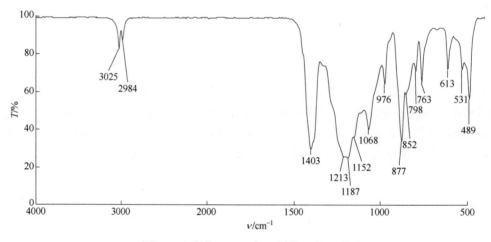

图 8.93 聚偏（二）氟乙烯的红外光谱

8.3.7 聚四氟乙烯及其制品的红外光谱

8.3.7.1 聚四氟乙烯的红外光谱

聚四氟乙烯（PTFE）又称氟塑料-4，是氟乙烯单体的均聚物。聚四氟乙烯最突出的特点是耐化学腐蚀性极强，除金属钠、氟元素及其化合物对它有侵蚀作用外，其他诸如油脂、有机溶剂、强酸、强碱等对它均无作用，能耐王水及沸腾的氢氟酸，故有"塑料王"之称。聚四氟乙烯长期使用温度在 –200~250 ℃，具有优良的耐高温、耐低温性，优异的耐化学腐蚀性，摩擦系数低，介电性能好。

聚四氟乙烯广泛用于化工机械和容器的防腐，特别是作防腐衬里和涂层；还广泛用于耐磨密封、电绝缘等方面。由于它与其他物质具有不粘性，所以在塑料加工及食品工业上广泛用作脱膜剂。

聚四氟乙烯的链节为 $-[CF_2-CF_2]_n-$。聚四氟乙烯分子量低者数十万，高者逾千万，通常为数百万（聚合度 n 在 10^4 数量级，而聚乙烯仅在 10^3），结晶度一般为 90%~95%，熔融温度为 327~342℃。聚四氟乙烯分子中 CF_2 单元以锯齿状排列，由于氟原子半径较氢稍大，所以相邻的 CF_2 单元不能完全按反式交叉取向，而是形成一个螺旋状的扭曲链，氟原子几乎覆盖了整个高分子链的表面。这种分子结构决定聚四氟乙烯的各种性能。聚四氟乙烯在温度低于 19 ℃时，形成 H_6^{13} 螺旋（每 13 个链节构成 6 个基本螺圈，从第 14 个链节又在空间重复）；在 19 ℃发生相变，分子稍微解开，形成 H_7^{15} 螺旋。

图 8.94 是聚四氟乙烯的红外光谱。1210 cm^{-1} 为 CF_2 的反对称伸缩振动，1155 cm^{-1} 为 CF_2 的对称伸缩振动，有时在 2330~2320 cm^{-1} 出现它们的倍频。639 cm^{-1}、508 cm^{-1} 是 CF_2 的变角振动。在 940~690 cm^{-1} 区域有一系列弱吸收，源于聚四氟乙烯的非晶区吸收，依生产工艺不同，红外光谱稍有差异。

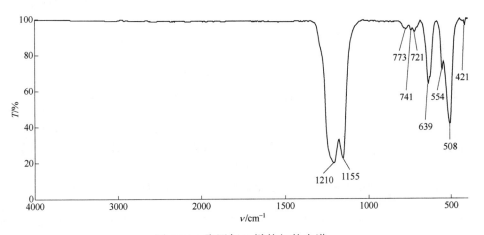

图 8.94　聚四氟乙烯的红外光谱

8.3.7.2　含硫酸钡的聚四氟乙烯的红外光谱

图 8.95 为白色塑料垫片的红外光谱。第一，1204 cm^{-1}、1153 cm^{-1} 同时存在，它们是聚四氟乙烯的标志谱带，由此猜想白色塑料垫片可能含聚四氟乙烯。

第二，图 8.95 中 555 cm^{-1}、506 cm^{-1} 也同时存在，它们也是聚四氟乙烯的标志谱带。由以上两点基本可以确定白色塑料垫片含聚四氟乙烯。

第三，除四氟乙烯的谱带外，还有其他谱带。其中 983 cm^{-1} 是硫酸钡的标志谱带，因此猜想白色塑料垫片可能含硫酸钡。

第四，对比硫酸钡的红外光谱，图 8.95 中 635 cm^{-1}、611 cm^{-1} 也同时存在，它们也是硫酸钡的标志谱带。据以上两点基本可以确定白色塑料垫片含硫酸钡。

图 8.96 为聚四氟乙烯、白色塑料垫片和硫酸钡的红外光谱。把图 8.95 与图 8.96 相比较可知，图 8.95 中 1204 cm^{-1}、1153 cm^{-1}、742 cm^{-1}、721 cm^{-1}、635 cm^{-1}、555 cm^{-1}、506 cm^{-1} 为聚四氟乙烯的谱带；1115 cm^{-1}、983 cm^{-1}、635 cm^{-1}、611 cm^{-1} 为硫酸钡的谱带。因此，可以确定白色塑料垫片的材料是含硫酸钡的聚四氟乙烯。

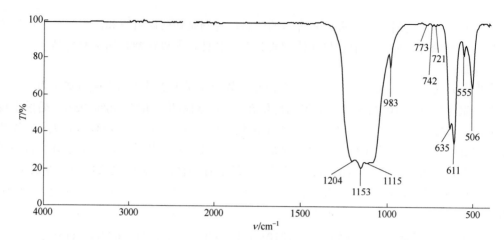

图 8.95　白色塑料垫片的红外光谱

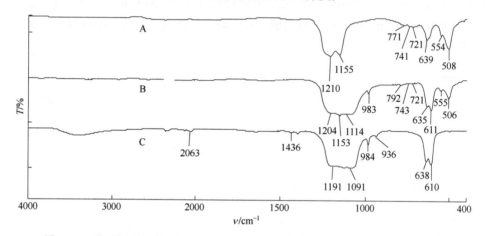

图 8.96　聚四氟乙烯（A）、白色塑料垫片（B）和硫酸钡（C）的红外光谱

图 8.97 是白色塑料垫片的扫描电镜/能谱图。经计算，垫片中氟元素与钡元素的质量比大约是 1∶1。据此计算，白色塑料垫片中硫酸钡与聚四氟乙烯的质量比大约是 1.3∶1。

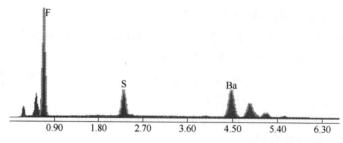

图 8.97　含硫酸钡的聚四氟乙烯垫片的 EDX 能谱图

聚四氟乙烯和硫酸钡的红外光谱相似之处在于：①在 1150 cm^{-1} 左右都有宽、强吸收；②在 630 cm^{-1} 左右都有中等强度的吸收；③在 4000~1350 cm^{-1} 都没有吸收。用红外光谱分析聚四氟乙烯中是否含硫酸钡要特别注意以下三个方面：①如果聚四氟乙烯中没有硫酸钡，1150 cm^{-1} 左右的宽、强谱带通常是从 1330 cm^{-1} 至 1100 cm^{-1}，较窄；②如果聚四氟乙烯中有硫酸钡，1150 cm^{-1} 左右的宽、强谱带通常是从 1330 cm^{-1} 至 1000 cm^{-1}，较宽；③如果聚四氟

乙烯中有硫酸钡，硫酸钡的 983 cm^{-1}、639 cm^{-1}、611 cm^{-1} 谱带通常都会同时出现，如果不含硫酸钡通常只出现 639 cm^{-1} 谱带。

含硫酸钡的聚四氟乙烯的红外光谱中，CF_2 的伸缩振动谱带（1210 cm^{-1}、1155 cm^{-1}）与 SO_4^{2-} 反对称伸缩振动谱带（1330~1100 cm^{-1} 的强吸收）重叠，在 1330~1000 cm^{-1} 间形成一个大包峰，粗看，容易误认为是纯硫酸钡的吸收。要特别注意 1153 cm^{-1} 左右强峰的宽窄以及是否有 555 cm^{-1}、506 cm^{-1} 谱带。

8.3.7.3　含碳酸钙的聚四氟乙烯的红外光谱

图 8.98 为白色塑料板的红外光谱。第一，3100~2600 cm^{-1} 没有谱带，1212 cm^{-1}、1156 cm^{-1} 同时存在，它们是聚四氟乙烯红外光谱的特点，据此猜想白色塑料可能是聚四氟乙烯。

第二，639 cm^{-1}、554 cm^{-1}、505 cm^{-1} 也同时存在，它们也是聚四氟乙烯的标志谱带。据以上两点基本可以确定白色塑料板是聚四氟乙烯。

第三，图 8.98 中除四氟乙烯的谱带外还有其他谱带，其中 876 cm^{-1} 是碳酸钙的标志谱带，据此猜想白色塑料板可能含碳酸钙。

第四，2510 cm^{-1}、1797 cm^{-1}、712 cm^{-1} 谱带也同时存在，它们也是碳酸钙的标志谱带。据以上两点基本可以确定白色塑料板含碳酸钙。

第五，1439 cm^{-1} 左右谱带宽而强，这也是碳酸钙红外光谱的特点。据以上三点可以确定白色塑料板含碳酸钙。

图 8.99 为聚四氟乙烯、白色塑料板和碳酸钙的红外光谱。通过比较可知，图 8.98 中 1212 cm^{-1}、1156 cm^{-1}、639 cm^{-1}、554 cm^{-1}、505 cm^{-1} 为聚四氟乙烯的谱带；2510 cm^{-1}、1797 cm^{-1}、876 cm^{-1}、712 cm^{-1} 以及 1439 cm^{-1} 左右的宽吸收为碳酸钙的谱带。据以上分析，可以确定白色塑料板是含碳酸钙的聚四氟乙烯。

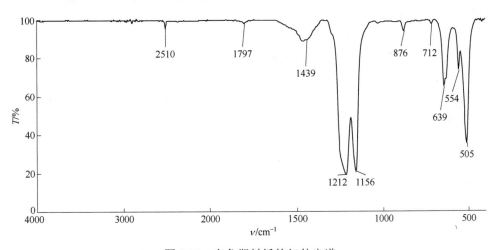

图 8.98　白色塑料板的红外光谱

8.3.8　聚全氟乙丙烯的红外光谱

聚全氟乙丙烯（FEP）是四氟乙烯和六氟丙烯的共聚物，六氟丙烯的含量约为 15% 左右，是聚四氟乙烯的改性材料，简称 F-46。

F-46 塑料广泛用于高温、高频下使用的电子设备的传输电线，计算机内部连接线，航空用电线，油泵电机和潜油电机绕组线的绝缘层。

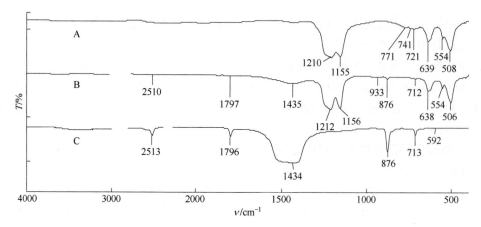

图 8.99　聚四氟乙烯（A）、白色塑料板（B）和碳酸钙（C）的红外光谱

F-46 和聚四氟乙烯一样，也是完全氟化的结构，结构式如下：

$$-\!\!\left[CF_2-CF_2\right]_m\!\!\left[CF_2-\underset{\underset{CF_3}{|}}{CF}\right]_n\!\!-$$

F-46 和聚四氟乙烯都由碳氟元素组成，碳链周围完全被氟原子包围。但 F-46 大分子的主链上有侧链，降低了大分子间的作用力。这种结构上的差别对材料的使用温度和加工性能产生了明显的影响，聚四氟乙烯使用上限温度为 260 ℃，而 F-46 为 200 ℃。F-46 具有相对确定的熔点，可用一般的热塑性塑料的加工方法成型加工，使加工工艺大为简化，这是聚四氟乙烯所不具备的。这也是用六氟丙烯对聚四氟乙烯改性的主要目的。F-46 保留了聚四氟乙烯主要的优良特性，又兼具热塑性塑料良好的加工性能，弥补了聚四氟乙烯加工困难的不足，成为聚四氟乙烯优良的改性材料。

图 8.100 为 F-46 的红外光谱。CF_3 的反对称伸缩振动在 1278 cm^{-1}，对称伸缩振动在 1148 cm^{-1}。CF_2 的反对称伸缩振动在 1209 cm^{-1}，对称伸缩振动在 1156 cm^{-1}，2393 cm^{-1} 是它们的倍频。这些谱带彼此分离得不好，在 1300~1100 cm^{-1} 间形成一个宽、强谱带。983 cm^{-1} 为六氟丙烯中 CF_3 的变角振动；772 cm^{-1}、747 cm^{-1}、720 cm^{-1} 是全氟乙丙烯的非晶区吸收。637 cm^{-1}、512 cm^{-1} 是 C—F 的变角振动。

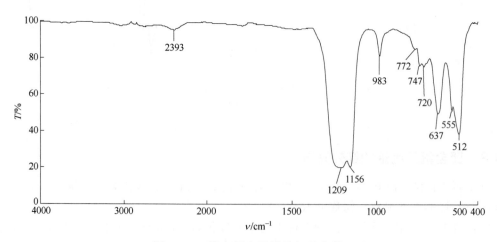

图 8.100　聚全氟乙丙烯的红外光谱

8.3.9 全氟磺酸树脂的红外光谱

全氟磺酸树脂（PFSI）可以用于制备离子交换膜。这种交换膜广泛用于燃料电池的隔膜，也是氯碱行业中电解法制碱的核心组件。全氟磺酸树脂是以聚四氟乙烯结构为骨架，侧链是末端带有磺酸根烯醚的全氟聚合物，结构式可表示为：

$$\{(CF_2-CF_2)_m CF-CF_2\}_n$$
$$|$$
$$O$$
$$|$$
$$F_2C-CF-O-CF_2-CF_2-SO_3OH \cdot xH_2O$$
$$|$$
$$CF_3$$

图 8.101 是全氟磺酸树脂的红外光谱。3517 cm^{-1} 为 OH 的伸缩振动。1226 cm^{-1} 为 CF_2 的反对称伸缩振动，1152 cm^{-1} 为 CF_2 的对称伸缩振动，2374 cm^{-1} 为其倍频。1064 cm^{-1} 为 C—O 伸缩振动；981 cm^{-1} 为 CF_3 的变角振动；807 cm^{-1}、739 cm^{-1}、717 cm^{-1} 为全氟乙丙烯的非晶区吸收；639 cm^{-1} 是 C—F 的变角振动。SO_2 的反对称伸缩振动和对称伸缩振动分别位于 1296 cm^{-1}、1120 cm^{-1}。

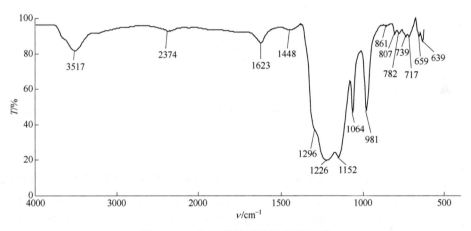

图 8.101　全氟磺酸树脂的红外光谱

8.4 其他碳链高聚物的红外光谱

8.4.1 聚乙烯醇的红外光谱

聚乙烯醇（polyvinyl alcohol，PVA）是由聚醋酸乙烯酯经皂化而制得的高聚物，为白色粉末。聚乙烯醇链节是 $\begin{matrix}-CH-CH_2-\\|\\OH\end{matrix}$。生产聚乙烯醇时，若乙酸乙烯酯皂化不完全会有乙酰基残留，形成如下结构的高聚物：

$$\left[\begin{matrix}CH-CH_2\\|\\OH\end{matrix}\right]_m \left[\begin{matrix}CH_2-CH\\|\\O-C-CH_3\\\|\\O\end{matrix}\right]_n$$

上述高聚物如果皂化程度高，羟基密度大，产物可溶于水；反之，皂化程度低，产物仅能溶胀。

聚乙烯醇耐矿物油类、油脂、润滑剂和大多数有机溶剂，不吸收声音，能正常传音。聚乙烯醇主要用于制造乙烯醇缩醛、耐汽油管道和维尼纶纤维；也用作临时保护用的薄膜，织物、皮革等的胶黏剂，装订用的胶料，织物的上浆剂，乳化剂和保护胶体等。聚乙烯醇或改性聚乙烯醇在热敏纸中用作胶黏剂。

图 8.102 中谱线 A 是聚乙烯醇的红外光谱，缔合氢键的 OH···O 伸缩振动在 3500~3000 cm^{-1} 有很强的宽吸收。2937 cm^{-1} 为 CH$_2$、CH 的伸缩振动。1651 cm^{-1} 为 OH 的变角振动。1431 cm^{-1} 为 CH$_2$ 的面内变角振动，受邻位 OH 吸电子影响，比常值（1465 cm^{-1}）低。1332 cm^{-1} 为次甲基（CH）的面内变角振动，1241 cm^{-1} 为次甲基（CH）的面外变角振动。1093 cm^{-1} 为 C–C 伸缩振动，由于 OH 的诱导效应 C–C 成为极性键，偶极矩增大，谱带强度增大。921 cm^{-1} 为间规序列吸收。665 cm^{-1} 为 OH 的摇摆振动。

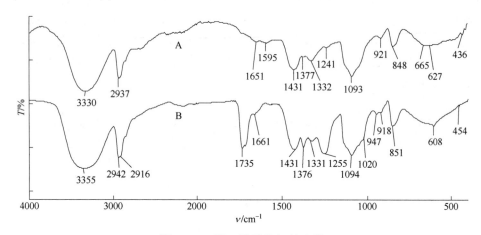

图 8.102　聚乙烯醇的红外光谱

生产聚乙烯醇时，若乙酸乙烯酯皂化不完全而残留乙酰基会使谱图中存在 1735 cm^{-1}、1376 cm^{-1}、1255 cm^{-1} 和 1020 cm^{-1} 谱带，见图 8.102 中谱线 B，其中 1735 cm^{-1} 为 C=O 伸缩振动，1376 cm^{-1} 为 CH$_3$ 对称变角振动，1255 cm^{-1} 和 1020 cm^{-1} 为 C–O–O 伸缩振动。

8.4.2　聚乙烯醇缩丁醛的红外光谱

聚乙烯醇缩丁醛（polyvinyl butyral，PVB），由聚乙烯醇与正丁醛在酸催化下缩合而成。PVB 薄膜对无机玻璃具有良好的黏结性，同时还具有透明、耐热、耐寒、耐湿、机械强度高等特性。PVB 薄膜主要用于夹层玻璃。采用特殊配方生产的 PVB 薄膜在航天、军事和高新技术工业等领域也有着广泛的应用。

聚乙烯醇聚丁醛在涂料工业中用于制造防腐蚀、防锈、耐水性好的金属底层涂料和防寒漆；在陶瓷工业中用于制造花纹鲜艳的薄膜花纸；在树脂工业中用于制造代替钢、铅等有色金属的耐压塑料；可配成多种黏合剂，广泛用于木材、陶瓷、金属、塑料、皮革、层压材料等的粘接；在纺织工业中用于制造织物处理剂和纱管；在食品工业中用于制造无毒包装材料；在造纸工业中用于制造纸张处理剂；此外，还可用于制造防缩剂、硬挺剂及其他防水材料。

聚乙烯醇缩丁醛生成反应可用下式表示：

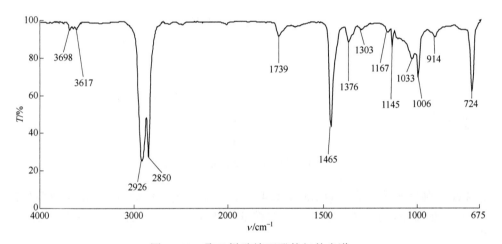

生成的聚乙烯醇缩丁醛因 m、n、p 比例的不同而表现出不同的性质。

图 8.103 为一种聚乙烯醇缩丁醛的红外光谱。2926 cm^{-1} 为 CH_2 的反对称伸缩振动，2850 cm^{-1} 为 CH_2 的对称伸缩振动。1739 cm^{-1} 为乙酸乙烯中 C=O 的伸缩振动。1465 cm^{-1} 为 CH_3 的反对称变角振动和 CH_2 的面内变角振动的叠加。1376 cm^{-1} 为 CH_3 的对称变角振动。1303 cm^{-1} 为 CH_2 的面外变角（扭曲）振动和 CH 面内变角振动的叠加。1167 cm^{-1}、1033 cm^{-1} 为 C–O–C 的伸缩振动。1145 cm^{-1}、1006 cm^{-1} 为 1,3-二氧杂环己烷的振动，是聚乙烯醇缩丁醛的特征红外谱带。724 cm^{-1} 为 CH_2 的面内摇摆振动。

图 8.103　聚乙烯醇缩丁醛的红外光谱

8.4.3　聚乙酸乙烯酯及制品的红外光谱

8.4.3.1　聚乙酸乙烯酯的红外光谱

聚乙酸乙烯酯（polyvinyl acetate，PVAC）是乙酸乙烯酯的聚合物，具有热塑性，无臭、无味、无毒，吸水性大（2%~5%），黏着力强，耐稀酸、稀碱，主要用于制水性涂料和胶黏剂。聚乙酸乙烯酯的玻璃化温度仅为 28℃，低于这个温度就变得硬而脆，而且耐水性差，因此不能直接制塑料制品，通常只用于黏合剂、涂料、纤维和纸的加工助剂。

聚乙酸乙烯酯主要用作生产聚乙烯醇的原料，还可以用于制造乙酸乙烯酯-氯乙烯共聚物（VAC-VC）、乙烯-乙酸乙烯酯共聚物（E-VAC）以及在涂料、纸张、黏合剂、纤维加工等方面。

聚醋酸乙烯酯链节的结构式是：

图 8.104 是聚乙酸乙烯酯的红外光谱。2972 cm^{-1}、2932 cm^{-1}、2868 cm^{-1} 为 CH_3、CH_2、CH 伸缩振动的叠加。1743 cm^{-1} 为羰基的伸缩振动，为全谱的次强峰。1434 cm^{-1} 为 CH_3 的反对称变角振动和 CH_2 面内变角振动的叠加，由于 CH_3 与乙酰基直接相连，频率较常值

（1460 cm^{-1}）低，CH$_2$与乙酰基间接相连，频率也较常值（1465 cm^{-1}）低，二者叠加在 1434 cm^{-1}。1374 cm^{-1} 为 CH$_3$ 的对称变角振动，由于与羰基相连，强度显著增大。CH$_3$ 与羰基直接相连，伸缩振动频率略有升高，而强度变化很大，反对称伸缩振动谱带强度是 C–CH$_3$ 反对称伸缩振动谱带强度的 1/4，而对称变角振动谱带强度却是 C–CH$_3$ 对称变角振动谱带强度的 10 倍以上，与羰基伸缩振动强度相当或略小。1246 cm^{-1} 为 C–O–C 反对称伸缩振动，1025 cm^{-1} 为 C–O–C 对称伸缩振动，其中 1025 cm^{-1} 为乙酯的特征谱带。1121 cm^{-1}、947 cm^{-1} 是乙酸乙烯酯的链振动。606 cm^{-1} 是乙酸酯变角振动。

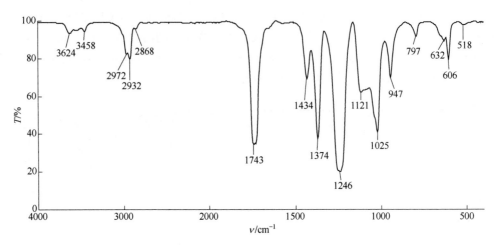

图 8.104　聚乙酸乙烯酯的红外光谱

1374 cm^{-1} 强度明显大于 1434 cm^{-1}，1246 cm^{-1} 是整个光谱的最强峰，是乙酸酯的 2 个特征。797 cm^{-1} 谱带虽然弱，但对聚乙酸乙烯酯非常特征，可用于其混合物中乙酸乙烯酯的定量分析。

聚乙酸乙烯酯的红外光谱有以下三个特点。

（1）C–H 伸缩振动谱带相对强度变小　聚乙酸乙烯酯的红外光谱中，含氧基团（C=O、C–O–C）振动频率的强度特别大，使 2950 cm^{-1} 左右 C–H 的伸缩振动谱带相对强度变小，约是 1740 cm^{-1} 左右羰基伸缩振动谱带的三分之一。

（2）甲基、亚甲基的变角振动频率降低　CH$_3$ 与乙酰基直接相连，频率较常值（1460 cm^{-1}）低，CH$_2$ 与乙酰基间接相连，频率也较常值（1465 cm^{-1}）低，二者叠加在 1434 cm^{-1} 出峰。

（3）甲基对称变角振动强度增大　由于甲基与羰基直接相连，甲基的对称变角振动 1374 cm^{-1} 的强度比 1434 cm^{-1} 的强度大一倍多。

8.4.3.2　含碳酸钙、滑石粉的聚乙酸乙烯酯的红外光谱

以聚乙酸乙烯酯、碳酸钙和滑石粉为原料生产的聚乙酸乙烯酯涂料具有颜色纯正、遮盖力强、成本低、耐洗刷、易施工等优点，适用于高、中档居室涂料装修。

图 8.105 为一种居室装饰涂料的红外光谱。第一，1248 cm^{-1}、1025 cm^{-1} 同时存在，它们是聚乙酸乙烯酯的标志谱带，据此猜想装饰涂料为聚乙酸乙烯酯。

第二，1736 cm^{-1}、799 cm^{-1} 也同时存在，它们也是聚乙酸乙烯酯的标志谱带。据以上两点基本可以确定装饰涂料含聚醋酸乙烯。

第三，图 8.105 中除聚乙酸乙烯酯的谱带外，还有其他谱带。其中 874 cm^{-1} 是碳酸钙的标志谱带，据此猜想装饰涂料中可能含碳酸钙。

第四，2515 cm^{-1}、1796 cm^{-1}、713 cm^{-1}谱带也同时存在，它们也是碳酸钙的标志谱带。据以上两点基本可以确定装饰涂料含碳酸钙。

第五，图 8.105 中除聚乙酸乙烯酯和碳酸钙的谱带外，还有其他谱带，其中 671 cm^{-1} 是滑石粉的标志谱带，据此猜想装饰涂料可能含滑石粉。

第六，466 cm^{-1}、455 cm^{-1}、420 cm^{-1}谱带也同时存在，它们也是滑石粉的标志谱带。据以上两点基本可以确定装饰涂料含滑石粉。

图 8.106 为碳酸钙、聚乙酸乙烯酯和滑石粉的红外光谱。比较图 8.105 和图 8.106 可知，图 8.105 中 3367 cm^{-1}、2937 cm^{-1}、2866 cm^{-1}、1736 cm^{-1}、1248 cm^{-1}、1090 cm^{-1}、1025 cm^{-1}、949 cm^{-1}、607 cm^{-1} 为聚乙酸乙烯酯的谱带；2515 cm^{-1}、1796 cm^{-1}、1445 cm^{-1}、874 cm^{-1}、713 cm^{-1} 为碳酸钙的谱带；1025 cm^{-1}、671 cm^{-1}、466 cm^{-1}、455 cm^{-1}、420 cm^{-1} 为滑石粉的谱带。

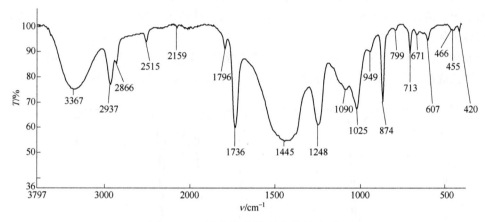

图 8.105　居室装饰涂料的红外光谱

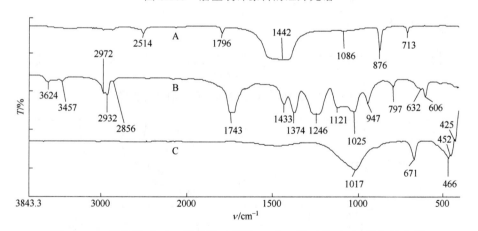

图 8.106　碳酸钙（A）、聚乙酸乙烯酯（B）、滑石粉（C）的红外光谱

据以上分析可以确定：居室装饰涂料是含碳酸钙、滑石粉的聚乙酸乙烯酯。

8.4.4　乙烯-乙酸乙烯酯共聚物的红外光谱

乙烯-乙酸乙烯酯共聚物（ethylene-vinyl acetate copolymer，E/VAC 或 EVA）是由乙烯和乙酸乙烯酯共聚而成的热塑性塑料。其性能与共聚物中乙酸乙烯酯（VA）的含量和分子量大小关系密切。在分子量一定时,乙酸乙烯酯含量增高,它的弹性、柔软性、黏合性、透明性、溶解性提高。乙酸乙烯酯含量逐步降低,则性能渐渐接近聚乙烯的性能:刚性变大,耐磨性及电绝缘性上升。

乙酸乙烯酯含量低于 18% 时,共聚物是一种坚韧的塑料,这种塑料可作重负包装材料或薄膜;随乙酸乙烯酯含量增加,共聚物性能趋向弹性体,乙酸乙烯酯含量在 18%~40% 之间时,共聚物主要用作黏结剂和涂料,还可代替聚氨酯或软聚氯乙烯使用。

乙烯-乙酸乙烯酯的结构式如下:

$$\left[CH_2-CH_2\right]_m\left[CH_2-CH\right]_n$$
$$\quad\quad\quad\quad\quad\quad\quad\quad\quad\quad\quad O$$
$$\quad\quad\quad\quad\quad\quad\quad\quad\quad\quad\quad |$$
$$\quad\quad\quad\quad\quad\quad\quad\quad\quad\quad\quad C=O$$
$$\quad\quad\quad\quad\quad\quad\quad\quad\quad\quad\quad |$$
$$\quad\quad\quad\quad\quad\quad\quad\quad\quad\quad\quad CH_3$$

在乙烯-乙酸乙烯酯共聚物的分子链中,两种单体的排列是无规的,侧链酯结构增大了分子间的空隙,降低了分子间的作用力,难以产生邻近单体之间的偶合,所以其红外光谱基本上是两种单体红外光谱的叠加。

图 8.107 是 VAC 含量为 18% 的乙烯-乙酸乙烯酯共聚物的红外光谱,图 8.108 为聚乙酸乙烯酯和聚乙烯的红外光谱。比较图 8.107 和图 8.108 可知,乙酸乙烯酯的谱带 1740 cm^{-1}、

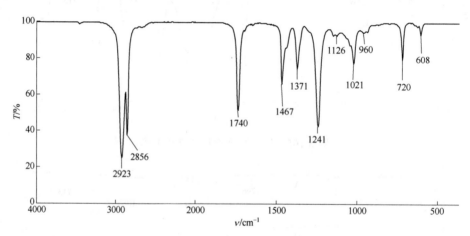

图 8.107 乙烯-乙酸乙烯酯共聚物的红外光谱

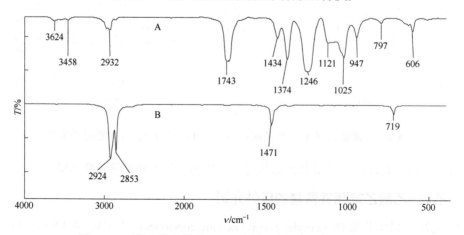

图 8.108 聚乙酸乙烯酯(A)和聚乙烯(B)的红外光谱

1241 cm^{-1} 和 1021 cm^{-1} 仍出现在聚乙酸乙烯酯均聚物的相同位置。共聚物中乙酸乙烯酯单体含量在 2%左右，在光谱中仍可以发现它们。乙酸乙烯酯的链振动谱带受到较强的偶合，均聚物中它们在 1121 cm^{-1} 和 947 cm^{-1}，而共聚物中它们出现在 1126 cm^{-1} 和 960 cm^{-1}。

在乙烯含量高的共聚物中，连续 CH$_2$ 数会大于 4，在 720 cm^{-1} 有一强吸收，这是 CH$_2$ 的面内摇摆振动。亚甲基在共聚物的伸缩振动仍出现在 2923 cm^{-1}、2856 cm^{-1}；CH$_2$ 面内变角振动和 CH$_3$ 反对称变角振动的叠加仍出现在 1467 cm^{-1}。1371 cm^{-1} 为 CH$_3$ 的对称伸缩振动。

在聚乙酸乙烯酯的红外光谱中（图 8.108 谱线 A），CH$_2$ 反对称伸缩振动谱带 2932 cm^{-1} 的强度约是 C=O 伸缩振动谱带 1743 cm^{-1} 的 1/3。乙烯-乙酸乙烯酯共聚物的红外光谱中，CH$_2$ 反对称伸缩振动谱带 2923 cm^{-1} 的强度与 C=O 伸缩振动谱带 1740 cm^{-1} 的强度之比随乙烯组分所占比例增大而增大。图 8.109 为乙烯相对含量不同的 3 种 EVA 的红外光谱，从谱线 A 到 B 再到 C，乙烯相对含量依次递减，乙酸乙烯酯相对含量依次递增。谱线 C 的乙酸乙烯酯含量为 15%，羰基伸缩振动谱带 1738 cm^{-1} 与 CH$_2$ 反对称伸缩振动谱带 2923 cm^{-1} 强度相当。

根据 2923 cm^{-1} 谱带强度与 1740 cm^{-1} 谱带强度之比可以区分不同的乙烯-乙酸乙烯酯共聚物。如果一种含乙酸酯的树脂，2923 cm^{-1} 的强度约是 1740 cm^{-1} 强度的 1/3，则这种树脂可能是乙酸乙烯酯；如果大于 1/3，则这种树脂可能是乙烯-乙酸乙烯酯共聚物；如果 1740 cm^{-1} 与 2923 cm^{-1} 强度相当，则 EVA 中乙酸乙烯酯含量在 15%左右；如果 1740 cm^{-1} 的强度大于 2923 cm^{-1} 的强度，则 EVA 中乙酸乙烯酯含量大于 15%。

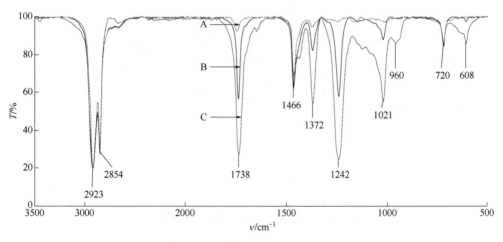

图 8.109　乙烯相对含量不同的 3 种 EVA 的红外光谱

8.4.5　氯乙烯-乙酸乙烯酯共聚物的红外光谱

聚氯乙烯分子极性强，内敛力大，材料加工困难。在氯乙烯分子中引入带有大侧链的乙酸乙烯、丙烯酸等类树脂，可以增大分子间的距离，降低分子间的引力，起到内增塑作用，改善聚氯乙烯的物理机械性能，尤其是抗冲击性能。

在分子量相同情况下，氯乙烯-乙酸乙烯酯共聚物（vinyl chloride-vinyl acetate copolymer，VC-VA）的性能由两种单体的比例决定。有实用价值的氯乙烯-乙酸乙烯酯共聚物通常乙酸乙烯酯含量为 10%~20%。可以根据使用要求选择不同的乙酸乙烯酯含量和分子量。

氯乙烯-乙酸乙烯酯共聚物（结构式如下所示）是白色或淡蓝色、无臭、无毒粉末，有较好的溶解性，可溶于酮类和乙酸酯类，分解温度为 120 ℃。

$$\ce{-[CH2-CH]_m-[CH2-CH]_n-}$$
（Cl）（O-C(=O)-CH3）

氯乙烯-乙酸乙烯酯共聚物的结构式

氯乙烯-乙酸乙烯酯共聚物热成型时，熔融指数和断裂伸长与 PVC 相比显著增高，可与 PVC 树脂混合溶于丙酮抽丝，生产合成纤维；与 PVC 混炼可生产塑料地板；与甲醇进一步醇解可生成氯乙烯-乙酸乙烯-乙烯醇三元共聚物，作磁带的黏合剂；与丁腈橡胶混炼可制成耐磨性好的纺织器件；还可制作玩具、皮革等。

图 8.110 的 2 条谱线均为氯乙烯-乙酸乙烯酯共聚物的红外光谱，其中谱线 A 的乙酸乙烯酯含量低于谱线 B（根据 1740 cm^{-1} 和 2913 cm^{-1} 的相对强度可判断）。图 8.111 为聚乙酸乙烯酯、氯乙烯-乙酸乙烯酯共聚物和聚氯乙烯的红外光谱，从比较中可以发现：共聚物的红外光谱中聚氯乙烯、聚乙酸乙烯酯两组分的特征谱带均较明显，基本仍在均聚物的位置，3454 cm^{-1}、2969 cm^{-1}、1738 cm^{-1}、1429 cm^{-1}、1373 cm^{-1}、1253 cm^{-1}、1024 cm^{-1}、951 cm^{-1}、798 cm^{-1}、635 cm^{-1}、608 cm^{-1} 为氯乙烯-乙酸乙烯酯的谱带。2969 cm^{-1}、2918 cm^{-1}、2854 cm^{-1}、1429 cm^{-1}、1332 cm^{-1}、1253 cm^{-1}、1098 cm^{-1}、638 cm^{-1}、608 cm^{-1} 为聚氯乙烯的谱带；其中 798 cm^{-1}、635 cm^{-1}、608 cm^{-1} 同时存在为聚乙酸乙烯酯的标志谱带。

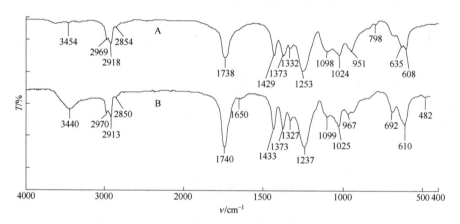

图 8.110 两种氯乙烯-乙酸乙烯酯共聚物的红外光谱

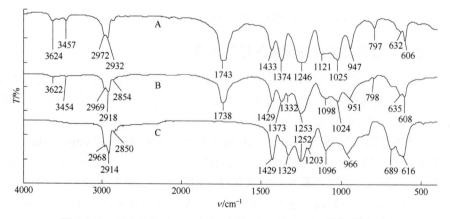

图 8.111 PVAC（A）、VC-VA（B）和 PVC（C）的红外光谱

1740 cm^{-1} 为羰基的伸缩振动，1240 cm^{-1} 和 1023 cm^{-1} 为 C—O—C 的伸缩振动，它们都是乙酸乙烯酯组分的特征谱带。共聚物的红外光谱中，聚乙酸乙烯酯谱带比聚氯乙烯谱带强得多，即使乙酸乙烯酯含量低至 2%，仍能观察到这 3 个谱带。随乙酸乙烯酯含量增大，共聚物红外光谱中上述 3 个谱带强度增大，还可以发现 1373 cm^{-1}、951 cm^{-1}、608 cm^{-1} 等谱带。

如果共聚物中氯乙烯含量低于 50%，从红外光谱中难以识别氯乙烯组分的谱带，可能在 690 cm^{-1} 有一弱而宽的 C—Cl 伸缩振动谱带，1332 cm^{-1}、1252 cm^{-1} 有次甲基（CH）的弱吸收。

8.4.6 淀粉、碳酸钙、乙烯-乙酸乙烯酯共聚物降解塑料的红外光谱

图 8.112 为快餐盒的红外光谱。第一，1242 cm^{-1}、1023 cm^{-1} 同时存在，它们是乙烯-乙酸乙烯酯共聚物的标志谱带，据此猜想快餐盒可能含乙烯-乙酸乙烯酯共聚物。

第二，1739 cm^{-1}、1378 cm^{-1}、610 cm^{-1} 也同时存在，它们也是乙烯-乙酸乙烯酯共聚物的标志谱带，据以上两点基本可以确定快餐盒含乙烯-乙酸乙烯酯共聚物。

第三，图 8.112 中，除乙烯-乙酸乙烯酯共聚物的谱带外，还有其他谱带。其中 877 cm^{-1} 是碳酸钙的标志谱带，据此猜想快餐盒含碳酸钙。

第四，2514 cm^{-1}、1796 cm^{-1}、714 cm^{-1} 也同时存在，它们也是碳酸钙的标志谱带，根据以上两点基本可以确定快餐盒含碳酸钙。

第五，图 8.112 中 1153 cm^{-1}、574 cm^{-1} 同时存在，它们是淀粉的标志谱带，据此猜想快餐盒可能含淀粉。

第六，3362 cm^{-1} 附近的宽、强吸收、1080 cm^{-1}、935 cm^{-1} 也同时存在，它们也是淀粉的谱带，据以上两点基本可以确定快餐盒含淀粉。

图 8.113 为乙烯-乙酸乙烯酯共聚物、碳酸钙和淀粉的红外光谱。比较图 8.112 和图 8.113 可知，图 8.112 中 3362 cm^{-1}、1153 cm^{-1}、1080 cm^{-1}、935 cm^{-1}、574 cm^{-1} 为淀粉的谱带；2920 cm^{-1}、2852 cm^{-1}、1739 cm^{-1}、1378 cm^{-1}、1242 cm^{-1}、1023 cm^{-1}、714 cm^{-1}、610 cm^{-1} 为乙烯-乙酸乙烯酯共聚物的谱带；2514 cm^{-1}、1796 cm^{-1}、877 cm^{-1}、714 cm^{-1} 以及 1427 cm^{-1} 左右的宽、强谱带为碳酸钙的吸收。快餐盒的材料为乙烯-乙酸乙烯酯共聚物、碳酸钙和淀粉的混合物。

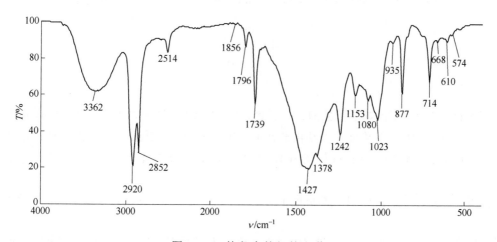

图 8.112 快餐盒的红外光谱

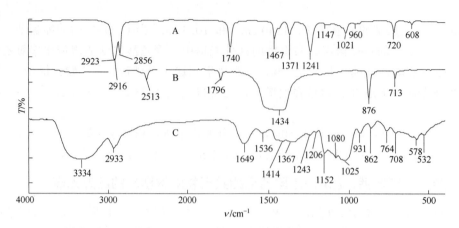

图 8.113　EVA（A）、碳酸钙（B）和淀粉（C）的红外光谱

8.4.7　丙烯酸树脂的红外光谱

丙烯酸树脂［poly(1-carboxyethylene) 或 poly(acrylic acid)］是丙烯酸、甲基丙烯酸及其衍生聚合物的总称。其单体的通式为：$H_2C=\overset{R^2}{\underset{}{C}}-COOR^1$。

R^1、R^2 可以是 H、烷基或其他取代基，它们可以通过各种聚合方式制得不同的材料，如聚丙烯酸甲酯的链节结构式是：$\left[\begin{array}{c}CH-CH_2\\|\\C=O\\|\\O-CH_3\end{array}\right]_n$。

通常所谓丙烯酸树脂主要是指以聚甲基丙烯酸甲酯为基础的材料，尤其在涂料工业中，丙烯酸树脂的含义更宽泛。涂料中的丙烯酸树脂所用的合成单体如果全为丙烯酸酯（acrylates）或甲基丙烯酸酯（methacrylates）则称为纯丙烯酸树脂。纯丙烯酸树脂虽然具有良好的性能，但价格较高。通常用苯乙烯、乙酸乙烯酯、氯乙烯等单体参加聚合，近年也用丙烯酰胺、N-羟甲基丙烯酰胺、丙烯腈、氟单体参加共聚改性。

聚甲基丙烯酸甲酯（polymethyl methacrylate，PMMA）链节的结构式如下：

$$\left[\begin{array}{c}CH_3\\|\\C-CH_2\\|\\C=O\\|\\O-CH_3\end{array}\right]_n$$

图 8.114 是聚甲基丙烯酸甲酯的红外光谱，1730 cm^{-1} 为羰基 C=O 的伸缩振动。α-甲基与羰基间接相连，CH_3 反对称伸缩振动由通常的 2960 cm^{-1} 升至 2992 cm^{-1}，对称伸缩振动由通常的 2870 cm^{-1} 升至 (2895±5) cm^{-1}。$O-CH_3$ 的 3 个 C—H 键中有 1 个与氧原子的孤电子对处于反式位置 $\left[\begin{smallmatrix}H\\H-C-O^-\\H\end{smallmatrix}\right]$，该 C—H 键与孤电子对相互作用，对称伸缩振动位于 2842 cm^{-1}，而另外 2 个 C—H 键对称伸缩振动位于 (2872±10) cm^{-1}。$O-CH_3$ 的反对称伸缩振动位于 (2960±5) cm^{-1}。(2895±5) cm^{-1}、(2872±10) cm^{-1} 和 (2960±5) cm^{-1} 重叠在一起，在 2950 cm^{-1} 出现吸收。1451 cm^{-1}

为 CH_3 反对称变角振动。1469 cm^{-1} 为 CH_2 面内变角振动。758 cm^{-1} 为 α-甲基的摇摆振动。$O-CH_3$ 中的 CH_3 反对称变角振动也位于 1469 cm^{-1}。1388 cm^{-1} 为 $C-CH_3$ 对称变角振动。989 cm^{-1} 为甲基摇摆振动。1268 cm^{-1}、1236 cm^{-1} 为 C-O-C 反对称伸缩振动，1193 cm^{-1}、1148 cm^{-1} 为 C-O-C 对称伸缩振动。

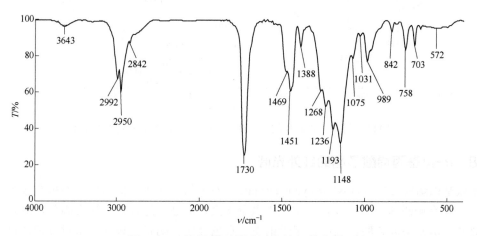

图 8.114　聚甲基丙烯酸甲酯的红外光谱

图 8.115 为聚丙烯酸酯和聚甲基丙烯酸酯的红外光谱。谱线 A 中，2961 cm^{-1}、2875 cm^{-1} 分别为 CH_3 的反对称伸缩振动和对称伸缩振动。2936 cm^{-1} 为 CH_2 反对称伸缩振动。1736 cm^{-1} 为 C=O 伸缩振动，3446 cm^{-1} 为其倍频。1455 cm^{-1} 为 CH_2 面内变角振动和 CH_3 反对称变角振动的叠加。C-O-C 反对称伸缩振动位于 1247 cm^{-1}，对称伸缩振动位于 1167 cm^{-1}。

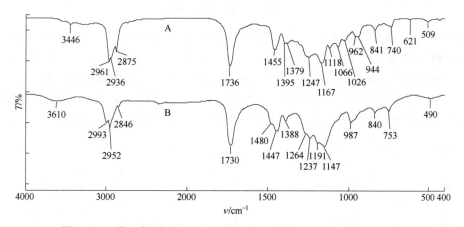

图 8.115　聚丙烯酸酯（A）和聚甲基丙烯酸酯（B）的红外光谱

由于聚甲基丙烯酸酯的结构特点，在其红外光谱中 1247 cm^{-1} 分裂为 1264 cm^{-1} 和 1237 cm^{-1}，1167 cm^{-1} 分裂为 1191 cm^{-1} 和 1147 cm^{-1}（图 8.115 谱线 B）。这是聚甲基丙烯酸酯和聚丙烯酸酯红外光谱的重要区别。

等规、间规和无规聚甲基丙烯酸甲酯的红外光谱有较大差别，间规聚甲基丙烯酸甲酯在 1067 cm^{-1} 有吸收，见图 8.116A 谱线，而等规聚甲基丙烯酸甲酯在该处没有吸收峰，见图 8.116B 谱线，所以称 1067 cm^{-1} 为间同立构峰。

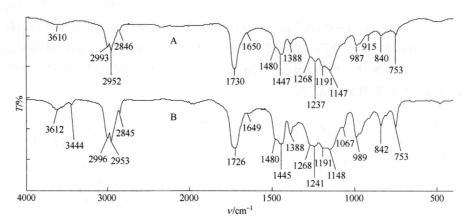

图 8.116　等规（A）和间规（B）聚甲基丙烯酸甲酯的红外光谱

8.4.8　α-氰基丙烯酸乙酯的红外光谱

α-氰基丙烯酸乙酯（ethyl α-cyanoacrylate）为无色、透明、低黏度、不可燃液体，俗称502胶，稍有刺激味、易挥发，遇空气中微量水汽，即被迅速催化、聚合固化，故有瞬间胶黏剂之称。α-氰基丙烯酸乙酯广泛用于钢铁、有色金属、陶瓷、玻璃、木材及柔性材料等自身或相互间的黏合，但对聚乙烯、聚丙烯、聚四氟乙烯等难粘材料，其表面需经糙化处理，方能黏结。

α-氰基丙烯酸乙酯的结构式如下：

$$\left[\begin{array}{c} \text{CN} \\ | \\ \text{H}_2\text{C}-\text{C} \\ | \\ \text{O}=\text{C}-\text{O}-\text{CH}_2-\text{CH}_3 \end{array} \right]_n$$

图 8.117 为 α-氰基丙烯酸乙酯的红外光谱。2992 cm^{-1}、2916 cm^{-1} 分别为 CH$_3$ 的反对称伸缩振动和对称伸缩振动，由于与氧原子间接相连，CH$_3$ 的反对称伸缩振动和对称伸缩振动均较常值（2960 cm^{-1}、2875 cm^{-1}）高。2945 cm^{-1} 为 CH$_2$ 的反对称伸缩振动，由于与氧原子直接相连，CH$_2$ 的反对称伸缩振动较常值（2925 cm^{-1}）高。1746 cm^{-1} 为 C=O 的伸缩振动，3477 cm^{-1} 为其倍频，由于与 C≡N 连接于同一个碳原子，C≡N 的强吸电子效应使 C=O 键的电

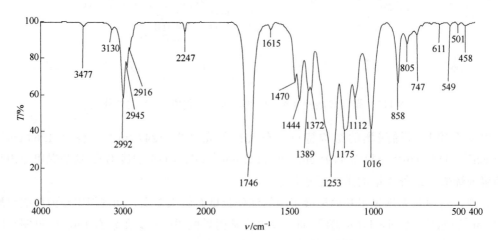

图 8.117　α-氰基丙烯酸乙酯的红外光谱

子云向碳原子移动，趋向键的几何中心，电子云交盖程度增大，键力常数增大，伸缩振动频率升高。2247 cm^{-1} 为 $-C\equiv N$ 的伸缩振动，由于与强吸电子酯基连接于同一个碳原子，强度减小非常明显。1444 cm^{-1} 为 CH_2 的面内变角振动，因为 CH_2 或与氧原子直接相连，或与 $C\equiv N$、COO 间接相连，频率较常值（1465 cm^{-1}）低。1389 cm^{-1} 是甲基的对称变角振动。1253 cm^{-1}、1175 cm^{-1} 为 C-O-C 反对称伸缩振动和对称伸缩振动。α-氰基丙烯酸酯中醇组分不同，则在 1000~770 cm^{-1} 出现不同的吸收。1112 cm^{-1} 为 CH_3 的面外摇摆振动。1016 cm^{-1} 为 C-O-C 伸缩振动，是乙酯的特征谱带。858 cm^{-1} 是乙酯的吸收。747 cm^{-1} 为 CH_2 的面内摇摆振动。

α-氰基丙烯酸乙酯的红外光谱有以下 5 个特点。

（1）CH_3 的反对称伸缩振动和对称伸缩振动频率升高　$C-CH_3$ 的反对称伸缩振动和对称伸缩振动频率通常分别位于 2960 cm^{-1} 和 2875 cm^{-1}，在 α-氰基丙烯酸乙酯的红外光谱中它们分别位于 2992 cm^{-1} 和 2916 cm^{-1}，这是因为 CH_3 与电负性大的氧原子间接相连。

（2）CH_2 反对称伸缩振动频率升高　$C-CH_2$ 反对称伸缩振动频率通常位于 2925 cm^{-1}，在聚 α-氰基丙烯酸乙酯的红外光谱中它位于 2945 cm^{-1}，这是因为在 α-氰基丙烯酸乙酯分子中共有两个 CH_2，其中一个 CH_2 与酯基、氰基连接在同一个碳原子上，另一个 CH_2 与氧原子直接相连，这两个因素都使 CH_2 反对称伸缩振动频率升高。

（3）CH_2 的面内变角振动频率降低　CH_2 的面内变角振动频率通常位于 1465 cm^{-1}，在 α-氰基丙烯酸乙酯的红外光谱中，侧链 CH_2 的面内变角振动频率位于 1444 cm^{-1}，这是因为它与氧原子直接相连。

（4）氰基的伸缩振动谱带 2247 cm^{-1} 很弱　图 8.118 为 α-氰基丙烯酸乙酯和乙腈（CH_3-CN）的红外光谱。不难发现，与乙腈相比，α-氰基丙烯酸乙酯的氰基的伸缩振动谱带强度小得多。基团的偶极矩大小决定谱带强度，偶极矩大，则谱带强度大；偶极矩小，则谱带强度小。

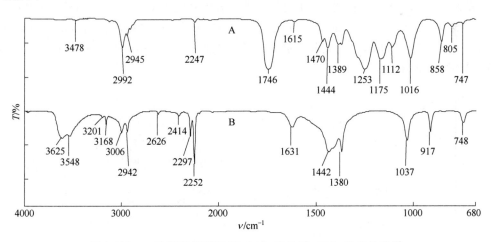

图 8.118　α-氰基丙烯酸乙酯（A）和乙腈（B）的红外光谱

氮的电负性为 3.04，碳的电负性为 2.25，$C\equiv N$ 为极性键，电子云偏向 N 原子。

在乙腈分子中，氰基和甲基相连，甲基的推电子效应使 $C\equiv N$ 键电子云进一步偏离碳原子，偏向氮原子，偶极矩增大，$C\equiv N$ 伸缩振动谱带强度增大，见图 8.119。

在 α-氰基丙烯酸乙酯分子中，氰基（$C\equiv N$）和羧基（COOH）连接在同一个碳原子上，羧基的吸电子诱导效应使 C≡N 的电子云向碳原子移动,见图 8.119,氰基的偶极矩减小,伸缩振动谱带强度减小。

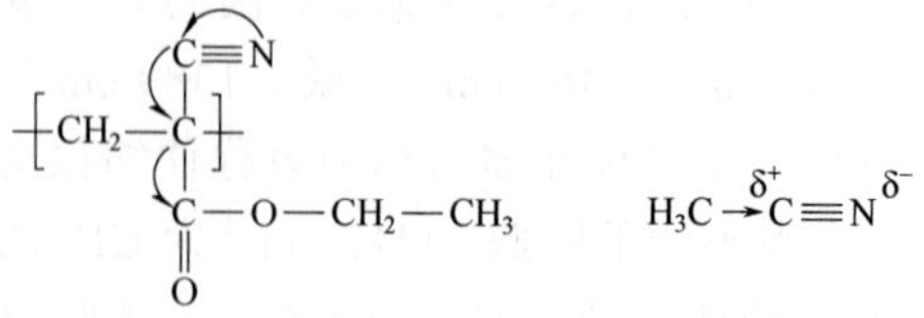

图 8.119　α-氰基丙烯酸乙酯和乙腈的结构式

（5）羰基伸缩振动频率升高　参看"4.4.3.5 酯羰基（C=O）的伸缩振动频率"。

8.4.9　丙烯酸甲酯-苯乙烯共聚物的红外光谱

丙烯酸甲酯-苯乙烯共聚物具有优良的透明度、光泽度,稳定的物理、化学、光学、电学性能和较好的气候适应性（在 50 ℃下不变形,-40 ℃不冻裂）,韧性优于普通有机玻璃。可制成要求透明和有一定强度的零件,如各类仪器面盘、光学镜片、设备标牌、笔杆、汽车车灯；也用作圆珠笔油、复印机墨粉和激光打印机墨粉的连接料。例如,理光（RICOH）450 Ⅰ型墨粉中就含有 84%的丙烯酸-苯乙烯聚合物、12%的炭黑和 4%的加洛巴蜡。

甲基丙烯酸甲酯-苯乙烯共聚物的结构式如下：

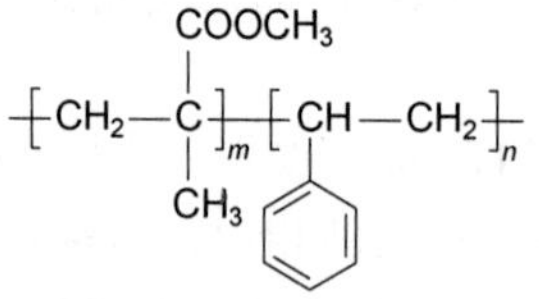

图 8.120 为理光 450 Ⅰ型墨粉的红外光谱,图 8.121 为聚丙烯酸酯（A）与聚苯乙烯（B）的红外光谱。比较图 8.120 和图 8.121 可知,图 8.120 中 3026 cm^{-1}、2923 cm^{-1}、1599 cm^{-1}、1580 cm^{-1}、1492 cm^{-1}、1450 cm^{-1}、1374 cm^{-1}、1067 cm^{-1}、1027 cm^{-1}、903 cm^{-1}、840 cm^{-1}、754 cm^{-1}、698 cm^{-1}、539 cm^{-1} 为聚苯乙烯的谱带；1728 cm^{-1}、1450 cm^{-1}、1374 cm^{-1}、1156 cm^{-1} 为聚丙烯酸酯的谱带。

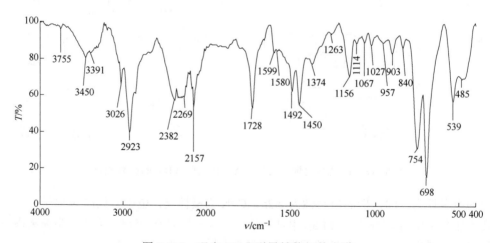

图 8.120　理光 450 Ⅰ型墨粉的红外光谱

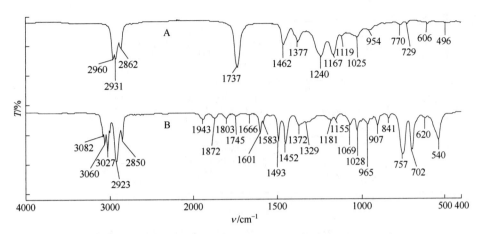

图 8.121 聚丙烯酸酯（A）与聚苯乙烯（B）的红外光谱

8.4.10 甲基丙烯酸甲酯-丁二烯-苯乙烯共聚物的红外光谱

甲基丙烯酸甲酯-丁二烯-苯乙烯共聚物（methacrylate-butadiene-styrene copolymer，MBS）是甲基丙烯酸甲酯（M）、丁二烯（B）和苯乙烯（S）三种单体共聚的热塑性塑料，简称 MBS，通常也称为透明 ABS。MBS 具有非常高的透射率、高光泽、高韧性，用途与 ABS 相似。用 MBS 改性 PVC，使其抗冲击性能、透明性、耐老化性、耐寒性和加工性能都大有改善，可用于制造透明管材、收音机及电视机外罩、装饰材料、仪器仪表外壳等。

MBS 的结构式

图 8.122 是 MBS 的红外光谱，图 8.123 为聚丁二烯（PB）、聚苯乙烯（PS）、聚甲基丙烯酸甲酯（PMMA）的红外光谱。比较图 8.122 和图 8.123 可知，MBS 的红外光谱基本上是三种单体均聚物红外光谱的叠加。图 8.122 中 3061 cm^{-1}、3026 cm^{-1}、3001 cm^{-1}、2848 cm^{-1}、

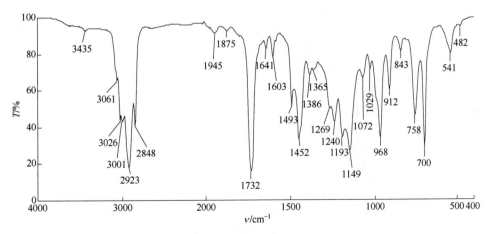

图 8.122 MBS 的红外光谱

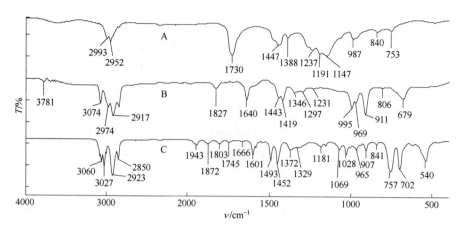

图 8.123 PMMA（A）、PB（B）、PS（C）的红外光谱

1945 cm^{-1}、1603 cm^{-1}、1493 cm^{-1}、1452 cm^{-1}、758 cm^{-1}、700 cm^{-1} 和 541 cm^{-1} 为聚苯乙烯的谱带；1732 cm^{-1}、1452 cm^{-1}、1269 cm^{-1}、1240 cm^{-1}、1193 cm^{-1}、1149 cm^{-1}、843 cm^{-1} 为聚甲基丙烯酸甲酯的谱带；1641 cm^{-1}、1452 cm^{-1}、968 cm^{-1} 和 912 cm^{-1} 为聚丁二烯的谱带。

8.4.11 丙烯腈-丁二烯-苯乙烯-甲基丙烯酸甲酯共聚物的红外光谱

丙烯腈-丁二烯-苯乙烯-甲基丙烯酸甲酯共聚物（acrylonitrile butadiene styrene methyl methacrylate copolymer，ABSM）是丙烯腈、丁二烯、苯乙烯和甲基丙烯酸甲酯的四元接枝共聚物。ABSM 透明、韧性好、耐冲击、有一定的热稳定性。除了透明性外，其性能和 ABS 很相似。ABSM 主要用于需要韧性、透明、高冲击、热稳定的材料领域，如电子仪表零件、矿灯等。

ABSM 的结构式可用下式表示：

图 8.124 为 ABSM 的红外光谱，图 8.125 为聚甲基丙烯酸甲酯和 ABS 的红外光谱。把图 8.124 与图 8.125 相比较可知，ABSM 的红外光谱基本上是 ABS（丙烯腈-丁二烯-苯乙烯）和

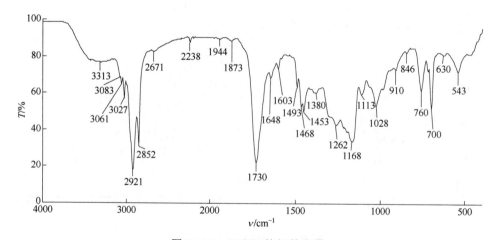

图 8.124 ABSM 的红外光谱

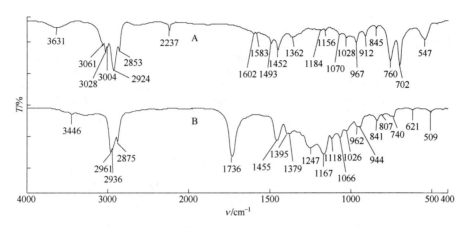

图 8.125　聚甲基丙烯酸酯（A）和 ABS（B）的红外光谱

聚甲基丙烯酸甲酯红外光谱的叠加。3061 cm^{-1}、3027 cm^{-1}、2921 cm^{-1}、2852 cm^{-1}、2238 cm^{-1}、1603 cm^{-1}、1493 cm^{-1}、1453 cm^{-1}、1028 cm^{-1}、910 cm^{-1}、760 cm^{-1}、700 cm^{-1}、543 cm^{-1} 为 ABS 的谱带；1730 cm^{-1}、1453 cm^{-1}、1262 cm^{-1}、1168 cm^{-1}、1113 cm^{-1}、1028 cm^{-1}、846 cm^{-1} 为聚甲基丙烯酸甲酯的谱带。

8.4.12　甲基丙烯酸甲酯-氯丁橡胶共聚物的红外光谱

甲基丙烯酸甲酯-氯丁橡胶共聚物（PMMA-CR）的结构式如下：

$$\left[\begin{array}{c}\text{Cl}\\ \text{H}_2\text{C}-\text{C}=\text{CH}-\text{CH}_2\end{array}\right]_m\left[\begin{array}{c}\text{CH}_3\\ \text{C}-\text{CH}_2\\ \text{O}=\text{C}-\text{O}-\text{CH}_3\end{array}\right]_n$$

图 8.126 为甲基丙烯酸甲酯-氯丁橡胶共聚物的红外光谱，图 8.127 为氯丁橡胶和甲基丙烯酸甲酯的红外光谱。把图 8.126 与图 8.127 相比较可知，PMMA-CR 的红外光谱是两种单体均聚物红外光谱的叠加。图 8.126 中 2996 cm^{-1}、2950 cm^{-1}、1731 cm^{-1}、1484 cm^{-1}、1446 cm^{-1}、1273 cm^{-1}、1243 cm^{-1}、1193 cm^{-1}、1150 cm^{-1}、990 cm^{-1}、751 cm^{-1} 为甲基丙烯酸甲酯的谱带；2856 cm^{-1}、1659 cm^{-1}、1446 cm^{-1}、1126 cm^{-1}、826 cm^{-1}、779 cm^{-1}、668 cm^{-1}、603 cm^{-1}、472 cm^{-1} 为氯丁橡胶的谱带。990 cm^{-1}、965 cm^{-1}、910 cm^{-1} 为氯丁橡胶中丁二烯的谱带。

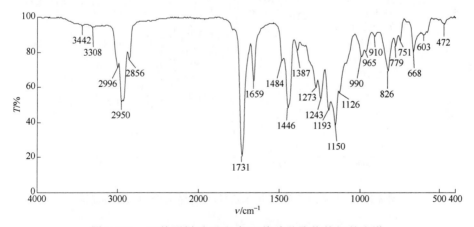

图 8.126　甲基丙烯酸甲酯-氯丁橡胶共聚物的红外光谱

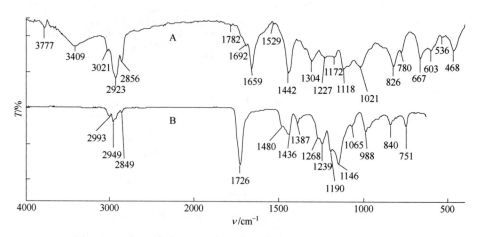

图 8.127　氯丁橡胶（A）和甲基丙烯酸甲酯（B）的红外光谱

8.4.13　甲基丙烯酸酯-苯乙烯-丙烯腈共聚物的红外光谱

甲基丙烯酸甲酯-苯乙烯-丙烯腈共聚物（MSA）的结构式是：

图 8.128 为甲基丙烯酸甲酯-苯乙烯-丙烯腈共聚物的红外光谱，图 8.129 为聚甲基丙烯酸甲酯、聚苯乙烯、聚丙烯腈的红外光谱。比较图 8.128 和图 8.129 可知，MSA 的红外光谱是三种单体均聚物红外光谱的叠加。图 8.128 中 3061 cm^{-1}、3028 cm^{-1}、2929 cm^{-1}、2853 cm^{-1}、1603 cm^{-1}、1493 cm^{-1}、1452 cm^{-1}、1377 cm^{-1}、1028 cm^{-1}、967 cm^{-1}、763 cm^{-1}、702 cm^{-1} 为聚苯乙烯的谱带；1723 cm^{-1}、1269 cm^{-1}、1244 cm^{-1}、1198 cm^{-1}、1163 cm^{-1}、1074 cm^{-1} 为聚甲基丙烯酸甲酯的谱带；2238 cm^{-1}、1637 cm^{-1} 为丙烯腈的谱带。

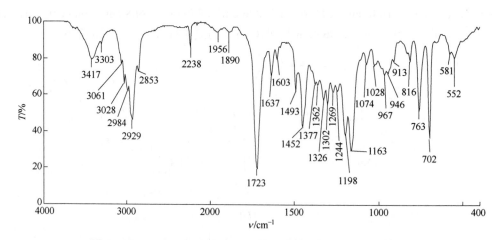

图 8.128　甲基丙烯酸甲酯-苯乙烯-丙烯腈共聚物的红外光谱

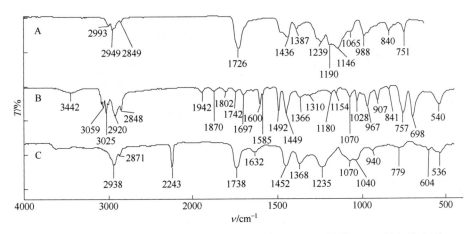

图 8.129　聚甲基丙烯酸甲酯（A）、聚苯乙烯（B）、丙烯腈（C）的红外光谱

8.5　杂链类高聚物的红外光谱

8.5.1　聚甲醛的红外光谱

聚甲醛（polyoxymethylene，POM）又称聚氧亚甲基，是一种没有侧链、高密度、高结晶、高熔点线型热塑性工程塑料，有均聚甲醛（POM-H）和共聚甲醛（POM-K）两种。均聚甲醛力学性能好，但热稳定性不及共聚甲醛。共聚甲醛合成工艺简单，易于成型加工，目前共聚甲醛在产量和发展趋势上都占优势。

聚甲醛是塑料中力学性能最接近金属材料的品种之一，可在 100 ℃下长期使用。其比强度接近金属材料，可在许多领域中代替金属。POM 具有优良的耐疲劳性和耐磨性，耐疲劳性是热塑性工程塑料中最高的。POM 蠕变小、电绝缘性好且有自润滑性，尺寸稳定性好，耐水、耐油。其缺点是阻燃性差、密度大（1.425 g/cm³），不耐无机酸和紫外线。

如果醇端基没有封闭，聚甲醛容易降解成单体。工程塑料用聚甲醛，经醚化或酯化方式封闭羰基。

均聚甲醛有低分子量和高分子量两种。低分子量聚甲醛可用作消毒剂。高分子量聚甲醛可用于制造密封圈、齿轮、轴承、阀门等机械零件。共聚甲醛由三聚甲醛与二氧戊烷开环聚合而成。两种聚合物的结构式如下：

$H_3C-\overset{O}{\underset{\|}{C}}-O+CH_2-O+_n\overset{O}{\underset{\|}{C}}-CH_3$　　　$H_3C-\overset{O}{\underset{\|}{C}}-O+CH_2-O+_n+CH_2-CH_2-O-CH_2-O+_m\overset{O}{\underset{\|}{C}}-CH_3$　（n>m）

均聚甲醛　　　　　　　　　　　共聚甲醛

图 8.130 是共聚甲醛的红外光谱。2980 cm⁻¹ 为 O—CH₂ 的反对称伸缩振动，2922 cm⁻¹ 为 O—CH₂ 的对称伸缩振动，由于与氧原子直接相连，频率较常值（2925 cm⁻¹、2855 cm⁻¹）高。1469 cm⁻¹ 为 C—CH₂ 的面内变角振动。1434 cm⁻¹ 为 O—CH₂ 的面内变角振动，由于与氧原子相连，频率较常值（1465 cm⁻¹）低。1290 cm⁻¹ 为 O—CH₂ 的扭曲振动，因与氧原子相连，强度增大。聚甲醛的相邻醚键的伸缩振动强烈偶合，谱带分裂并与 CH₂ 摇摆振动合频，形成 4 个高强吸收带，分别位于 1236 cm⁻¹、1091 cm⁻¹、934 cm⁻¹ 和 900 cm⁻¹。

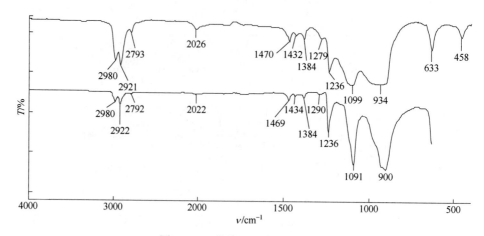

图 8.130 共聚甲醛的红外光谱

8.5.2 双酚 A 的红外光谱

双酚 A（bisphend A，BPA）学名为 2,2-二(4-羟基苯基)丙烷，简称二酚基丙烷，为白色晶体，熔点为 156~158 ℃，分子量为 228，不溶于水、脂肪烃，溶于丙酮、乙醇、甲醇、乙醚、乙酸及稀碱液，微溶于二氯甲烷、甲苯等。双酚 A 主要用于生产聚碳酸酯、环氧树脂、聚砜树脂、聚苯醚树脂、不饱和聚酯树脂等多种高分子材料，也用于生产增塑剂、阻燃剂、抗氧剂、热稳定剂、橡胶防老剂、农药、涂料等精细化工产品，在热敏纸中用作显色剂。

双酚 A 能引起内分泌失调，威胁胎儿和儿童的健康，癌症和新陈代谢紊乱导致的肥胖也被认为与此有关。欧盟认为含双酚 A 的奶瓶会诱发性早熟，从 2011 年 3 月 2 日起，禁止生产含双酚 A 的婴儿奶瓶。

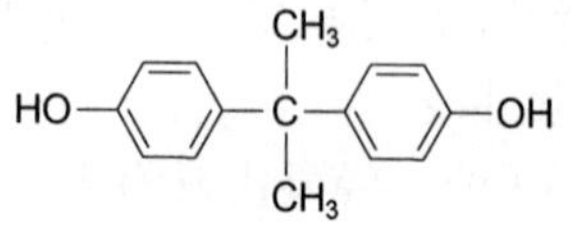

图 8.131 为 BPA 的结构式。图 8.132 为双酚 A 的红外光谱。3342 cm^{-1} 为 OH 的伸缩振动。3072 cm^{-1}、3031 cm^{-1} 为苯环上 =CH 伸缩振动，因为是不对称对位取代，所以谱带有两个。2966 cm^{-1}、2937 cm^{-1}、2869 cm^{-1} 为 CH_3 的伸缩振动。1615 cm^{-1}、1596 cm^{-1}、1508 cm^{-1}、1449 cm^{-1} 为苯环的伸缩振动。1449 cm^{-1}

图 8.131 双酚 A 的结构式

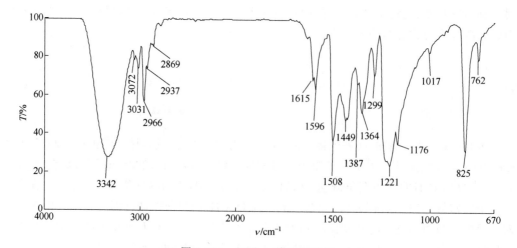

图 8.132 双酚 A 的红外光谱

也有 CH$_3$ 的反对称变角振动和 OH 面内变角振动的成分。两个 CH$_3$ 连接在同一个碳原子上，CH$_3$ 对称变角振动发生偶合，CH$_3$ 的对称变角振动谱带分裂为 1387 cm^{-1} 和 1364 cm^{-1}。

1221 cm^{-1}、1176 cm^{-1} 为叔丁基骨架振动，是双酚 A 的特征谱带。1176 cm^{-1} 也有苯环=CH 面内弯曲和 OH 的面内弯曲振动的成分。1299 cm^{-1} 为苯环的面外弯曲振动和 OH 面内变角振动的叠加。C–O 伸缩振动位于 1240 cm^{-1}。1017 cm^{-1} 为对位取代苯环上相邻两个=CH 的面内变角振动。825 cm^{-1}、762 cm^{-1} 为对位取代苯环上相邻两个=CH 的面外变角振动。

8.5.3 环氧树脂的红外光谱

环氧树脂（epoxy resin，EP）是指分子中含有 2 个或 2 个以上环氧基的高聚物。环氧树脂的分子结构是以分子链中含有活泼的环氧基为其特征，环氧基可以位于分子链的末端、中间或呈环状结构。由于分子结构中含有活泼的环氧基，使它们可与多种类型的含有活泼氢的固化剂发生交联反应而形成不溶、不熔的具有三维网状结构的热固性高聚物。

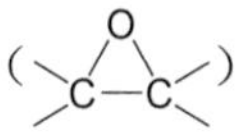

环氧树脂的品种很多，按类型可以分为双酚 A 型环氧树脂、双酚 S 环氧树脂、双酚 F 环氧树脂、脂环族环氧树脂、甘油环氧树脂等。其中最主要的是双酚 A 型环氧树脂，约占总产量的 90% 以上。它具有优良的黏结性、电绝缘性、耐热性和化学稳定性，收缩率和吸水率小，机械强度好，50% 左右用作涂料，其次是电绝缘材料、增强材料和黏结剂等。

8.5.3.1 双酚 A 型环氧树脂的红外光谱

双酚 A 型环氧树脂（bisphenol A epoxy resin）的学名为双酚 A 二缩水甘油醚，国内统一命名为 E 型环氧树脂，结构式为：

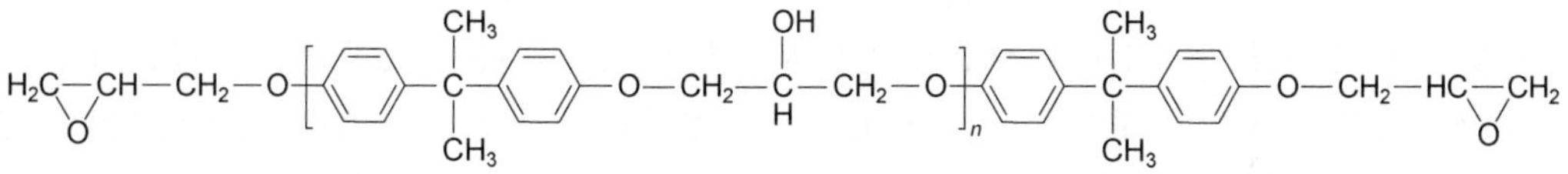

n 一般在 0~25 之间。根据分子量大小，环氧树脂可以分成各种型号。一般低分子量环氧树脂的 n 平均值小于 2，软化点低于 50 ℃，也称软环氧树脂；中等分子量环氧树脂的 n 值在 2~5 之间，软化点在 50~95 ℃ 之间；而 n 大于 5 的树脂，软化点在 100 ℃ 以上，称为高分子量树脂。

图 8.133 为双酚 A 型环氧树脂的红外光谱。3486 cm^{-1} 为羟基伸缩振动。3055 cm^{-1} 为苯环上=CH 的伸缩振动。2967 cm^{-1}、2873 cm^{-1} 为 CH$_3$ 的反对称伸缩振动和对称伸缩振动。2929 cm^{-1} 为 CH$_2$ 的反对称伸缩振动。1607 cm^{-1}、1582 cm^{-1}、1510 cm^{-1} 和 1456 cm^{-1} 为苯环伸缩振动。1470 cm^{-1}、1456 cm^{-1} 为 CH$_3$ 反对称变角振动和 CH$_2$ 面内变角振动的叠加。1415 cm^{-1} 为 O–CH$_2$ 中 CH$_2$ 的面内变角振动，因为与氧原子直接相连，频率较常值（1465 cm^{-1}）低。两个甲基连接在同一个碳原子上，CH$_3$ 对称变角振动产生偶合，分裂为 1384 cm^{-1}、1362 cm^{-1}，2763 cm^{-1} 为其倍频。1297 cm^{-1} 为 CH$_2$ 的扭曲振动、苯环的面外弯曲振动和 OH 的摇摆振动的叠加。1246 cm^{-1}、1184 cm^{-1} 为 C$_{Ar}$–O–C 的反对称伸缩振动和对称伸缩振动，因为氧原子的未共用电子对和苯环形成 p-π 共轭，使 C$_{Ar}$–O 键具有部分双键特性，频率升高；1246 cm^{-1}、1184 cm^{-1} 也有双酚 A 叔丁基骨架振动（1221 cm^{-1}、1176 cm^{-1}）的成分，是双酚 A 的特征谱带。1107 cm^{-1}、1085 cm^{-1}、1036 cm^{-1} 为脂肪族 C–O 伸缩振动。1012 cm^{-1} 为对位取代苯环上两个相邻=CH 的面内变角振动；971 cm^{-1}、915 cm^{-1} 和 772 cm^{-1} 为端基环氧环的吸收，完全

固化后这三个峰消失；830 cm^{-1} 为对位取代苯环上相邻两个=CH 的面外变角振动。574 cm^{-1} 为 C—O—C 弯曲振动。

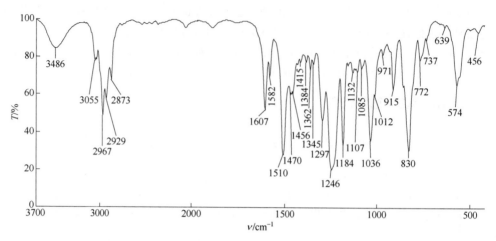

图 8.133　双酚 A 型环氧树脂的红外光谱

脂肪酯改性环氧树脂在 1740 cm^{-1} 有酯羰基 C=O 吸收，而 771 cm^{-1} 的环氧环吸收消失；915 cm^{-1} 谱带的强度宜用作环氧环的定量测定，也可用来测环氧树脂的分子量，环氧树脂聚合度增大，环氧基吸收峰强度减小，同时非端羟基 OH 的伸缩振动谱带强度增大。

1608 cm^{-1}、1510 cm^{-1}、1184 cm^{-1}、916 cm^{-1}、831 cm^{-1} 为环氧树脂特征谱带，当混合物的红外光谱中同时出现这些谱带时即表明很可能含有环氧树脂。

8.5.3.2　环氧-酰胺共聚树脂的红外光谱

环氧树脂是制备高性能复合材料的重要基体材料之一，能够赋予复合材料良好的力学性能和物理性能。双酚 A 型环氧树脂常用酸酐、聚酰胺和胺类作固化剂，固化剂的结构、品质、用量将直接影响环氧树脂固化物的性能及应用。聚酰胺是主要的固化剂品种之一，占环氧树脂固化剂总量的 30%以上，广泛用作涂料、黏合剂，用于土木、建筑、电气等领域。

环氧聚合物经聚酰胺-66 固化后所得环氧-酰胺共聚树脂的结构式可以用下式表示：

图 8.134 为环氧-酰胺共聚树脂的红外光谱，1608 cm^{-1}、1510 cm^{-1}、1183 cm^{-1}、829 cm^{-1} 同时存在是环氧树脂的标志谱带；1647 cm^{-1}、1546 cm^{-1} 同时存在是聚酰胺的标志谱带。图 8.135 为环氧树脂和聚酰胺-66 树脂的红外光谱。比较图 8.134 和图 8.135 可知，环氧-酰胺共聚树脂的红外光谱基本上是两种单体均聚物谱带的叠加。图 8.134 中 3309 cm^{-1} 为 OH、NH 的伸缩振动。3037 cm^{-1}、2929 cm^{-1}、1608 cm^{-1}、1580 cm^{-1}、1510 cm^{-1}、1461 cm^{-1}、1382 cm^{-1}、1362 cm^{-1}、1296 cm^{-1}、1247 cm^{-1}、1183 cm^{-1}、1085 cm^{-1}、1038 cm^{-1}、829 cm^{-1}、576 cm^{-1} 为环氧树脂的谱带。3309 cm^{-1}、2857 cm^{-1}、1647 cm^{-1}、1546 cm^{-1}、1461 cm^{-1}、1121 cm^{-1}、685 cm^{-1} 为聚酰胺的谱带。

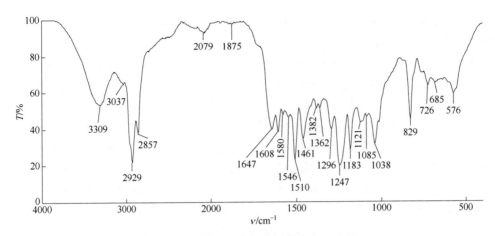

图 8.134 环氧-酰胺共聚树脂的红外光谱

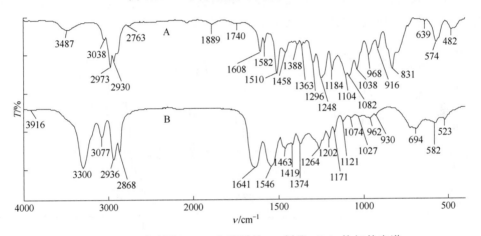

图 8.135 环氧树脂（A）和聚酰胺-66 树脂（B）的红外光谱

8.5.4 聚碳酸酯及其制品的红外光谱

8.5.4.1 聚碳酸酯的红外光谱

聚碳酸酯（polycarbonate，PC）是分子链中含有碳酸酯（$R^1\text{—O—CO—O—}R^2$）的一类高聚物的总称，依取代基 R^1、R^2 种类不同，分为脂肪族、芳香族、脂环族或脂肪-芳香族聚碳酸酯。

聚碳酸酯是一种热塑性树脂，为无臭、无色至黄色透明的固体。其种类很多，最具实用价值并投入工业生产的是双酚 A 型聚碳酸酯，其链节的结构式为：

$$\left[\text{O} - \text{C}_6\text{H}_4 - \text{C}(\text{CH}_3)_2 - \text{C}_6\text{H}_4 - \text{O} - \overset{\text{O}}{\underset{\|}{\text{C}}} \right]_n$$

在热塑性塑料中，双酚 A 型聚碳酸酯具有好的冲击韧性和延展性，弹性模量高，受温度的影响小；抗蠕变性能好，尺寸稳定性好；聚碳酸酯的透射率为 75%~90%，接近有机玻璃；着色性能好，可染成各种颜色；电绝缘性能良好，但低于 PE、PS 和聚四氟乙烯。

聚碳酸酯的缺点是制品容易产生应力开裂，耐溶剂、耐碱性能差，高温易水解，摩擦系数大，无自润滑性，耐磨和耐疲劳性都较低。

聚碳酸酯易于加工成型，不仅可以制成板、管、棒和薄膜等型材，还可用于制造机械、电器仪表零件，也可用于制防弹玻璃、车灯、头盔、医疗器械、桶装水水桶。由于透明性好，目前聚碳酸酯已取代聚酯成为用量最大的光盘基体材料。

图 8.136 为双酚 A 型聚碳酸酯的红外光谱。它的一个显著特点是羰基 C=O 伸缩振动频率高，位于 1776 cm^{-1}，苯氧基是一个强吸电子基，它使 C=O 键的电子云密度移向碳原子，两原子间电子云密度增加，键力常数增大，伸缩振动频率升高。由于一个分子的诱导效应或共轭效应都有加和性，碳酸酯羰基两侧均受苯氧基的诱导效应，所以它受到的诱导效应比单侧的大一倍，羰基伸缩振动频率比一般酯高 30~40 cm^{-1}。3042 cm^{-1} 为苯环的=CH 伸缩振动。2970 cm^{-1}、2883 cm^{-1} 分别为 CH$_3$ 的反对称伸缩振动和对称伸缩振动。1288 cm^{-1} 为 CH$_2$ 的扭曲振动、苯环的面外弯曲振动和 OH 的摇摆振动的叠加。1226 cm^{-1}、1195 cm^{-1}、1165 cm^{-1} 为 C-O-C 伸缩振动。1601 cm^{-1}、1504 cm^{-1} 为苯环骨架伸缩振动。1081 cm^{-1}、1015 cm^{-1}、557 cm^{-1} 为苯环上两个相邻=CH 面内变角振动，830 cm^{-1} 为对位取代苯环上两个相邻=CH 面外变角振动。768 cm^{-1} 为苯环面外弯曲振动。1388 cm^{-1}、1365 cm^{-1} 是同一碳原子上两个甲基的对称变角振动分裂所致。557 cm^{-1} 也有 C-O-C 弯曲振动成分。

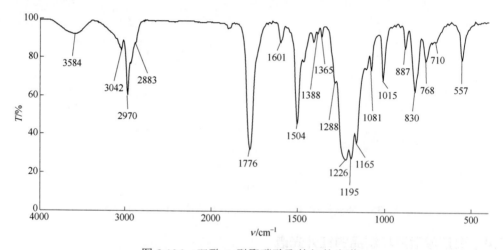

图 8.136　双酚 A 型聚碳酸酯的红外光谱

不同酚类（如对苯二酚、卤代双酚 A 等）制备的聚碳酸酯的光谱主要差别在 1110~910 cm^{-1} 之间。

8.5.4.2　聚碳酸酯与聚对苯二甲酸丁二酯共混塑料的红外光谱

聚碳酸酯制品耐开裂性和耐化学试剂性差，无自润滑性。为改进其性能，通过共聚、共混、增强等途径开发出很多聚碳酸酯改性品种。聚碳酸酯与低压聚乙烯、ABS、聚对苯二甲酸丁（乙）二酯等按一定比例共混，可有效改善聚碳酸酯的性能。如聚碳酸酯与聚烯烃共混后，具有更好的冲击韧性、耐沸水性和耐老化性，熔融黏度和注射温度降低，因而更易于加工成型。

聚碳酸酯与聚对苯二甲酸丁二酯（polybutylene terephthalate，PBT）共混塑料的结构式用下式表示：

图 8.137 是 PC 与 PBT 共混塑料的红外光谱，图 8.138 为 PBT 和 PC 的红外光谱。比较图 8.137 和图 8.138 可知，PBT 和 PC 共混塑料的红外光谱是两种原料红外光谱的叠加。图 8.137 中 2969 cm^{-1}、1774 cm^{-1}、1594 cm^{-1}、1505 cm^{-1}、1467 cm^{-1}、1365 cm^{-1}、1229 cm^{-1}、1195 cm^{-1}、1163 cm^{-1}、1104 cm^{-1}、1082 cm^{-1}、1016 cm^{-1}、887 cm^{-1}、831 cm^{-1}、768 cm^{-1}、557 cm^{-1} 为聚碳酸酯的谱带；3059 cm^{-1}、1720 cm^{-1}、1505 cm^{-1}、1409 cm^{-1}、1104 cm^{-1}、731 cm^{-1} 为聚对苯二甲酸丁二酯的谱带。

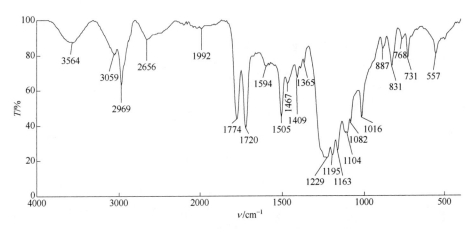

图 8.137　PC 与 PBT 共混塑料的红外光谱

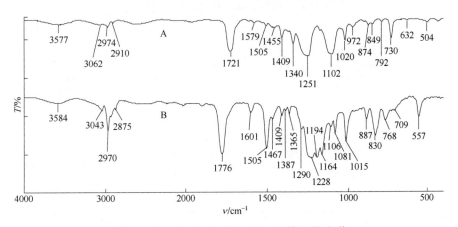

图 8.138　PBT（A）和 PC（B）的红外光谱

8.5.4.3　聚碳酸酯与 ABS 共混塑料的红外光谱

聚碳酸酯与 20%~40% 的 ABS 共混后，具有优良的综合性能，它既有聚碳酸酯的高机械强度和耐热性，又具有 ABS 好的流动性、便于加工的特点，各项性能指标大都介于 PC 和 ABS 之间，适用于制造高刚性、耐冲击制品，如安全帽、泵叶轮、汽车部件、电气仪表、框架、壳体等。

PC 与 ABS 共混塑料的结构式用下式表示：

图 8.139 是 PC 与 ABS 共混塑料的红外光谱，图 8.140 为 PC 与 ABS 的红外光谱。比较图 8.139 与图 8.140 可知，图 8.139 中 3062 cm^{-1}、3029 cm^{-1}、2926 cm^{-1}、2851 cm^{-1}、2238 cm^{-1}、1602 cm^{-1}、1453 cm^{-1}、1365 cm^{-1}、967 cm^{-1}、912 cm^{-1}、762 cm^{-1}、701 cm^{-1} 为 ABS 的谱带；2968 cm^{-1}、1775 cm^{-1}、1505 cm^{-1}、1410 cm^{-1}、1387 cm^{-1}、1365 cm^{-1}、1289 cm^{-1}、1234 cm^{-1}、1195 cm^{-1}、1164 cm^{-1}、1108 cm^{-1}、1082 cm^{-1}、1015 cm^{-1}、887 cm^{-1}、831 cm^{-1}、557 cm^{-1} 为聚碳酸酯的谱带；2926 cm^{-1}、762 cm^{-1} 为二者吸收的叠加。

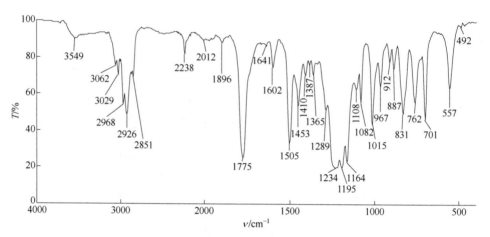

图 8.139　PC 与 ABS 共混塑料的红外光谱

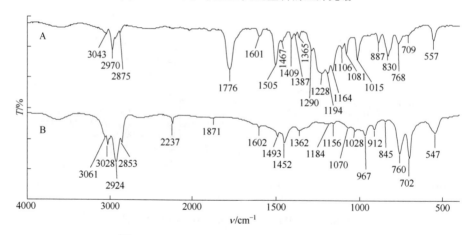

图 8.140　PC（A）和 ABS（B）的红外光谱

8.5.4.4　聚碳酸酯-聚丙烯酸酯-ABS 共混塑料的红外光谱

图 8.141 为汽车小灯反光牌塑料的红外光谱，图 8.142 为 PC、聚丙烯酸酯和 ABS 的红外光谱。比较图 8.141 和图 8.142 可知，图 8.141 中 1776 cm^{-1}、1602 cm^{-1}、1366 cm^{-1}、1229 cm^{-1}、1195 cm^{-1}、1164 cm^{-1}、1080 cm^{-1}、1015 cm^{-1}、833 cm^{-1} 和 552 cm^{-1} 为聚碳酸酯的谱带；1731 cm^{-1}、1453 cm^{-1}、1164 cm^{-1} 和 967 cm^{-1} 为聚丙烯酸酯的谱带；3062 cm^{-1}、3028 cm^{-1}、2921 cm^{-1}、2851 cm^{-1}、2238 cm^{-1}、1602 cm^{-1}、1494 cm^{-1}、1453 cm^{-1}、1366 cm^{-1}、967 cm^{-1}、911 cm^{-1}、760 cm^{-1}、701 cm^{-1} 为 ABS 的谱带。

汽车小灯反光牌塑料为聚碳酸酯-聚丙烯酸酯-ABS 共混塑料。

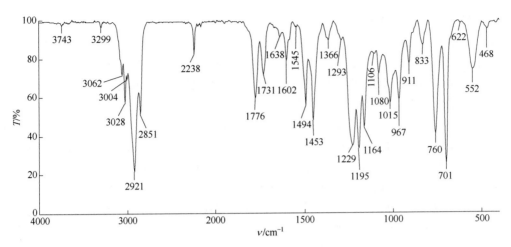

图 8.141 汽车小灯反光牌塑料的红外光谱

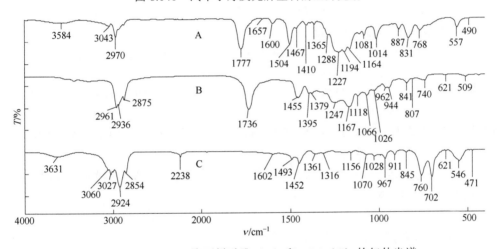

图 8.142 PC（A）、聚丙烯酸酯（B）和 ABS（C）的红外光谱

8.5.5 聚酰胺的红外光谱

聚酰胺（polyamide，PA）是链节中含有酰氨基团（—C(=O)—N—H—）的一大类高分子化合物，通常称其为尼龙（nylon）。聚酰胺兼具胺和羰基化合物的特点。

聚酰胺的种类较多，有多种分类方法，按分子结构可分为脂肪族聚酰胺、芳香族聚酰胺、半芳香族聚酰胺；按 N 原子连接的 H 原子数，分为伯酰胺、仲酰胺和叔酰胺。

脂肪族聚酰胺（aliphatic transparent polyamide）可以由内酰胺开环聚合、或脂肪族二元酸与脂肪族二元胺缩聚、或氨基脂肪酸缩聚得到；芳香族聚酰胺（polyarylamide，PAA）由芳香族二元胺与芳香族二元酸缩聚而得；半芳香族聚酰胺（semi-aromatic transparent polyamide，SATPA）由芳香族二元酸与脂肪族二元胺或由脂肪族二元酸与芳香族二元胺等单体共聚制得。

为了区别聚酰胺的各个品种，往往在"聚酰胺"三个字的后面加上一些阿拉伯数字，如聚酰胺-6（PA-6）、聚酰胺-66（PA-66）、聚酰胺-1010（PA-1010）等。

内酰胺自聚物后面的数字代表它单体中的碳原子数，例如聚酰胺-6，就是由含 6 个碳原子的己内酰胺单体聚合而成。

由二元酸和二元胺生产的聚酰胺，聚酰胺后面的数字指二元胺和二元酸的碳原子数。胺的碳原子数在前，酸的原子数在后。例如聚酰胺-610 是由 6 个碳原子的己二胺与 10 个碳原子的癸二酸缩聚而成；聚酰胺-1010 是由含 10 个碳原子的癸二胺和含 10 个碳原子的癸二酸聚合而成。锦纶纤维在"锦纶"或"尼龙"后所加的数字遵循同样的原则。

聚酰胺常用来生产辊轴、风扇叶片、高压密封扣卷、垫片、储油容器、绳索、砂轮胶黏剂等。不同的聚酰胺盐类或聚酰胺盐和氨基酸，可以结合形成共聚物。聚酰胺聚合物和聚酰胺共聚物之间、聚酰胺聚合物与聚酰胺聚合物之间或共聚物与共聚物之间都可以熔化混合而生成合胶。

聚酰胺分子规整、极性大、易结晶，因而具有良好的力学性能。其刚性逊于金属，但比抗拉强度高于金属，比抗压强度与金属相近，因此可代替金属材料。聚酰胺的最大特点是韧性、耐磨性、自润滑性良好，抗蠕变性能较差。聚酰胺的热变形温度为 66~110 ℃，长期使用温度可达 80 ℃，短时间内可达 100 ℃。

聚酰胺广泛用于各种机械、电气部件，尤其是耐磨、耐腐蚀的零件，如轴承、齿轮等。

8.5.5.1 脂肪族聚酰胺的红外光谱

脂肪族聚酰胺中，属于二元胺与二元酸缩聚物的主要有聚酰胺-66（PA-66，己二胺己二酸缩聚物），结构式为 $\{C-(CH_2)_4-C-N-(CH_2)_6-N\}_n$；聚酰胺-610（PA-610，己二胺与癸二酸缩聚物），结构式为 $\{C-(CH_2)_8-C-N-(CH_2)_6-N\}_n$；聚酰胺-1010（PA-1010，癸二胺与癸二酸缩聚物），结构式为 $\{C-(CH_2)_8-C-N-(CH_2)_{10}-N\}_n$。此外还有聚酰胺-T（PA-T）、聚酰胺-612（PA-612）、聚酰胺-613（PA-613）等。

属于内酰胺自聚物的主要有聚己内酰胺（聚酰胺-6，PA-6），结构式为 $-C-(CH_2)_5-NH-$，聚十一内酰胺（聚酰胺-11，PA-11）、聚十二内酰胺（聚酰胺-12，PA-12）。此外还有聚酰胺-4（PA-4）、聚酰胺-7（PA-7）、聚酰胺-8（PA-8）、聚酰胺-9（PA-9）、聚酰胺-13（PA-13）等。

脂肪族聚酰胺的红外光谱主要由酰氨基的振动（$v_{C=O}$、v_{N-H}、$\delta_{面内 N-H}$、v_{C-N}）和亚甲基链的振动组成（见图 8.144~图 8.146）。

以图 8.144 的 PA-6 的红外光谱为例，说明各谱带的归属。3306 cm^{-1} 为成氢键的 NH 伸缩振动，比 CH 伸缩振动频率高，这是因为：①N-H 键为 sp^3 不等性杂化键，N-H 键 s 轨道成分多于 sp^3 杂化的 C-H 键；②羰基与氮原子的未共用电子对发生 p-π 共轭，N-H 键具有部分双键特性。因此 N-H 键的键力常数（6.5）大于 C-H 键的键力常数（4.7~5.1）。

PA-6 属仲酰胺，仲酰胺 N-H 伸缩振动常出现多重峰，这是因为羰基与氮原子的未共用电子对形成 p-π 共轭，使 C-N 键旋转受阻而产生顺、反异构体。顺式易缔合成二聚体，反式易缔合成多聚体。如下所示：

顺式二聚体　　　　　反式多聚体

2925 cm^{-1} 为 CH$_2$ 的反对称伸缩振动，2855 cm^{-1} 为 CH$_2$ 的对称伸缩振动。1642 cm^{-1} 为羰基伸缩振动，称作酰胺Ⅰ带。在酰胺分子中，N 原子与羰基直接相连，①羰基受 N 原子的吸电子诱导效应影响，伸缩振动频率升高；②羰基与氮原子的未共用电子对发生 p-π 共轭，双键特性降低，伸缩振动频率降低。在酰胺分子中，共轭效应比诱导效应强，C=O 双键特性降低，频率降低，比羧酸、酯羰基都低，见图 8.143。

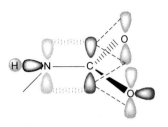

图 8.143　酰胺基的结构模型

1546 cm^{-1} 是酰胺Ⅱ带，属 N-H 面内变角振动和 C-N 伸缩振动的偶合谱带，其中前者的贡献多于后者，3072 cm^{-1} 是 1546 cm^{-1} 的倍频。反式氢（—C(=O)—N(H)—）面外摇摆振动的倍频位于 1540 cm^{-1}，顺式氢（—C(=O)—N(H)—）面外摇摆振动的倍频位于 1430 cm^{-1}。1273 cm^{-1} 是酰胺Ⅲ带，也是 N-H 面内变角振动和 C-N 伸缩振动的偶合谱带，只是前者贡献少于后者。1462 cm^{-1} 为 CH$_2$ 面内变角振动。722 cm^{-1} 为 (CH$_2$)$_n$（$n>4$）面内摇摆振动。700 cm^{-1} 为 N-H 面外摇摆振动，称作酰胺Ⅴ带。654 cm^{-1} 为 O=C-N 面内变角振动，称作酰胺Ⅳ带。谱线 B 中，585 cm^{-1} 为 O=C-N 面外变角振动，称作酰胺Ⅵ带。

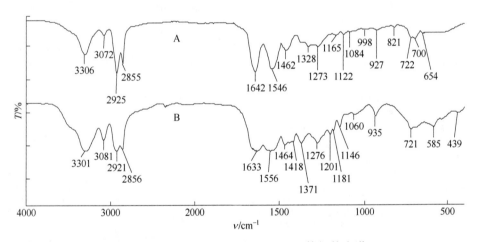

图 8.144　PA-6（A）和 PA-66（B）的红外光谱

脂肪族聚酰胺在化学结构上的区别只是 -CH$_2$- 链长短的不同，CH$_2$ 的面外摇摆振动频率位于 1350~1180 cm^{-1}。在熔融状态，各种聚酰胺的红外光谱几乎没有差别，但在低于熔融温度时，不同的聚酰胺结晶区分子间的相互作用不同，其红外光谱在指纹区有不大的差别。观察图 8.145 和图 8.146 可知，仅用红外光谱仪通常难以区分不同类型的聚酰胺。

可以用差示扫描量热法（differential scanning calorimetry，DSC）区分脂肪族聚酰胺。例如 PA-6 和 PA-66 的熔融温度分别约是 221 ℃ 和 259 ℃；PA-6 和 PA-66 的熔融热焓分别为 89.4 J/g 和 73.4 J/g。用 DSC 很容易把它们相互区别开，见图 8.147。

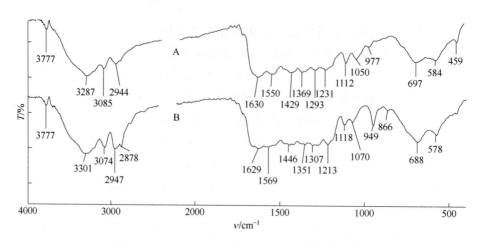

图 8.145　PA-3（A）和 PA-4（B）的红外光谱

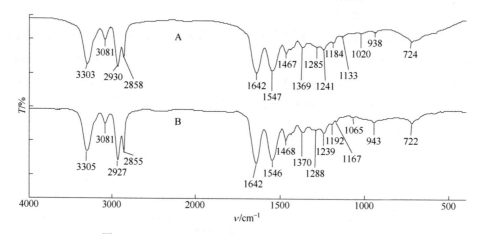

图 8.146　PA-610（A）和 PA-1010（B）的红外光谱

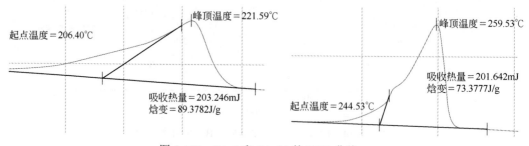

图 8.147　PA-6 和 PA-66 的 DSC 曲线

脂肪族聚酰胺、天然蛋白质（图 8.148 谱线 A 是鸡蛋清的红外光谱、谱线 C 是头发的红外光谱）、脲醛树脂以及聚氨基甲酸酯（图 8.148 谱线 D 是聚氨酯的红外光谱），在它们的结构中都含有仲酰胺基和亚甲基，因此它们的红外光谱相似。然而天然蛋白质和脲醛树脂 CH_2 链比聚酰胺短，因此 2940 cm^{-1}、2860 cm^{-1} 和 1460 cm^{-1} 附近谱带的强度比聚酰胺弱得多，甚至 2860 cm^{-1} 和 1460 cm^{-1} 谱带不出现。天然蛋白质和脲醛树脂结构相当复杂，故不似聚酰胺在 3300 cm^{-1}、1642 cm^{-1} 和 1550 cm^{-1} 处有尖锐并且位置比较固定的谱带，这些谱带通常变得很宽。此外，聚氨基甲酸酯的光谱与聚酰胺的光谱比较，羰基的伸缩振动谱带从 1642 cm^{-1} 移到 1695 cm^{-1} 附近，而且聚氨基甲酸酯在 1247 cm^{-1} 和 765 cm^{-1} 的谱带比聚酰胺强得多。

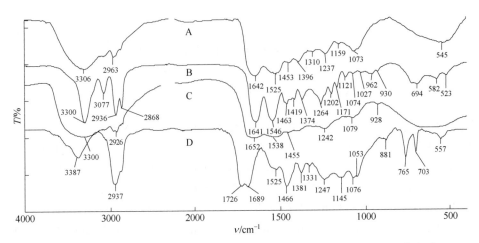

图 8.148　鸡蛋清（A）、PA-6（B）、头发（C）和聚氨酯（D）的红外光谱

8.5.5.2　半芳香族透明聚酰胺的红外光谱

透明聚酰胺（transparent polyamide）是指在聚酰胺的通常成型条件下能得到透明试样，并且其试样在热处理、吸水处理时也不会由于后结晶化而丧失透明性的聚酰胺。

透明聚酰胺具有优异的透明性、热稳定性、尺寸稳定性、电绝缘性、耐老化性。透明聚酰胺强度高、无毒、无臭，成型收缩率低，线膨胀系数小，耐腐蚀，易与其他非结晶或半结晶聚酰胺形成合金，可用于制油箱、输油管、打火机油槽、流量计套、过滤器盖、滤杯、断路器、眼镜片和高压开关壳体、继电器、连接器等，特别在光学仪器、精密部件、计量仪表、食品包装和高档体育器材等方面有广泛的应用。

透明聚酰胺的品种很多，有不同的分类方法。根据大分子链结构，可以把透明聚酰胺分为以下三类。

（1）半芳香族透明聚酰胺　半芳香族透明聚酰胺（semi-aromatic transparent polyamide，SATPA）是由芳香族二元酸与脂肪族二元胺或由脂肪族二元酸与芳香族二元胺等单体共聚制得。其特点是聚酰胺分子链中引入芳香环，大大提高了耐热性和力学性能，同时，降低了吸水率。这是目前拥有工业化产品最多的一种透明聚酰胺。

（2）芳香族透明聚酰胺　芳香族透明聚酰胺（aromatic transparent polyamide，ATPA）通常由芳香族二元酸与芳香族二元胺缩聚制得。其耐热性比半芳香族透明聚酰胺好，其强度高，但是熔点太高，难于加工成型。目前研制的产品有用 2-氨基 6-(4-氨基苯)-6-甲基庚烷和间苯二甲酸二苯酯合成的透明聚酰胺。

（3）脂肪族透明聚酰胺　脂肪族透明聚酰胺（aliphatic transparent polyamide）是由内酰胺开环聚合、脂肪族二元酸与脂肪族二元胺缩聚或氨基脂肪酸缩聚制得。目前研制的产品有PA66/6 共聚物、PA6/12 共聚物等。

聚对苯二甲酰三甲基己二胺（polytrimethyl hexamethylene terephthalamide）是目前产量最大、应用最广的半芳香族透明聚酰胺，由对苯二甲酸（terephthalic acid）与三甲基己二胺（trimethylhexamethylenediamine）缩聚而得。聚对苯二甲酰三甲基己二胺的透射率高达 90%~92%，热变形温度为 160 ℃，耐水煮，冲击韧性和刚性较好，在光学仪器、计量仪表、精密部件、汽车和电气机械零件方面有广泛应用。

聚对苯二甲酰三甲基己二胺结构式如图 8.149 所示。

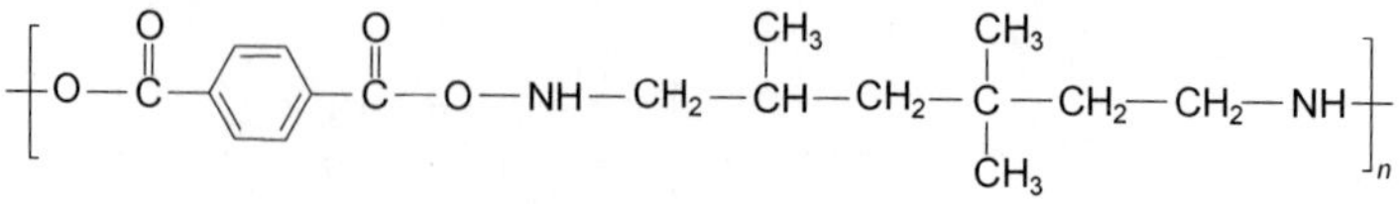

图 8.149 聚对苯二甲酰三甲基己二胺的结构式

图 8.150 为医用输液导管透明尼龙的红外光谱。3303 cm^{-1} 为 NH 的伸缩振动。2929 cm^{-1}、2857 cm^{-1} 为 CH$_2$、CH$_3$ 的伸缩振动。1643 cm^{-1} 为羰基伸缩振动，称作酰胺Ⅰ带，在酰胺分子中，羰基受 N 原子的吸电子诱导效应影响，伸缩振动频率升高；羰基与氮原子的未共用电子对发生 p-π 共轭，伸缩振动频率降低。在聚酰胺分子中，共轭效应比诱导效应强，C=O 双键特性降低，频率降低。1553 cm^{-1} 是酰胺Ⅱ带，属 N-H 面内变角振动和 C-N 伸缩振动的耦合谱带，其中前者成分多于后者，3084 cm^{-1} 是 1553 cm^{-1} 的倍频。1239 cm^{-1} 是酰胺Ⅲ带，也是 N-H 面内变角振动和 C-N 伸缩振动的耦合吸收，只是前者贡献少于后者。1467 cm^{-1} 为 CH$_3$ 的反对称变角振动和 CH$_2$ 面内变角振动的叠加。1371 cm^{-1} 为 CH$_3$ 的对称变角振动。1308 cm^{-1} 为次甲基（CH）的面内变角振动与 CH$_2$ 面外变角振动的合频。722 cm^{-1} 为 [CH$_2$]$_n$（$n \geq 4$）面内变角振动。1734 cm^{-1} 是助剂 C=O 的伸缩振动。

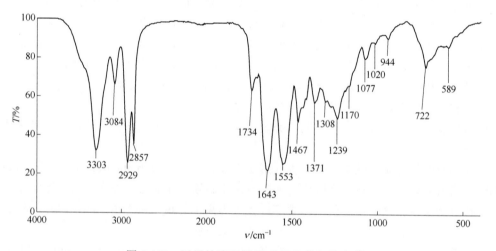

图 8.150 医用输液导管透明尼龙的红外光谱

8.5.5.3 芳香族聚酰胺的红外光谱

芳香族聚酰胺（polyarylamide，PAA）是指链节中含芳环的聚酰胺，由芳香二胺与芳香二酸缩聚而得。

芳香族聚酰胺主要用于生产芳香族聚酰胺纤维（芳纶，aromatic polyamide fibre）。芳纶中最具实用价值的品种有两个：一是分子链呈锯齿状排列的间位芳纶纤维 [poly(m-phenylene isophthlamide)fiber，MPIA]，我国称之为芳纶-1313；二是分子链呈直线状排列的对位芳香族聚酰胺纤维（project preparation technical assistance fiber，PPTA），我国称之为芳纶-1414。两者化学结构相似，性能差异却很大，应用领域不同。芳纶-1313 具有突出的耐高温、阻燃性和绝缘性，主要用于高级防护服、电绝缘和反渗透膜等领域。芳纶-1414 则具有高强度、高模量的特点，主要用于个体防护、防弹装甲、力学橡胶制品、高强缆绳。芳纶-1313 和芳纶-1414 的结构式如下：

图 8.151 为芳香族聚酰胺-1313 的红外光谱。3326 cm^{-1} 为 NH 伸缩振动。3080 cm^{-1} 为苯环上 =CH 伸缩振动和酰胺 II 带倍频的叠加。1673 cm^{-1} 为酰胺 I 带，羰基的伸缩振动。1612 cm^{-1}、1488 cm^{-1} 为苯环伸缩振动。1554 cm^{-1} 为酰胺 II 带，属 N-H 面内变角振动和 C-N 伸缩振动的偶合，其中前者的贡献多于后者。1307 cm^{-1}、1265 cm^{-1} 是酰胺 III 带，属 N-H 面内变角振动和 C-N 伸缩振动的偶合，其中前者的贡献少于后者。1415 cm^{-1}、1326 cm^{-1}、1265 cm^{-1}、1199 cm^{-1} 是 C-N、C-C 伸缩振动，因共轭具有部分双键特性，频率较高，且又因为频率相近具体指认困难。1087 cm^{-1}、998 cm^{-1} 是苯环上 =CH 面内变角振动。823 cm^{-1}、779 cm^{-1} 是苯环上=CH 面外变角振动。

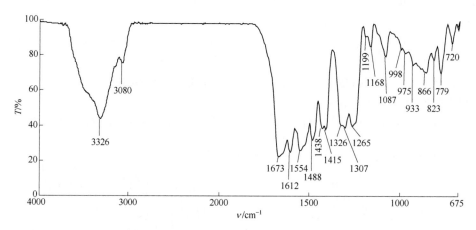

图 8.151 芳香族聚酰胺-1313 的红外光谱

图 8.152 为芳香族聚酰胺-1414 的红外光谱。3321 cm^{-1} 是 NH 伸缩振动。3054 cm^{-1} 为苯环上=CH 伸缩振动。1649 cm^{-1} 是酰胺 I 带，为羰基伸缩振动。1540 cm^{-1} 是酰胺 II 带，属 N-H 面内变角振动和 C-N 伸缩振动的偶合，其中前者的成分多于后者；1264 cm^{-1} 是酰胺 III 带，属 N-H 面内变角振动和 C-N 伸缩振动的偶合，其中前者的贡献少于后者。红外光谱中也可

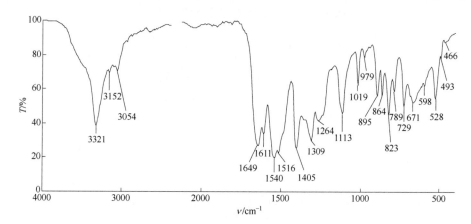

图 8.152 芳香族聚酰胺-1414 的红外光谱

以观察到芳香族体系的谱带，1611 cm^{-1}、1516 cm^{-1} 为苯环骨架振动。1405 cm^{-1}、1309 cm^{-1}、1264 cm^{-1}、1113 cm^{-1} 是 C—N、C—C 伸缩振动，因共轭具有部分双键特性，频率较高，又因为频率相近具体指认困难。1019 cm^{-1} 是苯环上相邻两个 =CH 的面内变角振动。864 cm^{-1}、729 cm^{-1} 是苯环上相邻两个 =CH 面外变角振动。

芳香族聚酰胺-1313 羰基的伸缩振动位于 1673 cm^{-1}，芳香族聚酰胺-1414 羰基的伸缩振动位于 1649 cm^{-1}，二者相差 24 cm^{-1}。这是因为前者是间位取代，苯环取代基体积比较大，位阻效应使羰基不能与氮原子的孤电子对、苯环很好共轭，伸缩振动频率升高；后者是对位取代，羰基与氮原子孤电子、苯环的共轭，不受位阻效应影响，伸缩振动频率较低。

8.5.5.4　含滑石粉的聚酰胺的红外光谱

图 8.153 为黑色汽车塑料零件的红外光谱。第一，1639 cm^{-1}、1542 cm^{-1} 同时存在，它们是聚酰胺的标志谱带，据此猜想黑色汽车塑料零件可能含聚酰胺。

第二，3304 cm^{-1}、3085 cm^{-1} 也同时存在，它们也是聚酰胺的标志谱带。据以上两点基本可以确定黑色汽车塑料零件含聚酰胺。

第三，图 8.153 中，除聚酰胺的谱带外，还有其他谱带，其中 671 cm^{-1}、1018 cm^{-1} 同时存在是滑石粉的标志谱带。据此猜想黑色汽车塑料零件可能含滑石粉。

第四，图 8.153 中，3675 cm^{-1} 谱带存在，它也是滑石粉的标志谱带。据以上两点基本可以确定黑色汽车塑料零件含滑石粉。

图 8.154 为聚酰胺和滑石粉的红外光谱。比较图 8.153 和图 8.154 可知，图 8.153 中

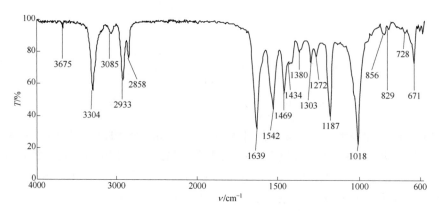

图 8.153　黑色汽车塑料零件的红外光谱

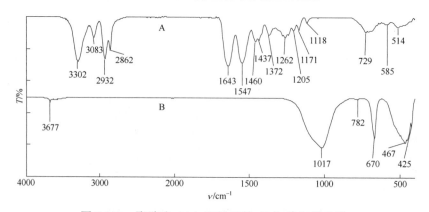

图 8.154　聚酰胺（A）和滑石粉（B）的红外光谱

3304 cm^{-1}、3085 cm^{-1}、2933 cm^{-1}、2858 cm^{-1}、1639 cm^{-1}、1542 cm^{-1}、1469 cm^{-1}、1434 cm^{-1}、1380 cm^{-1}、1272 cm^{-1}、728 cm^{-1}为聚酰胺的谱带；1018 cm^{-1}、671 cm^{-1}、3675 cm^{-1}为滑石粉的谱带。黑色汽车塑料零件的原料为含滑石粉的聚酰胺。

8.5.5.5 含滑石粉的聚酰胺-聚酯共混物的红外光谱

图 8.155 为白色塑料棒的红外光谱。第一，1641 cm^{-1}、1543 cm^{-1}同时存在，它们是聚酰胺的标志谱带，据此猜想白色塑料棒可能含聚酰胺。

第二，3304 cm^{-1}、3082 cm^{-1}也同时存在，它们是聚酰胺的标志谱带。据以上两点基本可以确定白色塑料棒含聚酰胺。

第三，1019 cm^{-1}、727 cm^{-1}同时存在，它们是聚酯（PBT）的标志谱带，据此猜想白色塑料棒可能含 PBT。

第四，1722 cm^{-1}、1102 cm^{-1}也同时存在，它们也是 PBT 的标志谱带。据以上两点基本可以确定白色塑料棒含聚酯。

第五，图 8.155 中，除聚酰胺和聚酯的谱带外，还有其他谱带，其中 671 cm^{-1}、465 cm^{-1}同时存在是滑石粉的标志谱带，据此猜想白色塑料棒可能含滑石粉。

第六，1019 cm^{-1}谱带存在，它也是滑石粉的标志谱带。据以上两点基本可以确定白色塑料棒含滑石粉。

图 8.156 为聚酰胺、滑石粉和 PBT 的红外光谱。比较图 8.155 和图 8.156 可知，图 8.155 中

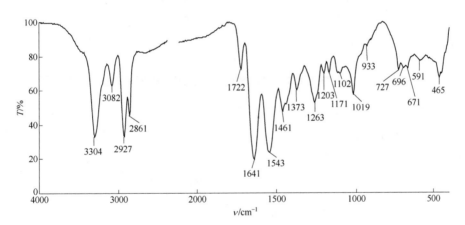

图 8.155　白色塑料棒的红外光谱

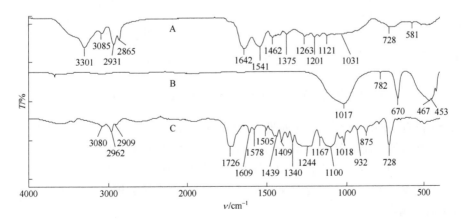

图 8.156　聚酰胺（A）、滑石粉（B）和 PBT（C）的红外光谱

3304 cm^{-1}、3082 cm^{-1}、2927 cm^{-1}、2861 cm^{-1}、1641 cm^{-1}、1543 cm^{-1}、1461 cm^{-1}、1373 cm^{-1}、1203 cm^{-1}、1171 cm^{-1}、696 cm^{-1}为聚酰胺的谱带；1722 cm^{-1}、1373 cm^{-1}、1263 cm^{-1}、1102 cm^{-1}、1019 cm^{-1}、727 cm^{-1}为聚酯的谱带；1019 cm^{-1}、671 cm^{-1}、465 cm^{-1}为滑石粉的谱带。白色塑料棒的原料为含滑石粉的聚酰胺-聚酯共混物。

8.5.5.6 玻璃纤维增强聚酰胺零件的检验

有一黑色塑料零件，在体视显微镜下观察有玻璃纤维。图 8.157 为黑色塑料零件的红外光谱，图 8.158 为黑色塑料零件和聚酰胺的红外光谱比较。通过比较可知，黑色塑料零件的塑料为聚酰胺。

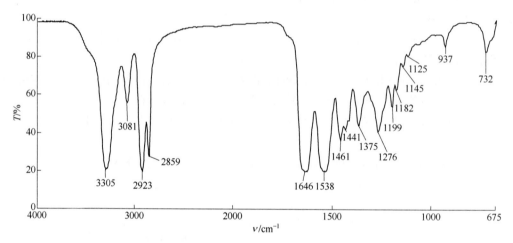

图 8.157　黑色塑料零件的红外光谱

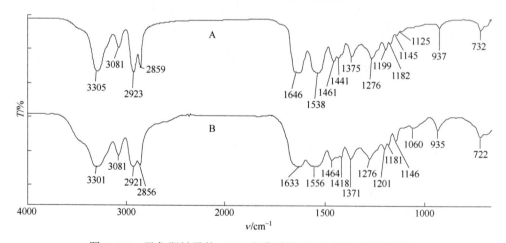

图 8.158　黑色塑料零件（A）和聚酰胺（B）的红外光谱比较

图 8.157 没有反映玻璃纤维的红外吸收。经扫描电镜/能谱仪检验，黑色塑料零件的电子图像如图 8.159 所示，能谱图如图 8.160 所示，各元素的含量如表 8.2 所示。图 8.159 中圆柱状的突出物是玻璃纤维放大 700 倍时的电子图像。图 8.160 中氧元素来自玻璃纤维和聚酰胺，碳元素来自聚酰胺，钙、硅、铝元素来自玻璃纤维。综合上述分析，黑色塑料零件的材料为玻璃纤维增强聚酰胺。

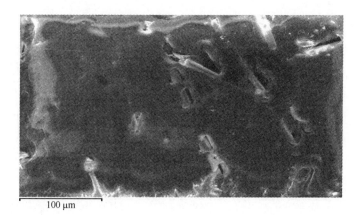

图 8.159　黑色塑料零件扫描电镜图像

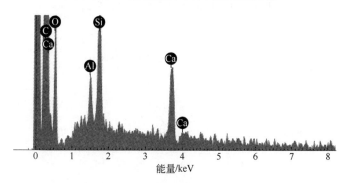

图 8.160　黑色塑料零件的能谱图

表 8.2　黑色塑料零件中各元素的含量

元素	质量分数/%	原子分数/%	元素	质量分数/%	原子分数/%
C	77.01	82.32	Si	0.99	0.45
O	21.00	16.85	Ca	0.63	0.20
Al	0.37	0.17	总量	100.00	

8.5.5.7　含滑石粉的玻璃纤维增强聚酰胺零件的检验

一红色塑料零件的红外光谱如图 8.161 所示。图 8.162 为聚酰胺、红色塑料零件和滑石粉的红外光谱。通过比较可知，图 8.161 中 3305 cm^{-1}、3081 cm^{-1}、2923 cm^{-1}、2854 cm^{-1}、1641 cm^{-1}、1545 cm^{-1}、1461 cm^{-1}、1375 cm^{-1}、1275 cm^{-1}、1199 cm^{-1}、1148 cm^{-1} 为聚酰胺的谱带。1018 cm^{-1} 可能是滑石粉的谱带。

红外光谱仪用 DTGS（重氢三甘醇硫酸盐，氘化硫酸三苷肽）检测器于室温下在 4000~400 cm^{-1} 扫描，滑石粉能显示 3677 cm^{-1}、1017 cm^{-1}、670 cm^{-1}、467 cm^{-1}、453 cm^{-1}、425 cm^{-1} 6 个谱带（图 8.162 谱线 C）。如果混合物的红外光谱中同时存在这 6 个峰中的 3 个或更多，可以有把握地确认混合物中有滑石粉；若只出现 1~2 个谱带，就先假设混合物中有滑石粉，然后借助其他仪器验证。红外光谱仪用 MCT 检测器（mercury cadmium tellurium，半导体碲化镉和半金属化合物碲化汞混合物），在液氮冷却下只能在 4000~675 cm^{-1} 扫描，滑石粉只能显示 3679 cm^{-1}、1018 cm^{-1} 2 个谱带，见图 8.161。这时有两种方法可以选择，以证实红色塑料零件中是否含滑石粉：①把扫描范围扩大为 4000~600 cm^{-1}；②用扫描电镜/能谱仪等仪器验证。

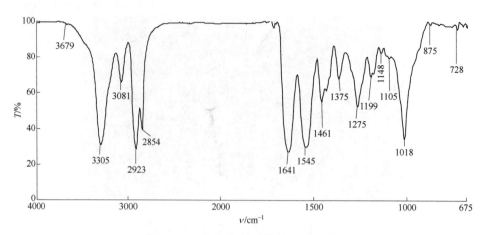

图 8.161　红色塑料零件的红外光谱

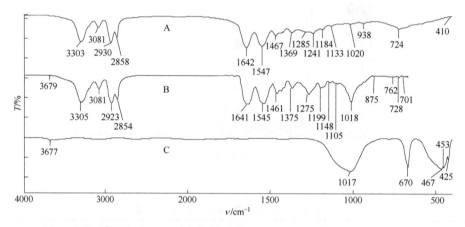

图 8.162　聚酰胺（A）、红色塑料零件（B）和滑石粉（C）的红外光谱

图 8.163　红色塑料零件的扫描电子显微镜图像

用手术刀取红色塑料零件样品少许，置于扫描电镜/能谱仪样品台，经扫描电镜/能谱仪（SEM/EDX）检验，红色塑料零件的扫描电子显微镜图像如图 8.163 所示，能谱图如图 8.164 所示，各元素比例如表 8.3 所示。图 8.163 中圆柱状的物质是玻璃纤维放大 700 倍时的电子图像。图 8.164 中氧、钙、硅、铝为红色塑料零件中玻璃纤维所含元素；碳、氧为聚酰胺所含元素；氧、硅、镁为滑石粉（水合硅酸镁）所含元素。

表 8.3　红色塑料零件中各元素的含量

元素	质量分数/%	原子分数/%	元素	质量分数/%	原子分数/%
C	65.49	73.10	Al	0.73	0.36
O	29.07	24.36	Si	2.78	1.33
Mg	0.95	0.52	Ca	0.99	0.33
总量	100.00				

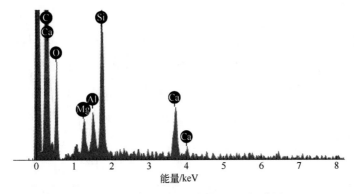

图 8.164 红色塑料零件的 EDX 能谱图

扫描电镜/能谱仪检验不仅验证了滑石粉的存在，还检验出了红外光谱没有反映出的玻璃纤维的存在。综合上述分析，红色塑料零件材料为含滑石粉的玻璃纤维增强聚酰胺。

红外光谱中 700~400 cm^{-1} 能反映物质的许多重要信息，分析红外光谱时尽量不要舍弃这一区域。除滑石粉外，常见物质中在这一区域有重要谱带的还有聚氯乙烯、高岭土、硫酸钡和磷酸锌等物质，见图 8.165。

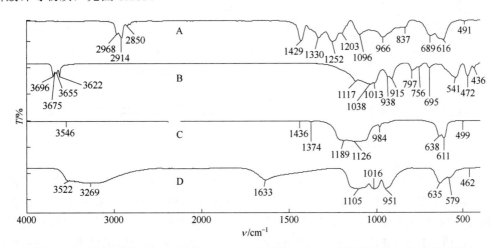

图 8.165 聚氯乙烯（A）、高岭土（B）、硫酸钡（C）和磷酸锌（D）的红外光谱

8.5.5.8 丙烯腈与聚酰胺共聚物型假发的红外光谱

图 8.166 为一种假发的红外光谱。2245 cm^{-1} 谱带存在，说明假发含氰基；1665 cm^{-1}、1543 cm^{-1} 同时存在，说明假发含酰胺基。图 8.167 为聚酰胺和丙烯腈的红外光谱。比较图 8.166 和图 8.167 可知，图 8.166 中 2936 cm^{-1}、1665 cm^{-1}、1543 cm^{-1}、1222 cm^{-1}、1077 cm^{-1}、933 cm^{-1} 为聚酰胺的谱带；3615 cm^{-1}、3548 cm^{-1}、2936 cm^{-1}、2874 cm^{-1}、2245 cm^{-1}、1733 cm^{-1}、1449 cm^{-1}、1361 cm^{-1}、1222 cm^{-1}、1077 cm^{-1}、1043 cm^{-1} 为丙烯腈（包括第二、第三单体）的谱带。假发为丙烯腈与聚酰胺的共聚物。

8.5.5.9 聚乙烯与聚酰胺生产的气柱袋的红外光谱

气柱袋又称缓冲气柱袋，是 21 世纪使用空气填充的新式包装物。线性低密度聚乙烯（LLDPE）和聚酰胺（PA）通过贴合或共挤方式，生成 PE/PA 多层共挤（贴合）膜，再经连续性压合，形成不透气的充气柱。气柱袋一次充气，全排充满，自动锁气，形成潜水舱，遇

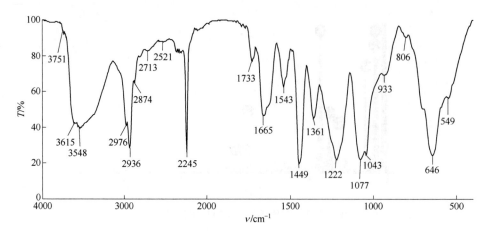

图 8.166　丙烯腈与聚酰胺共聚物型假发的红外光谱

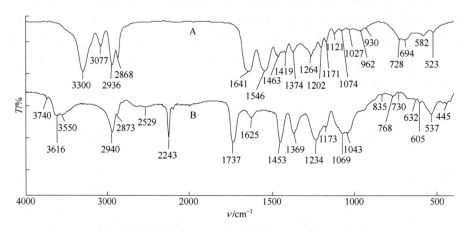

图 8.167　聚酰胺（A）和丙烯腈（B）的红外光谱

到破损，只有破损的气柱部分失效，其余气柱，完全不影响，仍然维持保护效果，提供长时间储运不漏气的抗震保护，将损坏率降至最低。气柱袋中 PE∶PA，一般是 4∶1。也有厂家只用 PE 生产密闭性差的气柱袋，以低于正品 30%的价格出售。图 8.168 是一种气柱袋薄膜的红外光谱，图 8.169 为 PE、气柱袋薄膜和 PA 的红外光谱，通过比较可以确定：送检气柱袋

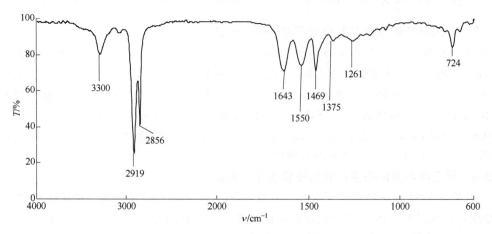

图 8.168　气柱袋薄膜的红外光谱

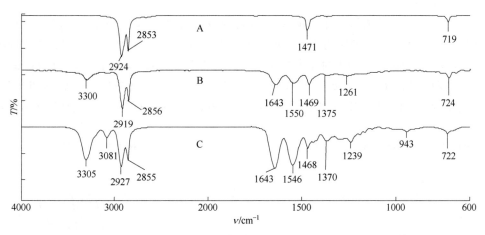

图 8.169　PE（A）、气柱袋薄膜（B）和 PA（C）的红外光谱

薄膜检出 PE 和 PA。图 8.168 中 3300 cm^{-1}、1643 cm^{-1}、1550 cm^{-1}、1375 cm^{-1} 为 PA 的吸收；2919 cm^{-1}、2856 cm^{-1}、1469 cm^{-1}、724 cm^{-1} 主要是 PE 的吸收。

8.5.6　氨基树脂的红外光谱

氨基树脂（amino resin）是含氨基的化合物与甲醛经缩聚而成的树脂的总称。重要的氨基树脂有脲醛树脂、三聚氰胺甲醛树脂和苯胺甲醛树脂等。因分子极性大，氨基树脂大多硬而脆，不宜单独使用，制品需加其他成分改性。

涂料用氨基树脂是一种多官能团的化合物。生成反应主要有两步：首先，含有氨基（-NH$_2$）的化合物与醛类（主要为甲醛）加成缩合，生成带有羟甲基（-CH$_2$OH）的聚合物；然后，羟甲基（-CH$_2$OH）与脂肪族一元醇（如正丁醇）部分醚化或全部醚化生成氨基树脂。依氨基化合物原料的不同，氨基树脂可分为四类：脲醛树脂、三聚氰胺甲醛树脂、苯代三聚氰胺甲醛树脂、共聚树脂。

8.5.6.1　脲醛树脂的红外光谱

脲（urea）与甲醛（formaldehyde）反应生成在主链上具有下列结构的脲醛树脂（ureaformaldehyde resin，UF）。

$$—N—CH_2—N—CH_2—N—CH_2—N—$$
$$\quad|\qquad\qquad|\qquad\qquad|\qquad\qquad|$$
$$C=O\quad\;C=O\quad\;C=O\quad\;C=O$$
$$\quad|\qquad\qquad|\qquad\qquad|\qquad\qquad|$$
$$NH\quad\;\;NH_2\quad\;\;NH_2\quad\;\;NH$$
$$\quad|\qquad\qquad\qquad\qquad\qquad\qquad|$$
$$CH_2OH\qquad\qquad\qquad\qquad CH_2OH$$

脲醛树脂

当甲醛过量时，脲基上更多的 NH$_2$ 被羟甲基化。图 8.170 为脲醛树脂的红外光谱。3346 cm^{-1} 是 OH 与 NH 伸缩振动的叠加。2957 cm^{-1} 为 CH$_2$ 的伸缩振动。1633 cm^{-1} 是酰胺Ⅰ带，为羰基伸缩振动。脲醛树脂的羰基受 N 原子的吸电子诱导效应影响，伸缩振动频率升高；羰基还与氮原子的未共用电子对发生 p-π 共轭，伸缩振动频率降低。在脲醛分子中，共轭效应比诱导效应强，C=O 双键特性降低，伸缩振动频率降低。脲醛大分子中，C=O 与 2 个 N 原子相连，所以与 PA-6 相比，C=O 伸缩振动频率降低得更多。1538 cm^{-1} 是酰胺Ⅱ带，属 N-H 面内变角振动和 C-N 伸缩振动的偶合，其中前者比例较大，1538 cm^{-1} 的倍频位于

3090 cm^{-1}。1270 cm^{-1} 是酰胺Ⅲ带，属 N—H 面内变角振动和 C—N 伸缩振动的偶合，其中后者比例较大。—CH$_2$OH 的 C—OH 的面内弯曲与 C—OH 伸缩振动发生偶合，分裂为 1378 cm^{-1} 和 1029 cm^{-1}，前者主要是 C—OH 的面内弯曲振动，后者主要是 C—O 伸缩振动。1378 cm^{-1} 也有 CH$_2$ 面外摇摆振动成分。1249 cm^{-1} 为酰胺Ⅳ带，也属 N—H 面内变角振动和 C—N 伸缩振动的偶合，其中前者比例较小。NH 面外摇摆振动位于 690 cm^{-1}。N—CO—N 弯曲振动位于 655 cm^{-1}。

交联后生成 C—O—C 键，其伸缩振动位于 1040 cm^{-1}。脲基 N—$\overset{\overset{\text{O}}{\|}}{\text{C}}$—N 的弯曲振动位于 611 cm^{-1}。

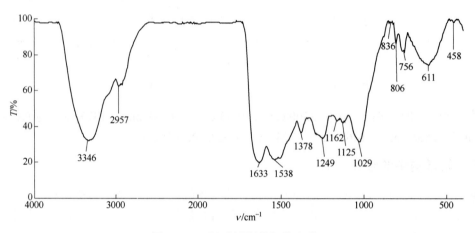

图 8.170　脲醛树脂的红外光谱

脲与甲醛的反应复杂，脲与甲醛的比例不同，生成条件有变化，脲醛树脂的结构会有差别，其红外光谱呈现主体类似、细节各异的特点。

8.5.6.2　三聚氰胺甲醛树脂的红外光谱

三聚氰胺（melamine，中文音译为"蜜胺"），是一种三嗪类含氮杂环有机化合物，又叫 2,4,6-三氨基-1,3,5-三嗪。三聚氰胺为白色单斜棱晶体，无味，微溶于冷水，溶于热水，极微溶于热乙醇，不溶于醚、苯和四氯化碳，可溶于甲醇、甲醛、乙酸、热乙二醇、甘油、吡啶等。三聚氰胺的结构式如图 8.171 所示。

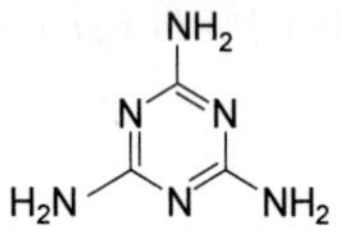

图 8.171　三聚氰胺的结构式

三聚氰胺甲醛树脂（melamine formaldehyde resin，MF）也称为蜜胺树脂，是三聚氰胺和甲醛的缩聚物。该树脂硬度比脲醛树脂高，不易燃，耐水、耐热、耐老化、耐电弧、耐化学腐蚀，有良好的绝缘性能、光泽度和机械强度，广泛用于木材、塑料、涂料、造纸、纺织、皮革、电气、医药等行业。

三聚氰胺甲醛树脂与其他原料混配，还可以生产出织物整理剂、皮革鞣润剂、上光剂和抗水剂、橡胶黏合剂、助燃剂、高效水泥减水剂、钢材淡化剂等。

8.5.6.3　羟甲基三聚氰胺甲醛树脂的红外光谱

三聚氰胺与甲醛反应，生成羟甲基三聚氰胺甲醛树脂（MF）。化学反应式如下：

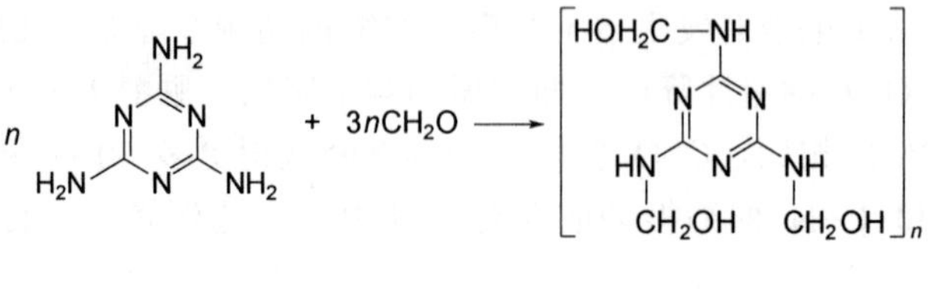

图 8.172 为羟甲基三聚氰胺甲醛树脂的红外光谱。3347 cm^{-1} 为 OH 和 NH 伸缩振动的叠加。2926 cm^{-1}、2860 cm^{-1} 为 CH$_2$ 伸缩振动。1549 cm^{-1} 为三嗪环 C=N 伸缩振动。CH$_2$OH 的 C-OH 的面内弯曲振动与 C-OH 伸缩振动发生偶合,分裂为 1497 cm^{-1} 和 1059 cm^{-1},前者主要是 C-OH 的面内弯曲振动,后者主要是 C-OH 伸缩振动。1337 cm^{-1} 为 CH$_2$ 面外摇摆振动。1160~950 cm^{-1} 间的宽、强吸收是羟甲基 CH$_2$OH 和 C-O-C 醚键的吸收。814 cm^{-1} 为三嗪环面外振动峰。

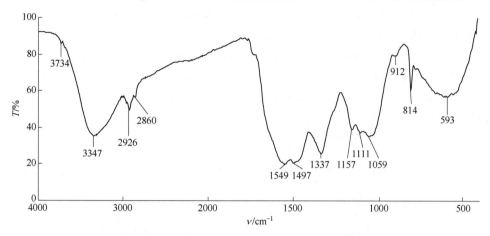

图 8.172　羟甲基三聚氰胺甲醛树脂的红外光谱

1549 cm^{-1}、814 cm^{-1} 同时存在是三聚氰胺甲醛树脂的特征谱带。如果聚合物的红外光谱中,同时存在 1549 cm^{-1}、814 cm^{-1},应该考虑是否有三聚氰胺甲醛树脂成分。

8.5.6.4　正丁醇醚化三聚氰胺甲醛树脂的红外光谱

羟甲基三聚氰胺带有多个羟基,极性大,不溶于有机溶剂,须经醇类醚化改性,减少羟甲基,提高烷氧基比例,降低极性,才能与有机溶剂相溶,适合用作涂料交联剂。三聚氰胺有 6 个活泼氢,理论上它们都可以羟甲基化,并进一步醚化。但由于位阻效应,6 个氢原子中通常只有部分被醚化。多羟甲基三聚氰胺经醚化反应,生成醚化程度不同的多分散性聚合物,其反应如图 8.173 所示。

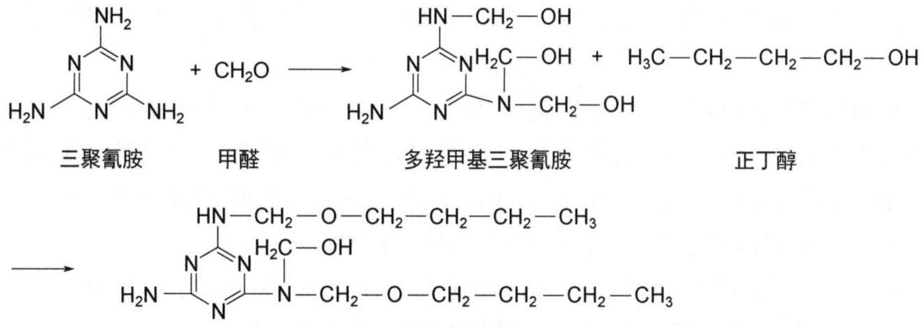

图 8.173　丁氧基化三聚氰胺甲醛树脂的生成

图 8.174 为正丁醇醚化生成的丁氧基化三聚氰胺甲醛树脂的红外光谱。3340 cm^{-1} 为羟甲基(-CH$_2$OH)和仲氨基(NH)伸缩振动的叠加,正丁醇烷氧基化的三聚氰胺甲醛树脂由于羟甲基减少,与未改性的羟甲基三聚氰胺甲醛树脂相比,3340 cm^{-1} 吸收强度降低。2938 cm^{-1}、2824 cm^{-1} 为甲基、亚甲基伸缩振动的叠加。1553 cm^{-1} 为三嗪环的 C=N 伸缩振动,是三嗪环

的特征谱带，也是以三聚氰胺为原料的氨基树脂的特征谱带，还是氨基漆的特征谱带。CH_2OH 的 O—H 的面内弯曲振动与 C—O 伸缩振动共用一个氧原子，频率相近，发生偶合，分裂为 1486 cm^{-1} 和 1095 cm^{-1}，前者主要是 O—H 的面内弯曲振动，后者主要是 C—O 的伸缩振动。1443 cm^{-1} 为 CH_2—OH 中 CH_2 的面内变角振动，因为与电负性强的氧原子直接相连，频率较常值（1465 cm^{-1}）低。1388 cm^{-1} 为 CH_3 对称变角振动。1333 cm^{-1} 为 CH_2 面外摇摆振动。1257 cm^{-1} 为 C_{Ar}—N 伸缩振动，因为 N 原子与三嗪环直接相连，N 原子的未共用 p 电子与三嗪环的 π 电子形成 p-π 共轭，使 C_{Ar}—N 键具有部分双键特性，C_{Ar}—N 伸缩振动频率较脂肪族 C—N 伸缩振动频率（1230~1020 cm^{-1}）高而且强度大。1186 cm^{-1}、1157 cm^{-1} 为 C—O—C 伸缩振动。1017 cm^{-1}、913 cm^{-1} 为羟甲基吸收，羟乙基的吸收位于 850 cm^{-1}，羟丁基的吸收位于 830 cm^{-1}。816 cm^{-1} 是三嗪环面外振动的特征吸收，它与 1553 cm^{-1} 同时存在是以三聚氰胺为原料的氨基树脂的特征谱带，也是氨基漆的特征谱带。745 cm^{-1} 为$(CH_2)_3CH_3$ 中 CH_2 面内摇摆振动。644 cm^{-1} 为缔合 C—OH⋯O 面外弯曲振动。

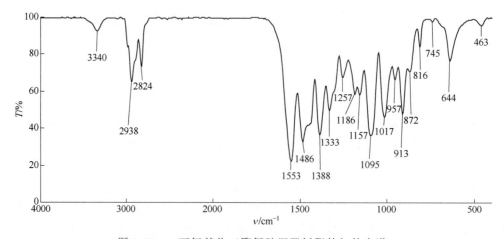

图 8.174　丁氧基化三聚氰胺甲醛树脂的红外光谱

8.5.6.5　含碳酸钙的三聚氰胺甲醛树脂的红外光谱

市场上有一些仿瓷产品如餐具、玩具是用加碳酸钙的三聚氰胺-甲醛树脂做的，小贩称之为"蜜胺树脂"产品。

图 8.175 为棕红色塑料盆的红外光谱。第一，1547 cm^{-1}、813 cm^{-1} 同时存在，它们是三聚氰胺甲醛树脂的标志谱带，据此猜想棕红色塑料盆材料可能含三聚氰胺甲醛树脂。

第二，1160 cm^{-1}、1017 cm^{-1} 也同时存在，它们也是三聚氰胺甲醛树脂的标志谱带。据以上两点基本上可以确定棕红色塑料盆材料含三聚氰胺甲醛树脂。

图 8.175 中除三聚氰胺甲醛树脂的谱带外还有其他谱带。第一，其中 2510 cm^{-1}、1796 cm^{-1} 同时存在是碳酸钙的标志谱带，据此猜想棕红色塑料盆材料可能含碳酸钙；第二，877 cm^{-1} 及 1440 cm^{-1} 左右的宽、强谱带也同时存在，它们也是碳酸钙的标志谱带。根据以上两点基本上可以确定棕红色塑料盆材料含碳酸钙。

图 8.176 为碳酸钙（A）、三聚氰胺甲醛树脂（B）的红外光谱。比较图 8.175 和图 8.176 可知，图 8.175 中 3337 cm^{-1}、2957 cm^{-1}、1547 cm^{-1}、1452 cm^{-1}、1160 cm^{-1}、1017 cm^{-1}、813 cm^{-1} 为三聚氰胺甲醛树脂的谱带；2510 cm^{-1}、1796 cm^{-1}、877 cm^{-1}、713 cm^{-1} 及 1440 cm^{-1} 左右的宽、强谱带为碳酸钙的吸收。

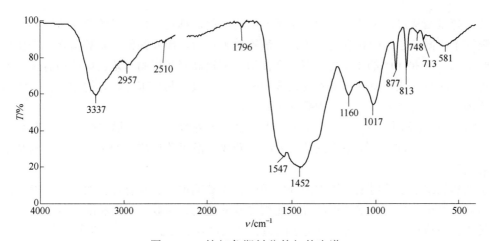

图 8.175　棕红色塑料盆的红外光谱

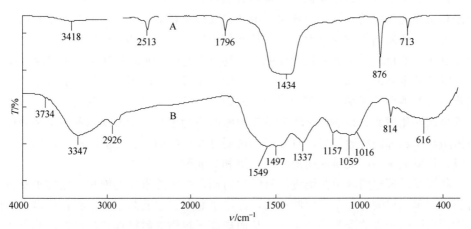

图 8.176　碳酸钙（A）、三聚氰胺甲醛树脂（B）的红外光谱

8.5.7　不饱和聚酯树脂的红外光谱

不饱和聚酯（unsaturated polyester，UP）是主链带有碳碳双键（C=C）的线型聚酯树脂。由不饱和二元羧酸（或酸酐）、饱和二元羧酸（或酸酐）与二元醇（一般为饱和二元醇）缩聚而成，与乙烯基单体共聚可形成网状体型结构。

不饱和聚酯由于所用原料不同，品种很多。工业常用的不饱和二元酸或酸酐有顺丁烯二酸酐、反丁烯二酸等。常用的饱和二元酸或酸酐为邻苯二甲酸酐、间苯二甲酸和己二酸。用得较多的二元醇是乙二醇、1,2-丙二醇、新戊二醇等。

乙二醇是结构最简单的二元醇，由于其结构上的对称性，使生成的聚酯树脂容易结晶，这便限制了它同苯乙烯的相容性，因此一般不单独使用，而同其他二元醇结合起来使用，如将 60%的乙二醇和 40%的 1,2-丙二醇混合使用，可提高聚酯树脂与苯乙烯的相容性；如果单独使用，则应将生成树脂的端基乙酰化或丙酰化，以改善其与苯乙烯等的相容性。作为交联剂的乙烯基单体有苯乙烯、甲基丙烯酸甲酯等。

1,2-丙二醇结构上不对称，可得到非结晶的聚酯树脂，与苯乙烯完全相容，并且它的价格也较低，因此是目前应用最广泛的二元醇。新戊二醇可改进树脂的耐蚀性，特别是耐碱性和水解稳定。

不饱和聚酯的主要用途是用玻璃纤维增强制成玻璃钢。它具有优良的抗拉强度和冲击韧性，相对密度小，热及电绝缘性能好，还有良好的透光、耐候、耐酸和隔音等特性，价格又比环氧树脂玻璃钢便宜，因此广泛用于制造雷达天线罩、飞机零部件、汽车外壳、小型船艇、透明瓦楞板、卫生盥洗器皿以及化工设备和管道等。

不饱和聚酯树脂中的双键，一般由不饱和二元酸原料提供。树脂中的不饱和酸愈多，双键比例愈大，则树脂固化时交联度愈高，从而使树脂具有较高的反应活性。

为改进树脂的反应活性和固化物性能，一般把不饱和二元酸和饱和二元酸混合使用。顺丁烯二酸酐（马来酸酐）和顺丁烯二酸（马来酸）是最常用的不饱和酸。加入饱和二元酸的作用主要是有效地调节聚酯分子链中双键的间距，此外还可以改善与苯乙烯的相容性。

为减少或避免树脂的结晶，常将邻苯二甲酸酐作为饱和二元酸来制备不饱和聚酯树脂，所得的树脂与苯乙烯的相容性好，有较好的透明性和良好的综合性能。此外，邻苯二甲酸酐原料易得、价格低廉，因此是应用最广泛的饱和二元酸。

不饱和聚酯最薄弱的环节是酯键。有时也将间苯二甲酸酐作为饱和二元酸来制备不饱和聚酯树脂。间苯二甲酸与邻苯二甲酸相比，改进了邻苯二甲酸酯中两个酯基相靠太近而引起的相互排斥作用所带来的酯基不稳定性，从而提高了树脂的耐蚀性和耐热性，此外还提高了树脂的韧性。

8.5.7.1 通用型不饱和聚酯的红外光谱

通用型不饱和聚酯树脂是应用面较广，耐蚀性、耐温性一般的不饱和聚酯，适用于不太强的腐蚀介质和温度要求不高的情况，如制作凉水塔、储槽及各种设备和管道的增强外壳等。191 型不饱和聚酯是常用的一种不饱和聚酯，它是由 1,2-丙二醇、顺丁烯二酸酐、邻苯二甲酸酐制得，其结构式可用下式表示：

图 8.177 是 191 型通用不饱和聚酯的红外光谱。3543 cm^{-1} 为端羟基的伸缩振动。3079 cm^{-1} 是苯环和顺丁烯二酸酐的=CH 的伸缩振动。2963 cm^{-1}、2886 cm^{-1} 为 CH$_3$、CH$_2$、CH 伸缩振动的叠加。1728 cm^{-1} 为羰基的伸缩振动，3444 cm^{-1} 为其倍频，因为羰基与不饱和键相连，形成 π-π 共轭，C=O 双键特性降低，频率较脂肪酯羰基伸缩振动频率（1756~1730 cm^{-1}）低。1647 cm^{-1} 为 C=C 的伸缩振动，是不饱和聚酯的特征谱带。1600 cm^{-1}、1580 cm^{-1} 强度相当，为邻位取代苯环的伸缩振动。1450 cm^{-1} 为苯环伸缩振动、CH$_2$ 面内变角振动和 CH$_3$ 反对称变

角振动的叠加。1373 cm^{-1} 为 CH$_3$ 对称变角振动。1286 cm^{-1} 为=C-O-C 不对称伸缩振动，1134 cm^{-1} 为=C-O-C 对称伸缩振动，因 p-π 共轭效应，使=C-O 键具有部分双键特性，频率升高，=C-O-C 反对称伸缩振动频率高于 1250 cm^{-1}。1074 cm^{-1} 为邻位取代苯环上 4 个相邻=CH 面内变角振动。1043 cm^{-1} 为 O-CH$_2$ 面内变角振动。978 cm^{-1} 为反式 C-O 变角振动。745 cm^{-1} 是邻位取代苯环上 4 个相邻=CH 面外变角振动。704 cm^{-1} 是邻位取代苯环的折叠振动。652 cm^{-1} 是 COO 的面内弯曲振动。776 cm^{-1} 是顺丁烯二酸二酯 R^1-COO-CH=CH-COO-R^2 中 CH 的面外变角振动，它和 1647 cm^{-1} 同时存在是顺丁烯二酸酐的特征谱带，也是不饱和聚酯的特征谱带。

图 8.177　191 型通用不饱和聚酯的红外光谱

8.5.7.2　间苯二甲酸酐制不饱和聚酯的红外光谱

以间苯二甲酸酐、顺丁烯二酸酐和新戊二醇为原料生产的不饱和聚酯属中等耐蚀不饱和聚酯树脂。

邻苯二甲酸和间苯二甲酸互为异构体，由它们合成的不饱和聚酯分子链分别为邻苯型和间苯型，虽然它们的分子链化学结构相似，但间苯型不饱和聚酯和邻苯型不饱和聚酯相比，具有下述一些特性：

① 用间苯型二甲酸可以制得较高分子量的间苯二甲酸不饱和聚酯，使固化制品有较好的力学性能、坚韧性、耐热性和耐腐蚀性能；

② 间苯二甲酸聚酯的纯度高，树脂中不残留有间苯二甲酸和低分子量间苯二甲酸酯杂质；

③ 间苯型不饱和聚酯比邻苯型不饱和聚酯耐腐蚀性强。

邻苯二甲酸聚酯分子链上的酯键更易受到水和其他各种腐蚀介质的侵袭，间苯二甲酸聚酯分子链上的酯键受到间苯二甲酸立体位阻效应的保护，耐腐蚀性强。用间苯二甲酸聚酯树脂制得的玻璃纤维增强塑料在 71 ℃饱和氯化钠溶液中浸泡一年后仍具有相当好的性能。

以间苯二甲酸酐、顺丁烯二酸酐和新戊二醇为原料生产的不饱和聚酯的示意结构式如下：

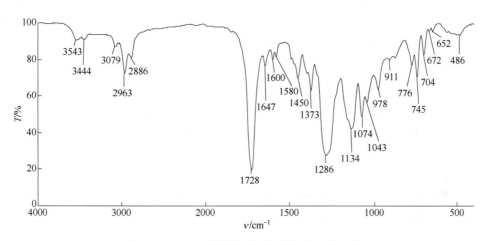

图 8.178 是以间苯二甲酸酐、顺丁烯二酸酐和新戊二醇为原料生产的不饱和聚酯的红外光谱。3530 cm^{-1} 为端羟基的伸缩振动。3081 cm^{-1} 是苯环和顺丁烯二酸酐中 =CH 的伸缩振动；苯环 =CH 伸缩振动多数位于 3080~3030 cm^{-1}，如果苯环上有推电子取代基，苯环 =CH 伸缩振动位于低频端，如果苯环上有吸电子取代基，苯环=CH 伸缩振动位于高频端，COO 为强吸电子取代基，所以苯环 =CH 伸缩振动位于高频端的 3081 cm^{-1}。2979 cm^{-1}、2889 cm^{-1} 为 CH$_3$、CH$_2$、CH 伸缩振动的叠加。1724 cm^{-1} 为羰基伸缩振动。因羰基或与苯环相连或与 C=C 相连，形成 π-π 共轭，C=O 双键特性减弱，羰基伸缩振动频率较脂肪酯羰基伸缩振动频率（1756~ 1730 cm^{-1}）低。1647 cm^{-1} 为顺丁烯二酸酐中 C=C 伸缩振动。1609 cm^{-1} 为间位取代苯环的伸缩振动。1455 cm^{-1} 为苯环伸缩振动、CH$_2$ 面内变角振动和 CH$_3$ 反对称变角振动的叠加。1377 cm^{-1} 为 CH$_3$ 对称变角振动。1299 cm^{-1} 为 =C$_{Ar}$-O-C 反对称伸缩振动，1240 cm^{-1} 为 =C$_{Ar}$-O-C 对称伸缩振动，因 p-π 共轭效应，使 =C$_{Ar}$-O 键具有部分双键特性，=C$_{Ar}$-O-C 反对称伸缩振动和对称伸缩振动频率均升高，C$_{Ar}$-O-C 反对称伸缩振动频率高于 1250 cm^{-1}。1159 cm^{-1}、1096 cm^{-1} 为=C-O-C 伸缩振动。1077 cm^{-1} 为间位取代苯环上 3 个相邻 =CH 面内变角振动。983 cm^{-1} 为反式 C-O 变角振动。843 cm^{-1} 为间位取代苯环上孤立 =CH 面外变角振动。731 cm^{-1} 为间位取代苯环上 3 个相邻 =CH 面外变角振动。1299 cm^{-1}、731 cm^{-1} 同时存在是间苯二甲酸酯的特征谱带。695 cm^{-1} 为苯环骨架折叠振动。656 cm^{-1} 是 COO 的面内变角振动。778 cm^{-1} 是顺丁烯二酸二酯 R^1-COO-CH=CH-COO-R^2 双键上 CH 的面外变角振动，它和 1647 cm^{-1} 同时存在是顺丁烯二酸酐的特征谱带。

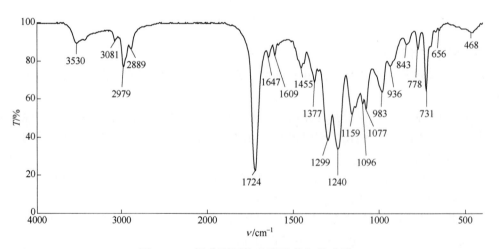

图 8.178　间苯型不饱和聚酯的红外光谱

8.5.7.3　1,2-丙二醇和顺丁烯二酸酐制不饱和聚酯的红外光谱

由 1,2-丙二醇和顺丁烯二酸酐生产的不饱和聚酯胶黏剂的主成分结构式如下：

图 8.179 为 1,2-丙二醇和顺丁烯二酸酐制不饱和聚酯的红外光谱。3431 cm^{-1} 为端 OH 的伸缩振动。2960 cm^{-1}、2873 cm^{-1} 分别为 CH$_3$ 的反对称伸缩振动和对称伸缩振动。2931 cm^{-1} 为 CH$_2$ 的反对称伸缩振动,频率较常值(2925 cm^{-1})稍偏高,是因为 CH$_2$ 与氧原子直接相连。1712 cm^{-1} 为 C=O 伸缩振动,频率较脂肪酯羰基伸缩振动频率(1756~1730 cm^{-1})低,一是因为 C=O 与双键相连,形成 π-π 共轭,双键特性减弱;二是因为分子中有羟基,能形成氢键。1647 cm^{-1} 为 C=C 伸缩振动。779 cm^{-1} 为顺丁烯二酸二酯 R^1-COO-CH=CH-COO-R^2 中 =CH 的面外变角振动。1647 cm^{-1}、779 cm^{-1} 同时存在,基本可以确定有顺丁烯二酸酐结构。1455 cm^{-1} 为 CH$_3$ 反对称变角振动和 CH$_2$ 面内变角振动的叠加,比通常的 1462 cm^{-1} 略低,是因为 CH$_2$ 与氧原子相连,面内变角振动频率降低。1384 cm^{-1} 为 CH$_3$ 的对称变角振动。1242 cm^{-1} 为 C-O-C 反对称伸缩振动。C-OH 的 C-O 和 O-H 共用一个氧原子,C-OH 伸缩振动和 COH 面内变角振动发生耦合,分裂为两个谱带,一个位于 1398 cm^{-1},另一个位于 1100~1030 cm^{-1},前者以 COH 面内变角振动为主,后者以 C-OH 伸缩振动为主,因为 C-OH 键可以自由旋转,会形成多个空间构象,其伸缩振动频率不止一个,所以在 1100~1030 cm^{-1} 有两个峰:1077 cm^{-1}、1048 cm^{-1}。

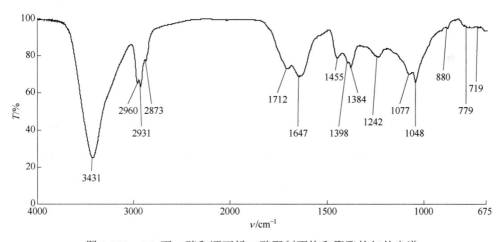

图 8.179　1,2-丙二醇和顺丁烯二酸酐制不饱和聚酯的红外光谱

8.5.8　聚氨酯树脂

聚氨酯(polyurethane,PU)是主链上含有氨基甲酸酯基团(NH-COO)的聚合物的统称。它是由二异氰酸酯或多异氰酸酯与二羟基或多羟基化合物加聚而成,反应式如下:

$$-N=C=O + HO- \longrightarrow -NH-COO-$$

聚氨酯含有强极性氨基甲酸酯基团,调节配方中 NCO/OH 比例,可以制得热固性聚氨酯和热塑性聚氨酯的不同产物。按其分子结构可分为线型和体型两种。体型结构中由于交联密度不同,可呈现硬质、软质或介于两者之间的性能,具有高强度、高耐磨和耐溶剂等特点。

聚氨酯制品形态有软质泡沫塑料(flexible PU)、半硬质泡沫塑料(semi-rigid PU)及硬质泡沫塑料(rigid polyether polyurethane foams)、弹性体(PU elastomers)、油漆涂料(PU coatings)、胶黏剂、密封胶、合成革涂层树脂、弹性纤维(spandex)、生物医用材料等,广泛用于交通运输、土木建筑、机电、石油化工、矿冶机械、航空、医疗、农业等许多领域。

8.5.8.1 生产聚氨酯树脂的主要原料

异氰酸酯是聚氨酯树脂的基本原料，它含有一个或多个异氰酸根，能与含有活泼氢原子的化合物进行反应，生成多种形式的聚氨酯。制备聚氨酯所用的异氰酸酯是二异氰酸酯或多异氰酸酯。表 8.4 列出了工业上常用的异氰酸酯。

表 8.4 制造聚氨酯时常用的异氰酸酯

品种	简称	结构式
甲苯二异氰酸酯（有两种异构体）	TDI	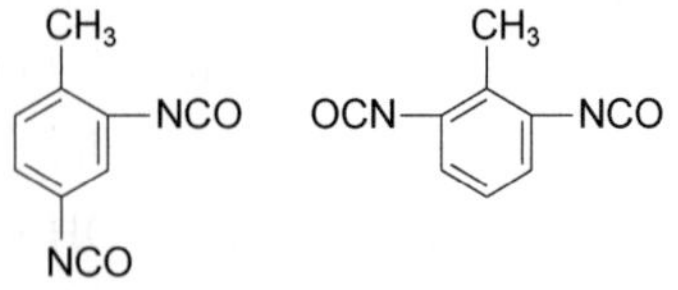
二苯甲烷二异氰酸酯	MDI	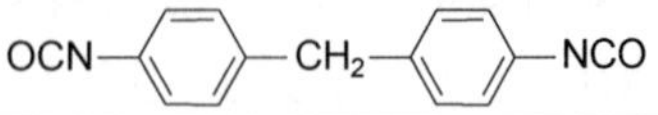
多亚甲基多苯基多异氰酸酯（多用于制无溶剂涂料）	PAPI	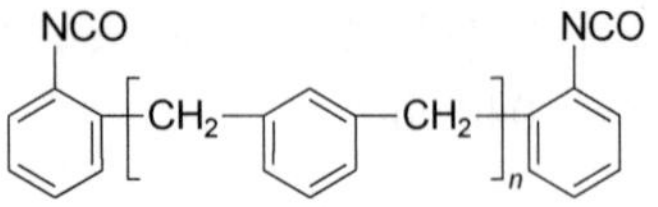
六亚甲基二异氰酸酯（脂肪族异氰酸酯类）	HDI	$\mathrm{OCN-(CH_2)_6-NCO}$
苯二亚甲基二异氰酸酯（有对位、间位异构体）	XDI	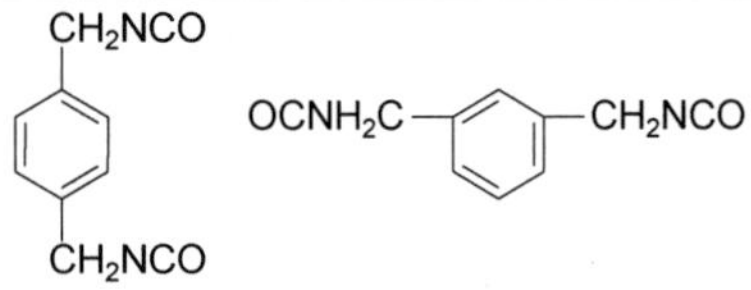
四甲基苯二亚甲基二异氰酸酯（适用于制造水性聚氨酯涂料）	TMXDI	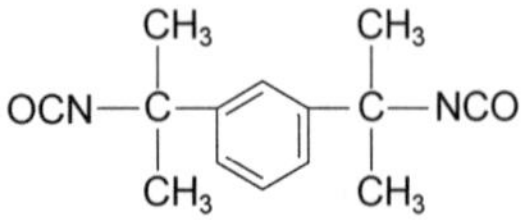
二环己基甲烷二异氰酸酯	HMDI	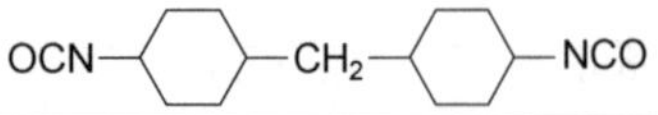
异佛尔酮二异氰酸酯（脂环族异氰酸酯类）	IPDI	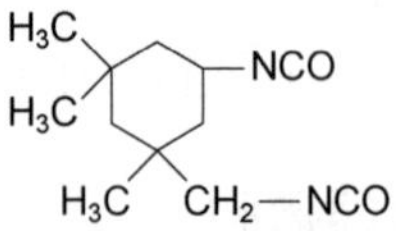

制造聚氨酯的多元醇是末端含羟基的聚酯或聚醚高聚物。工业上常用的多元醇见表 8.5。

表 8.5 常用于制造聚氨酯的多元醇

品种	结构式
聚己二酸乙二醇酯二醇	$\mathrm{HO-CH_2-CH_2\left[O-\overset{O}{\overset{\|}{C}}-(CH_2)_4-\overset{O}{\overset{\|}{C}}-O-CH_2-CH_2\right]_{n}OH}$
聚己二酸乙二醇丙二醇酯二醇	$\mathrm{HO-(CH_2)_2\left[O-\overset{O}{\overset{\|}{C}}-(CH_2)_4-\overset{O}{\overset{\|}{C}}-O-\underset{H}{\overset{CH_3}{C}}-CH_2-O-\overset{O}{\overset{\|}{C}}-(CH_2)_4-\overset{O}{\overset{\|}{C}}-O-(CH_2)_2\right]_{n}OH}$
聚己二酸 1,4-丁二醇酯二醇	$\mathrm{HO-(CH_2)_4\left[O-\overset{O}{\overset{\|}{C}}-(CH_2)_4-\overset{O}{\overset{\|}{C}}-O-(CH_2)_4\right]_{n}OH}$

续表

品种	结构式
对苯二甲酸/己二酸乙二醇酯二醇	HO—(CH$_2$)$_2$—[O—CO—(CH$_2$)$_4$—CO—O—(CH$_2$)$_2$—O—CO—C$_6$H$_4$—CO—O—(CH$_2$)$_2$]$_n$—OH
甘油	HO—CH$_2$—CH(OH)—CH$_2$—OH
一缩乙二醇	HO—CH$_2$—CH$_2$—O—CH$_2$—CH$_2$—OH
三羟甲基丙烷	H$_3$C—CH$_2$—C(CH$_2$OH)$_2$—CH$_2$OH

8.5.8.2 聚氨酯树脂的分类

聚氨酯按基础原材料可分为四类：聚酯型、聚醚型、聚烯烃型、聚己内酯型，工业产品主要是前两种。

由异氰酸酯和聚酯多元醇制得的聚氨酯叫聚酯型聚氨酯。聚酯型聚氨酯力学性能好，耐油、抗磨性能优越，内聚能大，体系黏度大，耐高温性能好。但聚酯型聚氨酯的酯基不及醚键牢固，柔顺性也不及醚键，造成聚酯型聚氨酯耐水解性能差，低温柔顺性差，其制品的手感，尤其是低温时的手感不如聚醚型柔软。由甲苯二异氰酸酯（DTI）和聚己二酸乙二醇酯二醇反应生成聚酯型聚氨酯的反应可用下式表示：

甲苯二异氰酸酯 + 聚己二酸乙二醇酯二醇 →

聚酯型聚氨酯

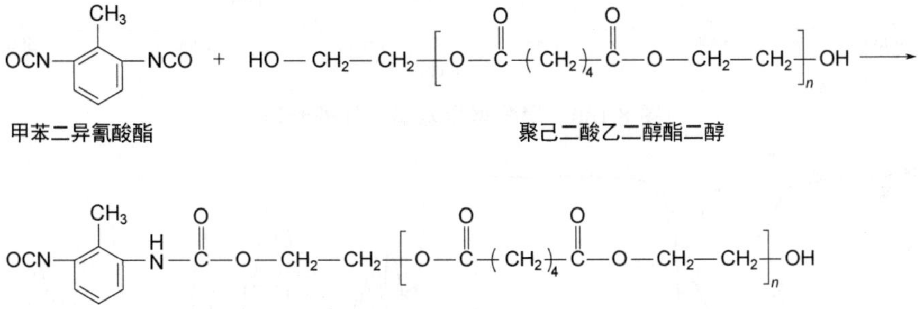

由异氰酸酯和聚醚多元醇制得的聚氨酯叫聚醚型聚氨酯。聚醚大分子链段比聚酯大分子链段柔顺，聚醚型聚氨酯低温柔顺性好，耐水解性能优异，手感性好，体系黏度低，加工性能优异，但持久性能不如聚酯型聚氨酯好。由二苯甲烷二异氰酸酯（MDI）和三羟甲基丙烷反应生成聚醚型聚氨酯的反应可用下式表示：

三羟甲基丙烷 + 二苯甲烷二异氰酸酯 →

聚醚型聚氨酯

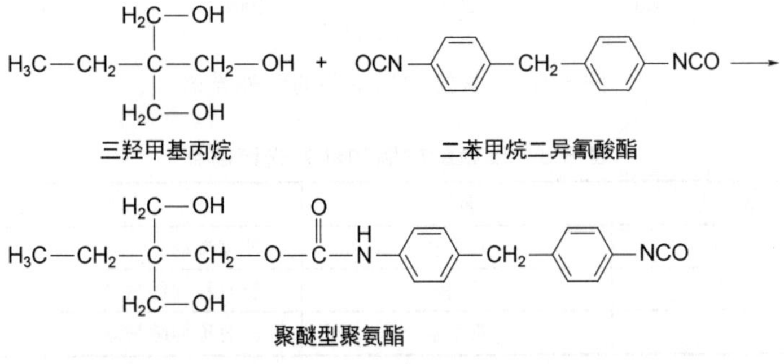

8.5.8.3 聚氨酯树脂的红外光谱

聚氨酯树脂成分复杂，分子中除了氨酯键（—O—C(=O)—N〈）外，可能还有酯基（—C(=O)—O—）、烃基（-R）、芳香基、醚基（C—O—C）、取代脲基（HN—C(=O)—NH 环状）、脲基甲酸酯基（R^1—N(C(=O)—O—R^2)—C(=O)—NHR^3）、异氰脲酸酯键、油脂的不饱和双键、硫桥以及丙烯酸酯成分。随成分不同，其红外光谱差别很大，有的谱带准确指认困难，但只要掌握了其特征谱带就容易把聚氨酯树脂与其他物质区分开。聚氨酯树脂的特征谱带是：1695 cm^{-1}、1525 cm^{-1}、764 cm^{-1}、701 cm^{-1}。图 8.180 为聚酯型聚氨酯的红外光谱，图 8.181 为聚醚型聚氨酯的红外光谱。表 8.6 对聚氨酯树脂红外光谱可能出现的谱带做了解释，可供参考。

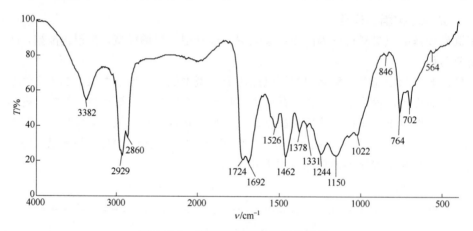

图 8.180　聚酯型聚氨酯的红外光谱

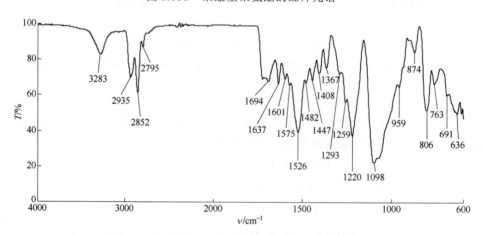

图 8.181　聚醚型聚氨酯的红外光谱

表 8.6　聚氨酯树脂的红外光谱解释

波数/cm^{-1}	结构式	名称	振动类型
3330	NH	仲氨基	伸缩振动
2960	CH$_3$	甲基	反对称伸缩振动
2925	CH$_2$	亚甲基	反对称伸缩振动

续表

波数/cm^{-1}	结构式	名称	振动类型
2875	CH$_3$	甲基	对称伸缩振动
2855	CH$_2$	亚甲基	对称伸缩振动
2273	−N=C=O	异氰酸基	异氰酸基的反对称伸缩振动
1725	C=O	羰基	很强,脂肪酯羰基 C=O 的伸缩振动
1695	C=O	羰基	氨基甲酸酯 -NH-COO 的羰基 C=O 伸缩振动,有时与 1725 cm^{-1} 相重叠成宽、强谱带
1650	C=O	羰基	脲基 −C(=O)−NH$_2$ 的羰基 C=O 伸缩振动
1617、1596	苯环	苯环	苯环骨架伸缩振动
1547	$\delta_{NH}+\nu_{C_{Ar}-N}$	NH(仲氨基),C$_{Ar}$−N(碳氮单键)	N-H 变角振动和 C-N 伸缩振动的合频,前者贡献较多(酰胺Ⅱ带)
1515	苯环	苯环	苯环骨架伸缩振动
1525	$\delta_{NH}+\nu_{C_{Ar}-N}$,苯环	NH(仲氨基),C$_{Ar}$−N(碳氮单键),苯环	N-H 变角振动和 C-N 伸缩振动的合频在 1547 cm^{-1}(酰胺Ⅱ带),异氰酸酯中苯环伸缩振动位于 1525~1515 cm^{-1}。这两个谱带经常重叠在一起,依二者比例不同,在 1538~1524 cm^{-1} 间移动
1460	CH$_3$、CH$_2$	甲基,亚甲基	CH$_3$ 反对称变角振动与 CH$_2$ 面内变角振动的叠加
1380	CH$_3$	甲基	对称变角振动
1310	$\delta_{NH}+\nu_{C_{Ar}-N}$	NH(仲氨基),C$_{Ar}$−N(碳氮单键)	N-酰苯胺 NH 变角振动与 C$_{Ar}$−N 伸缩振动的偶合,以后者为主
1280	C$_{Ar}$−C−O	脂芳醚键	反对称伸缩振动
1245	C$_{Ar}$−C−O	脂芳醚键	对称伸缩振动
1176	−N=C=O	异氰酸基	对称伸缩振动
1165	C-O-C	脂肪族醚键	反对称伸缩振动
1070	C-O-C	脂肪族醚键	对称伸缩振动
915	CH$_2$-OH	羟甲基	羟甲基吸收
871	=CH	苯环 =CH	2,6-TDI 苯环上 =CH 面外变角振动
850	CH$_2$-CH$_2$-OH	羟乙基	羟乙基吸收
830	CH$_3$-(CH$_2$)$_3$-OH	羟丁基	羟丁基吸收
815	=CH	苯环 =CH	2,6-TDI 苯环上 =CH 面外变角振动
778	C=O	羰基	羰基 γ 振动
764,702	=CH	苯环=CH	苯环上 =CH 的面外变角振动,甲苯异氰酸酯的苯环取代特征吸收
700	苯环	苯环	苯环骨架面外变角振动
562	−N=C=O	异氰酸基	芳香族异氰酸基的变形振动,固化后消失
581	−N=C=O	异氰酸基	脂肪族异氰酸基的变形振动,固化后消失

由甲苯二异氰酸酯生产的聚氨酯树脂,其结构式实际是 N-酰苯胺(OCN-C$_6$H$_3$(CH$_3$)-NH-C(=O)-O-)。苯环与羰基争夺氮原子的孤电子对,氮原子与羰基共轭的程度减弱,所以由甲苯二异氰酸酯

生产的聚氨酯树脂 C=O 伸缩振动频率比脂肪族酰胺（$\nu_{C=O} \approx 1690\sim1620\ cm^{-1}$）、芳香族酰胺（$\nu_{C=O} \approx 1700\sim1610\ cm^{-1}$）都高，通常位于 1695 cm^{-1} 左右，随苯环上取代基的种类和位置不同而变化。

由芳香族异氰酸酯生产的聚氨酯树脂，C-N 和 N-H 共用一个 N 原子，N-H 面内变角振动和 C-N 伸缩振动发生偶合，振动谱带分裂为 1545~1538 cm^{-1}、1240~1230 cm^{-1} 两个谱带，前者以 N-H 面内变角振动为主，称作酰胺Ⅱ带，后者以 C-N 伸缩振动为主，称作酰胺Ⅲ带。异氰酸酯中苯环骨架伸缩振动在 1527~1515 cm^{-1} 有吸收（如 MDI 的红外光谱）。1545~1536 cm^{-1}、1525~1515 cm^{-1} 这两个谱带经常重叠在一起，依二者比例不同，作为聚氨酯的特征谱带在 1538~1524 cm^{-1} 间移动。

8.5.9 有机硅树脂的红外光谱

有机硅聚合物（organosilicon polymer）是分子结构中含有硅原子的有机聚合物的总称，其中用途最广的是包含硅氧链的高聚物，Si-O 键的键能（451.87 kJ/mol）比 C-O 键的键能（357.73 kJ/mol）大，硅能通过 Si-O 键形成具有如下结构的长链化合物：

$$\cdots-\underset{|}{\overset{|}{Si}}-O-\underset{|}{\overset{|}{Si}}-O-\underset{|}{\overset{|}{Si}}-O-\cdots$$

Si-C 键的键能为 317.98 kJ/mol，C-C 键的键能为 345.60 kJ/mol。裂解硅有机高聚物的高分子链比一般碳碳链高聚物，甚至比聚醚需要更多的能量。因此聚硅醚有很好的耐热性。硅氧链外面包有一层烃基，具有优良的耐水性。

有机硅聚合物按所带有机基团和连接方式的不同可以分为许多品种；按化学结构和性能，可分为硅油、硅橡胶、硅树脂。

有机硅化合物红外光谱特征峰强度大，除形成氢键外，吸收峰的频率变化很小，而且不受物态的影响。表 8.7 列出了有机硅化合物主要谱带的频率。

表 8.7 有机硅化合物主要谱带的频率

基团	振动模式	峰位/cm^{-1}	基团	振动模式	峰位/cm^{-1}
Si-H	ν	2160~2095	Si-O	ν	1090~920
	δ	950~800	Si-F	ν	1000~800
Si-C	ν	840~670	Si-Cl	ν^{as}	650~500
Si-(CH$_3$)$_3$	ν	840、760	Si-CH$_3$	ν	781~763
Si-(CH$_3$)$_2$	ν	856、800	Si-苯基	ν	1429、1124

8.5.9.1 硅油的红外光谱

硅油（silicone oil）通常指室温下保持液态的低分子量的线型聚硅醚，其结构可用下式表示：

$$R-\underset{\underset{R}{|}}{\overset{\overset{R}{|}}{Si}}-O-{\left[\underset{\underset{R}{|}}{\overset{\overset{R}{|}}{Si}}-O\right]}_n-\underset{\underset{R}{|}}{\overset{\overset{R}{|}}{Si}}-R$$

其中，R 为烷基、芳基、氢、碳官能基、聚醚链、链烯基、乙酰氧基等。

硅油按化学结构不同可分为甲基硅油、乙基硅油、苯基硅油、甲基含氢硅油、甲基苯基硅油、甲基氯苯基硅油、甲基乙氧基硅油、甲基三氟丙基硅油、甲基乙烯基硅油、甲基羟基硅油、乙基含氢硅油、羟基含氢硅油、含氰硅油等。链越长，硅油的黏度越大。硅油的黏度可以比水还小，也可以是非常黏稠的液体。硅油黏温性好（在较广的温度范围内黏度变化小）、不易燃烧、抗氧化性好，用作精密仪器、飞机、火箭的润滑剂。

最常用的硅油，有机基团全部为甲基，称为甲基硅油。图 8.182 为其结构式。

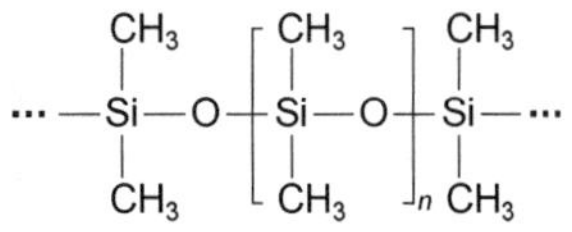

图 8.183 为硅油的红外光谱。2964 cm^{-1}、2907 cm^{-1} 为 Si-CH$_3$ 伸缩振动。1412 cm^{-1} 为 Si-CH$_3$ 基团上 CH$_3$ 反对称变角振动。1260 cm^{-1} 是 Si-CH$_3$ 基团上 CH$_3$ 对称变角振动，因为 Si 比 C 的电负性小（Si 为 1.8，C 为 2.5），原子量比 C 大（Si 为 28，C 为 12），所以 Si-CH$_3$ 的变角振动频率比 C-CH$_3$（1460 cm^{-1}、1378 cm^{-1}）低。1270~950 cm^{-1} 间的宽、强吸收是 Si-O-Si 反对称伸缩振动，其最强谱带分别在 1089 cm^{-1} 和 1020 cm^{-1}，Si-O-Si 对称伸缩振动位于 880~780 cm^{-1}。870~690 cm^{-1} 间的一个或几个谱带是 Si-C 伸缩振动和 CH$_3$ 面内摇摆振动的叠加（图 8.183 的 856 cm^{-1}、796 cm^{-1}、701 cm^{-1}），其中 856 cm^{-1} 为 Si-C 伸缩振动，其中 Si-CH$_3$ 在 781~763 cm^{-1} 有吸收，Si-(CH$_3$)$_2$ 在 856 cm^{-1} 和 806~795 cm^{-1} 有吸收，Si-(CH$_3$)$_3$ 在 840 cm^{-1} 和 760~752 cm^{-1} 有吸收。Si-Ph 在 1429 cm^{-1}、1124 cm^{-1}、1000 cm^{-1} 有尖锐吸收，后两个吸收带与 Si-O-Si 伸缩振动的宽吸收相重叠。Si-O-Si 变角振动位于 510 cm^{-1}。

图 8.182 甲基硅油的结构式

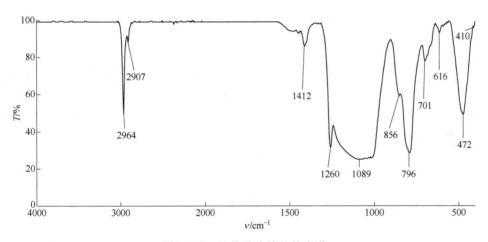

图 8.183 甲基硅油的红外光谱

8.5.9.2 硅橡胶的红外光谱

硅橡胶（silicone rubber）是线型聚硅醚高分子弹性体，主链由硅和氧原子交替构成，硅原子上通常连有两个有机基团。聚合度 $n>2000$，大于硅油的聚合度。应用最早、最广的是甲基硅橡胶（methyl silicone rubber，MQ），图 8.184 为其结构式。

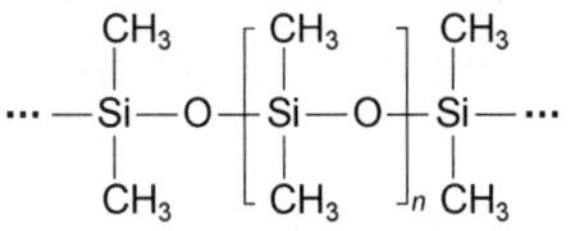

图 8.184 甲基硅橡胶的结构式

硅橡胶的特性是既耐低温，又耐高温，在-60~250 ℃间仍能保持弹性。硅橡胶耐油、防水、不易老化、绝缘好，但力学性能较差，耐酸碱不及其他橡胶。硅橡胶适用作高温、高压设备的衬垫、油管衬里、火箭导弹的零件和绝缘材料。

图 8.185 为甲基硅橡胶的红外光谱。因其结构与二甲基硅油相似，差别主要是聚合度不同，所以二者红外光谱也相似。

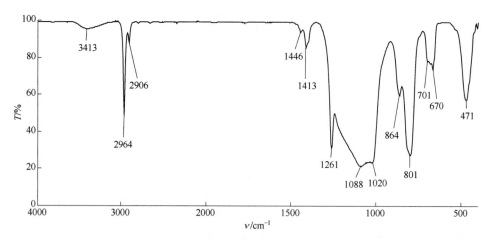

图 8.185　甲基硅橡胶的红外光谱

8.5.9.3　硅树脂的红外光谱

硅树脂（silicone resin）是高度交联呈网状结构的聚有机硅氧烷，兼具有机树脂及无机材料的特性。图 8.186 为硅树脂的结构式。

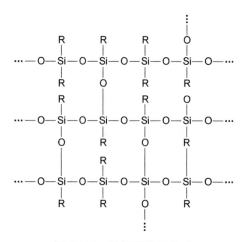

图 8.186　硅树脂的结构式

硅树脂的性能主要取决于有机基团的种类和 R/Si 比。例如，当有机基 R 为甲基 CH_3 时，可赋予硅树脂热稳定性、憎水性、脱模性、耐电弧性；当有机基为苯环 C_6H_5 时，赋予硅树脂氧化稳定性、热稳定性；当有机基为 $-CH=CH_2$ 时，可改善硅树脂的固化性并赋予硅树脂偶联性。

硅树脂交联时，取代的都是有机基团，如交联程度小，R/Si 大，结构接近硅油，则其性质及红外光谱与硅油相似；若交联程度大，R/Si 小，结构接近二氧化硅，则其红外光谱与二氧化硅相似。

有机硅树脂主要用作绝缘漆，也用作耐热、耐候的防腐涂料、脱模剂、有机硅塑料和有机硅黏合剂等。甲基硅树脂是使用比较多的硅树脂，它溶解在甲苯中，是用于 300 ℃以上环境的完美黏合剂。甲基硅树脂中 SiO_2 含量很高，按照固体树脂含量计算，完全氧化后约含有 80%的 SiO_2。

图 8.187 为一种硅树脂的红外光谱。2955 cm^{-1}、2925 cm^{-1}、2855 cm^{-1} 为 CH_2、CH_3 伸缩振动。1462 cm^{-1} 为 CH_3 反对称变角振动和 CH_2 面内变角振动的叠加。1377 cm^{-1} 为 CH_3 对称变角振动。1095 cm^{-1} 的宽、强吸收是 Si-O-Si 反对称伸缩振动，806 cm^{-1} 为 Si-O-Si 对称伸缩振动和 CH_3 面内摇摆振动的叠加。

把硅树脂的红外光谱和晶形、无定形二氧化硅的红外光谱进行比较，可以发现硅树脂中 Si-O-Si 对称伸缩振动类似无定形 SiO_2 的对称伸缩振动。

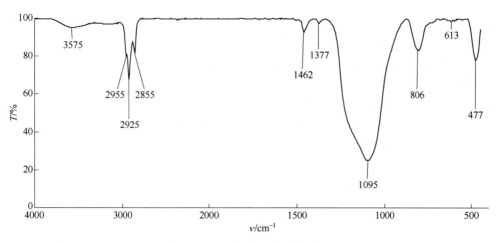

图 8.187　硅树脂的红外光谱

8.5.10　酚醛树脂的红外光谱

把酚类化合物与醛类化合物缩聚制得的树脂统称为酚醛树脂（phenolic resin，PF），其中以苯酚与甲醛缩聚而得的酚醛树脂最为重要，俗称电木粉。酚醛塑料包括与酚醛有关的许多树脂，尽管它们之间可能差别很大。因为酚醛树脂有许多分子构型和性能，它们的红外光谱也有很大差异。图 8.188 为一种酚醛树脂的结构式。

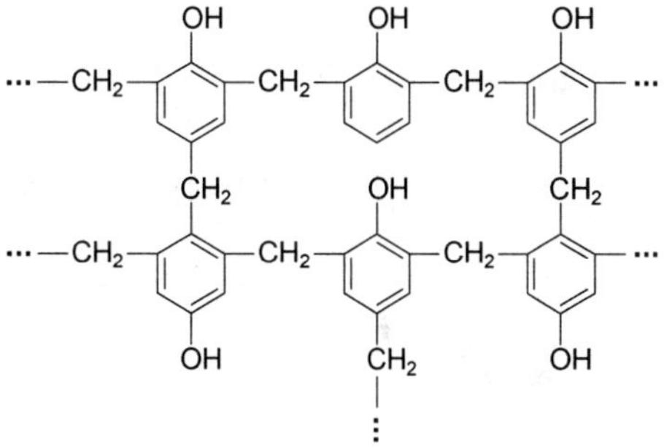

图 8.189 为一种酚醛树脂的红外光谱。$3350\ cm^{-1}$ 为酚羟基 OH 的伸缩振动。$3059\ cm^{-1}$、$3024\ cm^{-1}$ 为苯环上 =CH 伸缩振动。$2930\ cm^{-1}$ 为 CH_2 伸缩振动。$1664\ cm^{-1}$ 为 OH 弯曲振动。$1598\ cm^{-1}$、$1509\ cm^{-1}$、$1445\ cm^{-1}$ 为苯环的伸缩振动，$1445\ cm^{-1}$ 也有 CH_2 面内变角振动成分。$1232\ cm^{-1}$ 为酚 $C_{Ar}-OH$ 伸缩振动，苯环 π 电子和氧原子的

图 8.188　酚醛树脂的结构式

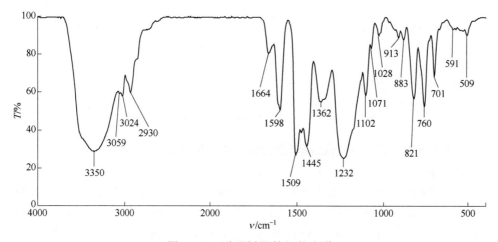

图 8.189　酚醛树脂的红外光谱

未共用电子对形成 p-π 共轭，使 C_{Ar}–O 键具有部分双键特性，所以 C_{Ar}–OH 伸缩振动频率升高。在酚醛树脂中，苯环的取代类型有多种，苯环上 =CH 的面内变角振动和面外变角振动频率也不止一个。1102 cm^{-1}、1071 cm^{-1} 为苯环 =CH 面内变角振动。913 cm^{-1} 为 CH_2 面外摇摆振动。821 cm^{-1}、760 cm^{-1}、701 cm^{-1} 为苯环 =CH 面外变角振动。

8.5.10.1 含高岭土的酚醛树脂的红外光谱

图 8.190 为含高岭土的酚醛树脂的红外光谱，图 8.191 为高岭土和酚醛树脂的红外光谱。比较图 8.190 和图 8.191 可知，图 8.190 中 2920 cm^{-1}、1595 cm^{-1}、1510 cm^{-1}、1458 cm^{-1}、1234 cm^{-1}、1169 cm^{-1}、1096 cm^{-1} 为酚醛树脂的谱带；3695 cm^{-1}、3668 cm^{-1}、3622 cm^{-1}、1040 cm^{-1}、915 cm^{-1}、798 cm^{-1}、695 cm^{-1}、535 cm^{-1}、470 cm^{-1} 为高岭土的谱带。

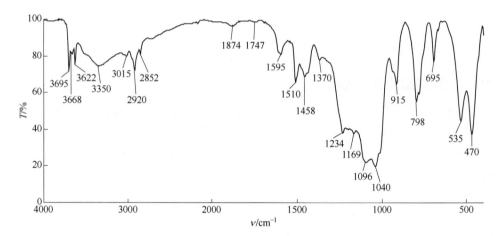

图 8.190　含高岭土的酚醛树脂的红外光谱

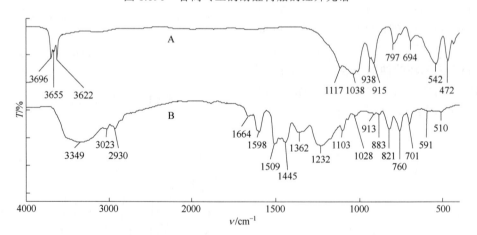

图 8.191　高岭土（A）和酚醛树脂（B）的红外光谱

8.5.10.2　酚醛树脂-丁腈-丙烯酸酯树脂混合物的红外光谱

图 8.192 为酚醛树脂-丁腈-丙烯酸酯树脂混合物的红外光谱，图 8.193 为丁腈树脂、酚醛树脂和丙烯酸酯的红外光谱。比较图 8.192 和图 8.193 可知，图 8.192 中 2925 cm^{-1}、2853 cm^{-1}、2238 cm^{-1}、1598 cm^{-1}、1305 cm^{-1}、1241 cm^{-1}、971 cm^{-1}、920 cm^{-1} 为丁腈的谱带；3408 cm^{-1}、1598 cm^{-1}、1364 cm^{-1}、1021 cm^{-1}、880 cm^{-1}、822 cm^{-1}、763 cm^{-1}、701 cm^{-1} 为酚醛树脂的谱带；1726 cm^{-1}、1452 cm^{-1}、1241 cm^{-1}、1163 cm^{-1}、1121 cm^{-1} 为丙烯酸酯的谱带。

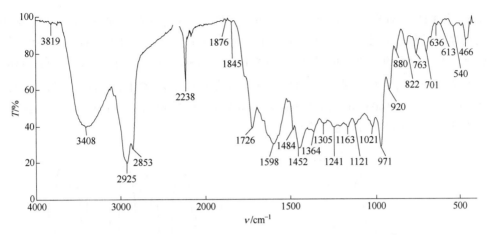

图 8.192　酚醛树脂-丁腈-丙烯酸酯树脂混合物的红外光谱

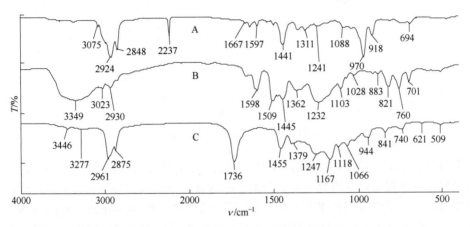

图 8.193　丁腈树脂（A）、酚醛树脂（B）和丙烯酸酯（C）的红外光谱

8.5.11　聚苯醚的红外光谱

聚二甲基苯醚（polyphenylene oxide，PPO）是 2,6-二甲基苯酚的聚合物 [poly(2,6-dimethyl-1,4-phenylene oxide)]，结构式是 。

聚苯醚的玻璃化温度约为 210 ℃，熔融温度为 257 ℃。聚苯醚制品的分子量为 2 万~5 万，结晶度约为 50%。聚苯醚最突出的优点是高度耐水和耐蒸汽性。在 132 ℃ 的高压蒸汽容器内处理 200 次，抗拉强度和抗冲击强度没有显著变化。此外它还具有尺寸稳定性好、蠕变小、高绝缘性等特点，长期使用温度为 −127~120 ℃，无负荷间断工作温度可达 200 ℃，与一般热固性塑料水平相当。聚苯醚可代替不锈钢用于制造医疗器械，能承受蒸汽消毒，也用于机械和电子零部件、绝缘材料等。

图 8.194 为聚苯醚的红外光谱。2955 cm^{-1}、2920 cm^{-1} 为 CH_3 的反对称伸缩振动，2860 cm^{-1} 为 CH_3 的对称伸缩振动。聚苯醚中 CH_3 与苯环相连，伸缩振动频率较常值（2960 cm^{-1}、2875 cm^{-1}）低，并且反对称伸缩振动分裂为两个。1469 cm^{-1} 为 CH_3 的反对称变角振动，

1379 cm^{-1} 为 CH$_3$ 的对称变角振动。1305 cm^{-1} 为 C$_{Ar}$—O—C$_{Ar}$ 反对称伸缩振动。聚苯醚中，氧原子与两个苯环直接相连，两个苯环的 π 电子都和氧原子的未共用电子对形成 p-π 共轭，使 C$_{Ar}$—O 键具有部分双键特性，所以 $\nu^{as}_{C_{Ar}-O}$ 频率比 $\nu^{as}_{C_{脂肪}-O}$ 频率（1125~1110 cm^{-1}）高。1186 cm^{-1} 为芳香醚 C$_{Ar}$—O—C$_{Ar}$ 对称伸缩振动。1020 cm^{-1} 为苯环上孤立 =CH 的面内变角振动。959 cm^{-1} 为 CH$_3$ 的摇摆振动。1603 cm^{-1} 为苯环骨架伸缩振动。855 cm^{-1}、825 cm^{-1} 为苯环上孤立 =CH 的面外变角振动，1699 cm^{-1} 为其倍频。

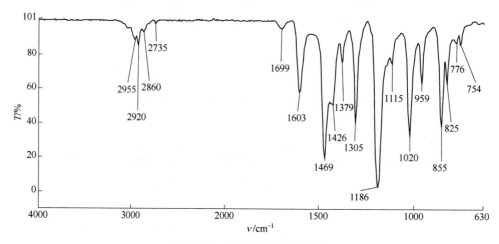

图 8.194 聚苯醚的红外光谱

聚苯醚熔融流动性较差，加工困难，成型品易开裂，抗冲击及耐热能力会随时间而降低，且价格较贵。为此要通过共聚物共混、玻璃纤维增强、聚四氟乙烯填充等多种途径改性。实用改性聚苯醚主要是聚苯醚和聚苯乙烯共混而得。改性聚苯醚（modified polyphenylene oxide，MPPO）和聚苯醚相比，除耐热性有所降低外，其他性能基本一致，但熔融黏度较低，注射成型较易，成型后不易产生应力龟裂现象，而且价格较低廉。其市场价格已能和 ABS 树脂竞争，广泛用来代替青铜或黄铜制各种机械零件及管道等。

图 8.195 为聚苯乙烯改性聚苯醚的红外光谱，图 8.196 为聚苯乙烯和聚苯醚的红外光谱。比较图 8.195 和图 8.196 可知，图 8.195 中，3058 cm^{-1}、3030 cm^{-1}、2919 cm^{-1}、2856 cm^{-1}、

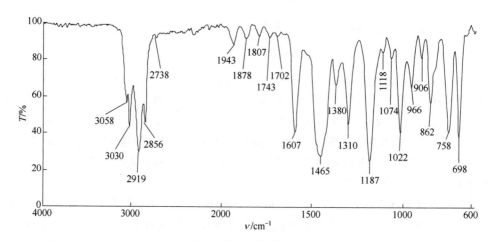

图 8.195 聚苯乙烯改性聚苯醚的红外光谱

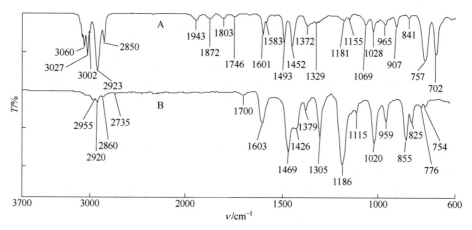

图 8.196　聚苯乙烯（A）和聚苯醚（B）的红外光谱

1943 cm^{-1}、1878 cm^{-1}、1807 cm^{-1}、1743 cm^{-1}、1702 cm^{-1}、1607 cm^{-1}、1118 cm^{-1}、1074 cm^{-1}、906 cm^{-1}、758 cm^{-1}、698 cm^{-1} 为聚苯乙烯的吸收；2919 cm^{-1}、2856 cm^{-1}、1607 cm^{-1}、1465 cm^{-1}、1380 cm^{-1}、1310 cm^{-1}、1187 cm^{-1}、1022 cm^{-1}、966 cm^{-1}、862 cm^{-1} 为聚苯醚的吸收。

8.5.12　聚苯酯的红外光谱

聚苯酯（aromatic polyester，POB）又称聚对羟基苯甲酸苯酯（poly-p-hydroxybenzoate，PHB）或芳香族聚酯。它是全芳香族的聚酯树脂，结构式如下：

$$H{-}O{-}\text{苯环}{-}C(=O){-}O{-}\text{苯环}]_n$$

聚苯酯可在 315 ℃下长期使用，短期使用可高达 370~425 ℃，是目前已知高分子材料中热稳定、热容量、自润滑、硬度、电绝缘、耐磨耗等综合性能最好的品种，同时它具有很高的介电强度和很小的介电损耗，是一种优异的耐高温工程塑料。

图 8.197 为聚苯酯的红外光谱。3110 cm^{-1}、3080 cm^{-1} 为苯环上 =CH 伸缩振动，因为苯环上的两个取代基氧原子和羰基均为吸电子取代基，故其频率较高。3005 cm^{-1} 为 1600~1450 cm^{-1} 苯环骨架伸缩振动的合频。1737 cm^{-1} 为 C=O 的伸缩振动，3460 cm^{-1} 为其倍频。

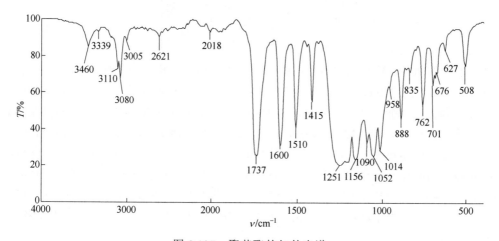

图 8.197　聚苯酯的红外光谱

1251 cm^{-1} 为 C_{Ar}–O–C_{Ar} 反对称伸缩振动，1156 cm^{-1} 为 C_{Ar}–O–C_{Ar} 对称伸缩振动。1600 cm^{-1}、1510 cm^{-1} 为对位取代苯环伸缩振动。1014 cm^{-1}、508 cm^{-1} 为苯环上相邻两个 =CH 的面内变角振动。762 cm^{-1} 为苯环上相邻两个 =CH 的面外变角振动，苯环非极性对位取代，苯环上 =CH 面外变角振动通常位于 860~800 cm^{-1}，但在聚苯酯分子中，酯羰基与苯环共轭，所以 =CH 面外变角振动频率降低。酯羰基与苯环共轭，不仅使 =CH 面外变角振动频率降低，还经常会多出若干谱带，如 888 cm^{-1}、701 cm^{-1}、676 cm^{-1}。

聚苯酯分子中，影响 C=O、C_{Ar}–O–C_{Ar} 伸缩振动频率高低的因素主要有三个。

（1）π-π 共轭效应　羰基与苯环直接相连并发生共轭，共轭效应使 C=O 双键特性减弱，伸缩振动频率降低（通常在 1730~1695 cm^{-1}），C_{Ar}–O–C_{Ar} 伸缩振动频率升高（通常高于 1250 cm^{-1}）。

（2）诱导效应　羰基同时还与苯氧基相连，苯氧基是一个强吸电子基，苯氧基的诱导效应使 C=O 键电子云向键的几何中心移动，C=O 键电子云交盖程度增大，C=O 伸缩振动频率升高（通常高于 1745 cm^{-1}），C–O–C 伸缩振动频率降低（通常低于 1230 cm^{-1}）。

（3）对位取代基的诱导效应　对位单取代苯甲酸酯，如果取代基是供电子基，C=O 伸缩振动频率降低，如果取代基是吸电子基，C=O 伸缩振动频率升高，聚苯酯中氧原子是强吸电子基。

三个因素共同作用的结果是 C=O 和 C_{Ar}–O–C_{Ar} 伸缩振动频率变化不明显。

8.5.13　聚酰亚胺的红外光谱

酰亚胺（imide）为 O=C=NH，一般酰亚胺是不存在的，都是以二酰亚胺存在，就是 R–CO–NH–CO–R。二酰亚胺中，氮原子与两个羰基相连，通式为 R^1–C(=O)–N(R^2)–C(=O)–R^3。聚酰亚胺（polyimide，PI）树脂是一类以酰亚胺环为特征结构的新型耐高温特种工程塑料，主要有均苯型、联苯型、单醚酐型、酮酐型、BMI 型、PMRPI 等大品种。聚酰亚胺综合性能优越、合成途径广、加工成型方法多，在航天航空、化工、体育器械、车辆、电气电子、精密机械等领域获得了广泛的应用。

均苯型聚酰亚胺是应用最广泛的聚酰亚胺，结构式如下：

图 8.198 的两条谱线均为聚酰亚胺的红外光谱，由于结构上的差异，它们稍有区别。谱线 2 中 1776 cm^{-1}、1719 cm^{-1} 为环状酰亚胺羰基（C=O）的伸缩振动，两个羰基共用一个氮原子，发生偶合，伸缩振动发生分裂，与酸酐一样，对称伸缩振动频率（1790~1765 cm^{-1}）高，反对称伸缩振动频率（1755~1690 cm^{-1}）低，反对称伸缩振动谱带宽且强，经常是光谱中最强的谱带。1616 cm^{-1}、1502 cm^{-1}、1444 cm^{-1} 为苯环伸缩振动。1376 cm^{-1}、1112 cm^{-1} 为环状酰亚胺结构的伸缩振动。1242 cm^{-1}、1203 cm^{-1} 为芳香醚 C_{Ar}–O–C_{Ar} 伸缩振动。1081 cm^{-1}、1013 cm^{-1}、564 cm^{-1}、517 cm^{-1} 为苯环上 =CH 面内变角振动。880 cm^{-1} 为苯环孤立 =CH 面外变角振动。830 cm^{-1} 为苯环对位取代两个相邻 =CH 面外变角振动，744 cm^{-1} 为苯环上 =CH 面外变角振动。

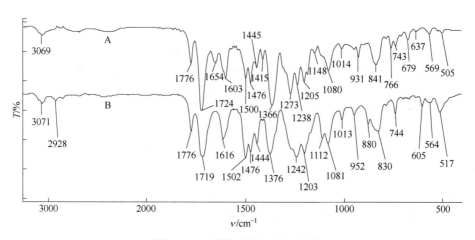

图 8.198 聚酰亚胺的红外光谱

8.5.14 纤维素及其衍生物的红外光谱

纤维素（cellulose）是由葡萄糖组成的大分子多糖，分子式为 $(C_6H_{10}O_5)_n$，是由 D-葡萄糖以 β-1,4-糖苷键组成的大分子多糖，分子量为 5 万~250 万，相当于 300~15000 个葡萄糖基。纤维素是自然界中分布最广、含量最多的一种多糖，占植物界碳含量的 50%以上。棉花的纤维素含量接近 100%，为最纯的天然纤维素来源。一般木材中，纤维素占 40%~50%，还有 10%~30%的半纤维素和 20%~30%的木质素。麻、麦秆、稻草、甘蔗渣等，都是纤维素的丰富来源。全世界用于纺织造纸的纤维素，每年达 1000 万吨以上。

纤维素（cellulose）衍生物是以纤维素分子中的羟基与化学试剂发生酯化或醚化反应后的生成物。按照反应生成物的结构特点可以将纤维素衍生物分为纤维素醚和纤维素酯以及纤维素醚酯三大类。实际商品化应用的纤维素酯类有：纤维素硝酸酯、纤维素乙酸酯、纤维素乙酸丁酸酯和纤维素磺酸酯。纤维素醚类有：甲基纤维素、羧甲基纤维素、乙基纤维素、羟乙基纤维素、氰乙基纤维素、羟丙基纤维素和羟丙基甲基纤维素等。此外，还有酯醚混合衍生物。纤维素衍生物广泛用于石油钻井、食品、陶瓷釉料、日化、合成洗涤剂、石墨制品、铅笔制造、电池、涂料、建材、装饰、烟草、造纸、橡胶、农业、胶黏剂、塑料、炸药、电工及科研器材等方面。

8.5.14.1 纤维素的红外光谱

纤维素的结构式为 式中 n 是聚合度，棉花中 $n≈6200$，木材中 $n≈3000$。

纤维素有 α-纤维素（α-cellulose）、β-纤维素（β-cellulose）、γ-纤维素（γ-cellulose）之分。α-纤维素大部分是自然界存在的结晶性（约 70%）纤维素。β-纤维素是用碱性溶液处理天然纤维素得到的，除含有纤维素以外，还含有各种多糖类，类似于半纤维素。

纤维素不溶于水、乙醇和乙醚等溶剂，能溶于铜氨 $Cu(NH_3)_4(OH)_2$ 和铜乙二胺 $[NH_2CH_2CH_2NH_2]Cu(OH)_2$ 等溶液。纤维素加热到约 150 ℃时不发生显著变化，超过此温度会由于脱水而逐渐焦化。

图 8.199 是纤维素的红外光谱。3340 cm^{-1} 为形成氢键的 O···OH 的伸缩振动。2901 cm^{-1} 为 C-H 的伸缩振动。1636 cm^{-1} 为 OH 的变角振动和吸附水的吸收。1429 cm^{-1} 为 CH$_2$-OH 中 CH$_2$ 的面内变角振动，因与强吸电子的氧原子相连，频率较常值（1465 cm^{-1}）低。COH 中 OH 的面内弯曲振动和 C-O 的伸缩振动发生偶合，分裂为 2 个谱带，分别位于 1370~1318 cm^{-1} 和 1056 cm^{-1}。1160~1000 cm^{-1} 间宽、强吸收为 C-O-C 伸缩振动，由于纤维素大分子中 C-O-C 有多种构象，它们的吸收频率相近而不同，不能清晰分辨而相互重叠在 1080 cm^{-1} 附近形成宽、强吸收。667 cm^{-1} 为吸附水的摇摆振动。617 cm^{-1} 为纤维素 COH 面外弯曲振动。561 cm^{-1} 为吡喃糖环（5 个碳原子和 1 个氧原子形成的六元环）骨架振动和 CH 摇摆振动的叠加，吡喃糖环骨架振动最常出现在 557 cm^{-1}，是纤维素的特征谱带。

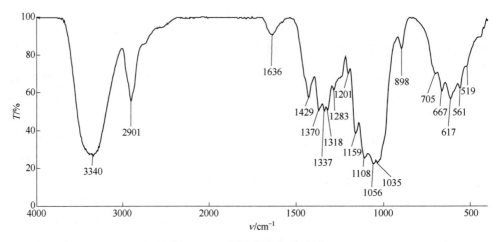

图 8.199　纤维素的红外光谱

8.5.14.2　甲基纤维素的红外光谱

甲基纤维素（methyl cellulose，MC），又叫纤维素甲醚，是纤维素中的部分或全部羟基上的氢被甲基取代的产物，甲氧基含量为 26%~33%。甲基纤维素的结构式是：

甲基纤维素

式中，n 为聚合度；R 为"H"或"CH$_3$"。

甲基纤维素是白色或类白色纤维状或颗粒状粉末，无臭、无味，平均分子量为 187n（n 为聚合度），约 1.8 万~20 万，具有成膜性好、表面耐磨、储存稳定的特点。甲基纤维素在无水乙醇、乙醚、丙酮中几乎不溶，在 80~90 ℃的热水中迅速分散、溶胀，降温后迅速溶解。水溶液在常温下相当稳定，高温时能形成凝胶，并且此凝胶能随温度的高低与溶液互相转变。甲基纤维素具有优良的润湿性、分散性、黏结性、增稠性、乳化性、保水性和成膜性，以及对油脂的不透性。甲基纤维素成膜具有优良的韧性、柔曲性和透明度，因属非离子型，可与其他的乳化剂配伍，但易盐析。

甲基纤维素可用作水溶性胶黏剂的增稠剂,如氯丁胶乳的增稠剂;也可用作氯乙烯、苯乙烯悬浮聚合的分散剂、乳化剂和稳定剂等。

图 8.200 是甲基纤维素的红外光谱。3445 cm^{-1} 为氢键缔合 OH···O 的伸缩振动。2919 cm^{-1} 为 CH$_3$、CH$_2$ 反对称伸缩振动的叠加。2838 cm^{-1} 为 O—CH$_3$ 对称伸缩振动,因为与氧原子直接相连,频率较常值(2875 cm^{-1})低。1648 cm^{-1} 为 OH 的变角振动和吸附水的谱带。1454 cm^{-1} 为 CH$_3$ 反对称变角振动和 CH$_2$ 面内变角振动的叠加。1417 cm^{-1} 为 CH$_2$—OH 的面内弯曲振动,因与强吸电子的氧原子相连,频率较常值(1465 cm^{-1})低。1372 cm^{-1} 为 CH$_3$ 对称变角振动。COH 的面内变角振动和 C—OH 的伸缩振动发生偶合,分裂为 2 个谱带,分别位于 1338 cm^{-1}、1056 cm^{-1}。1315 cm^{-1} 为 CH 的面内变角振动。1200~1000 cm^{-1} 间的宽、强吸收为 C—O 伸缩振动。949 cm^{-1} 为 O—CH$_3$ 的摇摆振动。609 cm^{-1} 左右的宽、强谱带为吸附水的摇摆振动。561 cm^{-1} 为吡喃糖环骨架振动和 CH 摇摆振动的叠加,是纤维素的特征谱带。

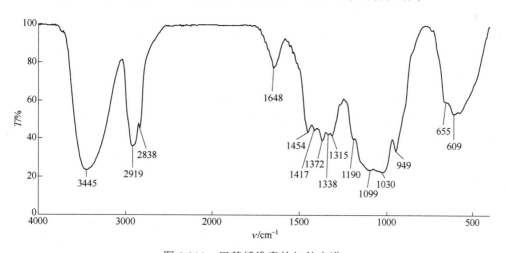

图 8.200　甲基纤维素的红外光谱

8.5.14.3　乙基纤维素的红外光谱

乙基纤维素(ethyl cellulose,EC),又称纤维素乙醚,是纤维素部分或全部羟基上的氢被乙基取代的产物。乙基纤维素结构式是:

乙基纤维素

式中,n 为聚合度,R 为"—H"或"—CH$_2$—CH$_3$"。

乙基纤维素为白色或浅灰色的流动性粉末,无臭、无毒,具有良好的韧性、耐寒性,能生成坚韧薄膜,在低温时仍能保持挠曲性,有极强的抗生物性能、代谢惰性,但在阳光或紫外光下易发生氧化降解。取代度(degree of substitution,DS;平均每个失水葡萄糖单元上被反应试剂取代的羟基数目,称为取代度。由于纤维素分子链中每个失水葡萄糖单元上只有 3 个羟基能被取代,所以取代度只能小于或等于 3)在 1.5 以上的 EC 具有热塑性,软化点为 135~155 ℃,熔点为 165~185 ℃。醚化度大小影响 EC 的溶解性、吸水性、力学性能和热性能。醚化度升高，软化点和吸湿性降低，在碱液中溶解度变小，而在有机溶剂中溶解度增大。商品化的 EC 一般不溶于水，而溶于许多有机溶剂，常用的溶剂是甲苯：乙醇为 4∶1（质量）的混合溶剂，使用温度为-60~85℃。

EC 具有黏合、填充、成膜等作用，用于合成塑料、涂料、橡胶代用品、油墨、绝缘材料，也用作胶黏剂、纺织品整理剂等，另外在农牧业中用作动物饲料添加剂，在电子产品及军工发射药中作黏结剂，医药上用作片剂黏合剂、薄膜包衣材料、包衣缓释剂。

图 8.201 是乙基纤维素的红外光谱。3473 cm^{-1} 为残存氢键缔合 OH⋯O 的伸缩振动。2976 cm^{-1} 为 CH_3 的反对称伸缩振动。2876 cm^{-1} 为 CH_3 对称伸缩振动、CH_2 反对称伸缩振动、CH_2 对称伸缩振动的叠加，因为 CH_2 直接和氧原子相连，对称和反对称伸缩振动频率升高；CH_3 间接和氧原子相连，对称和反对称伸缩振动频率升高。1444 cm^{-1} 为 CH_3 反对称变角振动和 CH_2 面内变角振动的叠加，因为 CH_2 直接和氧原子相连、CH_3 间接和氧原子相连，CH_3 反对称变角振动和 CH_2 面内变角振动频率均较常值低。1376 cm^{-1} 为 CH_3 的对称变角振动。1311 cm^{-1} 为 CH 的面内变角振动和 CH_2 的扭曲振动的叠加。COH 的面内弯曲振动和 C-OH 的伸缩振动发生偶合，分裂为 2 个谱带，分别位于 1338 cm^{-1}、1056 cm^{-1}。C-O-C 伸缩振动和缩醛的吸收在 1136 cm^{-1}、1105 cm^{-1}、1065~1050 cm^{-1}，这些谱带都比较强，彼此分辨不开，在 1150~1000 cm^{-1} 间出现宽、强吸收。918 cm^{-1}、882 cm^{-1} 为 $O-CH_2-CH_3$ 的面内摇摆振动，在此区域甲基纤维素只有 949 cm^{-1} 谱带，根据是否有 918 cm^{-1}、882 cm^{-1} 或 949 cm^{-1} 谱带，可以对甲基纤维素和乙基纤维素进行区别。674 cm^{-1} 为 COH 面外变角振动。577 cm^{-1} 为吡喃糖环骨架振动，虽弱但是是纤维素的特征谱带。乙基纤维素可部分结晶，在 625 cm^{-1} 能出现其结晶吸收带。

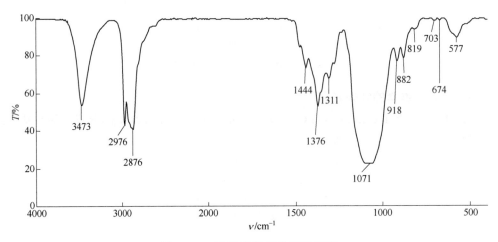

图 8.201　乙基纤维素的红外光谱

8.5.14.4　羧甲基纤维素的红外光谱

羧甲基纤维素（carboxymethylcellulose，CMC），又称羧基甲基纤维素，是纤维素部分或全部羟基上的氢被羧甲基取代的产物，通常用的是它的钠盐。图 8.202 为羧甲基纤维素的结构式

羧甲基纤维素钠（sodium carboxymethylcellulose，NaCMC 或 CMC）是一种水溶性纤维素醚，NaCMC 的结构式如图 8.203 所示。

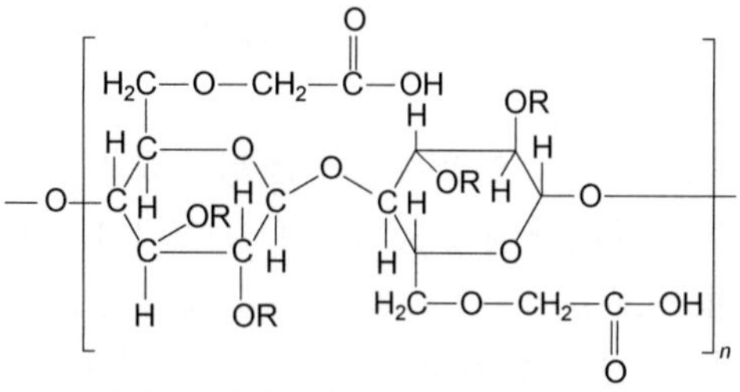

式中，n 为聚合度；R=H 或 CH$_2$COOH

图 8.202　羧甲基纤维素的结构式　　　　图 8.203　羧甲基纤维素钠的结构式

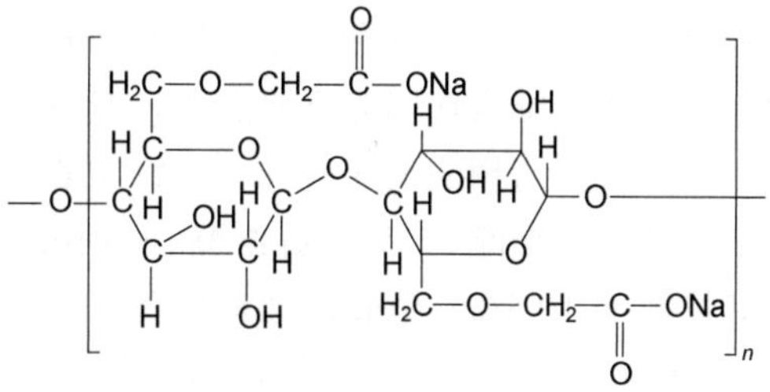

羧甲基纤维素钠（NaCMC）属阴离子型纤维素醚，外观为白色或微黄色絮状纤维粉末或白色粉末，无臭、无味、无毒，易溶于水，形成具有一定黏度的透明溶液。其溶液为中性或微碱性，不溶于乙醇、乙醚、异丙醇、丙酮等有机溶剂，可溶于含水 60%的乙醇或丙酮溶液，有吸湿性，对光、热稳定，黏度随温度升高而降低。

羧甲基纤维素可形成高黏度的胶体、溶液有黏着、增稠、流动、乳化分散、赋形、保水、保护胶体、薄膜成型、耐酸、耐盐、悬浊等特性，并且生理无害。因此在食品、医药、日化、石油、造纸、纺织、建筑等领域广泛使用。羧甲基纤维素钠是纤维素醚类中产量最大、用途最广、使用最为方便的产品。

图 8.204 为羧甲基纤维素钠的红外光谱。3501 cm^{-1} 为残存缔合 OH⋯O 的伸缩振动。2896 cm^{-1} 为 C—H 的伸缩振动。1646 cm^{-1} 为 OH 的面内变角振动。1597 cm^{-1} 为羧酸盐 COO 的反对称伸缩振动，1418 cm^{-1} 为羧酸盐 COO 的对称伸缩振。COH 的面内弯曲振动和 C—OH 的伸缩振动发生偶合，分裂为 2 个谱带，分别位于 1339 cm^{-1}、1056 cm^{-1}。1200~1000 cm^{-1} 间的宽、强谱带为 C—O 的伸缩振动。

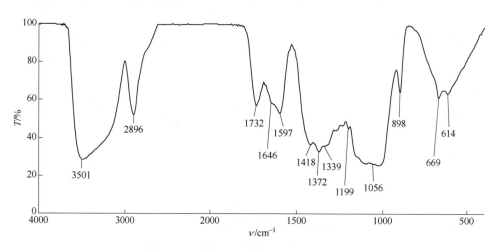

图 8.204　羧甲基纤维素钠的红外光谱

羧甲基纤维素钠是由碱性纤维素与一氯乙酸钠反应生成，1732 cm^{-1} 为一氯乙酸 C=O 伸缩振动，1372 cm^{-1} 为 CH$_3$ 的对称伸缩振动。

8.5.14.5　硝酸纤维素的红外光谱

硝酸纤维素（nitrocellulose，NC），又称纤维素硝酸酯，俗称硝化纤维素，是纤维素与硝酸酯化反应的产物。以棉纤维为原料的硝酸纤维素称为硝化棉。硝酸纤维素是一种白色纤维状聚合物，耐水、耐稀酸、耐弱碱和各种油类。聚合度不同，其强度亦不同，但都是热塑性物质。硝酸纤维素在阳光下易变色，且极易燃烧。

当纤维素与硝酸反应时，一个纤维素链节上可以有 1 个、2 个或 3 个羟基被取代，从而制出一硝酸纤维酯、二硝酸纤维酯、三硝酸纤维酯。其含氮量分别为 8.76%、11.11% 及 18.14%。含氮量低于 10.5% 的硝酸纤维素在有机溶剂溶解性很差，而高于 12.3% 时则易分解爆炸，含氮量在 12.6% 以上者常用于制造炸药。工业上生产的硝酸纤维素含氮量一般控制在 10.5%~13.8%。用硝酸纤维酯和增塑剂樟脑可制得赛璐珞塑料，这种热塑性塑料具有特别优良的耐冲击性，是制造乒乓球和眼镜架的原料。

三种硝酸纤维酯的链节如下式所示：

一硝酸纤维素　　　　二硝酸纤维素　　　　三硝酸纤维素

图 8.205 是硝酸纤维素的红外光谱。3564 cm^{-1} 为残存缔合 OH⋯O 的伸缩振动。2971 cm^{-1}、2914 cm^{-1} 为 CH、CH$_2$ 的伸缩振动，因为 CH、CH$_2$ 与 O 原子相连，伸缩振动频率较常值高。1426 cm^{-1} 为 CH$_2$ 的面内变角振动，因为与氧原子相连，频率较常值（1465 cm^{-1}）低。1069 cm^{-1} 为醚键 C–O–C 伸缩振动。1651 cm^{-1} 为硝酸酯中 O–NO$_2$ 的反对称伸缩振动，1286 cm^{-1} 为硝酸酯中 O–NO$_2$ 的对称伸缩振动。690 cm^{-1} 为硝基弯曲振动。844 cm^{-1} 为 O–N 对称伸缩振动。750 cm^{-1}、690 cm^{-1} 为 O–NO$_2$ 面内弯曲振动。

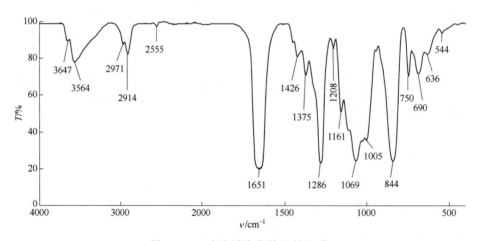

图 8.205　硝酸纤维素的红外光谱

1651 cm^{-1}、1286 cm^{-1}、844 cm^{-1} 因强度大特征性强，是鉴定硝酸纤维素的特征谱带。3564 cm^{-1} 的强度可用于鉴定硝酸纤维素的酯化程度，随着酯化程度的提高，残存羟基比例减小，3564 cm^{-1} 峰强度减小。若火棉胶含有樟脑作为软树脂，能由 1720 cm^{-1} 酮基的伸缩振动确认。1426 cm^{-1}、1375 cm^{-1}、1161 cm^{-1}、1069 cm^{-1}、1005 cm^{-1} 以及 3400 cm^{-1} 附近的谱带是纤维素的谱带。

一个三硝酸纤维素分子中有一个伯硝酸酯和两个仲硝酸酯。伯硝酸酯 O–NO$_2^-$ 的对称伸缩振动是单峰，位于 1280 cm^{-1}；而仲硝酸酯的 O−NO$_2^-$ 的对称伸缩振动分裂为双峰，分别位于 1286 cm^{-1}、1208 cm^{-1}。可借此区分伯硝酸酯和仲硝酸酯。

8.5.14.6 醋酸纤维素的红外光谱

参看"9.20 醋酸纤维的红外光谱"。

8.5.14.7 乙酸丁酸纤维素的红外光谱

乙酸丁酸纤维素（cellulose acetate butyrate，CAB）是纤维素分子中羟基被乙酸及丁酸共同酯化所成的纤维素酯，用乙酸或丁酸处理纤维素，然后用乙酸、乙酐、丁酸、丁酸酐的混合液在硫酸催化作用下进行酯化制得，是一种热塑性树脂。乙酸丁酸纤维素中乙酰基含量为 12%~15%，丁酰基含量为 26%~39%。乙酸丁酸纤维素为透明至不透明白色颗粒，密度为 1.15~1.22g/cm^3，熔融温度为 140 ℃，长期使用温度为 60~104 ℃，韧性、耐候性及电绝缘性良好，容易加工。乙酸丁酸纤维素可用于制耐油包装薄膜、感光片基、输液管道、各种涂料的流平剂、成膜物质等，还用于制造汽车方向盘及其他零部件、电缆电线包覆层、路标、灯具、透明绘图板等。图 8.206 为乙酸丁酸纤维素的结构式。

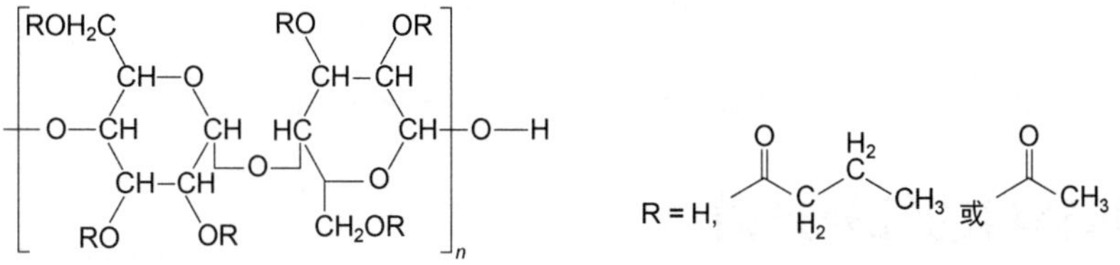

图 8.206 乙酸丁酸纤维素的结构式

图 8.207 为丁酰基含量为 36%~39%的乙酸丁酸纤维素的红外光谱。3505 cm^{-1} 为残存缔合 OH⋯O 的伸缩振动，其强度反映纤维素的酯化程度。1746 cm^{-1} 为乙酰基、丁酰基 C=O 的伸缩振动的叠加。2965 cm^{-1} 为 CH$_3$ 的反对称伸缩振动，2878 cm^{-1} 为 CH$_3$ 的对称伸缩振动。1457 cm^{-1} 为 CH$_3$ 的反对称变角振动和 CH$_2$ 的面内变角振动的叠加。1418 cm^{-1} 为 O−CH$_2$ 的面内变角振动，因为与氧原子相连，频率降低。1369 cm^{-1} 是 CH$_3$ 的对称变角振动。1225 cm^{-1}、1161 cm^{-1}、1055 cm^{-1} 是 C−O−C 的伸缩振动。921 cm^{-1}、795 cm^{-1}、754 cm^{-1}、568 cm^{-1} 为丁酸酯的谱带，其中 754 cm^{-1} 为丁酰基骨架振动。

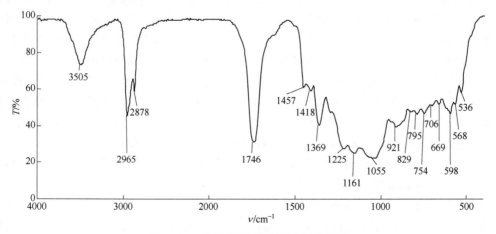

图 8.207 乙酸丁酸纤维素的红外光谱

图 8.208 为醋酸纤维素和乙酸丁酸纤维素的红外光谱，通过比较可以发现二者的差别主要有两处：①在醋酸纤维素的红外光谱中 1371 cm^{-1} 的强度显著大于 1433 cm^{-1} 的强度；而在乙酸丁酸纤维素中 1369 cm^{-1} 的强度虽然仍大于 1457 cm^{-1} 的强度，但差别小得多；②乙酸丁酸纤维素在 921 cm^{-1}、754 cm^{-1} 有吸收，醋酸纤维素在相应频率没有吸收。

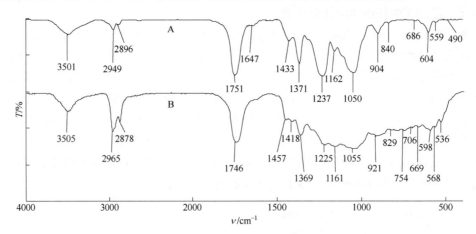

图 8.208　醋酸纤维素（A）和乙酸丁酸纤维素（B）的红外光谱

8.6　降解塑料的红外光谱

8.6.1　降解塑料的分类

降解塑料（degradable plastic）是指在规定环境条件下、经过一段时间，经过一个或多个步骤，导致材料化学结构的显著变化而损失某些性能（如完整性、分子量、结构或机械强度）或发生破碎的塑料。塑料性能的变化，能用国家标准试验方法进行测试，并按降解方式和使用周期确定其类别。

降解塑料的种类繁多，有多种不同的分类方法，其中主要的有三类：按降解途径分类、按原料来源分类和按降解程度分类。

8.6.1.1　按降解途径分类

按降解途径，降解塑料分为生物分解塑料、可堆肥塑料、热氧降解塑料、光降解塑料等。

（1）生物分解塑料（biodegradable plastic）　是在自然界（如土壤、沙土、堆肥、厌氧消化、水性培养液）中，由自然界存在的微生物（如细菌、霉菌和海藻等）作用引起降解，并最终完全降解为二氧化碳、甲烷、水及其所含元素的矿化无机盐以及新的生物质的塑料。

（2）可堆肥塑料（compostable plastic）　是在堆肥化条件下，通过生物反应过程可被降解、崩解，并最终分解成二氧化碳、水及其所含元素的矿化无机盐以及新的生物质的塑料，并且其最后形成的堆肥的重金属含量、毒性试验、残留碎片等必须符合相关标准的规定。

（3）热氧降解塑料（heat and/or oxide degradable plastic）　是在热、氧化作用下，经过一段时间，通过一个或多个步骤，导致材料化学结构的显著变化而损失某些性能（如完整性、分子量、结构或机械强度）或发生破碎的塑料。

（4）光降解塑料（photodegradable plastic sheet）　是在自然日光作用下，经过一段时间，至少通过一个步骤引起化学结构显著变化而损失某些性能（如完整性、分子量、结构或机械强度）或发生破碎的塑料。

8.6.1.2 按原料来源分类

按原料来源，降解塑料可以分为5类：化学合成降解塑料、天然材料制降解塑料、微生物参与合成降解塑料、二氧化碳共聚物降解塑料和共混降解塑料。

（1）化学合成降解塑料　这类塑料以石化产品为单体，通过化学合成的方法制得，如聚己内酯（PCL）、聚丁二酸丁二醇酯（PBS）、聚乙烯醇（PVA）、芳香族-脂肪族共聚酯（PBAT）等。

（2）天然材料制降解塑料　利用淀粉、植物秸秆纤维素、甲壳素等天然生物资源经理化处理制得的降解塑料。

（3）微生物参与合成降解塑料　利用淀粉、植物秸秆、甲壳素等天然生物资源经微生物发酵生成聚合物单体，再经化学聚合而得的降解塑料，如聚乳酸（PLA）、聚 β-羟基丁酸（PHB）、聚 β-羟基戊酸（PHV）、3-羟基丁酸酯与3-羟基-4-甲基戊酸酯共聚物（PHBV）等。

（4）二氧化碳共聚物降解塑料　二氧化碳和环氧丙烷或环氧乙烷催化合成的降解塑料。

（5）共混降解塑料　以上4种降解塑料或其单体共混得到的降解塑料。

8.6.1.3 按降解程度分类

按降解程度不同，降解塑料可分为两大类，不完全降解塑料和完全降解塑料，如表 8.8 所示。

表 8.8　按降解程度分类的降解塑料

不完全降解塑料		PE、PP、PVC、PS 与淀粉共混物
		合成脂肪酸酯（PCL）与通用聚烯共混物
		天然矿物与 PCL、PE、PP 共混物
完全降解塑料	化学合成的高聚物	脂肪族聚酯
		聚乙二醇
		聚乙烯醇及其衍生物
		聚氨酯及其衍生物
	天然高聚物及其衍生物	纤维素及其衍生物
		壳素
		脱乙酰壳聚糖
		热塑性淀粉
	微生物合成高聚物	脂肪族聚酯（PBS、PBA）
		聚乳酸等生物聚酯
		其他生物合成聚合物

8.6.2 聚乳酸的红外光谱

乳酸又称 α-羟基丙酸（2-羟基丙酸，2-hydroxy propionic acid）或丙醇酸，是乳酸酐菌产生的一种糖类化合物，是生物体（包括人体）中常见的天然化合物。聚乳酸（polylactic acid 或 polylactide，PLA）是一种热塑性脂肪族聚酯。结构式如下所示：

由于 α-碳原子上甲基的存在，分子中有一个不对称碳原子（用*标出），使得乳酸二聚体具有光学活性，即存在左旋（L），右旋（D）和消旋（DL）三种光学异构体。同样也存在三种主链旋光性不同的聚合物，即左旋聚乳酸（L-PLA，PLLA），右旋聚乳酸（D-PLA，PDLA）和外消光聚乳酸（DL-PLA，PDLLA），还有一种内消光旋构型，在实际中很少使用。D-PLA 和 L-PLA 具有规整的分子链结构，是半结晶聚合物，DL-PLA 是无定形聚合物，D-PLA 单体非常昂贵，在实际中很少使用；L-PLA 结晶率为 37%，熔点为 175~178 ℃，玻璃化转变温度为 60~65 ℃。L-PLA 水解后生成 L（+）-乳酸，与天然乳酸旋光性相同，所以实际应用价值比 D-构型大得多。PLA 可以制作薄膜、纤维、食品包装材料、医用导管等。PLA 有较好的生物降解性，可在土壤、堆肥、海水条件下降解。

图 8.209 为左旋聚乳酸 L-PLA（简称聚乳酸）的红外光谱。2997 cm^{-1}、2947 cm^{-1} 为 CH$_3$ 的反对称伸缩振动，邻位的氧和羰基都是吸电子基，诱导效应使 CH$_3$ 反对称伸缩振动频率较常值 [(2962±10) cm^{-1}] 高，并且发生分裂。2883 cm^{-1} 为 CH$_3$ 的对称伸缩振动，同样由于邻位氧和羰基的诱导效应使 CH$_3$ 对称伸缩振动较频率常值 [(2872±10) cm^{-1}] 高。聚乳酸中 CH$_3$ 的伸缩振动大幅度升高，成为聚乳酸的特征谱带。1754 cm^{-1} 为羰基 C=O 的伸缩振动，3507 cm^{-1} 为其倍频。由于 α-碳原子上连接有强吸电子的羟基，使羰基的电子云向碳原子移动，C=O 键电子云交盖程度增大，键力常数增大，羰基伸缩振动频率较常值（1740 cm^{-1}）高。1454 cm^{-1} 为 CH$_3$ 的反对称变角振动，由于 α-碳原子上连接有强吸电子的氧原子，CH$_3$ 反对称变角振动频率较常值（1465 cm^{-1}）低。1383 cm^{-1} 为 CH$_3$ 的对称变角振动。1365 cm^{-1} 为 CH 的变角振动。1266 cm^{-1}、1184 cm^{-1}、1129 cm^{-1}、1091 cm^{-1}、1047 cm^{-1} 为 C—O—C 伸缩振动，因为 α-碳原子上甲基的存在，分子中有一个不对称碳原子，PLA 的 C—O—C 有多个不同空间构型，所以伸缩振动谱带比较多。956 cm^{-1} 为 α-甲基的面外摇摆振动。870 cm^{-1} 为酯（O—CH—CH$_3$）的振动。757 cm^{-1} 是 α-甲基的面内摇摆振动。

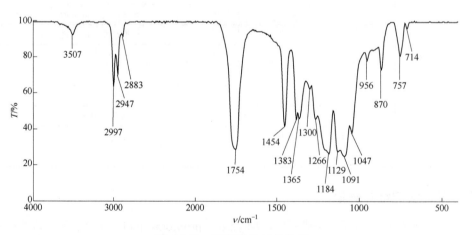

图 8.209　聚乳酸的红外光谱

许多有机物的分子含酯基（COO）和甲基（CH$_3$），通常不把它们代表的谱带作为标志谱带。但聚乳酸的红外光谱是个例外。聚乳酸结构的显著特点是 α-碳原子连接羟基，红外光谱的特点是诱导效应使 C=O、CH$_3$、C—O—C 伸缩振动频率升高。2997 cm^{-1}、2947 cm^{-1}、1754 cm^{-1}、1184 cm^{-1} 同时存在是其标志谱带。

8.6.2.1 含滑石粉的聚乳酸的红外光谱

图 8.210 为塑料水杯的红外光谱。第一，1752 cm^{-1}、1184 cm^{-1} 同时存在，它们是聚乳酸的标志谱带，据此猜想塑料水杯材料可能是聚乳酸。

第二，2996 cm^{-1}、2946 cm^{-1} 也同时存在，它们也是聚乳酸的标志谱带。据以上两点基本可以确定塑料水杯材料是聚乳酸。

第三，图 8.210 中除聚乳酸的谱带外，还有其他谱带，其中 3677 cm^{-1}、670 cm^{-1} 同时存在是滑石粉的标志谱带，据此猜想水杯材料可能含滑石粉。

第四，1020 cm^{-1}、466 cm^{-1} 也同时存在，它们也是滑石粉的标志谱带。据以上两点基本可以确定塑料水杯材料含滑石粉。

图 8.211 为滑石粉和聚乳酸的红外光谱。比较图 8.210 和图 8.211 可以确定，图 8.210 中 3506 cm^{-1}、2996 cm^{-1}、2946 cm^{-1}、2882 cm^{-1}、1752 cm^{-1}、1454 cm^{-1}、1383 cm^{-1}、1364 cm^{-1}、1302 cm^{-1}、1184 cm^{-1}、1129 cm^{-1}、1084 cm^{-1}、1044 cm^{-1}、869 cm^{-1}、755 cm^{-1} 为聚乳酸的谱带；3677 cm^{-1}、1020 cm^{-1}、670 cm^{-1}、466 cm^{-1}、452 cm^{-1}、425 cm^{-1} 为滑石粉的谱带。

塑料水杯材料为含滑石粉的聚乳酸。

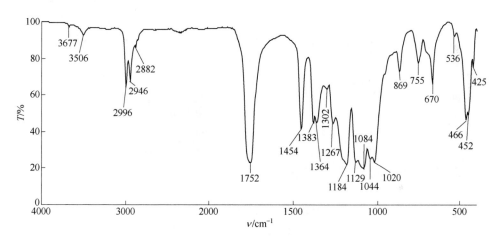

图 8.210 塑料水杯的红外光谱

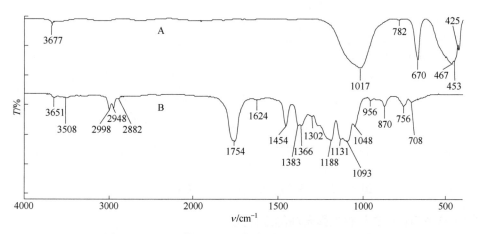

图 8.211 滑石粉（A）和聚乳酸（B）的红外光谱

8.6.2.2 含碳酸钙的聚乳酸的红外光谱

图 8.212 为象牙色塑料片的红外光谱。第一，1751 cm^{-1}、1184 cm^{-1} 同时存在，它们是聚乳酸的标志谱带，据此猜想象牙色塑料片可能是聚乳酸。

第二，2996 cm^{-1}、2946 cm^{-1} 也同时存在，它们也是聚乳酸的标志谱带。据以上两点基本可以确定塑料片是聚乳酸。

第三，图 8.212 中除有聚乳酸的谱带外，还有其他谱带，其中 874 cm^{-1} 是碳酸钙的标志谱带，据此猜想塑料片可能含碳酸钙。

第四，2511 cm^{-1}、712 cm^{-1} 谱带也同时存在，它们也是碳酸钙的标志谱带。据以上两点基本可以确定塑料片含碳酸钙。

图 8.213 为碳酸钙和聚乳酸的红外光谱，比较图 8.212 和图 8.213 可以确定，图 8.213 中 3506 cm^{-1}、2996 cm^{-1}、2946 cm^{-1}、1751 cm^{-1}、1454 cm^{-1}、1383 cm^{-1}、1366 cm^{-1}、1268 cm^{-1}、1184 cm^{-1}、1128 cm^{-1}、1085 cm^{-1}、1047 cm^{-1}、956 cm^{-1}、756 cm^{-1} 为聚乳酸的谱带；2511 cm^{-1}、874 cm^{-1}、712 cm^{-1} 为碳酸钙的谱带。象牙色塑料片的材料为含碳酸钙的聚乳酸。

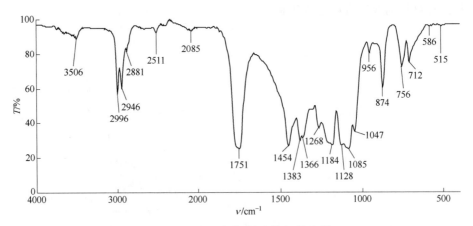

图 8.212　象牙色塑料片的红外光谱

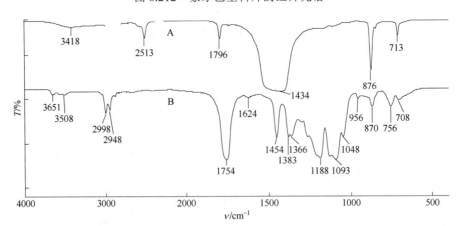

图 8.213　碳酸钙（A）和聚乳酸（B）的红外光谱

8.6.2.3 含滑石粉、碳酸钙的聚乳酸的红外光谱

图 8.214 为一种塑料膜的红外光谱。第一，1753 cm^{-1}、1184 cm^{-1} 同时存在，它们是聚乳酸的标志谱带，据此猜想塑料膜可能是聚乳酸。

第二，2996 cm^{-1}、2946 cm^{-1} 也同时存在，它们也是聚乳酸的标志谱带。据以上两点基本可以确定塑料膜含聚乳酸。

第三，图 8.214 中除有聚乳酸的谱带外，还有其他谱带，其中 875 cm^{-1} 是碳酸钙的标志谱带，据此猜想塑料膜可能含碳酸钙。

第四，2501 cm^{-1}、713 cm^{-1} 以及 1500~1300 cm^{-1} 间的宽、强谱带也同时存在，它们也是碳酸钙的标志谱带。据以上两点基本可以确定塑料膜含碳酸钙。

第五，图 8.214 中除有聚乳酸、碳酸钙的谱带外，还有其他谱带。其中 1020 cm^{-1}、670 cm^{-1} 同时存在是滑石粉的标志谱带，据此猜想塑料膜可能含滑石粉。

第六，467 cm^{-1}、453 cm^{-1}、427 cm^{-1} 也同时存在，它们也是滑石粉的标志谱带。据以上两点基本可以确定塑料膜含滑石粉。

图 8.215 为滑石粉、聚乳酸和碳酸钙的红外光谱，比较图 8.214 和图 8.215 可以确定，图 8.214 中 3503 cm^{-1}、2996 cm^{-1}、2946 cm^{-1}、1753 cm^{-1}、1454 cm^{-1}、1385 cm^{-1}、1269 cm^{-1}、1184 cm^{-1}、1129 cm^{-1}、1091 cm^{-1}、757 cm^{-1} 为聚乳酸的谱带；1020 cm^{-1}、670 cm^{-1}、467 cm^{-1}、453 cm^{-1}、427 cm^{-1} 为滑石粉的谱带；2501 cm^{-1}、875 cm^{-1}、713 cm^{-1} 以及 1500~1300 cm^{-1} 间的宽、强谱带为碳酸钙的吸收。

塑料膜材料为含滑石粉、碳酸钙的聚乳酸。

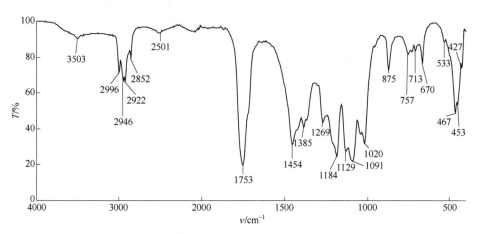

图 8.214　塑料膜的红外光谱

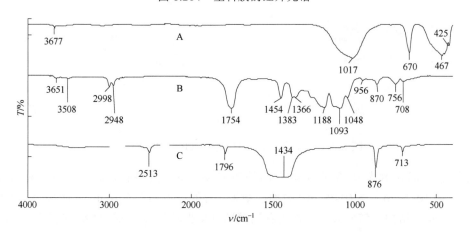

图 8.215　滑石粉（A）、聚乳酸（B）和碳酸钙（C）的红外光谱

8.6.2.4 含淀粉的聚乳酸的红外光谱

图 8.216 为一种塑料垃圾袋的红外光谱。第一，1757 cm^{-1}、1183 cm^{-1} 同时存在，它们是聚乳酸的标志谱带，据此猜想垃圾袋材料可能是聚乳酸。

第二，2996 cm^{-1} 谱带存在，它也是聚乳酸的标志谱带。据以上两点基本可以确定垃圾袋材料含聚乳酸。

第三，图 8.216 中除有聚乳酸的谱带外，还有其他谱带，其中 3367 cm^{-1}、1647 cm^{-1}、576 cm^{-1} 同时存在是淀粉的标志谱带，据此猜想垃圾袋材料可能含淀粉。

第四，同时 1200~1000 cm^{-1} 间有宽、强吸收，这也是淀粉红外光谱的特点。据以上两点基本可以确定垃圾袋材料含淀粉。

图 8.217 为淀粉和聚乳酸的红外光谱。比较图 8.216 和图 8.217 可以确定，图 8.216 中 3367 cm^{-1}、1647 cm^{-1}、1086 cm^{-1}、1044 cm^{-1}、867 cm^{-1}、576 cm^{-1} 为淀粉的谱带；2996 cm^{-1}、2852 cm^{-1}、1757 cm^{-1}、1454 cm^{-1}、1383 cm^{-1}、1365 cm^{-1}、1183 cm^{-1}、1129 cm^{-1}、867 cm^{-1}、758 cm^{-1} 为聚乳酸的谱带。

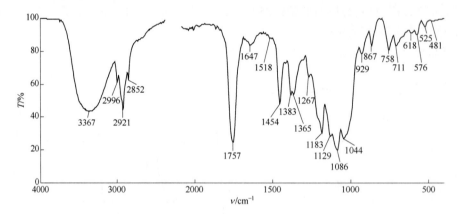

图 8.216 塑料垃圾袋的红外光谱

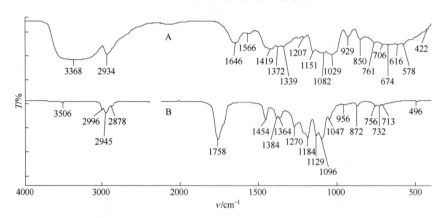

图 8.217 淀粉（A）和聚乳酸（B）的红外光谱

需要说明的是样品的红外光谱有的地方是聚乳酸与淀粉红外谱带的简单叠加，如 1044 cm^{-1} 是 1025 cm^{-1} 与 1049 cm^{-1} 叠加的结果；有的地方如 2921 cm^{-1} 是两种物质发生化学反应产生了新的结构。576 cm^{-1} 谱带为吡喃糖环骨架振动和 CH 摇摆振动的叠加，虽然弱，但它是淀粉的特征谱带，是判断降解塑料混合物中是否有淀粉的重要依据之一。

淀粉是天然高聚物，谱带弥散，有时不好判断在混合物中是否有淀粉。可以先查看 3367 cm^{-1} 附近是否有吸收。如果 3367 cm^{-1} 没有吸收，基本可以确定混合物中没有淀粉。如果 3367 cm^{-1} 有吸收，同时薄膜不透明或半透明，则可假设混合物中有淀粉，然后寻找淀粉的其他谱带予以证实。

8.6.2.5 含碳酸钙、聚乙烯的聚乳酸的红外光谱

图 8.218 为快餐盒的红外光谱。第一，1754 cm^{-1}、1184 cm^{-1} 同时存在，它们是聚乳酸的标志谱带，据此猜想快餐盒材料可能含聚乳酸。

第二，1089 cm^{-1}、1046 cm^{-1} 也同时存在，它们也是聚乳酸的标志谱带。根据以上两点基本可以确定快餐盒材料含聚乳酸。

第三，图 8.218 中除有聚乳酸的谱带外，还有其他谱带，其中 874 cm^{-1} 是碳酸钙的标志谱带，据此猜想快餐盒可能含碳酸钙。

第四，2512 cm^{-1}、716 cm^{-1} 以及 1500~1300 cm^{-1} 间的宽强谱带也同时存在，它们也是碳酸钙的标志谱带。据以上两点基本可以确定快餐盒含碳酸钙。

第五，2915 cm^{-1}、2847 cm^{-1} 同时存在，它们是聚乙烯的标志谱带，据此猜想快餐盒材料可能含聚乙烯。

第六，1460 cm^{-1}、729 cm^{-1}、716 cm^{-1} 也同时存在，它们也是聚乙烯的标志谱带。根据以上两点基本可以确定快餐盒材料含聚乙烯。

图 8.219 为聚乙烯、聚乳酸和碳酸钙的红外光谱。把图 8.218 与图 8.219 相比较可知，

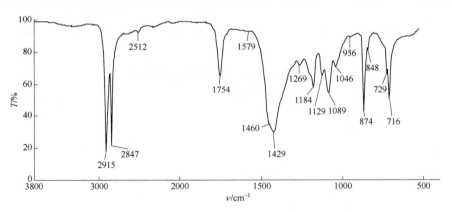

图 8.218　快餐盒的红外光谱

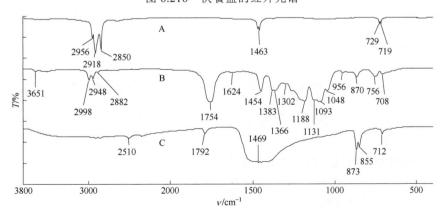

图 8.219　聚乙烯（A）、聚乳酸（B）、碳酸钙（C）的红外光谱

图 8.218 中 1754 cm^{-1}、1269 cm^{-1}、1184 cm^{-1}、1129 cm^{-1}、1089 cm^{-1}、1046 cm^{-1}、956 cm^{-1} 为聚乳酸的谱带；2915 cm^{-1}、2847 cm^{-1}、1460 cm^{-1}、729 cm^{-1}、716 cm^{-1} 为聚乙烯的谱带；2512 cm^{-1}、874 cm^{-1}、716 cm^{-1} 以及 1429 cm^{-1} 左右的宽、强谱带为碳酸钙的谱带。聚乙烯在 716 cm^{-1} 有吸收，碳酸钙在 712 cm^{-1} 有吸收，二者重叠后在 716 cm^{-1} 出现吸收。

8.6.2.6 含滑石粉、聚乙烯的聚乳酸制品的红外光谱

图 8.220 为白色塑料餐勺的红外光谱，图 8.221 为 PLA、PE 和滑石粉的红外光谱。比较图 8.220 和图 8.221 可以确定，白色塑料餐勺的原料为 PLA、PE 和滑石粉的混合物。图 8.220 中 2999 cm^{-1}、2949 cm^{-1}、1757 cm^{-1}、1457 cm^{-1}、1380 cm^{-1}、1361 cm^{-1}、1305 cm^{-1}、1271 cm^{-1}、1180 cm^{-1}、1133 cm^{-1}、1090 cm^{-1}、1041 cm^{-1}、874 cm^{-1}、752 cm^{-1} 为 PLA 的吸收；2919 cm^{-1}、2856 cm^{-1}、717 cm^{-1} 为 PE 的吸收；3675 cm^{-1}、1024 cm^{-1}、671 cm^{-1} 为滑石粉的吸收。

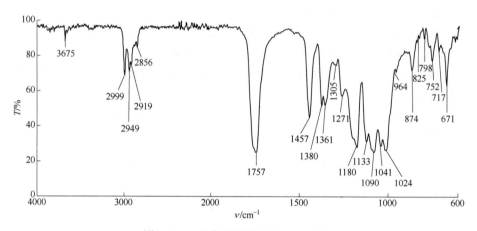

图 8.220　白色塑料餐勺的红外光谱

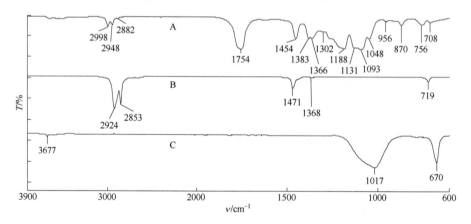

图 8.221　PLA（A）、PE（B）和滑石粉（C）的红外光谱

8.6.2.7 含二氧化钛的聚乳酸的红外光谱

图 8.222 为塑料餐叉的红外光谱。第一，1757 cm^{-1}、1185 cm^{-1} 同时存在，它们是聚乳酸的标志谱带，据此猜想垃圾袋材料可能含聚乳酸。

第二，2997 cm^{-1}、2946 cm^{-1} 也同时存在，它们也是聚乳酸的标志谱带。据以上两点基本可以确定塑料餐叉是聚乳酸。

图 8.222 中谱带从 830 cm^{-1} 到 540 cm^{-1} 陡然下降，这是二氧化钛红外光谱的特点，据此

猜想塑料餐叉含二氧化钛。

图 8.223 为二氧化钛、聚乳酸的红外光谱。把图 8.222 与图 8.223 相比较可知，图 8.222 中 3507 cm^{-1}、2997 cm^{-1}、2946 cm^{-1}、1757 cm^{-1}、1454 cm^{-1}、1383 cm^{-1}、1365 cm^{-1}、1303 cm^{-1}、1267 cm^{-1}、1185 cm^{-1}、1130 cm^{-1}、1090 cm^{-1}、1047 cm^{-1}、956 cm^{-1}、869 cm^{-1} 为聚乳酸的谱带；830 cm^{-1} 到 540 cm^{-1} 谱带为二氧化钛的吸收。

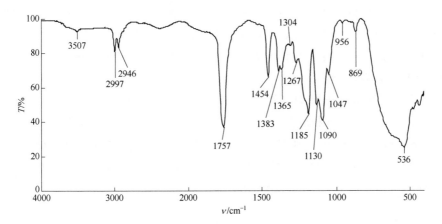

图 8.222　塑料餐叉的红外光谱

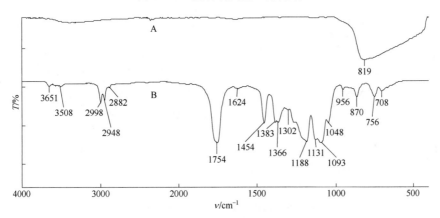

图 8.223　二氧化钛（A）和聚乳酸（B）的红外光谱

图 8.224 为塑料餐叉的能谱图，检出 C、O、Ti 元素，证实塑料餐叉确实含二氧化钛。

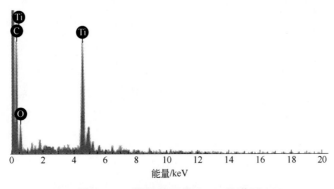

图 8.224　塑料餐叉的 EDX 能谱图

8.6.2.8 聚乳酸和聚氨酯混合物制薄膜的红外光谱

图 8.225 为白色半透明塑料膜的红外光谱。第一，1758 cm^{-1}、1184 cm^{-1} 同时存在，它们是聚乳酸的标志谱带，据此猜想白色半透明塑料膜可能含聚乳酸。

第二，1129 cm^{-1}、1046 cm^{-1} 也同时存在，它们也是聚乳酸的标志谱带。根据以上两点基本可以确定塑料膜含聚乳酸。

第三，图 8.225 中除有聚乳酸的谱带外，还有其他谱带，其中 1708 cm^{-1}、1537 cm^{-1} 同时存在，它们是聚氨酯的标志谱带，据此猜想塑料膜可能含聚氨酯。

第四，1596 cm^{-1}、771 cm^{-1} 也同时存在，它们也是聚氨酯的标志谱带。根据以上两点基本可以确定塑料膜含聚氨酯。

图 8.226 为聚乳酸和聚氨酯的红外光谱。把图 8.225 与图 8.226 相比较可以确定，白色半透明塑料膜的原料为聚乳酸和聚氨酯。图 8.225 中，2942 cm^{-1}、1758 cm^{-1}、1454 cm^{-1}、1383 cm^{-1}、1184 cm^{-1}、1129 cm^{-1}、1091 cm^{-1} 为聚乳酸的吸收；3328 cm^{-1}、3196 cm^{-1}、3127 cm^{-1}、2942 cm^{-1}、1708 cm^{-1}、1596 cm^{-1}、1537 cm^{-1}、1417 cm^{-1}、1314 cm^{-1}、1232 cm^{-1}、1018 cm^{-1}、860 cm^{-1}、817 cm^{-1}、771 cm^{-1} 为聚氨酯的吸收。

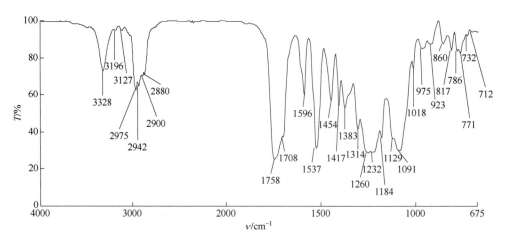

图 8.225 白色半透明塑料膜的红外光谱

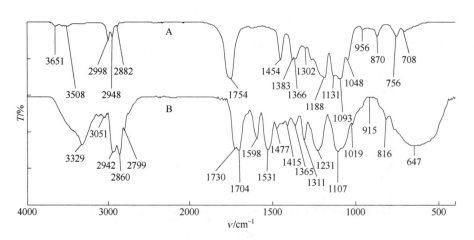

图 8.226 聚乳酸（A）和聚氨酯（B）的红外光谱

8.6.2.9 聚乳酸制品检验举例

（1）送检样品：一次性水杯。
（2）检验要求：检验样品的成分。
（3）检验。

① 显微镜检验。用手术刀斜切一次性水杯后，在显微镜下观察斜剖面可见：水杯分三层，其中里、外两层比较白，结构密实；中间层稍黄，呈纤维状。

② 红外光谱仪检验。

a．水杯内层的检验　用手术刀取样品少许，放到高压金刚石池上制样，经傅里叶变换红外光谱仪检验，水杯内层的红外光谱如图8.227谱线A所示。图8.227谱线B为聚乳酸的红外光谱。比较谱线A和B可知：水杯内层的成分为聚乳酸。

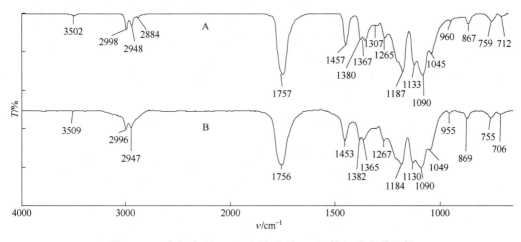

图 8.227　水杯内层（A）和聚乳酸（B）的红外光谱比较

b．水杯中间层的检验　用手术刀取样品少许，放到高压金刚石池上制样，经傅里叶变换红外光谱仪检验，水杯中间层的红外光谱如图8.228谱线A所示。图8.228谱线B为竹纤维的红外光谱。比较谱线A和B可知，水杯中间层的成分为植物纤维。

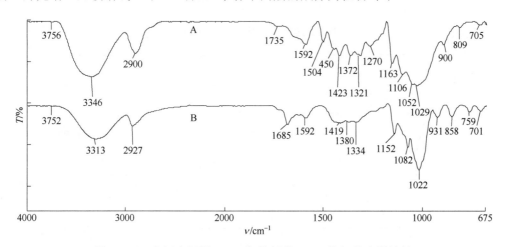

图 8.228　水杯中间层（A）与竹纤维（B）的红外光谱比较

c. 水杯外层的检验　用手术刀取样品少许，放到高压金刚石池上制样，经傅里叶变换红外光谱仪检验，水杯外层的红外光谱如图 8.229 所示。

第一，图 8.229 中有 875 cm^{-1} 谱带，它是碳酸钙的标志谱带，据此猜想水杯外层可能含碳酸钙；第二，2517 cm^{-1}、1799 cm^{-1} 谱带也同时存在，它们也是碳酸钙的标志谱带。根据以上两点基本可以确定水杯外层含碳酸钙。

图 8.229 中除碳酸钙的谱带外，还有其他谱带。第一，其中 3695 cm^{-1}、3652 cm^{-1}、3625 cm^{-1} 是高岭土的标志谱带，据此猜想水杯外层可能含高岭土；第二，1039 cm^{-1}、914 cm^{-1}、698 cm^{-1} 谱带也同时存在，而且 1039 cm^{-1} 谱带宽而强，它们也是高岭土的标志谱带。根据以上两点基本可以确定水杯外层含高岭土。

图 8.229 中除碳酸钙、高岭土的谱带外，还有其他谱带。第一，其中 2919 cm^{-1}、2850 cm^{-1} 是 CH$_2$ 反对称伸缩振动和对称伸缩振动频率，水杯外层可能含聚乙烯（或石蜡）类物质；第二，如果水杯外层含聚乙烯（或石蜡）类物质，图 8.229 在 1465 cm^{-1} 和 720 cm^{-1} 应该有吸收。图 8.229 在 1465 cm^{-1} 左右是一个宽、强包峰，不能判断是否有 1465 cm^{-1} 谱带。碳酸钙在 712 cm^{-1} 有吸收，而图 8.229 在 716 cm^{-1} 有吸收，可以推测在比 716 cm^{-1} 大 4 cm^{-1}（716−712=4）即 720 cm^{-1}（716+4=720）处应该有一个谱带。综合上述分析，基本可以确定水杯外层含聚乙烯（或石蜡）类物质。

图 8.230 为聚乙烯、高岭土和碳酸钙的红外光谱。比较图 8.229 和图 8.230 可知，图 8.229

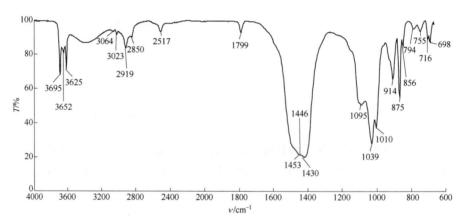

图 8.229　水杯外层的红外光谱

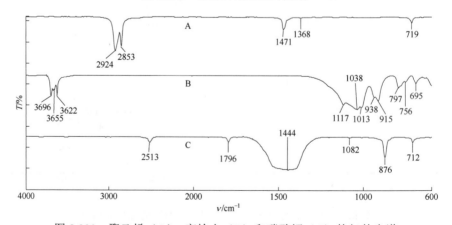

图 8.230　聚乙烯（A）、高岭土（B）和碳酸钙（C）的红外光谱

中 2919 cm^{-1}、2850 cm^{-1}、716 cm^{-1} 为聚乙烯（或石蜡）的谱带；3692 cm^{-1}、3652 cm^{-1}、3625 cm^{-1}、1095 cm^{-1}、1039 cm^{-1}、1010 cm^{-1}、914 cm^{-1}、794 cm^{-1}、755 cm^{-1}、698 cm^{-1} 为高岭土的谱带；2517 cm^{-1}、1799 cm^{-1}、1446 cm^{-1} 左右的宽、强吸收，875 cm^{-1}、716 cm^{-1} 为碳酸钙的谱带。聚乙烯（或石蜡）在 719 cm^{-1} 有吸收，碳酸钙在 712 cm^{-1} 有吸收，二者重叠后在 716 cm^{-1} 呈现吸收。据以上分析可知，水杯外层成分为聚乙烯（或石蜡）、高岭土和碳酸钙的混合物。

③ 分析意见

a．水杯内层的成分为聚乳酸。

b．水杯中间层的成分为植物纤维（纸纤维）。

c．水杯外层的成分为聚乙烯（或石蜡类物质）、高岭土和碳酸钙的混合物。

8.6.3 聚羟基脂肪酸酯的红外光谱

聚羟基脂肪酸酯（polyhydroxyalkanoate，PHA）是由多种细菌合成的一种胞内聚酯，不仅具有类似于合成塑料的物理、化学性质，还具备生物可降解性、生物相容性、光学活性、压电性、气体相隔性等许多优良性能。

根据碳链长短，PHA 可分为两大类：①短链 PHA，其单体由 3~5 个碳原子组成，如聚羟基丁酸酯（polyhydroxybutyrate，PHB）、聚羟基戊酸酯（polyhydroxyvalerate，PHV）等；②中长链 PHA，其单体由 6~14 个碳原子组成，如聚羟基己酸酯（polyhydroxyhexanoate，PHHx）、聚羟基辛酸酯（polyhydroxyoctanoate，PHO）等。

PHA 的生产已经历了四代，第一代聚羟基丁酸酯（PHB）、第二代丁酸戊酸共聚酯（PHBV）、第三代羟基丁酸己酸共聚酯（PHBH）、第四代产品 P34HB（3-羟基丁酸酯/4-羟基丁酸酯共聚物）。

图 8.231 为 PHA 的结构通式。其中 $m=1~4$；如果 $m=1$，即为聚 3-羟基脂肪酸酯（3-hydroxyalkanoate，简写为 3HA，也叫 β-羟基丁酸酯）。n 为聚合度，表示分子量大小，$n=100~30000$。R 是可变基团，可为饱和或不饱和直链或含侧链及取代基的烷基。*代表手性碳原子。

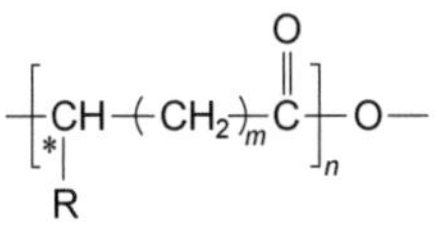

图 8.231 PHA 的结构通式

8.6.3.1 3-羟基丁酸酯-3-羟基戊酸酯共聚物的红外光谱

聚 3-羟基丁酸酯（PHB）的结构式如下：

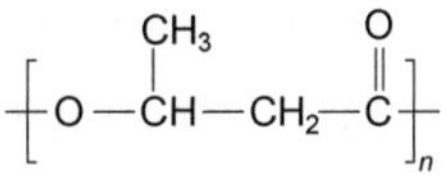

聚 3-羟基丁酸酯是一种热塑性树脂，具有很高的立构规整性，结晶度可达 80%~90%，熔点为 180 ℃，因结晶度高，所以非常脆，断裂伸长率很低，易裂解，加工窗口非常窄，因此 PHB 基本不是一种可实用的材料。聚 3-羟基戊酸酯的结构式是：

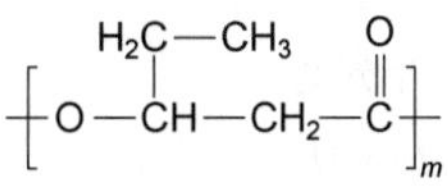

3-羟基戊酸酯（VH）比 3-羟基丁酸酯有较大的侧链，立构规整性低，结晶度低，柔性好。在 3-羟基丁酸酯和 3-羟基戊酸酯共聚物中，随 VH 组分含量的提高，3-羟基丁酸酯-3-羟基戊酸酯共聚物（PHBV）的结晶度降低、熔点降低、耐冲击强度提高、加工性能得到改善。

3-羟基丁酸酯和 3-羟基戊酸酯共聚物 PHBV 的结构式如下：

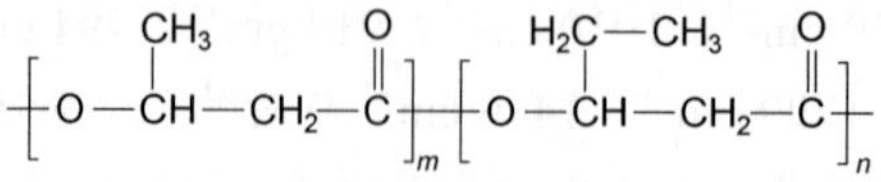

PHBV 的分子量在 75 万左右。3-羟基丁酸酯和 3-羟基戊酸酯共聚物是一系列不同组成比（PHB/PHV）的材料，其中 PHV 的含量最高不超过 30%，一般认为 PHB：PHV 为 89：11 的共聚物的强度和韧性最好。

图 8.232 为 PHBV 的红外光谱。2977 cm^{-1}、2935 cm^{-1} 为 CH_3、CH_2 的伸缩振动的叠加，氧原子的诱导效应使 CH_3、CH_2 的伸缩振动频率升高。1728 cm^{-1} 为羰基（C=O）的伸缩振动，3438 cm^{-1} 为其倍频。1454 cm^{-1} 为 CH_3 的反对称变角振动和 CH_2 面内变角振动的叠加。1380 cm^{-1} 为 CH_3 的对称变角振动。C—O—C 伸缩振动和 CH_2 面外摇摆振动在 1285~1000 cm^{-1}。980 cm^{-1} 为甲基的面外摇摆振动。897 cm^{-1} 为酯的振动。

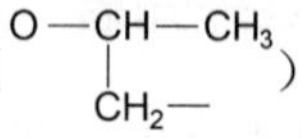

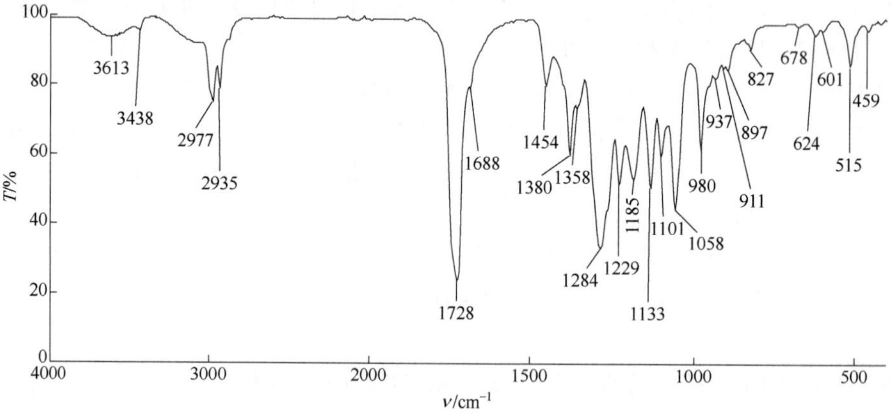

图 8.232　PHBV 的红外光谱

8.6.3.2　3-羟基丁酸酯-4-羟基丁酸酯共聚物的红外光谱

图 8.233 为 3-羟基丁酸酯-4-羟基丁酸酯共聚物（P34HB）的结构式。

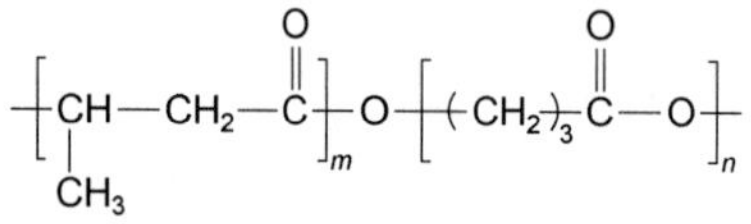

图 8.233　P34HB 的结构式

图 8.234 为 P34HB 的红外光谱。2981 cm^{-1}、2937 cm^{-1}、2880 cm^{-1} 为 CH_3、CH_2 的伸缩振动。1725 cm^{-1} 为羰基（C=O）的伸缩振动，3436 cm^{-1} 为其倍频。1457 cm^{-1} 为 CH_3 反对称变角振动和 CH_2 面内变角振动的叠加。1384 cm^{-1} 为 CH_3 的对称变角振动。C—O—C 伸缩振动和 CH_2 面外摇摆振动在 1290~1000 cm^{-1}。983 cm^{-1} 为甲基的面外摇摆振动。894 cm^{-1} 为酯的振动。在 1689 cm^{-1} 有吸收，样品可能是混合物。

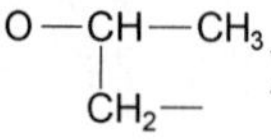

8.6.3.3　PLA 和 PHBV 共混物的红外光谱

一种塑料薄片的红外光谱如图 8.235 所示。第一，1758 cm^{-1}、1187 cm^{-1} 同时存在，它们是聚乳酸的标志谱带，据此猜想塑料薄片材料可能有聚乳酸。

第二，3000 cm^{-1}、759 cm^{-1} 也同时存在，它们也是聚乳酸的标志谱带。据以上两点基本可以确定塑料薄片材料有聚乳酸。

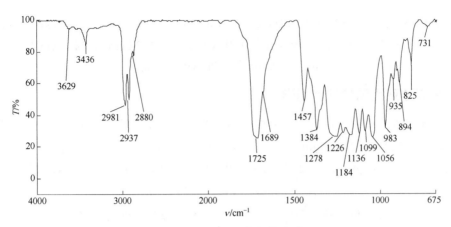

图 8.234 P34HB 的红外光谱

第三,图 8.235 中除 PLA 的谱带外,还有其他谱带。其中 1279 cm^{-1}、979 cm^{-1} 同时存在是 PHBV 的标志谱带,据此猜想塑料薄片材料可能有 PHBV。

图 8.236 为 PLA、塑料薄片和 PHBV 的红外光谱,通过比较可以确定,塑料薄片的成分为 PLA(聚乳酸)和 PHBV(β-羟基丁酸酯-β-羟基戊酸酯共聚物)的混合物。图 8.235 中

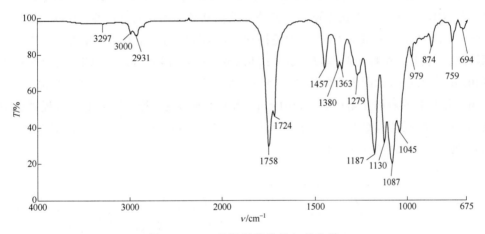

图 8.235 一种塑料薄片的红外光谱

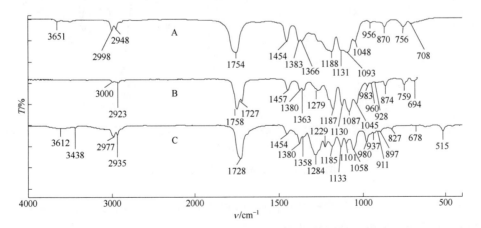

图 8.236 PLA(A)、塑料薄片(B)和 PHBV(C)的红外光谱

3000 cm^{-1}、1758 cm^{-1}、1457 cm^{-1}、1380 cm^{-1}、1363 cm^{-1}、1187 cm^{-1}、1130 cm^{-1}、1087 cm^{-1}、1045 cm^{-1}、960 cm^{-1}、874 cm^{-1}、759 cm^{-1} 为 PLA 的谱带；1724 cm^{-1}、1457 cm^{-1}、1380 cm^{-1}、1279 cm^{-1}、1187 cm^{-1}、1130 cm^{-1}、979 cm^{-1} 为 PHBV 的谱带。

8.6.4 聚碳酸亚丙酯的红外光谱

二氧化碳可以与环氧乙烷、环氧丙烷、环氧氯丙烷、环戊烯氧化物等多种环氧化合物加成聚合生成脂肪族聚碳酸酯（aliphatic polycarbonate，APC）。二氧化碳与环氧丙烷反应生成的聚碳酸亚丙酯（poly propylene carbonate，PPC）是其典型代表。其反应式如下：

$$CO_2 + H_3C-HC\overset{O}{\underset{}{-}}CH_2 \longrightarrow \left[CH(CH_3)-CH_2-O \right]_m \overset{O}{\underset{}{C}}-O \right]_n \quad (m \geq 1)$$

聚碳酸亚丙酯是一种可完全降解的环保型塑料。玻璃化转变温度为-15~40 ℃，常用于制备低温下使用的制品，如低温（-80 ℃）肉制品保鲜膜、可降解泡沫材料、板材、一次性餐具、一次性医用品、食品包装材料等。聚碳酸亚丙酯还可以与其他类型树脂如 PP、PE、PC 等共混，以提高制品的耐溶剂性、隔氧性等。

图 8.237 为聚碳酸亚丙酯的红外光谱。在聚碳酸亚丙酯分子中，CH_3 与 COO 连接于同一个碳原子，CH_2 与氧原子直接相连，它们的伸缩振动频率均升高并重叠，位于 2985 cm^{-1}、2894 cm^{-1}。1747 cm^{-1} 为羰基 C=O 的伸缩振动，羰基同时与两个氧原子相连，氧原子的吸电子诱导效应使羰基伸缩振动频率较常值（1740 cm^{-1}）高。1461 cm^{-1} 为 CH_3 的反对称变角振动。1400 cm^{-1} 为 CH_2 的面内变角振动，因与氧原子直接相连，频率较常值（1465 cm^{-1}）低。1380 cm^{-1} 为 CH_3 的对称变角振动。1361 cm^{-1} 为 CH 面内变角振动和 CH_2 面外摇摆振动的叠加。C-O-C 伸缩振动和 CH_2 面外摇摆振动位于 1275~1050 cm^{-1}。982 cm^{-1} 为 CH_3 摇摆振动。786 cm^{-1} 为 CH_2 的面内摇摆振动。

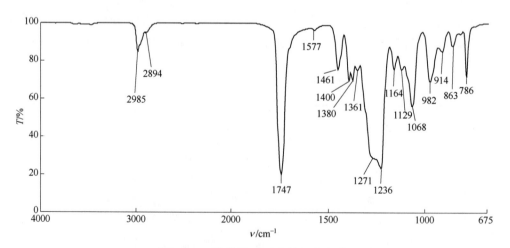

图 8.237 聚碳酸亚丙酯的红外光谱

在一定实验条件下，控制聚碳酸亚丙酯（PPC）的分子量，并使之与二苯基甲烷二异氰酸酯（MDI）反应，生成可降解聚氨酯。

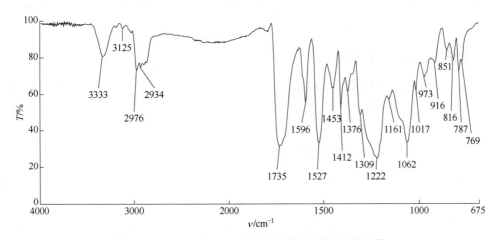

图 8.238 为 PPC 和 MDI 制可降解聚氨酯的红外光谱，图 8.239 为聚碳酸亚丙酯树脂的红外光谱，图 8.240 为二苯基甲烷二异氰酸酯的红外光谱。图 8.238 中，3333 cm^{-1} 为 HN 的伸缩振动。2976 cm^{-1}、2934 cm^{-1} 为 CH_2、CH_3 的伸缩振动。1735 cm^{-1} 为 C=O 的伸缩振动，聚碳酸亚丙酯 C=O 伸缩振动位于 1746 cm^{-1}，聚氨酯 C=O 伸缩振动位于 1695 cm^{-1}，二者重叠后在 1735 cm^{-1} 出现宽、强吸收。1596 cm^{-1} 为二苯基甲烷二异氰酸酯中苯环的伸缩振动，是二苯基甲烷二异氰酸酯制氨基甲酸酯的特征谱带。1527 cm^{-1} 为 NH 变角振动、C—N 伸缩振动、二苯基甲烷二异氰酸酯中苯环的伸缩振动的叠加。1453 cm^{-1} 为 CH_3 的反对称变角振动，

图 8.238　PPC 和 MDI 制可降解聚氨酯的红外光谱

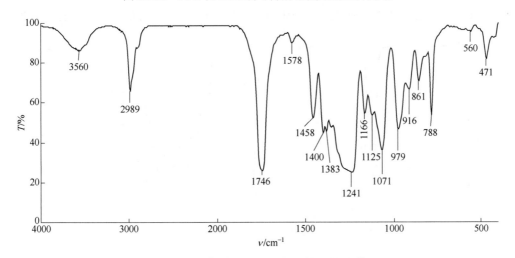

图 8.239　聚碳酸亚丙酯树脂的红外光谱

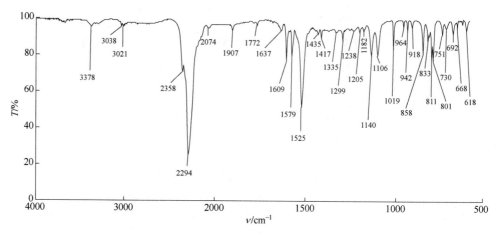

图 8.240　二苯基甲烷二异氰酸酯的红外光谱

1376 cm^{-1} 为 CH$_3$ 的对称变角振动。1412 cm^{-1} 为 O—CH$_2$ 的面内变角振动，因为与氧原子相连，频率较常值（1465 cm^{-1}）低。1222 cm^{-1}、1062 cm^{-1} 为 C—O—C 伸缩振动。1017 cm^{-1} 为苯环上=CH 的面内变角振动，816 cm^{-1}、769 cm^{-1} 为苯环双取代两个相邻=CH 的面外变角振动。973 cm^{-1}、916 cm^{-1}、851 cm^{-1}、787 cm^{-1} 为聚碳酸亚丙酯的吸收。

8.6.5　聚己内酯的红外光谱

聚己内酯（polycaprolactone，PCL）是一种结晶性聚合物，一个链节有五个 CH$_2$ 和一个酯基（—COO—），其结构式如下：

$$\left[H_2C\underset{5}{\underbrace{}}\overset{O}{\underset{}{C}}=O\right] \longrightarrow \left[(CH_2)_5\overset{O}{\underset{}{C}}-O\right]_n$$

聚己内酯熔点低（60 ℃），难以单独使用，但它与多种树脂（PE、PP、ABS、AS、PC、PVAC、PVB、CN、PEO、PVE、PA、SMA、PB、PIS、NR 等）都有很好的相容性，经常作为改性剂和淀粉、聚乳酸、纤维素类材料混合使用，应用较多的有农用地膜、堆肥袋、缓冲材料、钓鱼线和渔网等。

图 8.241 为聚己内酯的红外光谱。2950 cm^{-1}、2869 cm^{-1} 分别为 CH$_2$ 的反对称伸缩振动和

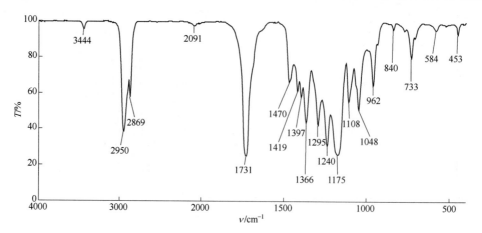

图 8.241　聚己内酯的红外光谱

对称伸缩振动，因为有部分 CH_2 与氧原子相连（$O-CH_2$），诱导效应使 CH_2 的反对称伸缩振动和对称伸缩振动频率较常值（2925 cm^{-1}、2855 cm^{-1}）高。1731 cm^{-1} 是羰基的伸缩振动。1470 cm^{-1} 为 CH_2 的面内变角振动。1397 cm^{-1}、1366 cm^{-1}、1295 cm^{-1} 为 CH_2 的面外摇摆振动。1419 cm^{-1} 为 $O-CH_2$ 的面内变角振动，因为与氧原子相连，频率降低。1240 cm^{-1}、1175 cm^{-1}、1108 cm^{-1} 是 C-O-C 伸缩振动。1048 cm^{-1} 为 $O(CH_2)_5$ 左右式（结构式）异构体的振动。962 cm^{-1} 是 CH_2 的面外摇摆振动。733 cm^{-1} 为 CH_2 的面内摇摆振动。

聚己内酯是结晶直链脂肪酯高聚物，它和脂肪酸、脂肪酸盐、聚酰胺等结晶高聚物一样，在 1400~1100 cm^{-1} 间出现一系列 CH_2 面外摇摆振动谱带，吸收带的数目 x 与 CH_2 的数目 y 有如下关系：当 y 为偶数时，$x=y/2$；当 y 为奇数时，$x=(y+1)/2$。聚己内酯一个链节有五个 CH_2，所以它在 1400~1100 cm^{-1} 间有三个 CH_2 面外摇摆振动谱带：1397 cm^{-1}、1366 cm^{-1} 和 1295 cm^{-1}。当结晶长链脂肪族高聚物熔化或在溶液状态时，这些 CH_2 面外摇摆振动吸收带消失。

还可以根据亚甲基（CH_2）的面内摇摆振动吸收频率鉴定聚内酯的链长。CH_2 的面内摇摆振动频率越低，CH_2 链越长，如 $O(CH_2)_2CO$ 位于 810~800 cm^{-1}、$O(CH_2)_4CO$ 位于 743~738 cm^{-1}、$O(CH_2)_5CO$ 位于 740~731 cm^{-1}、$O(CH_2)_6CO$ 位于 730~725 cm^{-1}、$O(CH_2)_7CO$ 位于 728~722 cm^{-1}。

8.6.6 聚氨基酸的红外光谱

聚氨基酸是一类生物降解高聚物，对生物体无毒、无不良反应，具有良好的生物兼容性。

聚氨基酸种类繁多，有多种不同的分类方法，按其来源可分为两类：一类是氨基酸的天然聚合物，如蛋白质、多肽激素、酶及活性肽等；另一类是人工合成聚合物，如聚赖氨酸、聚精氨酸、聚谷氨酸等。

聚氨基酸按聚合方式可以分为三类：第一类是 α-氨基酸之间以肽键相连接组成的合成高分子；第二类是假性聚氨基酸，是指 α-氨基酸之间以非肽键相连接组成的合成高分子，一般的连接键有羧酸酯、碳酸酯及甲氨酯等；第三类是氨基酸与非氨基酸的共聚物，聚合物主链由氨基酸和非氨基酸单元组成。

聚天冬氨酸是聚氨基酸的重要品种之一，由天冬氨酸单体的氨基和羧基缩水聚合而成，带有羧酸侧链，有 α 和 β 两种构型。天然聚天冬氨酸片段都以 α 型形式存在，而合成聚天冬氨酸中大部分是 α 和 β 两种构型的混合物。热缩聚得到的聚天冬氨酸，因其结构主链上的肽键易受微生物、真菌等作用而断裂，最终降解产物是对环境无害的水和二氧化碳。聚天冬氨酸水凝胶在活性污泥中的生物降解速度为 28 天达到 76%。聚天冬氨酸可用作水处理剂、金属缓蚀剂、肥料增效剂、超强吸水剂、清洁剂等。聚天冬氨酸钠的结构式如下：

图 8.242 为聚天冬氨酸钠的红外光谱。3284 cm^{-1} 为 NH 伸缩振动。2961 cm^{-1} 为 CH_2 的反对称伸缩振动，2929 cm^{-1} 为 CH_2 的对称伸缩振动，因为 CH_2 与羰基直接相连，伸缩振动频

率较常值（2925 cm^{-1}、2855 cm^{-1}）高。聚天冬氨酸钠的羰基有两种类型，一种是聚酰胺羰基，另一种是羧酸盐羰基。1649 cm^{-1} 为聚酰胺羰基伸缩振动，称作酰胺 I 带。聚酰胺羰基与氮原子的未共用电子对形成 p-π 共轭，而且共轭效应比诱导效应强，羰基的双键特性降低，羰基伸缩振动频率降至 1680~1630 cm^{-1}。1546 cm^{-1} 是酰胺 II 带，属 N-H 变角振动和 C-N 伸缩振动的偶合频率，其中前者成分多于后者，3081 cm^{-1} 是 1546 cm^{-1} 的倍频。1243 cm^{-1} 是酰胺 III 带，也是 N-H 变角振动和 C-N 伸缩振动的偶合吸收，只是前者成分少于后者。羧酸盐羰基中的两个氧原子几乎是相等的，C=O 的双键特性降低，伸缩振动频率降低，反对称伸缩振动与酰胺 II 带重叠于 1546 cm^{-1}，对称伸缩振动位于 1405 cm^{-1}。1316 cm^{-1} 为 CH_2 的卷曲振动。1454 cm^{-1} 为 CH_2 的面内变角振动。703 cm^{-1} 谱带为 N-H 面外摇摆振动和羧酸根 COO^- 变角振动的叠加。

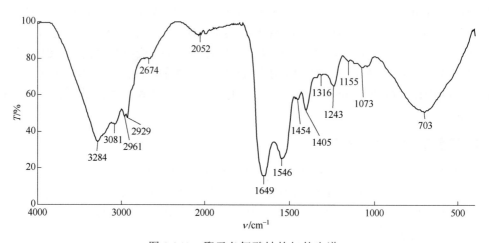

图 8.242 聚天冬氨酸钠的红外光谱

8.6.7 脂肪族-芳香族共聚酯的红外光谱

8.6.7.1 合成脂肪族-芳香族共聚酯的原料

合成脂肪族-芳香族共聚酯的芳香族组分通常有聚对苯二甲酸乙二醇酯（polyethylene terephthalate，PET）、聚对苯二甲酸丁二醇酯（polybutylene terephthalate，PBT）、聚对苯二甲酸丙二醇酯（polytrimethylene terephthalate，PTT）、聚间苯二甲酸乙二醇酯（polyethylene glycol isophthalate，PEIP）和聚对苯二甲酸二甲酯（polydimethyl terephthalate，DMT）等。脂肪族组分通常有乙二醇（ethylene glycol，EG）、丙二醇（propylene glycol，PG）、1,4-丁二醇（1,4-butylene glycol，BDO）、环己烷二甲醇（1,4-cyclohexanedimethanol，CHDM）等二元醇和琥珀酸（丁二酸，succinic acid）、己二酸（adipic acid）、癸二酸（sebacicacid）、富马酸（fumaricacid）、草酸等二元酸，乙醇酸（GA）、L-乳酸（LA）、二羧酸酰氯等双官能度单体，以及聚乙二醇（PEG）、聚四氢呋喃（PTMG）、聚羟基乙酸（PGA）、PLA 等聚合物。

8.6.7.2 合成脂肪族-芳香族共聚酯的方法

合成脂肪族-芳香族共聚酯常用的方法有以下三种：

① 聚对苯二甲酸乙二醇酯（PET）、聚对苯二甲酸丁二醇酯（PBT）等芳香族组分与聚乙二醇（PEG）、聚羟基乙酸（PGA）、聚乳酸（PLA）、聚己内酯（PCL）等聚合物直接在高温、高真空度下进行酯交换反应。

② 将二元醇、二元酸等与聚对苯二甲酸二甲酯（DMT）一起投入反应釜中，先在相对较低的温度下进行酯交换反应，然后再升高温度、提高真空度，进行熔融缩聚反应。

③ 将对苯二甲酸乙（丁）二醇酯或其衍生物与二羧酸酰氯等溶解在有机溶剂中，在适宜的温度下进行溶液缩聚。

8.6.7.3 PBAT 的红外光谱

PBAT [poly(butylene adipate-co-terephthalate)] 属于热塑性生物降解塑料，是 1,4-丁二醇（1,4-butanediol，BDO）、己二酸、对苯二甲酸的共聚物 [或者说是己二酸、1,4-丁二醇酯（poly-1,4-butylene adipate glycol，PBA）和对苯二甲酸丁二醇酯（polybutylene terephthalate，PBT）的共聚物]，兼具 PBA 和 PBT 的特性。PBAT 既有较好的延展性和断裂伸长率，也有较好的耐热性和冲击性能；此外，还具有优良的生物降解性，是目前生物降解塑料研究中非常活跃和市场应用最好的降解材料之一。PBAT 的加工性能与 LDPE 相似，可用 LDPE 的加工设备吹膜。

图 8.243 为 PBAT 的示意结构式。

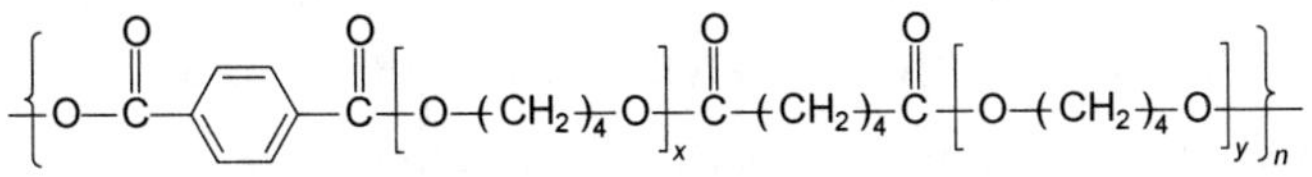

图 8.243　PBAT 的示意结构式

图 8.244 为 PBAT 的红外光谱。3065 cm^{-1} 是苯环上=CH 伸缩振动。2958 cm^{-1} 和 2875 cm^{-1} 分别是 CH$_2$ 的反对称伸缩振动和对称伸缩振动，因为有一部分 CH$_2$ 与氧原子相连（O-CH$_2$），反对称伸缩振动和对称伸缩振动频率均较常值（2925 cm^{-1}、2855 cm^{-1}）高。1721 cm^{-1} 是 C=O 的伸缩振动，3418 cm^{-1} 为其倍频。1578 cm^{-1} 和 1504 cm^{-1} 是苯环骨架伸缩振动。1457 cm^{-1} 是 CH$_2$ 面内变角振动。C-CH$_2$ 面内变角振动位于 1465 cm^{-1}，左右式 O-CH$_2$ 面内变角振动位于 1466 cm^{-1}，反式 O-CH$_2$ 面内变角振动位于 1449 cm^{-1}，三者重叠后在 1457 cm^{-1} 出峰。1409 cm^{-1} 是 O-CH$_2$ 面内变角振动，因为 CH$_2$ 与氧原子相连，

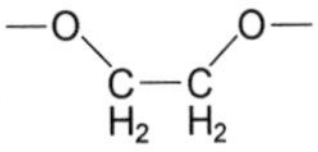

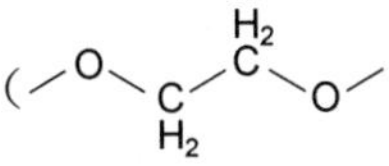

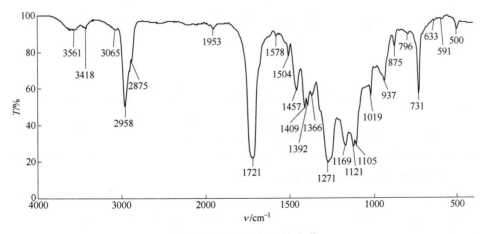

图 8.244　PBAT 的红外光谱

CH₂ 面内变角振动频率较常值（1465 cm⁻¹）低。1392 cm⁻¹、1366 cm⁻¹ 为 CH₂ 面外摇摆振动。1271 cm⁻¹、1121 cm⁻¹ 是芳香酯中 C—O—C 伸缩振动。1169 cm⁻¹、1105 cm⁻¹ 是脂肪族 C—O—C 的伸缩振动。1019 cm⁻¹ 是对位取代苯环上相邻两个 =CH 的面内变角振动。937 cm⁻¹ 为反式 C—O 伸缩振动。731 cm⁻¹ 是对位取代苯环上两个相邻 =CH 面外变角振动。苯环非极性 1,4 对位取代，苯环上 =CH 面外变角振动通常位于 860~800 cm⁻¹，如在聚碳酸酯、双酚 A 和环氧树脂的红外光谱中，=CH 面外变角振动位于 830 cm⁻¹。但在 PET 或 PBT 分子中，对位取代的两个取代基都是酯基，酯基是极性取代基并与苯环发生 π-π 共轭，=CH 面外变角振动频率降低至 731 cm⁻¹。酯基与苯环共轭，不仅使 =CH 面外变角振动频率降低，还经常会多出若干谱带，如 875 cm⁻¹。

8.6.7.4 PBAT 与 PBT 的红外光谱比较

由于 PBAT 是丁二醇、己二酸、对苯二甲酸的共聚物，PET 是乙二醇、对苯二甲酸的共聚物，PBT 是丁二醇、对苯二甲酸的共聚物，即它们都有对苯二甲酸成分；这类共聚物的红外光谱中，对苯二甲酸的吸收特别强，而醇和脂肪酸的吸收相对比较弱，所以 PBAT 的红外光谱与 PET、PBT 的红外光谱非常相似，主要是对苯二甲酸酯的谱带。如果不特别注意它们的差别，鉴定容易出错。下面对 PBAT 和 PBT 的红外光谱进行比较。

图 8.245 是 PBAT 和 PBT 的红外光谱比较，从比较中可以发现二者的差别主要是：PBAT 在 2958 cm⁻¹、2875 cm⁻¹、1392 cm⁻¹、1271 cm⁻¹、1121 cm⁻¹、937 cm⁻¹ 有吸收，而 PBT 在 2970 cm⁻¹、2909 cm⁻¹、1371 cm⁻¹、1340 cm⁻¹、1254 cm⁻¹、974 cm⁻¹ 有吸收。PBAT 和 PBT 红外光谱的差别可总结为表 8.9。

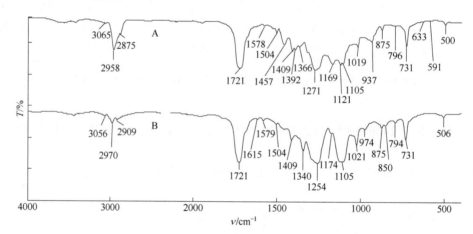

图 8.245 PBAT（A）和 PBT（B）的红外光谱比较

表 8.9 PBAT 和 PBT 红外光谱的差别　　　　　　　单位：cm⁻¹

树脂	谱带						
PBAT	2958	2875	1392	1271	1121	1105	937
PBT	2970	2909	1340	1254	—	1105	974

8.6.7.5 含淀粉的 PBAT 塑料薄膜的红外光谱

PBAT 经常与淀粉制作可降解塑料薄膜、餐具等用品。图 8.246 为一种塑料薄膜的红外光谱。第一，1121 cm⁻¹、1105 cm⁻¹、731 cm⁻¹ 同时存在，它们是 PBAT 的标志谱带，据此猜想塑料薄膜材料中可能含 PBAT。

第二，1393 cm^{-1}、937 cm^{-1}也同时存在，它们也是 PBAT 的标志谱带。根据以上两点基本可以确定塑料薄膜材料中含 PBAT。

第三，图 8.246 中，除 PBAT 的谱带，还有其他谱带，其中 578 cm^{-1}是淀粉的特征谱带。578 cm^{-1}是淀粉吡喃环骨架振动，此峰虽弱，但它是淀粉结构的标志谱带，而且通常不受其他成分的干扰。在判断降解塑料中是否含淀粉时，它和 OH 在 3361 cm^{-1}的同时出现经常是一个重要判据。图 8.246 中 578 cm^{-1}、3361 cm^{-1}同时存在，猜想塑料薄膜材料中可能含淀粉。

图 8.247 为 PBAT 和淀粉的红外光谱。比较图 8.246 和图 8.247 可以确定，图 8.246 中 PBAT 与淀粉制薄膜的红外光谱不是 PBAT 红外吸收与淀粉红外吸收的简单叠加，说明 PBAT 与淀粉不仅是物理混合，还有一定的化学反应。图 8.246 中 3361 cm^{-1}附近的宽、强谱带是淀粉羟基的吸收，1650 cm^{-1}为淀粉吸附水的变角振动。1727 cm^{-1}、1577 cm^{-1}、1505 cm^{-1}、1458 cm^{-1}、1410 cm^{-1}、1393 cm^{-1}、1272 cm^{-1}、1167 cm^{-1}、1121 cm^{-1}、1105 cm^{-1}、937 cm^{-1}、875 cm^{-1}、795 cm^{-1}、731 cm^{-1}、500 cm^{-1}为 PBAT 的谱带。

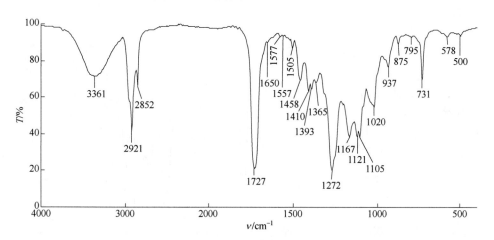

图 8.246 一种塑料薄膜的红外光谱

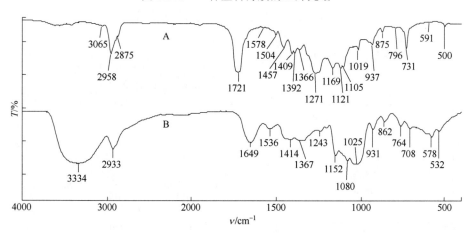

图 8.247 PBAT（A）和淀粉（B）的红外光谱

8.6.7.6 含淀粉、滑石粉的 PBAT 塑料膜的红外光谱

图 8.248 是一种塑料垃圾袋的红外光谱。第一，1121 cm^{-1}、1104 cm^{-1}同时存在，它们是 PBAT 的标志谱带，据此猜想垃圾袋材料中可能有 PBAT。

第二，731 cm^{-1}、937 cm^{-1} 也同时存在，它们也是 PBAT 的标志谱带。根据以上两点基本可以确定垃圾袋材料中含 PBAT。

第三，图 8.248 中除 PBAT 的谱带外，还有其他谱带，其中 1019 cm^{-1}、671 cm^{-1} 同时存在是滑石粉的标志谱带，据此猜想垃圾袋材料含滑石粉。

第四，466 cm^{-1}、454 cm^{-1}、428 cm^{-1} 也同时存在，它们也是滑石粉的标志谱带。根据以上两点基本可以确定垃圾袋材料中含滑石粉。

第五，图 8.248 中 3387 cm^{-1}、576 cm^{-1} 谱带同时存在，它们是淀粉的标志谱带，据此猜想垃圾袋材料中可能含淀粉。

图 8.249 为 PBAT、滑石粉与淀粉的红外光谱。比较图 8.248 和图 8.249 可知，图 8.248 中 1019 cm^{-1}、671 cm^{-1}、466 cm^{-1}、454 cm^{-1}、428 cm^{-1} 为滑石粉的谱带；1718 cm^{-1}、1576 cm^{-1}、1504 cm^{-1}、1458 cm^{-1}、1409 cm^{-1}、1271 cm^{-1}、1167 cm^{-1}、1121 cm^{-1}、1104 cm^{-1}、937 cm^{-1}、876 cm^{-1}、796 cm^{-1}、731 cm^{-1}、499 cm^{-1} 为 PBAT 的谱带；3387 cm^{-1}、1367 cm^{-1}、937 cm^{-1}、576 cm^{-1} 为淀粉的谱带。

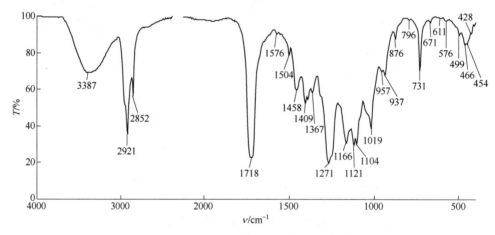

图 8.248　一种塑料垃圾袋的红外光谱

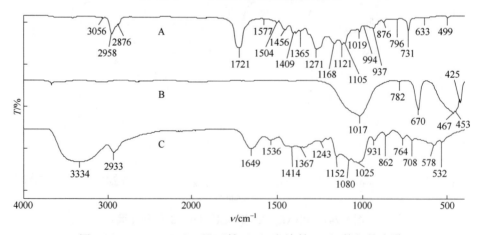

图 8.249　PBAT（A）、滑石粉（B）和淀粉（C）的红外光谱

8.6.7.7　含淀粉、碳酸钙的 PBAT 塑料薄膜的红外光谱

图 8.250 为半透明塑料薄膜的红外光谱。第一，1122 cm^{-1}、1103 cm^{-1} 同时存在，它们是

PBAT 的标志谱带,据此猜想薄膜材料中可能含 PBAT。

第二,730 cm^{-1}、934 cm^{-1} 也同时存在,它们也是 PBAT 的标志谱带。根据以上两点基本可以确定薄膜材料中含 PBAT。

第三,图 8.250 中除 PBAT 的谱带外,还有其他谱带,其中 3369 cm^{-1}、578 cm^{-1} 同时存在,它们是淀粉的标志谱带,据此猜想薄膜材料中可能含淀粉。

第四,1158 cm^{-1}、1082 cm^{-1} 左右的宽、强吸收也是淀粉的红外光谱的特征。根据以上两点基本可以确定薄膜材料中含淀粉。

第五,图 8.250 除 PBAT、淀粉的谱带外,还有其他谱带,其中 876 cm^{-1} 是碳酸钙的标志谱带。据此猜想塑料薄膜材料中可能含碳酸钙。

第六,1795 cm^{-1}、713 cm^{-1} 谱带也同时存在,它们也是碳酸钙的标志谱带。根据以上两点基本可以确定塑料薄膜材料含碳酸钙。

图 8.251 为 PBAT、碳酸钙与淀粉的红外光谱。比较图 8.250 和图 8.251 可知,图 8.250 中 2515 cm^{-1}、1795 cm^{-1}、876 cm^{-1}、713 cm^{-1} 为碳酸钙的谱带;1723 cm^{-1}、1582 cm^{-1}、1454 cm^{-1}、1378 cm^{-1}、1273 cm^{-1}、1158 cm^{-1}、1103 cm^{-1}、934 cm^{-1}、730 cm^{-1} 为 PBAT 的谱带;3369 cm^{-1}、1641 cm^{-1}、1158 cm^{-1}、1082 cm^{-1}、1021 cm^{-1}、763 cm^{-1}、578 cm^{-1} 为淀粉的谱带。

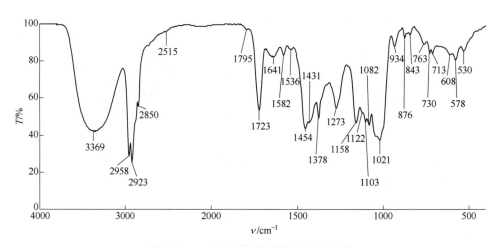

图 8.250　半透明塑料薄膜的红外光谱

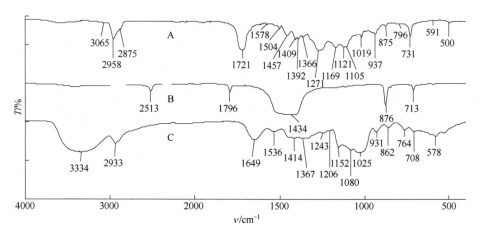

图 8.251　PBAT(A)、碳酸钙(B)和淀粉(C)的红外光谱

8.6.7.8 PBAT 与 PLA 共混物制食品袋的红外光谱

图 8.252 为白色食品袋的红外光谱。第一，1754 cm^{-1}、1187 cm^{-1} 同时存在，它们是聚乳酸（PLA）的标志谱带，因此猜想食品袋材料含 PLA。

第二，同时还有 1049 cm^{-1}，它也是聚乳酸的标志谱带。根据以上两点基本可以确定白色食品袋材料中含 PLA。

第三，图 8.252 除 PLA 的谱带外，还有其他谱带，其中 1122 cm^{-1}、1106 cm^{-1} 同时存在是 PBAT 的标志谱带，据此猜想白色食品袋材料含 PBAT。

第四，728 cm^{-1}、937 cm^{-1} 同时存在，它们也是 PBAT 的标志谱带。根据以上两点基本可以确定食品袋材料含 PBAT。

图 8.253 为 PBAT、白色食品袋和 PLA 的红外光谱比较，通过比较可知：图 8.252 中，1754 cm^{-1}、**1454** cm^{-1}、**1391** cm^{-1}、**1367** cm^{-1}、1187 cm^{-1}、1049 cm^{-1}、**878** cm^{-1} 为 PLA 的谱带；2961 cm^{-1}、2873 cm^{-1}、1727 cm^{-1}、1581 cm^{-1}、1508 cm^{-1}、**1454** cm^{-1}、1407 cm^{-1}、**1391** cm^{-1}、**1367** cm^{-1}、1276 cm^{-1}、1018 cm^{-1}、937 cm^{-1}、**878** cm^{-1}、728 cm^{-1} 为 PBAT 的谱带（数字字体加粗者为 PLA 和 PBAT 频率相近谱带叠加的结果）。

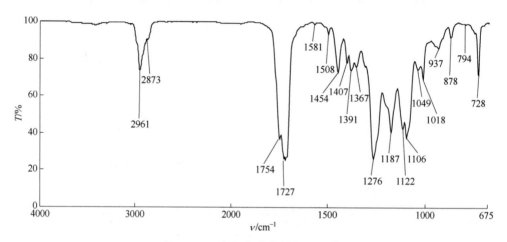

图 8.252 白色食品袋的红外光谱

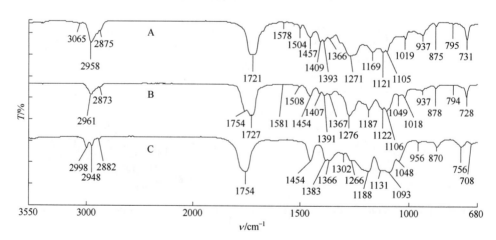

图 8.253 PBAT（A）、白色食品袋（B）和 PLA（C）的红外光谱比较

PBAT 和 PLA 混合物制的食品袋，因 PBAT 和 PLA 的比例不同，它们的红外光谱也会有较大差别。

图 8.254 为灰色食品袋的红外光谱，图 8.255 为灰色食品袋和上面例子讲的白色食品袋的红外光谱比较，通过比较可以发现两种食品袋红外光谱的差别是：①白色食品袋 1727 cm^{-1}（PBAT 分子中 C=O 伸缩振动频率）的强度大于 1754 cm^{-1}（PLA 分子中 C=O 伸缩振动频率）的强度；灰色食品袋 1722 cm^{-1}（PBAT 分子中 C=O 伸缩振动频率）的强度小于 1760 cm^{-1}（PLA 分子中 C=O 伸缩振动频率）的强度。②白色食品袋红外光谱的 2961 cm^{-1}、2873 cm^{-1} 均为 PBAT 分子中 CH$_2$ 伸缩振动谱带，在此范围内没有出现 PLA 的 CH$_2$ 伸缩振动谱带；灰色食品袋红外光谱的 2993 cm^{-1}、2946 cm^{-1} 均为 PLA 分子中 CH$_2$ 伸缩振动谱带。根据以上两点，可以确定白色食品袋中 PBAT 比例大于 PLA，灰色食品袋中 PBAT 比例小于 PLA。虽然两个塑料袋的原料树脂种类相同，但两种树脂的比例不同。这样也可以把两个塑料袋区分开，前提是要知道哪个谱带来自哪种原料。

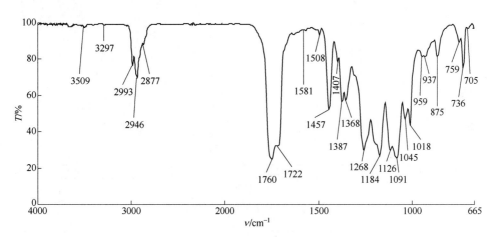

图 8.254　灰色食品袋的红外光谱

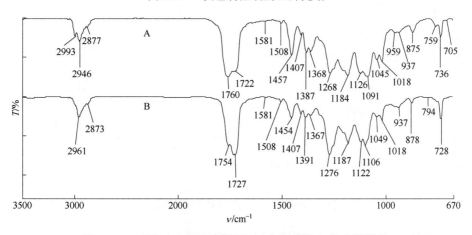

图 8.255　灰色（A）和白色（B）食品袋的红外光谱比较

8.6.7.9　PBAT 与 PPC 共混物制半透明膜的红外光谱

半透明膜的红外光谱如图 8.256 所示。

第一，图 8.256 中 1738 cm^{-1}、971 cm^{-1}、790 cm^{-1} 同时存在，在降解塑料范围，它们是

聚碳酸亚丙酯（PPC）的标志谱带。因此猜想半透明膜中可能含 PPC。

第二，对比 PPC 的红外光谱，图 8.256 中 1577 cm^{-1}、1460 cm^{-1}、1400 cm^{-1}、1171 cm^{-1}、914 cm^{-1}、790 cm^{-1} 也是 PPC 的谱带。根据以上两点基本可以确定半透明膜中含 PPC。

第三，图 8.256 中 1128 cm^{-1}、1103 cm^{-1}、735 cm^{-1} 同时存在，在降解塑料范围，它们是脂肪族-芳香族共聚酯 PBAT 的标志谱带。因此猜想半透明膜可能含 PBAT。

第四，对比 PBAT 的红外光谱，图 8.256 中 2958 cm^{-1}、2880 cm^{-1}、1716 cm^{-1}、1577 cm^{-1}、1507 cm^{-1}、1460 cm^{-1}、1410 cm^{-1}、1368 cm^{-1}、1275 cm^{-1}、1171 cm^{-1}、1018 cm^{-1}、937 cm^{-1}、878 cm^{-1} 也是 PBAT 的谱带。根据以上两点基本可以确定半透明膜中含 PBAT。

图 8.257 为 PBAT 和 PPC 的红外光谱，比较图 8.256 和图 8.257 可以确定：半透明膜为脂肪族-芳香族共聚酯（PBAT）和聚碳酸亚丙酯（PPC）的混合物。

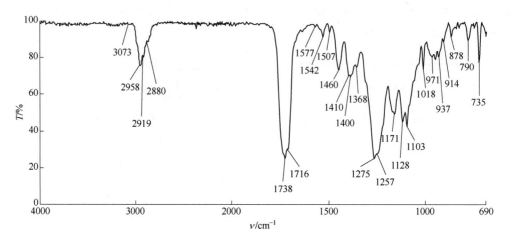

图 8.256　半透明膜的红外光谱

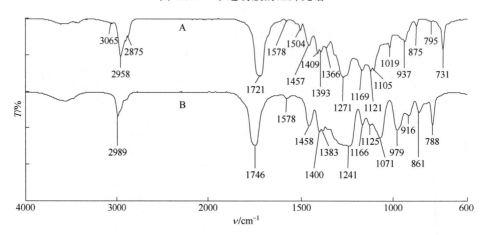

图 8.257　PBAT（A）和 PPC（B）的红外光谱

8.6.7.10　PPC、PBAT 与 PLA 共混物制快餐盒的红外光谱

快餐盒的红外光谱如图 8.258 所示。

第一，1743 cm^{-1}、977 cm^{-1}、786 cm^{-1} 同时存在，它们是聚碳酸亚丙酯（PPC）的标志谱带。因此猜想快餐盒材料中可能含 PPC。

第二，对比 PPC 的红外光谱，图 8.258 中 1577 cm^{-1}、1461 cm^{-1}、1240 cm^{-1}、1168 cm^{-1}、

977 cm^{-1} 也是 PPC 的谱带。根据以上两点基本可以确定快餐盒材料中含 PPC。

第三，图 8.258 中，除了 PPC 的谱带，还有其他谱带，其中 1122 cm^{-1}、1103 cm^{-1}、736 cm^{-1} 同时存在，它们是 PBAT 的标志谱带。因此猜想快餐盒材料中可能含 PBAT。

第四，对比 PBAT 的红外光谱，图 8.258 中 2961 cm^{-1}、2879 cm^{-1}、1720 cm^{-1}、1504 cm^{-1}、1461 cm^{-1}、1403 cm^{-1}、1361 cm^{-1}、1275 cm^{-1}、1168 cm^{-1}、1018 cm^{-1}、937 cm^{-1}、871 cm^{-1} 也是 PBAT 的谱带。根据以上两点基本可以确定快餐盒材料中含 PBAT。

图 8.258 中，PBAT 的谱带出现的数量多，相对强度大，因此猜想快餐盒中 PBAT 的含量比 PPC 多。

第五，图 8.258 中 1751 cm^{-1}、1186 cm^{-1}、956 cm^{-1} 同时存在，它们是聚乳酸（PLA）的标志谱带。因此猜想快餐盒材料中含 PLA。

第六，对比 PLA 的红外光谱，图 8.258 中 1461 cm^{-1}、1384 cm^{-1}、1044 cm^{-1} 也是 PLA 的谱带。根据以上两点基本可以确定快餐盒中含 PLA。

图 8.259 为 PPC、PBAT 和 PLA 的红外光谱，比较图 8.258 和图 8.259 可知，快餐盒材料为聚碳酸亚丙酯（PPC）、脂肪族-芳香族共聚酯（PBAT）和聚乳酸（PLA）的混合物。

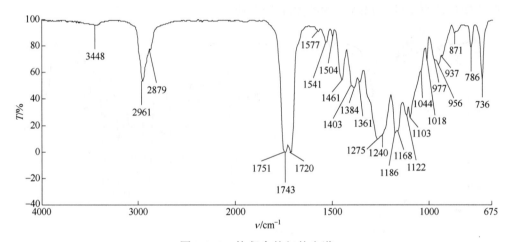

图 8.258　快餐盒的红外光谱

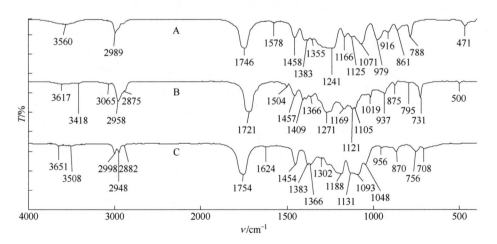

图 8.259　PPC（A）、PBAT（B）和 PLA（C）的红外光谱

8.6.7.11　含碳酸钙和滑石粉的 PBAT 的红外光谱

图 8.260 为黑白两色快递塑料袋的红外光谱。第一，1122 cm^{-1}、1104 cm^{-1} 同时存在，它们是 PBAT 的一等标志谱带，据此猜想快递塑料袋可能含 PBAT。

第二，731 cm^{-1}、1271 cm^{-1} 也同时存在，它们是 PBAT 的二等标志谱带。根据以上两点基本可以确定快递塑料袋含 PBAT。

第三，图 8.260，除 PBAT 的谱带外，还有其他谱带，其中 876 cm^{-1} 是碳酸钙的一等标志谱带。据此猜想快递塑料袋含碳酸钙。

第四，1795 cm^{-1}、712 cm^{-1} 谱带也同时存在，它们是碳酸钙的二等标志谱带。根据以上两点基本可以确定快递塑料袋含碳酸钙。

第五，图 8.260 中除 PBAT 和碳酸钙的谱带外，还有其他谱带，其中 1019 cm^{-1}、670 cm^{-1} 同时存在是滑石粉的一等标志谱带，据此猜想快递塑料袋含滑石粉。

第六，3675 cm^{-1} 谱带存在，它也是滑石粉的谱带。根据以上两点基本可以确定快递塑料袋中含滑石粉。

图 8.261 为 PBAT、碳酸钙和滑石粉的红外光谱，把图 8.260 与图 8.261 相比较可以确定：黑白两色塑料袋的原料为 PBAT、碳酸钙和滑石粉。

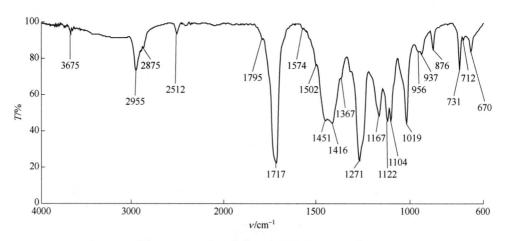

图 8.260　黑白两色快递塑料袋的红外光谱

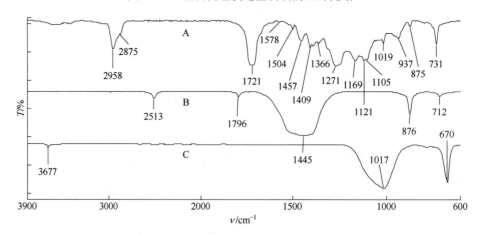

图 8.261　PBAT（A）、碳酸钙（B）和滑石粉（C）的红外光谱

图 8.260 中 2955 cm^{-1}、2875 cm^{-1}、1717 cm^{-1}、1574 cm^{-1}、1502 cm^{-1}、1451 cm^{-1}、1416 cm^{-1}、1271 cm^{-1}、1167 cm^{-1}、1122 cm^{-1}、1104 cm^{-1}、937 cm^{-1}、876 cm^{-1}、795 cm^{-1}、731 cm^{-1} 为 PBAT 的谱带；3675 cm^{-1}、1019 cm^{-1}、670 cm^{-1} 为滑石粉的谱带。2512 cm^{-1}、876 cm^{-1}、712 cm^{-1} 以及 1440 cm^{-1} 间的宽、强吸收为碳酸钙的谱带。

8.6.8 聚丁二酸丁二醇酯的红外光谱

聚丁二酸丁二醇酯［poly(butylene succinate)，PBS］属脂肪族聚酯。大多数脂肪族聚酯主链柔顺，可被自然界多种微生物分解、代谢，最终生成二氧化碳和水，是较好的生物分解塑料。它的合成方法主要有生物发酵和化学合成，前者主要用来合成羟基脂肪酸酯，成本较高；后者主要用于合成线型聚酯，采用开环法和缩聚法，并且可对产品进行分子设计，成本较低。聚丁二酸丁二醇酯属后者。

大多数脂肪族聚酯因熔点太低，不能单独作为塑料使用。但聚丁二酸丁二醇酯可得到高分子量产品并具有良好的热稳定性，性能介于聚乙烯和聚丙烯之间，可直接作为塑料加工使用。

聚丁二酸丁二醇酯由丁二酸和丁二醇经缩聚而成，结构式为：

$$\text{HO}\!-\!\!\left[\!\!\begin{array}{c}\text{O}\\\text{C}\end{array}\!\!-\!(\text{CH}_2)_2\!-\!\begin{array}{c}\text{O}\\\text{C}\end{array}\!\!-\!\text{O}\!-\!(\text{CH}_2)_4\!-\!\text{O}\right]_{\!n}\!\!\!-\!\text{H}$$

聚丁二酸丁二醇酯树脂呈乳白色，无臭无味，密度为 1.26 g/cm^3，熔点为 114 ℃，依分子量大小和分子量分布不同，结晶度在 30%~45%。

聚丁二酸丁二醇酯具有良好的生物兼容性和生物可吸收性，容易被自然界的多种微生物或动植物体内的酶分解、代谢，最终分解为二氧化碳和水，是典型的可完全生物降解聚合物材料。聚丁二酸丁二醇酯可以作垃圾袋、包装袋、化妆品瓶、各种塑料卡片、婴儿尿布、农用材料及药物缓释载体基质等；还有其他涉及环境保护的各种塑料制品，如土木绿化用网等。

图 8.262 为聚丁二酸丁二醇酯的红外光谱。2965 cm^{-1}、2948 cm^{-1} 分别为 CH_2 的反对称伸缩振动和对称伸缩振动，因为有 C-CH$_2$、O-CH$_2$ 和 COO-CH$_2$，后者与羰基或氧原子相连，频率较常值（2925 cm^{-1}、2855 cm^{-1}）高，O-CH$_2$ 的反对称伸缩振动和对称伸缩振动强度大幅减小。1722 cm^{-1} 为羰基伸缩振动，3432 cm^{-1} 为其倍频。1472 cm^{-1} 为 C-CH$_2$ 的面内变角振

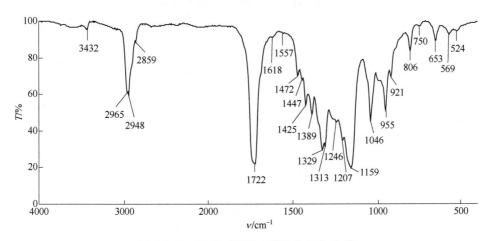

图 8.262 聚丁二酸丁二醇酯的红外光谱

动；1447 cm^{-1} 为 O-CH$_2$ 中 CH$_2$ 的面内变角振动；1425 cm^{-1} 为 COO-CH$_2$ 的面内变角振动，比 C-CH$_2$ 面内变角振动频率（1465 cm^{-1}）低、强度大。1389 cm^{-1}、1329 cm^{-1} 为 CH$_2$ 的面外摇摆振动。1313 cm^{-1} 为 CH$_2$ 的扭曲振动。 1246 cm^{-1}、1207 cm^{-1} 为非结晶 PBS 的 CH$_2$ 的面外摇摆振动。1159 cm^{-1} 为 C-O-C 反对称伸缩振动，1046 cm^{-1} 为 C-O-C 对称伸缩振动。955 cm^{-1} 是反式 C-O 对称伸缩振动。806 cm^{-1} 为 OC(CH$_2$)$_2$COO 中 CH$_2$ 的面内摇摆振动。750 cm^{-1} 为 O(CH$_2$)$_4$O 中 CH$_2$ 的面内摇摆振动。653 cm^{-1} 是 COO 的变角振动。

8.6.8.1 含滑石粉的聚丁二酸丁二醇酯的红外光谱

图 8.263 为一种塑料瓶的红外光谱。第一，1158 cm^{-1}、1425 cm^{-1} 同时存在，它们是聚丁二酸丁二醇酯（PBS）的标志谱带，据此猜想塑料瓶材料可能含聚丁二酸丁二醇酯。

第二，956 cm^{-1}、806 cm^{-1} 也同时存在，它们也是聚丁二酸丁二醇酯的标志谱带。根据以上两点基本可以确定塑料瓶材料含聚丁二酸丁二醇酯。

第三，图 8.263 除 PBS 的谱带外，还有其他谱带，其中 3677 cm^{-1}、1017 cm^{-1} 同时存在是滑石粉的标志谱带，据此猜想塑料瓶材料可能含滑石粉。

第四，670 cm^{-1}、465 cm^{-1} 也同时存在，它们也是滑石粉的标志谱带。根据以上两点基本可以确定塑料瓶材料含滑石粉。

图 8.264 为 PBS 和滑石粉的红外光谱。比较图 8.263 和图 8.264 可知，图 8.263 中 2947 cm^{-1}、

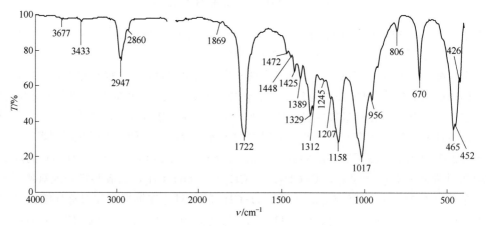

图 8.263 一种塑料瓶的红外光谱

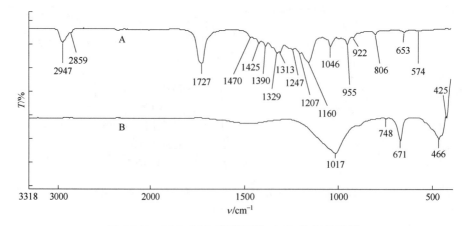

图 8.264 PBS（A）和滑石粉（B）的红外光谱

2860 cm^{-1}、1722 cm^{-1}、1472 cm^{-1}、1448 cm^{-1}、1425 cm^{-1}、1389 cm^{-1}、1329 cm^{-1}、1312 cm^{-1}、1245 cm^{-1}、1207 cm^{-1}、1158 cm^{-1}、956 cm^{-1}、806 cm^{-1} 为 PBS 的谱带；3677 cm^{-1}、1017 cm^{-1}、670 cm^{-1}、465 cm^{-1}、452 cm^{-1}、426 m^{-1} 为滑石粉的谱带。

8.6.8.2 含碳酸钙的聚丁二酸丁二醇酯的红外光谱

图 8.265 为塑料片的红外光谱。第一，1163 cm^{-1}、1425 cm^{-1} 同时存在，它们是 PBS 的标志谱带，据此猜想塑料片材料可能含 PBS。

第二，957 cm^{-1}、806 cm^{-1} 也同时存在，它们也是 PBS 的标志谱带。根据以上两点基本可以确定塑料片材料含 PBS。

第三，图 8.265 除 PBS 的谱带外，还有其他谱带，其中 877 cm^{-1} 是碳酸钙的标志谱带，据此猜想塑料片材料中可能含碳酸钙。

第四，2516 cm^{-1}、1793 cm^{-1} 谱带也同时存在，它们也是碳酸钙的标志谱带。根据以上两点基本可以确定塑料片材料含碳酸钙。

图 8.266 为 PBS 和碳酸钙的红外光谱。比较图 8.265 和图 8.266 可知，图 8.265 中 1727 cm^{-1}、1425 cm^{-1}、1393 cm^{-1}、1334 cm^{-1}、1315 cm^{-1}、1163 cm^{-1}、1047 cm^{-1}、957 cm^{-1}、923 cm^{-1}、806 cm^{-1}、654 cm^{-1} 为 PBS 的谱带；2516 cm^{-1}、1793 cm^{-1}、877 cm^{-1}、713 cm^{-1} 为碳酸钙的谱带。

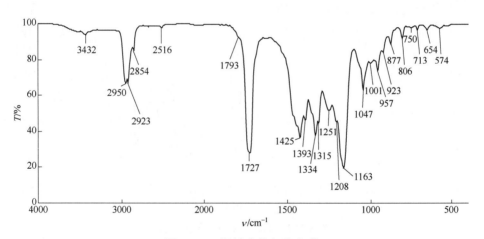

图 8.265 塑料片的红外光谱

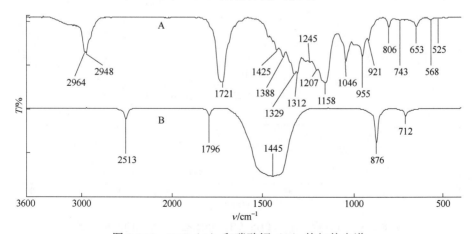

图 8.266 PBS（A）和碳酸钙（B）的红外光谱

8.6.8.3 含滑石粉、碳酸钙、二氧化钛的 PBS 的红外光谱

图 8.267 为某航空公司发给乘客盛食品调料的小杯子的红外光谱。第一，1157 cm^{-1}、1426 cm^{-1} 同时存在，它们是 PBS 的标志谱带，据此猜想调料小杯子材料可能含 PBS。

第二，954 cm^{-1}、805 cm^{-1} 也同时存在，它们也是 PBS 的标志谱带。根据以上两点基本可以确定小杯子材料含 PBS。

第三，图 8.267 中除 PBS 的谱带外，还有其他谱带，其中 877 cm^{-1} 是碳酸钙的标志谱带，据此猜想调料小杯子材料中可能含碳酸钙。

第四，2522 cm^{-1}、712 cm^{-1} 谱带以及 1430 cm^{-1} 左右的宽强吸收也同时存在，它们也是碳酸钙红外光谱的特点。根据以上两点基本可以确定调料小杯子材料含碳酸钙。

第五，图 8.267 中除 PBS、CaCO$_3$ 的谱带外，还有其他谱带。其中 3677 cm^{-1}、1019 cm^{-1}、670 cm^{-1} 同时存在，它们是滑石粉的标志谱带，据此猜想调料小杯子材料可能含滑石粉。

第六，465 cm^{-1}、454 cm^{-1} 也同时存在，它们也是滑石粉的标志谱带。根据以上两点基本可以确定调料小杯子材料含滑石粉。

图 8.268 为滑石粉、PBS 和碳酸钙的红外光谱。比较图 8.267 和图 8.268 可知，图 8.267 中 2946 cm^{-1}、1721 cm^{-1}、1448 cm^{-1}、1426 cm^{-1}、1328 cm^{-1}、1312 cm^{-1}、1207 cm^{-1}、1157 cm^{-1}、

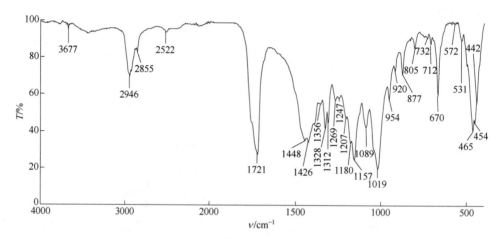

图 8.267　调料小杯子的红外光谱

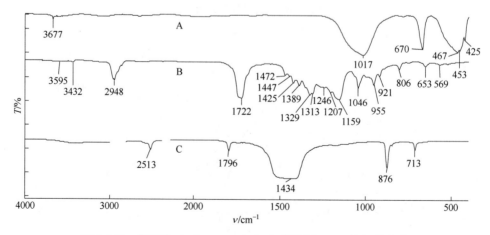

图 8.268　滑石粉（A）、PBS（B）和碳酸钙（C）的红外光谱

954 cm^{-1}、920 cm^{-1}、805 cm^{-1}、572 cm^{-1} 为 PBS 的谱带；2522 cm^{-1}、877 cm^{-1}、712 cm^{-1} 为碳酸钙的谱带；3677 cm^{-1}、1019 cm^{-1}、670 cm^{-1}、465 cm^{-1}、454 cm^{-1} 为滑石粉的谱带。

图 8.269 为调料小杯子的 EDX 能谱图，表 8.10 为调料小杯子各元素的含量。从图 8.269 和表 8.10 可知，小杯子中含钛元素，这应该是小杯子中含有二氧化钛。由于二氧化钛只在 800~500 cm^{-1} 间有一个非常宽的吸收（如二氧化钛的红外光谱），在二氧化钛量小并且其他成分（如滑石粉）在此区域有吸收的情况下，仅凭红外光谱很难确定样品中是否有二氧化钛，需借用其他仪器。

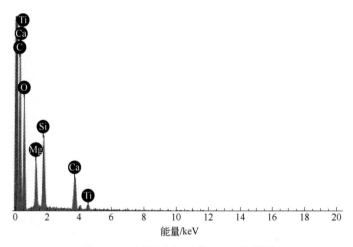

图 8.269　调料小杯子的 EDX 能谱图

综合以上分析，调料小杯子的材料是含滑石粉、碳酸钙和二氧化钛的聚丁二酸丁二酯。

表 8.10　调料小杯子各元素的含量

元素	质量分数/%	元素	质量分数/%	元素	质量分数/%
C	50.10	Si	3.77	Mg	2.86
O	39.45	Ca	3.10	Ti	0.71

8.6.8.4　聚丁二酸丁二醇酯和聚乳酸共混物的红外光谱

图 8.270 为塑料餐盘 A 的红外光谱。第一，1157 cm^{-1}、959 cm^{-1}、809 cm^{-1} 同时存在，它们是 PBS 的标志谱带，据此猜想餐盘 A 材料可能含 PBS。

第二，1716 cm^{-1}、1423 cm^{-1}、1337 cm^{-1} 也同时存在，它们也是 PBS 的标志谱带。根据以上两点基本可以确定塑料餐盘 A 材料含 PBS。

第三，图 8.270 中，除 PBS 的谱带还有其他谱带，其中 1752 cm^{-1}、1183 cm^{-1} 同时存在是 PLA 的标志谱带，据此猜想塑料餐盘 A 材料可能含 PLA。

第四，图 8.270 中 2998 cm^{-1}、2948 cm^{-1} 也同时存在，它们也是 PLA 的标志谱带。根据以上两点基本可以确定餐盘 A 材料含聚乳酸。

图 8.271 为塑料餐盘 A、PLA 和 PBS 的红外光谱比较。通过比较可知，塑料餐盘 A 的成分为 PBS 和 PLA 的共混物。

图 8.270 中 2993 cm^{-1}、2949 cm^{-1}、1752 cm^{-1}、1453 cm^{-1}、1384 cm^{-1}、1363 cm^{-1}、1268 cm^{-1}、1183 cm^{-1}、1133 cm^{-1}、1093 cm^{-1}、1045 cm^{-1}、959 cm^{-1}、875 cm^{-1}、752 cm^{-1}、711 cm^{-1} 为聚

乳酸的谱带；2949 cm⁻¹、1721 cm⁻¹、1423 cm⁻¹、1388 cm⁻¹、1334 cm⁻¹、1311 cm⁻¹、1206 cm⁻¹、1157 cm⁻¹、1045 cm⁻¹、959 cm⁻¹、921 cm⁻¹、809 cm⁻¹ 为聚丁二酸丁二醇酯的谱带。上述谱带中有下划线者为两种物质共同吸收的叠加。

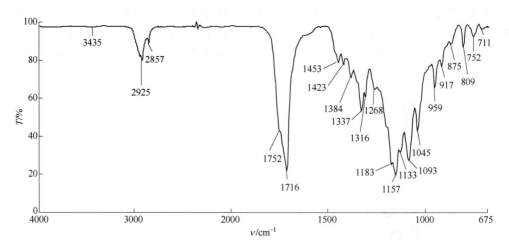

图 8.270　塑料餐盘 A 的红外光谱

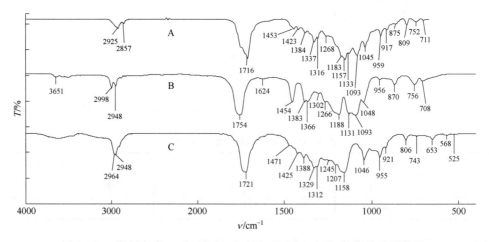

图 8.271　塑料餐盘 A（A）、PLA（B）和 PBS（C）的红外光谱比较

在图 8.270 塑料餐盘 A 的红外光谱中，1716 cm⁻¹ 强度比较大，1752 cm⁻¹ 成为肩峰，说明聚丁二酸丁二醇酯比聚乳酸所占比例大。

图 8.272 为塑料餐盘 B 的红外光谱，两峰强度正好相反，1754 cm⁻¹ 强度比较大，1721 cm⁻¹ 成为肩峰，说明 PLA 比 PBS 所占比例大。

把图 8.272 与图 8.271 谱线（B）、谱线（C）相比较可知，塑料餐盘 B 的成分为 PLA 和 PBS 的共混物，并且 PLA 比 PBS 所占比例大。

8.6.8.5　聚丁二酸丁二醇酯和聚碳酸亚丙酯共混物的红外光谱

有一白色塑料切片样品，其质量组成如下：聚碳酸亚丙酯（PPC）55 份、聚丁二酸丁二醇酯（PPB）44 份、白炭黑 2 份、硬脂酸 1 份、聚乙二醇 1 份、钛白粉 1 份。塑料切片的红外光谱见图 8.273。图 8.274 为 PBS 与 PPC 的红外光谱。比较图 8.273 和图 8.274 可知，图 8.273 中 3438 cm⁻¹、1724 cm⁻¹、1423 cm⁻¹、1384 cm⁻¹、1314 cm⁻¹、1159 cm⁻¹、1051 cm⁻¹、

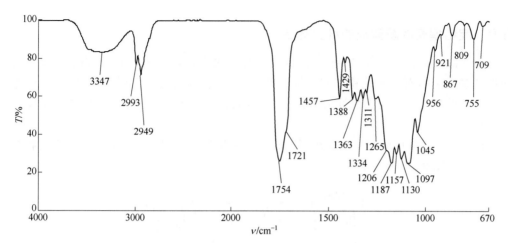

图 8.272　塑料餐盘 B 的红外光谱

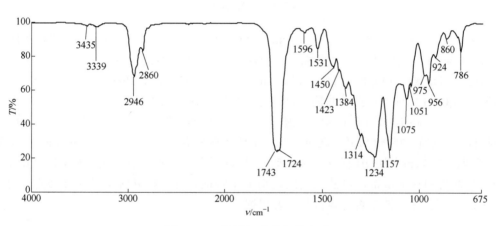

图 8.273　塑料切片的红外光谱

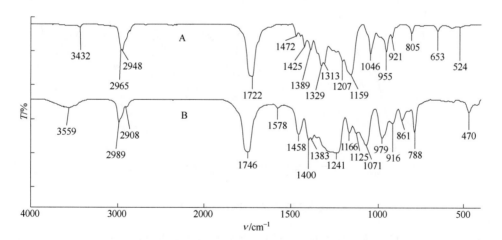

图 8.274　PBS（A）和 PPC（B）的红外光谱

956 cm^{-1}、924 cm^{-1} 为 PBS 的谱带；1743 cm^{-1}、1450 cm^{-1}、1384 cm^{-1}、1234 cm^{-1}、1075 cm^{-1}、975 cm^{-1}、860 cm^{-1}、786 cm^{-1} 为 PPC 的谱带。

8.6.9 淀粉填充降解塑料的红外光谱

淀粉（amylum）是一种多糖，是 D-葡萄糖的聚合物，通式为$(C_6H_{10}O_5)_n$，基本链节为葡萄糖剩基。淀粉有直链淀粉和支链淀粉两类，直链淀粉含几百个葡萄糖单元，支链淀粉含几千个葡萄糖单元。在天然淀粉中直链淀粉约占 20%~26%，它是可溶性的，其余则为支链淀粉。

淀粉经常在可降解塑料中用作填料，在毒品中用作稀释剂，在热敏纸中用作胶黏剂。淀粉的结构式如图 8.275 所示：

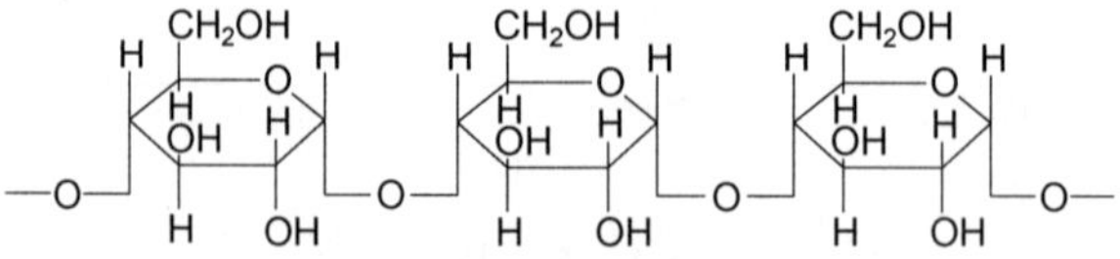

图 8.275 淀粉的结构式

图 8.276 为淀粉的红外光谱。3334 cm^{-1} 为 OH 的伸缩振动。2933 cm^{-1} 为 CH、CH_2 的伸缩振动。1649 cm^{-1} 为吸附水的变角振动。1414 cm^{-1} 为 $O-CH_2$ 的面内变角振动，因 CH_2 与 O 原子相连，诱导效应使频率较常值（1465 cm^{-1}）低。1367 cm^{-1}、1080 cm^{-1} 为 C-OH 中 C-O 伸缩振动与 O-H 面内变角振动的偶合，前者主要是 COH 的面内变角振动,后者主要是 C-OH 的伸缩振动。1160~1000 cm^{-1} 间宽、强吸收为 C-O-C 伸缩振动，由于淀粉大分子中 C-O-C 有多种构象，它们的吸收频率相近而不同，不能清晰分辨而相互重叠在 1080 cm^{-1} 附近形成宽、强吸收。764 cm^{-1} 为 OH 面外变角振动。578 cm^{-1} 是吡喃糖环骨架振动和 CH 摇摆振动的叠加，是淀粉的特征谱带，虽然比较弱，但非常特征。在分析降解塑料的红外光谱时，和 3334 cm^{-1} 一样，是判断是否有淀粉的重要依据。

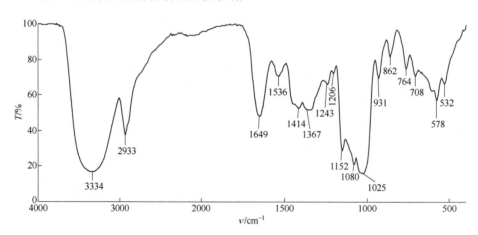

图 8.276 淀粉的红外光谱图

淀粉填充降解塑料是热塑性淀粉树脂加入少量助剂（如壳聚糖、甘油、纤维素、脂肪族二元醇酸聚酯等）而制成的生物降解塑料，其中淀粉含量在 90%以上。

淀粉填充降解塑料中加入的少量助剂也须是无毒且可以完全降解的，所以它是真正的完全降解塑料。

图 8.277 为淀粉填充降解塑料和普通淀粉的红外光谱，二者的区别主要在 1740~1500 cm^{-1}。

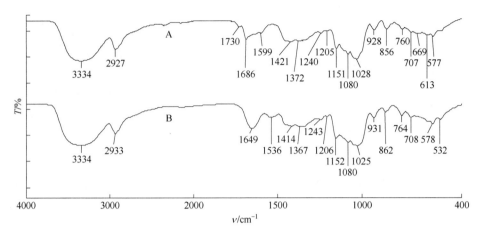

图 8.277　淀粉填充降解塑料（A）和普通淀粉（B）的红外光谱

8.6.9.1　淀粉和聚乙烯混合物制塑料薄膜的红外光谱

图 8.278 为黑色塑料薄膜的红外光谱。第一，在 1150~950 cm^{-1} 间有一个宽、强谱带，这是淀粉红外光谱的特点，由此猜想黑色塑料薄膜含淀粉。

第二，对比淀粉的红外光谱，图 8.278 中 3363 cm^{-1}、1653 cm^{-1} 也是淀粉的标志谱带。由以上两点基本可以确定黑色塑料薄膜含淀粉。

第三，图 8.278 中除淀粉的谱带外，还有其他谱带，其中 724 cm^{-1} 是聚乙烯的标志谱带。

第四，对比聚乙烯的红外光谱，图 8.278 中 2921 cm^{-1}、2850 cm^{-1} 也是聚乙烯的标志谱带。由以上两点基本可以确定黑色塑料薄膜含聚乙烯。

图 8.279 为淀粉和聚乙烯的红外光谱，把图 8.278 与图 8.279 相比较可以确定，黑色塑料薄膜的成分为 PE 和淀粉的混合物。

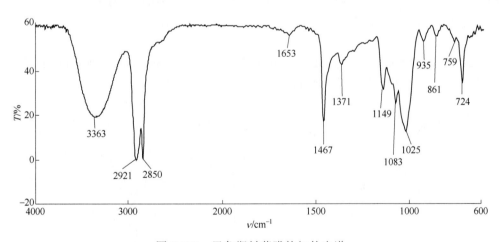

图 8.278　黑色塑料薄膜的红外光谱

图 8.278 中 2921 cm^{-1}、2850 cm^{-1}、1467 cm^{-1}、1371 cm^{-1}、724 cm^{-1} 为聚乙烯的吸收。3363 cm^{-1}、1653 cm^{-1}、1149 cm^{-1}、875 cm^{-1}、1083 cm^{-1}、1025 cm^{-1}、935 cm^{-1}、861 cm^{-1}、759 cm^{-1} 为淀粉的吸收。

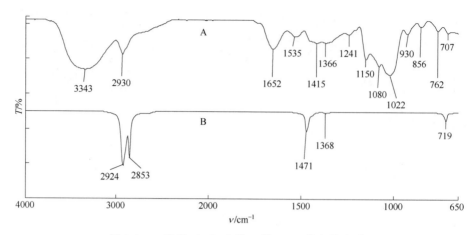

图 8.279　淀粉（A）和聚乙烯（B）的红外光谱

8.6.9.2　淀粉、PBAT 和 PLA 混合物制塑料薄膜的红外光谱

图 8.280 为一种塑料薄膜 A 的红外光谱。第一，1120 cm^{-1}、1103 cm^{-1} 同时存在，它们是 PBAT 的一等标志谱带，因此猜想塑料薄膜 A 的原料中有 PBAT。

第二，1270 cm^{-1}、730 cm^{-1} 也同时存在，它们是 PBAT 的二等标志谱带。根据以上两点基本可以确定塑料薄膜 A 的原料中有 PBAT。

第三，对比 PBAT 的红外光谱，图 8.280 中 1717 cm^{-1}、1504 cm^{-1}、1456 cm^{-1}、1409 cm^{-1}、1390 cm^{-1}、1366 cm^{-1}、1018 cm^{-1}、935 cm^{-1}、873 cm^{-1} 也是 PBAT 的谱带。根据以上三点可以确定塑料薄膜 A 的原料中有 PBAT。

第四，图 8.280 中 1753 cm^{-1}、1181 cm^{-1} 同时存在，它们是 PLA 的一等标志谱带，因此猜想塑料薄膜 A 的原料中有 PLA。

第五，对比 PLA 的红外光谱，图 8.280 中 2949 cm^{-1}、1456 cm^{-1}、1366 cm^{-1}、873 cm^{-1} 也是 PLA 的谱带。根据以上两点基本可以确定塑料薄膜 A 的原料中有 PLA。

第六，图 8.280 中有 575 cm^{-1} 谱带，它是淀粉的一等标志谱带，因此猜想塑料薄膜 A 的原料中有淀粉。

第七，对比淀粉的红外光谱，图 8.280 中 3311 cm^{-1}、1366 cm^{-1}、1080 cm^{-1} 也是淀粉的谱带。根据以上两点基本可以确定塑料薄膜 A 的原料中有淀粉。

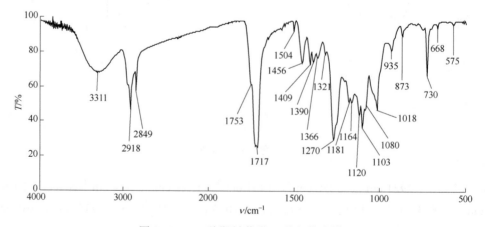

图 8.280　一种塑料薄膜 A 的红外光谱

图 8.281 为 PBAT、PLA 和淀粉的红外光谱，比较图 8.280 与图 8.281 可以确定，塑料薄膜 A 的原料为 PBAT、PLA 和淀粉的混合物，其中 PBAT 比例较大。

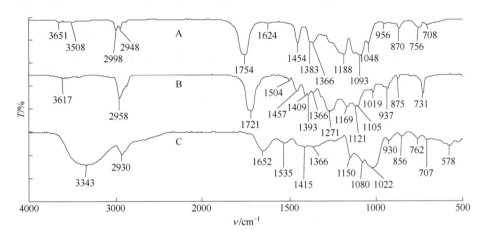

图 8.281　PBAT（A）、PLA（B）和淀粉（C）的红外光谱

8.7　塑料检验案例

西欧某国塑料厂为中国 YL 实业集团股份有限公司生产的酸奶袋经检测透气性不达标。为分析不达标的原因，需要对酸奶袋所用材料进行检测。生产厂家申报称，酸奶袋所用材料包括聚乙烯、聚丙烯、聚乙醇缩甲醛和碳酸钙。

（1）偏振光显微镜检验　用剪刀从酸奶袋上剪下一条 2 cm×1 cm 的长方形塑料薄膜，用手术刀沿边缘斜切一剖面，放到偏振光显微镜下观察，可见斜剖面分四层，均为白色，层间可见颜色稍浅的条纹。第三层厚度（斜切面宽度为 100.8 μm）约是第二层厚度（斜切面宽度为 49.4 μm）的两倍。第三层有颗粒状物质。酸奶袋塑料薄膜的层序是从外往里编排的，即最外层为第一层，最里层为第四层。图 8.282 为酸奶袋塑料薄膜的偏振光显微镜图。

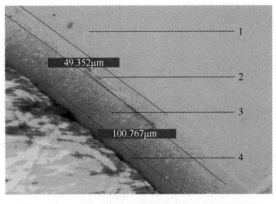

图 8.282　酸奶袋塑料薄膜的偏振光显微镜图

（2）傅里叶变换红外光谱仪检验　用剪刀从酸奶袋上剪下一条 3 cm×2 cm 的长方形塑料薄膜，用手术刀分层剥离塑料薄膜并分层取样。然后把各层样品分别置于高压金刚石池上，经傅里叶变换红外光谱仪检验，各层材料的红外光谱分别如图 8.283~图 8.286。

（3）分析

① 第一层样品的成分。图 8.287 为第一层材料和聚酰胺的红外光谱，通过比较可以确定第一层样品的成分为聚酰胺。

② 第二层样品的成分。图 8.288 为第二层样品和聚乙烯的红外光谱，通过比较可以确定第二层样品的成分为聚乙烯。

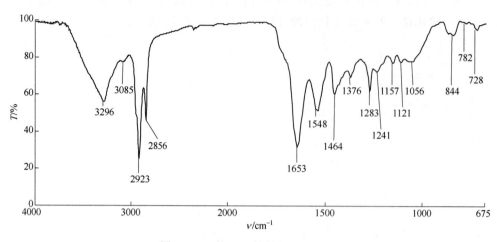

图 8.283　第一层材料的红外光谱

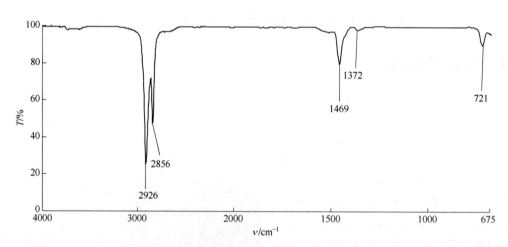

图 8.284　第二层材料的红外光谱

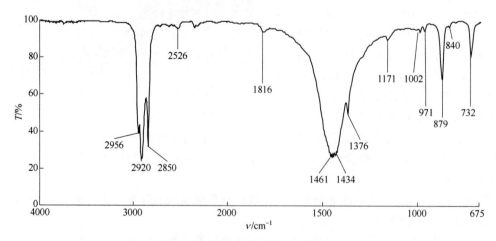

图 8.285　第三层材料的红外光谱

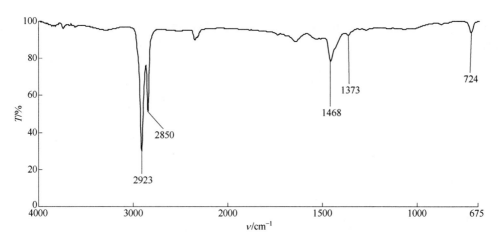

图 8.286　第四层材料的红外光谱

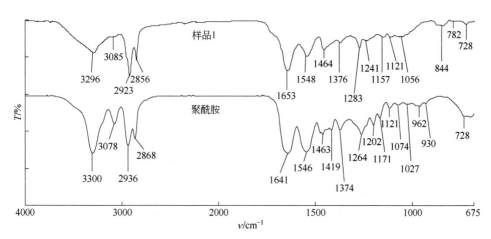

图 8.287　第一层样品和聚酰胺的红外光谱

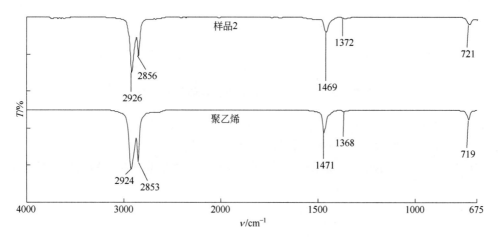

图 8.288　第二层样品和聚乙烯的红外光谱

③ 第三层样品的成分。图 8.289 为第三层样品和聚丙烯、白云石的红外光谱，通过比较可以确定第三层样品的成分为含白云石的聚丙烯。第三层样品的红外光谱中 2956 cm^{-1}、2920 cm^{-1}、2850 cm^{-1}、2723 cm^{-1}、1461 cm^{-1}、1376 cm^{-1}、1171 cm^{-1}、1002 cm^{-1}、971 cm^{-1}、

840 cm^{-1} 为聚丙烯的吸收；2526 cm^{-1}、1816 cm^{-1}、1454 cm^{-1}、879 cm^{-1}、732 cm^{-1} 为白云石的吸收。

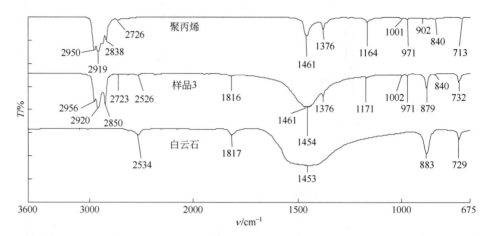

图 8.289　第三层样品和聚丙烯、白云石的红外光谱

④ 第四层样品的成分。图 8.290 为第四层样品和聚乙烯的红外光谱，通过比较可以确定第四层样品的成分为聚乙烯。

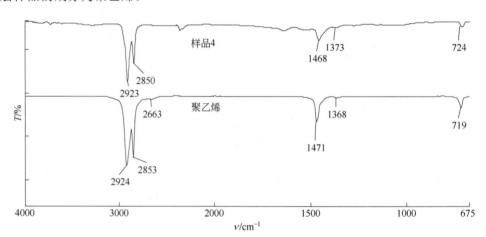

图 8.290　第四层样品和聚乙烯的红外光谱

（4）分析意见　第一层材料的成分为聚酰胺，第二层材料的成分为聚乙烯，第三层材料的成分为含白云石的聚丙烯，第四层材料的成分为聚乙烯。

没有检出聚乙烯醇缩甲醛和碳酸钙，生产厂家申报的酸奶袋所用材料与实际情况不符。

第 9 章 纺织纤维的红外光谱

纺织纤维是指长度为直径的 100 倍以上的细长物质，在室温下轴向强度很大，受力后形变较小（一般仅百分之几至百分之二十），能抽丝成型，有较好的强度和挠曲性能，适合作纺织材料使用。

9.1 纺织纤维的种类

纺织纤维包括天然纤维、人造纤维和合成纤维，后两种统称为化学纤维。

9.1.1 天然纤维

天然纤维按原料来源可分为三类：植物纤维、动物纤维和矿物纤维。

植物纤维的主要成分是纤维素，又称为天然纤维素纤维，是由植物种籽、果实、茎、叶等处获得的纤维。根据在植物上成长部位的不同，分为种子纤维、叶纤维和茎纤维。种子纤维包括棉、木棉等；叶纤维包括剑麻、蕉麻等；茎纤维包括苎麻、亚麻、大麻、黄麻等。

动物纤维的主要成分是蛋白质，又称为天然蛋白质纤维，分为毛纤维和腺分泌物纤维两类。毛发类纤维包括绵羊毛、山羊毛、骆驼毛、兔毛、牦牛毛等；腺分泌物纤维包括桑蚕丝、柞蚕丝等。

矿物纤维的主要成分是无机物，又称为天然无机纤维，为无机金属硅酸盐类，如石棉纤维、玻璃纤维。碳纤维也属于无机纤维。

9.1.2 化学纤维

由天然高分子（如短棉绒、竹、木、毛发等）经化学处理获得的醋酯纤维、黏胶纤维等属人造纤维。真正由低分子物合成的涤纶、锦纶、腈纶、维尼纶、氯纶、丙纶、芳纶等为合成纤维。

化学纤维的种类繁多，分类方法也有很多种，现以来源将主要品种分类如下，见表 9.1。

表 9.1　化学纤维的分类

大类	中类	小类	品种
人造纤维	再生纤维素纤维	黏胶纤维	普通黏胶纤维
			强力黏胶纤维
			高湿模量黏胶纤维（富强纤维）
		铜氨纤维	
	醋酯纤维	三醋酯纤维（三醋纤）	
		二醋酯纤维（二醋纤）	
	再生蛋白质纤维（酪素纤维）		
合成纤维	脂肪族聚酰胺纤维	聚己内酰胺纤维（尼龙-6），1938 年德国制得	
		聚己二酰己二胺纤维（尼龙-66），1935 年美国制得	
		聚癸二酰癸二胺纤维（尼龙-1010）	
		聚十一酰胺纤维（尼龙-11）	
		聚癸二酰己二胺纤维（尼龙-610）	
	芳香族聚酰胺纤维	聚间苯二甲酰间苯二胺纤维（芳纶-1313）	
		聚对苯二甲酰对苯二胺纤维（芳纶-1414）	
		聚间苯甲酰胺纤维（芳纶-13）	
		聚对苯甲酰胺纤维（芳纶-14）	
	聚烯烃纤维	聚乙烯纤维(乙纶)	
		聚丙烯纤维（丙纶），1954 年合成等规聚丙烯	
	聚丙烯腈类纤维	聚丙烯腈纤维（腈纶，奥纶），1950 年美国生产	
		改性聚丙烯腈纤维	
	聚乙烯醇类纤维	聚乙烯醇缩甲醛纤维（维尼纶），1944 年	
		聚乙烯醇纤维，1934 年	
	聚氯乙烯类纤维	聚氯乙烯纤维（氯纶）	
		聚偏氯乙烯纤维（偏氯纶）	
		氯化聚氯乙烯纤维（过氯纶）	
	聚氟烯烃纤维	聚四氟乙烯纤维（氟纶）	
	乙烯基类三元共聚纤维		
	聚酯纤维	聚对苯二甲酸乙二酯纤维（涤纶），1941 年英国合成	
		变性聚酯纤维	
	弹性纤维	二烯类弹性纤维	
		嵌段共聚氨基甲酸酯纤维（氨纶）	
无机纤维	碳纤维	普通碳纤维	
		高强碳纤维	
		高模量碳纤维	
	玻璃纤维		

9.2 纺织纤维的结构

纤维的性能（包括红外性能）是由其内部结构决定的，内部结构不同，纤维性能就会有差异。因此要掌握各种纤维的性能，就必须了解不同纤维的结构与性能之间的关系。

一般把纤维的结构分为三个层次，即大分子结构（又称一次结构）、超分子结构（又称二次结构）和形态结构（又称三次结构）。

9.2.1 大分子结构

大分子结构又可分为近程结构和远程结构。大分子的近程结构主要讨论其化学结构和化学异构。化学结构通常从链节结构、端基、杂结构等方面考虑，而化学异构则从支链、结构异构等方面考虑。

大分子的远程结构主要讨论大分子的柔曲性、构象、分子量大小及分子量分布情况。

9.2.2 聚集态结构

纤维的性能不仅与大分子的分子量和分子结构有关，也和分子的聚集状态即超分子结构有关。同属线型结构的纤维，有的具有高弹性（如聚氨酯纤维），有的则表现出刚性（如涤纶），就是由于它们的聚集状态不同。即使是同一种纤维由于聚集态不同，性能也会有很大的差别，例如，拉伸比不同的涤纶，机械强度大不相同。所以研究纤维聚集态是了解纤维结构与性能关系的又一个重要方面。

纤维的超分子结构包括晶态结构与非晶态结构、大分子侧序分布和取向度等。从结晶状态看，纤维有晶相也有非晶相。晶相纤维因其分子排列规则，分子间作用力大，其耐热性好、机械强度高、熔限窄。非晶相纤维没有一定的熔点，耐热性差、机械强度低。由于纤维的分子链很长，要使分子链的每一部分都有序排列是很困难的，因此，纤维都属于非晶相或部分结晶的。部分结晶纤维的结晶性区域称为微晶，微晶的多少称为结晶度。部分晶相纤维的微晶部分镶嵌于无定形部分。拉伸纤维的目的是使高聚物的无定形部分排列得更规整一些，或使原来方向不一的微晶顺着纤维轴方向伸直排列。分子一旦较规整地排列后，就增强了分子间的吸引力，使其不能恢复到原来的无序状态。

9.2.3 形态结构

纤维的形态结构是指在光学显微镜和电子显微镜中所能直接观察到的那一部分结构，包括微形态结构和宏形态结构，如截面形态、截面结构、表面形态、孔洞和皮芯结构等。

9.3 涤纶的红外光谱

涤纶是聚对苯二甲酸乙二醇酯（polyethylene terephthalate，PET）纤维在我国的商品名称，由聚对苯二甲酸乙二醇酯经熔体纺丝制得。它的大分子中含有酯基，因此属于聚酯纤维，是聚酯纤维的一个主要品种。通常衣物上标注的"聚酯"纤维，就是指涤纶。

涤纶强度高，其织物穿着性能良好，是目前合成纤维中产量最高的一个品种。PET 分子结构高度对称，使之具有高结晶度、高熔融温度和不溶于一般有机溶剂的特点。其熔融温度为 257~265 ℃；非晶态聚合物的玻璃化转变温度为 67 ℃，部分结晶聚合物为 81 ℃。涤纶短纤维可与棉花、羊毛、麻混纺，制成服装用纺织品或室内装饰用布。长丝可用于服装业或工业，如针织衣物、滤布、轮胎帘子线、降落伞、输送带、安全带等。

涤纶大分子有反式和左右式两种构象，反式较稳定、分子链挺直、易结晶。涤纶链节的结构式和结构模型如图 9.1 所示。

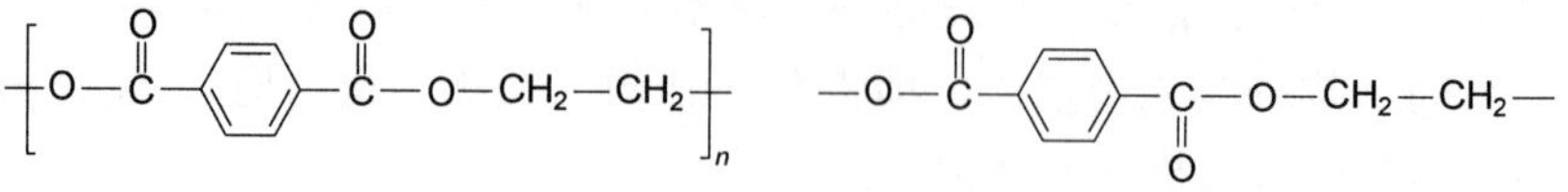

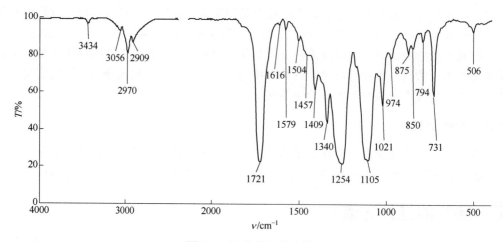

图 9.1　涤纶链节的结构式 [（a），（b）] 和结构模型（c）

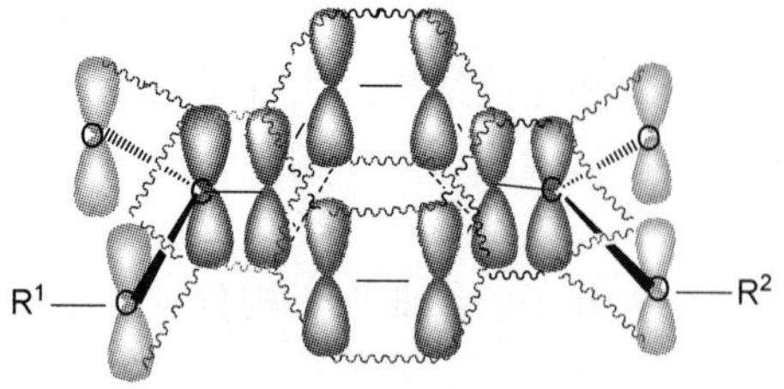

图 9.2 是涤纶的红外光谱。3056 cm^{-1} 是苯环上=CH 伸缩振动。1616 cm^{-1}、1579 cm^{-1}、1504 cm^{-1} 是苯环骨架伸缩振动。1021 cm^{-1} 是对位取代苯环上相邻两个 =CH 的面内变角振动。731 cm^{-1} 是 1,4-对位取代苯环上两个相邻 =CH 面外变角振动。苯环非极性 1,4-对位取代，苯环上 =CH 面外变角振动通常位于 860~800 cm^{-1}，如在聚碳酸酯、双酚 A 和环氧树脂的红外光谱中，=CH 面外变角振动位于 830 cm^{-1}。但在涤纶分子中，两个取代基都是酯基，酯基是极性取代基并与苯环发生 π-π 共轭，=CH 面外变角振动频率降低至 731 cm^{-1}。

图 9.2　涤纶的红外光谱

2970 cm^{-1} 和 2909 cm^{-1} 分别是 CH$_2$ 的反对称伸缩振动和对称伸缩振动，因为 CH$_2$ 与电负性强的羧基相连，反对称伸缩振动和对称伸缩振动频率较常值（2925 cm^{-1}、2855 cm^{-1}）高。1457 cm^{-1} 为左右式 CH$_2$(—O—C—O—)的面内变角振动。1409 cm^{-1} 是 O-CH$_2$ 面内变角振动，因为 CH$_2$ 与电负性强的氧原子相连，面内变角振动频率较常值（1465 cm^{-1}）低。1340 cm^{-1}

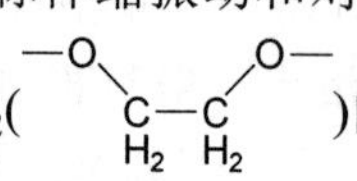

为反式 CH$_2$ (─O─C─C─H$_2$─O─) 面外摇摆振动。850 cm^{-1}、794 cm^{-1} 是 CH$_2$ 的面内摇摆振动。

1721 cm^{-1} 是 C=O 的伸缩振动，3434 cm^{-1} 为其倍频，因为羰基和苯环形成 π-π 共轭，羰基的双键特性降低，羧基伸缩振动频率较饱和脂肪酯羰基伸缩振动频率[(1740±10) cm^{-1}]低。1254 cm^{-1} 是 =C-O-C 反对称伸缩振动，1105 cm^{-1} 是 =C-O-C 对称伸缩振动。1721 cm^{-1}、1254 cm^{-1} 和 1105 cm^{-1} 三峰强度相近是对苯二甲酸酯红外光谱的特点之一。涤纶为芳香酸酯，酯羰基与苯环形成 π-π 共轭，酯羰基又与氧原子的未共用电子对形成 p-π 共轭，在这个大共轭体系中 =C-O-C 具有部分双键特性，反对称伸缩振动频率比脂肪酸酯的 C-O-C 反对称伸缩振动频率（1240~1160 cm^{-1}）、对称伸缩振动频率（1050~1000 cm^{-1}）高。974 cm^{-1} 是反式 C-O 面外变角振动。

在混纺织物的红外光谱中，如果 730 cm^{-1}、1105 cm^{-1}、1021 cm^{-1}（排前者权重大）等谱带同时存在，基本上就可以确定混纺织物中有涤纶，然后寻找涤纶红外光谱中其他谱带予以证实，相符的谱带越多，结论越可靠。

涤纶的一等标志谱带是 730 cm^{-1}、1105 cm^{-1}、1021 cm^{-1}。

9.4 尼龙的红外光谱

尼龙是合成纤维 Nylon 的中译名，旧称"锦纶"，学名为聚酰胺纤维（polyamide fibre，PA）。由于锦州化纤厂是我国首家合成聚酰胺纤维的工厂，因此把它定名为"锦纶"。尼龙是世界上最早的合成纤维品种，由于性能优良、原料资源丰富，一直被广泛使用。

尼龙强度高，耐磨性、回弹性好，可以纯纺、也可以混纺来制作各种衣料及针织品。尼龙主要品种有尼龙-6（PA-6）和尼龙-66（PA-66），其物理性能相差不大。尼龙吸湿性和染色性都比涤纶好，耐碱而不耐酸，长期暴露在日光下强度会下降。

尼龙有热定形特性，能保持住加热时形成的变形。尼龙长丝可制成弹力丝，短丝可与棉及腈纶混纺，以提高强度和弹性。尼龙除在衣着和装饰品方面有应用外，还广泛用于帘子线、传动带、软管、绳索、渔网、轮胎、降落伞等。

尼龙的分子结构中都含有一个相同的酰氨基（-CO-NH-），因此，这类纤维的学名都叫聚酰胺纤维。

聚酰胺分子主链上除都含有酰氨基（-CONH-）外，酰氨基之间又有一定数量的亚甲基（-CH$_2$-），大分子的端基为氨基（-NH$_2$）和羧基（-COOH），其红外光谱中主要特征谱带均和这些基团有关。

如果混纺织物中有以下谱带，基本上就可以确定织物中有尼龙，然后寻找尼龙的其他谱带予以证实。1641 cm^{-1}（酰胺Ⅰ带），为羰基 C=O 伸缩振动。1546 cm^{-1}（酰胺Ⅱ带），为 N-H 变角振动和 C-N 伸缩振动的偶合谱带，以前者为主。1264 cm^{-1}（酰胺Ⅲ带），也是 N-H 变角振动和 C-N 伸缩振动的偶合谱带，以后者为主。3077 cm^{-1} 为 1546 cm^{-1} 的倍频，它位于 3300 cm^{-1} 和 2936 cm^{-1} 两个强谱带的中间，而比二者强度小，构成特征的"M"形。

尼龙的一等标志谱带是：1642 cm^{-1}、1546 cm^{-1}、3072 cm^{-1}。

不同品种的尼龙在化学结构上的区别只是 -CH$_2$- 链长短的不同，红外光谱非常相似，差别主要在 1300~800 cm^{-1} 间的弱峰，用红外光谱难以准确区别，见图 9.3。不同品种的尼龙的偏振光干涉图也非常相似，依偏振光干涉图也难以准确区分，见图 9.4。

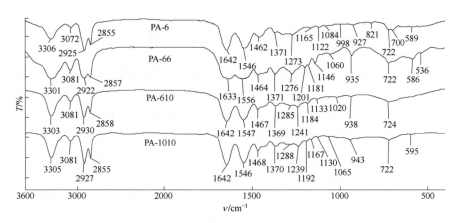

图 9.3　4 种尼龙的红外光谱

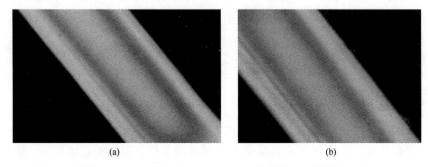

图 9.4　PA-6（a）和 PA-66（b）的偏振光干涉图

用热分析仪 DSC（differential scanning calorimetry）可以很方便地把各种尼龙区分开。图 9.5~图 9.8 是 4 种尼龙的 DSC 曲线，表 9.2 为 4 种尼龙的 DSC 分析实测数据，依据这些曲线和数据可以准确地把它们区分开。表 9.2 中 T_m 为熔融温度、ΔH_m 为熔融热焓、T_c 为结晶温度、ΔH_c 为结晶热焓。热焓正值为吸热，负值为放热。

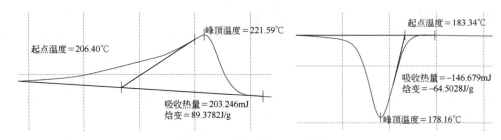

图 9.5　尼龙-6 的 DSC 曲线

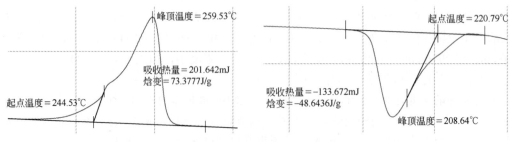

图 9.6　尼龙-66 的 DSC 曲线

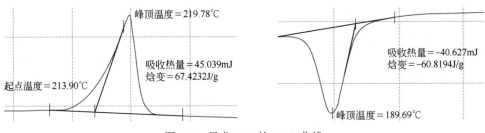

图 9.7 尼龙-610 的 DSC 曲线

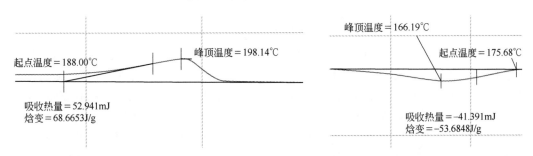

图 9.8 尼龙-1010 的 DSC 曲线

表 9.2 4 种尼龙的 DSC 分析实测数据

品种	T_m/℃	ΔH_m/(J/g)	T_c/℃	ΔH_c/(J/g)	品种	T_m/℃	ΔH_m/(J/g)	T_c/℃	ΔH_c/(J/g)
PA-6	222	89	178	−65	PA-610	220	67	190	−61
PA-66	260	73	209	−49	PA-1010	198	69	166	−54

9.5 腈纶的红外光谱

腈纶是聚丙烯腈纤维（polyacrylonitrile fiber）在我国的商品名称，国外则称为"奥纶""开司米纶"，通常指用 85%以上的丙烯腈（CH₂=CH−CN）与第二、第三单体的共聚物，经湿法或干法纺丝制得的合成纤维。丙烯腈含量在 35%~85%的共聚物纺丝制得的纤维称为改性聚丙烯腈纤维。

腈纶具有柔软、蓬松、易染、色泽鲜艳、耐光、抗菌、不怕虫蛀等优点，性能类似羊毛。腈纶弹性较好，伸长 20%时回弹率仍可保持 65%，保暖性比羊毛高 15%，强度比羊毛高 1~2.5 倍。腈纶耐晒性能优良，露天曝晒一年，强度仅下降 20%，可做成窗帘、幕布、篷布、炮衣等，能耐酸、耐氧化剂和一般有机溶剂，但耐碱性较差。纤维软化温度为 190~230 ℃。

腈纶可与羊毛混纺成毛线或织成毛毯、地毯等，还可与棉、人造纤维及合成纤维混纺，织成各种衣料和室内用品。

由于聚丙烯腈大分子链上带有极性很强的氰基（−CN），大分子内聚力和分子间的作用力很强，因此单纯以聚丙烯腈为原料纺制的纤维缺乏应有的柔韧性从而发脆，同时分子结构紧密使染料分子不易渗入内部，并且由于氰基的疏水性使大分子链上缺少与染料分子相结合的化学基团，因而使纤维不易染色。故必须加入其他单体共聚以改善上述不良性能。常加入的第二单体是丙烯酸甲酯、甲基丙烯酸甲酯、乙酸乙烯酯等酯类高聚物。这些第二单体的共同特点是大分子链上带有一定数量的体积庞大的酯基侧链，能扩展大分子间的空隙，以减弱大分子间的作用力，使纤维的形态结构趋于疏松，降低纤维脆性，改善纤维手感弹性，同时有利于染料分子向纤维内部渗透。

加入第三单体的目的是使纤维分子中引入对染料分子有亲和力的化学基团，提高纤维对染料的结合能力。常用的第三单体有磺酸型和羧酸型两类，如丙烯磺酸钠（AS 或 SAS）、甲基丙烯磺酸钠（MAS 或 SMAS）。腈纶的示意结构式如下：

$$\left[CH_2-CH \atop CN \right]_m \left[CH_2-C(CH_3) \atop COOCH_3 \right]_n \left[CH_2-C(CH_3) \atop H_2C-SO_2Na \right]_p$$

$>85\%$ 丙烯腈　　甲基丙烯酸甲酯　甲基丙烯磺酸钠

随原料和生产工艺的不同，腈纶会有不同的结构，因而其红外光谱也会有差异。图 9.9 为腈纶的红外光谱。腈纶的红外光谱中最特征的谱带是 2243 cm^{-1}，为 -C≡N 伸缩振动，它强而尖锐，说明氰基没有与羰基连接于同一碳原子，并且没有与分子其他部分的振动偶合。在混纺纤维中，这一锐峰是识别是否有腈纶的最好标志。2939 cm^{-1}、2875 cm^{-1} 为 CH、CH$_2$、CH$_3$ 伸缩振动的叠加。1736 cm^{-1} 为 C=O 伸缩振动，它不是聚丙烯腈单体的吸收，而归属于丙烯酸酯等第二单体。1626 cm^{-1} 为羧酸盐中 COO 的反对称伸缩振动，羧酸盐中的 COO 基团，两个氧原子几乎是等价的，并且两个 C=O 的伸缩振动强烈偶合，分裂为两个谱带，反对称伸缩振动位于 1630~1540 cm^{-1}，对称伸缩振动位于 1420~1350 cm^{-1}。1452 cm^{-1} 为 CH$_2$ 的面内变角振动和 CH$_3$ 的反对称伸缩振动的叠加。1369 cm^{-1} 为 CH$_3$ 的对称变角振动和羧酸盐中 COO 对称伸缩振动的叠加。1234 cm^{-1}、1174 cm^{-1}、1069 cm^{-1}、1043 cm^{-1} 为 C-O-C 伸缩振动，也属第二、第三单体的谱带。腈纶的一等标志谱带是 2243 cm^{-1}。

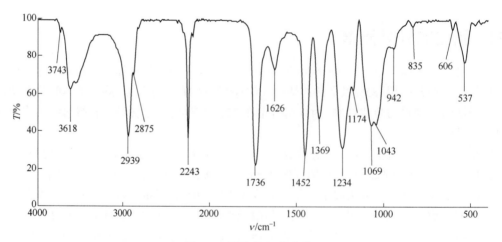

图 9.9　腈纶的红外光谱

9.6 维纶的红外光谱

维纶（vinylon）是聚乙烯醇缩甲醛（polyvinyl formal，PVF）纤维在我国的商品名称，也称维尼纶。维纶在合成纤维中吸湿性最好，标准回潮率为 4.5%~5%，与棉纤维相近；透气性和耐磨性好，强力高，耐霉蛀、耐日光和保暖性均良好。其缺点是弹性、染色性和尺寸稳定性较差。维纶主要用来制作衣服，也可用于制造各种缆绳、帆布、农用防风、防寒纱布等。

生产维纶的原料易得，制造成本低廉，所以维纶除用于衣料外，还有多种工业用途。但因其生产工艺流程较长，纤维综合性能不如涤纶、尼龙和腈纶，年产量较小，居合成纤维品种的第五位。

聚乙烯醇大分子链节结构是 —CH$_2$—CH—，大分子主链是 C—C 链结构，故其内旋转容易，主要侧基是羟基，经缩甲醛化后，链节的示意结构式是 $\left[\begin{array}{c}\text{CH}_2-\text{CH}-\text{CH}_2-\text{CH}-\text{CH}_2-\text{CH}\\ \quad\quad\quad |\quad\quad\quad\quad\quad |\quad\quad\quad\quad\quad |\\ \text{O}-\text{CH}_2-\text{O}\quad\quad\quad\quad \text{OH}\end{array}\right]_n$。

图 9.10 为维纶的红外光谱。维纶的红外光谱以 1237 cm^{-1}、1169 cm^{-1}、1140 cm^{-1}、1098 cm^{-1}、1011 cm^{-1} 五个谱带同时存在为特征谱带，它们是 1,3-二氧杂环己烷的伸缩振动，其中 1098 cm^{-1}、1011 cm^{-1} 为 C—O—C 的伸缩振动，1237 cm^{-1}、1169 cm^{-1}、1140 cm^{-1} 为缩甲醛的特征谱带。3359 cm^{-1} 为 OH 伸缩振动。2941 cm^{-1}、2914 cm^{-1}、2846 cm^{-1}、2783 cm^{-1} 为 CH$_2$、CH 的伸缩振动。1631 cm^{-1} 为吸附水的变角振动。1431 cm^{-1} 谱带为 O—CH$_2$ 的面内变角振动，因与电负性强的氧原子相连，频率较常值（1465 cm^{-1}）低。1348 cm^{-1}、1329 cm^{-1} 为 CH$_2$ 的面外摇摆振动。845 cm^{-1}、798 cm^{-1} 为 CH$_2$ 的面内摇摆振动。

维纶的一等标志谱带是 1430 cm^{-1}、1237 cm^{-1}、1169 cm^{-1}、1140 cm^{-1}。

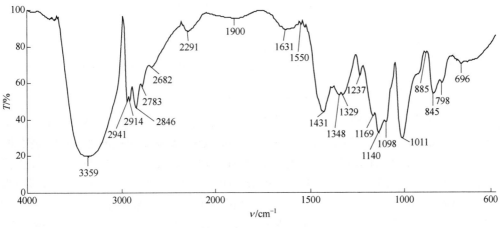

图 9.10 维纶的红外光谱

9.7 芳纶-1313 的红外光谱

芳纶-1313 [poly(isophthaloyl metaphenylene diamine)fibre] 的红外光谱见 "8.5.5.3 芳香族聚酰胺的红外光谱"。

9.8 芳纶-1414 的红外光谱

芳纶-1414 [poly(para-phenylene terephthanlamide)，PPTA] 的红外光谱见 "8.5.5.3 芳香族聚酰胺的红外光谱"。

9.9 氨纶的红外光谱

氨纶（Spandex）是聚氨基甲酸酯纤维的简称，组成物质中含有 85% 以上的聚氨基甲酸酯。氨纶有两个品种，一种是聚酯型氨纶，另一种是聚醚型氨纶。氨纶的高回弹性是目前所有弹性纤维都无法比拟的，它的断裂伸长率大于 400%，最高可达 800%，即使在 300%拉伸形变时，回复率仍在 95%以上。氨纶已被广泛应用于纺织品中，是一种高附加值的新型纺织材料，只需加入不到 10%数量的氨纶，就可以使传统织物的档次大为提高，显示出柔软、舒适、美观、高雅的风格。

脂肪族氨纶是由六亚甲基二异氰酸酯（HDI）和聚己二酸丁二醇-1,4-酯反应生成的。其结构式如下：

芳香族-脂肪族共聚氨纶是主要的氨纶品种之一，它是由芳香族二异氰酸酯和二元醇缩合而成。由甲苯二异氰酸酯（DTI）和聚己二酸乙二醇酯二醇反应生成聚酯型氨纶的反应可用下式表示：

图 9.11 为氨纶的红外光谱。3387 cm^{-1} 为 NH 伸缩振动。2937 cm^{-1}、2873 cm^{-1} 为 CH$_2$ 的伸缩振动。1726 cm^{-1} 是脂肪酯 C=O 伸缩振动。1689 cm^{-1} 是氨基甲酸酯 C=O 伸缩振动。在氨纶分子中，C-N 和 N-H 共用一个 N 原子，N-H 面内变角振动和 C-N 伸缩振动发生偶合，振动谱带分裂为 1547~1538 cm^{-1}、1240~1230 cm^{-1} 两个谱带，前者以 N-H 面内变角振动为主，称作酰胺Ⅱ带，后者以 C-N 伸缩振动为主，称作酰胺Ⅲ带。异氰酸酯中苯环骨架伸缩振动在 1527~1515 cm^{-1} 有吸收（如"MDI 的红外光谱"）。1545~1536 cm^{-1}、1527~1515 cm^{-1} 这两个谱带经常重叠在一起，依二者比例不同，作为聚氨酯的特征谱带在 1538~1524 cm^{-1} 间移动。

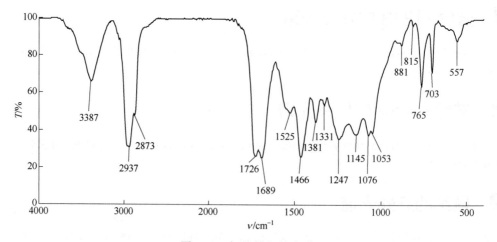

图 9.11　氨纶的红外光谱

1466 cm^{-1} 为 CH$_2$ 面内变角振动和 CH$_3$ 反对称变角振动的叠加。1381 cm^{-1} 为 CH$_3$ 的对称变角振动。1331 cm^{-1} 为 CH$_2$ 的扭曲振动。1145 cm^{-1}、1076 cm^{-1}、1053 cm^{-1} 为 C–O–C 伸缩振动。815 cm^{-1}、765 cm^{-1}、703 cm^{-1} 为芳香族异氰酸酯苯环上 =CH 的面外变角振动。苯环上 =CH 面内变角振动在 1225~950 cm^{-1}，与 C–O–C 伸缩振动频率范围重叠，指认困难。

氨纶的一等标志谱带是 1689 cm^{-1}、1525 cm^{-1}、765 cm^{-1}、705 cm^{-1}。

9.10 丙纶的红外光谱

以丙烯为原料经聚合成为等规聚丙烯，而后经熔融纺丝制得的纤维称为聚丙烯纤维，我国的商品名为丙纶。

丙纶的红外光谱请参看"8.1.2.1 聚丙烯的红外光谱"。

9.11 氯纶的红外光谱

氯纶是聚氯乙烯纤维在我国的商品名称。它由聚氯乙烯或其共聚物组成的线型大分子构成。大分子中至少有 50%（质量分数）的聚氯乙烯链节，当与丙烯腈共聚时，至少有 65% 的聚氯乙烯链节。氯纶可用干法、湿法和热挤压法三种方法来纺丝，前两种方法生产的氯纶可供纺织用，后者只能在工业上使用。

氯纶的红外光谱请参看"8.3.1.1 聚氯乙烯的红外光谱"。

9.12 蚕丝的红外光谱

蚕丝（silk）是成熟蚕分泌液凝固成的连续长纤维，也称天然丝，由角朊和丝纤朊组成。丝纤朊由 60% 的甘氨酸（H$_2$N–CH$_2$–COOH）和丙氨酸（H$_3$C–CH(NH$_2$)–COOH）单元结构组成。蚕丝实质上是无硫氨基酸。

图 9.12 为蚕丝的红外光谱。3289 cm^{-1} 是氢键缔合 NH 和氢键缔合 OH 的伸缩振动的叠加。2968 cm^{-1}、2931 cm^{-1} 为 C–H 伸缩振动。1643 cm^{-1} 是酰胺 I 吸收带，即 C=O 的伸缩振动。

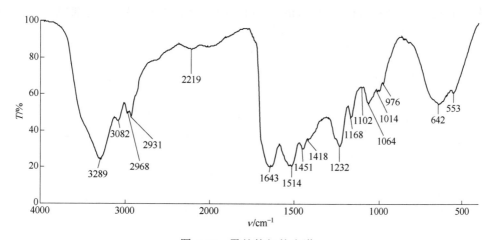

图 9.12　蚕丝的红外光谱

1514 cm^{-1} 是酰胺Ⅱ吸收带，即 N–H 面内变角振动和 C–N 伸缩振动的偶合谱带，以前者为主；1232 cm^{-1} 是酰胺Ⅲ吸收带，也是 N–H 变角振动和 C–N 伸缩振动的偶合谱带，以后者为主。1451 cm^{-1} 为 CH$_2$ 面内变角振动。蚕丝含有 –CH$_2$OH 基团，其 CH$_2$ 面内变角振动在 1418 cm^{-1}，羊毛的红外光谱中没有这一谱带，而在 1024 cm^{-1} 有 S=O 基团的吸收，这两个峰虽然弱，但它们是区分蚕丝和羊毛的依据。1168 cm^{-1} 为 C–O–C 伸缩振动。1064 cm^{-1} 是 OH 变角振动。1014 cm^{-1} 和 976 cm^{-1} 是氨基乙酰丙氨酸序列振动。553 cm^{-1} 是结晶区酰氨基的吸收。

9.13 羊毛的红外光谱

羊毛（wool）具有弹性好、吸湿性强、保暖性好等优点。出自绵羊身上的羊毛，纺织行业叫"绵羊毛"，绵羊毛即使很细，纺织行业也称它为"羊毛"或"细支羊毛"，而不叫"绒"。只有出自山羊身上的绒才叫"羊绒"，也就是山羊绒。羊绒是生长在山羊外表皮层，掩在山羊粗毛根部的一层薄薄的细绒，入冬时长出以抵御风寒，开春转暖后脱落。

羊毛纤维可分"有髓毛"和"无髓毛"两类。有髓毛由鳞片、皮质和髓质三层细胞构成，无髓毛无髓质。鳞片层具有保护作用，其形状和排列可影响羊毛的吸湿、毡结和反射光线的能力。皮质层连接于鳞片层下，影响毛纤维的强度、伸长率和弹性，羊毛越细皮质层所占比例越大。髓质层是有髓毛的主要特征，位于毛的中心，由结构疏松充满空气的多角形细胞组成。髓质层发育程度越高，则纤维直径越粗，羊毛纺织质量越差。

羊毛的主要成分为角蛋白，它由多种 α-氨基酸残基构成，后者可连接成螺旋形的长链分子，其上含有羧基、氨基和羟基等，在分子间形成盐键和氢键。长链之间由胱氨酸的二硫键相连接。上述化学结构决定羊毛的特性，如毛纤维大分子长链受外力拉伸时，由 α-螺旋型过渡到 β-伸展型，外力解除后又恢复到 α 型。外观表现为羊毛的伸长性和回弹性优良。羊毛较强的吸湿性与侧链上的羟基、氨基等基团有关。羊毛较耐酸而不耐碱，是由于碱容易分解羊毛胱氨酸中的二硫基，使毛质受损。氧化剂也可破坏二硫基而损害羊毛。

脱脂羊毛主要由羊毛角朊组成，后者含有 8 种不同的氨基酸。羊毛含有 3%~4%的硫，这可与蚕丝相区别。角朊和丝纤朊都含游离的羧基，有时在 1724 cm^{-1} 能发现它的吸收，随含量不同其强度不同。

图 9.13 为羊毛的红外光谱。图中 3317 cm^{-1} 是缔合 OH 和 NH 伸缩振动的叠加。2965 cm^{-1} 为 C–H 的伸缩振动。1650 cm^{-1}、1538 cm^{-1} 和 1242 cm^{-1} 分别是酰胺Ⅰ、Ⅱ、Ⅲ吸收带。有时在

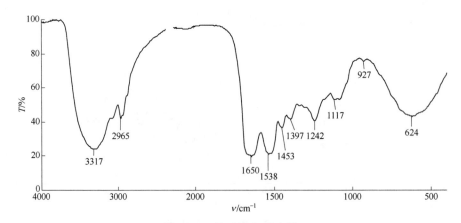

图 9.13　羊毛的红外光谱

1024 cm^{-1} 左右能出现 S=O 基团的吸收。羊毛在 900~600 cm^{-1} 区域无吸收，这可与蚕丝相区别。

9.14 兔毛的红外光谱

纺织用兔毛（rabbit hair）产自安哥拉兔和家兔，其中安哥拉兔毛柔软，质量最好。

兔毛由角蛋白组成，绒毛和粗毛都有髓质层，绒毛的毛髓呈单列断续状或狭块状，粗毛的毛髓较宽，呈多列块状，含有空气。

兔毛纤维细长、颜色洁白、光泽好、柔软蓬松、保暖性强，但纤维卷曲少、表面光滑、纤维之间抱合性差、强度较低，平均断裂伸长率为 31%~48%。兔毛对酸、碱的反应与羊毛大致相同。单用兔毛纯纺比较困难，大多与其他纤维混纺，可作针织衫和机织面料。

图 9.14 为兔毛的红外光谱，其解释可参考"9.13 羊毛的红外光谱"。

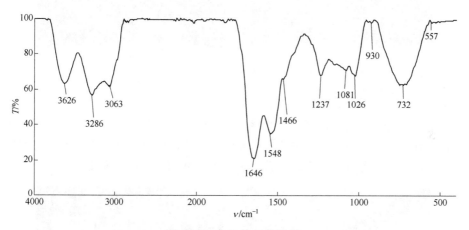

图 9.14 兔毛的红外光谱

9.15 羊毛、蚕丝、兔毛的偏振光干涉图鉴定

羊毛、蚕丝、兔毛都是天然蛋白质纤维，其红外谱带均呈弥散状而不太尖锐。不同品种的羊毛、蚕丝、兔毛的红外光谱相互间有差别，但其主要成分都是氨基酸，三者的红外光谱非常相似，见图 9.15，所以用红外光谱鉴定、区分羊毛、蚕丝、兔毛有一定难度。

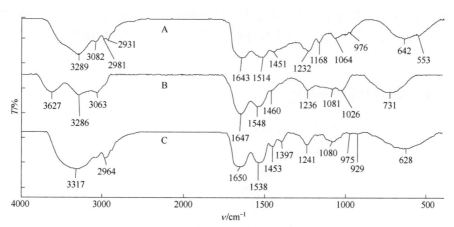

图 9.15 蚕丝（A）、兔毛（B）和羊毛（C）的红外光谱比较

羊毛、蚕丝、兔毛的偏振光干涉图差别明显，据此鉴定羊毛、蚕丝、兔毛，不仅操作简便，而且准确可靠。

图9.16（a）为羊毛的偏振光干涉图。羊毛各向异性不明显，双折射很弱，最显著的特点是有鳞片。在正交偏振光下呈灰白色，有时在灰白色下稍带蓝色或黄色。在显微镜下观察时，亮度要适当调暗，否则会看不清鱼鳞纹。

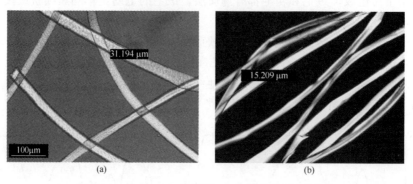

图9.16　羊毛（a）和蚕丝（b）的偏振光干涉图

图9.16（b）为蚕丝的偏振光干涉图。蚕丝偏振光干涉图表面光滑，有亮丽的光泽和透明感，纵向呈长而扁平的带状，富于立体感。在显微镜下观察时，亮度适当调暗，在纤维中心处可以看到有一条暗的小沟，是蚕两个口吐的单丝之间的分界线。蚕吐丝时有间歇，时快时慢，丝的直径也随之有规律地粗细交替。蚕丝的横截面呈圆的三角形。

图9.17　兔绒毛（a）和兔粗毛（b）的偏振光干涉图

图9.17为兔毛的偏振光干涉图。兔毛表现出各向同性，所以它的偏振光干涉图比较暗，在正交偏振光显微镜下呈黑灰色。绒毛的毛髓呈单列断续方格状或狭块状，粗毛的毛髓较宽，呈多列方格状。

9.16　棉纤维的红外光谱

棉纤维的主要成分（95%以上）是纤维素（cellulose），其结构式如下：

纤维素有四种不同的晶型，但其中只有 α-纤维素和 β-纤维素两种可用红外光谱仪鉴定。α-纤维素是自然界存在的纤维素，β-纤维素是天然纤维素经碱处理后得到的。天然纤维素是结晶的（结晶度约为 70%），碱化处理和再生纤维素仅有 30% 的结晶度。纤维素含有亚甲基、次甲基、醚键和羟基，棉纤维红外光谱主要是这些基团和化学键的吸收。图 9.18 为天然棉纤维的红外光谱。3340 cm^{-1} 左右的宽、强吸收为缔合羟基 O…OH 的伸缩振动。天然纤维的最强谱带位于 1056 cm^{-1} 附近，呈深井状，而且在主峰两侧有很多弱的肩峰，这些谱带是纤维分子中 C-O-C 醚键伸缩振动和羟基面内弯角振动的叠加，由于纤维素大分子中 C-O-C 有多种构象，它们的吸收频率相近而不同，不能清晰分辨而相互重叠在 1056 cm^{-1} 附近形成宽、强吸收。2901 cm^{-1} 为 CH、CH_2 的伸缩振动。1636 cm^{-1} 是吸附水的弯曲振动。1429 cm^{-1} 为 O-CH_2 的面内变角振动。COH 面内弯曲振动位于 1370~1315 cm^{-1}。667 cm^{-1} 左右的宽、强吸收是吸附水 OH 的摇摆振动。617 cm^{-1} 为纤维素 COH 的面外弯曲振动，参看"8.5.14.1 纤维素的红外光谱"。561 cm^{-1} 为吡喃糖环（五个碳原子和一个氧原子形成的六元环）骨架振动，吡喃糖环骨架振动最常出现在 557 cm^{-1}，是纤维素的特征谱带。

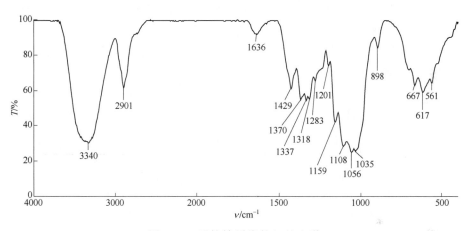

图 9.18　天然棉纤维的红外光谱

棉纤维的一等标志谱带是 3340 cm^{-1}、561 cm^{-1} 以及 1165~900 cm^{-1} 间的宽、强吸收。

9.17　黏胶纤维的红外光谱

黏胶纤维属再生纤维素纤维。它是以棉短绒、木材、植物秸秆等为原料提取 α-纤维素，经碱化、老化、磺化等工序制成可溶性纤维素磺酸酯，再溶于稀碱液制成黏胶，经湿法纺丝而制成。采用不同的原料和纺丝工艺，可以分别得到普通黏胶纤维和高强力黏胶纤维。

普通黏胶纤维聚合度通常是 250~500，具有一般的物理机械性能和化学性能，按用途分为棉型、毛型和长丝型，俗称人造棉、人造毛和人造丝。

高强力黏胶纤维聚合度通常是 550~600，具有较高的强力和耐疲劳性能。高性能黏胶纤维中，在湿态下弹性模量较高的纤维，也称高湿模量纤维，如富强纤维。

黏胶纤维的基本组成是纤维素。在显微镜下观察，普通黏胶纤维的纵向表面有纹路；横截面分为两层：皮层和芯层（所谓皮-芯结构），截面边缘呈锯齿形。

形成皮-芯结构的原因是：纤维成型过程中，由于黏胶黏度比较小，生产时使用的酸、碱、盐浓度比较高，纺丝速度比较快，丝条在凝固浴中凝固时，表层溶剂首先释出，纤维素成丝；

内芯溶剂来不及和外层溶剂同步释出，只能在稍后的工序中慢慢释出，这样就使得先成型的皮层瘪、皱，出现条纹。

纤维皮层和芯层的结构特性不一样，皮层在纺丝过程中受到的张力大，所以取向度大、晶粒小、结构致密；芯层取向度小、晶粒大、结构相对松散。

富强纤维的黏胶黏度比较大，生产时使用的酸、碱、盐浓度比较低，纺丝速度比较慢，丝条成型条件温和。丝条在凝固浴中凝固时，内芯溶剂和外层溶剂基本上可以同步释出，形态结构接近全皮层结构，截面呈圆形。

黏胶纤维具有良好的吸湿性，吸湿后收缩率大，弹性恢复性能差。

富强纤维的强度特别是湿态强度比普通黏胶高，断裂伸长率较小，尺寸稳定性良好。普通黏胶的耐磨性较差，而富强纤维则有所改善。黏胶纤维耐碱而不耐酸。富强纤维则具有良好的耐碱耐酸性。

黏胶纤维丝出于棉而优于棉。黏胶纤维的纤维素含量在 99.5% 以上，而棉纤维在 95%~97%；黏胶纤维的脂肪和蜡质含量在 0.2%~0.3%，棉纤维含量在 0.5%~0.6%；黏胶纤维无含氯物质，棉纤维中含氯物质占 1%~1.1%；黏胶纤维不含果胶及多缩戊糖，而棉纤维含 1.2%；黏胶纤维含微量其他灰分，棉纤维灰分的含量达 1.14%。

图 9.19 为普通黏胶纤维的红外光谱，图 9.20 为富强纤维的红外光谱，各谱带的解释请参考"8.5.14.1 纤维素的红外光谱"。

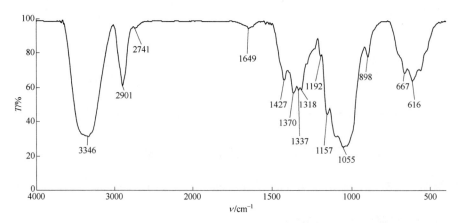

图 9.19 普通黏胶纤维的红外光谱

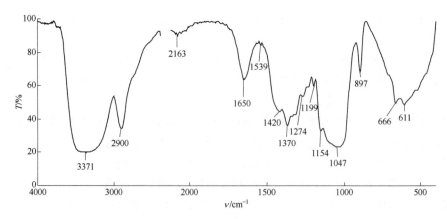

图 9.20 富强纤维的红外光谱

9.18 麻纤维的红外光谱

麻纤维（bast fibre）品种繁多，包括韧皮纤维和叶纤维。韧皮纤维作物主要有苎麻、黄麻、青麻、大麻、亚麻、罗布麻和槿麻等。其中苎麻、亚麻、罗布麻等细胞壁不木质化，纤维的粗细长短同棉相近，可作纺织原料；黄麻、槿麻等韧皮纤维细胞壁木质化，纤维短，只适宜纺制绳索和包装用麻袋等。叶纤维比韧皮纤维粗硬，只宜制作绳索等。

所有麻纤维的基本化学成分都是纤维素，其他还有果胶质、半纤维素、木质素、脂肪蜡质等非纤维物质（统称为"胶质"），它们均与纤维素伴生在一起。要取出可用的纤维，首先要把这些胶质分离（称为脱胶）。

脱胶精炼后，麻纤维的纤维素含量仍比棉纤维低。苎麻纤维的纤维素含量和棉接近（在95%以上），亚麻纤维的纤维素含量比苎麻稍低，黄麻和叶纤维等的纤维素含量不大于70%。苎麻和亚麻纤维细胞壁中纤维素大分子的取向度比棉纤维大，结晶度也高，因而麻纤维的强度比棉纤维高，伸长率只有棉纤维的一半，比棉纤维脆。苎麻和亚麻纤维表面平滑，纤维挺直，不易变形。

图 9.21 为苎麻纤维的红外光谱，其红外光谱解释请参考"8.5.14.1 纤维素的红外光谱"。

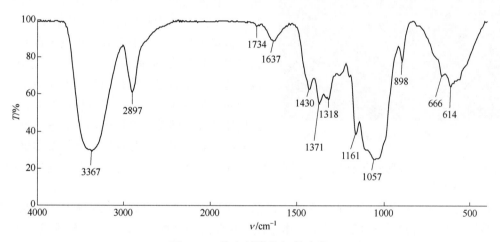

图 9.21　苎麻纤维的红外光谱

9.19 棉、黏胶、富强纤维和麻的偏振光干涉图鉴定

天然棉纤维和黏胶纤维的主要成分都是纤维素，前者主要是 α-纤维素，结晶度高，后者主要是 β-纤维素，结晶度低。如图 9.22 所示，它们非常相似，仅靠红外光谱把三者准确鉴别、区分开，难度大。

天然棉纤维和黏胶纤维的偏振光干涉图差别明显。根据天然棉纤维和黏胶纤维的偏振光干涉图的差别，把二者区分开，不仅操作简便而且准确可靠。

图 9.23 为天然棉纤维的偏振光干涉图。在显微镜下，棉纤维呈扁平带状，有天然的扭曲。成熟的棉纤维沿纤维轴方向大约每厘米有 40~65 个扭曲。在扭曲处纤维素层改变了方向，称为逆转区。在正交偏振光下，逆转区可看到明显颜色改变。在正交偏振光下，棉纤维的偏振颜色随棉纤维的成熟度不同而有变化。成熟的棉纤维，一般呈橙色或蓝偏黄色，色调比较暗；

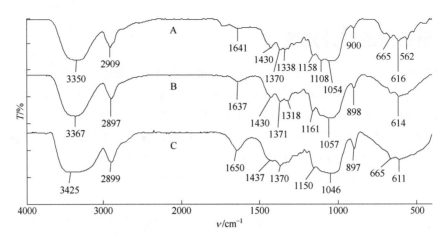

图 9.22 棉（A）、麻（B）和黏胶纤维（C）的红外光谱

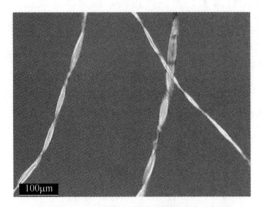

图 9.23 天然棉纤维的偏振光干涉图

加上补偿器之后，与补偿器慢光轴方向平行时，呈现明亮的浅蓝色，与慢光轴方向垂直时，呈现黄到蓝色。对于成熟度不够的棉纤维，其干涉图呈天蓝色或深蓝色。棉纤维的横截面呈肾形。

图 9.24（a）为普通黏胶纤维的偏振光干涉图。在显微镜下观察，普通黏胶纤维呈平直的带状，纵向表面有条纹；横截面分为两层，有皮-芯结构，截面边缘呈锯齿形。这是因为纤维成型过程中，由于黏胶黏度比较小，生产时使用的酸、碱、盐浓度比较高，纺丝速度比较快，丝条在凝固浴中凝固时，表层溶剂首先释出，纤维素成丝；内芯溶剂来不及和外层溶剂同步释出，只能在稍后的工序中慢慢释出。这样就使得先成型的皮层瘪、皱，出现条纹。

图 9.24（b）为富强纤维的偏振光干涉图。在显微镜下，富强纤维呈平直的带状，形态结构接近全皮层结构，截面呈圆形，基本上没有扭曲的颜色变化。这是因为纤维成型过程中，生产时使用的酸、碱、盐浓度比较低，纺丝速度比较慢，丝条在凝固浴中凝固时，内芯溶剂和外层溶剂基本同步释出，纤维呈圆形。

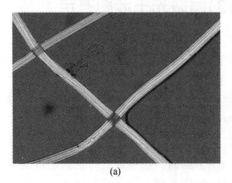
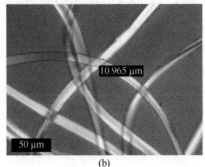

(a)　　　　　　　　　　　　　　(b)

图 9.24 普通黏胶纤维（a）和富强纤维（b）的偏振光干涉图

铜氨纤维的偏振光干涉图与富强纤维的偏振光干涉图相似，用红外光谱仪和偏振光显微镜区分这两种纤维均比较困难。

纺织用麻纤维主要是苎麻和亚麻。苎麻是我国的特产，占世界总产量的 80% 以上。图 9.25 为苎麻的偏振光干涉图。在偏光显微镜下，麻纤维色泽亮丽、表面光滑，纵向的干涉条纹有红、黄、蓝等颜色，亮丽而丰满，横向有类似人的手掌纹或竹子似的节纹。

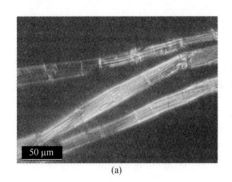 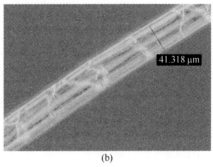

图 9.25　苎麻的偏振光干涉图

9.20　醋酯纤维的红外光谱

醋酯纤维又称醋纤、乙酸纤维或乙酸纤维素纤维，属于人造纤维的一种。一般以精制棉籽绒为原料制成三乙酸纤维素酯，再部分水解成较低乙酸酯（如二乙酸酯），然后溶解在丙酮中制成纺丝溶液而用干纺法成型，可制成长纤维或短纤维。醋酯纤维有蚕丝的优良性质，分有光和无光两种。其密度约为 1.32 g/cm³，伸长率为 25%，耐旋光性较好，但染色性能较差，一般制成短纤维，也可用作人造毛。

醋酯纤维是半合成纤维，不是再生纤维素纤维，纤维素分子上的羟基与乙酐作用生成乙酸纤维素酯，成品上保留了乙酰化时带上的乙酸根。醋酯纤维可分为二醋酯纤维（CDA）和三醋酯纤维（CTA）。二醋酯纤维是由二醋酸酯纤维素的线型大分子所构成的醋酸纤维，其中至少有 24%，但不到 92% 的羟基被乙酰化。三醋酯纤维是由三醋酸酯纤维素大分子所构成的醋酯纤维，其中至少有 92% 的羟基被乙酰化。二醋酯纤维和三醋酯纤维都是热塑性的。三醋酸纤维素的示意结构式如下：

$$\text{H}_2\text{C}-\text{OCOCH}_3 \quad \text{CH}-\text{O} \quad -\text{CH} \quad \text{CH}-\text{O}- \quad \text{OCOCH}_3 \quad \text{HC}-\text{C}-\text{OCOCH}_3 \quad \text{H}$$

图 9.26 是一醋酯纤维素（cellulose monoacetate，CMA）、二醋酯纤维素（cellulose diacetate，CDA）和三醋酯纤维素（cellulose triacetate，CTA）的红外光谱，彼此大同小异，用红外光谱几乎不能区分它们。CMA 的红外光谱中 1747 cm^{-1}、1239 cm^{-1} 和 1372 cm^{-1} 均为较强的谱带，它们同时存在是乙酸酯的特征谱带。其中 1747 cm^{-1} 是 C=O 的伸缩振动，1239 cm^{-1} 是 C—O—C 反对称伸缩振动，1372 cm^{-1} 是 CH$_3$ 的对称变角振动，1372 cm^{-1} 强度远大于 1432 cm^{-1}（CH$_2$ 的面内变角振动），是乙酸酯的显著特点。1160 cm^{-1}、1048 cm^{-1} 是 C—O—C 对称伸缩振动。3472 cm^{-1} 为 OH 的伸缩振动。2946 cm^{-1} 为 CH$_3$、CH$_2$ 反对称伸缩振动的叠加，2894 cm^{-1}

为 CH_3、CH_2 的对称伸缩振动的叠加，因 CH_3 与羰基相连，CH_3 反对称伸缩振动和对称伸缩振动频率均升高；同样，由于 CH_2 与羰基相连，CH_2 反对称伸缩振动和对称伸缩振动频率均升高。2728 cm^{-1} 为 1372 cm^{-1} 的倍频。558 cm^{-1} 为吡喃糖环（五个碳原子和一个氧原子形成的六元环）骨架振动和 CH 摇摆振动的叠加，是纤维素的特征谱带。

醋酯纤维素的一等标志谱带是 1746 cm^{-1}、1238 cm^{-1}、1047 cm^{-1}、558 cm^{-1}。

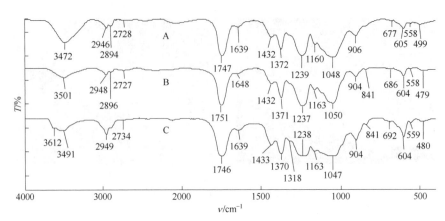

图 9.26　CMA（A）、CDA（B）和 CTA（C）的红外光谱

9.21　含邻苯二甲酸酯增塑剂的醋酯纤维的红外光谱

三醋酯纤维也常用来制作胶片，这种胶片含增塑剂。图 9.27 为一种胶片的红外光谱。第一，1745 cm^{-1}、1238 cm^{-1} 同时存在，它们是醋酯纤维的标志谱带，据此猜想胶片材料可能含醋酯纤维。

第二，1435 cm^{-1}、1051 cm^{-1} 也同时存在，它们也是醋酯纤维的标志谱带。据以上两点基本可以确定胶片材料含醋酯纤维。

第三，图 9.27 中，除醋酯纤维的谱带外，还有其他谱带，其中 1601 cm^{-1}、1580 cm^{-1} 同时存在是邻苯二甲酸酯的标志谱带，据此猜想胶片材料可能含邻苯二甲酸酯。

第四，1126 cm^{-1}、748 cm^{-1}、705 cm^{-1} 也同时存在，它们也是酞酸酯的标志谱带。根据以上两点基本可以确定胶片材料含邻苯二甲酸酯。

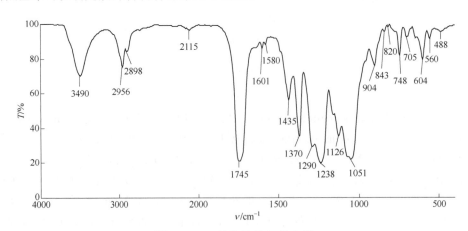

图 9.27　一种胶片的红外光谱

图 9.28 为三醋酯纤维和邻苯二甲酸酯（DOP）的红外光谱，比较图 9.27 和图 9.28 可知，图 9.27 中 3490 cm^{-1}、2956 cm^{-1}、1745 cm^{-1}、1435 cm^{-1}、1370 cm^{-1}、1238 cm^{-1}、1051 cm^{-1}、904 cm^{-1}、843 cm^{-1}、604 cm^{-1}、560 cm^{-1}、488 cm^{-1} 为三醋酯纤维的谱带；2956 cm^{-1}、1601 cm^{-1}、1580 cm^{-1}、1290 cm^{-1}、1126 cm^{-1}、748 cm^{-1}、705 cm^{-1} 为邻苯二甲酸酯的谱带。胶片材料是以邻苯二甲酯为增塑剂的醋酯纤维。

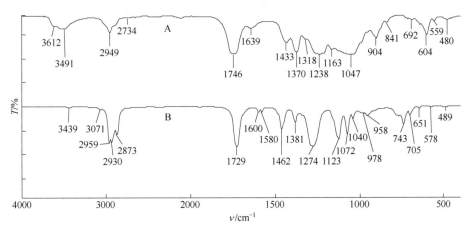

图 9.28　三醋酯纤维（A）和邻苯二甲酸酯（B）的红外光谱

芳香族磷酸酯如磷酸三甲酚或磷酸(2-乙基)己基、二苯基酯也常用作醋酯纤维的增塑剂，它们在 1587 cm^{-1}、1493 cm^{-1}、962 cm^{-1}、781 cm^{-1}、758 cm^{-1} 和 690 cm^{-1} 有吸收。

9.22　棉毛混纺纤维检验案例

2014 年 5 月某地发生一起交通案，一位妇女被撞身亡。当地交警从嫌疑车上提取到一根纤维，要求与死者衣服纤维进行对比检验。

（1）死者衣服纤维的红外光谱检验　经傅里叶变换红外光谱仪检验，死者衣服纤维的红外光谱如图 9.29 所示。图 9.30 为棉纤维的红外光谱，图 9.31 为羊毛的红外光谱。把图 9.29 与图 9.30、图 9.31 相比较可以确定，图 9.29 为棉纤维和羊毛红外光谱的叠加。图 9.29 中 1427 cm^{-1}、1372 cm^{-1}、1334 cm^{-1}、1315 cm^{-1}、1284 cm^{-1}、1206 cm^{-1}、1151 cm^{-1}、1045 cm^{-1}、

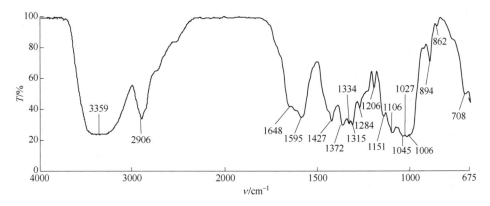

图 9.29　死者衣服纤维的红外光谱

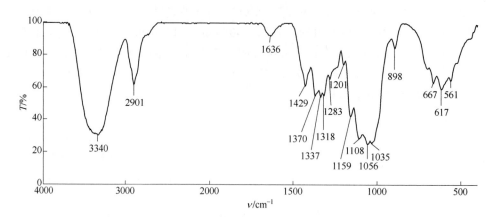

图 9.30 棉纤维的红外光谱

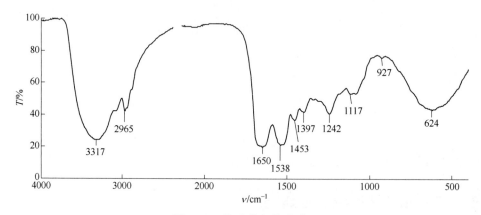

图 9.31 羊毛的红外光谱

1006 cm^{-1}、894 cm^{-1}、667 cm^{-1}（图中未给出）为棉纤维的谱带；1648 cm^{-1}、932 cm^{-1}、617 cm^{-1}（图中未给出）为羊毛的谱带；3359 cm^{-1}、2906 cm^{-1}、1595 cm^{-1}、1284 cm^{-1} 为棉纤维和羊毛相近谱带叠加的结果。死者衣服纤维为棉毛混纺纤维。

（2）嫌疑车附着纤维的红外光谱检验　图 9.32 为嫌疑车附着纤维的红外光谱，图 9.33 为涤纶的红外光谱。把图 9.32 与图 9.33 相比较可以确定嫌疑车附着纤维为涤纶。

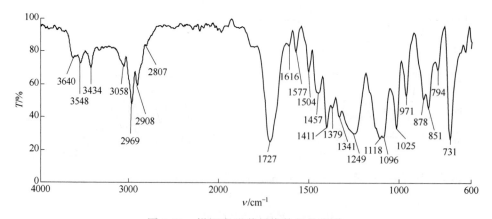

图 9.32 嫌疑车附着纤维的红外光谱

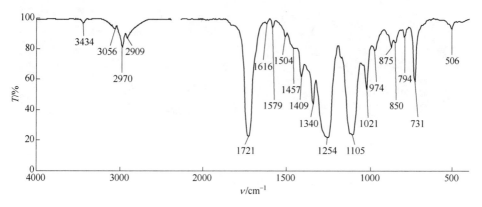

图 9.33　涤纶的红外光谱

（3）死者衣服纤维的偏振光显微镜检验　图 9.34 为死者衣服纤维的偏振光干涉图，可以发现有两种纤维。一种纤维呈扁平带状，有天然的扭曲，扭曲处颜色明显改变，这是棉纤维偏振光干涉图的特征，另一种纤维双折射较弱，有鳞片，这是羊毛偏振光干涉图的特征。

图 9.35 为棉纤维和羊毛的偏振光干涉图。把图 9.34 与图 9.35 相比较可以确定，死者衣服纤维为棉毛混纺纤维。

图 9.34　死者衣服纤维的偏振光干涉图

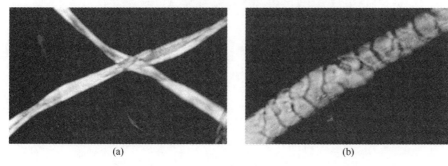

图 9.35　棉纤维（a）和羊毛（b）的偏振光干涉图

（4）嫌疑车附着纤维的偏振光显微镜检验　图 9.36（a）为嫌疑车附着纤维的偏振光干涉图，其特征是干涉条纹平行于纤维轴，并且颜色分布以纤维纵轴为对称轴，有明显的黑色斑点，这是涤纶偏振光干涉图的特征。图 9.36（b）为涤纶的偏振光干涉图。把图 9.36 中（a）和（b）比较可以确定，嫌疑车附着纤维为涤纶。

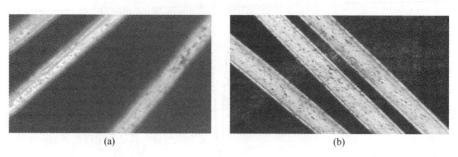

图 9.36 嫌疑车附着纤维（a）和涤纶（b）的偏振光干涉图

综合红外光谱和偏振光显微镜检验，死者衣服纤维为棉毛混纺纤维；嫌疑车附着纤维为涤纶，二者不同。

9.23 纺织纤维的标志谱带

纺织纤维的标志谱带见表 9.3。

表 9.3 纺织纤维的标志谱带

纤维	标志谱带/ cm^{-1}		图例	纤维	标志谱带/ cm^{-1}		图例
	一等	二等			一等	二等	
涤纶	731、1105	1021、1409	图 9.2	棉	1165~900	1429、557	图 9.19
尼龙	1642、1546	3072、3306	图 9.3	氨纶	1689、1525	765、705	图 9.11
腈纶	2243	1736	图 9.9	羊毛	1650、1538	3317、624	图 9.13

第 10 章
橡胶的红外光谱

橡胶（rubber）是玻璃化温度低于室温，在很宽的温度范围内具有高弹性的一类高分子材料。这类高分子材料在受到很小外力时，形变可达原尺寸 10 倍以上，去除外力后又能恢复原状。这类材料包括未经硫化的和已经硫化的品种。

橡胶分天然橡胶和合成橡胶两大类。天然橡胶由橡胶植物所得的乳胶经加工而成，如三叶橡胶、古塔波橡胶等。合成橡胶由单体经聚合而成，如丁苯橡胶、顺丁橡胶等。未经硫化的橡胶俗称生橡胶或生胶。

橡胶属于无定形聚合物。生胶一般是线型聚合物，链节中有未饱和的双键，双键在硫化时打开，在相邻键之间形成交联，固化成热固性聚合物。硫化后的橡胶称作硫化橡胶或熟橡胶或橡皮。

有一类非化学交联的高聚物，如苯乙烯-丁二烯-苯乙烯（SBS）三元嵌段共聚物，既有高弹性又能热塑成型，称为热塑性弹性体（thermoplastic elastomer，TPE）。橡胶和其他具有高弹性的物质统称弹性体。

除高弹性外，橡胶还具有密度小、硬度低、柔性好、不透气、高绝缘等重要性质。橡胶制品应用范围特别广泛，新产品多达数万种，广泛用于制造轮胎、胶管、胶带、胶鞋等，是工农业、交通运输业中极为重要的材料，也是重要的战略物资。

10.1 天然橡胶和合成异戊二烯橡胶的红外光谱

天然橡胶（natural rubber，NR）是异戊二烯的聚合物，有两种异构体，一种是顺式 1,4-聚异戊二烯，结构式为 $\left[\begin{smallmatrix} H_3C & & & H \\ & C=C & \\ CH_2 & & & CH_2 \end{smallmatrix}\right]_n$，以三叶橡胶树上采集的胶乳为代表；另一种是反式 1,4-聚异戊二烯，结构式为 $\left[\begin{smallmatrix} H_3C & & & CH_2 \\ & C=C & \\ CH_2 & & & H \end{smallmatrix}\right]_n$，以马来橡胶为代表。前者在常温下弹性高、不结晶、用途广；后者在常温下质硬、弹性低、用途窄。人们通常说的天然橡胶主要是指前者。天然橡胶中聚异戊二烯含量在 90% 以上，还含有少量的蛋白质、脂肪酸、糖分及灰分等。

合成异戊二烯橡胶是顺式 1,4-聚异戊二烯，其结构式如下：

聚合度 n 约为 1 万，分子量分布在 10 万～180 万，平均分子量在 70 万左右。

图 10.1 为天然橡胶的红外光谱。3038 cm^{-1} 为双键上=CH 伸缩振动。2963 cm^{-1} 为 CH$_3$ 的反对称伸缩振动；2917 cm^{-1}、2855 cm^{-1} 分别为 CH$_2$ 的反对称和对称伸缩振动。1663 cm^{-1} 为 C=C 双键的伸缩振动。1449 cm^{-1} 为 CH$_3$ 的反对称变角振动和 CH$_2$ 的面内变角振动的叠加，因为与双键相连，频率较常值（1460 cm^{-1}）低。1376 cm^{-1} 为 CH$_3$ 的对称变角振动，2726 cm^{-1} 为其倍频。1311 cm^{-1} 为 =CH 的面内变角振动。1039 cm^{-1} 为 CH$_3$ 的摇摆振动。842 cm^{-1} 为 =CH 的面外变角振动，是天然橡胶和合成异戊二烯橡胶的特征谱带。889 cm^{-1} 为少量 3,4-加成聚异戊二烯 的 =CH$_2$ 面外变角振动。

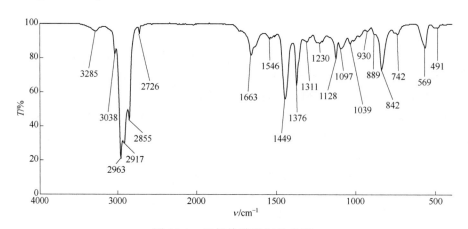

图 10.1　天然橡胶的红外光谱

天然橡胶和合成异戊二烯橡胶红外光谱的区别在以下方面，天然橡胶因含有少量蛋白质，可能在 1636 cm^{-1}（酰胺Ⅰ带）和 1540 cm^{-1}（酰胺Ⅱ带）出现弱吸收，合成异戊二烯橡胶则可能因含有少量高级脂肪酸（如润滑油类），而在 1710 cm^{-1} 和 720 cm^{-1} 有谱带。

10.1.1　含碳酸钙和硫酸钡的天然橡胶的红外光谱

图 10.2 是一种自行车内胎的红外光谱。第一，1642 cm^{-1}、1450 cm^{-1}、842 cm^{-1} 同时存在，它们是天然橡胶的标志谱带，据此猜想自行车内胎材料可能含天然橡胶。

第二，图 10.2 中除天然橡胶的谱带外，还有其他谱带，其中 874 cm^{-1} 是碳酸钙的标志谱带，据此猜想自行车内胎材料可能含碳酸钙。

第三，2515 cm^{-1}、1797 cm^{-1}、714 cm^{-1} 以及 1550~1350 cm^{-1} 间的宽、强谱带也是碳酸钙的标志谱带。根据以上两点基本可以确定自行车内胎材料含碳酸钙。

第四，图 10.2 中除天然橡胶、碳酸钙的谱带外，还有其他谱带，其中 638 cm^{-1}、610 cm^{-1} 同时存在是硫酸钡的标志谱带，据此猜想自行车内胎材料可能含硫酸钡。

第五，1184 cm^{-1}、1082 cm^{-1} 也同时存在，它们也是硫酸钡的标志谱带。根据以上两点基本可以确定自行车内胎材料含硫酸钡。

图 10.3 为硫酸钡、天然橡胶和碳酸钙的红外光谱，把图 10.2 与图 10.3 相比较可知，图 10.2 中 3036 cm^{-1}、2962 cm^{-1}、2855 cm^{-1}、1642 cm^{-1}、1450 cm^{-1}、1123 cm^{-1}、1082 cm^{-1}、842 cm^{-1}、494 cm^{-1} 为天然橡胶的谱带；2515 cm^{-1}、1797 cm^{-1}、874 cm^{-1}、714 cm^{-1} 以及 1550~1350 cm^{-1} 间的宽、强谱带为碳酸钙的谱带；1184 cm^{-1}、1082 cm^{-1}、638 cm^{-1}、610 cm^{-1} 为硫酸钡的谱带。

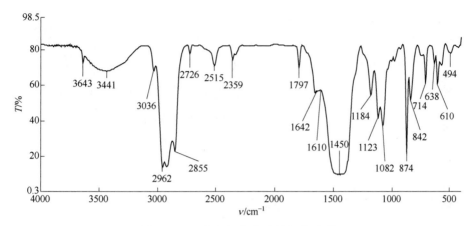

图 10.2　一种自行车内胎的红外光谱

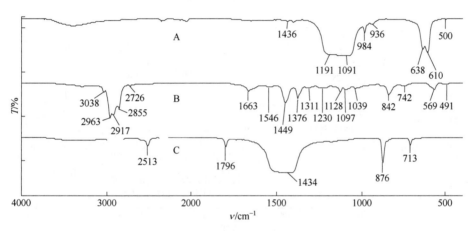

图 10.3　硫酸钡（A）、天然橡胶（B）和碳酸钙（C）的红外光谱

10.1.2　聚异戊二烯-聚酰亚胺混合胶的红外光谱

图 10.4 为一种橡胶零件的红外光谱。第一，1654 cm^{-1}、1445 cm^{-1} 同时存在，它们是聚异戊二烯的标志谱带，据此猜想橡胶零件可能含聚异戊二烯。

第二，842 cm^{-1}、569 cm^{-1} 也同时存在，它们也是聚异戊二烯的标志谱带。根据以上两点基本可以确定橡胶零件含聚异戊二烯。

第三，图 10.4 中除聚异戊二烯的谱带外，还有其他谱带。其中 1776 cm^{-1}、1723 cm^{-1} 同时存在是聚酰亚胺的标志谱带，据此猜想橡胶零件可能含聚酰亚胺。

第四，1603 cm^{-1}、1500 cm^{-1}、743 cm^{-1} 也同时存在，它们也是聚酰亚胺的标志谱带。根据以上两点基本可以确定橡胶零件含聚酰亚胺。

图 10.5 为聚异戊二烯和聚酰亚胺的红外光谱。比较图 10.4 和图 10.5 可知，图 10.4 中 3640 cm^{-1}、3069 cm^{-1}、1776 cm^{-1}、1723 cm^{-1}、1603 cm^{-1}、1500 cm^{-1}、1476 cm^{-1}、1445 cm^{-1}、1415 cm^{-1}、1238 cm^{-1}、1205 cm^{-1}、1080 cm^{-1}、1014 cm^{-1}、952 cm^{-1}、791 cm^{-1}、743 cm^{-1}、679 cm^{-1} 为聚酰亚胺的谱带；1654 cm^{-1}、1445 cm^{-1}、1366 cm^{-1}、842 cm^{-1}、569 cm^{-1} 为聚异戊二烯的谱带。

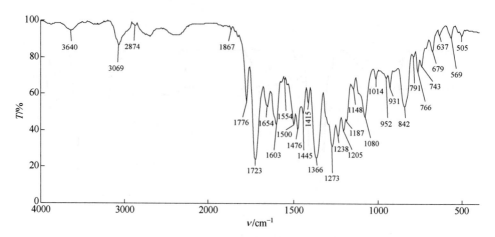

图 10.4　一种橡胶零件的红外光谱

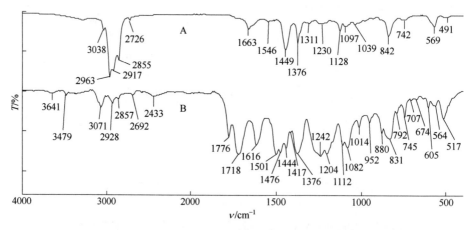

图 10.5　聚异戊二烯（A）和聚酰亚胺（B）的红外光谱

10.2　顺丁橡胶的红外光谱

顺丁橡胶是顺式 1,4-聚丁二烯橡胶（butadiene rubber，BR）的简称，是由丁二烯聚合制得的结构规整的合成橡胶。与天然橡胶和丁苯橡胶相比，硫化后的顺丁橡胶的耐寒性、耐磨性和弹性特别优异，动负荷下发热少，耐老化，易与天然橡胶、氯丁橡胶或丁腈橡胶并用。按顺式-1,4-聚丁二烯含量的高低，顺丁橡胶可分为低顺式（35%~40%）、中顺式（90%左右）和高顺式（96%~99%）三类。

高顺式顺丁橡胶分子间作用力小，分子量高，因而分子链柔性大，玻璃化转变温度低（$T_g \approx -110\ ℃$），在常温无负荷时呈无定形态，承受外力时有很高的形变能力，是弹性和耐寒性最好的合成橡胶。且由于分子链比较规整，高顺式顺丁橡胶拉伸时可以获得结晶补强，加入炭黑又可获得显著的炭黑补强效果，是一种综合性能较好的通用橡胶。

顺丁橡胶适用于制汽车轮胎、耐寒制品、缓冲材料以及各种胶鞋、胶带和海绵胶等。

顺丁橡胶加工性能较差，抗撕裂强度偏低，抗湿滑性不好，以及黏着性不如天然橡胶和丁苯橡胶。

顺丁橡胶的结构式是：

$$\left[\begin{array}{c}\text{CH}_2\text{—CH}_2\text{—CH}_2\text{—CH}_2\text{—CH}_2\text{—CH}_2\\ \diagdown\text{C=C}\diagup\diagdown\text{C=C}\diagup\diagdown\text{C=C}\diagup\\ \text{H}\quad\text{H}\quad\text{H}\quad\text{H}\quad\text{H}\quad\text{H}\end{array}\right]_n$$

图 10.6 为顺丁橡胶的红外光谱。3007 cm^{-1} 为双键上 =CH 伸缩振动。2940 cm^{-1}、2854 cm^{-1} 为 CH$_2$、CH 伸缩振动。1655 cm^{-1} 为 C=C 双键的伸缩振动，是顺丁橡胶的特征谱带。1450 cm^{-1} 为 =C–CH$_2$ 面内变角振动，因为与双键相连，频率较常值（1465 cm^{-1}）低。1310 cm^{-1} 为 CH$_2$ 扭曲振动和 =CH 面内变角的叠加。738 cm^{-1} 是 =CH 面外变角振动和 CH$_2$ 面内摇摆振动的叠加，也是顺丁橡胶的特征谱带。

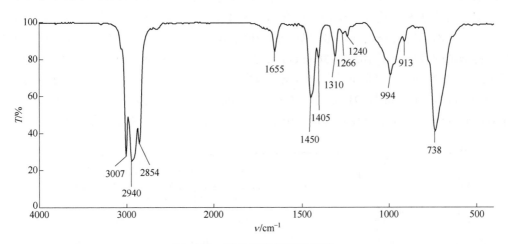

图 10.6　顺丁橡胶的红外光谱

合成顺丁橡胶时，会有少量 1,2-聚丁二烯，出现如下的结构：

$$\left[\begin{array}{c}\text{CH}_2\text{—CH}_2\text{—CH}_2\text{—CH}_2\text{—CH}_2\text{—CH}_2\\ \diagdown\text{C=C}\diagup\quad\text{H}\quad\diagdown\text{C=C}\diagup\quad\text{H}\quad\diagdown\text{C=C}\diagup\\ \text{H}\quad\text{H}\quad|\quad\text{H}\quad\text{H}\quad\text{H}\\ \cdots\text{—C—C=CH}_2\\ \text{H}\ \text{H}\end{array}\right]_n$$

1405 cm^{-1} 为烯端基中 =CH$_2$ 面内变角振动，994 cm^{-1} 为烯端基 RHC=CH$_2$ 中双键上 =CH 扭曲振动，913 cm^{-1} 为烯端基 RHC=CH$_2$ 中 =CH$_2$ 面外摇摆振动。

10.3　丁苯橡胶的红外光谱

丁苯橡胶（styrene-butadiene rubber，SBR）是 1,3-丁二烯和苯乙烯的无规共聚物，也有添加第三单体改性的品种，其中苯乙烯的质量分数为 23.5%~25%。

丁苯橡胶的物理机械性能、加工性能及制品的使用性能接近天然橡胶，有些性能如耐磨、耐热、耐老化、气密性及硫化速度较天然橡胶更为优良，可与天然橡胶及多种合成橡胶并用。丁苯橡胶是橡胶工业的骨干产品，综合性能良好，价格低，在多数场合可代替天然橡胶，广泛用于制造轮胎、胶带、胶管、电线电缆、医疗器具及各种橡胶制品。

丁苯橡胶的结构式可表示为：

$$\left[\begin{array}{c}H_2C-CH_2\\\parallel\\CH_2\end{array}\right]_m\left[\begin{array}{c}CH_2-CH\\|\\\end{array}\right]_n$$

1,3-丁二烯分子有两个双键，既可发生 1,2-聚合生成 1,2-聚丁二烯；也可发生 1,4-聚合生成顺式 1,4-聚丁二烯或反式 1,4-聚丁二烯。

$$\left[\begin{array}{c}CH_2-CH\\|\\HC=CH_2\end{array}\right]_n\quad\left[\begin{array}{c}CH_2CH_2\\\diagdown/\\HH\end{array}\right]_n\quad\left[\begin{array}{c}CH_2H\\\diagdown C=C\diagup\\HCH_2\end{array}\right]_n$$

1,2-聚丁二烯　　　顺式1,4-聚丁二烯　　　反式1,4-聚丁二烯

苯乙烯和 1,3-丁二烯共聚生产丁苯橡胶时，同时与上述 3 种异构体共聚。丁苯橡胶是苯乙烯与丁二烯的 3 种异构体共聚物的混合物。图 10.7 是丁苯橡胶的红外光谱，图 10.8 是聚丁二烯和聚苯乙烯的红外光谱，比较图 10.7 和图 10.8 可知，丁苯橡胶的红外光谱基本是对应均聚物谱带的叠加。图 10.7 中 3065 cm^{-1}、3024 cm^{-1}、1601 cm^{-1}、1491 cm^{-1}、1446 cm^{-1}、1305 cm^{-1}、1075 cm^{-1}、758 cm^{-1}、700 cm^{-1} 为聚苯乙烯的谱带。对应于丁二烯链段的特征吸收是 1639 cm^{-1}、967 cm^{-1}、912 cm^{-1}，其中 1639 cm^{-1} 为 C=C 的伸缩振动，967 cm^{-1} 属于反式-1,4-加成双键上=CH 面外变角振动，912 cm^{-1} 属于 1,2-加成 =CH_2 面外变角振动。

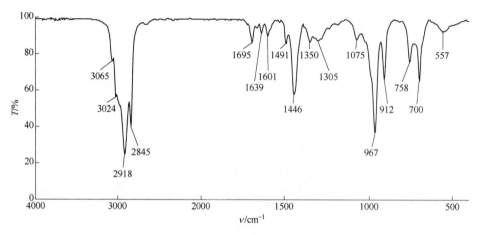

图 10.7　丁苯橡胶的红外光谱

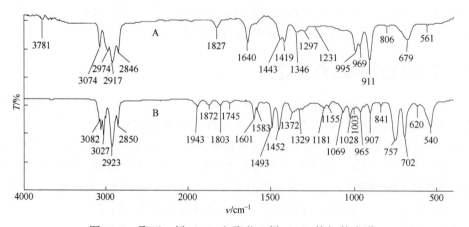

图 10.8　聚丁二烯（A）和聚苯乙烯（B）的红外光谱

丁苯橡胶中反式-1,4-结构含量比较高，因此 967 cm^{-1} 吸收带较强。但作为交联的浸渍和涂层树脂具有高含量的 1,2-结构，因此 990 cm^{-1} 和 910 cm^{-1} 吸收带较强。

10.4 丁腈橡胶的红外光谱

丁腈橡胶（acrylonitrile-butadiene rubber，NBR）是丁二烯与丙烯腈聚合得到的无规共聚物。按丙烯腈含量（质量分数）分为低腈（17%~23%）、中腈（24%~30%）、中高腈（31%~34%）、高腈（35%~41%）、极高腈（42%~53%）。丙烯腈含量越多，耐油性越好，但耐寒性则相应下降。

丁腈橡胶是耐油、耐老化性能较好的合成橡胶。它可以在 120 ℃ 的空气中或 150 ℃ 的油中长期使用。此外，它还具有良好的耐水性、气密性及优良的黏结性能，用于制造各种耐油橡胶制品，用于汽车、航空、石油、复印等行业。

丁腈橡胶的结构式可用下式表示：

图 10.9 是丁腈橡胶的红外光谱。3074 cm^{-1} 为双键上 =CH 的伸缩振动。970 cm^{-1} 为反式 1,4-构型丁二烯中 =CH 面外变角振动，其强度能反映丁二烯组分反式 1,4-构型的比例。对应于 1,2-构型的丁二烯的中等强度的吸收由 910 cm^{-1} 移至 918 cm^{-1}，这是双键上 =CH$_2$ 的面外摇摆振动。1639 cm^{-1} 为 C=C 的伸缩振动。2924 cm^{-1} 为 CH$_2$ 的反对称伸缩振动，2848 cm^{-1} 为 CH$_2$ 的对称伸缩振动。2237 cm^{-1} 为 CN 的伸缩振动。1440 cm^{-1} 为 CH$_2$ 的面内变角振动与 =CH 的面内变角振动的叠加，因为 CH$_2$ 与双键相连或与强吸电子基 CN 间接相连，频率较常值（1465 cm^{-1}）低。1355 cm^{-1} 为 CH$_2$ 的面外摇摆振动。1311 cm^{-1} 为 –CH–CN 中 CH 的面内变角振动与 CH$_2$ 扭曲振动的合频。

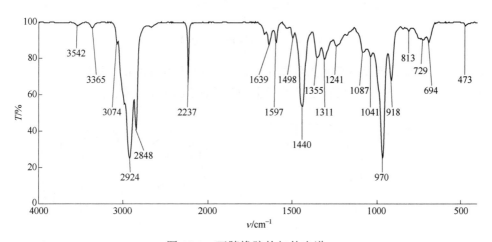

图 10.9　丁腈橡胶的红外光谱

10.5 丁基橡胶的红外光谱

丁基橡胶（butyl rubber，BR）是由异丁烯和 2%~5% 的异戊二烯（或丁二烯、间戊二烯等）共聚合而成。与其他橡胶相比，丁基橡胶的突出特点是气密性和水密性好。它对空气的透过率仅为天然橡胶的 1/7、丁苯橡胶的 1/5，而对蒸汽的透过率则为天然橡胶的 1/200、丁苯橡胶的 1/140。丁基橡胶耐酸、耐碱、耐氧化剂及臭氧、耐老化，还具有优异的减震和绝缘性能。丁基橡胶常用于制作内胎、硫化用气囊、电线、电缆、汽车减震垫、护舷、水库衬里、黏合剂等。丁基橡胶的结构式是：

$$\left[\begin{array}{c} CH_3 \\ | \\ -C-CH_2- \\ | \\ CH_3 \end{array} \right]_m \underbrace{\left[-CH_2-\overset{CH_3}{\underset{}{C}}=CH-CH_2- \right]_n}_{2\%\sim 5\%}$$

异丁烯　　　　异戊二烯

图 10.10 是丁基橡胶的红外光谱，主要是聚异丁烯的吸收。2979 cm^{-1}、2954 cm^{-1}、2897 cm^{-1} 为甲基（CH$_3$）、亚甲基（CH$_2$）、次甲基（CH）伸缩振动。1472 cm^{-1} 为 CH$_3$ 的反对称变角振动和 CH$_2$ 的面内变角振动的叠加。1390 cm^{-1}、1366 cm^{-1} 为甲基对称变角振动，两个甲基连接在同一个碳原子上相互偶合，CH$_3$ 的对称变角振动分裂为两个。1229 cm^{-1} 为骨架 C–C–C 振动。950 cm^{-1}、924 cm^{-1} 为 CH$_3$ 的摇摆振动。由于只有 2%~5% 的异戊二烯，大部分谱带与异丁烯的谱带重叠，所以指认异戊二烯的谱带比较困难。

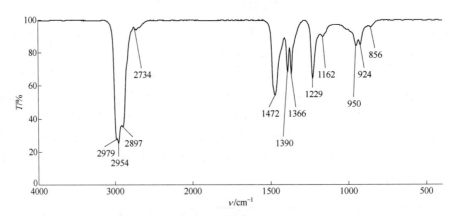

图 10.10　丁基橡胶的红外光谱

图 10.11 为白蛋白药瓶橡胶盖的红外光谱，图 10.12 为滑石粉和丁基橡胶的红外光谱。比较图 10.11 和图 10.12 可知，白蛋白药瓶橡胶盖为含滑石粉的丁基橡胶。图 10.11 中 2952 cm^{-1}、

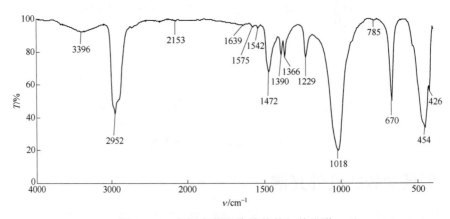

图 10.11　白蛋白药瓶橡胶盖的红外光谱

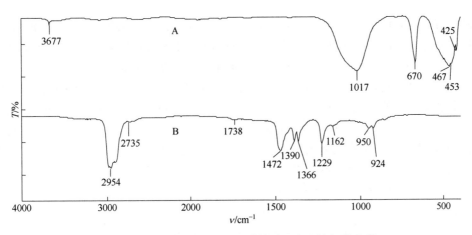

图 10.12 滑石粉（A）和丁基橡胶（B）的红外光谱

1472 cm^{-1}、1390 cm^{-1}、1366 cm^{-1}、1229 cm^{-1} 为丁基橡胶的谱带；1018 cm^{-1}、670 cm^{-1}、454 cm^{-1}、426 cm^{-1} 为滑石粉的谱带。

10.6 乙烯-丙烯橡胶的红外光谱

乙烯-丙烯橡胶（乙丙）橡胶是以乙烯和丙烯为主要单体的共聚物。二元乙丙橡胶由乙烯和丙烯两种单体合成。三元乙丙橡胶除乙烯、丙烯外，还加入二烯类第三单体。目前我国生产的二元乙丙橡胶有干胶和石油产品黏度添加剂，所生产的三元乙丙橡胶的第三单体有环戊二烯、亚乙基降冰片和1,4-己二烯等。二元乙丙橡胶的结构式可用 $\mathrm{[CH_2-CH_2]}_m\mathrm{\begin{bmatrix}CH_3\\|\\C-CH_2\\|\\H\end{bmatrix}}_n$ 表示。

图 10.13 为二元乙丙橡胶的红外光谱。在二元乙丙橡胶中，乙烯和丙烯两个单体单元的摩尔浓度相近，各个单体单元的序列都很短，大分子的规整性降低，不能形成结晶。其红外光谱基本上是无规聚丙烯和无定形聚乙烯光谱的叠加，聚乙烯结晶吸收带和聚丙烯螺旋状排列的吸收带均消失。$(CH_2)_n$ 中，当 $n > 4$ 时，在 722 cm^{-1} 有 CH_2 的面内摇摆振动吸收，$CH_3(CH_2)_3$ 在 730 cm^{-1} 有吸收，$CH_3(CH_2)_2$ 在 734~743 cm^{-1} 有吸收，CH_3CH_2 在 770~790 cm^{-1} 有吸收。

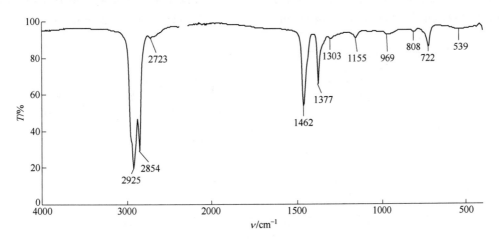

图 10.13 二元乙丙橡胶的红外光谱

2925 cm^{-1}、2854 cm^{-1}为CH$_3$、CH$_2$的伸缩振动。2723 cm^{-1}为1377 cm^{-1}的倍频。1303 cm^{-1}为CH的面内变角振动与CH$_2$面外变角振动的合频。1155 cm^{-1}为CH$_3$的面外摇摆振动。969 cm^{-1}为CH$_3$的面内摇摆振动。808 cm^{-1}为CH$_2$的面内摇摆振动。

二元乙丙橡胶不含双键，需用过氧化物硫化。为了使二元乙丙橡胶能采用通常的硫黄硫化，通过加入第三单体变成可硫化的三元乙丙橡胶（ethylene-propylene-diene monomer, EPDM）。三元乙丙橡胶是乙烯、丙烯和非共轭二烯烃的三元共聚物。二烯烃要具有特殊的结构，两个双键中只有一个在主链参与共聚，另一个不饱和的双键不在聚合物主链，只能成为侧链，在聚合物中产生不饱和键，以实现硫化。通常加入的少量含双键组分有双环戊二烯、环辛二烯、1,4-己二烯等。其结构式可用下式表示：

$$\text{—}[CH_2\text{—}CH_2]_m\text{—}[\underset{CH_3}{\overset{|}{CH}}\text{—}CH_2]_n\text{—}[\underset{CH_3}{\overset{|}{CH}}\text{—}\underset{H_2C\text{—}CH=CH_2}{\overset{|}{CH}}]_p\text{—}$$

乙烯　　　丙烯　　　1,4-己二烯

三元乙丙橡胶的主链是完全饱和的，这个特性使得三元乙丙橡胶可以抵抗热、光、氧气，尤其是臭氧。三元乙丙橡胶本质上是无极性的，对极性溶液和化学物具有抗性，吸水率低，具有良好的绝缘特性。

在三元乙丙橡胶生产过程中，可以通过改变第三单体的品种和比例、乙烯丙烯比、分子量大小及其分布以及硫化的方法调整其特性。

10.7　含滑石粉和硬脂酸锌的三元乙丙橡胶的红外光谱

图10.14为荷兰产三元乙丙橡胶的红外光谱。第一，1018 cm^{-1}、670 cm^{-1}同时存在，它们是滑石粉的特征谱带，据此猜想荷兰产三元乙丙橡胶中可能含滑石粉。

第二，466 cm^{-1}、452 cm^{-1}也同时存在，它们也是滑石粉的标志谱带，根据以上两点基本可以确定荷兰产三元乙丙橡胶中含滑石粉。

第三，图10.14中除滑石粉的谱带外，还有其他谱带。其中1540 cm^{-1}、1398 cm^{-1}同时存在，是硬脂酸锌的标志谱带，据此猜想荷兰产三元乙丙橡胶中可能含硬脂酸锌。

图10.15为滑石粉、乙丙橡胶和硬脂酸锌的红外光谱，比较图10.14和图10.15可知，图10.14中2921 cm^{-1}、2852 cm^{-1}、1464 cm^{-1}、1377 cm^{-1}、1154 cm^{-1}、722 cm^{-1}为乙丙橡胶的

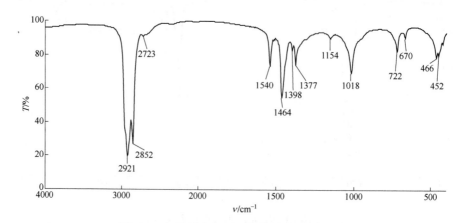

图10.14　荷兰产三元乙丙橡胶的红外光谱

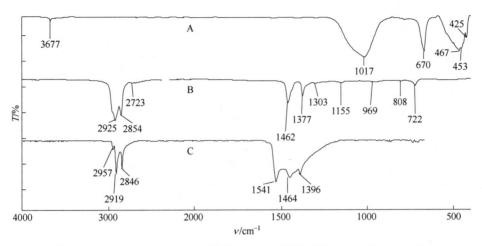

图 10.15　滑石粉（A）、乙丙橡胶（B）和硬脂酸锌（C）的红外光谱

谱带；1018 cm^{-1}、670 cm^{-1}、466 cm^{-1} 和 452 cm^{-1} 为滑石粉的谱带；2921 cm^{-1}、2852 cm^{-1}、1540 cm^{-1}、1464 cm^{-1}、1398 cm^{-1}、722 cm^{-1} 为硬脂酸锌的谱带。

10.8　苯乙烯改性三元乙丙橡胶的红外光谱

苯乙烯与三元乙丙橡胶接枝共聚能生产热塑性弹性体（EPDM/PS）。图 10.16 为其红外光谱，图 10.17 为 PE、PP、EPDM/PS 和 PS 的红外光谱。从图 10.16 和图 10.17 的比较中可以确定：图 10.16 中 <u>2923 cm^{-1}</u>、<u>2854 cm^{-1}</u>、<u>1457 cm^{-1}</u>、721 cm^{-1} 为 PE 的谱带；2954 cm^{-1}、<u>2923 cm^{-1}</u>、2723 cm^{-1}、<u>1457 cm^{-1}</u>、<u>1380 cm^{-1}</u>、1307 cm^{-1}、1164 cm^{-1}、998 cm^{-1}、971 cm^{-1}、<u>902 cm^{-1}</u>、<u>840 cm^{-1}</u> 为 PP 的谱带；3085 cm^{-1}、3058 cm^{-1}、3023 cm^{-1}、<u>2923 cm^{-1}</u>、<u>2854 cm^{-1}</u>、1873 cm^{-1}、1604 cm^{-1}、1585 cm^{-1}、1496 cm^{-1}、<u>1457 cm^{-1}</u>、<u>1380 cm^{-1}</u>、1029 cm^{-1}、<u>902 cm^{-1}</u>、<u>840 cm^{-1}</u>、755 cm^{-1}、698 cm^{-1} 为 PS 的谱带（有下划线者是 2 种或 3 种单体吸收的叠加）。1743 cm^{-1}、1716 cm^{-1} 为助剂的谱带。

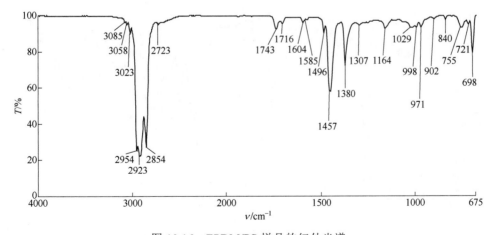

图 10.16　EPDM/PS 样品的红外光谱

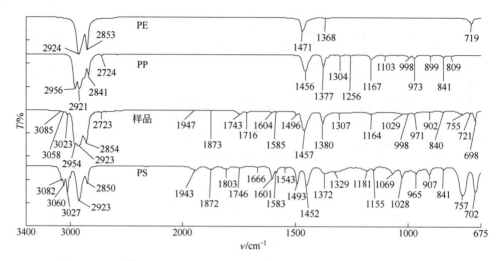

图 10.17　PE、PP、EPDM/PS 和 PS 的红外光谱

10.9　氯磺化聚乙烯橡胶的红外光谱

氯磺化聚乙烯橡胶（chlorosulfonated polyethylene rubber）是聚乙烯经磺酰氯化得到具有完全饱和主链和侧基，可采用各种硫化方法硫化的弹性体。由于其性能独特、价格低廉，已成为特种橡胶中产量最大、发展最快的品种。

氯磺化聚乙烯是用 SO_2 和过量的氯气的混合物处理而制备的。工业氯磺化聚乙烯含有 26%~27% 的氯和 1%~1.5% 的硫，绝大部分氯在聚乙烯的氯化反应中被消耗，硫以 SO_2Cl 存在。其示意结构式如下：

$$\left[\left(\begin{array}{c} H \\ | \\ C \\ | \\ H \end{array} \right)_m \begin{array}{c} H \\ | \\ C \\ | \\ Cl \end{array} \begin{array}{c} H \\ | \\ C \\ | \\ SO_2Cl \end{array} \right]_n \right]_x$$

氯磺化聚乙烯

图 10.18 为含碳酸钙的氯磺化聚乙烯橡胶的红外光谱（含硫 1.25%）。2930 cm^{-1} 为 CH_2 的反对称伸缩振动，2856 cm^{-1} 为 CH_2 的对称伸缩振动。1459 cm^{-1} 为 C—CH_2 的面内变角振动，

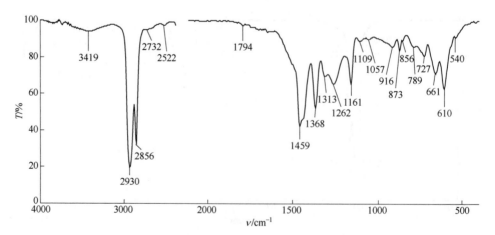

图 10.18　含碳酸钙的氯磺化聚乙烯橡胶的红外光谱

与 CHCl 相连的 CH_2 的面内变角振动位于 1430 cm^{-1}，它虽然没有形成峰，但使得 1459 cm^{-1} 峰右侧变宽。1368 cm^{-1} 和 1161 cm^{-1} 分别是氯磺酰基（-SO$_2$Cl）的反对称伸缩振动和对称伸缩振动，其强度随聚合物中氯磺酰基含量的增加而增大。1262 cm^{-1} 是 CHCl 中 CH 的变角振动。1313 cm^{-1} 是次甲基（CH）的变角振动与 CH_2 摇摆振动的叠加，由于和氯原子在同一个碳原子上，所以强度明显增大。789 cm^{-1}、661 cm^{-1}、610 cm^{-1} 为 C-Cl 的伸缩振动。1109 cm^{-1} 为 C-C 的伸缩振动。727 cm^{-1} 为 CH_2 的面内摇摆振动。

2522 cm^{-1}、1794 cm^{-1}、873 cm^{-1}、856 cm^{-1} 为碳酸钙的吸收。

10.10 硅橡胶的红外光谱

硅橡胶（silicone rubber）是指主链由硅和氧原子交替构成，硅原子上通常连有两个有机基团的橡胶，结构式是 $\left[\begin{smallmatrix}R\\-Si-O-Si-\\R\end{smallmatrix}\begin{smallmatrix}R\\\\R\end{smallmatrix}\right]_n$。分子式中 R 主要是甲基（$CH_3$），部分是乙基（$CH_2CH_3$）、乙烯基（-CH=$CH_2$）、苯基（-$C_6H_5$）或其他有机基团。苯基的引入可提高硅橡胶的耐高温及耐低温性能，三氟丙基及氰基的引入可提高硅橡胶的耐温及耐油性能。硅橡胶由有机硅单体部分水解而成，种类很多，具有不同性能和用途，是目前最好的既耐高温又耐严寒的橡胶，在-60~250 ℃仍能保持良好的弹性。

二甲基硅橡胶是重要的硅橡胶，其红外光谱请参考"8.5.9.2 硅橡胶的红外光谱"。

10.11 氟橡胶的红外光谱

氟橡胶的学名为偏氟乙烯-三氟氯乙烯共聚物，俗称氟橡胶-23，结构式如下图所示：

$$\left[\begin{smallmatrix}F & H\\-C-C-\\F & H\end{smallmatrix}\right]_m\left[\begin{smallmatrix}F & F\\-C-C-\\F & Cl\end{smallmatrix}\right]_n$$

氟橡胶

氟橡胶-23 具有突出的耐氧化介质（如发烟硫酸、硝酸、过氧化氢等）性，良好的耐热性（长期使用温度为 200 ℃、短期使用温度为 250 ℃），满意的介电性能、力学性能，还具有耐候、耐臭氧、耐辐射、低吸水性等优良性能。氟橡胶-23 适宜制作各种耐热、耐强氧化剂的胶管、隔膜、密封件、电线外皮、防腐衬里、胶布制品等。

图 10.19 是氟橡胶-23 的红外光谱。图中 3026 cm^{-1} 为 CH_2 的反对称伸缩振动，2984 cm^{-1} 为 CH_2 的对称伸缩振动，因为与吸电子基 CF_2 相连，诱导效应使 CH_2 的反对称伸缩振动和对称伸缩振动频率均较常值(2920 cm^{-1}、2855 cm^{-1})高。1425 cm^{-1}、1391 cm^{-1} 为 CH_2 的面内变角振动，由于与 CF_2 相连，频率较常值（1465 cm^{-1}）低。1261 cm^{-1} 和 1161 cm^{-1} 是 CF_2 的不对称伸缩振动和对称伸缩振动。聚偏二氟乙烯 CF_2 的反对称伸缩振动和对称伸缩振动分别位于 1210 cm^{-1} 和 1176 cm^{-1}；聚三氟氯乙烯的 CF_2 的反对称伸缩振动和对称伸缩振动出现在 1197 cm^{-1} 和 1130 cm^{-1}；CFCl 基团的反对称伸缩振动和对称伸缩振动分别位于 1287 cm^{-1} 和 962 cm^{-1}。1210 cm^{-1} 和 1287 cm^{-1} 重叠后在 1261 cm^{-1} 出现吸收；1176 cm^{-1} 和 1130 cm^{-1} 重叠后在 1161 cm^{-1} 出现吸收。

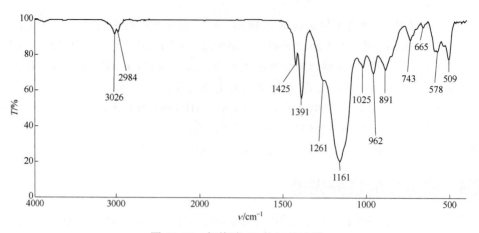

图 10.19　氟橡胶-23 的红外光谱

10.12　聚氨酯弹性体的红外光谱

聚氨酯（PUR）弹性体是一种弹性介于橡胶和塑料之间的高聚物，主要包括混炼胶、浇注胶、水乳胶和热塑胶等品种。聚氨酯弹性体具有优异的耐磨性、耐油性，强度高、弹性好，在交通运输、国防、轻工、矿业等各方面有广泛应用。

聚氨酯弹性体的红外光谱解释请参考"8.5.8.3 聚氨酯树脂的红外光谱"。图 10.20 为一种天津产聚氨酯弹性体的红外光谱。

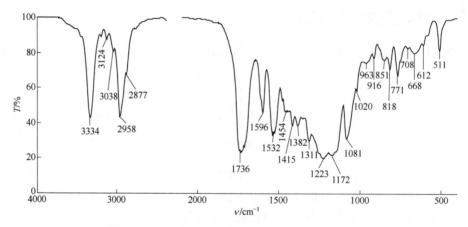

图 10.20　一种天津产聚氨酯弹性体的红外光谱

10.13　氯化聚乙烯橡胶的红外光谱

氯化聚乙烯橡胶主要由水相悬浮法制得，反应式是：

$$\mathrm{-[CH_2]_{\mathit n}- + Cl_2 \longrightarrow -[(CH_2)_{\mathit m}CH]_{\mathit n}- + HCl}$$
$$\phantom{-[CH_2]_{\mathit n}- + Cl_2 \longrightarrow -[(CH_2)_{\mathit m}}\;|\phantom{]_{\mathit n}- + HCl}$$
$$\phantom{-[CH_2]_{\mathit n}- + Cl_2 \longrightarrow -[(CH_2)_{\mathit m}}Cl$$

橡胶型氯化聚乙烯是一种白色弹性体，能溶于芳烃和卤代烃，不溶于脂肪烃。它在 170 ℃以上发生分解，放出氯化氢，在-30 ℃仍保持柔软性，脆化温度在-70 ℃以下。由于其饱和的分子链结构和较高的氯含量，赋予它具有优良的耐热、耐候、耐臭氧、耐化学药品和难燃性。

氯含量和聚乙烯结构对其性能有很大影响，如耐油性随氯含量的增加而提高，但其耐寒性下降。含氯量适宜（30%~45%），残留结晶度低（0~2%）的产品具有较好的物理机械性能。

氯化聚乙烯胶是一种综合性能好、价格低、应用范围广的弹性体，可单独使用，也可以和其他胶如氯磺化聚乙烯、氯醇胶、丁腈胶、氯丁胶、丁苯胶、天然胶等混合并用，加工成各种硫化制品如中低压电线、电缆等，也可加工成各种非硫化橡胶制品如软管、胶带、磁性橡胶、设备衬里等。

图 10.21 是含氯量为 35%~37%的氯化聚乙烯橡胶的红外光谱。氯化聚乙烯橡胶的红外光谱随氯化程度不同有很大变化，含氯量低于 30%时，在 1461 cm^{-1}（CH_2 面内变角振动）和 725 cm^{-1}（CH_2 面内摇摆振动）有明显的亚甲基序列的吸收，随着含氯量增加这些吸收带变弱，同时在 1433 cm^{-1}（孤立的 $CHCl-CH_2$ 中 CH_2 面内变角振动）和 914 cm^{-1}、725 cm^{-1}、662 cm^{-1} 和 611 cm^{-1}（C—Cl 伸缩振动）附近的谱带强度增大。2926 cm^{-1}、2854 cm^{-1} 分别是 CH_2 的反对称伸缩振动和对称伸缩振动。

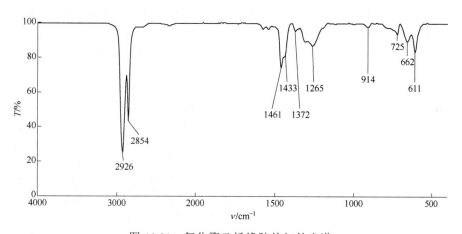

图 10.21　氯化聚乙烯橡胶的红外光谱

10.14　氯丁橡胶的红外光谱

氯丁橡胶（chloroprene rubber，CB）是 2-氯-1,3-丁二烯经乳液聚合而制成的弹性体。其中反式 1,4-加成结构约占 85%，顺式 1,4-加成结构约占 10%，少量为 1,2-或 3,4-加成结构，还有添加其他单体的改性品种。氯丁橡胶均聚物的示意结构式是

$$\left[CH_2-\underset{\underset{Cl}{|}}{C}=CH-CH_2\right]_n$$

氯丁橡胶均聚物

氯丁橡胶的综合性能较好，耐光、耐化学试剂、不延燃，物理机械性能也比较好，是一种较好的通用性特种胶，广泛用于电线、电缆护套、胶管、胶带、胶辊、垫圈等。

图 10.22 为氯丁橡胶的红外光谱。3019 cm^{-1} 为双键上 =CH 的伸缩振动。2924 cm^{-1}、2855 cm^{-1} 分别为 CH_2 的反对称伸缩振动和对称伸缩振动。1659 cm^{-1} 为 C=C 伸缩振动。1440 cm^{-1} 为 $CHCl-CH_2$ 中 CH_2 的面内变角振动，因为邻接氯原子和双键，频率较常值（1465 cm^{-1}）低。1305 cm^{-1} 为 CH_2 扭曲振动，因为邻接氯原子，强度增大。1117 cm^{-1} 为碳链骨架振动。826 cm^{-1} 为双键上 =CH 面外变角振动。672 cm^{-1}、599 cm^{-1} 为 C—Cl 伸缩振动。

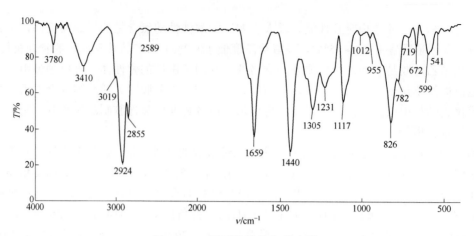

图 10.22 氯丁橡胶的红外光谱

图 10.23 为含滑石粉的氯丁橡胶的红外光谱，图 10.24 为氯丁橡胶和滑石粉的红外光谱。比较图 10.23 和图 10.24 可知，图 10.23 中 3020 cm^{-1}、2924 cm^{-1}、2856 cm^{-1}、1659 cm^{-1}、1441 cm^{-1}、1304 cm^{-1}、1228 cm^{-1}、1117 cm^{-1}、826 cm^{-1}、780 cm^{-1}、604 cm^{-1} 为氯丁橡胶的吸收；1021 cm^{-1}、667 cm^{-1}、468 cm^{-1} 为滑石粉的吸收。

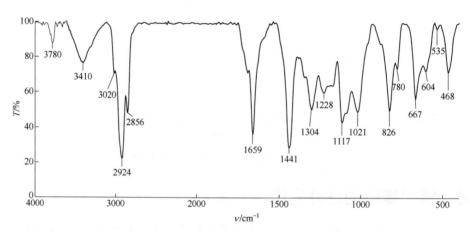

图 10.23 含滑石粉的氯丁橡胶的红外光谱

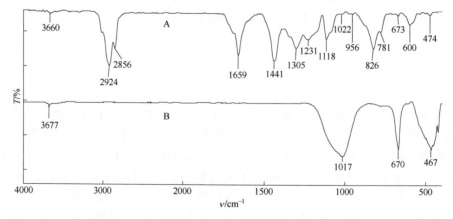

图 10.24 氯丁橡胶（A）和滑石粉（B）的红外光谱

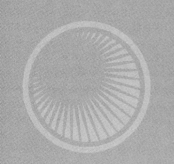

第 11 章 涂料的红外光谱

11.1 涂料的基础知识

涂料习惯被称为"油漆",它可以采用不同的施工工艺涂覆在对象表面上,形成黏附牢固、具有一定强度、连续的固态薄膜。这样的薄膜通称涂膜,又称漆膜或涂层。

涂料早期大多以植物油为主要原料,故有油漆之称,现在合成树脂已大部分或全部取代了植物油。

涂料属于有机化工高分子材料,所形成的涂膜属高分子化合物类型。按照现代化工产品的分类,涂料属于精细化工产品。

11.1.1 涂料的作用

涂料通过涂膜所起的作用,可概括为四个主要方面。

(1) 保护作用 暴露在空气中的物体,会受空气、水分、阳光等的侵蚀,造成金属锈蚀、木材腐朽、水泥风化等损害,在其表面涂以涂料,形成一层保护膜,能够阻止或延迟这些损害的发生和发展,延长材料的使用寿命。

(2) 装饰作用 涂料能在物品上形成绚丽多彩的外观,起到美化生活环境的作用。

(3) 色彩警示作用 利用涂料的不同颜色区分各种化学品、危险品,以引起人们的注意。如各种管道、机械设备,在压缩气体钢瓶上涂上各色涂料,可使操作人员易于识别和操作。道路划线是常见的交通安全措施。

(4) 特殊作用 以下事例可以说明涂料的特殊作用:例如,电机、电器工业常用各种绝缘涂料起绝缘作用;再如,防毒气涂料、吸收雷达波涂料、电子工业用的导电涂料等。

11.1.2 涂料的组成

涂料出厂时一般有不挥发性成分和挥发性成分两部分,挥发性成分叫稀释剂,不挥发性成分叫固体成分。涂料涂布在物体表面后,稀释剂逐渐挥发,固体成分干结成膜。成膜物质又可分为主要成膜物质、次要成膜物质和辅助成膜物质三种。

主要成膜物质是涂膜的主要成分,包括天然树脂和合成树脂、油脂、油脂加工产品、纤维素衍生物及部分不挥发的活性稀释剂。主要成膜物质是使涂料牢固附着于被涂物体表面上形成连续薄膜的主要物质,是构成涂料的基础,决定涂料的基本特性。

次要成膜物质包括:①着色颜料,常见的有钛白粉、铬黄等;②体质颜料,常称作填料,如碳酸钙、滑石粉、硫酸钡；③染料,常见的有酞菁蓝、大红粉、甲苯胺红等。

辅助成膜物质主要是助剂，如消泡剂、流平剂等，还有一些特殊功能助剂，如底材润湿剂等。这些助剂一般不能成膜，但对基料形成涂膜的过程与耐久性起着相当重要的作用。

挥发性物质主要是溶剂，包括烃类、醇类、醚类、酮类和酯类物质。溶剂和水的主要作用在于使成膜基料分散而形成黏稠液体，有助于施工和改善涂膜的某些性能。

涂料的各个部分又由很多原材料组成，见表 11.1。

表 11.1 涂料的组成

组 成		原 料
主要成膜物质	油料	动物油：牛油、带鱼油、鲨鱼肝油等 植物油：桐油、豆油、蓖麻油等
	树脂	天然树脂：松香、虫胶、天然沥青等 合成树脂：醇酸树脂、硝酸纤维素等纤维素衍生物、氨基树脂、丙烯酸树脂、环氧树脂、苯乙烯、聚酯等
次要成膜物质	颜料或染料	无机颜料：钛白、铬黄、铁蓝、氧化铁红等 有机染料：甲苯胺红、酞菁蓝、大红粉、耐晒黄等 防锈颜料：红丹、锌铬黄、偏硼酸钡等
	体质颜料	滑石粉、碳酸钙、硫酸钡、高岭土等
辅助成膜物质	助 剂	增韧剂、催干剂、固化剂、稳定剂、防霉剂、防污剂、乳化剂等
挥发性物质	稀释剂	石油、苯、甲苯、二甲苯、氯苯、松节油、丙酮、环戊二烯、乙酸丁酯等

涂料的组成中没有颜料（包括体质颜料）和染料的透明体称为清漆，加有颜料和染料的不透明体称为色漆（磁漆、调和漆、底漆），加有大量体质颜料的稠厚浆状体称为腻子。

11.1.3 涂料的分类

根据 GB/T 2705—2003《涂料产品分类和命名》，涂料的分类有两种方法。

（1）方法 1 以涂料产品的用途为主，并辅以主要成膜物的分类方法。将涂料产品划分为 3 个主要类别：建筑涂料、工业涂料和通用涂料及辅助材料，见表 11.2。

表 11.2 涂料的分类（一）

涂料种类	主要产品类型
建筑涂料	墙面涂料、防水涂料、地坪涂料、功能性建筑涂料
工业涂料	汽车涂料、木器涂料、铁路公路涂料、轻工涂料、船舶涂料、防腐涂料、其他专用涂料
通用涂料及辅助材料	调合漆、清漆、磁漆、底漆、腻子、稀释剂、防潮剂、催干剂、脱漆剂、固化剂、其他

（2）方法 2 除建筑涂料外，主要以涂料产品的主要成膜物为主线，并适当辅以产品主要用途的分类方法。将涂料产品划分为 2 个主要类别：建筑涂料、其他涂料及辅助材料。

按方法 2，"其他涂料及辅助材料"细分为 16 类，见表 11.3。

表 11.3 涂料的分类（二）

序号	代号		主要成膜物质类型
1	Y	油脂漆类	天然植物油、动物油(脂)、合成油等
2	T	天然树脂漆类	松香、虫胶、乳酪素、动物胶及其衍生物等

续表

序号	代号	主要成膜物质类型	
3	F	酚醛树脂漆（涂料）类	酚醛树脂、改性酚醛树脂等
4	L	沥青漆（涂料）类	天然沥青、石油沥青、（煤）焦油沥青等
5	C	醇酸树脂漆	甘油醇酸树脂、季戊四醇醇酸树脂、其他醇类的醇酸树脂、改性醇酸树脂等
6	A	氨基树脂漆（涂料）类	三聚氰胺甲醛树脂、脲（甲）醛树脂及其改性树脂等
7	Q	硝基漆类	硝酸纤维素（酯）等
8	G	过氯乙烯树脂漆（涂料）类	过氯乙烯树脂等
9	X	烯类树脂漆（涂料）类	聚二乙烯乙炔树脂、聚多烯树脂、氯乙烯乙酸乙烯共聚物、聚乙烯醇缩醛树脂、聚苯乙烯树脂、含氟树脂、氯化聚丙烯树脂、石油树脂等
10	B	丙烯酸酯类树脂漆（涂料）类	热塑性丙烯酸酯类树脂、热固性丙烯酸酯类树脂等
11	Z	聚酯树脂漆（涂料）类	饱和聚酯树脂、不饱和聚酯树脂等
12	H	环氧树脂漆（涂料）类	环氧树脂、环氧酯、改性环氧树脂等
13	S	聚氨酯树脂漆（涂料）类	聚氨（基甲酸）酯树脂等
14	W	元素有机漆（涂料）类	有机硅、氟碳树脂等
15	J	橡胶漆类	氯化橡胶、氯丁橡胶、氯化氯丁橡胶、丁苯橡胶、氯磺化聚乙烯橡胶等
16		其他成膜物类涂料	无机高分子材料、聚酰亚胺树脂、二甲苯树脂等以上未包括的主要成膜材料

11.1.4 涂料的命名

涂料命名采用如下原则：涂料全名一般由颜色、成膜物质名称和基本名称（特性或专业用途）组成，即涂料全名=颜色+成膜物质名称+基本名称。例如：红色醇酸磁漆、锌黄酚醛防锈涂料。

颜色名称通常有红、黄、蓝、白、黑、绿、紫、棕、灰等，需要时再在颜色前加上深、中、浅（或淡）等词构成。如果颜料对漆膜性能起显著作用，则可用颜料的名称代替颜色名称，如铁红、锌黄、红丹等。对于某些有专业用途及特性的产品，必要时在成膜物质后面加以说明。例如：蓝色醇酸导电磁漆、白色硝基外用磁漆、白色过氯乙烯球台磁漆等。

成膜物质名称可适当简化，如环氧树脂简化为环氧，硝基纤维素（酯）简化为硝基，聚氨基甲酸酯简化为聚氨酯等。涂料中含多种成膜物时，选取主要作用的一种成膜物命名。必要时也选取两种或三种成膜物质命名，主要成膜物质在前，次要成膜物质在后，如白环氧硝基磁漆。

需要烘烤干燥的漆，名称中（成膜物质名称和基本名称之间）应有"烘干"字样，例如银灰氨基烘干磁漆、铁红环氧聚酯酚醛烘干绝缘漆。如名称中无"烘干"，则表明该漆是自然干燥或自然干燥、烘烤干燥均可。

在汽车厂和刑事技术中，涂料的命名也有一种趋势，把主要成膜物质的基体树脂和交联剂均在名称中体现。

基本名称表示涂料的基本品种、特性和专业用途。涂料基本名称见表11.4。

表 11.4 涂料基本名称

基本名称	基本名称	基本名称	基本名称	基本名称
清油	防霉（藻）涂料	抗弧（磁）漆、互感器漆	铅笔漆	耐油漆
清漆	耐热（高温）涂料	农机用漆	木器漆	耐水漆
厚漆	甲板漆、甲板防滑漆	罐头漆	可剥漆	防火涂料
调合漆	斑纹、裂纹、桔纹漆	玩具涂料	卷材涂料	船壳漆
磁漆	船底防锈漆	（浸渍）绝缘漆	光固化涂料	水线漆
粉末涂料	发电、输电配电设备用漆	塑料涂料	油舱漆	涂布漆
底漆	保温隔热涂料	（覆盖）绝缘漆	机床漆	示温涂料
腻子	工程机械用漆	漆包线漆	压载舱漆	烟囱漆
大漆	集装箱涂料	（黏合）绝缘漆	饮水舱漆	黑板漆
电泳漆	车间（预涂）底漆	汽车修补漆	内墙涂料	防腐漆
乳胶漆	耐酸漆、耐碱漆	化学品舱漆	外墙涂料	硅钢片漆
水溶（性）漆	汽车底漆、汽车中涂漆、汽车面漆、汽车罩光漆	电阻漆、电位器漆	防水涂料	电容器漆
透明漆	标志漆、路标漆马路划线漆	地板漆、地坪漆	半导体漆	电缆漆
防污漆	铁路车辆涂料	金属漆、闪光漆	锅炉漆	胶液
锤纹漆	家用电器涂料	自行车涂料	防锈漆	其他名称
皱纹漆	桥梁漆、输电塔漆及其他（大型露天）钢结构漆	航空、航天用漆	耐油漆	耐水漆

11.2 部分涂料常用原料的红外光谱

一种涂料有多种原料，涂料中的原料有的是物理混合，有的相互发生化学反应生成新的物质，所以涂料的红外光谱非常复杂，有原料红外谱带的原位呈现，也有原料频率相近的谱带叠加而出现新的谱带，更多的是原料发生化学反应生成的新物质的谱带。所以要想较好地解释涂料的红外光谱，首先要对常用原料的红外光谱比较熟悉。

11.2.1 醇酸树脂的红外光谱

醇酸树脂是一类聚酯，由多元醇和多元酸经单元酸（或油脂）改性缩聚而成。常用的多元醇有甘油、季戊四醇和三羟甲基丙烷等。常用的多元酸有邻苯二甲酸酐、顺丁烯二酸酐、己二酸等。常用的单元酸有脂肪酸（油）、苯甲酸、松香等。

醇酸树脂是涂料用合成树脂的主要品种之一，它制造工艺成熟、价格低廉、综合性能上乘、易于改性。醇酸树脂约占世界涂料用合成树脂50%左右。

邻苯二甲酸酐、丙三醇、脂肪酸（下式以"R"表示）以摩尔比为 1:2:3 生产的醇酸树脂的示意结构式如下：

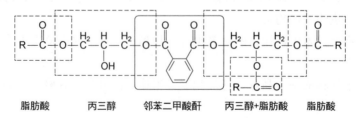

醇酸树脂大分子含有羧基、羟基等极性基团，它们赋予漆膜刚性和硬度，如果这些基团的比例大，则醇酸树脂容易溶解在极性溶剂中（如酯类、醚类、酮类）；醇酸树脂大分子脂肪酸部分有较长的烃链，含 C-C 链和 C=C 键，它们是非极性的，赋予漆膜柔韧性，如果这些基团的比例大，则醇酸树脂容易溶解在非极性溶剂中（如脂肪烃、芳香烃）。醇酸树脂大分子还含苯环，它赋予漆膜刚性和硬度。

改变醇酸树脂原料的品种和比例，就能调节醇酸树脂大分子的极性和非极性的关系，从而调节成膜物的溶解性和漆膜的硬度、柔韧性。

图 11.1 是醇酸树脂的红外光谱。3067 cm^{-1} 是苯环上 =CH 伸缩振动。苯环上 =CH 伸缩振动通常位于 3075~3030 cm^{-1}，当苯环上的取代基是推电子基时该峰位于低频侧，当苯环上的取代基是吸电子基时该峰位于高频侧，醇酸树脂苯环取代基是吸电子基羧基 COO，=CH 伸缩振动位于高频侧。3009 cm^{-1} 是脂肪酸酯（如豆油）中不饱和双键上 =CH 伸缩振动。2926 cm^{-1}、2854 cm^{-1} 主要是 CH$_2$ 的反对称伸缩振动和对称伸缩振动，也有 CH$_3$ 的反对称伸缩振动和对称伸缩振动的成分，因为在醇酸树脂中，CH$_2$ 的比例远大于 CH$_3$，CH$_3$ 的吸收被掩盖。1732 cm^{-1} 是醇酸树脂中邻苯二甲酸酯 C=O 伸缩振动及油脂中 C=O 伸缩振动的叠加，其中邻苯二甲酸酯的羧基与苯环相连，羰基与苯环形成 π-π 共轭体系，C=O 伸缩振动频率降低至 1725 cm^{-1} 左右，如邻苯二甲酸二辛酯的红外光谱；油脂中 C=O 伸缩振动通常在 1745 cm^{-1} 左右，如豆油、桐油和蓖麻油的红外光谱；随醇酸树脂中邻苯二甲酸酯和脂肪酸酯的比例不同，羰基伸缩频率在 1745~1725 cm^{-1} 间移动；3464 cm^{-1} 为 1732 cm^{-1} 的倍频。1599 cm^{-1}、1580 cm^{-1} 是一对强度相近的双峰，属苯环的伸缩振动，为邻苯二甲酸酯的特征谱带。1463 cm^{-1} 是 CH$_3$ 反对称变角振动和 CH$_2$ 面内变角振动的叠加，甲基和亚甲基主要来自醇酸树脂中的植物油。1417 cm^{-1} 是 O-CH$_2$ 面内变角振动，因为 CH$_2$ 与氧原子相连，诱导效应使 CH$_2$ 面内变角振动频率较常值（1465 cm^{-1}）低。1380 cm^{-1} 是 CH$_3$ 的对称变角振动。1355 cm^{-1} 是 O-CH$_2$ 中 CH$_2$ 面外摇摆振动，因为与氧原子相连，诱导效应使 CH$_2$ 面外摇摆振动吸收强度增大。1268 cm^{-1} 为两种 C-O-C 反对称伸缩振动的叠加（所以它强度大，形状宽），一种是邻苯二甲酸酯的 =C$_{Ar}$-O-C，另一种是由多元醇和植物油进行酯交换生成的酯的 C$_R$-O-C。邻苯二甲酸酯的 =C$_{Ar}$-C-O 反对称伸缩振动位于 1285 cm^{-1}，如 DIDP、DINP、POS 的红外光谱，因为氧原子的未共用电子对与羰基发生 p-π 共轭，羰基与苯环发生 π-π 共轭，=C$_{Ar}$-O-C 键具有部分双键

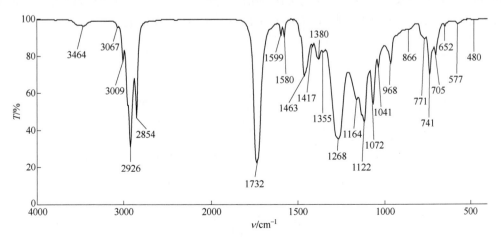

图 11.1 醇酸树脂的红外光谱

特性，伸缩振动频率升高，反对称伸缩振动频率高过 1250 cm^{-1}；植物油的 C_R-O-C 反对称伸缩振动位于 1238 cm^{-1}，如豆油、桐油和蓖麻油的红外光谱；随醇酸树脂中邻苯二甲酸酯和脂肪酸酯的比例不同，C-O-C 反对称伸缩振动频率在 1280~1255 cm^{-1} 间移动，常出现在 1270~1260 cm^{-1}。1122 cm^{-1} 为 =C_{Ar}-O-C 的对称伸缩振动。1164 cm^{-1} 是脂肪酸酯 C_R-O-C 的对称伸缩振动。1072 cm^{-1} 是苯环上邻位取代四个相邻 =CH 面内变角振动。1041 cm^{-1} 是 O-(CH$_2$)$_n$-O 左右式结构 CH$_2$ 的面外摇摆振动。977 cm^{-1} 是 O-CH$_3$ 面外摇摆振动和烷基型 R^{1}HC=CHR^2 中反式构型 C-H 面外弯曲振动的叠加。741 cm^{-1} 是苯环邻位取代四个相邻=CH 面外变角振动。705 cm^{-1} 是苯环的弯曲振动。652 cm^{-1} 是 COO 的变角振动。771 cm^{-1} 为 CH$_2$CH$_3$ 的面内摇摆振动。

醇酸树脂中脂肪酸酯的类型很难通过红外光谱分析得出，要想比较准确地了解植物油的类型，需要使醇酸树脂水解甲酯化，用色谱法等分析脂肪酸甲酯的成分。

11.2.2 松香的红外光谱

松香为透明的玻璃状脆性物质，呈浅黄色至黑色，有特殊气味。松香成分的 90% 为树脂酸，分子式为 C$_{19}$H$_{29}$COOH，现已查明的有 9 种异构体，主要差别是双键的位置不同。树脂酸的 60% 以上是松香酸，松香酸的结构式有 2 种，分别是：

松香中的树脂酸由松脂蒸馏去松节油而得，是一种弱酸，可以进行皂化、酯化等反应。松香常用于肥皂、造纸、涂料、颜料、橡胶等工业。

图 11.2 是松香的红外光谱。2931 cm^{-1}、2869 cm^{-1} 为 CH$_3$、CH$_2$ 伸缩振动的叠加。1694 cm^{-1} 是松香的羰基（C=O）伸缩振动，因与季碳原子相连，频率较常值 [(1740±10) cm^{-1}] 低。1280~1150 cm^{-1} 有 3 个 C-O-C 伸缩振动谱带。二聚羧酸的 OH 伸缩振动在 2656 cm^{-1} 附近。1460 cm^{-1} 是 CH$_3$ 的反对称变角振动与 CH$_2$ 的面内变角振动的叠加；1385 cm^{-1} 是 CH$_3$ 的对称变角振动。825 cm^{-1} 是共轭双键 -C=CH-C=CH- 中 =C-H 的变角振动。

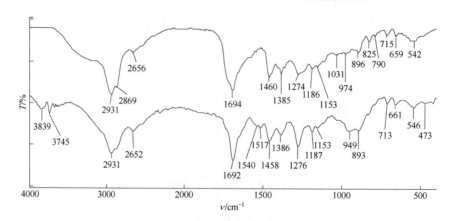

图 11.2 松香的红外光谱

11.2.3 甘油的红外光谱

甘油学名丙三醇,分子式为 $CH_2OH-CHOH-CH_2OH$,是无色无臭而有甜味的黏滞性液体,可与水以任何比例混溶,有极大的吸湿性,稍溶于乙醇和乙醚,不溶于氯仿。

图 11.3 为甘油的红外光谱。3365 cm^{-1} 为氢键缔合的 O⋯OH 的伸缩振动。2937 cm^{-1}、2883 cm^{-1} 分别是 $O-CH_2$ 的反对称伸缩振动和对称伸缩振动,因与电负性大的氧原子相连,频率均较常值(2925 cm^{-1}、2855 cm^{-1})高。醇 OH 与 C-OH 共用 1 个氧原子,OH 面内变角振动与 C-OH 伸缩振动发生偶合,分裂为 2 个谱带,分别位于 1500~1350 cm^{-1} 和 1150~1020 cm^{-1},前者主要是 OH 面内变角振动,后者主要是 C-OH 伸缩振动。由于甘油的 C-OH 存在旋转异构体,不同异构体的 C-OH 伸缩振动频率不同,偶合振动频率不止 1 个;甘油分子中有 2 个伯醇、1 个仲醇,而伯醇 C-OH 伸缩振动频率在 1085~1030 cm^{-1},仲醇 C-OH 伸缩振动频率在 1124~1085 cm^{-1},所以在 1150~1020 cm^{-1} 区域经常出现双峰。1452 cm^{-1} 主要是 COH 的面内变角振动;1110 cm^{-1}、1042 cm^{-1} 是 COH 面内变角振动与 C-OH 伸缩振动的偶合,主要是 C-OH 的伸缩振动。1414 cm^{-1} 为 $O-CH_2$ 中 CH_2 的变角振动,因为与氧原子相连,频率较常值(1465 cm^{-1})低;1330 cm^{-1} 为 CH_2 扭曲振动和 CH 面内变角振动的叠加。1650 cm^{-1} 为 O⋯OH 的变角振动,674 cm^{-1} 为 O⋯OH 的摇摆振动。

图 11.3 甘油的红外光谱

11.2.4 油脂类的红外光谱

11.2.4.1 油脂的组成和结构

"油脂"是"油"和"脂肪"的简称,存在于动、植物体内。动物的脂肪组织和植物的籽核是油脂的主要来源。通常在室温下为液态的叫作"油",为固体或半固体的叫作"脂肪"。

常见的油脂有牛油、猪油、花生油、椰子油、桐油、蓖麻油等。油脂的主要成分是多种高级脂肪酸甘油酯的混合物,其结构通式是:

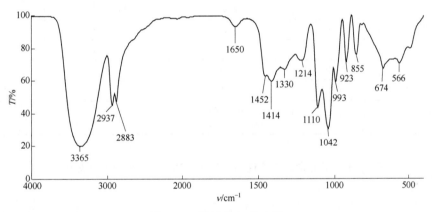

式中,R^1、R^2、R^3 分别代表不同的脂肪族烃基。如果 R^1、R^2、R^3 相同,则其甘油酯叫作单纯甘油酯;如果 R^1、R^2、R^3 不相同,则其甘油酯叫作混合甘油酯。

天然油脂中的高级脂肪羧酸，一般都是含偶数碳原子的正构羧酸，其中有饱和的，也有不饱和的。油脂成分中饱和与不饱和脂肪酸含量的多少对油脂的熔点和"干化"有相当大的影响。一般来说，饱和脂肪酸含量大，熔点高；不饱和脂肪酸含量大，熔点低。脂肪中含高级饱和脂肪酸的甘油酯多，油中含高级不饱和脂肪酸的甘油酯多。

油脂中常见的饱和脂肪酸有月桂酸（十二酸）$CH_3(CH_2)_{10}COOH$、豆蔻酸（十四酸）$CH_3(CH_2)_{12}COOH$、软脂酸（十六酸）$CH_3(CH_2)_{14}COOH$ 和硬脂酸（十八酸）$CH_3(CH_2)_{16}COOH$。

油脂中常见的不饱和脂肪酸有油酸（9-十八碳烯酸）$CH_3(CH_2)_7CH=CH(CH_2)_7COOH$、亚油酸（9,12-十八碳二烯酸）$CH_3(CH_2)_4CH=CHCH_2CH=CH(CH_2)_7COOH$、亚麻酸（9,12,15-十八碳三烯酸）$CH_3CH_2CH=CH-CH_2-CH=CH-CH_2-CH=CH(CH_2)_7COOH$ 和蓖麻油酸（顺-12-羟基-9-十八碳烯酸）$C_6H_{13}CH(OH)CH_2CH=CH(CH_2)_7COOH$ 等。

天然油脂是多种脂肪酸甘油酯的混合物，兼有一般酯和烯烃的化学性质。常见油脂成分见表 11.5 和表 11.6。

表 11.5 部分常见油脂含脂肪酸成分   单位：%

组成	椰子油	棕榈油	奶油	猪油	牛油
十四酸	17~20	1~3	7~9	1~2	2~3
十六酸	4~10	34~43	23~26	28~30	24~32
十八酸	1~5	3~6	10~13	12~18	14~32
9-十六碳烯酸			5	1~3	1~3
9-十八碳烯酸	3~10	38~40	30~40	35~48	35~48
9,12-十八碳二烯酸	0~2	5~11	4~5	6~7	2~4
其他主要成分	十二酸，45~51	丁酸，3~4；C_{20}~C_{22} 不饱和脂肪酸，2			

表 11.6 部分常见不干性油、半干性油和干性油含脂肪酸成分   单位：%

组成	不干性油			半干性油		干性油		
	蓖麻油	橄榄油	花生油	棉籽油	鲸脂油	大豆油	亚麻油	桐油
十四酸	0~1	5~15		0~2	4~6	0~1		
十六酸	0~1		6~9	19~24	11~18	6~10	4~7	
十八酸		1~4	2~6	1~2	2~4	2~4	2~5	
9-十六碳烯酸		0~1	0~1	0~2	13~18			
9-十八碳烯酸	0~9	69~84	50~70	23~33	33~38	21~29	9~36	4~16
9,12-十八碳二烯酸	3~4	4~12	13~26	40~48		50~59	3~43	0~1
其他主要成分	80~92 蓖麻油酸	2~5 二十酸		11~20 C_{20} 不饱和脂肪酸	4~8 亚麻酸	25~58 亚麻酸	74~91 桐油酸	

11.2.4.2 油脂的性质

（1）油脂的皂化 把油脂和氢氧化钠溶液共热，则水解成甘油和高级脂肪酸钠，生成的高级脂肪酸钠加工成型后就是一般的肥皂。因此把油脂在碱性溶液中的水解叫作皂化。后来推广到一般酯的碱性水解都叫皂化。

由于各种油脂的组成和分子量不同，所以不同油脂皂化时所消耗的碱的量各不相同。1 g

油脂皂化时所消耗的氢氧化钾的毫克数称为该油脂的皂化值。皂化值大致可以反映油脂的分子量。13 种油脂的皂化值和碘值见表 11.7。

表 11.7　13 种油脂的皂化值和碘值

分类	油脂名称	皂化值	碘值
脂肪	椰子油	250~260	8~10
	棕榈油	196~210	48~58
	奶　油	216~235	26~45
	猪　油	193~200	46~66
	牛　油	190~200	31~47
不干性油	蓖麻油	176~187	81~90
	橄榄油	185~200	74~94
	花生油	185~195	83~93
半干性油	棉籽油	191~196	103~115
	鲸脂油	188~194	110~150
干性油	大豆油	189~194	124~136
	亚麻油	189~196	170~204
	桐　油	189~195	163~173

（2）油脂的碘值　油脂可以与碘发生加成反应。利用这个反应可以测出油脂的不饱和程度。100 g 油脂与碘发生加成反应时消耗的碘的克数叫作该油脂的碘值。13 种油脂的碘值列于表 11.7。碘值越大，代表油脂的不饱和程度越大。

（3）油脂的干化　许多油类在空气中可以生成一层硬而有弹性的薄膜，这种现象叫作油的干化，具有这种性质的油叫作干性油。油的干化是一个复杂的过程，至今也没有完全了解其机理，但是知道油的干化与所含脂肪酸的结构密切相关，组成中含有不饱和脂肪酸是必要条件，可能是吸收了空气中的氧，使不饱和酸发生自氧化作用，生成过氧化物，然后再发生聚合反应的结果。如果不饱和脂肪酸中的双键成为共轭体系，油的干化性更好。例如桐油的干化性非常好，就是因为桐油中的桐油酸（9,11,13-十八碳三烯酸）$CH_3(CH_2)_3CH=CH-CH=CH-CH=CH-(CH_2)_7COOH$ 分子中三个双键成为共轭体系。

根据干化性的不同，可以把油脂分为干性油、半干性油和不干性油。

干性油（drying oil）一般指在空气中易氧化干燥形成富有弹性的柔韧固态膜的油类。其主要成分是亚麻酸、亚油酸等不饱和脂肪酸的甘油酯，碘值在 130 以上，平均每个分子中双键数大于等于 6。例如桐油、梓油、亚麻油等。

半干性油（semi-drying oil）是氧化干燥性能界于干性油和非干性油之间的油类。其干燥速度比干性油慢，但比非干性油快，在空气中氧化后仅局部固化，形成并非完全固态而有黏性的膜，碘值低于 130 而高于 100，每个分子中平均有 4~6 个双键。例如棉籽油、糠油、向日葵油等。半干性油可作食用油，也可用于工业部门制造肥皂、油漆和油墨等。干性油与半干性油之间无明确的界限。

不干性油（non-drying oil）是在空气中不能氧化干燥形成固态膜的油类，碘值一般在 100 以下，平均每个分子中双键数小于 4。其主要成分为脂肪酸三甘油酯，如橄榄油含大量的油酸甘油酯，蓖麻油含大量的蓖麻酸甘油酯。

油脂在涂料工业中主要用于制备合成树脂和增塑剂，也可用于肥皂、医药和润滑油等工业。

11.2.4.3 油脂的红外光谱

涂料中经常使用的植物油有豆油、蓖麻油、桐油和椰子油。

豆油是由大豆所得的半干性油，主要成分是亚油酸和油酸的甘油酯。豆油中双键数目较少，所以它的干化性较差。其优点是涂膜不易泛黄，可制成白色漆，常与桐油合用制造油性涂料。

蓖麻油是由蓖麻子所得的非干性油。构成蓖麻油的脂肪酸主要（80%~92%）是蓖麻醇酸，这是一种在碳链上带有羟基的十八碳单烯脂肪酸，其化学式是 $C_6H_{13}CH(OH)CH_2CH=CH(CH_2)_7COOH$（顺-12-羟基-9-十八碳烯酸）。蓖麻油酸醇有酸性催化剂存在，可脱去一分子水而成为具有共轭（$C_6H_{13}CH=CH-CH=CH(CH_2)_7COOH$）或非共轭（$C_5H_{11}CH=CH-CH_2-CH=CH(CH_2)_7COOH$）的二烯不饱和酸，成为一种性能较好的干性油。

桐油是我国的特产，是由桐子榨出的油，油色呈黄棕色，是一种非常重要的干性油。其主要成分是桐油酸的甘油酯，并含有少量的油酸和亚油酸的甘油酯。油膜干燥迅速（夏天3~7天），坚固不黏，能耐水、耐碱、耐光和耐大气腐蚀，是制造油漆的优良原料。桐油酸学名为9,11,13-十八碳三烯酸，分子式为 $CH_3(CH_2)_3(CH=CH)_3(CH_2)_7COOH$ 或写作 $CH_3(CH_2)_3CH=CH-CH=CH-CH=CH-(CH_2)_7COOH$。桐油酸分子中有3个共轭双键，形成多种顺反异构体，其中 α-桐油酸和 β-桐油酸最为重要。

图 11.4 为豆油、液体桐油和蓖麻油的红外光谱，图 11.5 为牛油、花生油和干涸桐油的红外光谱。从两图可以看到上述几种涂料用油具有类似的红外光谱。因此可通过红外光谱把这些油类与其他非油类物质区分开。但不同品种的油用红外光谱相互区分比较困难。

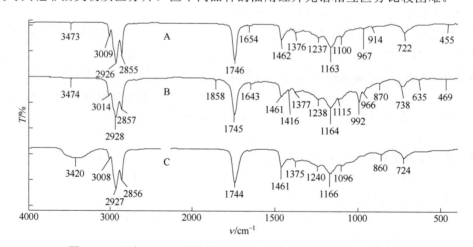

图 11.4 豆油（A）、液体桐油（B）和蓖麻油（C）的红外光谱

以图 11.4 为例，可以概括油类红外光谱的以下共同特征：3010 cm^{-1} 左右有双键上=CH 的伸缩振动。在 2927 cm^{-1}、2855 cm^{-1} 左右有 CH_2 的反对称伸缩振动和对称伸缩振动。在 2960 cm^{-1}、2875 cm^{-1} 左右有 CH_3 的反对称伸缩振动和对称伸缩振动，但是因为油脂中 CH_2 的比例远大于 CH_3，所以 CH_3 的反对称和对称伸缩振动谱带常被 CH_2 的谱带（2925 cm^{-1}、2855 cm^{-1}）掩盖。1745 cm^{-1} 为 C=O 的伸缩振动，3473 cm^{-1} 为其倍频。1461 cm^{-1} 为 CH_3 的反对称变角振动和 CH_2 的面内变角振动的叠加。1416 cm^{-1} 为 O-CH_2 中 CH_2 的面内变角

振动。1376 cm^{-1} 为 CH$_3$ 的对称变角振动。1238 cm^{-1}、1160 cm^{-1}、1100 cm^{-1} 为 C—O—C 伸缩振动。

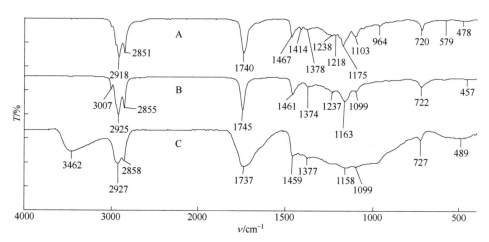

图 11.5　牛油（A）、花生油（B）和干涸桐油（C）的红外光谱

除了它们的共同特征，各种油类含有双键的数目不同，饱和度相异，它们在 3000 cm^{-1} 以上和 1000~700 cm^{-1} 范围内的红外光谱具有一定差异，在条件具备时由此可区别油的种类。

例如，干性液体桐油中 3 个双键构成共轭体系，其红外光谱中，3014 cm^{-1} 为 3 个共轭双键上 =CH 的反对称伸缩振动；半干性的豆油 =CH 的反对称伸缩振动位于 3009 cm^{-1}；干涸桐油没有 =CH 结构，3000 cm^{-1} 以上没有 =CH 吸收。

① 干性液体桐油具有 3 个双键顺-反-反共轭烯结构（ ），在 992 cm^{-1} 有顺式 =CH 面外变角振动峰，在 966 cm^{-1} 有反式 =CH 面外变角振动峰；3 个共轭 C=C 使电子云在整个共轭体系中离域，键力常数减小，双键特性变弱，伸缩振动频率 1643 cm^{-1} 比孤立 C=C 约低 15~30 cm^{-1} [1657 cm^{-1}（$v^{顺式}_{C=C}$）、1673 cm^{-1}（$v^{反式}_{C=C}$）]，又因为 3 个共轭 C=C 有对称伸缩振动[ ]和反对称伸缩振动[ ]的区别，使 C=C 伸缩振动分裂为 1643 cm^{-1}、1586 cm^{-1} 两个峰（如桐油的红外光谱）。② 半干性豆油，只在 967 cm^{-1} 有反式[ ] =CH 面外变角振动弱吸收。③ 不干性油 C=C 键比例小，红外光谱在 1657 cm^{-1}（$v^{顺式}_{C=C}$）、1673 cm^{-1}（$v^{反式}_{C=C}$）、992 cm^{-1} 和 966 cm^{-1} 没有谱带或很弱。据此可以把这三类油区分开。

蓖麻油在 3420 cm^{-1} 有 OH 伸缩振动谱带，这是蓖麻油的红外光谱与不含 OH 的油脂的红外光谱的一个重要区别。如果脱水，蓖麻油此吸收带减弱，但在 990 cm^{-1} 处生成中等强度的反-反共轭[ ]吸收，在 974 cm^{-1} 处生成中等强度的反式[ ] =CH 面外变角振动吸收。

油脂中连续亚甲基 $-(CH_2)_n-$ 的数目 n 决定 CH_2 面内摇摆振动频率，如果 $n \geq 4$，CH_2 面内摇摆振动位于 720 cm^{-1}；CH_2 数目减少，频率升高，$-CH_2CH_2CH_3$ 位于 743~734 cm^{-1}；$-CH_2CH_3$ 位于 790~770 cm^{-1}。桐油有 $(CH_2)_3$ 结构，所以其 CH_2 面内摇摆振动位于 738 cm^{-1}；而豆油和蓖麻油中 $-(CH_2)_n-$ 的 $n>4$，所以它们的 CH_2 面内摇摆振动分别位于 722 cm^{-1}、724 cm^{-1}。

11.3 涂料的标志谱带和鉴定步骤

11.3.1 涂料的标志谱带

涂料属精细化工产品，是树脂、染料、填料、助剂等的混合物。一种涂料的配方仅树脂可能就有多种，每种树脂又是由多种单体合成。涂料的红外光谱分析比塑料、纤维、橡胶的复杂得多。从涂料的红外光谱中识别出涂料的各种成分，并根据主要成膜物确定涂料的种类，都需要一个判断依据，这个依据就是涂料的标志谱带。

11.3.1.1 选择涂料标志谱带的条件

涂料的标志谱带应该具备以下 5 个条件。
（1）能反映主要成膜物的结构特点。
（2）谱带代表的结构与对比样品的结构差别大。
（3）不被或不容易被其他成分的谱带干扰。
（4）有相当强度。
（5）选择标志谱带的个数以 2~3 个为宜，只有 1 个峰，特征权重小，多于 3 个记忆不方便。

11.3.1.2 涂料标志谱带的特点

涂料的标志谱带有以下三个特点。
（1）一种涂料的标志谱带不是固定不变的 随鉴定范围和比较对象不同，一种涂料的标志谱带也会不同。比如，氨基树脂涂料在 1728 cm^{-1} 有 C=O 的伸缩振动吸收，沥青漆在此没有吸收。氨基树脂涂料相对于沥青漆，1728 cm^{-1} 就是标志谱带。醇酸树脂涂料在 1733 cm^{-1} 有 C=O 的伸缩振动吸收，氨基树脂涂料相对于醇酸树脂涂料，就不宜选 1728 cm^{-1} 作标志谱带，见图 11.6。

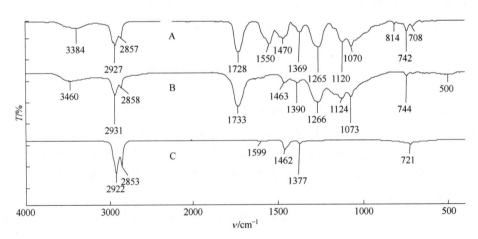

图 11.6 氨基树脂涂料（A）、醇酸树脂涂料（B）和沥青涂料（C）的红外光谱

（2）标志谱带权重不同　谱带代表的结构与对比样品的结构差别越大，该谱带的权重就越大，反之就小。比如图 11.6 中，1550 cm^{-1}、814 cm^{-1} 都是三嗪环的吸收，醇酸树脂涂料没有三嗪环成分，所以氨基树脂涂料相对于醇酸树脂涂料，1550 cm^{-1}、814 cm^{-1} 都是标志谱带，而且是权重大的标志谱带。图 11.6 的 3 条谱线中，1369 cm^{-1}、1390 cm^{-1}、1377 cm^{-1} 都是甲基的对称变角振动谱带，只是在 3 种涂料中它们连接的原子不同，振动频率在一定范围发生位移。这 3 个谱带，相对于氨基树脂涂料、醇酸树脂涂料和沥青漆就是权重小的标志谱带。

（3）权重相近的标志谱带个数越多，鉴定意见的可靠性越大。

11.3.2　根据标志谱带分析涂料红外光谱的步骤

（1）根据样品来源、外观确定被检样品是涂料。

（2）熟悉每种涂料的标志谱带，并根据权重大小排序，权重最大的列为一等标志谱带，其次列为二等标志谱带。

（3）假设被检样品为 A 种涂料，在被检样品的红外光谱中寻找 A 种涂料的一等标志谱带。如果被检样品的红外光谱中没有 A 种涂料的一等标志谱带，则排除被检样品为 A 种涂料的假设，另做其他假设。

（4）如果被检样品的红外光谱中有 A 种涂料的一等标志谱带，则寻找 A 种涂料的二等标志谱带。如果没有，也要排除原假设。

（5）如果被检样品的红外光谱中，A 种涂料的一等标志谱带、二等标志谱带同时俱有，则基本可以确定被检样品为 A 种涂料。

（6）再寻找 A 种涂料的其他谱带，如果也有，则可以确定被检样品为 A 种涂料。被检样品的红外光谱与 A 种涂料标准品红外光谱匹配的谱带越多，鉴定意见可靠性越大。

（7）在被检样品的红外光谱中寻找是否有 A 种涂料之外的谱带。如果没有 A 种涂料之外的谱带，则被检样品为普通 A 种涂料；如果还有 A 种涂料之外的谱带，则根据这些谱带的特点，确定谱带归属，即确定谱带来自何种共用树脂、染料、颜料、填料、助剂等。

11.4　醇酸树脂涂料的红外光谱

11.4.1　醇酸树脂涂料简介

醇酸树脂涂料是以醇酸树脂为主要成膜物的一类涂料，也称醇酸漆。醇酸树脂涂料具有很多优异性能，成为应用最广的涂料之一，广泛用于汽车、机械、建筑、家具、玩具、家电等各个方面。醇酸树脂不仅可以自成系统制成清漆及含有颜料的各种涂料，还可以与其他制漆树脂结合使用，生产出各种新的涂料品种。在这些涂料中，醇酸树脂的含量甚至是其他树脂的几倍。例如在氨基树脂涂料中醇酸树脂的含量是氨基树脂的 1~9 倍，所以在涂料检验中，醇酸树脂及醇酸树脂涂料的检验处于非常重要的地位。

11.4.2　醇酸树脂的分类

11.4.2.1　按油的品种分类

根据所用油（或脂肪酸）的品种不同，醇酸树脂有干性与不干性之分。

干性醇酸树脂：以不饱和脂肪酸或干性油、半干性油为主而改性制得的醇酸树脂。这类树脂的大分子中含有不饱和双键，由其制成的涂料，能在室温下通过空气氧化结膜干燥（气干）。桐油或豆油改性醇酸树脂是这一类干性醇酸树脂的代表。

不干性醇酸树脂：用饱和脂肪酸或不干性油为主而改性制得的醇酸树脂。其本身不含不饱和双键，不能在室温下固化成膜，需要与其他官能度大于 2 的树脂（如氨基树脂、多异氰酸酯）经过加热发生交联反应，才能固结成膜。椰子油或蓖麻油改性醇酸树脂是这一类不干性醇酸树脂的代表。

醇酸树脂中采用的植物油的不饱和度越高，涂料气干性越好，树脂的颜色越深，耐光性越好，而保色性越差。含共轭双键的植物油（如桐油、脱水蓖麻油、梓油）制成的醇酸树脂不耐老化、易泛黄，不适宜制造户外用漆。半干性油（如豆油、葵花籽油）、不干性油（如棕榈油、椰子油）制得的醇酸树脂颜色浅、不易泛黄，适用于户外用漆。如棕榈油、椰子油制造的氨基-醇酸烘漆多用作汽车原厂漆的本色漆。

11.4.2.2 按油含量多少分类

增加油度能提高漆膜的柔韧性和溶解度。根据醇酸树脂中油脂（或脂肪酸）、邻苯二甲酸酐含量多少的不同，醇酸树脂有长油度、中油度、短油度之分。

（1）长油度醇酸树脂　含油量在 60% 以上，邻苯二甲酸酐含量为 20%~30% 的醇酸树脂为长油度醇酸树脂。典型的品种是用 65% 油度的干性油、季戊四醇制成的磁漆，其特点是耐候性优良、干燥速度快、漆膜富有弹性，但在硬度、耐磨耗性、耐划伤性方面不及中油度醇酸树脂。长油度醇酸树脂涂料宜用作户外建筑物、大型钢铁结构的面漆。气干性醇酸树脂涂料用的大都为中长油度的醇酸树脂。

（2）中油度醇酸树脂　含油量在 50%~60%、邻苯二甲酸酐含量在 30%~35% 的醇酸树脂为中油度醇酸树脂，是醇酸树脂的主导品种，特别适合普通运输车辆的涂装。干性油改性的中油度醇酸树脂制成的涂料，干燥速度快、柔韧性好、光泽丰满、保光耐候性好，应用极为广泛。用亚麻仁油、豆油改性的 50% 油度的醇酸树脂涂料都属此类。

（3）短油度醇酸树脂　含油量在 50% 以下、邻苯二甲酸酐含量大于 35% 的醇酸树脂为短油度醇酸树脂。短油度醇酸树脂与其他树脂的混溶性最好，所以它主要是与其他树脂并用，如与氨基树脂并用制备氨基烘漆、锤纹漆等。单纯用这类醇酸树脂制成的涂料的品种很少。

此外，还有所谓超长油醇酸树脂（油度在 85% 以上）和超短油醇酸树脂（油度在 35% 以下）。

11.4.3　醇酸树脂涂料的红外光谱及其解释

普通醇酸树脂涂料的不饱和双键在常温下受阳光和空气作用，自动氧化交联成膜。普通醇酸树脂涂料早期用于货车、公共汽车等对装饰性要求不高的大型车辆，也用于低档车的修补；现在多用于中档车的中间涂层或农用车。

气干型醇酸树脂涂料耐候性差、硬度偏低、干燥时间长，逐渐被烘烤型氨基-醇酸树脂涂料、氨基-丙烯酸树脂涂料、聚氨酯涂料所取代。

11.4.3.1　醇酸树脂涂料的红外光谱

图 11.7 是醇酸树脂涂料和醇酸树脂的红外光谱，从比较中可以发现，醇酸树脂涂料的红外光谱主要是醇酸树脂的吸收，其他部分的吸收少而弱。

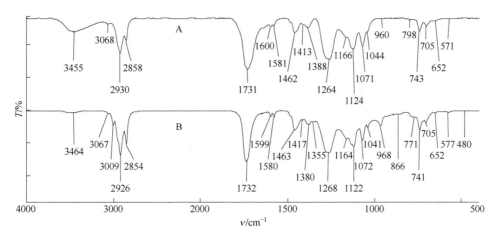

图 11.7　醇酸树脂涂料（A）和醇酸树脂（B）的红外光谱

11.4.3.2　醇酸树脂涂料的标志谱带和鉴定步骤

与其他品种的涂料相比，醇酸树脂涂料的结构特点是有邻苯二甲酸酯，反映邻苯二甲酸酯结构特点的谱带就是醇酸树脂涂料的标志谱带。其中一等标志谱带是 1600 cm^{-1}、1581 cm^{-1}、743 cm^{-1}、705 cm^{-1}；二等标志谱带是 1264 cm^{-1}、1124 cm^{-1}、1071 cm^{-1}。

面对图 11.7 谱线 A，如果要鉴定它是否是醇酸树脂涂料，第一，寻找醇酸树脂涂料的一等标志谱带（1600 cm^{-1}、1581 cm^{-1}、743 cm^{-1}、705 cm^{-1}），发现这四个峰同时存在。据此猜想它可能是醇酸树脂涂料。

第二，寻找醇酸树脂涂料的二等标志谱带（1264 cm^{-1}、1124 cm^{-1}、1071 cm^{-1}），发现也同时存在。依据以上两点，基本就可以确定涂料是醇酸树脂涂料。

第三，对照醇酸树脂涂料标准品的红外光谱，在被检树脂涂料的光谱中寻找醇酸树脂涂料的其他谱带，比如 3455 cm^{-1}、3068 cm^{-1}、2930 cm^{-1}、2858 cm^{-1}、1731 cm^{-1}、1462 cm^{-1}、1413 cm^{-1}、1388 cm^{-1}、1166 cm^{-1}、1044 cm^{-1}、652 cm^{-1}。如果这些谱带能大部分找到。依据以上三点，可以确定该涂料是醇酸树脂涂料。

第四步，检查图 11.7 谱线 A，发现除醇酸树脂的谱带外，再没有其他谱带，因此可以确定该涂料就是普通醇酸树脂涂料（没有检出共用树脂、填料、染料等成分）。

11.4.3.3　含铁蓝染料的醇酸树脂涂料的红外光谱

图 11.8 为农用三轮车上蓝色漆的红外光谱。可以按下列步骤分析此光谱图。

第一，醇酸树脂涂料的一等标志谱带（1601 cm^{-1}、1580 cm^{-1}、705 cm^{-1}）同时存在，据此猜想涂料可能是醇酸树脂涂料。

第二，醇酸树脂涂料的二等标志谱带（1263 cm^{-1}、1120 cm^{-1}、1073 cm^{-1}）也同时存在。依据以上两点，基本可以确定涂料为醇酸树脂涂料。

第三，对照醇酸树脂涂料标准品的红外光谱，图 11.8 中醇酸树脂涂料的其他主要谱带也同时存在，如 3069 cm^{-1}、2928 cm^{-1}、2857 cm^{-1}、1730 cm^{-1}、1461 cm^{-1}、1387 cm^{-1}、1166 cm^{-1}。根据以上三点，可以确定农用三轮车上蓝色漆为醇酸树脂涂料。

第四，图 11.8 中，除醇酸树脂涂料的谱带外，还有其他的谱带，如 2090 cm^{-1}、1410 cm^{-1}、607 cm^{-1}、499 cm^{-1}，其中 2090 cm^{-1} 是铁蓝的标志谱带。

第五，对比铁蓝的红外光谱，图 11.8 中，1410 cm^{-1}、607 cm^{-1}、499 cm^{-1} 也是铁蓝的谱带。

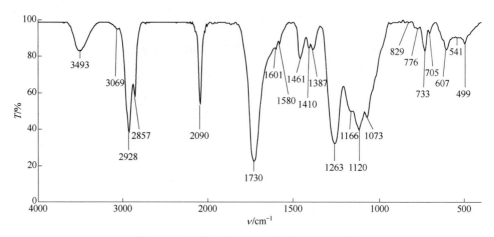

图 11.8　农用三轮车上蓝色漆的红外光谱

图 11.9 为醇酸树脂涂料和铁蓝的红外光谱。比较图 11.8 和图 11.9 可以确定：农用三轮车上蓝色漆为含铁蓝染料的醇酸树脂涂料。

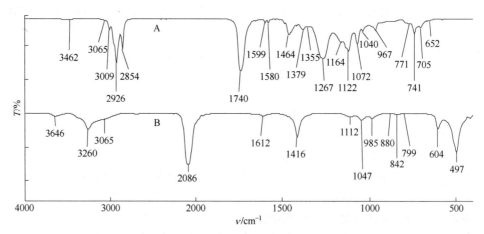

图 11.9　醇酸树脂涂料（A）和铁蓝（B）的红外光谱

如果蓝色涂料的红外光谱在 2090~2086 cm^{-1} 出现强吸收，其中一定有铁蓝染料。如果绿色涂料的红外光谱在 2090~2086 cm^{-1} 出现强吸收，它可能在 860 cm^{-1} 还有铬酸铅的吸收。2090~2086 cm^{-1}、860 cm^{-1} 同时存在，说明涂料中有铬绿颜料（请参考"7.5.1 铁蓝的红外光谱""7.5.4 铬绿的红外光谱"）。

醇酸树脂涂料中含有铁蓝染料，多呈偏紫的蓝色。铁蓝的遮盖力不如酞菁蓝，但其着色力好。铁蓝不溶于油、水，耐光、耐候、耐酸，但不耐碱。铁蓝遇稀碱也会分解，所以含铁蓝的油漆多用于比较低档的机动车，如大货车、农用三轮车等。

11.4.3.4　含碳酸钙的醇酸树脂涂料的红外光谱

图 11.10 为一货车叶子板上蓝色漆的红外光谱。可按以下步骤分析这张谱图。

第一，醇酸树脂涂料的一等标志谱带（1598 cm^{-1}、1578 cm^{-1}、742 cm^{-1}）同时存在，据此猜想蓝色漆可能是醇酸树脂涂料。

第二，醇酸树脂涂料的二等标志谱带（1276 cm^{-1}、1124 cm^{-1}、1073 cm^{-1}）也同时存在。依据以上两点基本可以确定蓝色漆为醇酸树脂涂料。

第三,图 11.10 中醇酸树脂涂料的其他主要谱带也存在,如 3066 cm^{-1}、2928 cm^{-1}、2858 cm^{-1}、1728 cm^{-1}、1040 cm^{-1}、962 cm^{-1}、653 cm^{-1}。根据以上三点,可以确定蓝色漆为醇酸树脂涂料。

第四,图 11.10 中除醇酸树脂涂料的谱带外,还有其他谱带,如 2512 cm^{-1}、1796 cm^{-1}、874 cm^{-1}、711 cm^{-1} 以及 1446 cm^{-1} 左右的宽、强吸收。其中 874 cm^{-1} 是碳酸钙的一等标志谱带,因此猜想蓝色漆可能含碳酸钙。

第五,2512 cm^{-1}、1796 cm^{-1} 同时存在,是碳酸钙的二等标志谱带,依据以上两点可以确定蓝色漆含碳酸钙。

图 11.11 为醇酸树脂涂料和碳酸钙的红外光谱,比较图 11.10 和图 11.11 可以确定,货车叶子板上蓝色漆为含碳酸钙填料的醇酸树脂涂料。

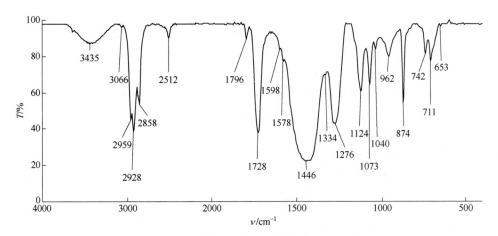

图 11.10　货车叶子板上蓝色漆的红外光谱

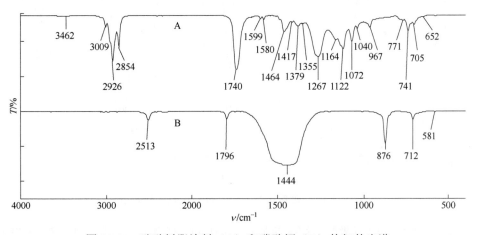

图 11.11　醇酸树脂涂料(A)和碳酸钙(B)的红外光谱

碳酸钙的红外光谱中,874 cm^{-1} 峰强度中等,不易受其他物质干扰,特征性强,是碳酸钙的一等标志谱带;2512 cm^{-1}、1796 cm^{-1} 两个峰虽然弱,但特征性比较强,识谱时要格外留意。多种基团在 1446 cm^{-1} 左右都有吸收,碳酸钙在此区域吸收的特点是宽而强,涂料中若混有碳酸钙,能强烈改变红外光谱在此区域的形状。711 cm^{-1} 容易受 CH$_2$ 面内摇摆振动频率(720 cm^{-1})的影响,特征性低。

醇酸树脂涂料中含有碳酸钙的情况比较多见。漆中的碳酸钙属白色体质颜料，不具有遮盖力和着色力，价格便宜，折射率为 1.58，与油或漆的折射率相当。在漆内不能阻止光线透过，也不能为漆膜添加色彩，只能增加漆膜厚度、硬度和漆膜体质，使漆膜耐久、耐磨。碳酸钙多用于平光漆和水粉漆中，在有光漆中小量使用，能改进漆的悬浮性，中和漆料酸性和改进平滑性。

11.4.3.5　含硫酸钡的醇酸树脂涂料的红外光谱

图 11.12 为一交通案中被撞死者衣服上白色附着物的红外光谱。可以按下列步骤分析这张谱图。

第一，图 11.12 中，醇酸树脂涂料的一等标志谱带（1599 cm^{-1}、1581 cm^{-1}、743 cm^{-1}、707 cm^{-1}）同时存在，据此猜想白色附着物可能是醇酸树脂涂料。

第二，醇酸树脂涂料的二等标志谱带（1263 cm^{-1}、1118 cm^{-1}、1079 cm^{-1}）也同时存在。据以上两点基本可以确定白色附着物为醇酸树脂涂料。

第三，醇酸树脂涂料的其他主要谱带也存在，如 3066 cm^{-1}、2929 cm^{-1}、2857 cm^{-1}、1733 cm^{-1}、1451 cm^{-1}。根据以上三点可以确定白色附着物为醇酸树脂涂料。

第四，图 11.12 中除醇酸树脂涂料的谱带外，还有其他谱带，如 1187 cm^{-1}、984 cm^{-1}、637 cm^{-1}、610 cm^{-1}，并且在 1300~1000 cm^{-1} 间出现宽、强峰，其中 984 cm^{-1}、637 cm^{-1}、610 cm^{-1} 同时存在，是硫酸钡的一等标志谱带。据此猜想白色附着物中可能有硫酸钡。

第五，对比硫酸钡的红外光谱，1187 cm^{-1} 和 1300~1000 cm^{-1} 间的宽、强峰也是硫酸钡的谱带。根据以上两点可以确定白色附着物中有硫酸钡。

图 11.13 为醇酸树脂涂料和硫酸钡的红外光谱，比较图 11.12 和图 11.13 可以确定，死者衣服上白色附着物为含硫酸钡的醇酸树脂涂料。

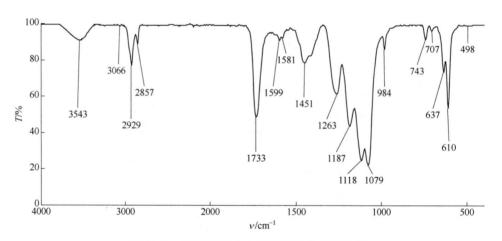

图 11.12　死者衣服上白色附着物的红外光谱

硫酸钡在 1089 cm^{-1} 有吸收，醇酸树脂在 1070 cm^{-1} 有吸收，二者叠加后在 1079 cm^{-1} 出现吸收。

984 cm^{-1} 是涂料中硫酸钡特征性最强的谱带，637 cm^{-1}、610 cm^{-1} 次之。如果上述三个峰同时存在，涂料中有硫酸钡的可能性就非常大，然后看 1300~1100 cm^{-1} 是否有宽、强吸收。

进行交通案的涂料检验时，醇酸树脂涂料中含有硫酸钡的情况经常遇到。涂料中的硫酸钡属白色体质颜料，具有耐化学性好、遮盖力弱、吸油量大、密度大的特点，能与任何漆料、颜料共同使用，增强漆膜硬度，与少量氧化锌合用能提高漆膜耐磨性。

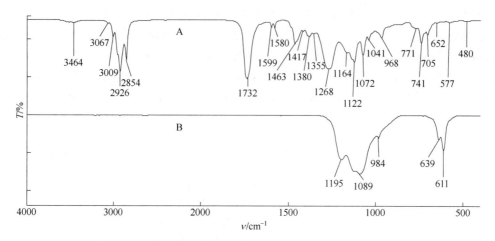

图 11.13　醇酸树脂涂料（A）和硫酸钡（B）的红外光谱

含硫酸钡的醇酸树脂涂料的红外光谱呈以下特点：1300~1000 cm^{-1} 间出现宽、强峰，在宽强峰的左侧，1263 cm^{-1}、1187 cm^{-1}、1118 cm^{-1}、1079 cm^{-1} 四个谱带呈阶梯状排列，状似向下伸开的手掌的 4 个手指；在宽强峰的右侧有 984 cm^{-1} 谱带遥相呼应，状似向下伸开的手掌的拇指，见图 11.12。

11.4.3.6　含大红粉的醇酸漆的红外光谱

以上分析的 4 例醇酸树脂涂料的红外光谱，都是把 1600 cm^{-1}、1580 cm^{-1}、744 cm^{-1}、705 cm^{-1} 等峰同时存在作为判断涂料是否为醇酸树脂涂料的一等标志谱带，它们都是与苯环有关的振动吸收。有些染料的分子中也含有苯环，它们也会在同一区域有类似吸收。这样，醇酸树脂和染料两种成分的谱带会发生重叠。这时就不宜把上述 4 个峰作为判断的一等标志谱带，而应该把 1264 cm^{-1}、1124 cm^{-1}、1071 cm^{-1}（1264 cm^{-1}、1124 cm^{-1} 为邻苯二甲酸酯的谱带）同时存在作为判断涂料是否为醇酸树脂涂料的一等标志谱带。下面举例说明在这种情况下如何识谱。

图 11.14 为某某在电线杆上刷的标语红色漆的红外光谱。

第一，1266 cm^{-1}、1122 cm^{-1}、1073 cm^{-1} 同时存在，它们是醇酸树脂涂料的标志谱带，显示标语红色漆可能是醇酸树脂涂料。

第二，醇酸树脂涂料的其他谱带，如 2929 cm^{-1}、2857 cm^{-1}、1735 cm^{-1}、1416 cm^{-1}、1383 cm^{-1}、703 cm^{-1}、651 cm^{-1} 也同时存在。依据以上两点基本可以确定标语红色漆为醇酸树脂涂料。

第三，图 11.14 中除醇酸树脂的谱带外，还有 3184 cm^{-1}、3131 cm^{-1}、3030 cm^{-1}、1674 cm^{-1}、1596 cm^{-1}、1546 cm^{-1}、1534 cm^{-1}、1494 cm^{-1}、1449 cm^{-1}、1361 cm^{-1}、903 cm^{-1}、834 cm^{-1}、817 cm^{-1}、753 cm^{-1}、611 cm^{-1}、548 cm^{-1}、520 cm^{-1}、493 cm^{-1} 等谱带，其中 1674 cm^{-1}、548 cm^{-1}、520 cm^{-1}、493 cm^{-1} 同时存在是大红粉的标志谱带。

第四，进一步与大红粉的红外光谱比较可知，图 11.14 中除醇酸树脂的谱带外，其余都是大红粉的谱带。依据以上两点基本可以确定标语红色漆中有大红粉。

图 11.15 为醇酸树脂涂料和大红粉的红外光谱，比较图 11.14 和图 11.15 可以确定，电杆上标语红色漆是含大红粉染料的醇酸树脂涂料。

有时会把含大红粉的醇酸树脂涂料与氨基漆相混淆，因为在前者的红外光谱中有

1547 cm^{-1}、1534 cm^{-1} 和 817 cm^{-1} 谱带，容易把它们误认为是氨基树脂的吸收。仔细辨认可以发现，含有大红粉的涂料除这 3 个谱带外，还同时有大红粉的其他谱带，如 1673 cm^{-1}、1494 cm^{-1}、756 cm^{-1}、549 cm^{-1}、522 cm^{-1} 等；氨基树脂在 1550 cm^{-1} 附近的吸收是单峰，大红粉在此区域有 2 个峰，即 1547 cm^{-1} 和 1534 cm^{-1}，或二者合并成较宽的吸收；氨基树脂在 815~813 cm^{-1} 有吸收，而大红粉在 818~816 cm^{-1} 有吸收。另外，大红粉只存在于红色涂料中，而氨基树脂可能存在于各种颜色的涂料中。

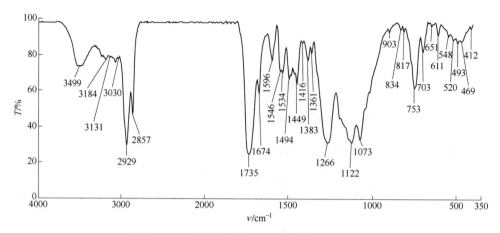

图 11.14　电线杆上标语红色漆的红外光谱

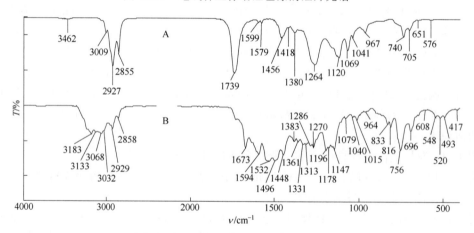

图 11.15　醇酸树脂涂料（A）和大红粉（B）的红外光谱

11.4.3.7　苯乙烯改性醇酸树脂涂料的红外光谱

图 11.16 为肇事车右挡板红色漆的红外光谱。

第一，1601 cm^{-1}、1582 cm^{-1}、749 cm^{-1} 等峰同时存在，它们是醇酸树脂涂料的一等标志谱带。据此猜想涂料可能是醇酸树脂涂料。需要注意的是醇酸树脂的红外光谱中 1600 cm^{-1}、1580 cm^{-1} 强度相当，而图 11.16 中 1601 cm^{-1}、1582 cm^{-1} 强度差别比较大，并且缺少 704 cm^{-1} 峰，这显示涂料中除醇酸树脂外，可能还有另一种树脂。

第二，1271 cm^{-1}、1122 cm^{-1}、1071 cm^{-1} 也同时存在，它们是醇酸树脂涂料的二等标志谱带。据以上两点，基本可以确定右挡板红色漆为醇酸树脂涂料。

第三，醇酸树脂涂料的其他主要谱带也存在，如 3402 cm^{-1}、2925 cm^{-1}、2855 cm^{-1}、

1729 cm^{-1}、1379 cm^{-1}。依据以上三点，可以确定右挡板红色漆为醇酸树脂涂料。

第四，图 11.16 中除醇酸树脂涂料的谱带外，还有其他谱带，如 3082 cm^{-1}、3061 cm^{-1}、3027 cm^{-1}、3002 cm^{-1}、1949 cm^{-1}、1875 cm^{-1}、1493 cm^{-1}、1453 cm^{-1}、1030 cm^{-1}、907 cm^{-1}、842 cm^{-1}、698 cm^{-1}、539 cm^{-1}。其中 1493 cm^{-1}、1453 cm^{-1}、698 cm^{-1}、539 cm^{-1} 同时存在是苯环单取代的特征吸收。3082 cm^{-1}、3061 cm^{-1}、3027 cm^{-1}、3002 cm^{-1} 同时存在是聚苯乙烯的特征吸收。由此猜想右挡板红色漆中可能有聚苯乙烯。

第五，对比聚苯乙烯的红外光谱，图 11.16 中 1949 cm^{-1}、1875 cm^{-1}、1030 cm^{-1}、907 cm^{-1}、842 cm^{-1} 等谱带是聚苯乙烯的吸收。证实右挡板红色漆中含聚苯乙烯。

聚苯乙烯在 757 cm^{-1} 有吸收，醇酸树脂涂料在 743 cm^{-1} 有吸收，二者叠加在 749 cm^{-1} 产生吸收。

图 11.17 为聚苯乙烯和醇酸树脂涂料的红外光谱。比较图 11.16 和图 11.17 可以确定，肇事车右挡板红色漆为苯乙烯改性醇酸树脂涂料。

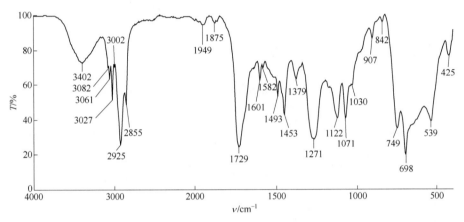

图 11.16 肇事车右挡板红色漆的红外光谱

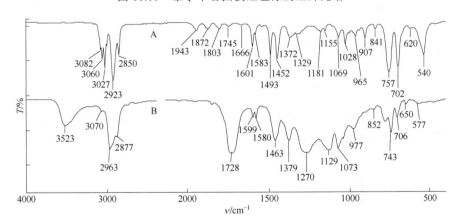

图 11.17 聚苯乙烯（A）和醇酸树脂涂料（B）的红外光谱

苯乙烯改性醇酸树脂涂料可以改善醇酸树脂涂料的光泽、颜色，提高漆膜耐水性和干结速度，但会使漆膜的耐溶剂性和耐候性降低。

11.4.3.8 含二氧化硅的醇酸树脂涂料的红外光谱

醇酸树脂涂料本身不含二氧化硅。但交通事故搜集的涂料中经常会混进泥土、砂石等，红外光谱中就会出现二氧化硅的吸收。能从涂料的红外光谱中识别出二氧化硅，可以排除泥土、砂石等对识谱的干扰。图 11.18 是一起交通事故路面散落漆片的红外光谱，图 11.19 是醇酸树脂涂料和结晶二氧化硅的红外光谱。比较图 11.18 与图 11.19 可知，图 11.18 中 3405 cm^{-1}、2954 cm^{-1}、2922 cm^{-1}、2853 cm^{-1}、1736 cm^{-1}、1600 cm^{-1}、1581 cm^{-1}、1461 cm^{-1}、1378 cm^{-1}、1257 cm^{-1}、1119 cm^{-1}、1072 cm^{-1}、744 cm^{-1}、650 cm^{-1} 为醇酸树脂涂料的吸收；1300~1000 cm^{-1} 间的宽、强吸收，798 cm^{-1}、781 cm^{-1}、696 cm^{-1}、519 cm^{-1}、472 cm^{-1} 为结晶二氧化硅的吸收。

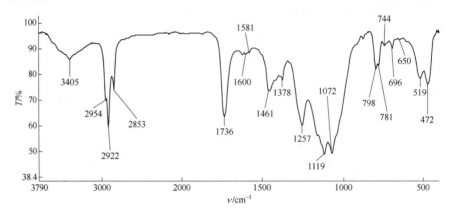

图 11.18　路面散落漆片的红外光谱

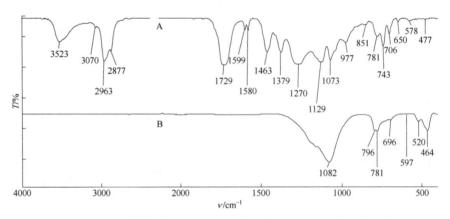

图 11.19　醇酸树脂涂料（A）和结晶二氧化硅（B）的红外光谱

借助能谱图，可以更好地从红外光谱中识别出二氧化硅，借以判断哪些谱带是涂料本身的吸收，哪些谱带是沾染泥土的吸收，见图 11.20。

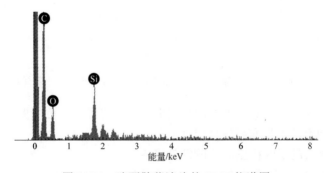

图 11.20　路面散落漆片的 EDX 能谱图

11.4.3.9 含滑石粉的醇酸树脂涂料的红外光谱

图 11.21 为肇事车右前挡泥板蓝色漆的红外光谱。

第一，醇酸树脂涂料的一等标志谱带（1599 cm^{-1}、1581 cm^{-1}、742 cm^{-1}）同时存在，据此猜想挡泥板蓝色漆可能是醇酸树脂涂料。

第二，醇酸树脂涂料的二等标志谱带（1265 cm^{-1}、1126 cm^{-1}、1072 cm^{-1}）也同时存在，依据以上两点基本可以确定挡泥板蓝色漆为醇酸树脂涂料。

第三，醇酸树脂涂料的其他主要谱带也存在，如 3525 cm^{-1}、3077 cm^{-1}、2929 cm^{-1}、2857 cm^{-1}、1733 cm^{-1}、1455 cm^{-1}、1416 cm^{-1}、1168 cm^{-1}，依据以上三点可以确定挡泥板蓝色漆为醇酸树脂涂料。

第四，图 11.21 中，除醇酸树脂涂料的谱带外，还有其他谱带，如 3677 cm^{-1}、1017 cm^{-1}、671 cm^{-1}、466 cm^{-1}、452 cm^{-1}、424 cm^{-1}。其中 3677 cm^{-1}、466 cm^{-1}、452 cm^{-1} 同时存在，是滑石粉的标志谱带。由此猜想蓝色漆中可能有滑石粉。

第五，对比滑石粉的红外光谱，1017 cm^{-1}、671 cm^{-1}、424 cm^{-1} 三个谱带也是滑石粉的吸收，依据以上两点基本可以确定挡泥板蓝色漆含滑石粉。

图 11.22 为醇酸树脂涂料和滑石粉的红外光谱。比较图 11.21 和图 11.22 可以确定，肇事车右前挡泥板蓝色漆为含滑石粉的醇酸树脂涂料。

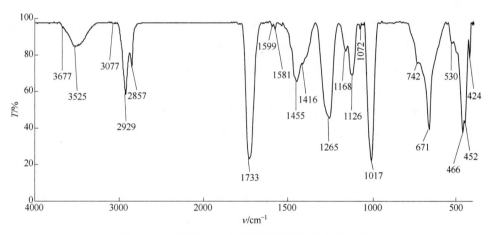

图 11.21　肇事车右前挡泥板蓝色漆的红外光谱

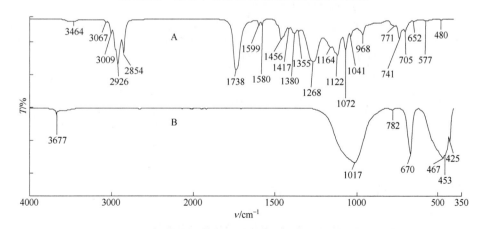

图 11.22　醇酸树脂涂料（A）和滑石粉（B）的红外光谱

滑石粉的红外光谱中 3677 cm^{-1} 特征性最强,但它强度小,如果涂料中滑石粉含量比较低,可能不出现或者被忽略。特征性次强的是 466 cm^{-1}、452 cm^{-1}、424 cm^{-1}。1017 cm^{-1}、671 cm^{-1} 虽然强度很大,但是它们出现在多种基团都有吸收的区域,特征性相对减弱。

如果用红外显微镜或 ATR 分析涂料,由于用的是 MCT 检测器,扫描范围下限是 675 cm^{-1},滑石粉可能只出现 1017 cm^{-1} 峰,孤峰难确定涂料中是否含滑石粉。这时可以把扫描范围下限调至 600 cm^{-1},看能否出现 670 cm^{-1} 峰,也可以借助能谱仪等仪器予以证实。

含滑石粉的醇酸树脂涂料多出现于农用车的底漆或腻子中。涂料中加入滑石粉可防止颜料沉淀,也可防止涂料流挂。滑石粉在漆膜中能吸收伸缩应力,免于发生裂缝和空隙。因此,滑石粉适用于室外涂料,也适用于耐洗、耐磨涂料。

11.4.3.10 含二氧化钛的醇酸树脂涂料的红外光谱

图 11.23 为皮卡车白色漆的红外光谱,其特点之一是谱线从 830~700 cm^{-1} 有陡坡,这是涂料中含二氧化钛时红外光谱的特点。

二氧化钛在中红外波段没有明显的吸收峰,只在 1070~800 cm^{-1} 有一陡坡,800~400 cm^{-1} 是缓坡(图 11.24 谱线 B),分析涂料的红外光谱时如果不特别注意就容易忽略。用红外光谱分析涂料时,经常要借助能谱仪等仪器证实涂料中是否有二氧化钛颜料。图 11.25 为皮卡车白色漆的 EDX 能谱图,白色漆除含二氧化钛外,还含少量铝和硅元素。

第一,图 11.23 中醇酸树脂涂料的一等标志谱带(1599 cm^{-1}、1581 cm^{-1}、743 cm^{-1}、704 cm^{-1})同时存在,据此猜想白色漆可能是醇酸树脂。

第二,醇酸树脂涂料的二等标志谱带(1264 cm^{-1}、1123 cm^{-1}、1071 cm^{-1})也同时存在。依据以上两点,基本可以确定漆为醇酸树脂涂料。

第三,醇酸树脂涂料的其他主要谱带也存在,如 2929 cm^{-1}、2857 cm^{-1}、1732 cm^{-1}、1463 cm^{-1}、1388 cm^{-1}、1162 cm^{-1}、1042 cm^{-1}。依据以上三点可以确定涂料为醇酸树脂涂料。

第四,图 11.23 中除醇酸树脂涂料的谱带外,还在 830~700 cm^{-1} 有陡坡,猜想涂料中可能含二氧化钛。图 11.25 证实涂料中含有大量钛元素和少量铝、硅元素。

图 11.24 为醇酸树脂涂料和二氧化钛的红外光谱。比较图 11.23 和图 11.24 并参考图 11.25 可以确定,皮卡车白色漆为含二氧化钛和少量铝、硅元素的醇酸树脂涂料。

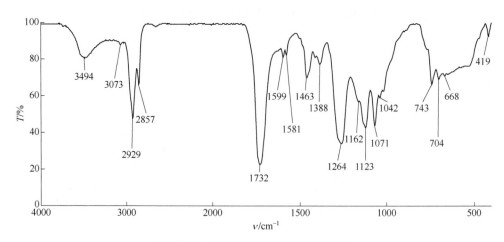

图 11.23 皮卡车白色漆的红外光谱

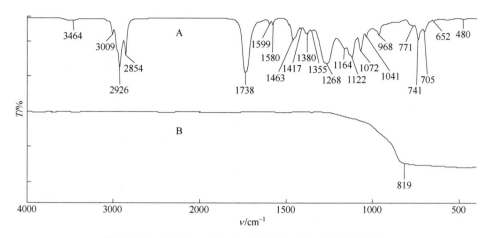

图 11.24　醇酸漆（A）和二氧化钛（B）的红外光谱

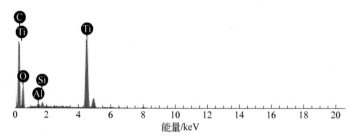

图 11.25　皮卡车白漆的 EDX 能谱图

二氧化钛是涂料工业制造白色漆、浅色漆不可缺少的主要原料，约占涂料用颜料总量的 90%、涂料用白色颜料的 95% 以上。二氧化钛颜色纯白，是着色力和遮盖力最强的无机填料，而且耐光、耐热、耐碱、耐稀酸。二氧化钛硬度大，能赋予漆膜良好的抗石击性。

11.4.3.11　含铬酸铅的醇酸树脂涂料的红外光谱

图 11.26 为农用三轮车油箱红色漆的红外光谱。

第一，图中 1600 cm^{-1}、1581 cm^{-1}、744 cm^{-1}、706 cm^{-1} 等谱带同时存在，它们是醇酸树脂涂料的一等标志谱带，据此猜想油箱红色漆可能是醇酸树脂涂料。

第二，1261 cm^{-1}、1121 cm^{-1}、1071 cm^{-1} 等谱带也同时存在，它们是醇酸树脂涂料的二等标志谱带。依据以上两点基本可以确定油箱红色漆为醇酸树脂涂料。

第三，醇酸树脂涂料的其他主要谱带也存在，如 2931 cm^{-1}、2859 cm^{-1}、1736 cm^{-1}、1461 cm^{-1}、1392 cm^{-1}。依据以上三点可以确定油箱红色漆为醇酸树脂涂料。

第四，图 11.26 中除醇酸树脂涂料的谱带外，还有 861 cm^{-1} 谱带，该谱带强度中等，峰形较宽，与铬酸铅的谱带相似。图 11.28 为农用三轮车油箱红色漆的 EDX 能谱图，表明红色漆含大量铬、铅元素，同时还含少量铁、铝元素。

图 11.27 为醇酸树脂涂料和铬黄的红外光谱，把图 11.26 与图 11.27 相比较并参考图 11.28 可以确定，农用三轮车油箱红色漆为含铬酸铅和少量铁、铝元素的醇酸树脂涂料。

铬黄的主要成分是铬酸铅或铬酸铅与不同比例的硫酸铅混合的结晶体。其颜色介于柠檬色与深黄色之间，铬酸铅含量越大颜色越深，遮盖力越好。铬黄耐光性不好，在光的作用下颜色会变暗。用铬黄作颜料的涂料越来越少，这是因为铅化合物会使人慢性中毒，含铬黄的涂料尤其不能用于儿童玩具。

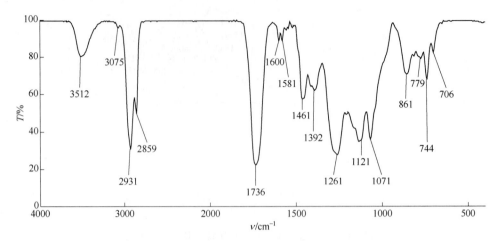

图 11.26　农用三轮车油箱红色漆的红外光谱

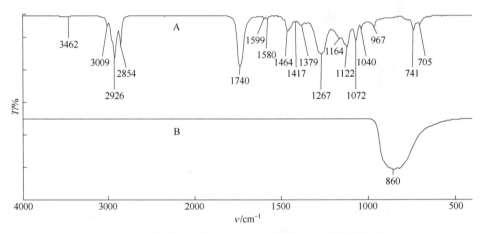

图 11.27　醇酸树脂涂料（A）和铬黄（B）的红外光谱

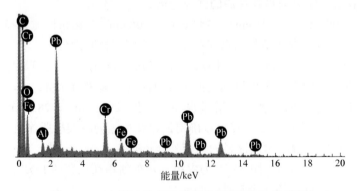

图 11.28　农用三轮车油箱红色漆的 EDX 能谱图

11.4.3.12　含高岭土的醇酸树脂涂料的红外光谱

图 11.29 为肇事车保险杠第二层灰色漆的红外光谱。

第一，图中 1601 cm^{-1}、1581 cm^{-1}、746 cm^{-1} 同时存在，它们是醇酸树脂涂料的一等标志谱带，据此猜想灰色漆可能是醇酸树脂涂料。

第二，1262 cm^{-1}、1117 cm^{-1}、1069 cm^{-1} 等谱带也同时存在，它们是醇酸树脂涂料的二

等标志谱带。依据以上两点基本可以确定灰色漆为醇酸树脂涂料。

第三，醇酸树脂涂料的其他主要谱带也存在，如 2927 cm^{-1}、2857 cm^{-1}、1724 cm^{-1}、1459 cm^{-1}、1380 cm^{-1}。依据以上三点可以确定灰漆为醇酸树脂涂料。

第四，图 11.29 中除醇酸树脂涂料的谱带外，还有 3695 cm^{-1}、3654 cm^{-1}、3622 cm^{-1}、1036 cm^{-1}、918 cm^{-1}、876 cm^{-1}、784 cm^{-1}、694 cm^{-1}、610 cm^{-1}、542 cm^{-1}、472 cm^{-1} 等谱带，其中 3695 cm^{-1}、3622 cm^{-1}、542 cm^{-1} 同时存在，是高岭土的一等标志谱带。据此猜想灰色漆中可能含高岭土。

第五，1036 cm^{-1}、918 cm^{-1} 等高岭土的二等标志谱带也存在。依据以上两点基本可以确定保险杠第二层灰色漆中含高岭土。

图 11.30 为醇酸树脂涂料和高岭土的红外光谱，比较图 11.29 和图 11.30 可以确定，肇事车保险杠第二层灰色漆为含高岭土的醇酸树脂涂料。

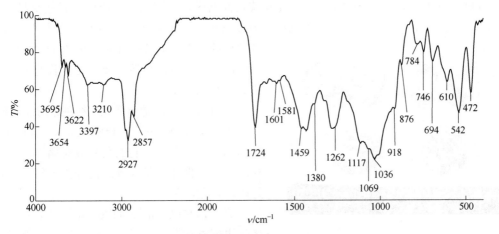

图 11.29　肇事车保险杠第二层灰色漆的红外光谱

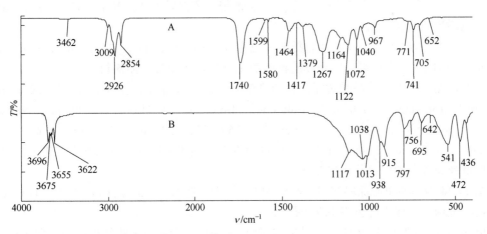

图 11.30　醇酸树脂涂料（A）和高岭土（B）的红外光谱

图 11.31 为肇事车保险杠第二层灰色漆的 EDX 能谱图，表明灰漆中除含高岭土外，还含少量钙元素。图 11.30 中 876 cm^{-1} 可能是碳酸钙的吸收。综合分析，肇事车保险杠第二层灰色漆定为"含高岭土和少量钙元素的醇酸树脂涂料"更准确。

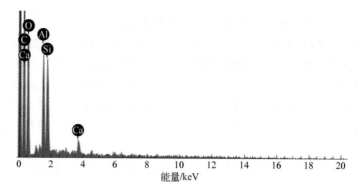

图 11.31　肇事车保险杠第二层灰色漆的 EDX 能谱图

11.4.3.13　含甲苯胺红的醇酸树脂涂料的红外光谱

2009 年 3 月 19 日 19 时 50 分许,在重庆市高新区,一蒙面男子持枪打死驻军某部门口哨兵,抢走 81-1 式自动步枪 1 支。现场提取到 9 mm×19 mm 手枪子弹弹头、弹壳各 2 枚,同时送检的还有比对弹壳 4 枚,见图 11.32。6 枚弹壳底部标识均有红色漆,要求对 6 枚弹壳底部红色漆进行比对检验。

图 11.33 为现场遗留弹壳上红色漆的红外光谱。

第一, 1602 cm^{-1}、1580 cm^{-1}、744 cm^{-1}、707 cm^{-1} 同时存在,它们是醇酸树脂涂料的一等标志谱带,据此猜想现场遗留弹壳上红色漆可能是醇酸树脂涂料。

第二, 1260 cm^{-1}、1126 cm^{-1}、1072 cm^{-1} 等谱带也同时存在,它们是醇酸树脂涂料的二等标志谱带。依据以上两点基本可以确定现场遗留弹壳上红色漆为醇酸树脂涂料。

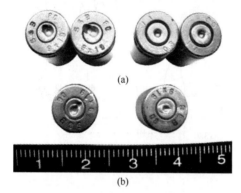

图 11.32　比对弹壳(a)和现场弹壳(b)

第三,醇酸树脂涂料的其他主要谱带也存在,如 2928 cm^{-1}、2858 cm^{-1}、1731 cm^{-1}、653 cm^{-1}。据以上三点可以确定现场遗留弹壳上红色漆为醇酸树脂涂料。

第四,图 11.33 中除醇酸树脂涂料的谱带外,还有 3501 cm^{-1}、3081 cm^{-1}、3036 cm^{-1}、1619 cm^{-1}、1562 cm^{-1}、1470 cm^{-1}、1449 cm^{-1}、1400 cm^{-1}、1341 cm^{-1}、1190 cm^{-1}、986 cm^{-1}、925 cm^{-1}、869 cm^{-1}、849 cm^{-1}、812 cm^{-1}、775 cm^{-1}、722 cm^{-1}、509 cm^{-1} 等谱带,其中 1619 cm^{-1}、1500 cm^{-1}、1400 cm^{-1} 等谱带同时存在,是甲苯胺红染料的标志谱带,因此猜想现场遗留弹壳红色漆中可能含甲苯胺红。

图 11.34 为醇酸树脂涂料和甲苯胺红的红外光谱,把图 11.33 与图 11.34 谱线 B 相比较可以确定,现场遗留弹壳红色漆中含甲苯胺红。

把图 11.33 与图 11.34 相比较可以确定:现场弹壳红漆为含甲苯胺红染料的醇酸树脂涂料。图 11.35 为现场遗留弹壳上红色漆的 EDX 能谱图,图中只检出 C、O 两种元素,说明弹壳上红漆确实不含填料等无机物。

因为甲苯胺红在 1562 cm^{-1} 和 813 cm^{-1} 有吸收。氨基漆在 1550 cm^{-1} 和 813 cm^{-1} 有吸收,所以经常被视为氨基树脂涂料的标志谱带。检验时要特别注意甲苯胺红与氨基树脂涂料红外光谱的差别。

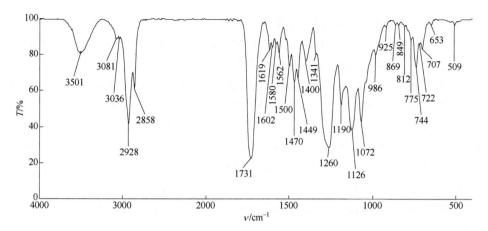

图 11.33　现场遗留弹壳上红漆的红外光谱

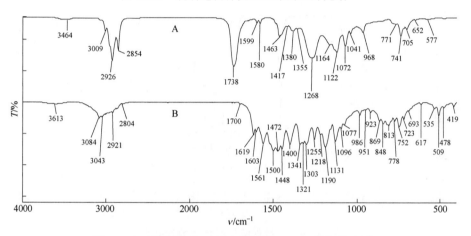

图 11.34　醇酸漆（A）和甲苯胺红（B）的红外光谱

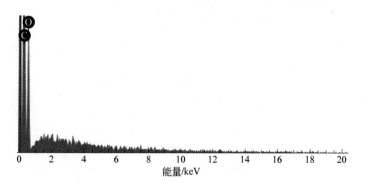

图 11.35　现场遗留弹壳上红漆的 EDX 能谱图

含甲苯胺红的醇酸树脂涂料呈正红色，颜色亮丽。

11.4.3.14　含铬绿的醇酸树脂涂料的红外光谱

2008 年某公司保险柜被撬，从嫌疑人家中提取到一把凿子，凿子上有绿色附着物。当地公安局要求对保险柜绿漆和凿子上绿色附着物进行成分比对检验。

图 11.36 为被撬保险柜绿色漆的红外光谱。

第一，醇酸树脂涂料的一等标志谱带（1600 cm^{-1}、1580 cm^{-1}、744 cm^{-1}、705 cm^{-1}）同

时存在，据此猜想保险柜绿色漆可能是醇酸树脂涂料。

第二，醇酸树脂涂料的二等标志谱带（1267 cm^{-1}、1125 cm^{-1}、1070 cm^{-1}）也同时存在。依据以上两点基本可以确定被撬保险柜绿色漆为醇酸树脂涂料。

第三，醇酸树脂涂料的其他主要谱带也存在，如 2931 cm^{-1}、2862 cm^{-1}、1729 cm^{-1}、1465 cm^{-1}、1372 cm^{-1}。依据以上三点可以确定保险柜绿色漆为醇酸树脂涂料。

第四，图 11.36 中除醇酸树脂涂料的谱带外，还有 2093 cm^{-1}、1415 cm^{-1}、858 cm^{-1}、627 cm^{-1}、498 cm^{-1} 等谱带，其中 2093 cm^{-1} 为铁蓝的标志谱带，858 cm^{-1} 为铬黄的标志谱带。考虑到保险柜是绿色漆，据此猜想保险柜绿色漆中可能含铬绿。

图 11.37 为醇酸树脂涂料和铬绿的红外光谱，把图 11.36 与图 11.37 相比较可以发现，1415 cm^{-1}、627 cm^{-1}、498 cm^{-1} 等铬绿的谱带也同时存在。依据以上两点可以确定保险柜绿色漆中含铬绿。

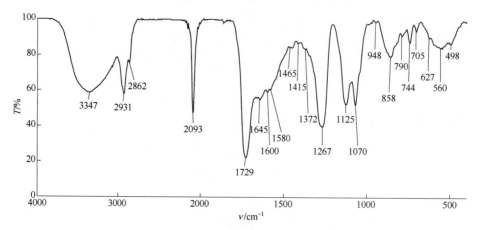

图 11.36　被撬保险柜绿色漆的红外光谱

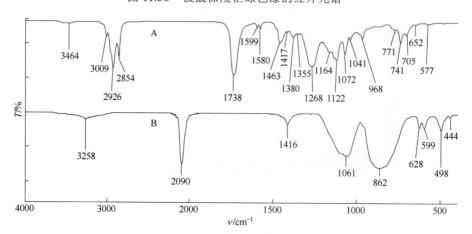

图 11.37　醇酸树脂涂料（A）和铬绿（B）的红外光谱

铬绿在 1061 cm^{-1} 左右有宽、强吸收，醇酸清漆在 1072 cm^{-1} 有吸收，图 11.36 中二者叠加后在 1070 cm^{-1} 左右出现宽、强吸收。

图 11.38 为被撬保险柜绿色漆的 EDX 能谱图，检出铅、铬、铁、铝等元素。

综合以上分析可以确定，被撬保险柜绿色漆为含铬绿颜料的醇酸树脂涂料。

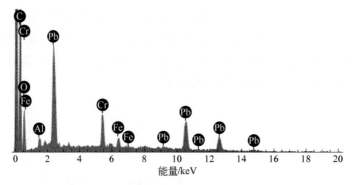

图 11.38　被撬保险柜绿色漆的 EDX 能谱图

11.4.3.15　含碳酸钙和硫酸钡的醇酸树脂涂料的红外光谱

图 11.39 是某单位被盗办公室门框绿色漆的红外光谱。

第一，图中醇酸树脂涂料的一等标志谱带（1600 cm^{-1}、1580 cm^{-1}、743 cm^{-1}）同时存在，门框绿色漆中可能是醇酸树脂涂料。

第二，醇酸树脂涂料的二等标志谱带（1265 cm^{-1}、1120 cm^{-1}、1077 cm^{-1}）也同时存在。依据以上两点，基本可以确定门框绿色漆为醇酸树脂涂料。

第三，醇酸树脂涂料的其他主要谱带（如 3520 cm^{-1}、2929 cm^{-1}、2859 cm^{-1}、1729 cm^{-1}）也都同时存在。依据以上三点可以确定门框绿色漆为醇酸树脂涂料。

第四，图 11.39 中除醇酸树脂涂料的谱带外，还有 2511 cm^{-1}、1794 cm^{-1}、876 cm^{-1}、711 cm^{-1} 以及 1436 cm^{-1} 左右的宽、强吸收，以及 1184 cm^{-1}、984 cm^{-1}、637 cm^{-1}、610 cm^{-1} 以及 1100 cm^{-1} 左右的宽、强吸收，说明绿色漆中除醇酸树脂外还有其他成分。

第五，图 11.39 中有 876 cm^{-1} 谱带，它是碳酸钙的一等标志谱带。据此猜想门框绿色漆中可能含碳酸钙。

第六，对比碳酸钙的红外光谱，图 11.39 中 2511 cm^{-1}、1794 cm^{-1}、711 cm^{-1} 以及 1436 cm^{-1} 左右的宽、强吸收也是碳酸钙的谱带。依据以上两点基本可以确定门框绿色漆中含碳酸钙。

第七，图 11.39 中有 984 cm^{-1} 谱带，它是硫酸钡的一等标志谱带。据此猜想门框绿色漆中可能含硫酸钡。

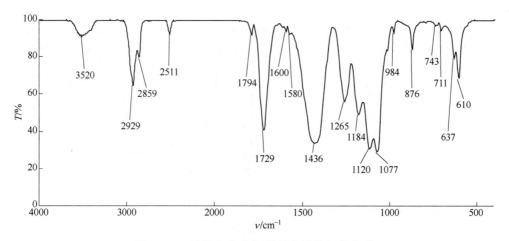

图 11.39　被盗办公室门框绿色漆的红外光谱

第八，对比硫酸钡的红外光谱，图 11.39 中 1184 cm^{-1}、637 cm^{-1}、610 cm^{-1} 以及 1100 cm^{-1} 左右的宽、强吸收也是硫酸钡的吸收。依据以上两点基本可以确定门框绿色漆中含硫酸钡。

图 11.40 为碳酸钙、醇酸漆和硫酸钡的红外光谱。比较图 11.39 和图 11.40 可知，被盗办公室门框绿色漆为含碳酸钙和硫酸钡的醇酸树脂涂料。

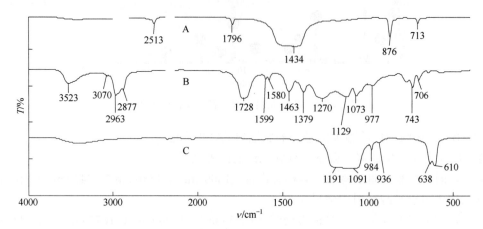

图 11.40　碳酸钙（A）、醇酸树脂涂料（B）和硫酸钡（C）的红外光谱

11.4.3.16　含硫酸钡和大红粉的醇酸树脂涂料的红外光谱

图 11.41 为一次交通事故中被撞摩托车刹车把上红色附着物的红外光谱。

第一，醇酸树脂涂料的一等标志谱带只有 702 cm^{-1}，二等标志谱带（1269 cm^{-1}、1123 cm^{-1}、1073 cm^{-1}）同时存在，猜想红色附着物可能是醇酸树脂涂料。

第二，图 11.41 中醇酸树脂涂料的其他谱带（如 2932 cm^{-1}、2860 cm^{-1}、1735 cm^{-1}、1395 cm^{-1}）也存在。依据以上两点基本可以确定红色附着物为醇酸树脂涂料。

第三，图 11.41 中，除醇酸树脂涂料的谱带外，还有其他谱带，其中，984 cm^{-1}、640 cm^{-1}、611 cm^{-1} 同时存在为硫酸钡的标志谱带；1674 cm^{-1}、1597 cm^{-1}、755 cm^{-1} 同时存在是大红粉染料的标志谱带。

第四，1183 cm^{-1} 左右的宽、强吸收也是硫酸钡的吸收，进一步说明红色附着物可能含硫酸钡。

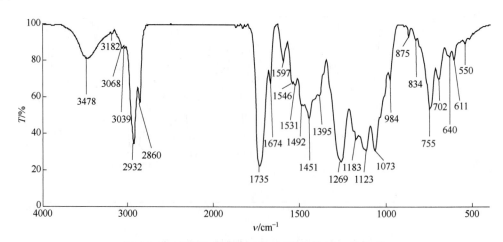

图 11.41　摩托车刹车把上红色附着物的红外光谱

第五,大红粉的其他谱带(如 1546 cm^{-1}、1531 cm^{-1}、1492 cm^{-1}、875 cm^{-1})也同时存在,进一步说明红色附着物中可能含大红粉。

图 11.42 是大红粉、醇酸漆和硫酸钡的红外光谱。比较图 11.41 与图 11.42 可以确定,摩托车刹车把上红色附着物为含硫酸钡和大红粉的醇酸树脂涂料。

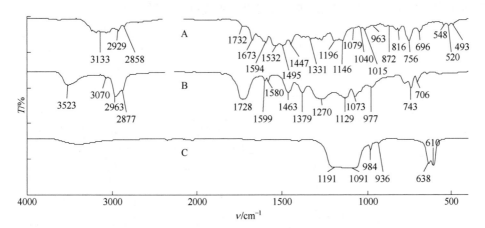

图 11.42　大红粉(A)、醇酸树脂涂料(B)和硫酸钡(C)的红外光谱

11.4.3.17　含硫酸钡和铬酸铅的醇酸漆的红外光谱

图 11.43 为一肇事车漆片中间层黄漆的红外光谱。

第一,醇酸树脂涂料的一等标志谱带(1599 cm^{-1}、1582 cm^{-1}、743 cm^{-1})同时存在。据此猜想黄色漆可能是醇酸树脂涂料。

第二,醇酸树脂涂料的二等标志谱带(1267 cm^{-1}、1123 cm^{-1}、1074 cm^{-1})也同时存在。依据以上两点基本可以确定黄色漆为醇酸树脂涂料。

第三,醇酸树脂涂料的其他主要谱带(如 3457 cm^{-1}、2930 cm^{-1}、2858 cm^{-1}、1733 cm^{-1}、1464 cm^{-1}、1411 cm^{-1})也存在。依据以上三点可以确定黄色漆为醇酸树脂涂料。

第四,图 11.43 中除醇酸树脂涂料的谱带外,还有 983 cm^{-1}、638 cm^{-1}、611 cm^{-1} 以及 1177 cm^{-1} 左右的宽、强吸收;852 cm^{-1} 的宽、强、圆形谱带。

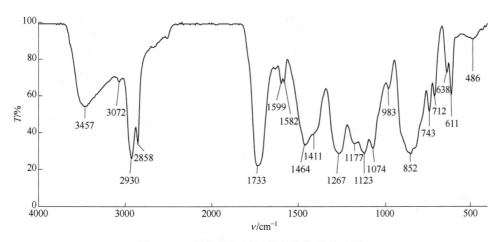

图 11.43　肇事车中间层黄色漆的红外光谱

第五，983 cm^{-1}、638 cm^{-1}、611 cm^{-1} 同时存在是硫酸钡的标志谱带，1177 cm^{-1} 以及 1300~1000 cm^{-1} 间的宽、强吸收同时存在进一步说明黄色漆中含硫酸钡。

第六，852 cm^{-1} 的宽、强、圆形谱带是铬酸铅的标志谱带。

图 11.44 为铬酸铅、醇酸树脂涂料和硫酸钡的红外光谱。比较图 11.43 和图 11.44 可以确定，肇事车中间层黄色漆为含硫酸钡和铬酸铅的醇酸树脂涂料。

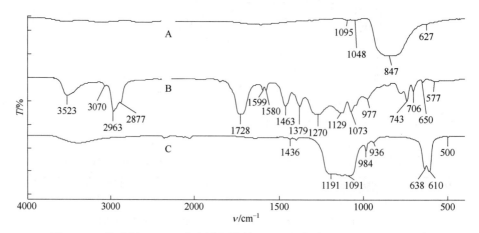

图 11.44　铬酸铅（A）、醇酸树脂涂料（B）和硫酸钡（C）的红外光谱

11.4.3.18　含硫酸钡和铁蓝的醇酸树脂涂料的红外光谱

一家商铺卷帘门被撬，从作案嫌疑人家中搜出一根撬棍，其上有蓝色附着物，图 11.45 为撬棍上蓝色附着物的红外光谱。

第一，图 11.45 中，有醇酸树脂涂料的一等标志谱带（1601 cm^{-1}、1582 cm^{-1}、743 cm^{-1}、707 cm^{-1}），据此猜想蓝色附着物可能是醇酸树脂涂料。

第二，醇酸树脂涂料的二等标志谱带（1267 cm^{-1}、1121 cm^{-1}、1075 cm^{-1}）也同时存在。依据以上两点基本可以确定蓝色附着物为醇酸树脂涂料。

第三，醇酸树脂涂料的其他谱带（如 3435 cm^{-1}、2931 cm^{-1}、2859 cm^{-1}、1735 cm^{-1}、1463 cm^{-1}）也存在。依据以上三点可以确定撬棍蓝色附着物为醇酸树脂涂料。

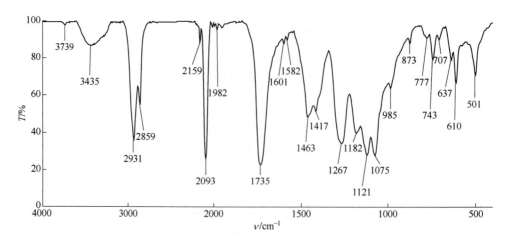

图 11.45　撬棍上蓝色附着物的红外光谱

第四，图 11.45 中除醇酸树脂涂料的谱带外，还有如下谱带：1182 cm^{-1}、985 cm^{-1}、637 cm^{-1}、610 cm^{-1}；2093 cm^{-1}、1417 cm^{-1}、501 cm^{-1}。其中 1182 cm^{-1}、985 cm^{-1}、637 cm^{-1}、610 cm^{-1} 同时存在为硫酸钡的标志谱带，2093 cm^{-1}、1417 cm^{-1}、501 cm^{-1} 为铁蓝的吸收。因此猜想撬棍上蓝色附着物可能含硫酸钡和铁蓝。

图 11.46 为铁蓝、醇酸树脂涂料和硫酸钡的红外光谱。比较图 11.45 与图 11.46 可以确定，撬棍上蓝色附着物为含硫酸钡和铁蓝的醇酸树脂涂料。

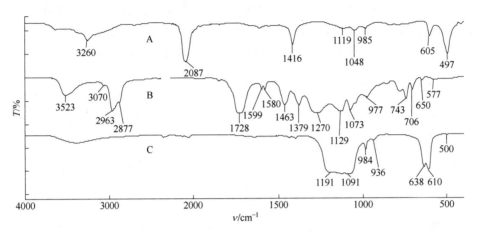

图 11.46　铁蓝（A）、醇酸树脂涂料（B）和硫酸钡（C）的红外光谱

11.4.3.19　含硫酸钡、高岭土的醇酸树脂涂料的红外光谱

图 11.47 为交通事故中被撞三轮车脚踏板上蓝色附着物的红外光谱。

第一，醇酸树脂涂料的一等标志谱带（1601 cm^{-1}、1581 cm^{-1}、744 cm^{-1}、701 cm^{-1}）同时存在，据此猜想蓝色附着物可能是醇酸树脂涂料。

第二，醇酸树脂涂料的二等标志谱带（1258 cm^{-1}、1117 cm^{-1}、1071 cm^{-1}）也同时存在。依据以上两点基本可以确定蓝色附着物是醇酸树脂涂料。

第三，醇酸树脂涂料的其他谱带（如 2929 cm^{-1}、2858 cm^{-1}、1732 cm^{-1}、1452 cm^{-1}）也同时存在。依据以上三点可以确定蓝色附着物为醇酸树脂涂料。

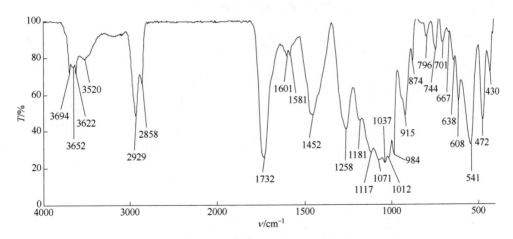

图 11.47　被撞三轮车脚踏板上蓝色附着物的红外光谱

第四，图 11.47 除醇酸树脂涂料的谱带外，还有其他谱带，其中 1181 cm^{-1}、984 cm^{-1}、638 cm^{-1}、608 cm^{-1} 同时存在为硫酸钡的标志谱带。因此猜想脚踏板上蓝色附着物中可能含硫酸钡。

第五，图 11.47 中，3694 cm^{-1}、3622 cm^{-1}、541 cm^{-1}、472 cm^{-1} 同时存在为高岭土的标志谱带，因此猜想脚踏板上蓝色附着物中可能含高岭土。

第六，对比高岭土的红外光谱，图 11.47 中 3652 cm^{-1}、1117 cm^{-1}、1037 cm^{-1}、1012 cm^{-1}、915 cm^{-1}、796 cm^{-1} 也是高岭土的谱带。依据以上两点基本可以确定蓝色附着物中含高岭土。

图 11.48 为高岭土、醇酸树脂涂料和硫酸钡的红外光谱。比较图 11.47 与图 11.48 可以确定，被撞三轮车脚踏板上蓝色附着物为含高岭土和硫酸钡的醇酸树脂涂料。

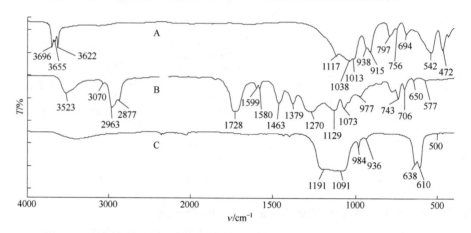

图 11.48　高岭土（A）、醇酸树脂涂料（B）和硫酸钡（C）的红外光谱

11.4.3.20　含硫酸钡、二氧化钛的醇酸树脂涂料的红外光谱

图 11.49 为某肇事车白色漆的红外光谱。

第一，图中醇酸树脂涂料的一等标志谱带（1600 cm^{-1}、1582 cm^{-1}、743 cm^{-1}、705 cm^{-1}）同时存在，因此猜想肇事车白色漆可能是醇酸树脂涂料。

第二，醇酸树脂涂料的二等标志谱带（1260 cm^{-1}、1123 cm^{-1}、1076 cm^{-1}）也同时存在。依据以上两点基本可以确定肇事车白色漆是醇酸树脂涂料。

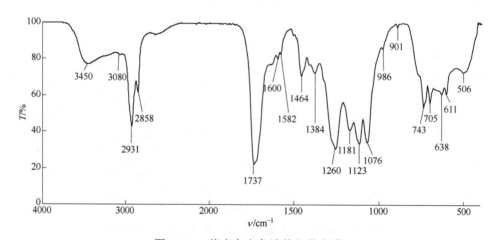

图 11.49　肇事车白色漆的红外光谱

第三,图 11.49 中,醇酸树脂涂料的其他谱带(如 3450 cm^{-1}、3080 cm^{-1}、2931 cm^{-1}、2858 cm^{-1}、1737 cm^{-1}、1464 cm^{-1}、1384 cm^{-1})也存在。依据以上三点可以确定肇事车白色漆是醇酸树脂涂料。

第四,除醇酸树脂涂料的谱带,图 11.49 还有其他谱带,1300~1000 cm^{-1} 间的宽、强吸收,以及 986 cm^{-1}、638 cm^{-1}、611 cm^{-1} 为硫酸钡的谱带。因此猜想肇事车白色漆中可能含硫酸钡。

第五,800~700 cm^{-1} 间出现陡坡,陡坡一直延伸至 500 cm^{-1},这是二氧化钛红外光谱的特点。因此猜想肇事车白色漆中可能含二氧化钛。图 11.51 为肇事车白色漆的 EDX 能谱图,证实肇事车白色漆中确实含二氧化钛和硫酸钡。

图 11.50 为硫酸钡、醇酸树脂涂料和二氧化钛的红外光谱。比较图 11.49 与图 11.50,并参考图 11.51 可以确定,肇事车白色漆为含硫酸钡和二氧化钛的醇酸树脂涂料。

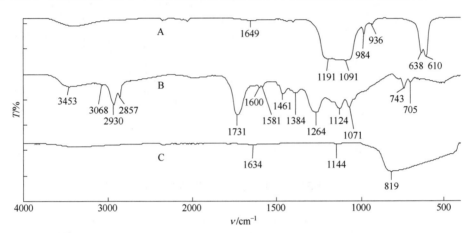

图 11.50　硫酸钡(A)、醇酸树脂涂料(B)和二氧化钛(C)的红外光谱

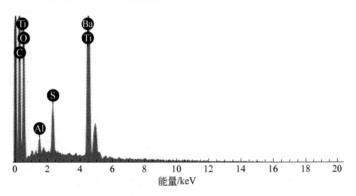

图 11.51　肇事车白色漆的 EDX 能谱图

11.4.3.21　含碳酸钙和铁蓝的醇酸树脂涂料的红外光谱

图 11.52 是某农用三轮车蓝色漆的红外光谱。

第一,图中醇酸树脂涂料的一等标志谱带(1599 cm^{-1}、1580 cm^{-1}、743 cm^{-1}、708 cm^{-1})同时存在,因此猜想农用三轮车蓝色漆可能是醇酸树脂涂料。

第二,醇酸树脂涂料的二等标志谱带(1262 cm^{-1}、1122 cm^{-1}、1071 cm^{-1})也同时存在。依据以上两点基本可以确定农用三轮车蓝色漆是醇酸树脂涂料。

第三,醇酸树脂涂料的其他谱带(如 3507 cm^{-1}、3077 cm^{-1}、2929 cm^{-1}、2858 cm^{-1}、

1733 cm^{-1}、1164 cm^{-1}）也存在。依据以上三点可以确定农用三轮车蓝色漆是醇酸树脂涂料。

第四，除醇酸树脂涂料的谱带外，图 11.52 中还有其他谱带，2510 cm^{-1}、1793 cm^{-1}、877 cm^{-1}、708 cm^{-1} 以及 1446 cm^{-1} 左右的宽强吸收为碳酸钙的谱带。2089 cm^{-1}、1419 cm^{-1}、498 cm^{-1} 为铁蓝的谱带。醇酸树脂在 705 cm^{-1} 有吸收，碳酸钙在 713 cm^{-1} 有吸收，二者重叠后在 708 cm^{-1} 出现吸收。

图 11.53 是碳酸钙、醇酸树脂涂料和铁蓝的红外光谱。比较图 11.52 与图 11.53 可以确定，农用三轮车蓝色漆为含铁蓝和碳酸钙的醇酸树脂涂料。

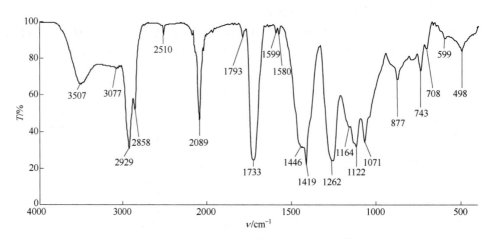

图 11.52　农用三轮车蓝色漆的红外光谱

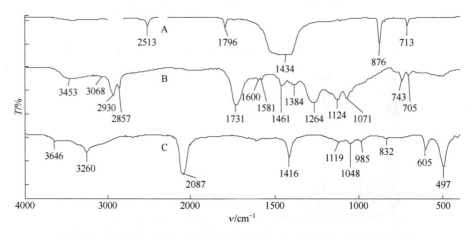

图 11.53　碳酸钙（A）、醇酸树脂涂料（B）、铁蓝（C）的红外光谱

11.4.3.22　含碳酸钙和铬酸铅的醇酸树脂涂料的红外光谱

图 11.54 为某交通肇事现场遗留红色漆的红外光谱。

第一，图中醇酸树脂涂料的一等标志谱带（1599 cm^{-1}、1579 cm^{-1}、744 cm^{-1}、702 cm^{-1}）同时存在，因此猜想红色漆可能是醇酸树脂涂料。

第二，醇酸树脂涂料的二等标志谱带（1265 cm^{-1}、1121 cm^{-1}、1071 cm^{-1}）也同时存在。依据以上两点基本可以确定红色漆为醇酸树脂涂料。

第三，醇酸树脂涂料的其他谱带（如 3502 cm^{-1}、3064 cm^{-1}、2928 cm^{-1}、2856 cm^{-1}、1735 cm^{-1}、1453 cm^{-1}、1165 cm^{-1}、1042 cm^{-1}、652 cm^{-1}）也存在。依据以上三点可以确定红

色漆为醇酸树脂涂料。

第四，除醇酸树脂涂料的谱带外，还有其他谱带，2522 cm^{-1}、1795 cm^{-1}、874 cm^{-1} 以及 1426 cm^{-1} 左右的宽、强吸收为碳酸钙的谱带，其中 874 cm^{-1} 是碳酸钙的一等标志谱带，据此猜想红色漆中可能含碳酸钙。

第五，对比碳酸钙的红外光谱，图 11.54 中 2522 cm^{-1}、1795 cm^{-1} 以及 1426 cm^{-1} 左右的宽、强吸收也是碳酸钙的谱带。依据以上两点基本可以确定红色漆中含碳酸钙。856 cm^{-1} 为铬酸铅的谱带。

图 11.55 是碳酸钙、醇酸树脂涂料和铬酸铅的红外光谱。把图 11.54 与图 11.55 相比较可以确定，肇事现场红色漆为含碳酸钙和铬酸铅的醇酸树脂涂料。

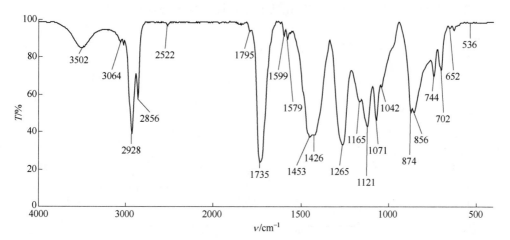

图 11.54　肇事现场遗留红色漆的红外光谱

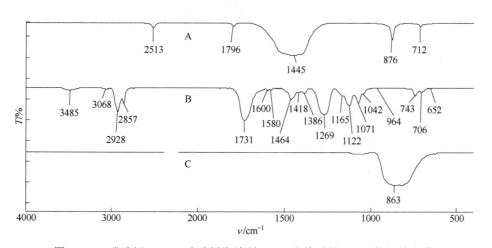

图 11.55　碳酸钙（A）、醇酸树脂涂料（B）和铬酸铅（C）的红外光谱

11.4.3.23　含二氧化钛的苯乙烯改性醇酸树脂涂料的红外光谱

图 11.56 为交通事故现场遗留漆片白色漆的红外光谱。

第一，图中醇酸树脂涂料的一等标志谱带（1601 cm^{-1}、1582 cm^{-1}）同时存在，由此猜想漆片白色漆可能是醇酸树脂涂料。

第二，醇酸树脂涂料的二等标志谱带（1270 cm^{-1}、1122 cm^{-1}、1071 cm^{-1}）也同时存在。

依据以上两点基本可以确定漆片白色漆是醇酸树脂涂料。

第三，醇酸树脂涂料的其他谱带（如 3403 cm^{-1}、2925 cm^{-1}、2855 cm^{-1}、1729 cm^{-1}、1379 cm^{-1}）也存在。依据以上三点可以确定漆片白色漆为醇酸树脂涂料。

第四，图 11.56 中除醇酸树脂涂料的谱带外还有其他谱带，1493 cm^{-1}、1453 cm^{-1}、750 cm^{-1}、698 cm^{-1} 同时存在是苯环单取代的特征，3082 cm^{-1}、3061 cm^{-1}、3027 cm^{-1}、3002 cm^{-1} 同时存在是苯乙烯的特征谱带。由此猜想漆片白色漆中可能有聚苯乙烯。

第五，图 11.56 中 800~700 cm^{-1} 有陡坡，陡坡延伸至 540 cm^{-1}，是涂料含二氧化钛的特征。

图 11.57 为二氧化钛、聚苯乙烯和醇酸树脂涂料的红外光谱。比较图 11.56 和图 11.57 可以确定，现场遗留漆片白色漆为含二氧化钛的苯乙烯改性醇酸树脂涂料。

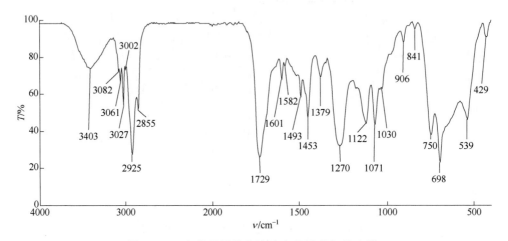

图 11.56 事故现场遗留漆片白色漆的红外光谱

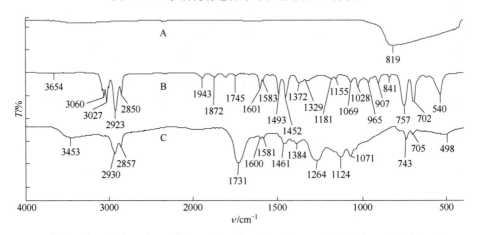

图 11.57 二氧化钛（A）、聚苯乙烯（B）和醇酸树脂涂料（C）的红外光谱

11.4.3.24 含二氧化钛和铁蓝的醇酸树脂涂料的红外光谱

图 11.58 为肇事车蓝色漆的红外光谱。

第一，图中醇酸树脂涂料的一等标志谱带（1600 cm^{-1}、1581 cm^{-1}、741 cm^{-1}、705 cm^{-1}）同时存在，因此猜想肇事车蓝色漆可能是醇酸树脂涂料。

第二，醇酸树脂涂料的二等标志谱带（1266 cm^{-1}、1123 cm^{-1}、1072 cm^{-1}）也同时存在。

依据以上两点基本可以确定肇事车蓝色漆为醇酸树脂涂料。

第三，醇酸树脂涂料的其他谱带（如 3453 cm^{-1}、3073 cm^{-1}、2931 cm^{-1}、2858 cm^{-1}、1733 cm^{-1}、1465 cm^{-1}、1389 cm^{-1}、1166 cm^{-1}、1043 cm^{-1}、652 cm^{-1}）也同时存在。依据以上三点可以确定肇事车蓝色漆为醇酸树脂涂料。

第四，图 11.58 中除醇酸树脂涂料的谱带外还有其他谱带，其中 2093 cm^{-1}、501 cm^{-1} 同时存在是铁蓝的标志谱带。据此猜想蓝色漆中可能有铁蓝染料。

第五，对比铁蓝的红外光谱，1414 cm^{-1}、983 cm^{-1}、605 cm^{-1} 也是铁蓝的谱带。依据以上两点可以确定蓝色漆中有铁蓝染料。

第六，图 11.58 中 800~700 cm^{-1} 有陡坡，陡坡至 700 cm^{-1} 后变平缓，平缓段延伸至 540 cm^{-1}，这是涂料中含二氧化钛的特征。

图 11.59 为二氧化钛、铁蓝和醇酸树脂涂料的红外光谱。比较图 11.58 与图 11.59 可以确定，肇事车蓝色漆为含二氧化钛和铁蓝的醇酸树脂涂料。

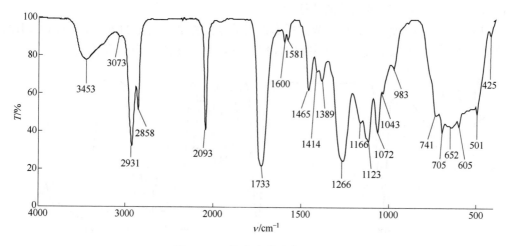

图 11.58　肇事车蓝漆的红外光谱

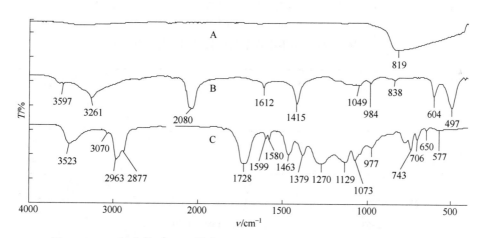

图 11.59　二氧化钛（A）、铁蓝（B）和醇酸树脂涂料（C）的红外光谱

11.4.3.25　含二氧化钛、滑石粉的醇酸树脂涂料的红外光谱

图 11.60 为肇事小货车黄色腻子的红外光谱。

第一,图中醇酸树脂涂料的一等标志谱带(1600 cm^{-1}、1581 cm^{-1}、740 cm^{-1}、704 cm^{-1})同时存在,因此猜想黄色腻子可能是醇酸树脂涂料。

第二,醇酸树脂涂料的二等标志谱带(1265 cm^{-1}、1123 cm^{-1}、1071 cm^{-1})也同时存在。依据以上两点基本可以确定黄色腻子中有醇酸树脂涂料。

第三,醇酸树脂涂料的其他谱带(如 3486 cm^{-1}、3077 cm^{-1}、2929 cm^{-1}、2857 cm^{-1}、1731 cm^{-1}、1464 cm^{-1}、1415 cm^{-1}、1387 cm^{-1}、1166 cm^{-1})也存在。依据以上三点可以确定黄色腻子中有醇酸树脂涂料。

第四,图 11.60 除醇酸树脂涂料的谱带外,还有其他谱带,其中 1018 cm^{-1}、669 cm^{-1} 同时存在是滑石粉的标志谱带。据此猜想黄色腻子中有滑石粉。

第五,对比滑石粉的红外光谱,图 11.60 中 466 cm^{-1}、420 cm^{-1} 也是滑石粉的谱带。根据以上两点可以确定黄色腻子中有滑石粉。

第六,图 11.60 中 800~700 cm^{-1} 有陡坡,陡坡至 700 cm^{-1} 后变平缓,平缓段延伸至 500 cm^{-1},这是涂料中含二氧化钛的特征。

图 11.61 为二氧化钛、滑石粉和醇酸树脂涂料的红外光谱。把图 11.60 与图 11.61 相比较可以确定,肇事小货车黄色腻子的原料是含滑石粉和二氧化钛的醇酸树脂涂料。

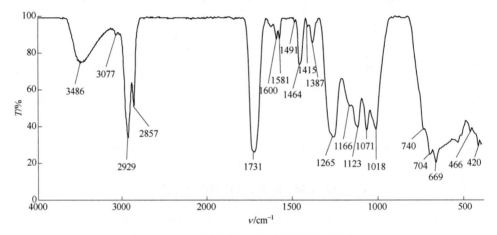

图 11.60　肇事小货车黄色腻子的红外光谱

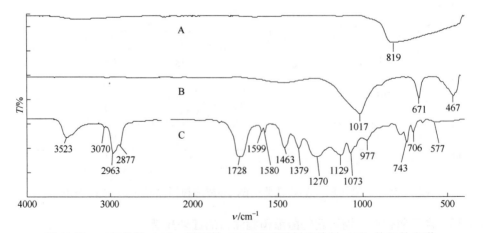

图 11.61　二氧化钛(A)、滑石粉(B)和醇酸树脂涂料(C)的红外光谱

11.4.3.26 含滑石粉、白云石的醇酸漆的红外光谱

图 11.62 为肇事现场漆片黄色腻子的红外光谱。

第一，图中醇酸树脂涂料的一等标志谱带（1600 cm^{-1}、1574 cm^{-1}、741 cm^{-1}）同时存在，现场漆片黄色腻子中可能有醇酸树脂涂料。

第二，醇酸树脂涂料的二等标志谱带（1262 cm^{-1}、1121 cm^{-1}、1076 cm^{-1}）也同时存在。基本上可以确定漆片黄色腻子中有醇酸树脂涂料。

第三，醇酸树脂涂料的其他谱带（如 3532 cm^{-1}、2928 cm^{-1}、2858 cm^{-1}、1733 cm^{-1}、1451 cm^{-1}、1162 cm^{-1}）也存在，可以确定现场漆片黄色腻子中有醇酸树脂涂料。

第四，图 11.62 中除醇酸树脂涂料的谱带外还有其他谱带，其中 3677 cm^{-1}、464 cm^{-1} 同时存在是滑石粉的标志谱带。据此猜想黄色腻子中有滑石粉。

第五，对比滑石粉的红外光谱，1018 cm^{-1}、672 cm^{-1} 也是滑石粉的吸收。根据以上两点可以确定黄色腻子中有滑石粉。

第六，2526 cm^{-1}、1825 cm^{-1} 为白云石的标志谱带。据此猜想黄色腻子中有白云石。

第七，对比白云石的红外光谱，884 cm^{-1} 以及 1451 cm^{-1} 左右的宽、强吸收也是白云石的谱带。依据以上两点可以确定黄色腻子中有白云石。

图 11.63 为白云石、滑石粉和醇酸树脂涂料的红外光谱。把图 11.62 与图 11.63 相比较并参考图 11.64 可知，现场漆片黄色腻子的原料为滑石粉、白云石和醇酸树脂涂料。

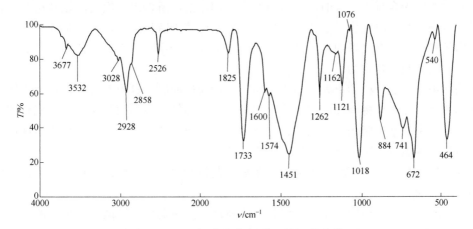

图 11.62 现场漆片黄色腻子的红外光谱

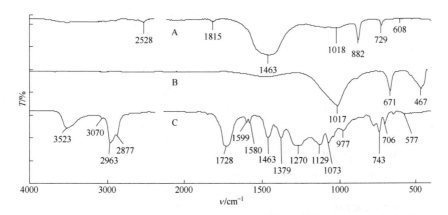

图 11.63 白云石（A）、滑石粉（B）和醇酸树脂涂料（C）的红外光谱

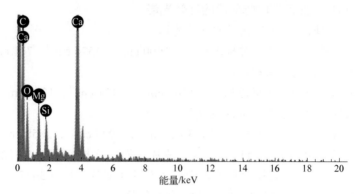

图 11.64　现场漆片黄色腻子的 EDX 能谱图

11.5　氨基树脂涂料的红外光谱

以氨基树脂为交联剂，以醇酸树脂、丙烯酸树脂、聚酯树脂、环氧树脂等聚合物为基体树脂制成的涂料叫氨基树脂漆或氨基树脂涂料，简称氨基漆。

以含有氨基官能团（如三聚氰胺、脲、苯代三聚氰胺）的化合物与醛类（主要是甲醛）经缩聚反应制得的热固性树脂（如三聚氰胺甲醛树脂）称为氨基树脂。

氨基树脂由于含有大量 OH，不能与有机溶剂相溶，所以用于涂料的氨基树脂须再以醇类（通常为正丁醇）改性生成醚化氨基树脂，使它能溶于有机溶剂，并与基体树脂（如醇酸树脂、丙烯酸树脂）有良好的混溶性。如以正丁醇改性羟甲基三聚氰胺树脂，生成正丁醇醚化甲氧基三聚氰胺氨基树脂。

在涂料中，由氨基树脂单独加热固化所得的涂膜硬而脆，且附着力差，不适宜作涂料。因此氨基树脂常与基体树脂如醇酸树脂、聚酯树脂、环氧树脂和丙烯酸树脂等配合制氨基树脂涂料。涂料中氨基树脂用作交联剂，它提高了基体树脂的硬度、光泽、耐化学性以及烘干速度，而基体树脂则克服了氨基树脂的脆性，改善了附着力。

氨基树脂主要用于和醇酸树脂配合，制成氨基树脂烘漆；与丙烯酸树脂配合，制成热固性丙烯酸树脂涂料。

图 11.65 为由醇酸树脂和正丁醇醚化三聚氰胺甲醛树脂生成醇酸氨基树脂的示意图。制得的树脂以醇酸树脂为基体树脂，以氨基树脂为交联剂，是氨基树脂涂料最基本的成膜物质。

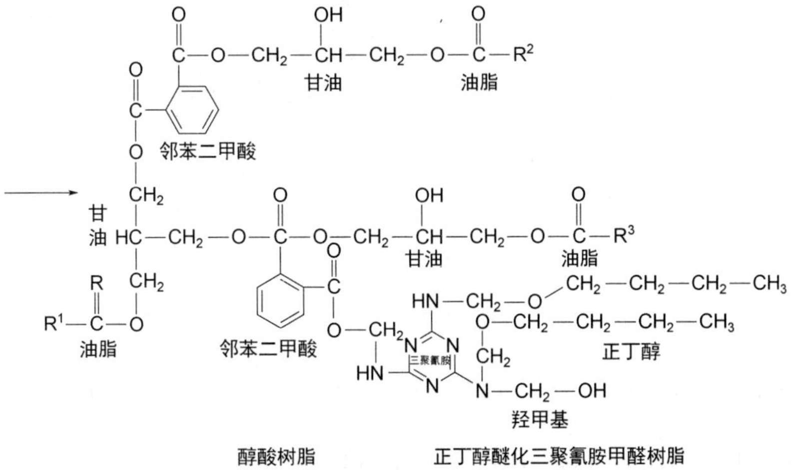

图 11.65 醇酸氨基树脂生成示意图

上述反应通常要在 120~220 ℃下进行，所以多数氨基树脂涂料要经烘烤才能成膜。这也是农用三轮车等小型农机具极少用氨基树脂涂料的原因之一，因为小的农机厂不具备烘烤条件。图 11.66 是由图 11.65 生成的醇酸氨基树脂制得的醇酸氨基树脂涂料的红外光谱，图 11.67 是醇酸树脂和正丁醇醚化三聚氰胺甲醛树脂的红外光谱。比较图 11.66 和图 11.67 可知，图 11.66 中 3075 cm^{-1}、1730 cm^{-1}、1365 cm^{-1}、1262 cm^{-1}、1122 cm^{-1}、1069 cm^{-1}、743 cm^{-1}、706 cm^{-1}、648 cm^{-1} 为醇酸树脂的吸收；2931 cm^{-1}、1553 cm^{-1}、1490 cm^{-1}、815 cm^{-1} 为正丁醇醚化三聚氰胺甲醛树脂的吸收。1553 cm^{-1}、815 cm^{-1} 为醇酸氨基树脂涂料的一等标志谱带；1262 cm^{-1}、1122 cm^{-1}、1069 cm^{-1}、743 cm^{-1}、706 cm^{-1} 为醇酸氨基树脂涂料的二等标志谱带。

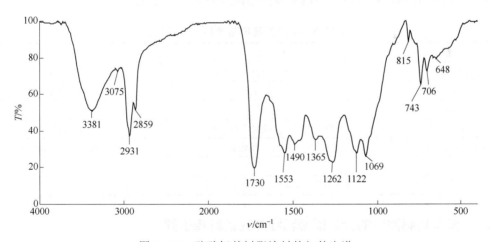

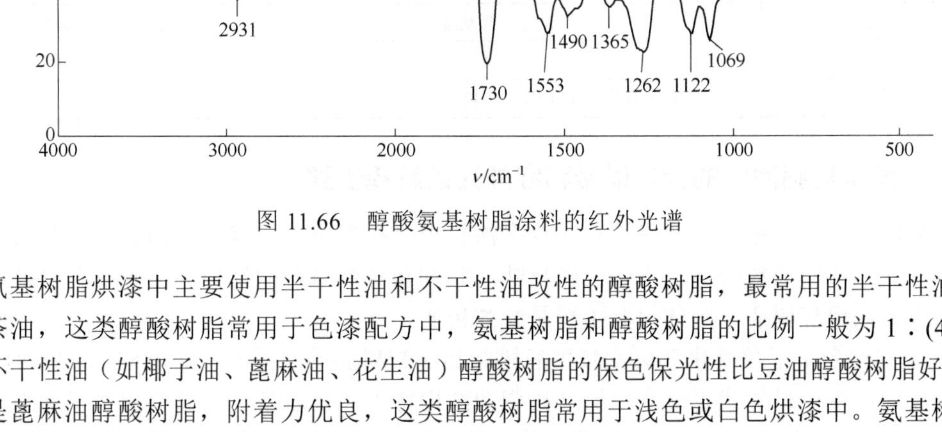

图 11.66 醇酸氨基树脂涂料的红外光谱

氨基树脂烘漆中主要使用半干性油和不干性油改性的醇酸树脂，最常用的半干性油是豆油和茶油，这类醇酸树脂常用于色漆配方中，氨基树脂和醇酸树脂的比例一般为 1∶(4~5)。

不干性油（如椰子油、蓖麻油、花生油）醇酸树脂的保色保光性比豆油醇酸树脂好得多，特别是蓖麻油醇酸树脂，附着力优良，这类醇酸树脂常用于浅色或白色烘漆中。氨基树脂和醇酸树脂的比例一般为 1∶(2.5~3)。

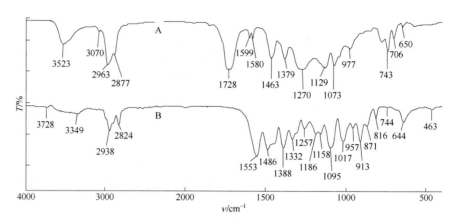

图 11.67 醇酸树脂（A）和正丁醇醚化三聚氰胺甲醛树脂（B）的红外光谱

氨基树脂涂料具有很多优良性能，因此被广泛用于各种有烘烤条件的金属制品上。如交通工具、仪器仪表、医疗器械、冰箱、自行车、玩具、五金零件等。

只要在配方中变更氨基树脂和基体树脂的种类及比例，就可以得到不同特性的漆膜，以满足不同的需求。例如电冰箱用漆，要求漆膜白度高，保色性好，有良好的耐肥皂水性、耐油性和耐磨性，则需要采用椰子油改性醇酸树脂和氨基树脂含量较高的白色氨基树脂烘漆。又如三羟甲基丙烷代替甘油制得的醇酸树脂和氨基树脂制得的涂料，保光性、保色性及耐候性都有很大提高，适用于轿车及要求较高的对象。特别是醇酸氨基树脂涂料和丙烯酸氨基树脂涂料，性能优良，是目前热固性涂料的主要品种。

习惯上，把以氨基树脂为交联剂、以醇酸树脂为基体树脂制得的醇酸氨基漆称为氨基树脂涂料；而把以氨基树脂为交联剂、以丙烯酸树脂为基体树脂制得的丙烯酸氨基树脂涂料称为热固性丙烯酸漆或丙烯酸漆。不同氨基树脂涂料的典型用途见表 11.8。

表 11.8 不同氨基树脂涂料的典型用途

用途	氨基树脂种类	基体树脂种类
汽车面漆	丁醚化三聚氰胺、甲醚化三聚氰胺	醇酸树脂、丙烯酸树脂
自行车面漆	丁醚化三聚氰胺	醇酸树脂
木器漆	丁醚化脲醛	醇酸树脂
一般金属涂装	丁醚化脲醛、丁醚化三聚氰胺	醇酸树脂
冰箱、洗衣机漆	丁醚化苯代三聚氰胺	醇酸树脂、丙烯酸树脂
彩色卷材涂料	甲醚化三聚氰胺	聚酯树脂
电泳涂料	丁醚化苯代三聚氰胺、甲醚化三聚氰胺	水性醇酸树脂、水性丙烯酸树脂

11.5.1 氨基树脂涂料的标志谱带和红外光谱解释步骤

涂料检验时，要把氨基树脂涂料从众多涂料中"拎"出来，就要熟知氨基树脂涂料的标志谱带。氨基树脂涂料的标志谱带应能反映交联剂和基体树脂的结构。交联剂主要是正丁醇醚化三聚氰胺甲醛树脂，基体树脂主要是醇酸树脂。

图 11.68 为正丁醇醚化三聚氰胺甲醛树脂和醇酸树脂的红外光谱。1553 cm^{-1}、816 cm^{-1} 是三嗪环的谱带，最能代表交联剂氨基树脂的结构特点，是氨基树脂涂料的一等标志谱带。1257 cm^{-1} 是 C—N 伸缩振动，也能反映氨基树脂涂料的结构特点，但醇酸树脂在 1265 cm^{-1} 左

右有强度更大的 C—O—C 反对称伸缩振动，1257 cm^{-1} 经常被掩盖，不宜选作氨基树脂涂料的标志谱带。

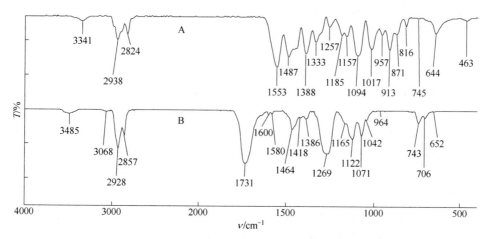

图 11.68　正丁醇醚化三聚氰胺甲醛树脂（A）和醇酸树脂（B）的红外光谱

醇酸氨基树脂涂料的基体树脂是醇酸树脂。醇酸树脂的特征谱带是 743 cm^{-1}、706 cm^{-1} 和 1269 cm^{-1}、1122 cm^{-1}、1071 cm^{-1}，它们是醇酸氨基树脂涂料的二等标志谱带。1600 cm^{-1}、1580 cm^{-1} 对醇酸树脂也非常特征，但因强度较小，易被氨基树脂的吸收掩盖。如果红外光谱能呈现 1600 cm^{-1}、1580 cm^{-1}，也属醇酸树脂的一等标志谱带。

分析氨基树脂涂料红外光谱的步骤如下：

（1）确定试样是涂料。

（2）氨基树脂涂料的一等标志谱带为 1553 cm^{-1}、815 cm^{-1}；二等标志谱带为 744 cm^{-1}、705 cm^{-1} 和 1265 cm^{-1}、1120 cm^{-1}、1070 cm^{-1}。

（3）假设试样的红外光谱为氨基树脂涂料的红外光谱，则在红外光谱中寻找氨基树脂涂料的一等标志谱带：1553 cm^{-1}、816 cm^{-1}。如果没有，则排除是氨基树脂涂料，另假设是别种涂料。

（4）如果红外光谱中有氨基树脂涂料的一等标志谱带，则寻找氨基树脂涂料的二等标志谱带：744 cm^{-1}、705 cm^{-1} 和 1265 cm^{-1}、1120 cm^{-1}、1070 cm^{-1}。如果没有，也要排除原来的假设。

（5）如果一等标志谱带、二等标志谱带同时存在，则基本可以确定试样是氨基树脂涂料。

（6）在试样的红外光谱中再寻找氨基树脂涂料的其他谱带。如果也有，则可以确定是氨基树脂涂料。试样红外光谱与氨基树脂涂料标准红外光谱匹配的谱带越多，鉴定的可靠性越高。

（7）在试样的红外光谱中寻找是否有氨基树脂涂料之外的谱带，确定氨基树脂涂料的类型。如果没有氨基树脂涂料之外的谱带，就可以确定试样是普通氨基树脂涂料；如果还有氨基树脂涂料之外的谱带，则根据其他物质的特征谱带，鉴定其成分，以确定氨基树脂涂料的类型，如含碳酸钙的氨基树脂涂料、含大红粉染料的氨基树脂涂料等。

11.5.2　半光氨基树脂涂料和无光氨基树脂涂料的红外光谱

半光和无光氨基树脂涂料和一般磁漆配方一样，除颜料外再添加滑石粉、碳酸钙等体质颜料。半光氨基树脂涂料加得少，无光氨基树脂涂料加得多。滑石粉的消光作用比碳酸钙显著。

图 11.69 为半消光氨基树脂涂料的红外光谱。

第一，图中 1550 cm^{-1}、816 cm^{-1} 同时存在，是氨基树脂涂料的一等标志谱带，据此猜想试样可能是氨基树脂涂料。

第二，744 cm^{-1}、705 cm^{-1} 和 1265 cm^{-1}、1121 cm^{-1}、1067 cm^{-1} 也同时存在，它们是醇酸树脂的标志谱带，也是醇酸氨基树脂涂料的二等标志谱带。依据以上两点基本可以确定试样是醇酸氨基树脂涂料。

第三，图 11.69 中醇酸氨基树脂涂料的其他谱带也同时存在，如 3065 cm^{-1}、2930 cm^{-1}、2859 cm^{-1}、1731 cm^{-1}、1491 cm^{-1}、1467 cm^{-1}、1378 cm^{-1}。依据以上三点可以确定试样为醇酸氨基树脂涂料。

第四，图 11.69 中除醇酸氨基树脂涂料的谱带外还有其他的谱带，其中 466 cm^{-1}、453 cm^{-1}、424 cm^{-1} 同时存在是滑石粉的标志谱带，因此猜想涂料中可能含滑石粉。

第五，对比滑石粉的红外光谱，1020 cm^{-1}、671 cm^{-1} 也是滑石粉的谱带。依据以上两点可以确定涂料中含滑石粉。

图 11.70 为滑石粉和醇酸氨基树脂涂料的红外光谱。把图 11.69 和图 11.70 相比较可以确定，图 11.69 为含滑石粉的醇酸氨基树脂涂料的红外光谱。

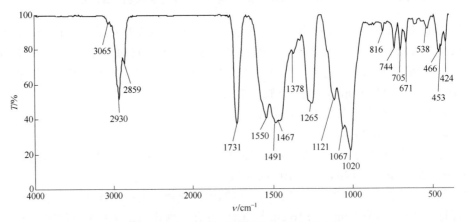

图 11.69　半消光氨基树脂涂料的红外光谱

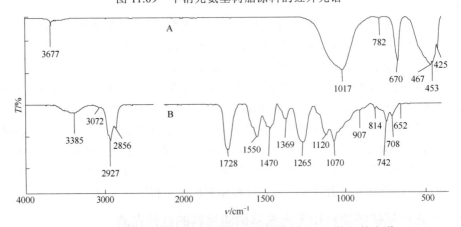

图 11.70　滑石粉（A）和醇酸氨基树脂涂料（B）的红外光谱

11.5.3　含铁蓝的醇酸氨基树脂涂料的红外光谱

图 11.71 为某盗窃案被撬保险柜一角蓝色附着物的红外光谱。

第一,图中 1548 cm^{-1}、814 cm^{-1} 同时存在,它们是氨基树脂涂料的一等标志谱带,据此猜想蓝色附着物可能是氨基树脂涂料。

第二,743 cm^{-1}、708 cm^{-1} 和 1271 cm^{-1}、1120 cm^{-1}、1072 cm^{-1} 也同时存在,它们是醇酸树脂的特征谱带,也是醇酸氨基树脂涂料的二等标志谱带。依据以上两点基本可以确定蓝色附着物是醇酸氨基树脂涂料。

第三,醇酸氨基树脂涂料的其他谱带,如 3408 cm^{-1}、3070 cm^{-1}、2929 cm^{-1}、2859 cm^{-1}、1730 cm^{-1}、1468 cm^{-1}、1379 cm^{-1} 也同时存在。依据以上三点可以确定蓝色附着物为醇酸氨基树脂涂料。

第四,图 11.71 中除醇酸氨基树脂涂料的谱带外还有其他的谱带,如 3649 cm^{-1}、2093 cm^{-1}、1415 cm^{-1}、610 cm^{-1}、498 cm^{-1},其中 2093 cm^{-1}、498 cm^{-1} 同时存在是铁蓝的标志谱带,因此猜想蓝色附着物中可能含铁蓝。

第五,对比铁蓝的红外光谱,1415 cm^{-1}、610 cm^{-1} 也是铵盐铁蓝的谱带。依据以上两点基本可以确定蓝色附着物含有铵盐铁蓝。

图 11.72 为铵盐铁蓝和醇酸氨基树脂涂料的红外光谱。比较图 11.71 和图 11.72 可以确定,被撬保险柜一角蓝色附着物为含铵盐铁蓝的醇酸氨基树脂涂料。

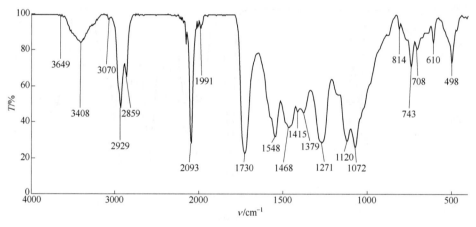

图 11.71　被撬保险柜一角蓝色附着物的红外光谱

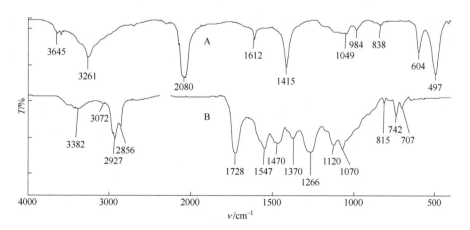

图 11.72　铵盐铁蓝(A)和醇酸氨基树脂涂料(B)的红外光谱

11.5.4 含二氧化钛的醇酸氨基树脂涂料的红外光谱

图 11.73 为某肇事面包车白色漆的红外光谱。

第一，图中 1551 cm^{-1}、814 cm^{-1} 同时存在，它们是氨基树脂涂料的一等标志谱带，因此猜想面包车白色漆可能是氨基树脂涂料。

第二，743 cm^{-1}、706 cm^{-1} 和 1271 cm^{-1}、1124 cm^{-1}、1072 cm^{-1} 也同时存在，它们是醇酸树脂的特征谱带，也是醇酸氨基树脂涂料的二等标志谱带。据此基本可以确定面包车白色漆是醇酸氨基树脂涂料。

第三，醇酸氨基树脂涂料的其他谱带，如 3525 cm^{-1}、2956 cm^{-1}、2872 cm^{-1}、1733 cm^{-1}、1472 cm^{-1}、1365 cm^{-1} 也同时存在。依据以上三点可以确定面包车白漆为醇酸氨基漆。

第四，图 11.73 中除醇酸氨基树脂涂料的谱带外，还有其他谱带：830~700 cm^{-1} 有陡坡，陡坡至 700 cm^{-1} 后变平缓，平缓段延伸至 400 cm^{-1}。这是含二氧化钛的涂料的红外光谱特征，因此猜想面包车白色漆可能含二氧化钛。

图 11.74 为二氧化钛和醇酸氨基树脂涂料的红外光谱，图 11.75 为肇事面包车白漆的 EDX 能谱图。比较图 11.73 和图 11.74 并参考图 11.75 可以确定，肇事面包车白漆为含二氧化钛的醇酸氨基树脂涂料。

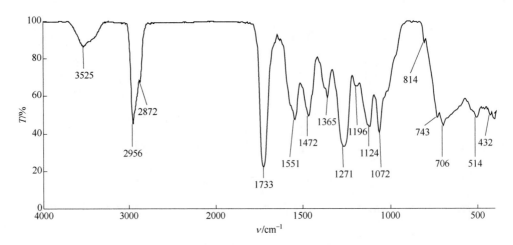

图 11.73　肇事面包车白色漆的红外光谱

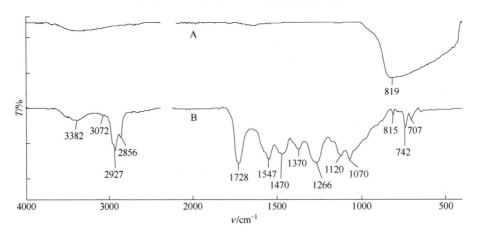

图 11.74　二氧化钛（A）和醇酸氨基树脂涂料（B）的红外光谱

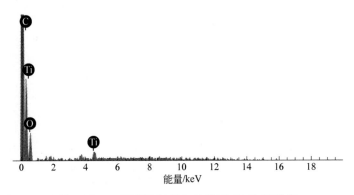

图 11.75　肇事面包车白色漆的 EDX 能谱图

11.5.5　含硫酸钡的醇酸氨基树脂涂料的红外光谱

图 11.76 为肇事车后视镜蓝色漆的红外光谱。

第一，图中 1558 cm^{-1}、815 cm^{-1} 同时存在，它们是氨基树脂涂料的一等标志谱带，据此猜想后视镜蓝色漆可能是氨基树脂涂料。

第二，742 cm^{-1}、705 cm^{-1} 和 1267 cm^{-1}、1122 cm^{-1}、1073 cm^{-1} 也同时存在，它们是醇酸树脂的特征谱带，也是醇酸氨基树脂涂料的二等标志谱带。依据以上两点基本可以确定后视镜蓝色漆是醇酸氨基树脂涂料。

第三，醇酸氨基树脂涂料的其他谱带，如 3395 cm^{-1}、3071 cm^{-1}、2932 cm^{-1}、2860 cm^{-1}、1730 cm^{-1}、1465 cm^{-1}、1385 cm^{-1} 也同时存在。依据以上三点可以确定后视镜蓝色漆为醇酸氨基树脂涂料。

第四，图 11.76 中，除醇酸氨基树脂涂料的谱带外，还有其他谱带，其中 983 cm^{-1} 是硫酸钡的一等标志谱带，据此猜想后视镜蓝色漆可能含硫酸钡。

第五，对比硫酸钡的红外光谱，图 11.76 中 1188 cm^{-1}、638 cm^{-1}、610 cm^{-1} 也是硫酸钡的谱带。由以上两点基本可以确定后视镜蓝色漆中含硫酸钡。

图 11.77 为硫酸钡和醇酸氨基树脂涂料的红外光谱。比较图 11.76 和图 11.77 可以确定，肇事车后视镜蓝色漆为含硫酸钡的醇酸氨基树脂涂料。

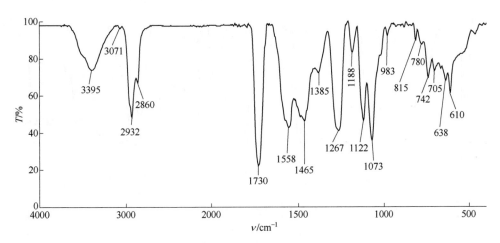

图 11.76　肇事车后视镜蓝色漆的红外光谱

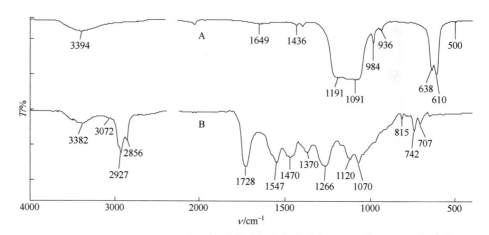

图 11.77　硫酸钡（A）和醇酸氨基树脂涂料（B）的红外光谱

11.5.6　含铬绿的醇酸氨基树脂涂料的红外光谱

从被撞坏的自行车上提取到绿色附着物，在显微镜下观察附着物状似涂料。图 11.78 为自行车绿色附着物的红外光谱。

第一，图中 1559 cm^{-1}、817 cm^{-1} 同时存在，它们是氨基树脂涂料的一等标志谱带，据此猜想自行车绿色附着物可能是氨基树脂涂料。

第二，744 cm^{-1}、708 cm^{-1} 和 1265 cm^{-1}、1123 cm^{-1}、1070 cm^{-1} 也同时存在，它们是醇酸树脂的特征谱带，也是醇酸氨基树脂涂料的二等标志谱带。根据以上两点基本可以确定自行车绿色附着物为醇酸氨基树脂涂料。

第三，醇酸氨基树脂涂料的其他谱带，如 3383 cm^{-1}、2936 cm^{-1}、2863 cm^{-1}、1733 cm^{-1}、1454 cm^{-1} 也同时存在。由以上三点可以确定自行车绿色附着物为醇酸氨基树脂涂料。

第四，图 11.78 中除醇酸氨基树脂涂料的谱带外还有其他的谱带，如 2094 cm^{-1}、1414 cm^{-1}、857 cm^{-1}、628 cm^{-1}、603 cm^{-1}、499 cm^{-1}。说明自行车绿色附着物不是普通醇酸氨基树脂涂料，还含有其他成分。

第五，2093 cm^{-1}、857 cm^{-1}、628 cm^{-1} 同时存在是铬绿的标志谱带，据此猜想自行车绿色附着物可能含铬绿。

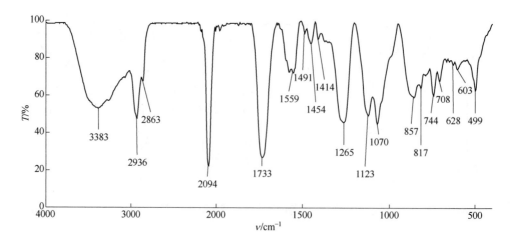

图 11.78　被撞自行车上绿色附着物的红外光谱

第六，对比铬绿的红外光谱，1414 cm^{-1}、603 cm^{-1}、499 cm^{-1} 也是铬绿的谱带。由以上三点可以确定自行车绿色附着物含铬绿。

图 11.79 为铬绿和醇酸氨基树脂涂料的红外光谱。比较图 11.78 和图 11.79 可以确定，被撞自行车上绿色附着物为含铬绿的醇酸氨基树脂涂料。

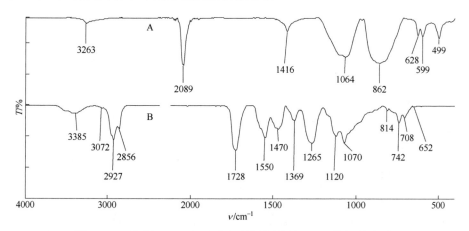

图 11.79 铬绿（A）和醇酸氨基树脂涂料（B）的红外光谱

11.5.7 含黏土的醇酸氨基树脂涂料的红外光谱

在一起交通事故中，从被撞摩托车小把上提取到蓝色附着物，在显微镜下观察附着物状似涂料。图 11.80 为蓝色附着物的红外光谱。

第一，图中 1554 cm^{-1}、813 cm^{-1} 同时存在，它们是氨基树脂涂料的一等标志谱带，据此猜想蓝色附着物可能是氨基树脂涂料。

第二，1580 cm^{-1}、744 cm^{-1}、709 cm^{-1} 和 1273 cm^{-1}、1121 cm^{-1}、1070 cm^{-1} 也同时存在，它们是醇酸树脂的特征谱带，也是醇酸氨基树脂涂料的二等标志谱带。由以上两点基本可以确定蓝色附着物是醇酸氨基树脂涂料。

第三，图 11.80 中醇酸氨基树脂涂料的其他谱带，如 3065 cm^{-1}、2929 cm^{-1}、2855 cm^{-1}、1728 cm^{-1}、1453 cm^{-1}、1367 cm^{-1} 也同时存在。由以上三点可以确定蓝色附着物为醇酸氨基树脂涂料。

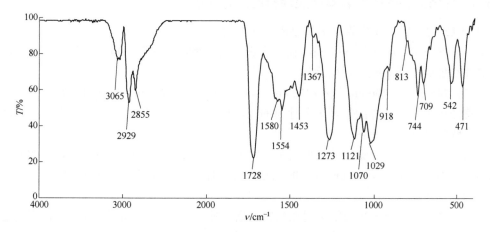

图 11.80 被撞摩托车小把上蓝色附着物的红外光谱

第四，图 11.80 中除醇酸氨基树脂涂料的谱带外，还有其他谱带，如 1029 cm^{-1}、918 cm^{-1}、542 cm^{-1}、471 cm^{-1}，这 4 个峰同时存在是黏土的标志谱带，因此猜想蓝色附着物可能含黏土。

图 11.81 为黏土和醇酸氨基树脂涂料的红外光谱，图 11.82 为蓝色附着物的能谱图。比较图 11.80 和图 11.81，并参考图 11.82 可以确定，被撞摩托车小把蓝色附着物为含黏土的醇酸氨基树脂涂料。

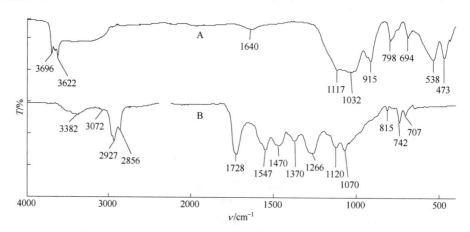

图 11.81　黏土（A）和醇酸氨基树脂涂料（B）的红外光谱

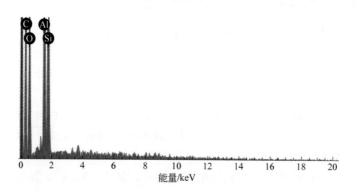

图 11.82　被撞摩托车小把上蓝色附着物的 EDX 能谱图

11.5.8　含铬酸铅的醇酸氨基树脂涂料的红外光谱

图 11.83 为肇事车漆片第二层红色漆的红外光谱。

第一，图中 1550 cm^{-1}、817 cm^{-1} 同时存在，它们是氨基树脂涂料的一等标志谱带，据此猜想漆片红色漆可能是氨基树脂涂料。

第二，745 cm^{-1}、706 cm^{-1} 和 1272 cm^{-1}、1120 cm^{-1}、1072 cm^{-1} 也同时存在，它们是醇酸树脂的特征谱带，也是醇酸氨基树脂涂料的二等标志谱带。依据以上两点基本可以确定漆片红色漆为醇酸氨基树脂涂料。

第三，醇酸氨基树脂涂料的其他谱带，如 3403 cm^{-1}、2952 cm^{-1}、2927 cm^{-1}、2856 cm^{-1}、1733 cm^{-1}、1466 cm^{-1}、1376 cm^{-1}、1041 cm^{-1} 也同时存在。依据以上三点可以确定漆片红色漆为醇酸氨基树脂涂料。

第四，图 11.83 中除醇酸氨基树脂涂料的谱带外，还有 858 cm^{-1} 谱带，这是铬酸铅的标志谱带，因此猜想红色漆可能含铬酸铅。

图 11.84 为醇酸氨基树脂涂料和铬酸铅的红外光谱,图 11.85 为肇事车漆片红漆的能谱图。比较图 11.83 和图 11.84 并参考图 11.85 可以确定,肇事车漆片红色漆为含铬酸铅的醇酸氨基树脂涂料。

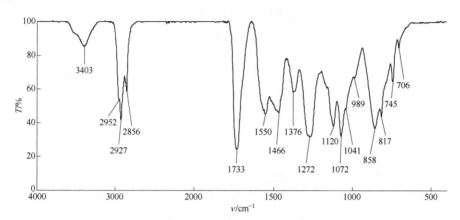

图 11.83　肇事车漆片第二层红色漆的红外光谱

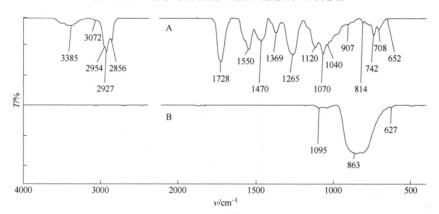

图 11.84　醇酸氨基树脂涂料（A）和铬酸铅（B）的红外光谱

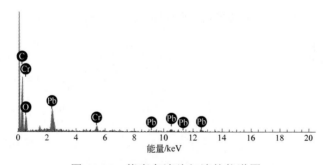

图 11.85　肇事车漆片红漆的能谱图

11.5.9　含铁蓝的硝酸纤维素改性醇酸氨基树脂涂料的红外光谱

在被撞摩托车脚踏板上提取到蓝色附着物,用显微镜观察,蓝色附着物呈油漆状。图 11.86 为蓝色附着物的红外光谱。

第一,图中 1552 cm^{-1}、816 cm^{-1} 同时存在,它们是氨基树脂涂料的一等标志谱带,据此猜想蓝色附着物可能是氨基树脂涂料。

第二，744 cm^{-1}、704 cm^{-1} 和 1124 cm^{-1}、1071 cm^{-1} 也同时存在，它们是醇酸树脂的特征谱带，也是醇酸氨基树脂涂料的二等标志谱带。依据以上两点基本可以确定蓝色附着物是醇酸氨基树脂涂料。

第三，图 11.86 中醇酸氨基树脂涂料的其他谱带，如 3381 cm^{-1}、2931 cm^{-1}、2858 cm^{-1}、1731 cm^{-1}、1580 cm^{-1}、1452 cm^{-1}、1377 cm^{-1} 也同时存在。依据以上三点可以确定蓝色附着物为醇酸氨基树脂涂料。

第四，图 11.86 中除醇酸氨基树脂涂料的谱带外，还有其他谱带，其中 2096 cm^{-1}、499 cm^{-1} 同时存在是铁蓝的标志谱带。据此猜想蓝色附着物中含铁蓝。

第五，对比铁蓝的红外光谱，1415 cm^{-1}、605 cm^{-1} 也是铁蓝的谱带。依据以上两点基本可以确定蓝色附着物中含铁蓝染料。

第六，图 11.86 中 1650 cm^{-1}、1281 cm^{-1}、849 cm^{-1} 也同时存在，它们是硝酸纤维素的标志谱带。据此猜想蓝色附着物中含硝酸纤维素。

第七，对比硝酸纤维素的红外光谱，2931 cm^{-1}、1377 cm^{-1}、1071 cm^{-1} 也是硝酸纤维素的谱带。依据以上两点基本可以确定蓝色附着物中含硝酸纤维素。

图 11.87 为硝酸纤维素、铁蓝和醇酸氨基树脂涂料的红外光谱，比较图 11.86 和图 11.87 可以确定，蓝色附着物为含铁蓝的硝酸纤维素改性醇酸氨基树脂涂料。

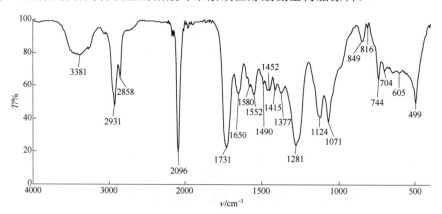

图 11.86　被撞摩托车脚踏板蓝色附着物的红外光谱

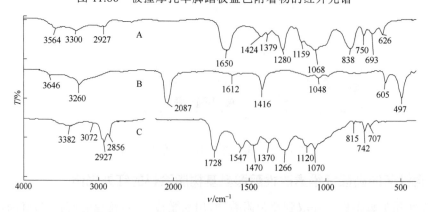

图 11.87　硝酸纤维素（A）、铁蓝（B）和醇酸氨基树脂涂料（C）的红外光谱

用少量硝酸纤维素对醇酸氨基树脂涂料改性，可以提高漆膜的保光性和抗水迹作用。所以，硝酸纤维素改性醇酸氨基树脂涂料多用作外用漆，如轿车漆。

11.5.10 含甲苯胺红的醇酸氨基树脂涂料的红外光谱

某地发现"法轮功"分子在墙壁上喷涂的多条标语，图 11.88 为标语红色漆的红外光谱。

第一，图中 1558 cm^{-1}、815 cm^{-1} 同时存在，它们是氨基树脂涂料的标志谱带。据此猜想标语红色漆可能是氨基树脂涂料。

第二，744 cm^{-1}、706 cm^{-1} 和 1259 cm^{-1}、1127 cm^{-1}、1070 cm^{-1} 也同时存在，它们是醇酸树脂的特征谱带，也是醇酸氨基树脂涂料的二等标志谱带。依据以上两点基本可以确定标语红色漆是醇酸氨基树脂涂料。

第三，醇酸氨基树脂涂料的其他谱带，如 3429 cm^{-1}、3077 cm^{-1}、2928 cm^{-1}、2857 cm^{-1}、1731 cm^{-1}、1377 cm^{-1} 在图 11.88 中也同时存在。依据以上三点可以确定标语红色漆为醇酸氨基树脂涂料。

第四，图 11.88 中除醇酸氨基树脂涂料的谱带外，还有其他谱带，其中 1619 cm^{-1}、1499 cm^{-1}、1399 cm^{-1} 同时存在是甲苯胺红的标志谱带，因此猜想标语红色漆可能含甲苯胺红。

第五，对比甲苯胺红的红外光谱，图 11.88 中 3039 cm^{-1}、1472 cm^{-1}、1449 cm^{-1}、1190 cm^{-1}、1093 cm^{-1}、986 cm^{-1}、869 cm^{-1}、850 cm^{-1}、507 cm^{-1} 也是甲苯胺红的谱带。依据以上两点基本可以确定标语红色漆中含甲苯胺红染料。

图 11.89 为醇酸氨基树脂涂料和甲苯胺红的红外光谱，比较图 11.88 和图 11.89 可以确定，标语红色漆为含甲苯胺红染料的醇酸氨基树脂涂料。

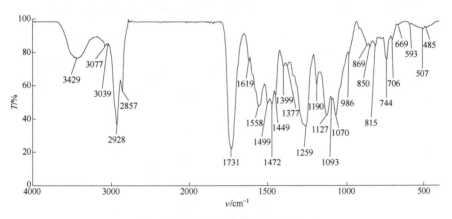

图 11.88　标语红色漆的红外光谱

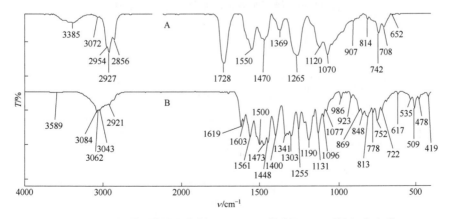

图 11.89　醇酸氨基树脂涂料（A）和甲苯胺红（B）的红外光谱

11.5.11 含铁蓝、硫酸钡的醇酸氨基树脂涂料的红外光谱

图 11.90 为某肇事嫌疑车右前厢蓝色漆的红外光谱。

第一，图中 1546 cm^{-1}、815 cm^{-1} 同时存在，它们是氨基树脂涂料的一等标志谱带。据此猜想右前厢蓝色漆可能是氨基树脂涂料。

第二，1579 cm^{-1}、743 cm^{-1}、708 cm^{-1} 和 1266 cm^{-1}、1121 cm^{-1}、1072 cm^{-1} 也同时存在，它们是醇酸树脂的特征谱带，也是醇酸氨基树脂涂料的二等标志谱带。依据以上两点基本可以确定右前厢蓝色漆是醇酸氨基树脂涂料。

第三，醇酸氨基树脂涂料的其他谱带，如 3455 cm^{-1}、3072 cm^{-1}、2929 cm^{-1}、2858 cm^{-1}、1730 cm^{-1}、1469 cm^{-1}、1373 cm^{-1} 也同时存在。依据以上三点可以确定右前厢蓝色漆为醇酸氨基树脂涂料。

第四，图 11.90 中除醇酸氨基树脂涂料的谱带外，还有其他谱带，其中 2090 cm^{-1}、503 cm^{-1} 同时存在是铁蓝的标志谱带，由此猜想蓝色漆可能含铁蓝染料。

第五，图 11.90 中除醇酸氨基树脂涂料和铁蓝染料的谱带外，还有 984 cm^{-1}，它是硫酸钡的特征谱带，据此猜想蓝色漆中可能含硫酸钡。

第六，对比硫酸钡的红外光谱，637 cm^{-1}、611 cm^{-1} 及 1180 cm^{-1} 也是硫酸钡的谱带。依据以上两点可以确定蓝色漆含硫酸钡。

图 11.91 为硫酸钡、铁蓝和醇酸氨基树脂涂料的红外光谱。把图 11.90 与图 11.91 相比较可以确定，肇事嫌疑车右前厢蓝色漆为含铁蓝、硫酸钡的醇酸氨基树脂涂料。

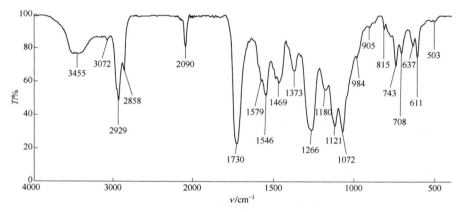

图 11.90　嫌疑车右前厢蓝色漆的红外光谱

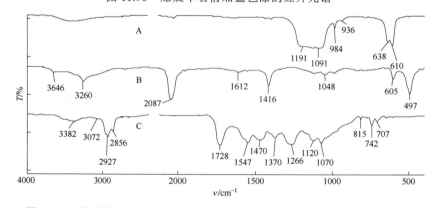

图 11.91　硫酸钡（A）、铁蓝（B）和醇酸氨基树脂涂料（C）的红外光谱

11.5.12 含二氧化钛、铁蓝的醇酸氨基树脂涂料的红外光谱

图 11.92 为肇事嫌疑车蓝色漆的红外光谱。

第一，图中 1547 cm^{-1}、814 cm^{-1} 同时存在，它们是氨基树脂的特征谱带，也是氨基树脂涂料的一等标志谱带。据此猜想嫌疑车蓝色漆为氨基树脂涂料。

第二，739 cm^{-1}、703 cm^{-1} 和 1262 cm^{-1}、1122 cm^{-1}、1072 cm^{-1} 也同时存在，它们是醇酸树脂的特征谱带，也是醇酸氨基树脂涂料的二等标志谱带。依据以上两点基本可以确定嫌疑车蓝色漆是醇酸氨基树脂涂料。

第三，醇酸氨基树脂涂料的其他谱带，如 3440 cm^{-1}、3075 cm^{-1}、2957 cm^{-1}、2930 cm^{-1}、2858 cm^{-1}、1732 cm^{-1}、1470 cm^{-1}、1380 cm^{-1} 也同时存在。依据以上三点可以确定嫌疑车蓝色漆为醇酸氨基树脂涂料。

第四，图 11.92 中除醇酸氨基树脂涂料的谱带外，还有 2092 cm^{-1}、609 cm^{-1}、497 cm^{-1}，它们同时存在是铁蓝的特征谱带。据此猜想嫌疑车蓝色漆可能含铁蓝染料。

第五，图 11.92 中 830~700 cm^{-1} 有陡坡，陡坡至 700 cm^{-1} 后变平缓，平缓段延伸至 400 cm^{-1}，这是涂料中有二氧化钛的特征，据此猜想嫌疑车蓝色漆可能含二氧化钛。

图 11.93 为二氧化钛、铁蓝和醇酸氨基树脂涂料的红外光谱。比较图 11.92 和图 11.93 可以确定，肇事嫌疑车蓝色漆为含二氧化钛、铁蓝的醇酸氨基树脂涂料。

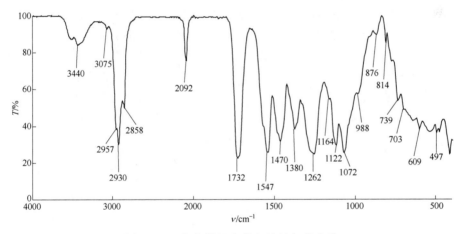

图 11.92　肇事嫌疑车蓝色漆的红外光谱

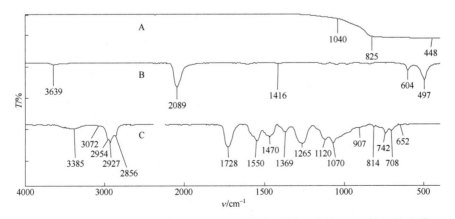

图 11.93　二氧化钛（A）、铁蓝（B）和醇酸氨基树脂涂料（C）的红外光谱

11.5.13 含二氧化钛、碳酸钙的醇酸氨基树脂涂料的红外光谱

图 11.94 为一辆肇事车白色漆的红外光谱。

第一，图中 1547 cm^{-1}、814 cm^{-1} 同时存在，它们是氨基树脂的特征谱带，也是氨基树脂涂料的一等标志谱带。据此猜想肇事车白色漆可能是氨基树脂涂料。

第二，743 cm^{-1}、705 cm^{-1} 和 1276 cm^{-1}、1123 cm^{-1}、1073 cm^{-1} 也同时存在，它们是醇酸树脂的特征谱带，也是醇酸氨基树脂涂料的二等标志谱带。依据以上两点基本可以确定肇事车白色漆是醇酸氨基树脂涂料。

第三，醇酸氨基树脂涂料的其他谱带，如 3548 cm^{-1}、3066 cm^{-1}、2960 cm^{-1}、2933 cm^{-1}、2874 cm^{-1}、1730 cm^{-1}、1461 cm^{-1}、1042 cm^{-1} 也同时存在。依据以上三点可以确定肇事车白色漆为醇酸氨基树脂涂料。

第四，图 11.94 中除醇酸氨基树脂涂料的谱带外还有其他谱带，其中 875 cm^{-1} 是碳酸钙的标志谱带，因此猜想肇事车白色漆可能含碳酸钙。

第五，对比碳酸钙的红外光谱，图 11.94 中 1796 cm^{-1}、2515 cm^{-1} 以及 1430 cm^{-1} 左右的宽强吸收也是碳酸钙的谱带。依据以上两点基本可以确定白漆含碳酸钙。

第六，图 11.94 中除醇酸氨基树脂涂料和碳酸钙的谱带外，还在 850~700 cm^{-1} 有陡坡，陡坡至 700 cm^{-1} 后变平缓，平缓段延伸至 400 cm^{-1}，这是含二氧化钛的涂料的红外光谱的特征，据此猜想肇事车白色漆可能含二氧化钛。

图 11.95 为二氧化钛、碳酸钙和醇酸氨基树脂涂料的红外光谱，比较图 11.94 和图 11.95 可以确定，肇事车白色漆为含二氧化钛、碳酸钙的醇酸氨基树脂涂料。

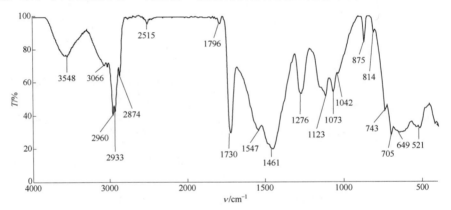

图 11.94 一辆肇事车白色漆的红外光谱

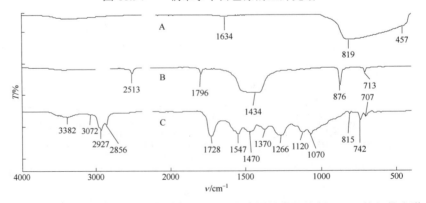

图 11.95 二氧化钛（A）、碳酸钙（B）和醇酸氨基树脂涂料（C）的红外光谱

11.5.14　含二氧化钛、硫酸钡的醇酸氨基树脂涂料的红外光谱

图 11.96 为肇事车厢板蓝色附着物的红外光谱。

第一，图中 1556 cm^{-1}、814 cm^{-1} 同时存在，它们是氨基树脂的特征谱带，也是氨基树脂涂料的一等标志谱带。据此猜想蓝色附着物可能是氨基树脂涂料。

第二，741 cm^{-1}、705 cm^{-1} 和 1261 cm^{-1}、1120 cm^{-1}、1072 cm^{-1} 也同时存在，它们是醇酸树脂的特征谱带，也是醇酸氨基树脂涂料的二等标志谱带。依据以上两点基本可以确定蓝色附着物是醇酸氨基树脂涂料。

第三，醇酸氨基树脂涂料的其他谱带，如 3420 cm^{-1}、3062 cm^{-1}、2930 cm^{-1}、2859 cm^{-1}、1730 cm^{-1}、1468 cm^{-1}、1378 cm^{-1} 也同时存在。依据以上三点可以确定蓝色附着物为醇酸氨基树脂涂料。

第四，图 11.96 除醇酸氨基树脂涂料的谱带外还有其他谱带，其中 984 cm^{-1} 是硫酸钡的一等标志谱带，因此猜想蓝色附着物含硫酸钡。

第五，对比硫酸钡的红外光谱，图 11.96 中 1180 cm^{-1}、638 cm^{-1}、609 cm^{-1} 以及 1200~1000 cm^{-1} 的宽、强吸收也是硫酸钡的谱带。依据以上两点基本可以确定蓝色附着物含硫酸钡。

第六，图 11.96 中除醇酸氨基树脂涂料和硫酸钡的谱带外，还在 830~700 cm^{-1} 有陡坡，陡坡至 700 cm^{-1} 后变平缓，平缓段延伸至 400 cm^{-1}，这是涂料中含二氧化钛时红外光谱的特征，因此猜想蓝色附着物可能含二氧化钛。

图 11.97 为二氧化钛、硫酸钡和醇酸氨基树脂涂料的红外光谱，比较图 11.96 和图 11.97 可以确定，肇事车蓝色附着物为含二氧化钛、硫酸钡的醇酸氨基树脂涂料。

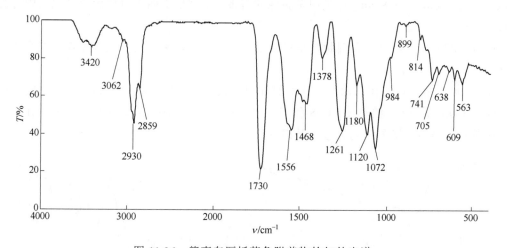

图 11.96　肇事车厢板蓝色附着物的红外光谱

11.5.15　含甲苯胺红、铬酸铅的醇酸氨基树脂涂料的红外光谱

图 11.98 为被撞摩托车红色漆的红外光谱。

第一，图中 1560 cm^{-1}、817 cm^{-1} 同时存在，它们是氨基树脂的特征谱带，也是氨基树脂涂料的一等标志谱带。据此猜想摩托车红色漆可能是氨基树脂涂料。

第二，744 cm^{-1}、706 cm^{-1} 和 1258 cm^{-1}、1129 cm^{-1}、1071 cm^{-1} 也同时存在，它们是醇酸树脂的特征谱带，也是醇酸氨基树脂涂料的二等标志谱带。依据以上两点基本可以确定被撞

摩托车红色漆是醇酸氨基树脂涂料。

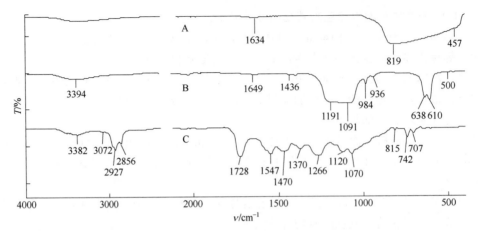

图 11.97　二氧化钛（A）、硫酸钡（B）和醇酸氨基树脂涂料（C）的红外光谱

第三，图 11.98 中醇酸氨基树脂涂料的其他谱带，如 3375 cm^{-1}、3076 cm^{-1}、2928 cm^{-1}、2857 cm^{-1}、1731 cm^{-1}、1472 cm^{-1} 也同时存在。依据以上三点可以确定被撞摩托车红色漆为醇酸氨基树脂涂料。

第四，图 11.98 中除醇酸氨基树脂涂料的谱带外，还有其他谱带，其中 1619 cm^{-1}、1499 cm^{-1}、1398 cm^{-1} 同时存在是甲苯胺红的标志谱带，据此猜想红色漆中可能含甲苯胺红染料。

第五，对比甲苯胺红的红外光谱，3038 cm^{-1}、1449 cm^{-1}、1340 cm^{-1}、1190 cm^{-1}、988 cm^{-1}、779 cm^{-1}、593 cm^{-1}、508 cm^{-1} 也是甲苯胺红的谱带。依据以上两点可以确定红色漆中含有甲苯胺红染料。

第六，850 cm^{-1} 峰呈宽、圆状，是铬酸铅的特征谱带，因此猜想被撞摩托车红色漆可能含铬酸铅。

图 11.99 为醇酸氨基树脂涂料、铬酸铅和甲苯胺红的红外光谱，图 11.100 为被撞摩托车红色漆的 EDX 能谱图。比较图 11.98 和图 11.99 并参考图 11.100 可以确定，被撞摩托车红漆为含甲苯胺红染料和铬酸铅的醇酸氨基树脂涂料。

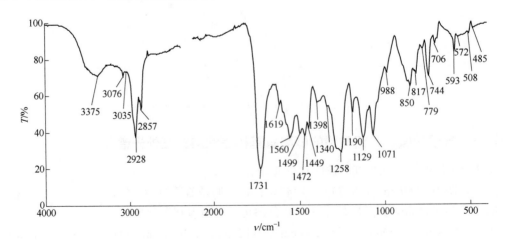

图 11.98　被撞摩托车红色漆的红外光谱

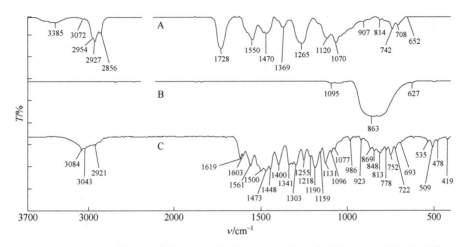

图 11.99　醇酸氨基树脂涂料（A）、铬酸铅（B）和甲苯胺红（C）的红外光谱

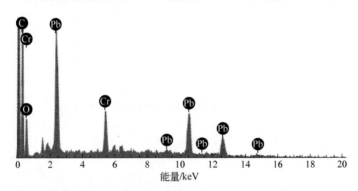

图 11.100　被撞摩托车红色漆的 EDX 能谱图

11.5.16　醇酸氨基树脂涂料检验案例

2009 年 3 月 15 日，山东省某市王某在威青高速公路上被一辆货车撞死。经交警调查，一辆中型厢式货车被列为嫌疑车。2009 年 3 月 24 日该市交警大队送来有关检材：①死者王某所穿的裤子上有蓝色附着物；②货车右侧车门提取的漆片。要求对两份检材进行对比检验。

经显微镜检验，死者裤子上蓝色附着物呈漆状，与裤子纤维在碰撞过程中紧密揉搓在一起。

经红外光谱检验，死者裤子上蓝色附着物的红外光谱如图 11.101 所示。

第一，1505 cm^{-1}、1409 cm^{-1}、1101 cm^{-1}、729 cm^{-1} 同时存在，它们是涤纶的特征谱带。据此猜想死者裤子上蓝色附着物可能混有涤纶。

第二，把涤纶的红外光谱与图 11.101 进行对比，知道图 11.101 中 1577 cm^{-1}、1101 cm^{-1}、1019 cm^{-1}、875 cm^{-1} 也是涤纶的谱带。依据以上两点基本可以确定死者裤子上蓝色附着物混有涤纶。

第三，图 11.101 中 1553 cm^{-1}、815 cm^{-1} 同时存在，它们是氨基树脂涂料的一等标志谱带。据此猜想死者裤子上蓝色附着物可能混有氨基树脂涂料。

第四，1262 cm^{-1}、1118 cm^{-1} 也同时存在，它们是醇酸树脂的特征谱带，也是醇酸氨基树脂涂料的二等标志谱带。依据以上两点基本可以确定死者裤子上蓝色附着物混有醇酸氨基树脂涂料。

死者王某裤子纤维的红外光谱如图 11.102 所示，嫌疑货车蓝色漆的红外光谱如图 11.103 所示。把图 11.101 与图 11.102、图 11.103 相比较可以发现，图 11.101 是图 11.102 和图 11.103 的叠加。图 11.101 中 1577 cm^{-1}、1505 cm^{-1}、1409 cm^{-1}、1339 cm^{-1}、1101 cm^{-1}、1019 cm^{-1}、875 cm^{-1} 和 729 cm^{-1} 为涤纶（死者王某裤子纤维为涤纶）的谱带；2959 cm^{-1}、2933 cm^{-1}、1553 cm^{-1}、1262 cm^{-1}、1118 cm^{-1} 和 815 cm^{-1} 为醇酸氨基树脂涂料（嫌疑货车蓝色漆为醇酸氨基树脂涂料）的谱带。从而得出如下鉴定意见：王某所穿裤子的蓝色附着物中有醇酸氨基树脂涂料。

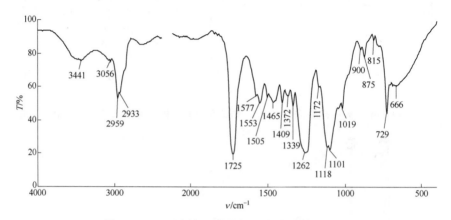

图 11.101　死者裤子上蓝色附着物的红外光谱

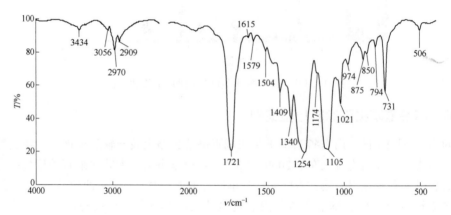

图 11.102　死者裤子纤维的红外光谱

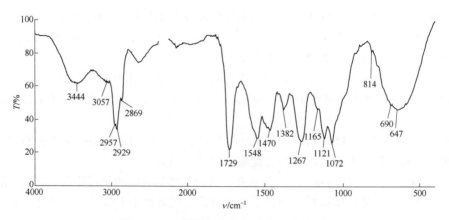

图 11.103　嫌疑货车蓝色漆的红外光谱

11.6 硝基漆的红外光谱

把以硝酸纤维素为主要成膜物的涂料习惯上称为硝基漆或硝酸纤维素漆。

硝基漆是一种挥发性涂料，成膜物质除硝酸纤维素外，还有其他树脂。这是因为单独用硝酸纤维素制的漆光泽度不高，附着力差，并且不挥发成分含量低（20%），很多技术要求不能满足。为了克服这些缺点，在制漆时需加入一些与硝酸纤维素相容性好的树脂。硝酸纤维素与多种天然树脂及合成树脂有较好的相容性。硝基漆中常用的共用树脂有天然树脂、松香甘油酯、醇酸树脂、氨基树脂、丙烯酸树脂、乙烯类树脂、脲醛树脂和酚醛树脂等。

11.6.1 硝基漆的性能和用途

硝酸纤维素是热塑性高分子材料，分子量和软化点高，分子极性大，内聚力强。这使得硝酸纤维素漆具有漆膜坚韧、强度大的优点，但也有对金属基体表面附着力差的缺点。要增加附着力，就需要另外添加低分子量的增韧剂及其他合成树脂，这样在一定程度上降低了漆膜强度。但合成树脂的加入提高了漆膜的光泽度及固体含量，提高了漆膜对基体光滑表面的附着力。

硝基漆相对于其他漆具有以下特点：

① 漆膜干结快，一般在 10 min 内结膜，1 h 后可实干。

② 硬度高且坚韧，耐磨、耐候性好，耐久性好，不易泛黄，易于修补和保养，可以打磨抛光。

③ 硝基漆的缺点是固体物质含量低，增加了施工的程序。

基于以上特点，硝基漆可用于金属、木材、皮革、纺织品、塑料、混凝土等。

11.6.2 硝基漆的标志谱带和红外光谱分析步骤

11.6.2.1 硝基漆的标志谱带

硝基漆在结构上最大的特点是硝基，其标志谱带应该能反映这一特点。参考"8.5.14.5 硝酸纤维素的红外光谱"可知，1650 cm^{-1}、1286 cm^{-1}、844 cm^{-1} 因强度大特征性强，是鉴定硝酸纤维素的特征谱带，也是硝基漆的一等标志谱带。

醇酸树脂是硝基漆最常用的树脂，加入醇酸树脂可以提高硝基漆的附着力、柔韧性、耐候性、光泽丰满度及保光性，但硬度及耐磨性会降低。硝基漆中醇酸树脂的用量一般是硝酸纤维素的 50%~250%，特殊品种可以多至 5~6 倍。

醇酸树脂的标志谱带是 744 cm^{-1}、705 cm^{-1} 和 1265 cm^{-1}、1120 cm^{-1}、1070 cm^{-1}，这些谱带通常是硝基漆的二等标志谱带。

1600 cm^{-1}、1580 cm^{-1} 是醇酸树脂特征性更强的标志谱带，但它们常被 1650 cm^{-1} 的宽、强吸收掩盖掉。如果 1600 cm^{-1}、1580 cm^{-1} 同时存在，也可以看作硝基漆的二等标志谱带。

11.6.2.2 硝基漆红外光谱的分析步骤

（1）确定被检验样品是涂料。

（2）硝基漆的一等标志谱带为：1650 cm^{-1}、1286 cm^{-1}、844 cm^{-1}；如果共用树脂是醇酸树脂，则醇酸树脂的特征谱带就是其二等标志谱带：744 cm^{-1}、705 cm^{-1}、1600 cm^{-1}、1580 cm^{-1} 和 1265 cm^{-1}、1120 cm^{-1}、1070 cm^{-1}。

（3）假设试样为硝基漆，在试样红外光谱中寻找硝基漆的一等标志谱带：1650 cm^{-1}、

1286 cm^{-1}、844 cm^{-1}。如果没有，则排除是硝基漆，另外假设是其他涂料。

（4）如果红外光谱中有硝基漆的一等标志谱带，则寻找醇酸硝基漆的二等标志谱带：744 cm^{-1}、705 cm^{-1}、1600 cm^{-1}、1580 cm^{-1} 和 1265 cm^{-1}、1120 cm^{-1}、1070 cm^{-1}。如果没有，就要排除是醇酸硝基漆。

在醇酸硝基漆的红外光谱中，1265 cm^{-1} 与 1286 cm^{-1} 相邻但不及 1286 cm^{-1} 强度大，所以在硝基漆的红外光谱中有时会被 1286 cm^{-1} 掩盖，峰位移至 1280 cm^{-1} 左右，使 1280 cm^{-1} 谱带峰形变宽，强度增大，左侧斜率大、右侧斜率小。

（5）如果一等标志谱带、二等标志谱带同时存在，则基本可以确定试样是醇酸硝基漆。

（6）再寻找醇酸硝基漆的其他谱带，如果也有，则可以确定是醇酸硝基漆。试样红外光谱与醇酸硝基漆标准红外光谱匹配的峰个数越多，鉴定的可靠性越高。

（7）在试样红外光谱中寻找是否有硝基漆之外的谱带，确定硝基漆的类型。如果没有硝基漆之外的谱带，就可以确定试样是普通的硝基漆；如果还有硝基漆之外的谱带，则根据其他物质的标志谱带，确定填料、染料及改性树脂的种类，以确定硝基漆的类型，如含滑石粉的硝基漆、含铁蓝染料的硝基漆、环氧树脂改性硝基漆等。

11.6.3 硝基漆的红外光谱

11.6.3.1 醇酸硝基漆的红外光谱

图 11.104 是肇事大货车防护网漆膜的红外光谱。

第一，图中 1659 cm^{-1}、1279 cm^{-1}、844 cm^{-1} 同时存在，它们是硝基漆的一等标志谱带。据此猜想漆膜可能是硝基漆。

第二，745 cm^{-1}、709 cm^{-1} 和 1123 cm^{-1}、1071 cm^{-1} 也同时存在，它们是醇酸树脂的特征谱带，也是醇酸硝基漆的二等标志谱带。依据以上两点基本可以确定防护网漆膜是醇酸硝基漆。

第三，图 11.104 中，醇酸硝基漆的其他谱带（如 3494 cm^{-1}、3077 cm^{-1}、2931 cm^{-1}、2859 cm^{-1}、1725 cm^{-1}、1601 cm^{-1}、1581 cm^{-1}、1453 cm^{-1}、1381 cm^{-1}、650 cm^{-1}）也同时存在。据以上三点可以确定防护网漆膜为醇酸硝基漆。

第四，图 11.104 中除醇酸硝基漆的谱带外，不再有其他的谱带。因此，肇事大货车防护网漆膜为醇酸硝基漆。

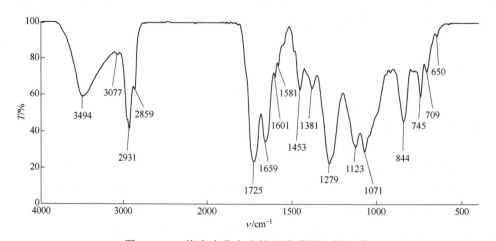

图 11.104　肇事大货车防护网漆膜的红外光谱

图 11.105 是硝酸纤维素、醇酸硝基漆和醇酸树脂的红外光谱。从比较中可知，图 11.104 中 1659 cm^{-1}、1381 cm^{-1}、1279 cm^{-1}、1071 cm^{-1}、844 cm^{-1} 为硝酸纤维素的谱带；1725 cm^{-1}、1601 cm^{-1}、1581 cm^{-1}、1453 cm^{-1}、1381 cm^{-1}、1123 cm^{-1}、1071 cm^{-1}、745 cm^{-1}、709 cm^{-1} 为醇酸树脂的谱带。

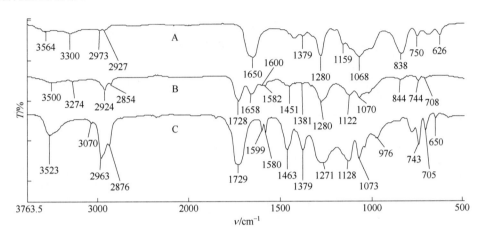

图 11.105　硝酸纤维素（A）、醇酸硝基漆（B）和醇酸树脂（C）的红外光谱

11.6.3.2　含滑石粉的硝基漆的红外光谱

汽车底漆用硝基漆经常加有滑石粉。图 11.106 为肇事现场漆片第三层灰色漆的红外光谱。

第一，图中 1659 cm^{-1}、1279 cm^{-1}、842 cm^{-1} 同时存在，它们是硝基漆的一等标志谱带。据此猜想灰色漆是硝基漆。

第二，1600 cm^{-1}、1581 cm^{-1}、744 cm^{-1} 和 1118 cm^{-1}、1070 cm^{-1} 也同时存在，它们是醇酸树脂的特征谱带，也是醇酸硝基漆的二等标志谱带。依据以上两点基本可以确定灰色漆是醇酸硝基漆。

第三，醇酸硝基漆的其他谱带，如 3432 cm^{-1}、2920 cm^{-1}、2852 cm^{-1}、1726 cm^{-1}、1465 cm^{-1}、1396 cm^{-1} 也同时存在。依据以上三点可以确定灰色漆为醇酸硝基漆。

第四，图 11.106 中，除醇酸硝基漆的谱带外，还有其他谱带，其中 3677 m^{-1} 是滑石粉的一等标志谱带，因此猜想灰色漆中可能含滑石粉。

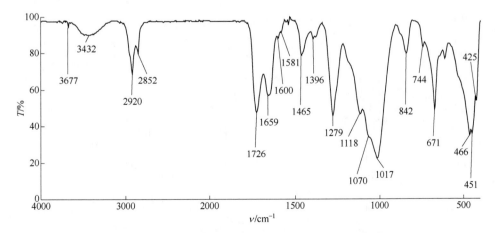

图 11.106　肇事现场漆片第三层灰色漆的红外光谱

第五，查滑石粉的红外光谱，图 11.106 中 1017 cm⁻¹、671 cm⁻¹、466 cm⁻¹、451 cm⁻¹、425 cm⁻¹ 也是滑石粉的谱带。依据以上两点可以确定灰色漆含滑石粉。

图 11.107 为醇酸硝基漆和滑石粉的红外光谱。比较图 11.106 和图 11.107 可以确定，肇事现场漆片第三层灰色漆为含滑石粉的硝基漆。

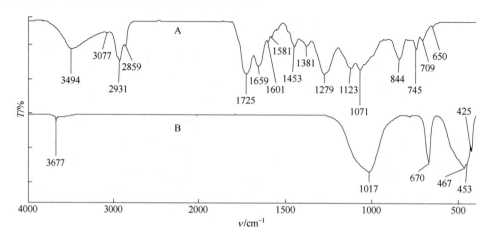

图 11.107　醇酸硝基漆（A）和滑石粉（B）的红外光谱

11.6.3.3　含大红粉的硝基漆的红外光谱

图 11.108 为被撞摩托车车把上红色附着物的红外光谱。

第一，图中 1650 cm⁻¹、1280 cm⁻¹、841 cm⁻¹ 同时存在，它们是硝基漆的一等标志谱带。据此猜想红色附着物可能是硝基漆。

第二，1600 cm⁻¹、1123 cm⁻¹、1072 cm⁻¹ 也同时存在，它们是醇酸树脂的特征谱带，也是醇酸硝基漆的二等标志谱带。依据以上两点基本可以确定红色附着物为醇酸硝基漆。

第三，图 11.108 中醇酸硝基漆的其他谱带，如 3492 cm⁻¹、2933 cm⁻¹、1729 cm⁻¹、1449 cm⁻¹、1383 cm⁻¹ 也同时存在。依据以上三点可以确定红色附着物为醇酸硝基漆。

第四，图 11.108 中除醇酸硝基漆的谱带外，还有其他谱带，其中 549 cm⁻¹、522 cm⁻¹、493 cm⁻¹ 同时存在，并且强度相当，是大红粉红外光谱的特征。因此，猜想红色附着物含大红粉。

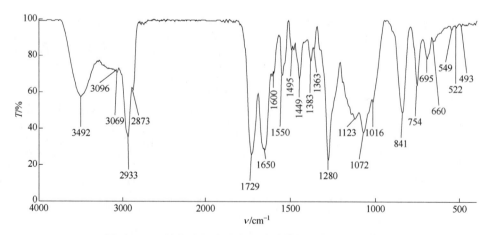

图 11.108　被撞摩托车车把上红色附着物的红外光谱

第五，对比大红粉的红外光谱，图 11.108 中 3069 cm^{-1}、1550 cm^{-1}、1495 cm^{-1}、1363 cm^{-1}、1016 cm^{-1}、754 cm^{-1}、695 cm^{-1} 也是大红粉的谱带。依据以上两点可以确定红色附着物含大红粉。

图 11.109 为醇酸硝基漆和大红粉的红外光谱。比较图 11.108 和图 11.109 可以确定，被撞摩托车车把上红色附着物为含大红粉的醇酸硝基漆。

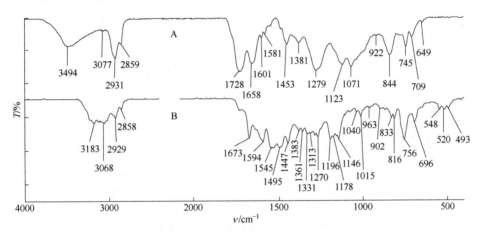

图 11.109　醇酸硝基漆（A）和大红粉（B）的红外光谱

11.6.3.4　含高岭土的醇酸硝基漆的红外光谱

图 11.110 为肇事车前装饰板灰色漆的红外光谱。

第一，图中 1657 cm^{-1}、1280 cm^{-1}、841 cm^{-1} 同时存在，它们是硝基漆的一等标志谱带。据此猜想灰色漆是硝基漆。

第二，1600 cm^{-1}、1581 cm^{-1}、1071 cm^{-1}、747 cm^{-1} 也同时存在，它们是醇酸树脂的特征谱带，也是醇酸硝基漆的二等标志谱带。依据以上两点基本可以确定灰色漆是醇酸硝基漆。

第三，图 11.110 中，醇酸硝基漆的其他谱带，如 2932 cm^{-1}、1729 cm^{-1}、1452 cm^{-1}、1382 cm^{-1} 也同时存在。依据以上三点可以确定灰色漆为醇酸硝基漆。

第四，图 11.110 中，除醇酸硝基漆的谱带外还有其他的谱带，其中 3696 cm^{-1}、3623 cm^{-1}、539 cm^{-1}、469 cm^{-1} 同时存在是高岭土的标志谱带。因此，猜想灰色漆含高岭土。

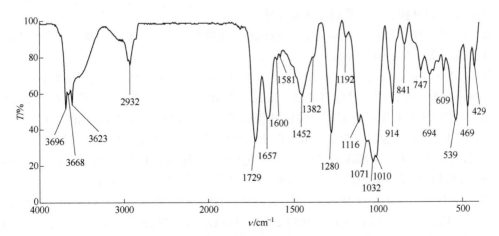

图 11.110　肇事车前装饰板灰色漆的红外光谱

第五，对比高岭土的红外光谱，图 11.110 中 1116 cm^{-1}、1032 cm^{-1}、1010 cm^{-1}、914 cm^{-1}、694 cm^{-1}、429 cm^{-1} 也是高岭土的谱带。依据以上两点可以确定灰色漆含高岭土。

图 11.111 为醇酸硝基漆和高岭土的红外光谱，图 11.112 为灰色漆的 EDX 能谱图。比较图 11.110 和图 11.111 并参考图 11.112 可以确定，肇事车前装饰板灰色漆为含高岭土的醇酸硝基漆。

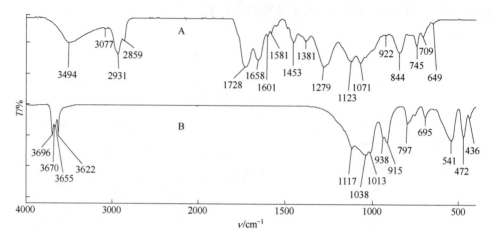

图 11.111　醇酸硝基漆（A）和高岭土（B）的红外光谱

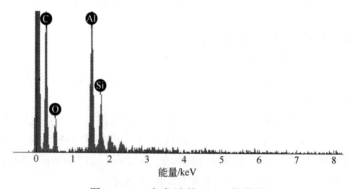

图 11.112　灰色漆的 EDX 能谱图

11.6.3.5　环氧树脂改性醇酸硝基漆的红外光谱

图 11.113 为被撞自行车黄漆的红外光谱。

第一，图中 1651 cm^{-1}、1284 cm^{-1}、833 cm^{-1} 同时存在，它们是硝基漆的一等标志谱带。据此猜想黄色漆可能是硝基漆。

第二，1581 cm^{-1}、1127 cm^{-1}、1074 cm^{-1}、703 cm^{-1} 也同时存在，它们是醇酸树脂的特征谱带，也是醇酸硝基漆的二等标志谱带。依据以上两点基本可以确定黄色漆是醇酸硝基漆。

第三，图 11.113 中，醇酸硝基漆的其他谱带，如 3490 cm^{-1}、2932 cm^{-1}、1729 cm^{-1}、1461 cm^{-1}、1383 cm^{-1} 也同时存在。依据以上三点可以确定黄色漆为醇酸硝基漆。

第四，图 11.113 中除醇酸硝基漆的谱带外还有其他谱带，其中 1608 cm^{-1}、1511 cm^{-1}、1184 cm^{-1} 同时存在是环氧树脂的特征谱带。因此猜想黄色漆含环氧树脂。

第五，对比环氧树脂的红外光谱，图 11.113 中 3039 cm^{-1}、2965 cm^{-1}、2873 cm^{-1}、1581 cm^{-1}、1413 cm^{-1}、1362 cm^{-1}、1346 cm^{-1}、1037 cm^{-1}、913 cm^{-1}、574 cm^{-1}、481 cm^{-1} 也是环氧树脂的谱带。依据以上两点，可以确定黄色漆含环氧树脂。

醇酸硝基漆中醇酸树脂在 1265 cm^{-1} 有吸收，环氧树脂在 1248 cm^{-1} 有吸收，二者重叠后在 1253 cm^{-1} 出现吸收。

硝酸纤维素在 840 cm^{-1} 有吸收，环氧树脂在 830 cm^{-1} 有吸收，二者重叠后在 833 cm^{-1} 出现吸收。

图 11.114 为醇酸硝基漆和环氧树脂的红外光谱。比较图 11.113 和图 11.114 可以确定，被撞自行车黄色漆为环氧树脂改性的醇酸硝酸漆。

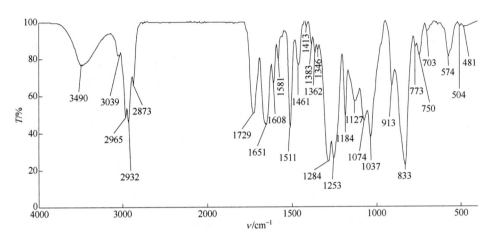

图 11.113　被撞自行车黄色漆的红外光谱

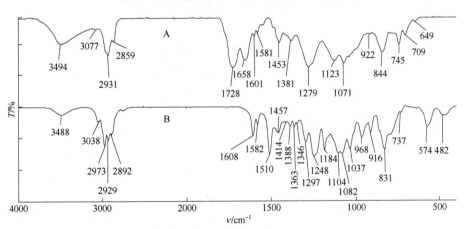

图 11.114　醇酸硝基漆（A）和环氧树脂（B）的红外光谱

11.6.3.6　含碳酸钙的醇酸硝基漆的红外光谱

图 11.115 为交通事故中被撞者衣服上蓝色附着物的红外光谱。

第一，图中 1656 cm^{-1}、1280 cm^{-1}、847 cm^{-1} 同时存在，它们是硝基漆的一等标志谱带。因此猜想蓝色附着物可能是硝基漆。

第二，1599 cm^{-1}、1580 cm^{-1}、1123 cm^{-1}、1073 cm^{-1}、743 cm^{-1} 也同时存在，它们是醇酸树脂的特征谱带，也是醇酸硝基漆的二等标志谱带。据以上两点基本可以确定蓝色附着物是醇酸硝基漆。

第三，图 11.115 中，醇酸硝基漆的其他谱带，如 3420 cm^{-1}、2929 cm^{-1}、2858 cm^{-1}、1727 cm^{-1}、1455 cm^{-1}、650 cm^{-1} 也同时存在。依据以上三点可以确定蓝色附着物为醇酸硝基漆。

第四，图 11.115 中除醇酸硝基漆的谱带外还有其他的谱带，其中 874 cm^{-1} 是碳酸钙的特征谱带，因此猜想蓝色附着物中可能含碳酸钙。

第五，对比碳酸钙的红外光谱，2516 m^{-1}、1793 cm^{-1}、713 cm^{-1} 以及 1443 cm^{-1} 左右的宽、强吸收也是碳酸钙的谱带。根据以上两点可以确定蓝色附着物含碳酸钙。

图 11.116 为醇酸硝基漆和碳酸钙的红外光谱。图 11.117 为蓝色附着物的 EDX 能谱图。比较图 11.115 和图 11.116 并参考图 11.117 可以确定，被撞者衣服上蓝色附着物为含碳酸钙的醇酸硝基漆。

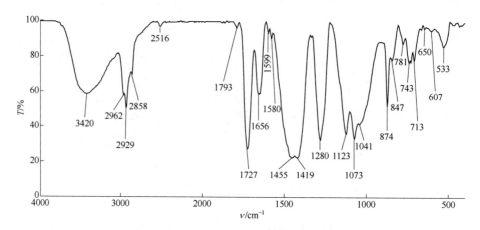

图 11.115　被撞者衣服上蓝色附着物的红外光谱

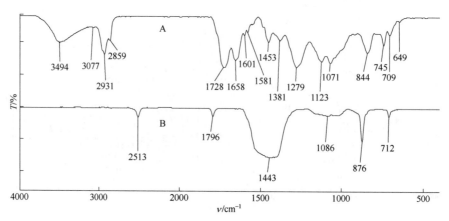

图 11.116　醇酸硝基漆（A）和碳酸钙（B）的红外光谱

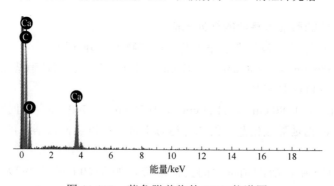

图 11.117　蓝色附着物的 EDX 能谱图

11.6.3.7 含硫酸钡的醇酸硝基漆的红外光谱

图 11.118 为肇事摩托车前保险杠黑色附着物的红外光谱。

第一，1664 cm^{-1}、1271 cm^{-1}、841 cm^{-1} 同时存在，它们是硝基漆的一等标志谱带。因此猜想黑色附着物是硝基漆。

第二，1601 cm^{-1}、1581 cm^{-1}、704 cm^{-1}、1072 cm^{-1} 也同时存在，它们是醇酸树脂的特征谱带，也是醇酸硝基漆的二等标志谱带。依据以上两点基本可以确定黑色附着物是醇酸硝基漆。

第三，醇酸硝基漆的其他谱带，如 3440 cm^{-1}、3073 cm^{-1}、2929 cm^{-1}、2858 cm^{-1}、1727 cm^{-1}、1452 cm^{-1}、1386 cm^{-1} 也同时存在。依据以上三点可以确定黑色附着物为醇酸硝基漆。

第四，图 11.118 中除醇酸硝基漆的谱带外还有其他谱带，其中 984 cm^{-1} 是硫酸钡的标志谱带。因此猜想黑色附着物可能含硫酸钡。

第五，对比硫酸钡的红外光谱，1179 cm^{-1}、636 cm^{-1}、609 cm^{-1} 以及 1200~1000 cm^{-1} 间的宽、强谱带也是硫酸钡的谱带。依据以上两点可以确定黑色附着物含硫酸钡。

图 11.119 为醇酸硝基漆和硫酸钡的红外光谱，比较图 11.118 和图 11.119 可以确定，肇事摩托车前保险杠黑色附着物为含硫酸钡的醇酸硝基漆。

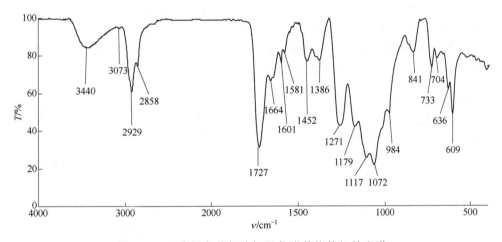

图 11.118　摩托车前保险杠黑色附着物的红外光谱

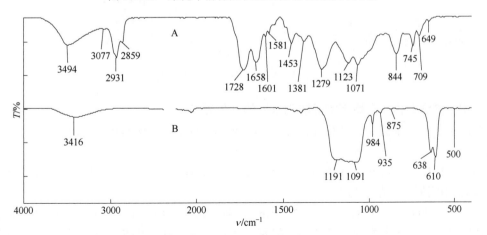

图 11.119　醇酸硝基漆（A）和硫酸钡（B）的红外光谱

11.6.3.8　含滑石粉和硫酸钡的醇酸硝基漆的红外光谱

图 11.120 为肇事车灰色漆的红外光谱。

第一，图中 1658 cm^{-1}、1280 cm^{-1}、842 cm^{-1} 同时存在，它们是硝基漆的一等标志谱带。据此猜想灰色漆可能是硝基漆。

第二，1600 cm^{-1}、1580 cm^{-1}、1118 cm^{-1}、1075 cm^{-1}、744 cm^{-1} 也同时存在，它们是醇酸树脂的特征谱带，也是醇酸硝基漆的二等标志谱带。依据以上两点基本可以确定灰色漆是醇酸硝基漆。

第三，醇酸硝基漆的其他谱带，如 3497 cm^{-1}、2928 cm^{-1}、2856 cm^{-1}、1732 cm^{-1}、1459 cm^{-1} 也同时存在。依据以上三点可以确定灰色漆为醇酸硝基漆。

第四，图 11.120 中除醇酸硝基漆的谱带外还有其他谱带，其中 3678 cm^{-1} 是滑石粉的标志谱带。因此，猜想灰色漆可能含滑石粉。

第五，对比滑石粉的红外光谱，图 11.120 中 1018 cm^{-1}、669 cm^{-1}、466 cm^{-1}、452 cm^{-1}、424 cm^{-1} 也是滑石粉的谱带。依据以上两点可以确定灰色漆含滑石粉。

第六，图 11.120 中除醇酸硝基漆、滑石粉的谱带外还有其他谱带，其中 985 cm^{-1} 是硫酸钡的特征谱带。因此，猜想灰色漆可能含硫酸钡。

第七，对比硫酸钡的红外光谱，637 cm^{-1}、610 cm^{-1}、1187 cm^{-1} 以及 1200~1000 cm^{-1} 间的宽、强吸收也是硫酸钡的谱带。依据以上两点可以确定灰色漆含硫酸钡。

图 11.121 为醇酸硝基漆、滑石粉和硫酸钡的红外光谱。比较图 11.120 与图 11.121 可以确定，肇事车灰色漆为含滑石粉和硫酸钡的醇酸硝基漆。

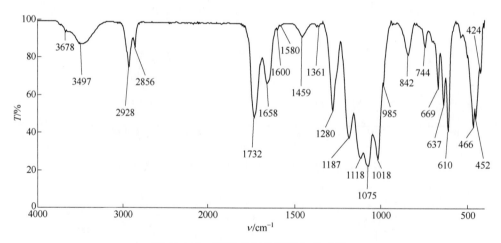

图 11.120　肇事车灰色漆的红外光谱

11.6.3.9　含滑石粉、高岭土的醇酸硝基漆的红外光谱

有的腻子是用硝基漆、滑石粉、高岭土制成。图 11.122 是交通事故现场漆片灰色漆的红外光谱。

第一，图中 1645 cm^{-1}、1280 cm^{-1}、845 cm^{-1} 同时存在，它们是硝基漆的一等标志谱带。据此猜想灰色漆可能是硝基漆。

第二，1600 cm^{-1}、1581 cm^{-1}、1071 cm^{-1}、746 cm^{-1}、701 cm^{-1} 也同时存在，它们是醇酸树脂的特征谱带，也是醇酸硝基漆的二等标志谱带。依据以上两点基本可以确定灰色漆是醇酸硝基漆。

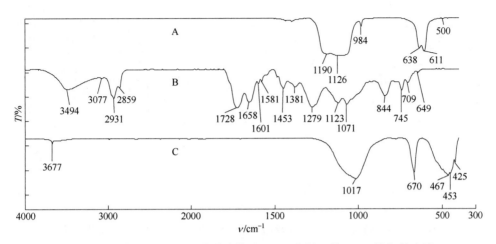

图 11.121　硫酸钡（A）、醇酸硝基漆（B）和滑石粉（C）的红外光谱

第三，醇酸硝基漆的其他谱带，如 3061 cm^{-1}、2929 cm^{-1}、2856 cm^{-1}、1730 cm^{-1}、1453 cm^{-1}、1379 cm^{-1} 也同时存在。依据以上三点可以确定灰色漆为醇酸硝基漆。

第四，图 11.122 中除醇酸硝基漆的谱带外，还有其他谱带，其中 3675 cm^{-1} 是滑石粉的一等标志谱带。因此，猜想灰色漆可能含滑石粉。

第五，对比滑石粉的红外光谱，图 11.122 中 1017 cm^{-1}、671 cm^{-1}、467 cm^{-1}、449 cm^{-1}、422 cm^{-1} 也是滑石粉的谱带。依据以上两点可以确定灰色漆含滑石粉。

第六，图 11.122 中除醇酸硝基漆、滑石粉的谱带外还有其他谱带，其中 3696 cm^{-1}、3622 cm^{-1}、538 cm^{-1} 同时存在是高岭土的标志谱带。因此，猜想灰色漆可能含高岭土。

第七，对比高岭土的红外光谱，3653 cm^{-1}、1117 cm^{-1}、914 cm^{-1} 也是高岭土的谱带。依据以上两点可以确定灰色漆含高岭土。

图 11.123 是高岭土、醇酸硝基漆和滑石粉的红外光谱。比较图 11.122 和图 11.123 可以确定，事故现场漆片灰色漆为含滑石粉、高岭土的醇酸硝基漆。

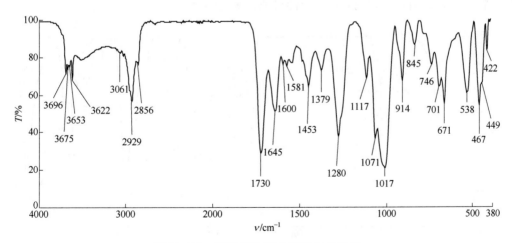

图 11.122　现场漆片灰色漆的红外光谱

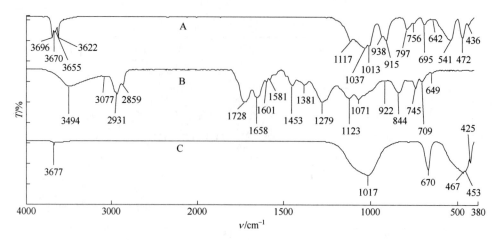

图 11.123 高岭土（A）、醇酸硝基漆（B）和滑石粉（C）的红外光谱

11.6.3.10 含滑石粉、碳酸钙的硝基漆的红外光谱

图 11.124 为肇事大货车翼子板第三层灰漆的红外光谱。

第一，图中 1655 cm^{-1}、1280 cm^{-1}、842 cm^{-1} 同时存在，它们是硝基漆的一等标志谱带。据此猜想第三层灰色漆可能是硝基漆。

第二，1598 cm^{-1}、1578 cm^{-1}、1121 cm^{-1}、1071 cm^{-1}、744 cm^{-1} 也同时存在，它们是醇酸树脂的特征谱带，也是醇酸硝基漆的二等标志谱带。依据以上两点基本可以确定第三层灰色漆是醇酸硝基漆。

第三，醇酸硝基漆的其他谱带，如 3537 cm^{-1}、3066 cm^{-1}、2928 cm^{-1}、2857 cm^{-1}、1729 cm^{-1}、1453 cm^{-1} 也同时存在。依据以上三点可以确定第三层灰色漆为醇酸硝基漆。

第四，图 11.124 中除醇酸硝基漆的谱带外还有其他的谱带，其中 3676 cm^{-1} 是滑石粉的一等标志谱带。据此猜想第三层灰色漆可能含滑石粉。

第五，对比滑石粉的红外光谱，图 11.124 中 1017 cm^{-1}、671 cm^{-1}、466 cm^{-1}、451 cm^{-1}、424 cm^{-1} 也是滑石粉的谱带。依据以上两点可以确定第三层灰色漆含滑石粉。

第六，图 11.124 中除醇酸硝基漆、滑石粉的谱带外，还有其他谱带，其中 878 cm^{-1} 是碳酸钙的特征谱带，因此猜想第三层灰色漆可能含碳酸钙。

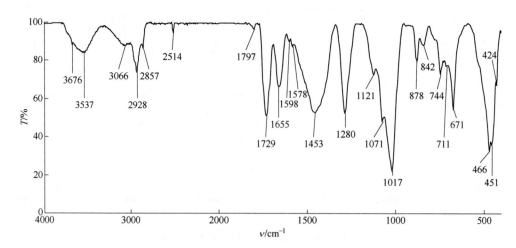

图 11.124 肇事大货车翼子板第三层灰色漆的红外光谱

第七，对比碳酸钙的红外光谱，图 11.124 中 2514 cm^{-1}、1797 cm^{-1}、711 cm^{-1} 以及 1443 cm^{-1} 左右的宽、强吸收也是碳酸钙的谱带。据以上两点可以确定第三层灰色漆含碳酸钙。

图 11.125 为醇酸硝基漆、滑石粉和碳酸钙的红外光谱。比较图 11.124 和图 11.125 可以确定，大货车翼子板第三层灰色漆为含滑石粉、碳酸钙的醇酸硝基漆。

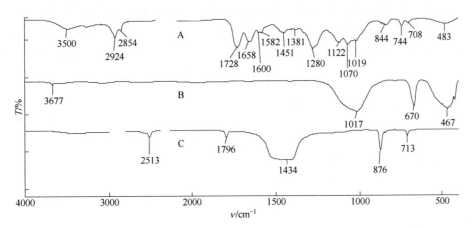

图 11.125　醇酸硝基漆（A）、滑石粉（B）和碳酸钙（C）的红外光谱

11.6.3.11　含碳酸钙、硫酸钡的硝基漆的红外光谱

图 11.126 为被撞自行车后挡泥瓦附着灰色漆的红外光谱。

第一，图中 1641 cm^{-1}、1281 cm^{-1}、848 cm^{-1} 同时存在，它们是硝基漆的一等标志谱带。据此猜想灰色漆可能是硝基漆。

第二，1600 cm^{-1}、1577 cm^{-1}、744 cm^{-1}、1121 cm^{-1}、1073 cm^{-1} 也同时存在，它们是醇酸树脂的特征谱带，也是醇酸硝基漆的二等标志谱带。依据以上两点基本可以确定灰色漆是醇酸硝基漆。

第三，醇酸硝基漆的其他谱带，如 3498 cm^{-1}、3081 cm^{-1}、2928 cm^{-1}、2857 cm^{-1}、1728 cm^{-1} 也同时存在。依据以上三点可以确定灰色漆为醇酸硝基漆。

第四，图 11.126 中除醇酸硝基漆的谱带外还有其他谱带，其中 877 cm^{-1} 是碳酸钙的一等标志谱带，由此猜想灰色漆可能含碳酸钙。

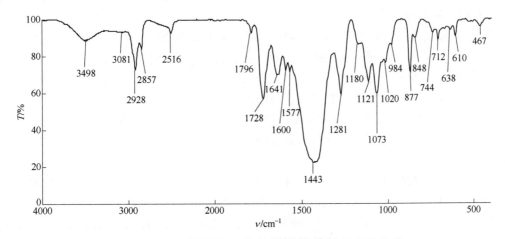

图 11.126　被撞自行车后挡泥瓦附着灰色漆的红外光谱

第五，对比碳酸钙的红外光谱，图 11.126 中，2516 cm^{-1}、1796 cm^{-1}、712 cm^{-1} 以及 1443 cm^{-1} 左右的宽强吸收也是碳酸钙的谱带。依据以上两点可以确定灰色漆含碳酸钙。

第六，图 11.126 中除醇酸硝基漆、碳酸钙的谱带外，还有另外一些谱带，其中 984 cm^{-1} 是硫酸钡的一等标志谱带。因此，猜想灰漆可能含硫酸钡。

第七，对比硫酸钡的红外光谱，图 11.126 中，1180 cm^{-1}、638 cm^{-1}、610 cm^{-1} 以及 1200~1000 cm^{-1} 间的宽、强吸收也是硫酸钡的谱带。依据以上两点可以确定灰色漆含硫酸钡。

图 11.127 为醇酸硝基漆、硫酸钡和碳酸钙的红外光谱。比较图 11.126 和图 11.127 可以确定，被撞自行车后挡泥瓦附着灰色漆为含碳酸钙、硫酸钡的醇酸硝基漆。

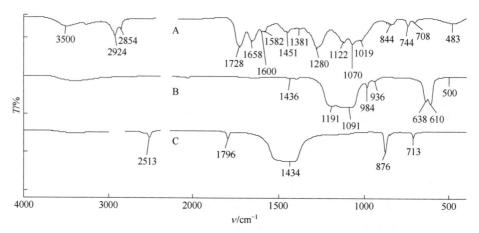

图 11.127　醇酸硝基漆（A）、硫酸钡（B）和碳酸钙（C）的红外光谱

11.6.3.12　含硫酸钡和铁蓝的醇酸硝基漆的红外光谱

东北某地一家商店蓝色铁门被撬，警察在嫌疑人张某家发现一根撬棍，其上有蓝色漆状附着物。图 11.128 为附着物的红外光谱。

第一，1662 cm^{-1}、1279 cm^{-1}、843 cm^{-1} 同时存在，它们是硝基漆的一等标志谱带。据此猜想附着物可能是硝基漆。

第二，1602 cm^{-1}、1580 cm^{-1}、1121 cm^{-1}、1073 cm^{-1}、744 cm^{-1}、705 cm^{-1} 也同时存在，它们是醇酸树脂的特征谱带，也是醇酸硝基漆的二等标志谱带。依据以上两点基本可以确定蓝色附着物是醇酸硝基漆。

第三，醇酸硝基漆的其他谱带，如 3436 cm^{-1}、3069 cm^{-1}、2931 cm^{-1}、2859 cm^{-1}、1731 cm^{-1} 也同时存在。据以上三点可以确定撬棍上蓝色附着物为醇酸硝基漆。

第四，图 11.128 中除醇酸硝基漆的谱带外还有其他谱带，其中 986 cm^{-1} 是硫酸钡的一等标志谱带。因此，猜想蓝色附着物可能含硫酸钡。

第五，对比硫酸钡的红外光谱，图 11.128 中，1182 cm^{-1}、639 cm^{-1}、610 cm^{-1} 以及 1250~1000 cm^{-1} 间的宽、强吸收也是硫酸钡的谱带。依据以上两点可以确定蓝色附着物含硫酸钡。

第六，图 11.128 中除醇酸硝基漆和硫酸钡的谱带外还有其他谱带，如 2092 cm^{-1}、1418 cm^{-1}、499 cm^{-1}。这三个谱带同时存在是铁蓝的特征谱带。据此，猜想蓝色附着物含铁蓝。

图 11.129 为醇酸硝基漆、硫酸钡和铁蓝的红外光谱。把图 11.128 与图 11.129 相比较可以确定，撬棍上蓝色附着物为含硫酸钡和铁蓝的硝基漆。

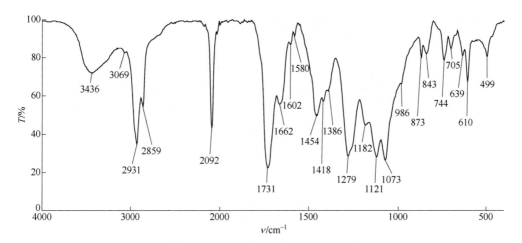

图 11.128　撬棍上蓝色附着物的红外光谱

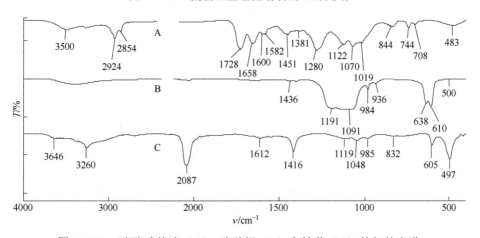

图 11.129　醇酸硝基漆（A）、硫酸钡（B）和铁蓝（C）的红外光谱

11.6.3.13　含二氧化钛、铁蓝的醇酸硝酸漆的红外光谱

图 11.130 为肇事农用车蓝漆的红外光谱。

第一，1651 cm^{-1}、1281 cm^{-1}、844 cm^{-1} 同时存在，它们是硝基漆的一等标志谱带。据此猜想农用车蓝色漆可能是硝基漆。

第二，1281 cm^{-1}、1126 cm^{-1}、1073 cm^{-1}、745 cm^{-1} 也同时存在，它们是醇酸树脂的特征谱带，也是醇酸硝基漆的二等标志谱带。依据以上两点基本可以确定农用车蓝色漆是醇酸硝基漆。

第三，醇酸硝基漆的其他谱带，如 3486 cm^{-1}、3073 cm^{-1}、2932 cm^{-1}、2862 cm^{-1}、1724 cm^{-1}、1454 cm^{-1}、1378 cm^{-1} 也同时存在。依据以上三点可以确定农用车蓝色漆为醇酸硝基漆。

第四，图 11.130 中，还有 2090 cm^{-1} 谱带，它是铁蓝的标志谱带，因此猜想农用车蓝色漆含铁蓝。

第五，图 11.130 中 800~700 cm^{-1} 有陡坡，陡坡至 700 cm^{-1} 后变平缓，平缓段延伸至 500 cm^{-1}，这是涂料中含二氧化钛时红外光谱的特征，因此猜想农用车蓝色漆含二氧化钛。

图 11.131 为醇酸硝基漆、二氧化钛和铁蓝的红外光谱。把图 11.130 与图 11.131 相比较可以确定，肇事农用车蓝色漆为含二氧化钛和铁蓝的醇酸硝基漆。

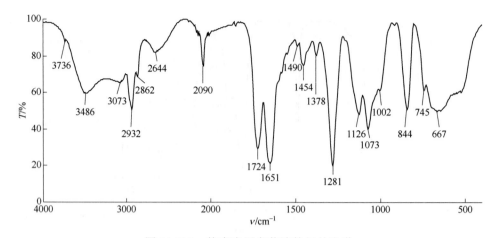

图 11.130　肇事农用车蓝漆的红外光谱

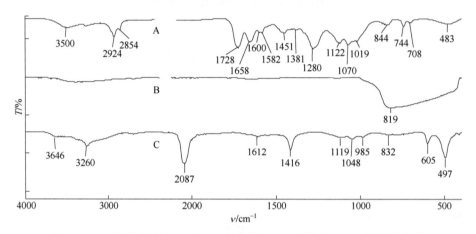

图 11.131　醇酸硝基漆（A）、二氧化钛（B）和铁蓝（C）的红外光谱

11.6.3.14　含二氧化钛、高岭土的醇酸硝基漆的红外光谱

图 11.132 为某肇事车灰色漆的红外光谱。

第一，1654 cm^{-1}、1281 cm^{-1}、842 cm^{-1} 同时存在，它们是硝基漆的一等标志谱带。据此猜想肇事车灰色漆可能是硝基漆。

第二，1579 cm^{-1}、1121 cm^{-1}、1072 cm^{-1} 也同时存在，它们是醇酸树脂的特征谱带，也是醇酸硝基漆的二等标志谱带。依据以上两点基本可以确定灰色漆是醇酸硝基漆。

第三，醇酸硝基漆的其他谱带，如 2934 cm^{-1}、2876 cm^{-1}、1731 cm^{-1}、1455 cm^{-1}、1386 cm^{-1} 也同时存在。依据以上三点可以确定灰色漆为醇酸硝基漆。

第四，图 11.132 中除醇酸硝基漆的谱带外还有其他谱带，其中 3696 cm^{-1}、3622 cm^{-1}、914 cm^{-1} 同时存在是高岭土的标志谱带，因此猜想灰色漆中含高岭土。

第五，对比高岭土的红外光谱，图 11.132 中，1018 cm^{-1}、546 cm^{-1}、469 cm^{-1}、430 cm^{-1} 也是高岭土的谱带。依据以上两点基本可以确定灰色漆含高岭土。

第六，图 11.132 中，除醇酸氨基树脂涂料和高岭土的谱带外，还在 820~700 cm^{-1} 有陡坡，陡坡至 670 cm^{-1} 后变平缓，平缓段延伸至 550 cm^{-1}，这是涂料中含二氧化钛的特征，因此猜想灰色漆可能含二氧化钛。

图 11.133 是醇酸硝基漆、二氧化钛和高岭土的红外光谱，图 11.134 是肇事车灰色漆的

EDX 能谱图。把图 11.132 和图 11.133 相比较，并结合图 11.134 分析可以确定，肇事车灰色漆为含二氧化钛、高岭土和少量钠、镁、氯、钙、锌元素的醇酸硝基漆。

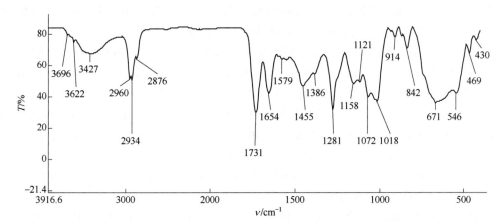

图 11.132　肇事车灰色漆的红外光谱

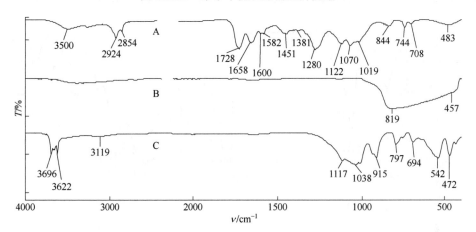

图 11.133　醇酸硝基漆（A）、二氧化钛（B）和高岭土（C）的红外光谱

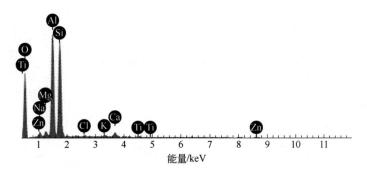

图 11.134　肇事车灰色漆的 EDX 能谱图

11.6.3.15　含黏土的聚氨酯树脂涂料-醇酸硝基漆混合涂料的红外光谱

图 11.135 为肇事车翼子板灰色漆的红外光谱。

第一，1642 cm^{-1}、1277 cm^{-1}、849 cm^{-1} 同时存在，它们是硝基漆的一等标志谱带。据此猜想翼子板灰色漆可能是硝基漆。

第二，1073 cm^{-1}、703 cm^{-1} 也同时存在，它们是醇酸树脂的特征谱带，也是醇酸硝基漆的二等标志谱带。依据以上两点基本可以确定灰色漆是醇酸硝基漆。

第三，醇酸硝基漆的其他谱带，如 2934 cm^{-1}、2863 cm^{-1}、1727 cm^{-1}、1466 cm^{-1}、1381 cm^{-1} 也同时存在。依据以上三点可以确定灰色漆为含醇酸硝基漆。

第四，图 11.135 中除醇酸硝基漆的谱带外还有其他谱带，如 1690 cm^{-1}、1523 cm^{-1}、1242 cm^{-1}、1147 cm^{-1}、761 cm^{-1}、703 cm^{-1}，其中 1690 cm^{-1}、1523 cm^{-1}、761 cm^{-1}、703 cm^{-1} 同时存在是聚氨酯树脂涂料的标志谱带，因此可以确定灰色漆含聚氨酯树脂涂料。

第五，图 11.135 中除醇酸硝基漆和聚氨酯树脂涂料的谱带外，还有其他谱带，如 3695 cm^{-1}、3621 cm^{-1}、1032 cm^{-1}、916 cm^{-1}、539 cm^{-1}、468 cm^{-1}，其中 3695 cm^{-1}、3621 cm^{-1}、916 cm^{-1} 同时存在是黏土的标志谱带，因此猜想灰色漆中含黏土。

第六，对比黏土的红外光谱，图 11.135 中 1032 cm^{-1}、539 cm^{-1}、468 cm^{-1} 也是黏土的谱带。依据以上两点基本可以确定灰色漆含黏土。

图 11.136 为聚氨酯树脂涂料、黏土和醇酸硝基漆的红外光谱，比较图 11.135 和图 11.136 可以确定，肇事车翼子板灰色漆为含黏土的聚氨酯树脂涂料-醇酸硝基漆混合涂料。

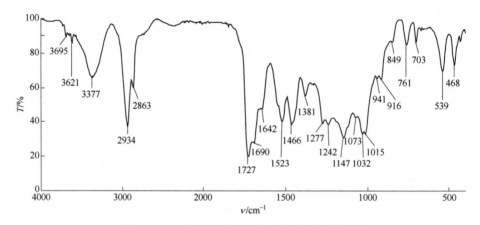

图 11.135　肇事车翼子板灰色漆的红外光谱

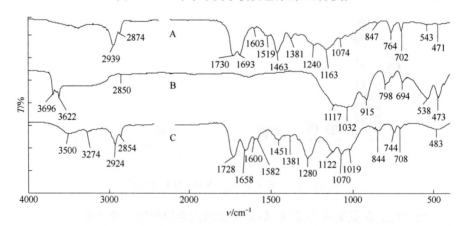

图 11.136　聚氨酯树脂涂料（A）、黏土（B）和醇酸硝基漆（C）的红外光谱

11.6.3.16　含铁蓝的氨基树脂改性醇酸硝基漆的红外光谱

硝基漆中加少量氨基树脂可延长硝基漆的保光性及抗水迹作用，提高外用漆（如轿车漆）

的质量。一般采用低醚化度的三聚氰胺甲醛树脂并与醇酸树脂合用，其用量按不挥发分计算为醇酸树脂的 10%~20%。

图 11.137 为某品牌汽车中涂层的红外光谱。

第一，1652 cm^{-1}、1280 cm^{-1}、849 cm^{-1} 同时存在，它们是硝基漆的一等标志谱带。据此猜想中涂层可能是硝基漆。

第二，744 cm^{-1}、704 cm^{-1}、1125 cm^{-1}、1070 cm^{-1} 也同时存在，它们是醇酸树脂的特征谱带，也是醇酸硝基漆的二等标志谱带。据以上两点基本可以确定中涂层为醇酸硝基漆。

第三，醇酸硝基漆的其他谱带，如 2931 cm^{-1}、2858 cm^{-1}、1731 cm^{-1}、1463 cm^{-1}、1376 cm^{-1} 也同时存在。据以上三点可以确定中涂层为醇酸硝基漆。

第四，图 11.137 中除醇酸硝基漆的谱带外还有其他谱带，如 1553 cm^{-1}、815 cm^{-1}。这两个谱带同时存在是氨基树脂的标志谱带，因此可以确定中涂层含氨基树脂。

第五，图 11.137 中除醇酸硝基漆和氨基树脂的谱带外，还有其他谱带，如 2096 cm^{-1}、1415 cm^{-1}、499 cm^{-1}，其中 2096 cm^{-1} 是铁蓝的特征谱带，因此猜想中涂层可能含铁蓝。

第六，对比铁蓝的红外光谱，图 11.137 中 1415 cm^{-1}、499 cm^{-1} 也是铁蓝的谱带。依据以上两点可以确定中涂层含铁蓝。

图 11.138 为氨基树脂、铁蓝、醇酸树脂、硝化纤维素的红外光谱。把图 11.137 与图 11.138 相比较可以确定，汽车中涂层为含铁蓝的氨基树脂改性醇酸硝基漆。

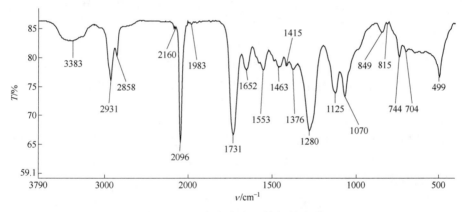

图 11.137　汽车中涂层的红外光谱

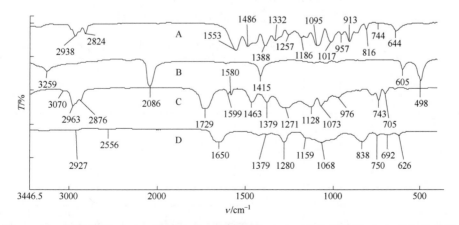

图 11.138　氨基树脂（A）、铁蓝（B）、醇酸树脂（C）、硝化纤维素（D）的红外光谱

11.7 丙烯酸树脂涂料的红外光谱

丙烯酸树脂涂料是以甲基丙烯酸酯、丙烯酸酯及其他烯属单体共聚树脂为主要成膜物的涂料。为改进热塑性丙烯树脂性能常采用的其他烯属单体是：苯乙烯、丙烯腈、（甲基）丙烯酰胺、（甲基）丙烯酸、乙酸乙烯、顺丁烯二酸酐等。热固性树脂中常用带有活性官能团的丙烯酸酯单体，如（甲基）丙烯酸-β-羟乙酯、（甲基）丙烯酸-β-羟丙酯、缩水甘油酯、（甲基）丙烯酰胺及其 N-羟甲基醚等。

11.7.1 丙烯酸树脂涂料的分类和性能

11.7.1.1 丙烯酸树脂涂料的分类

按涂料的成膜机理，丙烯酸树脂涂料可以分为热塑性和热固性两种。

热塑性丙烯酸树脂涂料的成膜树脂是线型高分子聚合物，其分子结构不含活性官能团，加热时本身不能交联成体型结构，也不与其他外加的树脂交联成体型结构，受热时软化，而在冷却后仍恢复其原来的形状。热塑性丙烯酸树脂涂料主要成膜物的大分子是甲基丙烯酸酯、丙烯酸酯与其他多种烯属单体的共聚物。图 11.139 为热塑性丙烯酸树脂涂料主成膜物的示意结构式。

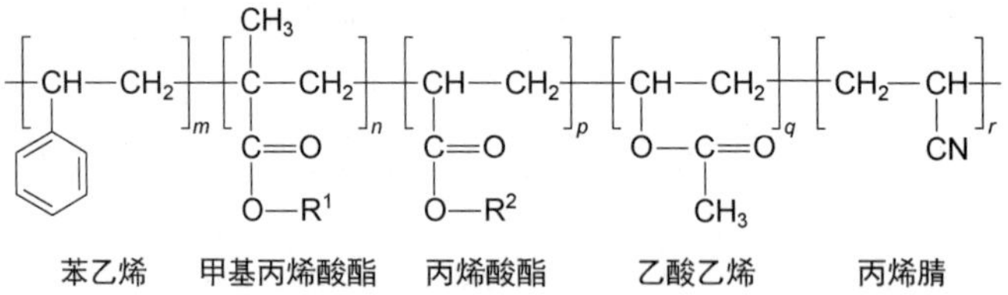

图 11.139 热塑性丙烯酸树脂涂料主成膜物的示意结构式

热固性丙烯酸树脂涂料的成膜树脂的分子上带有活性官能团，加热时能够本身或与其他外加树脂发生交联反应，形成有体型结构的不熔不溶高分子（参看图 11.155 丙烯酸树脂和氨基树脂制热固性丙烯酸树脂涂料主成膜物的示意结构式）。

11.7.1.2 丙烯酸漆的性能

用丙烯酸酯及甲基丙烯酸酯单体共聚制成的丙烯酸树脂对光的主吸收在太阳光谱范围之外，所以用它制成的丙烯酸树脂涂料具有特别优良的色泽，良好的保色、保光、耐热、耐化学性能。表 11.9 列举了几种涂料用热塑性丙烯酸树脂的原料组成。

表 11.9 几种涂料用热塑性丙烯酸树脂的原料组成（质量份数）

配　方	1	2	3	4	5	6
甲基丙烯酸甲酯	42	23.5	28.74	28.14	28.8	30.32
甲基丙烯酸丁酯	42	63.5	48.1	48.5	58.68	28.54
甲基丙烯酸	6	8.22	5	5	5	5
丙烯腈	10	8.04	5	5	5	5
乙酸乙烯	3.3		20	15	8.3	
苯乙烯						30
甲基丙烯酰胺		0.46				
过氧化苯甲酰	0.33		0.4	0.4	0.4	0.4
调节剂	0.33					

11.7.2 热塑性丙烯酸树脂涂料的应用

热塑性丙烯酸树脂涂料在某些性能上略逊于热固性品种,但其耐大气老化的性能却十分优越,所以广泛地应用于各个领域,如建筑物的外墙、铝质框架、大桥栏杆、电视塔等。这些工程设施及产品无法烘烤干燥。同样,各种车辆的翻新修补,由于很多塑胶零件以及仪表等都已安装在车上,不可能在高温下烘烤。还有塑料制品的二次加工品以及木材制品等如果要求具备一定的耐大气性能,又不能烘烤,那么热塑性丙烯酸树脂涂料是理想的涂料。

11.7.3 热塑性丙烯酸树脂涂料的红外光谱

11.7.3.1 热塑性丙烯酸树脂涂料的红外光谱

热塑性丙烯酸树脂涂料分为两类,第一类的主成膜物为丙烯酸酯,图 11.140 为其红外光谱。其红外光谱解释见"8.4.7 丙烯酸酯树脂的红外光谱",标志谱带为 1244 cm^{-1}、1166 cm^{-1} 同时存在。

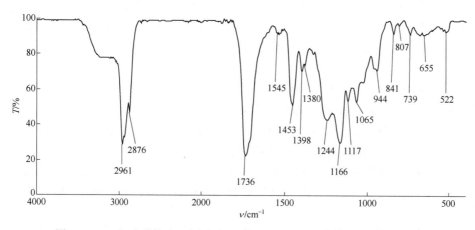

图 11.140　主成膜物为丙烯酸酯的热塑性丙烯酸树脂涂料的红外光谱

第二类的主成膜物为甲基丙烯酸酯,图 11.141 为其红外光谱。其红外光谱解释见"8.4.7 丙烯酸酯树脂的红外光谱",标志谱带为 1266 cm^{-1}、1241 cm^{-1}、1193 cm^{-1}、1149 cm^{-1}、841 cm^{-1} 同时存在。

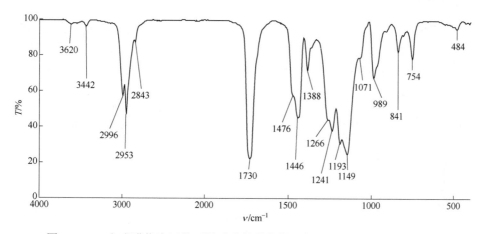

图 11.141　主成膜物为甲基丙烯酸酯的热塑性丙烯酸树脂涂料的红外光谱

根据涂料的不同用途，需要选择不同性能的丙烯酸树脂，还要加入适量其他树脂和助剂。例如加入少量硝化棉可改进漆膜耐油性和硬度；加入少量三聚氰胺甲醛树脂可改进漆膜耐热性、耐油性，提高硬度及附着力；加入少量丙烯腈可提高树脂的耐溶剂性及耐油性等。

11.7.3.2 含甲苯胺红的苯乙烯改性热塑性丙烯酸树脂涂料的红外光谱

苯乙烯与丙烯酸共聚物相容性好，与甲基丙烯酸甲酯的玻璃化转变温度均为 100 ℃ 左右，用价格较低的苯乙烯部分替代甲基丙烯酸甲酯不仅可以降低成本，而且还能提高漆膜硬度。

某地公安局发现犯罪集团喷涂到墙上的红色漆标语，并从嫌疑人家中提取到红色涂料罐，要求进行对比检验。

图 11.142 是墙上标语红色漆的红外光谱。

第一，1236 cm^{-1}、1166 cm^{-1} 同时存在，它们是热塑性丙烯酸树脂涂料的一等标志谱带。据此猜想标语红色漆可能是热塑性丙烯酸树脂涂料（成膜物以丙烯酸酯为主）。

第二，丙烯酸酯的其他谱带，如 2953 cm^{-1}、2874 cm^{-1}、1731 cm^{-1}、1468 cm^{-1} 也同时存在。依据以上两点基本可以确定标语红色漆为热塑性丙烯酸树脂涂料。

第三，图 11.142 中除热塑性丙烯酸树脂涂料的谱带外还有其他谱带，其中 1495 cm^{-1}、1452 cm^{-1}、759 cm^{-1}、701 cm^{-1} 同时存在是聚苯乙烯的一等标志谱带。因此猜想标语红色漆可能含聚苯乙烯。

第四，3061 cm^{-1}、3027 cm^{-1}、1603 cm^{-1} 也同时存在，它们是聚苯乙烯的二等标志谱带。依据以上两点基本可以确定标语红色漆含聚苯乙烯。

第五，对比聚苯乙烯的红外光谱，图 11.142 中 1323 cm^{-1}、1072 cm^{-1}、1031 cm^{-1}、536 cm^{-1} 也是聚苯乙烯的谱带。依据以上三点可以确定标语红色漆含聚苯乙烯。

第六，图 11.142 中除热塑性丙烯酸树脂涂料、聚苯乙烯的谱带外，还有其他谱带，其中 1619 cm^{-1}、536 cm^{-1}、509 cm^{-1}、477 cm^{-1} 同时存在是甲苯胺红的标志谱带。因此猜想标语红色漆可能含甲苯胺红。

第七，对比甲苯胺红的红外光谱，图 11.142 中 3083 cm^{-1}、1561 cm^{-1}、1191 cm^{-1}、1131 cm^{-1}、989 cm^{-1}、910 cm^{-1}、871 cm^{-1}、847 cm^{-1}、813 cm^{-1} 也是甲苯胺红的谱带。依据以上两点可以确定标语红色漆含甲苯胺红。

图 11.143 为聚苯乙烯、甲苯胺红和丙烯酸酯的红外光谱。把图 11.142 与图 11.143 相比较可以确定，犯罪分子喷涂的标语红色漆为含甲苯胺红染料的苯乙烯改性热塑性丙烯酸树脂涂料。

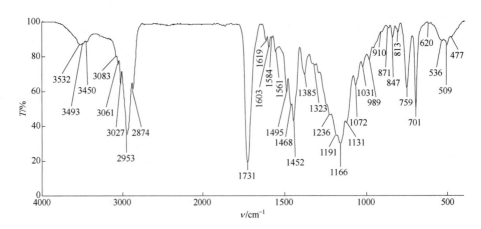

图 11.142　墙上标语红色漆的红外光谱

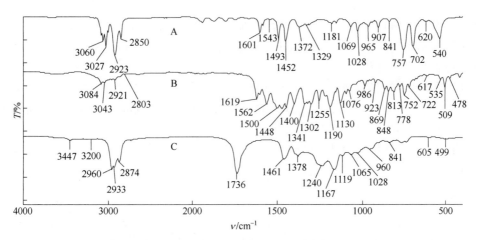

图 11.143 聚苯乙烯（A）、甲苯胺红（B）和丙烯酸酯（C）的红外光谱

11.7.3.3 含大红粉的苯乙烯改性热塑性丙烯酸树脂涂料的红外光谱

图 11.144 为车灯红色漆的红外光谱。

第一，1267 cm^{-1}、1237 cm^{-1}、1196 cm^{-1}、1166 cm^{-1}、842 cm^{-1} 同时存在，它们是热塑性丙烯酸树脂涂料的一等标志谱带。据此猜想车灯红色漆可能是热塑性丙烯酸树脂涂料（成膜物以甲基丙烯酸酯为主）。

第二，甲基丙烯酸酯的其他谱带，如 2952 cm^{-1}、1731 cm^{-1}、1384 cm^{-1} 也同时存在。依据以上两点可以确定车灯红色漆为热塑性丙烯酸树脂涂料。

第三，图 11.144 中，除热塑性丙烯酸树脂涂料的谱带外，还另有谱带，其中 1494 cm^{-1}、1452 cm^{-1}、760 cm^{-1}、701 cm^{-1} 同时存在是聚苯乙烯的一等标志谱带。据此猜想车灯红色漆原料可能有聚苯乙烯。

第四，图 11.144 中，3061 cm^{-1}、3027 cm^{-1}、1602 cm^{-1} 也同时存在，它们是聚苯乙烯的二等标志谱带。依据以上两点基本可以确定车灯红色漆原料中有聚苯乙烯。

第五，对比聚苯乙烯的红外光谱，图 11.144 中 1072 cm^{-1}、1030 cm^{-1}、965 cm^{-1} 也是聚苯乙烯的谱带。依据以上三点可以确定车灯红色漆含聚苯乙烯。

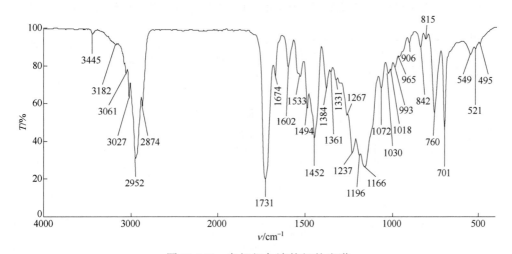

图 11.144 车灯红色漆的红外光谱

第六，图 11.144 中除热塑性丙烯酸树脂涂料、苯乙烯的谱带外还有其他谱带，其中 1674 cm^{-1}、549 cm^{-1}、521 cm^{-1}、495 cm^{-1} 同时存在，并且后三个谱带强度相近是大红粉的标志谱带。据此猜想车灯红色漆可能含大红粉。

第七，对比大红粉的红外光谱，图 11.144 中，3182 cm^{-1}、1602 cm^{-1}、1533 cm^{-1}、1384 cm^{-1}、1331 cm^{-1}、1267 cm^{-1}、1196 cm^{-1}、1166 cm^{-1}、1018 cm^{-1}、842 cm^{-1}、815 cm^{-1} 也是大红粉的谱带。依据以上两点可以确定车灯红色漆含大红粉。

图 11.145 为大红粉、甲基丙烯酸甲酯、聚苯乙烯的红外光谱。把图 11.144 与图 11.145 相比较可以确定，车灯红色漆为含大红粉染料的苯乙烯改性热塑性丙烯酸树脂涂料。

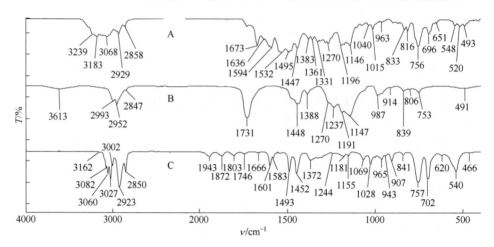

图 11.145　大红粉（A）、甲基丙烯酸甲酯（B）、聚苯乙烯（C）的红外光谱

11.7.3.4　含铁蓝的热塑性丙烯酸树脂涂料的红外光谱

图 11.146 为肇事嫌疑车牌照蓝色漆的红外光谱。

第一，1241 cm^{-1}、1166 cm^{-1} 同时存在，它们是热塑性丙烯酸树脂涂料的标志谱带。因此猜想嫌疑车牌照蓝色漆可能是热塑性丙烯酸树脂涂料（成膜物以丙烯酸酯为主）。

第二，丙烯酸酯的其他谱带，如 2925 cm^{-1}、2853 cm^{-1}、1729 cm^{-1}、1468 cm^{-1} 也同时存在，依据以上两点可以确定嫌疑车牌照蓝色漆为热塑性丙烯酸树脂涂料。

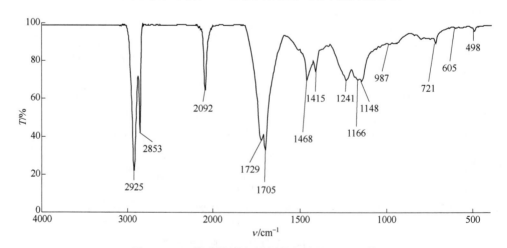

图 11.146　肇事嫌疑车牌照蓝色漆的红外光谱

第三，图 11.146 中除热塑性丙烯酸树脂涂料的谱带外还有其他谱带，其中 2092 cm^{-1}、605 cm^{-1}、498 cm^{-1} 同时存在是铁蓝的标志谱带。据此猜想牌照蓝色漆含铁蓝染料。

第四，对比铁蓝的红外光谱，图 11.146 中 1415 cm^{-1}、987 cm^{-1} 是铵盐铁蓝的谱带。依据以上两点可以确定嫌疑车牌照蓝色漆中含铵盐铁蓝。

图 11.147 为铵盐铁蓝与丙烯酸树脂涂料的红外光谱。比较图 11.146 与图 11.147 可以确定，嫌疑车牌照蓝色漆为含铵盐铁蓝的热塑性丙烯酸树脂涂料。

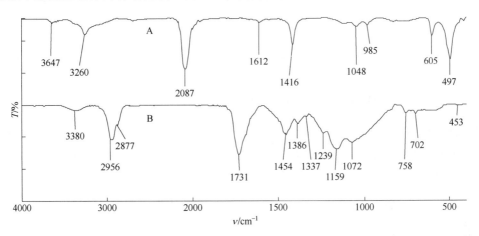

图 11.147　铵盐铁蓝（A）和丙烯酸树脂涂料（B）的红外光谱

11.7.3.5　含二氧化钛的热塑性丙烯酸树脂涂料的红外光谱

图 11.148 为肇事嫌疑车白色漆的红外光谱。

第一，1242 cm^{-1}、1160 cm^{-1} 同时存在，是热塑性丙烯酸树脂涂料的一等标志谱带。因此猜想嫌疑车白色漆可能是热塑性丙烯酸树脂涂料。

第二，热塑性丙烯酸树脂涂料的其他谱带，如 2961 cm^{-1}、2877 cm^{-1}、1732 cm^{-1}、1455 cm^{-1}、1384 cm^{-1}、1072 cm^{-1}、842 cm^{-1} 也同时存在。依据以上两点基本可以确定嫌疑车白色漆为热塑性丙烯酸树脂涂料。

第三，图 11.148 中，835~600 cm^{-1} 谱线陡然下降，这是涂料中含二氧化钛时红外光谱的特征，据此猜想嫌疑车白色漆可能含二氧化钛。单凭红外光谱还难以准确确定涂料中是否含二

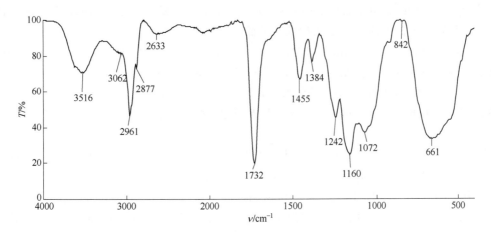

图 11.148　肇事嫌疑车白色漆的红外光谱

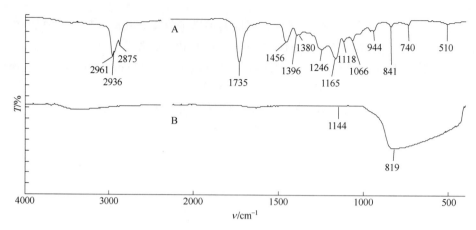

图 11.149　丙烯酸树脂（A）和二氧化钛（B）的红外光谱

氧化钛，通常要借助能谱仪等仪器才能确证。图 11.149 为丙烯酸树脂和二氧化钛的红外光谱，图 11.150 为肇事嫌疑车白色漆的 EDX 能谱图。比较图 11.148 与图 11.149 并参考图 11.150 可以确定，肇事嫌疑车白色漆为含二氧化钛的热塑性丙烯酸树脂涂料。

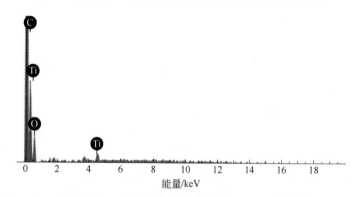

图 11.150　肇事嫌疑车白色漆的 EDX 能谱图

11.7.3.6　含二氧化钛的苯乙烯改性热塑性丙烯酸树脂涂料的红外光谱

图 11.151 为嫌疑车白色漆的红外光谱。

第一，1164 cm^{-1}、1068 cm^{-1}、843 cm^{-1} 同时存在，是热塑性丙烯酸树脂涂料的标志谱带。因此，猜想嫌疑车白色漆可能是热塑性丙烯酸树脂涂料。

第二，2950 cm^{-1}、2874 cm^{-1}、1731 cm^{-1}、1384 cm^{-1} 也是热塑性丙烯酸树脂涂料的谱带。依据以上两点基本可以确定嫌疑车白色漆是热塑性丙烯酸树脂涂料。

第三，图 11.151 中除热塑性丙烯酸树脂涂料的谱带外还有其他谱带，其中 1493 cm^{-1}、1453 cm^{-1}、759 cm^{-1}、701 cm^{-1} 同时存在是聚苯乙烯的标志谱带。由此猜想嫌疑车白色漆中可能有聚苯乙烯。

第四，对比聚苯乙烯的红外光谱，图 11.151 中 3061 cm^{-1}、3027 cm^{-1}、1068 cm^{-1}、1030 cm^{-1} 也是聚苯乙烯的谱带。依据以上两点基本可以确定白色漆原料中有苯乙烯。

第五，图 11.151 中，除热塑性丙烯酸树脂涂料和聚苯乙烯的谱带外，还有以下特点：840~600 cm^{-1} 谱线陡然下降，这是涂料中含有二氧化钛时红外光谱的特征。因此猜想嫌疑车白色漆可能含二氧化钛。

图 11.152 为丙烯酸酯、二氧化钛和聚苯乙烯的红外光谱。比较图 11.151 与图 11.152 可以确定,嫌疑车白色漆为含二氧化钛的苯乙烯改性热塑性丙烯酸树脂涂料。

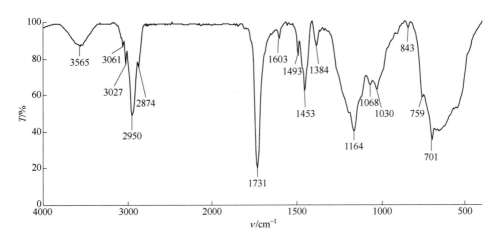

图 11.151　嫌疑车白色漆的红外光谱

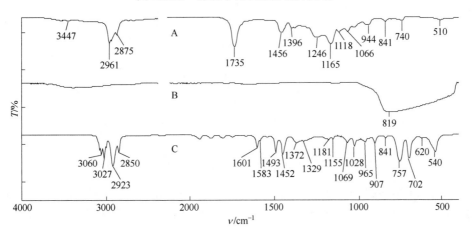

图 11.152　丙烯酸酯（A）、二氧化钛（B）和聚苯乙烯（C）的红外光谱

11.7.3.7　醇酸树脂改性热塑性丙烯酸树脂涂料的红外光谱

热塑性丙烯酸树脂涂料经常用于汽车修补。其优点是综合性能和施工性能良好；缺点是软化点和漆膜力学性能兼顾不易。如果设计的丙烯酸树脂的软化点偏低，漆膜力学性能较好，但是在炎热的夏天，汽车温度可能会高过漆膜软化点，漆膜会变软、发黏；如果设计的树脂的软化点偏高，漆膜会变得硬而脆，力学性能变差。经长期实验，发现用醇酸树脂对丙烯酸树脂改性可以获得力学性能和软化点均适宜的热塑性丙烯酸树脂涂料。醇酸树脂改性热塑性丙烯酸树脂涂料主成膜物的示意结构式如图 11.153 所示。

图 11.154 为醇酸树脂改性热塑性丙烯酸树脂涂料的红外光谱。3486 cm^{-1} 为 OH 的伸缩振动。2931 cm^{-1}、2858 cm^{-1} 为 CH_3、CH_2 的伸缩振动。1733 cm^{-1} 为脂肪酸、邻苯二甲酸、丙烯酸共聚物中 C=O 伸缩振动的叠加。1600 cm^{-1}、1581 cm^{-1} 为邻苯二甲酸苯环的伸缩振动。1465 cm^{-1} 为 CH_3 反对称变角振动和 CH_2 面内变角振动的叠加。1390 cm^{-1} 为 CH_3 的对称变角振动。1267 cm^{-1} 为邻苯二甲酸 C-O-C、丙烯酸共聚物 C-O-C、脂肪酸 C-O-C 反对称伸缩振动的叠加，1124 cm^{-1} 为邻苯二甲酸 C-O-C 和脂肪酸 C-O-C 对称伸缩振动的叠加。

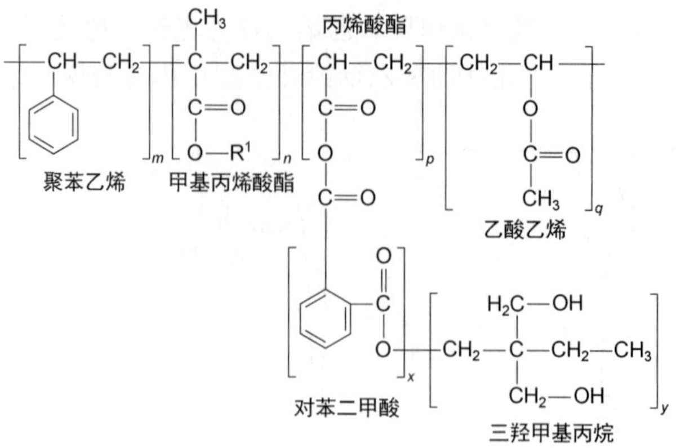

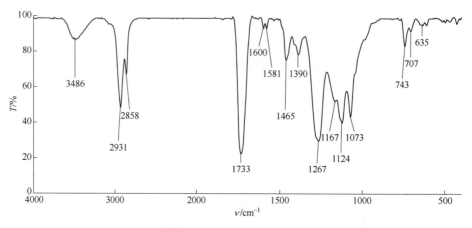

图 11.153　醇酸树脂改性热塑性丙烯酸树脂涂料主成膜物的示意结构式

图 11.154　醇酸树脂改性热塑性丙烯酸树脂涂料的红外光谱

1167 cm^{-1} 为丙烯酸共聚物 C—O—C 的对称伸缩振动。1073 cm^{-1} 为苯环邻位取代 4 个相邻 =CH 的面内变角振动，743 cm^{-1} 是苯环邻位取代 4 个相邻 =CH 面外变角振动。707 cm^{-1} 是苯环的弯曲振动。

11.7.3.8　热塑性丙烯酸漆的鉴定步骤

第一，确定被检样品是涂料。

第二，假设样品是热塑性丙烯酸树脂涂料。

第三，在试样红外光谱中寻找热塑性丙烯酸树脂涂料的一等标志谱带：1240 cm^{-1}、1166 cm^{-1}（以丙烯酸酯为主成膜物）或者 1270 cm^{-1}、1240 cm^{-1}、1190 cm^{-1}、1150 cm^{-1}（以甲基丙烯酸酯为主成膜物）。如果一等标志谱带存在，则假设可能成立。如果一等标志谱带不存在，则假设不成立，需要做新的假设并证实。

第四，寻找热塑性丙烯酸树脂涂料的其他谱带，如果有三个或三个以上的其他谱带，则可以确定是热塑性丙烯酸树脂涂料。试样红外光谱和热塑性丙烯酸树脂涂料标准红外光谱相匹配的谱带越多，鉴定的可靠性越大。

第五，如果没有或不够三个热塑性丙烯酸树脂涂料的其他谱带，则排除是热塑性丙烯酸树脂涂料。做其他假设并证实。

第六，检查试样红外光谱中是否有热塑性丙烯酸树脂涂料之外的谱带。如果没有，则样品是普通热塑性丙烯酸树脂涂料（没有检出填料、染料和其他共用树脂）。

第七，如果有热塑性丙烯酸树脂涂料之外的谱带，则根据可能性大小按其他物质鉴定步骤分析。

11.7.4 热固性丙烯酸树脂涂料

热固性丙烯酸树脂涂料含有能起交联反应的官能团，可以自身或与其他树脂交联固化，通过交联固化，使漆膜的分子变成巨大的网状结构，不熔不溶，提高了漆膜多方面的理化性能，如防腐蚀性、耐化学药品性。

由于涂料树脂在交联前分子量小，可以在不太高的黏度下制成高固体分的涂料，从而改进涂膜的丰满度，缩减施工遍数，达到理想的漆膜厚度。

热固性丙烯酸树脂涂料的交联反应是通过树脂侧链上带有可与其他树脂反应或自身能反应的活性官能团，如羟基、羧基、酰氨基和环氧基等进行的。

热固性丙烯酸树脂涂料的基体树脂是丙烯酸树脂，最常用的交联剂是氨基树脂、多异氰酸酯和环氧树脂。习惯上把以丙烯酸树脂为基体树脂，以氨基树脂为交联剂制得的涂料称作热固性丙烯酸树脂涂料，简称丙烯酸烘漆或丙烯酸树脂涂料。把以丙烯酸树脂为基体树脂，以多异氰酸酯为交联剂制得的涂料称作聚氨酯树脂涂料。把以丙烯酸树脂为基体树脂，以环氧树脂为交联剂制得的涂料称作环氧树脂涂料。

表 11.10 为常用的热固性丙烯酸树脂交联反应类型。

表 11.10　常用的热固性丙烯酸树脂交联反应类型

侧链官能团	官能单体	交联类型及交联反应物质
羟基	（甲基）丙烯酸羟烷酯	与烷氧基氨基树脂加热交联
羟基	（甲基）丙烯酸羟烷酯	与多异氰酸酯室温交联
羧基	（甲基）丙烯酸、顺丁烯二酸酐或亚甲基丁二酸	与烷氧基氨基树脂加热交联或与环氧树脂加热交联
环氧基	（甲基）丙烯酸缩水甘油酯	多元羧酸或多元胺交联或催化加热自交联
N-羟甲基或烷甲基酰氨基	（甲基）丙烯酰胺甲基化再用醇醚化	① 加热自交联 ② 与环氧树脂加热交联 ③ 与烷氧基氨基树脂加热交联

表 11.10 中第一项反应类型可用图 11.155 表示（式中的 R^1、R^2、R^3 可以是 H、CH_3、C_2H_5、C_4H_9 等），该反应生成的树脂是以丙烯酸树脂为基体树脂、以氨基树脂为交联剂制得的丙烯酸树脂涂料的主成膜物质。

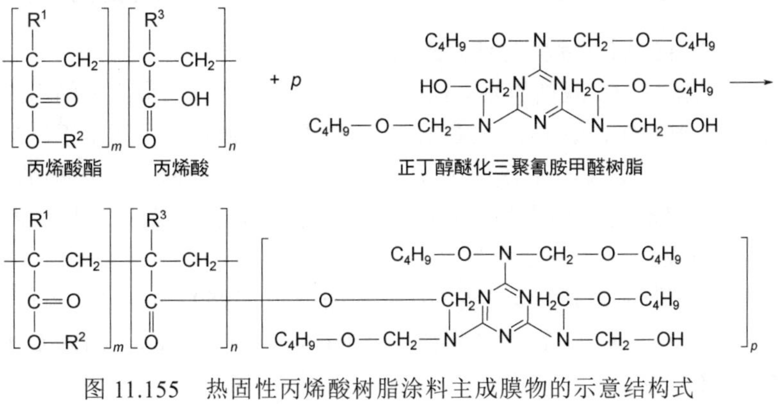

图 11.155　热固性丙烯酸树脂涂料主成膜物的示意结构式

11.7.5 热固性丙烯酸树脂涂料的红外光谱及其解释

表 11.11 列出了热固性丙烯酸树脂涂料红外光谱主要谱带的解释。

表 11.11 热固性丙烯酸漆红外光谱主要谱带的解释

结构式	名 称	吸收类型	波数/cm^{-1}
OH, NH	羟基、仲氨基	OH、NH 伸缩振动	3360
CH$_2$	亚甲基	反对称伸缩振动	2925
CH$_2$	亚甲基	对称伸缩振动	2855
CH$_3$	甲基	反对称伸缩振动	2962
CH$_3$	甲基	对称伸缩振动	2872
C=O	羰基	C=O 伸缩振动	1730
-NH-COO-	氨酯键	氨基甲酸酯 C=O 伸缩振动	1695（异腈酸酯为交联剂）
苯环	苯环	苯环伸缩振动	1600、1580（醇酸改性）、1493、1450（苯乙烯改性）
C=N	三嗪环 C=N	C=N 伸缩振动	1550（氨基树脂作交联剂）
NH、CN、苯环	仲氨基、氰基、苯环	N-H 变角振动和 C-N 伸缩振动偶合的合频；苯环伸缩振动	1538（异腈酸酯为交联剂）
CH$_3$、CH$_2$	甲基、亚甲基	CH$_3$ 反对称变角振动和 CH$_2$ 面内变角振动	1460
CH$_3$	甲基	CH$_3$ 对称变角振动	1385
C-O-C	（甲基）丙烯酸中醚键	-C-O-C- 的反对称伸缩振动和对称伸缩振动	甲基丙烯酸酯在 1150 和 1190, 1240 和 1268 有 2 组双峰，丙烯酸酯在 1240 和 1167 有 2 个宽峰
C-O-C	醚键	伸缩振动	1087
=CH		苯环上相邻 4 个 =CH 面内变角振动	1070（醇酸树脂改性）
CH$_2$OH	羟甲基	伯醇 C-CH$_2$-OH 反对称伸缩振动	1020（氨基树脂为交联剂）
OC$_4$H$_9$	丁氧基	CH$_2$ 面内摇摆振动	826（氨基树脂为交联剂）
三嗪环	三嗪环	三嗪环特征振动	813（氨基树脂为交联剂）
=CH		苯环上 4 个相邻 =CH 面外变角振动	744（醇酸树脂改性）
苯环	苯环	苯环的弯曲振动	705（醇酸树脂改性）

11.7.5.1 热固性丙烯酸树脂涂料的红外光谱

以烷氧基化三聚氰胺为交联剂的热固性丙烯酸树脂涂料是应用最广泛的丙烯酸树脂涂料。它具有良好的硬度、耐候性、耐水性、保色性、附着力及挠曲性，主要用于轿车、家电工业。

图 11.156 是以烷氧基化三聚氰胺为交联剂的热固性丙烯酸树脂涂料的红外光谱，图 11.157 是烷氧基化三聚氰胺、热固性丙烯酸树脂涂料和丙烯酸树脂的红外光谱。图 11.156 的谱带主要由两部分组成。

① 丙烯酸树脂的谱带。3383 cm^{-1} 为 OH 的伸缩振动。2959 cm^{-1}、2875 cm^{-1} 为 CH$_3$、CH$_2$ 的伸缩振动。1731 cm^{-1} 为 C=O 的伸缩振动。1230 cm^{-1}、1167 cm^{-1} 分别为 C-O-C 的反对称伸缩振动和对称伸缩振动。

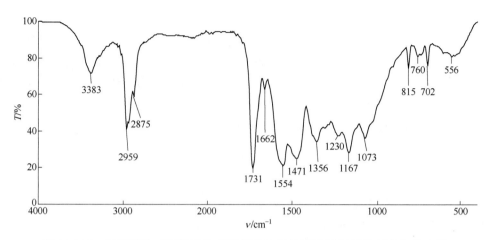

图 11.156　烷氧基化三聚氰胺为交联剂的热固性丙烯酸树脂涂料的红外光谱

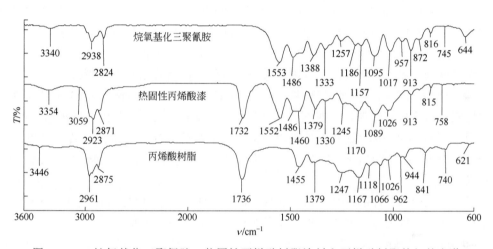

图 11.157　烷氧基化三聚氰胺、热固性丙烯酸树脂涂料和丙烯酸树脂的红外光谱

② 氨基树脂（烷氧基化三聚氰胺）的谱带。1554 cm^{-1} 为三嗪环的 C=N 伸缩振动，是三嗪环的特征谱带，也是以三聚氰胺为原料的氨基树脂的特征谱带。CH$_2$OH 的 OH 和 C—O 共用一个氧原子，OH 的面内变角与 C—O 伸缩振动发生耦合，分裂为 1486 cm^{-1} 和 1095 cm^{-1}，前者主要是 OH 的面内变角振动，后者主要是 C—O 伸缩振动，1486 cm^{-1} 和 1460 cm^{-1}（CH$_3$ 的反对称变角振动和 CH$_2$ 的面内变角振动的叠加）叠加后在 1471 cm^{-1} 出现吸收。1356 cm^{-1} 为 CH$_2$ 面外摇摆振动。815 cm^{-1} 是三嗪环的特征谱带，它和 1554 cm^{-1} 同时存在是以三聚氰胺为原料的氨基树脂的标志谱带。

11.7.5.2　苯乙烯改性热固性丙烯酸树脂涂料的红外光谱

苯乙烯改性热固性丙烯酸树脂涂料有良好的硬度、附着力和柔韧性，高温烘烤不变色，广泛用于家电及轻工产品。喷涂时要求 170 ℃ 以上的烘烤温度使其应用范围受到限制。苯乙烯改性热固性丙烯酸树脂涂料的主成膜物是丙烯酸酯、丙烯酸、苯乙烯、丙烯酰胺与氨基树脂交联的共聚物。共聚物树脂通式见图 11.158。

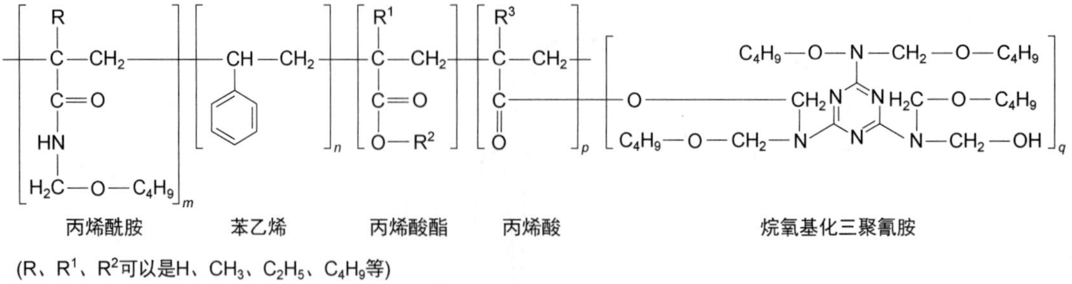

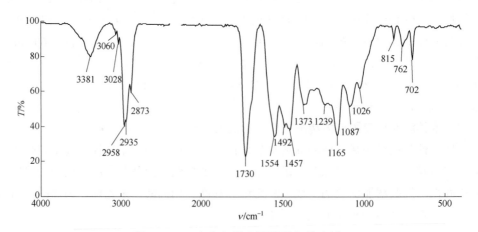

图11.158　苯乙烯改性热固性丙烯酸树脂涂料主成膜物的示意结构式

图11.159为小客车漆片第一层罩光清漆的红外光谱。

第一，1554 cm^{-1}、815 cm^{-1}同时存在，它们是氨基树脂的标志谱带，罩光清漆可能是氨基树脂涂料也可能是丙烯酸树脂涂料。如果以醇酸树脂（特征谱带参看"11.5.1 氨基树脂涂料的标志谱带和红外光谱解释步骤"）为基体树脂通常叫作氨基树脂涂料或醇酸氨基树脂涂料；如果以丙烯酸树脂为基体树脂通常叫作丙烯酸树脂涂料或氨基丙烯酸树脂涂料。

第二，1239 cm^{-1}、1165 cm^{-1}同时存在，它们是丙烯酸树脂的特征谱带。因此，猜想罩光清漆可能是以氨基树脂为交联剂、以丙烯酸树脂为基体树脂的氨基丙烯酸树脂涂料。

第三，对比丙烯酸漆的红外光谱，图11.159中3381 cm^{-1}、2958 cm^{-1}、2873 cm^{-1}、1730 cm^{-1}也是丙烯酸树脂涂料的谱带。依据以上三点可以确定罩光清漆是氨基丙烯酸树脂涂料。

第四，图11.159中除氨基丙烯酸树脂涂料的谱带外还有其他谱带，其中1492 cm^{-1}、1457 cm^{-1}、762 cm^{-1}、702 cm^{-1}同时存在是聚苯乙烯的特征谱带。因此猜想罩光清漆原料有聚苯乙烯。

第五，对比聚苯乙烯的红外光谱，3060 cm^{-1}、3028 cm^{-1}、1373 cm^{-1}、1026 cm^{-1}等也是聚苯乙烯的谱带。依据以上两点可以确定罩光清漆原料有聚苯乙烯。

图11.160为氨基丙烯酸树脂涂料和聚苯乙烯的红外光谱，比较图11.159和图11.160可以确定，小客车罩光清漆为苯乙烯改性氨基丙烯酸树脂涂料。

氨基丙烯酸树脂涂料也经常用丙烯酰胺改性，但因其用量少（通常是1%左右），在共聚物中质量分数低，用红外光谱不易检测出。

图11.159　小客车罩光清漆的红外光谱

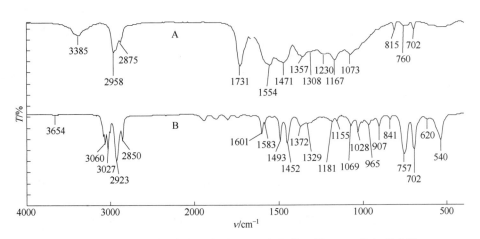

图 11.160　氨基丙烯酸树脂涂料（A）和聚苯乙烯（B）的红外光谱

11.7.5.3　含二氧化钛的氨基丙烯酸树脂涂料的红外光谱

图 11.161 为肇事车车厢白色漆的红外光谱。

第一，1553 cm^{-1}、814 cm^{-1} 同时存在，它们是氨基树脂的特征谱带。车厢白色漆可能是醇酸氨基树脂涂料也可能是氨基丙烯酸树脂涂料。如果是以醇酸树脂为基体树脂，通常叫作醇酸氨基树脂涂料；如果是以丙烯酸树脂为基体树脂，通常叫作氨基丙烯酸树脂涂料。

第二，1235 cm^{-1}、1164 cm^{-1} 同时存在，它们是丙烯酸树脂的特征谱带，也是氨基丙烯酸树脂涂料的二等标志谱带。因此猜想车厢白色漆可能是氨基丙烯酸烘漆。

第三，图 11.162 为氨基丙烯酸树脂涂料和二氧化钛的红外光谱。比较图 11.161 与图 11.162 谱线 A 可知，3384 cm^{-1}、1731 cm^{-1}、1476 cm^{-1}、1074 cm^{-1} 也是氨基丙烯酸树脂涂料的谱带。依据以上三点可以确定车厢白色漆是氨基丙烯酸树脂涂料。

第四，图 11.161 中，除氨基丙烯酸树脂涂料的谱带外，在 870~700 cm^{-1} 间谱线陡降，700~400 cm^{-1} 间平缓下降，这是含二氧化钛的涂料红外光谱的特征。据此猜想车厢白色漆可能含二氧化钛。

图 11.163 为车厢白色漆的 EDX 能谱图。比较图 11.161 与图 11.162，并参考图 11.163 可以确定，车厢白色漆是含二氧化钛的氨基丙烯酸树脂涂料。

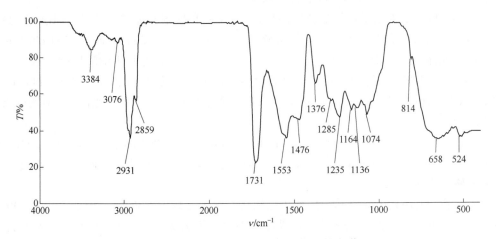

图 11.161　肇事车车厢白色漆的红外光谱

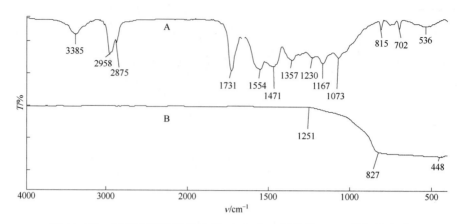

图 11.162　氨基丙烯酸树脂涂料（A）和二氧化钛（B）的红外光谱

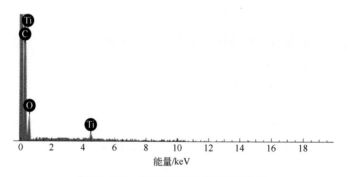

图 11.163　车厢白漆的 EDX 能谱图

11.7.5.4　含二氧化钛的苯乙烯改性氨基丙烯酸树脂涂料的红外光谱

图 11.164 为某被撞摩托车把上白色附着物的红外光谱。

第一，1556 cm^{-1}、815 cm^{-1} 同时存在，它们是氨基树脂的特征谱带，说明摩托车把上白色附着物可能是氨基丙烯酸树脂涂料（基体树脂是丙烯酸树脂）或醇酸氨基树脂涂料（基体树脂是醇酸树脂）。

第二，图 11.164 中 1237 cm^{-1}、1166 cm^{-1} 同时存在，它们是丙烯酸树脂的特征谱带，因此猜想白色附着物可能是氨基丙烯酸树脂涂料。

第三，图 11.165 为氨基丙烯酸树脂涂料、二氧化钛和聚苯乙烯的红外光谱。比较图 11.164 与图 11.165 谱线 A 可知，图 11.164 中 3386 cm^{-1}、2956 cm^{-1}、2874 cm^{-1}、1731 cm^{-1} 也是氨基丙烯酸树脂涂料的谱带。据以上三点可以确定白色附着物是氨基丙烯酸树脂涂料。

第四，图 11.164 中除氨基丙烯酸树脂涂料的谱带外，还有其他谱带，其中 1494 cm^{-1}、1454 cm^{-1}、754 cm^{-1}、700 cm^{-1} 同时存在，是聚苯乙烯的特征谱带。因此猜想白色附着物可能含聚苯乙烯。

第五，对比聚苯乙烯的红外光谱，图 11.164 中 3081 cm^{-1}、3061 cm^{-1}、3027 cm^{-1}、2932 cm^{-1}、1375 cm^{-1}、1335 cm^{-1}、1030 cm^{-1}、908 cm^{-1} 等也是聚苯乙烯的谱带。依据以上两点可以确定白色附着物含聚苯乙烯。

第六，图 11.164 中除氨基丙烯酸树脂涂料、聚苯乙烯的谱带外，谱线在 850~700 cm^{-1} 间陡降，700~400 cm^{-1} 间平缓下降，这是涂料中含二氧化钛时红外光谱的特征。因此猜想白色附着物可能含二氧化钛。

图11.166为白色附着物的EDX能谱图。比较图11.164与图11.165，并参考图11.166可以确定，白色附着物为含二氧化钛的苯乙烯改性氨基丙烯酸树脂涂料。

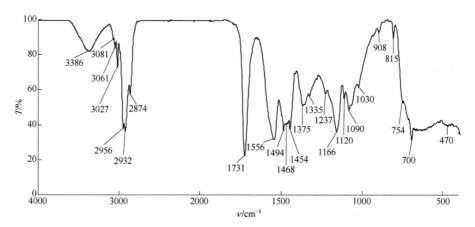

图11.164　被撞摩托车把上白色附着物的红外光谱

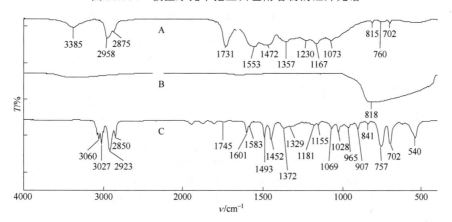

图11.165　氨基丙烯酸树脂涂料（A）、二氧化钛（B）和聚苯乙烯（C）的红外光谱

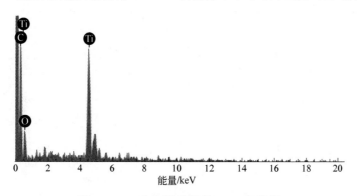

图11.166　白色附着物的EDX能谱图

11.7.5.5　含硫酸钡的苯乙烯改性氨基丙烯酸树脂涂料的红外光谱

图11.167为某肇事车白色漆的红外光谱。

第一，1553 cm^{-1}、815 cm^{-1}同时存在，它们是氨基树脂的特征谱带。因此猜想肇事车白色漆可能是醇酸氨基树脂涂料也可能是氨基丙烯酸树脂涂料。如果是以醇酸树脂为基体树脂通常叫作醇酸氨基树脂涂料；如果是以丙烯酸树脂为基体树脂通常叫作氨基丙烯酸树脂涂料。

第二，1236 cm^{-1}、1167 cm^{-1} 同时存在，它们是丙烯酸树脂的特征谱带，肇事车白色漆可能是氨基丙烯酸树脂涂料。

第三，对比氨基丙烯酸树脂涂料的红外光谱，图 11.167 中 3408 cm^{-1}、2958 cm^{-1}、2875 cm^{-1}、1732 cm^{-1}、1389 cm^{-1} 也是氨基丙烯酸树脂涂料的谱带。依据以上三点可以确定肇事车白色漆是氨基丙烯酸树脂涂料。

第四，图 11.167 中除氨基丙烯酸树脂涂料的谱带外还有其他谱带，其中 1493 cm^{-1}、1454 cm^{-1}、761 cm^{-1}、701 cm^{-1} 同时存在是聚苯乙烯的特征谱带。因此猜想肇事车白色漆可能含聚苯乙烯。

第五，对比聚苯乙烯的红外光谱，图 11.167 中 3062 cm^{-1}、3028 cm^{-1}、1027 cm^{-1}、912 cm^{-1} 等也是聚苯乙烯的谱带。依据以上两点可以确定肇事车白色漆含聚苯乙烯。

第六，图 11.167 中除氨基丙烯酸树脂涂料和聚苯乙烯的谱带外，还有其他谱带，其中 985 cm^{-1} 是硫酸钡的特征谱带。据此猜想肇事车白色漆可能含硫酸钡。

第七，对比硫酸钡的红外光谱，1118 cm^{-1}、1083 cm^{-1}、637 cm^{-1}、611 cm^{-1} 以及 1200~1000 cm^{-1} 间的宽、强吸收也是硫酸钡的谱带。依据以上两点可以确定肇事车白色漆含硫酸钡。

图 11.168 为硫酸钡、氨基丙烯酸树脂涂料和聚苯乙烯的红外光谱。比较图 11.167 与图 11.168 可知，肇事车白色漆为含硫酸钡的苯乙烯改性氨基丙烯酸树脂涂料。

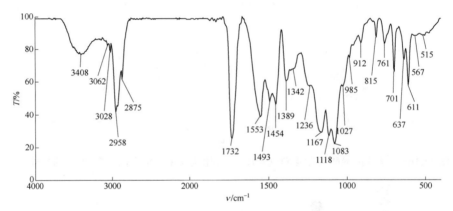

图 11.167　肇事车白色漆的红外光谱

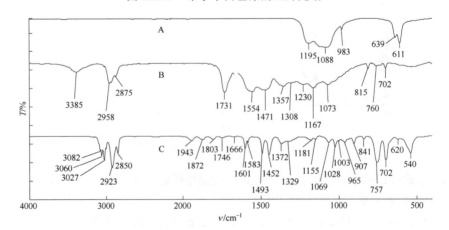

图 11.168　硫酸钡（A）、氨基丙烯酸树脂涂料（B）和聚苯乙烯（C）的红外光谱

11.7.5.6 环氧-丙烯酸树脂涂料的红外光谱

丙烯酸树脂与环氧树脂固化交联制得的丙烯酸树脂涂料具有附着力强、耐化学药品、耐沾污等优点。这些优点使之特别适用于洗衣机、电冰箱、食品及化工厂的仪表装备、车辆及电梯内部装饰。

环氧丙烯酸树脂涂料主成膜物的示意结构式见图 11.169。

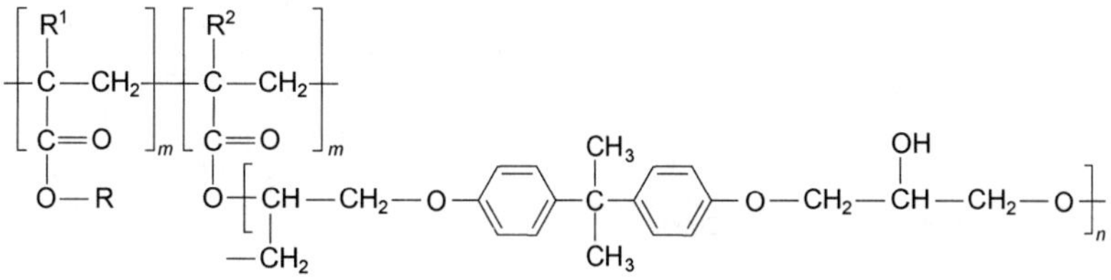

图 11.169 环氧丙烯酸树脂涂料主成膜物的示意结构式

图 11.170 为某品牌汽车油箱红色漆的红外光谱。

第一，1551 cm^{-1}、814 cm^{-1} 同时存在，它们是氨基树脂的标志谱带。油箱红色漆可能是氨基丙烯酸树脂涂料或醇酸氨基树脂涂料。

第二，1249 cm^{-1}、1175 cm^{-1} 同时存在，它们是丙烯酸树脂的标志谱带，油箱红色漆可能是氨基丙烯酸树脂涂料。

第三，对比氨基丙烯酸树脂涂料的红外光谱，图 11.120 中 3451 cm^{-1}、2960 cm^{-1}、2877 cm^{-1}、1730 cm^{-1}、1453 cm^{-1}、701 cm^{-1} 也是氨基丙烯酸树脂涂料的谱带。据以上三点可以确定油箱红色漆是氨基丙烯酸树脂涂料。

第四，图 11.170 中除氨基丙烯酸树脂涂料的谱带外，还有其他谱带，其中 1607 cm^{-1}、1510 cm^{-1}、832 cm^{-1} 同时存在是环氧树脂的标志谱带。因此猜想油箱红色漆可能含环氧树脂。

第五，对比环氧树脂的红外光谱，图 11.170 中 3033 cm^{-1}、1384 cm^{-1}、1249 cm^{-1}、1175 cm^{-1}、1111 cm^{-1}、1043 cm^{-1}、564 cm^{-1} 也是环氧树脂的谱带。依据以上两点可以确定红色漆含环氧树脂。

图 11.171 为氨基丙烯酸树脂涂料和环氧树脂的红外光谱。比较图 11.170 与图 11.171 可以确定，汽车油箱红色漆为环氧-氨基丙烯酸树脂涂料。

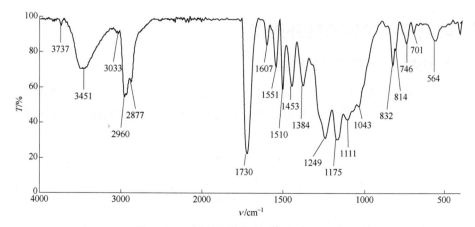

图 11.170 汽车油箱红色漆的红外光谱

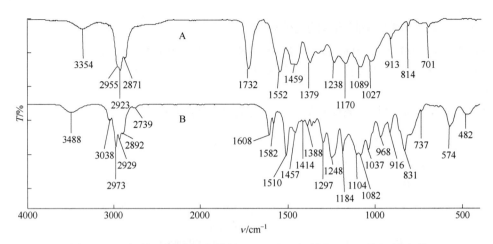

图 11.171 氨基丙烯酸树脂涂料（A）和环氧树脂（B）的红外光谱

11.7.5.7 氨基丙烯酸树脂涂料红外光谱的分析步骤

第一，假定被检样品是氨基丙烯酸树脂涂料。

第二，在试样红外光谱中寻找氨基丙烯酸树脂涂料的一等标志谱带：1550 cm^{-1}、813 cm^{-1}。如果这两个谱带同时存在，试样可能是醇酸氨基树脂涂料也可能是氨基丙烯酸树脂涂料。如果红外光谱中没有这两个谱带，则排除原假设并做新的假设。

第三，如果醇酸树脂的标志谱带（1600 cm^{-1}、1580 cm^{-1}、744 cm^{-1}、704 cm^{-1} 和 1260 cm^{-1}、1120 cm^{-1}、1070 cm^{-1}）同时存在，试样是以醇酸树脂为基体树脂，以氨基树脂为交联剂的醇酸氨基树脂涂料。

如果丙烯酸树脂的标志谱带（1240 cm^{-1}、1166 cm^{-1} 或 1266 cm^{-1}、1241 cm^{-1}、1193 cm^{-1}、1149 cm^{-1}、841 cm^{-1}）同时存在，试样是以丙烯酸树脂为基体树脂，以氨基树脂为交联剂的氨基丙烯酸树脂涂料。

第四，如果试样的红外光谱中，氨基丙烯酸树脂涂料的其他主要谱带也存在，则试样为氨基丙烯酸树脂涂料。

第五，检查试样红外光谱中是否有氨基丙烯酸树脂涂料之外的谱带。如果没有，则涂料为普通氨基丙烯酸树脂涂料（没有检出填料、染料、颜料、共用树脂等）。如果还有其他谱带，则根据其他物质的分析步骤继续分析，确定涂料中填料、染料、颜料、共用树脂等的种类。

11.8 酚醛树脂涂料的红外光谱

11.8.1 酚醛树脂涂料的原料和种类

以酚醛树脂或改性酚醛树脂为主要成膜物的涂料称为酚醛树脂涂料。酚醛树脂主要是由苯酚和甲醛反应，在苯环上形成羟甲基，然后再与苯酚反应，排出生成的水而形成亚甲基桥连接起来的缩合物：

$$n \, C_6H_5OH + CH_2O \longrightarrow HO\text{-}C_6H_4\text{-}CH_2\text{-}C_6H_3(OH)\text{-}CH_2\text{-}C_6H_4\text{-}OH]_n + (n-1)H_2O$$

制酚醛树脂的原料中酚类除苯酚外也用各种取代酚，如甲酚、二甲酚、二酚基丙烷、对苯基苯酚、叔丁酚、对叔戊酚等。醛类中最常用的是甲醛，有时也用糠醛。原料不同可以制得各种不同性能的酚醛树脂。

根据酚和醛的摩尔比以及所用催化剂的不同，酚醛树脂可分为以下两类：

（1）热塑性酚醛树脂　酚和醛的摩尔比为 (0.5~0.8):1，用酸性催化剂制得的酚醛树脂是热塑性酚醛树脂，加热时只能熔融，不能固化，易溶于醇类溶剂中。

（2）热固性酚醛树脂　酚和醛的摩尔比在 1:1 以上，用碱性催化剂制得的酚醛树脂是热固性酚醛树脂。

11.8.2　各种酚醛树脂涂料简介

11.8.2.1　醇溶性酚醛树脂涂料

醇溶性酚醛树脂涂料一般是把苯酚与甲醛缩合制得的热塑性或热固性酚醛树脂溶于醇类溶剂中制得，通常是清漆或透明漆。它们是不用油脂的酚醛树脂涂料。热塑性的产品可自干，并具有一定的耐汽油、耐酸和绝缘性，但涂膜太脆、用量比较少。热固性的产品需烘干，耐油、耐水、耐热、绝缘，但不耐强酸、强碱，多作防潮、绝缘和黏合用涂料。

11.8.2.2　改性酚醛树脂涂料

改性酚醛树脂涂料主要有两种：松香改性酚醛树脂涂料和丁醇改性酚醛树脂涂料。

生产松香改性酚醛树脂涂料时，先用热固性酚醛缩合物与松香反应，制得松香改性酚醛树脂，再用甘油或季戊四醇等多元醇酯化即可制得松香改性酚醛树脂。一般缩合物占整个树脂重量的 5%~30%。这种树脂在干性油和溶剂中的溶解性有所提高，用它和干性油混合熬炼即可制得不同油度的酚醛漆料，加上催干剂或颜料、填料等可制得各种酚醛清漆、调和漆、磁漆及专用漆。其特性是涂膜干燥迅速、性能良好，可广泛用于木器家具、建筑、机械、船舶和绝缘材料工业中。这类涂料的品种多、产量大，在酚醛树脂涂料中占有重要地位。

丁醇改性酚醛树脂一般是用热固性酚醛缩合物，加丁醇进行醚化反应制得，再和环氧树脂或干性油混炼制漆。丁醇改性酚醛树脂漆涂膜柔软，耐化学品腐蚀，宜作化工防腐、罐头内壁及电器绝缘涂料。

11.8.2.3　油溶性纯酚醛树脂涂料

油溶性纯酚醛树脂是用各种取代酚（如对叔丁酚或苯基苯酚）和甲醛缩合制成，再直接热溶于油中，然后再和干性油及其他树脂共炼而制成涂料。这种涂料涂膜坚硬、干燥快、附着力好，除耐候性稍次于醇酸树脂涂料外，其耐水、耐化学药品腐蚀性能大大地优于醇酸树脂涂料。因此，油溶性纯酚醛树脂宜作防腐涂料、罐头漆、绝缘漆、耐水漆和船舶漆等。

11.8.2.4　水溶性酚醛树脂涂料

水溶性酚醛树脂涂料是将改性酚醛树脂和干性油经热炼后加入顺酐改性，并以氨水中和即可制成水溶性树脂，再与颜料混合研磨后，加入干料和溶剂制成。这种涂料采用电泳涂装，有利于自动化流水作业。

酚醛树脂涂料的特点是干燥快、硬度高、耐水、耐化学腐蚀，但性脆、易泛黄，不宜作白漆。它广泛应用于涂装木器家具、建筑、机械、电机、船舶和化工防腐等领域。其产量占涂料总量的 20% 以上。

11.8.3　酚醛树脂涂料的红外光谱

不同原料和反应条件会产生不同取代基结构的酚醛树脂，其红外光谱也不相同。图 11.172

是一种酚醛树脂涂料的红外光谱，图中 3444 cm^{-1} 为酚羟基伸缩振动。2932 cm^{-1}、2860 cm^{-1} 为脂肪族的 CH 伸缩振动。1458 cm^{-1}、1376 cm^{-1} 为 CH_2、CH_3 变角振动。1416 cm^{-1} 为 O–CH_2 中 CH_2 面内变角振动。1237 cm^{-1}、1173 cm^{-1} 为 C–O–C 伸缩振动。909~667 cm^{-1} 区域内的连续谱带为取代苯的特征谱带，例如甲基酚醛树脂在 1053 cm^{-1} 有 CH_2–O–CH_2 的吸收，1000 cm^{-1} 为羟甲基（CH_2OH）的吸收，而线型酚醛树脂没有这两个谱带。对苯基酚醛树脂在 980 cm^{-1} 和 700 cm^{-1} 处有两个强谱带。

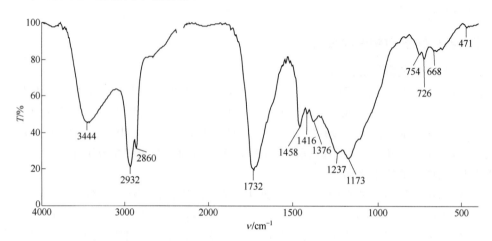

图 11.172　酚醛树脂涂料的红外光谱

11.9　过氯乙烯树脂涂料的红外光谱

过氯乙烯树脂涂料是以过氯乙烯树脂为主要成膜物的一种挥发性涂料，主要由过氯乙烯树脂、合成树脂（如醇酸树脂、丙烯酸树脂、酚醛树脂、顺丁烯二酸酐树脂、氯化橡胶等）、颜料、助剂、增塑剂（苯二甲酸二丁酯、磷酸三甲酚酯、氯化石蜡等）和有机溶剂组成。

11.9.1　过氯乙烯树脂

过氯乙烯树脂是聚氯乙烯树脂经氯化反应制得的，即在聚氯乙烯树脂分子六个碳原子的链上，有一个氢原子被氯原子取代，其链节结构式为：

$$-CH_2-CH-CH-CH-CH_2-CH-$$
$$\quad\quad\ \ |\ \ \ \ |\ \ \ \ |\ \ \ \ \ \ \ \ \ |$$
$$\quad\quad\ \ Cl\ \ Cl\ \ Cl\ \ \ \ \ \ Cl$$

涂料用过氯乙烯树脂的含氯量一般为 61%~65%，而聚氯乙烯树脂的含氯量在 56% 左右。过氯乙烯树脂主要赋予漆膜良好的耐化学性、耐水性和耐候性。过氯乙烯有很好的防燃、防延燃性能，还可用来制造纤维、胶片和黏合剂。

图 11.173 为过氯乙烯树脂的红外光谱。2924 cm^{-1}、2854 cm^{-1} 为 CH_2 的反对称伸缩振动和对称伸缩振动。1432 cm^{-1} 为 CHCl-H_2 中 H_2 面内变角振动，受邻位氯原子的诱导效应影响，频率较常值（1465 cm^{-1}）低。1327 cm^{-1} 为 CH 的面内变角振动，是由于氯原子的影响强度增大。1250 cm^{-1} 为 CH 的面外变角振动。1096 cm^{-1} 为 C–C 伸缩振动，受氯原子影响，C–C 的偶极矩增大，C–C 伸缩振动谱带强度增大。970 cm^{-1} 为 CH_2 的面内摇摆振动。684 cm^{-1}、617 cm^{-1} 为 C–Cl 伸缩振动，是过氯乙烯树脂的标志谱带。

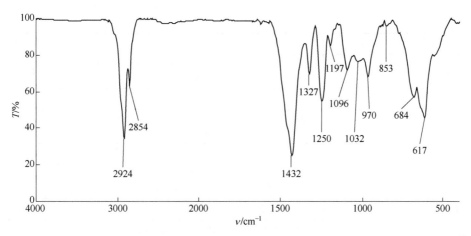

图 11.173　过氯乙烯树脂的红外光谱

11.9.2　过氯乙烯树脂涂料的特点

过氯乙烯树脂涂料漆膜干燥快、平整光亮，并可打蜡抛光来增强其外观装饰性能。它具有耐化学腐蚀性及防霉性、防燃烧性、耐寒性、耐潮性等优良性能。其力学性能也优于硝基漆。

过氯乙烯树脂涂料在木材、纸张、水泥上也有良好的附着力，施工周期短，易于修补保养，所以广泛用于车辆、机床、电器、医疗器械、化工机械、管道等的装饰和防腐性涂装。但过氯乙烯树脂的耐候性差、附着力差，所以只能在 70 ℃ 以下使用。

目前我国生产的过氯乙烯树脂涂料约有 60 多个品种，包括面漆、清漆、底漆、二道底漆、腻子等配套产品。既可自身配套，也可和底漆、锌黄环氧底漆配套使用。

11.9.3　过氯乙烯树脂涂料的红外光谱

过氯乙烯树脂涂料的品种不同，其红外光谱也有差异。表 11.12 对常见过氯乙烯树脂涂料红外光谱的主要谱带做了解释。

表 11.12　过氯乙烯树脂涂料红外光谱主要谱带的解释

结构式	名　称	振动类型	波数/cm^{-1}
OH	羟基	伸缩振动	3430
CH_2	亚甲基	反对称伸缩振动	2930
CH_3，CH_2，CH	甲基、亚甲基、次甲基	甲基对称伸缩振动+亚甲基对称伸缩振动+次甲基伸缩振动	2870
C=O	羰基	伸缩振动	1730
苯环	苯环	苯环骨架伸缩振动	1600、1580、1500、1450
CH_3	甲基	CH_3 反对称变角振动 + CH_2 剪式振动	1460
CHCl—CH_2	亚甲基	CH_2 剪式振动，由于邻位氯原子的诱导效应从 1460 cm^{-1} 移至 1430 cm^{-1}	1430
CH_3	甲基	CH_3 对称变角振动	1380
C—O—C	醚键	醇酸树脂邻苯二甲酸酯基中 C—O—C 反对称伸缩振动	1280
CH	次甲基	CHCl 中的 CH 变角振动	1250

续表

结构式	名称	振动类型	波数/cm^{-1}
C—O—C	醚键	醇酸树脂邻苯二甲酸酯基中 C—O—C 对称伸缩振动	1130
C—C		伸缩振动	1097
=CH		醇酸树脂中苯环上邻位取代 4 个相邻 =CH 面内变角振动	1070
CH$_2$	亚甲基	CH$_2$ 面外摇摆振动	962
=CH		对苯二甲酸酯苯环上 2 个相邻 =CH 面内变角振动(受极性 COO 影响)	874
CH$_2$	亚甲基	反式 CH$_2$ 的面内变角振动	850
=CH		醇酸树脂苯环上邻位取代 4 个相邻 =CH 面外变角振动	745
=CH		苯环上对位取代 2 个相邻 =CH 面外变角振动	730
 ⌬	苯环	弯曲振动	705
C—Cl		C—Cl 伸缩振动	610
		过氯乙烯的非结晶谱带	616、690
		过氯乙烯的结晶谱带	603、636

11.9.3.1 醇酸过氯乙烯树脂涂料的红外光谱

过氯乙烯是强极性分子,分子链内聚性极强。单独用过氯乙烯树脂制涂料有一些明显的缺点(如附着力低、耐旋光性差、80 ℃开始缓慢分解),需要用其他成分改性,其中醇酸树脂常被选用。过氯乙烯树脂涂料中使用醇酸树脂越多,其附着力和耐候性越好,但耐化学腐蚀性越差。

醇酸过氯乙烯树脂涂料的主要成膜物的示意结构式见图 11.174。

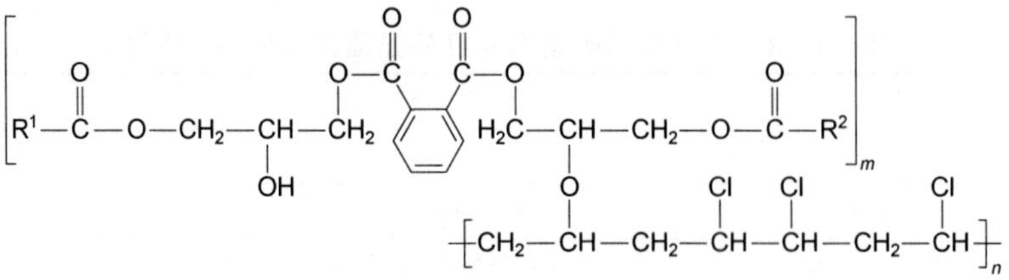

图 11.174 醇酸过氯乙烯树脂涂料主要成膜物的示意结构式

图 11.175 是某管道涂料的红外光谱。

第一,图中 967 cm^{-1}、692 cm^{-1}、617 cm^{-1} 同时存在,它们是过氯乙烯树脂的一等标志谱带。因此猜想管道涂料可能是过氯乙烯树脂涂料。

第二,1432 cm^{-1}、637 cm^{-1} 也同时存在,它们是过氯乙烯树脂的二等标志谱带。依据以上两点基本可以确定管道涂料是过氯乙烯树脂涂料。

第三,对比过氯乙烯树脂的红外光谱,图 11.175 中 1329 cm^{-1}、1199 cm^{-1}、833 cm^{-1} 等也是过氯乙烯的谱带。依据以上三点可以确定管道涂料是过氯乙烯树脂涂料。

第四,图 11.175 中除过氯乙烯的谱带外还有其他谱带,其中 1600 cm^{-1}、1580 cm^{-1}、

744 cm^{-1} 是醇酸树脂的一等标志谱带，1263 cm^{-1}、1125 cm^{-1}、1074 cm^{-1} 是醇酸树脂的二等标志谱带。因此猜想管道涂料可能是醇酸过氯乙烯树脂涂料。

第五，对比醇酸树脂的红外光谱，图 11.175 中，2961 cm^{-1}、2930 cm^{-1}、2872 cm^{-1}、1722 cm^{-1}、1461 cm^{-1}、1380 cm^{-1} 等也是醇酸树脂的谱带。根据以上两点可以确定管道涂料是醇酸过氯乙烯树脂涂料。

图 11.176 是醇酸树脂和过氯乙烯树脂的红外光谱。把图 11.175 与图 11.176 相比较可以确定，管道涂料是醇酸过氯乙烯树脂涂料。

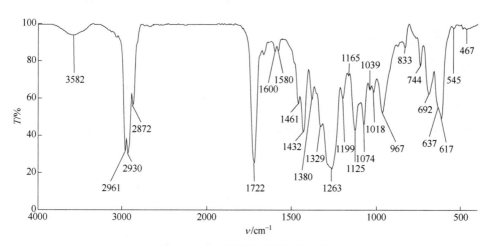

图 11.175　管道涂料的红外光谱

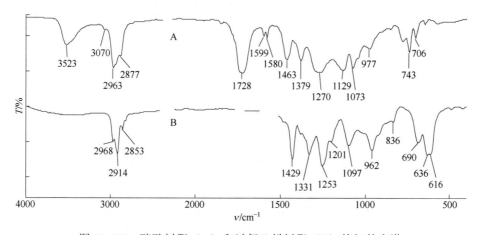

图 11.176　醇酸树脂（A）和过氯乙烯树脂（B）的红外光谱

11.9.3.2　含碳酸钙的醇酸过氯乙烯树脂涂料的红外光谱

过氯乙烯树脂常用作腻子中颜料的黏合剂，因为它可以容纳较多的颜料和填料而仍保持足够的机械强度。用过氯乙烯配制的腻子非常坚韧，其体质颜料含量比其他类型腻子都高，如过氯乙烯磁漆色片中，碳酸钙的质量可以达到过氯乙烯质量的 2.5 倍。

图 11.177 为肇事车前门蓝色漆的红外光谱。

第一，图中 967 cm^{-1}、691 cm^{-1}、617 cm^{-1} 同时存在，它们是过氯乙烯树脂涂料的一等标志谱带。因此猜想车前门蓝色漆可能是过氯乙烯树脂涂料。

第二，1434 cm^{-1}、637 cm^{-1} 也同时存在，它们是过氯乙烯树脂涂料的二等标志谱带。依据以上两点基本可以确定车前门蓝色漆是过氯乙烯树脂涂料。

第三，对比过氯乙烯树脂的红外光谱，图 11.177 中 1333 cm^{-1}、1198 cm^{-1}、835 cm^{-1} 等过氯乙烯树脂的谱带也同时存在。依据以上三点可以确定车前门蓝色漆是过氯乙烯树脂涂料。

第四，图 11.177 中除过氯乙烯树脂的谱带外还有其他谱带，其中 1599 cm^{-1}、1579 cm^{-1}、743 cm^{-1}、703 cm^{-1} 同时存在是醇酸树脂的一等标志谱带，1264 cm^{-1}、1124 cm^{-1}、1074 cm^{-1} 同时存在是醇酸树脂的二等标志谱带。因此猜想车前门蓝色漆可能是醇酸过氯乙烯树脂涂料。

第五，图 11.177 中 3073 cm^{-1}、2960 cm^{-1}、2862 cm^{-1}、1723 cm^{-1} 等醇酸树脂的谱带也同时存在。依据以上两点可以确定车前门蓝色漆是醇酸过氯乙烯树脂涂料。

第六，图 11.177 中除过氯乙烯树脂和醇酸树脂的谱带外，还有其他谱带，其中 874 cm^{-1} 是碳酸钙的一等标志谱带。因此猜想车前门蓝色漆可能含碳酸钙。

第七，对比碳酸钙的红外光谱，图 11.177 中 2513 cm^{-1}、1796 cm^{-1} 以及 1434 cm^{-1} 左右的宽、强吸收也是碳酸钙的谱带。根据以上两点可以确定车前门蓝色漆含碳酸钙。

图 11.178 为醇酸树脂、过氯乙烯树脂和碳酸钙的红外光谱。把图 11.177 与图 11.178 相比较可以确定，肇事车前门蓝色漆为含碳酸钙的醇酸过氯乙烯树脂涂料。

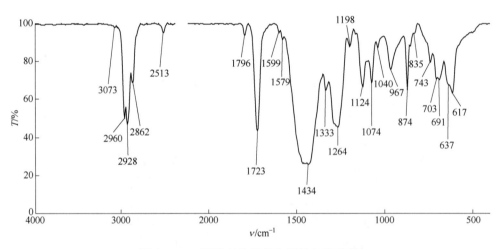

图 11.177 肇事车前门蓝色漆的红外光谱

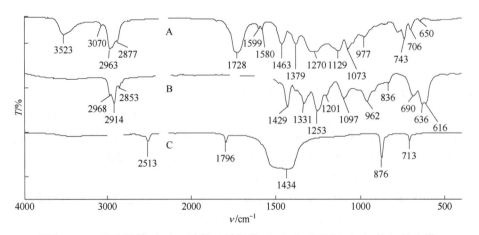

图 11.178 醇酸树脂（A）、过氯乙烯树脂（B）和碳酸钙（C）的红外光谱

11.9.3.3　含二氧化钛的醇酸过氯乙烯树脂涂料的红外光谱

二氧化钛的耐光性、耐候性好，用于过氯乙烯树脂涂料可使漆膜在户外曝晒不易粉化、不失光，不变色。

图 11.179 为某摩托车油箱白色漆的红外光谱。

第一，图中 967 cm^{-1}、691 cm^{-1}、619 cm^{-1} 同时存在，它们是过氯乙烯树脂的一等标志谱带。因此猜想油箱白色漆可能是过氯乙烯树脂涂料。

第二，1431 cm^{-1}、636 cm^{-1} 也同时存在，它们是过氯乙烯树脂的二等标志谱带。依据以上两点基本可以确定油箱白色漆是过氯乙烯树脂涂料。

第三，对比过氯乙烯树脂的红外光谱，图 11.179 中 1327 cm^{-1}、1200 cm^{-1}、833 cm^{-1} 等也是过氯乙烯的谱带。依据以上三点可以确定油箱白色漆是过氯乙烯树脂涂料。

第四，图 11.179 中除过氯乙烯的谱带外还有其他谱带，其中 1602 cm^{-1}、1581 cm^{-1}、1260 cm^{-1}、1123 cm^{-1}、1075 cm^{-1} 同时存在是醇酸树脂的标志谱带。因此猜想白色漆可能是醇酸过氯乙烯树脂涂料。

第五，对比醇酸过氯乙烯树脂涂料的红外光谱，图 11.179 中 3474 cm^{-1}、3057 cm^{-1}、2961 cm^{-1}、2872 cm^{-1}、1722 cm^{-1}、1457 cm^{-1}、1379 cm^{-1} 等也是醇酸过氯乙烯树脂涂料的谱带。依据以上两点可以确定油箱白色漆是醇酸过氯乙烯树脂涂料。

第六，图 11.179 中除过氯乙烯树脂和醇酸树脂的谱带外，还有如下特点：800~400 cm^{-1} 有一个特别宽强的谱带。这是涂料中含有二氧化钛时红外光谱的特征。

图 11.180 为醇酸树脂、过氯乙烯树脂和二氧化钛的红外光谱。图 11.181 为摩托车油箱白漆的 EDX 能谱图。比较图 11.179 与图 11.180 并参考图 11.181 可以确定，摩托车油箱白色漆为含二氧化钛的醇酸过氯乙烯树脂涂料。

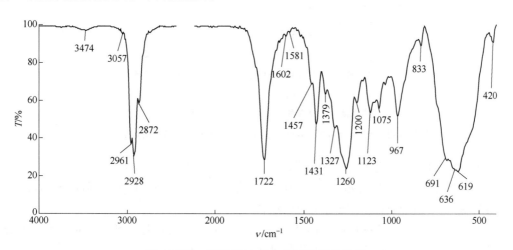

图 11.179　摩托车油箱白色漆的红外光谱

11.9.3.4　甲基丙烯酸酯-过氯乙烯树脂涂料的红外光谱

甲基丙烯酸酯与过氯乙烯树脂有非常好的混溶性，制得的涂料与醇酸过氯乙烯树脂涂料相比，干燥快，耐候性、耐热性和耐化学腐蚀性显著提高。

甲基丙烯酸酯-过氯乙烯树脂涂料主成膜物的示意结构式见图 11.182。

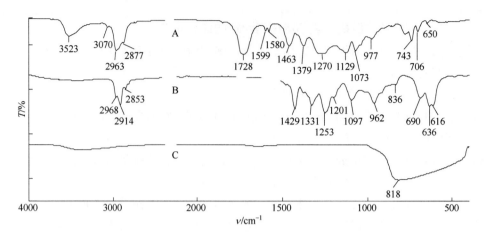

图 11.180　醇酸树脂（A）、过氯乙烯树脂（B）和二氧化钛（C）的红外光谱

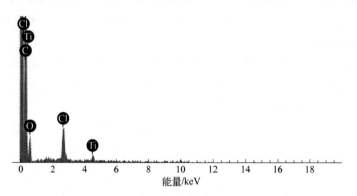

图 11.181　摩托车油箱白色漆的 EDX 能谱图

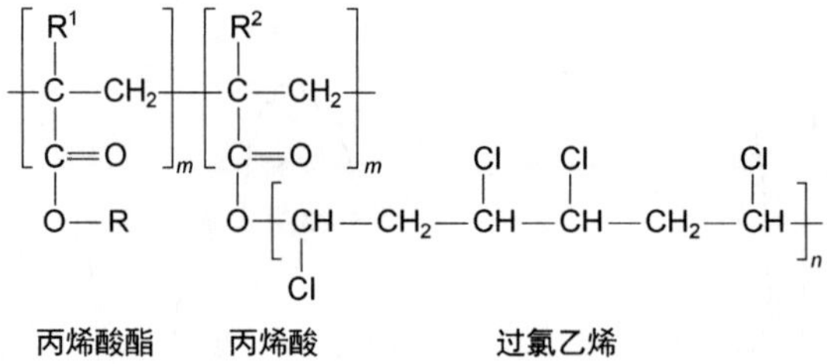

图 11.182　甲基丙烯酸酯-过氯乙烯树脂涂料主成膜物的示意结构式

图 11.183 为油罐灰色漆的红外光谱。

第一，图中 972 cm^{-1}、696 cm^{-1}、616 cm^{-1} 同时存在，它们是过氯乙烯的一等标志谱带，因此猜想油罐灰色漆可能是过氯乙烯树脂涂料。

第二，1434 cm^{-1}、1243 cm^{-1}、1095 cm^{-1} 也同时存在，它们是过氯乙烯的二等标志谱带。依据以上两点基本可以确定油罐灰色漆是过氯乙烯树脂涂料。

第三，图 11.183 中除过氯乙烯的谱带外还有其他谱带，其中 1243 cm^{-1}、1190 cm^{-1}、1148 cm^{-1}、753 cm^{-1} 同时存在是甲基丙烯酸酯的标志谱带。因此猜想油罐灰色漆中可能有甲基丙烯酸酯。

第四，对比甲基丙烯酸酯的红外光谱，1731 cm^{-1}、1377 cm^{-1}、972 cm^{-1} 也是甲基丙烯酸酯的谱带。依据以上两点基本可以确定油罐灰色漆中有甲基丙烯酸酯。

图 11.184 为过氯乙烯和甲基丙烯酸酯的红外光谱。比较图 11.183 和图 11.184 可以确定，油罐灰色漆为甲基丙烯酸酯-过氯乙烯树脂涂料。

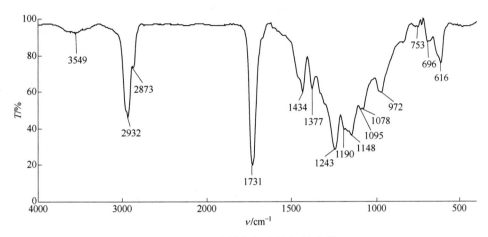

图 11.183 油罐灰色漆的红外光谱

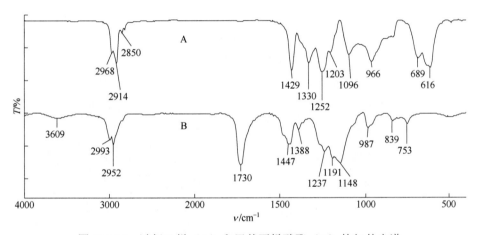

图 11.184 过氯乙烯（A）和甲基丙烯酸酯（B）的红外光谱

11.9.3.5 含铁蓝的丙烯酸过氯乙烯树脂涂料的红外光谱

图 11.185 为某市汽车牌照蓝色漆的红外光谱。

第一，图中 970 cm^{-1}、696 cm^{-1}、616 cm^{-1} 同时存在，它们是过氯乙烯树脂的一等标志谱带。因此猜想汽车牌照蓝色漆可能是过氯乙烯树脂涂料。

第二，1434 cm^{-1}、616 cm^{-1} 也同时存在，它们是过氯乙烯树脂的二等标志谱带。依据以上两点基本可以确定汽车牌照蓝色漆是过氯乙烯树脂涂料。

第三，对比过氯乙烯的红外光谱，图 11.185 中 1331 cm^{-1}、1096 cm^{-1}、839 cm^{-1} 等也是过氯乙烯的谱带。依据以上三点可以确定汽车牌照蓝色漆是过氯乙烯树脂涂料。

第四，图 11.185 中除过氯乙烯的谱带外，还有其他谱带，其中 1244 cm^{-1}、1190 cm^{-1}、1149 cm^{-1} 同时存在是甲基丙烯酸酯的一等标志谱带。因此猜想汽车牌照蓝色漆可能是丙烯酸过氯乙烯树脂涂料。

第五，对比甲基丙烯酸酯的红外光谱，图 11.185 中 1730 cm^{-1}、1378 cm^{-1}、840 cm^{-1}、751 cm^{-1} 等甲基丙烯酸酯的谱带也同时存在。依据以上两点可以确定汽车牌照蓝色漆是丙烯酸过氯乙烯树脂涂料。

第六，图 11.185 中，除过氯乙烯树脂和丙烯酸树脂的谱带外，还有 2089 cm^{-1}、497 cm^{-1}，它们是铁蓝的标志谱带。因此猜想汽车牌照蓝色漆中可能含铁蓝染料。

图 11.186 为甲基丙烯酸酯、过氯乙烯和铁蓝的红外光谱。比较图 11.185 和图 11.186 可以确定，汽车牌照蓝色漆为含铁蓝的丙烯酸过氯乙烯树脂涂料。

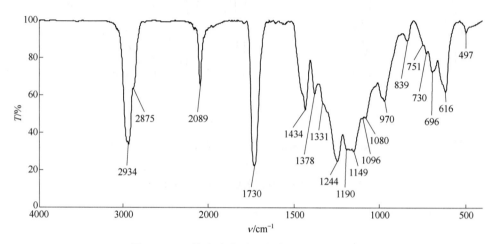

图 11.185　某市汽车牌照蓝色漆的红外光谱

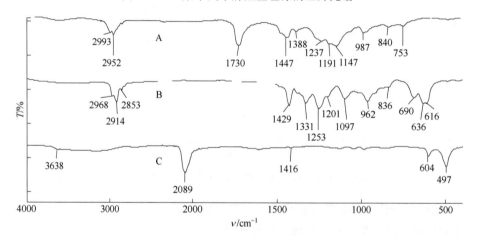

图 11.186　甲基丙烯酸酯（A）、过氯乙烯（B）和铁蓝（C）的红外光谱

11.9.4　过氯乙烯树脂涂料红外光谱的分析步骤

第一，假设被检样品是过氯乙烯树脂涂料。

第二，在红外光谱中寻找过氯乙烯树脂涂料的一等标志谱带：962 cm^{-1}、690 cm^{-1}、616 cm^{-1}。如果这三个或其中的两个谱带同时存在，假设可能成立，否则另做其他假设。

第三，在试样红外光谱中寻找过氯乙烯树脂涂料的二等标志谱带：1430 cm^{-1}、636 cm^{-1}。如果这两个谱带也同时存在，基本可以确定试样是过氯乙烯树脂涂料。

第四，如果试样的红外光谱中，过氯乙烯的其他谱带（如 1330 cm^{-1}、1200 cm^{-1}、836 cm^{-1} 等）也存在，则试样为过氯乙烯树脂涂料。试样的红外光谱与过氯乙烯树脂涂料标准红外光谱匹配的谱带越多，鉴定的可靠性越大。

第五，不能用过氯乙烯树脂单独制备涂料。检查试样的红外光谱中过氯乙烯之外的谱带，以确定共用树脂的种类，是否有填料、颜料、染料以及它们的种类。

第六，如果试样的红外光谱中同时有下列谱带：1600 cm^{-1}、1580 cm^{-1}、1261 cm^{-1}、1125 cm^{-1}、1074 cm^{-1}、744 cm^{-1}，则共用树脂是醇酸树脂，被检样品为醇酸过氯乙烯树脂涂料。

第七，如果试样的红外光谱中同时有下列谱带：1240 cm^{-1}、1190 cm^{-1}、1148 cm^{-1}、753 cm^{-1}（共用树脂是甲基丙烯酸酯）或 1240 cm^{-1}、1167 cm^{-1}（共用树脂是丙烯酸酯），则共用树脂是丙烯酸树脂。被检样品为丙烯酸过氯乙烯树脂涂料。

第八，如果红外光谱中还有其他谱带，则根据其他物质的特点，做进一步分析，以确定填料、染料、颜料、共用树脂等的种类。

11.10 环氧树脂涂料的红外光谱

环氧树脂涂料是以环氧树脂为主要成膜物质的涂料，简称环氧漆。可分为未酯化环氧树脂涂料、酯化环氧树脂涂料、水溶性环氧电泳涂料、环氧线型涂料、环氧粉末涂料及脂环族环氧树脂涂料六大类。

含有两个或两个以上环氧基团的树脂属于环氧树脂。环氧基团是由一个氧原子和两个碳原子组成的环（—HC—CH$_2$—O—），具有高度活泼性，使环氧树脂与多种固化剂发生交联反应形成三维网状结构的高聚物。

11.10.1 环氧树脂涂料的性能和用途

11.10.1.1 环氧树脂涂料的优点

环氧树脂的结构中含有脂肪族羟基（C—OH）、醚键（C—O—C）和极为活泼的环氧基（—HC—CH$_2$—O—），所以环氧树脂漆附着力强、耐化学腐蚀性好。环氧树脂含有环氧基及羟基两种活泼官能团，能与多元胺、聚酰胺树脂、酚醛树脂、氨基树脂、多异氰酸酯等配合，制成多种涂料，既可常温干燥，也可高温烘烤，以满足不同的施工要求。

11.10.1.2 环氧树脂涂料的缺点

双酚 A 缩水甘油醚环氧树脂因含有芳香醚键，紫外线照射后易降解断链，所以耐候性、耐酸性较差；用它制成的底漆，虽然与底材的附着力好，但和其他类型面漆的附着力却不太好。工艺上往往需增加一道中间层或采用"湿碰湿"的方法来补救。

11.10.1.3 环氧树脂涂料的用途

环氧树脂涂料常用于工厂钢铁结构的保护；牙膏管、罐头筒壁等的涂饰；洗衣机、电冰箱等电器的打底和涂饰；交通车辆涂料，特别是用丙烯酸树脂涂料作汽车涂料时需环氧底漆配套。

11.10.2 环氧树脂的固化剂和固化反应

11.10.2.1 胺类固化剂及固化反应

脂肪族多元胺是常温下常用的固化剂，它固化速度快、黏度低，可用以配制常温下固化的无溶剂或高固体涂料。表 11.13 列出了涂料工业常用的胺类固化剂。胺的用量与环氧树脂的用量按当量比 1∶1 为宜。

表 11.13　涂料工业常用环氧树脂的脂肪族多元胺类固化剂

品名	分子式
乙二胺	$H_2N-(CH_2)_2-NH_2$
二亚乙基三胺	$H_2N-(CH_2)_2-NH-(CH_2)_2-NH_2$
三亚乙基四胺	$H_2N-(C_2H_4NH)_2-C_2H_4-NH_2$
四亚乙基五胺	$H_2N-(C_2H_4NH)_3-C_2H_4-NH_2$
己二胺	$H_2N-(CH_2)_6-NH_2$
2,2,4-三甲基己二胺和 2,4,4-三甲基己二胺的混合物	(结构式见图)
酰氨基胺类固化剂	(结构式见图)

固化反应有以下几种类型：

① 环氧树脂与伯胺反应。

② 环氧树脂和仲胺反应。

新生成的羟基继续和环氧基反应，产生网状交联。

③ 环氧树脂和叔胺的反应。活泼的环氧基，不但能被活泼氢打开，也可以被叔胺打开，叔胺不参加交联，而是起催化作用，使环氧基本身聚合。

11.10.2.2　酸酐类固化剂及固化反应

二元酸及其酸酐可以作为环氧树脂的固化剂，固化后树脂具有较好的机械强度和耐热性，但固化后树脂含有酯键，易受碱侵蚀。酸酐固化时要在高温下烘烤才能固化完全，反应式如下：

11.10.3 环氧树脂涂料的红外光谱

11.10.3.1 双酚 A 型环氧树脂涂料的红外光谱

环氧酯类树脂涂料的主成膜物为环氧树脂的脂肪酸酯。选择不同比例的环氧树脂和脂肪酸，能制得不同性能的环氧树脂树脂涂料。如加催干剂则生成气干型底漆，加氨基树脂等固化剂则生成烘烤型环氧树脂涂料。

环氧酯由环氧树脂的环氧基、羟基与脂肪酸的羧基反应生成：

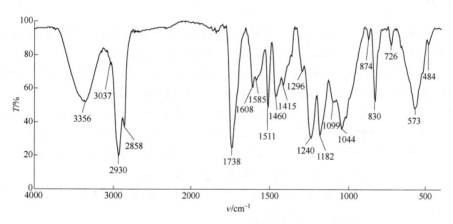

图 11.187 是可口可乐饮料筒内壁涂料的红外光谱，图 11.188 为可口可乐饮料筒内壁涂料和环氧树脂的红外光谱，通过比较可知，除 1738 cm^{-1} 的 C=O 伸缩振动吸收外，其余主要谱带都是双酚 A 型环氧树脂的吸收。鉴定环氧树脂涂料时可按"11.10.3.2 鉴定环氧树脂涂料的步骤"进行。

图 11.187 可口可乐饮料筒内壁涂料的红外光谱

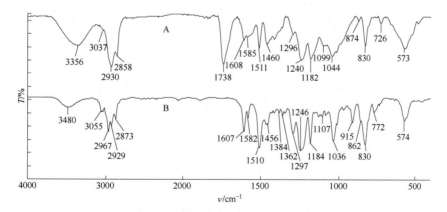

图 11.188 可口可乐饮料筒内壁涂料（A）和环氧树脂（B）的红外光谱

11.10.3.2 鉴定环氧树脂涂料的步骤

第一，假设试样为环氧树脂涂料。

第二，在试样的红外光谱中寻找环氧树脂涂料的一等标志谱带：1608 cm^{-1}、1511 cm^{-1}、830 cm^{-1}。如果这三个谱带同时存在，假设可能成立，否则另做其他假设。

第三，在试样的红外光谱中寻找环氧树脂涂料的二等标志谱带：1240 cm^{-1}、1182 cm^{-1}。如果这两个谱带也同时存在，则基本可确定试样是环氧树脂涂料，然后进行第四步。如果这两个谱带没有同时存在，则排除试样是环氧树脂涂料。

第四，在试样的红外光谱中寻找环氧树脂涂料的其他谱带，能与环氧树脂涂料标准红外光谱匹配的谱带越多，鉴定的可靠性越大。

第五，检查试样的红外光谱中是否有环氧树脂涂料之外的谱带，以确定环氧树脂涂料的种类。如果没有，则是普通环氧树脂涂料（没有检出填料、染料、颜料、共用树脂）。如果除环氧树脂涂料的谱带外，还有其他谱带，则涂料中可能有填料、染料、颜料和共用树脂。

第六，按有关物质的标志谱带，确定填料、染料、颜料和共用树脂的种类。

11.10.3.3 含磷酸锌的环氧树脂涂料的红外光谱

用手术刀刮取汽车底层漆时，经常把电泳层涂料和汽车底漆同时刮下。所谓汽车"底漆"实际是电泳层涂料和汽车底漆的混合物。图 11.189 是某品牌汽车"底漆"的红外光谱。

第一，红外光谱中 1606 cm^{-1}、1510 cm^{-1}、830 cm^{-1} 三个谱带同时存在，它们是双酚 A 型环氧树脂的标志谱带，也是环氧树脂涂料的一等标志谱带。因此猜想"底漆"可能是环氧树脂涂料。

第二，在图 11.189 中 1230 cm^{-1}、1180 cm^{-1} 两个谱带也同时存在，它们也是双酚 A 型环氧树脂的标志谱带。因此，基本可以确定汽车"底漆"是环氧树脂涂料。

第三，在图 11.189 中还有环氧树脂的其他谱带，如 2928 cm^{-1}、1462 cm^{-1}、1298 cm^{-1}、1105 cm^{-1}。依据以上三点可以确定汽车"底漆"是环氧树脂涂料。

第四，图 11.189 中除环氧树脂的谱带外还有其他谱带，其中 1105 cm^{-1}、1018 cm^{-1}、954 cm^{-1} 同时存在是磷酸锌的标志谱带。因此猜想汽车"底漆"中可能含磷酸锌。

第五，对比磷酸锌的红外光谱，图 11.189 中，1641 cm^{-1}、635 cm^{-1}、580 cm^{-1} 也是磷酸锌的谱带。依据以上两点可以确定汽车"底漆"中含磷酸锌。

图 11.190 是环氧树脂和磷酸锌的红外光谱。把图 11.189 与图 11.190 相比较可以确定，汽车"底漆"为含磷酸锌的环氧树脂涂料。

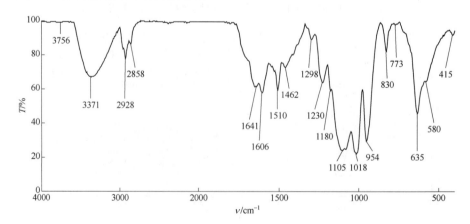

图 11.189　某品牌汽车"底漆"的红外光谱

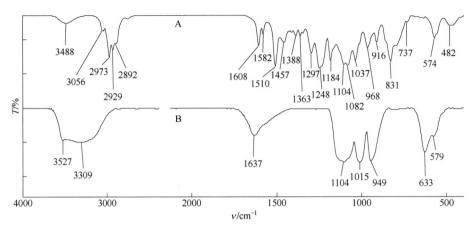

图 11.190　环氧树脂（A）和磷酸锌（B）的红外光谱

11.10.3.4　含高岭土的环氧树脂涂料的红外光谱

图 11.191 为肇事车漆片第四层灰色漆的红外光谱。

第一，图中 1607 cm^{-1}、1510 cm^{-1}、829 cm^{-1} 三个谱带同时存在，它们是环氧树脂的标志谱带，也是环氧树脂涂料的一等标志谱带。因此猜想第四层灰色漆可能是环氧树脂涂料。

第二，1235 cm^{-1}、1183 cm^{-1} 两个谱带也同时存在，它们是环氧树脂涂料的二等标志谱带。依据以上两点基本可以确定第四层灰色漆是环氧树脂涂料。

第三，对比环氧树脂涂料的红外光谱，图 11.191 中下列谱带也是环氧树脂涂料的谱带，如 1728 cm^{-1}、1462 cm^{-1}、1414 cm^{-1}、1299 cm^{-1}、1103 cm^{-1}。据以上三点可以确定第四层灰色漆是环氧树脂涂料。

第四，在图 11.191 中除环氧树脂涂料的谱带外还有其他谱带，其中 3697 cm^{-1}、3623 cm^{-1}、540 cm^{-1} 同时存在，是高岭土的一等标志谱带。因此猜想第四层灰色漆可能含高岭土。

第五，对比高岭土的红外光谱，图 11.191 中 3623 cm^{-1}、1036 cm^{-1}、1012 cm^{-1}、914 cm^{-1}、472 cm^{-1} 也是高岭土的谱带。依据以上两点可以确定第四层灰色漆含高岭土。

图 11.192 为高岭土和环氧漆的红外光谱。比较图 11.191 和图 11.192 可以确定，肇事车漆片第四层灰色漆为含高岭土的环氧树脂涂料。

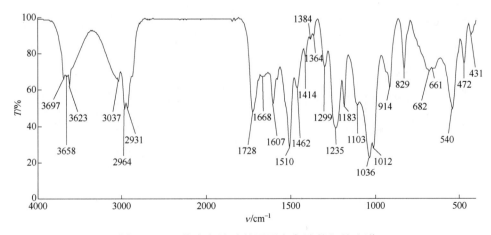

图 11.191　肇事车漆片第四层灰色漆的红外光谱

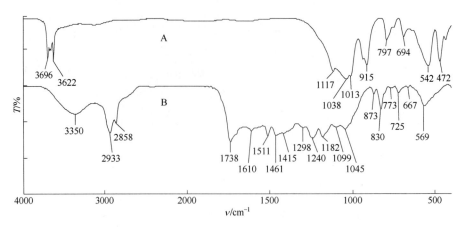

图 11.192　高岭土（A）和环氧树脂涂料（B）的红外光谱

11.10.3.5　含磷酸锌和高岭土的环氧树脂涂料的红外光谱

图 11.193 为某品牌汽车"底漆"的红外光谱。

第一，图中 1607 cm^{-1}、1510 cm^{-1}、829 cm^{-1} 三个谱带同时存在，它们是环氧树脂涂料的一等标志谱带。因此猜想"底漆"是环氧树脂涂料。

第二，1234 cm^{-1}、1183 cm^{-1} 两个谱带也同时存在，它们是环氧树脂涂料的二等标志谱带。依据以上两点基本可以确定"底漆"是环氧树脂涂料。

第三，图 11.193 中环氧树脂涂料的其他谱带也存在，如 2927 cm^{-1}、2857 cm^{-1}、1725 cm^{-1}、1463 cm^{-1}、1414 cm^{-1}、1302 cm^{-1}、1101 cm^{-1}。据以上三点可以确定"底漆"为环氧树脂涂料。

第四，图 11.193 中除环氧树脂涂料的谱带外还有其他谱带，其中 3696 cm^{-1}、3623 cm^{-1}、542 cm^{-1}、471 cm^{-1} 同时存在，是高岭土的标志谱带。因此猜想"底漆"可能含高岭土。

第五，对比高岭土的红外光谱，图 11.193 中，3659 cm^{-1}、1035 cm^{-1}、1013 cm^{-1}、916 cm^{-1} 也是高岭土的谱带。依据以上两点可以确定汽车"底漆"含高岭土。

第六，在图 11.193 中，除环氧树脂涂料和高岭土的谱带外，还有其他谱带，其中 1101 cm^{-1}、1013 cm^{-1}、942 cm^{-1} 同时存在是磷酸锌的标志谱带。因此猜想"底漆"中可能含磷酸锌。

第七，对比磷酸锌的红外光谱，图 11.193 中 1650 cm^{-1}、641 cm^{-1} 也是磷酸锌的谱带。依据以上两点可以确定汽车"底漆"中含磷酸锌。

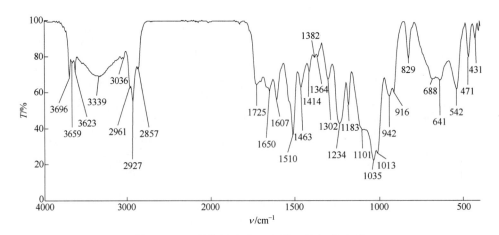

图 11.193　某品牌汽车"底漆"的红外光谱

图11.194为高岭土、环氧漆和磷酸锌的红外光谱。把图11.193和图11.194相比较可以确定,汽车"底漆"为含磷酸锌和高岭土的环氧树脂涂料。

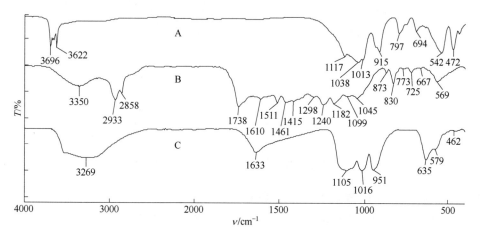

图11.194　高岭土(A)、环氧树脂涂料(B)和磷酸锌(C)的红外光谱

11.10.3.6　含二氧化钛的环氧树脂涂料的红外光谱

图11.195为车门白色漆的红外光谱。

第一,1605 cm^{-1}、1510 cm^{-1}、829 cm^{-1} 三个谱带同时存在,它们是环氧树脂涂料的一等标志谱带,因此猜想车门白色漆可能是环氧树脂涂料。

第二,1232 cm^{-1}、1181 cm^{-1} 两个谱带也同时存在,它们是环氧树脂涂料的二等标志谱带。据以上两点基本可以确定车门白色漆是环氧树脂涂料。

第三,对比环氧漆的红外光谱,图11.195中环氧树脂涂料的其他谱带也存在,如2928 cm^{-1}、2878 cm^{-1}、1730 cm^{-1}、1470 cm^{-1}、1413 cm^{-1}、1297 cm^{-1}。依据以上三点可以确定白色漆为环氧树脂涂料。

第四,图11.195中除环氧树脂涂料的谱带外,还有如下特点:800~400 cm^{-1} 有一个特别宽强的谱带,这是涂料中可能含有二氧化钛的特征。

图11.196为环氧树脂涂料和二氧化钛的红外光谱。比较图11.195和图11.196可以确定,车门白色漆为含二氧化钛的环氧树脂涂料。

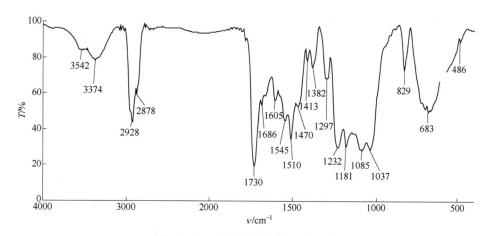

图11.195　车门白色漆的红外光谱

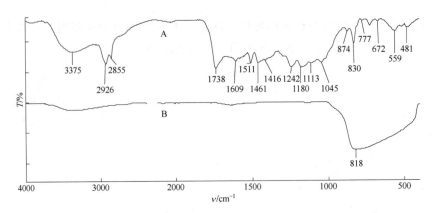

图 11.196　环氧树脂涂料（A）和二氧化钛（B）的红外光谱

11.10.3.7　聚酯-环氧树脂涂料的红外光谱

聚酯-环氧树脂涂料成膜树脂的示意结构式可以用下式表示：

图 11.197 为宝马牌汽车灰色漆的红外光谱。

第一，1611 cm^{-1}、1508 cm^{-1}、829 cm^{-1} 三个谱带同时存在，它们是环氧漆的一等标志谱带。因此猜想宝马车灰色漆可能是环氧树脂涂料。

第二，在图 11.197 中，1186 cm^{-1} 谱带也同时存在，它是环氧树脂涂料的二等标志谱带。依据以上两点基本可以确定宝马车灰色漆是环氧树脂涂料。

第三，对比环氧树脂的红外光谱，图 11.197 中，2969 cm^{-1}、1465 cm^{-1}、1379 cm^{-1} 也是环氧树脂的谱带。依据以上三点可以确定宝马车灰色漆为环氧树脂涂料。

第四，在图 11.197 中，除环氧树脂的谱带外，还有其他谱带，其中 1022 cm^{-1}、728 cm^{-1} 同时存在，是聚酯（PET、PBT）的标志谱带。因此猜想宝马车灰色漆中可能有聚酯树脂。

第五，对比聚酯树脂的红外光谱，图 11.197 中 1724 cm^{-1}、1409 cm^{-1}、1256 cm^{-1}、1114 cm^{-1}、871 cm^{-1} 也是聚酯树脂的谱带。依据以上两点可以确定宝马车灰色漆含聚酯树脂。

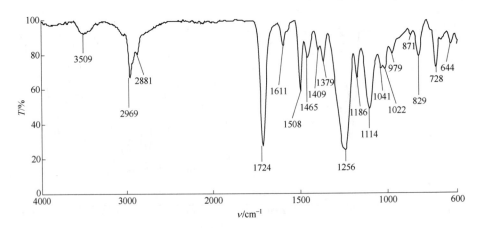

图 11.197　宝马牌汽车灰色漆的红外光谱

图 11.198 为环氧树脂和聚酯树脂的红外光谱。比较图 11.197 和图 11.198 可以确定，宝马牌汽车灰色漆为聚酯-环氧树脂涂料。

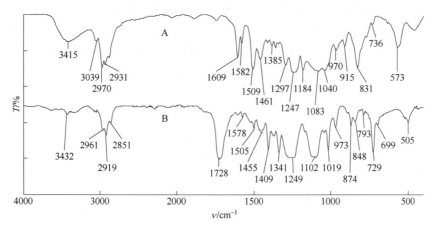

图 11.198　环氧树脂（A）和聚酯树脂（B）的红外光谱

11.10.3.8　含硫酸钡的聚酯-环氧树脂涂料的红外光谱

图 11.199 为自行车灰色漆的红外光谱。

第一，1608 cm^{-1}、1509 cm^{-1}、829 cm^{-1} 三个谱带同时存在，它们是环氧树脂涂料的一等标志谱带，因此猜想自行车灰色漆可能是环氧树脂涂料。

第二，1248 cm^{-1}、1181 cm^{-1} 两个谱带也同时存在，它们是环氧树脂涂料的二等标志谱带。依据以上两点基本可以确定自行车灰色漆是环氧树脂涂料。

第三，对比环氧树脂涂料的红外光谱，图 11.199 中，还有环氧树脂涂料的其他谱带，如 2964 cm^{-1}、2891 cm^{-1}、1580 cm^{-1}、1463 cm^{-1}、1375 cm^{-1}。依据以上三点可以确定自行车灰色漆为环氧树脂涂料。

第四，在图 11.199 中，除环氧树脂涂料的谱带外，还有其他谱带，其中 1103 cm^{-1}、1020 cm^{-1}、729 cm^{-1} 同时存在，是聚酯的标志谱带。因此猜想自行车灰色漆中可能有聚酯。

第五，对比聚酯的红外光谱，图 11.199 中 3054 cm^{-1}、2964 cm^{-1}、1723 cm^{-1}、1580 cm^{-1}、1408 cm^{-1}、1267 cm^{-1}、875 cm^{-1} 也是聚酯的谱带。依据以上两点可以确定自行车灰色漆含聚酯。

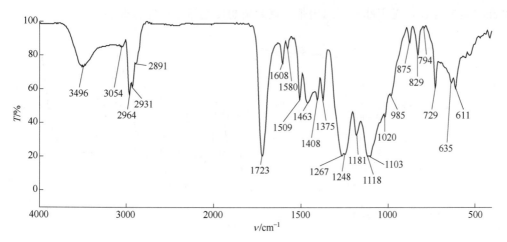

图 11.199　自行车灰色漆的红外光谱

第六，在图 11.199 中除环氧树脂涂料和聚酯的谱带外还有其他谱带，其中 985 cm^{-1} 是硫酸钡的标志谱带。因此猜想自行车灰色漆中可能含硫酸钡。

第七，对比硫酸钡的红外光谱，图 11.199 中 635 cm^{-1}、611 cm^{-1} 以及 1118 cm^{-1} 也是硫酸钡的谱带。据以上两点可以确定自行车灰色漆中含硫酸钡。

图 11.200 为环氧树脂、硫酸钡和聚酯的红外光谱。把图 11.199 和图 11.200 相比较可以确定，自行车灰色漆为含硫酸钡的聚酯-环氧树脂涂料。

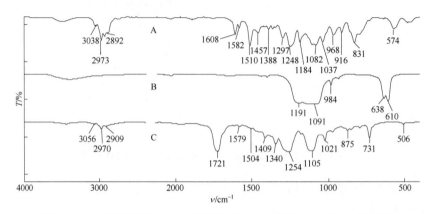

图 11.200　环氧树脂（A）、硫酸钡（B）和聚酯（C）的红外光谱

11.10.3.9　含二氧化钛的聚酯-环氧树脂涂料的红外光谱

图 11.201 为摩托车白色漆的红外光谱。

第一，1608 cm^{-1}、1509 cm^{-1}、829 cm^{-1} 三个谱带同时存在，它们是环氧树脂涂料的一等标志谱带。据此猜想摩托车白色漆可能是环氧树脂涂料。

第二，1246 cm^{-1}（与 1267 cm^{-1} 重叠成一个宽峰）、1183 cm^{-1} 两个谱带也同时存在，它们是环氧树脂涂料的二等标志谱带。依据以上两点基本可以确定摩托车白色漆是环氧树脂涂料。

第三，对比环氧树脂涂料的红外光谱，图 11.201 中，还有环氧树脂涂料的其他谱带，如 2967 cm^{-1}、2878 cm^{-1}、1580 cm^{-1}、1469 cm^{-1}、1376 cm^{-1}、1044 cm^{-1}。依据以上三点可以确定白色漆为环氧树脂涂料。

第四，图 11.201 中，除环氧树脂涂料的谱带外，还有其他谱带，其中 1104 cm^{-1}、1019 cm^{-1}、730 cm^{-1} 同时存在，是聚酯的标志谱带。据此猜想白色漆中可能有聚酯。

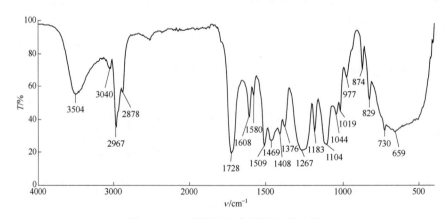

图 11.201　摩托车白色漆的红外光谱

第五，对比聚酯的红外光谱，3040 cm^{-1}、1728 cm^{-1}、1580 cm^{-1}、1408 cm^{-1}、1267 cm^{-1}、874 cm^{-1} 也是聚酯的谱带。依据以上两点可以确定白色漆含聚酯。

第六，图 11.201 除环氧树脂涂料和聚酯的谱带外，还有如下特点：在 800~500 cm^{-1} 间有宽、强吸收，这是涂料中含二氧化钛时红外光谱的特征。据此猜想白色漆中可能含二氧化钛。

图 11.202 为环氧树脂、二氧化钛和聚酯的红外光谱，图 11.203 为摩托车白色漆的 EDX 能谱图。比较图 11.201 和图 11.202 并参考图 11.203 可知，摩托车白色漆为含二氧化钛的聚酯-环氧树脂涂料。

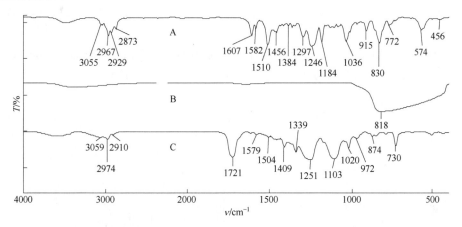

图 11.202　环氧树脂（A）、二氧化钛（B）和聚酯（C）的红外光谱

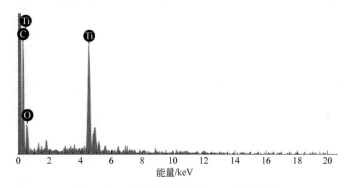

图 11.203　摩托车白漆的 EDX 能谱图

11.10.3.10　含硫酸钡、二氧化钛的聚酯-环氧树脂涂料的红外光谱

图 11.204 为汽车白色漆的红外光谱。

第一，1609 cm^{-1}、1510 cm^{-1}、831 cm^{-1} 三个谱带同时存在，它们是环氧树脂涂料的一等标志谱带。据此猜想汽车白色漆可能是环氧树脂涂料。

第二，1246 cm^{-1}（与 1266 cm^{-1} 重叠成一个宽峰）、1184 cm^{-1} 两个谱带也同时存在，它们是环氧树脂涂料的二等标志谱带。依据以上两点基本可以确定汽车白色漆是环氧树脂涂料。

第三，对比环氧树脂涂料的红外光谱，图 11.204 中，还有环氧树脂涂料的其他谱带，如 3057 cm^{-1}、2968 cm^{-1}、1581 cm^{-1}、1266 cm^{-1}。依据以上三点可以确定汽车白色漆为环氧树脂涂料。

第四，图 11.204 中除环氧树脂涂料的谱带外还有其他谱带，其中 1409 cm^{-1}、1020 cm^{-1}、731 cm^{-1} 同时存在，是聚酯的标志谱带。因此猜想汽车白色漆中可能有聚酯。

第五，对比聚酯的红外光谱，图 11.204 中，1728 cm^{-1}、1462 cm^{-1}、1119 cm^{-1}、875 cm^{-1} 也是聚酯的谱带。依据以上两点可以确定汽车白色漆含聚酯。

第六，图 11.204 中，除环氧树脂涂料和聚酯的谱带外，还另有谱带，其中 984 cm^{-1} 是硫酸钡的标志谱带。因此猜想汽车白色漆中可能含硫酸钡。

第七，对比硫酸钡的红外光谱，图 11.204 中 638 cm^{-1}、610 cm^{-1} 以及 1119 cm^{-1} 左右的宽、强吸收也是硫酸钡的谱带。依据以上两点可以确定汽车白色漆中含硫酸钡。

第八，图 11.204 中，除环氧漆、聚酯和硫酸钡的谱带外，还有如下特点：在 800~500 cm^{-1} 间有宽、强吸收，这是涂料中含二氧化钛时红外光谱的特征。据此猜想汽车白色漆中可能含二氧化钛。

图 11.205 为环氧树脂、二氧化钛、聚酯和硫酸钡的红外光谱。比较图 11.204 与图 11.205 可以确定，汽车白色漆为含硫酸钡、二氧化钛的聚酯-环氧树脂涂料。

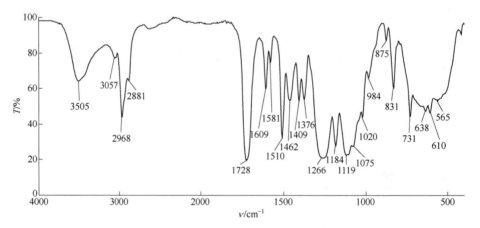

图 11.204　汽车白色漆的红外光谱

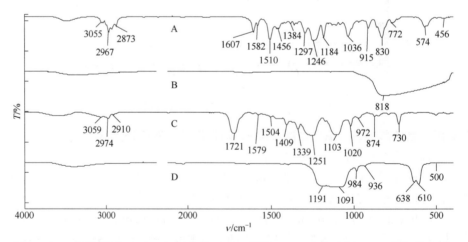

图 11.205　环氧树脂（A）、二氧化钛（B）、聚酯（C）和硫酸钡（D）的红外光谱

11.10.3.11　含碳酸钙、硫酸钡的聚酯-环氧树脂涂料的红外光谱

图 11.206 为汽车中涂层的红外光谱。

第一，1607 cm^{-1}、1509 cm^{-1}、830 cm^{-1} 三个谱带同时存在，它们是环氧树脂涂料的一等标志谱带。据此猜想中涂层可能是环氧树脂涂料。

第二，1249 cm^{-1}、1182 cm^{-1}两个谱带也同时存在，它们是环氧树脂涂料的二等标志谱带。依据以上两点基本可以确定中涂层是环氧树脂涂料。

第三，对比环氧树脂涂料的红外光谱，图 11.206 中，还有环氧树脂涂料的其他谱带，如 1580 cm^{-1}、565 cm^{-1}。依据以上三点可以确定汽车白色漆为环氧树脂涂料。

第四，图 11.206 中除环氧树脂涂料的谱带外还有其他谱带，其中 1103 cm^{-1}、1019 cm^{-1}、730 cm^{-1} 同时存在，是聚酯的标志谱带。因此猜想中涂层可能有聚酯。

第五，对比聚酯的红外光谱，图 11.206 中 2965 cm^{-1}、1722 cm^{-1}、1580 cm^{-1}、1266 cm^{-1}、876 cm^{-1} 也是聚酯的谱带。依据以上两点可以确定汽车中涂层含聚酯。

第六，图 11.206 中除环氧树脂涂料和聚酯的谱带外还有其他谱带，其中 983 cm^{-1} 是硫酸钡的标志谱带。因此猜想中涂层可能含硫酸钡。

第七，对比硫酸钡的红外光谱，图 11.206 中 638 cm^{-1}、610 cm^{-1} 也是硫酸钡的谱带。依据以上两点可以确定汽车白色漆中含硫酸钡。

第八，图 11.206 中除环氧树脂涂料、聚酯和硫酸钡的谱带外还有其他谱带，其中 876 cm^{-1} 为碳酸钙的一等标志谱带，因此猜想中涂层可能含碳酸钙。

第九，对比碳酸钙的红外光谱，图 11.206 中 2511 cm^{-1}、1795 cm^{-1} 以及 1436 cm^{-1} 左右的宽、强吸收也是碳酸钙的谱带。依据以上两点可以确定中涂层含碳酸钙。

图 11.207 为环氧树脂、碳酸钙、聚酯和硫酸钡的红外光谱。把图 11.206 与图 11.207 相比较可以确定，汽车中涂层为含碳酸钙、硫酸钡的聚酯-环氧树脂涂料。

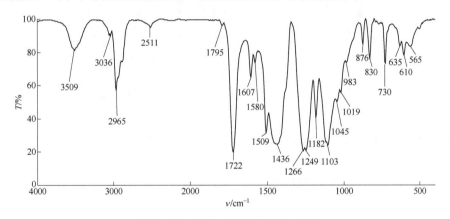

图 11.206　汽车中涂层的红外光谱

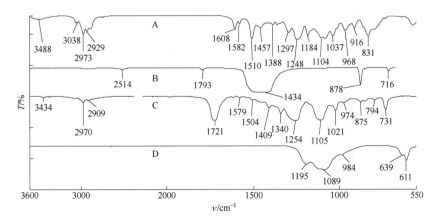

图 11.207　环氧树脂（A）、碳酸钙（B）、聚酯（C）、硫酸钡（D）的红外光谱

11.10.3.12 丙烯酸环氧树脂涂料的红外光谱

丙烯酸环氧树脂涂料主成膜树脂的示意结构式可以用下式表示：

$$\left[\begin{array}{c} R^1 \\ -C-CH_2- \\ C=O \\ O-R \end{array} \begin{array}{c} R^2 \\ -C-CH_2- \\ COOH \end{array} \right]_m \left[O-CH-CH_2-O-\!\!\!\!\bigcirc\!\!\!\!-\!\!\overset{CH_3}{\underset{CH_3}{C}}\!\!-\!\!\!\!\bigcirc\!\!\!\!-O-CH_2-\overset{OH}{\underset{}{CH}}-CH_2-O \right]_n$$

图 11.208 为丙烯酸环氧树脂涂料的红外光谱，图 11.209 为环氧树脂和丙烯酸树脂的红外光谱。比较图 11.208 和图 11.209 可知，图 11.208 中 2935 cm^{-1}、2875 cm^{-1}、1608 cm^{-1}、1582 cm^{-1}、1510 cm^{-1}、1452 cm^{-1}、1381 cm^{-1}、1247 cm^{-1}、1179 cm^{-1}、1110 cm^{-1}、1039 cm^{-1}、830 cm^{-1}、573 cm^{-1} 为环氧树脂的谱带，其中 1608 cm^{-1}、1510 cm^{-1}、830 cm^{-1} 同时存在是环氧树脂的标志谱带。2963 cm^{-1}、2935 cm^{-1}、2875 cm^{-1}、1730 cm^{-1}、1452 cm^{-1}、1381 cm^{-1}、1247 cm^{-1}、1161 cm^{-1} 为丙烯酸树脂的谱带，其中 1247 cm^{-1}、1161 cm^{-1} 为丙烯酸树脂的标志谱带。

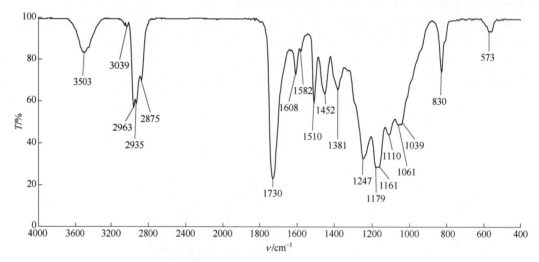

图 11.208　丙烯酸环氧树脂涂料的红外光谱

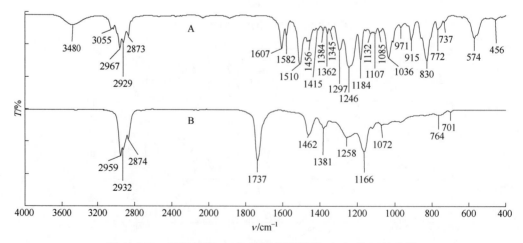

图 11.209　环氧树脂（A）和丙烯酸树脂（B）的红外光谱

11.11 聚氨酯树脂涂料的红外光谱

聚氨酯树脂涂料即聚氨基甲酸酯漆，是指在其漆膜中含有不低于 10%的氨酯键（-NH-COO-）高聚物的涂料。

在聚氨酯树脂中除了氨酯键外，还有酯键、醚键、脲键、脲基甲酸酯键、异氰脲酸酯键、油酯的不饱和双键，以及丙烯酸酯、醇酸等成分。然而习惯上仍总称为聚氨酯树脂，实际上近似各单体的嵌段共聚物。

11.11.1 聚氨酯树脂涂料的特点和用途

聚氨酯树脂涂料的高分子之间能形成较大比例的氢键，漆膜受外力作用时，氢键可分离而吸收外来的能量，当外力除去后又可重新形成氢键。这一特性使聚氨酯树脂涂料漆膜具有高度机械耐磨性和韧性，所以广泛用作汽车罩光漆、地板漆等。

聚氨酯树脂涂料兼具保护性和装饰性。涂料中有些品种（如环氧树脂涂料、氯化橡胶涂料）保护功能好而装饰性稍差；有些品种（如硝基漆）装饰性好而保护功能略差。聚氨酯树脂涂料可用作钢琴、高级轿车、大型客机的涂装。

聚氨酯树脂涂料漆膜附着力强、弹性可调节，调节其成分比例，可从极坚硬调节到极柔韧。

聚氨酯树脂涂料固化性好，能在高温烘干，也能在低温固化。所以对大型工程如大型油罐、大型飞机等可以在常温条件下施工而获得普通烘烤漆的效果。

聚氨酯树脂涂料与其他树脂配合性好，可以与聚酯、聚醚、环氧、醇酸、聚丙烯酸酯、乙酸丁酸纤维素、氯乙烯-乙酸乙烯共聚树脂、沥青、干性油配合制备涂料。

由于具有上述优良性能，聚氨酯树脂涂料在国防、基建、化工防腐、车辆、飞机、木器和电器绝缘等各方面都得到广泛的应用。但它的价格较贵，目前多用于对性能要求较高的场所。

11.11.2 生产聚氨酯树脂涂料的主要原料

11.11.2.1 异氰酸酯

聚氨酯树脂涂料的基本原料是异氰酸酯，它是一种反应活性很大的化合物，含有一个或多个异氰酸根，能与含有活泼氢原子的化合物进行反应。利用这种特性可以制成多种形式的聚氨酯树脂涂料。制备聚氨酯树脂涂料所用的异氰酸酯是二异氰酸酯或多异氰酸酯，表 8.4 列出了涂料工业中常用的异氰酸酯。

11.11.2.2 多羟基化合物

多羟基化合物是衍生各种聚氨酯的基本物质。常用的有己二酸、一缩乙二醇、三羟甲基丙烷聚酯、苯酐、甘油、丙二醇聚酯、癸二酸、苯甲酸酐聚酯、环氧氯丙烷聚醚、三羟甲基丙烷、环氧丙烷聚醚、蓖麻油等。

下式为三羟甲基丙烷与甲苯二异氰酸酯反应生成聚氨酯预聚体的反应式：

三羟甲基丙烷 + 甲苯二异氰酸酯 →

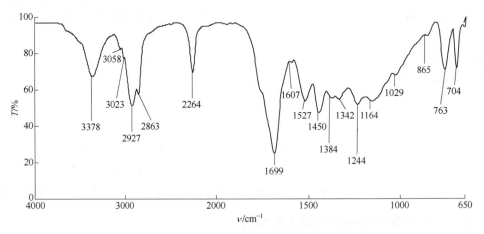

聚氨酯预聚体

图 11.210 为聚氨酯预聚体的红外光谱。3378 cm^{-1} 为 NH、OH 伸缩振动的叠加。3058 cm^{-1}、3023 cm^{-1} 为苯环 =CH 的伸缩振动。2927 cm^{-1}、2863 cm^{-1} 为 CH$_2$、CH$_3$ 的伸缩振动。2264 cm^{-1} 为 -NCO 的反对称伸缩振动,是聚氨酯固化剂的特征谱带。1699 cm^{-1} 为-NH-COO 中 C=O 伸缩振动。1527 cm^{-1} 为 C-N 伸缩振动、N-H 变角振动、苯环伸缩振动的叠加。1607 cm^{-1} 为苯环伸缩振动。1450 cm^{-1} 为 CH$_2$、CH$_3$ 的变角振动。1384 cm^{-1} 为 CH$_3$ 的对称伸缩振动。1342 cm^{-1} 为 -NCO 的对称伸缩振动。

图 11.210 聚氨酯预聚体的红外光谱

1244 cm^{-1}、1164 cm^{-1} 为 C-O-C 的反对称伸缩振动和对称伸缩振动。865 cm^{-1} 为甲苯二异氰酸酯中苯环上 1 个=CH 的面外变角振动。763 cm^{-1} 为甲苯二异氰酸酯中苯环上 2 个相邻 =CH 的面外变角振动。704 cm^{-1} 为甲苯二异氰酸酯中苯环骨架面外变角振动。

11.11.3 聚氨酯树脂涂料的种类

根据所用多羟基化合物的不同,聚氨酯树脂涂料可分为以下 4 类。

(1)聚酯型 用己二酸、癸二酸、丁二酸等二元酸与多元醇(乙二醇、丙二醇、丁二醇、甘油)缩聚可得到低分子量的聚酯树脂,作为聚氨酯涂料中含羟基的组分与多异氰酸酯反应生成聚酯型聚氨基甲酸酯,反应式见图 11.211。改变多元酸、多元醇的品种和比例可得到交联度不同的聚酯型聚氨基甲酸酯树脂。

(2)聚醚型 邻苯二甲酸酐与丙三醇制得的醇酸树脂作为聚氨酯树脂涂料中含羟基的组分。醚化程度不同,涂料性能也不同。在聚醚型聚氨基甲酸酯的红外光谱中,醚键的吸收在 1110 cm^{-1},氨基甲酸酯的吸收在 1695 cm^{-1}(C=O 伸缩振动)和 1538 cm^{-1}。与多异氰酸酯反应生成聚醚型聚氨基甲酸酯反应式见图 11.212。

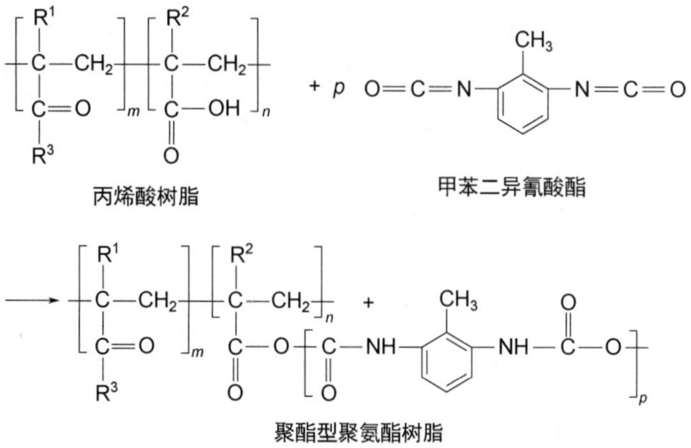

图 11.211　聚酯型聚氨酯树脂的生成反应

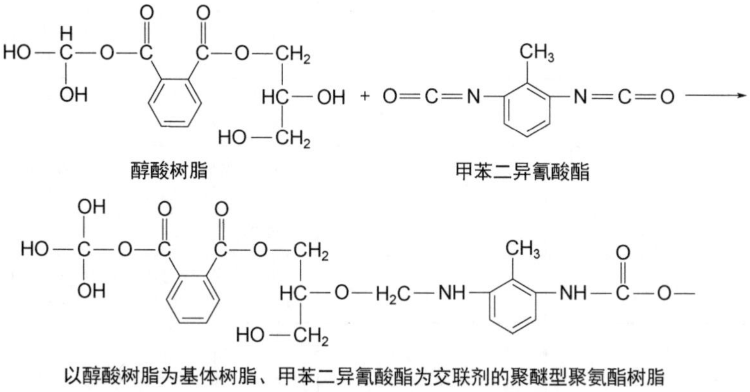

图 11.212　聚醚型聚氨酯树脂的生成反应

（3）蓖麻油及其衍生物　包括蓖麻油、蓖麻油双酯、蓖麻油醇酸树脂等。
（4）环氧树脂

11.11.4　聚氨酯树脂涂料的红外光谱

11.11.4.1　丙烯酸聚氨酯树脂涂料的红外光谱

聚氨酯树脂涂料的基体树脂多用丙烯酸树脂和醇酸树脂。三羟甲基丙烷-甲苯二异氰酸酯的共聚物（固化剂）和丙烯酸反应，生成以丙烯酸为基体树脂，以甲苯二异氰酸酯为交联剂的热固性聚氨酯树脂，下图是其示意反应式：

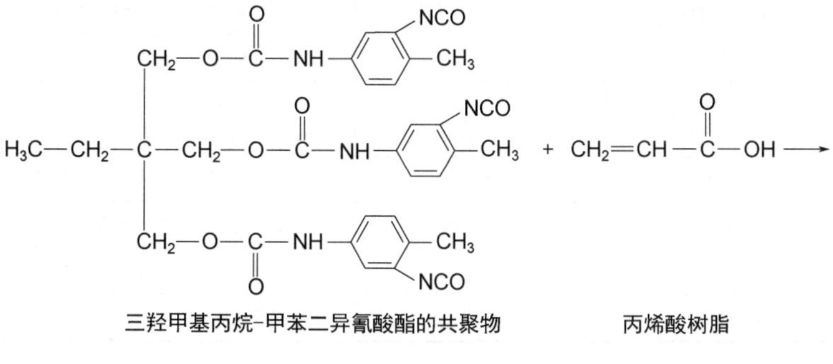

以丙烯酸为基体树脂，甲苯二异氰酸酯为交联剂的热固性聚氨酯树脂

表 11.14 列出了聚氨酯树脂涂料红外光谱主要谱带的解释。

表 11.14 聚氨酯漆红外光谱主要谱带的解释

波数/cm^{-1}	化学式	基团名称	振动类型
3330	NH	仲氨基	伸缩振动
2940	CH$_3$、CH$_2$	甲基、亚甲基	甲基反对称伸缩振动（2960 cm^{-1}）和亚甲基反对称伸缩振动（2925 cm^{-1}）的叠加
2860	CH$_3$、CH$_2$	甲基、亚甲基	甲基对称伸缩振动（2870 cm^{-1}）和亚甲基对称伸缩振动（2850 cm^{-1}）的叠加
2273	$-$N=C=O	异氰酸基	异氰酸基反对称伸缩振动，固化后消失。常用来判断聚氨酯树脂涂料的固化程度
1725	C=O	羰基	很强，酯 C=O 伸缩振动
1695	C=O	羰基	氨基甲酸酯$-$NH$-$COO 的 C=O 伸缩振动，有时与 1725 cm^{-1} 相重叠，在 1710 cm^{-1} 左右形成宽谱带
1650	C=O	羰基	酰胺—C(=O)—NH$_2$的 C=O 伸缩振动，如果漆膜中含聚酰胺成分，可能有此谱带
1600、1500	⬡	苯环	苯环伸缩振动。如果 1600 cm^{-1}、1500 cm^{-1} 强度相当，可能含邻苯二甲酸酯
1538	N$-$H、C$-$N		酰胺—C(=O)—NH$_2$的 N$-$H 变角振动和 C$-$N 伸缩振动的偶合谱带，其中前者成分较大
1515	⬡	苯环	氨基甲酸酯中苯环伸缩振动
1525~1515	⬡、N$-$H、C$-$N	苯环、氨基、碳氮单键	异氰酸酯中苯环伸缩振动位于 1525~1515 cm^{-1}（见 MDI 的红外光谱），它与 1538 cm^{-1} 两个谱带经常重叠在一起，依二者比例不同，作为聚氨酯的特征谱带在 1538~1524 cm^{-1} 间移动
1460	CH$_3$、CH$_2$	甲基、亚甲基	CH$_3$ 反对称变角振动与 CH$_2$ 剪式振动的叠加
1380	CH$_3$	甲基	CH$_3$ 对称变角振动
1260	=C$-$O$-$C、C$-$O$-$C	醚键	醇酸树脂中=C$-$O$-$C 和脂肪酯 C$-$O$-$C 反对称伸缩振动的叠加
1240	C$-$O$-$C	醚键	丙烯酸树脂中 C$-$O$-$C 反对称伸缩振动
1176	$-$N=C=O	异氰酸基	异氰酸基的对称伸缩振动
1160	C$-$O$-$C	醚键	丙烯酸树脂中 C$-$O$-$C 对称伸缩振动
1120	=C$-$O$-$C	醚键	醇酸树脂中=C$-$O$-$C 对称伸缩振动

续表

波数/cm^{-1}	化学式	基团名称	振动类型
1070		苯环邻位或3取代	醇酸树脂苯环 =CH 面内变角振动，或甲苯二异氰酸酯苯环上 =CH 面内变角振动
871	OCN—(CH₃)—NCO	苯环 1,2,6-三取代	2,6-甲苯二异氰酸酯（TDI）苯环上 =CH 面外变角振动
815	(CH₃)—NCO	苯环 1,2,4-三取代	2,4-甲苯二异氰酸酯（TDI）苯环上 =CH 面外变角振动
765	OCN—⟨⟩—CH₂—	苯环对位取代	甲苯异氰酸酯苯环上 2 个相邻 =CH 的面内变角振动
744		苯环邻位取代	邻位取代苯环 4 个相邻 =CH 面外变角振动（有醇酸树脂时有此峰）
704		苯环邻位取代	苯环骨架面外变角振动（有醇酸树脂时有此峰）

图 11.213 为丙烯酸聚氨酯树脂涂料的红外光谱中，3382 cm^{-1} 为 NH 的伸缩振动。2940 cm^{-1} 为甲基 [(2960±5) cm^{-1}]、亚甲基 [(2925±5) cm^{-1}] 反对称伸缩振动的叠加；2865 cm^{-1} 为甲基 [(2875±5) cm^{-1}]、亚甲基 [(2855±5) cm^{-1}] 对称伸缩振动的叠加。1729 cm^{-1} 为丙烯酸酯的 C=O 伸缩振动。1691 cm^{-1} 为氨基甲酸酯 -NH-COO 的 C=O 伸缩振动，有时与 1730 cm^{-1} 重叠，在 1710 cm^{-1} 左右形成宽谱带。CN 伸缩振动和 NH 变角振动的偶合谱带位于 1538 cm^{-1} 左右，异氰酸酯苯环伸缩振动位于 1525~1515 cm^{-1}，2 个谱带叠加于 1538~1524 cm^{-1}。1463 cm^{-1} 为甲基反对称变角振动和亚甲基面内变角振动的叠加。1381 cm^{-1} 为甲基的对称变角振动。1244 cm^{-1} 为 C-O-C 反对称伸缩振动，1164 cm^{-1} 为 C-O-C 对称伸缩振动。1071 cm^{-1} 为甲苯二异氰酸酯苯环上 2 个相邻 =CH 的面内变角振动。765 cm^{-1} 为甲苯二异氰酸酯苯环上 2 个相邻 =CH 的面外变角振动。703 cm^{-1} 为苯环的面外变角振动。

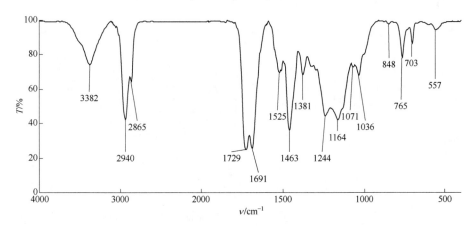

图 11.213 丙烯酸聚氨酯树脂涂料的红外光谱

11.11.4.2 丙烯酸聚氨酯树脂涂料红外光谱的分析步骤

第一，假设被检涂料是丙烯酸聚氨酯树脂涂料。

第二，丙烯酸聚氨酯树脂涂料的一等标志谱带是 1695 cm^{-1}、1525 cm^{-1}、764 cm^{-1}、

703 cm^{-1}。如果在红外光谱中这四个谱带同时存在，假设可能成立，否则另做其他假设。

第三，1240 cm^{-1}、1163 cm^{-1}（以丙烯酸酯为基体树脂）或 1268 cm^{-1}、1238 cm^{-1}、1189 cm^{-1}、1150 cm^{-1}（以甲基丙烯酸酯为基体树脂）是丙烯酸树脂的标志谱带，也是丙烯酸聚氨酯树脂涂料的二等标志谱带。在红外光谱中寻找这两组谱带之一是否同时存在。如果这两组谱带之一同时存在，假设基本成立，否则排除假设。可根据红外光谱做其他假设并验证。

第四，如果试样的红外光谱中，丙烯酸聚氨酯树脂涂料的其他谱带（如 3381 cm^{-1}、3060 cm^{-1}、3026 cm^{-1}、1730 cm^{-1}、1463 cm^{-1}、1381 cm^{-1} 等）也同时存在，则可以确定试样为丙烯酸聚氨酯树脂涂料。试样红外光谱与丙烯酸聚氨酯树脂涂料标准红外光谱匹配的谱带越多，鉴定的可靠性越高。

第五，检查试样红外光谱中是否有丙烯酸聚氨酯树脂涂料之外的谱带，以确定是否有共用树脂、填料、颜料、染料及其种类。如果不存在丙烯酸聚氨酯树脂涂料之外的谱带，则试样是普通丙烯酸聚氨酯树脂涂料。如果存在丙烯酸聚氨酯树脂涂料之外的谱带，则在试样红外光谱中寻找共用树脂、填料、颜料、染料的标志谱带，并根据标志谱带确定其种类。

11.11.4.3　醇酸聚氨酯树脂涂料的红外光谱

图 11.214 为醇酸聚氨酯树脂涂料的红外光谱。3365 cm^{-1} 为 NH 的伸缩振动。3026 cm^{-1} 为苯环上 =CH 伸缩振动。2932 cm^{-1} 为甲基［(2960±5) cm^{-1}］、亚甲基［(2925±5) cm^{-1}］反对称伸缩振动的叠加；2861 cm^{-1} 为甲基［(2875±5) cm^{-1}］、亚甲基［(2855±5) cm^{-1}］对称伸缩振动的叠加。1726 cm^{-1} 为醇酸树脂的 C=O 伸缩振动。1695 cm^{-1} 为氨基甲酸酯 –NH–COO 的 C=O 伸缩振动，有时与 1726 cm^{-1} 重叠，在 1720 cm^{-1} 左右形成宽谱带。1601 cm^{-1} 为苯环的伸缩振动。1532 cm^{-1} 为 1538 cm^{-1} 和 1515 cm^{-1} 的叠加，1538 cm^{-1} 为 NH 变角振动和 CN 伸缩振动的合频，1515 cm^{-1} 为氨基甲酸酯苯环的伸缩振动。1463 cm^{-1} 为甲基反对称变角振动（1460 cm^{-1}）和亚甲基面内变角振动（1465 cm^{-1}）的叠加。1383 cm^{-1} 为甲基对称变角振动。1265 cm^{-1} 为醇酸树脂中苯甲酸=C–O–C 和油脂中 C–O–C 反对称伸缩振动的叠加。1122 cm^{-1} 为 =C–O–C 对称伸缩振动。1072 cm^{-1} 为醇酸树脂苯环上 4 个相邻 =CH 的面内变角振动。764 cm^{-1}、702 cm^{-1} 为甲苯二异氰酸酯苯环上 =CH 的面外变角振动。

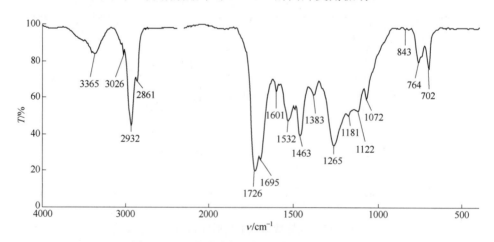

图 11.214　醇酸聚氨酯树脂涂料的红外光谱

11.11.4.4　醇酸聚氨酯树脂涂料红外光谱的分析步骤

第一，假设被检试样是醇酸聚氨酯树脂涂料。

第二，醇酸聚氨酯树脂涂料的一等标志谱带是 1695 cm^{-1}、1530 cm^{-1}、764 cm^{-1}、702 cm^{-1}。如果在试样的红外光谱中这四个谱带同时存在，假设可能成立，否则排除。

第三，1265 cm^{-1}、1120 cm^{-1}、1070 cm^{-1}（或 1600 cm^{-1}、1580 cm^{-1}、744 cm^{-1}、705 cm^{-1}）是醇酸树脂的标志谱带，也是醇酸聚氨酯树脂涂料的二等标志谱带。在试样红外光谱中寻找这三个（或四个）谱带是否也同时存在，如果同时存在，假设基本成立，否则排除。

第四，如果试样的红外光谱中，醇酸聚氨酯树脂涂料的其他谱带（如 3365 cm^{-1}、3060 cm^{-1}、3026 cm^{-1}、1726 cm^{-1}、1600 cm^{-1}、1580 cm^{-1}、1463 cm^{-1}、1383 cm^{-1}、744 cm^{-1}、705 cm^{-1} 等）也同时存在，则可以确定涂料为醇酸聚氨酯树脂涂料。试样红外光谱与醇酸聚氨酯树脂涂料标准红外光谱匹配的谱带越多，鉴定的可靠性越高。

第五，检查试样红外光谱中是否有醇酸聚氨酯树脂涂料之外的谱带，以确定是否有共用树脂、填料、颜料、染料。如果没有醇酸聚氨酯树脂涂料之外的谱带，则试样是普通醇酸聚氨酯树脂涂料。如果有醇酸聚氨酯树脂涂料之外的谱带，则根据共用树脂、填料、颜料、染料的标志谱带，确定其种类。

11.11.4.5　含铬酸铅的醇酸聚氨酯树脂涂料的红外光谱

图 11.215 是被撞出租车红色漆的红外光谱。

第一，聚氨酯树脂涂料的一等标志谱带 1689 cm^{-1}、1532 cm^{-1}、765 cm^{-1}、702 cm^{-1} 同时存在，因此猜想出租车红色漆可能是聚氨酯树脂涂料。

第二，1262 cm^{-1}、1122 cm^{-1}、1072 cm^{-1} 三个谱带也同时存在，它们是醇酸树脂的标志谱带，也是醇酸聚氨酯树脂涂料的二等标志谱带。因此猜想出租车红色漆可能是醇酸聚氨酯树脂涂料。

第三，对比醇酸聚氨酯树脂涂料的红外光谱，图 11.215 中 3063 cm^{-1}、3029 cm^{-1}、1729 cm^{-1}、1463 cm^{-1}、1382 cm^{-1} 等醇酸聚氨酯树脂涂料的谱带也同时存在。依据以上三点可以确定红色漆为醇酸聚氨酯树脂涂料。

第四，在图 11.215 中，除醇酸聚氨酯树脂涂料的谱带外，还有 856 cm^{-1} 谱带，它是铬酸铅的标志谱带。因此猜想出租车红色漆可能含铬酸铅。

图 11.216 为醇酸聚氨酯树脂涂料和铬酸铅的红外光谱，图 11.217 为被撞出租车红色漆的 EDX 能谱图。比较图 11.215 和图 11.216，并参考图 11.217 可以确定，被撞出租车红色漆为含铬酸铅的醇酸聚氨酯树脂涂料。

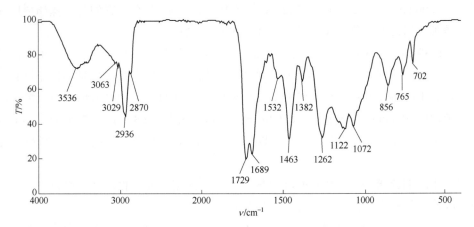

图 11.215　被撞出租车红色漆的红外光谱

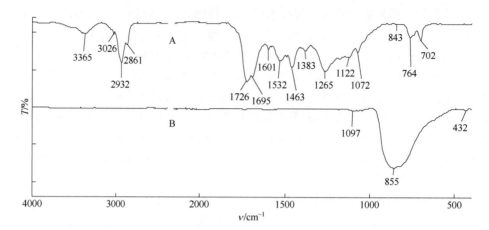

图 11.216　醇酸聚氨酯树脂涂料（A）和铬酸铅（B）的红外光谱

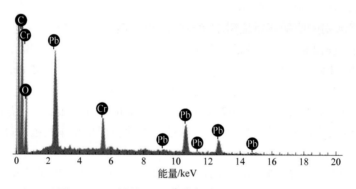

图 11.217　被撞出租车红色漆的 EDX 能谱图

铬酸铅多出现在黄色、红色或绿色漆中。在涂料中，铬酸铅的红外吸收通常只有 856 cm^{-1} 谱带比较强，1101 cm^{-1}、738 cm^{-1}、627 cm^{-1} 吸收带常被掩盖。涂料中是否有铬酸铅，经常需要用能谱仪等仪器佐证。

11.11.4.6　含二氧化钛的丙烯酸聚氨酯树脂涂料的红外光谱

图 11.218 为某肇事车白色漆的红外光谱。

第一，1690 cm^{-1}、1529 cm^{-1}、762 cm^{-1}、701 cm^{-1} 同时存在，它们是聚氨酯树脂涂料的一等标志谱带。据此猜想肇事车白色漆是聚氨酯树脂涂料。

第二，1239 cm^{-1}、1161 cm^{-1} 也同时存在，它们是丙烯酸树脂的标志谱带，也是丙烯酸聚氨酯树脂涂料的二等标志谱带。据此猜想肇事车白色漆可能是丙烯酸聚氨酯树脂涂料。

第三，对比丙烯酸聚氨酯树脂涂料的红外光谱，在图 11.218 中，丙烯酸聚氨酯树脂涂料的其他谱带，如 3384 cm^{-1}、3061 cm^{-1}、3026 cm^{-1}、2937 cm^{-1}、2863 cm^{-1}、1729 cm^{-1}、1463 cm^{-1}、1382 cm^{-1}、1075 cm^{-1} 也同时存在。依据以上三点可以确定肇事车白色漆为丙烯酸聚氨酯树脂涂料。

第四，在图 11.218 中，800~450 cm^{-1} 间有一个大的宽、强吸收，这是涂料中含二氧化钛的特征。因此猜想肇事车白色漆可能含二氧化钛。

图 11.219 为二氧化钛和丙烯酸聚氨酯树脂涂料的红外光谱，图 11.220 为肇事车白色漆的

EDX 能谱图。比较图 11.218 与图 11.219 并参考图 11.220 可以确定，肇事车白色漆为含二氧化钛的丙烯酸聚氨酯树脂涂料。

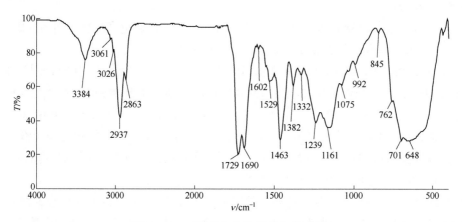

图 11.218　肇事车白色漆的红外光谱

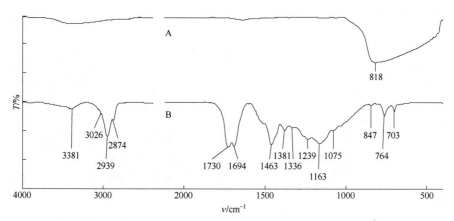

图 11.219　二氧化钛（A）和丙烯酸聚氨酯树脂涂料（B）的红外光谱

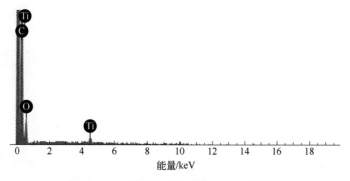

图 11.220　肇事车白色漆的 EDX 能谱图

11.11.4.7　含滑石粉的醇酸聚氨酯树脂涂料的红外光谱

图 11.221 为被撞自行车上白色附着物的红外光谱。

第一，1694 cm^{-1}、1531 cm^{-1}、763 cm^{-1}、701 cm^{-1} 四个峰同时存在，它们是聚氨酯树脂涂料的一等标志谱带。因此猜想白色附着物可能是聚氨酯树脂涂料。

第二，1276 cm⁻¹、1124 cm⁻¹、1071 cm⁻¹ 这三个峰也同时存在，它们是醇酸树脂的标志谱带，也是醇酸聚氨酯树脂涂料的二等标志谱带。依据以上两点猜想白色附着物可能是醇酸聚氨酯树脂涂料。

第三，1599 cm⁻¹、1580 cm⁻¹、746 cm⁻¹ 也同时存在，它们也是醇酸树脂的标志谱带。依据以上三点基本可以确定白色附着物是醇酸聚氨酯树脂涂料。

第四，图 11.221 中，醇酸聚氨酯树脂涂料的其他谱带，如 3059 cm⁻¹、3027 cm⁻¹、1463 cm⁻¹、1381 cm⁻¹、1163 cm⁻¹ 等也同时存在。依据以上四点可以确定白色附着物为醇酸聚氨酯树脂涂料。

第五，图 11.221 中，除醇酸聚氨酯树脂涂料的谱带外还有其他谱带，其中 3677 cm⁻¹、466 cm⁻¹、452 cm⁻¹ 同时存在是滑石粉的标志谱带。因此猜想白色附着物可能含滑石粉。

第六，对比滑石粉的红外光谱，图 11.221 中，1019 cm⁻¹、671 cm⁻¹ 也是滑石粉的谱带。依据以上两点可以确定白色附着物含滑石粉。

图 11.222 为滑石粉和醇酸聚氨酯树脂涂料的红外光谱，图 11.223 为白色附着物的能谱图。比较图 11.221 和图 11.222 并参考图 11.223 可以确定，被撞自行车上白色附着物为含滑石粉的醇酸聚氨酯树脂涂料。

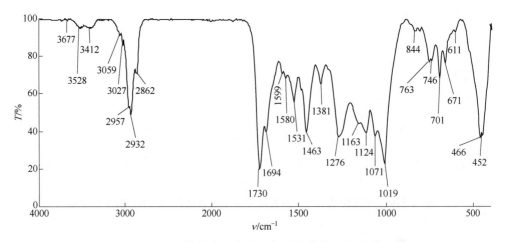

图 11.221　被撞自行车上白色附着物的红外光谱

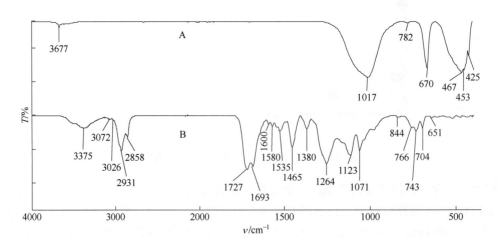

图 11.222　滑石粉（A）和醇酸聚氨酯树脂涂料（B）的红外光谱

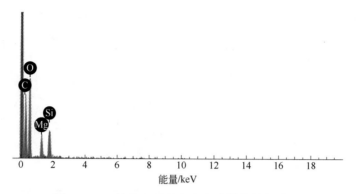

图 11.223　被撞自行车上白色附着物的能谱图

11.11.4.8　含铁蓝的醇酸聚氨酯树脂涂料的红外光谱

图 11.224 为某农用三轮车蓝色漆的红外光谱。

第一，1693 cm^{-1}、1537 cm^{-1}、763 cm^{-1} 同时存在，它们是聚氨酯树脂涂料的一等标志谱带。据此猜想三轮车蓝色漆可能是聚氨酯树脂涂料。

第二，1261 cm^{-1}、1122 cm^{-1}、1069 cm^{-1} 三个峰也同时存在，它们是醇酸树脂的标志谱带，也是醇酸聚氨酯树脂涂料的二等标志谱带。据以上两点猜想三轮车蓝色漆可能是醇酸聚氨酯树脂涂料。

第三，图 11.224 中，醇酸聚氨酯树脂涂料的其他谱带也存在，如 3069 cm^{-1}、2929 cm^{-1}、2856 cm^{-1}、1729 cm^{-1}、1599 cm^{-1}、1452 cm^{-1}。依据以上三点可以确定三轮车蓝色漆为醇酸聚氨酯树脂涂料。

第四，图 11.224 中除醇酸聚氨酯树脂涂料的谱带外，还有 2089 cm^{-1}、1415 cm^{-1} 两个谱带，这是铁蓝的标志谱带。因此猜想农用三轮车蓝色漆可能含铁蓝。

图 11.225 为铁蓝和醇酸聚氨酯树脂涂料的红外光谱，比较图 11.224 和图 11.225 可以确定，农用三轮车蓝色漆为含铁蓝的醇酸聚氨酯树脂涂料。

图 11.224 中有 1599 cm^{-1} 谱带，这通常表明聚氨酯树脂涂料的交联剂是 MDI。

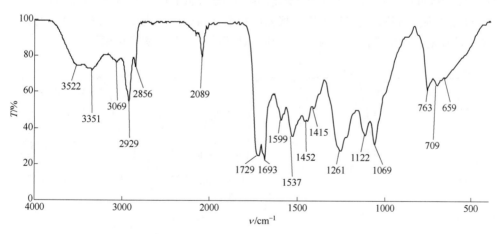

图 11.224　农用三轮车蓝色漆的红外光谱

11.11.4.9　含滑石粉和铁蓝的聚氨酯树脂涂料的红外光谱

图 11.226 为某肇事拖拉机蓝色漆的红外光谱。

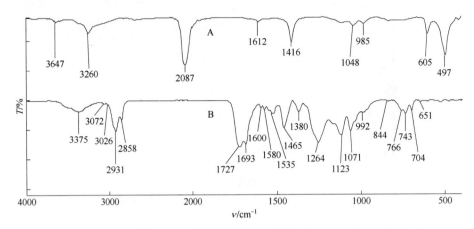

图 11.225　铁蓝（A）和醇酸聚氨酯树脂涂料（B）的红外光谱

第一，1689 cm^{-1}、1518 cm^{-1}、754 cm^{-1} 同时存在，它们是聚氨酯树脂涂料的一等标志谱带。因此，猜想拖拉机蓝色漆可能是聚氨酯树脂涂料。

第二，1268 cm^{-1}、1238 cm^{-1}、1189 cm^{-1}、1150 cm^{-1} 同时存在，它们是甲基丙烯酸酯的标志谱带，也是丙烯酸聚氨酯树脂涂料的二等标志谱带。因此，猜想拖拉机蓝色漆可能是丙烯酸聚氨酯树脂涂料。

第三，对比丙烯酸聚氨酯树脂涂料的红外光谱，图 11.226 中丙烯酸聚氨酯树脂涂料的其他谱带也同时存在，如 2951 cm^{-1}、1731 cm^{-1}、1463 cm^{-1}、1389 cm^{-1}、844 cm^{-1}。依据以上三点可以确定拖拉机蓝色漆是丙烯酸聚氨酯树脂涂料。

第四，图 11.226 中除丙烯酸聚氨酯树脂涂料的谱带外还有其他谱带，其中 3676 cm^{-1}、466 cm^{-1}、452 cm^{-1} 同时存在是滑石粉的标志谱带。据此猜想拖拉机蓝色漆含滑石粉。

第五，对比滑石粉的红外光谱，图 11.226 中，1018 cm^{-1}、671 cm^{-1} 也是滑石粉的谱带。依据以上两点可以确定拖拉机蓝漆含滑石粉。

第六，图 11.226 中除丙烯酸聚氨酯树脂涂料和滑石粉的谱带外还有其他谱带，如 2089 cm^{-1}、495 cm^{-1}，它们是铁蓝的标志谱带。因此猜想拖拉机蓝色漆含铁蓝。

图 11.227 为滑石粉、铁蓝和丙烯酸聚氨酯树脂涂料的红外光谱。把图 11.226 与图 11.227 相比较可以确定，拖拉机蓝色漆为含滑石粉、铁蓝的丙烯酸聚氨酯树脂涂料。

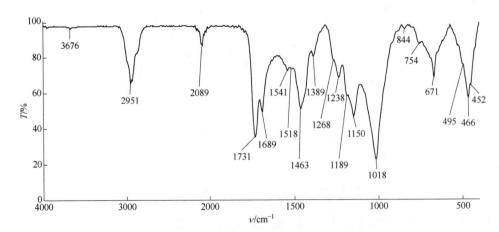

图 11.226　肇事拖拉机蓝色漆的红外光谱

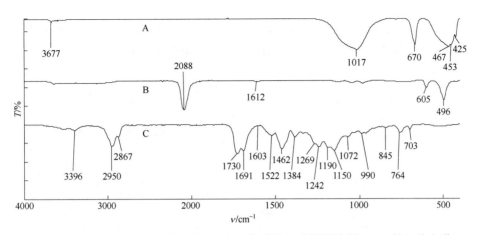

图 11.227　滑石粉（A）、铁蓝（B）和丙烯酸聚氨酯树脂涂料（C）的红外光谱

11.11.4.10　苯乙烯改性醇酸聚氨酯树脂涂料的红外光谱

图 11.228 为交通事故中被撞人衣服上附着物的红外光谱。

第一，1695 cm^{-1}、1522 cm^{-1}、763 cm^{-1}、701 cm^{-1} 同时存在，它们是聚氨酯树脂涂料的一等标志谱带。因此猜想被撞人衣服上附着物可能是聚氨酯树脂涂料。

第二，1266 cm^{-1}、1123 cm^{-1}、1073 cm^{-1} 这三个谱带也同时存在，它们是醇酸树脂的标志谱带，也是醇酸聚氨酯树脂涂料的二等标志谱带。因此猜想被撞人衣服上附着物可能是醇酸聚氨酯树脂涂料。

第三，对比醇酸聚氨酯树脂涂料的红外光谱，图 11.228 中，醇酸聚氨酯树脂涂料的其他谱带也存在，如 3027 cm^{-1}、2933 cm^{-1}、2860 cm^{-1}、1725 cm^{-1}、1601 cm^{-1}、1578 cm^{-1}、1464 cm^{-1}、1380 cm^{-1}、990 cm^{-1}。依据以上三点可以确定被撞人衣服上附着物为醇酸聚氨酯树脂涂料。

第四，图 11.228 中除醇酸聚氨酯漆的谱带外还有其他谱带，其中 1493 cm^{-1}、1456 cm^{-1}、543 cm^{-1}、701 cm^{-1} 四个谱带同时存在是聚苯乙烯的标志谱带。因此猜想被撞人衣服上附着物可能含聚苯乙烯。

第五，对比聚苯乙烯的红外光谱，图 11.228 中，3083 cm^{-1}、3060 cm^{-1}、1177 cm^{-1}、1031 cm^{-1}、842 cm^{-1} 等也是聚苯乙烯的谱带。依据以上两点可以确定被撞人衣服上附着物含聚苯乙烯。

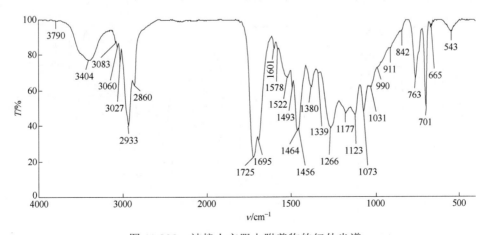

图 11.228　被撞人衣服上附着物的红外光谱

图 11.229 为醇酸聚氨酯树脂涂料和聚苯乙烯的红外光谱,比较图 11.228 和图 11.229 可以确定,被撞人衣服上附着物为苯乙烯改性醇酸聚氨酯树脂涂料。

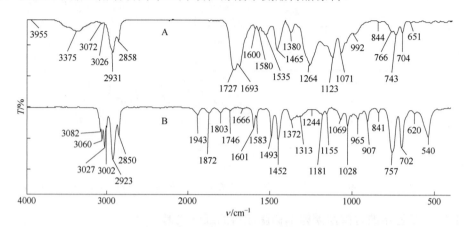

图 11.229　醇酸聚氨酯树脂涂料(A)和聚苯乙烯(B)的红外光谱

11.11.4.11　醇酸聚氨酯树脂涂料-硝基漆混合涂料的红外光谱

图 11.230 为被撞车车灯红色漆的红外光谱。

第一,1696 cm^{-1}、1526 cm^{-1}、765 cm^{-1}、703 cm^{-1} 同时存在,它们是聚氨酯树脂涂料的一等标志谱带。因此猜想车灯红色漆可能是聚氨酯树脂涂料。

第二,1126 cm^{-1}、1072 cm^{-1} 两个谱带同时存在,它们是醇酸树脂的一等标志谱带,也是醇酸聚氨酯树脂涂料的二等标志谱带。据以上两点猜想车灯红色漆可能是醇酸聚氨酯树脂涂料。

第三,图 11.230 中,醇酸树脂的标志谱带 1596 cm^{-1}、1580 cm^{-1}、745 cm^{-1} 也存在。据以上三点,可以确定车灯红色漆为醇酸聚氨酯树脂涂料。

第四,图 11.230 中除醇酸聚氨酯树脂涂料的谱带外,其中 1664 cm^{-1}、1280 cm^{-1}、845 cm^{-1} 三个谱带同时存在是硝基漆的一等标志谱带。因此猜想车灯红色漆可能含硝基漆。

第五,对比硝基漆的红外光谱,图 11.230 中 2932 cm^{-1}、2860 cm^{-1}、1725 cm^{-1}、1466 cm^{-1}、1379 cm^{-1} 等也是硝基漆的谱带。依据以上两点基本可以确定车灯红色漆含硝基漆。

图 11.231 为醇酸聚氨酯树脂涂料和硝基漆的红外光谱。比较图 11.230 与图 11.231 可以确定,被撞车车灯红色漆为醇酸聚氨酯树脂涂料-硝基漆的混合涂料。

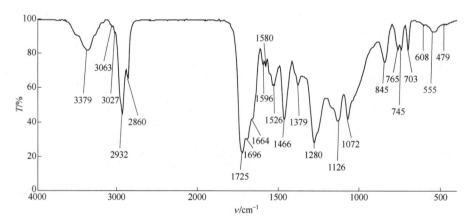

图 11.230　被撞车车灯红色漆的红外光谱

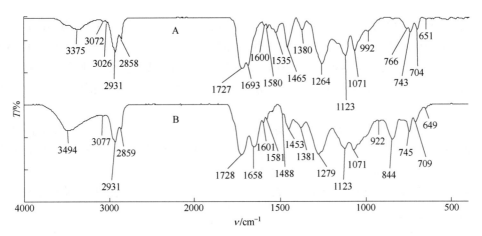

图 11.231　醇酸聚氨酯树脂涂料（A）和硝基漆（B）的红外光谱

11.11.4.12　聚氨酯树脂涂料检验中容易出现的问题

① 1695 cm^{-1} 谱带。1695 cm^{-1} 是氨基甲酸酯 -NH-COO 的 C=O 伸缩振动谱带。强度随氨基甲酸酯在涂料中的含量而变化，有时与苯甲酸或脂肪酸的 C=O 在 1725 cm^{-1} 的谱带相重叠，在 1720~1690 cm^{-1} 间形成较宽的谱带，使氨基甲酸酯的标志谱带被忽略。识谱时应特别注意峰形和峰位的细微差别。

② 1550 cm^{-1} 和 1525 cm^{-1} 谱带。聚氨酯有仲氨基 NH，其面内变角振动在 1538 cm^{-1}，异氰酸酯中苯环伸缩振动位于 1524 cm^{-1}（见 MDI 的红外光谱）。这两个谱带经常重叠在一起，依二者比例不同，在 1538~1524 cm^{-1} 间移动。1538~1524 cm^{-1} 的谱带反映了聚氨酯有仲氨基和有异氰酸酯中苯环的结构特点，所以它是聚氨酯树脂和聚氨酯树脂涂料的一等标志谱带。

在氨基树脂的红外光谱中，N-H 变角振动谱带是 1538 cm^{-1}，三嗪环中 C=N 的伸缩振动谱带是 1563 cm^{-1}。1538 cm^{-1}、1563 cm^{-1} 重叠在一起，在 1550 cm^{-1} 附近（通常在 1560~1543 cm^{-1}）形成强吸收。1560~1543 cm^{-1} 的谱带反映了聚氨基树脂有三嗪环的结构特点，所以它是氨基树脂和氨基树脂涂料的一等标志谱带。

聚氨酯树脂涂料在 1525 cm^{-1} 附近有吸收，氨基树脂涂料在 1552 cm^{-1} 附近有吸收，这是聚氨酯树脂涂料与氨基树脂涂料的主要区别之一，如果不注意就会混淆，见图 11.232。

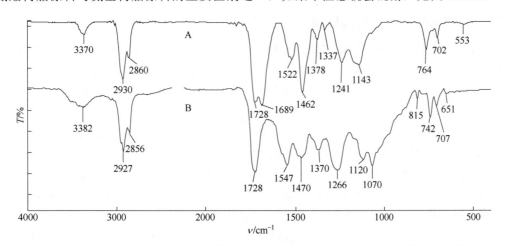

图 11.232　丙烯酸聚氨酯树脂涂料（A）与醇酸氨基树脂涂料（B）的红外光谱

③ 764 cm^{-1}、702 cm^{-1} 谱带和 743 cm^{-1}、705 cm^{-1} 谱带。图 11.233 谱线 A 中 764 cm^{-1} 是异氰酸酯 TDI、MDI 苯环上 =CH 的面外变角振动,702 cm^{-1} 是异氰酸酯 TDI、MDI 苯环的面外弯曲振动,这两个谱带同时存在,反映聚氨酯树脂或聚氨酯漆的原料有异氰酸酯,其大分子有氨基甲酸基(-NH-COO)结构。所以它是聚氨酯树脂和聚氨酯树脂涂料的一等标志谱带。

图 11.233 谱线 B 中 743 cm^{-1} 是醇酸树脂中苯环邻位取代后 4 个相邻 =CH 的面外变角振动,它反映醇酸树脂或醇酸树脂涂料有邻苯二甲酸结构。所以它是醇酸树脂或醇酸树脂涂料的一等标志谱带。705 cm^{-1} 为苯环邻位取代苯环的变角振动。

764 cm^{-1}、702 cm^{-1} 和 743 cm^{-1}、705 cm^{-1} 这两对谱带因相似而易被忽略或混淆。

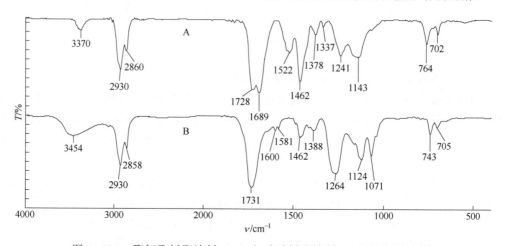

图 11.233 聚氨酯树脂涂料(A)与醇酸树脂涂料(B)的红外光谱

11.12 油脂漆的红外光谱

油脂漆是以具有干燥能力的油类制造的涂料的总称,由不同种类的动物、植物脂肪酸的混合甘油酯组成。在涂料工业中用的油脂主要是植物油,如亚麻仁油、桐油、椰子油等;动物油则以鱼油为主。

11.12.1 油脂的分类和成膜机理

脂肪的种类不同,化学结构不同,三甘油酯的性质也不同。根据油脂中脂肪酸的化学结构中含有双键的多少,即不饱和程度的高低可将油脂分为三类:不饱和程度高的干性油,如桐油、亚麻仁油、梓油等;不饱和程度中等的半干性油,如豆油等;不饱和程度低的不干性油,如蓖麻油、椰子油等。

干性油成膜机理主要是氧与干性油中不饱和脂肪酸分子中双键氧化聚合,打开双键,再经过一系列复杂的化学反应,使油失去流动性而转变为固态薄膜。因此,油脂中不饱和脂肪酸含量越多,不饱和程度越大,当其薄膜暴露于空气时其氧化聚合作用越强,成膜性越好。

桐油成分的 90%左右是桐油酸,桐油酸又叫 9,11,13-十八碳三烯酸 [CH$_3$(CH$_2$)$_3$CH=CH-CH=CH-CH=CH-(CH$_2$)$_7$COOH]。图 11.234 为液体桐油与桐油漆膜的红外光谱。二者的差别主要有四处:①图 11.234 谱线 A 液体桐油的红外光谱中 3013 cm^{-1} 为双键上 =CH 伸缩振动;②1643 cm^{-1} 为 C=C 伸缩振动;③992 cm^{-1} 为双键上顺式 =CH 面外变角振动;④965 cm^{-1}

为双键上反式 =CH 面外变角振动。当液体桐油变为桐油漆膜后，氧化聚合使分子中双键消失，所以在图 11.234 谱线 B 桐油漆膜的红外光谱中这 4 个谱带消失。

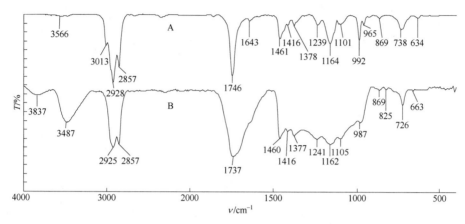

图 11.234　液体桐油（A）与桐油漆膜（B）的红外光谱

11.12.2　油脂漆的品种

油脂漆的品种较多，主要有以下四种：

（1）清油　也称熟油或鱼油，是精制干性油经过氧化聚合或高温热聚合后加入催化剂制成的，可单独涂于木材或金属表面作防水防潮涂层，多数情况下供调制厚漆、红丹、腻子用。

（2）厚漆　是由着色颜料、体质颜料与精制油经研磨而成的稠厚浆状物。

（3）调合漆　油漆已基本调制得当，用户使用时不用加任何其他材料。

（4）防锈漆　以精炼干性油、各种防锈颜料（如红丹、锌粉、偏硼酸钡等）及体质颜料经混合研磨后加入溶剂、催干剂而制成的防锈底漆或用其他颜料制成的防锈面漆。

11.13　天然树脂漆的红外光谱

天然树脂漆是以干性植物油与天然树脂经过热炼后制得的漆料，可分为清漆、磁漆、底漆、腻子等。

天然树脂漆所用原料分两大类：天然树脂和油脂。天然树脂主要指松香、沥青、虫胶及天然大漆等；油脂主要指桐油、梓油、亚麻仁油、豆油以及脱水蓖麻油等。

11.13.1　松香及其衍生物

松香组成的 90% 以上是松香酸，图 11.235 为松香的红外光谱。单独用松香与油脂炼制的油漆有许多缺点，所以，除特殊用途之外，很少单独用松香制漆，而是以各种材料将松香改性后使用。改性后的树脂仍以松香为主要成分，故称为松香衍生物。用于制造天然树脂漆的松香衍生物主要有以下几种：

（1）石灰松香　又称钙脂，是将松香加热到一定温度，再以一定数量的熟石灰粉末与其反应便可制得，多制造室内用普通油漆或与其他树脂合并使用。

（2）松香甘油酯　又称脂胶，是将松香加热熔化后与甘油作用而制得，多与其他树脂拼用。图 11.236 是松香甘油酯的红外光谱。只靠红外光谱很难把松香甘油酯和其他酯类物质鉴别开来。

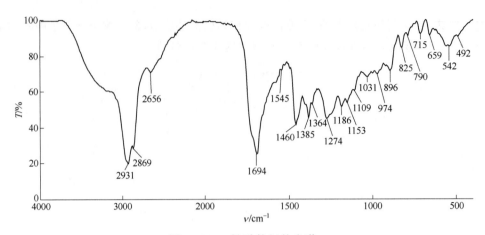

图 11.235　松香的红外光谱

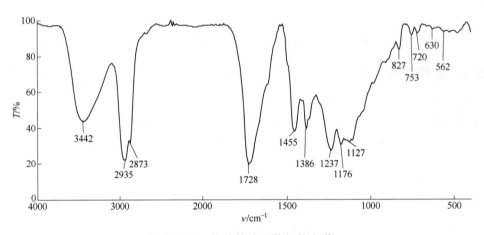

图 11.236　松香甘油酯的红外光谱

（3）季戊四醇松香酯　由松香与季戊四醇经过酯化反应生成的产品，性能较松香甘油酯好，也多用于与其他树脂拼用。

（4）顺丁烯二酸酐松香甘油酯　松香、顺丁烯二酸酐和甘油的加成物，除用作制造油基清漆外，也用在硝基漆里以提高漆膜的硬度和光泽。

11.13.2　沥青

沥青（bitumen 或 asphalt），为黑色液体、半固体或固体。其沸点通常低于 470 ℃，相对密度为 1.15~1.25，不溶于水、丙酮、乙醚、稀乙醇，溶于二硫化碳、四氯化碳等，溶解于氢氧化钠，主要用于涂料、塑料、橡胶等工业以及铺筑路面等。

沥青主要可以分为煤焦沥青、石油沥青和天然沥青三种。

（1）煤焦沥青　煤焦沥青是煤、木材等有机物干馏加工所得焦油蒸馏后残留在蒸馏釜内的黑色物质。它与精制焦油只是物理性质有分别，没有明显的界线，一般规定软化点在 26.7 ℃（立方块法）以下的为焦油，在 26.7 ℃ 以上的为沥青。煤焦沥青中主要含难挥发的蒽、菲、芘等。这些物质具有毒性，由于这些成分的含量不同，煤焦沥青的性质也不同。温度的变化对煤焦沥青的影响很大，冬季容易脆裂，夏季容易软化，加热时有特殊气味。在 260 ℃加热 5 h，其所含的蒽、菲、芘等成分就会大部分挥发完。

(2) 石油沥青　石油沥青是原油蒸馏后的残渣。根据提炼程度不同，在常温下为液体、半固体或固体。石油沥青色黑有光泽，具有较高的感温性。石油沥青是复杂碳氢化合物与其非金属衍生物组成的混合物，由于它在生产过程中曾经蒸馏至 400 ℃以上，因而所含挥发成分甚少。

(3) 天然沥青　天然沥青储藏在地下，有的形成矿层或在地壳表面堆积，是石油长期暴露和蒸发后的残留物。这种沥青大都经过天然蒸发、氧化，一般已不含有任何毒素。沥青是多种物质的混合物，成分依来源不同差别很大。其红外光谱自然也有较大不同，并无所谓的"标准谱图"。

图 11.237 为一种沥青的红外光谱。图 11.238 为含滑石粉的沥青的红外光谱，图中 3745 cm^{-1}、1021 cm^{-1}、670 cm^{-1}、466 cm^{-1} 为滑石粉的谱带。

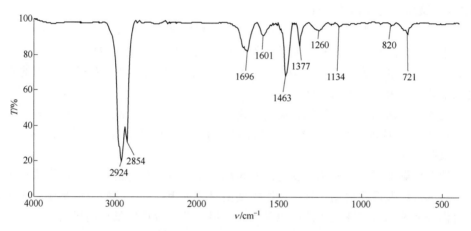

图 11.237　沥青的红外光谱

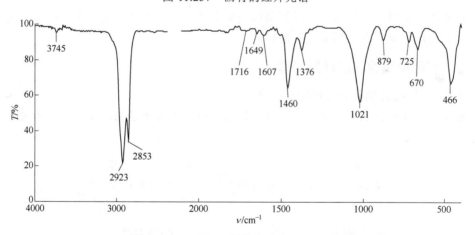

图 11.238　含滑石粉的沥青的红外光谱

11.14　聚酯树脂涂料的红外光谱

11.14.1　聚酯树脂涂料的种类和组成

11.14.1.1　聚酯树脂涂料的种类

聚酯树脂涂料是以聚酯树脂为主要成膜物的涂料。聚酯树脂是由多元酸与多元醇缩聚而成。根据所用多元醇、多元酸是否含有不饱和双键可将其分为饱和聚酯树脂和不饱和聚酯树脂。

以不饱和聚酯树脂为主要成膜物质的涂料称为不饱和聚酯树脂涂料。通常不饱和聚酯树脂涂料为双罐装涂料，用时按一定比例混合，可在常温下或加热时固化，可厚涂。不饱和聚酯树脂涂料漆膜硬度高、色泽好、耐磨、保光、保色性好，有一定的耐热耐寒性、耐弱酸弱碱性。其缺点是涂料的储存稳定性较差，漆膜较脆，对金属的附着力差，因而应用受到一定的限制。使用最多的是清漆，主要用于制玻璃钢、木器、金属、砖石，还可用于电气绝缘方面，此外还有腻子、二道浆、磁漆。

饱和聚酯树脂涂料指以三聚氰胺作交联剂，饱和聚酯树脂为主要成膜物的一类涂料。烘烤固化成膜，漆膜具有优良的物理机械性能、保色保旋光性和耐候性，特别在较高的硬度下仍具非常好的柔韧性，广泛用于汽车、自行车、线圈和后加工性要求高的预卷材上。

11.14.1.2 聚酯树脂涂料的组成

聚酯树脂涂料的主要成膜物是聚酯树脂，聚酯树脂主要有以下五种。

（1）不饱和聚酯树脂　饱和二元醇与不饱和二元酸反应生成线型聚酯，其分子中含有碳碳双键。常用的饱和二元醇有丙二醇、乙二醇、二乙二醇、1,3-丁二醇等。常用的不饱和二元酸是顺丁烯二酸酐、顺丁二酸或反丁二酸。

（2）饱和聚酯树脂　饱和聚酯树脂是由饱和二元酸（如己二酸、癸二酸）和饱和二元醇（如乙二醇）反应制成的线型聚合物。它的柔韧性好，常用作纤维素和乙烯类漆的增韧剂，而不单独用来制备涂料。

（3）油改性聚酯树脂　实际上就是醇酸树脂，由于具有优异的性能，已自成一大类。

（4）对苯二甲酸聚酯树脂　这类树脂主要由对苯二甲酸与乙二醇反应制成。在涂料工业中主要用作浸渍绝缘漆和漆包线漆；也常用于农用三轮车等比较低档的机动车。

（5）多羟基聚酯树脂　多羟基聚酯树脂是由多元酸（如苯二甲酸酐、己二酸等）制成的含有多羟基的聚酯树脂。它可以与异氰酸酯发生交联反应，所以主要用作双组分聚氨酯树脂涂料的配套树脂，而不单独用来制备涂料。

11.14.2　聚酯树脂涂料的红外光谱

11.14.2.1　不饱和聚酯树脂涂料的红外光谱

以顺丁烯二酸酐、邻苯二甲酸酯（酐）和乙二醇为主要成膜物制成的不饱和聚酯树脂涂料的示意结构式如下：

$$\left[-O-\overset{O}{\underset{\|}{C}}-\underset{\text{邻苯二甲酸酐}}{\underset{\|}{\bigcirc}}-\overset{O}{\underset{\|}{C}}-\right]_m \left[O-CH_2-CH_2\right]_n \underset{\text{乙二醇}}{} \left[O-\overset{O}{\underset{\|}{C}}-HC=CH-\overset{O}{\underset{\|}{C}}-O\right]_p \underset{\text{顺丁烯二酸酐}}{}$$

图 11.239 是上述不饱和聚酯树脂涂料的红外光谱。3543 cm^{-1} 为 OH 的伸缩振动。3079 cm^{-1} 为苯环上 =CH 伸缩振动和顺丁烯二酸酐中不饱和双键上 =CH 伸缩振动的叠加。2963 cm^{-1}、2886 cm^{-1} 为 CH_2、CH 的伸缩振动。1728 cm^{-1} 为 C=O 伸缩振动，3444 cm^{-1} 为其倍频。C=O 来自以下两种成分：邻苯二甲酸酯和顺丁烯二酸酐。1647 cm^{-1} 是顺丁烯二酸酐 C=C 的伸缩振动，它和 776 cm^{-1}（顺丁烯二酸二酯 R'COOCH=CHCOOR^2 中 CH 的面外变角振动）谱带同时存在，是顺丁烯二酸酐或富马酸的标志谱带，也是不饱和聚酯树脂涂料的一等标志谱带。1600 cm^{-1}、1580 cm^{-1} 这对强度几乎相等的双峰为邻苯二甲酸酯苯环的伸缩振

动，是邻苯二甲酸酯的特征谱带。1450 cm^{-1}是CH$_2$的面内变角振动。1373 cm^{-1}是CH$_3$的对称变角振动。1286 cm^{-1}为芳-脂醚 =C-O-C 的反对称伸缩振动。1134 cm^{-1}为饱和酯醚 C-O-C 和芳-脂醚 =C-O-C 对称伸缩振动的叠加。1074 cm^{-1}是苯环上邻位取代4个相邻 =CH 的面内变角振动。1043 cm^{-1}是 O(CH$_2$)$_2$ 左右式结构的谱带。978 cm^{-1}是 C-O 面外变角振动。852 cm^{-1}为 CH$_2$ 的摇摆振动。745 cm^{-1}是苯环邻位取代4个相邻=CH 的面外变角振动。704 cm^{-1}是苯环的面外变角振动。652 cm^{-1}是 COO 的变角振动。

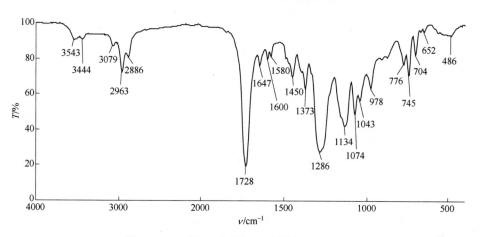

图 11.239 不饱和聚酯树脂涂料的红外光谱

11.14.2.2 对苯二甲酸酯饱和聚酯树脂涂料的红外光谱

图 11.240 中谱线 A 为某种涂料的红外光谱，谱线 B 为对苯二甲酸酯的红外光谱，其示意结构式可用下式表示：

$$\left[O-\overset{O}{\underset{\|}{C}}--\overset{O}{\underset{\|}{C}}-O-(CH_2)_n \right]_m \quad n = 2\ (PET)\ 或\ 4\ (PBT)$$

比较图 11.240 中 2 条谱线可知，谱线 A 是以对苯二甲酸酯为主要原料的聚酯树脂涂料。3503 cm^{-1}为 OH 的伸缩振动。3077 cm^{-1}是苯环上 =CH 伸缩振动。2927 cm^{-1}和 2857 cm^{-1}分别是 CH$_2$ 的不对称伸缩振动和对称伸缩振动。1732 cm^{-1}是 C=O 的伸缩振动。1577 cm^{-1}和 1506 cm^{-1}是苯环骨架伸缩振动。1456 cm^{-1}是 CH$_2$ 的面内变角振动。1410 cm^{-1}是 O-CH$_2$ 中

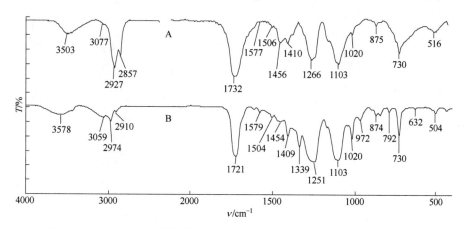

图 11.240 饱和聚酯树脂涂料（A）和对苯二甲酸酯（B）的红外光谱

CH$_2$的面内变角振动，因氧原子的诱导效应，频率较常值（1465 cm^{-1}）低。1340 cm^{-1}是CH$_2$的面外变角振动。1266 cm^{-1}是C-O-C反对称伸缩振动。1103 cm^{-1}是左右式C-O-C对称伸缩振动。1020 cm^{-1}、875 cm^{-1}是苯环上两个相邻=CH的面内变角振动。730 cm^{-1}为对位取代苯环上两个相邻=CH面外变角振动。

11.14.2.3 对苯二甲酸制饱和聚酯树脂涂料的红外光谱分析步骤

第一，假设试样是对苯二甲酸制饱和聚酯树脂涂料（以下简称"饱和聚酯树脂涂料"）。

第二，730 cm^{-1}、1410 cm^{-1}、1103 cm^{-1}为饱和聚酯树脂涂料的一等标志谱带，如果在试样的红外光谱中同时存在这三个谱带，假设可能成立，否则排除。

第三，1020 cm^{-1}、876 cm^{-1}为饱和聚酯树脂涂料的二等标志谱带，如果试样的红外光谱中这两个谱带也同时存在，假设基本成立，否则排除。

第四，查看试样的红外光谱中是否还有饱和聚酯树脂涂料的其他谱带（比如3077 cm^{-1}、2927 cm^{-1}、2857 cm^{-1}、1732 cm^{-1}、1456 cm^{-1}、1266 cm^{-1}），试样的红外光谱与饱和聚酯树脂涂料标准红外光谱匹配的谱带越多，鉴定的可靠性越大。

第五，查看试样红外光谱中是否有饱和聚酯树脂涂料之外的谱带。如果没有，则样品是普通饱和聚酯树脂涂料；如果红外光谱中有饱和聚酯树脂涂料之外的谱带，则需要根据这些谱带进一步确定共用树脂、填料、颜料、染料及助剂的种类。

11.14.2.4 含硫酸钡的饱和聚酯树脂涂料的红外光谱

图11.241为某农用三轮车蓝色漆的红外光谱。

第一，730 cm^{-1}、1019 cm^{-1}同时存在，它们是饱和聚酯树脂涂料的一等标志谱带。因此猜想农用三轮车蓝漆可能是饱和聚酯树脂涂料。

第二，1411 cm^{-1}、877 cm^{-1}也同时存在，它们是饱和聚酯漆的二等标志谱带。依据以上两点基本可以确定农用三轮车蓝色漆是饱和聚酯树脂涂料。

第三，图11.241中，饱和聚酯树脂涂料的其他谱带，如2928 cm^{-1}、2857 cm^{-1}、1728 cm^{-1}、1611 cm^{-1}、1461 cm^{-1}、1266 cm^{-1}也同时存在。依据以上三点可以确定农用三轮车蓝色漆为饱和聚酯树脂涂料。

第四，图11.241中，除饱和聚酯树脂涂料的谱带外，还有其他谱带，其中984 cm^{-1}是硫酸钡的标志谱带。因此猜想农用三轮车蓝色漆中可能含硫酸钡。

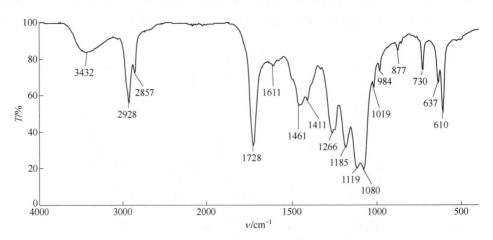

图11.241 农用三轮车蓝色漆的红外光谱

第五，对比硫酸钡的红外光谱，图11.241中1185 cm^{-1}、1119 cm^{-1}、637 cm^{-1}、610 cm^{-1}以及1200~1000 cm^{-1}间的宽、强吸收也是硫酸钡的谱带。依据以上两点可以确定农用三轮车蓝色漆中含硫酸钡。

图11.242为饱和聚酯树脂涂料和硫酸钡的红外光谱，比较图11.241和图11.242可以确定，农用三轮车蓝色漆为含硫酸钡的饱和聚酯树脂涂料。

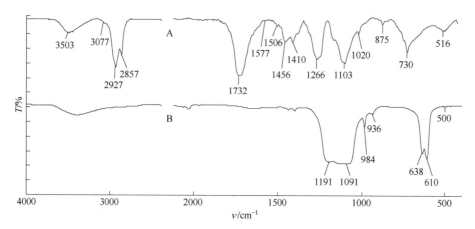

图11.242　饱和聚酯树脂涂料（A）和硫酸钡（B）的红外光谱

11.14.2.5　含碳酸钙的饱和聚酯树脂涂料的红外光谱

图11.243为肇事渔船绿色漆的红外光谱。

第一，729 cm^{-1}、1410 cm^{-1}同时存在，它们是饱和聚酯漆的一等标志谱带。据此猜想渔船绿色漆可能是饱和聚酯树脂涂料。

第二，1340 cm^{-1}、1018 cm^{-1}也同时存在，它们是饱和聚酯漆的二等标志谱带。据以上两点基本可以确定渔船绿色漆为饱和聚酯树脂涂料。

第三，图11.243中，饱和聚酯树脂涂料的其他谱带，如2918 cm^{-1}、1722 cm^{-1}、1268 cm^{-1}、1093 cm^{-1}、793 cm^{-1}也同时存在。据以上三点可以确定渔船绿色漆为饱和聚酯树脂涂料。

第四，图11.243中，除饱和聚酯树脂涂料的谱带外，还有其他谱带，其中2515 cm^{-1}、1793 cm^{-1}、874 cm^{-1}同时存在是碳酸钙的标志谱带。因此猜想渔船绿色漆可能含碳酸钙。

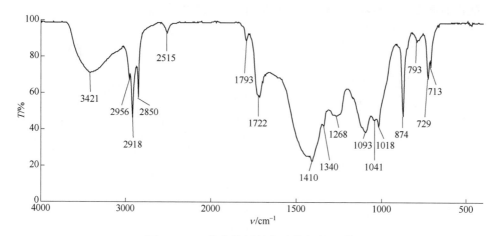

图11.243　肇事渔船绿色漆的红外光谱

第五，对比碳酸钙的红外光谱，图 11.243 中，713 cm^{-1} 以及 1440 cm^{-1} 左右的宽、强吸收也是碳酸钙的谱带。据以上两点可以确定渔船绿色漆含碳酸钙。

图 11.244 为饱和聚酯漆和碳酸钙的红外光谱，比较图 11.243 和图 11.244 可以确定，肇事渔船绿色漆为含碳酸钙的饱和聚酯树脂涂料。

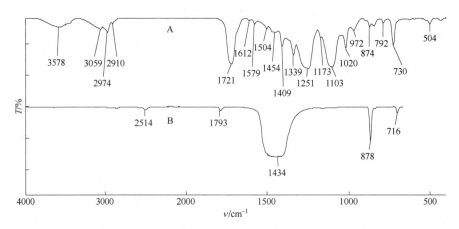

图 11.244　饱和聚酯树脂涂料（A）和碳酸钙（B）的红外光谱

11.14.2.6　含硫酸钡、碳酸钙的饱和聚酯树脂涂料的红外光谱

图 11.245 为被撞自行车上绿色附着物的红外光谱。

第一，731 cm^{-1}、1415 cm^{-1} 同时存在，它们是饱和聚酯树脂涂料的一等标志谱带。因此猜想绿色附着物可能是饱和聚酯树脂涂料。

第二，1019 cm^{-1}、875 cm^{-1} 也同时存在，它们是饱和聚酯树脂涂料的二等标志谱带。依据以上两点基本可以确定绿色附着物为饱和聚酯树脂涂料。

第三，图 11.245 中饱和聚酯树脂涂料的其他谱带，如 2930 cm^{-1}、2859 cm^{-1}、1726 cm^{-1}、1266 cm^{-1} 也同时存在。据以上三点可以确定绿色附着物为饱和聚酯树脂涂料。

第四，除饱和聚酯树脂涂料的谱带外，图 11.245 中还有其他谱带，其中 2514 cm^{-1}、875 cm^{-1} 同时存在是碳酸钙的标志谱带。因此猜想绿色附着物可能含碳酸钙。

第五，对比碳酸钙的红外光谱，图 11.245 中 713 cm^{-1} 以及 1440 cm^{-1} 左右的宽、强吸收也是碳酸钙的谱带。依据以上两点可以确定绿色附着物含碳酸钙。

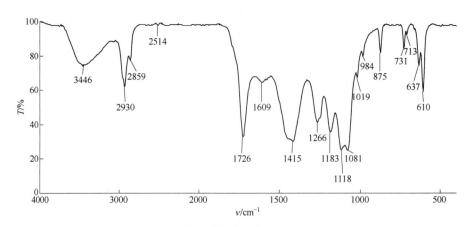

图 11.245　被撞自行车上绿色附着物的红外光谱

第六，除饱和聚酯树脂涂料和碳酸钙的谱带外，图 11.245 中还有其他谱带，其中 984 cm^{-1}、637 cm^{-1} 同时存在是硫酸钡的标志谱带。因此猜想绿色附着物可能含硫酸钡。

第七，对比硫酸钡的红外光谱，1183 cm^{-1}、1118 cm^{-1}、610 cm^{-1} 以及 1200~1000 cm^{-1} 间的宽、强吸收也是硫酸钡的谱带。据以上两点可以确定绿色附着物含硫酸钡。

图 11.246 为饱和聚酯树脂涂料、碳酸钙和硫酸钡的红外光谱，图 11.247 为被撞自行车上绿色附着物的 EDX 能谱图。比较图 11.245 与图 11.246 并参考可知图 11.247 可以确定，被撞自行车上绿色附着物为含硫酸钡、碳酸钙的饱和聚酯树脂涂料。

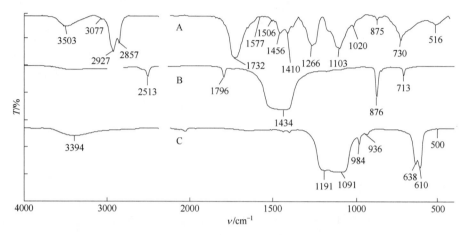

图 11.246　饱和聚酯漆（A）、碳酸钙（B）和硫酸钡（C）的红外光谱

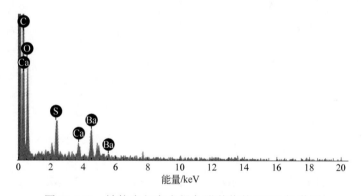

图 11.247　被撞自行车上绿色附着物的 EDX 能谱图

11.14.2.7　含硫酸钡、铁蓝的饱和聚酯树脂涂料的红外光谱

图 11.248 为被盗雷管库门框蓝色漆的红外光谱。

第一，730 cm^{-1}、1411 cm^{-1} 同时存在，它们是饱和聚酯树脂涂料的一等标志谱带。因此猜想门框蓝色漆可能是饱和聚酯树脂涂料。

第二，1020 cm^{-1}、875 cm^{-1} 也同时存在，它们是饱和聚酯树脂涂料的二等标志谱带。依据以上两点基本可以确定门框上蓝色漆为饱和聚酯树脂涂料。

第三，图 11.248 中饱和聚酯树脂涂料的其他谱带，如 2930 cm^{-1}、2858 cm^{-1}、1729 cm^{-1}、1453 cm^{-1}、1263 cm^{-1} 也同时存在。依据以上三点可以确定门框蓝色漆为饱和聚酯树脂涂料。

第四，除饱和聚酯树脂涂料的谱带外，图 11.248 还有其他谱带，其中 985 cm^{-1}、638 cm^{-1}、610 cm^{-1} 同时存在是硫酸钡的标志谱带。因此猜想门框蓝色漆可能含硫酸钡。

第五，对比硫酸钡的红外光谱，1200~1000 cm^{-1} 左右的宽、强吸收（包括 1184 cm^{-1}、1117 cm^{-1}、1080 cm^{-1}）也是硫酸钡的谱带。依据以上两点可以确定门框蓝色漆含硫酸钡。

第六，除饱和聚酯树脂涂料和硫酸钡的谱带外，图 11.248 还有其他谱带，如 2087 cm^{-1}、1411 cm^{-1}。这两个谱带同时存在是铁蓝的标志谱带。因此猜想门框蓝色漆可能含铁蓝。

图 11.249 为饱和聚酯树脂涂料、硫酸钡和铁蓝的红外光谱。比较图 11.248 与图 11.249 可以确定，被盗雷管库门框蓝色漆为含硫酸钡、铁蓝的饱和聚酯树脂涂料。

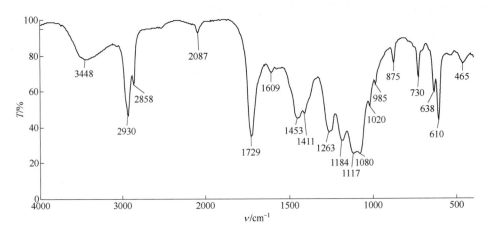

图 11.248　被盗雷管库门框蓝色漆的红外光谱

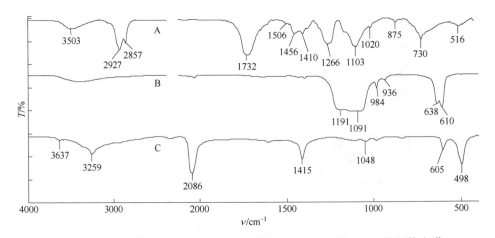

图 11.249　饱和聚酯树脂涂料（A）、硫酸钡（B）、铁蓝（C）的红外光谱

11.14.2.8　含白云石、硫酸钡的饱和聚酯树脂涂料的红外光谱

图 11.250 为某大货车蓝色漆的红外光谱。

第一，731 cm^{-1}、1412 cm^{-1} 同时存在，它们是饱和聚酯树脂涂料的一等标志谱带，因此猜想大货车蓝色漆可能是饱和聚酯树脂涂料。

第二，1580 cm^{-1}、1259 cm^{-1}、1021 cm^{-1} 也同时存在，它们是饱和聚酯树脂涂料的二等标志谱带。依据以上两点基本可以确定大货车蓝色漆为饱和聚酯树脂涂料。

第三，图 11.250 中饱和聚酯树脂涂料的其他谱带，如 2932 cm^{-1}、2859 cm^{-1}、1731 cm^{-1}、1453 cm^{-1} 也同时存在。依据以上三点可以确定大货车蓝色漆为饱和聚酯树脂涂料。

第四，除饱和聚酯树脂涂料的谱带外，图 11.250 还有其他谱带，其中 2526 cm^{-1}、880 cm^{-1}

同时存在是白云石的标志谱带。因此猜想大货车蓝色漆可能含白云石。

第五，对比白云石的红外光谱，图 11.250 中 1815 cm^{-1}、731 cm^{-1} 以及 1453 cm^{-1} 左右的宽、强吸收也是白云石的谱带。依据以上两点可以确定大货车蓝色漆含白云石。

第六，除饱和聚酯树脂涂料和白云石的谱带外，图 11.250 还有其他谱带，其中 986 cm^{-1}、638 cm^{-1}、610 cm^{-1} 同时存在是硫酸钡的标志谱带。因此猜想大货车蓝色漆可能含硫酸钡。

第七，对比硫酸钡的红外光谱，图 11.250 中 1181 cm^{-1}、1118 cm^{-1}、1080 cm^{-1} 以及 1200~1000 cm^{-1} 间的宽、强吸收也是硫酸钡的谱带。据以上两点可以确定大货车蓝色漆含硫酸钡。

图 11.251 为饱和聚酯树脂涂料、白云石和硫酸钡的红外光谱，比较图 11.250 与图 11.251 可以确定，大货车蓝色漆为含硫酸钡和白云石的饱和聚酯树脂涂料。

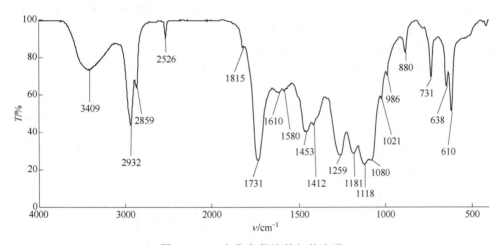

图 11.250　大货车蓝漆的红外光谱

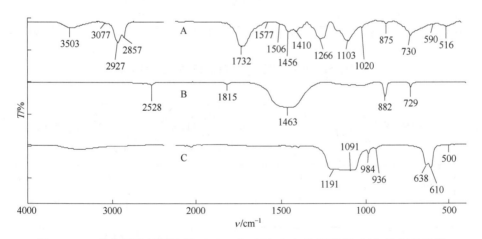

图 11.251　饱和聚酯树脂涂料（A）、白云石（B）和硫酸钡（C）的红外光谱

11.14.2.9　含硫酸钡、滑石粉的饱和聚酯树脂涂料的红外光谱

图 11.252 为某交通事故中被撞三轮车上红色附着物的红外光谱。

第一，731 cm^{-1}、1020 cm^{-1} 同时存在，它们是饱和聚酯树脂涂料的标志谱带。因此猜想红色附着物可能是饱和聚酯树脂涂料。

第二，874 cm^{-1}、1265 cm^{-1} 也同时存在，它们也是饱和聚酯树脂涂料的标志谱带。依据以上两点基本可以确定红色附着物为饱和聚酯树脂涂料。

第三，图 11.252 中饱和聚酯树脂涂料的其他谱带，如 2931 cm^{-1}、1730 cm^{-1}、1451 cm^{-1} 也同时存在。依据以上三点可以确定红色附着物为饱和聚酯树脂涂料。

第四，除饱和聚酯树脂涂料的谱带外，图 11.252 中还有其他谱带，其中 987 cm^{-1}、636 cm^{-1}、610 cm^{-1} 同时存在是硫酸钡的标志谱带。因此猜想红色附着物可能含硫酸钡。

第五，对比硫酸钡的红外光谱，1173 cm^{-1}、1116 cm^{-1}、1078 cm^{-1} 以及 1200~1000 cm^{-1} 间的宽、强吸收也是硫酸钡的谱带。依据以上两点可以确定红色附着物含硫酸钡。

第六，图 11.252 中除饱和聚酯树脂涂料和硫酸钡的谱带外，还有其他谱带，其中 3675 cm^{-1}、466 cm^{-1}、424 cm^{-1} 同时存在是滑石粉的标志谱带。因此猜想红色附着物可能含滑石粉。

第七，对比滑石粉的红外光谱，图 11.252 中 1020 cm^{-1}、670 cm^{-1} 也是滑石粉的谱带。依据以上两点可以确定红色附着物含滑石粉。

图 11.253 为饱和聚酯树脂涂料、滑石粉和硫酸钡的红外光谱。比较图 11.252 和图 11.253 可以确定，三轮车上红色附着物为含硫酸钡和滑石粉的饱和聚酯漆。

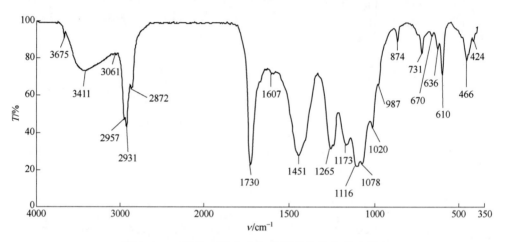

图 11.252　被撞三轮车上红色附着物的红外光谱

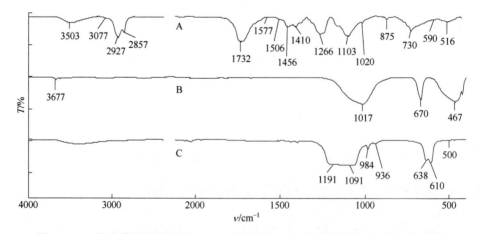

图 11.253　饱和聚酯树脂涂料（A）、滑石粉（B）和硫酸钡（C）的红外光谱

11.14.2.10 含高岭土的饱和聚酯树脂涂料的红外光谱

图 11.254 为肇事拖拉机红色漆的红外光谱。

第一，730 cm^{-1}、1022 cm^{-1} 同时存在是饱和聚酯树脂涂料的标志谱带。因此猜想拖拉机红色漆可能是饱和聚酯树脂涂料。

第二，875 cm^{-1}、1265 cm^{-1} 也同时存在，它们也是饱和聚酯漆的标志谱带。依据以上两点基本可以确定拖拉机红色漆是饱和聚酯树脂涂料。

第三，在图 11.254 中，饱和聚酯树脂涂料的其他谱带，如 3503 cm^{-1}、2929 cm^{-1}、2858 cm^{-1}、1729 cm^{-1}、1453 cm^{-1} 也同时存在。依据以上三点可以确定拖拉机红色漆为饱和聚酯树脂涂料。

第四，除饱和聚酯树脂涂料的谱带外，图 11.254 还有其他谱带，其中 3694 cm^{-1}、3623 cm^{-1}、537 cm^{-1} 同时存在是高岭土的标志谱带。因此猜想拖拉机红色漆中可能含高岭土。

第五，对比高岭土的红外光谱，1041 cm^{-1}、917 cm^{-1}、798 cm^{-1}、697 cm^{-1}、466 cm^{-1} 也是高岭土的谱带。依据以上两点可以确定拖拉机红色漆中含高岭土。

图 11.255 为饱和聚酯树脂涂料和高岭土的红外光谱，比较图 11.254 和图 11.255 可以确定，肇事拖拉机红色漆为含高岭土的饱和聚酯树脂涂料。

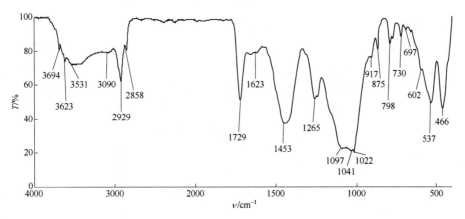

图 11.254 肇事拖拉机红色漆的红外光谱

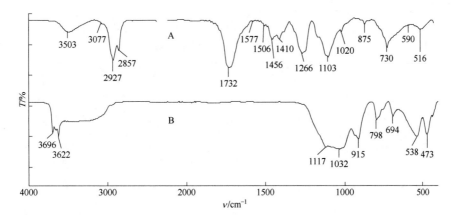

图 11.255 饱和聚酯树脂涂料（A）和高岭土（B）的红外光谱

11.14.2.11 含硫酸钡、大红粉的饱和聚酯树脂涂料的红外光谱

图 11.256 为肇事车红色漆的红外光谱。

第一,732 cm^{-1}、1409 cm^{-1}同时存在,它们是饱和聚酯树脂涂料的一等标志谱带。由此猜想肇事车红色漆可能是饱和聚酯树脂涂料。

第二,图 11.256 中 1267 cm^{-1}、1019 cm^{-1}、873 cm^{-1}也同时存在,它们是饱和聚酯树脂涂料的二等标志谱带。依据以上两点基本可以确定肇事车红色漆是饱和聚酯树脂涂料。

第三,对比饱和聚酯树脂涂料的红外光谱,2929 cm^{-1}、2857 cm^{-1}、1731 cm^{-1}也是饱和聚酯树脂涂料的谱带。依据以上三点可以确定肇事车红色漆是饱和聚酯树脂涂料。

第四,图 11.256 中除饱和聚酯树脂涂料的谱带外还有其他谱带,如 1180 cm^{-1}、638 cm^{-1}、611 cm^{-1},它们同时存在是硫酸钡的标志谱带。因此猜想肇事车红色漆可能含硫酸钡。

第五,图 11.256 除饱和聚酯树脂涂料、硫酸钡的谱带外还有其他谱带,其中 1675 cm^{-1}、549 cm^{-1}、521 cm^{-1}、493 cm^{-1}同时存在是大红粉的标志谱带。因此猜想肇事车红色漆可能含大红粉。

第六,对比大红粉的红外光谱,1598 cm^{-1}、1547 cm^{-1}、1483 cm^{-1}、1452 cm^{-1}、1384 cm^{-1}、1120 cm^{-1}、756 cm^{-1}也是大红粉的谱带。依据以上两点可以确定肇事车红色漆含大红粉。

图 11.257 为硫酸钡、饱和聚酯树脂涂料和大红粉的红外光谱,比较图 11.256 和图 11.257 可以确定,肇事车红色漆为含硫酸钡、大红粉的饱和聚酯树脂涂料。

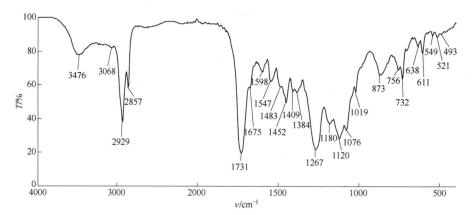

图 11.256　肇事车红色漆的红外光谱

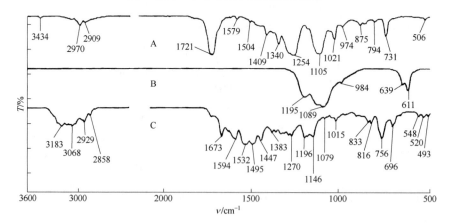

图 11.257　饱和聚酯树脂涂料(A)、硫酸钡(B)和大红粉(C)的红外光谱

11.14.2.12　含碳酸钙、滑石粉的饱和聚酯树脂涂料的红外光谱

图 11.258 为肇事车后挡板底漆的红外光谱。

第一，730 cm^{-1}、1021 cm^{-1} 同时存在，它们是饱和聚酯树脂涂料的标志谱带。由此猜想后挡板底漆可能是饱和聚酯树脂涂料。

第二，1266 cm^{-1}、1102 cm^{-1} 也同时存在，它们也是饱和聚酯树脂涂料的标志谱带。依据以上两点基本可以确定后挡板底漆是饱和聚酯树脂涂料。

第三，对比饱和聚酯树脂涂料的红外光谱，3457 cm^{-1}、2929 cm^{-1}、2857 cm^{-1}、1726 cm^{-1} 也是饱和聚酯树脂涂料的谱带。据以上三点可以确定后挡板底漆是饱和聚酯树脂涂料。

第四，图 11.258 中除饱和聚酯树脂涂料的谱带外，还有其他谱带，其中 2515 cm^{-1}、874 cm^{-1} 同时存在是碳酸钙的标志谱带，因此猜想后挡板底漆可能含碳酸钙。

第五，对比碳酸钙的红外光谱，1795 cm^{-1}、712 cm^{-1} 以及 1440 cm^{-1} 左右的宽、强吸收也是碳酸钙的谱带。据以上两点基本可以确定后挡板底漆含碳酸钙。

第六，图 11.258 中除饱和聚酯树脂涂料、碳酸钙的谱带外还有其他谱带，其中 466 cm^{-1}、454 cm^{-1} 同时存在是滑石粉的标志谱带。因此猜想后挡板底漆可能含滑石粉。

第七，对比滑石粉的红外光谱，1021 cm^{-1}、667 cm^{-1} 也是滑石粉的谱带。据以上两点可以确定后挡板底漆含滑石粉。

图 11.259 为饱和聚酯树脂涂料、滑石粉和碳酸钙的红外光谱。比较图 11.258 和图 11.259 可以确定，肇事车后挡板底漆为含碳酸钙、滑石粉的饱和聚酯树脂涂料。

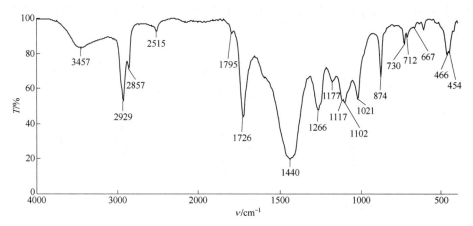

图 11.258　肇事车后挡板底漆的红外光谱

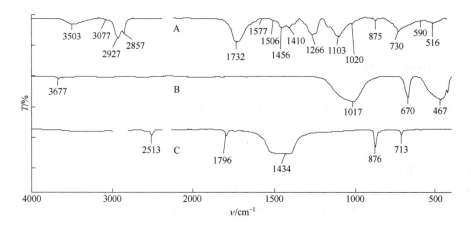

图 11.259　饱和聚酯树脂涂料（A）、滑石粉（B）和碳酸钙（C）的红外光谱

11.15 涂料红外光谱检验小结

11.15.1 八种涂料的红外光谱和标志谱带

根据红外光谱标志谱带鉴别涂料的成膜物质,可以对涂料的种类进行认定。八种常见涂料主要成膜物的示意结构式和红外光谱见图 11.260~图 11.282。

11.15.1.1 醇酸树脂涂料

醇酸树脂涂料主成膜物的示意结构式如图 11.260 所示。

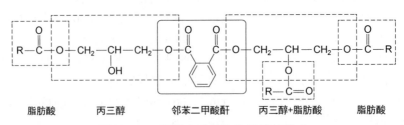

图 11.260　醇酸主成膜物的示意结构式

普通醇酸树脂涂料的红外光谱如图 11.261 所示,1599 cm^{-1}、1580 cm^{-1}、743 cm^{-1}、705 cm^{-1} 为醇酸树脂涂料的一等标志谱带,1264 cm^{-1}、1124 cm^{-1}、1071 cm^{-1} 为醇酸树脂涂料的二等标志谱带。

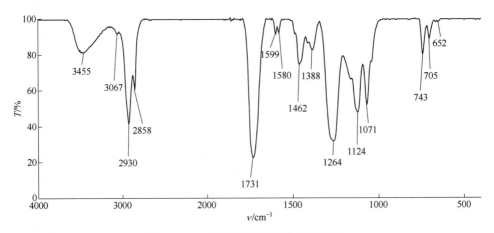

图 11.261　醇酸树脂涂料的红外光谱

11.15.1.2 醇酸氨基树脂涂料

醇酸氨基树脂涂料主成膜物的示意结构式如图 11.262 所示。

普通醇酸氨基树脂涂料的红外光谱如图 11.263 所示。1550 cm^{-1}、814 cm^{-1} 为醇酸氨基树脂涂料的一等标志谱带,742 cm^{-1}、708 cm^{-1}、1265 cm^{-1}、1120 cm^{-1}、1070 cm^{-1} 为醇酸树脂的标志谱带,也是醇酸氨基树脂涂料的二等标志谱带。

11.15.1.3 醇酸硝基漆

醇酸硝基漆主成膜物的示意结构式如图 11.264 所示。

普通醇酸硝基漆的红外光谱如图 11.265 所示。1659 cm^{-1}、1279 cm^{-1}、844 cm^{-1} 为硝酸纤维素的标志谱带,也是醇酸硝基漆的一等标志谱带。1601 cm^{-1}、1581 cm^{-1}、745 cm^{-1}、709 cm^{-1}

和 1265 cm^{-1}、1123 cm^{-1}、1071 cm^{-1} 为醇酸树脂的标志谱带，也是醇酸氨基树脂涂料的二等标志谱带。

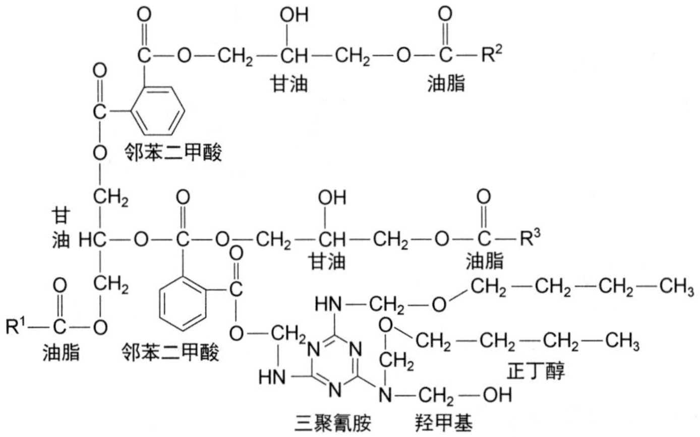

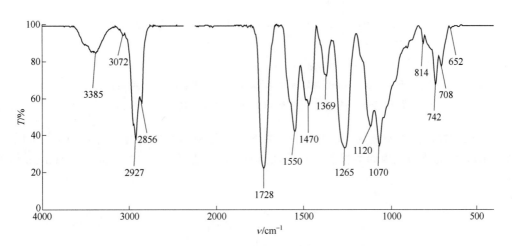

图 11.262　醇酸氨基树脂涂料主成膜物的示意结构式

图 11.263　醇酸氨基树脂涂料的红外光谱

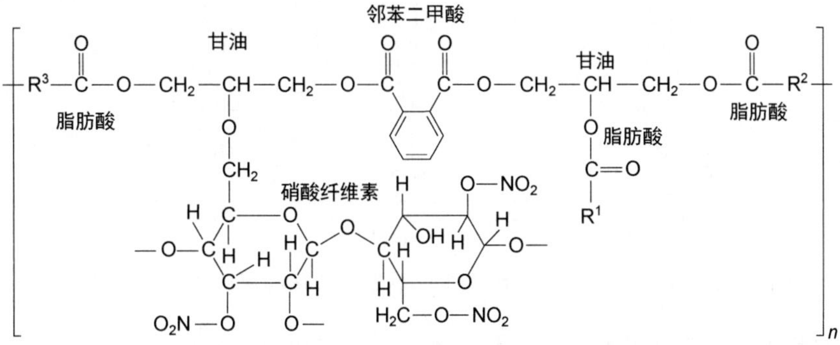

图 11.264　醇酸硝基漆主成膜物的示意结构式

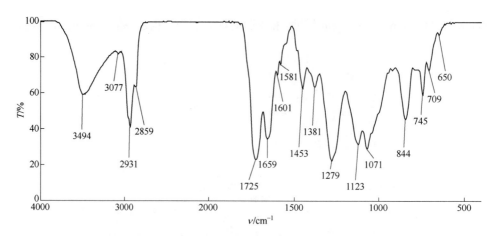

图 11.265　醇酸硝基漆的红外光谱

11.15.1.4　热塑性丙烯酸树脂涂料

热塑性丙烯酸树脂涂料主成膜物的示意结构式如图 11.266 所示。

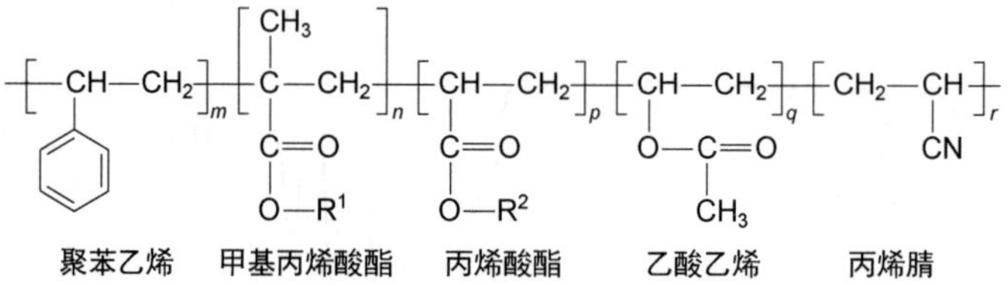

图 11.266　热塑性丙烯酸树脂涂料主成膜物的示意结构式

（1）成膜物以丙烯酸酯为主的热塑性丙烯酸树脂涂料的红外光谱　图 11.267 为成膜物以丙烯酸酯为主的热塑性丙烯酸树脂涂料的红外光谱，标志谱带为 1244 cm^{-1}、1166 cm^{-1} 同时存在。

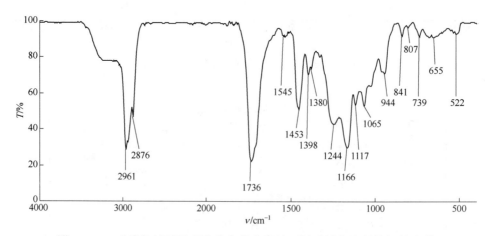

图 11.267　成膜物以丙烯酸酯为主的热塑性丙烯酸树脂涂料的红外光谱

（2）成膜物以甲基丙烯酸酯为主的热塑性丙烯酸树脂涂料的红外光谱　成膜物以甲基丙烯酸酯为主的热塑性丙烯酸树脂涂料的红外光谱见图 11.268，标志谱带为 1266 cm^{-1}、1241 cm^{-1}、1193 cm^{-1}、1149 cm^{-1}、841 cm^{-1} 同时存在。

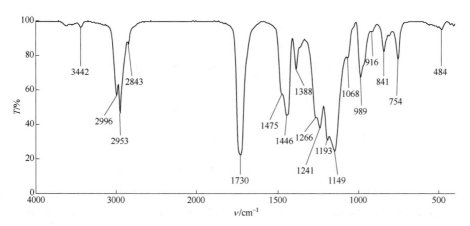

图 11.268 成膜物以甲基丙烯酸酯为主的热塑性丙烯酸树脂涂料的红外光谱

（3）氨基丙烯酸树脂涂料　氨基丙烯酸漆的主成膜物的示意结构式如图 11.269 所示，式中的 R^1、R^2、R^3 可以是 H、CH_3、C_2H_5、C_4H_9 等。

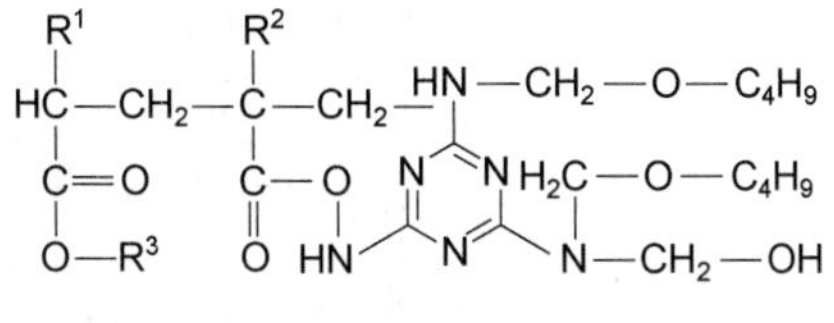

图 11.269　氨基丙烯酸树脂涂料主成膜物的示意结构式

图 11.270 是以氨基树脂为交联剂、丙烯酸树脂为基体树脂的氨基丙烯酸树脂涂料的红外光谱。1552 cm^{-1}、815 cm^{-1} 同时存在是氨基树脂的标志谱带，也是氨基丙烯酸树脂涂料的一等标志谱带。1246 cm^{-1}、1170 cm^{-1} 同时存在是丙烯酸树脂的标志谱带，也是氨基丙烯酸树脂涂料的二等标志谱带。

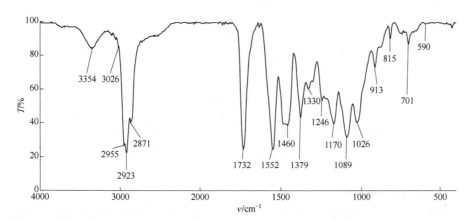

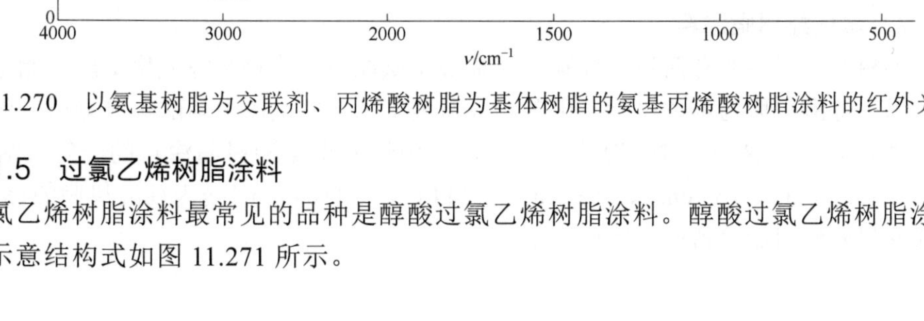

图 11.270　以氨基树脂为交联剂、丙烯酸树脂为基体树脂的氨基丙烯酸树脂涂料的红外光谱

11.15.1.5　过氯乙烯树脂涂料

过氯乙烯树脂涂料最常见的品种是醇酸过氯乙烯树脂涂料。醇酸过氯乙烯树脂涂料主成膜物的示意结构式如图 11.271 所示。

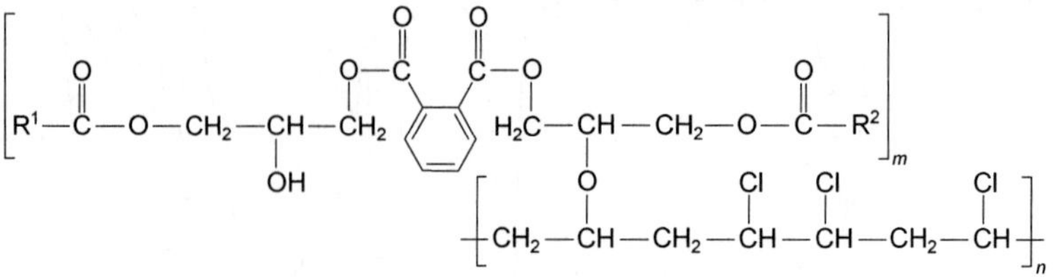

图 11.271　醇酸过氯乙烯树脂涂料主成膜物的示意结构式

普通过氯乙烯树脂涂料的红外光谱如图 11.272 所示。967 cm^{-1}、692 cm^{-1}、617 cm^{-1}、1432 cm^{-1} 为过氯乙烯树脂的标志谱带，也是醇酸过氯乙烯树脂涂料的一等标志谱带。1600 cm^{-1}、1580 cm^{-1}、744 cm^{-1} 和 1263 cm^{-1}、1125 cm^{-1}、1074 cm^{-1} 为醇酸树脂的标志谱带，也是醇酸过氯乙烯树脂涂料的二等标志谱带。

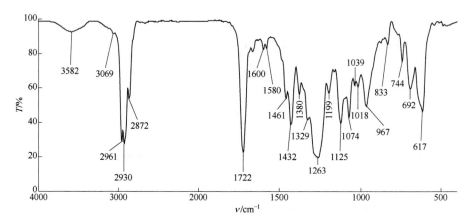

图 11.272　醇酸过氯乙烯树脂涂料的红外光谱

11.15.1.6　环氧树脂涂料

环氧树脂涂料主成膜物的示意结构式如图 11.273 所示。

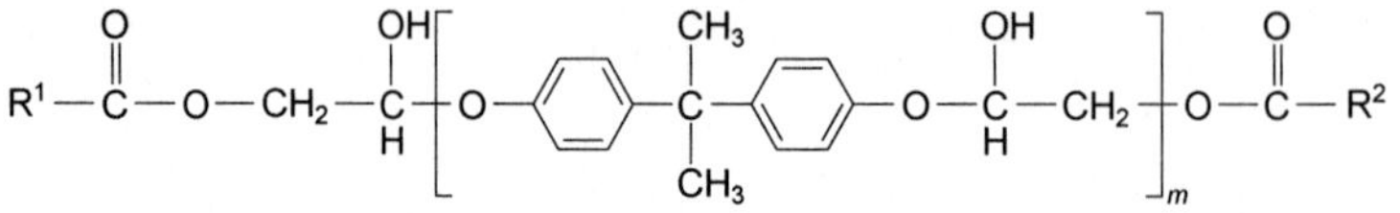

图 11.273　环氧树脂涂料主成膜物的示意结构式

普通环氧树脂涂料的红外光谱如图 11.274 所示。1609 cm^{-1}、1511 cm^{-1}、830 cm^{-1} 同时存在为环氧树脂涂料的一等标志谱带，1240 cm^{-1}、1182 cm^{-1} 同时存在为环氧树脂涂料的二等标志谱带。

11.15.1.7　聚氨酯树脂涂料

聚氨酯树脂涂料主要有两种，分别是丙烯酸聚氨酯树脂涂料和醇酸聚氨酯树脂涂料。图 11.275 为以丙烯酸树脂为基体树脂，甲苯二异氰酸酯为交联剂的丙烯酸聚氨酯树脂涂料主成膜物的示意结构式，图 11.276 为其红外光谱。丙烯酸聚氨酯树脂涂料的一等标志谱带是 1691 cm^{-1}、1525 cm^{-1}、765 cm^{-1}、703 cm^{-1}。1244 cm^{-1}、1164 cm^{-1} 是丙烯酸树脂的标志谱带，也是丙烯酸聚氨酯树脂涂料的二等标志谱带。

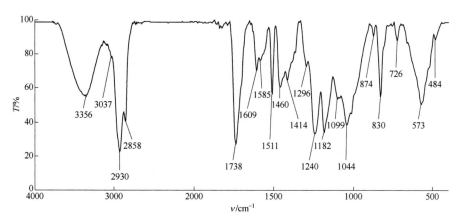

图 11.274　环氧树脂涂料的红外光谱

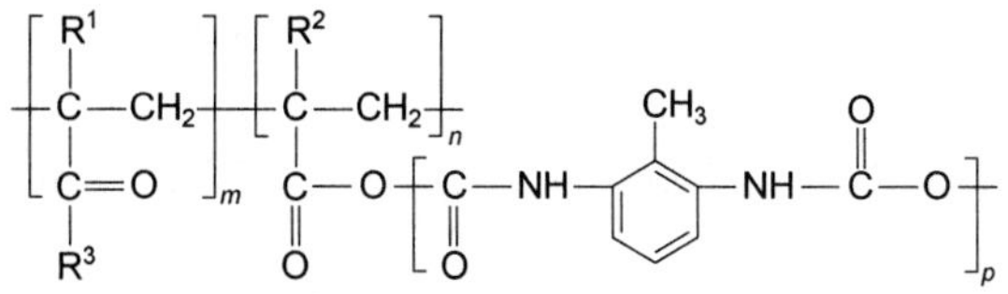

图 11.275　丙烯酸聚氨酯树脂涂料主成膜物的示意结构式

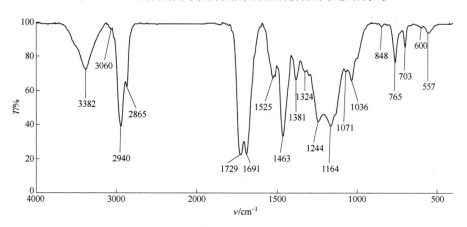

图 11.276　丙烯酸聚氨酯树脂涂料的红外光谱

图 11.277 为以醇酸树脂为基体树脂，甲苯二异氰酸酯为交联剂的醇酸聚氨酯树脂涂料主成膜物的示意结构式。

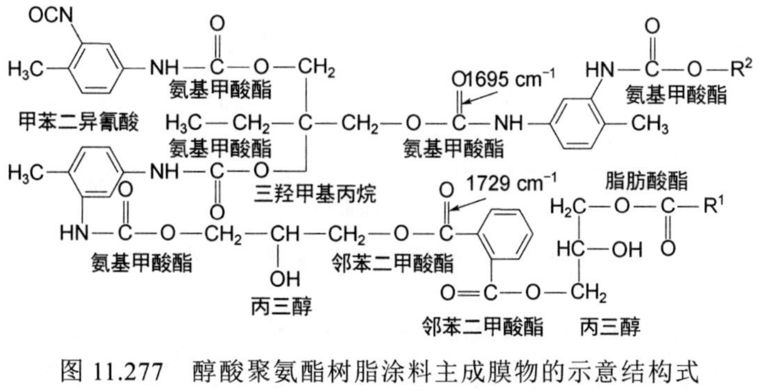

图 11.277　醇酸聚氨酯树脂涂料主成膜物的示意结构式

图 11.278 为醇酸聚氨酯树脂涂料的红外光谱。醇酸聚氨酯树脂涂料的一等标志谱带是 1693 cm^{-1}、1535 cm^{-1}、766 cm^{-1}、704 cm^{-1}。1264 cm^{-1}、1123 cm^{-1}、1071 cm^{-1} 和 1600 cm^{-1}、1580 cm^{-1}、743 cm^{-1}、704 cm^{-1} 是醇酸树脂的标志谱带,也是醇酸聚氨酯树脂涂料的二等标志谱带。

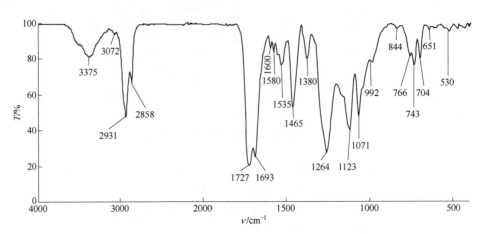

图 11.278 醇酸聚氨酯树脂涂料的红外光谱

11.15.1.8 饱和聚酯树脂涂料

图 11.279 为不饱和聚酯树脂涂料主成膜物的示意结构式,图 11.280 为不饱和聚酯树脂涂料的红外光谱。

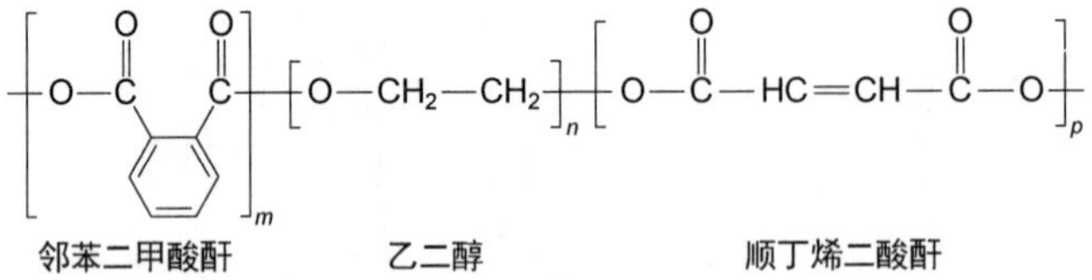

图 11.279 不饱和聚酯树脂涂料主成膜物的示意结构式

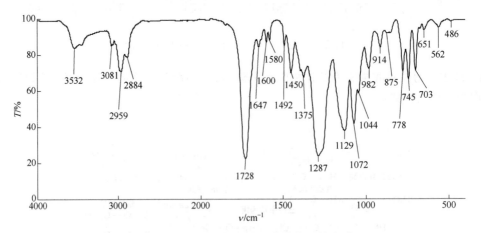

图 11.280 不饱和聚酯树脂涂料的红外光谱

1647 cm^{-1}、778 cm^{-1} 为不饱和聚酯树脂涂料的一等标志谱带,1287 cm^{-1}、1129 cm^{-1}、745 cm^{-1}、703 cm^{-1} 为不饱和聚酯树脂的标志谱带,也是不饱和聚酯树脂涂料的二等标志谱带。

图 11.281 为饱和聚酯树脂涂料主成膜物的示意结构式，图 11.282 为其红外光谱。

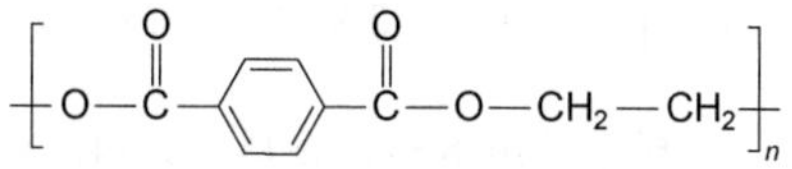

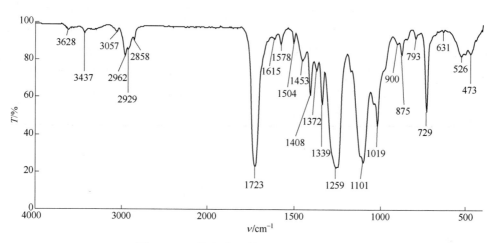

图 11.281　饱和聚酯树脂涂料主成膜物的示意结构式

图 11.282　饱和聚酯树脂涂料的红外光谱

1408 cm^{-1}、1101 cm^{-1}、729 cm^{-1} 为饱和聚酯树脂涂料的一等标志谱带，1019 cm^{-1}、1339 cm^{-1} 为饱和聚酯树脂涂料的二等标志谱带。

表 11.15 列出了常见汽车用涂料的标志谱带。

表 11.15　常见汽车涂料的标志谱带

涂料种类		标志谱带/cm^{-1}	
		一等	二等
醇酸树脂涂料		1600、1580、743、704	1260、1120、1070
醇酸氨基树脂涂料		1550、814	743、704、1260、1120、1070（1600、1580）
醇酸硝基漆		1655、1286、844	743、704、1260、1120、1070（1600、1580）
丙烯酸树脂涂料	热塑性	1235、1164	成膜物以丙烯酸树脂为主
		1266、1241、1193、1149、841	成膜物以甲基丙烯酸酯为主
	热固性	1550、813	1246、1166
醇酸过氯乙烯树脂涂料		967、692、617、1432	743、704、1260、1120、1070（1600、1580）
环氧树脂涂料		1609、1511、830	1240、1182
聚酯树脂涂料	不饱和	1647、778	1287、1129、745、703
	饱和	730、1408、1101	1020、1340
聚氨酯树脂涂料	基体树脂为丙烯酸	1695、1525、763、701	1240、1164
	基体树脂为醇酸	1695、1525、763、701	743、704、1260、1120、1070（1600、1580）

11.15.2 涂料中常用填料、颜料和染料的标志谱带

表 11.16 列出了涂料中常用填料、颜料和染料的标志谱带。

表 11.16 涂料中常用填料、颜料和染料的标志谱带

填料	标志谱带/cm^{-1}	颜料/染料	标志谱带/cm^{-1}
碳酸钙	2512、1796、876、712	二氧化钛	800~500 谱线陡降
硫酸钡	984、638、610	铬黄	1102、1058、859、628
滑石粉	3677、1017、670、467	铁蓝	2086、1415、498
高岭土	3696、3622、1038、915、540	甲苯胺红	1619、1499、1398、1190
白云石	2534、1817、883、730	大红粉	1673、548、520、493
磷酸锌	1104、1015、949、633		

第 12 章 车辆涂装

车辆涂装是指轿车、大客车、吉普车、载货车、农业机械和摩托车等各类机动车车身以及零部件的涂装。许多新的涂装技术和涂装材料常首先应用于汽车的涂装，所以车辆涂装常被称为"汽车涂装"。

12.1 车辆涂装用涂料

12.1.1 车辆涂装用涂料的种类

车辆涂装用涂料分为以下六种：汽车底漆（电泳漆）、汽车中涂漆、汽车面漆、汽车罩光漆、汽车修补漆和其他汽车专用漆。

12.1.2 车辆涂装的不同档次

不同档次的汽车有不同的涂装系统，有三涂三烘（3C3B）、四涂三烘（4C3B）、三涂一烘（3C1B）等，超高级轿车甚至有七涂五烘（7C5B）。

（1）普通车的涂装系统　农用车、货车、普通巴士的涂装一般只有三层：底漆、腻子、本色漆。图 12.1 为普通车涂装斜剖面的显微图。

（2）中档车的涂装系统　面包车、集装箱货车、中档轿车、中档巴士的涂装增加了中间涂层而很少再用腻子，即底漆、中间涂层、底色漆（basecoat）共三层。图 12.2 为中档车涂装斜剖面的显微图。

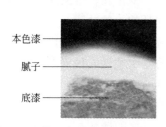

图 12.1　普通车涂装斜剖面的显微图

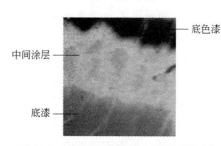

图 12.2　中档车涂装斜剖面的显微图

（3）中高档车的涂装系统　中高档轿车的涂装一般有四层：底漆、中间涂层、金属闪光底色漆、罩光清漆。中高档车涂装的主要特点是把单层面漆改为金属闪光底色漆和罩光清漆共同构成的双层面漆。金属闪光底色漆赋予漆膜颜色和随角异色效果，罩光清漆赋予漆膜保护和装饰效果。图 12.3 为中高档车涂装斜剖面的显微图。

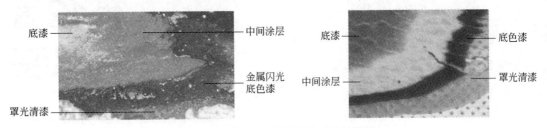

图 12.3　中高档车涂装斜剖面的显微图

（4）高档轿车的涂装系统　高档轿车的涂装一般有五层：底漆、防石击中间涂层、中间涂层、金属闪光底色漆、罩光清漆。高档轿车涂装的主要特点是增加了防石击中间涂层。汽车高速行驶时带起的公路上的碎石泥沙会强力冲击车底、挡泥板、内轮窝、踏板及车门，而增加防石击中间涂层不仅可以提供密封、防腐和抗石击功能，还能降低噪声。常用的防石击涂料有 PVC 密封胶、PVC 塑溶胶、氨基饱和聚酯漆、环氧-聚酯-聚氨酯漆。

（5）超高档车的涂装系统　超高档车的涂装系统把传统的"金属闪光底色漆"又分作两层：一层是"金属闪光底色漆"，它只包含铝粉、珠光粉、纳米级钛白粉等效应颜料，不含着色透明颜料；另一层叫作"底色漆"，它只包含着色透明颜料，不含铝粉、珠光粉、纳米级钛白粉等效应颜料。这种效应使颜料的排列更均匀、规整，立体感更强，看上去更丰满、华丽、别致。其涂层又分两种：

第一种有五层：底漆、中间涂层、含效应颜料的金属闪光底色漆、含着色颜料的底色漆、罩光清漆；

第二种有六层：底漆、防石击中间涂层、中间涂层、含效应颜料的金属闪光底色漆、含着色颜料的底色漆、罩光清漆。

所谓"效应颜料"是能使漆膜产生随角异色效应（颜色、色调随视角不同而变化）的颜料。常用的效应颜料有铝粉、珠光粉、石墨粉、纳米钛白粉、超细硫酸钡、超细氧化镁等。

12.2　磷化膜的红外光谱

车辆涂装前要进行化学处理，即金属脱脂后，在一定的条件下与配制好的溶液反应，在金属表面生成一层难溶于水的非金属膜。非金属膜有氧化膜、磷化膜、铬酸盐膜、氧化锆膜和硅烷等，这些非金属膜主要用于黑色金属的磷化膜和铝制品的铬酸盐膜。

形成磷酸盐膜的过程叫磷化处理，属化学与电化学反应。适当厚度的磷化膜具有以下三种功能：①为基体金属提供防护，防止盐水腐蚀，使涂层的耐腐蚀性成倍提高；②用于涂漆前打底，提高漆膜附着力和防腐能力；③减小金属冷加工时的摩擦。磷化处理被广泛用作以钢板（包括镀锌钢板）为主的汽车、家电、家具等涂装的前处理。

磷化膜成分可以是磷酸锌、磷酸二锌铁及镍、锰、钙等金属的磷酸盐，其中参加反应的铁来自被镀零件本身。磷化膜的构成以 $Zn_3(PO_4)_2 \cdot 4H_2O$ 和 $Zn_2M(PO_4)_2 \cdot 4H_2O$ 表示，M 代表镍、锰、钙、铁等离子。如果磷化液仅以锌盐为主，磷化膜由 $Zn_3(PO_4)_2 \cdot 4H_2O$ 和 $Zn_2Fe(PO_4)_2 \cdot 4H_2O$ 所组成。表 12.1 是磷化膜的分类、缩写符号及有关特性。

表 12.1　磷化膜分类、缩写符号及有关特性

分类	膜层主要成分	基体单位面积膜层质量/(g/m²)			
		铁	铝	锌	镉
锌系	磷酸锌	1~40	0.3~10	1~40	1~20
	磷酸锌钙	1~15	—	1~10	—
	磷酸二锌铁、磷酸锌锰	1~40	—	1~10	—
锰系	磷酸锰	1~40	—	—	—
铁系	被处理金属的磷酸盐及氧化物	0.1~1.5	<0.3	0.1~2	—

图 12.4 为汽车磷化膜 [$Zn_3(PO_4)_2·4H_2O$ 和 $Zn_2Fe(PO_4)_2·4H_2O$] 的红外光谱。3344 cm^{-1} 的宽、强谱带为结晶水 OH 的伸缩振动。2922 cm^{-1}、2858 cm^{-1} 为涂料中 CH_2 的反对称伸缩振动和对称伸缩振动。1714 cm^{-1} 为涂料中 C=O 的伸缩振动。1640 cm^{-1} 为结晶水 OH 的面内变角振动。1440 cm^{-1}、1418 cm^{-1} 为涂料中 CH_2 的变角振动。1115 cm^{-1}、1028 cm^{-1} 为 PO_4^{3-} 反对称伸缩振动。951 cm^{-1} 为 PO_4^{3-} 对称伸缩振动。635 cm^{-1} 为 P—O—Zn 的吸收，580 cm^{-1} 为 PO_4^{3-} 反对称变角振动。可以参考磷酸锌的红外光谱。

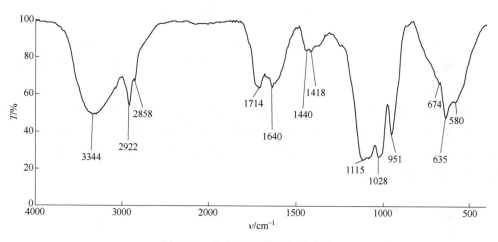

图 12.4　汽车磷化膜的红外光谱

12.3　汽车底漆的红外光谱

12.3.1　底漆的作用

底漆的主要作用是防腐蚀、填平金属基材的细微缺陷、增强中间层或面漆对基材的附着力、烘托中间层或面漆使之平整饱满，同时在有石子等外力撞击时对内部的金属起到一定的保护作用。

12.3.2　底漆的种类和红外光谱

按涂装工艺不同，汽车底漆可以分为浸涂底漆、自泳底漆、阳极电泳底漆和阴极电泳底漆。目前应用较多的是浸涂底漆和阴极电泳底漆。

12.3.2.1　浸涂底漆的红外光谱

浸涂工艺主要用于汽车底盘和大型客车的底漆涂装。浸涂设备相对简单，适用于形状复

杂的工件，漆料利用率高，挥发性有机化合物含量低。

浸涂底漆几乎都是水性涂料，使用的主成膜物是水性丙烯酸树脂（如丙烯酸羟丙酯、丙烯酸、丙烯酸丁酯与苯乙烯的共聚物）或丙烯酸环氧树脂（如叔碳酸缩水甘油酯 E-10 改性丙烯酸树脂），交联剂多用甲醚化三聚氰胺甲醛树脂，颜料、填料有氧化铁系、硫酸钡、滑石粉、云母粉、锌铬黄等。

12.3.2.1.1　水性丙烯酸浸涂底漆的红外光谱

为赋予丙烯酸树脂水稀释性，必须引入适量的羧基和羟基。图 12.5 为一种水性丙烯酸浸涂底漆主成膜物的示意结构式。

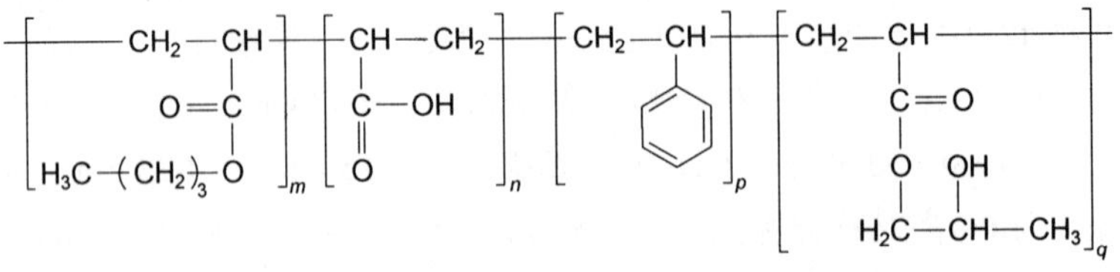

图 12.5　水性丙烯酸浸涂底漆主成膜物的示意结构式

上述主成膜物还需与水性氨基树脂经烘烤聚合，形成硬度高、柔韧性好、耐各类介质的漆膜。甲醇醚化三聚氰胺甲醛树脂（图 12.6）能与水以任何比例混溶，是水性丙烯酸浸涂底漆最适用的交联剂。

如果图 12.5 表示的主成膜物以 OH 与图 12.6 表示的交联剂的 OH 反应，用 $R_{羟}$ 代表图 12.5 的结构式；如果图 12.5 表示的主成膜物以 COOH 与图 12.6 表示的交联剂的 OH 反应，用 $R_{羧}$ 代表图 12.5 的结构式。主成膜物与氨基树脂交联剂聚合形成的丙烯酸浸涂底漆的主成膜物的示意结构式如图 12.7 所示。

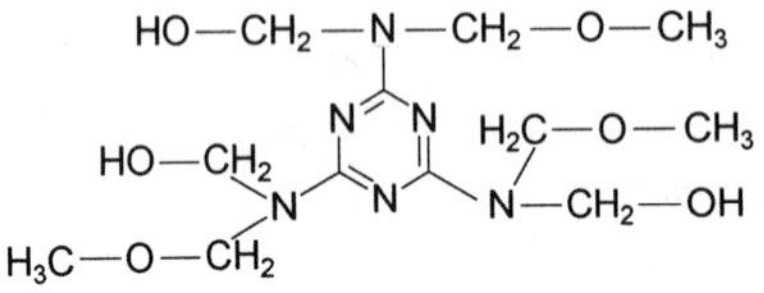

图 12.6　甲醇醚化三聚氰胺甲醛树脂的示意结构式 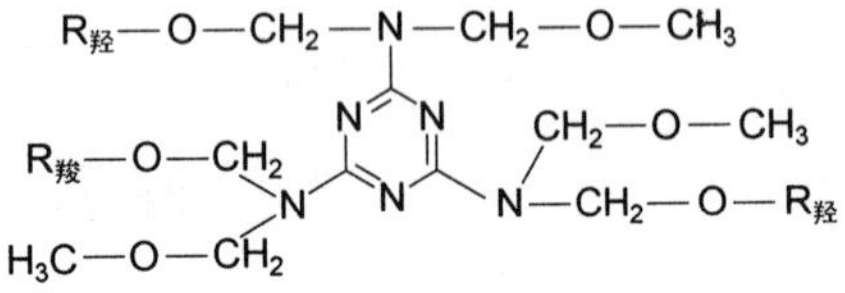　　图 12.7　丙烯酸浸涂底漆主成膜物的示意结构式

图 12.8 为丙烯酸浸涂底漆的红外光谱。3404 cm^{-1} 为羟基伸缩振动。3084 cm^{-1}、3061 cm^{-1}、3028 cm^{-1} 为苯环 =CH 的伸缩振动。2958 cm^{-1}、2932 cm^{-1}、2873 cm^{-1} 为 CH_3、CH_2 的伸缩振动。1731 cm^{-1} 为 C=O 伸缩振动。1552 cm^{-1} 为三嗪环的 C=N 伸缩振动，是三嗪环的标志谱带，也是以三聚氰胺为原料的氨基树脂的标志谱带，也是醇酸氨基树脂涂料和氨基丙烯酸树脂涂料的标志谱带。1493 cm^{-1}、1453 cm^{-1} 为苯环的伸缩振动。761 cm^{-1}、701 cm^{-1} 为苯环上 =CH 的面外变角振动。1493 cm^{-1}、1453 cm^{-1}、761 cm^{-1}、701 cm^{-1} 这四个谱带同时存在是苯环单取代的标志谱带，此处是苯乙烯的吸收。1376 cm^{-1} 为 CH_3 的对称变角振动。1237 cm^{-1}、1163 cm^{-1} 为 C-O-C 的反对称伸缩振动和对称伸缩振动，这两个峰同时存在是丙烯酸酯结构中 C-O-C 的标志谱带。1068 cm^{-1}、1030 cm^{-1} 为脂肪族 C-O-C 伸缩振动。841 cm^{-1} 为丙烯酸丁酯中丁基的摇摆振动。815 cm^{-1} 为三嗪环的标志谱带，它和 1552 cm^{-1} 同时存在是判断是

否有三聚氰胺结构存在的重要依据，进而是判断是否有氨基树脂结构存在的重要依据；在涂料分析时，还是判断是否是氨基树脂涂料（以醇酸树脂为基体树脂）或热固性丙烯酸树脂涂料（以丙烯酸树脂为基体树脂）的依据。

图 12.8　丙烯酸浸涂底漆的红外光谱

12.3.2.1.2　丙烯酸环氧浸涂底漆的红外光谱

浸涂漆选用最多的是主成膜物为丙烯酸环氧树脂涂料。丙烯酸环氧树脂是通过引入叔碳酸缩水甘油酯而获得的，其结构式如图 12.9 所示。

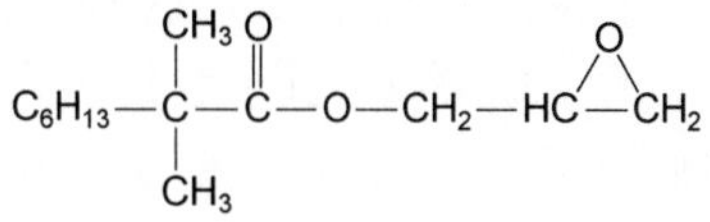

丙烯酸共聚物（图 12.10）分子的-COOH 与叔碳酸缩水甘油酯的环氧基发生开环缩聚反应，把叔碳酸缩水甘油酯引入丙烯酸共聚物，生成叔碳酸缩水甘油酯改性丙烯酸树脂。

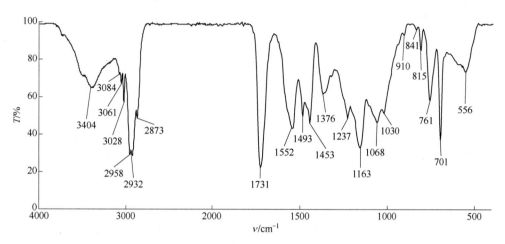

图 12.9　叔碳酸缩水甘油酯的结构式

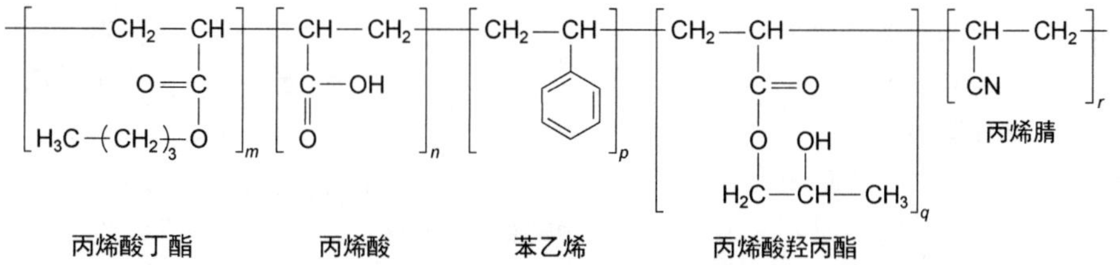

图 12.10　丙烯酸共聚物的示意结构式

经叔碳酸缩水甘油酯改性后的丙烯酸树脂具有了双性结构：①引入了非极性的 C_6H_{13}-基，因相似相溶，使树脂与其他烷烃有良好相溶性；②甘油酯的羟基部分则赋予树脂较大的极性，使树脂容易与其他极性物质相溶。两性结构使叔碳酸缩水甘油酯改性丙烯酸树脂同时具备与涂料系统中极性和非极性组分相溶的特质，这种特质提高了涂料对颜料、基材的润湿性和对基材的附着力，并使漆膜丰满。

叔碳酸缩水甘油酯改性丙烯酸树脂有两种不同的结构，一种含仲羟基，见图 12.11 中"→"所指，另一种含伯羟基，见图 12.12 "↑"所指。伯羟基比仲羟基反应快，前者易结膜而存放稳定性差，宜用于汽车修补漆；后者反应慢而存放稳定性好，宜用于原厂漆。

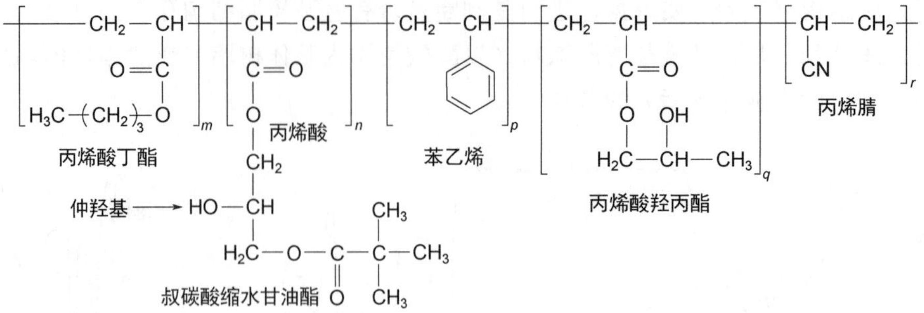

图 12.11 含仲羟基的叔碳酸缩水甘油酯改性丙烯酸树脂的结构式

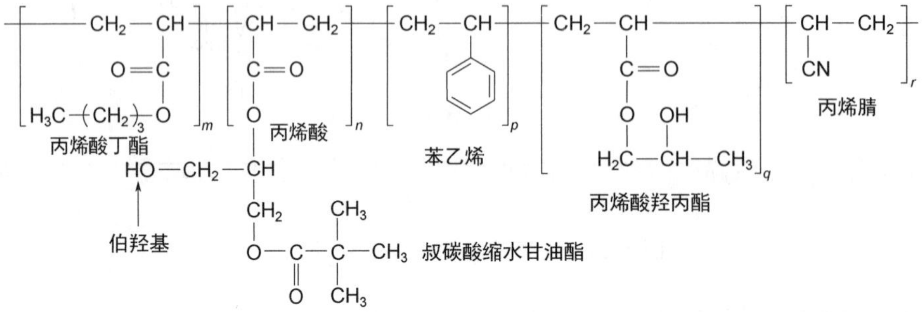

图 12.12 含伯羟基的叔碳酸缩水甘油酯改性丙烯酸树脂的结构式

叔碳酸缩水甘油酯改性丙烯酸树脂与甲醇醚化三聚氰胺反应生成丙烯酸-氨基烘漆(浸涂底漆)的主成膜物,其示意结构式见图 12.13。"丙烯酸-氨基树脂涂料"通常叫"热固性丙烯酸树脂涂料",叫"丙烯酸-氨基树脂涂料",意在强调其交联剂是"氨基树脂",以区别聚氨酯树脂。

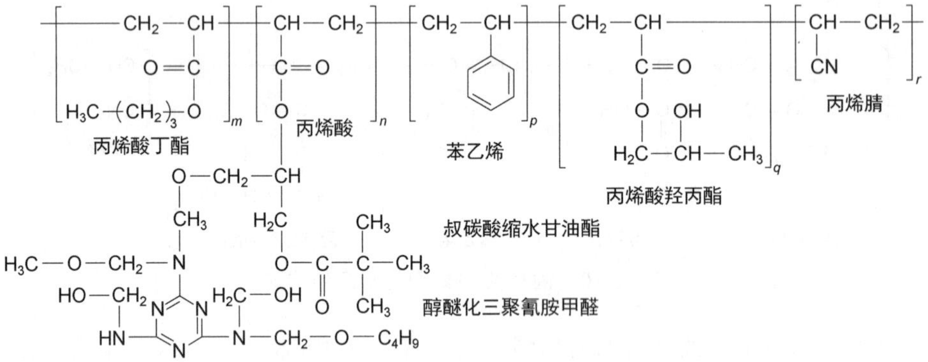

图 12.13 丙烯酸-氨基树脂烘漆主成膜物的示意结构式

图 12.14 为丙烯酸-氨基树脂浸涂底漆的红外光谱。3433 cm^{-1} 为 OH 的伸缩振动。3062 cm^{-1}、3028 cm^{-1} 为苯环上 =CH 伸缩振动。2957 cm^{-1}、2876 cm^{-1} 为 CH$_3$、CH$_2$ 的伸缩振动。1731 cm^{-1} 为 C=O 的伸缩振动。1553 cm^{-1} 为三嗪环的 C=N 伸缩振动,是三嗪环的标志谱带,也是以三聚氰胺为原料的氨基树脂的标志谱带,815 cm^{-1} 是三嗪环的标志谱带,这两个谱带同时存在是以三聚氰胺为原料的氨基树脂的标志谱带,也是氨基树脂涂料的标志谱带。1493 cm^{-1}、1455 cm^{-1} 为苯环的伸缩振动,762 cm^{-1}、702 cm^{-1} 为苯环单取代五个相邻 =CH 的

面外变角振动，这四个谱带同时存在是聚苯乙烯的标志谱带。CH_2OH 的 O–H 的面内变角与 C–OH 的 C–O 伸缩振动发生偶合，分裂为 1486 cm^{-1} 和 1095 cm^{-1}，前者主要是 O–H 的面内变角振动，后者主要是 C–O 伸缩振动，CH_3、CH_2 的变角振动位于 1460 cm^{-1}，1486 cm^{-1} 和 1460 cm^{-1} 重叠，结果在 1472 cm^{-1} 出现吸收。1095 cm^{-1} 和 C–O 的伸缩振动吸收重叠，在 1075 cm^{-1} 出现谱带。两个 CH_3 连接在同一个碳原子上，产生偶合，CH_3 对称变角振动谱带分裂为 1380 cm^{-1}、1366 cm^{-1}。1237 cm^{-1}、1166 cm^{-1} 分别为 C–O–C 的反对称伸缩振动和对称伸缩振动。

图 12.14 丙烯酸-氨基树脂浸涂底漆的红外光谱

叔碳酸缩水甘油酯改性丙烯酸树脂与异氰酸酯反应生成丙烯酸-聚氨酯烘漆（浸涂底漆）主成膜物，其示意结构式见图 12.15。"丙烯酸-聚氨酯树脂涂料"通常叫"聚氨酯树脂涂料"，此处称作"丙烯酸-聚氨酯树脂涂料"，意在强调其基体树脂是"丙烯酸树脂"，以区别于其他基体树脂，如醇酸树脂。

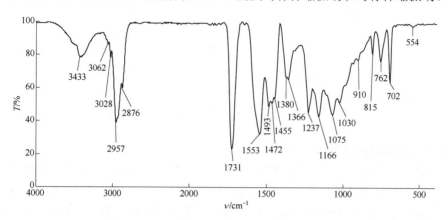

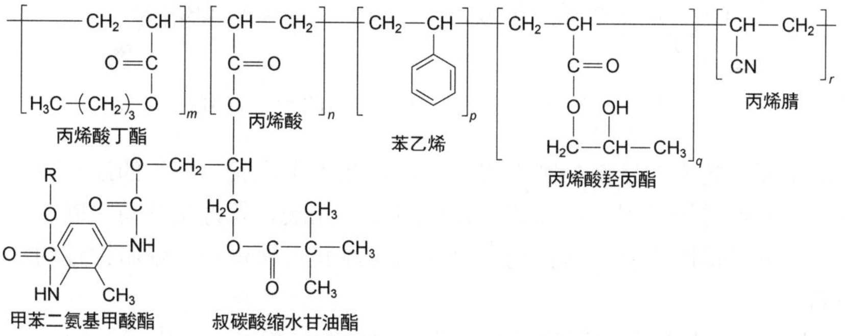

图 12.15 丙烯酸-聚氨酯树脂涂料主成膜物的示意结构式

图 12.16 为丙烯酸-聚氨酯浸涂底漆的红外光谱。3369 cm^{-1} 为 OH 的伸缩振动。3060 cm^{-1}、3026 cm^{-1} 为苯环上 =CH 伸缩振动。2930 cm^{-1}、2872 cm^{-1} 为 CH_3、CH_2 的伸缩振动。1727 cm^{-1} 为丙烯酸的 C=O 的伸缩振动，1689 cm^{-1} 为氨基甲酸酯的 C=O 的伸缩振动。1521 cm^{-1} 为 1538 cm^{-1} 和 1515 cm^{-1} 的叠加，1538 cm^{-1} 为 NH 变角振动和 CN 伸缩振动的合频，1515 cm^{-1} 为氨基甲酸酯苯环的伸缩振动。1462 cm^{-1} 为 CH_3 反对称变角振动和 CH_2 面内变角振动的叠加。1377 cm^{-1} 为 CH_3 的对称变角振动。1337 cm^{-1} 为 CH_2 的面外摇摆振动。1241 cm^{-1}、1141 cm^{-1} 分别为 C–O–C 的反对称伸缩振动和对称伸缩振动。764 cm^{-1}、702 cm^{-1} 为甲苯二异氰酸酯苯环上 3 个相邻 =CH 的面外变角振动。

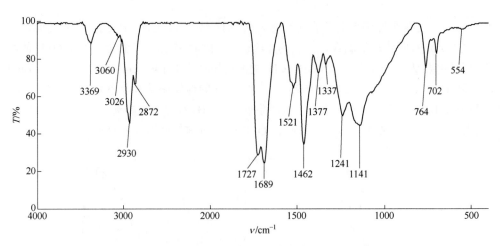

图 12.16 丙烯酸-聚氨酯浸涂底漆的红外光谱

12.3.2.2 阴极电泳底漆的红外光谱

现在大的汽车厂均采用第三代阴极电泳底漆，它以环氧树脂作为阴极电泳底漆的主成膜物，其中双酚 A 型环氧树脂比其他品种的环氧树脂表现出更优异的耐腐蚀性。因此，当今汽车行业的阴极电泳底漆多采用双酚 A 型环氧树脂。阴极电泳底漆的厚度通常在 25 μm 左右，耐盐雾时间为 800~1000 h。

12.3.2.2.1 单组分环氧底漆的红外光谱

单组分环氧底漆属气干型底漆。环氧树脂经胺化反应生成胺化阳离子环氧树脂，其示意结构式如图 12.17 所示。

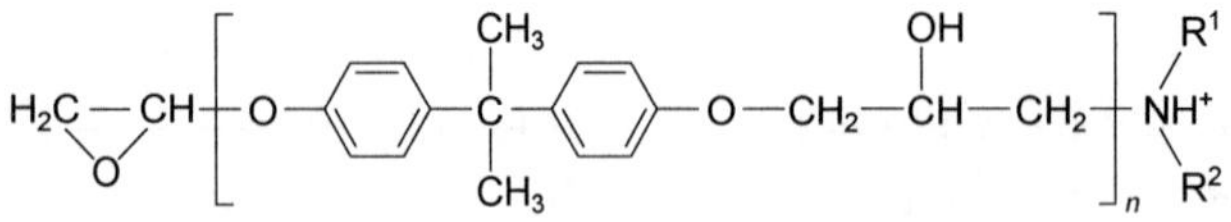

图 12.17 胺化阳离子环氧树脂的示意结构式

胺化阳离子环氧树脂的链结构刚性比较强，以此为主成膜物制得的漆缺少柔韧性，附着力差。涂料厂一般通过链扩展引入长链一元羧酸、多元酸、长链烷基酚、联苯二酚、双酚 A 等来调节整个大分子的刚柔性。这样就可以在保证漆膜仍保留较好耐腐蚀性的前提下，改善了柔韧性和黏附性。

图 12.18 为癸二酸扩展胺化阳离子环氧树脂的示意结构式（式中 $m<n$）。

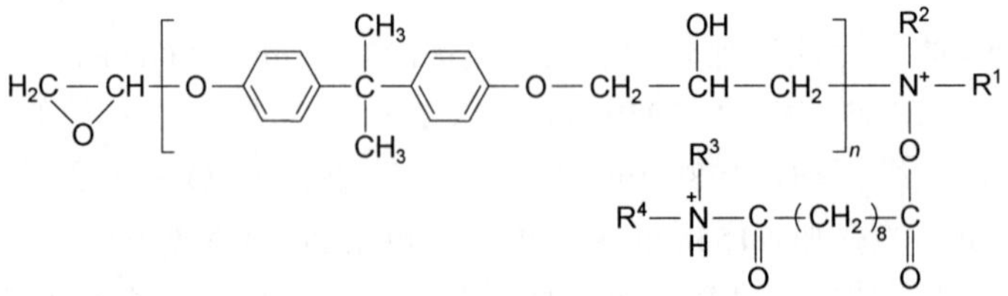

图 12.18 癸二酸扩展胺化阳离子环氧树脂的示意结构式

图 12.19 为单组分阴极电泳环氧底漆的红外光谱。3444 cm^{-1} 为羟基伸缩振动，3037 cm^{-1}

为苯环上 =CH 的伸缩振动，2965 cm^{-1}、2934 cm^{-1}、2875 cm^{-1} 为 CH$_3$、CH$_2$ 的伸缩振动，1729 cm^{-1} 为 C=O 的伸缩振动，1606 cm^{-1}、1580 cm^{-1} 和 1508 cm^{-1} 为苯环伸缩振动。1456 cm^{-1} 为 CH$_3$ 反对称变角振动、CH$_2$ 面内变角振动的叠加。两个甲基连接在同一个碳原子上产生偶合，对称变角振动分裂为 1384 cm^{-1}、1362 cm^{-1} 两个谱带。1292 cm^{-1} 为 CH$_2$ 的扭曲振动、苯环的面外弯曲振动和 OH 的摇摆振动的叠加。1245 cm^{-1}、1182 cm^{-1} 分别为 C$_{Ar}$–O–C 的反对称伸缩振动和对称伸缩振动，因为氧原子的未共用电子对和苯环生成 p-π 共轭，使 =C–O–C 中 C–O–C 具有部分双键特性，频率均较脂肪族 C–O–C 伸缩振动频率高。1105 cm^{-1}、1041 cm^{-1} 为脂肪族 C–O–C 伸缩振动。1019 cm^{-1} 为对位取代后苯环上相邻两个 =CH 的面内变角振动、829 cm^{-1} 为对位取代后苯环上相邻两个 =CH 的面外变角振动。

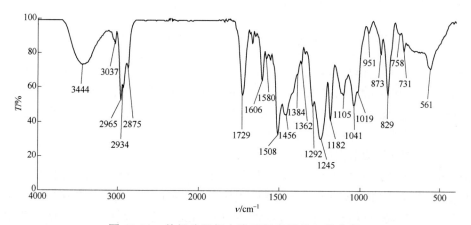

图 12.19　单组分阴极电泳环氧底漆的红外光谱

1606 cm^{-1}、1508 cm^{-1}、831 cm^{-1} 和 1580 cm^{-1}、1245 cm^{-1}、1182 cm^{-1} 为环氧树脂标志谱带，当混合物的红外光谱中同时出现这两组谱带时即表明很可能含有环氧树脂。

当用手术刀从汽车上提取漆片时，为获得完整的漆片，通常要求手术刀紧贴基材削取。把这样获取的漆片剥离分层，很难把磷膜层（1~3 μm）与底漆层（25 μm 左右）完全分开。所谓"底层漆"，其实是磷膜层与底漆层的混合物。

图 12.20 为磷膜层和环氧底漆层混合物的红外光谱，图 12.21 为环氧树脂涂料和磷酸锌的红外光谱。比较图 12.20 和图 12.21 可知，图 12.20 中 3362 cm^{-1}、2930 cm^{-1}、1723 cm^{-1}、

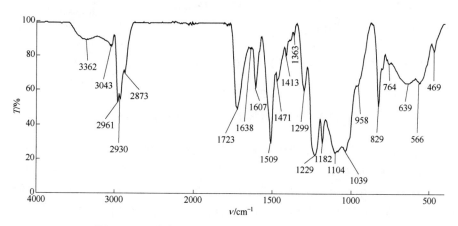

图 12.20　磷膜层和环氧底漆层混合物的红外光谱

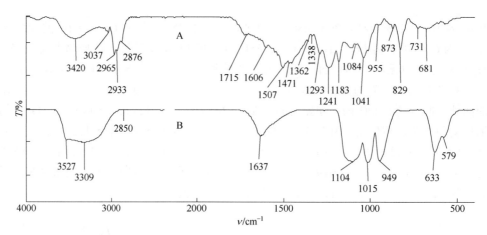

图 12.21　环氧树脂涂料（A）和磷酸锌（B）的红外光谱

$1607\ cm^{-1}$、$1509\ cm^{-1}$、$1471\ cm^{-1}$、$1363\ cm^{-1}$、$1299\ cm^{-1}$、$1182\ cm^{-1}$、$829\ cm^{-1}$ 为环氧漆的谱带。$1638\ cm^{-1}$、$1104\ cm^{-1}$、$1039\ cm^{-1}$、$958\ cm^{-1}$、$639\ cm^{-1}$、$566\ cm^{-1}$ 为磷酸锌的谱带。各谱带的解释请参考"8.5.3.1 双酚 A 型环氧树脂的红外光谱""11.10.3.3 含磷酸锌的环氧树脂涂料的红外光谱"和"7.1.9　磷酸锌的红外光谱"。

12.3.2.2.2　双组分环氧底漆的红外光谱

为提高漆膜的防腐蚀性和耐候性，可以加入交联剂，制成双组分烘烤型阴极电泳底漆。阴极电泳环氧底漆用的交联剂多为异氰酸酯类化合物，可以选用芳香族异氰酸酯（如甲苯二异氰酸酯，TDI），也可以采用脂肪族异氰酸酯（如六亚甲基二异氰酸酯，HDI）和脂环族异氰酸酯（如异佛尔酮二异氰酸酯，IPDI）。为了获得最佳漆膜理化性能，有时也把这三类交联剂混合使用，如把芳香族异氰酸酯和脂环族异氰酸酯搭配使用，可制得刚柔相适的漆膜。

在涂料厂，阴极电泳双组分环氧烘漆主要采用环氧树脂、甲苯二异氰酸酯三聚体、三羟甲基丙烷、二乙二醇、季戊四醇等制得，称作"环氧-聚氨酯树脂涂料"。图 12.22 为环氧-聚氨酯树脂涂料主成膜物的示意结构式，图 12.23 为其红外光谱。

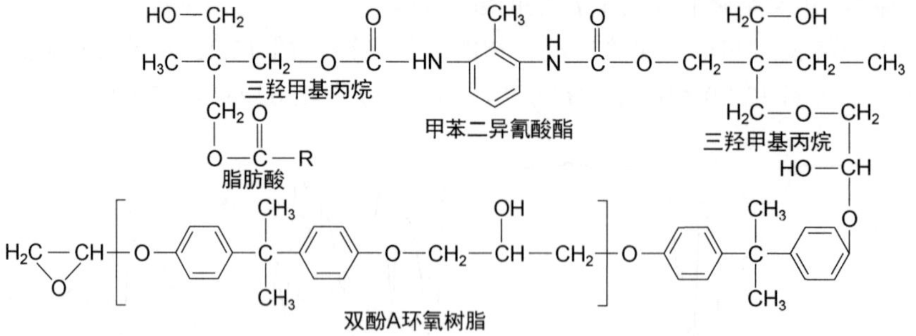

图 12.22　环氧-聚氨酯漆主成膜物的示意结构式

图 12.23 中，$3405\ cm^{-1}$ 为 OH 的伸缩振动。$3060\ cm^{-1}$、$3028\ cm^{-1}$ 为苯环上 =CH 伸缩振动。$2931\ cm^{-1}$、$2871\ cm^{-1}$ 为 CH_3、CH_2 的伸缩振动。$1728\ cm^{-1}$ 为脂肪酸中 C=O 的伸缩振动。$1693\ cm^{-1}$ 为氨基甲酸酯中 C=O 的伸缩振动。$1605\ cm^{-1}$、$1511\ cm^{-1}$ 为苯环的伸缩振动。$1461\ cm^{-1}$ 为 CH_3 的反对称变角振动和 CH_2 的面内变角振动的叠加。$1379\ cm^{-1}$ 为 CH_3 的对称变角振动。$1242\ cm^{-1}$ 为 C-O-C 反对称伸缩振动。$1162\ cm^{-1}$ 为 C-O-C 对称伸缩振动。$831\ cm^{-1}$

为苯环对位取代 2 个相邻 =CH 的面外变角振动。762 cm^{-1}、701 cm^{-1} 为甲苯二异氰酸酯中苯环上 3 个相邻 =CH 的面外变角振动。

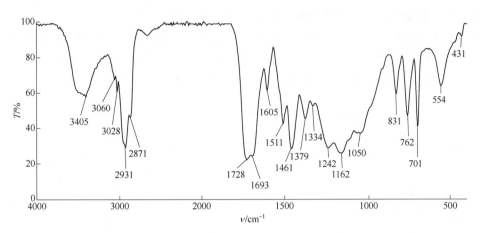

图 12.23　环氧-聚氨酯树脂涂料的红外光谱

环氧-聚氨酯树脂涂料红外光谱的标志谱带是 1605 cm^{-1}、1511 cm^{-1}、831 cm^{-1} 和 1693 cm^{-1}、1525 cm^{-1}、762 cm^{-1}、701 cm^{-1}。

12.4　腻子的红外光谱

12.4.1　腻子的作用

汽车在修复过程中，车身及外表附件出现高低、凹凸及焊缝痕迹，这是底漆所不能填平的，需要用汽车腻子使外表变得光滑平整。

汽车腻子是一种黏稠物质，主要由基料（也称黏结剂）、体质颜料、催干剂、溶剂组成，用于已涂底漆的物体表面上，以填平汽车车壳及部件表面凹坑、焊缝及擦伤等缺陷，经过一层层涂刮及打磨直至形成平整光滑的表面。

常用的基料是醇酸树脂、硝基纤维素、环氧树脂、聚苯乙烯和不饱和聚酯树脂等，常用的体质颜料是滑石粉、硫酸钡、超细轻质碳酸钙、钛白粉、有机膨润土、高岭土等。

12.4.2　腻子的种类

腻子品种很多，有许多不同的分类方法。按生产者分类，有造漆厂制造的成品腻子，也有修车店自行调制的油性腻子；按干燥方式分类，有常温干燥型腻子、烘干型腻子、快干型腻子；按组成分类，有单组分腻子和双组分腻子；按基料成分分类，有硝基纤维素腻子、环氧腻子、醇酸腻子、原子灰等。

红外光谱显示的主要是基料和体质颜料的吸收。本书采用按基料成分对腻子分类的方法。腻子中的填料、颜料往往比基料的比例大、红外吸收强，仅依据红外光谱确定基料的精细构成有一定困难。

12.4.3　硝基纤维素腻子的红外光谱

硝基纤维素腻子的主要成分有：硝基纤维素、醇酸树脂、增韧剂、颜料、填料以及助剂。选择不同的醇酸树脂、增韧剂（不同比例），可以调整腻子的刚柔性，赋予腻子优良的打磨性。

填料可以赋予腻子一定的内聚强度，使涂层受剥离外力时，不在腻子处发生层间剥离和腻子内聚破坏。如滑石粉具有针状结构，腻子中添加滑石粉可增加腻子的内聚强度；硬脂酸锌有吸水性、滑腻感，腻子中添加硬脂酸锌可提高腻子的打磨性。

图 12.24 为硝基纤维素腻子的红外光谱，图 12.25 为硝基纤维素和滑石粉的红外光谱。比较图 12.24 和图 12.25 可知，图 12.24 中 1017 cm^{-1}、670 cm^{-1}、464 cm^{-1}、449 cm^{-1}、426 cm^{-1} 为滑石粉的谱带；1663 cm^{-1}、1279 cm^{-1}、842 cm^{-1} 为硝酸纤维素的谱带。

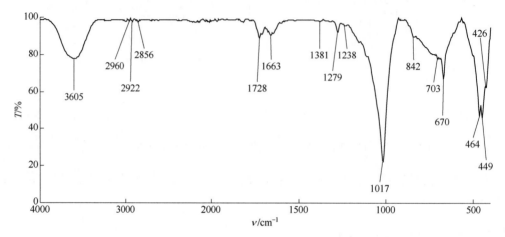

图 12.24　硝基纤维素腻子的红外光谱

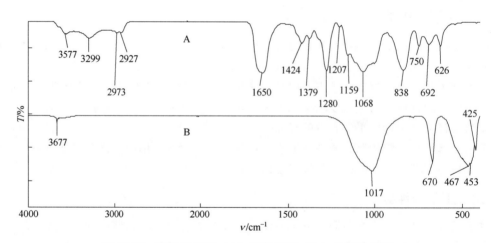

图 12.25　硝基纤维素（A）和滑石粉（B）的红外光谱

12.4.4　环氧腻子的红外光谱

环氧腻子有双组分的，也有单组分的。单组分环氧腻子的主树脂为脱水蓖麻油酸环氧酯，图 12.26 为其结构式。脱水蓖麻油酸环氧酯利用其分子中的不饱和双键在空气、阳光的作用下交联固化。单组分的环氧腻子干燥速率慢，限制了它的使用量和使用范围。

双组分环氧腻子的固化剂多用多元胺类，图 12.27 为其示意结构式。

环氧腻子的红外光谱请参考"11.10.3.3 含磷酸锌的环氧树脂涂料的红外光谱""11.10.3.4 含高岭土的环氧树脂涂料的红外光谱"。

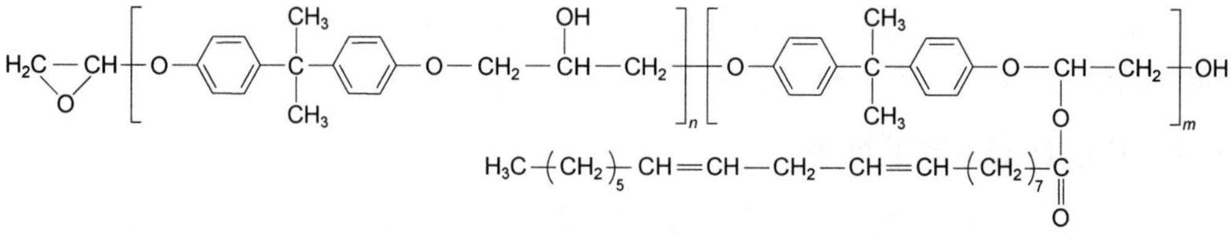

图 12.26　脱水蓖麻油酸环氧酯的结构式

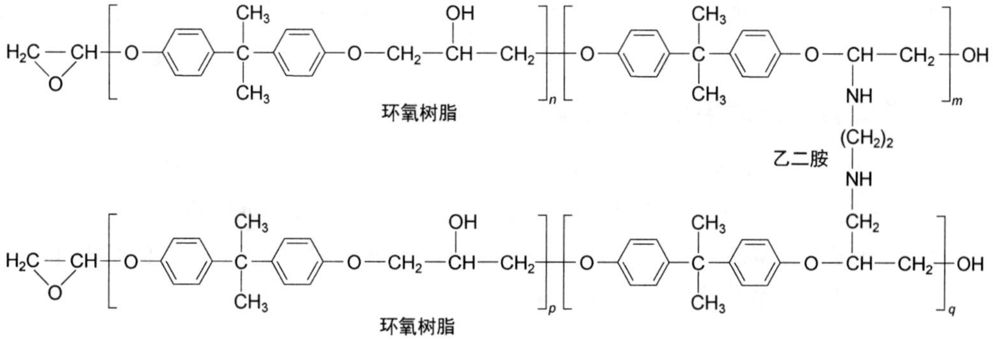

图 12.27　双组分环氧腻子的示意结构式

12.4.5　醇酸腻子的红外光谱

醇酸腻子的主成膜物为醇酸树脂、改性醇酸树脂、酚醛树脂等。请参考"11.4.3 醇酸树脂涂料的红外光谱及其解释"。

12.4.6　原子灰的红外光谱

原子灰是不饱和聚酯腻子的统称，主要用来填补基材上不平处，如焊缝、裂缝、凹陷。主树脂浆由不饱和聚酯（多元醇、多元酸、不饱和多元酸经酯化、缩聚而成）、颜料、填料、乙烯基单体等组成，其示意结构式见图 12.28。

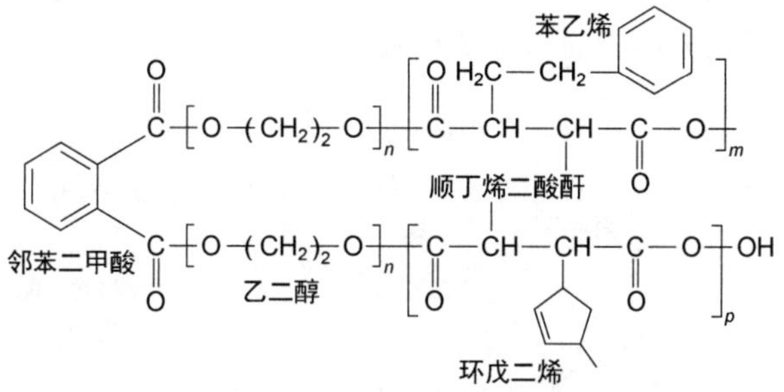

图 12.28　原子灰腻子主成膜物的示意结构式

原子灰中常用的填料、颜料有：碳酸钙、滑石粉、硫酸钡、二氧化钛、炭黑、硬脂酸锌、氧化铁红、氧化铁黄等。

12.5　中间涂层的红外光谱

12.5.1　中间涂层的作用

中间涂层是介于底漆或腻子之上、面漆之下的一个涂层。它的作用主要是：①在底漆、腻子之后增加涂层厚度，提高漆膜防腐蚀和抗石击能力；②烘托面漆；③进一步填平细微凹陷，提高面漆的平整度、光泽和鲜映性。

12.5.2 中间涂层涂料的种类

中间涂层涂料有多种不同的分类方法，如有汽车原厂漆中间层涂料、汽车修补漆中间层涂料。

汽车原厂漆中间层涂料按用途分为三类：通用型、抗石击型和线上修补型。

汽车修补漆中间层涂料按主成膜成分的不同主要有以下三类：硝基纤维素类、醇酸树脂类和环氧树脂类。

12.5.3 汽车原厂漆通用型中间涂层涂料的红外光谱

目前我国汽车原厂漆通用型中间涂层的主要品种是醇酸氨基树脂涂料（氨基树脂涂料）和氨基丙烯酸树脂涂料（热固性丙烯酸树脂涂料）。醇酸氨基树脂涂料的红外光谱及其解释请参考"11.5 氨基树脂涂料的红外光谱"，氨基丙烯酸树脂涂料的红外光谱及其解释请参考"11.7.5.1 热固性丙烯酸树脂涂料的红外光谱"。

12.5.4 汽车原厂漆耐石击中间涂层涂料的红外光谱

耐石击中间涂料主要用于汽车底盘、内轮窝、挡泥板、车门踏板等部位。耐石击中间涂料主要通过两种方法提高其耐石击性：①选择活性适中、具有长链线型结构的醇酸树脂，提高涂层的柔韧性；②采用混合固化剂，把异氰酸酯和三聚氰胺甲醛树脂按一定比例调配，改善涂层的交联方式、交联度，提高涂层耐石击性和耐腐蚀性。

氨基-聚酯-聚氨酯树脂、氨基-丙烯酸-聚氨酯树脂、环氧-聚酯-异氰酸酯树脂、聚醚-聚酯-氨基树脂等涂料是常用的抗石击中间涂料。

12.5.4.1 氨基-聚酯-聚氨酯树脂涂料的红外光谱

耐石击中间涂料的氨基-丙烯酸-聚氨酯树脂涂料主成膜物是以丙烯酸共聚物为基体树脂，以甲醇正己醇醚化三聚氰胺甲醛树脂搭配异氰酸酯为交联剂而生产的。图 12.29 为氨基-丙烯酸-聚氨酯树脂涂料主成膜物的示意结构式。

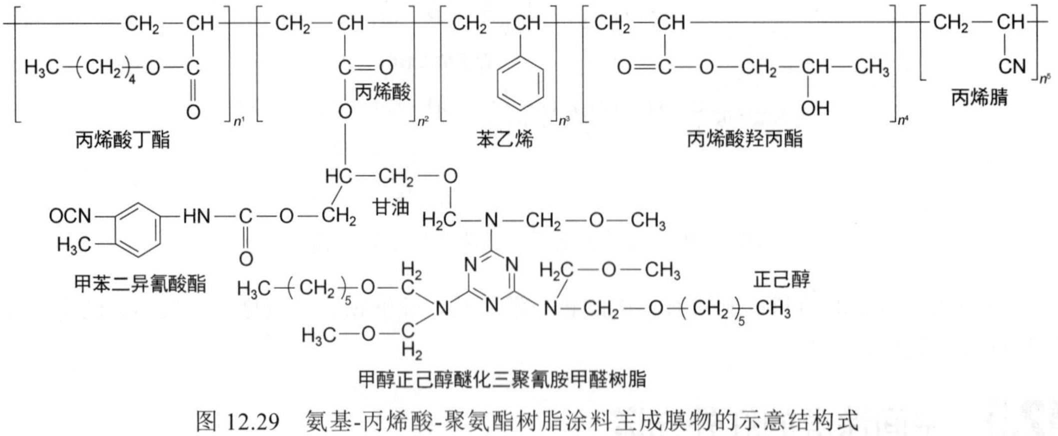

图 12.29 氨基-丙烯酸-聚氨酯树脂涂料主成膜物的示意结构式

图 12.30 为氨基-丙烯酸-聚氨酯树脂涂料的红外光谱。1549 cm^{-1} 为三嗪环的 C=N 伸缩振动，815 cm^{-1} 为三嗪环的吸收，这 2 个峰同时存在是氨基树脂的标志谱带。

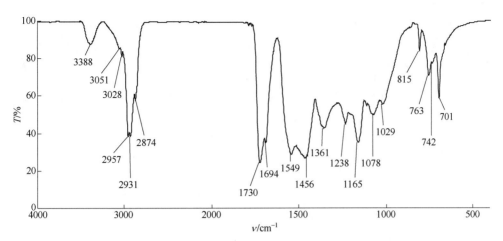

图 12.30 氨基-丙烯酸-聚氨酯树脂涂料的红外光谱

1694 cm^{-1} 为氨基甲酸酯 −NH−COO 的羰基 C=O 伸缩振动，763 cm^{-1}、701 cm^{-1} 为甲苯二异氰酸酯苯环上 =CH 的面外变角振动，是甲苯二异氰酸酯苯环标志谱带，这 3 个峰（有时还有 1525 cm^{-1}）同时存在是芳香族氨基甲酸酯的标志谱带。

1730 cm^{-1} 为丙烯酸共聚物中 C=O 伸缩振动，1238 cm^{-1} 为 C−O−C 的反对称伸缩振动，1165 cm^{-1} 为 C−O−C 的对称伸缩振动，这 3 个峰同时存在是丙烯酸酯的标志谱带。

3388 cm^{-1} 为 OH 伸缩振动。3051 cm^{-1}、3028 cm^{-1} 为苯环上 =CH 伸缩振动。2957 cm^{-1}、2931 cm^{-1}、2874 cm^{-1} 为 CH$_2$、CH$_3$ 伸缩振动。1456 cm^{-1} 为 CH$_2$ 面内变角振动和 CH$_3$ 反对称变角振动的叠加。苯环上 =CH 的面内变角振动在 1070 cm^{-1} 有吸收，C−O−C 伸缩振动在 1081 cm^{-1} 有吸收，二者叠加后在 1078 cm^{-1} 出现吸收。742 cm^{-1} 为苯环上 =CH 面外变角振动。参考"11.7.5.1 热固性丙烯酸树脂涂料的红外光谱""11.11.4.1 丙烯酸聚氨酯树脂涂料的红外光谱"。

12.5.4.2 氨基-醇酸-聚氨酯漆的红外光谱

耐石击中间涂层的氨基-醇酸-聚氨酯树脂涂料的主成膜物是以醇酸树脂为基体树脂，以甲醇正己醇醚化三聚氰胺甲醛树脂搭配异氰酸酯为交联剂而生产的。图 12.31 为氨基-醇酸-聚氨酯树脂涂料主成膜物的示意结构式。

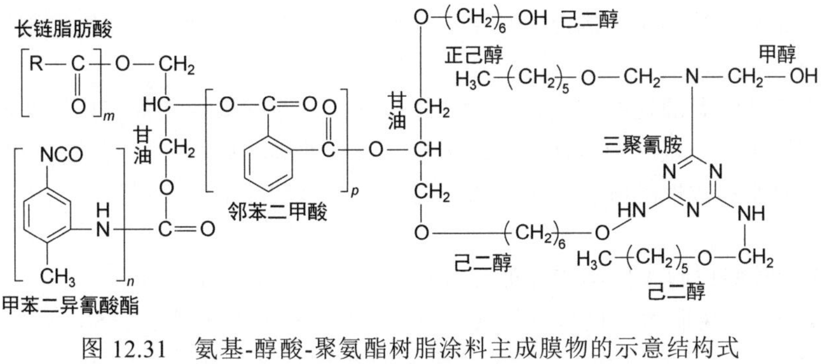

图 12.31 氨基-醇酸-聚氨酯树脂涂料主成膜物的示意结构式

图 12.32 为氨基-醇酸-聚氨酯树脂涂料的红外光谱。1544 cm^{-1} 为三嗪环的 C=N 伸缩振动，815 cm^{-1} 为三嗪环的吸收，这 2 个峰同时存在是三嗪环的标志谱带，也是氨基树脂的标志谱带和氨基树脂涂料的标志谱带。

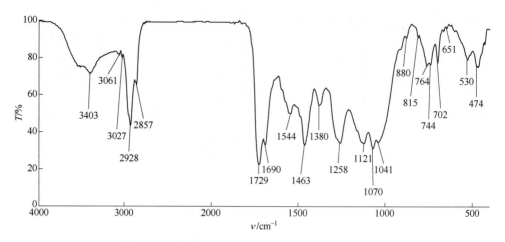

图 12.32　氨基-醇酸-聚氨酯树脂涂料的红外光谱

1690 cm^{-1} 为氨基甲酸酯 −NH−COO 的羰基 C=O 伸缩振动，764 cm^{-1}、702 cm^{-1} 为甲苯异氰酸酯苯环上 =CH 的面外变角振动，是甲苯异氰酸酯苯环的标志谱带，这 3 个峰同时存在是芳香族氨基甲酸酯的标志谱带。

1258 cm^{-1} 为 C−O−C 的反对称伸缩振动，1121 cm^{-1} 为 C−O−C 的对称伸缩振动，1070 cm^{-1} 为苯环邻位取代 4 个相邻 =CH 面内变角振动，744 cm^{-1} 是苯环邻位取代 4 个相邻 =CH 面外变角振动，这 4 个峰同时存在是醇酸树脂的标志谱带。

3403 cm^{-1} 为 OH 伸缩振动。3061 cm^{-1}、3027 cm^{-1} 为苯环上 =CH 伸缩振动。2928 cm^{-1}、2857 cm^{-1} 为 CH$_2$、CH$_3$ 伸缩振动。1463 cm^{-1} 为 CH$_2$ 面内变角振动和 CH$_3$ 反对称变角振动的叠加。1041 cm^{-1} 是 O−(CH$_2$)$_n$−O 左右式结构 CH$_2$ 的面外摇摆振动。可参考 "11.5 氨基树脂涂料的红外光谱" "11.11.4.3　醇酸聚氨酯树脂涂料的红外光谱"。

12.5.5　线上修补用中间涂层涂料的红外光谱

汽车原厂喷涂的漆膜也会有疵点、橘纹、水痕等弊病，需要进行 "线上修补"。线上修补用中间涂料和汽车修补漆中所采用的中间涂料基本均属硝基类涂料。

硝酸纤维素大分子含有大量醚键和硝基，极性大，大分子链段的转动受到严重限制，大分子刚性有余而柔韧性不足。因此，如果涂料仅以硝酸纤维素为主成膜物，制得的漆膜硬而脆，极易开裂、剥落。

为克服硝酸纤维素的这些不足，一般使之与其他树脂共聚或共混使用。在汽车修补涂料中，一般醇酸树脂（如蓖麻油短油度醇酸树脂）和改性醇酸树脂（如邻苯二甲酸二丁酯）用得较多。醇酸树脂和改性醇酸树脂的加入，可以提高硝酸纤维素涂料漆膜的附着力、光泽和耐久性。

图 12.33 为醇酸树脂改性硝酸纤维素涂料主成膜物的示意结构式。

图 12.34 为醇酸树脂改性硝酸纤维素涂料主成膜物的红外光谱。1658 cm^{-1}、1381 cm^{-1}、1280 cm^{-1}、1070 cm^{-1}、843 cm^{-1} 为硝酸纤维素的谱带；1728 cm^{-1}、1600 cm^{-1}、1582 cm^{-1}、1451 cm^{-1}、1381 cm^{-1}、1122 cm^{-1}、1070 cm^{-1}、744 cm^{-1}、708 cm^{-1} 为醇酸树脂的谱带。3500 cm^{-1} 为 OH 的伸缩振动。2924 cm^{-1}、2854 cm^{-1} 为 CH$_3$、CH$_2$ 的伸缩振动。1728 cm^{-1} 为 C=O 伸缩振动。1658 cm^{-1} 为硝酸酯中 NO$_2$ 反对称伸缩振动，1280 cm^{-1} 为硝酸酯中 NO$_2$ 对称伸缩振动（1278 cm^{-1}）和醇酸树脂 C$_{Ar}$−O−C 反对称伸缩振动（1282 cm^{-1}）的叠加，843 cm^{-1} 为 O−N

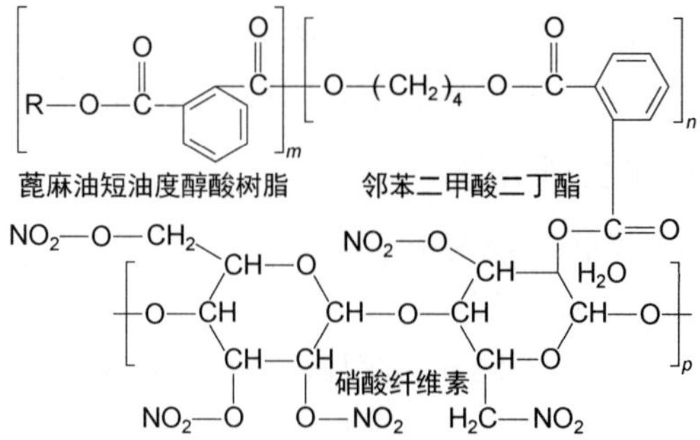

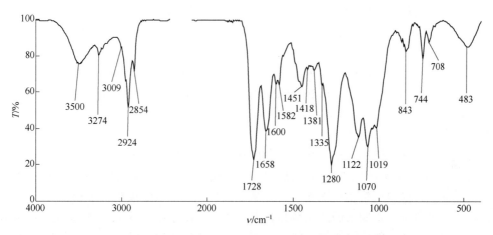

图 12.33　醇酸树脂改性硝酸纤维素涂料主成膜物的示意结构式

图 12.34　醇酸树脂改性硝酸纤维素涂料主成膜物的红外光谱

对称伸缩振动，1658 cm^{-1}、1278 cm^{-1}、843 cm^{-1} 3 个峰同时存在是硝基化合物的标志谱带。1600 cm^{-1}、1582 cm^{-1}、1451 cm^{-1} 为苯环的伸缩振动。1451 cm^{-1} 也有 CH_3 反对称变角振动（1460 cm^{-1}）和 CH_2 面内变角振动（1465 cm^{-1}）的成分。1418 cm^{-1} 为 O-CH_2 面内变角振动，CH_2 因为与电负性强的氧原子相连，振动频率比常值（1465 cm^{-1}）低。1381 cm^{-1} 为 CH_3 对称变角振动。1335 cm^{-1} 为 CH_2 面外摇摆振动。1122 cm^{-1} 为醇酸树脂中 C_{Ar}-O-C 对称伸缩振动。1070 cm^{-1} 为苯环邻位取代 4 个相邻 =CH 面内变角振动。1019 cm^{-1} 为纤维素 C-O 伸缩振动。744 cm^{-1} 是苯环邻位取代 4 个相邻 =CH 面外变角振动。708 cm^{-1} 是苯环的弯曲振动。

12.6　面漆的红外光谱

汽车面漆承担保护整个车身和赋予汽车色彩的功能。面漆由罩光清漆和底色漆（basecoat）组成。底色漆又分为本色底色漆和金属闪光底色漆。

12.6.1　本色底色漆的红外光谱

本色底色漆由成膜物质、赋色颜料和助剂组成。常用作本色底色漆的主成膜物有：丙烯酸聚氨酯树脂（红外光谱请参考"11.11.4.1　丙烯酸聚氨酯树脂涂料的红外光谱"）、醇酸-聚氨酯树脂（红外光谱请参考"11.11.4.3　醇酸聚氨酯树脂涂料的红外光谱"）、丙烯酸-氨基树脂（红外光谱请参考"11.7.5.1　热固性丙烯酸树脂涂料的红外光谱"）、醇酸-氨基树脂（红外光谱请参考"11.5　氨基树脂涂料的红外光谱"）。

所谓赋色颜料是赋予涂料以各种颜色的彩色颜料。赋色颜料主要有钛白粉、炭黑、铁黑、铬黄、酞菁蓝、酞菁绿、大红粉、钒酸铋、钼铬酸黄、铁黄、群青、铬绿。

12.6.2　金属闪光底色漆的红外光谱

金属闪光底色漆开始于 20 世纪 80 年代，至今已占到汽车面漆的 70%以上。金属闪光底色漆由成膜物质、颜料和助剂组成。

金属闪光底色漆按所含颜料的不同分为两种，一种是普通型金属闪光底色漆，另一种是高级金属闪光底色漆。普通型金属闪光底色漆位于中间涂层之上、罩光清漆之下，其中既含着色的透明颜料，也含铝粉、珠光粉等效应颜料。

高级金属闪光底色漆涂于中间涂层之上，底色漆、罩光清漆之下。它不含着色的透明颜料，只含铝粉、珠光粉等效应颜料。采用这类涂装系统，效应颜料的排列更规整、立体感更强、色调更丰满、闪烁更绚丽。

热塑性丙烯酸树脂常用作金属闪光底色漆的主成膜物，为提高其层间附着力，原料常采用一些低羟基含量的丙烯酸树脂或在丙烯酸类树脂大分子主链上引入其他非交联性基团。其红外光谱请参考"11.7.3.1　热塑性丙烯酸树脂涂料的红外光谱""11.7.3.7　醇酸树脂改性热塑性丙烯酸树脂涂料的红外光谱"。

涂有金属闪光底色漆的汽车，从不同角度观察，其漆膜呈现不同的色相，即所谓的"随角异色效应"。能使漆膜产生"随角异色效应"的颜料叫效应颜料（effective pigment）。汽车涂料中常用的效应颜料有铝粉、珠光粉、纳米钛白粉、超细硫酸钡和石墨粉。

铝粉是高纯度金属铝制成的片状颜料，多为圆形，直径为 8~36 μm。铝粉没有红外吸收，不能用红外光谱检验涂料中是否有铝粉。但用红外光谱检验涂料时，几乎不会发生铝粉遮挡住红外光、涂料不出信号的情况。这是因为在以下四种操作模式下，红外光斑直径通常都大于铝粉直径。

（1）标准的红外压片模具压出的溴化钾压片直径为 13 mm。

（2）红外显微镜物镜聚焦后透射过样品的有效红外光斑直径为 100~200 μm。红外显微镜测试的面积直径不能小于 15.4 μm，否则会因为光的衍射效应使与红外光斑相邻的样品也被检测到，使红外光谱不能真实地反映样品的信息。红外光发生衍射效应与其波长有关，红外显微镜检测的频率范围是 4000~650 cm^{-1}，对应光源波长是 2.5~15.4 μm。在 4000 cm^{-1} 处，红外显微镜检测的最小光斑直径约是 8 μm；在 650 cm^{-1} 处，红外显微镜检测的最小光斑直径约是 15.4 μm。

（3）单次反射 ATR 压力杆下端与样品接触的面积的直径为 2 mm，最小也在 250 μm 左右。

（4）高压金刚石池（high pressure diamond anvil cell）的有效直径为 350 μm。

珠光粉是云母表面包覆金属氧化物而成。金属氧化物有 TiO_2、Fe_2O_3、TiO_2+ Fe_2O_3、TiO_2+Cr_2O_3 等。珠光粉有透明的也有半透明的，受可见光照射时产生多重反射、透射、折射、干涉，形成柔和的珍珠光、似彩虹的干涉色、变幻的随角异色效应。

纳米钛白粉粒径为 10~50 nm，可见光的长波（红色至绿色）可透过它，短波（蓝色、紫色）可被反射。纳米钛白粉和珠光粉混用可进一步加强后者的光学效果。钠钛白粉与铝粉混合使用，可散射紫色、蓝色等短波光线，侧视呈现淡雅蓝色；同时，能把红、橙、黄、绿等长波光线透射到铝粉并被反射，正视呈柔和的金黄色。这样产生的随角异色效应给人亮丽、庄严、豪华的艺术感染力。

12.6.3 罩光清漆的红外光谱

欧洲的罩光清漆多为双组分丙烯酸-聚氨酯树脂涂料（红外光谱请参考 "11.11.4.1 丙烯酸聚氨酯树脂涂料的红外光谱"），其中丙烯酸单体为高羟基含量的丙烯酸类。其他地区罩光清漆多为单组分丙烯酸-氨基烤漆（红外光谱请参考 "11.7.5.1 热固性丙烯酸树脂涂料的红外光谱"）。

12.7 车辆涂装检验案例

2015 年 5 月 10 日，孙阳（化名）花费 140 万元人民币从某国际商贸有限公司购买路虎车一辆，第二天洗车时他发现前保险杠颜色有差异，第三天到 H 区法院告卖车公司欺诈销售，要求按《消费者权益保护法》赔付，并经法院同意，和售车公司的工作人员一起委托第三方鉴定机构鉴定：涉案车辆前保险杠右侧涂料是否重新喷涂过。

12.7.1 检验

12.7.1.1 提取被鉴车保险杠涂料

在被鉴车辆前保险杠右侧两处提取漆样，分别命名为：样品 1、样品 2；同时在被鉴车辆前保险杠左侧（原告、被告双方均认为涂层为原装）对称位置也分两处提取漆样，分别命名为：样品 3、样品 4。样品 1~4 的提取位置示意图如图 12.35 所示。

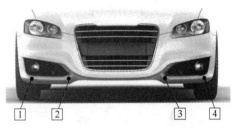

图 12.35　提取漆样位置示意图

12.7.1.2 涂料检验

（1）偏振光显微镜检验涂层　把样品 1~4 漆片用手术刀斜切一剖面，然后置样品台上用偏振光显微镜观察并拍摄图像，见图 12.36 和图 12.37。

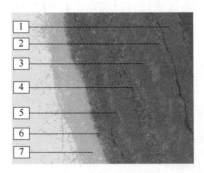
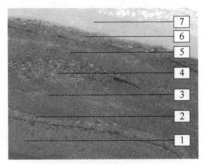

图 12.36　样品 1（左）和样品 2（右）的偏振光显微镜图像

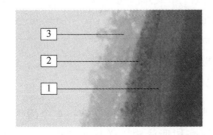
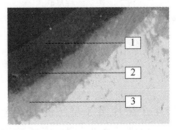

图 12.37　样品 3（左）和样品 4（右）的偏振光显微镜图像

经检验，样品 1 和样品 2 各有 7 层，各层颜色排列顺序一致，其中第 1（底漆）、3、5 层为蓝色，第 2、4、6 层为米色，第 7 层为透明罩光漆；样品 3 和样品 4 各有 3 层，各层颜色排列顺序一致，其中第 1 层为蓝色底漆，第 2 层为米色，第 3 层为透明罩光漆。

（2）傅里叶变换红外光谱仪检验涂料种类　把 1~4 号漆片用手术刀斜切一剖面，然后依次分层取试样各少许，置于高压金刚石池进行红外光谱分析。4 个样品的 1~3 层漆的红外光谱见图 12.38~图 12.40。1~3 层漆鉴定后，4~7 层漆的检验结果对鉴定结论没影响，红外光谱图省略。

图 12.38 为 4 个漆片第 1 层涂料（底漆）的红外光谱，通过比较可以确定：4 个漆片第 1 层漆均为含高岭土的氨基丙烯酸聚氨酯树脂涂料。

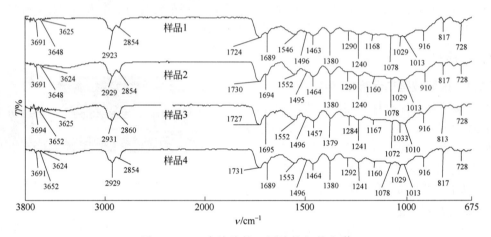

图 12.38　4 个漆片第 1 层漆的红外光谱

图 12.39 为 4 个漆片第 2 层漆的红外光谱，通过比较可以确定：4 个漆片样品第 2 层漆均为氨基丙烯酸聚氨酯树脂涂料。

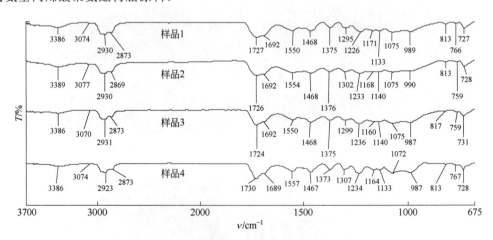

图 12.39　4 个漆片样品第 2 层漆的红外光谱

图 12.40 为 4 个漆片第 3 层漆的红外光谱，通过比较可以确定：4 个漆片样品第 3 层漆成分不同，样品 1 和样品 2 为氨基-丙烯酸聚氨酯树脂涂料，样品 3 和样品 4 为丙烯酸聚氨酯树脂涂料。

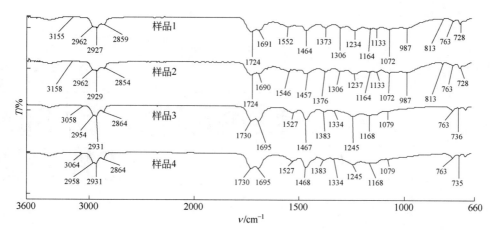

图 12.40　4 个漆片第 3 层漆的红外光谱

（3）分析

① 外观形貌检验结果分析。样品 1、样品 2 和样品 3、样品 4 油漆层数不同：样品 1 和样品 2 各有 7 层，各层颜色排列顺序一致；样品 3 和样品 4 各有 3 层，各层颜色排列顺序一致。

② 涂料种类检验结果分析。4 个漆片样品各层颜色、成分、排列顺序见表 12.2。其中，样品 1 和样品 2 各层涂料成分、颜色一致；样品 3 和样品 4 各层涂料成分、颜色一致。4 个漆片样品的第 1 层、第 2 层对应层涂料成分、颜色相同。4 个漆片样品第 3 层涂料成分、颜色不同，样品 1 和样品 2 为蓝色氨基-丙烯酸聚氨酯漆，样品 3 和样品 4 为透明丙烯酸聚氨酯漆。

表 12.2　4 个漆片样品 1~3 层颜色、成分及排列顺序

	样品	层数	第 1 层	第 2 层	第 3 层
前保险杠右侧	1	颜色	蓝色	米色	蓝色
		成分	含高岭土的氨基丙烯酸聚氨酯树脂涂料	氨基丙烯酸聚氨酯树脂涂料	氨基丙烯酸聚氨酯树脂涂料
	2	颜色	蓝色	米色	蓝色
		成分	含高岭土的氨基丙烯酸聚氨酯树脂涂料	氨基丙烯酸聚氨酯树脂涂料	氨基丙烯酸聚氨酯树脂涂料
	样品	层数	第 1 层	第 2 层	第 3 层
前保险杠左侧	3	颜色	蓝色	米色	透明膜
		成分	含高岭土的氨基丙烯酸聚氨酯树脂涂料	氨基丙烯酸聚氨酯树脂涂料	丙烯酸聚氨酯树脂涂料
	4	颜色	蓝色	米色	透明膜
		成分	含高岭土的氨基丙烯酸聚氨酯树脂涂料	氨基丙烯酸聚氨酯树脂涂料	丙烯酸聚氨酯树脂涂料

12.7.2　检验意见

送检的路虎车前保险杠右侧涂料重新喷涂过。

H 区法院采信了上述检验意见，购车人孙阳依法得到赔偿。必须说明的是，孙阳及早发现问题并迅速投诉到法院、送鉴定机构检验对检验意见被采信起了非常关键的作用。经常有类似情况发生，买车人没能及时发现问题或没有及时投诉、送检，导致后来售车单位承认涂料修补过，但说是售后购车人自己修补的。

第 13 章
红色印泥、印油的红外光谱

　　印章色痕是指图章上的文字、图形借助印油、印泥等形成的印纹图案，简称为印迹。印章是国家机关、社会团体、公司、企事业单位或个人制作的署有本单位或个人名称的一种印模，在社会的各个领域代表着信誉、权威、权利和义务。

　　由于印章使用的广泛性和重要性，在各类刑事、经济和民事案件中，经常涉及印章、印迹的检验。印章、印迹是文件真实性的重要凭证，因此研究无损的检验印迹的方法有着十分重要的意义。

　　印章检验的内容通常是通过比较可疑印章（文）与真实印章（文）的异同来鉴别可疑印章的真伪。印迹检验的内容通常是检验印油、印泥化学成分的异同或其成分随时间变化而老化程度的异同。

　　在刑事技术中，纸张上印迹的检验，一般采用显微分光光度计、紫外-可见光谱仪、红外光谱仪、拉曼光谱仪等。经科技工作者的长期努力，检验方法取得了长足进步。但仍有一些问题没有得到解决，如纸张上微量印迹的无损检验。要检验纸张上印迹首先要进行印油、印泥的成分检验。

　　笔者用美国 Perkin-Elmer 公司 GX-FTIR 红外光谱仪配置的 Auto Image 显微镜，在 NaCl 盐片上检验了 57 种不同牌号的红色印油、印泥。选择的实验方法是：将印油、印泥盖涂于 NaCl 盐片上或纸上，NaCl 盐片上的印迹用透射法扫描，纸上的印迹用 Micro-ATR 扫描。扫描次数为 128 次，扫描范围为 4000~400（700）cm^{-1}。

13.1　样品

　　收集分别产自北京、上海、天津、福建、浙江、江苏、河北、台湾等省市以及日本的 56 种样品，见表 13.1。

表 13.1 实验样品

编号	牌号名称	厂家	编号	牌号名称	厂家
1	八宝印泥	北京一得阁	29	古泉上品黄膘印泥	上海文教用品厂
2	正红印泥		30	工字牌-681 印泥	上海气枪厂
3	朱砂印泥		31	工字牌-684 印泥	
4	珠光印泥		32	工字牌-783 印台	
5	朱红印泥		33	金字牌 684-2 印台	上海墨水厂
6	北京牌印泥		34	翔鹰牌 8682 印泥	上海橡塑制业公司
7	丹霞堆朱印泥		35	翔鹰快干印泥油	上海汇乙橡塑公司
8	特级贡品印泥	漳州八宝印泥厂	36	明色朱红印台液	日本
9	贡品印泥		37	明色印泥	
10	朱砂印泥		38	枣红印台（泡沫）	
11	珍品印泥		39	大红印台（泡沫）	
12	上品印泥		40	红色印台（水性）	
13	壹级贡品印泥		41	红色印台补液	
14	朱红印泥		42	翔鹰 8684	上海橡塑制业公司
15	特制珍品朱印泥	上海西泠印社	43	得力双色印台	宁波得力集团公司
16	箭镞朱砂印泥		44	新式原子印台	河北定兴胶章厂
17	青花美丽朱砂印泥		45	KORES	日本
18	普通印泥		46	秘书印泥	高雄钢笔公司
19	古色印泥		47	ARTLINE 8C0611	日本
20	青花光明朱砂印泥		48	双色印台 985-3	宁波得力公司
21	青花镜面朱砂印泥		49	意宝朱红印泥	天津津玉文化用品厂
22	朱膘印泥		50	高级印台 985-4	宁波得力集团有限公司
23	曹素功牡丽朱砂印泥		51	工字牌印泥	上海气枪厂
24	曹素功英红朱砂印泥		52	马牌印泥	南京永固文化用品厂
25	古泉牌玫瑰朱砂印泥	上海南汇其成文教用品厂	53	八宝印泥	安徽绩溪
26	古泉牌牡丹朱砂印泥		54	印泥	
27	古泉牌珠光朱砂印泥		55	胜利牌朱红印泥 11202	天津市文教用品四厂
28	古泉牌古色印泥		56	荧光加密印台	某机关专用印泥

13.2 红色印油、印泥部分原料的红外光谱

按颜料、染料成分的不同，印油、印泥通常分为两大类：水溶性印油、印泥和油溶性印油、印泥（此后统称印泥）。

水溶性印泥，又叫打印墨水，所用染料是水溶性的，适用于橡皮及木质等字面较粗糙的印鉴使用。油溶性印泥，简称印泥，常用红色。常用的印泥又分两种：朱砂印泥和仿朱砂印泥。

古代用印泥主要是朱砂印泥，其主要原料为朱砂、艾绒、脱水蓖麻油和冰片。朱砂是硫化汞的天然矿石，主要成分为硫化汞（HgS），为鲜红色或暗红色，常混有雄黄、磷灰石、沥

青等杂质。朱砂化学性质稳定，耐水、耐光、耐热、耐酸碱。蓖麻油是朱砂印泥的转移、固定成分，起调和、悬浮、转移色料和牢固印迹的作用。蓖麻油日久氧化，经脱水能形成结膜。冰片起防腐作用。艾绒是用艾叶晒干捣碎而成的绒状物，起吸收印泥的作用。朱砂印泥的耐久性好，印迹经久不褪色。

目前生产、使用的红印泥，通常是仿朱砂印泥，其主要成分是红粉、黄粉、乙萘酚、石炭酸、蓖麻油、陶土、重晶石粉、白艳华、艾绒等。

印泥用大红粉（PR21）是一种用途广泛的偶氮红颜料，主要用于涂料、油墨、皮革、乳胶制品、印泥、蜡烛、化肥、文教用品及化妆品的着色。其优点是色泽好、着色力强、耐酸碱，但在碱中有一定的分散性，并略有油渗和水渗现象。黄粉也是一种颜料，在印泥中起调色作用，使印泥颜色逼近朱砂印泥的颜色。陶土、重晶石粉、白艳华均为白色填料，在印泥中可使颜色调配得更鲜亮，提高大红粉印迹的遮盖力，降低印泥成本。乙萘酚和石炭酸为油溶性防腐剂。

13.2.1　朱砂的红外光谱

朱砂是硫化汞（HgS）的一种变体。硫化汞有 α、β 两种变体。α-硫化汞俗名朱砂（vermilion），天然产的则称为辰砂、朱砂、丹砂，为红色六角晶体，金刚光泽至金属光泽。β-硫化汞又称黑辰砂（metacinnabar），为黑色单斜晶体，有毒。朱砂可用于医药工业，并可用作油漆、油墨、橡胶等的鲜红颜料。朱砂在印泥中用作颜料，其化学性质稳定，耐水、耐光、耐热、耐酸碱。图 13.1 是朱砂的红外光谱。由于印泥中的朱砂量少，朱砂的红外光谱谱带少而且特征性不强，所以印泥中的朱砂很难用红外光谱仪鉴别出来。

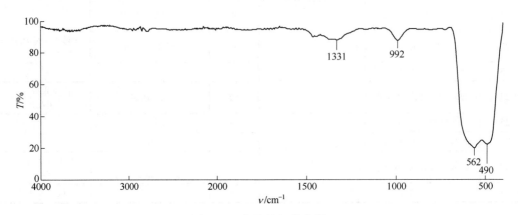

图 13.1　朱砂的红外光谱

13.2.2　艾绒的红外光谱

艾绒的主要成分是纤维素。纤维素是存在于植物机体中的一种天然高分子化合物，其化学组成属于多糖类化合物。其结构式如下：

图 13.2 是艾绒的红外光谱。3337 cm^{-1} 为羟基的伸缩振动。2921 cm^{-1} 为 CH_2 的伸缩振动。1730 cm^{-1} 为艾绒中油脂 C=O 的伸缩振动。1616 cm^{-1} 为吸附水的变角振动。艾绒红外光谱的最强谱带位于 1056 cm^{-1} 左右，而且在主峰两侧有很多弱的肩峰，这些谱带是纤维素分子中醚键伸缩振动和羟基面内弯曲振动的叠加。1427 cm^{-1} 为 CH_2-OH 的变角振动。在检验纸张上印泥时，纸纤维和艾绒纤维的吸收很难区分。667 cm^{-1} 为吸附水的摇摆振动。564 cm^{-1} 为吡喃糖环（5 个碳原子和 1 个氧原子形成的六元环）骨架振动，最常出现在 557 cm^{-1}，是纤维素的标志谱带。

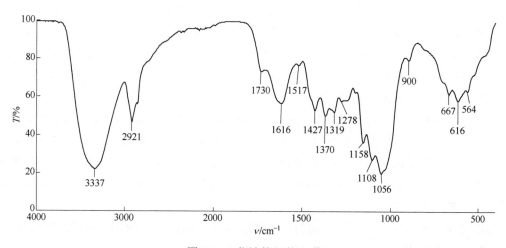

图 13.2　艾绒的红外光谱

13.2.3　一缩二乙二醇的红外光谱

一缩二乙二醇的分子式是 HO-CH_2-CH_2-O-CH_2-CH_2-OH，在印泥中用作连接料，图 13.3 是其红外光谱图。3370 cm^{-1} 是 OH 的伸缩振动。2927 cm^{-1}、2876 cm^{-1} 是 O-CH_2 的反对称伸缩振动和对称伸缩振动，因为与氧原子相连，较常值（2925 cm^{-1}、2855 cm^{-1}）高。COH 的 C-O 和 O-H 共用一个氧原子，O-H 的面内变角振动与 C-O 的伸缩振动发生偶合，分裂为两个谱带，分别位于 1354 cm^{-1} 和 1300~1050 cm^{-1}（1127 cm^{-1}、1060 cm^{-1}）。1354 cm^{-1} 主要是

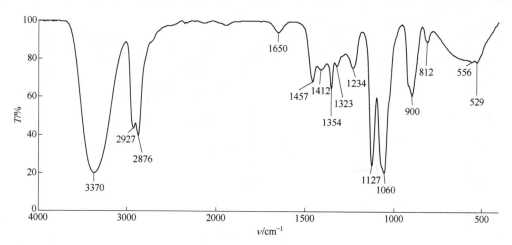

图 13.3　一缩二乙二醇的红外光谱

O–H 的面内变角振动，1127 cm^{-1}、1060 cm^{-1} 主要是 C–O 的伸缩振动。1300~1050 cm^{-1} 之所以生成两个谱带，是因为一缩二乙二醇存在不同的旋转异构体。1412 cm^{-1} 为 O–CH$_2$ 的变角振动。900 cm^{-1} 为 OH 的面外变角振动和 C–O 伸缩振动的叠加。

13.2.4 蓖麻油的红外光谱

对于好的印泥，陈年蓖麻油是必选原料。制印泥前，蓖麻油要先进行熟化处理，在自然条件下曝晒两年以上。具体方法是把蓖麻油盛入玻璃、瓷器等敞口、平底器皿中静置，沉淀并去除杂质，然后置于烈日下曝晒。油层越薄，油与空气接触越充分，熟化反应越快。经曝晒，油中的酵素、甘油、硬脂酸等离析沉淀，可挥发物和水分蒸发，油液变得清澈透明。经过一个夏季，油液已稠厚可用，但经多个夏季处理的油液质量更好。平日可将处理过的油液，倒入瓶中收藏。在收藏过程中，油层与沉淀物又会分离，再把上层油倒出，等到来年夏天再晒。这样晒上几个夏天油质越来越好。

蓖麻油的 80%~92% 是蓖麻油酸，其余是油酸和亚油酸。蓖麻油酸又叫顺式 12-羟基-9-十八烯酸，结构式为 C$_6$H$_{13}$CH(OH)CH$_2$CH=CH(CH$_2$)$_7$COOH，在酸性催化剂存在下，脱去一分子水而成为共轭［C$_6$H$_{13}$CH=CHCH=CH(CH$_2$)$_7$COOH，脱去 12-羟基和 11-氢原子］或非共轭［C$_5$H$_{11}$CH=CHCH$_2$CH=CH(CH$_2$)$_7$COOH，脱去 12-羟基和 13-氢原子］二烯不饱和酸，成为一种性能优良的干性油。

油酸又叫 9-十八烯酸，其结构式为 CH$_3$(CH$_2$)$_7$CH=CH(CH$_2$)$_7$COOH。亚油酸又叫 9,12-十八二烯酸，其结构式为 CH$_3$(CH$_2$)$_4$CH=CHCH$_2$CH=CH(CH$_2$)$_7$COOH。

图 13.4 为蓖麻油的红外光谱。3422 cm^{-1} 为 OH 的伸缩振动，这是蓖麻油的红外光谱与大多数植物油红外光谱的重要区别，因为大多数植物油分子中没有 OH。3008 cm^{-1} 为双键上 =CH 伸缩振动。2927 cm^{-1}、2856 cm^{-1} 分别为 CH$_2$ 的反对称伸缩振动和对称伸缩振动。1744 cm^{-1} 为 C=O 的伸缩振动。1656 cm^{-1} 为 C=C 的伸缩振动。1461 cm^{-1} 为 CH$_3$ 的反对称变角振动和 CH$_2$ 的面内变角振动的叠加。1375 cm^{-1} 为 CH$_3$ 的对称变角振动。1240 cm^{-1}、1166 cm^{-1} 分别为 C–O–C 的反对称伸缩振动和对称伸缩振动。1096 cm^{-1} 为 CH$_2$ 的面外摇摆振动。970 cm^{-1} 为反式双键=CH 面外弯曲振动。724 cm^{-1} 为 CH$_2$ 的面内摇摆振动。

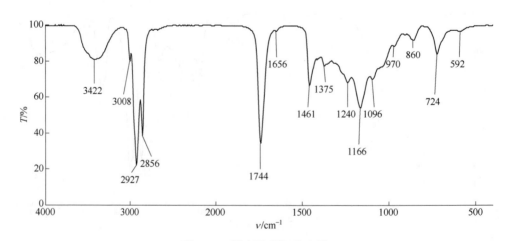

图 13.4　蓖麻油的红外光谱

13.3　56 种印泥的红外光谱

将 56 种红色印泥分别涂在金刚石池或 NaCl 盐片上，在 4000~400 cm^{-1} 用透射方式扫描得其透射光谱。

13.3.1　以蓖麻油为连接料、大红粉为染料的印泥的红外光谱

以蓖麻油为连接料、大红粉为染料的印泥的红外光谱特点是只检出了连接料蓖麻油和染料大红粉，而没有检出填料。漳州八宝印泥厂生产的"丹霞堆朱印泥"属这类印泥，图 13.5 为其红外光谱。图 13.6 为蓖麻油和大红粉的红外光谱，把图 13.5 与图 13.6 相比较可知，图 13.5 中 3405 cm^{-1}、3009 cm^{-1}、2928 cm^{-1}、2856 cm^{-1}、1740 cm^{-1}、1381 cm^{-1}、1178 cm^{-1}、726 cm^{-1} 为蓖麻油的吸收，其中 3405 cm^{-1}、3009 cm^{-1}、1740 cm^{-1} 为蓖麻油的标志谱带。1674 cm^{-1}、1595 cm^{-1}、1548 cm^{-1}、1534 cm^{-1}、1496 cm^{-1}、1449 cm^{-1}、1381 cm^{-1}、1362 cm^{-1}、1333 cm^{-1}、1286 cm^{-1}、1270 cm^{-1}、1196 cm^{-1}、1147 cm^{-1}、1080 cm^{-1}、1015 cm^{-1}、964 cm^{-1}、903 cm^{-1}、836 cm^{-1}、818 cm^{-1}、759 cm^{-1}、697 cm^{-1}、549 cm^{-1}、521 cm^{-1}、493 cm^{-1} 是大红粉染料的吸收，1674 cm^{-1}、1595 cm^{-1}、1548 cm^{-1} 为大红粉染料的标志谱带。

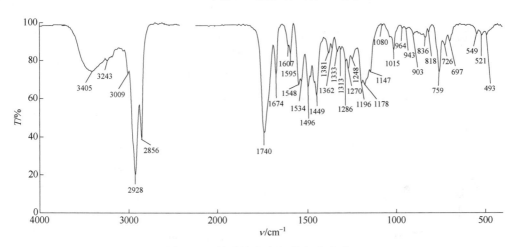

图 13.5　丹霞堆朱印泥的红外光谱

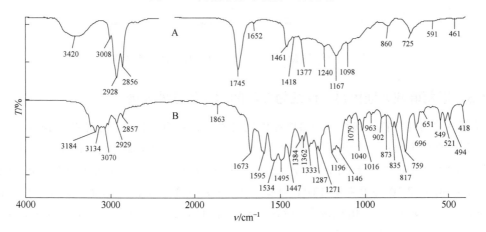

图 13.6　蓖麻油（A）和大红粉（B）的红外光谱

13.3.2 以蓖麻油为连接料、铅铬黄为染料的印泥的红外光谱

以蓖麻油为连接料、铅铬黄为染料的印泥的红外光谱特点是只检出了连接料蓖麻油和染料铅铬黄。北京一德阁生产的"正红印泥"属这类印泥，图13.7为其红外光谱。图13.8为铅铬黄和蓖麻油的红外光谱。把图13.7与图13.8相比较可知，图13.7中3397 cm^{-1}、3008 cm^{-1}、2929 cm^{-1}、2857 cm^{-1}、1738 cm^{-1}、1460 cm^{-1}、1378 cm^{-1}、1244 cm^{-1}、1177 cm^{-1}、725 cm^{-1}是蓖麻油的吸收；859 cm^{-1}是铅铬黄染料的吸收。

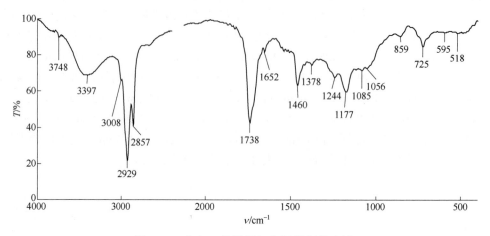

图 13.7　北京一得阁正红印泥的红外光谱

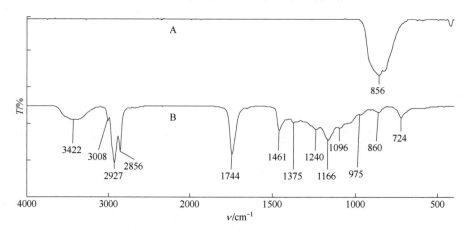

图 13.8　铅铬黄（A）和蓖麻油（B）的红外光谱

13.3.3 以蓖麻油为连接料、铁红为颜料的印泥的红外光谱

以蓖麻油为连接料、铁红为颜料的印泥的红外光谱特点是只检出了连接料蓖麻油和颜料铁红，而没有检出填料。上海西泠印社生产的"古色印泥"属这类印泥，图13.9为其红外光谱。图13.10为铁红和蓖麻油的红外光谱，图13.11为西泠印社古色印泥的EDX能谱图。比较图13.9和图13.10并参考图13.11可知，图13.9中3423 cm^{-1}、3006 cm^{-1}、2927 cm^{-1}、2855 cm^{-1}、1744 cm^{-1}、1462 cm^{-1}、1379 cm^{-1}、1243 cm^{-1}、1169 cm^{-1}是蓖麻油的吸收；547 cm^{-1}、475 cm^{-1}为铁红的吸收。

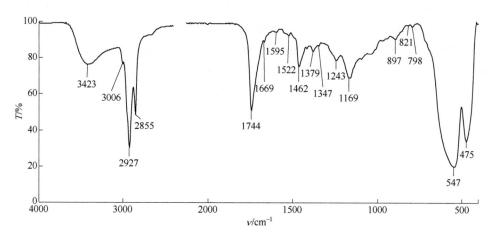

图 13.9　西泠印社古色印泥的红外光谱

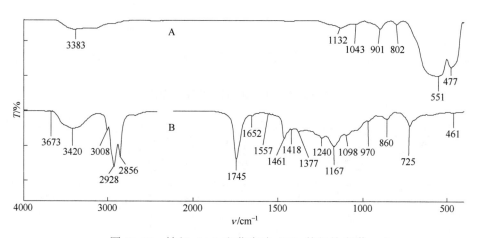

图 13.10　铁红（A）和蓖麻油（B）的红外光谱

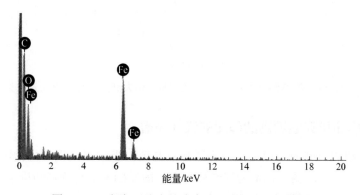

图 13.11　上海西泠印社古色印泥的 EDX 能谱图

13.3.4　用蓖麻油、重晶石粉和大红粉制的印泥的红外光谱

北京一得阁生产的"珠光印泥"属于用蓖麻油、重石晶粉和大红粉制的印泥，图 13.12 为其红外光谱。图 13.13 为蓖麻油、重晶石粉和大红粉的红外光谱。比较图 13.12 和图 13.13

可知,图 13.12 中 3386 cm^{-1}、3008 cm^{-1}、2928 cm^{-1}、2856 cm^{-1}、1743 cm^{-1}、1380 cm^{-1}、1169 cm^{-1}、725 cm^{-1} 为蓖麻油的吸收;610 cm^{-1}、633 cm^{-1}、985 cm^{-1} 以及 1300~1000 cm^{-1} 的宽、强吸收为硫酸钡的吸收;1675 cm^{-1}、1592 cm^{-1}、1548 cm^{-1}、1533 cm^{-1}、1496 cm^{-1}、1446 cm^{-1}、1380 cm^{-1}、1362 cm^{-1}、1335 cm^{-1}、876 cm^{-1}、762 cm^{-1}、694 cm^{-1}、521 cm^{-1} 是大红粉染料的吸收。

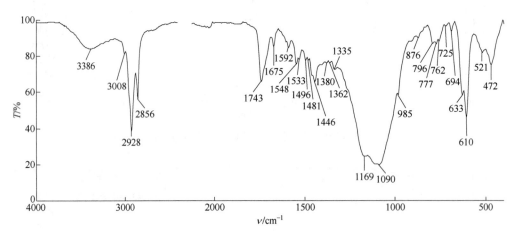

图 13.12 "珠光印泥"的红外光谱

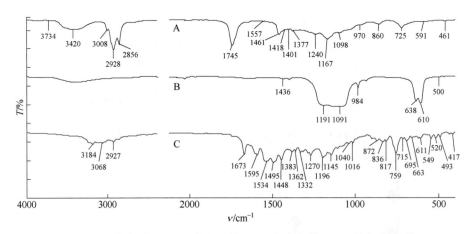

图 13.13 蓖麻油(A)、重晶石粉(B)和大红粉(C)的红外光谱

13.3.5 用蓖麻油和碳酸钙制的印泥的红外光谱

用蓖麻油和碳酸钙制的印泥的红外光谱特点是填料吸收强,没有检出赋色颜料。"特级贡品印泥"属这类印泥,图 13.14 为其红外光谱。图 13.15 是蓖麻油和碳酸钙的红外光谱。比较图 13.14 和图 13.15 可知,图 13.14 中 3463 cm^{-1}、2927 cm^{-1}、2855 cm^{-1}、1743 cm^{-1}、1462 cm^{-1}、1383 cm^{-1}、1242 cm^{-1}、1170 cm^{-1}、1097 cm^{-1}、1035 cm^{-1}、971 cm^{-1} 是蓖麻油的吸收; 876 cm^{-1}、1793 cm^{-1}、2522 cm^{-1} 以及 1430 cm^{-1} 附近的宽、强吸收为碳酸钙的吸收。蓖麻油在 725 cm^{-1} 有 CH$_2$ 的面内摇摆振动吸收,碳酸钙在 713 cm^{-1} 有 CO$_3^{2-}$ 面内变角振动吸收,二者重叠后在 715 cm^{-1} 出现吸收。

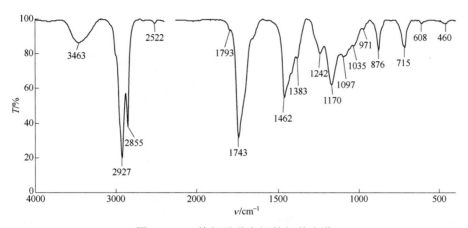

图 13.14　特级贡品印泥的红外光谱

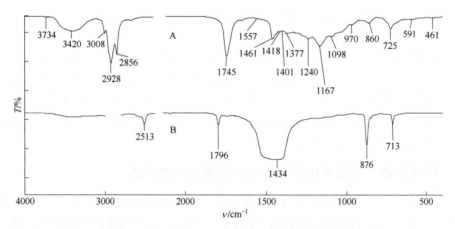

图 13.15　蓖麻油（A）和碳酸钙（B）的红外光谱

13.3.6　用蓖麻油、碳酸钙和大红粉制的印泥的红外光谱

上海西泠印社"普通印泥"属于用蓖麻油、碳酸钙和大红粉制的印泥，图 13.16 为其红外光谱。图 13.17 是蓖麻油、碳酸钙和大红粉的红外光谱。比较图 13.16 和图 13.17 可知，图 13.16 中 2927 cm^{-1}、2855 cm^{-1}、1738 cm^{-1}、1242 cm^{-1}、1178 cm^{-1} 是蓖麻油的吸收；714 cm^{-1}、

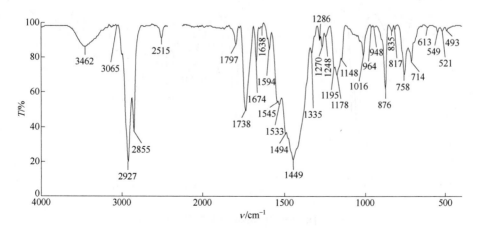

图 13.16　上海西泠印社"普通印泥"的红外光谱

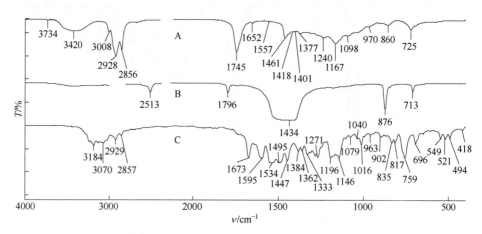

图 13.17　蓖麻油（A）、碳酸钙（B）和大红粉（C）的红外光谱

876 cm^{-1}、1797 cm^{-1}、2515 cm^{-1} 以及 1449 cm^{-1} 附近的宽、强吸收为碳酸钙的吸收；碳酸钙在 1420 cm^{-1} 附近有宽、强吸收，蓖麻油在 1460 cm^{-1} 附近有强吸收，大红粉在 1447 cm^{-1} 有吸收，三者偶合在 1449 cm^{-1} 附近出现宽、强吸收。1674 cm^{-1}、1594 cm^{-1}、1545 cm^{-1}、1533 cm^{-1}、1449 cm^{-1}、1335 cm^{-1}、1270 cm^{-1}、1178 cm^{-1}、1016 cm^{-1}、835 cm^{-1}、758 cm^{-1}、549 cm^{-1}、521 cm^{-1}、493 cm^{-1} 为大红粉的吸收。

13.3.7　用蓖麻油、铬酸铅和大红粉制的印泥的红外光谱

"翔鹰 8684 印泥"属于用蓖麻油、铬酸铅和大红粉制的印泥，图 13.18 是其红外光谱。图 13.19 为蓖麻油、铬酸铅和大红粉的红外光谱。比较图 13.18 和图 13.19 可知，图 13.18 中 3397 cm^{-1}、3008 cm^{-1}、2928 cm^{-1}、2856 cm^{-1}、1745 cm^{-1}、1458 cm^{-1}、1378 cm^{-1}、1239 cm^{-1}、1167 cm^{-1}、1098 cm^{-1}、858 cm^{-1}、728 cm^{-1} 为蓖麻油的吸收；858 cm^{-1} 为铬酸铅的吸收；1673 cm^{-1}、1595 cm^{-1}、1533 cm^{-1}、1495 cm^{-1}、1362 cm^{-1}、1269 cm^{-1}、903 cm^{-1}、817 cm^{-1}、753 cm^{-1}、698 cm^{-1}、550 cm^{-1} 为大红粉的吸收。

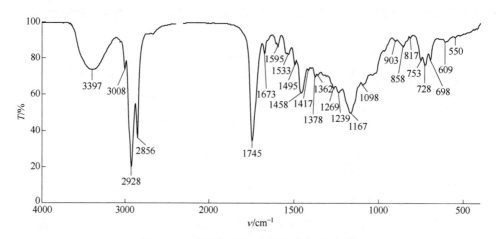

图 13.18　"翔鹰 8684 印泥"的红外光谱

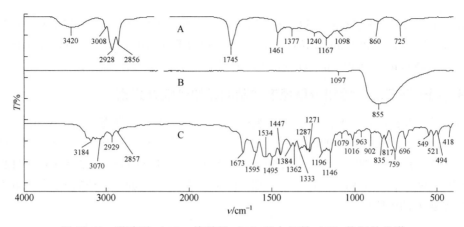

图 13.19　蓖麻油（A）、铬酸铅（B）和大红粉（C）的红外光谱

13.3.8　用邻苯二甲酸二辛酯、环氧树脂和大红粉制的印泥的红外光谱

"荧光加密印泥"属于用邻苯二甲酸二辛酯、环氧树脂和大红粉制的印泥，图 13.20 是其红外光谱。图 13.21 是大红粉、环氧树脂和邻苯二甲酸二辛酯的红外光谱。比较图 13.20 和图 13.21 可知，图 13.20 中 2957 cm^{-1}、2927 cm^{-1}、1732 cm^{-1}、1461 cm^{-1}、1379 cm^{-1}、1285 cm^{-1}、

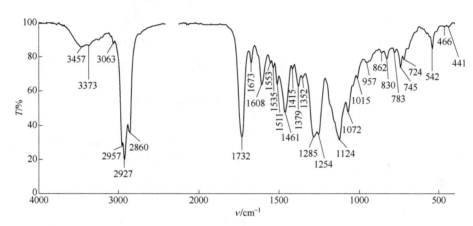

图 13.20　荧光加密印泥的红外光谱

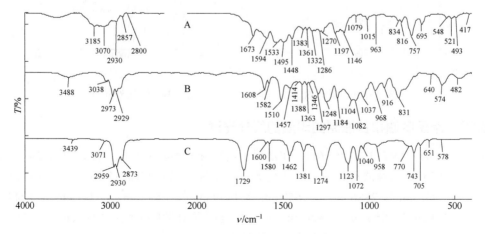

图 13.21　大红粉（A）、环氧树脂（B）和邻苯二甲酸二辛酯（C）的红外光谱

1124 cm^{-1}、1072 cm^{-1}、957 cm^{-1}、745 cm^{-1} 为邻苯二甲酸二辛酯的吸收；2927 cm^{-1}、1673 cm^{-1}、1535 cm^{-1}、1379 cm^{-1}、1285 cm^{-1}、1015 cm^{-1} 为大红粉的吸收。2927 cm^{-1}、1608 cm^{-1}、1511 cm^{-1}、1461 cm^{-1}、1254 cm^{-1}、830 cm^{-1} 为环氧树脂的吸收。

13.3.9　用一缩二乙二醇和少量蓖麻油制的印油的红外光谱

日本生产的枣红印台（泡沫）中的印油为用一缩二乙二醇和少量蓖麻油制的印油，图 13.22 为其红外光谱。图 13.23 为蓖麻油和一缩二乙二醇的红外光谱。比较图 13.22 和图 13.23 可知，图 13.22 中 3370 cm^{-1}、2927 cm^{-1}、2876 cm^{-1}、1462 cm^{-1}、1354 cm^{-1}、1234 cm^{-1}、1128 cm^{-1}、1060 cm^{-1}、898 cm^{-1}、811 cm^{-1} 是一缩二乙二醇的吸收；2927 cm^{-1}、1737 cm^{-1}、1462 cm^{-1}、719 cm^{-1} 是蓖麻油的吸收。

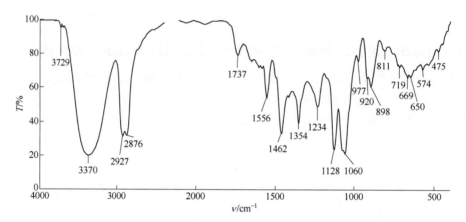

图 13.22　日本枣红印台印油的红外光谱

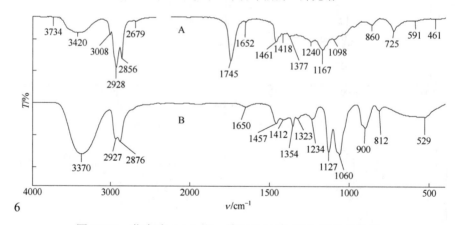

图 13.23　蓖麻油（A）和一缩二乙二醇（B）的红外光谱

13.3.10　用蓖麻油和甘油制的印油的红外光谱

日本生产的"ARTLINE 8C0611"印油属于用蓖麻油和甘油制的印油，图 13.24 为其红外光谱。图 13.25 是蓖麻油和甘油的红外光谱。比较图 13.24 和图 13.25 可知，图 13.24 中 3350 cm^{-1}、2932 cm^{-1}、2886 cm^{-1}、1659 cm^{-1}、1459 cm^{-1}、1233 cm^{-1}、1111 cm^{-1}、1044 cm^{-1}、996 cm^{-1}、924 cm^{-1}、856 cm^{-1}、820 cm^{-1} 和 678 cm^{-1} 是甘油的吸收；2932 cm^{-1}、1743 cm^{-1}、1459 cm^{-1}、1233 cm^{-1}、856 cm^{-1} 为蓖麻油的吸收。

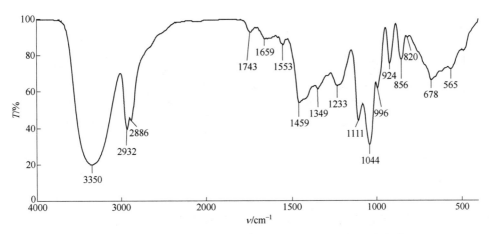

图 13.24　日本生产的"ARTLINE 8C0611"印油的红外光谱

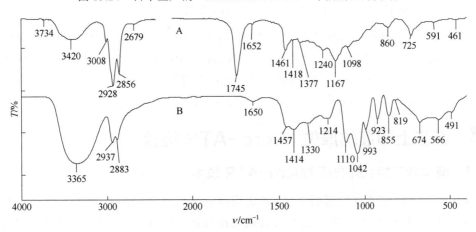

图 13.25　蓖麻油（A）和甘油（B）的红外光谱

13.3.11　用石蜡油、白云石和滑石粉制的印泥的红外光谱

天津津玉文化用品厂生产的"意宝朱红印泥"属于用石蜡油、白云石和滑石粉制的印泥，图 13.26 是其红外光谱。其特点是有机成分的谱带少，无机成分的谱带多，特征明显。图 13.27

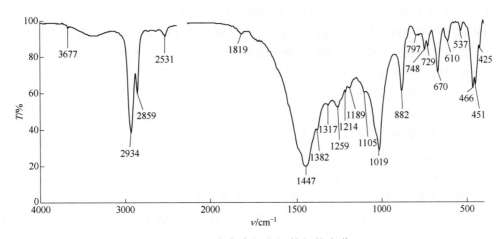

图 13.26　意宝朱红印泥的红外光谱

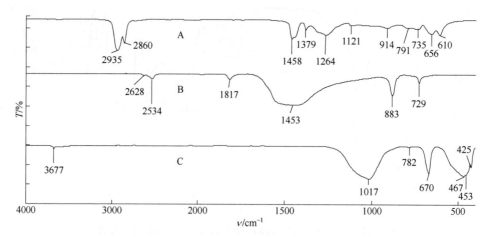

图 13.27　石蜡油（A）、白云石（B）和滑石粉（C）的红外光谱

是石蜡油、白云石和滑石粉的红外光谱。比较图 13.26 和图 13.27 可知，图 13.26 中 2934 cm^{-1}、2859 cm^{-1}、1447 cm^{-1}、1259 cm^{-1}、797 cm^{-1}、748 cm^{-1}、610 cm^{-1} 是石蜡油的吸收；3677 cm^{-1}、1019 cm^{-1}、670 cm^{-1}、466 cm^{-1}、451 cm^{-1}、425 cm^{-1} 为滑石粉的吸收。2531 cm^{-1}、1819 cm^{-1}、1189 cm^{-1}、882 cm^{-1}、797 cm^{-1}、729 cm^{-1} 是白云石的吸收。

13.4　纸张上印痕的原位 Micro-ATR 检验

13.4.1　傅里叶变换红外光谱 Micro-ATR 技术

NaCl 盐片上印泥的红外透射光谱，真实而准确地反映了印泥在 4000~400 cm^{-1} 范围的红外吸收，它不存在某些测试方法中提取试剂或载体（如纸张）的影响。但是，刑事技术中的印泥检验，多是纸张上的印迹，不仅量小，而且要求不破坏检材。纸张的透射率低，反射光散射严重，纸张上的印泥直接用透射方法或反射方法原位检验均不理想。手术刀刮取物的红外光谱纸纤维的吸收强度远大于印泥的吸收。Micro-ATR 技术则可以较好地解决这一难题。

ATR 是英文 attenuated total reflection 的缩写，译为衰减全反射，又叫内反射（internal reflection）。ATR 附件常用的晶体材料有 KRS-5、锗、氯化银、溴化银和硅等。

ATR 附件早在 1961 年就出现在市场上，受当时红外光谱仪性能的限制，实际应用的领域很少。傅里叶变换红外光谱仪的出现和快速检测器的应用，使 ATR 技术获得新生和发展。

当一束光由一种介质进入另一种介质时，通常会同时有折射和反射现象发生。但是，当一束光由折射率大的光密介质 1 进入折射率小的光疏介质 2，入射角由零开始逐渐增大到某一角度时，光束会被全部反射，而没有了折射光，我们称此现象为全反射。全反射现象不完全是在两种介质的界面上进行的，部分光束要进入到介质 2 一段距离后才反射回来，其强度随透入深度的增加按指数规律衰减，这种现象叫作衰减全反射。

经过一次衰减全反射，光穿过样品的路程短，样品对光的吸收较少，故其能量变化也较小，所得红外光谱谱带弱，信噪比差。为了克服这些缺点，现代 ATR 附件通过增加全反射次数提高红外光谱质量，这就是多重衰减全反射，其在 ATR 晶体内部的光路如图 13.28 所示。

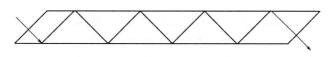

图 13.28　红外光在 ATR 晶体内的多次全反射

全反射次数 N 与晶体材料长度 L 和厚度（即两个反射面的距离）d 及入射角 α 有如下关系：

$$N = L\cos\alpha / d$$

PerkinElmer 公司提供的 ATR 全反射次数约为 15~46 次，这就相当于增加了检材的数量。红外光谱法中的微区衰减全反射（Micro-ATR）附件的特性使得这项技术特别适合检验纸张表面的印泥、油墨等。经试验发现：一般文件上钤盖的印章色痕面积达到 30 μm×30 μm 即可得到较好的红外光谱。

13.4.2　纸张上印泥的傅里叶变换红外 Micro-ATR 光谱

13.4.2.1　实验方法

（1）调整样品台的位置，使 ATR 附件放下后能准确地落在计算机屏幕上 150 μm×150 μm 的方框图中心。

（2）扫描本底　把金镜放到样品台上，放下 ATR 附件；调整 ATR 附件在金镜上的压力，使之达到理想大小；扫描本底（background）；取下金镜。

（3）扫描空白纸的红外光谱　把带有欲检印痕的纸张平展地固定在样品架上（或载玻片上），然后把样品架放到样品台上；调整样品台的位置，使计算机屏幕上 150 μm×150 μm 的方框图对准要检验的印痕附近的空白纸，放下 ATR 附件；调整 ATR 附件在空白纸上的压力，使之与扫描本底时的压力相匹配；扫描空白纸的红外光谱。

（4）扫描印痕的红外光谱　把计算机屏幕上 150 μm×150 μm 的方框图对准要检验的印痕，放下 ATR 附件；调整 ATR 附件的压力，使之与扫描本底时的压力相匹配；扫描印痕的红外光谱。

（5）差谱　选择合适的差谱因子，做印痕红外光谱和空白纸红外光谱的差谱，即可得印泥的红外光谱。

13.4.2.2　ATR 差谱与盐片上透射谱的比较

图 13.29 是纸张上印痕的傅里叶变换红外 Micro-ATR 光谱图。图中谱线 A 是用微区衰减

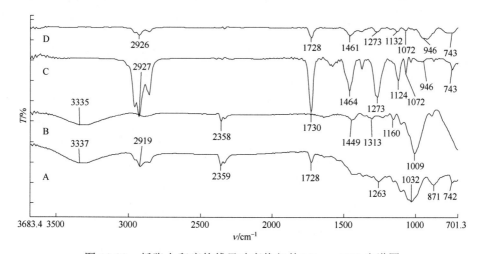

图 13.29　纸张上印痕的傅里叶变换红外 Micro-ATR 光谱图

全反射技术原位直接测定的纸张上印痕的红外光谱，它反映的是印泥和纸张的综合信息；谱线 B 是空白纸的红外光谱；谱线 C 是印在 NaCl 盐片上的印泥的红外光谱，它的谱带均为印泥的吸收；谱线 D 是谱线 A 和谱线 B 的差谱。利用红外差谱技术的目的是扣除纸张的影响，尽可能高质量地获得纸上印泥的特征吸收。比较谱线 C 和谱线 D 发现，在 1160~950 cm^{-1} 范围内谱带有较大变化，差谱技术难以完全消除纤维素的吸收。这是由纸张纤维素分子中醚键和羟基的强吸收所致。其余谱带的峰位、相对强度基本能反映印泥的特征吸收。因此，傅里叶变换显微红外光谱微区衰减全反射技术可以直接、无损地测定纸张上印泥色痕的结构组成，鉴别印泥的种类。

ATR 技术所用检材面积很小，如果检材不均匀，则谱图的重现性不好。ATR 技术对操作者的熟练程度要求比较高，要有丰富的实践经验才能获得重现性好的红外光谱。

第 14 章
热敏纸的红外光谱检验

热敏纸是涂布了含有成色材料，受热后能自身显色的信息记录纸。其制造原理就是在优质的原纸上涂布一层"热敏涂料"，借助热笔头产生局部熔融，涂料中的无色染料和显色剂受热发生化学反应而显色。

高质量的热敏纸要求背景灰度低、图像密度高、显色灵敏、图像稳定。

14.1 热敏涂料的原料

热敏涂料通常包括 5 部分：无色染料（leuco）、显色剂（devoloper）、增感剂（sensitizer）、稳定剂（stabilizer）和其他辅助成分（如填料和黏合剂）。

14.1.1 无色染料

无色染料通常是结构中含有内酯环的无色或淡色粉末，约占热敏涂料质量的 6%左右。无色染料与显色剂（路易斯酸）混合，在一定条件下（如受热、受压），内酯环开环生成有色化合物，从而达到记录信息的目的。

1950 年美国 NCR 公司（The National Cash Register Company）开发的结晶紫内酯（CVL）是第一代热敏染料。由于 CVL 的发色反应是可逆的（图 14.1），即内酯环开环（呈现蓝色）后又会闭合（呈无色），记录的字、图容易褪色。1969 年 NCR 公司制成新一代黑色荧烷化合物 2-苯氨基-3-甲基-6-二乙氨基荧烷（代号 ODB 或 N-102）。

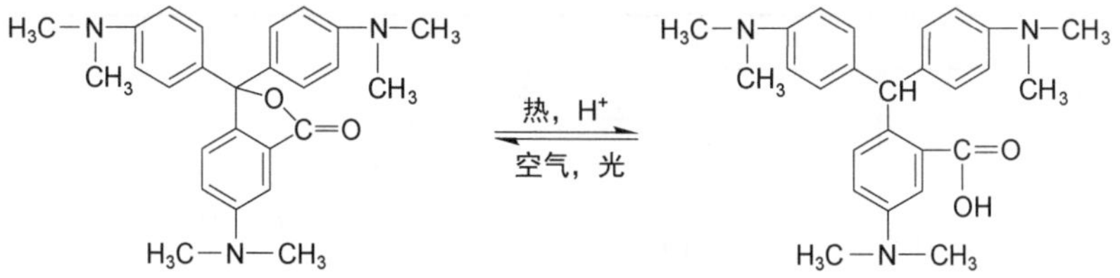

(a) 内酯环闭环（无色）　　(b) 内酯环开环（蓝色）

图 14.1　结晶紫内酯显色和褪色反应

目前，无色染料主要有以下 4 种类型。

（1）芳甲烷类染料　如结晶紫内酯，其结构式见图 14.2。

（2）荧烷类染料　如 ODB，其结构式见图 14.3。

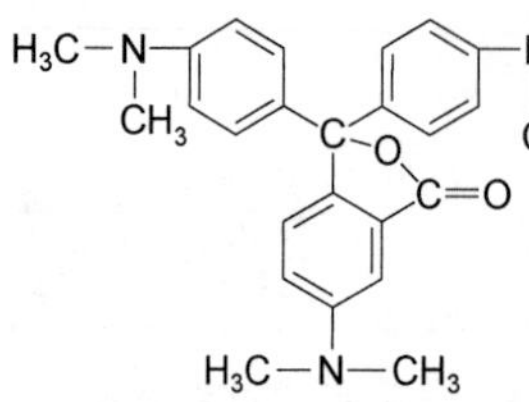

图 14.2　结晶紫内酯的结构式

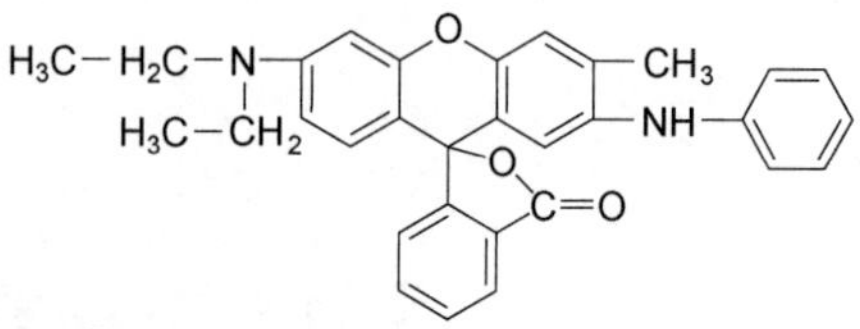

图 14.3　ODB 的结构式

（3）吲哚啉酞类染料　如 PB，其结构式见图 14.4。

（4）吩噻嗪类染料　如 MLMB，其结构式见图 14.5。

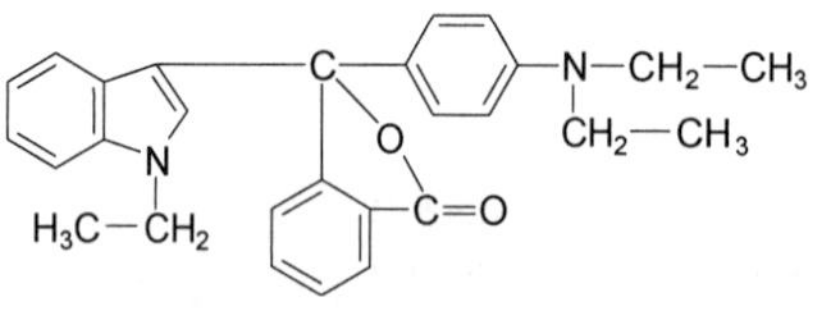

图 14.4　PB 的结构式

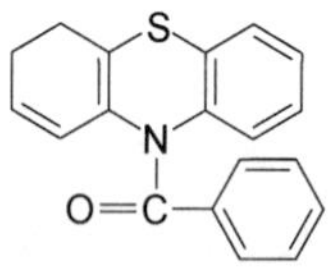

图 14.5　MLMB 的结构式

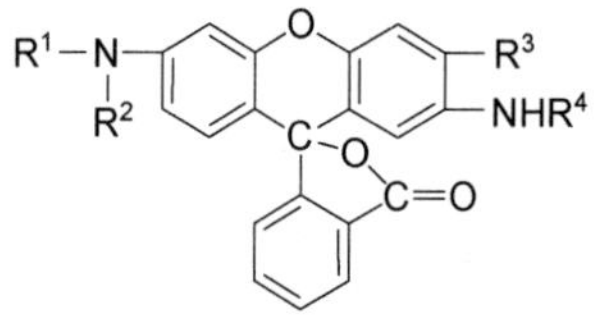

图 14.6　荧烷类热敏染料的结构通式

在上述 4 类热敏染料中，荧烷类约占总量的 80% 左右，能获得黑、绿、红、橙等多种色泽。本章重点介绍的也是荧烷类热敏染料。图 14.6 为荧烷类热敏染料的结构通式，取代基 R^1、R^2、R^3 和 R^4 不同，可以得到颜色、色调、敏感度和稳定性不同的荧烷热敏染料。

选择无色染料的标准是：①有较高的白度；②有适宜的熔点；③在常温下稳定；④与显色剂反应迅速；⑤价格适中。

荧烷类热敏染料主要品种的结构式如表 14.1 所示，结构式的主要差别在于通式中 R^1、R^2、R^3、R^4 四个取代基的不同。通常，取代基小，反应速率快，发色灵敏度高，稳定性差；反之，取代基大，反应速率慢，发色灵敏度低，稳定性好。比如 ODB-1 的取代基是乙基，ODB-2 的取代基是丁基，前者发色快、稳定性差，后者发色慢、稳定性好。

两种或两种以上的成色剂混合使用，可以产生互补和协同作用。例如，ODB-1 与 ODB-2，ODB 与 TH-106 混合使用即可提高发色速度，又能提高稳定性。

表 14.1　主要荧烷类热敏染料的代号、熔点、结构式

染料代号	熔点/℃	取代基团结构				染料结构式
		R^1	R^2	R^3	R^4	
ODB-1（TF-BL2 或 N-102）	199~201	C_2H_5	C_2H_5	CH_3	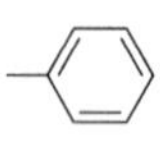 苯基	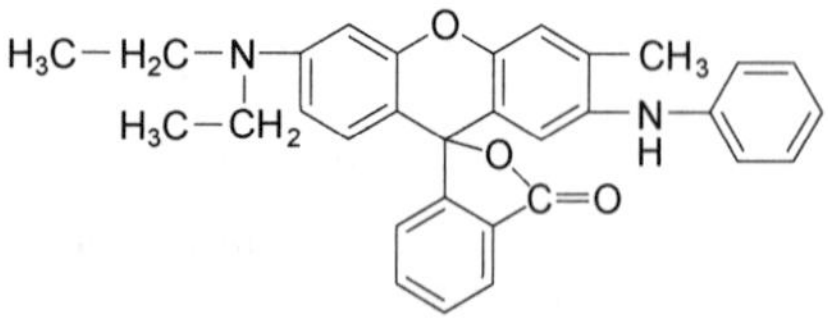
ODB-2（TH-108 或 TF-BL1）	145~148	C_4H_9	C_4H_9	CH_3	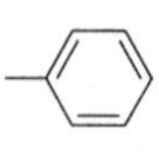 苯基	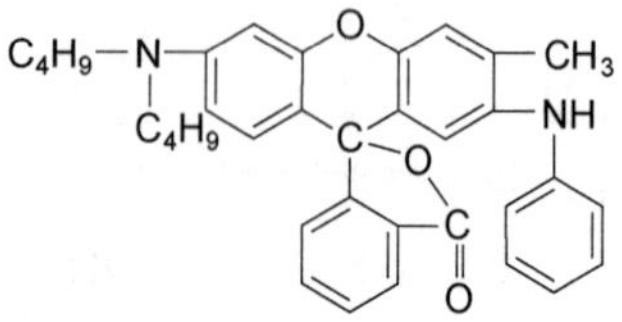

续表

染料代号	熔点/℃	取代基团结构				染料结构式
		R^1	R^2	R^3	R^4	
TH-106	208~209	C$_4$H$_9$	C$_4$H$_9$		对氯苯基	
TH-107	180~181	C$_2$H$_5$	C$_2$H$_5$		邻氯苯基	
S-205	164~165	C$_5$H$_{11}$	C$_2$H$_5$	CH$_3$	苯基	
ETAC	206~207	C$_2$H$_5$	对甲苯基	CH$_3$	苯基	
黑305		C$_5$H$_{11}$	C$_5$H$_{11}$	CH$_3$	苯基	
富士黑	171~177	C$_2$H$_5$	C$_2$H$_5$	Cl	苯基	

14.1.2 显色剂

热敏显色剂的作用是与热敏染料反应使染料内酯环开环转化为共振发色基团，其反应机理见图 14.7。显色剂通常是含羟基的酸性化合物（路易斯酸）。显色剂约占热敏涂料质量的 20%左右。

显色剂和无色染料熔融后发生化学反应才能发色，所以若二者熔点低、熔解热小，有利于提高记录速度，但熔点过低会使图像不稳定。应保持热敏纸在 70 ℃以下不变色。

14.1.2.1 显色剂的主要类型

热敏显色剂要与热敏染料相容性好，二者熔点适配。显色剂的主要类型如表 14.2 所示。

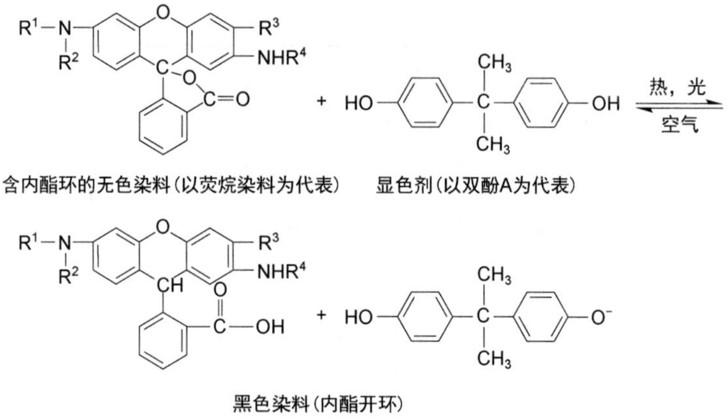

含内酯环的无色染料(以荧烷染料为代表)　　显色剂(以双酚A为代表)

黑色染料(内酯开环)

图 14.7　热敏涂层的反应机理

使用最多的热敏显色剂是 2,2-二(4-羟基苯)丙烷（俗称双酚 A，代号 BPA）、对羟基苯甲酸酯（PHBB）和二苯砜类。

双酚 A 价格便宜，与增感剂 A、脂肪酸酰胺类化合物应用最广。但双酚 A 能溶于多种常见溶剂，与化学品或溶剂接触时，容易发色而造成底灰或褪色，因而 PHBB 的使用较多。

PHBB 比 BPA 发色快、颜色浓度高，宜用于高速记录，但图像容易白化。

二苯砜类主要用于标签热敏纸。用二苯砜类显色剂制得的标签热敏纸底色不易泛黄，多用于超市商品的标签，避免使人感觉商品陈旧。

14.1.2.2　显色剂的改性

在用热敏打印的早期，记录速度较慢，使用的显色剂以熔点较高（157~158 ℃）的 BPA 为主。它显色速度慢，但价格低廉，容易推广。随着热敏打印速度提高，使用的显色剂逐渐以 PHBB 为主。PHBB 熔点低（111~112 ℃），显色速度快。经过一段时间的使用，发现 PHBB 显色后图像、字迹容易褪色或发白，稳定性稍差。

为寻找更好的显色剂，人们对上述两种显色剂进行改性，主要采取以下两种措施。

14.1.2.2.1　改进显色剂结构

为降低 BPA 的熔点，提高其显色速度，在 BPA 或 PHBB 分子中导入其他基团，改变 BPA 分子结构的对称性，表 14.2 中四种双酚类衍生物显色剂的后三种就属于这种情况。

在表 14.2 的对羟基苯甲酸类显色剂的分子中引入有丙基结构的，其显色速度与 PHBB 相当，改善了其容易白化褪色的现象。

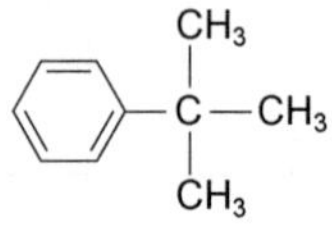

14.1.2.2.2　使用混合显色剂

1 份 BPA 中加入 1~2 份辛基苯酚，能大幅降低熔点，提高灵敏度。1 份 PHBB 与 2~6 份 BPA 并用，不仅可提高发色速度，而且可改善粘笔现象。

14.1.3　增感剂

增感剂约占热敏涂料质量的 10%左右。增感剂本身不参与显色反应，但能提高显色剂灵敏度和防止粘笔头。增感剂主要通过以下 3 种方式发挥增感作用：

（1）增感剂熔点低，受热熔化后表面张力小，可以快速溶解无色染料和显色剂，扩大二者接触面积、加快化学反应速率和显色速度。

表 14.2 显色剂的主要类型

类型及结构通式	代表品种	R^1	R^2	代表品种结构式
双酚 A 类	双酚 A（BPA）	CH_3	CH_3	
		CH_3		
	AP-5	CH_3		
	PHBB	$-CH_2-$		
对羟基苯甲酸类		$-CH_2-$		
羟基取代苯酰胺类	SV-3	H		
		H		

续表

类型及结构通式	代表品种	R^1	R^2	代表品种结构式
二苯砜及其衍生物	BPS			(HO-C6H4-SO2-C6H4-OH)
	TGSA	$H_2C=CH-$	$H_2C=CH-$	(结构式)
	D_8	甲苯基	苯基	(结构式)
		R_3, $-CH(CH_3)_2$		(异丙氧基二苯砜结构式)
		R_3, $-CH_2-$ (苯基)		(苄氧基二苯砜结构式)
水杨酸及其衍生物	水杨酸			(水杨酸结构式)
	水杨酸衍生物			(水杨酸酰胺衍生物结构式，含 R^1、R^2)

（2）降低无色染料和显色剂组成的显色体系的共熔点。
（3）降低显色体系熔融后形成的溶液的表面张力，增加渗透、扩散和显色速率。

增感剂的主要类型见表 14.3。这些增感剂的熔点均在 90~110 ℃之间，分子中含有 2~3 个苯环。其中使用比较多的是高级脂肪酸酰胺类腊质化合物。

要根据热敏纸的使用终端选择增感剂类型。如用于传真机的热敏纸，因设备加热温度低，就要选择熔点低的增感剂。而用于钻井图表打印的热敏纸显像温度高达 180 ℃，可选用熔点高的增感剂。标签用热敏纸通常选用中等熔点的增感剂。

表 14.3 增感剂的主要类型

化学类型	名称或代号	结构式及 CAS 号
萘化合物	PHNT	(CAS：607-58-9)
		(CAS：132-54-7)
芳香类化合物	PBBP	
酰胺类化合物		$C_{17}H_{35}-\overset{O}{C}-NH_2$
		$C_{17}H_{35}-\overset{O}{C}-NH-C_2H_4-NH-\overset{O}{C}-C_{17}H_{35}$
苯甲酸酯或对苯二甲酸酯类化合物	对苯二甲酸甲酯（DMT）	
	对苯二甲酸苯甲酯	
苯醚类化合物	DPE	(CAS：104-66-5)
		$R^1-\text{〇}-O-\text{〇}-R^2$

14.1.4 稳定剂

稳定剂的作用是改善热敏纸的底色和图像的保存，以及耐化学试剂的稳定性。热敏涂料的稳定剂种类繁多，一些橡胶或塑料的抗氧剂可用作热敏涂料的稳定剂，如双酚 S 及双苄酯等。以聚乙烯醇缩丁醛为胶黏剂并添加氧化锌，可以提高热敏涂层的耐光性、耐水性、耐增塑剂性。

14.1.5 辅助材料

热敏涂料还要用多种填料、胶黏剂和润滑剂等辅助材料。

14.1.5.1 填料

填料一般占热敏涂料的40%左右，分无机填料和高聚物填料两种。常用的无机填料有碳酸钙、高岭土、煅烧土、滑石粉、生石膏、熟石膏、硫酸钡、硫酸钙、二氧化钛、加钛锌钡白、钙镁白、亚硫酸钙、碳酸镁、硅氧化物或无机盐；高聚物填料有高细度聚乙烯、脲醛树脂等。

无机填料在热敏纸中的作用主要有两个，一是用于打底层，二是用作填料。

① 打底层具有隔离作用。在没有涂布热敏层之前，把白色填料（如煅烧土或碳酸钙）和胶黏剂的混合物涂敷于纸基，得到打底层，防止热敏涂料渗漏和热量散失。

② 在热敏涂料中加入填料可有效改变涂料黏度，防止粘连记录笔，提高涂层强度和平整度，改善纸张油墨吸湿性。填料的吸油值越高效果越好。

14.1.5.2 润滑剂

常用的润滑剂是硬脂酸锌等蜡质物质。

14.1.5.3 胶黏剂

胶黏剂主要使用聚乙烯醇（PVA）或改性聚乙烯醇。如乙酸改性PVA就是常用的一种。此外使用的胶黏剂还有甲基纤维素、羟乙基纤维素、羧甲基纤维素、变性淀粉、聚乙烯醇吡咯烷酮、聚丙烯酰胺、醇酸树脂、马来酸树脂、环氧树脂、聚酯树脂、氯化聚丙烯和丙烯酸酯等。胶黏剂约占热敏涂料的10%。

14.2 热敏纸涂层的结构

热敏纸的用途不同，其涂层数目、各层成分及配比也有差异。

14.2.1 顶涂层

易被水、油脂、汗液等污染的标签、票据用热敏纸，需要在热敏层上涂敷一层保护层，称为顶涂层。顶涂层涂料主要含瓷土、润滑剂（防止粘连记录笔，常用的有硬脂酸锌）、聚乙烯醇 L-3266、聚乙烯醇 T-350、聚乙烯醇 NM-11 等。

14.2.2 热敏层

热敏层是热敏纸最主要的结构层，为发色层，它包含无色染料、显色剂和增感剂。借助热印头的热效应，无色染料和显色剂产生局部热熔融，并发生化学反应，无色染料变为有色染料，热敏纸呈现文字、符号和图案等。增感剂可以降低体系共熔点，加速无色染料和显色剂间化学反应的发生和进行。

14.2.3 打底层

在没有涂敷热敏层以前，把白色填料瓷土、碳酸钙及胶黏剂组成的混合物涂敷于纸基，得到均匀的表面，称为打底层。打底层中的填料有一定的隔离作用，可防止涂于其上的热敏涂料渗入纸基，而保留在底层表面。同时也使记录时的热量集中于热敏层而不传导至纸基。有打底层既节省涂料，又可以提高记录密度和速度。

14.2.4 纸基

要选韧性好的原纸,纸的强度要达标。热敏纸一般以卷的形式出售,常见的规格有 80mm×ϕ60mm、57mm×ϕ50mm 等。"×"前面的数字表示纸卷的宽度,"×"后面的数字表示纸卷的直径。

14.2.5 背涂

背涂指将背涂层涂料涂敷于纸基的背面,防止纸基卷曲、溶剂渗透和产生静电。背涂层涂料中含胶黏剂(如 PVA、淀粉)、抗静电剂等。背涂在标签用热敏纸中比较重要,因为标签热敏纸的不干胶中含有溶剂,没有背涂层溶剂会渗透而污染热敏涂料。

表 14.4 归纳了热敏纸各个涂层的作用、成分及配比。

表 14.4 热敏纸各涂层的作用、成分及配比

涂层	作用	主要成分及质量份	
		原料	质量份
顶涂层	保护记录层,防止水、油脂、汗液等的污染	PVA	70
		交联剂	10
		二氧化硅	10
		硬脂酸锌	10
热敏层	主要发色层。借助热印头热效应,无色染料和显色剂产生局部热熔融,并发生化学反应,生成有色染料。增感剂可降低无色染料和显色剂共熔点、扩大二者接触面,提高反应速率	无色染料	7~8
		显色剂	25
		碳酸钙	40
		PVA-100	20
		腊乳液	7~8
打底层	使表面平滑,节约成本。防止热敏涂料渗入纸基。记录时使热量集中于热敏层而不传向纸基	瓷土、碳酸钙	100
		胶黏剂 PVA	10
		羧基丁苯胶	5
纸基	原纸,是热敏纸的基础	植物纤维	
背涂	防卷曲、防渗透、防静电	PVA	20~30
		淀粉	70~80
		抗静电剂	

14.3 热敏纸主要原料的红外光谱

14.3.1 无色染料的红外光谱

14.3.1.1 ODB-1 的红外光谱

ODB-1 的化学名称为 2-苯氨基-3-甲基-6-二乙氨基荧烷,分子式为 $C_{31}H_{28}N_2O_3$,为白色粉末,主要用作热(压)敏纸成色剂,结构式如图 14.8 所示。

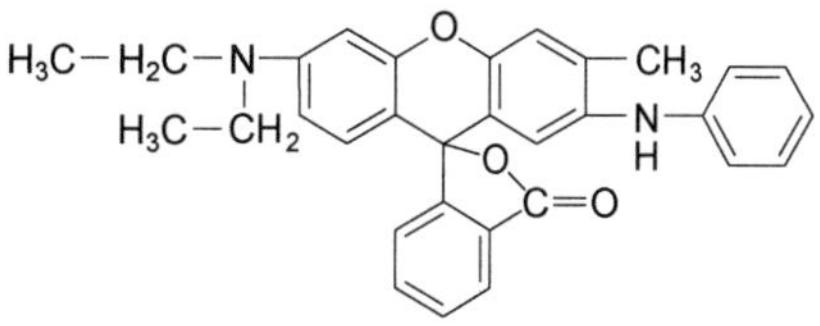

图 14.9 为 ODB-1 的红外光谱。3407 cm^{-1} 为 NH 的伸缩振动,因为是芳香族仲胺,所以比脂肪族仲胺频率高、强度大、峰形尖锐。3088 cm^{-1}、3047 cm^{-1} 为苯环上=CH 伸缩振动。2974 cm^{-1}、2933 cm^{-1}、

图 14.8 ODB-1 的结构式

2900 cm^{-1} 为 CH$_3$、CH$_2$ 的伸缩振动。1737 cm^{-1} 为 C=O 的伸缩振动。1620 cm^{-1}、1600 cm^{-1}、1517 cm^{-1}、1497 cm^{-1} 为苯环的伸缩振动。1558 cm^{-1} 为 NH 面内弯曲振动和 CN 伸缩振动的偶合，主要是 NH 的面内变角振动。1465 cm^{-1} 为 –CH$_2$–CH$_3$ 中 CH$_3$ 的反对称变角振动。在 ODB-1 分子中一个 CH$_3$ 与苯环直接相连，形成 σ-π 超共轭，CH$_3$ 的不对称变角振动频率降低，由通常的 1460 cm^{-1} 降至 1448 cm^{-1}。1414 cm^{-1} 为 N–CH$_2$ 中 CH$_2$ 的面内变角振动，ODB-1 分子中 N 原子 p 轨道的孤电子对与苯环 π 电子共轭，C–N 单键上的电子云密度增加，与 N 原子相连的 CH$_2$ 的变角振动频率降低。1374 cm^{-1} 为 CH$_3$ 的对称变角振动。在 ODB-1 分子中，氨基与苯环直接相连，苯环的 π 电子与氮原子的 p 电子形成 p-π 共轭，C_{Ar}–N 键具有部分双键特性，因而 C_{Ar}–N 键比 C_R–N 键频率高。1306 cm^{-1} 为叔胺 C_{Ar}–N 伸缩振动。1284 cm^{-1} 为仲胺 C_{Ar}–NH–C_{Ar} 伸缩振动。1258 cm^{-1} 为叔胺 C_R–N 伸缩振动。在 ODB-1 分子中存在芳香醚和芳香酯结构，其 C_{Ar}–O–C_{Ar} 键由于 p-π 共轭，具有部分双键特性，伸缩振动频率升高，反对称伸缩振动位于 1290~1250 cm^{-1}，对称伸缩振动位于 1250~1110 cm^{-1}。1015 cm^{-1} 为苯环上 =CH 面内变角振动。873 cm^{-1} 为 NH 面外摇摆振动。755 cm^{-1} 为 NH 面外弯曲振动和苯环上 =CH 面外变角振动谱带的叠加。720 cm^{-1} 为苯环上 =CH 的面外变角振动。695 cm^{-1} 为苯环的面外弯曲振动。

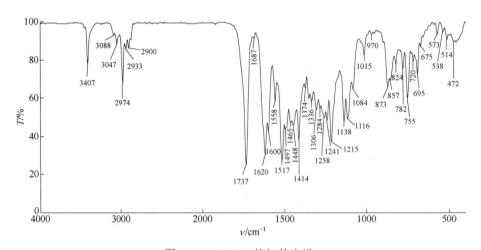

图 14.9 ODB-1 的红外光谱

在热敏纸的红外光谱中，ODB-1 的标志谱带是 3407 cm^{-1}、1737 cm^{-1}、1517 cm^{-1} 和 1414 cm^{-1} 同时存在。

14.3.1.2 ODB-2 的红外光谱

ODB-2 的化学名称为 2-苯氨基-3-甲基-6-二丁氨基荧烷，分子式为 $C_{35}H_{36}N_2O_3$，熔点为 182~185 ℃。中文名称也叫"黑色素-2"，代号为 TF-BL3。ODB-2 主要用作热敏纸、传真纸的成色剂。图 14.10 为 ODB-2 的结构式。

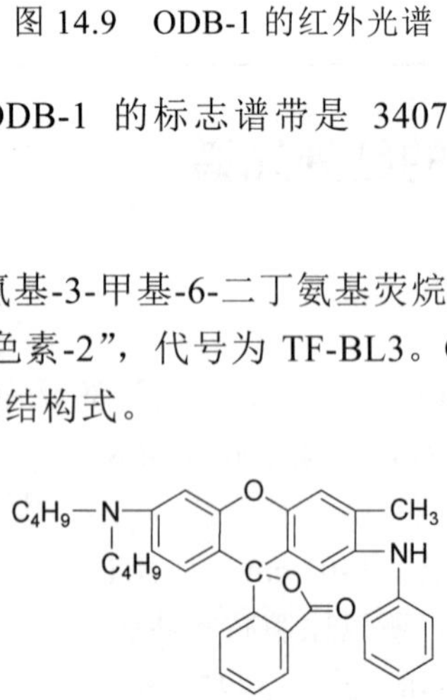

图 14.10 ODB-2 的结构式

图 14.11 为 ODB-2 的红外光谱。图中 3476 cm^{-1} 为 1748 cm^{-1} 的倍频。3356 cm^{-1} 为 NH 的伸缩振动，因为是芳香族仲胺，所以比脂肪族仲胺频率高、强度大、峰形尖锐。3056 cm^{-1}、3032 cm^{-1} 为苯环上 =CH 伸缩振动。2957 cm^{-1}、2929 cm^{-1}、2870 cm^{-1} 为 CH$_3$、CH$_2$ 的伸缩振动。1748 cm^{-1} 为 C=O 的伸缩振动。ODB-2 是五元环内酯，环张力使 C=O 伸缩振动频率比正常开链酯频率（1740 cm^{-1}）高约 35 cm^{-1}；ODB-2 也是 β-不饱和环内酯，π-π 共轭使 C=O 伸缩振动频率比正常开链酯频率低约 30 cm^{-1}。环张力和共轭效应共同作用，使 C=O 伸缩振动频率位于 1748 cm^{-1}。1622 cm^{-1}、1601 cm^{-1}、1521 cm^{-1}、1495 cm^{-1} 为苯环的伸缩振动。1555 cm^{-1} 为 NH 面内变角振动和 CN 伸缩振动的偶合，主要是 NH 的面内变角振动。1456 cm^{-1} 为 CH$_3$ 不对称变角振动、CH$_2$ 面内变角振动和苯环伸缩振动的叠加。1375 cm^{-1} 为 CH$_3$ 的对称变角振动。1415 cm^{-1} 为 N-CH$_2$ 中 CH$_2$ 的面内变角振动，ODB-2 分子中 N 原子 p 轨道的孤电子对与苯环 π 电子发生 p-π 共轭，C-N 单键上的电子云密度增加，与 N 原子相连的 CH$_2$ 的面内变角振动频率较常值（1465 cm^{-1}）低。在 ODB-2 分子中，氨基与苯环直接相连，苯环的 π 电子与氮原子的 p 电子形成 p-π 共轭，C_{Ar}-N 键具有部分双键特性，因而 C_{Ar}-N 键频率比 C_R-N 键频率高。1311 cm^{-1} 为叔胺 C_{Ar}-N 伸缩振动。1287 cm^{-1} 为仲胺 C_{Ar}-NH-C_{Ar} 伸缩振动。1248 cm^{-1} 为叔胺 C_R-N 伸缩振动。在 ODB-2 分子中存在芳香醚和芳香酯结构，其 C_{Ar}-O-C_{Ar} 键由于 p-π 共轭，具有部分双键特性，伸缩振动频率升高，反对称伸缩振动位于 1290~1250 cm^{-1}，对称伸缩振动位于 1250~1100 cm^{-1}。1012 cm^{-1} 为苯环上 =CH 的面内变角振动。813 cm^{-1} 为 NH 面外摇摆振动。762 cm^{-1}、747 cm^{-1} 为苯环上 =CH 的面外变角振动。694 cm^{-1} 为苯环的面外弯曲振动。在热敏纸的红外光谱中，ODB-2 的标志谱带是 3356 cm^{-1} 和 1747 cm^{-1}。

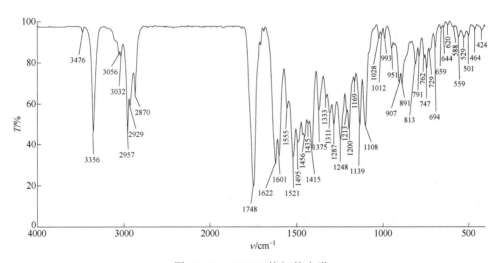

图 14.11　ODB-2 的红外光谱

14.3.1.3　TH-107 的红外光谱

图 14.12 为 TH-107 的结构式。

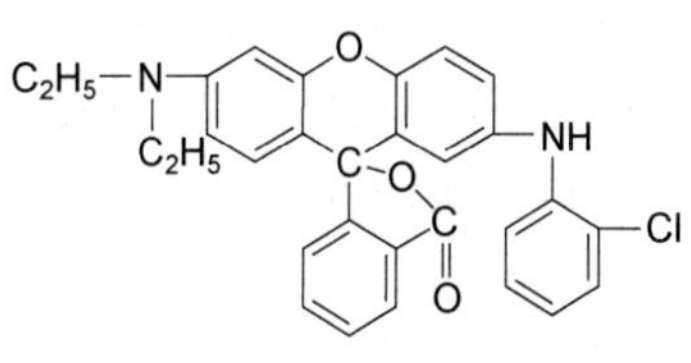

图 14.13 为 TH-107 的红外光谱。3354 cm^{-1} 为 NH 的伸缩振动，因为是芳香族仲胺，所以比脂肪族仲胺频率高、强度大、峰形尖锐。3074 cm^{-1} 为苯环上 =CH 的伸缩振动。2961 cm^{-1}、2933 cm^{-1}、2875 cm^{-1} 为 CH$_3$、CH$_2$ 的伸缩振动。1753 cm^{-1} 为 C=O 的伸缩振动，3489 cm^{-1} 为其倍频。

图 14.12　TH-107 的结构式

TH-107 是五元环内酯，环张力使 C=O 伸缩振动频率比正常开链酯频率（1740 cm^{-1}）高约 35 cm^{-1}；ODB-1 也是 β-不饱和环内酯，π-π 共轭使 C=O 伸缩振动频率比正常开链酯频率低约 20 cm^{-1}。环张力和共轭效应共同作用，使 TH-107 的 C=O 伸缩振动频率位于 1753 cm^{-1}。1631 cm^{-1}、1593 cm^{-1}、1500 cm^{-1} 为苯环的骨架振动。1526 cm^{-1} 为 C-N 伸缩振动和 N-H 弯曲振动的偶合，以后者为主。1468 cm^{-1} 为 CH$_3$ 的不对称变角振动。1446 cm^{-1} 为 CH$_2$ 的变角振动和苯环伸缩振动的叠加，由于与 N 原子直接相连，频率比通常的 1465 cm^{-1} 低。1369 cm^{-1} 为 CH$_3$ 的对称变角振动。在 TH-107 分子中，氨基与苯环直接相连，苯环的 π 电子与氮原子的 p 电子形成 p-π 共轭，C_{Ar}-N 键具有部分双键特性，因而 C_{Ar}-N 键频率比 C_R-N 键频率高。1311 cm^{-1} 为叔胺 C_{Ar}-N 伸缩振动。1287 cm^{-1} 为仲胺 C_{Ar}-NH-C_{Ar} 伸缩振动。1233 cm^{-1} 为叔胺 C_R-N 伸缩振动。在 TH-107 分子中存在芳香醚和芳香酯结构，其 C_{Ar}-O-C_{Ar} 键由于 p-π 共轭，具有部分双键特性，伸缩振动频率升高，反对称伸缩振动位于 1290~1250 cm^{-1}，对称伸缩振动位于 1250~1110 cm^{-1}。1040 cm^{-1} 为苯环上 =CH 的面内弯曲振动。875 cm^{-1} 为 NH 的面外摇摆振动。759 cm^{-1}、714 cm^{-1} 为苯环上 =CH 的面外弯曲振动。695 cm^{-1} 为苯环的面外弯曲振动。1753 cm^{-1}、1631 cm^{-1}、1593 cm^{-1} 同时存在是 TH-107 的标志谱带。

图 14.13　TH-107 的红外光谱

14.3.1.4　结晶紫内酯的红外光谱

结晶紫内酯（crystal violet lactone，CVL）化学名称为 3,3-双(4-二甲氨基苯基)-6-二甲氨基苯酞，分子式为 $C_{26}H_{29}N_3O_2$，为白色至灰色粉末，水溶性小于 0.1 g/100 mL，熔点为 180~183 ℃，CAS 号为 1552-42-7。

图 14.14 为结晶紫内酯的结构式。

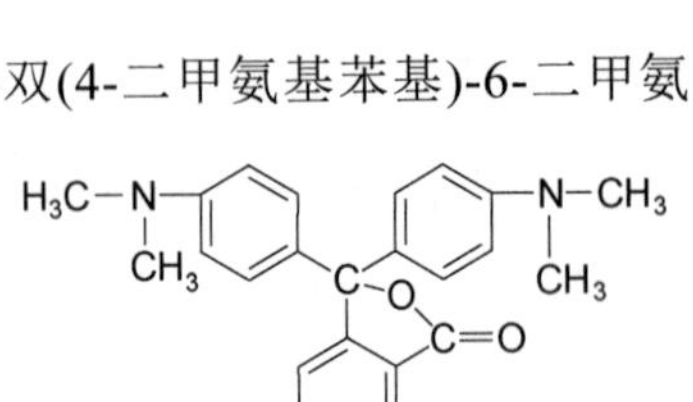

图 14.15 为结晶紫内酯的红外光谱。3046 cm^{-1} 为苯环上 =CH 伸缩振动。2993 cm^{-1}、2888 cm^{-1}、2814 cm^{-1} 为 CH$_3$、CH$_2$ 的伸缩振动。1749 cm^{-1} 为 C=O 的伸缩振动，3479 cm^{-1} 为其倍频。1608 cm^{-1}、1522 cm^{-1} 为苯环的骨架振动。

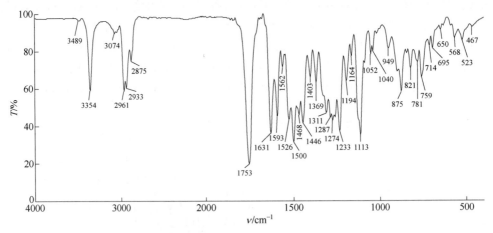

图 14.14　结晶紫内酯的结构式

1565 cm^{-1} 为 C-N 伸缩振动和 N-H 弯曲振动的偶合，以后者为主。1448 cm^{-1} 为 CH$_3$ 的反对称变角振动和苯环的面内伸缩振动的叠加。1360 cm^{-1} 为 CH$_3$ 的对称变角振动。在结晶紫内酯分子中，叔氨基与苯环直接相连，苯环的 π 电子与氮原子的 p 电子形成 p-π 共轭，C_{Ar}-N 键具有部分双键特性，因而 C_{Ar}-N 键频率比 C_R-N 键频率高。1307 cm^{-1} 为叔胺 C_{Ar}-N 伸缩振动。

1268 cm^{-1} 为叔胺 C_R-N 伸缩振动。在结晶紫内酯分子中存在芳香酯结构,其 C_{Ar}-O-C_{Ar} 键由于 p-π 共轭,具有部分双键特性,伸缩振动频率升高,反对称伸缩振动位于 1290~1250 cm^{-1},对称伸缩振动位于 1250~1110 cm^{-1}。1079 cm^{-1} 为苯环上 CH 的面内弯曲振动。909 cm^{-1} 为 NH 面外摇摆振动。762 cm^{-1}、748 cm^{-1} 为苯环上 CH 的面外弯曲振动。694 cm^{-1} 为苯环的面外弯曲振动。

1749 cm^{-1}、1608 cm^{-1}、1522 cm^{-1} 同时存在是结晶紫内酯的标志谱带。

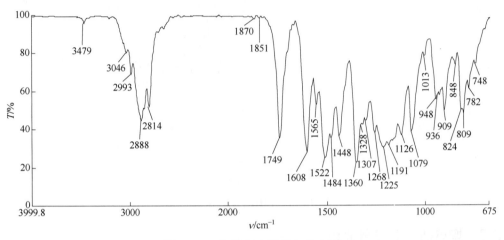

图 14.15 结晶紫内酯的红外光谱

14.3.2 显色剂的红外光谱

对羟基苯甲酸苄酯(4-hydroxybenzoic acid benzyl ester,PHBB),别名苄基-4-羟基苯甲酸酯,CAS 号为 94-18-8。其分子式为 $C_{14}H_{12}O_3$,为白色晶体,熔点为 109~110℃,不溶于水,易溶于乙醇等有机溶剂。PHBB 是有机液晶的中间体和热记录材料中的染料中间体,食品级产品可广泛用于医药和化妆品行业,在热敏纸、压敏纸中用作显色剂。用 PHBB 制得的热压敏纸字迹清晰,对多页复写尤其方便。图 14.16 为 PHBB 的结构式。

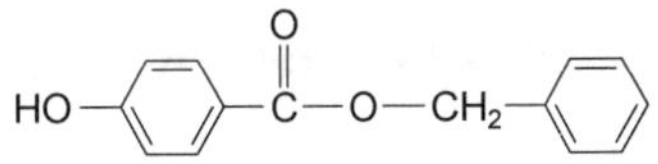

图 14.17 为 PHBB 的红外光谱。3382 cm^{-1} 为 OH 的伸缩振动。3066 cm^{-1}、3031 cm^{-1} 为苯环上 =CH 的伸缩振动。

图 14.16 PHBB 的结构式

1750 cm^{-1}、1687 cm^{-1} 为 C=O 的伸缩振动,PHBB 分子中 C=O 伸缩振动频率主要受三个因素的影响:①C=O 与苯环形成 π-π 共轭,C=O 双键特性减弱,伸缩振动频率由脂肪酸酯的 1740 cm^{-1} 降低至 (1720±5) cm^{-1};②C=O 和 OH 可以形成分子间氢键,C=O 伸缩振动进一步降低至 1690 cm^{-1} 左右;③对位 OH 取代基使苯环对 C=O 的影响减小,使 C=O 的频率约回升 5 cm^{-1}。由于位阻效应有少量 PHBB 分子没有形成共轭和氢键,C=O 伸缩振动位于 1750 cm^{-1}。1605 cm^{-1}、1587 cm^{-1}、1512 cm^{-1}、1452 cm^{-1} 为苯环的伸缩振动,两个苯环一个是对位双取代,一个是单取代。CH_2 既与 O 原子直接相连,又与苯环相连,这两种因素都使其面内变角振动频率降低,由通常的 1465 cm^{-1} 降为 1435 cm^{-1}。Ar-OH 中 Ar-O 和 O-H 共用一个 O 原子,Ar-O 的伸缩振动和 O-H 的面内变角振动发生偶合,产生两个谱带,一个在 1388 cm^{-1},另一个在 1300~1100 cm^{-1}(在此区域有多个谱带,准确指认困难),这两个谱带每一个都包含两种振动,前者以 OH 的面内变角振动为主,后者以 Ar-O 的伸缩振动为主。由于 C-O-C 存在不同的旋转异构体，所以 C–O–C 的反对称伸缩振动和对称伸缩振动可能不止一个，1279 cm^{-1}、1212 cm^{-1}、1162 cm^{-1}、1123 cm^{-1}、1104 cm^{-1} 可解释为 C–O–C 伸缩振动。1104 cm^{-1}、971 cm^{-1} 是苯环上=CH 的面内变角振动。苯环上=CH 的面外变角振动位于 900~650 cm^{-1}。3382 cm^{-1}、1687 cm^{-1} 同时存在是 PHBB 的标志谱带。

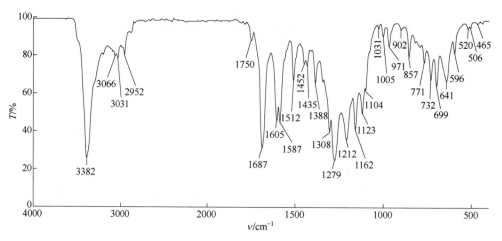

图 14.17　PHBB 的红外光谱

14.3.3　增感剂 A 的红外光谱

图 14.18 为增感剂 A 的结构式，图 14.19 为增感剂 A 的红外光谱。3058 cm^{-1}、3027 cm^{-1} 为苯环上 CH 的伸缩振动。2938 cm^{-1}、2879 cm^{-1} 为 CH$_2$ 的伸缩振动，由于 CH$_2$ 与电负性大的苯氧基相连，反对称伸缩振动由通常的 2920 cm^{-1} 升至 2938 cm^{-1}，对称伸缩振动由通常的 2850 cm^{-1} 升至 2879 cm^{-1}。1623 cm^{-1}、1600 cm^{-1}、1514 cm^{-1}、1450 cm^{-1} 为苯环的伸缩振动。同样，由于 CH$_2$ 与电负性大的苯氧基相连，CH$_2$ 的变角振动由通常的 1465 cm^{-1} 降至 1392 cm^{-1}。1359 cm^{-1} 为 CH$_2$ 的面外摇摆振动。1260 cm^{-1}、1221 cm^{-1}、1182 cm^{-1} 为 C–O–Ar 伸缩振动。1118 cm^{-1}、1076 cm^{-1}、

图 14.18　增感剂 A 的结构式

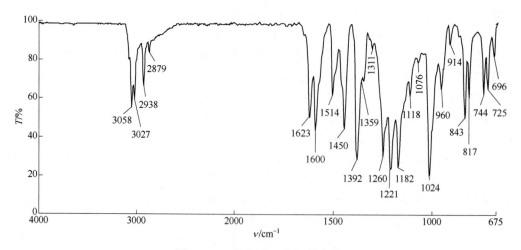

图 14.19　增感剂 A 的红外光谱

1024 cm^{-1} 为苯环上 =CH 的面内变角振动，因为苯环有对位双取代，也有邻位双取代，所以苯环上 =CH 的面内变角振动谱带有 3 个。843 cm^{-1} 为苯环对位取代 2 个相邻 =CH 的面外变角振动；744 cm^{-1}、725 cm^{-1} 为苯环对位取代 4 个相邻 =CH 的面外变角振动。817 cm^{-1}、696 cm^{-1} 为 C–Cl 的伸缩振动。

增感剂 A 的标志谱带是 744 cm^{-1}、725 cm^{-1} 和 696 cm^{-1} 同时存在。

14.3.4 黏合剂的红外光谱

参考"14.1.5.3 胶黏剂"。

14.3.5 润滑剂的红外光谱

热敏纸常用硬脂酸锌作润滑剂。其红外光谱请参考"7.6.4 硬脂酸锌的红外光谱"。

热敏纸的红外光谱中，硬脂酸锌的标志谱带是 2919 cm^{-1}、2846 cm^{-1}、1541 cm^{-1} 同时存在。

14.3.6 填料的红外光谱

常用的无机填料有碳酸钙、煅烧土、滑石粉、生石膏、熟石膏、硫酸钡、硫酸钙、二氧化钛、加钛锌钡白、钙镁白、亚硫酸钙、碳酸镁、硅氧化物或无机盐。填料的红外光谱可以参考本书有关章节。

14.4 热敏纸的红外光谱

收集热敏纸样品 20 种，具体见表 14.5。

表 14.5 热敏纸样品

序号	牌号	序号	牌号
1	"水木清华"牌热敏纸	11	"安妮"牌高清晰收银纸
2	"水"牌热敏纸	12	"绿天章"牌热敏收银纸
3	"江河"牌热敏纸	13	"福士山"牌热敏收银纸
4	"飞毛腿"牌图文传真纸	14	"凡星"牌图文传真纸
5	祥裕纸业热敏纸	15	"Fuji"牌热敏纸
6	"金好"牌热敏收银纸	16	"Gromn"牌热敏纸
7	"飞利浦"牌热敏传真纸	17	"Fuji"牌传真纸
8	"@hixian"牌热敏纸	18	超高感热记录纸
9	"王子"牌传真纸	19	国家图书馆收银用热敏纸
10	"江鑫"牌感热记录纸	20	工商银行排序用热敏纸

14.4.1 "水木清华"牌热敏纸的红外光谱

1 号"水木清华"牌热敏纸、2 号"水"牌热敏纸和 3 号"江河"牌热敏纸的红外光谱基本相同。

图 14.20 为"水木清华"牌热敏纸的红外光谱。第一，1750 cm^{-1}、1627 cm^{-1}、1596 cm^{-1}

同时存在，它们是无色染料 TH-107 的标志谱带。因此猜想"水木清华"牌热敏纸涂料可能含无色染料 TH-107。

第二，对比 TH-107 的红外光谱，图 14.20 中 3355 cm^{-1}、1450 cm^{-1} 也是 TH-107 的谱带。根据以上两点基本可以确定"水木清华"牌热敏纸涂料含无色染料 TH-107。

第三，图 14.20 中，除 TH-107 的谱带外还有其他谱带，其中 1508 cm^{-1}、1176 cm^{-1} 同时存在是显色剂 BPA 的标志谱带。因此猜想"水木清华"牌热敏纸涂料可能含显色剂 BPA。

第四，对比 BPA 的红外光谱，图 14.20 中 3027 cm^{-1}、1627 cm^{-1}、1596 cm^{-1}、1450 cm^{-1}、1241 cm^{-1}、1220 cm^{-1}、840 cm^{-1} 也是 BPA 的谱带。根据以上两点基本可以确定"水木清华"牌热敏纸涂料含显色剂 BPA。

第五，图 14.20 中，除 TH-107 和 BPA 的谱带外还有其他谱带，其中 744 cm^{-1}、728 cm^{-1} 和 697 cm^{-1} 同时存在为增感剂 A 的标志谱带。因此猜想热敏纸涂料可能含增感剂 A。

第六，对比增感剂 A 的红外光谱，图 14.20 中 3058 cm^{-1}、3027 cm^{-1}、1450 cm^{-1}、1393 cm^{-1}、1220 cm^{-1}、1022 cm^{-1}、816 cm^{-1} 也是增感剂 A 的谱带。根据以上两点基本可以确定"水木清华"牌热敏纸涂料含增感剂 A。

第七，图 14.20 中，除 TH-107、BPA 和增感剂 A 的谱带外还有其他谱带，其中 2915 cm^{-1}、1541 cm^{-1} 同时存在是硬脂酸锌的标志谱带。因此猜想热敏纸涂料可能含硬脂酸锌。

第八，对比硬脂酸锌的红外光谱，图 14.20 中 2954 cm^{-1}、2852 cm^{-1}、1393 cm^{-1} 也是硬脂酸锌的谱带。据以上两点基本可以确定"水木清华"牌热敏纸涂料含硬脂酸锌。

第九，图 14.20 中，除 TH-107、BPA、增感剂 A 和硬脂酸锌的谱带外还有其他谱带，其中 2513 cm^{-1}、1793 cm^{-1} 同时存在为碳酸钙的标志谱带。因此猜想"水木清华"牌热敏纸涂料可能含碳酸钙。

第十，对比碳酸钙的红外光谱，图 14.20 中 871 cm^{-1} 以及 1430 cm^{-1} 左右的宽、强吸收也是碳酸钙的谱带。根据以上两点基本可以确定"水木清华"牌热敏纸涂料含碳酸钙。

第十一，图 14.20 中，除 TH-107、BPA、增感剂 A、硬脂酸锌和碳酸钙的谱带外还有其他谱带，如 1099 cm^{-1} 左右的宽、强吸收和 825 cm^{-1}，这是热敏纸涂料含煅烧土的特征。因此猜想"水木清华"牌热敏纸涂料含煅烧土。

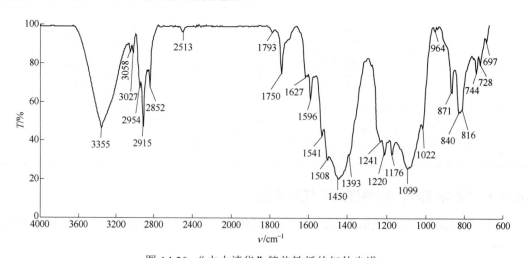

图 14.20 "水木清华"牌热敏纸的红外光谱

图 14.21 为 TH-107、BPA、增感剂 A 和硬脂酸锌的红外光谱，图 14.22 为碳酸钙、PVA 和煅烧土的红外光谱，表 14.6 为"水木清华"牌热敏纸检出元素及其质量分数，图 14.23 为"水木清华"牌热敏纸的 EDX 能谱图。把图 14.20 与图 14.21、图 14.22 相比较并参考表 14.6 和图 14.23 可以确定："水木清华"牌热敏纸中检出了无色染料 TH-107、显色剂 BPA、增感剂 A、黏合剂聚乙烯醇、润滑剂硬脂酸锌、填料碳酸钙和煅烧土。

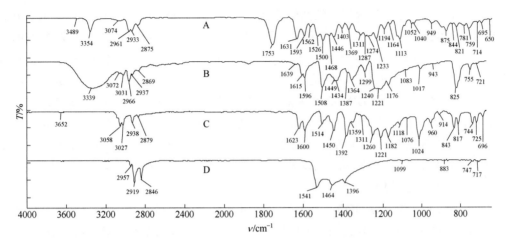

图 14.21 TH-107（A）、BPA（B）、增感剂 A（C）和硬脂酸锌（D）的红外光谱

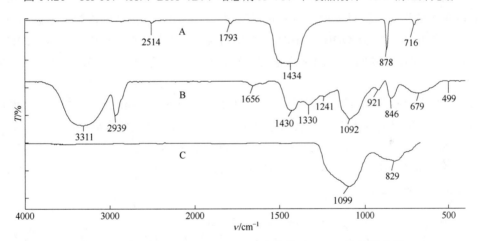

图 14.22 碳酸钙（A）、PVA（B）和煅烧土（C）的红外光谱

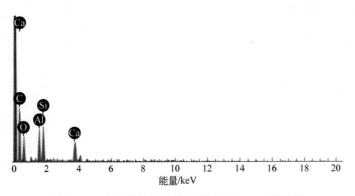

图 14.23 "水木清华"牌热敏纸的 EDX 能谱图

表 14.6　"水木清华"牌热敏纸检出元素及其质量分数

元素	碳	氧	铝	硅	钙
质量分数/%	57.14	33.68	2.59	3.24	3.34

14.4.2　"飞毛腿"牌热敏纸的红外光谱

图 14.24 为"飞毛腿"牌热敏纸的红外光谱。第一，3357 cm^{-1}、1747 cm^{-1} 同时存在，是无色染料 ODB-2 的标志谱带。因此猜想"飞毛腿"牌热敏纸涂料可能含无色染料 ODB-2。

第二，对比 ODB-2 的红外光谱，图 14.24 中 2954 cm^{-1}、1598 cm^{-1}、1434 cm^{-1} 也是 ODB-2 的谱带。根据以上两点基本可以确定"飞毛腿"牌热敏纸涂料含无色染料 ODB-2。

第三，图 14.24 中，除 ODB-2 的谱带外还有其他谱带，其中 1508 cm^{-1}、827 cm^{-1} 同时存在是显色剂 BPA 的标志谱带。因此猜想"飞毛腿"牌热敏纸涂料可能含显色剂 BPA。

第四，对比 BPA 的红外光谱，图 14.24 中 1612 cm^{-1}、1598 cm^{-1}、1449 cm^{-1}、1434 cm^{-1}、1361 cm^{-1}、1238 cm^{-1}、1083 cm^{-1} 也是 BPA 的谱带。根据以上两点基本可以确定"飞毛腿"牌热敏纸涂料含显色剂 BPA。

第五，图 14.24 中，除 ODB-2 和 BPA 的谱带外还有其他谱带，其中 745 cm^{-1}、725 cm^{-1} 和 696 cm^{-1} 同时存在为增感剂 A 的标志谱带。因此猜想热敏纸涂料可能含增感剂 A。

第六，对比增感剂 A 的红外光谱，图 14.24 中 3027 cm^{-1}、1598 cm^{-1}、1361 cm^{-1}、1024 cm^{-1} 也是增感剂 A 的谱带。据以上两点基本可以确定"飞毛腿"牌热敏纸涂料含增感剂 A。

第七，图 14.24 中，除 ODB-2、BPA 和增感剂 A 的谱带外还有其他谱带，其中 2917 cm^{-1}、1539 cm^{-1} 同时存在是硬脂酸锌的标志谱带。因此猜想"飞毛腿"牌热敏纸涂料可能含硬脂酸锌。

第八，对比硬脂酸锌的红外光谱，图 14.24 中 2954 cm^{-1}、2848 cm^{-1}、745 cm^{-1} 也是硬脂酸锌的谱带。根据以上两点基本可以确定"飞毛腿"牌热敏纸涂料含硬脂酸锌。

第九，图 14.24 中，除 ODB-2、BPA、硬脂酸锌和增感剂 A 的谱带外还有其他谱带，如 1100 cm^{-1} 左右的宽、强吸收及 827 cm^{-1} 是热敏纸涂料含煅烧土的特征。因此猜想"飞毛腿"牌热敏纸涂料可能含煅烧土。

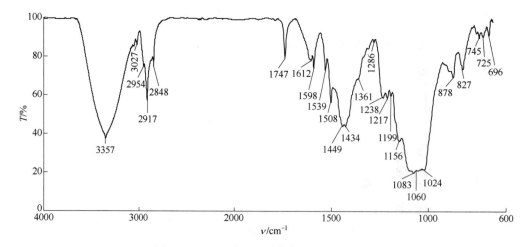

图 14.24　"飞毛腿"牌热敏纸的红外光谱

第十，3311 cm^{-1} 左右的宽、强吸收、1434 cm^{-1}、1238 cm^{-1}、1092 cm^{-1} 左右的宽、强吸收为黏合剂聚乙烯醇的吸收。3343 cm^{-1} 左右的宽、强吸收、1156 cm^{-1}、1083 cm^{-1}、1024 cm^{-1} 及 1100~1000 cm^{-1} 间的宽、强吸收为淀粉的吸收。

图 14.25 为 ODB-2、BPA、增感剂 A 和硬脂酸锌的红外光谱，图 14.26 为聚乙烯醇、改性淀粉和煅烧土的红外光谱，表 14.7 为"飞毛腿"牌热敏纸检出元素及其质量分数，图 14.27 为"飞毛腿"牌热敏纸的 EDX 能谱图。

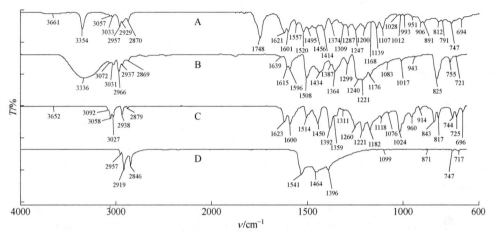

图 14.25　ODB-2（A）、BPA（B）、增感剂 A（C）和硬脂酸锌（D）的红外光谱

把图 14.24 与图 14.25、图 14.26 相比较并参考表 14.7、图 14.27 可以确定："飞毛腿"牌热敏纸检出了无色染料 DOB-2、显色剂 BPA、增感剂 A、润滑剂硬脂酸锌、黏合剂聚乙烯醇、淀粉和填料煅烧土。

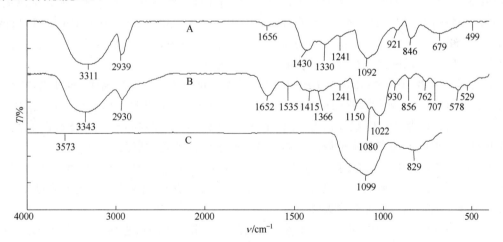

图 14.26　聚乙烯醇（A）、改性淀粉（B）和煅烧土（C）的红外光谱

表 14.7　"飞毛腿"牌热敏纸检出元素及其质量分数

元素	碳	氧	铝	硅	钙
质量分数/%	52.70	39.27	3.78	3.92	0.33

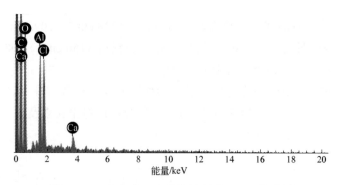

图 14.27 "飞毛腿"牌热敏纸的 EDX 能谱图

14.4.3 祥裕纸业热敏纸的红外光谱

图 14.28 为祥裕纸业热敏纸的红外光谱。第一，3357 cm^{-1}、1747 cm^{-1} 同时存在是无色染料 ODB-2 的标志谱带。因此猜想祥裕纸业热敏纸涂料可能含无色染料 ODB-2。

第二，对比 ODB-2 的红外光谱，图 14.28 中 3060 cm^{-1}、2954 cm^{-1}、1621 cm^{-1}、1598 cm^{-1}、1286 cm^{-1}、819 cm^{-1} 也是 ODB-2 的谱带。根据以上两点基本可以确定祥裕纸业热敏纸涂料含无色染料 ODB-2。

第三，图 14.28 中，除 ODB-2 的谱带外还另有谱带，其中 1508 cm^{-1}、1178 cm^{-1} 同时存在是显色剂 BPA 的标志谱带。因此猜想祥裕纸业热敏纸涂料可能含显色剂 BPA。

第四，对比 BPA 的红外光谱，图 14.28 中 3357 cm^{-1} 左右的宽、强吸收，3028 cm^{-1}、1621 cm^{-1}、1598 cm^{-1}、1508 cm^{-1}、1451 cm^{-1} 也是 BPA 的谱带。根据以上两点基本可以确定祥裕纸业热敏纸涂料含显色剂 BPA。

第五，图 14.28 中，除 ODB-2 和 BPA 的谱带外还有其他谱带，其中 745 cm^{-1}、725 cm^{-1} 和 692 cm^{-1} 同时存在为增感剂 A 的标志谱带。因此猜想祥裕纸业热敏纸涂料可能含增感剂 A。

第六，对比增感剂 A 的红外光谱，图 14.28 中 3060 cm^{-1}、3028 cm^{-1}、1621 cm^{-1}、1598 cm^{-1}、1451 cm^{-1}、1361 cm^{-1}、1178 cm^{-1}、960 cm^{-1}、840 cm^{-1}、819 cm^{-1} 也是增感剂 A 的谱带。根据以上两点基本可以确定祥裕纸业热敏纸涂料含增感剂 A。

第七，图 14.28 中，除 ODB-2、BPA 和增感剂 A 的谱带外还有其他谱带，其中 2917 cm^{-1}、1538 cm^{-1} 同时存在是硬脂酸锌的标志谱带。因此猜想祥裕纸业热敏纸涂料可能含硬脂酸锌。

第八，对比硬脂酸锌的红外光谱，图 14.28 中 2954 cm^{-1}、2848 cm^{-1}、745 cm^{-1} 也是硬脂酸锌的谱带。据以上两点基本可以确定祥裕纸业热敏纸涂料含硬脂酸锌。

第九，图 14.28 中，除 ODB-2、BPA、硬脂酸锌和增感剂 A 的谱带外还有其他谱带，如 1100 cm^{-1} 左右的宽、强吸收及 819 cm^{-1} 的谱带同时存在是热敏纸涂料含煅烧土的特征。因此猜想祥裕纸业热敏纸涂料可能含煅烧土。

第十，图 14.28 中，除 ODB-2、BPA、硬脂酸锌、煅烧土和增感剂 A 的谱带外还有其他谱带，其中 2515 cm^{-1}、874 cm^{-1} 同时存在为碳酸钙的标志谱带。因此猜想祥裕纸业热敏纸涂料可能含碳酸钙。

第十一，对比碳酸钙的红外光谱，图 14.28 中 1798 cm^{-1} 及 1500~1300 cm^{-1} 间的宽、强吸收也是碳酸钙的谱带。根据以上两点基本可以确定祥裕热敏纸涂料含碳酸钙。

第十二，图 14.28 中 3311 cm^{-1} 左右的宽、强吸收与 1092 cm^{-1} 左右的宽、强吸收为聚乙烯醇的谱带。

图 14.25 为 ODB-2、BPA、增感剂 A 和硬脂酸锌的红外光谱，图 14.29 为聚乙烯醇、碳酸钙和煅烧土的红外光谱，表 14.8 为祥裕纸业热敏纸检出元素及其质量分数，图 14.30 为祥裕纸业热敏纸的能谱图。把图 14.28 与图 14.29、图 14.30 相比较并参考表 14.8、图 14.30 可以确定：祥裕纸业热敏纸检出了无色染料 ODB-2、显色剂 BPA、增感剂 A、润滑剂硬脂酸锌、黏合剂聚乙烯醇、填料碳酸钙和煅烧土。

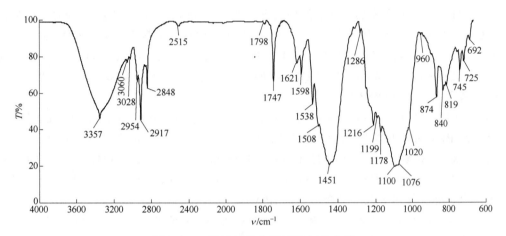

图 14.28　祥裕纸业热敏纸的红外光谱

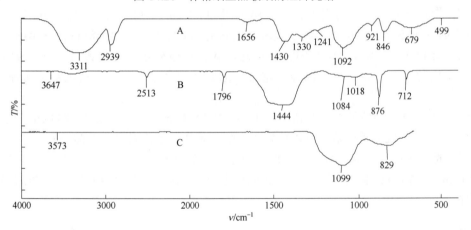

图 14.29　聚乙烯醇（A）、碳酸钙（B）和煅烧土（C）的红外光谱

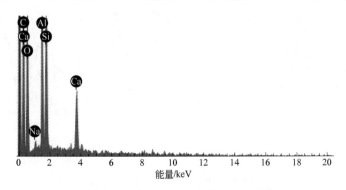

图 14.30　祥裕纸业热敏纸的 EDX 能谱图

表 14.8　祥裕纸业热敏纸检出元素及其质量分数

元素	碳	氧	钠	铝	硅	钙
质量分数/%	49.77	39.67	0.53	4.06	3.83	2.14

14.4.4 "金好"牌热敏纸的红外光谱

图 14.31 为"金好"牌热敏纸的红外光谱。第一，3356 cm^{-1}、1747 cm^{-1} 同时存在是无色染料 ODB-2 的标志谱带。因此猜想"金好"牌热敏纸涂料可能含无色染料 ODB-2。

第二，对比 ODB-2 的红外光谱，图 14.31 中 3060 cm^{-1}、3028 cm^{-1}、2954 cm^{-1}、1538 cm^{-1}、1241 cm^{-1}、818 cm^{-1}、744 cm^{-1} 也是 ODB-2 的谱带。根据以上两点基本可以确定"金好"牌热敏纸涂料含无色染料 ODB-2。

第三，图 14.31 中，除 ODB-2 的谱带外还有其他谱带，其中 827 cm^{-1}、1177 cm^{-1} 同时存在是显色剂 BPA 的标志谱带。因此猜想"金好"牌热敏纸涂料可能含显色剂 BPA。

第四，对比 BPA 的红外光谱，图 14.31 中 3356 cm^{-1}、3028 cm^{-1}、1610 cm^{-1}、1597 cm^{-1}、1238 cm^{-1}、1083 cm^{-1}、1018 cm^{-1}、758 cm^{-1}、724 cm^{-1} 也是 BPA 的谱带。根据以上两点基本可以确定"金好"牌热敏纸涂料含显色剂 BPA。

第五，图 14.31 中，除 ODB-2 和 BPA 的谱带外还有其他谱带，其中 744 cm^{-1}、724 cm^{-1} 和 692 cm^{-1} 同时存在为增感剂 A 的标志谱带。因此猜想"金好"牌热敏纸涂料可能含增感剂 A。

第六，对比增感剂 A 的红外光谱，图 14.31 中 3060 cm^{-1}、3028 cm^{-1}、1216 cm^{-1}、818 cm^{-1} 也是增感剂 A 的谱带。根据以上两点基本可以确定"金好"牌热敏纸涂料含增感剂 A。

第七，图 14.31 中，除 ODB-2、BPA 和增感剂 A 的谱带外还有其他谱带，其中 2916 cm^{-1}、1538 cm^{-1} 同时存在是硬脂酸锌的标志谱带。因此猜想"金好"牌热敏纸涂料可能含硬脂酸锌。

第八，对比硬脂酸锌的红外光谱，图 14.31 中 2954 cm^{-1}、2848 cm^{-1}、744 cm^{-1} 也是硬脂酸锌的谱带。根据以上两点基本可以确定"金好"牌热敏纸涂料含硬脂酸锌。

第九，图 14.31 中，除 ODB-2、BPA、硬脂酸锌和增感剂 A 的谱带外还有其他谱带，其中 2510 cm^{-1}、873 cm^{-1} 同时存在为碳酸钙的标志谱带。因此猜想"金好"牌热敏纸涂料可能含碳酸钙。

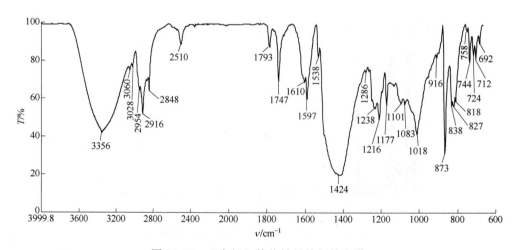

图 14.31　"金好"牌热敏纸的红外光谱

第十，对比碳酸钙的红外光谱，图 14.31 中 1793 cm^{-1}、1424 cm^{-1}、712 cm^{-1} 及 1500~1300 cm^{-1} 间的宽、强吸收也是碳酸钙的谱带。根据以上两点基本可以确定"金好"牌热敏纸涂料含碳酸钙。

第十一，1018 cm^{-1} 为滑石粉的标志谱带，因此猜想"金好"牌热敏纸涂料可能含滑石粉。

第十二，3356 cm^{-1}、2916 cm^{-1}、1424 cm^{-1} 可能是聚乙烯醇的吸收。

图 14.25 为 ODB-2、BPA、增感剂 A 和硬脂酸锌的红外光谱。图 14.32 为 PVA、碳酸钙和滑石粉的红外光谱，表 14.9 为"金好"牌热敏纸检出元素及其质量分数，图 14.33 为"金好"牌热敏纸的能谱图。把图 14.31 与图 14.32、图 14.33 相比较并参考表 14.9 和图 14.36 可以确定："金好"牌热敏纸的红外光谱中检出了无色染料 ODB-2、显色剂 BPA、增感剂 A、黏合剂聚乙烯醇、润滑剂硬脂酸锌、填料碳酸钙和滑石粉。

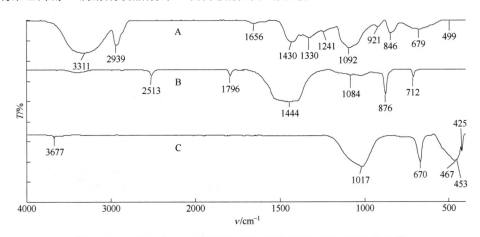

图 14.32　PVA（A）、碳酸钙（B）和滑石粉（C）的红外光谱

表 14.9　"金好"牌热敏纸检出元素及其质量分数

元素	碳	氧	镁	硅	钙
质量分数/%	50.48	42.71	0.51	0.58	5.72

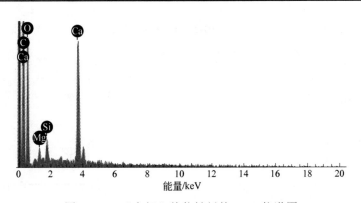

图 14.33　"金好"牌热敏纸的 EDX 能谱图

14.4.5　"飞利浦"牌热敏纸的红外光谱

图 14.34 为"飞利浦"牌热敏纸的红外光谱。图 14.35 为 ODB-1、ODB-2 和增感剂 A 的红外光谱，图 14.36 为 PVA、煅烧土和硬脂酸锌的红外光谱。把图 14.34 与图 14.35、图 14.36

相比较可知："飞利浦"牌热敏纸中检出了无色染料 ODB-1、无色染料 ODB-2、增感剂 A、黏合剂聚乙烯醇、润滑剂硬脂酸锌和填料煅烧土。

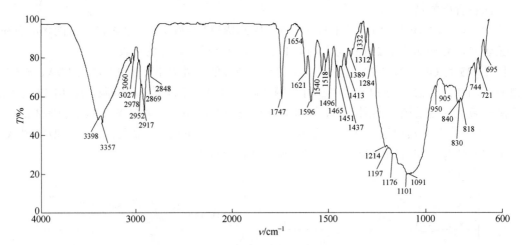

图 14.34 "飞利浦"牌热敏纸的红外光谱

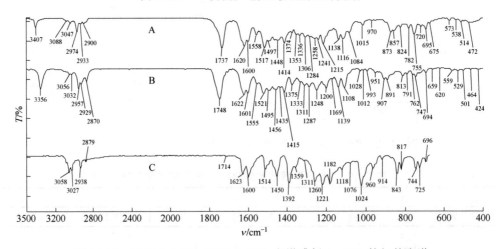

图 14.35 ODB-1（A）、ODB-2（B）和增感剂 A（C）的红外光谱

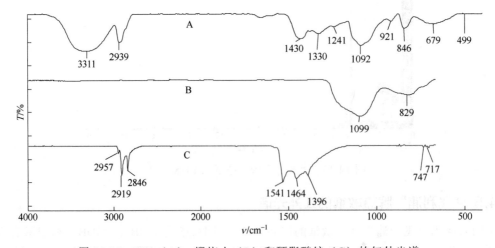

图 14.36 PVA（A）、煅烧土（B）和硬脂酸锌（C）的红外光谱

图 14.34 中：3398 cm^{-1}、3060 cm^{-1}、3027 cm^{-1}、2978 cm^{-1}、1621 cm^{-1}、1596 cm^{-1}、1518 cm^{-1}、1586 cm^{-1}、1451 cm^{-1}、1413 cm^{-1}、1284 cm^{-1}、1214 cm^{-1} 为 ODB-1 的谱带。3357 cm^{-1}、3060 cm^{-1}、3027 cm^{-1}、1747 cm^{-1}、1621 cm^{-1}、1596 cm^{-1}、1518 cm^{-1}、1496 cm^{-1}、1451 cm^{-1}、1413 cm^{-1}、1312 cm^{-1}、1284 cm^{-1}、950 cm^{-1} 为无色染料 ODB-2 的谱带。3060 cm^{-1}、3027 cm^{-1}、1621 cm^{-1}、1596 cm^{-1}、1518 cm^{-1}、1451 cm^{-1}、1389 cm^{-1}、840 cm^{-1}、818 cm^{-1}、744 cm^{-1}、721 cm^{-1}、695 cm^{-1} 为增感剂 A 的谱带。3311 cm^{-1} 左右的宽、强吸收，1437 cm^{-1}、1332 cm^{-1}、1091 cm^{-1}、840 cm^{-1} 为聚乙烯醇的谱带。2952 cm^{-1}、2917 cm^{-1}、2848 cm^{-1}、1540 cm^{-1}、1465 cm^{-1}、744 cm^{-1} 为润滑剂硬脂酸锌的谱带。1101 cm^{-1}、830 cm^{-1} 为煅烧土的谱带。

表 14.10 为"飞利浦"牌热敏纸检出元素及其质量分数，图 14.37 为"飞利浦"牌热敏纸的 EDX 能谱图。它们和图 14.34 能够互相印证"飞利浦"牌热敏纸的填料为煅烧土。硫元素的来源还需要进一步研究。

表 14.10 "飞利浦"牌热敏纸检出元素及其质量分数

元素	碳	氧	铝	硅	硫
质量分数/%	49.19	40.47	5.27	4.68	0.39

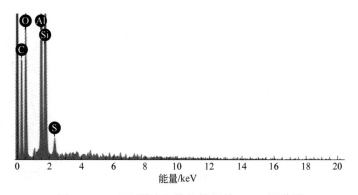

图 14.37 "飞利浦"牌热敏纸的 EDX 能谱图

其后的 13 种热敏纸与"飞毛腿"牌、祥裕纸业、"飞利浦"牌热敏纸一样，都检出无色染料 ODB-2、显色剂 BPA、增感剂 A、润滑剂硬脂酸锌和黏合剂聚乙烯醇。它们之间的差别主要是填料的品种和相对比例。因此，为节省篇幅，对它们红外光谱的分析不再注重无色染料、显色剂、增感剂、润滑剂和黏合剂等五类材料，而只分析热敏纸涂料中的填料，上述 5 种材料的分析可参考"飞毛腿"牌、祥裕纸业、"飞利浦"牌热敏纸的红外光谱分析。

14.4.6 "@hixian"牌热敏纸的红外光谱

图 14.38 为"@hixian"牌（许昌纸业）热敏纸的红外光谱。第一，874 cm^{-1} 为碳酸钙的标志谱带。因此猜想"@hixian"牌热敏纸可能含碳酸钙。

第二，对比碳酸钙的红外光谱，图 14.38 中 2507 cm^{-1}、1438 cm^{-1} 左右的宽、强吸收也是碳酸钙的谱带。由此基本可以确定"@hixian"牌热敏纸含碳酸钙。

第三，1099 cm^{-1} 左右的宽、强吸收和 826 cm^{-1} 的谱带同时存在，是热敏纸涂料中含煅烧土的特征。由此猜想"@hixian"牌热敏纸可能含煅烧土。

图 14.39 为碳酸钙和煅烧土的红外光谱，表 14.11 为"@hixian"牌热敏纸检出元素及其

质量分数,图 14.40 为"@hixian"牌热敏纸的能谱图。把图 14.38 与图 14.39 相比较并参考表 14.11 和图 14.40 可以确定:"@hixian"牌热敏纸中检出填料碳酸钙和煅烧土。

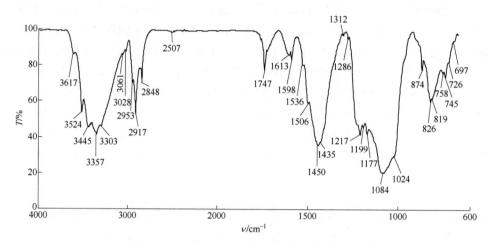

图 14.38 "@hixian"牌热敏纸的红外光谱

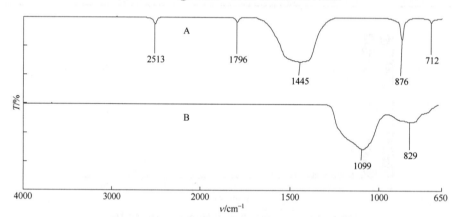

图 14.39 碳酸钙(A)和煅烧土(B)的红外光谱

表 14.11 "@hixian"牌热敏纸检出元素及其质量分数

元素	碳	氧	铝	硅	钙	锌
质量分数/%	45.62	38.22	7.39	4.98	2.87	0.92

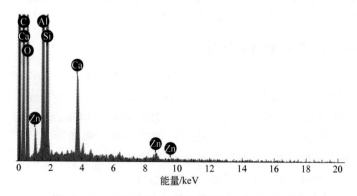

图 14.40 "@hixian"牌热敏纸的 EDX 能谱图

14.4.7 "王子"牌热敏纸的红外光谱

"王子"牌传真纸和"江鑫"牌感热记录纸的红外光谱基本相同。

图 14.41 为"王子"牌传真纸的红外光谱。第一，1018 cm^{-1} 是滑石粉的标志谱带，因此猜想"王子"牌传真纸含滑石粉。

第二，图 14.41 中，1102 cm^{-1} 左右的宽、强吸收及 827 cm^{-1} 的谱带同时存在是传真纸涂料中含煅烧土的特征，因此猜想"王子"牌传真纸可能含煅烧土。

图 14.42 为滑石粉和煅烧土的红外光谱，表 14.12 为"王子"牌传真纸检出元素及其质量分数，图 14.43 为"王子"牌传真纸的 EDX 能谱图。

把图 14.41 与图 14.42 相比较并参考表 14.12 和图 14.43 可以确定："王子"牌传真纸中检出了填料煅烧土和滑石粉。

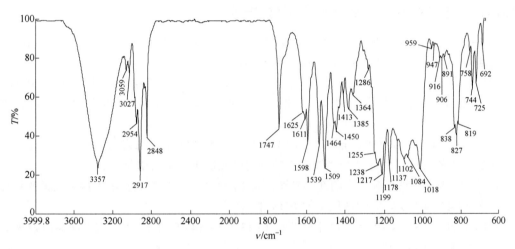

图 14.41 "王子"牌传真纸的红外光谱

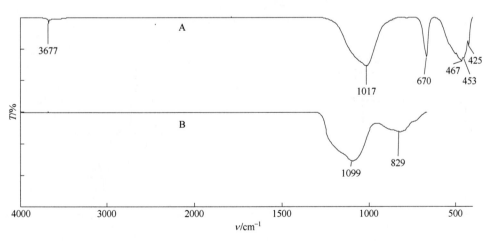

图 14.42 滑石粉（A）和煅烧土（B）的红外光谱

表 14.12 "王子"牌传真纸检出元素及其质量分数

元素	碳	氧	镁	铝	硅
质量分数/%	43.71	39.14	0.64	8.14	8.36

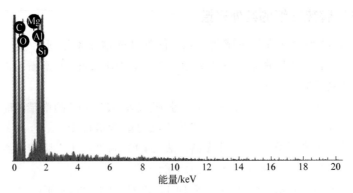

图 14.43　"王子"牌传真纸的 EDX 能谱图

14.4.8　"安妮"牌高清晰热敏纸的红外光谱

图 14.44 为"安妮"牌高清晰热敏纸的红外光谱。第一，876 cm^{-1} 为碳酸钙的标志谱带，因此猜想"安妮"牌高清晰热敏纸可能含碳酸钙。

第二，对比碳酸钙的红外光谱，图 14.44 中 2513 cm^{-1}、1794 cm^{-1} 及 1500~1300 cm^{-1} 间的宽、强吸收也是碳酸钙的谱带。根据以上两点基本可以确定"安妮"牌高清晰热敏纸含碳酸钙。

第三，图 14.44 中，1103 cm^{-1} 左右的宽、强吸收及 829 cm^{-1} 的谱带同时存在，这是热敏纸中含煅烧土的特征。因此猜想"安妮"牌高清晰热敏纸可能含煅烧土。

图 14.39 为碳酸钙和煅烧土的红外光谱，表 14.13 为"安妮"牌热敏纸检出元素及其质量分数，图 14.45 为"安妮"牌热敏纸的 EDX 能谱图。

把图 14.44 与图 14.39 相比较并参考表 14.13 和图 14.45 可知："安妮"牌高清晰热敏纸检出了填料碳酸钙和煅烧土。

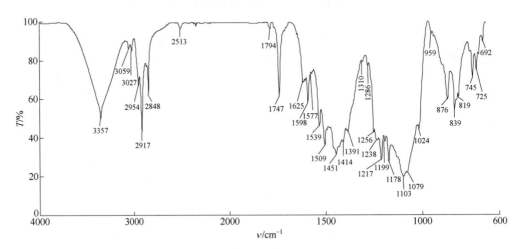

图 14.44　"安妮"牌高清晰热敏纸的红外光谱

表 14.13　"安妮"牌热敏纸检出元素及其质量分数

元素	碳	氧	铝	硅	钙
质量分数/%	45.17	40.04	7.45	4.91	2.44

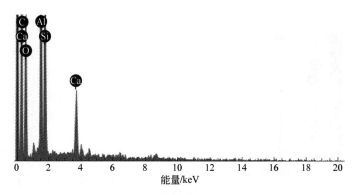

图 14.45 "安妮"牌热敏纸的 EDX 能谱图

14.4.9 "绿天章"牌热敏纸的红外光谱

"绿天章"牌热敏收银纸和"Fuji"牌热敏纸的红外光谱基本相同。

图 14.46 为"绿天章"牌热敏收银纸的红外光谱。第一，872 cm^{-1} 为碳酸钙的标志谱带，因此猜想"绿天章"牌热敏收银纸可能含碳酸钙。

第二，对比碳酸钙的红外光谱，图 14.46 中 2507 cm^{-1} 及 1500~1300 cm^{-1} 间的宽、强吸收也是碳酸钙的谱带。根据以上两点基本可以确定"绿天章"牌热敏收银纸含碳酸钙。

第三，图 14.46 中，1101 cm^{-1} 左右的宽、强吸收及 827 cm^{-1} 的谱带同时存在，是热敏纸中含煅烧土的特征。因此猜想"绿天章"牌热敏收银纸可能含煅烧土。

图 14.39 为碳酸钙和煅烧土的红外光谱，表 14.14 为"绿天章"牌热敏收银纸检出元素及其质量分数，图 14.47 为"绿天章"牌热敏收银纸的 EDX 能谱图。把图 14.46 与图 14.39 相比较并参考表 14.14 和图 14.47 可以确定，"绿天章"牌热敏收银纸检出了填料碳酸钙和煅烧土。

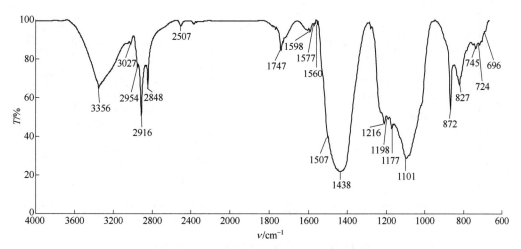

图 14.46 "绿天章"牌热敏收银纸的红外光谱

表 14.14 "绿天章"牌热敏收银纸检出元素及其质量分数

元素	碳	氧	铝	硅	钙
质量分数/%	55.33	35.34	2.30	2.15	4.89

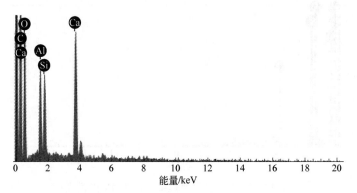

图 14.47 "绿天章"牌热敏收银纸的 EDX 能谱图

14.4.10 "富士山"牌热敏纸的红外光谱

图 14.48 为"富士山"牌热敏纸的红外光谱。第一,874 cm^{-1} 为碳酸钙的标志谱带。因此猜想"富士山"牌热敏纸可能含碳酸钙。

第二,对比碳酸钙的红外光谱,2511 cm^{-1}、713 cm^{-1} 及 1500~1300 cm^{-1} 间的宽、强吸收也是碳酸钙的谱带。因此基本可以确定"富士山"牌热敏纸含碳酸钙。

第三,图 14.48 中,1018 cm^{-1} 左右有宽、强吸收,这是滑石粉的标志谱带。因此猜想"富士山"牌热敏纸可能含滑石粉。

图 14.49 为碳酸钙和滑石粉的红外光谱,表 14.15 为"富士山"牌热敏纸检出元素及其质量分数,图 14.50 为"富士山"牌热敏纸的 EDX 能谱图。把图 14.48 与图 14.49 相比较并参考表 14.15 和图 14.50 可以确定:"富士山"牌热敏纸检出了填料碳酸钙和滑石粉。

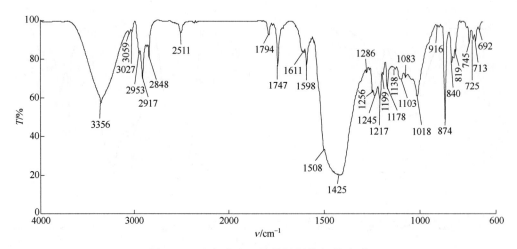

图 14.48 "富士山"牌热敏纸的红外光谱

表 14.15 "富士山"牌热敏纸检出元素及其质量分数

元素	碳	氧	镁	硅	钙
质量分数/%	50.81	39.22	0.58	0.57	8.82

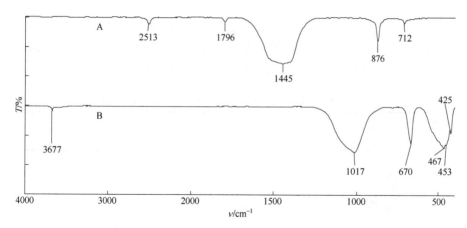

图 14.49 碳酸钙（A）和滑石粉（B）的红外光谱

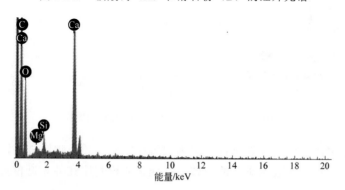

图 14.50 "富士山"牌热敏纸的 EDX 能谱图

14.4.11 "凡星"牌热敏纸的红外光谱

图 14.51 为"凡星"牌（上海安兴）热敏纸的红外光谱。第一，1102 cm^{-1} 左右的宽、强吸收和 827 cm^{-1} 的谱带同时存在，这是热敏纸涂料中含煅烧土的特征。因此猜想"凡星"牌热敏纸可能含煅烧土。

第二，图 14.51 中有 1023 cm^{-1} 谱带，这是热敏纸涂料中含滑石粉的特征。因此猜想"凡星"牌热敏纸可能含滑石粉。

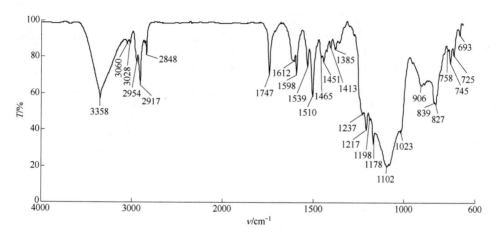

图 14.51 "凡星"牌热敏纸的红外光谱

图 14.42 为滑石粉和煅烧土的红外光谱,表 14.16 为"凡星"牌热敏纸检出元素及其质量分数,图 14.52 为"凡星"牌热敏纸的 EDX 能谱图。把图 14.51 与图 14.42 相比较并参考表 14.16 和图 14.52 可以确定:"凡星"牌热敏纸检出了填料煅烧土和滑石粉。

表 14.16 "凡星"牌热敏纸检出元素及其质量分数

元素	碳	氧	镁	铝	硅	钛
质量分数/%	43.56	39.90	0.52	7.07	8.62	0.32

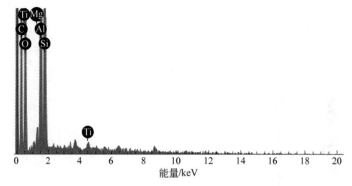

图 14.52 "凡星"牌热敏纸的 EDX 能谱图

钛元素应该是来源于填料二氧化钛。因为二氧化钛的红外吸收比较弱,用红外光谱检测热敏纸中是否有二氧化钛比较困难。能谱仪对钛元素的检测比红外光谱仪灵敏得多。

14.4.12 "Fuji"牌热敏纸的红外光谱

图 14.53 为"Fuji"牌热敏纸的红外光谱。第一,876 cm^{-1} 是碳酸钙的标志谱带,因此猜想"Fuji"牌热敏纸可能含碳酸钙。

第二,对比碳酸钙的红外光谱,图 14.53 中 2509 cm^{-1}、1793 cm^{-1} 及 1500~1300 cm^{-1} 间的宽、强吸收也是碳酸钙的谱带。根据以上两点基本可以确定"Fuji"牌热敏纸含碳酸钙。

第三,图 14.53 中,1101 cm^{-1} 左右的宽、强吸收和 827 cm^{-1} 的谱带同时存在,这是热敏纸涂料含煅烧土的特征。

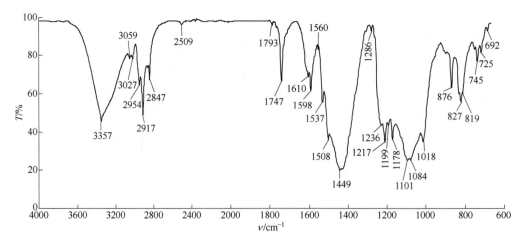

图 14.53 "Fuji"牌热敏纸的红外光谱

第四，图 14.53 中有 1018 cm^{-1} 谱带，这是热敏纸涂料含滑石粉的特征。

图 14.54 为碳酸钙、煅烧土和滑石粉的红外光谱，表 14.17 为"Fuji"牌热敏纸检出元素及其质量分数，图 14.55 为"Fuji"牌热敏纸的 EDX 能谱图。把图 14.53 与图 14.54 相比较并参考表 14.17 和图 14.55 可以确定："Fuji"牌热敏纸检出了填料碳酸钙、煅烧土和滑石粉。

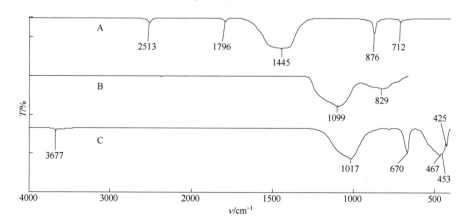

图 14.54　碳酸钙（A）、煅烧土（B）和滑石粉（C）的红外光谱

表 14.17　"Fuji"牌热敏纸检出元素及其质量分数

元素	碳	氧	镁	铝	硅	钙
质量分数/%	44.45	40.06	0.42	5.16	5.48	4.43

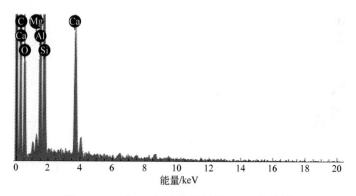

图 14.55　"Fuji"牌热敏纸的 EDX 能谱图

14.4.13　"Grown"牌热敏纸的红外光谱

图 14.56 为"Grown"牌热敏纸的红外光谱。第一，872 cm^{-1} 是碳酸钙的标志谱带，因此猜想"Grown"牌热敏纸可能含碳酸钙。

第二，对比碳酸钙的红外光谱，图 14.56 中 2511 cm^{-1}、1794 cm^{-1} 及 1550~1300 cm^{-1} 间的宽、强吸收也是碳酸钙的谱带。根据以上两点基本可以确定"Grown"牌热敏纸含碳酸钙。

第三，图 14.56 中，1101 cm^{-1} 左右的宽、强吸收及 827 cm^{-1} 的谱带同时存在是热敏纸涂料中含煅烧土的特征。因此猜想"Grown"牌热敏纸可能含煅烧土。

图 14.39 为碳酸钙和煅烧土的红外光谱，表 14.18 为"Grown"牌热敏纸检出元素及其质量分数，图 14.57 为"Grown"牌热敏纸的 EDX 能谱图。

把图 14.56 与图 14.39 相比较并参考表 14.18 和图 14.57 可以确定："Grown"牌热敏纸检出了填料碳酸钙和煅烧土。

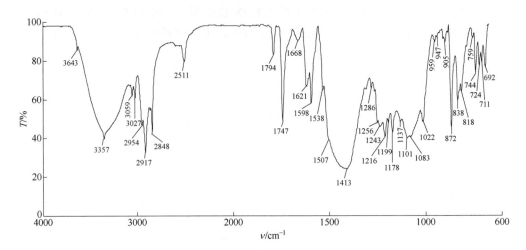

图 14.56 "Grown"牌热敏纸的红外光谱

表 14.18 "Grown"牌热敏纸检出元素及其质量分数

元素	碳	氧	铝	硅	钙
质量分数/%	58.03	33.29	1.74	1.86	5.08

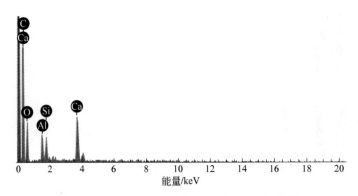

图 14.57 "Grown"牌热敏纸的 EDX 能谱图

14.4.14 超高感热敏纸的红外光谱

图 14.58 为超高感热敏纸的红外光谱。第一，873 cm^{-1} 是碳酸钙的标志谱带，因此猜想超高感热敏纸可能含碳酸钙。

第二，对比碳酸钙的红外光谱，图 14.58 中 2513 cm^{-1}、1793 cm^{-1} 及 1550~1300 cm^{-1} 间的宽、强吸收也是碳酸钙的谱带。根据以上两点基本可以确定超高感热敏纸含碳酸钙。

第三，图 14.58 中，1103 cm^{-1} 左右的宽、强吸收及 827 cm^{-1} 的谱带同时存在，这是热敏纸涂料中含煅烧土的特征。因此猜想超高感热敏纸可能含煅烧土。

第四，图 14.58 中有 1021 cm^{-1} 谱带，这是热敏纸涂料中含滑石粉的特征。因此猜想超高感热敏纸可能含滑石粉。

图 14.54 为碳酸钙、煅烧土和滑石粉的红外光谱，表 14.19 为超高感热敏纸检出元素及其质量分数，图 14.59 为超高感热敏纸的 EDX 能谱图。把图 14.58 与图 14.54 相比较并参考表 14.19 和图 14.59 可以确定：超高感热敏纸检出了填料碳酸钙、煅烧土和滑石粉。

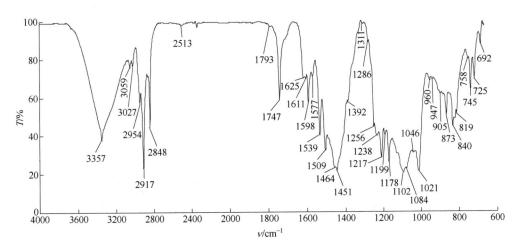

图 14.58 超高感热敏纸的红外光谱

表 14.19 超高感热敏纸检出元素及其质量分数

元素	碳	氧	镁	铝	硅	钙
质量分数/%	52.03	35.11	0.64	4.66	5.20	2.36

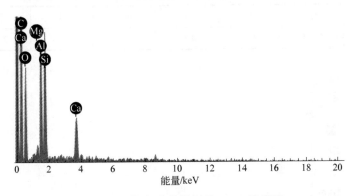

图 14.59 超高感热敏纸的 EDX 能谱图

14.4.15 国家图书馆收银用热敏纸的红外光谱

图 14.60 为国家图书馆收银用热敏纸的红外光谱。第一，873 cm^{-1} 为碳酸钙的标志谱带，因此猜想国家图书馆收银用热敏纸可能含碳酸钙。

第二，对比碳酸钙的红外光谱，图 14.60 中 2512 cm^{-1}、1797 cm^{-1} 及 1550~1300 cm^{-1} 间的宽、强吸收也是碳酸钙的谱带。根据以上两点基本可以确定国家图书馆收银用热敏纸含碳酸钙。

第三，图 14.60 中，1101 cm^{-1} 左右的宽、强吸收及 827 cm^{-1} 的谱带同时存在，这是热敏纸涂料中含煅烧土的特征。因此猜想国家图书馆收银用热敏纸可能含煅烧土。

第四，图 14.60 中 3676 cm^{-1} 和 1023 cm^{-1} 同时存在，这是热敏纸涂料中含滑石粉的特征。因此猜想国家图书馆收银用热敏纸可能含滑石粉。

图 14.54 为碳酸钙、煅烧土和滑石粉的红外光谱，表 14.20 为国家图书馆收银用热敏纸检出元素及其质量分数，图 14.61 为国家图书馆收银用热敏纸的 EDX 能谱图。把图 14.60 与图 14.54 相比较并参考表 14.20 和图 14.61 可以确定：国家图书馆收银用热敏纸检出了填料碳酸钙、煅烧土和滑石粉；锌元素来自硬脂酸锌。

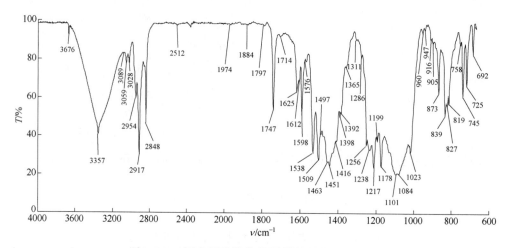

图 14.60　国家图书馆收银用热敏纸的红外光谱

表 14.20　国家图书馆收银用热敏纸检出元素及其质量分数

元素	碳	氧	镁	铝	硅	钙	锌
质量分数/%	50.45	34.53	0.37	4.79	5.60	2.77	1.49

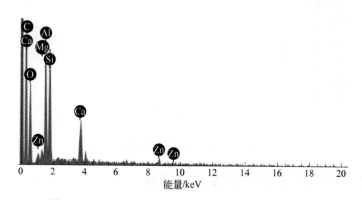

图 14.61　国家图书馆收银用热敏纸的 EDX 能谱图

14.4.16　工商银行排序用热敏纸的红外光谱

图 14.62 为工商银行排序用热敏纸的红外光谱。第一，图中 872 cm^{-1} 为碳酸钙的标志谱带，因此猜想工商银行排序用热敏纸可能含碳酸钙。

第二，对比碳酸钙的红外光谱，图 14.62 中 2511 cm^{-1}、1500~1300 cm^{-1} 间的宽、强吸收也是碳酸钙的谱带。根据以上两点基本可以确定工商银行排序用热敏纸含碳酸钙。

第三,1101 cm^{-1} 左右的宽、强吸收和 827 cm^{-1} 的谱带同时存在,这是热敏纸涂料中含煅烧土的特征。因此猜想工商银行排序用热敏纸可能含煅烧土。

第四,1018 cm^{-1} 为热敏纸涂料中含滑石粉的特征。

图 14.54 为碳酸钙、煅烧土和滑石粉的红外光谱,表 14.21 为工商银行排序用热敏纸检出元素及其质量分数,图 14.63 为工商银行排序用热敏纸的 EDX 能谱图。把图 14.62 与图 14.54 相比较并参考表 14.21 和图 14.63 可以确定:工商银行排序用热敏纸检出了填料碳酸钙、煅烧土和滑石粉。

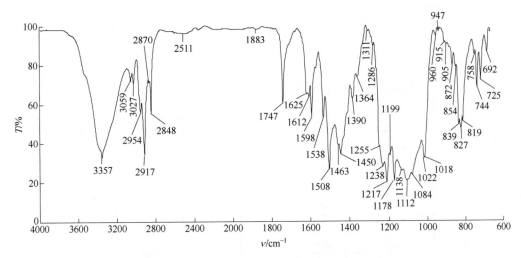

图 14.62　工商银行排序用热敏纸的红外光谱

表 14.21　工商银行排序用热敏纸检出元素及其质量分数

元素	碳	氧	钠	镁	铝	硅	钙
质量分数/%	59.06	31.78	0.70	0.45	3.34	3.23	1.43

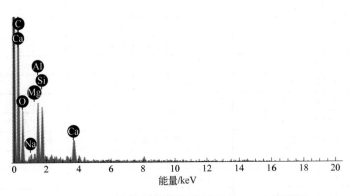

图 14.63　工商银行排序用热敏纸的 EDX 能谱图

14.5　红外光谱检验热敏纸的结果和讨论

表 14.22 为红外光谱法分析热敏纸涂料检出成分的统计,表 14.23 是热敏纸检出元素及其质量分数。

表 14.22 红外光谱法检出热敏纸成分

序号	牌号	染料	显色剂	增感剂	润滑剂	黏合剂	填料
1	水木清华	TH-107	BPA	增感剂 A	硬脂酸锌	PVA	碳酸钙、煅烧土
2	水牌	TH-107	BPA			PVA	碳酸钙、煅烧土
3	江河牌	TH-107	BPA			PVA	碳酸钙、煅烧土
4	飞毛腿	ODB-2	BPA			PVA、淀粉	煅烧土
5	祥裕纸业	ODB-2	BPA			PVA	碳酸钙、煅烧土
6	金好	ODB-2	BPA			PVA	碳酸钙、滑石粉
7	飞利浦	ODB-1、ODB-2				PVA	煅烧土
8	@hixian	ODB-2	BPA			PVA	碳酸钙、煅烧土
9	王子	ODB-2	BPA			PVA	煅烧土、滑石粉
10	江鑫	ODB-2	BPA			PVA	煅烧土、滑石粉
11	安妮	ODB-2	BPA			PVA	碳酸钙、煅烧土
12	绿天章	ODB-2	BPA			PVA	碳酸钙、煅烧土
13	富士山	ODB-2	BPA			PVA	碳酸钙、滑石粉
14	凡星	ODB-2	BPA			PVA	煅烧土、滑石粉
15	Fuji 热敏纸	ODB-2	BPA			PVA	碳酸钙、煅烧土、滑石粉
16	Grown	ODB-2	BPA			PVA	碳酸钙、煅烧土
17	Fuji 传真纸	ODB-2	BPA			PVA	碳酸钙、煅烧土
18	超高感	ODB-2	BPA			PVA	
19	国家图书馆	ODB-2	BPA			PVA	碳酸钙、煅烧土、滑石粉
20	工商银行	ODB-2	BPA			PVA	

表 14.23 20 种热敏纸涂料检出元素及其质量分数

序号	牌号	检出元素的质量分数/%										检出填料
		碳	氧	钠	镁	铝	硅	钙	钛	锌	硫	
1	水木清华	57.14	33.68			2.59	3.24	3.34				碳酸钙、煅烧土
2	水牌	52.43	34.36			4.01	4.89	4.31				碳酸钙、煅烧土
3	江河牌	55.21	37.17			2.34	2.42	2.86				碳酸钙、煅烧土
4	飞毛腿	52.70	39.27			3.78	3.92	0.33				煅烧土
5	祥裕纸业	49.77	39.67	0.53		4.06	3.83	2.14				碳酸钙、煅烧土
6	金好	50.48	42.71		0.51		0.58	5.72				碳酸钙、滑石粉
7	飞利浦	49.19	40.47			5.27	4.68			0.39		煅烧土
8	@hixian	45.62	38.22			7.39	4.98	2.87		0.92		碳酸钙、煅烧土
9	王子	43.71	39.14		0.64	8.14	8.36					煅烧土、滑石粉
10	江鑫	47.52	39.53		0.35	6.12	6.50					煅烧土、滑石粉
11	安妮	45.17	40.04			7.45	4.91	2.44				碳酸钙、煅烧土
12	绿天章	55.33	35.34			2.30	2.15	4.89				碳酸钙、煅烧土
13	富士山	50.81	39.22	0.58			0.57	8.82				碳酸钙、滑石粉
14	凡星	43.56	39.90		0.52	7.07	8.62		0.32			煅烧土、滑石粉
15	Fuji 热敏纸	44.45	40.06		0.42	5.16	5.48	4.43				碳酸钙、煅烧土、滑石粉
16	Grown	58.03	33.29			1.74	1.86	5.08				碳酸钙、煅烧土

续表

序号	牌号	检出元素的质量分数/%									检出填料
		碳	氧	钠	镁	铝	硅	钙	钛	锌	硫	
17	Fuji 传真纸	46.03	42.42			3.40	3.87	4.29				碳酸钙、煅烧土
18	超高感	52.03	35.11		0.64	4.66	5.20	2.36				碳酸钙、煅烧土、滑石粉
19	国家图书馆	50.45	34.53		0.37	4.79	5.60	2.77	1.49			碳酸钙、煅烧土、滑石粉
20	工商银行	59.06	31.78	0.70	0.45	3.34	3.23	1.43				

分析归纳表 14.22 和表 14.23 可知如下几方面。

(1) 当前热敏纸用的无色染料以 ODB-2 为主 20 种热敏纸中只有"水木清华"牌、"水"牌、"江河"牌 3 种热敏纸的染料用的是 TH-107（这 3 种热敏纸是同一厂家生产），"飞利浦"牌热敏纸用了 ODB-1、ODB-2 的混合物，其余 16 种热敏纸的无色染料都是 ODB-2。当前热敏纸所用显色剂、增感剂、润滑剂基本相同，黏合剂差别也不大。

20 种热敏纸中有 19 种检查出了显色剂，都是双酚 A（BPA）；7 号"飞利浦"牌热敏纸没有检出显色剂。

(2) 热敏纸的差别主要是填料的品种和比例不同 20 种热敏纸的差别主要是填料的品种和比例不同。常用填料有 3 种：煅烧土、碳酸钙和滑石粉。按红外光谱检出填料的不同，可以分为以下五种类型：

① 填料为碳酸钙、煅烧土。这类热敏纸共有 9 种：1 号、2 号、3 号、5 号、8 号、11 号、12 号、16 号、17 号。它们的共同点是都检出了碳、氧、铝、硅、钙 5 种元素。不同点是 1 号、2 号、3 号是同一厂家生产，所用无色染料是 TH-107，而 5 号、8 号、11 号、12 号、16 号、17 号所用无色染料是 ODB-2。5 号检出了钠元素，8 号有 3617 cm^{-1}、3525 cm^{-1}、3445 cm^{-1} 谱带，11 号检出了钛、锌元素，16 号有 3643 cm^{-1} 谱带。

② 填料为煅烧土。这类热敏纸共有 4 号、7 号两种。它们的共同点是都检出了碳、氧、铝、硅 4 种元素。不同点是 4 号热敏纸的黏合剂是 PVA 和淀粉，而 7 号热敏纸的黏合剂只检出 PVA；4 号热敏纸含有少量硫元素，7 号热敏纸含有少量钙元素；4 号热敏纸的显色剂是 BPA，7 号热敏纸的显色剂没有检出；4 号热敏纸的染料是 ODB-2，7 号热敏纸的染料有 ODB-1 和 ODB-2 两种。

③ 填料为碳酸钙、滑石粉。这类热敏纸包括 6 号、13 号 2 种。它们的共同点是都检出了碳、氧、镁、硅、钙 5 种元素。

④ 填料为煅烧土、滑石粉。这类热敏纸包括 9 号、10 号、14 号 3 种。它们的共同点是都检出了碳、氧、镁、铝、硅 5 种元素，不同点是 14 号热敏纸含有少量钛元素。

⑤ 填料为碳酸钙、煅烧土、滑石粉。这类热敏纸包括 15 号、18 号、19 号、20 号 4 种。它们的共同点是都检出了碳、氧、镁、铝、硅、钙 6 种元素；不同点是 19 号热敏纸含有少量钛元素，20 号热敏纸含有少量钠元素。

(3) 不同仪器对热敏纸原料的灵敏度不同 填料二氧化钛不易用红外光谱仪检出，扫描电镜/能谱仪检测二氧化钛比红外光谱仪灵敏度高。红外光谱仪检测硬脂酸锌比扫描电镜/能谱仪灵敏度高。

(4) 热敏纸主要原料的红外光谱标志谱带 热敏纸涂层是多种物质的混合物，要鉴定热敏纸的异同，就要从红外光谱中识别出其中的各种原料。这就要求知道各主要原料的标志谱带，然后按照下列步骤分析热敏纸涂料是否有某种原料。

第一，在热敏纸的红外光谱中寻找是否有 A 原料的标志谱带，如果没有，则可以确定涂层中没有 A 原料；如果有，则假设 A 原料存在。

第二，把热敏纸的红外光谱与 A 原料的红外光谱进行对比，看是否还有其他的谱带相匹配。相匹配的谱带越多，热敏纸涂层中含 A 原料的概率越大。

第三，对 B 原料重复上述工作，一直到热敏纸涂层红外光谱主要谱带都有了合理解释。

热敏纸主要原料的标志谱带是下列谱带同时存在。①ODB 是 3407 cm^{-1}、1737 cm^{-1}、1517 cm^{-1} 和 1414 cm^{-1}。②ODB-2 是 3356 cm^{-1} 和 1747 cm^{-1}。③BPA 是 1508 cm^{-1} 和 1178 cm^{-1}。④增感剂 A 是 744 cm^{-1}、725 cm^{-1} 和 696 cm^{-1}。⑤淀粉是 1552 cm^{-1}、578 cm^{-1}。⑥硬脂酸锌是 2919 cm^{-1}、2846 cm^{-1}、1541 cm^{-1}。⑦碳酸钙是 2511 cm^{-1}、1793 cm^{-1}、873 cm^{-1}。⑧煅烧土是 1101 cm^{-1}、827 cm^{-1}。⑨滑石粉是 1018 cm^{-1}、670 cm^{-1}。

第 15 章 火炸药的红外光谱分析

火炸药是具有爆炸性的物质，当其受到适当的激发冲量后，能够产生快速的化学反应，并放出足够的热量和大量的气体产物，从而形成一定的机械破坏效应和抛掷效应。根据是否有冲击波，火炸药可以分为火药（gunpowder）和炸药（explosive）。凡用于推进的爆炸物（无冲击波的急速燃烧物）称为火药；凡用于破坏的爆炸物（伴随冲击波的急速燃烧物）称为炸药。通常也将二者统称为炸药。

15.1 火炸药的分类

按照不同的标准，火炸药有多种不同的分类方法，归纳起来主要有以下七种。

（1）根据化学结构及组成，火炸药可分为化合物和混合物两类。作为组分的化学物质可以是炸药，也可以是非爆炸性的物质。

化合物火炸药可分为：硝基化合物、硝酸酯、硝胺、氯酸和高氯酸的衍生物、叠氮化合物、含多氮的化合物、过氧化物和臭氧化物等。

混合物火炸药可分为两种：至少含有一种爆炸性成分的混合炸药；没有爆炸性成分的混合炸药。

（2）根据用途，火炸药可分为火药、猛炸药、发射药、起爆药、烟火药，用于工业的称工业炸药，用于军事的称军用混合炸药。

（3）按性能，火炸药可分为高爆速炸药、高威力炸药、高强度炸药、耐热炸药和不敏感炸药等。

（4）根据物理状态，火炸药可分为固体炸药、液体炸药、粉状炸药、可熔炸药、半可熔炸药及塑性炸药等。

（5）按成分和形态结构，火炸药可分为均质火药和异质火药两大类。均质火药包括单基火药和双基火药两类；异质火药包括混合火药、复合火药、复合双基火药和三基火药等。

（6）有规律地燃烧释放出能量，产生气体，推进火箭和导弹的火药称为推进剂，又称为推进药。推进剂分固体推进剂、液体推进剂和固液推进剂三类。

（7）按装药方式，火炸药可分为压装型炸药、浇铸型炸药、熔铸型炸药和塑态挤注型炸药等。

15.2 火炸药的特性

火炸药在热力学上属于相对稳定的物系。它可受外界的机械作用、热电作用、爆轰波和冲击波等作用而激起燃烧、爆炸反应，它的特性常用以下参数表示。

（1）稳定性　即在储存期内保持其物理、化学及爆炸性质不发生可觉察变化的能力。

（2）感度　指火炸药在机械、热、电、爆轰波等外界作用下引起发生爆炸的难易程度，以机械感度、热感度和爆轰感度等表示。

（3）爆速　即爆轰速度，在炸药起爆时产生爆轰波并传递能量使反应沿药体向前传播的过程称为爆轰。爆轰波沿药体传播的速度称为爆速，爆速一般为 1.5~0.9 km/s。

（4）燃烧速度　以热传导、扩散和辐射形式将能量沿药体向前传播的反应过程，称为爆燃或燃烧，沿药面法线传播的速度称为燃烧速度或燃速，一般为每秒几毫米至几百米。

15.3 火炸药的用途

火炸药是国防和经济建设的重要战略物资。在军事上，火炸药是兵器的能源，炮弹、导弹、航弹、鱼雷、水雷、地雷、火工品和爆破药包等都要装填火炸药。在民用上，火炸药广泛用于矿石、煤炭、石油和天然气开采，开山筑路、拦河筑坝、疏浚河道、拆除建筑物、地震探矿、爆炸加工、控制爆破等工程。焰火、爆竹在娱乐和迎宾活动中也有广泛应用。在航天方面，火炸药用于卫星、航天飞机等各种航天器的发射及控制。

15.4 火炸药的红外光谱

15.4.1 黑索金的红外光谱

黑索金（cyclotrimethylene trinitramine，hexogen，RDX）为硝基胺炸药。其化学名称为环三亚甲基三硝胺或 1,3,5-三硝基-1,3,5-三氮杂环己烷，为无色结晶，不溶于水，微溶于乙醚和乙醇，在丙酮和热苯中溶解度略高，在加热的环乙酮、硝基苯和乙三醇中较易溶解。其分子式为 $C_3H_6N_6O_6$，晶体密度为 1.80 g/cm³，熔点为 204 ℃，爆燃点为 204 ℃，爆速为 8636 M/s，爆轰气体体积为 910 L/kg，爆热为 5760 kJ/kg，生成能为 417 kJ/kg，爆压为 33.79 GPa，撞击感度为 80%。其化学性质比较稳定，在 110 ℃ 条件下加热 152 h，化学稳定性不变；在 50 ℃ 条件下长期储存不分解。黑索金遇稀酸、稀碱无变化，遇浓硫酸分解，遇明火、高温、震动、撞击、摩擦能引起燃烧爆炸，是一种爆炸力极强的烈性炸药，比 TNT 猛烈 1.5 倍。国标编号为 11041，CAS 号为 121-82-4。以黑索今为基的混合炸药普遍用于各种弹药，也用作雷管和导爆索的主装药。图 15.1 为黑索金的结构式。

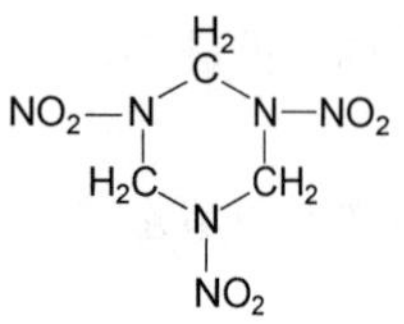

图 15.1　黑索金的结构式

图 15.2 为黑索金的红外光谱。由于 CH_2 与强吸电子基 $N-NO_2$ 相连，$N-NO_2$ 对 CH_2 存在吸电子诱导效应，CH_2 与 N 原子未共用电子对存在 σ-p 超共轭效应，2 种效应都使 CH_2 的伸缩振动频率升高，CH_2 的反对称伸缩振动频率由通常的 2925 cm^{-1} 升至 3074 cm^{-1}，CH_2 的对称伸缩振动频率由通常的 2855 cm^{-1} 升至 3002 cm^{-1}。

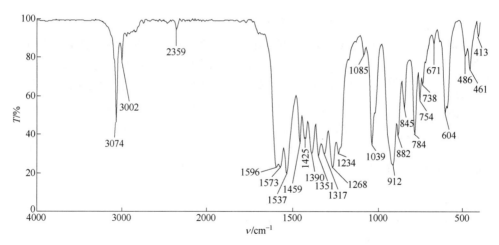

图 15.2 黑索金的红外光谱

硝基通常写作 R—N=O (with O above N), 似乎是氮原子与一个氧原子以共价双键结合, 与另一个氧原子则以配价键结合, 氮原子与两个氧原子的键不相同。但实际是, 硝基中两个氮氧键是相同的。硝基中的 N 原子进行 sp^2 杂化, 与两个氧原子共用四个电子, π 电子分布在氮原子和两个氧原子周围, 形成 π_3^4 结构 [N-O 115.4°], 三个原子共平面。硝基中两个氮氧键既不是一般的氮氧双键, 也不是一般的氮氧单键, 而是趋于平均化。α-氢原子与硝基之间存在 σ-p 超共轭效应。

一个黑索金分子上有三个 NO_2, 构象异构使三个 NO_2 不在同一平面, 三个 NO_2 在分子中所处状态并不相同, 红外光谱中显示其伸缩振动吸收有多个谱带, 如 1596 cm^{-1}、1573 cm^{-1}、1537 cm^{-1} 为 NO_2 的反对称伸缩振动, 1351 cm^{-1}、1317 cm^{-1}、1268 cm^{-1} 为 NO_2 的对称伸缩振动。1459 cm^{-1}、1425 cm^{-1}、1390 cm^{-1} 为 CH_2 的面内变角振动。1039 cm^{-1}、912 cm^{-1}、845 cm^{-1} 为 C-N 的伸缩振动。1317 cm^{-1}、1039 cm^{-1} 为 CH_2 的面外摇摆振动, 784 cm^{-1}、754 cm^{-1} 为 CH_2 的面内摇摆振动。

15.4.2 奥克托今的红外光谱

奥克托今 (HMX), 也称奥克托金、奥托金, 是具有八元环的硝胺结构。其化学名称为 1,3,5,7-四硝基-1,3,5,7-四氮杂环辛烷或环四亚甲基四硝胺, 是高熔点硝胺炸药。奥克托今与黑索今为同系物, 具有同样的元素组成, 存在于乙酸酐法制得的黑索金 (RDX) 中, 直到 1941 年才被发现并分离出来。它比黑索金具有更高的热稳定性和能量。

奥克托今的分子式为 $C_4H_8N_8O_8$, 为无色结晶, 熔点为 282 ℃, 有 α、β、γ、δ 四种晶型, 其中常温下的稳定晶型为 β 型 (实际使用的奥克托今均为 β 型), 密度为 1.91 g/cm^3, 易溶于二甲基亚砜、二甲基甲酰胺, 微溶于乙酸和丙酮, 不溶于水。由于其密度大, 所以爆速大、爆轰压高。其密度为 1.84 g/cm^3 时, 爆发点约 327 ℃ (5 s), 爆热为 5900 kJ/kg, 爆速为 9124 m/s, 爆压为 39.50 GPa, 撞击感度为 100%。它的化学稳定性较好, 且具有一定的耐热性。这些性能都超过了黑索今, 是目前单质猛炸药中爆炸性最好的一种。但其机械感度比黑索今高, 熔点高, 难于单独进行装药。其成本较高, 难以单独使用, 现仅用于少数导弹装药、反坦克装药、火箭推进剂的添加剂和作为引爆核武器的爆破药柱等。图 15.3 为奥克托今的结构式。

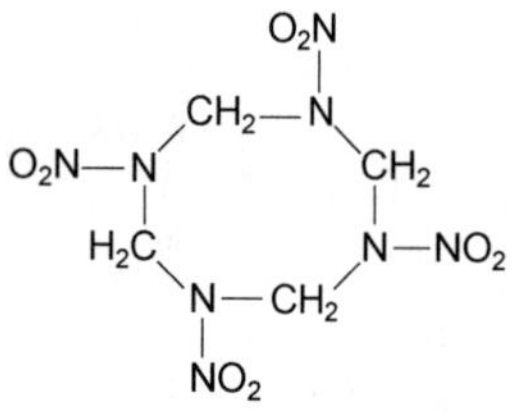

图 15.4 为奥克托今的红外光谱。在一个奥克托今分子中有四个 CH_2，$N-NO_2$ 对 CH_2 存在吸电子诱导效应，使 CH_2 伸缩振动频率升高；由于构象异构的原因，有的 CH_2 能与 N 原子未共用电子对形成 σ-p 超共轭，有的则不能，因此 CH_2 伸缩振动吸收有四个：3032 cm^{-1}、2986 cm^{-1}、2919 cm^{-1}、2851 cm^{-1}。1544 cm^{-1} 为 NO_2 的反对称伸缩振动，1347 cm^{-1}、1279 cm^{-1} 为 NO_2 的对称伸缩振动。1464 cm^{-1}、1431 cm^{-1}、1397 cm^{-1} 为 CH_2 的面内变角振动。1087 cm^{-1}、946 cm^{-1} 为 C—N 伸缩振动。759 cm^{-1} 为 NO_2 弯曲振动。657 cm^{-1}、625 cm^{-1}、600 cm^{-1} 为 CH_2 的面内摇摆振动。

图 15.3 奥克托今结构式

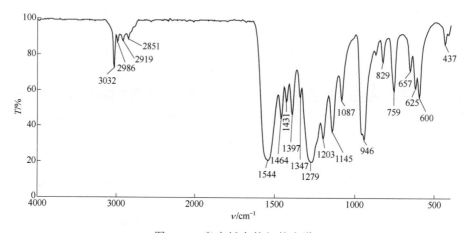

图 15.4 奥克托今的红外光谱

15.4.3 特屈尔的红外光谱

特屈尔是一种硝胺炸药，化学名称为 2,4,6-三硝基苯甲硝胺，分子式为 $C_7H_5N_5O_8$，图 15.5 为特屈尔的结构式。

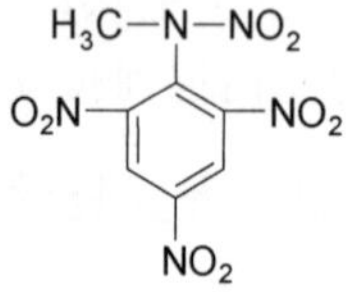

特屈尔为白色晶体，含少量杂质的工业品为淡黄色，熔点为 129.5 ℃，晶体密度为 1.74 g/cm^3，极难溶于水，易溶于苯、二氯乙烷、丙酮和苯。特屈尔中性物质，与金属不起反应，爆发点约为 257 ℃（5 s），爆热为 4780 kJ/kg，撞击感度为 48%。特屈尔的热稳定性较好，机械感度高于梯恩梯，但低于泰安和黑索金。其爆轰感度好，传爆性能优越，爆速在密度为 1.70 g/cm^3 时可达 7860 m/s。

图 15.5 特屈尔的结构式

图 15.6 为特屈尔的红外光谱。1 个特屈尔分子上有 4 个 NO_2，4 个 NO_2 有 3 种不同的位置：1 个脂肪族硝胺 NO_2（C1）和 3 个芳香族 NO_2，苯环上的 3 个 NO_2 中，2 个邻位有取代基（C2、C6），1 个邻位没有取代基（C4）。

NO_2 为平面形结构，三个原子在同一个平面，能与苯环形成 π-π 共轭，共轭效应使芳香族硝基化合物的伸缩振动频率低于饱和脂肪族硝基化合物。脂肪族硝基化合物的 NO_2 的反对称伸缩振动和对称伸缩振动频率分别位于 1567~1540 cm^{-1} 和 1380~1340 cm^{-1}。芳香族硝基化合物的 NO_2 的反对称伸缩振动和对称伸缩振动频率分别位于 1550~1480 cm^{-1} 和 1365~1320 cm^{-1}。如果邻位没有取代基，芳香族硝基化合物的 NO_2 的三个原子与苯环在同一个平面，苯环的 π 电子与 NO_2 的 π 电子形成 π-π 共轭，NO_2 的反对称伸缩振动和对称伸缩振动频率降低；如果邻位有取代基，特别是像特屈尔这样有比较大的硝胺取代基，立体位阻效应使 NO_2 的三个原子与苯环不在同一个平面，不能形成 π-π 共轭，NO_2 的反对称伸缩振动和对称伸缩振动频率就会分别升高 10~30 cm^{-1}。共轭效应对 NO_2 的对称伸缩振动频率的影响比反对称伸缩振动频率的影响更大。因此，特屈尔 NO_2 的反对称伸缩振动和对称伸缩振动频率均不止一个。

图 15.6 中，3092 cm^{-1} 为 1541 cm^{-1} 的倍频。3022 cm^{-1} 为苯环上 =CH 的伸缩振动。2957 cm^{-1}、2886 cm^{-1} 为 CH_3 的伸缩振动。1613 cm^{-1} 为苯环的伸缩振动。1541 cm^{-1} 为 NO_2 的反对称伸缩振动，它是特屈尔分子中三个不同位置的四个 NO_2 反对称伸缩振动的叠加，所以强而宽。C2、C6 上的 NO_2 邻位有取代基，不能与苯环形成共轭，对称伸缩振动频率较高，位于 1342 cm^{-1}，2684 cm^{-1} 为其倍频；C4 的 NO_2 邻位没有取代基，与苯环形成 π-π 共轭，对称伸缩振动频率较低；而硝基胺 C_{Ar}-N-NO_2 的 NO_2 反对称伸缩振动位于 1630~1530 cm^{-1}，对称伸缩振动位于 1310~1250 cm^{-1}；邻位没有取代基的 NO_2 和硝基胺的 NO_2 的对称伸缩振动、C_{Ar}-N 伸缩振动叠加，在 1294 cm^{-1} 出现宽、强谱带。1459 cm^{-1} 为 CH_3 的反对称变角振动，1429 cm^{-1} 为 CH_3 的对称变角振动。1080 cm^{-1} 为苯环 =CH 面内变角振动。921 cm^{-1} 为 C-N 伸缩振动。757 cm^{-1} 为 C-N-O 面内变角振动。921 cm^{-1} 也有苯环 =CH 面外变角振动的成分。1861 cm^{-1}、1837 cm^{-1} 为苯环上 =CH 面外变角振动的倍频与合频。由于强极性 NO_2 的存在，苯环 =CH 的面外变角振动频率强度增大。714 cm^{-1} 为苯环 =CH 面外变角振动。

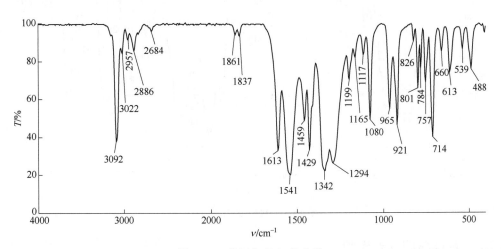

图 15.6　特屈尔的红外光谱

15.4.4　TNT 的红外光谱

TNT 是一种芳香族硝基炸药，化学名称为 2,4,6-三硝基甲苯（2,4,6-trinitromethylbenzene，TNT），分子式为 $C_7H_5N_3O_6$，分子量为 227.14。TNT 为无色针状晶体，工业品为淡黄色鳞片状物，无臭，有吸湿性，熔点为 81.8 ℃，相对密度为 1.65，沸点为 280 ℃（爆炸），不溶于水，微溶于冷乙醇，易溶于热乙醇，溶于苯、芳烃、丙酮以及较浓的硝酸。TNT 受到摩擦、震动、撞击时可发生爆炸；大量堆积或在密闭容器中燃烧，有可能由燃烧转变为爆轰；遇碱生成不安定的爆炸物，爆发点约为 475 ℃（5 s），爆热为 4560 kJ/kg，爆速为 6920 m/s，撞击感度为 4%~8%。TNT 不导电，在粉碎时易产生静电积累，广泛用于装填各种炮弹、航空炸弹、火箭弹、导弹、水雷、鱼雷、手榴弹及爆破器材。图 15.7 为 TNT 的结构式。

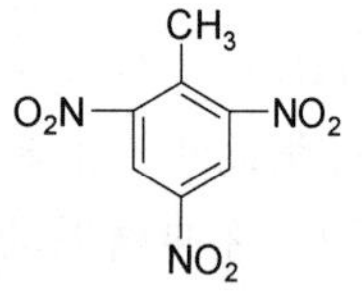

图 15.8 为 TNT 的红外光谱。3096 cm^{-1} 为 1537 cm^{-1} 的倍频，3064 cm^{-1}、3022 cm^{-1} 为苯环上 =CH 的伸缩振动。2960 cm^{-1}、2887 cm^{-1} 为 CH$_3$ 的伸缩振动。1610 cm^{-1} 为苯环的伸缩振动。TNT 分子中有 3 个 NO$_2$，其中 C2、C6 上的 2 个 NO$_2$ 邻位有取代基 CH$_3$，C4 上的 NO$_2$ 邻位没有取代基。C4 上的 NO$_2$ 的 3 个原子与苯环共平面，苯环的 π 电子与 NO$_2$ 的 π 电子形成 π-π 共轭，NO$_2$ 的反对称伸缩振动频率降低至 1550~1520 cm^{-1}，NO$_2$ 的对称伸缩振动降低至 1365~1330 cm^{-1}。C2、C6 邻位有取代基的 NO$_2$，由于位阻效应与苯环不能完全共平面，苯环的 π 电子与 NO$_2$ 的 π 电子不能形成完整 π-π 共轭，NO$_2$ 的伸缩振动频率较高，反对称伸缩振动在 1560~1545 cm^{-1}，对称伸缩振动在 1380~1360 cm^{-1}。在 TNT 的红外光谱中，3 个 NO$_2$ 的伸缩振动频率不能完全分开，在 1537 cm^{-1} 出现 NO$_2$ 的反对称伸缩振动谱带，在 1355 cm^{-1} 出现 NO$_2$ 的对称伸缩振动谱带。1469 cm^{-1} 为 CH$_3$ 的反对称变角振动。1087 cm^{-1} 为苯环上 =CH 的面内变角振动。911 cm^{-1} 为 C—N 伸缩振动。911 cm^{-1} 也有苯环上 =CH 面外弯曲振动的成分。C—NO$_2$ 弯曲振动位于 763 cm^{-1}。1843 cm^{-1}、1816 cm^{-1} 为苯环上 =CH 面外变角振动的倍频与合频。720 cm^{-1} 为苯环 =CH 面外变角振动。

图 15.7 TNT 的结构式

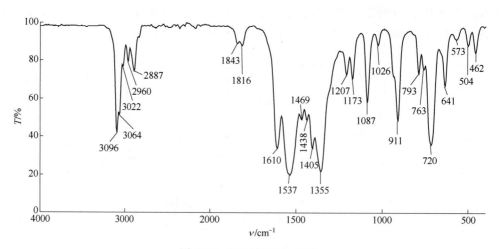

图 15.8 TNT 的红外光谱

15.4.5 苦味酸的红外光谱

苦味酸（picric acid，PA）是一种芳香族硝基炸药，俗称黄色炸药，化学名称为 2,4,6-三硝基苯酚（2,4,6-trinitrophenol，TNP），分子式为 C$_6$H$_3$N$_3$O$_7$，分子量为 229.11。图 15.9 为苦味酸的结构式。

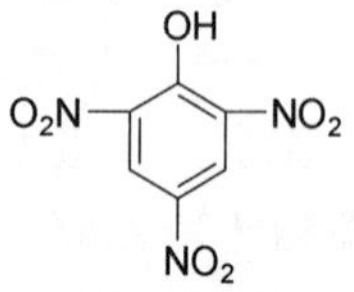

苦味酸为淡黄色晶体，工业品为淡黄色鳞片状物，熔点为 122.5 ℃，沸点大于 300 ℃（爆炸），闪点为 150 ℃，相对密度为 1.76，易溶于乙醇、乙醚、热水以及丙酮、苯等有机溶剂，难溶于冷水、四氯化碳，微溶于二硫化碳。其爆速为 7350 m/s，撞击感度为 32%。干燥的苦味酸敏感度较低，仅略高于 TNT，储存和运输都比较安全。其爆发点为 320 ℃（5 s），当密度为 1.70 g/cm^3 时，爆热和爆速分别为 4.52 MJ/kg 和 7.35 km/s；密度为 1.72 g/cm^3 时，爆压为 26.5 GPa，爆温约为 3000 K，爆容约

图 15.9 苦味酸的结构式

为 680 L/kg，撞击感度为 24%~36%，对摩擦不敏感。

图 15.10 为苦味酸的红外光谱。3108 cm^{-1} 主要是 1534 cm^{-1} 的倍频，也有苯环上 =CH 的伸缩振动和 OH 的伸缩振动。1864 cm^{-1} 为苯环上 =CH 的面外变角振动的倍频和合频。1612 cm^{-1} 为苯环的伸缩振动。1631 cm^{-1}、1534 cm^{-1} 为 NO$_2$ 的反对称伸缩振动，1343 cm^{-1} 为 NO$_2$ 的对称伸缩振动。苦味酸 C$_{Ar}$–OH 的 C$_{Ar}$–O 的伸缩振动与 OH 的面内变角振动发生偶合，分裂为 2 个谱带，分别位于 1435 cm^{-1} 和 1276 cm^{-1}，前者主要是 C$_{Ar}$–OH 的面内变角振动，后者主要是 C$_{Ar}$–O 的伸缩振动。1154 cm^{-1}、1090 cm^{-1} 为苯环上 =CH 的面内变角振动，因为 OH、NO$_2$ 均为强极性基团，使其强度增大。921 cm^{-1} 为 C–N 对称伸缩振动和苯环上=CH 的面外变角振动的叠加，苯环孤立 =CH 的面外弯曲振动通常位于 900~860 cm^{-1}，多硝基取代使其频率升高。羟基对苯环 =CH 面外弯曲振动频率影响很小，但在 910~665 cm^{-1} 会产生多个来历不明的中到强的谱带。706 cm^{-1} 为苯环的弯曲振动。

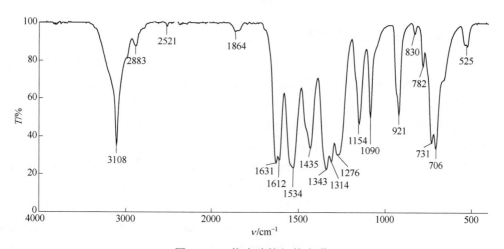

图 15.10　苦味酸的红外光谱

15.4.6　二硝基甲苯的红外光谱

二硝基甲苯学名 2,4-二硝基甲苯（2,4-dinitrotoluene，DNT），分子式为 CH$_3$C$_6$H$_3$(NO$_2$)$_2$，闪点为 207 ℃，熔点为 69.5 ℃，沸点为 300 ℃，微溶于水、乙醇、乙醚，易溶于苯、丙酮。其相对密度为 1.52，CAS 号为 121-14-2。DNT 为浅黄色针状结晶，在阳光下颜色变深，有苦杏仁味，有毒，易燃。2,4-二硝基甲苯可衍生一系列中间体，这些中间体用于制造染料，生产炸药 TNT，也用于聚氨酯、染料、医药、橡胶等有机合成工业。图 15.11 为二硝基甲苯的结构式。

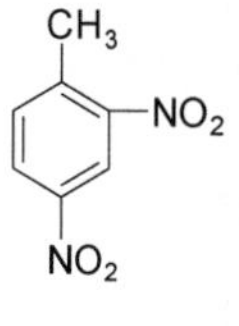

图 15.11　二硝基甲苯的结构式

图 15.12 为二硝基甲苯的红外光谱。3107 cm^{-1} 为 1532 cm^{-1} 的倍频。3060 cm^{-1} 为苯环上 =CH 的伸缩振动。1605 cm^{-1}、1441 cm^{-1} 为苯环的伸缩振动。1069 cm^{-1} 为苯环 =CH 的面内变角振动。839 cm^{-1}、790 cm^{-1} 为苯环上 =CH 的面外弯曲振动，707 cm^{-1} 为苯环的弯曲振动。2980 cm^{-1}、2870 cm^{-1} 为 CH$_3$ 的伸缩振动。1532 cm^{-1} 为 NO$_2$ 的反对称伸缩振动，1350 cm^{-1} 为 NO$_2$ 的对称伸缩振动。1456 cm^{-1} 为 CH$_3$ 的反对称变角振动。1069 cm^{-1} 为苯环 =CH 的面内变角振动。916 cm^{-1} 为 =CH 面外变角振动。839 cm^{-1} 为 C–N 伸缩振动。764 cm^{-1} C–N–O 变角振动。

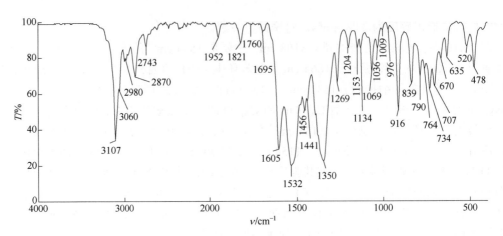

图 15.12　二硝基甲苯的红外光谱

15.4.7　二硝基重氮酚的红外光谱

二硝基重氮酚（diazodinitrophenol，DDNP）纯品为亮黄色，依工艺条件不同，可出现土黄、棕黄、黄绿、紫红等颜色。其分子式为 $C_6H_2(NO_2)_2N_2O$。纯二硝基重氮酚吸湿性大，聚合成球形时吸湿性小，微溶于水，在水中难爆炸，溶于多数有机溶剂，在干燥状态时与金属无反应，潮湿时可发生反应。其熔点为 158 ℃，密度为 1.63 g/cm³，爆燃点为 180 ℃，爆速为 7000 m/s。二硝基重氮酚热稳定性较好，50 ℃时无显著分解，但对光敏感，要避光保存。其机械感度低，火焰感度好，起爆性能低于叠氮化铅，高于雷汞，对特屈尔的极限起爆药量为 0.075 g，但流散性不好、耐压性差，压力过大会产生半爆现象。DDNP 爆炸威力大于雷汞，但稍差于叠氮铅，由于具有良好的性能、原料来源丰富、制造工艺简单，20 年来逐渐取代雷汞广泛用于工业雷管，主要用作起爆药。DDNP 干品对摩擦敏感，运输时应加 40%的水润湿。图 15.13 为二硝基重氮酚的结构式。

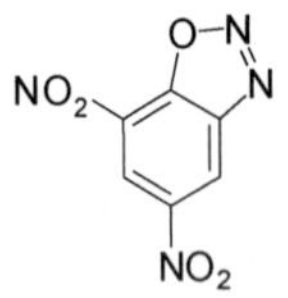

图 15.13　二硝基重氮酚的结构式

图 15.14 为二硝基重氮酚的红外光谱。3104 cm⁻¹ 主要为 1555 cm⁻¹ 的倍频，也有苯环上 =CH 的伸缩振动成分。1636 cm⁻¹、1524 cm⁻¹ 为苯环的伸缩振动。1073 cm⁻¹ 为苯环 =CH 的面

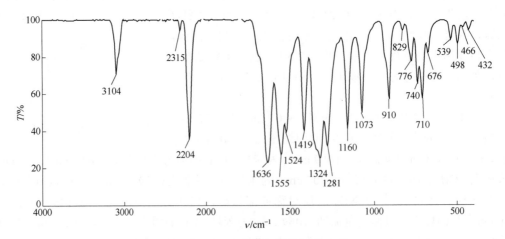

图 15.14　二硝基重氮酚的红外光谱

内变角振动。910 cm^{-1} 为苯环上 =CH 的面外弯曲振动，苯环孤立 =CH 面外弯曲振动通常位于 900~860 cm^{-1}，多硝基取代使其频率升高。710 cm^{-1} 为苯环的弯曲振动。2204 cm^{-1} 为 C_{Ar}–O–N=N–C_{Ar} 的伸缩振动。1555 cm^{-1}、1524 cm^{-1} 为 NO_2 的反对称伸缩振动，1324 cm^{-1} 为 NO_2 的对称伸缩振动。1419 cm^{-1} 为 N–O 伸缩振动，邻位、对位的 NO_2 为强吸电子基，诱导效应使 N–O 伸缩振动频率升高；O 原子的未共用电子对同时与苯环 π 电子、N=N π 电子形成 p-π 共轭，C–O、O–N 都具有部分双键特性，所以频率较高。1281 cm^{-1}、1160 cm^{-1} 为 C–O 的伸缩振动。910 cm^{-1} 也有 C–N 伸缩振动的成分。NO_2 的变角振动出现在 760~745 cm^{-1} 和 710~694 cm^{-1}，因为与苯环 =CH 的面外变角振动出现在同一区域，确切指认困难。

15.4.8 太安的红外光谱

太安的化学名称为季戊四醇四硝酸酯（penta erythritol tetra nitrate，PETN），分子式为 $C(CH_2ONO_2)_4$。太安是白色结晶，熔点在 142 ℃左右，加热熔化分解，不溶于水，易溶于丙酮，微溶于乙醚、乙醇。太安是一种高能炸药，其威力和猛度都大于 TNT，主要用于制造导爆索、传爆药柱、雷管、导爆管等。其爆热为 6300 kJ/kg，爆速为 8300 m/s。太安耐水性好，用火棉胶固结后可直接用在水中；粉末含水 30%时仍能被引爆。图 15.15 为太安的结构式。

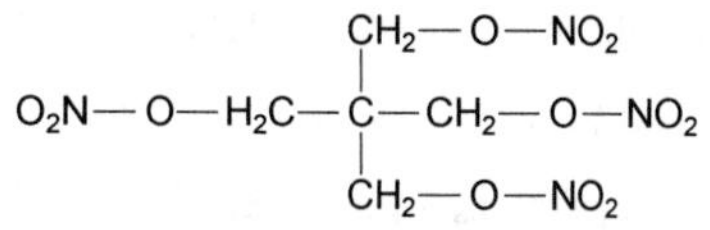

图 15.16 为太安的红外光谱。在太安分子中，CH_2 与 O 原子相连，伸缩振动频率升高至 2985 cm^{-1}、2909 cm^{-1}。1395 cm^{-1} 为 CH_2 的面内变角振动，因与 –O–NO_2 相连，频率比 C–CH_2 的 1465 cm^{-1} 低。1651 cm^{-1} 为 –O–NO_2 的反对称伸缩振动，3274 cm^{-1} 为其倍频。1282 cm^{-1} 为 –O–NO_2 的对称伸缩振动。855 cm^{-1} 为 O–N 的伸缩振动。754 cm^{-1} 为 O–N 的面外变角振动。703 cm^{-1} 为 NO_2 的变角振动。叔丁基骨架振动位于 1255 cm^{-1} 和 1193 cm^{-1}，1255 cm^{-1} 与 –O–NO_2 的对称伸缩振动叠加于 1282 cm^{-1}。1037 cm^{-1}、1002 cm^{-1}、938 cm^{-1} 为 C–CH_2–O 反对称伸缩振动。

图 15.15 太安的结构式

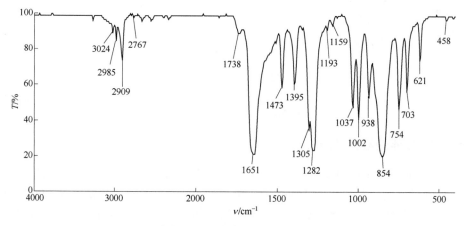

图 15.16 太安的红外光谱

15.4.9 硝酸铵的红外光谱

硝酸铵分子式为 NH_4NO_3，为无色无臭的透明结晶或呈白色的颗粒，熔点为 169.6 ℃，沸点为 210 ℃（分解），易溶于水、乙醇、丙酮、氨水，不溶于乙醚。

硝酸铵主要用作分析试剂、氧化剂、制冷剂、烟火和炸药原料。硝酸铵是重要的化学肥料，也可以直接与一些单质炸药和可燃剂制成各种混合炸药，用于工业爆破和军事目的。硝酸铵混合炸药是使用最早、用量最大的炸药，在两次世界大战中，各参战国几乎都广泛使用了这种炸药，用于装填近射程的炮弹、迫击炮弹以及炸弹等。

硝酸铵炸药原料来源丰富、成本低廉、加工制造方便，利用民用生产线能大量制造，选择不同成分配比可适应不同要求，做到军民结合、平战结合。硝酸铵安全性好，制造、运输、储存和使用均安全可靠。其缺点是有严重的吸湿性、结块性和缺乏抗水性，这在一定程度上限制了它的应用。

图 15.17 为硝酸铵的红外光谱。3236 cm^{-1} 为 NH_4^+ 的反对称伸缩振动，3072 cm^{-1} 为 NH_4^+ 的对称伸缩振动，1754 cm^{-1} 为 NH_4^+ 的对称变角振动，1406 cm^{-1} 为 NH_4^+ 的反对称变角振动。NO_3^- 的反对称伸缩振动位于 1441 cm^{-1}、1373 cm^{-1} 此处的峰都特别强且宽，包裹在 1550~1080 cm^{-1} 的宽强峰里。1043 cm^{-1} 为 NO_3^- 的对称伸缩振动，829 cm^{-1} 为 NO_3^- 的面外变角振动，715 cm^{-1} 为 NO_3^- 的面内变角振动。2920 cm^{-1}、2845 cm^{-1} 为 NH_4^+ 的不对称变角振动的一级倍频峰。NO_3^- 的对称伸缩振动与 NO_3^- 的面内变角振动的合频峰位于 1765 cm^{-1}（1043 cm^{-1}+715 cm^{-1} = 1758 cm^{-1} ≈ 1765 cm^{-1}），强度比 1754 cm^{-1} 小，与 1754 cm^{-1} 不能完全分离，使 1754 cm^{-1} 峰成为一个上宽下尖的峰形。

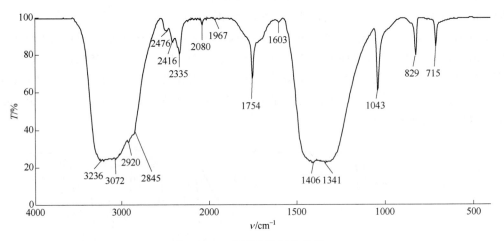

图 15.17　硝酸铵的红外光谱

15.4.10　氯酸钾的红外光谱

氯酸钾（potassium chlorate）的分子式为 $KClO_3$，为无色片状结晶或白色颗粒粉末，味咸而凉，是强氧化剂。其熔点为 368.4 ℃，沸点为 400 ℃，常温下稳定，在 400 ℃以上分解并放出氧气。氯酸钾与还原剂、有机物、易燃物（如硫、磷或金属粉末）等混合可形成爆炸性混合物，急剧加热时爆炸，因此氯酸钾是一种敏感度很高的炸响剂，甚至会在日光照射下自爆。近几年，烟花爆竹引发的重大安全事故中有 70%是因为氯酸钾爆炸引起的，所以我国现在严禁在烟花爆竹中使用氯酸钾。高氯酸钾比氯酸钾稳定性好，不容易引起爆炸，国家规定可以用高氯酸钾生产各类烟花爆竹，而不允许用氯酸钾。

图 15.18 为氯酸钾的红外光谱。965 cm^{-1} 为 ClO_3^- 的反对称伸缩振动。941 cm^{-1} 为 ClO_3^- 的

对称伸缩振动。621 cm^{-1} 为 ClO_3^- 的反对称变角振动，489 cm^{-1} 为 ClO_3^- 的对称变角振动。1901 cm^{-1} 为 ClO_3^- 的反对称伸缩振动和对称伸缩振动的合频。

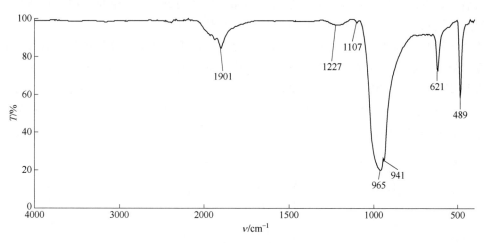

图 15.18　氯酸钾的红外光谱

15.4.11　高氯酸钾的红外光谱

高氯酸钾（potassium hyperchlorate）的分子式为 $KClO_4$，为无色结晶或白色结晶粉末，熔点为 610 ℃（分解），微溶于水，不溶于乙醇。$KClO_4$ 主要用作分析试剂、氧化剂、固体火箭燃料，也可以制炸药、焰火，在医药上用作解热剂、利尿剂等。

图 15.19 为高氯酸钾的红外光谱。1094 cm^{-1} 为 ClO_4^- 的反对称伸缩振动，941 cm^{-1} 为 ClO_4^- 的对称伸缩振动，627 cm^{-1} 为 ClO_4^- 的反对称变角振动，489 cm^{-1} 为 ClO_4^- 的对称变角振动。2015 cm^{-1} 为 ClO_4^- 的反对称伸缩振动和对称伸缩振动的合频。

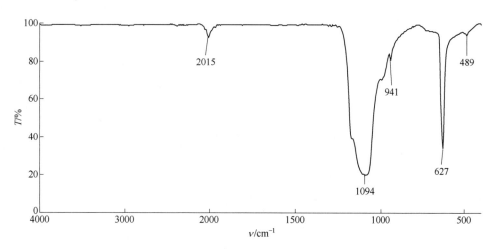

图 15.19　高氯酸钾的红外光谱

15.4.12　叠氮化铅的红外光谱

叠氮化铅（lead azide）的分子式为 $Pb(N_3)_2$，结构式为 N_3–Pb–N_3，为白色晶体。有 α 和 β 两种晶型，前者为短柱状，后者为针状，β 型极易爆炸，一般使用的为 α 型。叠氮化铅不溶于冷水、乙醇、乙醚及氨水，稍溶于沸水，溶于浓度为 4 mol/L 的乙酸钠水溶液，易溶于乙胺。其吸湿性小，但在水中也能爆炸，接近晶体密度时的爆速为 5300 m/s，爆发点为 340 ℃（5 s，糊精），爆燃点为 320~360 ℃，是目前应用广泛的起爆药。叠氮化铅用于装填雷管和底火，但因火焰感度低，不能单独用作针刺雷管和火焰雷管装药。

叠氮化铅产品有结晶叠氮化铅、糊精叠氮化铅、羧甲基纤维素叠氮化铅等品种，加入糊精、羧甲基纤维素可以控制结晶的形状，改善产品的流散性并调节感度大小。

图 15.20 为叠氮化铅的红外光谱。2029 cm^{-1} 为 N_3^-（N=N=N）的反对称伸缩振动。1360 cm^{-1} 为 N_3^- 的对称伸缩振动。633 cm^{-1} 为 N_3^- 的面外弯曲振动。3333 cm^{-1} 为 N_3^- 的反对称伸缩振动和对称伸缩振动的合频。

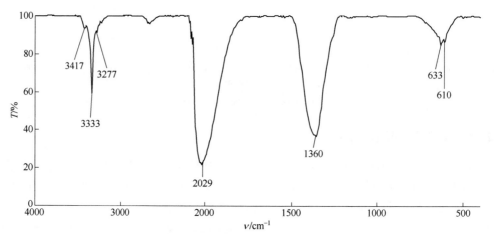

图 15.20　叠氮化铅的红外光谱

第 16 章 毒品的红外光谱分析

16.1 毒品的界定和分类

16.1.1 毒品的界定

联合国 1971 年制定的《精神药物公约》第 2 条第 4 款定义"毒品"为：物质的性能能引起成瘾的依药性，使中枢神经系统产生兴奋或抑郁，以致造成幻觉，或对动作机能、思想、行为、感觉、情绪有害的天然、半合成、合成的物质。

《中华人民共和国刑法》第 357 条规定：毒品是指鸦片、海洛因、甲基苯丙胺（冰毒）、吗啡、大麻、可卡因以及国家规定的其他能够使人形成瘾癖的麻醉药品和精神药品。

16.1.2 毒品的分类

根据联合国的有关规定，毒品分为 6 大类 15 种。
（1）吗啡类　包括罂粟植物、鸦片、吗啡、海洛因、二氢吗啡酮、氧可酮、爱托啡因等。
（2）可卡因类　包括古柯叶、古柯糊、可卡因、可卡因游离碱、"快克"可卡因等。
（3）大麻类　包括大麻叶、大麻烟、大麻树脂、印度大麻脂油、四氢大麻酚等。
（4）苯丙胺类　包括甲基苯丙胺、摇头丸、替苯丙胺、芬乃他林等。
（5）安眠镇静药类　包括巴比妥类安眠药、安眠酮等。
（6）精神药物类　包括安定类药物、三唑仑、麦角酚二乙胺、二基色胺等。

世界卫生组织（WHO）则将毒品分为 8 大类：吗啡类、巴比妥类、酒精类、可卡因类、印度大麻类、苯甲胺类、柯特（Khat）类和致幻剂类。

也可按来源将毒品分为天然、半合成和合成 3 大类。

16.2 毒品的红外光谱

16.2.1 鸦片中主要生物碱的种类和相对含量

鸦片（opium）是罂粟未成熟果实被割破后流出的乳汁的干燥品，其质量大约 10%是由 40 多种生物碱组成，其中有效的生物碱主要有 5 种：吗啡、那可丁、可待因、蒂巴因和罂粟碱。鸦片中主要生物碱的种类和相对含量见表 16.1。

表 16.1　鸦片中主要生物碱的种类和相对含量

生物碱	含量/%	备注	生物碱	含量/%
吗啡	4~21	平均10%，有镇痛安神作用	罂粟碱	0.5~1.3
那可丁	2~8	作为杂质出现在吗啡中		
可待因	0.7~3	出现于粗制吗啡中，形成乙酰可待因	那碎因	0.2~0.5
蒂巴因	0.2~1	鸦片中含量很小，是苞状罂粟的主要生物碱	袂康酸	15

16.2.2　吗啡的红外光谱

吗啡（morphine，MF）是鸦片中最主要的生物碱，鸦片经一系列化学、物理方法处理可以提炼出吗啡。吗啡的化学式为 $C_{17}H_{19}NO_3$，分子量为 285.34，游离体熔点为 254 ℃，盐酸盐熔点为 200 ℃，硫酸盐熔点为 250 ℃。纯净的吗啡为无色或白色的粉末或结晶，难溶于水，易吸潮。随杂质含量的增加颜色逐渐加深，粗制吗啡称为"黄皮"。医用吗啡一般为吗啡的硫酸盐、盐酸盐或酒石酸盐，易溶于水，常制成白色小片或溶于水后制成针剂。吗啡的成瘾性很强，海洛因、杜冷丁、美沙酮等都是吗啡的衍生物。图 16.1 为吗啡的化学结构式。

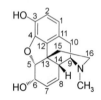

图 16.1　吗啡的化学结构式

图 16.2 是吗啡的红外光谱。3497 cm^{-1} 为与苯环 π 电子缔合的 OH 的伸缩振动，其特点是峰形瘦尖、位于高频，这是由于 π 氢键比一般缔合氢键键能小，缔合弱，OH 的伸缩振动频率仅比游离 OH 伸缩振动频率低 15~50 cm^{-1}，最多不超过 120 cm^{-1}。3268 cm^{-1} 附近的宽、强谱带为分子间缔合的 OH 的伸缩振动，其特点是频率降低得多，峰形高胖。2940 cm^{-1}、2862 cm^{-1} 为 CH_2 的反对称伸缩振动和对称伸缩振动。2918 cm^{-1}、2797 cm^{-1} 为氮甲基 N—CH_3 的反对称伸缩振动和对称伸缩振动，N 原子的未共用电子对与 CH_3 生成 σ-p 共轭，CH_3 的反对称伸缩振动和对称伸缩振动频率较碳甲基 C—CH_3（2960 cm^{-1}、2875 cm^{-1}）低。1646 cm^{-1} 为六元环中 C^7=C^8 的伸缩振动。1605 cm^{-1}、1447 cm^{-1} 为苯环的伸缩振动。1473 cm^{-1} 为 CH_3 的反对称变角振动，因为与 N 原子直接相连，CH_3 反对称变角振动频率升高。1447 cm^{-1} 也有 CH_2 的面内变角振动的成分，因与 N 原子直接相连，CH_2 的面内变角振动频率比常值

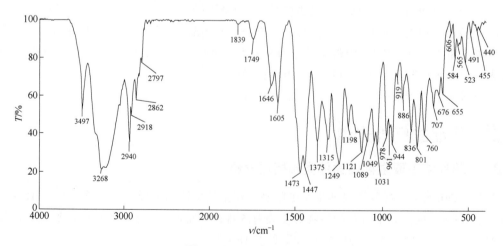

图 16.2　吗啡的红外光谱

（1465 cm^{-1}）低。1375 cm^{-1} 为 CH$_3$ 的对称变角振动。1198 cm^{-1} 为 C-O 伸缩振动。1315 cm^{-1} 为 O-H 面内变角振动。1249 cm^{-1} 为 =C^4-O-C^5 的反对称伸缩振动，1121 cm^{-1} 为其对称伸缩振动，因 C^4 为 sp^2 杂化，O 原子的未共用电子对与双键 π 电子发生 p-π 共轭，=C^4-O 键具有部分双键特性，比脂肪醚 C-O-C 反对称伸缩振动频率(1150~1050 cm^{-1})高，一般位于 1275~1150 cm^{-1}。1089 cm^{-1} 为 C-N 反对称伸缩振动，836 cm^{-1} 为其对称伸缩振动。961 cm^{-1} 为反式 H-C^7=C^{8}H 的 C-H 面外变角振动。苯环上 =CH 面内变角振动位于 1225~950 cm^{-1}，面外变角振动位于 900~650 cm^{-1}，因吗啡结构复杂，准确指认困难。

16.2.3　海洛因盐酸盐的红外光谱

海洛因（Heroin）又名二乙酰基吗啡、海洛因碱（Heroin base），是吗啡的衍生物，学名为 3,6-二乙酰氧基-7,8-去氢-4,5-环氧-N-甲基吗啡烷，分子式为 C$_{21}$H$_{23}$NO$_5$，分子量为 369.4。其纯品为白色晶体，熔点为 171~173 ℃。海洛因碱的化学结构式见图 16.3。

海洛因毒品常以海洛因一水盐酸盐（Heroin hydrochloride）的形式存在，分子式为 C$_{21}$H$_{23}$NO$_5$·HCl·H$_2$O。海洛因 N 原子上的未共用电子对与 HCl 离解出的 H$^+$ 结合生成叔胺盐离子 NH$^+$。由海洛因与盐酸所生成的盐，分子式可以有两种写法：NH$^+$Cl$^-$ 或 N·HCl，分子量为 423.9，纯品为白色结晶性粉末，熔点为 229~233 ℃，溶于水、乙醚、乙醇和氯仿。海洛因一水盐酸盐的化学结构式见图 16.4。

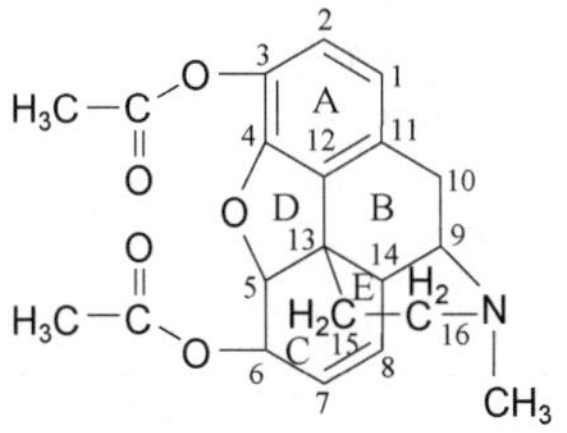

图 16.3　海洛因碱的结构式 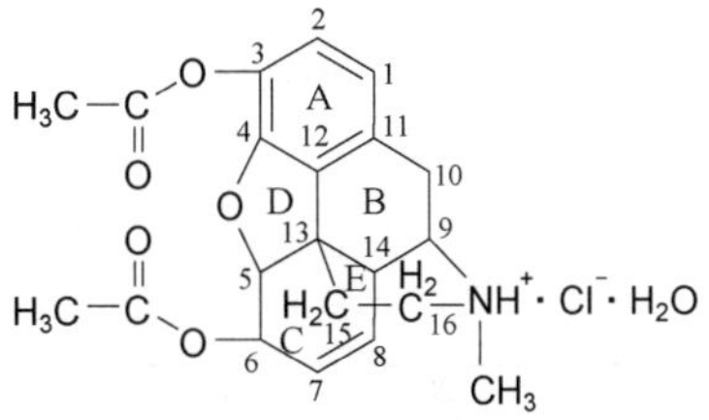　　图 16.4　海洛因一水盐酸盐的结构式

案件中缴获的海洛因的纯度差异很大，常检出的其他成分有单乙酰基吗啡、乙酰基可待因等副产物，也有普鲁卡因、扑热息痛、咖啡因、非那西丁、甲基苯丙胺等添加物。因此案件中缴获的海洛因有白、灰、黄、褐等颜色。

图 16.5 为海洛因一水盐酸盐（纯度为 99%）的红外光谱。3438 cm^{-1} 为海洛因盐酸盐中结晶水的伸缩振动。2956 cm^{-1}、2917 cm^{-1} 为 CH$_3$、CH$_2$ 的伸缩振动。叔胺盐离子 NH$^+$ 的伸缩振动位于 2633 cm^{-1}、2525 cm^{-1}、2086 cm^{-1}；NH$^+$ 的面内变角振动位于 1440 cm^{-1}，与 CH$_3$、CH$_2$ 的变角振动（1447 cm^{-1}）重叠，使 1445 cm^{-1} 峰变宽。海洛因游离碱没有叔胺盐离子 NH$^+$，也就没有 2633 cm^{-1}、2525 cm^{-1}、2086 cm^{-1} 这三个谱带，这是用红外光谱法区别海洛因盐酸盐和海洛因游离碱的主要依据。C-N 的伸缩振动位于 1276 cm^{-1}，与 C-O-C 反对称伸缩振动重叠，在 1243 cm^{-1} 出现宽、强吸收。1760 cm^{-1} 为与 C3 相连的乙酰基的羰基的伸缩振动，1737 cm^{-1} 为与 C6 相连的乙酰基的羰基的伸缩振动。二者频率之所以有差别，是因为苯氧基的电负性比六元环的吸电性强，在苯氧基中氧原子直接与苯环相连，氧原子上的未共用电子对与苯环上的 π 电子构成 p-π 共轭体系，因而发生电子的离域作用，造成氧原子上的一对未共用电子对向苯环转移，氧原子的电荷密度降低，吸电子诱导效应增强。羰基氧原子的电负

性比碳原子强，C=O 间的电子云偏向氧原子，苯氧基吸电子的诱导效应使 C=O 键的电子密度移向 C=O 键的几何中心，增大羰基 C=O 电子云交盖程度，伸缩振动键力常数增加，导致羰基伸缩振动向高频位移。1630 cm^{-1} 为六元环上 C^7=C^8 的伸缩振动，乙酰基的存在使其成为极性键，强度增大，频率降低。1492 cm^{-1}、1445 cm^{-1} 是苯环的伸缩振动。1469 cm^{-1}、1445 cm^{-1} 为 CH$_3$、CH$_2$ 的变角振动。1369 cm^{-1} 为乙酰基中 CH$_3$ 的对称变角振动，由于甲基直接和羰基相连，并且 C-H 型 σ 键和 C=O 型 π 键平行，C-H 键上的电子相斥而趋向 π 轨道，构成 σ-π 超共轭，CH$_3$ 的对称变角振动强度明显增大，频率较常值（1378 cm^{-1}）低。C-O-C 的反对称伸缩振动和对称伸缩振动位于 1243~1037 cm^{-1}。苯环上=CH 面内变角振动位于 1225~950 cm^{-1}，面外变角振动位于 900~650 cm^{-1}，因海洛因盐酸盐结构复杂，准确指认困难。1760 cm^{-1}、1737 cm^{-1} 同时存在，是海洛因区别于其他毒品的标志谱带。2633 cm^{-1}、2525 cm^{-1}、2086 cm^{-1} 是否同时存在是区别海洛因盐酸盐和海洛因游离碱的主要依据。

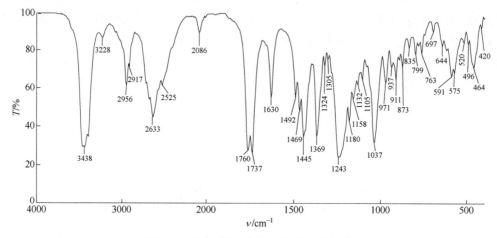

图 16.5　海洛因一水盐酸盐的红外光谱

16.2.4　O^6-单乙酰吗啡盐酸盐的红外光谱

O^6-单乙酰吗啡（O^6-monoacetylmorphine）的分子式为 C$_{19}$H$_{21}$NO$_4$，分子量为 327.4，O^6-单乙酰吗啡游离碱的熔点为 200 ℃，通常以盐酸盐的形式存在，盐酸盐的熔点为 265~267 ℃。

图 16.6 为 O^6-单乙酰吗啡游离碱的化学结构式，图 16.7 是 O^6-单乙酰吗啡盐酸盐的化学结构式。

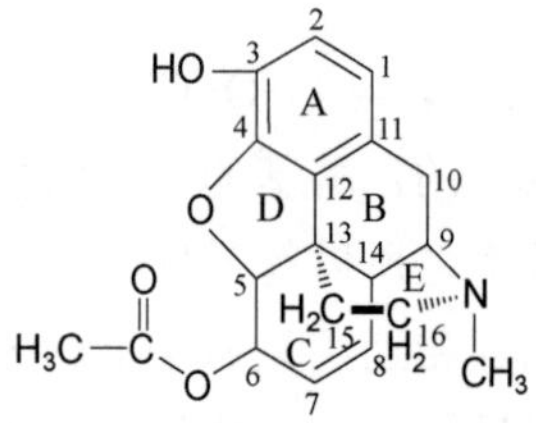

图 16.6　O^6-单乙酰吗啡的结构式 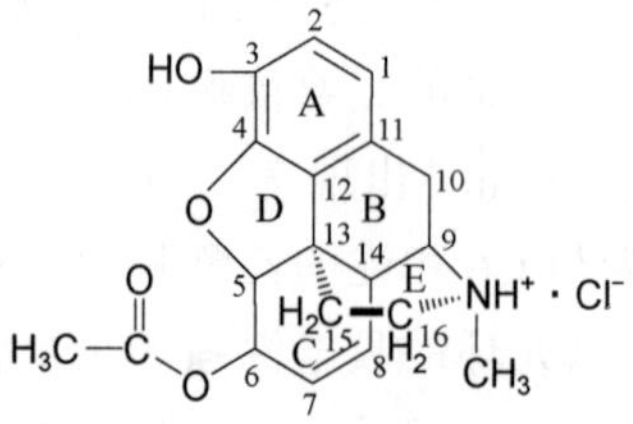　　　　图 16.7　O^6-单乙酰吗啡盐酸盐的结构式

图 16.8 是 O^6-单乙酰吗啡盐酸盐的红外光谱。3569 cm^{-1} 为与苯环 π 电子缔合的 OH 的伸缩振动，其特点是峰形尖、频率高。这是由于 π 氢键比一般缔合氢键键能小，缔合弱，OH 的伸缩振动频率仅比游离 OH 低 15~50 cm^{-1}，最多不超过 120 cm^{-1}。3399 cm^{-1}、3255 cm^{-1} 附近的宽、强谱带为分子间缔合的 OH 的伸缩振动，其特点是频率降低得多，峰形高胖。3047 cm^{-1}、3025 cm^{-1} 为苯环 =CH 伸缩振动。2965 cm^{-1}、2900 cm^{-1}、2845 cm^{-1} 为 CH$_3$、CH$_2$ 的伸缩振动。1736 cm^{-1} 为 C=O 伸缩振动。1642 cm^{-1} 为 C^7=C^8 的伸缩振动。1614 cm^{-1}、1510 cm^{-1} 为苯环的伸缩振动。1463 cm^{-1} 为 CH$_3$ 的反对称变角振动。N-CH$_2$ 的面内变角振动位于 1410 cm^{-1}，NH$^+$ 的面内变角振动位于 1440 cm^{-1}，二者重叠后在 1434 cm^{-1} 出现吸收。1463 cm^{-1} 为 C-CH$_2$ 面内变角振动。1371 cm^{-1} 为 CH$_3$ 的对称变角振动。1179 cm^{-1} 主要为 C-O 伸缩振动，1348 cm^{-1} 为 OH 面内变角振动。1249 cm^{-1} 为 =C^4-O-C^5 的反对称伸缩振动，对称伸缩振动位于 1053 cm^{-1}，因 C4 为 sp^2 杂化，O 原子的未共用电子对与双键 π 电子发生 p-π 共轭，=C^4-O 键具有部分双键特性，比脂肪酸酯 C-O-C 伸缩振动频率（1240~1160 cm^{-1}，1050~1000 cm^{-1}）高。1274 cm^{-1} 为 C-N 伸缩振动。1249 cm^{-1} 为 C-O-C 反对称伸缩振动。971 cm^{-1} 为反式双取代 C^{7}H=C^{8}H 的 C-H 面外变角振动。苯环上 =CH 面内变角振动位于 1225~950 cm^{-1}，面外变角振动位于 900~650 cm^{-1}，因 O^6-单乙酰吗啡盐酸盐结构复杂，准确指认困难。O^6-单乙酰吗啡盐酸盐中有叔胺盐离子 NH$^+$ 存在，2729 cm^{-1}、2646 cm^{-1}、2537 cm^{-1}、2283 cm^{-1} 为其伸缩振动。

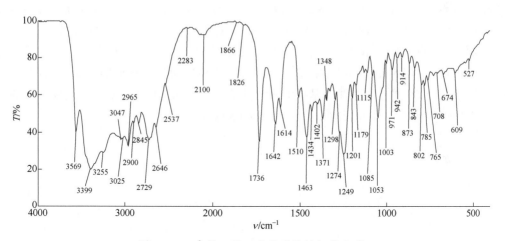

图 16.8 O^6-单乙酰吗啡盐酸盐的红外光谱

在 2740~2250 cm^{-1} 间是否有一组宽、强谱带（如 2729 cm^{-1}、2646 cm^{-1}、2537 cm^{-1}、2283 cm^{-1}）同时存在，是用红外光谱法区分 O^6-单乙酰吗啡盐酸盐和 O^6-单乙酰吗啡游离碱的重要依据。

1736 cm^{-1}、1642 cm^{-1}、1614 cm^{-1} 同时存在是 O^6-单乙酰吗啡盐酸盐区别于其他毒品的标志谱带。

16.2.5 O^3-单乙酰吗啡氨基磺酸盐的红外光谱

O^3-单乙酰吗啡（O^3-monoacetylmorphine）的分子式为 C$_{19}$H$_{21}$NO$_4$，分子量为 327.4，经常以氨基磺酸盐的形式存在。图 16.9 为 O^3-单乙酰吗啡的结构式，图 16.10 为 O^3-单乙酰吗啡氨基磺酸盐的结构式。

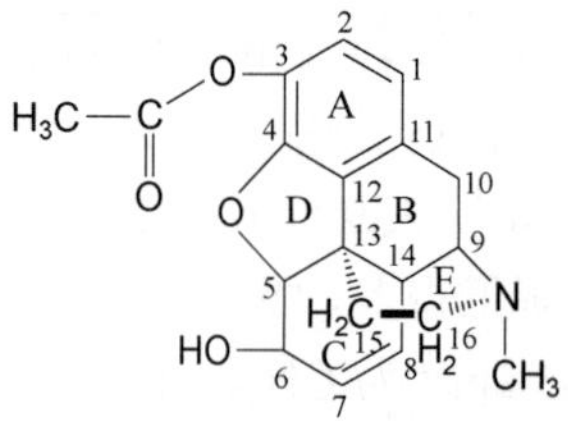

图 16.9 O^3-单乙酰吗啡的结构式 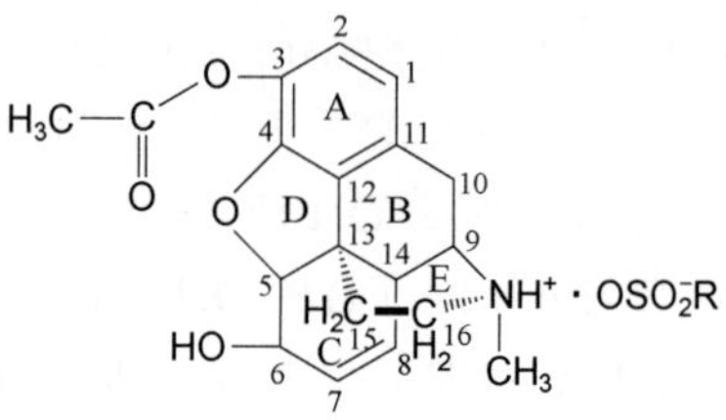　　　　图 16.10 O^3-单乙酰吗啡氨基磺酸盐的结构式

图 16.11 为 O^3-单乙酰吗啡氨基磺酸盐的红外光谱。3564 cm^{-1} 为与苯环 π 电子缔合的 OH 的伸缩振动，其特点是峰形尖、频率高，这是由于 π 氢键比一般缔合氢键键能小，缔合弱，OH 的伸缩振动频率仅比游离 OH 低 15~50 cm^{-1}，最多不超过 120 cm^{-1}。3309 cm^{-1} 附近的宽、强谱带为分子间缔合的 OH 的伸缩振动，其特点是频率降低得多，峰形高胖。2978 cm^{-1}、2940 cm^{-1} 为 CH$_3$、CH$_2$ 的伸缩振动。O^3-单乙酰吗啡氨基磺酸盐中有叔胺盐离子 NH$^+$，2710 cm^{-1}、2677 cm^{-1}、2591 cm^{-1}、2516 cm^{-1} 等一组宽、强或尖锐谱带是其伸缩振动。O^3-单乙酰吗啡游离碱没有叔胺盐离子，也就没有这一组谱带。是否有这一组谱带，是区分 O^3-单乙酰吗啡游离碱及其盐的重要依据之一。NH$^+$ 面内变角振动位于 1440 cm^{-1}。C-N 伸缩振动位于 1271 cm^{-1}，因与 C-O-C 反对称伸缩振动叠加，在 1241 cm^{-1} 出现吸收。1746 cm^{-1} 为乙酰羰基的伸缩振动。1621 cm^{-1}、1578 cm^{-1}、1494 cm^{-1}、1454 cm^{-1} 为苯环的骨架伸缩振动。1454 cm^{-1} 也有 CH$_3$、CH$_2$ 的变角振动。1371 cm^{-1} 为乙酰甲基的对称变角振动，因为与羰基相连，频率较 C-CH$_3$（1378 cm^{-1}）低。C-O-C 反对称伸缩振动位于 1270~1250 cm^{-1}，对称伸缩振动位于 1200~1070 cm^{-1}。O^3-单乙酰吗啡氨基磺酸盐中 R-SO$_2$-O$^-$ 的 3 个氧原子是等价的，1202 cm^{-1}、1085 cm^{-1} 分别为 SO$_3^{2-}$ 的反对称伸缩振动和对称伸缩振动。1202 cm^{-1}、1085 cm^{-1} 是区分 O^3-单乙酰吗啡氨基磺酸盐和其他毒品的标志谱带。苯环上=CH 面内变角振动位于 1225~950 cm^{-1}，面外变角振动位于 900~650 cm^{-1}。

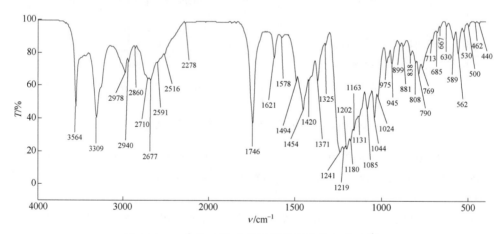

图 16.11　O^3-单乙酰吗啡氨基磺酸盐的红外光谱

16.2.6　乙酰可待因的红外光谱

乙酰可待因（acetylcodeine），又称醋氢可酮、乙酰可待酮。其分子式为 $C_{20}H_{23}NO_4$，分子量为 341.4，为白色针状结晶，在 142 ℃升华。乙酰可待因在乙醇、乙醚、氯仿等多种有机溶剂和稀乙酸中溶解，几乎不溶于水。其盐酸盐为白色结晶，熔点为 132~135 ℃（同时分解），

在水中极易溶解，在热水中稳定，为强效中枢麻醉性镇咳药，作用比可待因强 4 倍，也有较强的镇痛作用，适用于可待因无效的严重咳嗽。

图 16.12 为可待因的结构式，图 16.13 为乙酰可待因的结构式。

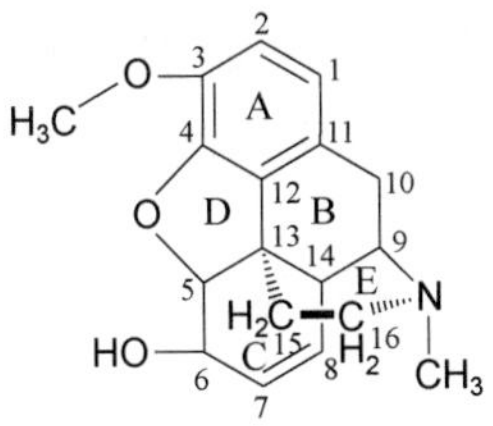

图 16.12　可待因的结构式 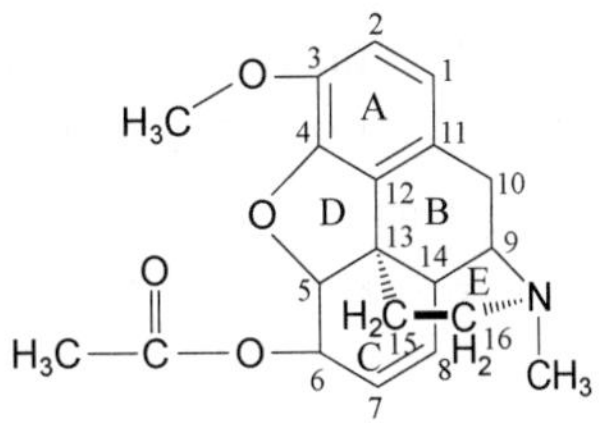　　　图 16.13　乙酰可待因的结构式

图 16.14 为乙酰可待因的红外光谱。3027 cm^{-1}、3000 cm^{-1} 为苯环上 =CH 伸缩振动。2933 cm^{-1}、2863 cm^{-1}、2816 cm^{-1} 为 CH_3、CH_2 的伸缩振动。1735 cm^{-1} 为乙酰 C=O 伸缩振动，3451 cm^{-1} 为其倍频。1639 cm^{-1} 为 C^7=C^8 的伸缩振动。1611 cm^{-1}、1503 cm^{-1}、1450 cm^{-1} 为苯环的伸缩振动。C_{Ar}-OCH_3 中 CH_3 的反对称变角振动位于 1450 cm^{-1}。1430 cm^{-1} 为乙酰基 $H_3C-\overset{\overset{O}{\|}}{C}-O-R$ 中 CH_3 的反对称变角振动，甲基和羰基直接相连，并且 C-H σ 键和 C=O π 键平行，C-H 键上的电子相斥而趋向 π 轨道，构成 σ-π 超共轭，CH_3 的反对称变角振动频率较 C-CH_3 (1460 cm^{-1}) 低。CH_2 的面内变角振动位于 1465 cm^{-1}，1430 cm^{-1} 和 1465 cm^{-1} 重叠后在 1450 cm^{-1} 出现吸收。O-CH_3 的对称变角振动频率位于 1445 cm^{-1}，N-CH_3 的对称变角振动频率位于 1425 cm^{-1}，N-CH_2 面内变角振动频率位于 1410 cm^{-1}，三者重叠后在 1436 cm^{-1} 出现吸收。1370 cm^{-1} 为乙酰基 CH_3 的对称变角振动。1284 cm^{-1} 为芳脂醚 C_{Ar}-O-C_R 的反对称伸缩振动，苯环的 π 电子和氧原子的 p 电子形成 p-π 共轭，使 C_{Ar}-O-C_R 键带有部分双键的性质，因而 C_{Ar}-O-C_R 的伸缩振动频率高于 1250 cm^{-1}。1234 cm^{-1} 为乙酰基 C-O-C=O 的反对称伸缩振动，C-O-C 对称伸缩振动位于 1050 cm^{-1}。1101 cm^{-1} 为 C-N 的伸缩振动。苯环上 =CH 面内变角振动位于 1225~950 cm^{-1}，面外变角振动位于 900~650 cm^{-1}，因乙酰可待因结构复杂，准确指认困难。757 cm^{-1} 为 CH_3 的摇摆振动。698 cm^{-1} 为苯环的面外弯曲振动。

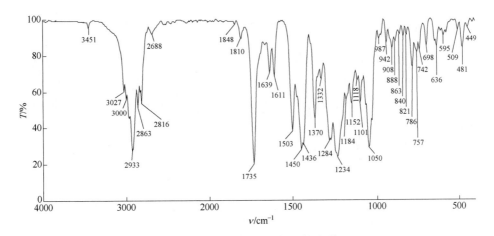

图 16.14　乙酰可待因的红外光谱

16.2.7 盐酸二氢埃托啡的红外光谱

二氢埃托啡的化学名称为17-甲基-7α[(S)-1-羟基-1-甲基丁基]-6,14-桥亚乙基-6,7,8,14-四氢罂粟碱，为强效镇痛药，被列入麻醉药品管制，为白色片状结晶，无臭、味甜。

盐酸二氢埃托啡（dihydroetorphine hydrochloride）的分子式为 $C_{25}H_{33}NO_4 \cdot HCl$，分子量为450.0，主要用于晚期癌症病人缓解剧痛，该药对人体的镇痛效果约为吗啡的250~1000倍，同时也容易产生很强的心理依赖性。

图16.15为二氢埃托啡的结构式，图16.16为盐酸二氢埃托啡的结构式。

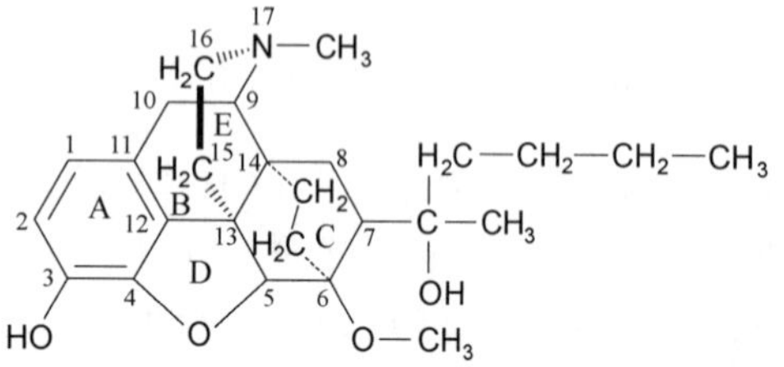

图16.15 二氢埃托啡的结构式 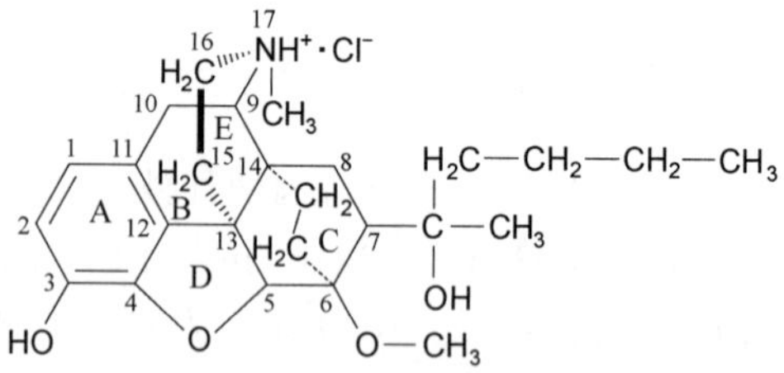　　图16.16 盐酸二氢埃托啡的结构式

图 16.17 为盐酸二氢埃托啡的红外光谱。3567 cm^{-1}、3432 cm^{-1} 为与苯环 π 电子缔合的 OH 的伸缩振动，其特点是峰形瘦尖、位于高频，这是由于 π 氢键比一般缔合氢键键能小，缔合弱，OH 的伸缩振动频率仅比游离 OH 低 15~50 cm^{-1}，最多不超过 120 cm^{-1}。3324 cm^{-1}、3251 cm^{-1} 附近的宽、强谱带为分子间缔合的 OH 的伸缩振动，其特点是频率降低得多，峰形高胖。3135 cm^{-1}、3054 cm^{-1} 为苯环上 =CH 伸缩振动。2966 cm^{-1}、2896 cm^{-1}、2842 cm^{-1} 为 CH$_2$、CH$_3$ 的伸缩振动。2513 cm^{-1} 为 NH$^+$伸缩振动。1654 cm^{-1}、1627 cm^{-1} 为 NH$^+$变角振动，可用来区分叔胺盐 αβ 和 βγ 异构体。1607 cm^{-1}、1508 cm^{-1} 为苯环的伸缩振动。1464 cm^{-1} 为 C-CH$_3$ 的反对称变角振动和 C-CH$_2$ 面内变角振动的叠加。1403 cm^{-1} 为 O-CH$_3$ 和 N-CH$_3$ 对称变角振动的叠加。1373 cm^{-1} 为 C-CH$_3$ 的对称变角振动。1330 cm^{-1} 为 CH$_2$ 的面外摇摆振动。1288 cm^{-1} 为 C-N 伸缩振动和 C$_{Ar}$-O-C 反对称伸缩振动的叠加。C-O-C 伸缩振动位于 1249~1126 cm^{-1}。苯环上=CH 面内变角振动位于 1225~950 cm^{-1}，面外变角振动位于 900~650 cm^{-1}。

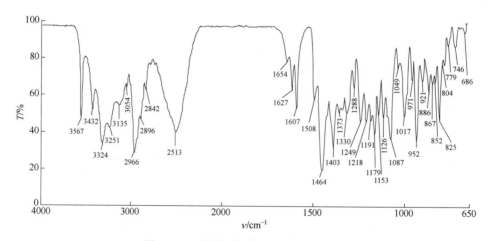

图 16.17 盐酸二氢埃托啡的红外光谱

16.2.8 磷酸可待因的红外光谱

磷酸可待因,别名磷酸甲基吗啡(methylmorphine phosphate),化学名称为$(5\alpha,6\alpha)$-7,8-二脱氢-4,5-环氧-3-甲氧基-17-甲基吗啡喃-6-醇磷酸倍半水合物。其分子式为 $C_{18}H_{21}NO_3 \cdot H_3PO_4 \cdot 3/2H_2O$,分子量为 424.39。

图 16.18 为可待因的结构式,图 16.19 为磷酸可待因的结构式。

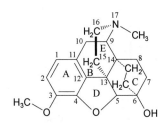

图 16.18　可待因的结构式　　　　图 16.19　磷酸可待因的结构式

图 16.20 为磷酸可待因的红外光谱。3384 cm^{-1} 为 OH 和结晶水的伸缩振动。3013 cm^{-1} 为苯环上 =CH 伸缩振动。2982 cm^{-1}、2936 cm^{-1}、2852 cm^{-1} 为 CH_3、CH_2 的伸缩振动。2715 cm^{-1} 为叔胺盐离子 NH^+ 的伸缩振动。2342 cm^{-1} 为 P-OH 的伸缩振动。1634 cm^{-1} 为结晶水的变角振动。1605 cm^{-1}、1503 cm^{-1}、1451 cm^{-1} 为苯环的伸缩振动。1451 cm^{-1} 为 C_{Ar}-O-CH_3 的反对称变角振动和 HO-C-CH_2 的面内变角振动的叠加。1364 cm^{-1} 为乙酰基 CH_3 的对称变角振动,甲基和羰基直接相连,并且 C-H 型 σ 键和 C=O 型 π 键平行,C-H 键上的电子相斥而趋向 π 轨道,构成 σ-π 超共轭,CH_3 的对称变角振动频率较 C-CH_3(1378 cm^{-1})低。1201 cm^{-1} 为 P=O 的反对称伸缩振动,1102 cm^{-1} 为 P=O 的对称伸缩振动。1270 cm^{-1} 为 C-N 伸缩振动和 =C-O-C 反对称伸缩振动的叠加。苯环上 =CH 面内变角振动位于 1225~950 cm^{-1},面外变角振动位于 900~650 cm^{-1}。1068 cm^{-1}、1027 cm^{-1} 为 C-O 伸缩振动。

2342 cm^{-1}、1270 cm^{-1}、1102 cm^{-1} 同时存在,是磷酸可待因的标志谱带,是区分磷酸可待因和其他毒品的主要依据。

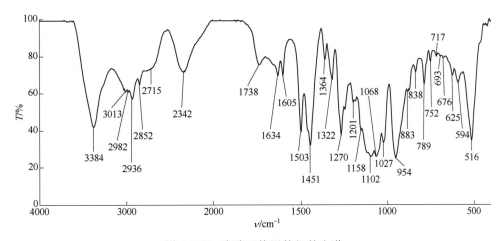

图 16.20　磷酸可待因的红外光谱

16.2.9 盐酸丁丙诺啡的红外光谱

丁丙诺啡（buprenornhine）为镇痛药，别名布诺啡，分子式为 $C_{29}H_{41}NO_4$，分子量为 467.64。盐酸丁丙诺啡（buprenorphine hydrochloride）分子式为 $C_{29}H_{41}NO_4·HCl$，分子量为 504.11，化学名称为 21-环丙基-7α[(S)-1-羟基-1,2,2-三甲基丙基]-6,14-桥亚乙基-6,7,8,14-四氢罂粟碱盐酸盐，为白色结晶性粉末，无臭。图 16.21 为丁丙诺啡的结构式。图 16.22 为盐酸丁丙诺啡的结构式。

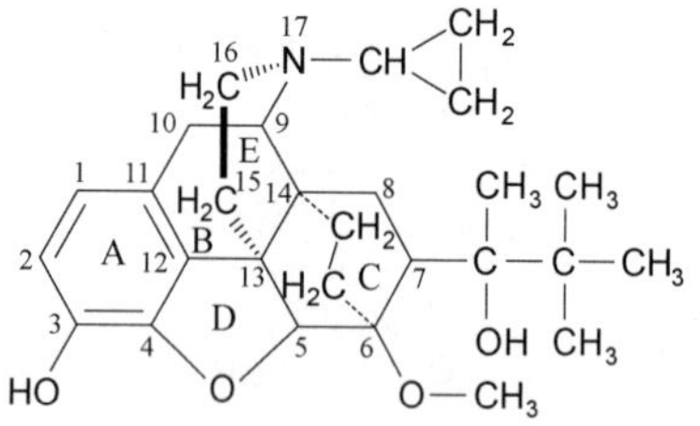

图 16.21　丁丙诺啡的结构式 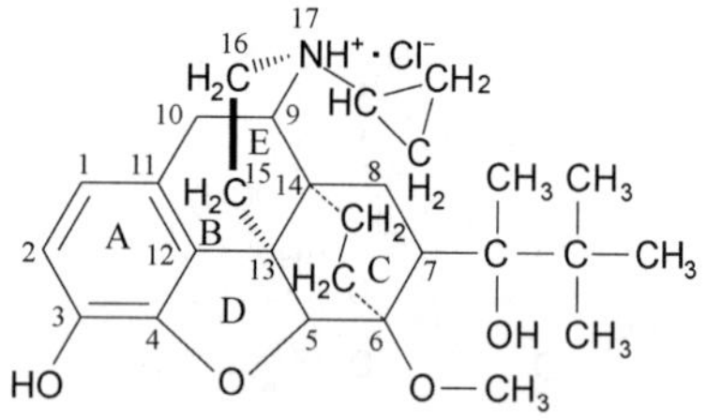　　　　图 16.22　盐酸丁丙诺啡的结构式

图 16.23 为盐酸丁丙诺啡的红外光谱。3363 cm^{-1} 为 C_{Ar}–OH 的伸缩振动。3149 cm^{-1} 为 C–OH 的伸缩振动。2977 cm^{-1}、2833 cm^{-1} 为 CH_2、CH_3 的伸缩振动。2757 cm^{-1} 为 NH^+ 伸缩振动。1639 cm^{-1}、1619 cm^{-1} 为 NH^+ 变角振动，可用来区分叔胺盐 $\alpha\beta$ 和 $\beta\gamma$ 异构体。1619 cm^{-1}、1506 cm^{-1} 为苯环的伸缩振动。1477 cm^{-1}、1434 cm^{-1}、1400 cm^{-1} 为 C–CH_3、O–CH_3、N–CH_2、C–CH_2 的变角振动。1372 cm^{-1} 为 CH_3 的对称变角振动。盐酸丁丙诺啡的分子中有酚 OH，也有叔醇 OH，C–OH 与 O–H 共用一个 O 原子，C–OH 伸缩振动与 O–H 面内变角振动发生偶合，产生两个谱带，一个在 1157 cm^{-1}，另一个在 1324 cm^{-1}，这两个谱带的每一个都涉及两种振动，只是 1157 cm^{-1} 以 C–O 伸缩振动为主，1324 cm^{-1} 以 O–H 面内变角振动为主。1271 cm^{-1} 为 C–N 伸缩振动和 C_{Ar}–O–C 反对称伸缩振动的叠加。C–O–C 对称伸缩振动位于 1218~1076 cm^{-1}。苯环上 =CH 面内变角振动位于 1225~950 cm^{-1}，面外变角振动位于 900~650 cm^{-1}。

2757 cm^{-1}、1639 cm^{-1}、1619 cm^{-1} 同时存在是盐酸丁丙诺啡的标志谱带。

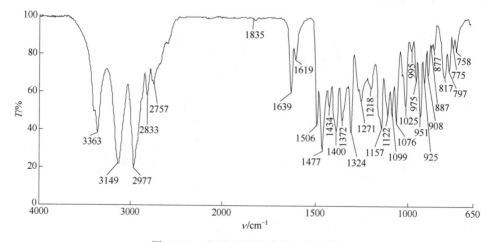

图 16.23　盐酸丁丙诺啡的红外光谱

16.2.10 盐酸罂粟碱的红外光谱

罂粟碱的分子式为 $C_{20}H_{22}NO_4$，分子量为 339.2，游离碱熔点为 146~148 ℃（升华），盐酸罂粟碱熔点为 220~225 ℃。图 16.24 为罂粟碱的结构式，图 16.25 为盐酸罂粟碱的结构式。

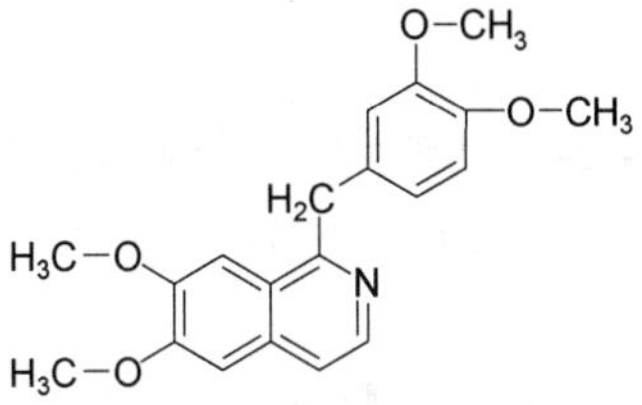

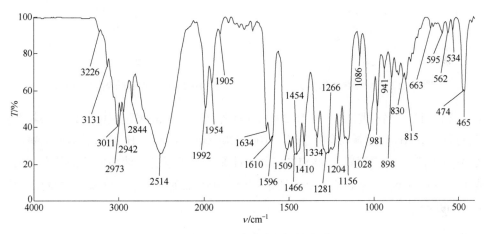

图 16.24　罂粟碱的结构式 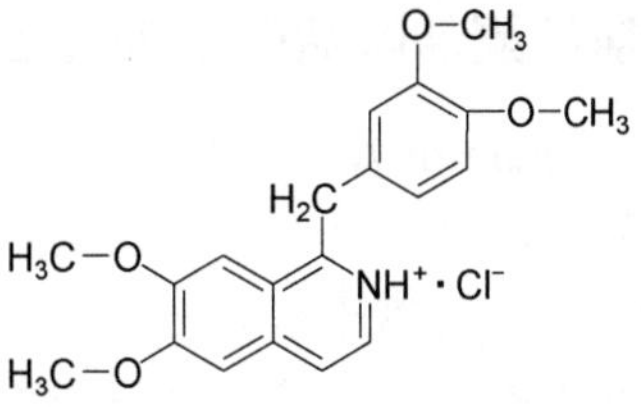　　　　图 16.25　盐酸罂粟碱的结构式

图 16.26 为盐酸罂粟碱的红外光谱。3131 cm^{-1}、3011 cm^{-1} 为苯环 =CH 伸缩振动。1610 cm^{-1}、1509 cm^{-1} 为苯环伸缩振动。苯环上 =CH 面内变角振动位于 1225~950 cm^{-1}，面外变角振动位于 900~650 cm^{-1}。

图 16.26　盐酸罂粟碱的红外光谱

苯氧基 C_{Ar}-O 的 O 原子的未共用电子对与苯环的 π 电子构成 p-π 共轭体系，p-π 共轭使 C_{Ar}-O-C 具有部分双键性质，这一性质使盐酸罂粟碱的红外光谱具有以下三个特点。

（1）CH_3 对称伸缩振动频率降低　O-CH_3 中三个 C-H 键中有一个与 O 原子的未共用电子对处于反式位置，这个 C-H σ 键会与 O 原子的 p 电子构成 σ-p 超共轭，使之与另外两个 C-H 键不同：O-CH_3 中没有构成 σ-p 超共轭的两个 C-H 键的反对称伸缩振动位于 2973 cm^{-1}；构成 σ-p 超共轭的 C-H 键的反对称伸缩振动位于 2942 cm^{-1}，对称伸缩振动位于 2844 cm^{-1}。

（2）O-CH_3 反对称变角振动频率（1466 cm^{-1}）与 C-CH_3 反对称变角振动频率（1460 cm^{-1}）相比，略有升高，而 O-CH_3 对称变角振动频率（1454 cm^{-1}）与 C-CH_3 对称变角振动频率（1378 cm^{-1}）相比，大幅升高。

（3）C_{Ar}-O-C 伸缩振动频率升高　C_{Ar}-O-C 反对称伸缩振动位于 1266 cm^{-1}，对称伸缩振动位于 1028 cm^{-1}。而饱和脂肪醚的反对称伸缩振动频率变化范围是 1150~1050 cm^{-1}。

CH_2 与两个苯环相连，其面内变角振动由通常的 1465 cm^{-1} 降为 1410 cm^{-1}。2514 cm^{-1} 为 NH^+ 的伸缩振动。1992 cm^{-1}、1954 cm^{-1}、1905 cm^{-1} 为亚胺离子 $C=NH^+$ 的伸缩振动，是把具

有亚胺离子的盐酸罂粟碱与铵盐相区别的重要依据。1634 cm^{-1} 为 C=C 伸缩振动。1596 cm^{-1} 为 C=N 伸缩振动和 NH$^+$ 变角振动的叠加。1281 cm^{-1} 为 C-N 伸缩振动。

2514 cm^{-1} 为区分罂粟碱和盐酸罂粟碱的依据，1992 cm^{-1}、1954 cm^{-1}、1905 cm^{-1} 为区分盐酸罂粟碱和铵盐的依据。

16.2.11 氯胺酮盐酸盐的红外光谱

氯胺酮（ketamine），又称"K"粉，化学名称为 2-(2-邻氯苯)-2-(甲氨基)环己酮，是第一类国家管制精神药品，用于局部或全身麻醉。其分子式为 C$_{13}$H$_{16}$ClNO，分子量为 274.19，熔点为 262~263 ℃，易溶于水。

氯胺酮对大脑边缘系统有兴奋作用，具有一定的潜在精神依赖性。氯胺酮常被一些"摇头丸"服食者作为替代品或与"摇头丸"混合使用。固态氯胺酮为白色粉末，可直接嗅吸，也可掺入饮料中饮用。

氯胺酮一般以盐酸盐（盐酸氯胺酮）形式存在，盐酸氯胺酮为白色晶体。图 16.27 为氯胺酮的结构式，图 16.28 盐酸氯胺酮的结构式。

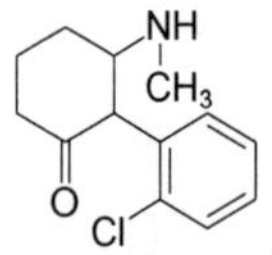

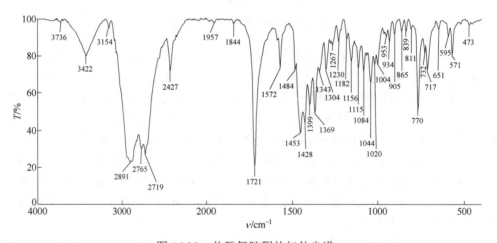

图 16.27　氯胺酮的结构式 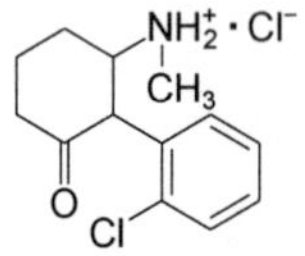　　　图 16.28　盐酸氯胺酮的结构式

盐酸氯胺酮是一种仲胺盐，图 16.29 为其红外光谱。盐酸氯胺酮的红外光谱具有仲胺盐的一般特点：① NH$_2^+$ 伸缩振动频率位于 3100~2200 cm^{-1}，与 C-H 伸缩振动有重叠，但低频端比 C-H 伸缩振动范围更宽；② NH$_2^+$ 能与极性原子生成氢键，伸缩振动谱带宽而强，但比伯胺盐（约 3000 cm^{-1}）弥散范围小，通常位于 2800~2200 cm^{-1}；③ NH$_2^+$ 的变角振动频率位于 1640~1560 cm^{-1}。

图 16.29　盐酸氯胺酮的红外光谱

3154 cm^{-1} 为苯环上=CH 的伸缩振动，因为苯环连接有强吸电子的 Cl 原子，=CH 伸缩振动频率较常值（3100~3000 cm^{-1}）高。1484 cm^{-1} 为苯环的伸缩振动。2891 cm^{-1}、2719 cm^{-1}、

2427 cm^{-1} 为 NH$_2^+$ 的伸缩振动。2765 cm^{-1} 为 CH$_3$ 的伸缩振动和 NH$_2^+$ 伸缩振动的叠加，所以它的形状比单纯 CH$_3$ 伸缩振动宽。1572 cm^{-1} 为 NH$_2^+$ 的变角振动。811 cm^{-1} 为 NH$_2^+$ 的面内摇摆振动。1721 cm^{-1} 为 C=O 伸缩振动。1453 cm^{-1} 为 CH$_3$ 的反对称变角振动。1428 cm^{-1} 为 N-CH$_3$ 对称变角振动。1369 cm^{-1} 为 C-N 伸缩振动。770 cm^{-1} 为 C-Cl 伸缩振动。苯环上 =CH 面内变角振动在 1225~950 cm^{-1}，面外变角振动在 900~650 cm^{-1}，由于这些谱带出现在指纹区、盐酸氯胺酮的结构复杂、苯环上连接强吸电子基 Cl，准确指认困难。

16.2.12 非那西丁的红外光谱

非那西丁（phenacetin）的化学名称为对乙氧基乙酰苯胺。其化学式为 C$_{10}$H$_{13}$NO$_2$，分子量为 179.22，为人工合成品，室温下是白色结晶，熔点约 134 ℃。非那西丁主要用作止痛药，通常每日 300~500 mg 的剂量便达到止痛效果，亦有退烧作用。图 16.30 为非那西丁的结构式。

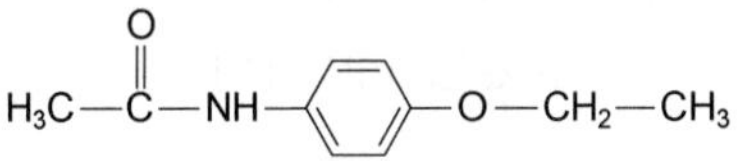

非那西丁分子中，仲胺 NH 同时与乙酰基、苯环相连，所以它既是酰胺，也是芳香仲胺。N 原子的未共用电子对，既与乙酰羰基构成 p-π 超共轭，也与苯环构成 p-π 超共轭。

图 16.30 非那西丁的结构式

图 16.31 为非那西丁的红外光谱。3292 cm^{-1}、3196 cm^{-1} 为 NH 的伸缩振动，因为有氢键，所以是双峰。N 原子的未共用电子对与羰基、苯环均构成 p-π 超共轭，这使其具有以下两个特点：①使 C=O 双键特性减弱，伸缩振动频率降至 1658 cm^{-1}；②C-N 具有部分双键特性，伸缩振动频率升高。在 C-N-H 中，N-H 和 C-N 共用一个 N 原子，N-H 变角振动与 C-N 伸缩振动发生偶合，分裂为两个谱带，一个以 N-H 变角振动为主，位于 1550 cm^{-1}，另一个以 N-C 伸缩振动为主，位于 1327 cm^{-1}（C$_{Ar}$-N），1267 cm^{-1}（C$_R$-N）。3074 cm^{-1} 为 1550 cm^{-1} 的倍频。3135 cm^{-1} 为苯环上 =CH 的伸缩振动；1611 cm^{-1}、1513 cm^{-1} 为对位取代苯环的伸缩振动，苯环与含未共用电子对的 N、O 原子构成 p-π 超共轭，苯环伸缩振动频率升高，强度增大。非那西丁的一个分子中有两个甲基（CH$_3$），一个直接与羰基相连，另一个隔一个碳原子与氧原子相连，这两种情况都使甲基（CH$_3$）的反对称伸缩振动和对称伸缩振动向高频位移，分别由通常的 2960 cm^{-1}、2875 cm^{-1} 移至 2990 cm^{-1}、2887 cm^{-1}。亚甲基（CH$_2$）与电负性大的氧原子相连，其反对称伸缩振动和对称伸缩振动向高频位移，分别由通常的 2925 cm^{-1}、

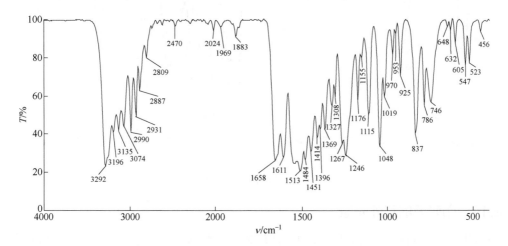

图 16.31 非那西丁的红外光谱

2855 cm^{-1} 移至 2931 cm^{-1}、2887 cm^{-1}。与羰基直接相连或与氧原子间接相连的甲基（CH$_3$）的不对称变角振动和对称变角振动降至 1451 cm^{-1}、1369 cm^{-1}。1414 cm^{-1} 为 O–CH$_2$ 的面内变角振动，由于与氧原子相连，故频率降低。1246 cm^{-1}、1176 cm^{-1}、1115 cm^{-1}、1048 cm^{-1} 为 C–O–C 伸缩振动。1019 cm^{-1} 是对位取代苯环上相邻两个氢原子的面内变角振动。837 cm^{-1} 是反式 CH$_2$ 的面内变角振动。746 cm^{-1} 是苯环上相邻两个氢原子的面外变角振动。

3292 cm^{-1}、1048 cm^{-1}、786 cm^{-1} 同时存在是非那西丁的一等标志谱带；1658 cm^{-1}、1611 cm^{-1}、1513 cm^{-1} 同时存在是非那西丁的二等标志谱带。

16.2.13　扑热息痛的红外光谱

扑热息痛（acetaminophen），又称对乙酰氨基酚。其化学名称为 N-(4-羟基苯基)乙酰胺，分子式为 C$_8$H$_9$NO$_2$，分子量为 151.17；为白色结晶粉末，无味，溶于热水、醚、氯仿等。图 16.32 为扑热息痛的结构式。

图 16.33 为扑热息痛的红外光谱。3295 cm^{-1} 为 NH 的伸缩振动和 OH 伸缩振动的叠加。1659 cm^{-1} 为羰基 C=O 的伸缩振动，由于 N 原子与羰基碳原子直接相连，N 原子的共轭效应比诱导效应强，共轭效应使 C=O 双键特性减弱，C=O 伸缩振动频率降低。1608 cm^{-1}、1512 cm^{-1} 为对位取代苯环的伸缩振动，苯环与含未共用电子对的 N、O 原子形成共轭，频率升高，强度增大。仲酰胺的 NH 面内变角振动和 C–N 的伸缩振动发生偶合，分裂为两个谱带，分别位于 1546 和 1241 cm^{-1}，前者以 NH 面内变角振动为主，后者以 C–N 的伸缩振动为主。与羰基直接相连的甲基（CH$_3$）的不对称变角振动频率和对称变角振动频率分别降为 1440 cm^{-1}、1372 cm^{-1}。1241 cm^{-1} 为 C$_{Ar}$–O–C 反对称伸缩振动和 Ar–N 伸缩振动的叠加。1169 cm^{-1} 为 C$_{Ar}$–O–C 对称伸缩振动。831 cm^{-1} 是苯环对位取代相邻两个 =CH 的面外变角振动。

1659 cm^{-1}、1512 cm^{-1}、831 cm^{-1} 同时存在是扑热息痛的标志谱带。

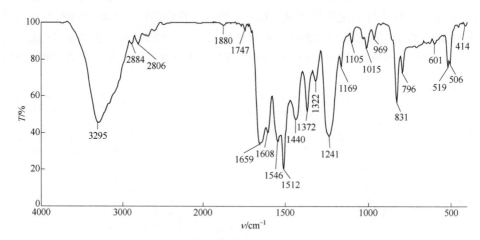

图 16.33　扑热息痛的红外光谱

16.2.14　咖啡因的红外光谱

咖啡因是一种黄嘌呤生物碱化合物，是从茶叶、咖啡豆中提炼出来的一种生物碱。适度食用咖啡因有祛除疲劳、兴奋神经的作用，临床上用于治疗神经衰弱和昏迷复苏，大剂量或长期使用会对人体造成损害,特别是它也有成瘾性,一旦停用会出现精神委顿、浑身困乏疲软等各种戒断症状。

纯的咖啡因无臭,为白色针状或粉状固体。某化学名称是 1,3,7-三甲基黄嘌呤,通常以无结晶水或一个结晶水的形式存在,分子式为 $C_8H_{10}N_4O_2$,分子量为 194.19,熔点为 237 ℃,微溶于水,溶于乙酸乙酯、氯仿、嘧啶、吡咯、四氢呋喃。图 16.34 为咖啡因的结构式。

图 16.34 咖啡因的结构式

图 16.35 为咖啡因的红外光谱。3114 cm^{-1} 为 N—CH$_3$ 的反对称伸缩振动与=CH 的伸缩振动的叠加。在咖啡因的分子中,N 原子的未共用电子对与 C=O 形成 p-π 超共轭,使 C=O 双键特性减弱,伸缩振动频率降低;咖啡因分子有酰亚胺结构,两个羰基连接在同一个 N 原子上,伸缩振动发生偶合,分裂为两个,分别位于 1696 cm^{-1} 和 1660 cm^{-1}。1600 cm^{-1} 为 C^4=C^5 伸缩振动,1551 cm^{-1} 为 C^8=N^9 伸缩振动,C^4=C^5 双键与羰基 C=O 共轭,C^4=C^5、C^8=N^9 均与 N 原子相连,并与 N 原子的未共用电子对构成 p-π 共轭,伸缩振动频率较常值(1660~1630 cm^{-1})均低、强度增大。2959 cm^{-1} 为 N—CH$_3$ 的对称伸缩振动。三个 N—CH$_3$ 的 N 原子与不同的原子相连,C—H 变角振动不止一个,1485 cm^{-1}、1456 cm^{-1} 为 N—CH$_3$ 的反对称变角振动,1426 cm^{-1}、1404 cm^{-1} 为 N—CH$_3$ 的对称变角振动。1360 cm^{-1}、745 cm^{-1} 为环状酰亚胺结构的伸缩振动。O=C—N 中 C—N 的伸缩振动位于 1287 cm^{-1},N 原子的未共用电子对与 C=O 形成 p-π 共轭,C—N 具有部分双键特性,频率升高。1239 cm^{-1} 为=C—N 的伸缩振动,由于双键的 π 电子与 N 原子的 p 电子形成 p-π 共轭,C—N 具有部分双键特性,频率升高。1190 cm^{-1} 为 N—CH$_3$ 中 N—C 伸缩振动。1026 cm^{-1} 为环烃的骨架振动。975 cm^{-1} 为 CH$_3$ 的摇摆振动。

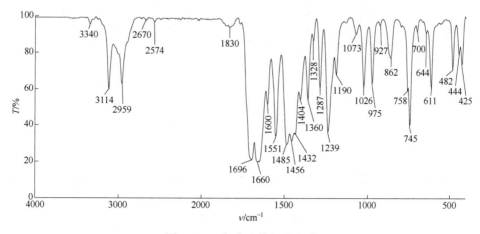

图 16.35 咖啡因的红外光谱

3114 cm^{-1}、1660 cm^{-1}、1287 cm^{-1} 同时存在为咖啡因的一等标志谱带;1551 cm^{-1}、975 cm^{-1}、611 cm^{-1} 同时存在为咖啡因的二等标志谱带。

16.2.15 麻黄碱盐酸盐的红外光谱

麻黄碱(ephedrine)学名为(1R,2S)-2-甲氨基-苯丙烷-1-醇,存在多种立体异构体,常被用作兴奋剂。其分子式为 $C_{10}H_{15}NO$,分子量为 165.23,为无色挥发性液体。麻黄碱与其人工合成的衍生物苯丙胺、甲基苯丙胺的结构类似，化学上属于一种生物碱，源于麻黄属植物，常以盐酸盐或硫酸盐的形式出售。图 16.36 为麻黄碱的结构式，图 16.37 为麻黄碱盐酸盐的结构式。

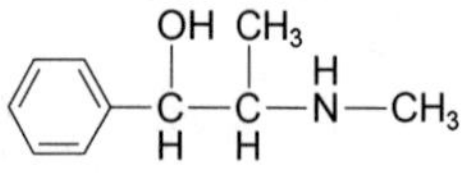

图 16.36　麻黄碱的结构式 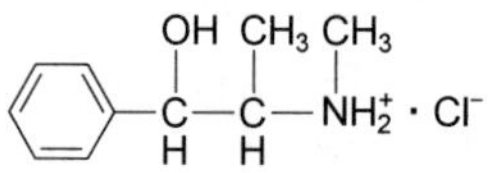　　　　　图 16.37　麻黄碱盐酸盐的结构式

图 16.38 为麻黄碱盐酸盐的红外光谱。3328 cm^{-1} 为 OH 的伸缩振动，因为受位阻效应影响，形成的氢键受限制，峰形窄。2965 cm^{-1}、2939 cm^{-1}、2911 cm^{-1}、2838 cm^{-1} 为 CH、CH$_3$ 的伸缩振动。1454 cm^{-1} 为 C-CH$_3$ 的反对称变角振动，因为与氧原子间接相连，频率较常值（1460 cm^{-1}）稍低。1398 cm^{-1} 为 N-CH$_3$ 的对称变角振动。2761 cm^{-1}、2471 cm^{-1}、2044 cm^{-1} 为 NH$_2^+$ 伸缩振动。1589 cm^{-1} 为 NH$_2^+$ 变角振动。817 cm^{-1} 为 NH$_2^+$ 面内摇摆振动。1589 cm^{-1}、1488 cm^{-1}、1454 cm^{-1} 为苯环的伸缩振动。1052 cm^{-1}、991 cm^{-1} 为苯环上 =CH 的面内变角振动，因为是极性单取代，所以强度比较大。752 cm^{-1} 为苯环上 =CH 的面外变角振动。705 cm^{-1} 为苯环骨架的面外弯曲振动。1244 cm^{-1} 为 C-N 伸缩振动。COH 中 C-O 伸缩振动和 OH 面内变角振动发生耦合，分裂为 2 个谱带，分别位于 1353 cm^{-1} 和 1052 cm^{-1}，前者以 OH 面内变角振动为主，后者以 C-O 伸缩振动为主。1210~1075 cm^{-1} 主要是 C-O 伸缩振动。1122 cm^{-1} 为 C-C 骨架振动。914 cm^{-1}、898 cm^{-1} 为 CH$_3$ 的摇摆振动。

2761 cm^{-1}、2471 cm^{-1}、2044 cm^{-1}、1589 cm^{-1} 同时存在是麻黄碱盐酸盐的标志谱带。

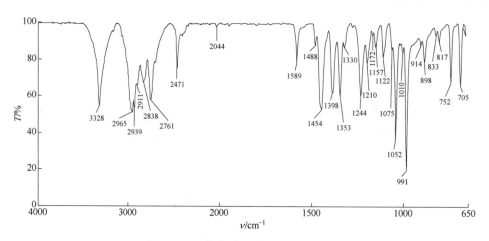

图 16.38　麻黄碱盐酸盐的红外光谱

16.2.16　甲基麻黄碱盐酸盐的红外光谱

甲基麻黄碱（methylephedrine）是中药材麻黄草的主要成分之一，分子式为 C$_{11}$H$_{17}$NO，分子量为 179.26，熔点为 63.5~64.5℃。甲基麻黄碱具有兴奋作用，被国际奥委会列为禁药；又由于它易于合成甲基苯丙胺，是我国严格管制的化学品。

甲基麻黄碱盐酸盐（methylephedrine hydrochloride）为白色针状结晶或结晶性粉末，分子式为 C$_{11}$H$_{17}$NO·HCl，分子量为 215.72，熔点为 207~208 ℃，易溶于水、乙醇、乙酸，微溶于氯仿或丙酮，无臭，味苦。甲基麻黄碱盐酸盐具有松弛平滑肌、收缩血管、抗炎及发汗解热、抗菌、抗病毒、镇咳平喘、使中枢神经兴奋等药理作用。图 16.39 为甲基麻黄碱的结构式，图 16.40 为甲基麻黄碱盐酸盐的结构式。

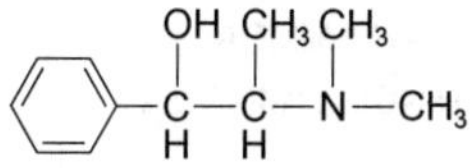

图 16.39　甲基麻黄碱的结构式 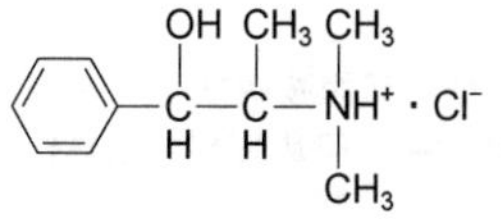　　　　图 16.40　甲基麻黄碱盐酸盐的结构式

图 16.41 为甲基麻黄碱盐酸盐的红外光谱。3276 cm^{-1} 为 OH 的伸缩振动。COH 中 C—O 伸缩振动和 OH 面内变角振动发生偶合，分裂为 2 个谱带，分别位于 1341 cm^{-1} 和 1052 cm^{-1}，前者以 OH 面内变角振动为主，后者以 C—O 伸缩振动为主。3050 cm^{-1} 为苯环上 =CH 的伸缩振动。1603 cm^{-1}、1454 cm^{-1} 为苯环的伸缩振动。1017 cm^{-1} 为苯环上 =CH 的面内变角振动，因为是极性单取代，所以强度比较大。751 cm^{-1} 为苯环上 =CH 的面外变角振动。705 cm^{-1} 为苯环骨架的面外弯曲振动。2969 cm^{-1}、2915 cm^{-1}、2881 cm^{-1}、2811 cm^{-1} 为 CH、CH_3 的伸缩振动。2637 cm^{-1}、2503 cm^{-1}、2474 cm^{-1} 为 NH^+ 伸缩振动。1454 cm^{-1} 为 C—CH_3 的反对称变角振动。1260 cm^{-1} 为 C—N 伸缩振动。1124 cm^{-1} 为 C—C 骨架振动。1206 cm^{-1}、1153 cm^{-1} 为 C—O—C 伸缩振动。932 cm^{-1}、886 cm^{-1} 为 CH_3 的摇摆振动。

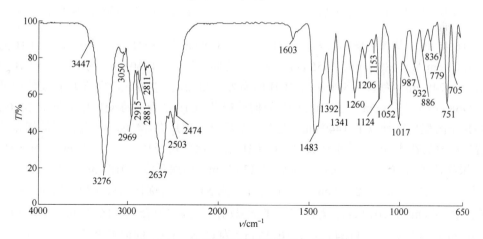

图 16.41　甲基麻黄碱盐酸盐的红外光谱

因为 CH_3 与 N^+ 相连，N^+—CH_3 的反对称伸缩振动、对称伸缩振动、反对称变角振动和对称变角振动频率均升高，分别位于 2969 cm^{-1}、2881 cm^{-1}、1483 cm^{-1}、1392 cm^{-1}。

2637 cm^{-1}、2503 cm^{-1}、2474 cm^{-1} 同时存在是甲基麻黄碱盐酸盐的标志谱带。

16.2.17　甲基苯丙胺盐酸盐的红外光谱

苯丙胺类兴奋剂有多种，主要是苯丙胺的衍生物，即苯丙胺苯环上的氢或伯氨基（—NH_2）上的氢被其他基团取代生成的化合物，结构式见图 16.42。

苯丙胺（amphetamine，AM）的分子式为 $C_9H_{13}N$，分子量为 133.2。

甲基苯丙胺（methamphetamine，MAM）为无色油状液体，具有氨臭味，分子式为 $C_{10}H_{15}N$，分子量为 149.2，沸点为 214 ℃，溶于乙醇、乙醚、氯仿。甲基苯丙胺有左旋、右旋和消旋 3 种光学异构体，右旋甲基苯丙胺比左旋甲基苯丙胺药效高几倍。

苯丙胺及其衍生物的结构式：

R¹=H，苯丙胺（AM）
R¹=CH₃，甲基苯丙胺（MAM）

R²=H，MDA
R²=CH₃，MDMA

R³=H，MMDA
R³=CH₃，MMDMA

图 16.42　苯丙胺及其衍生物的结构式

甲基苯丙胺盐酸盐为白色结晶性粉末，俗称冰毒。其熔点为 172~174 ℃，溶于乙醇、水和氯仿。该药小剂量时有短暂的兴奋抗疲劳作用，故其丸剂又有"大力丸"之称。此外，甲基苯丙胺是在麻黄素化学结构基础上改造而来，故又有"去氧麻黄素"之称。甲基苯丙胺的生理成瘾性不强，远不如咖啡因，但它能让人产生愉悦感，很容易使服用者对它产生严重的心理依赖，因此相当危险。

图 16.43 为甲基苯丙胺的结构式，图 16.44 为甲基苯丙胺盐酸盐的结构式。

图 16.43　甲基苯丙胺的结构式

图 16.44　甲基苯丙胺盐酸盐的结构式

图 16.45 为甲基苯丙胺盐酸盐的红外光谱。3178 cm^{-1}、3021 cm^{-1} 为苯环上 =CH 的伸缩振动。1603 cm^{-1}、1488 cm^{-1}、1455 cm^{-1} 为苯环的伸缩振动。1060 cm^{-1} 为苯环上 =CH 的面内变角振动。749 cm^{-1} 为苯环 5 个相邻 =CH 的面外变角振动。700 cm^{-1} 为苯环骨架的面外弯曲振动。2968 cm^{-1}、2944 cm^{-1} 为 CH_2、CH_3 的伸缩振动。CH_3 的反对称变角振动位于 1460 cm^{-1}，$C_{Ar}-CH_2$ 面内变角振动位于 1440 cm^{-1} 左右、苯环单取代后在 1450 cm^{-1} 有骨架伸缩振动，这 3 个谱带重叠后在 1455 cm^{-1} 出现吸收。$C-CH_3$ 的对称变角振动位于 1378 cm^{-1}，$N-CH_3$ 的对称变角振动位于 1425 cm^{-1}，它们重叠后在 1387 cm^{-1} 出现吸收。915 cm^{-1}、886 cm^{-1} 为 CH_3 的摇摆振动。2734 cm^{-1}、2513 cm^{-1}、2461 cm^{-1} 为 NH_2^+ 反对称伸缩振动和对称伸缩振动的复杂合频。2060 cm^{-1}、2012 cm^{-1} 为仲胺盐变角振动的倍频和组合频。1603 cm^{-1} 也有 NH_2^+ 的变角振动成分。1191 cm^{-1}、1164 cm^{-1}、1081 cm^{-1} 为 C-N、C-C 的伸缩振动。

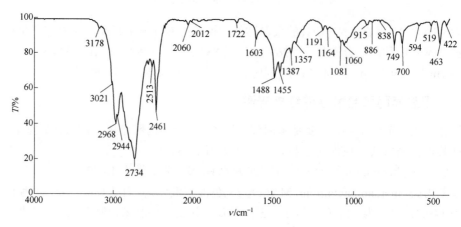

图 16.45　甲基苯丙胺盐酸盐的红外光谱

甲基苯丙胺生成盐酸盐后，红外光谱发生明显变化：①NH_2的伸缩振动在 3360~3310 cm^{-1}，NH_2^+的伸缩振动在 2700~2250 cm^{-1}；②甲基苯丙胺的吸收带比较宽，而甲基苯丙胺盐酸盐的吸收带尖锐；③甲基苯丙胺盐酸盐在 2000 cm^{-1}左右有倍频和组合频，甲基苯丙胺在此区域不出现吸收；④NH_2的变角振动位于 1580~1510 cm^{-1}，NH_2^+的变角振动位于 1600~1575 cm^{-1}。这4点可以用作区分甲基苯丙胺和甲基苯丙胺盐酸盐的依据。

苯丙胺盐酸盐和甲基苯丙胺盐酸盐红外光谱的区别如下。

（1）苯丙胺盐酸盐是伯胺盐，分子中带 NH_3^+：①NH_3^+伸缩振动位于 3100~2800 cm^{-1}，呈宽强峰或有多重峰，在低频一侧的峰坡上出现若干强度递减的小峰（见甲基麻黄盐酸盐的红外光谱），NH_3^+伸缩振动与 C—H 伸缩振动有重叠；②NH_3^+在 2500~1820 cm^{-1}，多数在 2000 cm^{-1}左右都出现倍频和合频；③NH_3^+反对称变角振动位于 1620~1540 cm^{-1}，对称变角振动位于 1500 cm^{-1}，是双峰；④NH_3^+面内摇摆振动位于 800 cm^{-1}左右，强度小至中等。

（2）甲基苯丙胺盐酸盐是仲胺盐，分子中带 NH_2^+：①NH_2^+伸缩振动位于 2700~2500 cm^{-1}；②NH_2^+在 2500~2220 cm^{-1}左右出现倍频和合频；③NH_2^+变角振动位于 1620~1560 cm^{-1}，是单峰；④NH_2^+面内摇摆振动位于 812~800 cm^{-1}。这是用以区分苯丙胺盐酸盐和甲基苯丙胺盐酸盐的依据。

2734 cm^{-1}、2513 cm^{-1}、2461 cm^{-1}、2060 cm^{-1}同时存在为甲基苯丙胺盐酸盐的标志谱带。

16.2.18　3,4-亚甲基二氧基苯丙胺盐酸盐的红外光谱

3,4-亚甲基二氧基苯丙胺（3,4-methylenedioxyamphetamine，MDA），分子式为 $C_{10}H_{13}NO_2$，分子量为 179.2，常以盐酸盐的形式存在。图 16.46 为 MDA 的结构式，图 16.47 为 MDA 盐酸盐的结构式。

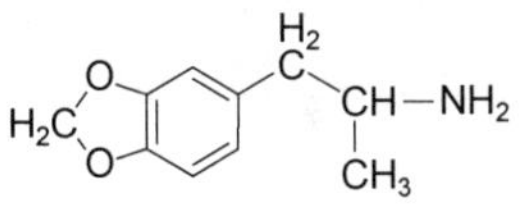

图 16.46　MDA 的结构式 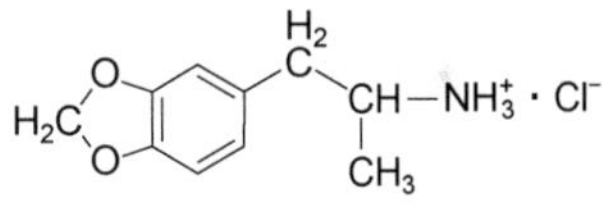　　　　图 16.47　MDA 盐酸盐的结构式

图 16.48 为 MDA 盐酸盐的红外光谱。MDA 盐酸盐是伯胺盐，NH_3^+伸缩振动在 3200~2800 cm^{-1}呈宽、强谱带。因为能形成分子间氢键，NH_3^+伸缩振动频率降低，并分裂为 2741 cm^{-1}、2714 cm^{-1}、2634 cm^{-1}、2607 cm^{-1}和 2522 cm^{-1}多个小峰。NH_3^+反对称变角振动位于 1612 cm^{-1}，对称变角振动位于 1502 cm^{-1}。NH_3^+面内摇摆振动位于 805 cm^{-1}。2926 cm^{-1}、2827 cm^{-1}为 CH_2、CH_3的伸缩振动和 NH_3^+的伸缩振动的叠加。1459 cm^{-1}为 C—CH_3的反对称变角振动。1443 cm^{-1}为 C_{Ar}—CH_2的面内变角振动，因为与苯环相连，频率较常值（1465 cm^{-1}）低。1378 cm^{-1}为 CH_3的对称变角振动。1353 cm^{-1}为 CH_2的面外摇摆振动。1612 cm^{-1}、1502 cm^{-1}有苯环伸缩振动成分。865 cm^{-1}为苯环 =CH 的面外弯曲振动。805 cm^{-1}为 NH_3^+面内摇摆振动。1039 cm^{-1}有 C—N 伸缩振动的成分。

MDA 分子有亚甲二氧基结构，该结构至少有 8 个吸收峰，如下所示，其中②、⑤、⑥、⑧为特征峰。

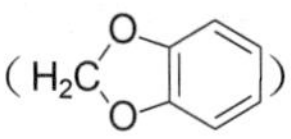

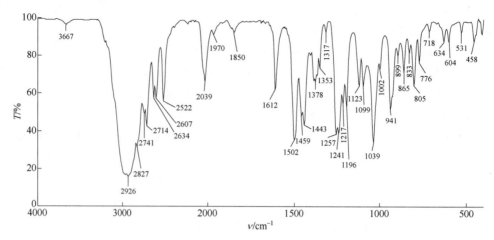

图 16.48 MDA 盐酸盐的红外光谱

① 2945~2890 cm^{-1}，有 2 个弱峰，由 2 个 C–H 伸缩振动偶合分裂所致。虽然高于 C–CH$_2$ 伸缩振动的常值（2925 cm^{-1}、2855 cm^{-1}），但仍与 C–CH$_3$、C–CH$_2$ 处于相同的区域，所以不是特征峰，除非分子中再没有 CH$_3$、CH$_2$。

② CH$_2$ 的对称伸缩振动位于 2830~2710 cm^{-1}，低于 CH$_3$、CH$_2$ 伸缩振动的一般范围，特征性较强。

③ CH$_2$ 的面内变角振动位于 1480 cm^{-1} 左右，因为与 C–CH$_3$、C–CH$_2$ 变角振动处于相同的区域，所以不是特征峰。

④ CH$_2$ 的面外摇摆振动位于 1376~1350 cm^{-1}，与 C–CH$_2$ 面外摇摆振动范围有重叠。因为 O–CH$_3$ 在此区域无吸收，可用于区别 O–CH$_3$。

⑤ CH$_2$ 的面内摇摆振动位于 725~712 cm^{-1}，强度虽小，但比较清晰。

⑥ =C–O–C 反对称伸缩振动位于 1266~1227 cm^{-1}，常出现在 1250 cm^{-1} 左右，是亚甲二氧基的标志谱带。

⑦ =C–O–C 对称伸缩振动，位于 1040 cm^{-1} 左右。O–CH$_3$、O–C$_2$H$_5$ 在此区域也有吸收，所以特征性不强。

⑧ 环醚骨架振动位于 945~915 cm^{-1}，O–CH$_3$、O–C$_2$H$_5$ 在此区域没有吸收，是亚甲二氧基的主要标志谱带。

苯丙胺（AM）及其盐、甲基苯丙胺（MAM）及其盐没有类似结构，也就没有这一组谱带。这是 MDA 与 AM、MAM 红外光谱的主要区别。

16.2.19　3,4-亚甲基二氧基甲基苯丙胺盐酸盐的红外光谱

3,4-亚甲基二氧基甲基苯丙胺（3,4-亚甲基二氧基甲基安非他明，3,4-methylenedioxymethamphetamine，MDMA）分子式为 C$_{11}$H$_{15}$NO$_2$，分子量为 193.25。MDMA 纯品为无色油状液体，熔点为 147~148 ℃，溶于乙醇、乙醚、氯仿等有机溶剂。其盐酸盐为白色粉末，俗称摇头丸，溶于水和乙醇，不溶于乙醚。图 16.49 为 MDMA 的结构式，图 16.50 为 MDMA 盐酸盐的结构式。

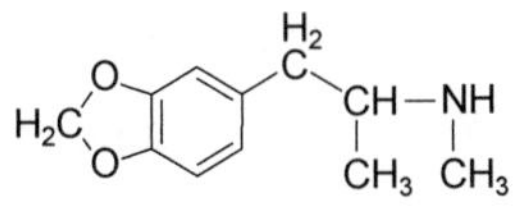

图 16.49　MDMA 的结构式 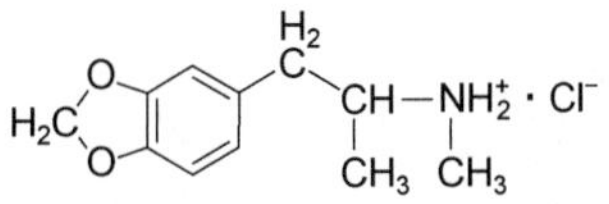　　　　图 16.50　MDMA 盐酸盐的结构式

图 16.51 为 MDMA 盐酸盐的红外光谱。3170 cm^{-1} 为苯环上 =CH 的伸缩振动，因为与 O 原子相连，吸电子的诱导效应使频率较常值（3100~3000 cm^{-1}）高。1592 cm^{-1}、1495 cm^{-1}、1444 cm^{-1} 有苯环伸缩振动的成分。863 cm^{-1} 为苯环孤立 =CH 的面外变角振动。798 cm^{-1} 为苯环 2 个相邻 =CH 的面外变角振动。2954 cm^{-1}、2926 cm^{-1}、2831 cm^{-1}、2715 cm^{-1} 为 CH$_2$、CH$_3$ 的伸缩振动。1465 cm^{-1} 为 CH$_3$ 的反对称变角振动，1376 cm^{-1} 为其对称变角振动。1444 cm^{-1} 为 C$_{Ar}$–CH$_2$ 的面内变角振动，因为与苯环相连，CH$_2$ 的变角振动频率降低。1348 cm^{-1} 为亚甲基二氧基中 CH$_2$ 的面外摇摆振动。724 cm^{-1} 为亚甲基二氧基中 CH$_2$ 的面内摇摆振动。2715 cm^{-1}、2560 cm^{-1}、2463 cm^{-1} 和 2387 cm^{-1} 为 NH$_2^+$ 的伸缩振动。1909 cm^{-1}、1851 cm^{-1}、1785 cm^{-1} 和 1724 cm^{-1} 为 NH$_2^+$ 弯曲振动的倍频、组合频谱带。NH$_2^+$ 变角振动位于 1592 cm^{-1}。NH$_2^+$ 面内摇摆振动位于 825 cm^{-1}。1248 cm^{-1} 为 C$_{Ar}$–O–C 反对称伸缩振动，由于 p-π 共轭，使醚键具有部分双键特性，反对称伸缩振动频率升高。1033 cm^{-1} 为 C$_{Ar}$–O–C 对称伸缩振动。1020 cm^{-1} 为苯环 =CH 面内变角振动。925 cm^{-1} 为亚甲基二氧基环醚骨架振动。

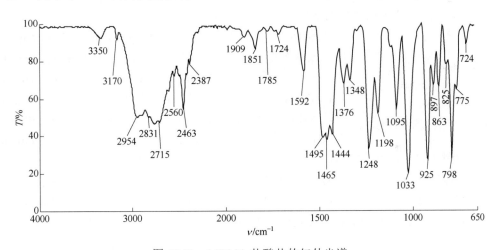

图 16.51　MDMA 盐酸盐的红外光谱

苯丙胺（AM）及其盐、甲基苯丙胺（MAM）及其盐没有 3,4-亚甲基二氧基结构，也就没有 1248~925 cm^{-1} 这一组谱带。这是 MDA 与 AM、MAM 红外光谱的主要区别。

2715 cm^{-1}、2463 cm^{-1}、1851 cm^{-1} 同时存在是 3,4-亚甲基二氧基甲基苯丙胺盐酸盐（MDMA）的标志谱带。

16.2.20　巴比妥的红外光谱

巴比妥类药物品种繁多，仅用于医疗的就有 50 多种。

巴比妥类安眠药为丙二酰脲（巴比妥酸）的衍生物及其钠盐。丙二酰脲的结构式如图 16.52 所示。

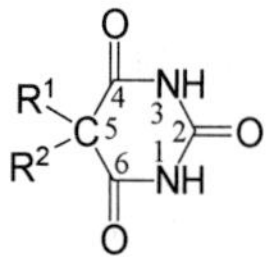

图 16.52 丙二酰脲的结构式

多数巴比妥类安眠药为 5,5-取代物，如巴比妥（barbital）、苯巴比妥（phenobarbital）、异戊巴比妥（amo barbital）和硫喷妥（thiopental）等；少数为 1,5,5-取代物，如甲苯巴比妥。如果 C5 是单取代，则没有药效。

常见巴比妥类药物的结构和分类见表 16.2。

表 16.2 常见巴比妥类药物的结构和分类

时效	药物名称	R^1	R^2
长时	巴比妥	C_2H_5	C_2H_5
	苯巴比妥		C_2H_5
中时	异戊巴比妥	C_2H_5	$-CH_2CH_2CH(CH_3)_2$
	环己巴比妥	C_2H_5	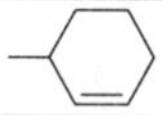
短时	司可巴比妥	$-CH_2CH=CH_2$	$-CHCH_2CH_3$ $\quad\|$ $\quad CH_3$
	戊巴比妥	C_2H_5	$-CHCH_2CH_3$ $\quad\|$ $\quad CH_3$

巴比妥为巴比妥酸的 5,5-二乙基取代物，分子式为 $C_8H_{12}N_2O_3$，分子量为 208.8，熔点为 171~173 ℃。图 16.53 为巴比妥的结构式。

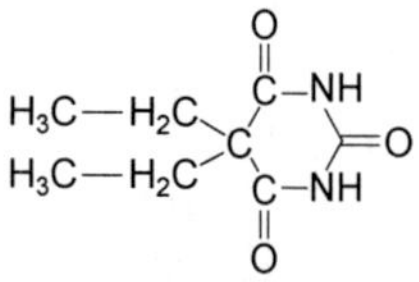

图 16.53 巴比妥的结构式

图 16.54 为巴比妥的红外光谱。3205 cm^{-1}、3158 cm^{-1} 为多聚体氢键 NH 的伸缩振动。巴比妥的 NH 面内变角振动和 C—N 伸缩振动发生偶合，分裂为两个谱带，分别位于 1680~1630 cm^{-1}（与 1677 cm^{-1} 重叠，致 1677 cm^{-1} 变宽）和 1322 cm^{-1}，前者主要是 NH 面内变角振动，后者主要是 C—N 伸缩振动。3074 cm^{-1} 为 NH 面内变角振动（1540 cm^{-1}）的倍频。2987 cm^{-1}、2946 cm^{-1}、2867 cm^{-1} 为 CH_2、CH_3 的伸缩振动。1460 cm^{-1} 为 CH_3 的不对称变角振动，1383 cm^{-1} 为 CH_3 的对称变角振动。1411 cm^{-1} 为 CH_2 的面内变角振动，因为与羰基间接相连，频率降低。巴比妥分子中有三个羰基，两个 C=O 共用一个 N 原子（酰亚胺结构）或共用一个 C 原子，伸缩振动发生偶合，分裂为两个谱带，分别位于 1766 cm^{-1} 和 1677 cm^{-1}，如同酸酐一样，对称伸

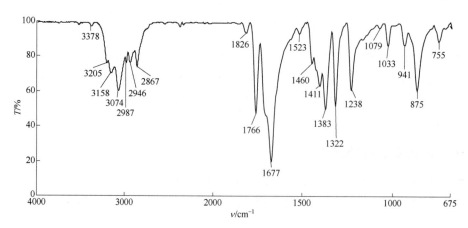

图 16.54 巴比妥的红外光谱

缩振动频率比反对称伸缩振动频率高,但强度小。巴比妥中的三个 C=O 共平面,偶合较强,故两个峰相距较远,$\Delta \nu = 89 \text{ cm}^{-1}$。$3378 \text{ cm}^{-1}$ 为 1677 cm^{-1} 的倍频。875 cm^{-1} 为乙基($-CH_2CH_3$)面外变角振动和 NH 面外摇摆振动的叠加。

16.2.21 苯巴比妥的红外光谱

苯巴比妥(phenobarbital),也称鲁米那(Luminal),是一种巴比妥类镇静剂及安眠药,主要用于缓解焦虑和紧张症状,治疗失眠症及各种形式的癫痫等。其化学名称为 5-乙基-5-苯基-2,4,6(1H,3H,5H)-嘧啶三酮,分子式为 $C_{12}H_{12}N_2O_3$,分子量为 232.23,为白色结晶粉末,无臭,味微苦,熔点为 189~191 ℃,在空气中稳定,微溶于水,溶于热水和乙醇,易溶于碱性溶液。图 16.55 为苯巴比妥的结构式。

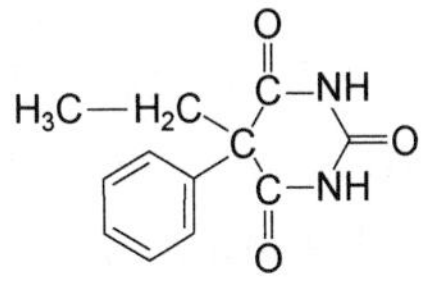

图 16.56 苯巴比妥的红外光谱。3312 cm^{-1}、3193 cm^{-1} 为 NH 的伸缩振动。3087 cm^{-1} 为苯环上 =CH 伸缩振动和 NH 面内变角振动(1540 cm^{-1})的倍频的叠加。苯巴比妥的 NH 面内变角振动和 C-N 伸缩振动发生偶合,分裂为两个谱带,分别位于 1523 cm^{-1} 和 1309 cm^{-1}、1266 cm^{-1},前者主要是 NH 面内变角振动,后两者主要是 C-N 伸缩振动,由于存在顺反两种异构体,常致双峰。844 cm^{-1} 为 NH 面外摇摆振动。2962 cm^{-1}、2873 cm^{-1} 为 CH_2、CH_3 的伸缩振动。CH_2、CH_3 的变角振动与苯环的伸缩振动叠加在一起,在 1415 cm^{-1} 出现宽、强谱带。774 cm^{-1} 为乙基($-CH_2CH_3$)的面外变角振动。苯巴比妥分子中三个羰基(C=O)共用一个 N 原子或共用一个 C 原子,它们构成一个环状酰亚胺结构,伸缩振动发生多重偶合,分裂为多个谱带,彼此分辨不开,在 1780~1600 cm^{-1} 形成宽、强吸收。3524 cm^{-1} 为 1777 cm^{-1} 的倍频,3440 cm^{-1} 为 1715 cm^{-1} 的倍频。1595 cm^{-1}、1523 cm^{-1}、1496 cm^{-1} 为苯环骨架振动。1036 cm^{-1}、970 cm^{-1} 为单取代后苯环上五个相邻 =CH 的面内变角振动。774 cm^{-1} 为 CH_2 的面内摇摆振动。719 cm^{-1} 为单取代后苯环上五个相邻 =CH 的面外变角振动。701 cm^{-1} 为单取代后苯环的面外弯曲振动。

图 16.55 苯巴比妥的结构式

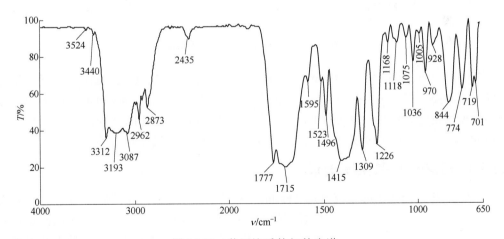

图 16.56 苯巴比妥的红外光谱

16.2.22 戊巴比妥钠的红外光谱

戊巴比妥(pentobarbital)是一种精神类药物,对中枢神经系统有抑制作用,因剂量不同而表现为镇静、催眠、抗惊厥等不同作用,其作用机制与苯巴比妥相似,注射一定量可致死,因此被用来作为注射死刑的药物，常用其钠盐。戊巴比妥钠（pentobarbitalum natrium），分子式为 $C_{11}H_{17}O_3N_2Na$，为白色结晶形颗粒或白色粉末，无臭，味微苦，有引湿性，极易溶于水，在乙醇中易溶，在乙醚中几乎不溶。其水溶液呈碱性，久置易分解，加热分解更快。图 16.57 为戊巴比妥的结构式，图 16.58 为戊巴比妥钠的结构式。

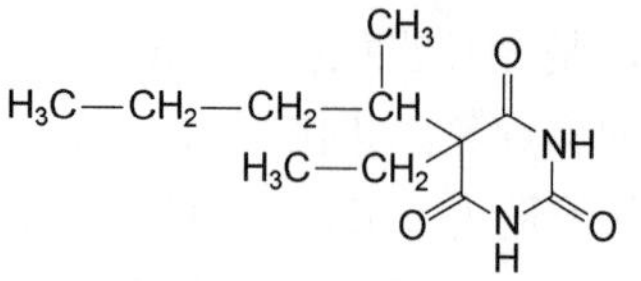

图 16.57　戊巴比妥的结构式 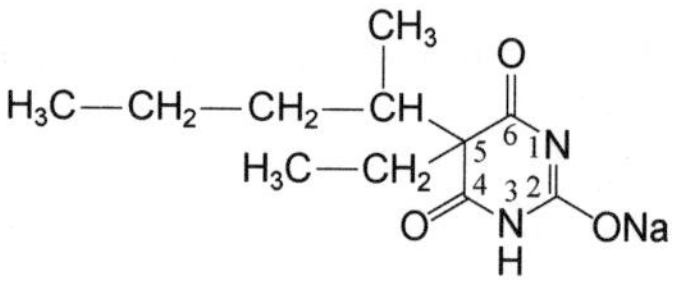　　　　　图 16.58　戊巴比妥钠的结构式

图 16.59 为戊巴比妥钠的红外光谱。3168 cm^{-1}、3058 cm^{-1} 为 NH 的伸缩振动。戊巴比妥钠的 NH 面内变角振动和 C-N 伸缩振动发生偶合，分裂为两个谱带，一个位于 1565 cm^{-1}，以 NH 面内变角振动为主；另一个位于 1335~1200 cm^{-1}，以 C-N 伸缩振动为主；由于存在顺反两种异构体，常致双峰，如 1303 cm^{-1}、1268 cm^{-1}。

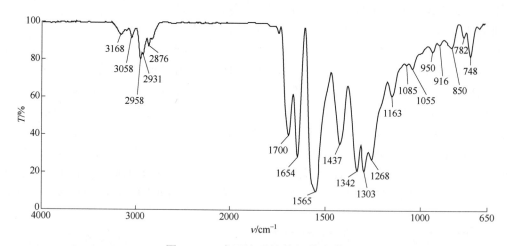

图 16.59　戊巴比妥钠的红外光谱

2958 cm^{-1}、2931 cm^{-1}、2876 cm^{-1} 为 CH_2、CH_3 的伸缩振动。CH_2、CH_3 的变角振动与苯环的伸缩振动叠加在一起，在 1437 cm^{-1} 出现宽、强谱带。6 位的 C=O 和 4 位 C=O 共用 C5，羰基伸缩振动发生偶合，分裂为两个谱带，分别位于 1700 cm^{-1}、1654 cm^{-1}。

1268 cm^{-1} 为=C-O 伸缩振动。748 cm^{-1} 为 CH_2 的面内摇摆振动。

16.2.23　异戊巴比妥的红外光谱

异戊巴比妥（amobarbital 或 amylobarbitone）是一种巴比妥类药物的衍生物，主要用作中效镇静剂，以治疗失眠之类的症状。异戊巴比妥有中枢神经抑制作用，所以也用作迷幻药，长期使用此类药物会造成嗜药性，突然停药有致命风险，因此被多数国家列为管制药物。异戊巴比妥的分子式为 $C_{11}H_{18}N_2O_3$，分子量为 226.28，为白色结晶性粉末，无臭，微有苦味，熔点为 156~158 ℃。图 16.60 为异戊巴比妥的结构式。

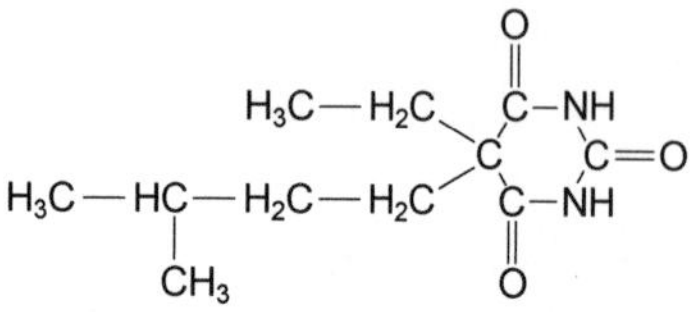

图 16.60　异戊巴比妥的结构式

图 16.61 为异戊巴比妥的红外光谱。3216 cm^{-1}、3114 cm^{-1} 为 NH 的伸缩振动。NH 面内变角振动和 C—N 伸缩振动偶合，分裂为两个谱带，一个位于 1549 cm^{-1}，以 NH 面内变角振动为主；另一个位于 1335~1200 cm^{-1}，以 C—N 伸缩振动为主；由于存在顺反两种异构体，常致双峰，如 1319 cm^{-1}、1211 cm^{-1}。2962 cm^{-1}、2900 cm^{-1}、2873 cm^{-1} 为 CH_2、CH_3 的伸缩振动。1460 cm^{-1} 为 CH_3 的反对称变角振动和 CH_2 的面内变角振动的叠加。1380 cm^{-1} 为 CH_3 的对称变角振动。1346 cm^{-1} 为 CH_2 的面外摇摆振动。异戊巴比妥是一个六元环 3-酰亚胺，三个羰基处于同一个平面，羰基伸缩振动发生多重、强烈偶合，分裂为多个谱带，彼此分辨不开，在 1760~1680 cm^{-1} 形成宽、强吸收，因为偶合强，相距高达 70 cm^{-1}。3436 cm^{-1} 为 1715 cm^{-1} 的倍频。852 cm^{-1}、823 cm^{-1} 为 NH 的面外摇摆振动。748 cm^{-1} 为 CH_2 的面内摇摆振动。

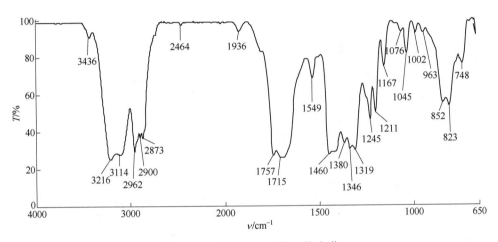

图 16.61　异戊巴比妥的红外光谱

16.2.24　硫喷妥钠的红外光谱

硫喷妥钠（thiopental sodium），又名戊硫巴比妥钠，为超短时作用的巴比妥类药物，静脉注射后很快产生麻醉，故称静脉麻醉药。其主要优点是作用快、诱导期短、无兴奋现象、呼吸道并发症少，一次静脉注射后可维持麻醉 20~30 min，适用于短小手术，有诱导麻醉与抗惊厥作用。硫喷妥钠为淡黄色粉末，有吸湿性和不愉快气味，易溶于水，溶于乙醇。其性质不稳定，水溶液放置时水解。硫喷妥钠为强碱性。图 16.62 为硫喷妥钠的结构式。

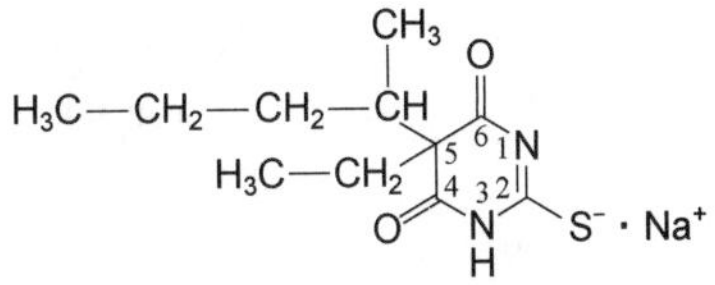

图 16.62　硫喷妥钠的结构式

图 16.63 为硫喷妥钠的红外光谱。3269 cm^{-1}、3153 cm^{-1} 为 NH 的伸缩振动。1545 cm^{-1} 为 NH 面内弯曲振动和 C—N 伸缩振动的偶合，主要是 NH 面内弯曲振动。1305 cm^{-1}、1226 cm^{-1} 为 C—N 伸缩振动和 NH 面内弯曲振动的偶合，主要是 C—N 伸缩振动。2934 cm^{-1} 为 CH_2、CH_3 的伸缩振动。1731 cm^{-1}、1676 cm^{-1} 为 C=O 伸缩振动和 C=N 伸缩振动的叠加。1361 cm^{-1} 为 CH_3 的对称变角振动和 CH_2 的面外摇摆振动的叠加。1168 cm^{-1} 为 =C—O 伸缩振动。763 cm^{-1} 为 CH_2 的面内摇摆振动。

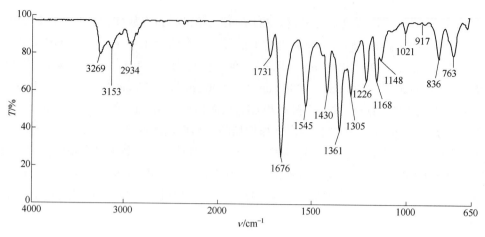

图 16.63 硫喷妥钠的红外光谱

16.2.25 司可巴比妥钠的红外光谱

司可巴比妥（secobarbital）俗称速可眠，化学名称为 5-丙烯基-5-(1-甲基丁基巴比妥酸)，分子式为 $C_{12}H_{18}N_2O_3$，分子量为 238.3，熔点为 100 ℃，易溶于乙醚、乙醇，微溶于水。

司可巴比妥钠（secobarbital sodium），分子式为 $C_{12}H_{17}N_2NaO_3$，分子量为 260.27，易溶于水、乙醇。图 16.64 为司可巴比妥的结构式，图 16.65 为司可巴比妥钠的结构式。

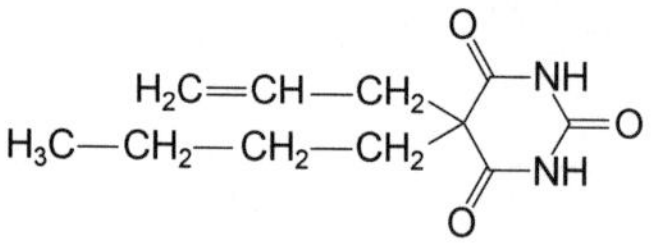

图 16.64 司可巴比妥的结构式 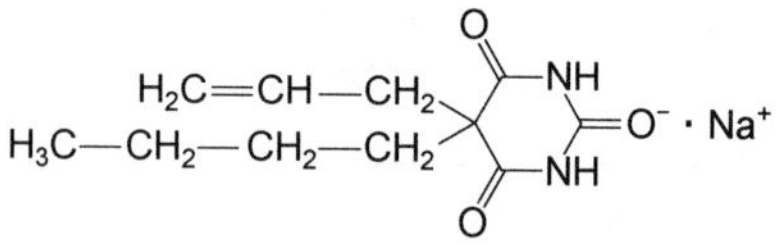   图 16.65 司可巴比妥钠的结构式

图 16.66 为司可巴比妥钠的红外光谱。3219 cm^{-1} 为多聚体氢键 NH 的伸缩振动。−CH=CH$_2$ 中 =CH$_2$ 伸缩振动位于 3095~3075 cm^{-1}，=CH 伸缩振动位于 3040~3010 cm^{-1}，二者叠加后在 3060 cm^{-1} 出现吸收。1661 cm^{-1} 为 C=C 的伸缩振动，由于亚甲基处于分子末端，C=C 伸缩振动偶极矩变化大，所以 1661 cm^{-1} 强度比较大。=CH$_2$ 面内变角振动位于 1420~1405 cm^{-1}，

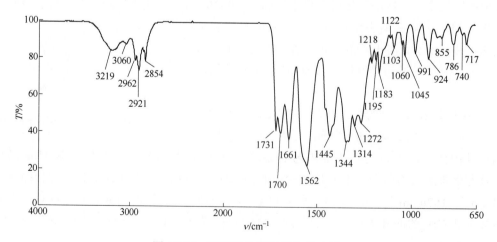

图 16.66 司可巴比妥钠的红外光谱

=CH 面内变角振动位于 1314 cm^{-1}，991 cm^{-1} 为-CH=CH$_2$ 中 CH 的面外变角（扭曲）振动，924 cm^{-1} 为 =CH$_2$ 面外摇摆振动。2962 cm^{-1}、2921 cm^{-1}、2854 cm^{-1} 为 CH$_2$、CH$_3$ 的伸缩振动。CH$_3$ 的反对称变角振动位于 1460 cm^{-1}，烷烃 CH$_2$ 的面内变角振动位于 1465 cm^{-1}，烯烃端基上 CH$_2$ 的变角振动位于 1420~1400 cm^{-1}，CH$_3$ 的对称变角振动位于 1378 cm^{-1}，这四个谱带相互重叠，在 1445 cm^{-1} 出现宽、强吸收。两个 C=O 共用一个 C5，并在同一平面内，两个 C=O 发生偶合，C=O 伸缩振动分裂为两个，分别位于 1731 cm^{-1}、1700 cm^{-1}。C-N 和 N-H 共用一个 N 原子，NH 面内弯曲振动和 C-N 伸缩振动发生偶合，分裂为两个谱带，分别位于 1562 cm^{-1} 和 1344 cm^{-1}，前者以 NH 面内弯曲振动为主，后者以 C-N 伸缩振动为主。1272 cm^{-1} 为 C-O 伸缩振动。786 cm^{-1}、740 cm^{-1} 为 CH$_2$ 的面内摇摆振动。

16.2.26 安眠酮的红外光谱

安眠酮的化学名称为 2-甲基-3-邻甲苯基-4(3H)-喹唑酮，为白色结晶性粉末，分子式为 C$_{16}$H$_{14}$N$_2$O，分子量为 250.3，易溶于乙醇、乙醚、丙酮、氯仿，难溶于水，熔点为 113~116 ℃。安眠酮是低毒催眠药，发效快，常量可持续 6~8 h。安眠酮的结构式如图 16.67 所示。

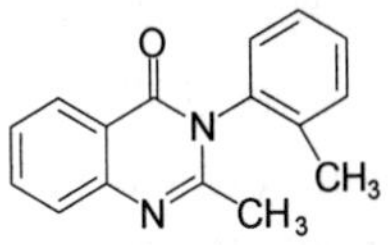

图 16.68 为安眠酮的红外光谱。3066 cm^{-1}、3012 cm^{-1} 为苯环上 =CH 的伸缩振动。1604 cm^{-1}、1576 cm^{-1} 为苯环的伸缩振动与 C=N 伸缩振动的叠加。1122 cm^{-1}、1106 cm^{-1} 为苯环邻位取代后苯环上 4 个相邻 =CH 的面内变角振动。767 cm^{-1}、713 cm^{-1} 为苯环邻位取代后苯环上 4 个相邻=CH 的面外变角振动。在安眠酮分子中 CH$_3$ 与苯环或双键直接相连，C$_\alpha$-H 型 σ 键与苯环或双键 π 键构成 σ-p 超共轭，使 C$_\alpha$-H 键力常数降低，其反对称伸缩振动频率由 2960 cm^{-1} 降至 2922 cm^{-1}，对称伸缩振动频率由 2875 cm^{-1} 降至 2873 cm^{-1}。C$_{Ar}$-CH$_3$ 的反对称变角振动位于 1438 cm^{-1}，对称变角振动位于 1383 cm^{-1}。N=C-CH$_3$ 的反对称变角振动位于 1469 cm^{-1}，对称变角振动位于 1383 cm^{-1}。羰基与 N 原子直接相连，N 原子对羰基的吸电子诱导效应使羰基伸缩振动频率升高；N 原子的未共用电子对与羰基构成 p-π 超共轭，超共轭效应使羰基伸缩振动频率降低；N 原子的共轭效应比诱导效应强，C=O 的伸缩振动出现在 1684 cm^{-1}。3347 cm^{-1} 为 1684 cm^{-1} 的倍频。C-N 的伸缩振动位于 1338 cm^{-1}、1279 cm^{-1}，因为 N 原子与 C=O、苯环或双键相连，N 原子的未共用电子对与羰基、苯环、双键 π 键构成 π-p 共轭，使 C-N 键具有部分双键性质，C-N 伸缩振动频率升高。

图 16.67 安眠酮的结构式

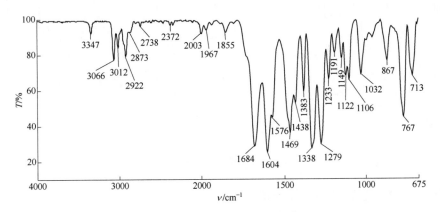

图 16.68 安眠酮的红外光谱

16.2.27 眠尔通的红外光谱

眠尔通（meprobamate），又称安定、安乐神，属氨基甲酸酯类化合物，学名为 2-甲基-2-正丙基-1,3-丙二醇双氨基甲酸酯，为白色结晶性粉末，味微苦，几乎无臭，熔点为 104~107 ℃，微溶于水，易溶于醇、氯仿、丙酮。其分子式为 $C_9H_{18}N_2O_4$，分子量为 218.25，易水解为水杨酸和乙酸。眠尔通能阻滞中枢神经元之间的冲动传导，从而消除精神紧张，促进睡眠。图 16.69 为眠尔通的结构式。

图 16.70 为眠尔通的红外光谱。眠尔通的结构属伯酰胺，又是氨基甲酸酯，所以其红外光谱兼有伯酰胺和氨基甲酸酯的特点。3477 cm^{-1}、3340 cm^{-1} 为没有生成缔合氢键的 NH_2 的反对称伸缩振动和对称伸缩振动，其特点是频率高、峰形宽。3282 cm^{-1} 为氢键缔合的 NH_2 的伸缩振动，其特点是频率较低、峰形较窄。3189 cm^{-1} 为 NH_2 的变角振动与 CN 伸缩振动偶合频率（1599 cm^{-1}）的倍频与 NH_2 伸缩振动发生费米共振的结果。1599 cm^{-1} 为 C—N 伸缩振动和 NH_2 的面内变角振动的偶合，以 NH_2 的变角振动为主。1426 cm^{-1} 为 C—N 的伸缩振动和 NH_2 的变角振动的偶合，以 C—N 的伸缩振动为主。790 cm^{-1} 为 NH_2 的面外摇摆（扭曲）振动。2968 cm^{-1}、2935 cm^{-1}、2909 cm^{-1}、2876 cm^{-1} 为 CH_3、CH_2 的伸缩振动。1473 cm^{-1} 为 C—CH_3 的反对称伸缩振动和 C—CH_2 的面内变角振动的叠加。1381 cm^{-1} 为 C—CH_3 的对称伸缩振动。1345 cm^{-1} 为 CH_2 的面外摇摆振动。975 cm^{-1} 为 CH_3 的摇摆振动。1704 cm^{-1} 为 C=O 的伸缩振动，眠尔通的 C=O 与 N 原子直接相连，N 原子对 C=O 有诱导效应，使 C=O 伸缩振动频率升高；N 原子的未共用电子对与 C=O 形成 p-π 超共轭，使 C=O 伸缩振动频率降低，N 原子的共轭效应比诱导效应强，所以眠尔通的 C=O 伸缩振动频率比较低。1145 cm^{-1}、940 cm^{-1} 为叔丁基骨架的振动。1145 cm^{-1}、1072 cm^{-1} 为 C—O—C 伸缩振动。

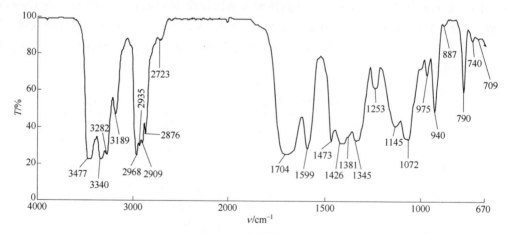

图 16.70 眠尔通的红外光谱

16.2.28 美沙酮盐酸盐的红外光谱

美沙酮（methadone）为化学合成的阿片类镇痛药，化学名称为 4,4-二苯基-6-(二甲氨基)-3-

庚酮，临床上用作镇痛麻醉剂，口服即可被迅速吸收，中、重度癌症止痛优于吗啡。美沙酮的分子式为 $C_{21}H_{27}NO$，熔点为 79~81 ℃。

美沙酮盐酸盐（methadone hydrochloride）为白色结晶性粉末，分子式为 $C_{21}H_{27}ON \cdot HCl$，熔点为 233~236 ℃，溶于水、乙醇和氯仿。

目前国内常用美沙酮渐次减少的方法帮助戒除海洛因毒瘾。图 16.71 为美沙酮的结构式，图 16.72 为美沙酮盐酸盐的结构式。

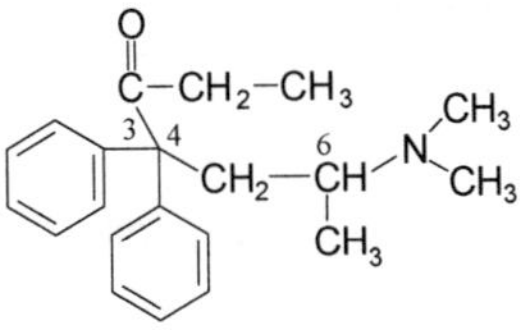

图 16.71 美沙酮的结构式 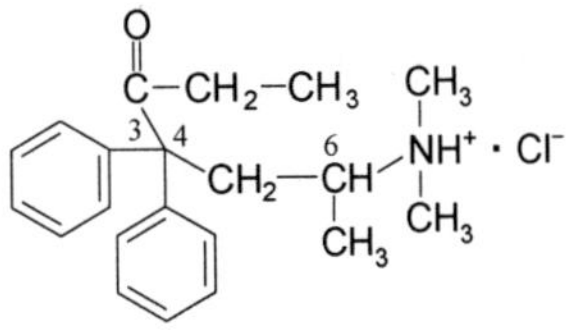　　　图 16.72 美沙酮盐酸盐的结构式

图 16.73 为美沙酮盐酸盐的红外光谱。3390 cm^{-1} 为 1704 cm^{-1} 的倍频。3103 cm^{-1}、3042 cm^{-1} 为单取代苯环上 =CH 的伸缩振动。1600 cm^{-1}、1491 cm^{-1} 为苯环的伸缩振动。苯环上 5 个相邻的 =CH 的面内变角振动位于 1250~950 cm^{-1}。763 cm^{-1} 为苯环上 5 个相邻 =CH 的面外变角振动，苯环上 =CH 的面外变角振动的倍频与合频出现在 2000~1600 cm^{-1}，如 1973 cm^{-1}、1905 cm^{-1}、1835 cm^{-1}、1783 cm^{-1}。705 cm^{-1} 为苯环骨架面外弯曲振动。2962 cm^{-1}、2877 cm^{-1}、2819 cm^{-1} 为 CH_3、CH_2 的伸缩振动。1460 cm^{-1} 为 $-CH_2-CH_3$ 中 CH_3 反对称变角振动和 CH_2 面内变角振动的叠加。1421 cm^{-1} 为 $N-CH_3$ 中 CH_3 的对称变角振动。1369 cm^{-1} 为 CH_3 的对称变角振动。1338 cm^{-1} 为 C—N 伸缩振动。943 cm^{-1} 为 CH_3 的摇摆振动。1198 cm^{-1} 为叔丁基骨架（$-\overset{C}{\underset{C}{C}}-C$）的振动。1137 cm^{-1}、1099 cm^{-1} 为异丙基的伸缩振动。2560 cm^{-1}、2417 cm^{-1} 为 NH^+ 伸缩振动。NH^+ 变角振动位于 1600 cm^{-1}，与苯环伸缩振动重叠。

2560 cm^{-1}、2417 cm^{-1} 同时存在是美沙酮盐酸盐的标志谱带。

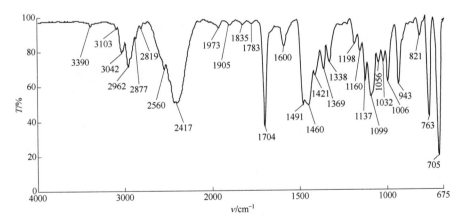

图 16.73 美沙酮盐酸盐的红外光谱

16.2.29 杜冷丁的红外光谱

杜冷丁（dolantin）是哌替啶的盐酸盐（pethidine hydrochloride），化学名称为 1-甲基-4-

苯基-4-哌啶-4-甲酸乙酯盐酸盐（1-methyl-4-phenyl-4-piperidine carboxylic acid ethyl ester hydrochloride）。杜冷丁是一种临床合成镇痛药，为白色结晶性粉末，味微苦，无臭，其作用和机理与吗啡相似，但镇静、麻醉作用较小，仅相当于吗啡的 1/10~1/8，作用时间可维持 2~4 h。杜冷丁主要作用于中枢神经系统，对心血管、平滑肌亦有一定影响，长期使用会产生依赖性，被列为严格管制的麻醉药品。

杜冷丁为白色无臭结晶性粉末，分子式为 $C_{15}H_{21}NO_2 \cdot HCl$，分子量为 283.8，熔点为 187~189 ℃。溶于水、氯仿、丙酮、乙酸乙酯，一般制成针剂。

图 16.74 为哌替啶的结构式，图 16.75 为杜冷丁的结构式。

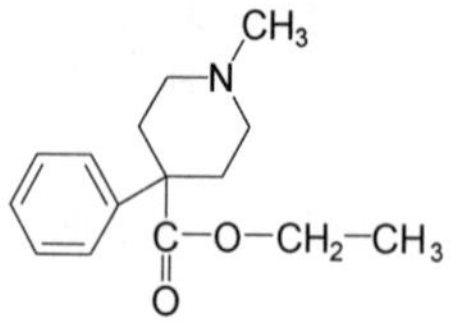

图 16.74　哌替啶的结构式 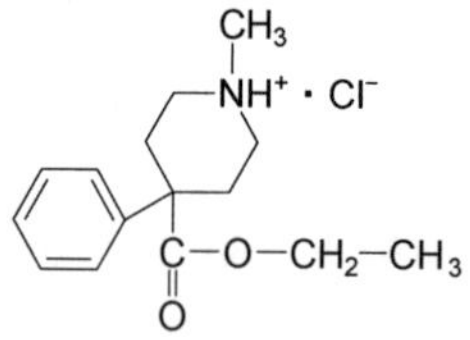　　　　图 16.75　杜冷丁的结构式

图 16.76 为杜冷丁的红外光谱。3089 cm^{-1}、3058 cm^{-1} 为单取代苯环上 =CH 的伸缩振动。1596 cm^{-1}、1585 cm^{-1}、1484 cm^{-1}、1452 cm^{-1} 为苯环的伸缩振动。苯环上 5 个相邻 =CH 的面内变角振动位于 1250~1000 cm^{-1}，因为与 C-O、C-C 等键的伸缩振动位于相同的频率范围，准确指认困难。736 cm^{-1} 为苯环上 5 个相邻 =CH 的面外变角振动，苯环上 =CH 面外变角振动的倍频与合频出现在 2000~1600 cm^{-1}，如 1812 cm^{-1}。698 cm^{-1} 为苯环骨架面外弯曲振动。2985 cm^{-1}、2968 cm^{-1}、2931 cm^{-1}、2849 cm^{-1} 为 CH$_3$、CH$_2$ 的伸缩振动。1423 cm^{-1} 为 O-CH$_2$ 的面内变角振动，因与 O 原子直接相连，频率较常值（C-CH$_2$，1465 cm^{-1}）低。1384 cm^{-1}、1370 cm^{-1} 为 CH$_3$ 的对称变角振动。779 cm^{-1} 为 CH$_2$ 的面内摇摆振动。1720 cm^{-1} 为 C=O 伸缩振动，3428 cm^{-1} 为其倍频。C-O-C 反对称伸缩振动位于 1240~1160 cm^{-1}，对称伸缩振动位于 1050~1000 cm^{-1}。

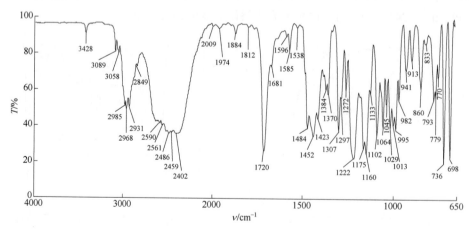

图 16.76　杜冷丁的红外光谱

2700~2250 cm^{-1} 间的宽、强谱带和 1974 cm^{-1}、1884 cm^{-1} 为 NH$^+$ 伸缩振动。1585 cm^{-1} 也有 NH$^+$ 变角振动的成分。

2700~2250 cm^{-1} 间的宽、强谱带和 1974 cm^{-1}、1884 cm^{-1} 同时存在是杜冷丁的标志谱带。

16.2.30 盐酸可卡因的红外光谱

可卡因又称古柯碱（cocaine），是从古柯叶中提取的一种白色生物碱，为强效的中枢神经兴奋剂和局部麻醉剂。可卡因能阻断人体神经传导，产生局部麻醉作用，并可通过加强人体内化学物质的活性刺激大脑皮层，兴奋中枢神经，使人表现出情绪高涨、好动、健谈，有时还有攻击倾向，具有很强的成瘾性。其分子式为 $C_{17}H_{21}NO_4$，分子量为 303.35，熔点为 98 ℃，为无色无臭的单斜晶体，味先苦而后麻，溶于乙醇、乙醚，几乎不溶于水。

盐酸可卡因的化学名称为 8-甲基-3-(苯甲酰氧基)-8-氮杂双环[3.2.1]辛烷-2-甲酸甲酯盐酸盐，分子式为 $C_{17}H_{21}NO_4·HCl$，熔点为 195 ℃。图 16.77 为可卡因的结构式，图 16.78 为盐酸可卡因的结构式。

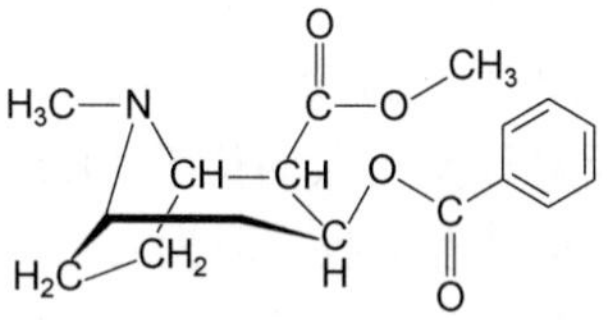

图 16.77　可卡因的结构式 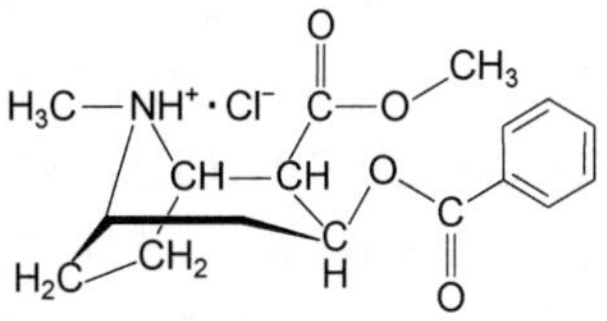　　　　图 16.78　盐酸可卡因的结构式

图 16.79 为盐酸可卡因的红外光谱。3027 cm^{-1} 为单取代苯环上 =CH 的伸缩振动。1600 cm^{-1}、1488 cm^{-1}、1450 cm^{-1} 为苯环的伸缩振动。1072 cm^{-1} 为苯环上 =CH 面内变角振动。728 cm^{-1} 为苯环上 =CH 面外变角振动。2962 cm^{-1}、2903 cm^{-1} 为 CH_3、CH_2 的伸缩振动。1450 cm^{-1} 为 CH_2 的面内变角振动、CH_3 的反对称变角振动和苯环伸缩振动的叠加。1371 cm^{-1} 为 CH_3 的对称变角振动。790 cm^{-1} 为 CH_2 的面内摇摆振动。1724 cm^{-1} 为 C=O 伸缩振动。1268 cm^{-1}、1160 cm^{-1}、1106 cm^{-1} 为 C—O—C 伸缩振动。2761~2548 cm^{-1} 为 NH^+ 伸缩振动。1025 cm^{-1} 为 C—N 伸缩振动。

2761 cm^{-1}、2653 cm^{-1}、2548 cm^{-1} 同时存在是盐酸可卡因的标志谱带。

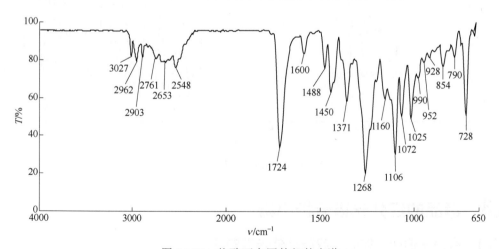

图 16.79　盐酸可卡因的红外光谱

16.2.31 氯氮平的红外光谱

氯氮平（clozapine）为淡黄色结晶性粉末，无臭、无味，易溶于氯仿，溶于乙醇，几乎

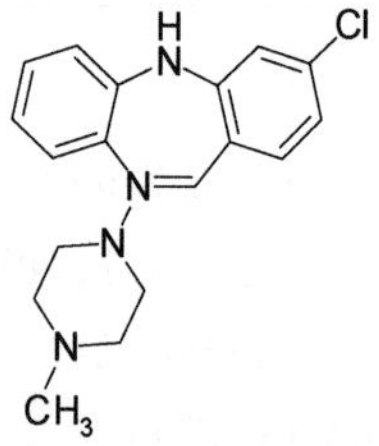

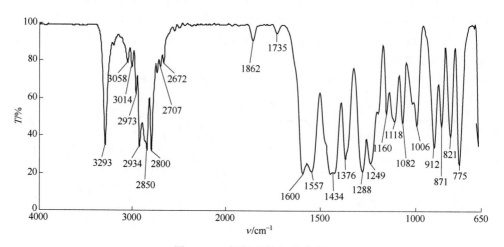

图 16.80　氯氮平的结构式

不溶于水，熔点为 181~185 ℃。其分子式为 $C_{18}H_{19}ClN_4$，分子量为 326.82。氯氮平控制精神病的幻觉、妄想和兴奋躁动。图 16.80 为氯氮平的结构式。

图 16.81 为氯氮平的红外光谱。3293 cm^{-1} 为 NH 伸缩振动。芳香仲胺 NH 面内变角振动位于 1510 cm^{-1} 附近，苯环伸缩振动位于 1600 cm^{-1}、1580 cm^{-1}、1500 cm^{-1}，氯氮平分子中 C=N 与苯环构成 π-π 共轭，伸缩振动位于 1610~1370 cm^{-1}，NH 面内变角振动与苯环伸缩振动彼此发生偶合作用，在 1557 cm^{-1} 出现吸收。775 cm^{-1} 为 NH 面外摇摆振动。3058 cm^{-1}、3014 cm^{-1} 为苯环上 =CH 的伸缩振动。1862 cm^{-1}、1735 cm^{-1} 为 1000~700 cm^{-1} 区苯环上 =CH 面外变角振动的倍频与合频。1006 cm^{-1}、912 cm^{-1} 为苯环上 =CH 面内变角振动。871 cm^{-1} 为 1,2,4-取代苯环上孤立 =CH 面内变角振动，821 cm^{-1} 为 1,2,4-取代苯环上 2 个相邻 =CH 面内变角振动。775 cm^{-1} 为 1,2-取代苯环上 =CH 面内变角振动。2973 cm^{-1}、2934 cm^{-1}、2850 cm^{-1}、2800 cm^{-1} 为 CH_3、CH_2 的伸缩振动。$N-CH_3$ 反对称变角振动位于 1425 cm^{-1}，$N-CH_2$ 面内变角振动位于 1410 cm^{-1}，苯环的伸缩振动在 1450 cm^{-1} 有吸收，因为 Cl、N 的取代强度增大。1410 cm^{-1}、1425 cm^{-1}、1450 cm^{-1} 3 个峰重叠，在 1434 cm^{-1} 左右形成宽、强吸收。1376 cm^{-1} 为 CH_3 的对称变角振动。1288 cm^{-1} 为 $C_{Ar}-NH-C_{Ar}$ 中 $C_{Ar}-N$ 伸缩振动。1249 cm^{-1} 为 $C_{Ar}-N=C$ 中 $C_{Ar}-N$ 伸缩振动。1160 cm^{-1} 为 $C_{Ar}-Cl$ 伸缩振动。1118 cm^{-1} 为 C-N 伸缩振动。在氯氮平的分子中，苯环与 Cl 原子直接相连，Cl 原子的孤电子对与苯环形成 p-π 共轭，=$C_{Ar}-Cl$ 的伸缩振动与苯环振动相互作用，所以不能看到单纯的 =$C_{Ar}-Cl$ 伸缩振动峰，而只能看到包含 =$C_{Ar}-Cl$ 伸缩振动和苯环振动的复合吸收峰 1082 cm^{-1}。

图 16.81　氯氮平的红外光谱

16.3　毒品的红外光谱分析小结

16.3.1　毒品中伯胺、仲胺、叔胺红外光谱的特点

以上分析的 31 种毒品，有 14 种以"胺"游离碱的形式存在，有 16 种以"铵盐"的形式存在。

以"胺"游离碱的形式存在的毒品有：吗啡（叔胺）、乙酰可待因（叔胺）、非那西丁（仲

胺）、扑尔息痛（仲胺）、咖啡因（叔胺）、巴比妥（仲胺）、苯巴比妥（仲胺）、戊巴比妥钠（仲胺、叔胺）、异戊巴比妥（仲胺）、硫喷妥钠（仲胺、叔胺）、司可巴比妥钠（仲胺）、安眠酮（叔胺）、眠尔通（伯胺）、氯氮平（仲胺、叔胺）。

以"铵盐"的形式存在的毒品有：海洛因盐酸盐、O^6-单乙酰吗啡盐酸盐、O^3-单乙酰吗啡氨基磺酸盐、盐酸二氢埃托啡、磷酸可待因、盐酸丁丙诺啡、盐酸罂粟碱、氯胺酮盐酸盐、麻黄碱盐酸盐、盐酸甲基麻黄素、甲基苯丙胺盐酸盐、MDA 盐酸盐、MDMA 盐酸盐、盐酸可卡因、美沙酮盐酸盐、杜冷丁。

"胺"游离碱的标志谱带有 3 类：①N-H 伸缩振动；②N-H 变角振动；③C-N 伸缩振动。

毒品中"胺"的 NH_x（x=1，2）伸缩振动频率一般在 3510~3200 cm^{-1}。

16.3.1.1 伯胺

伯胺的两个 NH 共用一个 N 原子，频率相同，伸缩振动发生偶合，分裂为两个谱带，一个为反对称伸缩振动，另一个为对称伸缩振动。脂肪族伯胺反对称伸缩振动位于 3470~3310 cm^{-1}，芳香族伯胺位于 3480~3390 cm^{-1}。脂肪族伯胺对称伸缩振动位于 3340~3250 cm^{-1}，芳香族伯胺位于 3250~3210 cm^{-1}。若同时还存在氢键，在低频侧还会有第三条谱带。如眠尔通的红外光谱中 NH_2 的伸缩振动位于 3477 cm^{-1}、3340 cm^{-1}、3282 cm^{-1}。

芳香族伯胺与脂肪族伯胺 NH_2 伸缩振动的区别主要有 3 点。

① 脂肪族伯胺 NH_2 反对称伸缩振动频率和对称伸缩振动频率相差约 50 cm^{-1}，芳香族伯胺 NH_2 反对称伸缩振动频率和对称伸缩振动频率相差约 90 cm^{-1}。芳香族伯胺 NH_2 伸缩振动频率比脂肪族高，这是因为氨基（—N⟨H,H⟩）与苯环直接相连，N 原子上的未共用电子对与苯环上的 π 电子构成 p-π 共轭，因而发生电子的离域作用，结果造成氮上的一对未共用电子对向苯环转移，氮原子的电荷密度降低，N-H 间的电子云向键的几何中心移动，N-H 键的 s 成分增加（—N⟨H,H⟩ 键为 sp^3 不等性杂化键），键力常数增大，NH_2 伸缩振动频率升高。

② 脂肪族伯胺 NH_2 面内变角振动位于 1670~1570 cm^{-1}，面外摇摆振动位于 910~770 cm^{-1}，如眠尔通的红外光谱中 NH_2 的面内变角振动位于 1604 cm^{-1}、1576 cm^{-1}，面外摇摆振动位于 790 cm^{-1}。芳香族伯胺 NH_2 面内变角振动位于 1650~1590 cm^{-1}。

③ 脂肪族伯胺的 C-N 伸缩振动位于 1200~1030 cm^{-1}。芳香胺苯环的 π 电子与 N 原子的未共用电子对构成 p-π 共轭，使 C-N 键具有部分双键性质，芳香族叔胺 C-N 比脂肪族叔胺 C-N 伸缩振动频率高、强度大。芳香族伯胺的 C-N 伸缩振动位于 1340~1250 cm^{-1}。

16.3.1.2 仲胺

仲胺只有一个 NH 伸缩振动频率，脂肪族仲胺位于 3380~3200 cm^{-1}，芳香族仲胺位于 3490~3290 cm^{-1}，烷基芳香基混合仲胺位于 3460~3250 cm^{-1} 左右，但若同时存在氢键，在较低频率还会有另一个谱带。如非那西丁的红外光谱中 NH 伸缩振动位于 3292 cm^{-1}、3196 cm^{-1}，氯氮平的红外光谱中 NH 伸缩振动位于 3293 cm^{-1}。

脂肪族仲胺 NH 面内变角振动位于 1580~1510 cm^{-1}，面外摇摆振动位于 910~770 cm^{-1}。芳香族仲胺 NH 面内变角振动位于 1510 cm^{-1} 左右。

脂肪族仲胺的 C-N 伸缩振动位于 1150~1080 cm^{-1}。芳香族仲胺 C_{Ar}-NH-C_{Ar} 的 C_{Ar}-N 伸缩振动位于 1360~1280 cm^{-1}；C_{Ar}-NH-C_R 的 C_{Ar}-N 伸缩振动位于 1350~1280 cm^{-1}，C_R-N 伸

缩振动位于 1280~1230 cm^{-1}。

16.3.1.3 叔胺

叔胺没有 N–H 结构，也就没有 N–H 伸缩振动和变角振动，只有 C–N 伸缩振动。

脂肪族叔胺 C–N 反对称伸缩振动位于 1230~1020 cm^{-1}，对称伸缩振动位于 830 cm^{-1} 左右。脂肪族叔胺 C–N 伸缩振动峰强度弱，又出现在指纹区，鉴定意义不大。

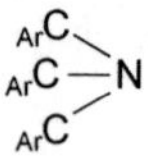

$\begin{smallmatrix}Ar\\Ar\end{smallmatrix}\!>\!C\!-\!N$ 的 C_{Ar}–N 伸缩振动位于 1360~1310 cm^{-1}；$\begin{smallmatrix}R\\R\end{smallmatrix}\!>\!C\!-\!N$ 的 C_{Ar}–N 伸缩振动位于 1360~1310 cm^{-1}，C_R–N 伸缩振动位于 1250~1180 cm^{-1}。

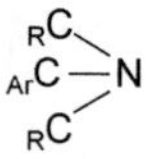

16.3.2 毒品中伯胺盐、仲胺盐、叔胺盐红外光谱的特点

胺类毒品呈碱性，能与无机酸反应生成铵盐。毒品中"胺盐"的 NH_x^+（$x = 1$，2，3）伸缩振动频率和峰形，都与游离碱明显不同。NH_x^+ 的伸缩振动频率在 3100~2200 cm^{-1}，特别是 2500~1820 cm^{-1} 间中等强度的吸收峰特征性非常强，伯胺盐、仲胺盐、叔胺盐频率各不相同，不仅能借以区分毒品中的胺游离碱和铵盐，还能区分盐型。如海洛因盐酸盐的红外光谱中 NH^+ 在 2633 cm^{-1}、2525 cm^{-1}、2086 cm^{-1} 有吸收；MDA 盐酸盐的红外光谱中 NH_3^+ 在 2920~1612 cm^{-1} 10 个谱带。

一种毒品，如果在 3510~3200 cm^{-1} 有吸收，而在 3100~1800 cm^{-1} 没有吸收，它可能是胺游离碱。如果在 3510~3200 cm^{-1} 没有吸收或只有很弱的吸收，而在 3100~1800 cm^{-1} 有吸收（通常比较宽、强），它可能是铵盐。据此可以把"胺"和"铵盐"区别开来。

16.3.3 毒品中伯胺盐、仲胺盐、叔胺盐红外光谱的区别

30 种毒品中伯胺盐有 1 种：MDA 盐酸盐；仲胺盐有 4 种：氯胺酮盐酸盐、麻黄碱盐酸盐、甲基苯丙胺盐酸盐、MDMA 盐酸盐；叔胺盐有 11 种：海洛因盐酸盐、O^6-单乙酰吗啡盐酸盐、O^3-单乙酰吗啡氨基磺酸盐、盐酸二氢埃托啡、磷酸可待因、盐酸丁丙诺啡、盐酸罂粟碱、盐酸甲基麻黄素、盐酸可卡因、美沙酮盐酸盐、杜冷丁。

（1）伯胺盐 NH_3^+ 的振动有以下特点：

① 伯胺盐 NH_3^+ 伸缩振动在 3100~2800 cm^{-1}，有反对称伸缩振动和对称伸缩振动之别，并伴随有氢键，彼此重叠在一起，呈现宽且强的谱带或分裂成多重峰（如 MDA 盐酸盐在 2926 cm^{-1}、2827 cm^{-1}）。伯胺盐 NH_3^+ 伸缩振动与 C–H 伸缩振动在大范围重叠。

② 2800~2500 cm^{-1} 有 3~5 个强度递减的小峰（如 MDA 盐酸盐在 2741 cm^{-1}、2714 cm^{-1}、2634 cm^{-1}、2607 cm^{-1}、2522 cm^{-1} 有吸收），是 NH_3^+ 变角振动的倍频和合频。

③ 2039 cm^{-1} 为 NH_3^+ 反对称变角振动（1612 cm^{-1}）和对称变角振动（430 cm^{-1}）的合频，是伯胺盐的标志谱带。

④ NH_3^+ 的反对称变角振动位于 1625~1575 cm^{-1}，对称变角振动位于 1545~1480 cm^{-1}。

⑤ NH_3^+ 的面内摇摆振动位于 1250~1110 cm^{-1}。如 MDA 盐酸盐的红外光谱。

（2）仲胺盐 NH_2^+ 的振动有以下特点：

① 仲胺盐 NH_2^+ 的伸缩振动在 2780~2200 cm^{-1}，有反对称伸缩振动和对称伸缩振动之别，随氢键缔合程度不同，NH_2^+ 伸缩振动频率呈弥散状，彼此重叠在一起形成宽且强的谱带，或分裂成 3~4 个多重峰。

仲胺盐 NH_2^+ 伸缩振动与 C–H 伸缩振动基本分开，分离程度好于伯胺盐 NH_3^+，但不及叔胺盐 NH^+；伯胺盐 NH_3^+ 在 2000 cm^{-1} 附近有吸收（如 MDA 盐酸盐在 2039 cm^{-1}），仲胺盐 NH_2^+ 在 2470 cm^{-1} 左右的峰非常尖锐（如麻黄碱盐酸盐在 2471 cm^{-1}），这是区别伯胺盐与仲胺盐的主要依据之一。

② NH_2^+ 的变角振动位于 1620~1560 cm^{-1}。

③ NH_2^+ 的面内摇摆振动位于 812~800 cm^{-1}。如麻黄碱盐酸盐的红外光谱。

（3）叔胺盐 NH^+ 的振动有以下特点：

叔胺盐 NH^+ 的伸缩振动位于 2750~2250 cm^{-1}，呈现宽且强的谱带，与 CH_3、CH_2 的伸缩振动完全分开。如美沙酮盐酸盐的红外光谱。

伯胺盐、仲胺盐、叔胺盐的区别主要有 2 点。

（1）3 种胺盐 NH_x^+ 伸缩振动变动的范围不同：伯胺盐 NH_3^+ 在 3100~2800 cm^{-1}，仲胺盐 NH_2^+ 在 2780~2200 cm^{-1}，叔胺盐 NH^+ 在 2750~2250 cm^{-1}。$NH_3^+ > NH_2^+ > NH^+$。

（2）NH_3^+ 在 2000 cm^{-1} 左右有吸收，NH_2^+ 在 2460 cm^{-1} 有比较尖锐的吸收，NH^+ 在 2650~2520 cm^{-1} 有宽、强吸收。

16.3.4　四种仲胺盐毒品的标志谱带

30 种毒品中有 4 种仲胺盐：氯胺酮盐酸盐、麻黄碱盐酸盐、甲基苯丙胺盐酸盐、MDMA 盐酸盐。

（1）氯胺酮盐酸盐　2765 cm^{-1}、2719 cm^{-1}、2427 cm^{-1}、1572 cm^{-1} 同时存在是氯胺酮盐酸盐的标志谱带。

（2）麻黄碱盐酸盐　2761 cm^{-1}、2471 cm^{-1}、2044 cm^{-1}、1589 cm^{-1} 同时存在是麻黄碱盐酸盐标志谱带。

（3）甲基苯丙胺盐酸盐　2734 cm^{-1}、2513 cm^{-1}、2461 cm^{-1}、2060 cm^{-1} 同时存在为甲基苯丙胺盐酸盐的标志谱带。

（4）MDMA 盐酸盐　2715 cm^{-1}、2463 cm^{-1}、1851 cm^{-1} 同时存在是 3,4-亚甲基二氧基甲基苯丙胺盐酸盐（MDMA）的标志谱带。

16.3.5　十二种叔胺盐毒品的标志谱带

30 种毒品中有 12 种叔胺盐：海洛因盐酸盐、O^6-单乙酰吗啡盐酸盐、O^3-单乙酰吗啡氨基磺酸盐、甲基苯丙胺盐酸盐、盐酸二氢埃托啡、磷酸可待因、盐酸丁丙诺啡、盐酸罂粟碱、甲基麻黄碱盐酸盐、盐酸可卡因、美沙酮盐酸盐、杜冷丁。它们的标志谱带如下：

（1）海洛因盐酸盐　2633 cm^{-1}、2525 cm^{-1} 是 NH^+ 的伸缩振动，是否有这 2 个谱带，是用红外光谱法区分海洛因盐酸盐和游离碱的标志谱带。在 1760 cm^{-1}、1737 cm^{-1} 同时有 C=O 伸缩振动谱带，是海洛因及其盐酸盐区别于其他毒品的标志谱带。

（2）O^6-单乙酰吗啡盐酸盐　是否有叔胺盐离子 NH^+ 在 2597 cm^{-1}、2528 cm^{-1} 的伸缩振动吸收峰，是用红外光谱法区分 O^6-单乙酰吗啡盐酸盐和 O^6-单乙酰吗啡游离碱的重要依据。1722 cm^{-1}、1644 cm^{-1}、1623 cm^{-1} 同时存在是 O^6-单乙酰吗啡盐酸盐区别于其他毒品的标志谱带。

（3）O^3-单乙酰吗啡氨基磺酸盐　2677 cm^{-1}、2530 cm^{-1} 是 NH^+ 的伸缩振动，是否有这 2 个谱带，是用红外光谱法区分 O^3-单乙酰吗啡氨基磺酸盐和游离碱的重要依据。1202 cm^{-1}、

1044 cm^{-1} 分别为 SO$_3$ 的反对称伸缩振动和对称伸缩振动，它们同时存在是用红外光谱法区分 O^3-单乙酰吗啡氨基磺酸盐和其他毒品的标志谱带。

（4）磷酸可待因　2717 cm^{-1} 为叔胺盐离子 NH$^+$ 的伸缩振动，是用红外光谱法区分可待因和磷酸可待因的标志谱带。2342 cm^{-1}、1270 cm^{-1}、1102 cm^{-1} 和 954 cm^{-1} 同时存在，是用红外光谱区分磷酸可待因和其他毒品的标志谱带。

（5）盐酸罂粟碱　2514 cm^{-1} 为 NH$^+$ 的伸缩振动，是用红外光谱法区分罂粟碱和盐酸罂粟碱的标志谱带。1992 cm^{-1}、1954 cm^{-1}、1905 cm^{-1} 为亚胺盐离子 C=N$^+$ 的吸收，这 3 个峰同时存在，是用红外光谱区分盐酸罂粟碱和其他毒品的标志谱带。

（6）甲基苯丙胺盐酸盐　2734 cm^{-1}、2513 cm^{-1}、2461 cm^{-1} 为 NH$_2^+$ 反对称伸缩振动和对称伸缩振动的复杂合频，是用红外光谱法区分甲基苯丙胺盐酸盐和其他毒品的标志谱带。

（7）盐酸二氢埃托啡　2513 cm^{-1}、1654 cm^{-1}、1627 cm^{-1} 同时存在是盐酸二氢埃托啡的标志谱带，是用红外光谱法区分盐酸二氢埃托啡和其他毒品的主要依据。

（8）盐酸丁丙诺啡　2757 cm^{-1}、1639 cm^{-1}、1619 cm^{-1} 同时存在是盐酸丁丙诺啡的标志谱带。

（9）2637 cm^{-1}、2503 cm^{-1}、2474 cm^{-1}、1603 cm^{-1} 同时存在是甲基麻黄碱盐酸盐的标志谱带。

（10）2761 cm^{-1}、2653 cm^{-1}、2548 cm^{-1} 同时存在是盐酸可卡因的标志谱带。

（11）2560 cm^{-1}、2417 cm^{-1} 同时存在是美沙酮盐酸盐的标志谱带。

（12）2590~2402 cm^{-1} 间的宽、强谱带和 1974 cm^{-1}、1884 cm^{-1} 同时存在是杜冷丁的标志谱带。

16.4　混合毒品的红外光谱分析

以下讨论的 5 种毒品混合物，是从实际贩毒案中缴获的样品。

16.4.1　海洛因与咖啡因混合物的红外光谱

图 16.82 是滇 111 号样品的红外光谱。第一，其中 3116 cm^{-1}、1660 cm^{-1}、1284 cm^{-1} 同时存在，它们是咖啡因的一等标志谱带，因此猜想该样品可能含咖啡因；第二，图 16.82 中，1549 cm^{-1}、974 cm^{-1}、611 cm^{-1} 也同时存在，这是咖啡因的二等标志谱带，因此基本可以确定滇 111 号样品含咖啡因；第三，对比咖啡因的红外光谱，图 16.82 中，2957 cm^{-1}、1489 cm^{-1}、1241 cm^{-1}、761 cm^{-1}、745 cm^{-1}、480 cm^{-1}、447 cm^{-1}、426 cm^{-1} 也是咖啡因的谱带。根据以上三点可以确定滇 111 号样品含咖啡因。

图 16.82 中，除咖啡因的谱带外还有其他谱带。第一，如 3437 cm^{-1}、2634 cm^{-1}、2089 cm^{-1}、1762 cm^{-1}、1737 cm^{-1}、1630 cm^{-1}、1446 cm^{-1}、1367 cm^{-1}、1181 cm^{-1}、1158 cm^{-1}、1132 cm^{-1}、1109 cm^{-1}、1033 cm^{-1}、974 cm^{-1}、936 cm^{-1}、911 cm^{-1}、873 cm^{-1}、835 cm^{-1}、798 cm^{-1}、698 cm^{-1}、644 cm^{-1}、520 cm^{-1}，其中 1762 cm^{-1}、1737 cm^{-1}、1033 cm^{-1} 同时存在，它们是海洛因盐酸盐的一等标志谱带，因此猜想滇 111 号样品可能含海洛因盐酸盐；第二，图 16.82 中，2634 cm^{-1}、2088 cm^{-1}、912 cm^{-1} 也同时存在，这是海洛因盐酸盐的二等标志谱带因此基本可以确定滇 111 号样品含海洛因盐酸盐。

图 16.83 为海洛因盐酸盐和咖啡因的红外光谱，比较图 16.82 和图 16.83 可知，滇 111 号样品含咖啡因和海洛因盐酸盐。

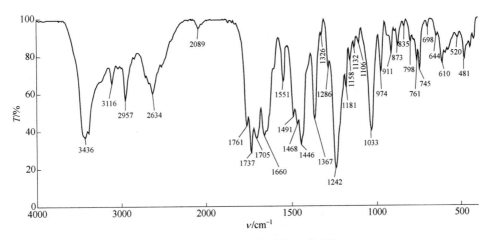

图 16.82　滇 111 号样品的红外光谱

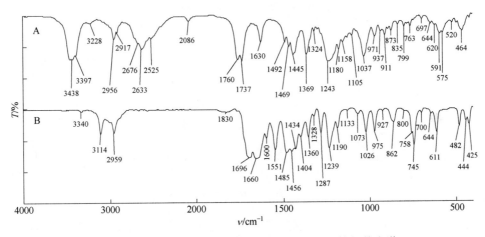

图 16.83　海洛因盐酸盐（A）和咖啡因（B）的红外光谱

16.4.2　海洛因盐酸盐与扑热息痛混合物的红外光谱

图 16.84 为苏 4 号样品的红外光谱。第一，1761 cm^{-1}、1737 cm^{-1} 同时存在，它们是海洛因盐酸盐的标志谱带，因此猜想苏 4 号样品可能含海洛因盐酸盐；第二，对比海洛因盐酸盐的红外光谱，图 16.84 中 3430 cm^{-1}、2685 cm^{-1}、2643 cm^{-1}、2522 cm^{-1}、2085 cm^{-1}、1645 cm^{-1}、1467 cm^{-1}、1446 cm^{-1}、1371 cm^{-1}、1245 cm^{-1}、1180 cm^{-1}、1161 cm^{-1}、1133 cm^{-1}、1107 cm^{-1}、1037 cm^{-1}、973 cm^{-1}、913 cm^{-1}、873 cm^{-1}、764 cm^{-1}、745 cm^{-1} 也是海洛因盐酸盐的谱带，据此基本可以确定苏 4 号样品含海洛因盐酸盐。

图 16.84 中除海洛因盐酸盐的谱带外，还有其他谱带。第一，如 1655 cm^{-1}、1602 cm^{-1}、1554 cm^{-1}、1510 cm^{-1}、1322 cm^{-1}、837 cm^{-1}、800 cm^{-1}、524 cm^{-1}，其中 1659 cm^{-1}、1510 cm^{-1}、831 cm^{-1} 同时存在是扑热息痛的标志谱带，因此猜想苏 4 号样品可能含扑热息痛；第二，对比扑热息痛的红外光谱，图 16.84 中 1602 cm^{-1}、1554 cm^{-1}、1446 cm^{-1}、1322 cm^{-1}、1371 cm^{-1}、1245 cm^{-1}、800 cm^{-1}、524 cm^{-1} 也是扑热息痛的谱带。根据以上两点基本可以确定苏 4 号样品含扑热息痛。

图 16.85 为海洛因盐酸盐和扑热息痛的红外光谱，比较图 16.84 和图 16.85 可以确定，苏 4 号样品含海洛因盐酸盐和扑热息痛。

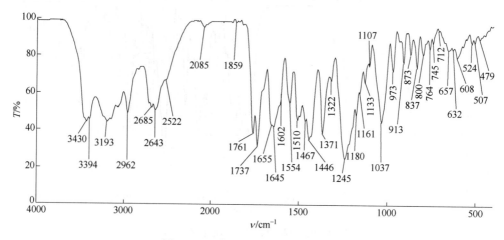

图 16.84　苏 4 号样品的红外光谱

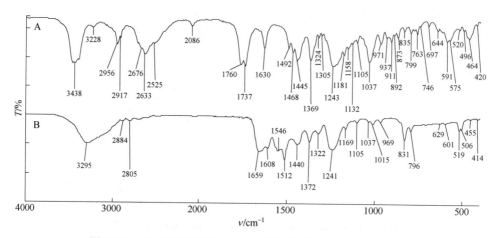

图 16.85　海洛因盐酸盐（A）和扑热息痛（B）的红外光谱

16.4.3　咖啡因和非那西丁混合物的红外光谱

图 16.86 是滇 220 号样品的红外光谱。第一，其中 1659 cm^{-1}、1554 cm^{-1}、607 cm^{-1} 同时存在为咖啡因的标志谱带，因此猜想滇 220 号样品可能含咖啡因；第二，对比咖啡因的红外光谱，图 16.86 中 1696 cm^{-1}、1484 cm^{-1}、1452 cm^{-1}、1366 cm^{-1}、1329 cm^{-1}、1245 cm^{-1}、1023 cm^{-1} 也是咖啡因的谱带。根据以上两点基本可以确定滇 220 号样品含咖啡因。

图 16.86 除咖啡因的谱带外还有其他谱带。第一，其中 3290 cm^{-1}、1883 cm^{-1}、1048 cm^{-1}、786 cm^{-1} 同时存在是非那西丁的标志谱带，因此猜想滇 220 号样品可能含非那西丁；第二，对比非那西丁的红外光谱，3197 cm^{-1}、3133 cm^{-1}、3075 cm^{-1}、2989 cm^{-1}、2932 cm^{-1}、2888 cm^{-1}、2815 cm^{-1}、1659 cm^{-1}、1611 cm^{-1}、1414 cm^{-1}、1308 cm^{-1}、1267 cm^{-1}、1176 cm^{-1}、1156 cm^{-1}、925 cm^{-1}、838 cm^{-1}、647 cm^{-1}、632 cm^{-1}、547 cm^{-1}、523 cm^{-1} 也是非那西丁的谱带。根据以上两点基本可以确定滇 220 号样品含非那西丁。

图 16.87 为咖啡因和非那西丁的红外光谱，比较图 16.86 和图 16.87 可以确定，滇 220 号样品含咖啡因和非那西丁。

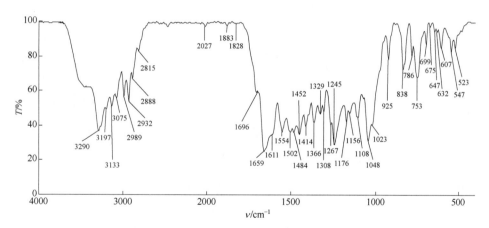

图 16.86　滇 220 号样品的红外光谱

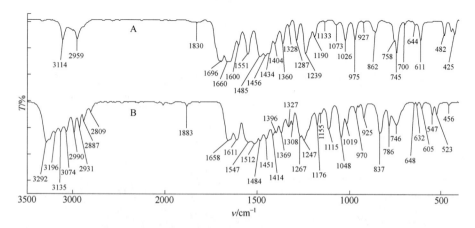

图 16.87　咖啡因（A）和非那西丁（B）的红外光谱

16.4.4　海洛因盐酸盐、咖啡因和非那西丁混合物的红外光谱

图 16.88 为鄂 4 号样品的红外光谱。第一，其中 1760 cm^{-1}、1732 cm^{-1} 同时存在，它们是海洛因盐酸盐的标志谱带，因此猜想鄂 4 号样品可能含海洛因盐酸盐；第二，对比海洛因盐酸盐的红外光谱，图 16.88 中 2715 cm^{-1}、2633 cm^{-1}、1373 cm^{-1}、1244 cm^{-1}、1177 cm^{-1}、914 cm^{-1} 也是海洛因盐酸盐的谱带。根据以上两点基本可以确定鄂 4 号样品含海洛因盐酸盐。

图 16.88 中除海洛因盐酸盐的谱带外，还有其他谱带。第一，其中 1553 cm^{-1}、972 cm^{-1}、609 cm^{-1} 同时存在为咖啡因的标志谱带。因此猜想鄂 4 号样品可能含咖啡因；第二，对比咖啡因的红外光谱，图 16.88 中 1696 cm^{-1}、1433 cm^{-1}、1244 cm^{-1}、1020 cm^{-1}、745 cm^{-1}、481 cm^{-1} 也是咖啡因的谱带。根据以上两点基本可以确定鄂 4 号样品含咖啡因。

图 16.88 中除海洛因盐酸盐和咖啡因的谱带外，还有其他谱带。第一，其中 3292 cm^{-1}、1651 cm^{-1}、1610 cm^{-1}、1512 cm^{-1} 是非那西丁的标志谱带。因此猜想鄂 4 号样品可能含非那西丁；第二，对比非那西丁的红外光谱，图 16.88 中 2800 cm^{-1}、1373 cm^{-1}、1328 cm^{-1}、1244 cm^{-1}、1177 cm^{-1}、1020 cm^{-1}、972 cm^{-1}、837 cm^{-1}、745 cm^{-1}、551 cm^{-1}、520 cm^{-1} 也是非那西丁的谱带。根据以上两点基本可以确定鄂 4 号样品含非那西丁。

图 16.89 为海洛因盐酸盐、咖啡因和非那西丁的红外光谱，比较图 16.88 和图 16.89 可以确定，鄂 4 号样品含海洛因盐酸盐、咖啡因和非那西丁。

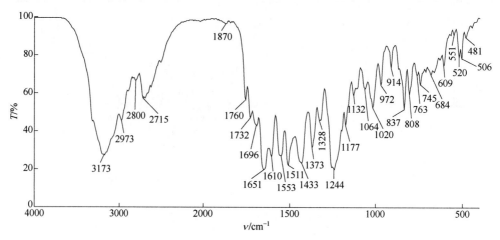

图 16.88　鄂 4 号样品的红外光谱

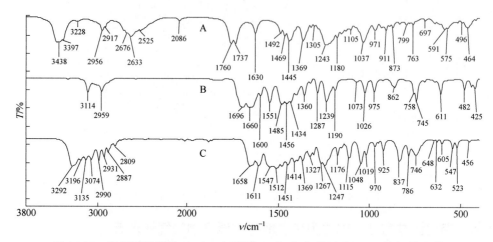

图 16.89　海洛因盐酸盐（A）、咖啡因（B）和非那西丁（C）的红外光谱

16.4.5　海洛因盐酸盐和淀粉混合物的红外光谱

图 16.90 为新 8 号样品的红外光谱。第一，1761 cm^{-1}、1737 cm^{-1} 同时存在，它们是海洛因盐酸盐的标志谱带，因此猜想新 8 号样品可能含海洛因盐酸盐；第二，对比海洛因盐酸盐的红外光谱，图 16.90 中 3436 cm^{-1}、3396 cm^{-1}、2633 cm^{-1}、2524 cm^{-1}、2084 cm^{-1}、1628 cm^{-1}、1491 cm^{-1}、1467 cm^{-1}、1445 cm^{-1}、1369 cm^{-1}、1243 cm^{-1}、1177 cm^{-1}、1106 cm^{-1}、1038 cm^{-1}、911 cm^{-1}、873 cm^{-1}、836 cm^{-1}、797 cm^{-1}、763 cm^{-1}、697 cm^{-1}、644 cm^{-1}、590 cm^{-1} 也是海洛因盐酸盐的谱带。根据以上两点基本可以确定新 8 号样品含海洛因盐酸盐。

图 16.90 中除海洛因盐酸盐的谱带外，还有其他谱带。第一，如 3500~3100 cm^{-1} 间的宽强吸收，1157 cm^{-1}、575 cm^{-1} 同时存在是淀粉的标志谱带，因此猜想新 8 号样品含淀粉；第二，对比淀粉的红外光谱，图 16.90 中 3500~3100 cm^{-1} 间的宽、强吸收，1369 cm^{-1}、1243 cm^{-1}、938 cm^{-1}、763 cm^{-1} 也是淀粉的谱带。根据以上两点基本可以确定新 8 号样品含淀粉。

图 16.91 为海洛因盐酸盐和淀粉的红外光谱，比较图 16.90 和图 16.91 可以确定，新 8 号样品含盐酸海洛因盐酸盐和淀粉。

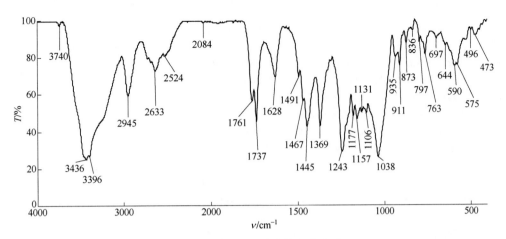

图 16.90 新 8 号样品的红外光谱

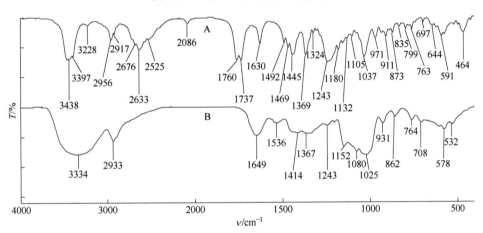

图 16.91 海洛因盐酸盐（A）和淀粉（B）的红外光谱

参 考 文 献

[1] 董炎明. 高分子材料实用剖析技术[M]. 北京：中国石化出版社, 1997.
[2] 卢涌泉, 邓振华. 实用红外光谱解释. 北京：电子工业出版社, 1989.
[3] 胡皆汉. 实用红外光谱学. 北京：科学出版社. 2011.
[4] 王正熙. 聚合物红外光谱分析和鉴定[M]. 成都：四川大学出版社, 1988.
[5] 汪盛藻. 汽车漆、汽车修补漆与涂装技术. 北京：化学工业出版社, 2012.
[6] 薛奇. 高分子结构研究中的光谱方法[M]. 北京：高等教育出版社, 1995.
[7] 苏克曼, 潘铁英, 张玉兰. 波谱解释法. 上海：华东理工大学出版社, 2002.
[8] 吴瑾光. 近代傅里叶变换红外光谱技术及应用[M]. 北京：科学技术出版社, 1995.
[9] 王宗明, 何欣翔, 孙殿卿. 实用红外光谱学[M]. 北京：石油工业出版社, 1977.
[10] 江棂, 张晓梅, 等. 工科化学. 北京：化学工业出版社, 2006.
[11] 谢晶曦. 红外光谱在有机化学和药物化学的应用[M]. 北京：科学出版社, 1987.
[12] 翁诗甫, 徐怡庄. 傅里叶变换红外光谱分析. 第 3 版[M]. 北京：化学工业出版社, 2016.

红外光谱索引

A

艾绒 / 631
安眠酮 / 51, 723
氨基-丙烯酸-聚氨酯树脂涂料 / 621
氨基丙烯酸树脂涂料 / 537, 538-540, 542, 601
氨基-醇酸-聚氨酯树脂涂料 / 622
氨基树脂 / 523
氨基树脂涂料 / 152, 452
氨基树脂涂料（半消光） / 488
氨纶 / 410
铵盐铁蓝 / 187, 489, 529
奥克托今 / 688

B

巴比妥 / 718
白色半透明塑料膜 / 366
白色附着物 / 576
白色漆 / 464, 476, 480, 490, 500, 529, 531, 537, 540, 549, 559, 562, 564, 575
白色塑料板 / 235, 284, 285
白色塑料棒 / 321
白色塑料餐勺 / 364
白色塑料快餐盒 / 253
白云石 / 178, 247, 400, 483, 593, 642
饱和聚酯树脂涂料 / 139, 587, 589, 590, 591, 592, 593, 594, 595, 596, 597, 605
苯巴比妥 / 719
苯酚 / 42, 86, 204
苯甲酸 / 68, 78, 214
苯氧基乙醇 / 56, 203
苯乙酮 / 40, 67, 77, 208
苯乙烯 / 430
吡啶 / 97
蓖麻油 / 94, 450, 632-640
1,2-丙二醇和顺丁烯二酸酐制不饱和聚酯 / 335
丙酮 / 40, 50, 52, 76, 207
丙烯腈 / 305, 326
丙烯腈-苯乙烯共聚物 / 255
丙烯腈与聚酰胺共聚物型假发 / 326

丙烯酸-氨基树脂浸涂底漆 / 613
丙烯酸-环氧树脂涂料 / 566
丙烯酸浸涂底漆 / 611
丙烯酸-聚氨酯浸涂底漆 / 614
丙烯酸-聚氨酯树脂涂料 / 571, 575, 579, 581
丙烯酸树脂 / 530, 535, 566
丙烯酸树脂涂料 / 529
丙烯酸树脂涂料(交联剂为烷氧基化三聚氰胺) / 535
丙烯酸乙酯 / 93, 225
丙烯酸酯 / 257, 258, 345, 527, 531
不饱和聚酯（191型） / 333
不饱和聚酯（间苯型） / 334
不饱和聚酯树脂涂料 / 587, 604

C

蚕丝 / 411, 413
醇酸氨基树脂涂料 / 485, 488-490, 492-500, 502, 503, 581, 599
醇酸过氯乙烯树脂涂料 / 602
醇酸聚氨酯树脂涂料 / 572, 574, 576, 578, 580, 581, 604
醇酸树脂 / 445, 455, 486, 487, 507, 523, 547, 548, 550
醇酸树脂改性热塑性丙烯酸树脂涂料 / 532
醇酸树脂改性硝酸纤维素涂料主成膜物 / 623
醇酸树脂涂料 / 452, 455-457, 459, 460, 462, 463, 465-467, 469, 470, 472-483, 513, 582, 598
醇酸树脂涂料（含甲苯胺红） / 185
醇酸树脂涂料（含硫酸钡） / 159
醇酸硝基漆 / 507-512, 515-521, 600
醋酸纤维素 / 356

D

大豆油 / 33
大红粉 / 183, 460, 473, 509, 528, 596, 633, 636, 638, 639
丹霞堆朱印泥 / 633
O^3-单乙酰吗啡氨基磺酸盐 / 702
O^6-单乙酰吗啡盐酸盐 / 701
涤纶 / 148, 404, 423
涤纶纤维 / 139
电线绝缘层 / 272
淀粉 / 148, 296, 362, 379-381, 395-397, 737

淀粉填充降解塑料 / 395
叠氮化铅 / 102, 696
丁苯橡胶 / 430
丁二烯橡胶 / 136
丁基橡胶 / 432, 433
丁腈树脂 / 345
丁腈橡胶 / 431
丁氧基化三聚氰胺甲醛树脂 / 330
豆油 / 450
杜冷丁 / 726
煅烧土 / 176, 661, 663, 665, 668, 671, 677
对苯二胺 / 229
1,4-对苯二胺 / 99
对苯二甲酸乙二酯 / 32, 83
对苯二甲酸酯 / 587
对甲苯胺 / 109, 228

E

二苯基甲烷二异氰酸酯 / 374
二丁烯橡胶 / 58
1,4-二丁氧基苯 / 206
二甲基硅氧烷 / 36
N,N-二甲基甲酰胺 / 101
二硝基重氮酚 / 103, 692
二硝基甲苯 / 692
二氧化硅（结晶形）/ 165, 462
二氧化硅（无定形）/ 165, 166
二氧化钛 / 365, 465, 477, 480, 481, 482, 490, 499, 500, 502, 520, 521, 530, 531, 538, 539, 550, 560, 563, 564, 575
二氧化钛（锐钛矿）/ 172
二氧化碳 / 198
1,4-二氧六环 / 90
二乙胺 / 98, 110, 227
二元乙丙橡胶 / 433

F

芳香族聚酰胺-1313 / 319
芳香族聚酰胺-1414 / 319
非那西丁 / 709, 735, 736
酚醛树脂 / 343, 344, 345
酚醛树脂（含高岭土）/ 344
酚醛树脂-丁腈-丙烯酸酯树脂混合物 / 345
酚醛树脂涂料 / 544
氟橡胶 / 437
氟橡胶-23 / 438
富强纤维 / 416

G

改性淀粉 / 663

钙基膨润土 / 168
甘油 / 57, 447, 641
干涸桐油 / 451
高岭土 / 141, 174, 175, 271, 272, 274, 325, 344, 467, 476, 510, 516, 521, 558, 559, 595
高氯酸钾 / 695
铬黄 / 466
铬绿 / 470, 493
铬酸铅 / 180, 474, 479, 495, 503, 574, 639
共聚甲醛 / 89, 306
古色印泥 / 635
管道涂料 / 547
硅树脂 / 343
癸二酸二辛酯 / 81, 91
过氯乙烯 / 551, 552
过氯乙烯树脂 / 545, 547, 548, 550

H

海洛因盐酸盐 / 733, 734, 736, 737
海洛因一水盐酸盐 / 700
含磷酸锌的环氧树脂涂料 / 170
黑色汽车塑料零件 / 320
黑色塑料板 / 267
黑色塑料薄膜 / 395
黑色塑料管 / 239
黑色塑料零件 / 322
黑索金 / 687
红色附着物 / 594
红色漆 / 460, 466, 469, 479, 495, 497, 526, 527, 541, 573, 580, 595, 596
红色塑料零件 / 324
花生油 / 41, 451
滑石粉 / 155, 237, 239, 243, 244, 267, 291, 320, 321, 324, 359, 361, 364, 380, 386, 388, 390, 433, 435, 440, 463, 482, 483, 488, 508, 515-517, 576, 579, 594, 597, 618, 642, 667, 671, 675, 677
环己酮 / 67
环氧底漆 / 615
环氧-聚氨酯树脂涂料 / 617
环氧树脂 / 309, 511, 542, 555, 557, 561-566, 639
环氧树脂涂料 / 558, 559, 560, 603, 616
环氧-酰胺共聚树脂 / 309
黄色腻子 / 482, 483
黄色漆 / 473, 511
黄色塑料片 / 258
灰色漆 / 467, 507, 514-517, 521, 522, 551, 557, 560, 561
火花塞白色附着物 / 166

货车防护网漆膜 / 506

J

鸡蛋清 / 317
己内酰胺单体 / 129
甲苯 / 67, 199
甲苯胺红 / 185, 469, 497, 503, 527
甲醇 / 49
甲基苯丙胺盐酸盐 / 714
甲基丙烯酸 / 66, 78, 217
甲基丙烯酸甲酯 / 82, 275, 304, 528
甲基丙烯酸甲酯-苯乙烯-丙烯腈共聚物 / 304
甲基丙烯酸甲酯-氯丁橡胶共聚物 / 303
甲基丙烯酸酯 / 551, 552
甲基丙烯酸酯增强型聚氯乙烯（含碳酸钙）/ 275
甲基硅橡胶 / 342
甲基麻黄碱盐酸盐 / 113, 713
甲基叔丁基醚 / 89, 205
甲基纤维素 / 351
甲酸 / 211
甲酸乙酯 / 223
甲乙酮 / 76, 77, 208
钾盐铁蓝 / 187
间苯二甲酸二乙酯 / 194
碱式碳酸镁 / 164
胶带带基 / 277
胶片 / 420
结晶紫内酯 / 92, 657
腈纶 / 144, 408
居室装饰涂料 / 291
聚氨酯 / 317, 366
聚氨酯弹性体 / 438
聚氨酯树脂涂料 / 522, 582
聚氨酯树脂涂料（含二氧化钛）/ 172
聚氨酯预聚体 / 568
聚苯醚 / 346, 347
聚苯乙烯 / 32, 48, 68, 123, 136, 141, 145, 146, 251, 253-255, 301, 305, 347, 480, 527, 528, 531, 537, 539, 540, 580
聚苯乙烯薄膜 / 117, 124
聚苯乙烯醇酸树脂涂料 / 461
聚苯乙烯改性聚苯醚 / 346
聚苯酯 / 69, 347
聚丙烯 / 31, 36, 48, 52, 54, 242-244, 246, 247, 260, 400
聚丙烯（等规）/ 132, 241
聚丙烯（含白云石）/ 178
聚丙烯（含滑石粉）/ 156
聚丙烯（间规）/ 132, 242
聚丙烯（无规）/ 241
聚丙烯酸酯 / 152, 297, 301, 303, 313
聚丁二酸丁二醇酯 / 144, 387
聚丁二烯 / 32, 145, 148, 430
1,2-聚丁二烯 / 57, 60, 63, 247
1,4-聚丁二烯（反式）/ 132, 248
1,4-聚丁二烯（顺式）/ 132, 249
聚丁二烯（无规）/ 249
聚对苯二甲酸乙二醇酯 / 41, 131
聚对苯二甲酸乙二酯 / 69
聚二氟乙烯 / 282
聚二甲基硅氧烷 / 54, 341
聚己内酰胺 / 129
聚己内酯 / 374
聚甲基丙烯酸甲酯 / 145, 297, 305
聚甲基丙烯酸甲酯（等规）/ 298
聚甲基丙烯酸甲酯（间规）/ 298
聚甲基丙烯酸酯 / 297
聚磷酸铵 / 171
聚氯乙烯 / 31, 38, 135, 152, 153, 260, 263, 264, 266-269, 271, 272, 274, 275, 279, 325
聚氯乙烯（DOS 为增塑剂）/ 270
聚氯乙烯（含 DOP）/ 153
聚氯乙烯（抗冲击型，含乙酸乙烯共聚物）/ 276
聚氯乙烯人造革 / 269
聚醚型聚氨酯 / 338
聚偏二氯乙烯 / 148, 281
聚偏氟乙烯 / 38, 282
聚 α-氰基丙烯酸乙酯 / 95
聚全氟乙丙烯 / 286
聚乳酸 / 142, 358-363, 365-367
聚四氟乙烯 / 136, 283, 284, 286
聚碳酸亚丙酯 / 372, 373
聚碳酸酯 / 41, 43, 135
聚天冬氨酸钠 / 376
聚酰胺 / 141, 320, 321, 322, 324, 326, 327, 399
聚酰胺-3 / 316
聚酰胺-4 / 316
聚酰胺-6 / 32, 43, 84, 315, 317
聚酰胺-66 / 36, 315, 309
聚酰胺-610 / 101, 316
聚酰胺-1010 / 135, 316
聚酰亚胺 / 349, 428
聚乙酸乙烯酯 / 142, 152, 290-292
聚乙烯 / 32, 38, 56, 149, 236, 237, 239, 240, 260, 279, 292, 327, 363, 368, 396, 399, 400

聚乙烯（带乙基侧链和丁基侧链）/ 130
聚乙烯（低结晶度）/ 133
聚乙烯（低密度）/ 234
聚乙烯（高结晶度）/ 58, 133, 235
聚乙烯（高密度）/ 234
聚乙烯（含碳酸钙）/ 32
聚乙烯醇 / 136, 288, 663, 665
聚乙烯醇缩丁醛 / 289
聚异丁烯 / 36, 66, 147, 251
聚异戊二烯 / 428
1,4-聚异戊二烯（顺式）/ 63
聚酯 / 562, 563, 564, 565
聚酯薄膜 / 139
聚酯树脂 / 561
聚酯型聚氨酯 / 338
均苯四甲酸酐 / 80

K

咖啡因 / 711, 733, 735, 736
苦味酸 / 67, 691
快餐盒 / 295, 363, 385

L

蓝色附着物 / 489, 493, 496, 519
蓝色漆 / 457, 463, 478, 481, 491, 498, 499, 504, 520, 528, 548, 552, 577, 578, 588, 592, 593
理光 450I 墨粉 / 300
立德粉 / 156
沥青 / 585
沥青（含滑石粉）/ 585
沥青漆 / 452
邻苯二甲酸二辛酯 / 59, 134, 192, 639
邻苯二甲酸二异癸酯 / 83
邻苯二甲酸二异壬酯 / 70, 92
邻苯二甲酸酐 / 223
邻苯二甲酸酯 / 421
邻氯苯甲酸 / 215
磷膜层和环氧底漆层混合物 / 615
磷酸可待因 / 705
磷酸锌 / 169, 325, 557, 559, 616
硫喷妥钠 / 722
硫酸钡 / 156, 158, 179, 236, 268, 284, 325, 427, 459, 472-477, 492, 498, 502, 513, 515, 518, 519, 540, 562, 564, 565, 589, 591, 592, 593, 594, 596
硫酸铅 / 158, 180
绿色附着物 / 492, 590
绿色漆 / 470, 471, 589

氯氮平 / 100, 728
氯丁橡胶 / 64, 304, 440, 440
氯丁橡胶（含滑石粉）/ 440
氯化聚乙烯 / 279, 280
氯化聚乙烯（含碳酸钙）/ 280
氯化氯乙烯橡胶 / 439
氯化石蜡 / 195
氯磺化聚乙烯橡胶（含碳酸钙）/ 436
氯酸钾 / 695
氯乙烯-乙酸乙烯酯共聚物 / 294

M

麻 / 418
麻黄碱盐酸盐 / 712
麻油 / 641
吗啡 / 143, 698
美沙酮盐酸盐 / 725
密封垫材料 / 265
蜜胺树脂 / 135, 257
眠尔通 / 59, 724
棉 / 418
棉纤维 / 141, 422

N

钼铬红 / 181
钠钙硅玻璃 / 159
钠基膨润土 / 168
耐晒黄 / 184
尼龙 / 406
黏胶纤维 / 416, 418
黏土 / 240, 494, 522
尿素 / 35
脲醛树脂 / 327, 328
柠檬黄 / 180
柠檬酸 / 218
牛油 / 451

O

偶氮苯（反式）/ 103, 231

P

排污水管材料 / 264
膨润土 / 175, 246
偏苯三酸三辛酯 / 226
扑热息痛 / 84, 710, 734

Q

气柱袋薄膜 / 326, 327

汽车"底漆" / 556,558
汽车保险杠 / 242,243
汽车保险杠塑料 / 244
汽车磷化膜 / 609
汽车零件 / 245
汽车中涂层 / 565
汽车装饰条 / 236
铅铬黄 / 634
浅铬黄 / 180
浅铬绿 / 190
羟甲基三聚氰胺甲醛树脂 / 329
氰化钠 / 96
α-氰基丙烯酸乙酯 / 55, 82, 298
群青 / 191

R

热固性丙烯酸树脂涂料 / 535
热敏纸 / 660, 662, 665, 666, 668, 670, 675-681
热塑性丙烯酸树脂涂料（主成膜物为丙烯酸酯） / 525, 600
热塑性丙烯酸树脂涂料（主成膜物为甲基丙烯酸酯） / 525, 601

S

三醋酯纤维 / 421
三氟乙酸 / 79, 212
三聚氰胺甲醛树脂 / 152, 331
三硝酸纤维素 / 106
三乙胺 / 98
三乙醇胺 / 228
三元催化器白色附着物 / 166
三元乙丙橡胶 / 434
深铬黄 / 180
深铬绿 / 190
石膏 / 158
石蜡油 / 642
食品袋 / 237
食品袋（白色） / 382, 383
食品袋（灰色） / 383
叔丁醇 / 85, 201
双酚 A / 54, 70, 306
双酚 A 型环氧树脂 / 308
双酚 A 型聚碳酸酯 / 310
水 / 197
水杯内层 / 367
水杯外层 / 368
水杯中间层 / 367
水杨酸 / 28, 46, 78, 217

水蒸气 / 116
顺丁烯二酸酐 / 221
顺丁橡胶 / 141, 429
司可巴比妥钠 / 722
松香 / 446, 584
松香甘油酯 / 584
塑料板 / 254, 256, 271, 238, 246
塑料薄膜 / 371, 379, 381, 384, 361
塑料餐叉 / 365
塑料餐盘 / 392
塑料袋 / 386, 362, 380
塑料片 / 257, 258, 389, 393
塑料瓶 / 388
塑料水杯 / 359
塑料水管 / 163
羧甲基纤维素 / 353
羧甲基纤维素钠 / 353

T

太安 / 106, 693
酞菁蓝 / 188
酞菁绿 / 189
碳酸钙 / 360, 361, 363, 368, 381, 386, 389, 390, 427, 457, 472, 478, 479, 500, 512, 517, 518, 548, 565, 590, 591, 597, 637, 638, 661, 665, 667, 675, 677
碳酸钙（轻质） / 237
碳酸钙（重质） / 237
碳酸钙和滑石粉的混合物 / 164
碳酸钾 / 164
碳酸钠 / 164
碳酸铅 / 164
碳酸锶 / 164
特屈尔 / 689
天然棉纤维 / 415
天然橡胶 / 64, 135, 426, 427
调料小杯子 / 390
铁黑 / 186
铁红 / 186, 635
铁黄 / 186
铁蓝 / 254, 456, 475, 481, 496, 498, 499, 519, 520, 523, 552, 578, 579, 592
铁蓝和硫酸钡混合物 / 188
桐油漆膜 / 583
桐油酸 / 65
头发 / 317
兔毛 / 413

W

烷氧基化三聚氰胺 / 535
维纶 / 409
无水硫酸钠 / 158, 179
戊巴比妥钠 / 720

X

烯酸聚氨酯树脂涂料 / 603
纤维素 / 350
象牙色塑料片 / 360
橡胶零件 / 428
硝化纤维素 / 523
硝基漆 / 522, 581
硝基漆（含高岭土）/ 175
硝基纤维素 / 618
硝基纤维素腻子 / 618
硝酸铵 / 111
硝酸铵 / 694
硝酸铝 / 105
硝酸钠 / 105
硝酸纤维素 / 354, 496, 507
小客车罩光清漆 / 536
辛硫磷 / 96

Y

盐酸丁丙诺啡 / 706
盐酸二甲双胍 / 233
盐酸二氢埃托啡 / 704
盐酸可卡因 / 727
盐酸氯胺酮 / 708
盐酸罂粟碱 / 707
羊毛 / 412, 413, 422
氧化锑 / 173
液体桐油 / 450, 583
一缩二乙二醇 / 631, 640
医用手套 / 268
医用输液导管透明尼龙 / 318
乙丙橡胶 / 435
乙醇 / 51, 58, 85, 200
乙醇苯醚 / 90
乙二醇 / 30, 42, 60, 85
乙基纤维素 / 352
乙腈 / 95, 230, 299
乙醚 / 88, 205
乙醛 / 44, 76, 209
乙酸 / 211

乙酸铵 / 230
乙酸丁酸纤维素 / 355, 356
乙酸丁酯 / 91
乙酸酐 / 80, 220
乙酸乙酯 / 81, 224
乙酸异丙酯 / 93
乙烯-乙酸乙烯酯共聚物 / 292
乙酰胺 / 100
乙酰可待因 / 703
异丙醇 / 61, 85, 202
异戊巴比妥 / 721
意宝朱红印泥 / 641
饮料瓶 / 139
饮料筒内壁涂料 / 555
印泥 / 637, 638
印泥（含大红粉）/ 183
印泥（特级贡品）/ 637
印泥（荧光加密）/ 639
印油 / 640, 641
罂粟碱 / 147
硬脂酸 / 73, 219
硬脂酸锌 / 73, 74, 196, 435, 661, 663, 668
油酸 / 77, 87, 213

Z

增感剂 A / 658, 661, 663, 668
正丁醇 / 85
正丁醇醚化三聚氰胺甲醛树脂 / 486, 487
正红印泥 / 634
正己醛 / 209
正辛醇 / 201
中铬黄 / 180
中铬绿 / 190
重晶石粉 / 636
朱砂 / 630
珠光印泥 / 636
竹纤维 / 367
苎麻纤维 / 417
自行车把套 / 263, 273
自行车内胎 / 427
棕红色塑料盆 / 331

其他

ABS / 257, 258, 303, 312, 313
ABSM / 302
BPA / 661, 663
$Ca(OH)_2$ / 45

CDA / 420
CMA / 420
CTA / 420
DIDP / 193
DINP / 193, 268
DOP / 44, 263, 266, 267, 269, 274
DOS / 270
EVA / 33, 276, 293, 296
EVA-PVC / 276
MBS / 301
MDA 盐酸盐 / 112, 716
MDI / 232
MDMA 盐酸盐 / 113, 717
ODB-1 / 654, 668
ODB-2 / 655, 663, 668
P34HB / 371
PB / 256, 302
PBAT / 377, 379, 380-382, 384-386, 397
PBS / 388-390, 392, 393
PBT / 311, 321, 378
PC / 311-313
PC 与 ABS 共混塑料 / 312

PC 与 PBT 共混塑料 / 311
PE / 364, 436
PET / 44
PHBB / 658
PHBV / 370, 371
PLA / 364, 371, 382, 385, 392, 397
PMMA / 33, 302
POS / 193
PP / 436
PPC / 384, 385, 393
PPC 和 MDI 制可降解聚氨酯 / 373
PS / 256, 302, 436
PVA / 661, 667, 668
PVAC / 294
PVC / 268, 270, 276, 294
PVC（含 DOS）/ 270
TH-107 / 656, 661
TNT / 107, 690
VC-VA / 294
VDC / 281
VDC-A / 281